Bernhard Kytzler/Lutz Redemund

# UNSER TÄGLICHES LATEIN

**Lexikon des lateinischen Spracherbes**

Bernhard Kytzler/Lutz Redemund

# UNSER TÄGLICHES LATEIN

## Lexikon des lateinischen Spracherbes

Weltbild Verlag

Lizenzausgabe mit Genehmigung des
Verlag Philipp von Zabern GmbH, Mainz,
für Weltbild Verlag GmbH, Augsburg 1995

Einbandgestaltung: Peter Engel, München
Gesamtherstellung: Wiener Verlag, Himberg bei Wien
Printed in Austria
ISBN 3-89350-973-9

# Inhaltsverzeichnis

# *Vorwort*

Die Autoren des vorliegenden Werkes haben sich zum Ziel gesetzt, den Stellenwert des Lateinischen in der modernen Deutschen Sprache umfassend und in seinen wesentlichen Bestandteilen darzustellen, und zwar in bezug auf Fremd- und Lehnwörter ebenso wie im Hinblick auf Redewendungen.

Die bisherigen Veröffentlichungen sind entweder sehr unvollständig oder fußen auf Untersuchungen aus dem vorigen Jahrhundert; sie sind daher unbrauchbar oder veraltet. Zudem wurde dabei vom lateinischen Ursprungswort ausgegangen, sodaß der Leser, der nicht über tiefergehende Kenntnis der Lateinischen Sprache verfügt, keinen Nutzen daraus gewinnen kann.
Die gängigen Wörterbücher bieten nicht immer die notwendigen Informationen, z. B. fehlen Angaben über die Herkunftswörter; außerdem präsentieren sie unsortiert Fremdwörter aus allen Sprachen und müssen sich aus räumlichen Gründen inhaltlich sehr einschränken.
In Fremdwörterlexika hingegen fehlen sämtliche Lehnwörter, die einen beträchtlichen Teil der aus dem Lateinischen stammenden Wörter ausmachen. Dies gilt auch für Redewendungen.
Greift man zu einem mehrbändigen Werk, so sind die gewünschten Erkenntnisse oft nur schwer zu finden und verschwinden in einem Wust unübersichtlich angeordneter Fakten (ganz abgesehen von dem hohen Anschaffungspreis).

Dieses Buch stellt in nur einem Band auf rund 1000 Seiten das gesamte sprachliche Erbe der Römer dar; es schafft auf diese Weise dem Bedürfnis der Philologen nach Rechtfertigung für den heutigen Stellenwert der Lateinischen Sprache ebenso Abhilfe, wie es den Lateinunkundigen – und das dürfte heutzutage die Mehrheit sein – über die Herkunft und Bedeutung des Wortes oder der Floskel ins Bild setzt. Die große Übersichtlichkeit gewährleistet dabei ein schnellstmögliches Auffinden des Gesuchten. Somit scheint gewährleistet, daß die auf dem Buchmarkt vorhandene Lücke eines Nachschlagewerkes für jedermann auf diesem Gebiet nachhaltig geschlossen werden konnte.

Die enorme Anzahl lateinischer Fremdwörter im Deutschen und auch in den anderen europäischen Sprachen zeigt, daß Latein keine „tote Sprache" ist, sondern in seinen europäischen Kindern munter fort lebt, ja mit den Neuschöpfungen der modernen Technik-Sprachen täglich neu geboren wird!

Die Autoren wünschen dem Leser bei der Benutzung dieses Buches, daß er nicht nur seinen Wissensdurst stillen kann, sondern auch manche überraschende Erkenntnis gewinnt (auf die er sonst vielleicht nicht gekommen wäre); sie wünschen sich selbst, daß dieses Buch dem Leser die benötigte Information bieten und ihm als nützliches Nachschlagewerk dienen möge.

* * *

Das vorliegende Buch ist in der Zeit von Mai 1989 bis Oktober 1991 entstanden. Die Arbeiten wurden mit Finanzmitteln der Bundesanstalt für Arbeit in Nürnberg unterstützt. Durch die Einrichtung einer Arbeitsstelle als Wissenschaftlicher Mitarbeiter im Rahmen des ABM-Programms konnte so die Durchführung eines solch umfänglichen Projekts ermöglicht werden.

Die Druckvorlagen wurden auf Macintosh-Computern unter Verwendung des Programms WORD 4 in den Schriftarten New Century Schoolbook und Kadmos erstellt und auf einem Macintosh-Laserwriter produziert.

Dem Verlag Philipp von Zabern, namentlich Herrn Franz Rutzen, gebührt unser außerordentlicher Dank dafür, daß er ein derart umfangreiches Manuskript bereitwilig in Druck gegeben und unsere Vorschläge und Wünsche ohne Einwände aufgenommen hat.

Die Autoren sind darüber hinaus folgenden Personen bzw. Institutionen zu Dank verpflichtet:
Dem Seminar für Klassische Philologie der Freien Universität Berlin und ihrem Direktor Prof. Dr. Bernd Seidensticker für die großzügige Bereitstellung von Räumlichkeiten und Arbeitsmaterialien;
Frau Beatrice Krieg für die freundliche Unterstützung im Zusammenhang mit der Produktion des Laserausdrucks;
Herrn Dr. Dietmar Najock für die zahlreichen Ratschläge bei der Erstellung des Sachgruppenkataloges;
Frau Christiane Staege, Frau Birgit Kleinert und Frau Ina Lehmann für die Mithilfe bei der Eingabe des Manuskripts in den Computer.

Ganz besonderer Dank gilt Herrn Dr. Christian Wildberg für die unschätzbare Hilfe und Beratung bei der Erstellung der Computer-Vorlagen. Ohne ihn wären die Arbeiten - zumal in so kurzer Zeit - nicht zu bewältigen gewesen.

Weiterhin sei allen gedankt, die zu dem förderlichen Arbeitsklima der Forschungsstelle Neulatein beigetragen und so die Arbeiten an dem Buch befördert haben. Es sind dies im besonderen: Herr Ralf Leu, Wissenschaftlicher Mitarbeiter; die Mitglieder der S.E.C. (Societas Europaea Studiosorum Philologiae Classicae / Desiderius-Büro), namentlich ihr unermüdlicher Präsident Herr Nikolaus Eberl, Frau Sabine Adlkofer u. a.; schließlich alle, die an der Schaffung eines so angenehmen Umfeldes beteiligt gewesen sind.

Berlin, im Oktober 1991

Bernhard Kytzler
Lutz Redemund

# *Einführung – kulturhistorischer Teil*

Die deutsche Sprache gehört, wie im allgemeinen bekannt, einer weitverbreiteten Familie an. Diese trägt je nachdem bald den Namen indo-europäisch, bald (hauptsächlich hierzulande) indo-germanisch, bisweilen auch indo-arisch. Mit dieser Zuordnung ist der grundlegende Zusammenhang angesprochen, der nahezu sämtliche Sprachen von Indien bis an den Atlantik verbindet, weit ausgreifend zwischen Skandinavien und Sizilien, zwischen dem morgenländischen Subkontinent und dem westlichen Ozean, weit zurückgreifend auch in der Zeit, bis zum Sanskrit und zum Hethitischen. Das Iranische zählt ebenso hinzu wie das Phrygische und das Baltische, desgleichen Keltisch und Illyrisch, Armenisch und Albanisch, natürlich auch Griechisch und Italisch mit Oskisch und Umbrisch, mit Latein und seinen Tochtersprachen Italienisch, Französisch, Portugiesisch. Von diesen hebt sich die germanische Gruppe, westlich der slawischen, ab mit Untergruppen wie Isländisch, Gotisch, Wandalisch, Langobardisch - und eben Deutsch.

Deutsch und Latein verbindet somit nur eine etwas entferntere Vetternschaft. Gewiß gehören beide Sprachen zu einer gemeinsamen Großfamilie; aber sie ordnen sich jeweils einer anderen Gruppe zu, weisen nähere Verwandtschaft in dem einen Falle mit den romanischen Sprachen auf, in dem anderen mit nordischen Idiomen. Geht man rein phänomenologisch vor, würde man kaum erwarten, daß gerade das Lateinische es ist, aus dem die meisten Fremdwörter im Deutschen herstammen. Das läßt sich nicht mehr aus der Geographie erklären, sondern nur aus der Tradition. Diese Tradition greift sogar noch hinter das Lateinische zurück: Verdankt dieses doch selbst zahlreiche Begriffe der griechischen Geisteswelt , die es integriert hat, um sie hernach den Tochter- und Nachbarsprachen in latinisierter Form weiterzureichen.

Als Provinzen des Imperium Romanum haben Teile des späteren deutschen Sprachraums in den Jahrhunderten um und vor allem nach Christi Geburt tiefgreifende Prägungen durch das südliche Großreich empfangen. Straßenbau, Häuserbau, Weinbau, dazu Städtegründungen und Rechtssatzungen sind von den Eroberern aus Rom und damit von der Sprache aus Latium beeinflußt worden. Dieser Prozeß der Anregung durch die römische Zivilisation und die lateinische Sprache hat sich auch in den folgenden Phasen der europäischen Geschichte fortgesetzt. Sie hat durch Mittelalter und Humanismus, durch die Frühe Neuzeit und auch die Moderne – bis hin zur Postmoderne, die selbst ein lateinisches Wort ist – gewirkt und sichtbare Spuren im Corpus des deutschen Wortschatzes hinterlassen. Diese Spuren aufzuzeigen, ist das Ziel des nachfolgenden Lexikons; dieses Lexikon dem Leser zu erschließen, ist das Ziel dieser Einleitung.

* * *

Zur Zeit Cäsars zeigten sich die ersten Berührungen zwischen Römern und Germanen. Sie waren zumeist nicht eben friedlicher Natur; so verwundert es nicht, wenn militärische Begriffe übernommen wurden, Wörter wie *Kampf* und *Kastell, Pfeil* und *Wall, Meile* und *Straße*. Auch die Wasserstraßen wurden von den Römern genutzt; die Worte *Anker* oder *Riemen* (= Ruder) zeugen davon. Der Name des Imperators selbst, Cäsar, ging als *Kaiser* ins Deutsche, als *Zar* ins Russische ein. Die Gerichtsbarkeit ließ zahlreiche Begriffe die Sprachgrenze überqueren, so *Kette* und *Kerker*, *Pacht* und *Pfand*. Noch deutlicher, noch zahlreicher die Zeugnisse in der Architektur: *Ziegel* und *Schindel*, *Kalk* und *Maüer*, *Pforte* und *Pfeiler*, *Fenster* und *Kammer*. Gleich zweimal ist das lateinische Wort cella ins Deutsche übernommen worden: zunächst, noch mit K-Aussprache, als *Keller*, später dann mit der C-Lautung als *Zelle*. Doch bevor mehr von den christlichen Begriffen zu sagen ist, muß erst noch der weite Bereich des Wein- und Ackerbaus, der Landwirtschaft und des Handels Erwähnung finden.

*Kohl* etwa, als Gemüse- wie als Eigenname gebräuchlich, ist eines jener zahlreichen Wörter aus dem Lateinischen, die sich in der Gartenwirtschaft etablieren. Dazu treten *Kümmel* und *Kerbel*, *Kirsche*, *Kastanie* und *Kürbis*, um nur die mit K anlautenden Wörter zu nennen. *Mispel*, *Mandel* und *Minze* kommen hinzu, ferner *Senf*, *Fenchel* und *Lorbeer*, *Rettich* und *Quitte*, *Pflaume* und *Pfirsich*. Aber nicht nur die Namen, auch die Tätigkeiten sind hier zu nennen, *pflücken* und *okulieren* und *pfropfen*. Schließlich ist sogar der Ausdruck *Pflanze* lateinischen Ursprungs. Wie im Garten, so auch auf dem Feld: *Forke* und (Dresch-)*Flegel* gehören hierher, der *Stiel* und die *Frucht*, die *Stoppeln* und die *Sichel*. Das Roß wird nun *Pferd* genannt, *Pfau* und *Fasan* treten auf, das Federvieh sorgt für *Kissen*, *Flaum* und *Flocke*.

In der Küche geht es nicht anders zu: Vieles ist da lateinischen Ursprungs, in der Sache wie im Namen. Schon die *Küche* selbst ist ein solches Wort, ebenso das, was sich in ihr findet, wie *Kessel* und *Schüssel*, *Pfanne* und *Becken*, *Tisch* und *Mühle*.

Am wichtigsten aber ist der *Wein*: Wiederum sind Sache wie Wort übernommen, mitsamt allen einschlägigen Ausdrücken, dem *Winzer* und dem *Küfer*, dem *Most* und dem *Essig*, den Behältnissen wie *Kelch*, *Bottich*, *Eimer*, *Kübel*, und den Gerätschaften wie *Kelter*, *Trichter* und *Presse*. *Vivat Bacchus!*

Kaum ein *Kaufmann* wird sich bewußt sein, daß sein Berufsstand samt seiner *Kasse* einen lateinischen Namen tragen, kaum ein *Markt*besucher wissen, daß die Bezeichnung dieses Ortes ebenfalls aus dem Lateinischen herrührt. Auch was dazu gehört, ist hier zu einzureihen: *Kiste* und *Korb*, *Speicher* und *Sack*, *Münze* und *Unze*, *Pfund* und *Zins*.

Schließlich ist das tägliche Leben mit all seinen vielen Facetten ebenfalls durchdrungen von römischen Sachen und lateinischen Namen aus jener Zeit. Das beginnt mit den Namen der Wochentage von *Sonntag* bis *Samstag*, die Lehnübersetzungen aus dem Lateinischen sind; das schließt den Bereich der Kleidung ein mit Dingen wie *Socke* und *Sohle*, es erstreckt sich auch auf Alltagsdinge wie den *Spiegel* und den *Schemel*, die *Fackel* und die *Kerze*.

* * *

Es mag gut sein, hier erst einmal innezuhalten. Dieses Vorwort soll ja nicht etwa das folgende Lexikon vorwegnehmen; es soll nicht als Auflistung erscheinen, die einen ausgewählten Wortbestand vor Augen führt. Aber da die Anordnung im Lexikon die alphabetische – und darum eine ganz und gar nichtssagende – ist, wird es gut sein, vorab einige Hinweise zu geben, die den Leser und Benutzer auf zwei Ordnungsprinzipien verweisen: das chronologische und das systematische.
Der vorangegangene Paragraph hat sich auf jene Worte bezogen, die in der ersten Phase der Begegnung von Römern und Germanen Eingang in die deutsche Sprache gefunden haben. Sieht man dieses kleine *Corpus* genauer an, so zeigt sich, daß es, abgesehen vom *Kalender* mit seinen Wochentagen, allein dingliche Bezeichnungen zu verzeichnen hat, Gegenstände des Alltags, keine Abstraktionen oder Institutionen. Diese treten erst später auf; zunächst bietet sich mit dem frühen Christentum ein neuer Bereich des Spätlateins den Provinzialen dar.
Zu den anfänglichen Übernahmen zählen Wendungen wie *Probst*, *Pfründe* und *Münster*; auch der zentrale Begriff des *Segnens* gehört hierzu. Vor allem das über Jahrhunderte hin wirksame Kulturinstrument des *Klosters* hat seine sprachliche Wurzel im Lateinischen, ebenso wie seine Bewohner, die *Mönche* und die *Nonnen*.
Im Althochdeutschen werden rasch weitere wichtige Wendungen heimisch: der *Dom* und die *Kapelle*, der *Altar* und die *Messe*, die *katholische Religion* und das *Martyrium*, der *Psalm* und die *Predigt*, die *Vesper* und selbst das *Kreuz*, zu dem sich die vollständigere Form *Kruzifix* stellt. Insbesondere treten auch Titel und Ämterbezeichnungen hervor, wie *Kaplan* und *Küster*, *Abt* und *Äbtissin*, *Prälat* und *Dekan*. Aber auch Dingliches bleibt nicht ausgeschlossen, wie die *Kanzel* und die *Orgel*, die *Lampe* und die *Ampel*. Hinzu treten auch Eigenschaften wie *nüchtern* oder *keusch*, Begriffe des *Kults* wie *Text* und *Legende*, *Patron* und *Pilger*, *Ordensregel* und *Spende*. Daß weiterhin neben den als Fremdwörtern integrierten Ausdrücken auch zahlreiche Übersetzungslehnwörter aus dem Lateinischen stehen, wie *Gewissen*, *Gevatter*, *Gemeinde*, ferner etwa noch *Weissagung*, *Jünger*, *Fegefeuer*, *Beichte*, sei am Rande vermerkt.
Die Klöster waren Zentren der *Mission*, aber auch der Gelehrsamkeit. Aus diesem Wortschatz des Forschens, Schreibens, überhaupt der Bildung, sind zahlreiche Zeugnisse des lateinischen Ursprungs erhalten, Wörter wie *Schule* und *Schüler*, *schreiben* und *dichten*, *Tinte* und *Zettel*, *Griffel* und *Linie*, *Brief* und *Siegel*. Auch im Bauwesen sind viele Fortschritte sprachlich dokumentiert in Wendungen wie *Turm*, *Portal*, *Gruft*, in Wörtern wie *Gips* und *Zement*, *Mörtel* und *Marmor*. Desgleichen weist die Kleidung vielerlei Neues auf: die *Albe* und die *Kappe*, ferner Luxusgegenstände wie *Seide* und *Perle*, *Pelz* und *Teppich*.
Natürlich ist die lateinisch geführte Verwaltung ebenfalls mit vielerlei lateinischen Wendungen dokumentiert. Statt sie im einzelnen aufzuzählen, sei auf einen Mustersatz verwiesen, dem gleich vier Wörter aus der Römersprache entnommen sind: *Kanzler Kohl regiert* die *Republik*.

Einen interessanten Übergang kann man in einer Reihe von Wörtern finden, die von der lateinischen Amtssprache in die Kaufmanns- und von dort in die Alltagssprache übergegangen sind: *Rente* und *Register*, *Datum* und *Summe*, *Kopie* und *Privileg*. So manches ist dann auch auf dem Wege über das Italienische in diesen Bereich eingedrungen, das nun freilich hier nicht mehr zu besprechen ist.

* * *

Im Mittelalter, insbesondere in seinen späteren Jahrhunderten, sind es die nämlichen Bereiche, die die deutsche Sprache mit lateinischen Wendungen bereichern. An erster Stelle ist die Kirche zu nennen, die ein weites Vokabular zur Verfügung stellt, wie die *Passion* und das *Requiem*, die *Absolution* und die *Exkommunikation*, die *Prozession* und die *Lektion*, ferner *Talar* und *Tonsur*, *Inquisition* und *Monstranz*, *Kantor* und *Konfession*. Dabei ist auch manches in volkssprachlicher Verformung zu gänzlich gegensätzlicher Bedeutung gelangt, wie *Sapperment* (aus sacramentum) und *Hokuspokus* (aus den Wandlungsworten der lateinischen Messe Hoc est corpus meum = Dieses ist mein Leib). Umgekehrt werden von der internationalen gelehrten Welt Wendungen verwendet, die bis ins Sozio-Kauderwelsch der Gegenwart reichen, wie *Disput* und *Diskurs*, *Text* und *Traktat*, *Argument* und *Definition*.
Nicht minder sind in den verschiedenen Fachsprachen regelmäßig lateinische Ausdrücke die vorherrschenden: in der *Medizin* und der *Musik* zum Beispiel, wo die Namen der *Intervalle* wie *Oktave*, *Quinte*, *Quart*, *Terz* usw., aber auch *Komposition* und *Konsonanz*, *Resonanz* und *Takt*, *Kontrapunkt* und *Pause* einerseits, *Klistiere* und *Koliken*, *Karbunkel* und *Furunkel* andererseits samt *Rezept* und *Medikament*, *Puls* und *Pulver* aufs Latein verweisen. Dasselbe gilt für die Mathematik und die Chemie. Diese letztgenannte holt aus der Alchemie ihren Wortvorrat, integriert mit Wendungen wie *Essenz* und *Extrakt*, *Mixtur* und *Tinktur*; die erstgenannte verwendet die heute schon dem Schulkind geläufigen Termini wie *addieren* und *multiplizieren*, *Zirkel* und *Quadrat*. Zuletzt sind noch die lateinischen Monatsnamen des *Kalenders* anzufügen, die von *Januar* bis *Dezember* den antiken Kalender tradieren, von *Anno domini* bis *Anno* dunnemals ... .

* * *

Der Humanismus setzt neue Akzente. Er bringt auch 1571 aus der Feder von Simon Roth das erste Fremdwörterbuch des Deutschen hervor. Hier schon, unter etwa 2000 Beispielen, gehören etwa zwei Drittel zu denjenigen Wörtern, die aus dem Lateinschen und Griechischen stammen – eine Proportion, die auch in späteren, umfangreicheren Fachwörterbüchern kaum korrigiert wird. Der lateinische Unterrichtsbetrieb hinterläßt nun kräftige Spuren, von A wie *Abitur* bis Z wie *Zensur*, in der *Interpretation* wie in der *Exkursion*, dem *Pensum* und den *Ferien*, im *Diktieren*, *Deklamieren*, *Demonstrieren* (sic!), im *Präparieren*, im *Repetieren* und im *Rezitieren*. Das *Studium*, die *Universität*

mit ihren *Fakultäten*, ihren *Professoren* und *Doktoren*, dem *Karzer* und dem *Consilium abeundi* – genug der *Vokabeln!*
Dies ist auch die Zeit, in der selbst deutsche Familiennamen ins Latein übertragen wurden, sodaß Fischer nun *Piscator* hieß und Bauer sich *Agricola* nannte; daneben gibt es freilich auch Namen, die nicht übersetzt, sondern direkt aus dem Lateinischen entstanden sind, wie z. B. *Zabern* aus taverna.
Zuweilen wandte man selbst im Deutschen lateinischen Deklinationsformen an („Ich glaube an Jesum Christum") und nahm entsprechende Pluralbildungen vor, sprach also von *Tempora* und *Termini*.
Es ist auch die Zeit, in der im Jahre 1495 das *Corpus Juris* durch die Kammergerichtsordnung hierzulande Fuß faßte, so daß man nun *appellieren* und *annullieren* kann, *konfrontieren* und *konfiszieren*, *adoptieren* und *alimentieren*, *protestieren*, *arrestieren* und *inquirieren*.
Schließlich ist es auch die Zeit, in der die lateinischen Sprüche und Zitate in der deutschen Sprache heimisch zu werden beginnen. Die „Geflügelten Worte" Georg Büchmanns in seinem Buch der bürgerlichen Bildungsbelege beanspruchen, um die aus dem Latein herrührenden Redewendungen aufzulisten, beinahe die doppelte Seitenzahl wie für die aus dem Griechischen stammenden: von *in dulci jubilo* bis *in flagranti,* vom *Credo, quia absurdum* bis zum *Alea iacta*, vom *Et tu, Brute?* bis zum *Et in Arcadia ego.* Ob wir *cui bono?* fragen oder *suum cuique* für angemessen halten, ob wir etwas *sub specie aeternitatis* betrachten oder lieber *O tempora, o mores!* deklamieren, die Sättigung unseres Denk- und Sprachbestandes mit lateinischem Gut ist unübersehbar. Es mögen Dichterzitate oder Rednersätze sein, juristische oder theologische Formulierungen, genau bezeichenbares, einmaliges historisches Gut oder nur vage bestimmbares traditionelles: Es bewirkt in jedem Falle eine formal geschlossene, gedanklich präzisierte Verständigung, die der Kommunikation durch eingeschliffene semantische Werte dient und den Parteien zu rascherem, tieferen und intensiverem Begreifen verhilft.
Vergessen wir nicht, daß die Epoche des Humanismus auch die Zeit ist, in der die (westliche) Erfindung des Buchdrucks eine revolutionäre Wandlung der Kommunikationsmöglichkeiten einleitet. Vergessen wir auch nicht, daß es damals ein lateinisches Buch war, welches als erstes von Gutenberg in Mainz gedruckt wurde: die Bibel, nicht in der Sprache Christi, dem Aramäischen, auch nicht in der Originalsprache des Buches selbst, dem Griechischen, sondern in der Weltsprache Latein. Anhangsweise ist noch daran zu erinnern, daß auch die Drucker ein ganzes Arsenal lateinischer Fachausdrücke zur Hand haben, wenn es um ihre Kunst geht: das *Exemplar* und das *Faksimile*, das *Format* und die *Kolumne*, die *Korrektur* und die *Makulatur*, vom *Autor* und seinem *Manuskript* ganz zu schweigen. Aber wir wollen hier vorderhand abbrechen.

* * *

Nicht nur die klassische und die späte Antike, nicht allein das Mittelalter und die Renaissancezeit haben der deutschen Sprache lateinische Wendungen vererbt. Auch das sogenannte Neulatein ist hier mit wirksam geworden. Es bezeichnet im weiteren Sinne das nach dem Mittelalter gesprochene und geschriebene Latein, hier und jetzt insbesondere das auch noch nach den hohen Zeiten des Humanismus mündlich und schriftlich verwendete Latein. Auch aus ihm ist nahezu ein halbes Tausend deutscher Fremdwörter zu verzeichnen. Freilich sind dies teils Fachvokabular für naturwissenschaftliche Kategorisierungen, teils „–ismen", die nach der griechischen Endsilbe *„–ismos"*, lateinisch *„–ismus"*, an mancherlei moderne Dinge angehängt werden, an den *Journalismus* wie den *Parlamentarismus*, den *Imperialismus*, den *Revanchismus* und den *Kommunismus*, den *Stalinismus* und den *Liberalismus*. Wie man sieht, eine sehr *kunterbunte* Mischung recht unterschiedlicher Gedanken und Gestalten, denen man noch den *Opportunismus*, den *Machiavellismus* und den *Marxismus* hinzufügen mag. Auch den *Humanismus*.

Auch das galante Zeitalter hatte viel Lateinisches dem Deutschen zugeführt. Freilich geschah dies vornehmlich auf dem Weg über die Sprache der gebildeten Gesellschaftsschichten, das Französische, das nun an das Nachbarland weitergab, was ihm aus der eigenen Frühzeit zur Verfügung stand. Im 19. Jahrhundert wiederum wurden zahlreiche Termini in den erwachenden Wissenschaften geprägt, wobei die lateinische Tradition starke Berücksichtigung fand.

In den letzten Jahrzehnten sind es vor allem neue Erfindungen in Wissenschaft und Technik, die gern mit neugeprägten altlateinisch anmutenden Benennungen bezeichnet werden. *Nukleare* Forschung gehört hierher, der *Computer* wie auch der *Astronaut*, um nur die bekanntesten hervorzuheben. Sie zeigen, wie auch in der Gegenwart das Einströmen neuer lateinischer Worte in die deutsche Sprache weiterhin anhält, auch wenn es sich um Kunstworte handelt, die eine Tradition weiterführen, ohne ihr recht eigentlich noch anzugehören. Wie ist dieser ganze Vorgang des Sprachtransfers, der so viele Epochen verbindet und nun schon zwei Jahrtausende umfaßt, einzuordnen?

Man wird nicht übersehen, daß es in der Gegenwart vor allem die englische Sprache ist, die zur Bereicherung – sagen wir vorsichtiger: zur Erweiterung der deutschen Sprache beiträgt. Das hat mit der Technisierung der Welt zu tun und dem Wissenstransfer, der in der Technik vornehmlich auf Englisch vor sich geht. Sie ist die Lingua Franca, die heute *Ingenieure* und *Diplomaten*, *Touristen* und *Handelsmanager* miteinander *international* leichter verkehren läßt. Aber im Hintergrund ist auch weiterhin die *Latinität* am Werk, die gerade bei herausragenden Ereignissen beschworen wird, etwa bei der *Transplantation* von Organen, bei *interplanetarischen Missionen*, *extraterrestrischen Exkursionen* und *nuklearen Experimenten*.

So verbindet sich aktuellste Gegenwart mit uralter *Tradition*. Jene lebendige, *latente Latinität*, die sich in unsere Muttersprache eingewoben hat, macht sie in stärkerem Maße zur europäischen *Konstante:* Sie teilt so mit ihren Sprachschwestern in den anderen *Regionen* unseres *Kontinents* gemeinsames Erbe und zugleich die Formung und Bewältigung gegenwärtiger Entwicklungen. Es bleibt eine ebenso lockende wie leider unbeantwortbare Frage, was wohl an neuen, lateinisch *inspirierten Vokabeln* einer Neuauflage dieses Buches in ein, zwei oder drei *Generationen* hinzuzufügen sein wird. Doch das mag die Zukunft lehren.

# *Einführung in die Arbeit mit dem Wörterbuch*

## 1. KRITERIEN FÜR DIE AUSWAHL DER WÖRTER IM LEXIKALISCHEN TEIL

Der vorliegende Lexikon-Teil **enthält** alle wichtigen Wörter lateinischer – einschließlich spät-, vulgär- oder mittelateinischer – Herkunft aus dem täglichen Sprachgebrauch sowie einige zentrale Wörter aus den Fachsprachen.
Darüber hinaus sind einige inzwischen veraltete, aber in literarischen Werken noch vorkommende Ausdrücke aufgenommen worden. So wurden von insgesamt rund 25 000 Wörtern die ca. **14 000** bedeutendsten ausgewählt.

Enthalten sind ebenfalls all diejenigen Wörter **lateinischen Ursprungs**, die indirekt über andere europäische Sprachen ins Deutsche eingedrungen sind. Dies gilt auch für Wörter vulgär-, spät- oder mittellateinischer Herkunft, selbst dann, wenn die Herleitung nicht völlig sicher geklärt ist (und möglicherweise lediglich eine gemeinsame germanische Wurzel zugrunde liegen könnte).

Originär **neulateinische Wörter** finden sich in einer separaten Liste im Anhang des Buches.

Wörter **griechischer Herkunft**, die als Fremdwörter in der lateinischen Sprache in Erscheinung treten, können ebenfalls einer gesonderten Auflistung im Anhang entnommen werden. Dort finden sich auch Wörter anderer Sprachen (z. B. hebräischer oder ägyptischer Herkunft), die über das Griechische als Fremdwort ins Lateinische eindrangen.

Wörter aus dem Griechischen oder anderen Sprachen, die im Lateinischen zu Lehnwörtern geworden sind, d. h. sich lautlich verändert haben und mehr als nur reinen Fachwortcharakter im Lateinischen besaßen, wurden in den Lexikonteil integriert. In Zweifelsfällen erfolgte sowohl die Aufnahme in den lexikalischen Teil als auch in die Liste griechischer Wörter im Anhang.

Aus mehreren Wörtern bestehende **Redewendungen** und Ausdrücke befinden sich in einer umfangreichen Zusammenstellung im Anhang.
Aufnahme fanden auch diejenigen **Wörter**, die ihren Ursprung in **Österreich**, der **Schweiz** und der ehemaligen **DDR** haben. Letztere sind noch mit dem Kürzel „DDR" hinter der Bedeutung versehen, da ihre Entstehung in eine Zeit fällt, in der dieser Staat noch existierte; dabei wird sich zeigen, ob sich solche Wörter in den neuen Bundesländern halten und vielleicht auch in den alten Bundesländern durchsetzen werden oder nicht.
**Nicht aufgenommen** wurden dagegen solche Wörter **griechischer** oder **anderer Herkunft**, die erst im **Mittelalter** oder in der frühen Neuzeit (also

mittellateinische und neulateinische Wörter) ins **Lateinische** eingedrungen sind und daher nicht als lateinischen Ursprungs gelten können.

Ebenfalls nicht aufgenommen wurden diejenigen Wörter, die auf eine dem Deutschen und Lateinischen und auch anderen europäischen Sprachen zugrundeliegende gemeinsame **indogermanische Wurzel** zurückgehen. In diesem Falle ist von einer analogen Entwicklung, nicht jedoch von einem Mutterverhältnis des einen Wortes zum anderen auszugehen.

**Zusammengesetzte Wörter** fanden nur dann eine Aufnahme, wenn ihre jeweiligen Teile einzeln andere Bedeutungen haben als das zusammengesetzte Wort. Aus Gründen der Beschränkungen wurden solche Zusammensetzungen fortgelassen, die von der Bedeutung her leicht von den Einzelteilen her erschlossen werden können. Die Wortmenge würde ansonsten durch die immense Zahl von Zusammensetzungen ins Uferlose steigen. Dies trifft besonders auf solche zu, die unter Verwendung deutscher Präpositionen (z. B. an-, auf-, ver-, zer-) in Kombination mit einem lateinischen Fremd- oder Lehnwort entstehen.
Bei zusammengesetzten Wörtern empfiehlt es sich daher, unter den jeweiligen **Einzelwörtern nachzuschlagen**, falls die Zusammensetzung nicht gefunden werden kann.

**Namen**, die z. B. Personen bezeichnen, wurden ebenso wie Vornamen oder Produktbezeichnungen **nicht** aufgenommen. Davon ausgenommen sind nur einige wenige Bezeichnungen für geographische Begriffe sowie des weiteren Produktbezeichnungen, die in der Umgangssprache synonym für die ganze Produktgattung verwandt werden (z. B. Tempo für Papiertaschentuch).

Trotz des Bemühens, alle wesentlich erscheinenden Wörter aufzunehmen, bleibt ein Rest an persönlicher Entscheidung. Eine Aufnahme aller auffindbaren Wörter hätte den Rahmen dieses Buches gesprengt und vom eigentlichen Ziel, der konzentrierten Präsentierung des Wesentlichen weggeführt.

## 2. VORGEHENSWEISE

Zunächst ist unter Benutzung der letzten Auflage des Fremdwörterbuches der Dudenredaktion eine Liste sämtlicher aus dem Lateinischen stammender direkt oder indirekt übernommener Wörter erstellt worden. Diese Liste wurde auf das Maß der den Autoren relevant erscheinenden Ausdrücke reduziert. Anschließend wurden diese Wörter für den Lexikon-Teil bearbeitet, die Etymologie mit Hilfe der anderen in der Literaturliste aufgeführten Werke überprüft (gegebenfalls Korrekturen angebracht) und das jeweilige Ursprungswort aus dem Lateinischen unter Verwendung des Lexikons von Georges ermittelt. Eventuelle Lücken wurden am Schluß unter Benutzung des sechsbändigen Duden-Wörterbuchs geschlossen.

Die Redewendungen wurden den entsprechenden in der Literaturliste aufgeführten Werken entnommen und vollständig neu zusammengestellt.

# 3. ZU DEN EINZELNEN TEILEN DES WÖRTERBUCHS

## 3.1. Literaturliste und Abkürzungsliste

Im Literaturverzeichnis vor dem lexikalischen Teil sind die bibliographischen Angaben sämtlicher benutzter Werke vollständig aufgeführt.

Aus praktischen Erwägungen befinden sich die im gesamten Lexikon verwendeten Abkürzungen direkt vor Beginn des Lexikon-Teils.

## 3.2. Sachgruppenkatalog

Der aufgenommene lateinische Wortschatz ist – auch was die unterschiedlichen Bedeutungen des Einzelwortes betrifft – **88 verschiedenen Sachgruppen** zugewiesen worden. Mit Hilfe der in der Liste systematisch aufgeführten Gruppen ist es möglich, einen Überblick darüber zu gewinnen, in welchen Lebensbereichen die lateinische Sprache besonders Fuß gefaßt hat. Auf diese Weise läßt sich die kulturelle Verknüpfung der Antike mit der Moderne schon anhand des Mediums Sprache sichtbar machen.

Die **Grundlage** des Sachgruppenschemas bildet ein von **Hallig-Wartburg** in den dreißiger Jahren entwickeltes und von Schmidt erweitertes System, mit dessen Hilfe sich der gesamte Wortschatz in einigermaßen überschaubare Strukturen gliedern läßt. Bei der Verwendung dieses Systems ergab sich nicht nur die Notwendigkeit, sich dabei auf Hauptgruppen zu beschränken, sondern im Nachhinein mußten auch einige Modifikation und Erweiterungen vorgenommen werden, um auf diese Weise bestimmte Gruppen nicht zu groß, andere dagegen nicht zu klein werden zu lassen. Deshalb stimmt an einigen Stellen die Struktur des Systems nicht voll mit der Reihenfolge der Numerierung überein, was jedoch keine gravierenden Nachteile mit sich bringt.

Viele Wörter lassen sich einer ganzen Reihe von Sachgruppen zugleich zuordnen; um die Fälle von **Mehrfachzuordnungen** zu verringern und endlose Zahlenkolonnen zu vermeiden, wurden überwiegend die Bedeutungsschwerpunkte bei der Zuweisung berücksichtigt und die Spanne der Möglichkeiten nicht immer voll ausgenutzt. Die Zahl der Zuordnungen wurde auf maximal fünf Sachgruppen pro Bedeutung begrenzt. Der Sachgruppe 29 (Aktion, Handlung) zum Beispiel sind nur solche Wörter zugeordnet worden, die sich ansonsten schwer einordnen lassen; im Prinzip müßten sonst alle Verba, die Tätigkeiten ausdrücken, in diese Sachgruppe aufgenommen werden.

Problematisch ist bei dem verwendeten System die Herauslösung der Fachbegriffsebene aus der Sache selbst, z. B. *Medizin* Gruppe 70 (C.2.b.3) aus *Gesundheit und Krankheit* Gruppe 14 (B.1.e). Im allgemeinen wurde so verfahren, daß weit verbreitete Begriffe und Bezeichnungen dann eher den Ebenen A (*Universum*) und B (*Mensch*), ggf. beiden Gruppierungen, reine (vor allem nicht die Sache selbst bezeichnende) Fachbegriffe jedoch nur der Ebene C.2 (*Wissenschaft und Technik*) zugeordnet wurden. Dies betrifft z. B. auch die nachträglich geschaffene Gruppe 87 (B.3.b.8) der *Freizeit- und Haushaltstechnik*, die in der Übersicht unter dem Bereich *Welt der Arbeit* firmiert, aber genauso gut auch unter *Wissenschaft und Technik* einzuordnen gewesen wäre. Hingegen wurden religiöse Begriffe eher der Sachgruppe 51 *Mythologie, Religion, Kirche* (B.4.e) als der Gruppe 77 *Philosophie, Theologie* (C.2.d.4) zugewiesen.

Auf eine Aufgliederung des deutschen Wortschatzes der lateinischen Fremd- und Lehnwörter nach Sachgruppen mußte aus Platzgründen verzichtet werden. Dornseiff hat in einer umfangreichen Arbeit dies bereits für den gesamten deutschen Wortschatz getan und ihn in zahreiche Sachgruppen aufgegliedert.

Des weiteren ist hinzuzufügen, daß die **Zuweisung** trotz der Modifikationen bisweilen **nicht unproblematisch** ist, was freilich seine Ursache in der Sache selbst hat; jeder, der sich mit dieser Materie befaßt, verbindet mit einem bestimmten Wort einen anderen Zusammenhang und weist das Wort dann einer der jeweiligen individuellen Assoziation geeignet erscheinenden Gruppe zu, wie die (mehr oder weniger gelungenen) Versuche von anderer Seite beweisen.

## 3.3 Lexikalischer Teil

Dieser Abschnitt stellt auf 828 Seiten etwa **11 000 Wörter ausführlich** dar. Die Auflistung erfolgte in der Regel streng **alphabetisch**, lediglich bei zur gleichen Wortgruppe gehörigen und nur geringfügig alphabetisch getrennten Wörtern gibt es wenige Ausnahme, die jedoch in keinem Falle das Auffinden des gesuchten Wortes erschweren.

Wörter, die mit Präpositionen zusammengesetzt sind und die nicht ausführlich behandelt werden, befinden sich zuweilen hinter dem Grundwort.
Wörter, die der Leser unter dem Buchstaben C (oder K, Z) vermißt, sind ggf. unter den anderen beiden oben genannten zu suchen.
Zur schnellen Orientierung besitzt jede Seite - übrigens des gesamten Werkes - eine **Kopfzeile**. Im lexikalischen Teil findet sich dort auf jeder geraden (linken) Seite links außen das erste ausführlich behandelte Fremdwort, rechts innen

die jeweilige Wortgruppenziffer; auf jeder ungeraden (linken) Seite ist diese Anordnung umgekehrt, angegeben wird dort das letzte Wort und die letzte Wortgruppenziffer auf der jeweiligen Seite. Beim raschen Durchblättern ist so rasch und mühelos feststellbar, ob das gesuchte Wort auf den beiden gerade aufgeschlagenen Seiten zu finden ist oder nicht.

Die Seitenzahl befindet sich unten auf der Seite.

Die einzelne Seite ist in **fünf senkrechte Spalten** gegliedert, zu denen im folgenden einige Erläuterungen gegeben werden.

## Erste Spalte

Hier finden sich vierstellige Ziffern. Diese dienen nicht nur dem schnelleren Auffinden des gesuchten Wortes, sie fassen vor allem verschiedene Fremdwörter zu einzelnen **Gruppen** (Wortfamilien) zusammen. Als Gruppe kann man diejenigen Wörter ansehen, die alle von dem gleichen lateinischen Ursprungswort abstammen; ebenso bilden Fremdwörter eine Gruppe, wenn sie von einer lateinischen Wortfamilie abstammen. Wörter, die zur gleichen Wortgruppe gehören, tragen in dieser Spalte keine Ziffern, sondern das Zeichen „–".

Durch die Auflistung der Wörter nach dem Alphabet wird natürlich bewirkt, daß manche Wörter, die eigentlich zu einer Wortgruppe gehören, räumlich voneinander getrennt sind. Diese tragen dann auch eine andere Ziffer. Um das Auffinden der Fremdwörter nicht unnötig zu erschweren, war diese Lösung unumgänglich. Einige Verweise zu anderen Wortgruppen in der letzten Spalte, die mit „s. auch" gekennzeichnet sind, erleichtern das Auffinden von verwandten, doch durch das Alphabet getrennten Wörtern. Aus Platzgründen wurden diese Verweise jedoch sparsam gehalten. Wer alle verwandten Wörter einer Wortfamilie finden möchte, kann mit Hilfe der **Liste der lateinischen Ursprungswörter** am Ende dieses Buches S. 937ff. mühelos alle Wörter herausfinden, die sich von einem einzigen lateinischen Wort herleiten.
Das Fehlen einzelner Ziffern resultiert aus Änderungen, die sich später als notwendig ergeben haben; es bedeutet keinesfalls die irrtümliche Auslassung eines Wortes bzw. einer Wortfamilie.
Ebenso sind die zuweilen auftretenden Buchstaben hinter der Wortfamilienziffer eine Folge später vorgenommener Änderungen und Einfügungen. Sie bedingen keinesfalls eine Verwandtschaft zweier verschiedener Wortfamilien.
Die Kennzeichnung „>>>" kündigt einen **Verweis** an. In diesem Falle muß unter dem zuletzt angegebenen Wort des Verweises nachgeschlagen werden. Diese Verweise finden sich fast ausschließlich bei zusammengesetzten Wörtern. Die Wörter, bei denen woanders nachgeschlagen werden muß, sind nicht fett gedruckt.

### Zweite Spalte

Hier ist in Fettdruck das jeweilige **Fremd-** bzw. **Lehnwort** in der Schreibweise, wie es in der modernen deutschen Sprache auftaucht, notiert.

Direkt **darunter** befinden sich in den meisten Fällen Angaben über den Weg, den das Wort vor dem Eindringen in die deutsche Sprache genommen hat.

Diese **Sprachenfolge** ist dem Fremdwörterbuch der Dudenredaktion entnommen; allerdings mußten an einigen Stellen Irrtümer und Ungenauigkeiten beseitigt und Ergänzungen vorgenommen werden, da die Angaben in den verschiedenen Büchern der Dudenredaktion (s. Literaturliste S. XXVIII Nr. 1-3) z. T. einander widersprechen.

Fehlt der Hinweis über Herkunftssprachen, so ist das Wort **direkt** aus dem Lateinischen ins Deutsche gelangt.
Bei Wörtern, die **nicht direkt** übernommen wurden, ist jeweils der Weg durch die einzelnen Sprachen angegeben. Die dabei verwendeten Abkürzungen sind direkt vor dem lexikalischen Teil aufgelistet. Der Übergang in eine andere Sprache ist durch das Zeichen „>" gekennzeichnet.
**Zusammengesetzte Wörter** bestehen oftmals aus Teilen mit unterschiedlicher Sprachenfolge. Die für die jeweiligen Teile geltenden Angaben sind durch Semikolon getrennt. Zum Beispiel bedeutet die Angabe l;l>frz>engl bei dem Wort Discount, daß die erste Hälfte des Wortes direkt aus dem Lateinischen übernommen wurde, die zweite hingegen den Weg über das Französische und Englische genommen hat. Stammen die Wortteile aus verschiedenen Sprachen, so handelt es sich um sogenannte **Hybride**.

Ist eine der aufgeführten Sprachen **eingeklammert** - z. B. (gr)>l - , wird damit eine Beeinflussung des Wortes in der nächst aufgeführten Sprache ausgedrückt; das bedeutet, daß ein – im Beispiel griechisches – Wort bei der Bildung eines lateinischen Wortes beteiligt ist, ohne daß es als direkte Übernahme bezeichnet werden könnte.

Sind **mehrere** durch Semikolon getrennte Teile der Sprachenfolge **eingeklammert** - z. B. Dessert = (l;l)>frz -, so wurden die ursprünglich getrennten (hier lateinischen) Teile in der nächstfolgenden Sprache (im Beispiel „Dessert" im Französischen) zusammengesetzt.

Ist dagegen die **gesamte Sprachenfolge eingeklammert** - z. B. so bei Dominante = (l>it) -, dann bezieht sich diese Angabe nur auf die Bedeutungen des jeweiligen Wortes, die in den gegenüber- und ggf. darunterliegenden Zeilen in der dritten Spalte aufgeführt sind (im Falle des Beispiels also auf die 2. und 3. Bedeutung = die Tonleiterstufe und den Dreiklang; die erste Bedeutung hingegen ist nur lateinisch beeinflußt). Bisweilen haben nämlich andere Sprachen die Bedeutungen bereits übernommener Femdwörter erweitert oder verändert.

Aus Platzgründen wurden einige Wörter, die inhaltlich nichts Neues bieten und deren Bedeutung wie Herleitung eindeutig ist, **nicht ausführlich** behandelt. Beispiel: Algologe, algologisch. Diese anderen Wortarten bzw. -formen des Fremdwortes Algologie sind der Vollständigkeit halber **nur aufgelistet**. Es entfällt die Übersetzung, ebenso die Zuweisung zu einer Sachgruppe. Die Aufzählung erfolgt - normal gedruckt anstelle von Fettdruck - in alphabetischer Reihenfolge und nimmt auf die Einteilung in senkrechte Spalten keine Rücksicht.
Das gleiche gilt auch für die vorwiegend aus zusammengesetzten Wörtern bestehenden Verweise (vgl. oben die Bemerkungen zu Spalte 1).

## Dritte Spalte

Sie enthält alle wichtigen **Bedeutungen**, die das Fremd- oder Lehnwort in der deutschen Sprache besitzt. Die vorwiegend dem Fremdwörterduden entnommenen Angaben wurden z. T. gekürzt, aber zuweilen auch im umgangssprachlichen Bereich erweitert und aktualisiert.

Die verschiedenen **Bedeutungen** sind **durchnumeriert** und durch Semikola voneinander getrennt. Hinter den einzelnen Bedeutungen befindet sich in **geschweiften Klammer** die jeweilige **Sachgruppenkennziffer**. Die jeweilige Sachgruppe kann mit Hilfe des vor dem Lexikon befindlichen Sachgruppenkataloges S. XXIXff. leicht aufgeschlüsselt werden. Mehrfachzuweisungen sind häufig und werden durch das Zeichen „/" getrennt. Befindet sich hinter der einzelnen Bedeutung **keine Sachgruppenkennziffer**, so gilt die der jeweils folgenden Bedeutung.
Die Angabe „s. oben" in geschweiften Klammern verweist auf die Sachgruppen des jeweiligen Bezugswortes.

Außerdem enthält diese Spalte in **runden Klammern** auch Hinweise bezüglich der Zugehörigkeit des Wortes oder der Bedeutung zu **Fachsprachen**. Derartige Angaben befinden sich stets hinter der Bedeutung, jedoch vor der Sachgruppenkennziffer; im Gegensatz zu dieser gilt aber die Angabe nur für die einzelne Bedeutung, nie für die vorangegangene oder folgende.
Steht eine Fachsprachenangabe jedoch vor der ersten Bedeutung – z. B.: (jur. t. t.) 1. ...; 2. ... usw. –, so gilt sie für alle Bedeutungen des Wortes.
Die gleiche Regelung gilt auch für Angaben wie **„veraltet, ugs."** oder ähnliches.

## Vierte Spalte

Sie enthält in Fettdruck das jeweilige **lateinische Ausgangswort.**

**Hinzu** treten – normal gedruckt, durch Komma vom eigentlichen Ursprungswort getrennt und meist eine Zeile tiefer stehend – **bei Substantiven** Angaben über die **Form des Genitivs** und das **Geschlecht**. Dies geschieht, weil mitunter

erst durch die Form des Genitivs eine enge Verwandtschaft des lateinischen Urwortes mit dem Fremdwort im Deutschen deutlich wird.

Der letzte Buchstabe (m, f, n) weist auf das jeweilige (grammatische) **Geschlecht** des Wortes hin; dabei bedeutet m = männlich (Maskulinum), f = weiblich (Femininum) und n = sächlich (Neutrum). Bisweilen haben die Wörter auch mehr als nur ein Geschlechter.

Obwohl diese Hinweise eher für Personen gedacht sind, die bereits einmal mit der lateinischen Sprache in Berührung gekommen sind, so sind diese Genitive derart abgekürzt, daß auch Nichtlateiner diese Form problemlos bilden können. Wiederholt wird - z. T. abweichend von dem allgemein in lateinischen Lexika üblichen Verfahren - immer (mindestens) der letzte gleichbleibende Buchstabe.

Hier die wichtigsten **Genitivformen** der verschiedenen Deklinationen; es gelten für **männliche Substantive**:

deus, ei m = deus, Gen. dei;
ager, gri m = ager, Gen. agri;
aer, ris m = aer, Gen. aeris;
ren, nis m = ren, Gen. renis;
aster, tris m = aster, Gen. astris;
abacus, ci m = abacus, Genitiv abaci;
nauta, ae m = nauta, Gen. nautae;
aedilis, is m = aedilis, Gen. aedilis;
apex, picis m = apex, Gen. apicis;
bison, ntis m = bison, Gen. bisontis;
baro, onis m = baro, Gen. baronis;
antistes, titis m = antistes, Gen. antistitis;
abbreviator, oris m = abbreviator, Gen. abbreviatoris;
abusus, us, m = abusus, Gen. abusus (mit langem zweiten u);

abecedarii, iorum m (Pl.) = abecedarii, Gen. abecedariorum - dieses Wort existiert nur im Plural;
amores, rum m (Pl.) = amores, Gen. amorum (ebenfalls nur im Plural);
annales, lium m (Pl.) = annales, Gen. annalium (nur im Plural).

Für **weibliche Substantive** gelten:

aedicula, ae f = aedicula, Gen. aediculae;
abstinentia, ae f = abstinentia, Gen. abstinentiae;
absurditas, atis f = absurditas, Gen. absurditatis;
abscissio, onis f = abscissio, Gen. abscissionis;
frons, ntis f = frons, Gen. frontis;
acus, us f = acus, Gen. acus;
pars, rtis f = pars, partis f;
pax, acis f = pax, Gen. pacis;
actrix, icis f = actrix, Gen. actricis;
febris, is f = febris, Gen. febris;
pyxis, idis f = pyxis, Gen. pyxidis;
crux, ucis f = crux, Gen. crucis;
calvities, ei f = calvities, Gen. calvitiei;
amplitudo, dinis f = amplitudo, Gen. amplitudinis;
antae, arum f (Pl) = antae, Gen antarum (existiert nur im Plural);
antiquitates, tium f (Pl). = antiquitates, Gen. antiquitatium (nur im Plural).

Für **sächliche Substantive** gelten:

acetum, ti n = acetum, Gen. aceti;
sal, lis n = sal, Gen. salis;
cor, rdis n = cor, Gen. cordis;
caput, pitis n = caput, Gen. capitis;
clima, atis n = clima, Gen. climatis;
altar, ris n = altar, Gen. altaris;
adverbium, ii n = adverbium, Gen. adverbii;
accidens, ntis n = accidens, Gen. accidentis;
abdomen, minis n = abdomen, Gen. abdominis;
corpus, poris n = corpus, Gen. corporis;
Bacchanal, lis n = Bacchanal, Gen. Bacchanalis;
acta, torum n (Pl.) = acta, Gen. actorum (existiert nur im Plural);
antiqua, uorum n (Pl) = antiqua, Gen. antiquorum (existiert nur im Plural).

Bei Wörtern mit **mehreren** möglichen **Geschlechtern** gilt:

adeps, dipis mfn = adeps, Gen. adipis – das Wort kommt in allen drei Geschlechtern vor;
bos, bovis mf = bos, Gen. bovis – das Wort kommt in männlicher und weiblicher Form vor.
Die Regelung der Wiederholung des letzten gleichen Buchstaben gilt nicht für **Adjektive**, da hierbei **nicht** der **Genitiv**, **sondern** die **Endung der verschiedenen Geschlechter** angegeben wird.
Folgende **Abkürzungen** werden verwendet:

abruptus, a, um = abruptus männlich, abrupta weiblich, abruptum sächlich;
adipeus, a, um = adipeus männlich, adipea weiblich, adipeum sächlich;
alter, era, erum = alter männlich, altera weiblich, alterum sächlich;
ambidexter, tra, trum = ambidexter männlich, ambidextra weiblich, ambidextrum sächlich;

acer, cris, cre = acer männlich, acris weiblich, acre sächlich;
posterior, ius = posterior männlich und weiblich, posterius sächlich;
abominabilis, e = abominabilis männlich und weiblich, abominabile sächlich;
bilinguis, e = bilinguis männlich und weiblich, bilingue sächlich;
omnes, omnia = omnes männlich und weiblich, omnia sächlich (nur im Plural);
ambo, ae, o = ambo männlich, ambae weiblich, ambo sächlich (nur im Plural);
bini, ae, a = bini männlich, binae weiblich, bina sächlich (nur im Plural).

Bei **Partizipien** (Präsens Aktiv) und **Adjektiven**, die **von Partizipien gebildet** werden oder auf ihnen beruhen und die auf die Buchstabenkombination –ns enden, ist die Endung in allen drei Geschlechtern gleich. Bei diesen Wörtern wird **stattdessen** die Form des **Genitivs** mit der Wiederholung des letzten gleichbleibenden Buchstabens angegeben. Beispiel:
abstinens (Gen. –ntis) = abstinens, Genitiv abstinentis.

Wörter, die aus dem Vulgär– oder Mittellateinischen stammen, wurden zumeist ohne Angabe von Genitiven oder Geschlechterendungen notiert.

Bei **Verben** ist zur Verdeutlichung der Abstammung des im Deutschen vorkommenden Fremdwortes **gegebenfalls** auch in Klammern die Form eines **Partizips** angegeben, mitunter auch die der 1. Person Perfekt Aktiv (abgekürzt „Pf.").

Mitunter sind dem fettgedruckten lateinischen Wort besondere **Hinweise** über die **Herkunft** vorangestellt, z. B. spätl. (spätlateinisch), vulgl. (vulgärlateinisch) oder ähnliches.

Neben dem lateinischen Wort sind – zur Verdeutlichung des Weges und der lautlichen wie inhaltlichen Veränderung eines Wortes – sehr häufig auch Angaben zu diesen „**Brückenwörtern**" zu finden. Lateinische Wörter sind dabei normal, Wörter aus nichtlateinischen Sprachen dagegen kursiv gedruckt. Die verwendeten Abkürzungen für die verschiedenen Sprachen können dem Abkürzungsverzeichnis S. XXXIIIff. entnommen werden.
Die **Reihenfolge** der Auflistung dieser Brückenwörter entspricht dem Weg, den das Wort durch die jeweiligen Sprachen genommen hat; jedoch ist das **lateinische Wort** stets **zuerst** aufgeführt, auch wenn z. B. ein griechisches Urwort dem Fremdwort zugrundeliegt.

Mit einem **Stern „*"** sind jene Formen gekennzeichnet, die von Sprachwissenschaftlern erschlossen wurden und nicht schriftlich belegt sind.

Das Zeichen „+" bedeutet, daß das jeweilige Fremdwort aus mehreren Einzelwörtern, die aus verschiedenen Sprachen stammen können (Hybride), **zusammengesetzt** worden ist (z. B. Automobil).

Die Abkürzung **dto.** bedeutet, daß das in der höheren Spalte zuletzt genannte lateinische Wort ebenfalls Urwort für das jeweilige Fremdwort ist.
Befindet sich vor der Angabe des Urwortes die Abkürzung **„uns."**, so bedeutet dies, daß die Herleitung des Fremdwortes nicht sicher geklärt ist.

### Fünfte Spalte

Hier befindet sich die **Übersetzung** des genannten **lateinischen Ur- bzw.** (nichtlateinischen) **Brückenwortes**. Angesichts der Vielzahl der Bedeutungen mancher Wörter war es aus Raumgründen unumgänglich, die Angaben auf in der Regel maximal vier Bedeutungen zu beschränken. Dshalb konnten an dieser Stelle nur **Grundbedeutungen** und / oder die zur Bedeutung des Fremdworts im Deutschen **korrespondierenden Bedeutungen** aufgenommen werden. Es kann daher vorkommen, daß für das gleiche Wort an verschiedenen Stellen auch verschiedene Übersetzungen aufgeführt sind. Für lateinische Wörter sind die Übersetzungen dem Lexikon von Georges entnommen worden.
An einigen Stellen sind Angaben über fachsprachliches Vorkommen im Lateinischen hinzugefügt.
In dieser Spalte sind auch die **Querverweise** zu anderen verwandten Fremdwörtern eingefügt worden. Die Angabe „dto." oder „s. oben" bezieht sich auf die jeweils zuletzt genannte Übersetzung. Zum Teil konnte auf die Übersetzung fremdsprachlicher Brückenwörter verzichtet werden.

## 3.4. Anhang

### 3.4.1. Die Liste der Wörter griechischen Ursprungs

In dieser alphabetisch geordneten Liste findet der Leser die wichtigsten derjenigen Wörter, die von ihrem Ursprung her griechischer oder anderer Herkunft sind und nur **Fremdwörtercharakter im Lateinischen** besaßen, von wo aus sie entweder direkt aus dem Lateinischen oder über den Umweg anderer Sprachen ins Deutsche eingedrungen sind.

Die Seite gliedert sich in **vier** senkrechte **Spalten**. Die erste enthält das im Deutschen auftretende Fremdwort, die zweite das dazugehörige lateinische Pendant; in der dritten steht dann das griechische Ur- oder Brückenwort. Stammt das Fremdwort aus einer anderen Sprache als aus der griechischen, steht in einer vierten Spalte in Klammern die Angabe über die Her-

kunftssprache des Wortes. Ein „dto." statt einer Angabe verweist auf die darüberliegende Zeile.
Da es das Bestreben dieses Buches ist, das lateinische Spracherbe im Deutschen darzustellen, haben sich die Autoren aus Raumgründen dazu entschlossen, in dieser Liste auf Angaben zu **Bedeutung** und **Übersetzung zu verzichten** und die Gesamtzahl der Wörter in engen Grenzen zu halten.
Das im gleichen Verlag erschienene Buch von Richter / Hornbostel „Unser tägliches Griechisch" gibt dem interessierten Leser die Möglichkeit, den Ursprüngen griechischer Wörter im Deutschen genauer nachzugehen. Die Wortangaben ermöglichen aber in jedem Falle, die entsprechenden Bedeutungen einem der gängigen Fremdsprachenlexika für Latein bzw. Griechisch zu entnehmen.

### 3.4.2. Die Liste der neulateinischen Wörter

In dieser Auflistung finden sich in alphabetischer Reihenfolge sämtliche im Fremdwörterduden als **originär neulateinisch** bezeichneten **Wörter**. Alle diejenigen Begriffe, bei denen Neulatein nur Teil des Wortweges ist und die aus anderen Sprachen stammend in der (Früh-)Neuzeit latinisiert wurden, sind nicht enthalten; Zweifelsfälle stehen in Klammern. Allerdings muß festgestellt werden, daß die Kennzeichnung im Duden in diesem Punkt als nicht konsequent erscheint (der „Masochist" wird als originär neulateinisch bezeichnet, der „Sadist" nicht!).

### 3.4.3. Die Liste der Redewendungen und zusammengesetzter Ausdrücke

Hier wurden die wichtigsten **aus mehreren Wörtern bestehenden Ausdrücke** in **alphabetischer** Reihenfolge zusammengestellt. Die Buchstabenanfänge sind im Druck hervorgehoben. Enthalten sind dabei neben aus mehreren Fremdwörtern bestehenden und in der normalen Umgangssprache verbreiteten Redewendungen **auch** einige in literarischen Werken zuweilen auftretende **Sentenzen und Zitate** der klassischen antiken Autoren.

Die Seitenaufteilung erfolgte **zweispaltig**, wobei Hilfslinien den Überblick erleichtern sollen. In der linken Spalte befindet sich der mehrwortige Ausdruck oder Ausspruch und ggf. (z. B. bei Zusammensetzungen) auch Hinweise zur sprachlichen Herkunft in der Art, wie sie im lexikalischen Teil in der zweiten Spalte zu finden sind; in der rechten Spalte steht die zugehörige Bedeutungserklärung.
Dabei sind wörtliche **Übersetzungen normal** gedruckt, **Erklärungen kursiv**. Erklärungen oder Ergänzungen zusätzlich zur Übersetzung stehen kursiv in Klammern. **Zusatzangaben** für Fachausdrücke oder zu Erklärungen (oder Hinweise wie „veraltet") finden sich in **eckigen Klammern**.

Auf die Angabe der Quelle bzw. des Autors wurde - sofern nicht zum Verständnis der Sentenz hilfreich - verzichtet.

Bezüglich der Verwendung von **Groß- und Kleinschreibung** ist zu sagen, daß die Uneinheitlichkeit z. T. von der Benutzung verschiedener Werke herrührt, zum anderen daraus resultiert, daß einige weniger verbreitete Floskeln noch (lateinisch) klein geschrieben werden, andere – als eingedeutscht empfundene – bei Beginn mit einem Substantiv hingegen groß.

### 3.4.4. Das alphabetische Verzeichnis der im lexikalischen Teil auftauchenden lateinischen Ursprungswörter

Diese Auflistung **sämtlicher** im Lexikon-Teil vorkommenden **lateinischen Wörter** in **alphabetischer** Reihenfolge bildet den Abschluß dieses Werkes. Sie ist dreispaltig gedruckt und enthält neben dem jeweiligen lateinischen Ursprungswort die betreffende **Wortfamilienkennziffer**, die im Lexikon in der ersten Spalte steht. Unter Benutzung der Kopfzeilen im lexikalischen Teil ist so ein schnellstmögliches Auffinden des Wortes im Buch gewährleistet.

Hinweise auf die in dieser Liste verwendeten **Zeichen** finden sich am **Anfang** der Liste (S. 937).

Diese Liste dient einerseits dazu, zusammengehörige Wortfamilien, die durch das Alphabet räumlich voneinander getrennt sind, zu kennzeichnen und komplett im Überblick zu behalten, so daß das Buch auf eine Vielzahl von Verweisen verzichten kann. Andererseits ist es für den einen oder anderen Philologen interessant herauszufinden, welche Fremdwörter von der jeweiligen Vokabel herzuleiten sind. Manch einem Schüler kann der Lehrer so das Lernen einer Vokabel erleichtern und den Zusammenhang der europäischen Sprachen einerseits, die Verwandtschaft des Deutschen mit dem Lateinischen andererseits mühelos darstellen. Dies gilt natürlich auch für jeden, der sich für das Nachleben der Antike in der modernen Zeit interessiert.

Hinweis: Die in den Nachträgen S. 977 auftauchenden lateinischen Ursprungswörter konnten leider nicht mehr in dieses Verzeichnis integriert werden.

### 3.4.5. Nachträge

Hier finden sich noch einige Wörter, die nach dem eigentlichen Abschluß der Arbeiten am Lexikon wichtig genug schienen, nachträglich in dieses Buch aufgenommen zu werden. Ihre geringe Zahl erlaubte es, auf die zeitaufwendige und komplizierte alphabetische Einordnung in den Lexikonteil wie in das Verzeichnis der lateinischen Ursprungswörter verzichten zu können, ohne ein nennenswertes Defizit zu hinterlassen.

# Literaturliste

1. Dornseiff, Franz, Der deutsche Wortschatz nach Sachgruppen, Berlin 1959[5], 1970[7].
2. Duden, Das große Wörterbuch der Deutschen Sprache, 6 Bände, Mannheim, Wien, Zürich 1976[1].
3. Duden Bd. 5, Fremdwörterbuch (bearb. von Wolfgang Müller), Mannheim, Wien, Zürich 1982[4].
4. Duden Bd. 7, Herkunftswörterbuch (Etymologie) (bearb. v. Günther Drosdowski, Mannheim, Wien, Zürich, 1989[2].
5. Etymologisches Wörterbuch des Deutschen, erarbeitet von einem Autorenkollektiv des Zentralinstituts für Sprachwissenschaft unter der Leitung von W. Pfeifer, 3 Bde, Berlin (DDR) 1989.
6. Georges, Heinrich, Ausführliches Lateinisch-Deutsches Handwörterbuch, 2 Bde, ND der 8. Auflage 1913, Darmstadt 1983.
7. Hallig, Rudolf, und Wartburg, Walter von, Begriffssystem als Grundlage für die Lexikographie. Versuch eines Ordnungsschemas. Abhandl. d. Dt. Akad. d. Wiss. zu Berlin, Kl. für Sprachen, Literatur und Kunst, Heft 4, Berlin 1952.
8. Grimm, Jacob und Wilhelm, Deutsches Wörterbuch, 33 Bde, Leipzig 1854-1971, ND (DTV) München 1984.
9. Hemme, Adolf, Das lateinische Sprachmaterial im Wortschatz der dt., frz. und engl. Sprache, Leipzig 1904, ND Hildesheim, N. Y. 1979.
10. Hübner, Friedhelm, Langenscheidt Fremdwörterbuch, Berlin, München, Zürich, Wien, New York 1989[1].
11. Kluge, Friedrich, Etymologisches Wörterbuch der deutschen Sprache, bearbeitet von Mitzka, W., Berlin 1975[21].
12. Macdonald, A. M., Etymological English Dictionary, (New Edition) N. Y. 1961.
13. Machado, José Pedro, Dicionário etimológico da lingua Portuguesa, Lissabon 1967[2].
14. REW (Romanisches Etymologisches Wörterbuch) von W. Meyer-Lübke, Heidelberg 1935[3].
15. Schirmer, Adolf, Deutsche Wortkunde, 2. neubearbeitete Auflage, Berlin 1946.
16. Schulz, Hans, und Basler, Otto, Deutsches Fremdwörterbuch, Bd. 1 Straßburg 1913, Bd. 2 Berlin 1942, Bd. 3-7 Berlin 1977-88.
17. Sellner, Alfred, Latein im Alltag (VMA/Cura, Wien), Wiesbaden 1984.
18. Wahrig, Gerhard, Fremdwörter-Lexikon, bearbeitet von U. Herrmann, K. Rüme u. N. Raum, Neuausgabe 1983, Sonderausgabe München 1987.
19. Wasserzieher, Ernst, Woher?, Ableitendes Wörterbuch der deutschen Sprache, besorgt von W. Betz, Bonn 1966[17], (benutzt: Berlin 1925[6]).
20. Wittstock, Otto, und Kauczor, Johannes, Latein und Griechisch im deutschen Wortschatz, Berlin (DDR) 1982[3].

# Sachgruppenkatalog

*Hinweis:*

Die Sachgruppen sind sowohl thematisch geordnet als auch - in der Regel - in aufsteigender Ziffernfolge aufgeführt. Folgende Abweichungen sind jedoch zu beachten:
Gruppe **13** entfällt.
Gruppe **84** - Charaktereigenschaften (B.2.b.) steht nach Nr. 22.
Gruppe **85** - Freizeit und Freizeitverhalten (B.3.a.4.) steht nach Nr. 33.
Gruppe **86** - Militärwesen (B.4.d.) steht nach Nr. 50.
Gruppe **87** - Freizeit- und Haushaltstechnik (B.3.b.8.) steht nach Nr. 44.
Gruppe **88** - Architektur und Baukunst (B.3.a.5.ee.) steht nach Nr. 37.

Themenbereich

Sachgruppenkennziffer

A. Universum

1. Himmel und Atmosphäre ........ 01

2. Erde ........ 02

3. Pflanzenwelt

a) allgemein ........ 03
b) Wildpflanzen / exotische Gewächse ........ 04
c) Nutzpflanzen ........ 05

4. Tierwelt

a) Säugetiere ........ 06
b) übrige Wirbeltiere ........ 07
c) übrige Tierwelt ........ 08
d) Tierkrankheiten ........ 09

B. Mensch

1. Körperliches Wesen

a) Rasse, Geschlecht, Verwandtschaft ........ 10
b) Körper und Organe ........ 11
c) Bewegungen und Stellungen ........ 12
d) Gesundheit / Krankheit ........ 14
e) Leben allgemein, Alter ........ 15

Für die Gruppen 13 bzw. 84 bis 88 beachten Sie bitte den Hinweis zu Beginn des Sachgruppenkatalogs.

# *Abkürzungsverzeichnis*

| | | |
|---|---|---|
| Abl. | = | Ablativ |
| Adj. | = | Adjektiv |
| Adv. | = | Adverb |
| aengl | = | altenglisch |
| afränk | = | altfränkisch |
| afrikaans | = | mundartliche, südafrikanische Amtssprache |
| afrz | = | altfranzösisch |
| ägypt | = | ägyptisch |
| ahd | = | althochdeutsch |
| Akk. | = | Akkusativ |
| akust. t. t. | = | Fachausdruck der Akustik |
| allg. | = | allgemein |
| altd | = | altdeutsch |
| altisl | = | altisländisch |
| altl | = | altlateinisch |
| altröm. | = | altrömisch |
| am | = | amerikanisch(es Englisch) |
| amtl. | = | amtlich |
| amtsspr. t. t. | = | Fachausdruck der Amtssprache |
| anat. t. t. | = | anatomischer Fachausdruck |
| aport | = | altportugiesisch |
| aprov | = | altprovenzalisch |
| arab | = | arabisch |
| aram | = | aramäisch |
| archäol. t. t. | = | archäologischer Fachausdruck |
| archit. t. t. | = | architektonischer Fachausdruck |
| arithm. t. t. | = | arithmetischer Fachausdruck |
| asächs | = | altsächsisch |
| aspan | = | altspanisch |
| assyr | = | assyrisch |
| astrol. t. t. | = | astrologischer Fachausdruck |
| astron. t. t. | = | astronomischer Fachausdruck |
| b. | = | bei, beim |
| babyl | = | babylonisch |
| ballist. t. t. | = | ballistischer Fachausdruck |
| Bed. | = | Bedeutungen |
| bergmannspr. t. t. | = | Fachausdruck des Bergbaus |
| berlin. | = | berlinisch |
| bes. | = | besonders |
| best. | = | bestimmt(e/er/es) |
| bibliothekswiss. t. t. | = | Fachausdruck der Bibliothekswissenschaft |
| biol. t. t. | = | biologischer Fachausdruck |
| bot. t. t. | = | botanischer Fachausdruck |
| brit | = | britisch |
| buchw. t. t. | = | Fachausdruck aus dem Buchwesen |
| bulgar | = | bulgarisch |

| | | |
|---|---|---|
| bzw. | = | beziehungsweise |
| chald | = | chaldäisch |
| chem. | = | chemisch(e/er/es) |
| chem. t. t. | = | chemischer Fachausdruck |
| d | = | deutsch |
| Dat. | = | Dativ |
| DDR | = | Wort, Bedeutung, die in der Ex-DDR üblich war |
| dimin. | = | diminutiv, Verkleinerungsform |
| dor | = | dorisch(es griechisch) |
| druckw. t. t. | = | Fachausdruck im Druckwesen |
| dt. | = | deutsch(e/er/es) (nicht als Sprachenangabe) |
| Dud. | = | Fremdwörterduden |
| eccl. | = | kirchlich (d. h. bei den Kirchenschriftstellern) |
| EDV | = | elektronische Datenverarbeitung |
| EDV - t. t. | = | Fachausdruck der EDV |
| elektrotechn. t. t. | = | elektrotechnischer Fachausdruck |
| engl | = | englisch |
| etc. | = | et cetera (usw.) |
| ethnol. t. t. | = | ethnologischer Fachausdruck |
| etr | = | etruskisch |
| etw. | = | etwas |
| ev. | = | evangelisch |
| f | = | Femininum |
| forstwirt. t. t. | = | forstwirtschaftlicher Fachausdruck |
| fot. t. t. | = | fotografischer Fachausdruck |
| Frankr. | = | Frankreich |
| französ. | = | französisierend |
| frz | = | französisch |
| gall | = | gallisch |
| gallolat | = | gallolateinisch |
| gallorom | = | galloromanisch |
| gaskogn | = | Dialekt / Mundart der Gaskogne |
| gastron. t. t. | = | gastronomischer Fachausdruck |
| GB | = | Großbritannien |
| gen. communis | = | ohne grammatisches Geschlecht |
| genealog. t. t. | = | genealogischer Fachausdruck |
| geogr. t. t. | = | geographischer Fachausdruck |
| geol. t. t. | = | geologischer Fachausdruck |
| geometr. t. t. | = | geometrischer Fachausdruck |
| geophys. t. t. | = | geophysikalischer Fachausdruck |
| gerichtl. | = | gerichtlich |
| germ | = | germanisch |
| Gerund. | = | Gerundium / Gerundivum |
| got | = | gotisch |
| gr | = | griechisch |
| gramm. t. t. | = | grammatischer Fachausdruck |
| hebr | = | hebräisch |
| hist. t. t. | = | historischer Fachausdruck |
| iber | = | iberisch |

| | | |
|---|---|---|
| idg | = | indogermanisch |
| Imp. | = | Imperativ (Befehlsform) |
| it | = | italienisch |
| Ital. | = | Italien |
| jap | = | japanisch |
| jmd. | = | jemand |
| jur. t. t. | = | juristischer Fachausdruck |
| kath.rel. t. t. | = | katholischer religiöser Fachausdruck |
| kaufmannsspr. t. t. | = | kaufmannssprachlicher Fachausdruck |
| kelt | = | keltisch |
| kernphys. t. t. | = | kernphysikalischer Fachausdruck |
| Kfz | = | Kraftfahrzeug |
| kirchenl | = | kirchenlateinisch |
| klass. | = | klassisches Latein |
| komp. | = | Komparativ, Steigerungsform |
| Konj. | = | Konjunktiv |
| kopt | = | koptisch |
| kunsthist. t. t. | = | kunstgeschichtlicher Fachausdruck |
| künstl. t. t. | = | künstlerischer Fachausdruck |
| Kunstw. | = | Kunstwort |
| kybern. t. t. | = | kybernetischer Fachausdruck |
| l | = | lateinisch |
| ladin | = | ladinisch |
| landsch. | = | landschaftlich |
| landw. t. t. | = | landwirtschaftlicher Fachausdruck |
| latein. | = | lateinisch (in Texten, nicht Sprachkennz.!) |
| linguist. t. t. | = | linguistischer Fachausdruck |
| lit.wiss. t. t. | = | literaturwissenschaftlicher Fachausdruck |
| log. t. t. | = | logischer Fachausdruck |
| lombard | = | lombardisch |
| m | = | Maskulinum |
| MA | = | Mittelalter |
| marxist. t. t. | = | Fachausdruck der marxistischen Ideologie |
| math. t. t. | = | mathematischer Fachausdruck |
| med. t. t. | = | medizinischer Fachausdruck |
| meteor. t. t. | = | meteorologischer Fachausdruck |
| meton. | = | metonymisch |
| metr. t. t. | = | metrischer Fachausdruck |
| mfrz | = | mittelfranzösisch |
| mhd | = | mittelhochdeutsch |
| mil. t. t. | = | militärischer Fachausdruck |
| mittelalterl. | = | mittelalterlich |
| mlat | = | mittellateinisch |
| mnd | = | mittelniederdeutsch |
| mniederl | = | mittelniederländisch |
| mod. t. t. | = | Fachwort der Modewelt |
| mus. t. t. | = | musikalischer Fachausdruck |
| n | = | Neutrum |
| n. Chr. | = | nach Christi Geburt |

| | | |
|---|---|---|
| neapol. | = | neapolitanischer Dialekt |
| Nf. | = | Nebenform |
| nhd | = | neuhochdeutsch |
| niederd | = | niederdeutsch |
| niederl | = | niederländisch |
| nlat | = | neulateinisch |
| nordamerik. | = | nordamerikanisch(er) (nur in Texten) |
| nordfrz | = | nordfranzösisch |
| o. | = | oder |
| öffentl. | = | öffentlich |
| okkultist. t. t. | = | okkultistischer Fachausdruck |
| opt. t. t. | = | optischer Fachausdruck |
| orth. | = | orthodox (in bezug auf die Religion) |
| österr | = | österreichisch |
| ostpr | = | ostpreußisch |
| ozeanograph. t. t. | = | ozeanographischer Fachausdruck |
| päd. t. t. | = | pädagogischer Fachausdruck |
| parapsych. t. t. | = | parapsychologischer Fachausdruck |
| Part. | = | Partizip |
| pers | = | persisch |
| Pf. | = | Perfekt |
| PFA | = | Partizip Futur Aktiv |
| pharmaz. t. t. | = | pharmazeutischer Fachausdruck |
| philat. t. t. | = | Fachausdruck der Briefmarkenkunde |
| philol. t. t. | = | philologischer Fachausdruck |
| philos. t. t. | = | philosophischer Fachausdruck |
| phys. t. t. | = | physikalischer Fachausdruck |
| physiol. t. t. | = | physiologischer Fachausdruck |
| Pl. | = | Plural |
| poet. t. t. | = | dichterischer Fachausdruck |
| polit. | = | politisch(e/er/es) |
| polit. t. t. | = | politischer Fachausdruck |
| poln | = | polnisch |
| polyn | = | polynesisch |
| port. | = | portugiesisch |
| postal. t. t. | = | postalischer Fachausdruck |
| PPA | = | Partizip Präsens Aktiv |
| PPf. | = | Partizip Perfekt (Aktiv) |
| PPfem. | = | Partizip Perfekt Femininum |
| PPP | = | Partizip Perfekt Passiv |
| Präp. | = | Präposition |
| praep. insep. | = | untrennbare Präposition |
| Präs. | = | Präsens |
| prov | = | provenzalisch |
| psych. | = | psychisch(e/er/es) |
| psych. t. t. | = | psychologischer Fachausdruck |
| rätorom | = | rätoromanisch |
| rel. t. t. | = | religiöser Fachausdruck |
| rhet. t. t. | = | rhetorischer Fachausdruck |

| | | |
|---|---|---|
| röm. | = | römisch (nur in Texten, nicht Sprachkennzeichen!) |
| roman | = | romanisch |
| rumän | = | rumänisch |
| russ | = | russisch |
| Rw | = | Redewendung(en) |
| s. | = | siehe |
| s. a. | = | siehe auch |
| sanskr | = | sanskrit |
| sc. | = | scilicet: ergänze |
| scherzh. | = | scherzhaft |
| schott | = | schottisch |
| schweiz | = | schweizerisch |
| s. d. | = | siehe darunter |
| seemannsspr. t. t. | = | seemannssprachlicher Fachausdruck |
| semit | = | semitisch |
| serb | = | serbisch |
| serbokroat | = | serbokroatisch |
| slaw | = | slawisch |
| soziol. t. t. | = | soziologischer Fachausdruck |
| soz.psych. t. t. | = | sozialpsychologischer Fachausdruck |
| span | = | spanisch |
| spätahd | = | spätalthochdeutsch |
| spätgr | = | spätgriechisch |
| spätl | = | spätlateinisch |
| sport. t. t. | = | Fachausdruck aus der Welt des Sports |
| sprachl. | = | sprachlich(e/er/es) |
| sprachwiss. t. t. | = | sprachwissenschaftlicher Fachausdruck |
| s. S. | = | siehe Seite |
| staatl. | = | staatlich(e/er/es) |
| statist. t. t. | = | statistischer Fachausdruck |
| * (Stern) | = | erschlossene, nicht belegte Form |
| stilk. t. t. | = | stilkundlicher Fachausdruck |
| Subst. | = | Substantiv |
| südam | = | südamerikanisch(es Spanisch) |
| süddt | = | süddeutsch |
| südfrz | = | südfranzösisch |
| sumer | = | sumerisch |
| Superl. | = | Superlativ |
| techn. | = | technisch(e/er/es) |
| techn. t. t. | = | technischer Fachausdruck |
| theat. t. t. | = | theaterwissenschaftlicher Fachausdruck |
| theol. t. t. | = | theologischer Fachausdruck |
| t. t. | = | terminus technicus (Fachausdruck) |
| u. | = | und |
| übertr. | = | in übertragenem Sinne |
| ugs. | = | umgangssprachlich |
| ung | = | ungarisch |
| Uni | = | Universität |
| uns. | = | unsicher |

| | | |
|---|---|---|
| v. | = | von, vom |
| v. Chr. | = | vor Christi Geburt |
| vgl. | = | vergleiche |
| völkerrechtl. t. t. | = | völkerrechtlicher Fachausdruck |
| voridg | = | vorindogermanisch |
| vork | = | vorkeltisch |
| vulgl. | = | vulgärlateinisch |
| Wahrig | = | Wahrig, Fremdwörterlexikon |
| waidm. t. t. | = | waidmännischer Fachausdruck |
| walis | = | walisisch |
| westgerm | = | westgermanisch |
| wirtsch. t. t. | = | wirtschaftlicher Fachausdruck |
| wirtsch.wiss. t. t. | = | wirtschaftswissenschaftlicher Fachausdruck |
| wiss. | = | wissenschaftlich |
| wörtl. | = | wörtlich |
| z. B. | = | zum Beispiel |
| zool. t. t. | = | zoologischer Fachausdruck |

# Lexikalischer Teil

# A

| | | | | |
|---|---|---|---|---|
| 0001 | **à** | für, je, zu, zu je {56/83} | **ad** | zu, nach, hin; bis zu; bei, auf; hinsichtlich |
| 0002 | **a, A**<br>= **ab, Ab** | ab..., ent..., weg... (Vorsilbe) {58/83} | **a, ab** o. **abs** | von...her, von... weg; von Seiten; un... |
| 0003 | **Abakus**<br>(gr)>l | 1. antikes Rechen- o. Spielbrett {71/75/85}; 2. Säulendeckplatte beim Kapitell {88} | **abacus,**<br>ci m<br>gr. *ἄβαξ* | Tischplatte, Rechen-, Spielbrett, obere Platte auf dem Säulenkapitell |
| 0004 | **Abalienation** | 1. Entfremdung {26/33}; 2. Ent-, Veräußerung (jur. t. t) {82/43} | **abalienatio,**<br>onis f | Ent-, Veräußerung (jur. t. t.) |
| – | **abalienieren** | 1. entfremden {26/33}; 2. veräußern {82/43} | **abalienare** | abspenstig machen, entfremden; abtreten, veräußern |
| 0005 | **Abbé**<br>bzw.<br>**Abate**<br>aram>gr<br>>l>it/frz | (1. Form): Titel eines Geistlichen in Frankreich;<br>(2. Form): Titel der Weltgeistlichen in Italien oder Spanien {51} | **abbas**, atis m (Akk. abbatem)<br>spätgr. *ἄββας* | der Abt<br><br>Vater<br>vgl. unten 0037b |
| 0006 | **Abbreviation** o. **-tur**<br>l>mlat | Abkürzung in Hand-, Druck- und Notenschrift {32/37/57} | **abbreviatio,**<br>onis f | Abkürzung, Umrechnung |
| – | **Abbreviator** | hoher päpstlicher Beamter, der Schriftstücke entwirft {51/32/40} | **abbreviator,**<br>oris m | jmd., der aus einem Buch einen Auszug macht |
| – | **abbreviieren** | abkürzen (von Wörtern) {57/32} | **abbreviare** | abkürzen; reduzieren = schwächen |
| 0007 | **Abdikation** | Abdankung (veraltet) {50/33} | **abdicatio,**<br>onis f | das Sich-lossagen von jmdm. o. etw.; das Enterben; die Niederlegung |
| – | **abdikativ** | 1. Abdankung, Verzicht bedeutend {50/33}; 2. Gewährenlassen des Untergebenen {50/33/28} | **abdicativus,**<br>a, um | verneinend, negativ |
| – | **Abdikativ** | Abspann bei Rundfunksendungen oder Filmen {59/85} | dto. | dto. |

| | | | | |
|---|---|---|---|---|
| – | **abdizieren** | abdanken, Verzicht leisten (veraltet) {28/33/50} | **abdicare** | verwerfen; abdanken, ein Amt aufgeben, jmdn. verstoßen |
| 0008a | **Abdomen** | 1. Bauch, Unterleib {11/70} 2. Hinterleib der Gliederfüßler (biol. t. t.) {69} | **abdomen,** minis n | Unterleib, Wanst |
| – | **abdominal** o. **abdominell** | zum Unterleib gehörend {11/69/70} | dto. | dto. |
| 0008b | **Abduktor** | Abziehmuskel (med. t. t.) {11/70} | **abducere** | wegführen, -schaffen; trennen, entfernen |
| 0009 | **Abecedarier** mlat | ABC-Schütze, Schulanfänger {31/78/59} | mlat. **abecedarii,** iorum n (Pl.) | ABC - Schützen |
| – | **Abecedarium** mlat | 1. alphabet. Verzeichnis des Inhalts von alten dt. Rechtsbüchern {32/82}; 2. ABC–Fibel (veraltet) {31/75/78}; 3. = Abecedarius (1.) {34/37} | mlat. **abecedarium,** ii n | das ABC |
| – | **Abecedarius** mlat | 1. Gedicht o. Hymnus, dessen Vers- o. Strophenanfänge dem ABC folgen {34/37}; 2. = Abecedarier {31/78/59} | mlat. **abecedarius,** a, um | zum ABC gehörig; (- psalmus: Psalm, dessen Verse nach dem ABC geordnet sind) |
| – | **abecedieren** mlat | Töne mit ihren Buchstabennamen singen (mus. t. t.) {37} | dto. | dto. |
| 0010 | **Abenteuer** l>vulgl >afrz>mhd | 1. gefährliches Erlebnis, gewagtes Unternehmen {25/26/29}; 2. Liebesaffäre {18} | **advenire**<br>vulgl. adventura<br>afrz. *aventure*<br>mhd *ab-* o. *aventiure* | heran-, hin-, ankommen; sich ereignen<br>Ereignis, Geschehnis |
| 0011 | **aberrant** | abirrend, von der normalen Form abweichend {53} | **aberrare** | sich verirren; abschweifen; sich (vom Original) entfernen |
| – | **Aberration** | 1. optischer Abbildungsfehler {72}; 2. scheinbare Ortsveränderung eines Gestirns (astron. t. t.) {66}; 3. Abweichung eines Individuums von der Art (biol. t. t.) {69} | **aberratio,** onis f | Zerstreuung, das momentane Abkommen von etw. Beschwerlichem |
| – | **aberrieren** | von der normalen Form abweichen {53/56} | **aberrare** | s. oben |

>>> abgezirkelt s. Zirkel

| | | | | |
|---|---|---|---|---|
| 0012 | **abhorreszieren** o. **abhorrieren** | verabscheuen, ablehnen; zurückschrecken {25/26/28} | **abhorrere**<br>bzw. **abhorrescere** | vor etw. zurückschaudern, etw. verabscheuen; nicht zusagen<br>einen Abscheu bekommen (eccl.) |
| 0013 | **Abitur(ium)** l>mlat >nlat | Abschluß-, Reifeprüfung {31/78} | **abire** (PFA. **abiturus**)<br>bzw. **abitus**, us m | weg-, fort-, übergehen, verschwinden<br>Fort-, Weggang, Abreise; Ausgang (Ort) |
| – | **Abiturient** l>mlat >nlat | jmd., der das Abitur gemacht hat {31/78} | **dto.** | dto. |
| 0014 | **Abjudikation** | (gerichtl.) Aberkennung (jur. t. t.) {43/82} | **abiudicare** | aberkennen, absprechen |
| – | **abjudizieren** | (gerichtl.) aberkennen, absprechen (jur. t. t.) {43/82} | dto. | dto. |
| 0015 | **Abjuration** | durch Eid bekräftigter Verzicht (veraltet - jur. t. t.) {82} | **abiuratio**, onis f | das Abschwören |
| – | **abjurieren** | abschwören, unter Eid entsagen {28/82} | **abiurare** | abschwören, eidlich ableugnen |
| 0016 | **abkapiteln** d;l>mlat | jmdn. schelten, abkanzeln, einen (öffentl.) Verweis erteilen {32/33} | **capitulum**, li n | kleiner Kopf, Kapitell; Abschnitt, Kapitel |
| >>> | abkanzeln s. Kanzel/ kanzeln | | | |
| >>> | abkommandieren s. kommandieren | | | |
| >>> | abkapseln s. Kapsel | | | |
| 0017 | **Ablation** | 1. Abschmelzung von Eis und Schnee {65}; 2. Bodenabtragung durch Erosion (geol. t. t.) {62}; 3. operative Entfernung eines Organs (med. t. t.) {52/70} | **ablatio**, onis f<br>(bzw. **auferre**, PPP. **ablatus**) | Wegnahme<br>weg-, forttragen, entfernen; (durch Fluß, Wind, Wellen) zerstören |
| 0018 | **Ablativ** | Kasus in indogermanischen Sprachen, der Ausgangspunkt, Entfernung oder Trennung zum Ausdruck bringt (Woher-Fall - sprachwiss. t. t.) {76} | **ablativus**, vi m<br>bzw. **auferre** | der Ablativ<br>s. oben 0017 |
| 0019 | **abnorm** | 1. krankhaft vom Normalen abweichend {70}; 2. außer-, ungewöhnlich {25/55/56} | **abnormis**, e | von der Regel abweichend |
| – | **abnormal** | vom Üblichen, von der Norm abweichend; (geistig) nicht normal {25/56/70} | dto. | dto. |
| – | **Abnormität** | 1. das Abweichen von der Regel {25/56}; 2. krankhaftes Verhalten; 3. Mißbildung (med. t. t) {70} | **abnormitas**, atis f | das Ungewöhnliche, Abweichung von der Regel |

| | | | | |
|---|---|---|---|---|
| 0020 | **abominabel** l>frz | abscheulich, scheußlich, widerlich {26} | (spätl.) **abominabilis**, e bzw. **abominari** | verabscheuenswert, abscheulich verabscheuen, verwünschen |
| 0021 | **Abort** o. **Abortus** | 1. Abbruch eines Raumfluges {66}; 2. Fehlgeburt {70}; 3. Nichtausbildung pflanzlicher Organe (bot. t. t.) {68} | **abortus**, us m (bzw. **abortum**, ti n) | das zu frühe Gebären, die Fehlgeburt |
| – | **abortieren** | 1. fehlgebären (med. t. t.) {70}; 2. gewisse Organe nicht ausbilden (bot. t. t.) {68} | **abortare** (o. spätl., eccl. **abortire**) | zu früh gebären |
| – | **abortiv** | 1. abgekürzt verlaufend (von Krankheiten) {59/70}; 2. abtreibend (med. t. t.) {70}; 3. unfertig ausgebildet (biol. t. t.) {68/69/70} | **abortivus**, a, um | zu früh geboren, abtreibend |
| – | **Abortivum** | (med. t. t.) 1. Mittel, das den Krankheitsverlauf abkürzt {59/70}; 2. Mittel zum Herbeiführen einer Fehlgeburt {70} | **abortivum**, vi n | die Früh-, Fehlgeburt; das Abtreibungsmittel |
| >>> | abqualifizieren s. qualifizieren | | | |
| >>> | abradieren s. radieren | | | |
| >>> | abrasieren s. rasieren | | | |
| 0022 | **Abrasio(n)** | 1. Ausschabung der Gebärmutter (med. t. t.) {70}; 2. Abtragung der Küste durch die Brandung (geol. t. t.) {62} | **abrasio**, onis f (bzw. **abradere**) | das Abscheren (der Haare) abscheren, abkratzen, -schaben |
| >>> | abreagieren s. reagieren | | | |
| >>> | Abreaktion s. Reaktion | | | |
| 0023 | **Abrogation** | Gesetzesaufhebung durch ein neues Gesetz (jur. t. t.) {82} | **abrogatio**, onis f | Abschaffung (eines Gesetzes) |
| – | **abrogieren** | (veraltet) 1. abschaffen {25/52/82}; 2. zurücknehmen {50} | **abrogare** | (ein Gesetz) abschaffen; jmdm. ein Staatsamt abnehmen |
| 0024 | **abrupt** | 1. plötzlich, unvermittelt eintretend {59}; 2. zusammenhanglos {56/58} | **abruptus**, a, um | jäh, steil, schroff, abschüssig |
| 0025 | **absent** | abwesend {52/58} | **abesse** | abwesend -, entfernt -, nicht da sein |
| | | | (PPA. **absens**) | räumlich entfernt; (geistig) abwesend |
| – | **absentieren** l>frz | sich entfernen {58/61} | dto. | dto. |
| – | **Absentismus** l>nlat | Abwesenheit vom Grundbesitz bzw. vom Arbeitsplatz (soziol. t. t.) {58/40/81} | **absentia**, ae f | Abwesenheit |

| | | | | |
|---|---|---|---|---|
| – | **Absenz** | 1. Abwesenheit, Fortbleiben {58}; 2.Geistesabwesenheit, bes. bei epileptischen Anfällen (med. t. t.) {70} | dto. | dto. |
| – | **Absit** | das sei Ferne!, Gott bewahre! {27/32} | **abesse** | s. oben |
| 0026 | **absolut** l>(frz) | 1. uneingeschränkt, vollkommen, äußerst {58/56}; 2. rein, beziehungslos {56}; 3. auf eine bestimmte Grundeinheit bezogen (math. t. t.) {71} | **absolutus**, a, um | vollkommen, vollständig; unabhängig, ohne Einschränkung |
| 0027 | **Absolution** | Los-, Freisprechung (bes. Sündenvergebung - rel. t. t.) {51} | **absolutio**, onis f | gerichtl. Freisprechung; Auslieferung; kirchliche Absolution |
| 0028 | **Absolutismus** l>frz | unumschränkte Gewalt des Monarchen {75/50/80} | **absolutus** | s. oben 0026 |
| – | **Absolutist** l>frz | 1. Anhänger des Absolutismus; 2. Herrscher mit unumschränkter Macht {75/50/80} | dto. | dto. |
| – | **absolutistisch** l>frz | 1. den Absolutismus betreffend; 2. Merkmale des Absolutismus zeigend {75/50/80} | dto. | dto. |
| 0029 | **Absolutorium** | 1. behördliche Befreiung von Ansprüchen (veraltet) {50}; 2. Reifeprüfung, -zeugnis (veraltet) 3. Hochschulbestätigung für Semesterbelegung (österr.) {31/78} | dto. bzw. **absolutorium**, ii n | dto. Befreiungsmittel |
| 0030 | **Absolvent** | jmd., der die vorgeschriebene Ausbildungszeit abgeschlossen hat {31/59} | **absolvere** | loslösen; entlassen; vollenden |
| – | **absolvieren** | 1. die vorgeschriebene Ausbildungszeit ableisten {31/59}; 2. etw. aus-, durchführen {29}; 3. jmdm. Absolution erteilen (rel. t. t.) {51} | dto. | dto. |
| 0031 | **Absorbens** | der bei der Absorption aufnehmende Stoff (chem. t. t.) {73} | **absorbere** | verschlucken, -schlingen; aufsaugen |
| – | **Absorber** | 1. absorbierender Stoff (chem. t. t.) {73}; 2. Vorrichtung zur Absorption von Gasen {72/73}; 3. Kühlschrank {87} | dto. | dto. |
| – | **absorbieren** | 1. aufsaugen, in sich aufnehmen {53/73}; 2. (gänzlich) beanspruchen {28/43} | dto. | dto. |
| – | **Absorption** | das Aufsaugen, In-Sich-Aufnehmen von etw. {53/73} | dto. (bzw. **absorbitio** o. **absorptio**, onis, f) | dto. das Verschlingen |

| | | | | |
|---|---|---|---|---|
| – | **absorptiv** l>nlat | zur Absorption fähig (chem. t. t.) {73} | dto. | dto. |
| – | **Absorptiv** l>nlat | bei der Absorption aufgenommener Stoff (chem. t. t.) {73} | dto. | dto. |
| 0032 | **abstinent** l>(engl) | enthaltsam {17/28} | **abstinens** (Gen. -ntis) | enthaltsam, uneigennützig |
| – | **Abstinenz** | Enthaltsamkeit {17/28} | **abstinentia**, ae f | Enthaltsamkeit, Uneigennützigkeit |
| – | **Abstinenzler** | jmd., der enthaltsam lebt {17/28} | **abstinens** (bzw. **abstinere**) | s. oben fernhalten; fasten; verschonen |
| 0033 | **abstrahieren** | 1. gedanklich verallgemeinern {25}; 2. auf etw. verzichten {28} | **abstrahere** | wegziehen; entführen; fortreißen, -schleppen |
| – | **abstrakt** | 1. rein begrifflich; 2. theoretisch, ohne unmittelbaren Realitätsbezug {25} | dto. | dto. |
| – | **Abstraktion** | 1. Begriffsbildung, Begriff; 2. Verallgemeinerung {25}; 3. auf Einzelheiten verzichtende Darstellung {56/32} | **abstractio**, onis f | das Fortschleppen, Entführen; Abstraktion (philos. t. t.) |
| – | **abstraktiv** | 1. abstraktionsfähig {22/25}; 2. durch Abstrahieren gebildet {25} | **abstrahere** | s. oben |
| – | **Abstraktum** | Substantiv, das Nichtdingliches bezeichnet; Begriffswort (sprachwiss. t. t.) {76} | dto. | dto. |
| 0034 | **abstrus** | 1. absonderlich, töricht {25/26}; 2. schwer verständlich, verworren, ohne gedankliche Ordnung {25/56} | **abstrusus**, a, um | wohlverborgen, versteckt; verschlossen (vom Charakter) |
| 0035 | **absurd** | widersinnig, abwegig, sinnlos {25/56} | **absurdus**, a, um | unvernünftig, unpassend, sinnlos |
| – | **Absurdismus** l>nlat | moderne Theaterform mit antirealistischen Mitteln zu satirischen Zwecken (theat. t. t.) {35/74} | dto. | dto. |
| – | **Absurdist** l>nlat | Vertreter des Absurdismus (theat. t. t.) {35/74} | dto. | dto. |
| – | **absurdistisch** l>nlat | den Absurdismus betreffend (theat. t. t.) {35/74} | dto. | dto. |
| – | **Absurdität** | Widersinnig-, Sinnlosigkeit {25/56} | **absurditas**, atis f | Mißklang; Ungereimtheit |
| 0036 | **abszedieren** | eitern (med. t. t.) {70} | **abscedere** | fortgehen; wegfallen; sich ablagern, eitern (med.t. t.) |
| – | **Abszeß** | Eiterherd, -ansammlung (med. t. t.) {70} | **abscessus**, us m | Weg-, Fortgang; Eitergeschwulst |
| 0037a | **Abszisse** l>nlat | (math. t. t.) 1. Horizontalachse im Koordinatensystem; 2. erste Koordinate eines Punktes {71} | **abscindere** (bzw. **abscissio**, onis f) | trennen; losreißen; abschneiden das Abreißen |

| | | | | |
|---|---|---|---|---|
| 0037b | **Abt** (aram) >(gr) >kirchenl | Stifts-, Klostervorsteher (rel. t. t.) {51} | kirchenl. **abbas**, atis m<br>spätgr. *ἄββας* | Abt<br><br>Vater |
| – | **Abtei** (aram) >(gr) >kirchenl | von einem Abt geleitetes Stift (rel. t. t.) {51} | kirchenl. **abbatia**, ae f | Abtei |
| – | **Äbtissin** (aram) >(gr) >kirchenl | Vorsteherin eines Frauenstifts (rel. t. t.) {51} | kirchenl. **abatissa**, ae f | Äbtissin |
| >>> | Abtestat s. Testat | | | |
| >>> | abtestieren s. testieren | | | |
| >>> | abtrainieren s. trainieren | | | |
| 0038 | **abundant** | häufig (vorkommend), reichlich, dicht {57} | **abundans** (Gen. -ntis) | überflutend, -mäßig; reich an etw. |
| – | **Abundanz** | 1. Häufigkeit einer Art auf einer best. Fläche (biol. t. t.) {68/69}; 2. Zeichenüberfluß {71}; 3. Pleonasmus (selten - sprachwiss. t. t.) {76}; 4. (größere) Bevölkerungsdichte {64/57/81} | **abundantia**, ae f | das Überströmen; Überfluß, Übermaß |
| 0039 | **abusiv** | mißbräuchlich {25/82} | **abusivus**, a, um<br>bzw. **abuti** | uneigentlich<br>verschwenden, auf-, mißbrauchen |
| – | **Abusus** | übermäßiger Ge- o. Mißbrauch (z. B. von Arzneimitteln) {70} | **abusus**, us m bzw. spätl. **abusio**, onis f | der Ver-, Mißbrauch (eccl.); Verachtung, Verhöhnung |
| 0040 | **Accesoire** l>frz | modisches Zubehör zur Kleidung {19/21} | **accessio**, onis f | das Hinzukommen; Zusatz; Anhang, Zulage |
| 0041 | **Acetale** l;arab | chem. Verbindung aus Aldehyden und Alkohol (chem. t. t.) {73} | **acetum**, ti n | 1. saurer Wein, Weinessig 2. beißender Witz, scharfer Spott |
| 0042 | **Acetat** l>nlat | Salz der Essigsäure (chem. t. t.) {73} | dto. | dto. |
| 0043 | **Aceton** l>nlat | Stoffwechselendprodukt und Lösungsmittel {69/73} | dto. | dto. |
| 0044 | **Acetyl** l;gr | Säurerest der Essigsäure (chem. t. t.) {73} | dto.<br>+ gr. *ὕλη* | dto.<br>Stoff, Material, Bau-, Brennholz |
| – | **Acetylen** l;gr | gasförmiger brennbarer Kohlenwasserstoff (zum Schweißen verwendet) {41/73} | dto. | dto. |
| 0045 | **Acid** l>engl | Bezeichnung für LSD (Süchtigenjargon) {73/82} | **acidus**, a, um | scharf, giftig, sauer, unangenehm |

| | | | | |
|---|---|---|---|---|
| – | **Acidität** | Säuregehalt einer Flüssigkeit (chem. t. t.) {73} | **aciditas**, atis f | Säure |
| 0046 | **Acryl** o. **Acrylglas** l;gr | (Kunstwort aus Acrolein + -yl) Kunststoff aus Polyacrylnitrit (chem. t. t.) {73} | **acer**, cris, cre + gr. ὕλη | scharf, beißend; energisch Stoff, Material, Bau-, Brennholz |
| 0047 | **Act** l>engl | 1. best. Art von Urkunden {32/82}; 2. Willenserklärung, Verwaltungsordnung {50/28}; 3. vom Parlament verabschiedetes Gesetz (jur. t. t.) {50/81/82} | **actio**, onis f | Darstellung; Antrag, Amtshandlung; Gerichtsverhandlung |
| 0048 | **Acta** (Pl.) | 1. Handlungen, Taten {29/75}; 2. Berichte, Protokoll {32/75/81} | **acta**, torum n (Pl.) | Protokolle, Tagesberichte; Taten, Handlungen |
| 0049 | **Action** l>engl | 1. handlungsreicher Vorgang {29}; 2. Rechtsstreit, Klage (engl. jur. t. t.) {82} | **actio**, onis f | s. oben 0047 |
| 0050 | **ad** | zu (z. B. zu = ad 1) {56/83} | **ad** | zu, hin, nach (vgl. oben 0001) |
| 0051 | **Adaptation** l>nlat | Anpassungsvermögen von Organen an die Umwelt (biol. t. t.) {69/70} | **adaptare** | gehörig anpassen |
| – | **Adapter** l>engl | Zwischenstecker bei Elektrogeräten {41/87} | dto. | dto. |
| – | **adaptieren** | 1. anpassen (biol. t. t.) {68/69}; 2. bearbeiten (z. B. für einen Film {40/85} | dto. | dto. |
| – | **Adaption** l>nlat | 1. = Adaptation {69}; 2. Umformung eines Textes in eine andere Gattungsform (stilk. t. t.); 3. angenäherte Übersetzung {76} | dto. | dto. |
| – | **adaptiv** l>nlat | auf Adaptation beruhend {69/70} | dto. | dto. |
| 0052 | **Adäquanz** l>nlat | Angemessenheit, Üblichkeit eines Verhaltens {33/77} | **adaequare** | erreichen, gleichmachen, -stellen, -kommen; |
| – | **adäquat** | angemessen, entsprechend, übereinstimmend {25/56} | dto. | dto. |
| – | **Adäquatheit** | Angemessenheit {25/56} | dto. | dto. |
| 0053a | **Addend** | Zahl, die beim Addieren hinzugefügt wird {71/57} | **addere** | addieren (math. t. t.); hinzufügen, vermehren |
| – | **Addendum** | Zusatz, Nachtrag, Ergänzung, Beilage {56/57} | dto. | dto. |
| – | **addieren** | zusammenzählen, hinzufügen {71/57} | dto. | dto. |

>>> Addiermaschine s. Maschine

| | | | | |
|---|---|---|---|---|
| 0053b | **Additamentum** | Zugabe, Anhang, Ergänzung zu einem Buch {57/32} | **additamentum**, ti n | Zusatz, Anhang, Anhängsel |

| | | | | |
|---|---|---|---|---|
| 0053c | **Addition** | 1. Zusammenzählung, Hinzufügung (math. t. t.) {57/71}; 2. Anlagerung von Atomen (chem. t. t.) {73} | **additio**, onis f | das Hinzufügen, Zusatz |
| – | **additional** l>nlat | zusätzlich, nachträglich {56/57} | dto. | dto. |
| – | **additiv** | 1. durch Addition hinzukommend, auf ihr beruhend; 2. hinzufügend, aneinanderreihend {57/71} | dto. bzw. **additivus**, a, um | dto. hinzufügbar |
| – | **Additive** l>engl | chem. Zusätze (in Treibstoffen zur Eigenschaftsverbesserung) {45/73} | dto. | dto. |
| 0054 | **addizieren** | zuerkennen, zusprechen {28/43/82} | **addicere** | zusprechen, -erkennen; überlassen |
| 0055 | **Adduktor** | Muskel, der eine heranziehende Bewegung zur Körperachsenmitte hin bewirkt (med. t. t.) {11/70} | **adducere** bzw. **adductor**, oris m | heran-, an sich ziehen der Verkuppler |
| – | Adduktorenzerrung | | | |
| 0056 | **ade** l>frz | = adieu, lebe wohl, auf Wiedersehen (Abschiedsgruß) {32} | **ad** + **deus**, ei m **ad deum** | s. oben 0001 Gott zu Gott, Gott befohlen |
| 0057 | **Ademtion** | Wegnahme, Entziehung (veraltet) {82/43} | **ademptio**, onis f | das Wegnehmen, die Entziehung |
| 0058 | **Adept** | 1. Schüler, Anhänger einer Lehre {31}; 2. in Geheimkünste Eingeweihter {51} | **adipisci** | erreichen, einholen, erlangen, erfassen |
| 0059 | **Adhärens** | 1. Anhaftendes, Zubehör (veraltet) {57/87}; 2. Klebstoff (chem. t. t.) {73} | **adhaerere** | an etw. ankleben; angehängt sein an etw. |
| – | **adhärent** | 1. anhaftend, -hängend {57}; 2. ange-, verwachsen {68/69} | dto. | dto. |
| – | **Adhärenz** l>mlat | Hingebung, Anhänglichkeit an etw., jmd. (veraltet) {26/33} | dto. | dto. |
| – | **adhärieren** | 1. anhaften, -hängen {56/58}; 2. beipflichten (veraltet) {32} | dto. | dto. |
| – | **Adhäsion** | 1. das Haften zweier Körper o. Stoffe aneinander (phys. t. t.) {72}; 2. Verkleben von Gewebe nach Operationen o. Entzündungen (med. t. t.) {70}; 3. Verwachsung in einer Pflanzenblüte (bot. t. t.) {68} | dto. | dto. |
| – | **adhäsiv** l>nlat | anhaftend, -klebend {54/56} | dto. | dto. |
| 0060 | **adhoc** | 1. (eigens) zu diesem Zweck (gemacht, gebildet) {52/25}; 2. aus dem Augenblick heraus (entstanden) {52/59} | **ad hoc** | dazu, diesbezüglich (wörtl. „für dieses") |

| | | | | |
|---|---|---|---|---|
| 0061 | **Adhortation** | Ermahnung (veraltet) {32/33} | **adhortatio**, onis f | Aufmunterung, Mahnung |
| – | **adhortativ** | ermahnend (veraltet) {32/33} | **adhortativus**, a, um | zur Mahnung geeignet, mahnend |
| – | **Adhortativ** | Imperativ, der zu gemeinsamer Tat auffordert (sprachwiss. t. t.) {76} | dto. | dto. |
| 0062a | **adieu** l>frz | (Abschiedswort): lebt wohl {32} | **ad** + **deus**, ei m **ad deum** | s. oben 0001 s. oben 0056 zu Gott, Gott befohlen |
| 0062b | **Ädikula** | 1. kleiner antiker Tempel {51/75/88}; 2. altchristliche (Grab)kapelle {51/88}; 3. kleiner Aufbau zur Aufnahme eines Standbildes {58}; 4. Umrahmung von Fenstern, Nischen {88} | **aedicula**, ae f | kleiner Bau, kleines Zimmerchen; kleiner Tempel, Kapelle |
| 0063 | **Ädil** | altröm. Beamter für Polizei- u. Marktaufsicht {50/75} | **aedilis**, is m | Ädil |
| – | **Ädilität** | Amt, Würde eines Ädils {50/75} | **aedilitas**, atis f | Ädilität |
| 0064 | **adipös** l>nlat | fett(reich), verfettet {70} | **adipeus**, a, um | aus Fett bestehend |
| – | **Adipositas** l>nlat | Fettsucht, -leibigkeit (med. t. t.) {70} | dto. bzw. **adeps**, dipis mfn | dto. bzw. Schmalz, Fett(sucht) |
| 0065 | **Adjektion** | Mehrgebot bei Versteigerungen {42/32/57} | **adiectio**, onis f | das Hinzufügen; Steigerung; Mehrgebot (bei Versteigerungen) |
| – | **Adjektiv** | Eigenschafts-, Art-, Beiwort (sprachwiss. t. t.) {76} | **adiectivum**, vi n | Beiwort, Adjektiv (gramm. t. t.) |
| – | **Adjektivierung** | Verwendung eines Substantivs oder Adverbs als Adjektiv (sprachwiss. t. t.) {76} | dto. | dto. |
| – | **adjektivisch** | eigenschaftswörtlich, als Adjektiv gebraucht (sprachwiss. t. t.) {76} | dto. (bzw. **adiectivus**, a, um | dto. zum Beifügen dienlich) |
| 0066 | **adjudizieren** | zuerkennen, zusprechen (jur. t. t.) {28/43/82} | **adiudicare** | jmd. etw. (richterlich) zuerkennen, zusprechen |
| 0067 | **adjungieren** | zuordnen, beifügen (math. t. t.) {56/71} | **adiungere** | anknüpfen, an-, beifügen, (geistig) zuwenden |
| – | **Adjunkt** (o. veraltet: **Adjoint**) | 1. sprachl. Element, das mit einem anderen nicht gleichzeitig auftreten kann (sprachwiss. t. t.) {76}; 2. Gehilfe eines Beamten (veraltet) {33/40/50}; 3. niederer Beamter (österr.) {40/50} | dto. bzw. **adiunctus**, a, um | dto. eng verbunden, in nahem Zusammenhang stehend |

| | | | | |
|---|---|---|---|---|
| – | **Adjunktion** | 1. Hinzufügung, Beiordnung, Vereinigung {56/57}; 2. Verknüpfung zweier Aussagen durch „oder" (log. t. t.) {71} | **adiunctio**, onis f | das Anknüpfen, Hinzufügen, Anreihen |
| 0068 | **Adjustage** (l;l>mlat) >frz | 1. Einrichten, -stellen einer Maschine; 2. Nacharbeiten eines Werkstückes; 3. Abteilung in Walz- und Hammerwerken {40/41} | **ad** + **iustus**, a, um mlat. iustare | zu, hin, nach, bei (s. oben 0001) regelmäßig, ordentlich, gehörig berichtigen, in die gehörige Ordnung bringen |
| – | **adjustieren** (l;l>mlat) >frz | 1. in die entsprechende, richtige Stellung bringen {41/58}; 2. ausrüsten, in Uniform kleiden (österr.) {19/86} | dto. | dto. |
| – | **Adjustierung** l>(mlat) >frz | 1. das Adjustieren {41}; 2. Uniform, Kleidung, Aufmachung (österr.) {19/86} | dto. | dto. |
| 0069 | **Adjutant** l>span>frz | den Kommandeuren militärischer Einheiten beigegebener Offizier {86} | **adiutare** (bzw. **adiutor**, oris m | beistehen, mit Eifer unterstützen, zu fördern suchen Gehilfe, Beistand, Handlanger) |
| – | **Adjutantur** l>nlat | Amt, Dienststelle eines Adjutanten {86} | dto. | dto. |
| 0070 | **Adlatus** l>nlat | (meist jüngerer) untergeordneter Gehilfe, Helfer, Beistand (veraltet) {33/40} | **afferre** (PPP. **ad-** o. **allatus**) | herbeibringen, -schaffen; bei etw. nützen, helfen |
| 0071 | **Administration** | 1. Verwaltung(sbehörde); 2. Regierung (bes. in bezug auf die USA) {50} | **administratio**, onis f | Dienstleistung, Leitung, Verwaltung, Regierung |
| – | **administrativ** | 1. zur Verwaltung gehörend; 2. behördlich; 3. bürokratisch (abwertend, DDR) {50} | **administrare** (**administrativus**, a, um | seinen Dienst tun, leiten, verwalten praktisch) |
| – | **Administrator** | Verwalter, Bevollmächtigter {50} | **administrator**, oris m | Verwalter, Leiter; Statthalter |
| – | **administrieren** | 1. verwalten {50}; 2. bürokratisch anordnen, verfügen (abwertend, DDR) {28/50} | **administrare** | s. oben |
| 0072 | **admirabel** | bewundernswert (veraltet) {56/26} | **admirabilis**, e | bewundernswürdig, wunderbar |
| – | **Admiration** | Bewunderung (veraltet) {26/33} | **admiratio**, onis f | Be-, Verwunderung |
| 0073a | **Admission** | 1. Übertragung eines kath. geistlichen Amtes (trotz kanonischer Bedenken - rel. t. t.); 2. Aufnahme in eine Kongregation (rel. t. t.) {51}; 3. Dampfeinlaß in den Zylinder einer Dampfmaschine (techn. t. t.) {41/72} | **admissio**, onis f | das Zulassen; Zutritt, Audienz |

| | | | | |
|---|---|---|---|---|
| 0073b | **admonieren** | (veraltet) 1. erinnern, ermahnen {24/25/32}; 2. verwarnen, einen Verweis erteilen {25/32/31} | **admonere** | mahnen; erinnern; warnen; auffordern |
| 0074 | **abnominal** (l;l)>nlat | zum Substantiv (Nomen) hinzutretend, vom ihm syntaktisch abhängend (sprachwiss. t. t.) {76} | **ad**<br>+ **nomen**, minis n | zu, hin ... zu (s. oben 0001)<br>Nomen (gramm. t. t.); Name, Benennung |
| 0075 | **adoleszent** | heranwachsend, in jugendlichem Alter stehend {15} | **adolescere** | heranwachsen, -reifen, erstarken |
| – | **Adoleszenz** | Jugendalter (nach der Pubertät) {15} | **adulescentia**, ae f | Jugend-, Jünglingsalter |
| 0076 | **adoptieren** | 1. als Kind annehmen {82/33}; 2. etwas annehmen, nachahmend sich aneignen {25} | **adoptare** | aussersehen, annehmen zu etw.; jmdn. adoptieren |
| – | **Adoption** | 1. das Adoptieren {82/33}; 2. Annahme, Genehmigung {28/25} | **adoptio**, onis f | Annahme an Kindesstatt, Adoption; das Einpfropfen |
| – | **Adoptiv...** | in Bezug auf die Adoption {33/82} | **adoptivus**, a, um | zur Adoption gehörig, Adoptiv... |
| 0077 | **adorabel** | anbetungs-, verehrungswürdig (veraltet) {26/33/56} | **adorabilis**, e | anbetungswert |
| – | **Adorant** | stehende o. kniende Figur, die mit erhobenen Händen Gott anbetet o. einen Heiligen verehrt {36/51} | **adorare** | jmdn. anflehen; seine Andacht verrichten; anbeten, verehren |
| – | **adorieren** | anbeten, verehren {33/51} | dto. | dto. |
| – | **Adoration** | 1. Anbetung, Verehrung des Altarsakraments in der kath. Kirche; 2. Huldigung der Kardinäle gegenüber dem neugewählten Papst {51} | **adoratio**, onis f | Anbetung (einer Gottheit) |
| 0078 | **adrenal** l;l | die Nebenniere betreffend (med. t. t.) {70} | **ad**<br>+ **ren**, nis m | zu, hin, bezüglich (s. oben 0001)<br>Niere; Lenden |
| – | **Adrenalin** | Hormon des Nebennierenmarks (med. t. t.) {70} | dto. | dto. |
| 0079 | **Adressant** (l;l>mlat.) vulgl>frz | Absender (einer Postsendung) {46} | **ad** + **dirigere**<br>mlat. directiare<br>vulgl. addirectiare<br>frz. *adresse*<br>*adresser* | zu, hin, nach hinrichten, -lenken, ausrichten<br>richten, lenken<br>ausrichten<br>(Bestimmungs)-richtung<br>etw. an jmdn. richten, mit einer Anschrift versehen, einen Brief an jmdn. schicken |

| | | | | |
|---|---|---|---|---|
| – | **Adressat** (l;l>mlat) >vulgl>frz | 1. Empfänger (z.B. einer Postsendung) {46}; 2. der Bezogene (bei Wechselgeschäften - veraltet) {80/42}; 3. Schüler, Kursteilnehmer (im programmierten Unterricht) {31/78} | dto. | dto. |
| – | **Adresse** (l;l>mlat) >vulgl>frz | 1. Anschrift {46}; 2. schriftliche Meinungsäußerung an die Regierung o. das Staatsoberhaupt {50/32}; 3. Nummer einer Speicherzelle (EDV- t. t.) {71} | dto. | dto. |
| – | **...adresse** (l;l>mlat) >vulgl>frz | Schreiben an eine Person des öffentlichen Lebens zu einem offiziellen Anlaß {50/32} | dto. | dto. |
| – | **adressieren** (l;l>mlat) >vulgl>frz | 1. mit der Adresse versehen {46}; 2. eine Postsendung an jmdn. richten {46/32}; 3. jmdn. gezielt ansprechen {32} | dto. | dto. |
| 0080 | **adrett** (l;l)>frz | 1. äußerlich ansprechend; 2. sauber, ordentlich, proper {55/26/33}; 3. gewandt, flink (veraltet) {22} | **ad**<br>+ **directus**, a, um | zu, hin, nach (s. oben 0001)<br>gerade gerichtet |
| 0081 | **Adsorbens** o. **Adsorber** (l;l)>nlat >(engl) | Stoff, der gelöste Substanzen an sich bindet (chem. t. t.) {73} | **ad**<br>+ **sorbere** | zu, hin, nach (s. oben 0001)<br>zu sich nehmen, schlucken; erdulden; schlürfen; |
| – | **adsorbieren** l>nlat | Gase oder gelöste Stoffe an einer Feststoffoberfläche anlagern (chem. t. t.) {73} | dto. | dto. |
| – | **Adsorption** l>nlat | Anlagerung von Gasen an einer Feststoffoberfläche (chem. t. t.) {73} | dto. | dto. |
| 0082 | **Adstringens** | Wunden zusammenziehendes, blutstillendes Mittel (med. t. t.) {53/70} | **a(d)stringere** | an-, zusammenziehen, -pressen; gerinnen, erstarren machen |
| – | **Adstringent** | Gesichtswasser, das die Zusammenziehung der Poren bewirkt {21/53} | dto. | dto. |
| – | **adstringieren** | zusammenziehend wirken (med. t. t.) {70/53/54} | dto. | dto. |
| 0083 | **adult** | erwachsen, geschlechtsreif (med. t. t.) {15/70} | **adultus**, a, um | erwachsen, erstarkt; entwickelt |
| 0084 | **Advantage** l>frz>engl | erster gewonnener Punkt nach dem Einstand beim Tennis {85} | **abante** (Adv. / Präp. b. Akk.) | vor etw. weg, vorweg |

| | | | | |
|---|---|---|---|---|
| 0085 | **Advektion** | 1. horizontale Luftmassenzufuhr (meteor. t. t.) {65}; 2. waagrechte Wassermassenbewegung in Ozeanen (geophys. t. t.) {63} | **advectio**, onis f (bzw. **advectus**, us m | das Heranführen, Transport das Herbeiführen, -holen) |
| – | **advektiv** l>nlat | durch Advektion herbeigeführt {65/63} | **advehere** | herbeiführen, -schaffen, -kommen |
| 0086 | **Advent** | Ankunft Christi; Zeit der vier Sonntage vor Weihnachten {51/59} | **adventus**, us m | Ankunft, Eintreffen, Anwesenheit; Anmarsch |
| – | **Adventismus** l>engl>am | Glaubenslehre der Adventisten (rel. t. t.) {51} | dto. | dto. |
| – | **Adventist** l>engl>am | Sektenmitglied, das an die baldige Wiederkehr Christi glaubt (rel. t. t.) {51} | dto. | dto. |
| – | **adventistisch** l>engl>am | die Lehre des Adventismus betreffend (rel. t. t.) {51} | dto. | dto. |
| 0087 | **Adverb(ium)** | Umstandswort (sprachwiss. t. t.) {76} | **adverbium**, ii n | Nebenwort, Adverb |
| – | **adverbial** o. **adverbiell** | als Umstandswort (gebraucht - sprachwiss. t. t.) {76} | **adverbialis**, e | als Adverb gebraucht, von ihm abgeleitet |
| 0088a | **adversativ** | gegensätzlich, entgegengesetzt {76/56} | **adversativus**, a, um | zum Gegensatz gehörig |
| 0088b | **Advertisement** l>engl | Inserat, Anzeige {32/27} | **advertere** | die Aufmerksamkeit auf etw. richten, - auf sich ziehen |
| 0089 | **Advokat** | Rechtsanwalt, -beistand {40/82} | **advocatus**, ti m | Freund, Sachverständiger, Rechtsanwalt |
| – | **Advokatur** | Rechtsanwaltschaft {82} | dto. | dto. |
| 0090a | **Aero...** (gr)>l | (in Zusammensetzungen auftretend): Luft, Gas {72/73} | **aer**, ris m gr. *ἀήρ* | Atmosphäre, Luft; Witterung |

>>> Aeronavigation s. Navigation

| | | | | |
|---|---|---|---|---|
| – | **Aeroplan** gr>l>(frz) | Flugzeug (veraltet) {45} | **aer** gr. *ἀεροπλάνος*; frz. *planer* | s. oben in der Luft umherschwebend schweben |
| – | **Aerosol** (gr)>l;l | ein Gas (bes. Luft) mit feinverteilten festen oder flüssigen Stoffen {65/73} | **aer** + **sal**, lis n | s. oben Salz |
| 0090b | **Affäre** l>frz | 1. Angelegenheit; (unangenehmer) Vorfall {25/33}; 2. Streitsache {82}; 3. Liebschaft {18/33} | **facere** frz. *faire* *(avoir) à faire* *affaire* | tun, machen, handeln machen, tun zu tun (haben) Affäre |

| | | | | |
|---|---|---|---|---|
| 0091 | **Affekt** | 1. heftige seelische Erregung; 2. (nur Pl.) Leidenschaften {26} | **affectus**, us m | körperliche, geistige Verfassung; Gemütsstimmung; Leidenschaft; Verlangen |
| – | **Affektation** | affektiertes Benehmen, Äußerung, Handlung {26/29/32/84} | **affectatio**, onis f | eifriges Streben, Begierde; Ziererei; das Erkünstelte |
| – | **affektieren** | sich gekünstelt benehmen, zieren (veraltet) {26/84} | dto. bzw. **affectare** | dto. erfassen, ergreifen, erkünsteln, erheucheln |
| – | **affektiert** | geziert, gekünstelt, eingebildet {26/84} | dto. bzw. **affectate** (Adv.) | dto. manieriert |
| – | **Affektion** | 1. Befall eines Organs mit Krankheitserregern (med. t. t.) {70}; 2. Wohlwollen, Neigung (veraltet) {26/33} | **affectio**, onis f | Zustand, Verfassung; Stimmung, Zärtlichkeit |
| – | **affektisch** | von Gefühl oder Erregung beeinflußt (in bezug auf die Sprache) {26/32/76} | **affectus**, a, um | ausgestattet; aufgelegt; erschöpft; ergriffen |
| – | **affektiv** | 1. gefühlsbetont, durch Gefühlsäußerungen gekennzeichnet {26}; 2. auf einen Affekt bezogen (psych. t. t.) {70} | **affectivus**, a, um | ergreifend, rührend; einen Affekt (Willen) bezeichnend |
| – | **Affektivität** | 1. Gesamtheit des menschlichen Gefühls- und Gemütslebens {26}; Gefühlsansprechbarkeit {26/32} | dto. | dto. |
| – | **affektuös** o. **-uos** | seine Ergriffenheit von etw. mit Gefühl zum Ausdruck bringend {26/32} | **affectuosus**, a, um | neigungs-, liebevoll, zärtlich |
| 0092 | **Affiliation** l>mlat | 1. Verhältnis von Sprache zur Grundsprache {76}; 2. Adoption (veraltet - jur. t. t.) {82}; 3. Logenwechsel eines Logenmitglieds {33}; 4. Anschluß, Verbrüderung {33} | **affiliatio**, onis f (von: **ad** + **filius / filia** | Adoption zu, hin, bezüglich (s. oben 0001) Sohn / Tochter) |
| – | **affiliieren** | 1. aufnehmen (in eine Freimaurerloge) {33}; 2. beigesellen (einer Tochtergesellschaft - wirtsch. t. t.) {80} | dto. | dto. |
| 0093 | **affin** | 1. verwandt {10}; 2. durch eine affine Abbildung auseinander hervorgehend (math. t. t.) {71}; 3. reaktionsfähig (chem. t. t.) {73} | **affinis**, e | angrenzend; verwandt; vertraut; beteiligt |
| – | **affinieren** | 1. reinigen, scheiden (von Edelmetallen) {41/73}; 2. Zukkerkristalle vom Sirup trennen {41/17} | dto. | dto. |

| | | | | |
|---|---|---|---|---|
| – | **Affinierung** (o. **Affination, Affinage**) | Trennung von Gold und Silber aus ihren Legierungen mittels Schwefelsäure (chem. t. t.) {41/73} | dto. | dto. |
| – | **Affinität** | 1. Wesensverwandtschaft von Begriffen und Vorstellungen (philos. t. t.) {77}; 2. Vereinigungsstreben von Atomgruppen (chem. t. t.) {73}; 3. affine Abbildung (math. t. t.) {71}; 4. Schwägerschaft (jur. t. t.) {10/82}; 5. Anziehungskraft, die Menschen aufeinander ausüben (soz.psych. t. t.) {26/70/81}; 6. Ähnlichkeit zwischen unverwandten Sprachen (sprachwiss. t. t.) {76} | **affinitas**, atis f | Verwandtschaft, Verschwägerung; Zusammenhang, enge Beziehung |
| 0094 | **Affirmation** | Bejahung, Zustimmung, Bekräftigung {25/28/32} | **affirmatio**, onis f | Versicherung, Beteuerung, Bejahung |
| – | **affirmativ** | bejahend, bestätigend {25/28/32} | **affirmativus**, a, um | bejahend, versichernd |
| – | **Affirmative** | bejahende Aussage, Bestätigung {25/28/32} | dto. | dto. |
| – | **affirmieren** | bejahen, bekräftigen {25/28/32} | **affirmare** | bekräftigen, bestätigen; behaupten, bejahen |
| 0095a | **Affix** | an den Wortstamm tretendes Morphem (Prä- oder Suffix - sprachwiss. t. t.) {76} | **affixus**, a, um | fest angeheftet |
| 0095b | **affizieren** | reizen, krankhaft verändern (med. t. t.) {70} | **afficere** | befallen; körperlich einwirken, schwächen; anregen |
| – | **affiziert** | 1. befallen (von einer Krankheit - med. t. t.) {70/14}; 2. betroffen, erregt {26} | dto. | dto. |
| 0096 | **Affront** (l;l)>frz | herausfordernde Beleidigung {26/32} | **ad** | zu, hin, gegen (vgl. oben 0001) |
| | | | + **frons**, ntis f | Stirn, Front, Vorderseite |
| 0097 | **Agenda** l>roman | 1. Schreibtafel, Merk-, Notizbuch {24/32}; 2. Terminkalender {24/32/59}; 3. Aufstellung der Gesprächspunkte bei politischen Verhandlungen {32/50} | **agere** (PPP. **agens**) | tun, ausführen, verhandeln, besprechen; |
| | | | **agenda** (Gerund.) | was zu tun, zu machen , zu verhandeln ist |
| – | **Agende** l>mlat | (Buch für die) Gottesdienstordnung {51} | dto. | dto. |
| – | **Agenden** l>mlat | zu erledigende Aufgaben, Obliegenheiten (bes. österr.) {40} | dto. | dto. |

| | | | | |
|---|---|---|---|---|
| – | **Agens** | 1. treibende Kraft (philos. t. t.) {77/28}; 2. wirksamer Stoff, krankmachender Faktor (med. t. t.) {70}; 3. Träger eines durch das Verb ausgedrückten Verhaltens (sprachwiss. t. t.) {76} | **agere** | s. oben |
| – | **Agent** | 1. Abgesandter eines Staates für besondere Aufträge ohne diplomatischen Schutz; 2. Spion in staatlichem Geheimauftrag {50}; 3. Handelsvertreter (veraltet; österr.) {42/40}; 4. Künstlervermittler {35/40} | dto. | dto. |
| – | **Agentur** | 1. Büro zur Nachrichtenweitergabe {58/32}; 2. Geschäftsnebenstelle, Vertretung {42/58}; 3. Büro, das Künstlern Engagements vermittelt {35/58} | dto. | dto. |
| 0098 | **Agglomerat** | 1. Ablagerung unverfestigter Gesteinsbruchstücke (geol. t. t.) ; 2. vulkanisches Auswurfprodukt (geol. t. t.) {62}; 3. feinkörniges Erz {02/62}; 4. Ansammlung, Produkt einer Anhäufung {57} | **agglomerare** | fest aneinanderschließen, -drängen, -scharen |
| – | **Agglomeration** | Anhäufung, Zusammenballung {57/58} | dto. | dto. |
| – | **agglomerieren** | zusammenballen {57/58} | dto. | dto. |
| 0099 | **Agglutination** | 1. Verschmelzung (z. B. Artikel und Substantiv - sprachwiss. t. t.); 2. Ableitung und Beugung eines Wortes (sprachwiss. t. t.) {76}; 3. Verklumpung von Zellen als Folge der Wirkung von Antikörpern (med. t. t.) {70} | **agglutinatio**, onis f | das Ankleben; Anhänglichkeit, Ergebenheit |
| – | **agglutinieren** | 1. zur Verklumpung bringen, eine Agglutination herbeiführen (med. t. t.) {70/54}; 2. Beugungsformen durch Anhängen von Affixen bilden (sprachwiss. t. t.) {76} | **agglutinare** | ankitten, -kleben, -heften |
| 0100 | **Aggregat** | 1. zusammenwirkende Einzelmaschinen (elektrotechn. t. t.) {41/72}; 2. mehrgliedriger mathematischer Ausdruck (math. t. t.) {71}; 3. Zusammenwachsen von Mineralien (geol. t. t.) {62} | **aggregare** | (sich) zugesellen; hinzunehmen; zusammenhäufen |

| | | | | |
|---|---|---|---|---|
| – | **Aggregation** | Vereinigung von Molekülen zu Molekülverbindungen (phys. t. t.) {72/73} | **aggregatio**, onis f | das Beigesellen, Zuzählen; Zusammenhäufen |
| – | **Aggregatzustand** l;d | Erscheinungsform eines Stoffes (fest, flüssig, gasförmig) {54/72/73} | **aggregare** | s. oben |
| – | **aggregieren** | anhäufen, beigesellen {57/72} | dto. | dto. |
| 0101 | **Aggression** | 1. rechtswidriger Angriffskrieg {82/86}; 2. Angriffsverhalten bei Lebewesen (biol., psych. t. t.) {69/70}; 3. feindselig-aggressive Äußerung, Handlung {29/32/33} | **aggressio**, onis f | Anfall, Angriff |
| – | **aggressiv** l>nlat | angreifend, auf Angriff gerichtet {26/69/70/84} | dto. | dto. |
| – | **Aggressivität** l>nlat | 1. bestimmte menschliche Haltung (psych. t. t.) {70/84}; 2. Angriffslust {26/69/70}; 3. aggressive Handlung {26/29} | dto. | dto. |
| – | **Aggressor** | rechtswidrig handelnder Angreifer {82/86} | **aggressor**, oris m | Angreifer, Räuber |
| 0102 | **agieren** | 1. handeln, tätig sein {29}; 2. (als Schauspieler) auftreten, eine Rolle spielen {35/85} | **agere** | s. oben 0097 |
| 0103 | **agil** l>frz | behend, flink, gewandt; geschäftig {29/84} | **agilis**, e | rasch, regsam, behend, geschäftig |
| – | **Agilität** l>frz | temperamentvolle Beweglichkeit, Lebendig-, Regsamkeit {26/84} | **agilitas**, atis f | Beweglichkeit, Raschheit, Schnelligkeit |
| 0104 | **Agitation** l>engl | 1. aggressive Tätigkeit zur polit. Beeinflussung anderer; Hetze {50/28}; 2. polit. Aufklärungstätigkeit; Werbung für Parteien {50} | **agitatio**, onis f | das Inbewegungsetzen; Betreiben, Schwanken; Tätigkeit |
| – | **Agitator** l>engl | jmd., der Agitation betreibt {28/32/50} | **agitator**, oris m | Treiber, Wagenlenker |
| – | **agitatorisch** l>engl | 1. (abwertend) aggressiv (für polit. Ziele) tätig; hetzerisch {28/29/32/50}; 2. politisch aufklärend {50/32} | **agitatorius**, a, um (bzw. **agitatus**, a, um | den Wagenlenker betreffend erregt, geweckt, lebhaft) |
| – | **agitieren** l>engl | 1. aggressiv für polit. Ziele tätig sein, hetzen {28/29/32/50}; 2. politisch aufklären, werben {50/32} | **agitare** | hin- und hertreiben, lenken; bewegen; verhandeln |
| 0105 | **Agnat** | männlicher Blutsverwandter der männlichen Linie {10} | **agnatus**, ti m | nachgeborener Sohn, Verwandter väterlicherseits |
| – | **agnatisch** | im Verwandtschaftsverhältnis eines Agnaten stehend {10} | **agnatus**, a, um | blutsverwandt väterlicherseits |

| | | | | |
|---|---|---|---|---|
| 0106 | **agnos-zieren** | 1. anerkennen {25}; 2. die Identität eines Toten feststellen (österr.) {82} | **agnoscere** | anerkennen, wahrnehmen; (wieder)erkennen |
| 0107 | **Agrar...** **Agri...** **Agro...** | Land..., landwirtschaftlich, in bezug auf die Landwirtschaft {39} | **ager,** agri m | Land, Feld, Grundbesitz; Gebiet |
| – | **Agrarier** | Großgrundbesitzer, Landwirt {39/43} | dto. | dto. |
| – | **agrarisch** | die Landwirtschaft betreffend {39} | **agrarius,** a, um | zu den Äckern, Feldern gehörig |
| 0108 | **Agreement** (l;l)>frz >engl | 1. Zustimmung einer Regierung zur Ernennung eines diplomatischen Vertreters; 2. formlose Übereinkunft zwischen Staaten {28/50}; 3. (nur Pl.) Ausschmückung, rhythmische Veränderung einer Melodie (mus. t. t.) {37} | **ad** | zu, hin, bei (s. oben 0001) |
| | | | + **gratus,** a, um | anmutig; angenehm, erwünscht, willkommen |
| | | | frz. *agréer* | gefallen, genehmigen |
| – | **agreieren** l>frz | genehmigen, für gut befinden {25/28/50} | dto. | dto. |
| 0109 | **Aide-mémoire** l>frz;l>frz | knappe schriftliche Zusammenfassung eines Sachverhalts im diplomatischen Verkehr {32/50} | **adiutare** | mit Eifer unterstützen, zu fördern suchen; jmdm. beistehen |
| | | | + **memoria,** ae f | Gedächtnis, Erinnerung, Nachricht |
| | | | frz. *aide* | Hilfe |
| | | | + *mémoire* | Gedächtnis |
| 0110 | **Air** (gr)>l>frz | 1. Hauch, Fluidum {23/24}; 2. Aussehen, Haltung {23/25/84}; 3. liedartiges Instrumentalstück (mus. t. t.) {37} | **aer,** ris m | Luft, Hauch |
| | | | gr. *ἀήρ* | vgl. oben 0090a |
| – | **Airbus** (gr)>l>frz;l | europäisches Passagierflugzeug mit großer Sitzkapazität {45} | dto. | dto. |
| | | | + **omnes,** omnia | alle |
| | | | (omnibus | für alle) |
| – | **Airport** (gr>l;l) >engl | Flughafen {45} | **aer** | s. oben |
| | | | + **portus,** us m | Hafen, Seeinfahrt |
| 0111 | **Akelei** mlat | Zier- und Arzneipflanze (Hahnenfußgewächs) {04/70} | mlat. **aquile(g)ia** | Akelei |
| 0112 | **Akklamation** | 1. beistimmender Zuruf ohne Einzelabstimmung (bei Parlamentsbeschlüssen {32/50}; 2. Beifall, Applaus {32/33}; 3. liturgischer Grußwechsel zwischen Pfarrer und Gemeinde {51} | **acclamatio,** onis f | Zurufen, -schreien; Zuruf |
| – | **akklamieren** | (österr.) 1. jmdm. applaudieren; 2. jmdm. laut zustimmen {32/33} | **acclamare** | zurufen, -schreien, laut nennen |

| | | | | |
|---|---|---|---|---|
| 0113a | **Akklimatisation** l;gr>l>nlat | Anpassung eines Organismus an veränderte Umwelt-, bes. Klimabedingungen {65/68/69/70} | **ad**<br>+ **clima**, atis n<br>gr. *κλίμα* | zu, hin, bezüglich (s. oben 0001)<br>Neigung der Erde gegen die Pole zu; Klima; Gegend<br>Gegend, Landstrich |
| – | **akklimatisieren** l;gr>l>nlat | 1. sich an ein anderes Klima gewöhnen {65/68/69/70}; 2. sich eingewöhnen, anderen Verhältnissen anpassen {22/33} | dto. | dto. |
| 0113b | **Akkolade** (l;l)>vulgl >frz | 1. feierliche Umarmung bei einer Ordensverleihung {33/12}; 2. geschweifte Klammer, die Zeilen, Sätze o. Wörter zusammenfaßt {32/76} | **ad**<br>+ **collum**, li n<br>frz. *accolade* | zu, hin, nach vgl. oben 0001<br>Hals<br>Ritterschlag |
| 0113c | **akkomodabel** l>frz | 1. anpassungsfähig {22/25/33}; 2. zweckmäßig; 3. anwend-, einrichtbar {25}; 4. (gütlich) beilegbar {25/82} | **accomodatus**, a, um | angemessen, passend, geeignet, entsprechend |
| – | **Akkomodation** l>frz | Anpassung, Angleichung {56/33} | **accomodatio**, onis f | das (Sich-)Anpassen, Rücksichtnahme |
| – | **akkomodieren** l>frz | (sich) angleichen, anpassen; sich mit jmdm. über etw. einigen, sich vergleichen {56/33/25} | **accomodare** | anpassen, anfügen; verwenden; zukommen lassen |
| 0113d | **Akkompagnist** (l;l;l)>mlat >frz | jmd., der einen Gesangsvortrag auf einem Instrument begleitet (mus. t. t.) {37} | **ad**<br>+ **cum**<br>+ **panis**, is m<br>mlat. companio<br>frz. *compagnon* | s. oben 0001<br>mit, zusammen (vgl. unten 1697)<br>Brot<br>Brotgenosse, Gefährte<br>Geselle, Genosse |

| | | | | |
|---|---|---|---|---|
| 0114 | **Akkord**<br>l;l>vulgl<br>>frz/gr>l<br>>frz | 1. Zusammenklang von mindestens drei verschiedenen Tönen (mus. t. t.) {37}; gütlicher Ausgleich zwischen gegensätzlichen Interessen {28/33/82}; 3. Einigung zwischen Schuldner und Gläubiger zur Konkursabwendung {42/80/82}; 4. Bezahlung nach Stückzahl, Stücklohn {40/41/57} | **ad**<br>+ **cor**,<br>rdis n<br>vulgl. adcordare*<br><br>frz. *accorder*<br>*accord*<br><br>(Quereinfluß für 1.):<br>+ **chorda**,<br>ae f<br>(gr. *χορδή*)<br>frz. *corde*<br>*accorder*<br><br>*accord* | s. oben 0001<br>Herz; Geist, Verstand; Gemüt<br>in Übereinstimmung bringen; ein Abkommen treffen<br>dto.<br>Übereinstimmung; Abkommen, Vertrag<br><br><br>Saite; Darm; Fessel<br><br>Saite<br>die Instrumente stimmen<br>Akkord (1.) |
| – | **Akkordeon**<br>(gr)>l<br>>vulgl>frz | Handharmonika {37} | dto. | dto. |
| – | **Akkordeonist**<br>(gr)>l<br>>vulgl>frz | jmd., der berufsmäßig Akkordeon spielt {40/37} | dto. | dto. |
| 0115 | **akkreditieren**<br>(l;l)>it>frz | 1. beglaubigen (bes. die diplomatischen Vertreter eines Landes) {50}; 2. Kredit einräumen, verschaffen {42/80} | **ad**<br><br>+ **credere** | zu, hin, nach<br>(s. oben 0001)<br>glauben, überlassen, anvertrauen |
| – | **Akkreditierung**<br>(l;l)>it>frz | Beglaubigung (z. B. als Botschaftsangehöriger, Journalist) {40/50} | dto. | dto. |
| 0116 | **Akkulturation**<br>(l;l)>nlat | 1. Übernahme fremder Kulturgüter (soziol. t. t.); 2. Sozialisation {81}; 3. Anpassung an ein fremdes Milieu {33/69} | **ad**<br><br>+ **cultura**,<br>ae f | zu, hin, nach<br>(s. oben 0001)<br>Pflege, Verehrung; Landwirtschaft; Kultur |
| – | **akkulturieren**<br>(l;l)>nlat | anpassen, angleichen {33/56} | dto. | dto. |
| 0117 | **Akkumulation** | Anhäufung, -sammlung, Speicherung {57} | **accumulatio**,<br>onis f | Aufhäufung, das (Be)häufeln |
| – | **Akkumulator**<br>(kurz:<br>**Akku**) | 1. Gerät zur Speicherung elektrischer in Form von chemischer Energie {41/72/73}; 2. Druckwasserbehälter der Hydraulikpresse {41/58}; 3. Speicherzelle einer Rechenanlage für Zwischenergebnisse (EDV - t. t.) {71} | **accumulator**,<br>oris m | Anhäufer |

| | | | | |
|---|---|---|---|---|
| – | **akkumulieren** | anhäufen; sammeln, speichern {57/72} | **accumulare** | hoch aufhäufen; mit etw. versehen, steigern |
| 0118 | **akkurat** | 1. sorgfältig, genau, ordentlich {25/56}; 2. gerade, genau (ugs., süddt., österr.) {56} | **accuratus**, a, um | sorgfältig, genau, ausführlich |
| – | **Akkuratesse** | (französ. Bildung) Sorgfalt, Genauigkeit, Ordnungsliebe {84} | **accuratio**, onis f | Sorgfalt, sorgfältige Behandlung |
| 0119 | **Akkusativ** | vierter Fall, Wenfall (sprachwiss. t. t.) {76} | **accusativus**, vi m | Akkusativ, vierter Fall (gramm. t. t.) |
| >>> | Akkusativobjekt s. Objekt | | | |
| 0120 | **akquirieren** | 1. erwerben, anschaffen {42/43}; 2. als Akquisiteur tätig sein {40/42} | **acquirere** | dazu erwerben, -gewinnen; verschaffen (mit Mühe) |
| – | **Akquisiteur** (o. **Akquisitor**) | (französ. Neubildung) 1. Kundenwerber, Werbevertreter (bes. im Buchhandel) {40/42}; 2. jmd., der andere dafür wirbt, daß sie Anzeigen in eine Zeitung setzen lassen; Anzeigenwerber {42} | dto. bzw. **acquisitor**, oris m | dto. der Erwerber |
| – | **Akquisition** l>(frz) | 1. vorteilhafte oder schlechte Erwerbung {43}; 2. Kundenwerbung durch Vertreter {42} | dto. bzw. **acquisitio**, onis f | dto. Zufluß; (Eigentums)erwerbung; Erwerb, Gewinn |
| – | **akquisitorisch** l>nlat | die Kundenwerbung betreffend {42} | **acquirere** | s. oben |
| 0121 | **Akt** | 1. Vorgang, Handlung {29}; 2. feierliche Handlung, Zeremoniell {33/51}; 3. Abschnitt, Aufzug eines Theaterstücks {35/59/74}; 4. künstlerische Darstellung des nackten menschlichen Körpers {36}; 5. Koitus {18}; 6. Akte {50/32} | **actus**, us m | Bewegung; Vor-, Darstellung; Aufzug, Akt; Abschnitt, Tätigkeit; Geschäftsgang; Handlung, Werk |
| – | **Akte** | (geordnete) Sammlung zusammengehöriger Schriftstücke {32/50/57} | **acta**, torum n (Pl.) | Verhandlungen; Register, Urkunden, Protokolle |
| – | **Aktei** | Aktensammlung {32/50/57} | dto. | dto. |
| – | **Akteur** l>frz | 1. handelnde Person {29/33}; 2. Schauspieler {35/85} | **actor**, oris m | Darsteller, Schauspieler, Akteur; Vermittler |
| – | **Aktie** l>niederl | Anteilschein am Grundkapital einer Aktiengesellschaft {42/43/80} | **actio**, onis f | Bewegung, Tätigkeit; (Amts-, Ver-)handlung |
| – | **Aktion** | 1. gemeinsames, gezieltes Vorgehen; 2. planvolle Unternehmung, Maßnahme {29/25} | **actio** (bzw. agere | s. oben s. oben 0097a) |

| | | | | |
|---|---|---|---|---|
| – | **Aktionär** l>frz | Inhaber von Aktien {42/43/80} | **actio** | s. oben |
| – | **Aktionismus** l>frz | Bestreben, bestehende Zustände in der Gesellschaft durch gezielte Aktionen zu verändern {28/29/33} | dto. | dto. |
| – | **Aktionist** l>frz | Vertreter des Aktionismus {28/29/33} | dto. | dto. |
| – | **aktionistisch** l>frz | im Sinne des Aktionismus handelnd {28/29/33} | dto. | dto. |
| – | **Aktionsart** l;d | Geschehensart beim Verb (sprachwiss. t. t.) {76} | dto. | dto. |
| >>> | Aktionsradius s. Radius | | | |
| 0122 | **Aktiv** | 1. Verhaltensrichtung des Verbs vom Subjekt her gesehen (sprachwiss. t. t.) {76}; | **agere** | s. oben 0097a |
| | (l>russ) | 2. Gruppe, deren Mitglieder an der Erfüllung einer Aufgabe arbeiten (DDR) {40/33} | | |
| – | **aktiv** | tätig, handelnd {29} | dto. bzw. **activus**, a, um | dto. tätig, eine Tätigkeit bezeichnend, aktiv |
| – | **Aktiva** | Vermögenswerte eines Unternehmens {42/43/80} | **activus** | s. oben |
| – | **Aktive** | 1. an Wettkämpfen teilnehmender Sportler {85}; 2. Karnevalsmitglied mit regelmäßiger Sitzungsteilnahme {59/85}; 3. Mitglied einer studentischen Verbindung {31/33} | dto. | dto. |
| – | **aktivieren** | 1. zu größerer Aktivität veranlassen {29/28}; 2. in Tätigkeit setzen, in Gang bringen {29/61}; 3. etw. als Aktivposten in eine Bilanz aufnehmen (wirtsch. t. t.) {42/80} | dto. | dto. |
| – | **aktivisch** | das Aktiv betreffend, zum Aktiv gehörend (sprachwiss. t. t.) {76} | dto. | dto. |
| – | **Aktivismus** l>nlat | aktives Vorgehen, Tätigkeitsdrang {25/29/84} | dto. | dto. |
| – | **Aktivist** | 1. zielbewußt und zielstrebig Handelnder {25/28/29}; 2. Ehrenbezeichnung für besondere Arbeits- und Gesellschaftsleistungen (DDR) {33/40/75} | dto. | dto. |

| | | | | |
|---|---|---|---|---|
| – | **Aktivitas** l>nlat | Gesamtheit der zur aktiven Beteiligung in einer studentischen Verbindung Verpflichteten {31/33/57} | dto. bzw. **activitas**, atis f | dto. die aktive Bedeutung (gramm. t. t.) |
| – | **Aktivität** | 1. Tätigkeitsdrang, Unternehmungsgeist {25/28/29}; 2. Maß für die Stärke einer radioaktiven Quelle (chem., phys. t. t.) {56/72/73} | dto. | dto. |
| – | **Aktrice** l>frz | Schauspielerin {35/40/74/85} | **actrix**, icis f | (Bühnen)darstellerin; Klägerin |
| 0123 | **aktualisieren** l>nlat | etw. auf den neuesten Stand bringen {32/59} | **actualis**, e<br><br>(bzw. **agere** | wirklich, tatsächlich; tätig, wirksam<br>s. oben 0097a) |
| – | **Aktualität** l>frz | 1. Gegenwartsbezogenheit, unmittelbare Wirklichkeit; 2. Tagesereignisse, jüngste Geschehnisse {52/59} | dto. | dto. |
| – | **aktuell** l>frz | 1. im augenblicklichen Interesse, zeitnah {25/59}; 2. eindeutig determiniert {25}; 3. tatsächlich vorhanden {52} | dto. | dto. |
| 0124 | **Akupressur** l;l | Verfahren, bei dem durch Druck mit den Fingerkuppen Schmerz behoben werden soll (med. t. t.) {70} | **acus**, us f + **pressura**, ae f | Nadel; Stift, Dorn das Drücken, Pressen; Drangsal |
| 0125 | **Akupunkteur** (l;l)>nlat | jmd., der eine Akupunktur durchführt (med. t. t.) {40/70} | **acus** + **punctura**, ae f | s. oben 0124 das Stechen; Stich |
| – | **akupunktieren** (l;l)>nlat | eine Akupunktur durchführen (med. t. t.) {70/29} | **acus** + **pungere** | s. oben 0124 stechen; verletzen; eindringen |
| – | **Akupunktur** (l;l)>nlat | Heilmethode, bei der durch Einstiche von Nadeln in bestimmte Hautstellen Organe geheilt bzw. Schmerzen beseitigt werden sollen (med. t. t.) {70} | dto. + **punctura** | dto. s. oben |
| 0126 | **akut** | 1. brennend, dringlich, unmittelbar {59}; 2. unvermittelt auftretend, schnell und heftig verlaufend {59/70} | **acutus**, a, um | scharf, spitz; scharfsinnig; akut (med. t. t.) |
| – | **Akut** | Betonungszeichen für den steigenden (scharfen) Ton (sprachwiss. t. t.) {32/76} | dto. | dto. |
| 0127 | **Akzeleration** | 1. Zeitunterschied zwischen Sonnen- und Sternentag {66/59}; 2. Beschleunigung verschiedener Prozesse {59} | **acceleratio**, onis f | Beschleunigung |
| – | **Akzelerator** l>nlat | Teilchenbeschleuniger (phys. t. t.) {72} | **accelerare** | beschleunigen, sich sputen, eilen |

| | | | | |
|---|---|---|---|---|
| – | **akzelerieren** | beschleunigen, vorantreiben; fördern {29/33/59} | dto. | dto. |
| 0128 | **Akzent** | 1. Betonung (z. B. einer Silbe); Schwerpunkt {76/56}; 2. Betonungszeichen {76}; 3. Tonfall, Aussprache {76/32}; 4. liturgischer Sprechgesang {51} | **accentus**, us m | Klang; Akzent, Betonung (gramm. t. t.); Zunahme |
| – | **Akzentuation** o. **Akzentuierung** l>mlat | Betonung (sprachwiss. t. t.) {76/32} | dto. | dto. |
| – | **akzentuell** | (mit französ. Endung): den Akzent betreffend {76} | dto. | dto. |
| – | **akzentuieren** l>mlat | 1. beim Sprechen hervorheben {32/76}; 2. betonen, hervorheben {32/56} | dto. mlat. accentuare | dto. dazutönen |
| 0129 | **akzeptabel** l>frz | so beschaffen, daß man es annehmen, akzeptieren kann {25/56} | **acceptabilis**, e | annehmbar, wohlgefällig |
| – | **Akzeptabilität** l>frz | Annehmbarkeit {25/56} | dto. | dto. |
| – | **Akzeptant** | 1. jmd., der zur Zahlung eines Akzeptwechsels verpflichtet ist {42/80}; 2. Empfänger, Aufnehmender {33/46} | **acceptare** (PPA. **acceptans**) | annehmen, empfangen; sich gefallen lassen |
| – | **Akzeptanz** | Anklang; positive Einstellung der Käufer zu einem neuen Produkt {42/80/25} | dto. | dto. |
| – | **Akzeptation** | Annahme (z. B. eines Wechsels); Anerkennung {42/80/25} | **acceptatio**, onis f | Annahme |
| – | **akzeptieren** | etw. annehmen, billigen, hinnehmen {25/28} | **acceptare** | s. oben |
| – | **Akzeptierung** | das Anerkennen, Einverstandensein mit etw. {25/28} | dto. | dto. |
| 0130 | **Akzession** | 1. Zugang, Erwerb {43}; 2. Beitritt (eines Staates zu einem internationalen Abkommen) {50/33} | **accessio**, onis f | das Hinzu-, Herantreten; Annäherung, Eintritt; Anhang |
| – | **akzessorisch** | hinzutretend, nebensächlich, weniger wichtig {25/56} | dto. | dto. |
| 0131 | **Akzidens** | 1. das Zufällige; das unselbständig Seiende (philos. t. t.) {77}; 2. Versetzungszeichen, das innerhalb eines Taktes zu den Noten hinzutritt (mus. t. t.) {37} | **accidens**, ntis n | das Zufällige, Unwesentliche; unwesentlicher Umstand; unglücklicher Zufall |
| – | **akzidentell** o. **akzidentiell** l>mlat>frz | 1. zufällig, unwesentlich {25/56}; 2. nicht zum gewöhnlichen Krankheitsbild gehörend (med. t. t.) {70} | dto. | dto. |

| | | | | |
|---|---|---|---|---|
| – | **Akzidenz** | Druckarbeit, die nicht zum Buch- oder Zeitschriftendruck gehört (Formulare, Prospekte etc.) {32/40/42/49} | dto. | dto. |
| – | **Akzise** l>frz | 1. indirekte Verbrauchs- und Verkehrssteuer {42/80/50}; 2. Zoll (hist. t. t.) {42/50/75} | **accidere** (PPP. **accisus**)<br><br>frz. *accise* | anschneiden; Verluste beibringen, schmälern, schwächen |
| 0132 | **Alarm** l>it;l>it | 1. Warnung bei Gefahr {26/32/86}; 2. Zustand, Dauer der Gefahrenwarnung {52/59}; 3. Aufregung, Beunruhigung {26} | **ad** (it. *all'*) + **arma**, morum n (Pl.) | s. oben 0001<br><br>Waffe, Gerät; Kampf; Verteidigungsmittel |
| – | **alarmieren** (l>it;l>it) >(frz) | 1. eine Person o. Institution zu Hilfe rufen (32/27}; 2. beunruhigen, warnen, in Unruhe versetzen {26/86} | dto.<br>frz. *alarme* | dto. |
| 0133 | **Alaun** | Kalium-Aluminium-Sulfat (ein Mineral) {02/73} | **alumen**, minis n | bitteres Tonerdesalz; Alaun |
| – | **alaunisieren** | mit Alaun behandeln {73} | dto. | dto. |
| 0134 | **Alb** (kelt)>l | Gebirgslandschaft (vorwiegend in Süddeutschland) {64} | **albus**, a, um | weiß |
| – | **Albe** | weißes liturgisches Untergewand der kath. und anglikanischen Geistlichen {51/19} | **alba**, ae f | weißes Gewand |
| 0135a | **Albinismus** l>span >nlat | erblich bedingtes Fehlen von Pigment bei Lebewesen (biol. t. t.) {68/69} | **albineus**, a, um<br>bzw. **albus**, a, um | weiß, weißlich<br>weiß; blaß, fahl |
| – | **Albino** l>span | (biol. t. t.) 1. Mensch oder Tier mit fehlender Farbstoffbildung {11/69}; 2. anomal weißes Blütenblatt {68} | dto. | dto. |
| – | **albinotisch** (o. **albinitisch**) l>span >nlat | (biol. t. t.) 1. ohne Körperpigment; 2. den Albinismus, Albinos betreffend {11/68/69} | dto. | dto. |
| 0135b | **Albion** (kelt)>l | alter dichterischer Name für England {34/64} | **Albion**, onis f | Hochland; alter Name Britanniens |
| 0136 | **Album** | 1. Buch mit stärkeren Seiten zum Aufkleben von Briefmarken, Postkarten etc. {57/85}; 2. Schallplatte(nhülle) {37/58/85} | **album**, bi n | weiße Farbe; weiße Tafel; amtliche öffentliche Listen (im Pl.) |
| – | **Albumin** l>nlat | einfacher, wasserlöslicher Eiweißkörper {69/73} | dto. | dto. |
| 0137a | **Aleatorik** | Kompositionsrichtung, die dem Zufall breiten Raum gewährt {34/35/36/37} | **aleatorius**, a, um | zum Würfel-, Glücksspiel gehörig |
| – | **aleatorisch** | vom Zufall abhängig {25/28/59} | dto. | dto. |

| | | | | |
|---|---|---|---|---|
| 0137b | **alert** l>it>frz | munter, aufgeweckt, frisch {26/84} | **erectus,** a, um | aufrecht; mutvoll, ermuntert |
| | | | it. *erto* | hoch, steil |
| | | | *erta* | Höhe |
| | | | *esser all'erta* | auf der Höhe, auf der Hut sein |
| | | | frz. *alerte* | wachsam, munter |
| 0138 | **Alge** | niedere Wasserpflanze {04/68} | **alga,** ae f | Seegras, -tang; Seeküste |
| – | **Algologie** l;gr | Algenkunde {68} | dto. + gr. *λόγος* | dto. Wort; Kunde |
| – | Algologe, algologisch | | | |
| 0139 | **alias** | auch ... genannt, unter dem Decknamen ... bekannt {32/82} | **alias** (Adv.) | ein anderes Mal; sonst; übrigens |
| 0140 | **Alibi** l>(frz) | 1. Nachweis der persönlichen Abwesenheit vom Tatort während eines Verbrechens (jur. t. t.) {82/59}; 2. Entschuldigung, Ausrede, Rechtfertigung {32/25} | **alibi** (Adv.) | anderswo, an einem anderen Ort; sonst noch |
| 0141 | **Alienation** | 1. Entfremdung {26/33}; 2. Veräußerung, Verkauf {42/43} | **alienatio,** onis f | Entfremdung; Veräußerung; Bewußtlosigkeit |
| – | **alienieren** | 1. entfremden {26/33}; 2. veräußern, verkaufen {42/43} | **alienare** | (sich) entfremden; abtreten, veräußern; abspenstig machen |
| 0142a | **alimentär** | mit der Ernährung zusammenhängend, durch sie bedingt {17} | **alimentarius,** a, um | zur Nahrung -, zum Unterhalt gehörig |
| – | **Alimentation** l>mlat | finanzielle Leistung für den Lebensunterhalt (für Berufsbeamte); Unterhaltsgewährung {50/42/33} | **alimenta,** torum n (Pl.) | was zum Unterhalt gehört, die Alimente (jur. t. t.) |
| – | **Alimente** | Unterhaltsbeiträge (bes. für uneheliche Kinder) {17/33/82} | dto. | dto. |
| – | **alimentieren** l>mlat | Lebensunterhalt gewähren, unterstützen {17/33} | dto. | dto. |
| 0142b | **aliquot** | ohne Rest teilend (math. t. t.) {71} | **aliquot** | einige, ein paar |
| – | **Aliquote** | 1. Zahl, die eine andere ohne Rest teilt (math. t. t.) {71}; 2. (= Aliquotton) mitklingender Oberton (mus. t. t.) {37} | dto. | dto. |
| 0143 | **Allee** l>vulgl>frz | sich lang hinziehende, gerade, baumbegrenzte Straße {45} | **ambulare** | wandern, umhergehen, marschieren |
| | | | vulgl. alare | dto. |
| | | | frz. *aller* | gehen |
| | | | *allée* | Baum(gang) s. unten 0150 |

| | | | | |
|---|---|---|---|---|
| – | **allez**<br>l>vulgl>frz | vorwärts (bes. in der Verbindung allez-hopp) {32/61} | dto.<br>frz. *aller* | dto.<br>s. oben |
| 0144 | **allegretto**<br>l>vulgl>it | mäßig schnell, mäßig lebhaft (mus. t. t.) {37/59} | **alacer**,<br>cris, cre<br>vulgl. alacrus<br>it. *allegro*<br>*allegretto* | aufgeregt, lebhaft, munter |
| – | **Allegretto**<br>l>vulgl>it | mäßig schnelles Musikstück (mus. t. t.) {37/59} | dto. | dto. |
| – | **allegro**<br>l>vulgl>it | lebhaft, schnell (mus. t. t.) {37/59} | dto. | dto. |
| – | **Allegro**<br>l>vulgl>it | schnelles Musikstück (mus. t. t.) {37/59} | dto. | dto. |
| 0145 | **Allianz**<br>l>frz | Bündnis, Verbindung, Vereinigung {50/86} | **alligare**<br><br>afrz. *aleier*<br><br>frz. *alliance* | festbinden, verpflichten, binden<br>verbinden, vereinigen |
| 0146 | **Alligator**<br>l>span<br>>engl | krokodilartiges Kriechtier {07} | **lacerta**,<br>ae f<br>span. (*el*)<br>*lagarto* | Eidechse; Fischart |
| 0147 | **alliieren**<br>l>frz | verbünden {50/86} | **alligare**<br>frz. *allié* | s. oben 0145<br>verbündet; Bundesgenosse |
| – | **Alliierte**<br>l>frz | Verbündete (bes. die in den beiden Weltkriegen gegen das Deutsche Reich verbündeten Staaten) {50/86} | dto. | dto. |
| 0148 | **Alliteration**<br>(l;l)>nlat | Stabreim, gleichlautender Anlaut der betonten Silben aufeinanderfolgender Wörter (sprachwiss. t. t.) {76} | **ad**<br><br>+ **littera**,<br>ae f | zu, hin, nach<br>(s. oben 0001)<br>Buchstabe; (Pl.) Schrift, Wissenschaft |
| – | **alliterieren**<br>(l;l)>nlat | den gleichen Anlaut haben (sprachwiss. t. t.) {76} | dto. | dto. |
| 0149a | **Allokution** | (päpstliche) Ansprache {32/51} | **alloquium**,<br>ii n bzw.<br>**alloqui**<br>(PPP. **adlocutus**) | Ansprache, Gespräch, Tröstung<br>eine Ansprache halten; trösten |
| 0149b | **Allongeperücke**<br>l>frz | Herrenperücke mit langen Locken (17. und 18. Jh.) {20/75} | **longus**, a, um<br>bzw. **longare**<br><br>frz. *allonger* | lang<br>lang machen; entfernt halten<br>verlängern, ansetzen |
| 0150 | **Allüre**<br>l>vulgl>frz | 1. Gangart (des Pferdes), Fährte {61/69}; 2. (Pl.) Umgangsformen, (arrogantes) Auftreten {26/33/84} | **ambulare**<br>vulgl. alare<br>frz. *aller* | s. oben 0143 |
| 0151 | **alluvial**<br>l>nlat | angeschwemmt, angelagert (geol. t. t.) {62} | **alluvius**,<br>a, um | angespült |

| | | | | |
|---|---|---|---|---|
| – | **Alluvion** | neu angeschwemmtes Land an Gewässerufern (geol. t. t.) {62} | **alluvio,**<br>onis f | das Anspülen; Anschwemmung |
| 0152 | **Alp**<br>voridg>l | Bergweide {64/39} | **albus,**<br>a, um | weiß |
| – | **Alpen**<br>kelt>l | südmitteleuropäisches Gebirgsmassiv {64} | **Alpes,**<br>pium f (Pl.) | Alpen |
| >>> | alphanumerisch s. numerisch | | | |
| – | **alpin**<br>kelt>l | die Alpen, das Hochgebirge betreffend, dort vorkommend {64/65} | **Alpinus,**<br>a, um | zu den Alpen gehörig, alpisch |
| – | **Alpinarium**<br>kelt>l | Naturwildpark im Hochgebirge {68/69} | dto. | dto. |
| – | **Alpinismus**<br>kelt>l>nlat<br>Alpinist, Alpinistik | als Sport betriebenes Bergsteigen im Hochgebirge {61/85} | dto. | dto. |
| – | **Alpinum**<br>kelt>l | Anlage mit Gebirgspflanzen (für wissenschaftliche Zwekke) {68} | dto. | dto. |
| 0153 | **Alt**<br>l>it | tiefe Frauen- oder Knabenstimme, falsettierende Männerstimme {37} | **altus,**<br>a, um | tief, hoch; laut, hell (von der Stimme) |
| 0154 | **Altan(e)**<br>l>it | Söller, vom Boden gestützter balkonartiger Aufbau {88} | **altus,**<br>a, um | hoch (gelegen) |
| 0155 | **Altar** | erhöhter Aufbau für religiöse Handlungen; heidnische (Brand)opferstätte {58/51} | **altar,**<br>ris n | Aufsatz auf dem Opfertisch; Brandaltar |
| >>> | Altarsakrament s. Sakrament | | | |
| 0156 | **Alteration**<br>l>mlat | 1. Aufregung {26}; 2. krankhafte Verschlimmerung eines Zustandes (med. t. t.) {70}; 3. chromatische Tonveränderung innerhalb eines Akkords (mus. t. t.) {37} | **alter,**<br>era, erum<br>bzw. **alterare** | der eine - der andere; verschieden, verändert<br>anders -, schlimmer machen |
| – | **alterieren**<br>l>(frz) | 1. sich aufregen, ärgern {26}; 2. etw. abändern {28/61}; 3. einen Akkordton verändern (mus. t. t.) {37} | dto. | dto. |
| 0157a | **Alternation** | 1. Wechsel, Abwechslung {61}; 2. Auftreten von Alternanten (z. B. verschiedenen Endungen für den Plural - sprachwiss. t. t.); 3. Wechsel zwischen einsilbiger Hebung und Senkung (sprachwiss. t. t.) {76} | **alternatio,**<br>onis f | Abwechslung, Wechsel |

| | | | | |
|---|---|---|---|---|
| – | **alternativ** l>frz | 1. wahlweise {28/61}; 2. die Idee einer anderen Lebensweise vertretend {25/33/50}; 3. sich in Gegensatz zu etw. anderem ähnlichen befindend {25/56} | **alternare** | mit etw. abwechseln (lassen); bald dies, bald jenes erwägen, schwanken |
| – | **Alternative** l>frz | freie Entscheidung zwischen zwei Möglichkeiten {25/28} | dto. | dto. |
| – | **Alternative(r)** | Anhänger der alternativen (2.) Idee {25/33/50} | dto. | dto. |
| – | **alternieren** | abwechseln, einander ablösen {61} | dto. | dto. |
| 0157b | **Altimeter** l;gr | Höhenmesser (meteor. t. t.) {65/72} | **altus**, a, um + gr. *μέτρον* | hoch, tief Maß; das Messen |
| 0158 | **Altist(in)** l>it | Sänger bzw. Sängerin mit Altstimme (mus. t. t.) {37} | **altus** | s. oben 0153 |

>>> altmodisch s. modisch

| | | | | |
|---|---|---|---|---|
| 0159 | **Alto...** l>nlat | mittlere Schicht der Atmosphäre (meteor. t. t.) {65} | **altus** | s. oben 0157b |
| – | **Altokumulus** (l;l)>nlat | Haufenwolke in mittlerer Höhe (meteor. t. t.) {65} | dto. + **cumulus**, li m | dto. Haufen, aufgetürmte Masse |
| – | **Altostratus** (l;l)>nlat | Schichtwolke in mittlerer Höhe (meteor. t. t.) {65} | dto. + **stratus**, us m | dto. Decke, Teppich, Matratze |
| 0160 | **Altruismus** l>nlat>frz | Selbstlosig-, Uneigennützigkeit {30/33/84} | **alter**, era, erum frz. *altruisme* | s. oben 0156 |
| – | **Altruist** l>nlat>frz | selbstloser, uneigennütziger Mensch {30/33/84} | dto. | dto. |
| – | altruistisch | | | |

| | | | | |
|---|---|---|---|---|
| 0161 | **Altus** | (mus. t. t.) 1. falsettierende Männerstimme; 2. Sänger mit Altstimme {37} | **altus**, a, um | s. oben 0153 |
| 0162 | **Aluminium** l>nlat | chem. Grundstoff, Leichtmetall {02/73} | **alumen**, minis n | Alaun |
| – | **aluminieren** l>nlat | Metallteile mit Aluminium überziehen {41/73} | dto. | dto. |

>>> Alu(minium)folie s. Folie

| | | | | |
|---|---|---|---|---|
| 0163 | **Alumnat** l>nlat | 1. mit einer Schule verbundenes (kostenfreies) Schülerheim {31/58/44}; 2. Einrichtung zur Geistlichenausbildung (österr.); 3. kirchliche Erziehungsanstalt {31/51} | **alumnari** | jmdn. als Pflegling aufziehen; Tiere abrichten |

| | | | | |
|---|---|---|---|---|
| – | **Alumne** o. **Alumnus** | Zögling eines Alumnats {31} | **alumnus**, ni m bzw. **alumna**, ae f | Zögling, Pflegling; Jünger |
| 0164 | **Alveole** l>nlat | Hohlraum in Zellen und Geweben; Lungenbläschen {70/69/58} | **alveolus**, li m | kleine Mulde, Wanne, Napf; Flußbett |
| – | **alveolar** l>nlat | mit der Zunge(nspitze) an den Alveolen gebildet (sprachwiss. t. t.) {76} | dto. | dto. |
| – | **Alveolar** l>nlat | Zahnlaut (Dental - sprachwiss. t. t.) {76} | dto. | dto. |
| – | **alveolär** l>nlat | (med. t. t.) 1. mit kleinen Fächern oder Hohlräumen versehen; 2. die Alveolen betreffend {58/69/70} | dto. | dto. |
| 0165a | **amabile** l>it | liebenswürdig, lieblich, zärtlich (als Vortragsanweisung - mus. t. t.) {37} | **amabilis**, e | liebenswürdig; geeignet, Liebe zu erwecken |
| 0165b | **Amanuensis** | Gehilfe, Schreiber, Sekretär (eines Gelehrten - veraltet) {33/40} | **amanuensis**, is m | Sklave, den man als Schreibgehilfen gebrauchte; Schreiber, Sekretär |
| 0166 | **Amarelle** l>roman | Sauerkirsche {05} | **amarus**, a, um | bitter, sauer, herb, scharf |
| 0167 | **Amateur** l>frz | 1. jmd., der etw. aus Liebhaberei, nicht berufsmäßig betreibt {33/85}; 2. Sportvereinsmitglied, das seinen Sport ohne Entgelt betreibt {85}; 3. Nichtfachmann, Laie {22/40} | **amator**, oris m | Liebhaberei, Verehrer, Freund |
| 0168 | **Ambe** o. **Ambo** l>roman | 1. Doppeltreffer im Lotto {33/85}; 2. Verbindung zweier Größen in der Kombinationsrechnung (math. t. t.) {71} | **amb** (Praep. insep.) bzw. **ambo**, ae, o | um ... herum, von zwei o. allen Seiten her beide |
| – | **ambi**... | zwei..., doppelt..., beid... {57} | dto. | dto. |
| 0169 | **ambidexter** | mit beiden Händen gleich geschickt {11/22/70} | **ambidexter**, tra, trum | auf beiden Händen rechts (= geschickt) |
| – | **Ambidextrie** l>nlat | Beidhändigkeit, gleich ausgebildete Geschicklichkeit beider Hände (med. t. t.) {11/22/70} | dto. | dto. |
| 0170 | **Ambiente** l>it o. **Ambiance** (l>frz >schweiz) | 1. alles, was eine Gestalt umgibt (Licht, Luft etc. - künstl. t. t.) {35/36}; 2. spezifische Umwelt, Milieu in dem jmd. lebt; das Umgebende {58/69/33}; 3. besondere Atmosphäre, die eine Persönlichkeit umgibt, einem Raum sein besonderes Gepräge verleiht {26/58} | **ambire** (PPA. **ambiens**, Gen. -ntis) | herumgehen; etw. umgeben; sich an jmdn. wenden |

| | | | | |
|---|---|---|---|---|
| 0171 | **Ambiguität** | 1. Mehr-, Doppeldeutigkeit (von Wörtern, Symbolen etc.) {25/32/76}; 2. lexikalische oder syntaktische Mehrdeutigkeit {76/32} | **ambiguitas**, atis f | Zweideutigkeit, Doppelsinn |
| – | **ambigu** o. **-ue** o. **-uos** l>(frz) | mehrdeutig, doppelsinnig {32/25/76} | **ambiguus**, a, um | zweifelhaft; doppelsinnig, zweideutig |
| – | **Ambigu** l>frz | 1. Gemisch entgegengesetzter Dinge {56}; 2. kaltes Abendessen {17}; 3. frz. Kartenspiel {85} | **ambiguum**, ui n | Zweifel, Ungewißheit; Zweideutigkeit |
| >>> | ambipolar s. polar | | | |
| >>> | Ambisexualität s. Sexualität | | | |
| 0172 | **Ambition** l>frz | höher gestecktes Ziel, das man zu erreichen sucht; ehrgeiziges Streben {25/28/33} | **ambitio**, onis f | Amtsbewerbung, Ehrgeiz; Selbstsucht |
| – | **ambitioniert** l>frz | ehrgeizig, strebsam {28/84} | dto. | dto. |
| – | **ambitiös** l>frz | ehrgeizig {28/84} | **ambitiosus**, a, um | ehrgeizig; eitel, bestechlich |
| – | **Ambitus** | vom höchsten bis zum tiefsten Ton gemessener Umfang einer Melodie (mus. t. t.) {37} | **ambitus**, us m | Krümmung, Umkreisung; Rand; Amtserschleichung |
| >>> | ambivalent, Ambivalenz s. valent, Valenz | | | |
| 0173 | **ambulant** l>frz | 1. nicht fest ortsgebunden {58/61}; 2. medizinische Krankenhausbehandlung ohne feste Aufnahme {70} | **ambulare** | umhergehen, marschieren, herumlaufen |
| – | **Ambulanz** l>frz | 1. bewegliches Feldlazarett (veraltet) {70/86}; 2. fahrbare ärztliche Behandlungsstelle {70/61}; 3. Rettungswagen {45/70}; 4. kleine Krankenstation {70} | dto. | dto. |
| – | **Ambulatorium** | 1. Ambulanz (DDR) {70}; 2. Krankenstation mit mehreren Arztpraxen bzw. Fachabteilungen {70/58} | **ambulatorius**, a, um | was hin- und hergeht, - sich schieben läßt; beweglich |
| – | **ambulatorisch** | auf das Ambulatorium bezogen; ambulant {70} | dto. | dto. |
| – | **ambulieren** | spazierengehen; lustwandeln {61/85} | **ambulare** | s. oben |
| 0174 | **Amelioration** (l;l)>frz | Verbesserung (bes. des Ackerbodens) {39/56} | **ad** + **melioratio**, onis f | zu, hin, nach (s. oben 0001) Verbesserung |

| | | | | |
|---|---|---|---|---|
| – | **amelio-rieren** (l;l)>frz | (den Ackerboden) verbessern {39/56} | **ad** + **meliorare** | s. oben verbessern |
| 0175a | **Amenz** o. **Amentia** | vorübergehende geistige Verwirrtheit, Benommenheit (med. t. t.) {70} | **amentia**, ae f | Verstandes-, Kopflosigkeit; Verrücktheit |
| 0175b | **Amor** | römischer Liebesgott bzw. dessen figürliche Darstellung in der Kunst {51/36/18} | **amor**, oris m (bzw. **Amor**) | Liebe; Sehnsucht Liebesgott |
| – | **Amoretten** | (mit französisierender Endung) Figur eines nackten, geflügelten, Pfeil und Bogen tragenden Knaben {36/51} | **amores**, rum m (Pl.) | Liebesgötter, Amoretten |

>>> amoralisch, -ismus, -ist, -istisch, -ität s. unter moralisch etc.

| | | | | |
|---|---|---|---|---|
| 0176 | **amorti-sabel** (l;l)>vulgl >frz | tilgbar {42/80} | **ad** + **mori** bzw. **mor-tuus**, a, um vulgl. admortire frz. *amortir* | s. oben 0001 (0174) sterben tot, gestorben abtöten abtöten, -schwächen, -tragen; amortisieren |
| – | **Amorti-sation** (l;l)>vulgl >frz | 1. allmähliche Schuldtilgung nach einem langfristigen Plan {59/80}; 2. Deckung der Investitionskosten durch den höheren Ertrag {42/80}; 3. Genehmigungsvorbehalt für den Erwerb von Vermögenswerten (jur. t. t.) {28/43/43}; 4. Kraftloserklärung einer Urkunde {28/56/82} | dto. | dto. |
| – | **amorti-sieren** (l;l)>vulgl >frz | 1. eine Schuld tilgen; 2. Investitionskosten durch den Ertrag decken; 3. Verschleiß in der Produktion abschreiben (DDR) {42/80} | dto. | dto. |
| 0177 | **Amouren** l>frz | Liebschaften, Liebesverhältnisse {18/26} | **amor**, oris m | Liebe; Geliebte(r); Sehnsucht |
| – | **amourös** l>frz | eine Liebschaft betreffend, Liebes...; verliebt {18/26} | dto. | dto. |
| 0178 | **Ampel** (gr)>l | 1. Lichtzeichengeber zur Verkehrsregelung {45/23}; 2. ewige Lampe {51}; 3. Beleuchtungskörper {87} | **ampulla**, ae f gr. *ἀμφορεύς* | kleine Flasche (für Öl, Salben etc.); Redeschwulst zweihenkliger Krug, Eimer |
| 0179 | **Amphore** (gr)>l | zweihenkliges enghalsiges Gefäß (zur Aufbewahrung von Öl, Wein etc.) {44} | **amphora**, ae f gr. *ἀμφορεύς* | (Ton-, Glas-, Stein)gefäß, Krug |

| | | | | |
|---|---|---|---|---|
| 0180 | **Amplifikation** | 1. kunstvolle Ausweitung einer Aussage (rhet. t. t.) {57/76/79}; | **amplificatio**, onis f | Vergrößerung, Vermehrung; Erweiterung der Vorstellung durch Steigerung des Ausdrucks (rhet. t. t.) |
| | (l>engl) | 2. Verstärkung elektrischer Impulse (z. B. bei HiFi-Anlagen) {87} | | |
| – | **Amplifier** l>engl | Verstärker einer HiFi-Anlage {87} | **amplificare** bzw. **amplificator**, oris m | erweitern, vergrößern; verstärken Vergrößerer, Vermehrer |
| – | **amplifizieren** | 1. erweitern {57}; 2. ausführen {29}; 3. etw. unter verschiedenen Gesichtspunkten betrachten {25}; | dto. | dto. |
| | (l>engl) | 4. elektronisch verstärken {72/87} | | |
| 0181 | **Amplitude** | größter Ausschlag einer Schwingung aus der Mittellage (math., phys. t. t.) {71/72} | **amplitudo**, dinis f | Größe, Weite, ansehnlicher Umfang |
| – | **Amplitudenmodulation** l;l | funktechnisches Übertragungsverfahren (phys. t. t.) {46/72/87} | dto. + **modulatio**, onis f | dto. Grundmaß; das Taktmäßige, Rhythmische |
| 0182 | **Ampulle** (gr)>l | 1. kleiner, keimfreier Glasbehälter für Injektionslösungen (med. t. t.) {70/58}; 2. kleine Kanne für den liturgischen Gebrauch {51/58} | **ampulla**, ae f<br><br><br><br>gr. *ἀμφορεύς* | kleine Flasche (für Öl, Salbe etc.) aus Glas, Ton, Leder (s. oben 0178) |
| 0183 | **Amputation** | operative Abtrennung eines Körperteils (med. t. t.) {70} | **amputatio**, onis f | das Abschneiden |
| – | **amputieren** | einen Körperteil operativ entfernen (med. t. t.) {70} | **amputare** | abschneiden, kappen; amputieren (med. t. t.) |
| 0184a | **Amulett** | kleiner medaillonartiger Halsanhänger (als Glücksbringer getragen) {51/20} | **amuletum**, ti n | Amulett, Talisman |
| 0184b | **amüsant** l>vulgl>frz | unterhaltsam, vergnüglich {26/33/84} | **mussari**<br>vulgl. musus*<br>frz. *museau*<br>*muser*<br><br><br><br>*amuser*<br><br><br>*amusant* | brummen<br><br>Maul, Schnauze<br>Schnauze<br>seine Zeit verlieren; vor sich hinsummen, gedankenlos sein<br>Maulaffen feilhalten; foppen, belustigen |
| – | **Amüsement** l>vulgl>frz | unterhaltsamer Zeitvertreib, Vergnügen {26/33/85} | dto. frz. *amusement* | dto. |

| | | | | |
|---|---|---|---|---|
| – | **amüsieren** l>vulgl>frz | unterhalten, die Zeit vertreiben, erheitern, Vergnügen bereiten {26/33/85} | dto. frz. *amuser* | dto. |
| 0185 | **anal** l>nlat | den After betreffend, zum After gehörend, afterwärts gelegen {11/70} | **anus**, ni m | After; Fußring, -schelle |
| – | Analverkehr | | | |
| >>> | Analerotik, -fissur, -fistel s. unter Erotik, Fistel, Fissur | | | |
| 0186 | **Analog-Digital-Konverter** (kurz: **AD-Wandler**) (gr)>l>frz; l;l | elektronische Schaltung zur Umwandlung analoger Eingangs- in digitale Ausgangssignale (HiFi-Technik) {87} | **analogia**, ae f<br>gr. *αναλογία*<br>+ **digitalis**, e<br>+ **convertere** | die Proportion, Gleichmäßigkeit, -förmigkeit<br><br>zum Finger gehörig<br>umkehren, -drehen, -wandeln |
| >>> | anational s. national | | | |
| 0187 | **andante** l>vulgl>it | ruhig, mäßig langsam, gemessen (mus. t. t.) {37/59} | **ambire**<br>vulgl. ambitare<br>it. *andare*<br>*andante* | herumgehen; umgeben; bittend angehen<br>gehen<br>gehend |
| – | **Andante** l>vulgl>it | ruhiges, mäßig langsames, gemessenes Musikstück (mus. t. t.) {37/59} | dto. | dto. |
| – | **andantino** l>vulgl>it | etwas schneller als andante (mus. t. t.) {37/59} | dto. | dto. |
| – | **Andantino** l>vulgl>it | kleines kurzes Musikstück im Andante- o. Andantinotempo (mus. t. t.) {37/59} | dto. | dto. |
| 0188 | **Angina** (gr)>l | Entzündung des Rachenraumes, der Mandeln (Gefühl der Halsenge) {14/70} | **angina**, ae f<br>gr. *ἀγχόνη* | (Hals)bräune; (=angor): Beklemmung<br>das Erwürgen, Erdrosseln |
| – | **anginös** (gr)>l>nlat | auf Angina beruhend, anginaartig {14/70} | dto. | dto. |
| 0189 | **angular** | zu einem Winkel gehörend, Winkel... (geometr. t. t.) {71} | **angularis**, e | winklig, eckig |
| 0190 | **animal** | 1. eine aktive Lebensäußerung betreffend, auf (Sinnes)-reize reagierend {23/69}; 2. zu willkürlichen Bewegungen fähig {28/61/69}; 3. = animalisch {69} | **animalis**, e | Leben enthaltend; beseelt, lebendig |

| | | | | |
|---|---|---|---|---|
| – | **animalisch** | 1. tierisch, den Tieren eigentümlich {69}; 2. triebhaft {69/18}; 3. urwüchsig-kreatürlich {69/55} | dto. bzw. **animal(is)**, lis n | dto. das lebende Wesen, Tier |
| – | **Animalismus** l>nlat | religiöse Verehrung von Tieren {51} | dto. | dto. |
| – | **Animalität** | tierisches Wesen {69/70/84} | **animalitas**, atis f | Tierheit |
| 0191 | **Animateur** l>frz | jmd., der die Freizeit einer Reisegesellschaft abwechslungsreich gestaltet {45/85} | **animator**, oris m | Beleber, Beseeler |
| – | **Animation** l>engl | filmtechnisches Verfahren, unbelebten Objekten im Trickfilm Bewegung zu verleihen {40/61/87} | **animatio**, onis f | das Beleben, Beseelen; Aufregung |
| – | **animativ** l>engl | belebend, beseelend, anregend {26} | **animare**<br>bzw. **animatus**, a, um | beleben, beseelen; erquicken; mit Temperament versehen<br>beseelt; frisch erhalten; mutig |
| – | **Animator** | Trickfilmzeichner {36/40/85} | **animator** | s. oben |
| – | **Animierdame** l;l | in Bars o. ä. angestellte Frau mit erotischem Flair, die die Gäste zum Trinken anregen soll {18/33/40} | **animare** + **domina**, ae f | s. oben (Haus)herrin |
| – | Animierlokal, Animiermädchen | | | |
| – | **animieren** | 1. anregen, ermuntern, ermutigen {26}; 2. anreizen, in Stimmung versetzen {26/28}; 3. Bewegungsablaufphasen von Zeichnungen so fotografieren, daß sich das Objekt zu bewegen scheint {61/72/87} | **animare** | s. oben |
| – | **Animierung** | Ermunterung zu etw. {26/28} | dto. | dto. |
| – | **Anim(at)ismus** l>nlat | 1. Glaube an anthropomorphe Geister, Mächte {51}; 2. Lehre von der unsterblichen Seele (philos., med. t. t.) {77/70}; 3. best. Theorie innerhalb des Okkultismus {51}; 4. Anschauung, die die Seele als Lebensprinzip betrachtet (philos. t. t.) {77} | **anima**, ae f | Luft; Atem; Seele; Geister; physisches Leben, beseeltes Wesen |
| – | Animist, animistisch | | | |
| 0192 | **Animosität** | 1. feindselige Einstellung o. Äußerung {32/33}; 2. Aufgeregt-, Gereiztheit {26}; 3. Leidenschaftlichkeit {26/84} | **animositas**, atis f | Mut; Leidenschaftlichkeit; Gereiztheit, Heftigkeit (im Zorn) |

| | | | | |
|---|---|---|---|---|
| – | **animos** | 1. feindselig {26/33}; 2. aufgeregt, gereizt (veraltet) {26} | **animosus**, a, um | mutig; ungestüm, hitzig, leidenschaftlich |
| 0193 | **Animus** | 1. Seelenbild des Mannes im Unbewußten der Frau (psych. t. t.) {70/77}; 2. Ahnung {25/24} | **animus**, mi m | Geist, Herz, Mut, Seele |
| 0194 | **Anker** (gr)>l | Gerät zum Festlegen von Schiffen {45} | **ancora**, ae f gr. *ἄγκυρα* | Anker; Klammer |
| 0195 | **Annalen** | Jahrbücher, chronologisch geordnete Aufzeichnungen von Ereignissen {34/75/59} | **annales**, lium m (Pl.) | Jahrbücher, Annalen; geschichtliche Darstellung |
| – | **Annalist** | Verfasser von Annalen {40/34} | dto. | dto. |
| – | **Annalistik** | Geschichtsschreibung in Form von Annalen {34/75} | dto. | dto. |
| 0196 | **Annaten** l>mlat | Abgabe an den Papst für die Verleihung eines Kirchenamtes (im MA) {42/51/75} | **annarius**, a, um | das Jahr betreffend, Jahres... |
| 0197 | **annektieren** l>frz | etw. gewaltsam und widerrechtlich in seinen Besitz bringen {28/43/50/86} | **annectere** | anfügen, -knüpfen; verbinden; vereinigen |
| – | **Annex** | 1. Anhängsel, Zubehör {57/56}; 2. (=Adnex) Anhang(sgebilde) von Organen; Eierstökke und Eileiter (med. t. t.) {70} | **annexus**, us m | soziale Verbindung, Verband |
| – | **Annexion** l>frz | gewaltsame, widerrechtliche Aneignung fremden Staatsgebietes {28/43/50/86} | **annexio**, onis f | Verknüpfung |
| – | **Annexionismus** l>frz>nlat | Bestrebung zur gewaltsamen Aneignung fremden Staatsgebietes {28/43/50/86} | dto. | dto. |
| – | Annexionist, annexionistisch | | | |
| 0198 | **Anniversar(ium)** | Jahrestag zur Erinnerung an ein Ereignis {24/59} | **anniversarius**, a, um | (all)jährlich wiederkehrend |
| 0199 | **Anno** | im Jahre {59} | **annus**, ni m | Jahr |
| 0200 | **Annonce** l>frz | 1. Zeitungsanzeige, Inserat {32}; 2. Ankündigung von etw. {59/32/28} | **annuntiare** frz. *annoncer* | an-, verkündigen, berichten |
| – | **Annoncenexpedition** l>frz;l | Anzeigenvermittlung {32/40} | dto. + **expeditio**, onis f | dto. Abfertigung, Erledigung; Feldzug |
| – | **annoncieren** l>frz | 1. ein Inserat aufgeben; 2. etw. durch Annonce anzeigen; 3. jmd. o. etw. schriftlich ankündigen {28/32} | **annuntiare** | s. oben |
| 0201 | **Annotation** | Auf-, Einzeichnung, Vermerk (veraltet, DDR) {32} | **annotatio**, onis f | schriftliche Aufzeichnung, Anmerkung |
| 0202 | **Annuität** l>mlat | Jahreszahlung an Zinsen und Tilgungsraten bei der Rückzahlung einer Schuld {42/59/80} | **annus**, ni m | Jahr; Kreislauf |

| | | | | |
|---|---|---|---|---|
| 0203 | **annullieren** | etw. (amtl.) für ungültig erklären {28/50/56} | **annullare** | zunichte machen |
| – | **Annullierung** | (amtl.) Ungültig-, Nichtigkeitserklärung {28/50/56} | dto. bzw. **annullatio**, onis f | dto. Zunichtemachung |
| 0204 | **anormal** (gr>l;l) >mlat | nicht normal, von der Regel abweichend, ungewöhnlich {25/56} | **anomalus**, a, um (o. -os, -on) *ἀνομαλίζειν* gemischt mit: + **normalis**, e | unregelmäßig, anomal (gramm. t. t.) ausgleichen nach dem Winkelmaß gemacht, winkelgerecht |
| >>> | anpfeifen s. pfeifen | | | |
| 0205 | **Ante** | pfeilerartige Stirn einer frei endenden Mauer {88} | **antae**, tarum f (Pl.) | viereckiger Pfeiler an Türen und Tempelecken; Pilaster |
| 0206 | **antedatieren** (l;l)>nlat/frz | 1. (ein Schreiben) auf ein zukünftiges Datum ausstellen (veraltet) = vordatieren; 2. zurückdatieren (vergangenes Datum) {59/32} | **ante** (Präp.) + **dare** **datum** frz. *dater* | vor geben, bestimmen; ausfertigen, schreiben ausgefertigt mit Zeitangabe versehen |
| 0207 | **Antenne** l>it | 1. Sende- und/oder Empfangsvorrichtung {46/87}; 2. Fühler der Gliedertiere (biol. t. t.) {69} | **antemna**, ae f it. *antenna* | Segelstange, Rahe |
| 0208 | **Antependium** l>mlat | Verkleidung des Altarunterbaus {51/88} | **antependulus**, a, um | vorhängend |
| 0209 | **anteponierend** | verfrüht auftretend (med. t. t.) {70/59} | **anteponere** | vor etw. legen, setzen; vorziehen |
| 0210 | **Antezedentien** | 1. Gründe, Ursachen; Vorausgegangenes {59/60}; 2. Vorleben, frühere Lebensumstände (veraltet) {59/15} | **antecedens**, ntis n | voraus-, vorhergehend; vorhergehende, bewirkende Ursache |
| – | **antezedieren** | vorher-, vorausgehen (veraltet) {59} | **antecedere** | vorangehen, vorauseilen; übertreffen |
| >>> | antiautoritär s. autoritär | | | |
| >>> | Anti-Baby-Pille s. Pille | | | |
| 0211 | **antichambrieren** (l;l)>it>frz | sich durch dauernde Bemühung (=Warten im Vorzimmer) Gunst erlangen wollen; katzbuckeln, liebedienern {33/28} | **ante** + **camera**, ae f it. *anticamera* frz. *antichambre* | vor Gewölbe, Decke, Zimmerwölbung Vorzimmer |

| | | | | |
|---|---|---|---|---|
| – | **Antichambre** (l;l)>it>frz | Vorzimmer (veraltet) {58} | dto. | dto. |
| 0212 | **Antidepressivum** gr;l | Arzneimittel gegen Depressionen (med. t. t.) {70} | gr. *ἀντί* + **deprimere** (PPP. **depressus**) | gegen herab-, nieder-, unterdrücken; versenken; |
| >>> | Antifaktor s. Faktor | | | |
| >>> | Antifaschismus s. Faschismus | | | |
| 0213 | **Antifebrile** gr;l | fiebersenkendes Mittel (med. t. t.) {70} | gr. *ἀντί* + **febris**, is f | gegen Fieber |
| 0214 | **antik** l>frz | 1. dem klassischen Altertum zuzurechnen, auf die Antike zurückgehend {59/75}; 2. in altertümlichem Stil hergestellt {36/40} | **antiquus**, a, um | alt; früher; ehrwürdig |
| – | **Antike** l>frz | 1. das klassische Altertum, seine Kultur betreffend {59/33}; 2. antikes Kunstwerk {34/35/36/37} | **antiqua**, uorum n (Pl.) | das Alte, Altertum, Vorzeit |
| – | **antikisch** l>frz | dem Vorbild antiker Kunst nachstrebend {34/35/36/37} | **antiquus** | s. oben |
| – | **antikisieren** l>frz | nach Art antiker Formen gestalten {34/35/36/37} | dto. | dto. |
| 0215 | **Antikonzeption** | Empfängnisverhütung (med. t. t.) {70} | gr. *ἀντί* + **conceptio**, onis f | gegen Zusammen-, Abfassung; Empfängnis s. unten 1884 |
| – | antikonzeptionell, Antikonzeptivum | | | |
| >>> | Antimilitarismus s. Militarismus | | | |
| 0216 | **Antiqua** | heutige, allgemein übliche lateinische Buchschrift {32} | **antiquus** | s. oben 0214 |
| – | **Antiquar** | Händler für gebrauchte Bücher, Noten etc. {40/42/32} | **antiquarius**, ii m | Kenner der klass. (alt)röm. Sprache und Literatur; Altertümler |
| – | **Antiquariat** l>nlat | Handel, Handlung für gebrauchte Bücher {32/42} | dto. | dto. |
| – | **antiquarisch** | gebraucht, alt {59/56/55} | **antiquarius**, a, um | zum Altertum gehörig |
| – | **antiquieren** l>nlat | 1. veralten {59}; 2. für veraltet erklären {59/32} | **antiquare** | verwerfen, (einen Vorschlag) nicht annehmen; verjähren lassen |
| – | **antiquiert** l>nlat | veraltet, altmodisch, überholt {59/25} | dto. | dto. |

| | | | | |
|---|---|---|---|---|
| – | **Antiquiertheit** l>nlat | 1. das Festhalten an überholten Vorstellungen oder Dingen {25/59}; 2. altmodisches Gebaren {32/59} | dto. | dto. |
| – | **Antiquität** | altertümlicher (Kunst)gegenstand {34/35/36/37/88} | **antiquitates**, tium f (Pl.) | Antiquitäten, alte Sagen, Geschichte |
| >>> | Antiserum s. Serum | | | |
| 0217 | **Antistes** | 1. antiker Priestertitel {51/75}; 2. Ehrentitel für kath. Priester und Äbte {51/33} | **antistes**, titis m | Vorsteher, Aufseher, Oberpriester |
| 0218 | **Antitranspirant** gr;(l;l) >vulgl>frz | schweißhemmendes Deodorant {21} | gr. *ἀντί* + **trans** + **spirare** vulgl. transpirare | gegen hindurch, -über blasen, wehen, hauchen, atmen durchhauchen, -atmen, ausduften |
| 0219 | **Antitrinitarier** gr;l | Gegner der Lehre von der göttlichen Dreifaltigkeit {51} | gr. *ἀντί* + **trinitas**, atis f | gegen Dreieinig-, -faltigkeit |
| 0220 | **Antizipation** | 1. Vorwegnahme (z. B. von zukünftigem Geschehen) {59/24}; 2. Bildung einer philosophischen Vorstellung vor der Erfahrung {77}; 3. Vorgriff des Staates auf später fällige Einnahmen {42/50/59/80}; 4. Zinszahlung vor dem Fälligkeitstermin {42/59/80}; 5. Erteilung einer Anwartschaft auf ein Kirchenamt (rel. t. t.) {51}; 6. früheres Erreichen einer Entwicklungsstufe (biol. t. t.) {59/68/69} | **anticipatio**, onis f | vorgefaßte Meinung, Vorbegriff |
| – | **antizipativ** o. **antizipatorisch** | etwas vorwegnehmend {25/59} | **anticipare** | vorher nehmen; zuvorkommen, übertreffen |
| – | **antizipieren** | 1. etwas (gedanklich) vorwegnehmen {25/59}; 2. vor dem Fälligkeitstermin zahlen {42/80/59} | dto. | dto. |
| 0221 | **Anus** | After {11/70} | **anus**, ni m | After; Fußring, -schelle |
| 0222 | **anvisieren** d;l>frz | 1. ins Visier-, als Zielpunkt nehmen {23/25}; 2. etwas ins Auge fassen, anstreben {28} | **visus**, us m afrz. *vis* frz. *visière* | Anblick, Erscheinung, Gesicht Gesicht Helmgitter, Visier |
| 0223 | **anzeps** | lang oder kurz (in bezug auf die Schlußsilbe im antiken Vers) {76/59} | **anceps** (Gen. -cipitis) | doppelseitig; ungewiß; schwankend |

| | | | | |
|---|---|---|---|---|
| 0224 | **Apanage**<br>(l;l)>mlat<br>>frz | Unterhalt für Angehörige regierender Fürsten und Könige {80/47} | **ad**<br><br>+ **panis**, is f<br>mlat.<br>appanare<br>appanagium<br>frz. *apanage* | zu, hin, nach<br>(s. oben 0001)<br>Brot<br><br>ausstatten<br>Ausstattung<br>Leibgedinge, Erbteil |
| 0225 | **apart**<br>(l;l)>mlat<br>>frz | 1. anziehend schön, ungewöhnlich ansprechend {26/55/84}; 2. gesondert, getrennt (veraltet) {56/58} | **ad**<br><br>+ **pars**,<br>rtis f<br>mlat. ad<br>partem<br>frz. *a part* | zu, hin, nach<br>(s. oben 0001)<br>Teil, Stück, Portion<br><br>besonders, gesondert<br><br>beiseite, abgesondert; besonders, eigenartig |
| – | **Apartheid**<br>l>frz<br>>niederl<br>>afrikaans | Rassentrennungspolitik in Südafrika {33/50} | dto. | dto. |
| – | **Apartment**<br>(l;l)>l>it<br>>frz>engl<br>>am | Kleinwohnung in einem (komfortabelen) Mietshaus {44/58} | **a**<br><br>+ **pars**<br>**a parte**<br><br>it. *appartare*<br><br>*apparta-*<br>*mento*<br>frz.<br>*appartement*<br>engl.<br>*apartment* | von, von ... her<br>(s. oben 0002)<br>s. oben<br>zur Seite, abgetrennt<br><br>trennen, absondern<br><br>größere abgteilte abgeschlossene Wohnung |
| 0226 | **Aperitif**<br>l>mlat>frz | appetitanregendes alkoholisches Getränk, das vor dem Essen getrunken wird {17} | **aperire**<br><br><br>mlat.<br>aperitivus<br>frz. *apéritif* | öffnen, aufdecken, zugänglich machen<br><br>öffnend<br>dto. |
| 0227 | **Apertur** | Maß für optische Leistung und Bildhelligkeit, Detailschärfeleistung (in der Fotografie) {56/87} | **apertura**,<br>ae f | Öffnung, Eröffnung, Luke |
| 0228 | **Apex** | 1. ferner Zielpunkt der Flugbahn eines Himmelskörpers (astron. t. t.) {66/61}; 2. Zeichen zur Kennzeichnung betonter Vokale oder Silben (sprachwiss. t. t.) {76} | **apex**,<br>picis m | Spitze, Gipfel, Kuppe; vokalisches Längezeichen (gramm. t. t.) |

| | | | | |
|---|---|---|---|---|
| – | **apikal** | 1. an der Spitze gelegen, nach oben gerichtet {58}; 2. mit der Zungenspitze artikuliert (sprachwiss. t. t.) {76}; 3. am äußersten (spitzen) Organende gelegen (med. t. t.) {58/70} | dto. | dto. |
| 0229 | **Aposteriori** l;l | Erfahrungssatz, Inbegriff der Erkenntnisse (philos. t. t.) {25/77} | **a**<br>+ **posterior**, ius (Komp.)<br>**a posteriori** | von, von ... her (s. oben 0002)<br>der, die, das Spätere<br>vom Späteren her |
| – | **aposteriorisch** l;l | erfahrungsgemäß {25/77} | dto. | dto. |
| 0230 | **Apparat** | 1. zusammengesetztes technisches Gerät {40/41/72/87}; 2. Gesamtheit der für eine wissenschaftliche Arbeit notwendigen Hilfsmittel {25/57}; 3. Gesamtheit der zu einer Institution gehörenden Menschen und Einrichtungen {40/57}; 4. kritischer Apparat (philol. t. t.) {76}; 5. Gegenstand o. Person, die durch Größe o. Besonderheit Aufsehen erregt {23/26}; 6. Gesamtheit funktionell zusammengehörender Organe (med. t. t.) {56/57/70} | **apparatus**, us m | Zubereitung; Einrichtung; Apparat, Gerät, Ausstattung |
| – | **apparativ** l>nlat | 1. einen Apparat betreffend {41/72/87}; 2. mit Apparaten arbeitend {40/41/70}; 3. mit Apparaten feststellbar {40/41/25} | **apparatus**, a, um | wohl versehen, - gerüstet, - ausgestattet |
| – | **Apparatschik** l>russ | Funktionär in Partei und Verwaltung (meist in Osteuropa) {50/40} | **apparator**, oris m | Zurüster, Diener |
| – | **Apparatur** l>nlat | Gesamtanlage zusammengehörender Apparate und Instrumente {56/72/87} | **apparatus**, us m | s. oben |
| 0231 | **Appartement** (l;l)>l>it >frz | 1. komfortabele Kleinwohnung; 2. Zimmerflucht, zusammenhängende größere Zimmer im Luxushotel {44/58} | **a**<br>+ **pars**, rtis f<br>**a parte**<br>it. *appartare*<br>*appartamento*<br>frz. *appartement* | von, von ... weg (s. oben 0002)<br>Teil, Stück, Portion<br>zur Seite<br>trennen, absondern<br>größere abgeteilte, abgeschlossene Wohnung<br>(vgl. oben 0225) |

| | | | | |
|---|---|---|---|---|
| 0232 | **Appeasement** (l;l)>frz >engl | Haltung der Nachgiebigkeit, Beschwichtigungspolitik {50/28} | **ad**<br>+ **pax**, acis f<br>afrz. *apeser*<br>engl. *appease* | zu, hin, bezüglich (s. oben 0001)<br>Frieden<br>befrieden |
| >>> | Appeal s. Appell (4.) | | | |
| 0233 | **Appell** l>frz | 1. Aufruf, Mahnruf {25/32}; 2. Antreten zur Befehlsausgabe (mil. t. t.) {86}; 3. Gehorsam des (Jagd)hundes {28/38}; 4. (=Appeal) Anziehungskraft, Ausstrahlung, Aussehen; Anreiz {23/26/18} | **appellare** | appellieren; ansprechen; mahnen; um Hilfe ansprechen, auffordern |
| - | **Appellation** | Berufung (jur. t. t.) {82} | **appellatio**, onis f | Anrede, Ansprache; Berufung (jur. t. t.) |
| - | **appellieren** | 1. sich mahnend an jmdn. o. etw. wenden {32/25}; 2. Berufung einlegen (veraltet - jur. t. t.) {82} | **appellare** | s. oben |
| 0234 | **Appendix** | 1. Anhängsel {57/58}; 2. Luftfüllstutzen eines Ballons {45/72/87}; 3. Anhang eines Buches {57/32}; 4. Wurmfortsatz des Blinddarms (med. t. t.) {11/70} | **appendix**, icis f | Anhang, Anhängsel; Zugabe |
| - | **Appendizitis** l>nlat | Blinddarmentzündung (med. t. t.) {14/70} | dto. | dto. |
| - | appendizitisch | | | |
| - | **Appendektomie** l;gr | Blinddarmoperation, -entfernung (med. t. t.) {52/70} | dto.<br>+ gr. ἐκτομή | dto.<br>Entfernung; das Herausschneiden |
| 0235 | **Apperzeption** (l;l)>nlat | bewußtes Erfassen von Erlebnis-, Wahrnehmungs- und Denkinhalten (psych. t. t.) {70} | **ad**<br>+ **perceptio**, onis f | zu, hin, nach (s. oben 0001)<br>geistiges Erfassen; Begreifen; Erkenntnis |
| - | **apperzipieren** (l;l)>nlat | Erlebnisse und Wahrnehmungen bewußt erfassen (psych. t. t.) {70} | **ad**<br>+ **percipere** | s. oben<br>begreifen empfangen; wahrnehmen, |
| 0236 | **Appetenz** | (biol. t. t.) 1. ungerichtete, suchende Aktivität {69/29}; 2. Begehren, Sexualverlangen {69/70/18} | **appetentia**, ae f | das Begehren, Trachten, Verlangen nach etwas |
| - | **Appetenzverhalten** l;d | Verhalten bei Tieren zur Auffindung der triebbefriedigenden Reizsituation (biol. t. t.) {69} | dto. | dto. |

| | | | | |
|---|---|---|---|---|
| – | **Appetit** | Wunsch, etwas Bestimmtes zu essen, zu trinken, zu tun {27/17/18} | **appetitus**, us m | Begehren, Verlangen, Trachten; Trieb |
| – | **appetitlich** | 1. appetitanregend {17/26}; 2. hygienisch einwandfrei, sauber {21/17}; 3. adrett und frisch anzusehen {55/18} | dto. | dto. |
| – | Appetitzügler | | | |
| – | **Appetizer** l>engl | appetitanregendes Mittel {70/17} | dto. | dto. |
| 0237 | **applaudieren** | Beifall klatschen, -spenden {23/26/32/33/85} | **applaudere** | etw. an etw. anschlagen; Beifall klatschen; applaudieren |
| – | **Applaus** | Beifall(sruf), Klatschen, Zustimmung {23/26/32/33/85} | **applausus**, us m | das Anschlagen; Beifallklatschen; Applaus |
| 0238 | **Applikation** | 1. Anwendung {29/25}; 2. Bewerbung, Fleiß {25/40}; 3. Verordnung, Anwendung von Medikamenten {70}; 4. aufgenähte Verzierung an Geweben {19/20}; 5. haftendes Symbol auf Wandtafeln {32} | **applicatio**, onis f | das Sich-Anschließen an etw. o. jmd.; Zuneigung |
| – | **applizieren** | 1. anwenden {25/29}; 2. verabreichen, dem Körper zuführen (med. t. t.) {70}; 3. (Farben) auftragen {29/36/40}; 4. (Stoffmuster) aufnähen {19/29/40} | **applicare** | an-, hinzufügen; anwenden; annähern |
| 0239 | **apport!** l>frz | bring (es) her! (Befehl an den Hund) {38/28} | **apportare** | herbeibringen, -tragen, -schaffen |
| – | **Apport** l>frz | 1. Sacheinlage bei der Kapitalgesellschaftsgründung (veraltet) {42/80}; 2. Herbeischaffen des erlegten Wildes durch den Hund {38/61}; 3. Telekinese durch Geister o. ein Medium {24/51} | dto. | dto. |
| – | **apportieren** l>frz | Gegenstände, erlegtes Wild herbeibringen (vom Hund) {38/61} | dto. | dto. |
| 0240 | **Apposition** | 1. substantivisches Attribut (sprachwiss. t. t.) {76}; 2. Anlagerung von Substanzen (biol. t. t.) {68/69/73} | **appositio**, onis f | das Ansetzen, Auflegen; Zusatz |
| – | **appositional** o. **appositionell** l>nlat | die Apposition betreffend, wie eine Apposition gebraucht (sprachwiss. t. t.) {76} | dto. | dto. |

| | | | | |
|---|---|---|---|---|
| 0241 | **appretieren** l>gallorom >frz | Textilien durch entsprechendes Bearbeiten mehr Glanz, Festigkeit, besseres Aussehen geben {40/19} | **apparare**<br>frz. *prêt*<br>*apprêter* | zubereiten, zurüsten, in Bereitschaft setzen<br>bereit, fertig<br>s. links |
| – | **Appretur** l>gallorom >frz | Glanz, Festigkeit eines Gewebes; das Appretieren {40/54/55/19} | dto. | dto. |
| 0242 | **Approbation** | 1. staatl. Zulassung als Arzt o. Apotheker {28/50/70}; 2. Genehmigung, Bestätigung durch die zuständige Autorität (kath. rel. t. t.) {28/51} | **approbatio**, onis f | Zustimmung, Genehmigung, Billigung |
| – | **approbieren** | bestätigen, genehmigen {50/28} | **approbare** | zustimmen, billigen, genehmigen |
| – | **approbiert** | zur Berufsausübung als Mediziner staatlich zugelassen {70/40} | **approbatus**, a, um | gebilligt, anerkannt |
| 0243 | **Appropriation** | Zu-, Aneignung, Besitzergreifung {43} | **appropriatio**, onis f | Zueigenmachung |
| – | **appropriieren** | in Besitz nehmen {43} | **appropriare** | zueigen machen |
| 0244 | **Approximation** | 1. Näherungswert einer unbekannten Größe (math. t. t.) {71}; 2. Annäherung {61/56} | **approximare** | herankommen, sich nähern |
| – | **approximativ** | angenähert, ungefähr {56/71} | dto. | dto. |
| – | **Approximativ** | Adjektive, die eine Näherung ausdrücken (z. B. rötlich zu rot - sprachwiss. t. t.) {56/76} | dto. | dto. |
| 0245 | **Aprikose** l>vulgl >spätgr >arab >span>frz >niederl | 1. Fruchtsorte {05/17}; 2. Aprikosenbaum {05}; 3. Gartenzierstrauch aus Japan {04} | **praecoquus**, a, um<br>vulgl. persica praecocia<br>spätgr. *πραικόκκιον*<br>arab. *albarquq*<br>span. *albaricoque*<br>frz. *abricot*<br>niederl. *abrikoos* | vorzeitig Früchte tragend<br>frühreifer Pfirsich |
| – | **apricot** l>vulgl >spätgr >arab >span>frz >niederl | aprikosenfarben {55} | dto. | dto. |
| 0246 | **April** | 4. Monat im Jahr, Ostermond; Wandelmonat {59} | **Aprilis**, e | erschließend; Monat des Aufblühens, April<br>vgl. 0226 aperire |

| | | | | |
|---|---|---|---|---|
| 0247a | **Apriori** (l;l)>l | Vernunftsatz; durch logisches Schließen gewonnene Erkenntnisse (philos. t. t.) {25/77} | **a**<br>**prior**, ius (Komp.)<br>**a priori** | von, von ... her<br>der, (die), das Frühere<br>vom Früheren her |
| – | **apriorisch** (l;l)>l | aus Vernunftgründen erschlossen, allein durch Denken gewonnen (philos. t. t.) {25/77} | dto. | dto. |
| – | **Apriorismus** (l;l)>nlat | (philos. t. t.) 1. Erkenntnis a priori {25/77}; 2. philos. Lehre, die eine von der Erfahrung unabhängige Erkenntnis annimmt {77} | dto. | dto. |
| – | Apriorist, aprioristisch | | | |
| 0247b | **apropos** l>afrz>frz; l>afrz>frz | übrigens, nebenbei (bemerkt) {56} | **ad**<br>+ **proponere** (PPP. **propositus**)<br>afrz. *à*<br>+ *poser*<br>frz. *proposer*<br>*propos* | zu, hin, nach<br>aufstellen, vortragen, vorschlagen<br>zu<br>setzen, stellen, legen<br>vorschlagen, vorbringen, sich vornehmen<br>Vorsatz, Entschluß; Anlaß, Gesprächsgegenstand |
| 0248 | **Aqua** | (Aufschrift auf der Toilettenspülung): Wasser {21/44} | **aqua**, ae f | Wasser |
| – | **Aquädukt** l;l | steinernes Bauwerk mit Wasserrinne zur Vesorgung der (Stadt)bevölkerung {17/49/88} | **aqua**<br>+ **ductus**, us, m | s. oben<br>Zug, durchlaufende Verbindung; (Wasser)leitung (archit. t. t.) |
| – | **Aquakultur** l;l | 1. systematische Bewirtschaftung des Meeres {39/40}; 2. Verfahren zur Intensivfischzucht {39/69} | **aqua**<br>+ **cultura**, ae f | s. oben<br>Pflege, An-, Bebauung, Kultur |
| – | **Aquamarin** l;l | meerblauer Edelstein {20/02} | **aqua marina** | Meerwasser (gelehrte Bildung) |
| – | **Aquanaut** l;(gr)>l | Forscher in einer Unterwasserstation {40/62/63/64/69} | **aqua**<br>+ **nauta**, ae m<br>gr. *ναύτης* | s. oben<br>Seemann, Schiffer, Matrose<br>Seemann |
| – | Aquanautik | | | |
| – | **Aquaplaning** l;(gr)>engl | Wasserglätte; Rutschen der Autoreifen auf regennasser Straße {45/61/72} | **aqua**<br>+ gr. *πλανάειν*<br>*πλάνη* | s. oben<br>irreführen, täuschen<br>Irrfahrt |

| | | | | |
|---|---|---|---|---|
| – | **Aquarell**<br>l>it>frz | mit Wasserfarben gemaltes Bild {36} | **aqua** bzw. **aquarius**, a, um<br>it. *acquerello*<br>frz. *aquarelle* | s. oben<br>zum Wasser gehörig |
| – | aquarellieren, Aquarellist | | | |
| – | **Aquarianer**<br>l>nlat | Aquarienliebhaber {68/69/85} | **aquarius**, ii m | Aufseher der Brunnen u. Wasserkünste; Röhrenmeister |
| – | **Aquaristik**<br>l>nlat | Halten von Wassertieren und -pflanzen (als Hobby, aus wissenschaftlichem Interesse) {68/69/85} | **aquarium**, ii n | Wasserbehälter, -krug, Zisterne |
| – | Aquarist, aquaristisch | | | |
| – | **Aquarium** | 1. Behälter zur Pflege, Zucht u. Beobachtung von Wassertieren {69/58}; 2. Abteilung in zoologischen Gärten für Wassertiere {69} | dto. | dto. |
| – | **aquatisch** | 1. dem Wasser angehörend, im Wasser lebend {68/69}; 2. wässrig {54} | **aquaticus**, a, um | im Wasser lebend, -vorkommend; wässrig, feucht |
| 0249 | **Äquator** | 1. größter Breitenkreis, der die Erde in Nord- und Südhalbkugel trennt {64}; 2. Kreis auf einer Kugel, dessen Ebene senkrecht auf einem vorgegebenen Kugeldurchmesser steht (math. t. t.) {71} | **aequator**, oris m | der Gleichmacher, Eicher |
| – | **äquatorial** | 1. den Äquator betreffend; 2. unter dem Äquator befindlich {64} | dto. | dto. |
| 0250 | **Aquavit**<br>(l;l)>nlat | vorwiegend mit Kümmel gewürzter Branntwein {17} | **aqua**<br>+ **vita**, ae f | s. oben 0248<br>Leben |
| 0251 | **äquidistant** | gleich weit voneinander entfernt, gleiche Abstände aufweisend {58/71} | **aequidistans** (Gen. -ntis) | gleich weit voneinander entfernt, parallel |
| – | **Äquidistanz** | gleich großer Abstand {58/71} | dto. | dto. |
| 0252 | **äquilibrieren** | ins Gleichgewicht bringen {12/56/61} | **aequilibris**, e | im Gleichgewicht, horizontal |
| – | **Äquilibrium** | Gleichgewicht {12/56} | dto. | dto. |
| – | **Äquilibrismus**<br>l>nlat | scholastische Lehre vom Einfluß des Gleichgewichts der Motive auf die freie Willensentscheidung (philos. t. t.) {77/28} | dto. | dto. |
| – | **Äquilibrist**<br>l>frz | Gleichgewichtsartist, Seiltänzer {12/85} | dto. | dto. |

| | | | | |
|---|---|---|---|---|
| – | **Äquilibristik** l>frz | Kunst des Gleichgewichthaltens {12/85} | dto. | dto. |
| – | äquilibristisch | | | |
| 0253 | **Äquinoktium** | Tagundnachtgleiche {66/59/02} | **aequinoctium**, ii n | Tagundnachtgleiche |
| – | **äquinoktial** | 1. das Äquinoktium betreffend {66/59/02}; 2. tropisch, Tropen... {64} | dto. | dto. |
| 0254 | **Äquität** | das jmdm. zustehende Recht, Gerechtigkeit (veraltet) {82} | **aequitas**, atis f | Rechtsgleichheit , Billigkeitsprinzip, Gerechtigkeit |
| 0255 | **äquivalent** (l;l)>nlat | gleichwertig, dem Verglichenen entsprechend {56/71} | **aequus**, a, um + **valens** (Gen. -ntis) | gleich, eben, billig, gerecht kräftig, stark, mächtig |
| – | **Äquivalent** (l;l)>nlat | gleichwertiger Ersatz, Gegenwert {56/71} | dto. | dto. |
| – | **Äquivalenz** (l;l)>nlat | Gleichwertigkeit {56/71} | **aequus** + **valentia**, ae f | s. oben Stärke, Körperkraft, Vermögen, Fähigkeit |
| >>> | Äquivalenzprinzip s. Prinzip | | | |
| 0256 | **äquivok** | 1. verschieden deutbar, doppelsinnig; 2. zwei-, mehrdeutig {25/32} | **aequivocus**, a, um | doppelsinnig, mehrdeutig |
| – | **Äquivokation** | 1. Dopppelsinig-, Mehrdeutigkeit {25/32}; 2. Wortgleichheit bei Sachverschiedenheiten {76} | **aequivocatio**, onis f | Doppelsinn |
| 0257 | **Ar** l>frz | Flächenmaß von 100 qm {56} | **area**, ae f<br>frz. *are* | (Grund)fläche, freier Platz; Ebene; Flächeninhalt |
| 0258 | **Ära** | 1. längerer, durch etw. Bestimmtes geprägter Zeitabschnitt {59}; 2. Erdzeitalter (geol. t. t.) {62/59} | **aera**, ae f | Zeitabschnitt, Epoche |
| 0259 | **Ärar** | 1. Staatsschatz, -vermögen {42/80/50}; 2. Staatsarchiv {32/49/50}; 3. Fiskus (österr.) {42/50/80} | **aerarium**, ii n | Schatzkammer, Staatskasse, -vermögen |
| – | **ärarisch** | zum Ärar gehörend, staatlich {50/42/80} | **aerarius**, a, um | zum Erz gehörend |
| 0260 | **Arbiter** | Schiedsrichter (veraltet) {32/33/85} | **arbiter**, tri m | Zeuge, Beobachter; Schiedsrichter |
| – | **arbiträr** | 1. als sprachl. Zeichen willkürlich geschaffen (sprachwiss. t. t.) {76}; 2. willkürlich, nach Ermessen{25/28} | **arbitrarius**, a, um | schiedsrichterlich; nach Gutdünken, willkürlich |

| | | | | |
|---|---|---|---|---|
| – | **arbitrieren** | 1. schätzen (veraltet) {25/56}; 2. eine Schiedsgerichtsvereinbarung vollziehen (im Handelsrecht) {82/42/80} | **arbitrari** | beobachten; als Schiedsrichter entscheiden; glauben, meinen |
| – | **Arbitrium** | Schiedsspruch, Gutachten {82/25/32} | **arbitrium**, ii n | Schiedsspruch; freie Entscheidung, Wille |
| 0261 | **Arboretum** | Baumgarten, zu Studienzwecken angelegte Pflanzensammlung (bot. t. t.) {03/68} | **arbor**, oris f bzw. **arboretum**, ti n (Nf. von arbustum) | Baum<br>Baumpflanzung |
| 0262a | **Arche** | 1. Schiff Noahs {45/51}; 2. Geldkasten (mhd. - veraltet) {58/42} | **arca**, ae f | Kiste, Lade; (Geld)kasten; Arche (Noahs) |
| 0262b | **Architrav** (gr;l)>frz >(engl) | die Säulen verbindender Tragbalken in der antiken Baukunst {75/88} | gr. *ἀρχεύειν*<br>bzw. *ἀρχι...*<br>+ **trab(e)s**, bis f<br>frz. / engl. *architrave* | Führer sein, herrschen<br>Haupt...<br>Balken |
| 0263 | **Areal** l>nlat | 1. Bodenfläche {58/64}; 2. Verbreitungsgebiet einer Tier- oder Pflanzenart {64/68/69} | **area**, ae f | freier Platz, Fläche; Gartenbeet; Rennbahn |
| – | **areal** l>nlat | Verbreitungsgebiete betreffend {68/69/58} | dto. | dto. |
| >>> | Areallinguistik s. Linguistik | | | |
| 0264 | **Arena** | 1. größerer Platz zum Austragen von Wettkämpfen (im Stadion) {58/85}; 2. Sommerbühne (österr.) {58/35} | **arena**, ae f o. **harena**, ae f | Sand(fläche); Kampfplatz im Amphitheater; Tummelplatz |
| 0265 | **Argentum** | Silber {02/73} | **argentum**, ti n | Silber, -geschirr, -geld |
| 0266 | **Argument(um)** | 1. Beweis, Bekräftigung einer Aussage {25/32}; 2. verbabhängig zu besetzende Leerstelle im Satz (sprachwiss. t. t.) {76}; 3. unabhängige Veränderliche einer Funktion (math. t. t.) {71}; 4. deutsche Inhaltsangabe u. Personenpräsentierung bei latein. Aufführungen des Mitttelalters {32/35/74/75}; 5. auf den darauffolgenden Handlungssinn vorbereitende allegorische Pantomime (Barock) {32/37/74/75} | **argumentum**, ti n | Darstellung, Erzählung; Inhalt, Gegenstand; Beweis(mittel) |

| | | | | |
|---|---|---|---|---|
| – | **Argumentation** | Beweisführung, Begründung {25/32} | **argumentatio**, onis f | Beweisführung |
| – | **argumentativ** l>engl | 1. (= argumentatorisch) die vorgebrachten Argumente (1.) betreffend; 2. mit Hilfe von Argumenten (geführt) {32/25} | **argumentativus**, a, um<br>engl. *argumentative* | darlegend |
| – | **argumentieren** | Argumente (1.) vorbringen, beweisen, begründen {32/25} | **argumentari** | Beweise, Gründe anführen |
| 0267a | **arid** | trocken, dürr, wüstenhaft (vom Boden, Klima) {62/65} | **aridus**, a, um | trocken, dürr; dürftig |
| – | **Aridität** | Trockenheit (in bezug auf das Klima - meteor. t. t.) {65} | **ariditas**, atis f | Trockenheit, Dürre |
| 0267b | **Arie** (gr)>l>(frz) >it | Sologesangsstück mit Instrumentalbegleitung (bes. in Opern, Oratorien - mus. t. t.) {37} | **aer**, ris m<br>gr. *ἀήρ*<br>frz. *air*<br>it. *arietta* | Luft; Lied, Melodie<br><br><br><br>kleines Lied |
| 0267c | **Arkade** l>it>frz | Bogen auf zwei Säulen o. Pfeilern; Bogengang {58/88} | **arcus**, us m<br>it. *arco*<br>*arcata*<br>frz. *arcade* | Bogen, bogenförmige Krümmung<br><br>Arkade |
| 0268 | **Arkanum** | 1. Geheimnis {25/32/33}; 2. Geheim-, Wundermittel {70} | **arcanum**, ni n | das Geheimnisvolle, Geheimnis |
| 0269 | **Arkus** o. **Arcus** | Bogenmaß eines Winkels (math. t. t.) {71} | **arcus** | s. oben 0267c |
| 0270 | **Armada** l>span | mächtige Kriegsflotte (nach der Flotte Philipp des II. benannt) {57/75/86} | **arma**, morum n (Pl.) | Waffe, Kriegs-, Heeresmacht |
| 0271 | **Armatur** | 1. Ausrüstung von bzw. Bedienungs- u. Meßgeräte an technischen Anlagen {41/72/87}; 2. Drossel-, Absperrvorrichtung; Wasserhahn {41/72/87}; 4. militärische Ausrüstung (veraltet) {86} | **armatura**, ae f | Takelage; Waffengattung; Bewaffnung |
| – | **Armaturenbrett** l;d | Leiste für Schalt- und Bedienungselemente {41/45/72} | dto. | dto. |
| 0272 | **Armbrust** (l;gr>l)>l >mlat | mittelalterliche Schußwaffe (für Pfeile) {75/86} | **arcus**, us m<br>+ **ballista**, ae f<br>gr. *βάλλειν*<br>**arcuballista**, ae f<br>mlat. arbalista | Bogen<br>Wurfmaschine<br><br>werfen<br>mit einem Bogen versehene Wurfmaschine |
| 0273 | **armieren** l>frz | 1. mit Waffen ausrüsten (mil. t. t. - veraltet) {86}; 2. mit Armaturen versehen {29/41/72/87}; 3. mit einer Auflage o. Umkleidung versehen (archit. t. t.) {88} | **armare** | (aus)rüsten, bewaffnen |

| | | | | |
|---|---|---|---|---|
| – | **Armierung** l>frz | 1. Waffenausrüstung einer militärischen Anlage, eines Kriegsschiffes {86/45}; 2. Stahleinlagen für Beton {41} | dto. | dto. |
| – | **Armee** l>frz | 1. Gesamtheit aller Streitkräfte eines Landes, Heer; 2. großer Truppenverband, Heereseinheit {57/86} | dto. bzw. **arma** frz. *armée* *armer* | dto. s. oben 0270 bewaffnete Truppe bewaffnen, ausrüsten |
| – | **Armeekorps** l>frz;l>frz | Verband von mehreren Divisionen {57/86} | dto. + **corpus**, poris n | dto. Körper, Verband; Gesamtmasse |
| 0274 | **Arrest** (l;l)>mlat >(frz) | 1. Beschlagnahme von Sachen (jur. t. t.); 2. Haft von Personen (jur. t. t.); 3. leichte Freiheitsstrafe (jur. t. t.) {82}; 4. Ort der Haft (jur. t. t.) {82/58}; 5. Nachsitzen in der Schule (veraltet) {31/59} | **ad** + **restare** mlat. arrestare arrestum frz. *arrêter* | zu, hin, nach (s. oben 0001) zurück-, übrig bleiben, Widerstand leisten dableiben (machen) Verhaftung |
| – | **Arrestant** (l;l)>mlat | Häftling {82} | dto. | dto. |
| – | **Arrestation** (l;l)>mlat >frz | Festnahme (veraltet) {82} | dto. | dto. |
| – | **arrestieren** (l;l)>mlat >frz | verhaften, einsperren {82/58} | dto. | dto. |
| – | **arretieren** (l;l)>mlat >frz | 1. verhaften, festnehmen {82}; 2. bewegliche Teile bei Nichtbenutzung eines Gerätes sperren {41/61/87} | dto. | dto. |
| – | **Arretierung** (l;l)>mlat >frz | 1. Festnahme, Inhaftierung {82}; 2. Sperrvorrichtung für bewegliche Teile an Geräten (z. B. Meßgeräte) {41/61/87} | dto. | dto. |
| 0275 | **Arrival** (l;l)>vulgl >frz>engl | Ankunft (Hinweis auf Flughäfen) {45/32} | **ad** + **ripa**, ae f vulgl. arripare frz. *arriver* engl. *arrive* | zu, hin nach (s. oben 0001) Küste, Ufer das Ufer erreichen ankommen, ein Ziel erreichen |
| – | **arrivieren** (l;l)>vulgl >frz | vorwärts-, emporkommen; beruflich o. gesellschaftlich Erfolg haben {33/40} | dto. | dto. |
| – | **arriviert** (l;l)>vulgl >frz | beruflich, gesellschaftlich aufgestiegen; zu Erfolg, Ansehen, Anerkennung gelangt {33/40} | dto. | dto. |

| | | | | |
|---|---|---|---|---|
| 0276 | **arrogant** l>(frz) | anmaßend, dünkelhaft {26/84} | **arogans** (Gen. -ntis) | anmaßend, dünkelhaft, rücksichtslos |
| – | **Arroganz** l>(frz) | anmaßendes Benehmen, Überheblichkeit {26/84} | **arrogantia**, ae f | Anmaßung,dünkelhaftes, eitles Benehmen |
| 0277 | **arrondieren** (l;l)>vulgl >frz | 1. abrunden, zusammenlegen (von Grundbesitz) {57/43}; 2. Kanten abrunden (z. B. von Leisten) {40} | **ad** + **rotundare** | zu, hin, nach (s. oben 0001) rund machen, abrunden |
| – | **Arrondierung** (l;l)>vulgl >frz | Abrundung, Zusammenlegung von Gebieten, Grundbesitz {43/57} | dto. | dto. |
| – | **Arrondissement** (l;l)>vulgl >frz | 1. Verwaltungsbezirk in Frankreich; 2. Stadtbezirk in großen frz. Städten {48} | **ad** + **rotunditas**, atis f | s. oben runde Gestalt, Abrundung |
| 0278 | **Artdirector** l>engl; l>engl | künstlerischer Leiter (des Layouts in einer Werbeagentur) {40/36} | **ars**, rtis f + **director**, oris m | Kunst Lenker, Leiter |
| 0279 | **artefakt** l;l | künstlich hervorgerufen (z. B. von Verletzungen zum Täuschungszweck) {82/70} | **ars**, rtis f + **facere** (PPP. **factum**) | Kunst tun, machen, handeln, schaffen |
| – | **Artefakt** l;l | 1. Kunsterzeugnis {40}; 2. Werkzeug aus vorgeschichtlicher Zeit (archäol. t. t.) {75}; 3. künstlich hervorgerufene körperliche Veränderung (meist mit Täuschungsabsicht) {82/70} | dto. | dto. |
| – | **arte-** o. **artifiziell** l>frz | 1. künstlich {41/56}; 2. gekünstelt {26} | **arteficialis**, e | kunstmäßig, kunstgerecht |
| 0280 | **Arterie** (gr)>l | Schlagader (vom Herzen zum Körper) {11/70} | **arteria**, ae f gr. ἀρτηρία | Luftröhre; Schlag-, Pulsader |
| 0281a | **Artikel** | 1. Geschlechtswort (sprachwiss. t. t.) {76}; 2. Abschnitt eines Vertrages, Gesetzes etc. {82/57}; 3. Handelsgegenstand, Ware {42}; 4. (Zeitungs)aufsatz, Abhandlung {32}; 5. Darstellung eines Wortes in einem Lexikon {32}; 6. Glaubenssatz einer Religion {51} | **articulus**, li m | verbindendes Gelenk, Knöchel; Abteilung; Absatz, Abschnitt |
| – | **artikular** | zum Gelenk gehörend (med. t. t.) {70} | **articularius**, a, um bzw. **articularis**, e | zum Gelenk gehörig, die Gelenke betreffend |
| – | **Artikulaten** | Gliedertiere (biol. t. t.) {06/07/69} | **articulatus**, a, um | mit Gliedern, mit Gelenken versehen; artikuliert |

| | | | | |
|---|---|---|---|---|
| – | **Artikulation** o. **Artikulierung** | 1. deutliche Gliederung des Gesprochenen {32/56/76}; 2. Lautbildung (sprachwiss. t. t.) {76}; 3. das Artikulieren von Gefühlen und Gedanken {25/26/32}; 4. Abfolge der Bißbewegungen (med. t. t.) {12/70}; 5. das Binden o. Trennen der Töne (mus. t. t.) {37}; 6. Gelenk (med. t. t.) {70} | **articulatio**, onis f | das Ansetzen neuer Knoten (von Bäumen beim Pfropfen); gegliederter Vortrag; Artikel |
| – | **artikulatorisch** | die Artikulation betreffend {76/32} | **articulatus**, a, um | artikuliert, gegliedert, deutlich, verständlich (s. oben) |
| – | **artikulieren** | 1. Laute deutlich aussprechen {32/76}; 2. Gefühle u. Gedanken formulieren {25/26/32} | **articulare** | artikulieren, deutlich aussprechen |
| 0281b | **Artillerie** (l/l)>vulgl >afrz>frz | Gesamtheit der Geschütze, des schweren Kriegsmaterials; mit Geschützen ausgerüstete Truppe {57/86} | **aptare** | anpassen; instand setzen, rüsten |
| | | | vulgl. apticulare* | |
| | | | afrz. *atilier* | schmücken; ausrüsten, bewaffnen |
| | | | mit Quereinfluß von: | |
| | | | **ars**, rtis f | Kunst(fertigkeit) |
| | | | afrz. *art* | Geschicklichkeit |
| | | | *artill(i)er* | mit Kriegsgerät bestücken, ausrüsten |
| | | | frz. *artillerie* | |
| – | **Artillerist** (l/l)>vulgl >afrz>frz | Soldat der Artillerie {86} | dto. | dto. |
| 0282 | **Artist** l>mlat>frz | 1. Zirkus-, Varietékünstler {40/85}; 2. jmd., der seine Darstellungsformen souverän beherrscht {22/32} | **ars**, rtis f | Kunst, Geschicklichkeit; Wissenschaft |
| | | | mlat. artista | Künstler |
| – | **Artistenfakultät** (l;l)>mlat >(frz) | Fakultät der artes liberales (freien Künste, Wissenschaften) an mittelalterlichen Universitäten {75/31} | dto. + **facultas**, atis f | dto. Befähigung, Talent, Geschicklichkeit |
| – | **Artistik** l>mlat >(frz) | 1. Zirkuskunst {85}; 2. außerordentliche körperliche Geschicklichkeit {22/61/12} | **ars** | s. oben |
| – | artistisch | | | |

| | | | | |
|---|---|---|---|---|
| 0283 | **As**<br>l>frz | 1. höchste Spielkarte; 2. die Eins auf Würfeln {56/85}; 3. hervorragender Spitzenkönner, bes. im Sport {22/85}; 4. direkter Punkt nach einem Aufschlag beim Tennis; 5. direkt eingelochter Ball beim Golf {85}; | **as**, assis m | Gewichts-, Flächen-, Längenmaß; römische Münzeinheit |
| | (l) | 6. altrömische Gewichts- und Münzeinheit {56/75} | | |

>>> asexual, asexuell, Asexualität s. sexuell, Sexualität

| | | | | |
|---|---|---|---|---|
| 0284 | **Asomnie**<br>l;l | Schlaflosigkeit, -störung {16/70} | **a** | von ... weg, kein, un...<br>vgl. oben 0002 |
| | | | + **somnus**, ni m | Schlaf, Schlummer; Traum |
| 0285 | **asozial**<br>l;l | 1. gesellschaftsschädigend; 2. gemeinschaftsfremd, -unfähig {33/81} | **a** | vgl. oben 0002, 0284 |
| | | | + **socialis**, e | die Gesellschaft betreffend, gesellschaftlich, gesellig |
| – | **Asozialität**<br>l;l | gemeinschaftsfeindliches Verhalten {33/81} | **a** | s. oben |
| | | | + **socialitas**, atis f | Geselligkeit |
| 0286 | **Aspekt** | 1. Blickwinkel, Betrachtungsweise; Aussehen {25/53}; 2. Planetenkonstellation (astron., astrol. t. t.) {66/51} | **aspectus**, us m | Anblick, Ansicht, Aussehen |
| – | aspektisch | | | |
| 0287 | **aspergieren** | mit Weihwasser besprengen (veraltet) {12/51} | **aspergere** | hin-, bestreuen; hin-, bespritzen |
| – | **Aspergill** | Weihwasserwedel {51} | **aspergillum**, li n | Gefäß und Wedel zum (Be)sprengen |

>>> aspermatisch, Aspermatismus s. spermatisch, Spermatismus

| | | | | |
|---|---|---|---|---|
| 0288 | **Aspersion** | das Besprengen mit Weihwasser {51} | **aspersio**, onis f | das Hinzu-, Ausspritzen; Hinstreuen |
| – | **Aspersorium** | Weihwaserbehälter {51/58} | **aspergere** | s. oben 0287 |
| 0289 | **Aspirant**<br>l>frz | 1. Bewerber, (Beamten)anwärter; 2. wiss. Nachwuchskraft an der Universität (DDR) {31/40/50}; 3. Kandidat eines kath. Ordens während der Probezeit {51} | **aspirare** | hinhauchen; einen Laut aspirieren (gramm. t. t.); unterstützen; sich einer Person, Sache nähern |
| – | **Aspirantur**<br>l>frz | besonderer wiss. Ausbildungsgang (DDR) {31/40} | dto. | dto. |

| | | | | |
|---|---|---|---|---|
| – | **Aspirata** | behauchter Verschlußlaut (sprachwiss. t. t.) {76} | dto. | dto. |
| – | **Aspiration** | 1. Bestrebung, Hoffnung, ehrgeiziger Plan {25/27/28}; 2. Verschlußlautaussprache mit Behauchung (sprachwiss. t. t.) {76}; 3. Eindringen von Fremdkörpern in Luftröhre o. Lunge (med. t. t.) {70}; 4. Ansaugen von Luft, Gasen, Flüssigkeiten beim Einatmen {69/70} | **aspiratio**, onis f | das Anhauchen; göttliche Eingebung; Gunst; Aspiration (gramm. t. t.) |
| – | **Aspirator** l>nlat | Luft-, Gasansauger {41/70/87} | **aspirare** | s. oben |
| – | **aspiratorisch** l>nlat | mit Behauchung gesprochen (sprachwiss. t. t.) {76} | dto. | dto. |
| – | **aspirieren** l>(frz) | 1. nach etw. streben, sich um etw. bewerben (veraltet) {25/28/40}; 2. einen Verschlußlaut behaucht aussprechen (sprachwiss. t. t.) {76}; 3. ansaugen (von Gasen, Flüssigkeiten etc.) {41/70/72/87} | dto. | dto. |
| >>> | Aspisviper s. Viper | | | |
| 0290a | **Assekurant** (l;l)>vulgl >it | Versicherer, Versicherungsträger {33/80/82} | **ad** + **securus**, a, um | s. oben 0001 unbesorgt, furchtlos, sicher, gefahrlos |
| – | **Assekuranz** (l;l)>vulgl >it | Versicherung {33/80/82} | dto. | dto. |
| – | **Assekurat** (l;l)>vulgl >it | Versicherter, Versicherungsnehmer {33/80/82} | dto. | dto. |
| – | **assekurieren** (l;l)>vulgl >it | versichern {33/80/82} | dto. | dto. |
| 0290b | **Assel** | kleines Krebstier {08} | **asellus**, li m | Eselchen |
| 0291 | **Assemble** l>vulgl>frz | Versammlung {33/50} | **assimulare** o. **assimilare** vulgl. assimulare * frz. *assembler* | ähnlich machen, vergleichen; nachmachen, vorgeben versammeln zusammenfügen; versammeln |
| – | **Assembleeschnitt** l>vulgl >frz;d | nahtloser, nicht sichtbarer Übergang; unsichtbares Aneinanderfügen von Videoaufzeichnungen {87} | dto. | dto. |

| | | | | |
|---|---|---|---|---|
| – | **Assembler** l>vugl>frz >engl | 1. maschinenorientierte Programmiersprache; 2. Computersprachenübersetzungsprogramm {32/46/71} | dto. | dto. |
| – | **Assembling** l>vulgl>frz >engl | Vereinigung, Zusammenschluß von Industriebetrieben {42/80} | dto. | dto. |
| 0292 | **assentieren** | 1. zustimmen {25/28}; 2. auf Militärdiensttauglichkeit hin untersuchen (österr.) {70/86} | **assentire** | beistimmen, beipflichten; seine Zustimmung geben |
| – | **Assentierung** | Musterung (österr. - veraltet) {70/86} | dto. | dto. |
| 0293 | **asserieren** | behaupten, versichern (philos. t. t.) {77} | **asserere** | an sich nehmen; als Eigentum erklären; geltend machen, behaupten |
| – | **Assertion** | Behauptung, Feststellung, Versicherung (philos. t. t.) {77} | **assertio**, onis f | Behauptung; das Einverleiben |
| – | **assertorisch** | behauptend, versichernd (philos. t. t.) {77} | **assertorius**, a, um | zur Freisprechung (von Sklaven) gehörig |
| 0294 | **asservieren** | aufbewahren {29/58/82} | **asservare** | in Verwahrung nehmen, aufbewahren, bewachen |
| – | **Asservat** | amtlich aufbewahrter Beweisgegenstand für eine Gerichtsverhandlung {82} | dto. | dto. |
| – | **Asservatenkammer** l;l | Aufbewahrungsraum für Asservate bei der Polizei {58/82} | dto. + **camera**, ae f | dto. Gewölbe, gewölbte Decke |
| – | **Asservatenkonto** l;l>spätl >frz>it | Bankkonto, das bestimmten Zwecken vorbehalten ist {42/80} | dto. + **computare** spätl. **computus** frz. *compte* it. *conto* | dto. zusammen-, berechnen Berechnung |
| 0295 | **Assessor** | Beamtenanwärter nach der zweiten Staatsprüfung {40/50} | **assessor**, oris m | Beisitzer, Gehilfe im Amt |
| – | assessoral, assessorisch | | | |
| 0296 | **assibilieren** l>nlat | einem Verschlußlaut ein „S" oder „Sch" folgen lassen (sprachwiss. t. t.) {76} | **assibilare** | zu o. gegen etw. zischeln, säuseln |

| | | | | |
|---|---|---|---|---|
| – | **Assibilation** o. **Assibilierung** l>nlat | Aussprache eines Verschlußlautes in Verbindung mit einem Zischlaut; Verwandlung eines Verschlußlautes in einen Zischlaut (sprachwiss. t. t.) {76} | dto. | dto. |
| 0297 | **Assimilation** o. **Assimilierung** | 1. Angleichung, Anpassung {56/33}; 2. Umwandlung von Nährstoffen in körpereigene Stoffe (biol. t. t.) {69/70}; Bildung von Kohlehydraten aus Luftkohlensäure {73/68} | **assimilatio**, onis f | Ähnlichmachung, das Invergleichbringen |
| – | **assimilatorisch** l>nlat | die Assimilation betreffend, durch sie gewonnen {56/68/69/73} | **assimilare** o. **asimulare** | ähnlich machen, vergleichen, vorgeben |
| – | **assimilieren** | angleichen, anpassen {33/56/69/73} | dto. | dto. |
| 0298 | **Assistent** | 1. jmd., der einen anderen unterstützt, ihm hilft {33}; 2. wiss. Fachkraft, Rang der Universitätslaufbahnordnung {40/31/33} | **assistere** | sich hinstellen, dabeistehen; unterstützen |
| – | **Assistenz** l>nlat | Beistand, Hilfe {33/40} | dto. | dto. |
| >>> | Assistenzprofessor s. Professor | | | |
| – | **assistieren** | jmdm. nach dessen Anweisungen helfen, zur Hand gehen {32/33/40} | dto. | dto. |
| 0299 | **Assonanz** l>nlat | Gleichklang zwischen Wörtern am Versende (sprachwiss. t. t.) {32/76} | **assonare** | bei etw. tönen, ertönen lassen, anstimmen |
| 0300 | **Assoziation** l>frz | 1. Vereinigung, Zusammenschluß {33/80}; 2. Vorstellungsverknüpfung (psych. t. t.) {70/24/25} | **associare** | beigesellen; vereinigen, verbinden |
| – | assoziativ | | | |
| – | **assoziieren** l>frz | 1. eine gedankliche Vorstellung mit etw. verknüpfen (psych. t. t.) {70/24/25}; 2. sich genossenschaftlich vereinigen, zusammenschließen {33/80} | dto. | dto. |
| – | **Assoziierung** l>frz | 1. vertraglicher Zusammenschluß zur Verfolgung gemeinsamer wirtschaftlicher Interessen {33/80}; 2. = Assoziation (2.) {70/24/25} | dto. | dto. |
| 0301 | **Ästimation** l>frz | Achtung, Anerkennung, Wertschätzung {25/33} | **aestimatio**, onis f | Würdigung, Anerkennung, (Wert)schätzung |

| | | | | |
|---|---|---|---|---|
| – | **ästimieren** l>frz | 1. jmdn,. als Persönlichkeit schätzen; 2. jmds. Leistung würdigen {25/33} | **aestimare** | abschätzen, würdigen; halten für |
| 0302 | **Astronaut** (gr>l;gr>l) >frz | Weltraumfahrer {66} | **aster**, eris m<br>gr. *ἀστήρ*<br>+ **nauta**, ae m<br>gr. *ναύτης*<br>frz. *astronautique* | Stern<br><br>Seemann, -fahrer, Matrose, Schiffer |
| 0303 | **Ästuar(ium)** | trichterförmige Flußmündung {64} | **aestuarium**, ii n | Niederung, Flußmündung, Strömung |
| 0304 | **aszendent** | 1. aufsteigend (z. B. von Gasen - geol. t. t.) {61/62}; 2. den Aufbau kleinerer Einheiten zu kompexeren Ganzen betreffend {71/57} | **ascendere** | emporsteigen, erklimmen, sich aufschwingen |
| – | **Aszendent** | 1. Vorfahr, Verwandter in aufsteigender Linie {10}; 2. Gestirn im Aufgang; Anfangspunkt (astron. t. t.) {66}; 3. das im Augenblick der Geburt über den Osthorizont tretende Tierkreiszeichen (astrol. t. t.) {51/59/66} | dto. bzw.<br>**ascendentes**, tium m (Pl.) | dto.<br>Verwandte in aufsteigender Linie |
| – | **Aszendenz** | 1. Verwandschaft in aufsteigender Linie {10}; 2. Aufgang eines Gestirns (astron., astrol. t. t.) {66/51} | dto. | dto. |
| – | **aszendieren** | 1. aufsteigen (von Gestirnen - astron., astrol. t. t.) {66/51}; 2. befördert werden (veraltet) {33/40} | dto. | dto. |
| 0305 | **Atavismus** l>nlat | Wiederauftreten entwicklungsgeschichtlich überholter körperlicher o. geistiger Merkmale (biol. t. t.) {68/69} | **atavus**, vi m | Großvater des Urgroßvaters; Urahn; Vorfahr |
| – | **atavistisch** l>nlat | 1. den Atavismus betreffend (biol. t. t.) {68/69}; 2. einem früheren, primitiven Menschheitsstadium entsprechend {69/70} | dto. | dto. |
| 0306 | **Atelier** l>spätl >afrz>frz | entsprechend eingerichteter Arbeitsraum (z. B. für Fotografen); Werkstatt {58/40} | **assula**, ae f<br>spätl. astela<br>afrz. *astele*<br>*astelier*<br><br>frz. *atelier* | Span, Splitter<br><br><br>Holzspanhaufen, Zimmermannswerkstatt<br>Werkstatt |

>>> Atlantikcharta, -pakt s. Charta, Pakt
>>> Atomreaktor, -volumen s. Reaktor, Volumen

| | | | | |
|---|---|---|---|---|
| 0307 | **Atrium** | 1. offener Hauptraum des altröm. Hauses {44/58/75/88}; 2. Säulenvorhalle altchristlicher u. romanischer Kirchen {51/58/88}; 3. Herzvorkammer (med. t. t.) {70}; 4. Innenhof eines Hauses {44/58} | **atrium,** ii n | Hauptraum des römischen Hauses, Atrium |
| 0308 | **Atrozität** | Grausam-, Abscheulichkeit {26} | **atrocitas,** atis f | Abscheulich-, Scheußlichkeit, Brutalität |
| 0309 | **Attentat** l>frz | Anschlag auf o. Mordversuch an einem (politischen) Gegner {50/82/29} | **attentare** o. **attemptare** (PPP. **attentus**) | versuchen; jmdm. beizukommen suchen (durch Bestechung); feindlich angreifen |
| - | **Attentäter** l>frz | jmd., der ein Attentat verübt {50/82} | dto. | dto. |
| 0310 | **Attest** | 1. ärztliche Bescheinigung über einen Krankheitsfall {70/32}; 2. Gutachten, Zeugnis (veraltet) {31/32} | **attestari** | bezeugen, beweisen, bestätigen |
| - | **Attestation** | (DDR) 1. Erteilung der Lehrbefähigung {31/50}; 2. Titelverleihung, Bescheinigung einer Qualifikationsstufe ohne Prüfungsnachweis {31/33/50}; 3. schriftliche Fähigkeitsbeurteilung von NVA-Soldaten {31/32/86} | **attestatio,** onis f | Bezeugung, Bescheinigung |
| - | **attestieren** | 1. bescheinigen, schriftlich bezeugen {32}; 2. jmdm. eine Attestation erteilen (DDR) {31/33/86} | **attestari** | s. oben |
| - | **Attestierung** | das Bescheinigen {32/40} | dto. | dto. |
| 0311 | **Attitüde** l>it>frz (l/l>vulgl >it>frz >engl>am) | 1. Einstellung, innere Haltung, Pose {84};<br>2. durch Erfahrung erworbene Bereitschaft, sich in bestimmter Weise zu verhalten {25/26} | 1.: **aptitudo,** dinis f<br>2.: gemischt mit:<br>**actitare**<br>vulgl. actitudo*<br>it. *attitudine*<br>frz. *attitude* | Brauchbarkeit<br><br>gewöhnlich betreiben<br><br>natürliche Anlage, Befähigung; Stellung, Haltung<br>Stellung, Haltung |
| 0312 | **Attraktion** l>frz>engl | 1. Anziehung(skraft) {26}; 2. Glanznummer, Zugstück {25/26/85}; 3. Angleichung im Bereich von Lautung, Bedeutung, Form, Syntax (sprachwiss. t. t.) {76} | **attractio,** onis f | das Ansichziehen; Assimilation (sprachwiss. t. t.) |

| | | | | |
|---|---|---|---|---|
| – | **attraktiv** | begehrenswert, anziehend wirkend, reizausübend {26/55/18} | **attractivus**, a, um | zum An(sich)ziehen dienlich |
| – | **Attraktivität** l>nlat | Anziehungskraft, die jmd. o. etw. besitzt {18/26} | dto. | dto. |
| 0313 | **Attribut(ivum)** | 1. Eigenschaft, Merkmal {54/55}; 2. einem Substantiv, Adjektiv o. Adverb beigefügte Bestimmung (sprachwiss. t. t.) {76}; 3. Kennzeichen einer Person (z. B. auf Abbildungen) {55} | **attribuere** bzw. **attributum**, ti n | zuteilen, -weisen; als Attribut beigefügt werden (gramm. t. t.) das aus dem Staatsschatz angewiesene Geld |
| – | **attributiv** l>nlat | als Beifügung, beifügend (sprachwiss. t. t.) {76} | dto. | dto. |
| 0314 | **Audienz** | feierlicher Empfang bei einer Unterredung mit einer hochgestellten Persönlichkeit {47/33/50} | **audientia**, ae f | das Anhören, Aufmerksamkeit |
| 0315 | **Audimax** | (kurz für Auditorium maximum) größter Hörsaal einer Hochschule {31/58} | **auditorium**, ii n + **maximus**, a, um | Verhör; Hörsaal, Zuhörerschaft der (die, das) größte |
| 0316 | **Audio-Technik** l;gr | technische Verfahren für Aufnahme, Wiedergabe, Empfang und Übertragung von Tonsignalen {46/87} | **audire** + gr. τέχνη | hören, anhören; gehorchen Kunst(fertigkeit) |

>>> Audio-Video-Technik s. Video-Technik

| | | | | |
|---|---|---|---|---|
| – | **Audiovision** (l;l)>nlat | 1. Technik der Aufnahme, Speicherung und Wiedergabe von Ton und Bild {46/87}; 2. Information durch Ton und Bild {32/87} | **audire** + **videre** | s. oben sehen |
| – | **audiovisuell** l;l | zugleich hör- und sichtbar {55/87} | **audire** +**visualis**, e | s. oben zum Sehen gehörig |
| – | **auditiv** l>nlat | 1. das Gehör betreffend (med. t. t.) {70}; 2. fähig zur Analyse und Wahrnehmung von Sprachlauten (med. t. t.); 3. vorwiegend mit Gehörsinn begabt (psych. t. t.) {70/22} | **audire** | s. oben |
| – | **Auditor** | 1. Vernehmungsrichter an kirchlichen Gerichten {51/82}; 2. Beamter der römischen Kurie {40/51}; 3. Richter an Militärgerichten (österr., schweiz.) {82/86} | **auditor**, oris m | Zuhörer; Vernehmungsrichter; Schüler |
| – | **Auditorium** | 1. Hörsaal einer Hochschule {31/58}; 2. Zuhörerschaft {32/33} | **auditorium**, ii n | Hörsaal; Zuhörerschaft; Verhör |

>>> aufoktroyieren s. oktroyieren

| | | | | |
|---|---|---|---|---|
| 0317 | **Augmentation** | (mus. t. t.) 1. Wertverlängerung einer Note; 2. Wiederaufnahme eines Kompositionsthemas in größeren rhythmischen Werten {37} | **augmentatio**, onis f | Vermehrung |
| 0318a | **Augur** | 1. Priester- und Vogelschauer im antiken Rom (hist. rel. t. t.) {51/75} | **augur**, ris m | Vogeldeuter, Weissager, Seher |
| - | **Augurenlächeln** l;d | vielsagend-spöttisches Lächeln des Wissens und Einverständnisses unter Eingeweihten {25/32} | dto. | dto. |
| 0318b | **August** | achter Monat im Kalenderjahr; Männername {59/32} | **Augustus** (sc. mensis) | (= der Erhabene) Monat August, benannt nach dem Beinamen des römischen Kaisers Octavian |
| 0319a | **Auktion** | Versteigerung {42/80} | **auctio**, onis f | Versteigerung, Vermehrung |
| - | **Auktionator** | Versteigerer {40/42/80} | **auctionator**, oris m | Versteigerer |
| - | **auktionieren** | versteigern {42/80} | **auctionari** | eine Auktion veranstalten, ver-, ersteigern |
| 0319b | **Aula** (gr)>l | Festsaal in (Hoch)schulen {58/31} | **aula**, ae f<br><br>gr. αὐλή | Viehhof; Halle im altröm. Haus; Palast, Residenz |
| 0320 | **Aura** | 1. Hauch, Wirkungskraft {24/26}; 2. Vorstufe eines epileptischen Anfalls (med. t. t.) {70}; 3. Ausstrahlung einer Person (okkultist. t. t.) {24/51} | **aura**, ae f | Hauch; Schimmer; Dunst |
| 0321 | **aural** | zu den Ohren gehörend, die Ohren betreffend {11/70} | **auris**, is f | Ohr |
| 0322 | **Aureole** | 1. Heiligenschein (um die ganze Gestalt {51}; 2. Grubengaswarnlicht bei der Bergmannslampe (bergmannsspr. t. t.) {23/40/41}; 3. Sonnen- o. Mondhof {65/66}; 4. Leuchterscheinung eines Lichtbogens (elektrotechn. t. t.) {72} | **aureolus**, a, um | golden, vergoldet; goldfarbig (glänzend); vortrefflich |
| - | **Aureus** | altröm. Goldmünze {56/75} | **aureus**, ei m | Golddenar (Münze) |
| 0323 | **Aurikel** l>nlat | Primelgewächs mit Doldenblüte {04} | **auriculum**, li n | Öhrchen, Ohrläppchen |
| - | **aurikular** o. **-lär** | (med. t. t.) 1. zu den Ohren gehörend {11/70}; 2. ohrförmig gebogen {70/55} | **auricularis**, e | zu den Ohren gehörig |

| | | | | |
|---|---|---|---|---|
| 0325 | **Aurora** | 1. Morgenröte {65}; 2. Tagfalter der Weißlingfamilie (zoolog. t. t.) {69} | **Aurora**, ae f | (Göttin der) Morgenröte, Orient |
| 0326 | **Aurum** | Gold {02/73} | **aurum**, ri n | Gold, goldenes Gerät |

\>>> aus... s. ggf. unter d. lateinischen Rest des Wortes

| | | | | |
|---|---|---|---|---|
| 0327a | **Auskultant** | 1. Beisitzer ohne Stimmrecht (veraltet) {40/32}; 2. Richteramtsanwärter (österr.) {82/40} | **auscultare** | aufmerksam zuhören; gehorchen |
| – | **Auskultation** | das Abhören der Herztöne u. Atemgeräusche (med. t. t.) {70} | **auscultatio**, onis f | das Horchen; das Gehorchen |
| – | **Auskultator** | Gerichtsreferendar (veraltet) {82/40} | **auscultator**, oris m | Zuhörer; jmd., der gehorcht |
| – | **auskultatorisch** l>nlat | durch Abhorchen feststellend, feststellbar (med. t. t.) {70} | **auscultare** | s. oben |
| – | **auskultieren** | Körpergeräusche abhorchen (med. t. t.) {70} | dto. | dto. |
| 0327b | **ausmerzen** | ausrotten, von Grund auf beseitigen {52/82} | **Martius**, a, um<br>(sc. mensis)<br>nhd. *ausmerzen* | kriegerisch, dem Mars geweiht<br>Monat März<br>das Aussondern der zur Zucht untauglichen Schafe |
| 0328a | **Auspizium** | 1. Vorbedeutung {24/25/51}; 2. Aussichten (für ein Vorhaben) {25} | **auspicium**, ii n | Vogelschau; Vorzeichen, Vorbedeutung |
| 0328b | **ausstaffieren** d;l>frz >niederl | jmdn., etw. mit (notwendigen) Gebrauchsgegenständen, mit Zubehör ausrüsten, ausstatten {29/40/44} | uns.:<br>**stup(p)a**, ae f<br>it. *stoffa* / *stoffo*<br>afrz. *estoffe*<br>frz. *étoffe*<br>*étoffer* | <br>Werg<br>Zeug (zum Ausstopfen), Stoff<br><br><br>ausstaffieren |
| 0329 | **austral** | auf der Südhalbkugel befindlich (veraltet) {64} | **australis**, e | südlich |
| 0330 | **Australien** l>(engl) | der fünfte Kontinent (auf der Südhalbkugel gelegen) {64} | **australia**, iorum n (Pl.) | südliche Punkte, - Gegenden |
| 0331 | **authentifizieren** (gr)>l;l | beglaubigen, die Echtheit bezeugen {25/82} | **authenticus**, a, um<br>gr. *αὐθεντικός*<br>+ **facere** | zuverlässig, verbürgt<br><br>tun, machen |

\>>> Autobus s. Automobil bzw. Omnibus
\>>> Autodetermination u. -determinismus s. Determination u. Determinismus
\>>> Autoinfektion s. Infektion

| | | | | |
|---|---|---|---|---|
| 0332 | **Automobil** gr;l | Kraftfahrzeug, -wagen {45} | gr. *αὐτός*<br>+ **mobilis**, e | selbst<br>beweglich, lenkbar, schnell |

| | | | | |
|---|---|---|---|---|
| – | **automobil** gr;l | das Auto betreffend {45} | dto. | dto. |
| – | **Automobilismus** (gr;l)>nlat | Kraftfahrzeugwesen {45} | dto. | dto. |
| – | Automobilist, automobilistisch | | | |
| >>> | Automobil... s. ggf unter dem Rest des Wortes | | | |
| 0333 | **Autor** | Verfasser eines Werkes der Literatur, Wissenschaft, Kunst; Schriftsteller {40/32/34} | **auctor**, oris m | Urheber; Schriftsteller, Künstler, Autor |
| >>> | Autorenkollektiv, -korrektur s. Kollektiv, Korrektur | | | |
| 0334 | **Autoreverse** gr;l>engl | (Vorrichtung zur) Änderung der Bandlaufrichtung ohne Drehung des Tonträgers (bei Tonbandgeräten, Cassettenrecordern) {61/87} | gr. αὐτός + **revertere** o. **reversare** | selbst wieder umkehren, zurückwenden, -kehren |
| 0335 | **autorisieren** l>mlat | 1. jmdn. bevollmächtigen, (als Einzigen) ermächtigen {25/28/82}; 2. etw. genehmigen {25/28} | **auctoritas**, atis f<br><br>mlat. auctorizare | Ermächtigung, Vollmacht; Ansehen, Einfluß; Beglaubigung<br>sich verbürgen, Vollmacht geben |
| – | **Autorisierung** o. **Autorisation** l>mlat >nlat | Ermächtigung, Vollmacht, Bevollmächtigung {25/28/82} | dto. | dto. |
| – | **Autorität** | Einfluß einer Person o. Institution, Ansehen {25/33} | **auctoritas** | s. oben |
| – | **autoritär** l>frz | 1. totalitär, diktatorisch {25/28/50}; 2. unbedingten Gehorsam fordernd {28/33}; 3. auf Autorität beruhend, mit Autorität herrschend {50/33} | dto. | dto. |
| – | **autoritativ** l>nlat | auf Autorität, Ansehen beruhend; maßgebend, entscheidend {25/28/33} | dto. | dto. |
| >>> | Autosensibilisierung s. Sensibilisierung | | | |
| 0336 | **Autosuggestion** gr;l | Fähigkeit der Selbstbeeinflussung ohne äußeren Anlaß {22/24/25/70} | gr. αὐτός + **suggestio**, onis f | selbst Hinzufügung, Erinnerung, Eingebung, Vorstellung |
| – | **autosuggestiv** gr;l | sich selbst beeinflussend {22/24/25/70} | dto. | dto. |

| | | | | |
|---|---|---|---|---|
| 0337 | **auxiliar** | helfend, zur Hilfe dienend {33} | **auxiliarius**, a, um bzw. **auxiliaris**, e | zur Hilfeleistung dienlich, Hilfe leistend, helfend |
| – | **Auxiliarverb** l;l | Hilfsverb (sprachwiss. t. t.) {76} | dto. + **verbum**, bi n | dto. Wort; Verb (gramm. t. t.) |
| 0338 | **avancieren** l>vulgl>frz | in eine höhere Position aufrücken {33/40} | **abante** vulgl. abantiare frz. *avancer* | vor etw. weg; vorweg vorwärtsbringen aufrücken, befördert werden |
| – | **Avance** l>vulgl>frz | 1. Vorsprung, Gewinn {33/56}; 2. Geldvorschuß {42/80}; 3. Beschleunigung (an Uhrwerken) {59/61/87} | dto. | dto. |
| – | **Avantage** l>frz | Vorteil, Gewinn {33/42/80} | dto. | dto. |
| – | **Avantgarde** l>frz; frz | 1. Vorkämpfer einer Idee {25/33}; 2. Vorhut einer Armee {86} | dto. | dto. |
| – | **Avantgardist** l>frz;frz >nlat | Vorkämpfer, Neuerer {25/33} | dto. | dto. |
| – | **avantgardistisch** l>frz;frz | vorkämpferisch {25/33} | dto. | dto. |
| – | **avanti** l>it | vorwärts! {61/32/28} | **abante** | s. oben |
| 0339 | **Ave** o. **Ave-Maria** | 1. Bezeichnung eines kath. Mariengebets; 2. Ave-Maria-Läuten; Angelusläuten {51} | **ave** | sei gegrüßt; wohl dir; lebe wohl |
| 0340 | **Aventurin** l>vulgl >roman | gelbgoldener o. roter Quarz mit metallisch glänzenden Einlagerungen {02/20} | **advenire** vulgl. adventura | sich nähern, heran-, ankommen, sich ereignen Ereignis, (zufälliges) Geschehnis vgl. oben 0010 |
| 0341 | **Avenue** l>frz | 1. städtische, baumbestandene Prachtstraße {45}; 2. Zugang, Anfahrt (veraltet) {45/58} | **advenire** | s. oben |
| 0342 | **avernalisch** | höllisch, qualvoll {26} | **Avernus**, ni m | (Eingang zur) Unterwelt |
| 0343 | **Aversion** l>frz | Abneigung, Widerwille {26/28} | **aversio**, onis f | das Abwenden; Ungehorsam; Abscheu, Widerwille |
| 0344 | **Aviarium** | großes Vogelhaus (in Zoos) {58/69} | **aviarium**, ii n | Vogelhaus, Vogelhecke |
| 0345 | **avisieren** l>it/frz | 1. ankündigen {32/28}; 2. benachrichtigen (veraltet) {32} | **visus**, us m frz. *avis* *aviser* it. *avvisare* | Ansicht, Gesicht Ansicht benachrichtigen |

| | | | | |
|---|---|---|---|---|
| – | **Avis** l>frz | 1. Ankündigung (einer Sendung an den Empfänger) {32/28}; 2. Mitteilung eines Wechselausstellers {42/80} | dto. | dto. |
| 0346 | **axial** l>nlat | 1. in Achsenrichtung verlaufend, (längs)achsig {58}; 2. zum zweiten Halswirbel gehörend (med. t. t.) {70} | **axis,** is m | (Wagen)achse; Scharnier |
| 0347 | **axillar** l>nlat | 1. zur Achselhöhle gehörend, in ihr gelegen {11/70}; 2. achselständiger Blattansatz (bot. t. t.) {68} | **axilla,** ae f | Achselhöhle |

>>> Az... s. unter Ac...

# B

| | | | | |
|---|---|---|---|---|
| 0348 | **Bacchanal** (gr)>l | 1. altrömisches Fest zu Ehren des griech. - röm. Weingottes Bacchus {33/51/75}; 2. ausschweifendes Trinkgelage {33/17} | **Bacchanal**, lis n gr. *Βάκχος* | (Ort der) Bacchusfeier; Weinfest |
| - | **Bacchant** (gr)>l | 1. Trinkbruder, trunkener Schwärmer {33}; 2. fahrender Schüler im Mittelalter (hist. t. t.) {31/75} | **bacchari** (PPA. **bacchans**) | das Bacchusfest feiern; schwärmen, lärmen; umherschweifen |
| - | **bacchantisch** (gr)>l | ausgelassen, trunken, überschäumend {26/33} | dto. | dto. |
| >>> | Bacillus s. Bazillus | | | |
| 0349 | **Bagatelle** l>it>frz | 1. unbedeutende Kleinigkeit {25/56}; 2. kurzes Instrumentalstück (mus. t. t.) {37} | uns.: **baca**, ae f frz. (it.) *bagatelle(a)* | Baumfrucht, Olive; Beere, Perle |
| - | **bagatellisieren** l>it>frz | als Bagatelle (unbedeutend) hinstellen, verniedlichen, verharmlosen {25/56} | dto. | dto. |
| - | **Bagatelldelikt** l>it>frz;l | geringfügiges Delikt {56/82} | dto. + **delictum**, ti n | dto. Fehler, Versehen, Vergehen, Übertretung |
| 0350 | **Baguette** l>it>frz | 1. besondere Art des Edelsteinschliffs {40}; 2. frz. Stangenweißbrot {17} | **baculum**, li n it. *bacchetta* frz. *baguette* | Stock<br>dünner Stab; Weißbrot |
| 0351 | **Bai** mlat >span>frz >niederl | Meeresbucht {64} | spätl. **baia**, ae f span. *bahía* frz. *baie* | Hafen, Flußmündung |
| 0352 | **Baiser** l>frz | feines porös-sprödes weißes Schaumgebäck {17} | **basium**, ii n | zärtlicher Kuß |
| 0353 | **Baisse** spätl >vulgl>frz | starkes Fallen der Börsenkurse oder Preise {42/80} | spätl. **bassus**, a, um vulgl. bassiare frz. *baisse* | dick (mlat. Bedeutung: niedrig), senken, niedrig machen Senkung, Abstieg |

| | | | | |
|---|---|---|---|---|
| 0354 | **Bajazzo** l>it | Possenreißer (des it. Theaters) {35} | **palea**, ae f<br>it. *paglia*<br>*pagliaccio* | Stroh<br><br>Strohsack; Hanswurst |
| 0355 | **Bakterizid** gr>l;l | keimtötendes Mittel (med. t. t.) {70} | **bacterium**, ii n<br>gr. *βακτήριον*<br>+ **caedere** | das Stöckcken, Stäbchen<br><br>hauen, schlagen, töten |
| – | **bakterizid** | keimtötend (med. t. t.) {70} | dto. | dto. |
| 0356a | **Balance** l>vulgl>frz | Gleichgewicht {12/56} | **bilanx** (Gen. bilancis) (= bis + lanx)<br>vulgl. bilancia<br>frz. *balance* | zwei Waagschalen habend |
| – | **Balanceakt** l>vulgl >frz;l | Vorführung eines Seilkünstlers im Zirkus oder Varieté {12/85} | dto.<br>+ **actus**, us m | dto.<br>Bewegung; Handlung, Tat (s. auch 0121) |
| – | **balancieren** l>vulgl>frz | das Gleichgewicht halten, sich im Gleichgewicht fortbewegen {12/61} | dto. (frz. *balancer*) | dto. |
| 0356b | **Baldrian** l>mlat>frz | 1. Heilpflanze {04}; 2. Beruhigungsmittel {70} | uns.:<br>**valere**<br>mlat. valeriana<br>frz. *valériane* | <br>gesund, stark sein<br>Gesundheitskraut |
| 0357a | **Balliste** (gr)>l | antikes Wurfgeschütz (hist. t. t.) {75/86} | **ballista**, ae f<br>gr. *βάλλειν* | Schleuder-, Wurfmaschine; Wurfgeschoß<br>werfen |
| 0357b | **Bankrott** germ>it;l >it | finanzieller Zusammenbruch, Zahlungsunfähigkeit {42/80} | it. *banca*<br>o. *banco*<br>+ **rumpere** (PPP. **ruptus**)<br>it. *rotta*<br>*banca rotta* | Bank<br><br>zerbrechen, zerreißen; vernichten |
| – | bankrott, Bankrotteur | | | |
| >>> | Bannmeile s. Meile | | | |
| 0357c | **Baracke** l>it>(frz/ span) | Bretterhütte, -bude {58} | uns.:<br>**vara**, ae f<br>it. *baracca*<br>frz. *baraque*<br>span. *barraca* | <br>Quer-, Gabelholz<br>Bretterbude<br><br>Lehmhütte |
| 0358 | **Barbe** | 1. Karpfenfisch {07}; Spitzenband an Frauenhauben (hist. t. t.) {20/75} | **barbus**, bi m | Flußbarbe (Fischart) |

| | | | | |
|---|---|---|---|---|
| 0359 | **Barbier**<br>l>mlat<br>>roman | Friseur (veraltet) {21/40} | **barba**, ae f<br>mlat.<br>barbarius<br>frz. / it.<br>*barbier(e)* | Bart<br><br>Bartscherer |
| – | **barbieren**<br>l>mlat<br>>roman | den Bart pflegen; rasieren (veraltet) {21} | dto. | dto. |
| 0360 | **Barde**<br>(kelt)>l>frz | (kelt.) Sänger und Dichter {37/75} | **bardus**,<br>di m<br>kelt. *bardo*<br>frz. *barde* | Barde; Dichter und Sänger |
| 0361 | **Barditus**<br>oder<br>**Barritus** | Schlachtgebrüll, Kriegsgeschrei der Germanen vor dem Kampf {23/32/75/86} | **barritus**,<br>us m | Schlachtgeschrei, -gesang der Barbaren; 2. das Trompeten der Elefanten |
| 0362 | **Barett**<br>gall>l<br>>mlat | flache, schirmlose Kopfbedekkung (meist zur Uniform oder Amtstracht) {19/86} | **birrus**,<br>ri m<br><br>mlat.<br>barettum | Mantelkragen; kurzer Mantel mit Kapuze<br>s. auch 400 |
| 0363a | **Bark(e)**<br>kopt>gr>l<br>>prov>frz<br>>(-e = engl)<br>>niederl | 1. kleines Segelschiff mit drei Masten; 2. (Barke) mastloses Fischerboot, Nachen {45} | **barca**, ae f<br>kopt. *bari*<br>gr. *βάρις* | die Barke<br>Nachen, Floß |
| – | **Barkasse**<br>kopt>gr>l<br>>it>span<br>>niederl | 1. größtes Beiboot auf Kriegsschiffen {45/86}; 2. größeres Motorboot {45} | dto.<br>it. *barcaccia*<br>span. *barcaza*<br>niederl.<br>*barkas* | dto.<br>großes flaches Boot |
| >>> | Barmixer s. Mixer (1.) | | | |
| 0363b | **Baron**<br>(germ)<br>>spätl<br>>mlat>frz | Edelmann; Freiherr (Adelstitel) {33/47} | **baro**,<br>onis m<br>mlat. baro | Mietsoldat, Mann<br><br>Mann, Lehensträger |
| – | Baronin, Baronesse (o. Baroneß) | | | |
| 0363c | **Barre**<br>l>vulgl>it<br>>afrz>frz | Querstange (z. B. bei Hindernissen im Reitsport) {61/85} | uns.:<br>**vara**<br>vulgl. barra*<br>it. *barra*<br>afrz. *barre*<br>frz. *barre* | <br>s. oben 0357c<br><br>Querholz, Riegel<br>Querholz<br>Stange, Stab |
| – | **Barrel**<br>l>vulgl>frz<br>>engl | englisches Hohlmaß (meist 158,7 l); Faß, Tonne {56/58} | dto.<br>frz. *barrique*<br>engl. *barrel* | dto.<br>Faß |
| – | **Barriere**<br>l>vulgl<br>>afrz>frz | Schranke, Hinweis {58/28} | dto.<br>afrz. *barriere*<br>frz. *barrière* | dto. |

| | | | | |
|---|---|---|---|---|
| – | **Barrikade**<br>l>vulgl>it<br>>frz | spontan errichtete Straßensperre {58/28/45} | dto.<br>it. *barra*<br>*barricata*<br>frz. *barricade* | dto. |
| >>> | Basaltemperatur s. Temperatur | | | |
| 0364 | **Bass** (o. **Basso**)<br>l>spätl>it | 1. tiefe Männersingstimme; 2. Gesamtheit der Baßstimmen im Chor; 3. Baßpartie in einem Musikstück {37} | **Bassus**<br><br><br>spätl. **bassus,** a, um<br>it. *basso* | der "Dicke", Beiname römischer Geschlechter<br>dick; (niedrig = mlat. Bedeutung) tief |
| – | **Basset**<br>l>spätl>frz | niedrige Jagdhunderasse mit langen Ohren {06/38} | dto.<br>frz. *bas* | dto.<br>niedrig, tief, gering |
| – | **Bassist**<br>l>it>nlat | 1. Sänger mit Baßstimme; 2. Kontrabaßspieler oder Baßgitarrespieler {37} | dto. | dto. |
| 0365 | **Bassin**<br>(gall)/spätl<br>>spätl<br>>vulgl>frz | künstlich angelegtes Wasserbecken {88} | spätl./gall.<br>**bacca**<br>spätl.**bacchinon**, ni n<br>vulgl. **baccinum***<br>afrz. *bacin*<br>frz. *bassin* | <br>Wassergefäß<br>Holzschale<br><br>Becken<br>vgl. 0372 |
| 0366 | **Bataillon**<br>(gall)>l<br>>vulgl>it<br>>frz | Truppenverband aus mehreren Kompanien {57/86} | **battualia,** iorum n (Pl.)<br><br><br>vulgl. battalia<br>it. *battaglia*<br>frz. *bataille*<br>it. *bataglione*<br>frz. *bataillon* | Fechtübungen der Soldaten oder Gladiatoren mit Stöken<br>(Schlacht)haufen |
| – | **Bataille**<br>gall>l<br>>vulgl>it<br>>frz | Schlacht, Kampf (veraltet) {29/86} | dto. | dto. |
| 0367 | **Batist**<br>(gall)>l<br>>vulgl>frz | feines (Baumwoll)gewebe {19} | **battuere**<br><br>vulgl. battere<br>frz. *battre*<br>*batiste* | schlagen, klopfen, stoßen, stampfen<br>schlagen |
| – | **Batterie**<br>(gall)>l<br>>vulgl>frz | 1. militärische Grundeinheit bei der Artillerie {57/86}; 2. Stromquelle {72/87}; 3. Gruppe von gleichartigen technischen Vorrichtungen {72/57}; 4. Mischregulator für Warm- und Kaltwasser {44/56/87} | dto.<br>frz. *batterie* | dto. |

| | | | | |
|---|---|---|---|---|
| 0368 | **Bazille** o. **Bazillus** | Gattung stäbchenförmiger krankheitsauslösender Bakterien {70} | **bacillum**, li n (Nf. bacillus) | Stab, Stäbchen, Stöckchen |
| – | **bazillär** l>nlat | Bazillen betreffend, durch sie verursacht {70} | dto. | dto. |
| 0369 | **Beatifikation** l>nlat | Seligsprechung {51} | **beatificatio**, onis f | Beglückung |
| – | **beatifizieren** l>nlat | seligsprechen {51} | **beatificare** | beglücken |
| 0370 | **Beau** l>frz | besonders gut aussehender, eitler Mann; Stutzer {23/26} | **bellus**, a, um<br>frz. *beau* | schön, hübsch, angenehm |
| – | **Beauty** l>vulgl >frz>engl | schöne Frau, Schönheit {23/26} | dto.<br>vulgl. bellitas*<br>frz. *beauté* | dto. |
| 0371 | **Becher** gr>(spätl) >vulgl >mlat | Trinkgefäß {44} | uns.: spätl. **bacarium**, ii n<br>vulgl. bicarius*<br>mlat. **bicarium** o. **-ius**<br>gr. *βίκος* | Weinkrug mit Henkel<br>Becher<br>Becher, Kelch, Hohlmaß<br>(Wein-, Wasser-) Krug, Becher |
| 0372 | **Becken** (gall)/spätl >spätl >vulgl>ahd<br><br>(gr>l) | 1. Waschgefäß; Wasserbehälter {44}; 2. Musikinstrument aus zwei tellerförmigen Metallscheiben {37}; 3. weites Tal (geogr. t. t.) {64/02};<br>4. schalenförmig vertiefte Hüftknochen {11} | gall./spätl. **bacca**<br>spätl.**bacchinon**, ni n<br>vulgl. baccinum*<br>ahd. *beckin*<br>4.: **pelvis**, is f<br>gr. *πελλίς* | <br>Wassergefäß<br>Becken; Holzschale<br>vgl. Nr. 0365<br><br>Becken, Schüssel |
| 0373a | **Beefsteak** l>afrz>frz >engl;altisl >engl | kurzgebratenes Rindslendenstück {17} | **bos**, bovis mf<br>afrz. *boef*<br>frz. *bœef*<br>engl. *beef* | das Rind |
| 0373b | **Beffchen** mlat>mnd | Halsbinde vorn am Halsausschnitt von (geistlichen) Amtstrachten {51/19} | mlat. **biffa**<br>mnd. *beffe* | Überwurf, Mantel<br>Chorhut und -rock des Priesters |
| 0374 | **Bekassine** (gall)>vulgl >prov>frz | in Sümpfen lebender, langschnabeliger Schnepfenvogel {07} | **beccus**, ci m<br>frz. *bec*<br>frz. *bécassine* | Schnabel<br><br>Sumpfschnepfe |
| 0375 | **Belami** (l;l)>frz | Frauenliebling (nach einer Titelgestalt von Maupassant) {26/31/33/34} | **bellus**, a, um<br>+ **amicus**, ci m | hübsch, gut, köstlich,angenehm<br>Freund |
| 0376 | **belcantieren** (l;l)>it | im Belcanto-Stil singen (mus. t. t.) {37} | **bellus**, a, um<br>+ **cantare** | s. oben<br>singen |

| | | | | |
|---|---|---|---|---|
| – | **Belcanto** (l;l)>it | italienischer virtuoser Gesangsstil (mus. t. t.) {37} | **bellus**, a, um + **cantus**, us m | s. oben Gesang, Lied |
| – | Belcantist | | | |
| 0377 | **Belletrist** (l;l)>frz | Unterhaltungsschriftsteller {40/34} | **bellus**, a, um + **litterae**, arum f (Pl.) frz. *belle* + *lettre* | s. oben Wissenschaft, Literatur schön Literatur |
| – | **Belletristik** (l;l)>frz | schöngeistige Literatur {34} | dto. | dto. |
| – | belletristisch | | | |
| >>> | Bellevue s. Belvedere | | | |
| 0378 | **Bellizist** l>mlat | Anhänger und Befürworter des Krieges; Kriegstreiber {25/30/86} | **bellicus**, a, um | zum Krieg gehörig, Kriegs... ; aus dem Krieg ein Geschäft machend |
| 0379 | **Belvedere** o. **Bellevue** (l;l)>it/frz | 1. Aussichtspunkt (veraltet) {23/64} ; 2. Name von Schlössern oder Gaststätten mit schöner Aussicht {23/64/88} | **bellus**, a, um + **videre** | hübsch, angenehm, gut sehen |
| 0380 | **benedeien** l>kirchenl | segnen, lobpreisen {51} | **benedicere** | jmd. loben, lobpreisen, segnen |
| – | **Benediktion** l>kirchenl | Segen, Segnung, katholische Weihe {51} | **benedictio**, onis f | das Lobpreisen, der Segen |
| – | **benedizieren** l>kirchenl | segnen, weihen {51} | **benedicere** | s. oben |
| 0381 | **Benefiz** | 1. Lehen (veraltet) {33/43/75}; 2. Wohltat (veraltet) {25/26/33}; 3. Vorstellung zugunsten eines wohltätigen Zweckes {33/85} | **beneficium**, ii n | Freundschaftsdienst, Verdienst, Hilfe; Vorrecht |
| – | **Benefizium** | 1. Wohltat, Begünstigung (veraltet) {25/26/33}; 2. mittelalterliches Lehen {33/43/75}; 3. mit einer Pfründe verbundenes Kirchenamt {51/43} | dto. | dto. |
| – | **Benefiziar** o. **-iat** | Inhaber eines kirchlichen Benefiziums {51/43} | dto. | dto. |
| – | **Benefiziant** | von einem Benefiz begünstigter Künstler {33/40} | dto. | dto. |
| 0382 | **Benignität** | 1. Gutartigkeit einer Krankheit (med. t.t.) {70}; 2. Güte, Milde, Gutherzigkeit (veraltet) {26/84} | **benignitas**, atis f | Güte, Gutmütigkeit, Milde, Gefälligkeit |
| 0383 | **Berberitze** mlat | Zierstrauch der Gattung Sanddorn {04} | mlat. **berberis** | Berberitze |

>>> Béret (Baskenmütze) s. Barrett 0362

| | | | | |
|---|---|---|---|---|
| 0384 | **Besan** l>(mlat)>it >(span) >niederl | 1. Segel am hintersten Mast; 2. hinterster Mast {45} | **medius**, a, um<br>mlat. medianum<br>it. *mezzano*<br><br>*mezzana* (span. *mesana*)<br>niederl. *bezaan* | in der Mitte befindlich, der (die, das) mittlere<br>Besansegel<br>mittel, in der Mitte befindlich<br>Hintersegel<br>Hintermast |
| 0385a | **bestialisch** | 1. fürchterlich, unerträglich; 2. unmenschlich, teuflisch {26/84} | **bestialis**, e | tierisch, wild wie Tiere |
| – | **Bestialität** l>(nlat) | 1. Unmenschlichkeit, grausames Verhalten {25/26/30/84}; 2. grausame Handlung {29/30} | dto. | dto. |
| – | **Bestiarium** | Titel mittelalterlicher Tierbücher {32/75} | **bestiarius**, a, um | die Tiere betreffend |
| – | **Bestie** | sich wild, brutal und roh gebärdendes Tier {69/26} | **bestia**, ae f | vernunftloses, wildes Tier; Bestie |
| 0385b | **Bete** (kelt)>l | rote Rübe {05/17} | **beta**, ae f | Bete, Mangold |
| 0386 | **Beton** (kelt)>l>frz | fest bindender Baustoff aus Zement, Wasser und Zuschlagstoffen (Kies o. ä.) {02/41} | **bitumen**, minis n<br>afrz. *betun*<br><br>frz. *béton* | Erdharz, -pech; Bergteer<br>Erdpech, Mörtel, Schlamm<br><br>vgl. oben 0464 |
| – | **Beton...** (kelt)>l>frz | abwertend für Unbeweglichkeit, starre Haltung (z. B. -köpfe, -fraktion) bzw. Unpersönlich-, Häßlichkeit (z. B. -burg, -klotz, -wüste) {25/26} | dto. | dto. |
| – | **betonieren** (kelt)>l>frz | mit einem Betonbelag versehen {41} | dto. | dto. |
| 0387 | **Bezirk** (gr)>l | Verwaltungsgebiet, Umkreis {48} | **circus**, ci m<br>(gr. *κίρκος*) | Kreis(linie, -bahn) |
| 0388 | **bi...** | 1. doppelt, zweifach, beiderseits {56/57}; 2. kurz für: bisexuell (Jargon) {18} | **bis** (Adv.) | zweimal; auf zweierlei, doppelte Weise |
| 0389a | **Biennale** l>it | alle zwei Jahre stattfindende Austellung, Schau (bes. in der bildenden Kunst, im Film) {33/36/59/85} | **biennalis**, e | zweijährig |
| – | **biennal** | 1. von zweijähriger Dauer; 2. alle zwei Jahre stattfindend {59} | dto. | dto. |
| – | **Biennium** | Zeitraum von zwei Jahren {59} | **biennium**, ii n | Zeitraum von zwei Jahren |

| | | | | |
|---|---|---|---|---|
| 0389 | **Bier**<br>l>vulgl | aus (Gerste,) Hopfen und Malz gebrautes alkoholisches Getränk {17} | uns.:<br>**bibere**<br>vulgl. biber | <br>trinken<br>Trank |
| 0390a | **Bifokalglas**<br>(l;l)>nlat;d | Zweischärfenbrille {23/87} | **bi s**<br>+ **focus**, ci m | s. oben 0388<br>Feuer-, Brandstätte |
| 0390b | **Bigamie**<br>(l;gr)<br>>kirchenl<br>>mlat | Doppelehe {33/18} | **bi s**<br>+ gr. *γαμεῖν*<br>kirchenl.<br>**bigamus**, a, um<br>mlat. bigamia | s. oben 0388<br>heiraten<br><br>zweifach verheiratet |
| >>> | bikonkav s. konkav | | | |
| >>> | bikonvex s. konvex | | | |
| >>> | bilabial, Bilabial s. labial, Labial | | | |
| 0391 | **Bilanz**<br>l>vulgl>it | 1. Gegenüberstellung von Vermögen, Kapital und Schulden {42/43/80}; 2. Ergebnis, Fazit, abschließender Überblick {25} | **bilanx** (Gen. bilancis)<br>(**lanx**, ncis f<br>vulgl. bilancia<br>it. *bilancia*<br>it. *bilanciare* | zwei Waagschalen habend<br>die Waagschale)<br><br>Waage<br>abschätzen, abwägen, im Gleichgewicht halten |
| – | **bilanzieren**<br>l>vulgl>it | 1. sich ausgleichen, sich aufheben {56/57}; 2. eine Bilanz abschließen {42/80} | dto. | dto. |
| – | **Bilanzierung**<br>l>vulgl>it | Kontoausgleich; Bilanzaufstellung {42/80} | dto. | dto. |
| 0392 | **bilateral**<br>(l;l)>nlat | zweiseitig; zwei Partner betreffend; von zwei Seiten ausgehend {33/58} | **bi s**<br>+ **lateralis**, e | s. oben 0388<br>an der Seite befindlich, die Seite betreffend, Seiten... |
| 0393 | **bilingual**<br>(l;l)>nlat | 1. zwei Sprachen sprechend, zweisprachig {22/32}; 2. auf zwei Sprachen bezogen {32} | **bilinguis**, e<br><br>(**bis** +<br>**lingua**, ae f | zwei Sprachen redend; doppelzüngig<br>s. oben 0388<br>Sprache) |
| – | **Bilingu(al)-ismus** (o. **Bilinguität**)<br>l>nlat | Zweisprachigkeit {22/32} | dto. | dto. |
| – | **Bilingue**<br>l>nlat | zweischriftige oder -sprachige In- o. Handschrift {32} | dto. | dto. |
| – | **bilinguisch**<br>l>nlat | in zwei Sprachen, zweisprachig {32} | dto. | dto. |

| | | | | |
|---|---|---|---|---|
| 0394 | **Bilis** | Galle, Gallensekret (med. t. t.) {70} | **bilis,** is f | Galle; Verdruß, Melancholie, Raserei |
| - | **biliös** | gallig, gallehaltig (med. t. t.) {70} | **biliosus,** a, um | voll Galle, gallig, gallsüchtig |
| 0395a | **Billet** l>mlat >afrz>frz | 1. Eintrittskarte, Fahrkarte {33/45/85}; 2. Zettel, Briefchen (veraltet) {32} | **bulla,** ae f | Wasserblase, Bukkel, Knopf; Siegelkapsel |
| | | | afrz. *bulette* | Begaubigungsschein |
| | | | frz. *billet* | Schein |
| 0395b | **Bims(stein)** | schaumartiges vulkanisches Gestein {62} | **pumex,** micis m | Bimsstein, Schaumstein |
| - | **bimsen** | 1. mit Bimsstein glätten, reiben {54/55/29}; 2. schleifen, putzen; scharf exerzieren {33/86}; 3. prügeln (ugs.) {29/33} | dto. | dto. |
| 0396 | **binar, binär, binarisch** | aus zwei Einheiten, Teilen bestehend (bes. für EDV) {71/57} | **binarius,** a, um | zwei enthaltend |
| 0397 | **Binokel** (l;l)>frz | 1. Brille, Fernrohr (veraltet) {23/87}; 2. Mikroskop für beide Augen {23/72/87} | **bini,** ae, a + **oculus,** li m | je zwei; beide das Auge |
| - | **binokular** (l;l)>nlat | 1. beidäugig; 2. für beide Augen {23/72/87} | **bini,** ae, a + **ocularis,** e | s. oben zu den Augen gehörig |
| - | **Binokular** l>nlat | Lupe oder Fernglas (für zwei Augen eingerichtet) {23/72/87} | dto. | dto. |
| 0398 | **Binom** l;gr | jede Summe aus zwei Gliedern (math. t. t.) {71} | **bis** + gr. *νόμος* | s. oben Regel, Gesetz; Grundsatz |
| - | **binomisch** l;gr | zweigliedrig {71/57} | dto. | dto. |

>>> Biolumineszenz s. Lumineszenz
>>> Biomotor s. Motor
>>> Bipolarität, bipolar s. Polarität, polar

| | | | | |
|---|---|---|---|---|
| 0399 | **Bireme** | antikes Kriegsschiff, Zweiruderer (hist. t. t.) {45/75/86} | **biremis,** is f | zweirudrige Galeere |
| 0400 | **Birett** l>mlat | viereckige Kopfbedeckung kath. Geistlicher {51/19} | **birrus,** ri m | Mantelkragen; kurzer Mantel mit Kapuze |
| | | | mlat. barretum | |
| | | | | s. auch 0362 |
| 0401 | **Birne** l>vulgl | 1. Fruchtsorte {05}; 2. Kopf (ugs., scherzhaft) {11} | **pirum,** ri n vulgl. pira | Birne |

| | | | | |
|---|---|---|---|---|
| 0402 | **bis / bi...** | 1. zu wiederholen, noch einmal (Anweisung in der Notenschrift - mus. t. t.) {37}; 2. Aufforderung zur Wiederholung in einer musikalischen Aufführung {37}; 3. doppelt, zweifach {57} | **bis** (Adv.) | zweimal; auf zweierlei, auf doppelte Weise |
| 0403 | **Bisexualität** (l;l)>(nlat) | 1. Doppelgeschlechtlichkeit (biol. t. t.) {68/69}; 2. psychische Merkmale des anderen Geschlechts annehmend (psych. t. t.); 3. Nebeneinanderbestehen von hetero- und homosexuellen Neigungen (med. t. t.) {18/70} | **bi s** + **sexualis**, e (bzw. **sexus**, us m | s. oben zum Geschlecht gehörig Geschlecht) |
| – | **bisexuell** (l;l)>(nlat) | 1. doppelgeschlechtig {68/69}; 2. homo- und heterosexuelles Verlangen gleichzeitig besitzend {18/69/70} | dto. | dto. |
| 0404 | **Biskotte** (l;l)>it | längliches Biskuit, Löffelbiskuit (österr.) {17} | **bi s** + **coquere** (PPP. **coctum**) | s. oben kochen, braten, backen |
| – | **Biskuit** l>frz | 1. Feingebäck aus Mehl, Eiern, Zucker {17}; 2. Biskuitporzellan (gelbliches, unglasiertes Weichporzellan) {44} | dto. | dto. |
| 0405 | **Bison** (germ)>l | (nordamerikanischer) Büffel, Auerochse {06} | **bison**, ntis m | Buckel-, Auerochse |
| >>> | bistabil s. unter stabil | | | |
| 0406 | **Bitumen** gall>l | teerartige Masse zur Abdichtung und Isolierung (Destillationsrückstand des Erdöls) {41/73} | **bitumen**, minis n | Erdharz, -pech, Bergteer s. auch 0386 |
| – | **bitumig** gall>l | Bitumen enthaltend, ähnlich {54/73} | dto. (bzw. **bituminеus**, a, um | dto. aus Erdharz bestehend) |
| – | **bituminieren** gall>l | mit Bitumen behandeln oder versehen {41/73} | **bituminare** | aus-, verpichen (mit Pech überziehen) |
| – | **bituminös** gall>l | Bitumen enthaltend {54/73} | **bituminosus**, a, um | erdharzhaltig |
| 0407 | **Bizeps** | zweiköpfiger Oberarmmuskel {11} | **biceps** (Gen. bicipitis) | zweiköpfig, doppelköpfig |
| 0408 | **Bizone** l;gr | Bezeichnung für den Zusammenschluß der am. und brit. Besatzungszone in Deutschland nach 1947 {50/75} | **bi s** + gr. ζώνη | s. oben Gürtel, Taille |
| – | **bizonal** l;gr | die Bizone betreffend {50/75} | dto. | dto. |

| | | | | |
|---|---|---|---|---|
| 0409a | **bland** | 1. mild, reizlos {26}; 2. ruhig verlaufend {26/59}; 3. nicht auf Ansteckung beruhend (med. t. t.) {70} | **blandus**, a, um | schmeichelnd, freundlich, liebkosend, verführerisch |
| 0409b | **blümerant** l>frz | übel, schwindlig {14} | **mori**<br>frz. *mourir*<br>*mourant*<br>*bleu mourant* | sterben<br><br>sterbend, schwach<br>blaßblau |
| 0410 | **Boa** | 1. südam. Riesenschlange {07}; 2. schlangenförmiger modischer Halsschmuck aus Pelz oder Federn (für Frauen) {19/20} | **boa, bora**<br>o. **boba**, ae f | Wasserschlange;<br>Masern; Weinschlange |
| 0411 | **Boheme** mlat>frz | unkonventionelles, ungebundenes, außerbürgerliches Künstlerleben, Künstlermilieu {33} | mlat.<br>**bohemus**<br><br>frz. *bohème* | <br>der Böhme, Zigeuner |
| – | **Bohemien** mlat>frz | Angehöriger der Boheme; unkonventionelle, leichtlebige Künstlernatur {33} | dto. | dto. |
| 0412 | **Boiler** l>frz>engl | Gerät zur Bereitung und Speicherung von heißem Wasser {44/87} | **bulla**, ae f<br>bzw. **bullire**<br><br>afrz. *boillir*<br>frz. *bouillir*<br>engl. *boil/ boiler* | Wasserblase; Buckel, Knopf<br>aufwallen, sprudeln, Blasen werfen |
| 0413 | **Bola** (gr)>l >span | südam. Wurf- und Fanggerät {38} | **bolus**, li m<br><br>(bzw. **bulla**<br>(gr. *βόλος*) | der Wurf (des Netzes beim Fischen); der Fang; der Profit, Reibach<br>s. oben 0412) |
| 0414 | **Bolero** l>span | 1. rhythmischer span. Tanz mit Kastagnettenbegleitung {37}; 2. kurzes offenes Herrenjäckchen der span. Nationaltracht; 3. kurzes modisches Damenjäckchen; 4. rund aufgeschlagener Hut zum span. Jäckchen {19} | **bulla**, ae f<br>span. *bola* | s. oben 0412<br>Kugel |
| 0415 | **Boletus** (gr)>l | Pilz aus der Gattung der Dickröhrlinge (Schwammpilz, z. B. Steinpilz) {03} | **boletus**, ti m<br>(gr. *βωλίτης*) | Champignon |

| | | | | |
|---|---|---|---|---|
| 0416 | **Bon** l>frz | 1. Gutschein für Speisen oder Getränke; 2. Kassenzettel {42/80} | **bonus**, a, um bzw. Subst. **bonum**, ni n frz. *bon* | gut, schön, tüchtig, gesund, nützlich das Gute; Vorteil, Belohnung gut; Zahlungsverpflichtung |
| 0417 | **Bonbon** l>frz | 1. geformtes Stück Zuckerware mit aromatischen Zusätzen {17}; 2. (rundes) Parteiabzeichen (scherzhaft) {33/50} | **bonus** frz. *bon* | s. oben 0416 dto. |
| – | **Bonbonniere** l>frz | Behälter (aus Kristall o. ä.), hübsch aufgemachte Packung mit Pralinen o. ä. {17/58} | dto. frz. *bonbonnière* | dto. |
| – | **bongen** (o. **bonieren**) l>frz | an der Registerkasse einen Bon tippen; verbuchen, registrieren („gebongt") {25/29/42} | dto. | dto. |
| 0418 | **Bonifikation** (l;l)>nlat | 1. Vergütung für schadhafte Teile einer Ware {42}; 2. Gutschrift am Jahresende {42/80}; 3. Zeitgutschrift im Radsport {59/85} | **bonus**, a, um + **facere** | s. oben 0416 tun, machen, handeln |
| – | **bonifizieren** (l;l)>nlat | 1. vergüten; 2. gutschreiben {42/56/80} | dto. | dto. |
| 0419 | **Bonität** | 1. guter Ruf einer Person oder Firma im Hinblick auf Zahlungsfähig- und -willigkeit {33/42/80}; 2. Güte eines Bodens (landw. t. t.) {39/62} | **bonitas**, atis f | gute Beschaffenheit, Güte; Redlichkeit |
| – | **bonitieren** l>nlat | abschätzen, einstufen (von Böden, Waren) {56/42/80} | dto. | dto. |
| – | Bonitierung o. Bonitur | | | |
| 0420 | **Bonmot** (l;l)>frz | treffender, geistreich-witziger Ausspruch {32/26} | **bonus**, a, um + **muttire** (**muttum** frz. *bon* + *mot* | gut (s. oben 0416) mucksen, halblaut reden Muckser) gut Wort |
| 0421 | **Bonne** l>frz | Kindermädchen, Erzieherin {31/40} | **bonus**, a, um (**bona** | s. oben 0416 die Gute) |
| 0422 | **Bonnet** mlat>frz | 1. Damenhaube im 18. Jh. {19/75}; 2. Segeltuchstreifen, Beisegel (seemannspr. t. t.) {45} | mlat. **abonnis** frz. *bonnet* | eine Art Mütze (im 7. Jh.) |
| 0423 | **Bonus** l>engl | 1. Sondervergütung (bei Aktiengesellschaften) {42/80}; 2. Vorteil {25/56} | **bonus** | s. oben 0416 |
| 0424 | **Bonvivant** (l;l)>frz | Lebemann {33} | **bonus** + **vivere** | s. oben 0416 leben |

| | | | | |
|---|---|---|---|---|
| 0425 | **Börse** (gr)>l >spätl>frz >niederl | 1. Geldbeutel {43/44}; 2. Markt für Wertpapiere {42/80} | **byrsa**, ae f (spätl. **bursa**, ae f) gr. *βύρσα* frz. *bourse* niederl. *(geld)beurs* | Fell, Ledersack |
| – | **Börsianer** (gr)>l> spätl>frz >niederl >nlat | Börsenspekulant {42/40/80} | dto. | dto. |
| 0426 | **Bottich** (gr)>l >mlat/ >vulgl/ mlat>span/ it | größeres, wannenartiges Gefäß (aus Holz) {44} | uns.: **apotheca**, ae f<br>gr. *ἀποθήκη*<br>mlat. potecha, ae f<br>+ vulgl. **buttis**<br>mlat. butica it. *botte* | Abstellraum, Magazin, Lagerhaus, Vorrat<br>Abstellraum, Vorratslager<br>Faß |
| 0427 | **Botulismus** l>nlat | bakterielle Lebensmittelvergiftung (bes. Wurst-, Fleisch-, Konservenvergiftung - med. t. t.) {70} | **botulus**, li m | Darm, Eingeweide; Wurst |
| 0428 | **Bouclé** l>frz | 1. Garn mit Knoten u. Schlingen; 2. Noppengewebe; 3. Haargarnteppich mit nicht aufgeschnittenen Schlingen {44/19} | **bucca**, ae f bzw. **buccula**, ae f<br>frz. *boucle* *boucler* | aufgeblasene o. (Paus)backe, Bissen<br>Backenstücke am Helm; Bäckchen<br>Ring, Schleife ringeln |
| 0429 | **Bouillon** l>frz | 1. Kraft-, Fleischbrühe {17}; 2. bakteriologisches Nährsubstrat {70} | **bulla**, ae f bzw. **bullire** | s. oben 0412 |
| – | **bouillonieren** l>frz | raffen, reihen (veraltet) {19/29/40} | dto. | dto. |
| – | **Boule** l>frz | französisches Kugelspiel {85} | dto. | dto. |
| >>> | Boulette s. Bulette | | | |
| – | **Bowling** l>engl | 1. engl. Kugelspiel auf glattem Rasen; 2. am. Kegelspiel mit 10 Kegeln (Pins) {85} | dto. | dto. |
| 0430 | **Box** (gr)>l >vulgl >engl | 1. abgeteilter Raum, Behälter {58}; 2. Rollfilmkamera in Kastenform {87}; 3. kastenförmiger Behälter oder Gegenstand {44/58}; 4. Pferdestand {58/85} | **pyxis**, idis f gr. *πυξίς* vulgl. buxis | Büchse, Büchschen |

>>> Boxermotor s. Motor

| | | | | |
|---|---|---|---|---|
| 0431 | **brachial**<br>(gr)>l | 1. zum Oberarm gehörend (med. t. t.) {11/70}; 2. mit roher Körperkraft {29/55} | **brac(c)hialis**, e<br>gr. *βραχίων* | zum Arm gehörig, Arm... |
| – | **Brachialgewalt**<br>(gr)>l;d | rohe körperliche Gewalt als Mittel zur Durchsetzung von Zielen {28/29/55} | dto. | dto. |
| 0432 | **Brakteat** | 1. Goldblechabdruck einer griech. Münze (4.-2. Jh. v. Chr.) {56/75}; 2. einseitig geprägte Schmuckscheibe der Völkerwanderungszeit o. mittelalterliche Münze {75/56/20} | **bractea** bzw. **brattea**, ae f | dünnes Metallblech, -blatt, Goldblättchen; Furnier (aus Holz) |
| 0433 | **Branche**<br>l>gallorom >frz | Wirtschafts-, Geschäftszweig {40/41/42/80} | **branca**, ae f<br>frz. *branche* | Pfote, Pranke<br>Ast; Zweig |
| 0434 | **Bratsche**<br>(gr)>l>it | Streichinstrument (eine Quinte tiefer gestimmt als eine Violine) {37} | **bracchium**, ii, n<br>gr. *βραχίων*<br>it. *viola da bracchio* | Arm, Unterarm, Schenkel<br><br>Arm-, Bratschgeige |
| 0435 | **brav**<br>(gr)>l> vulgl>it >frz | wacker, tüchtig, ordentlich, artig {25/26/84} | **barbarus**, a, um<br>gr. *βάρβαρος*<br>vulgl. brabus*<br>it. *bravo*<br>frz. *brave* | fremd, ausländisch; ungesittet, unkultiviert<br><br><br>unbändig, wild, wacker<br>s. links |
| – | **bravissimo**<br>(gr)>l> vulgl>it | sehr gut (Anerkennungszuruf) {26/32/85} | dto. | dto. |
| – | **bravo**<br>(gr)>l >vulgl>it | gut, vortrefflich (Beifallsruf) {26/32/85} | dto. | dto. |
| – | **Bravo**<br>(gr)>l> vulgl>it | Beifallsruf {26/32/85} | dto. | dto. |
| – | **Bravour**<br>(gr)>l >vulgl>it >frz | gekonnte Art und Weise, etwas zu bewältigen {22/25} | dto. | dto. |
| – | bravourös, Bravourleistung, Bravourstück | | | |
| 0436 | **Breve** | päpstlicher Erlaß in einfacherer Form {28/51} | **brevis**, e | kurz, klein; kurz gefaßt |
| – | **Brevet**<br>l>frz | 1. kurzer Gnadenbrief des frz. Königs (mit Verleihung eines Titels o. ä. - hist. t. t.) {33/75}; 2. Schutz-, Verleihungs-, Ernennungsurkunde {32/33} | dto. | dto. |

| | | | | |
|---|---|---|---|---|
| – | brevetieren | | | |
| – | **Brevia-r(ium)** | 1. kurze Übersicht, Auszug aus einer Schrift (veraltet) {32/57}; 2. Brevier (s. u.) {32/51/57} | **breviarium,** ii n | kurzes Verzeichnis, Auszug aus einer Schrift, Übersicht |
| – | **Brevier** | 1. kath. Gebetbuch mit Stundengebeten; 2. tägliches kirchliches Stundengebet {51}; 3. Sammlung wichtiger Stellen aus den Werken eines Dichters {34/57} | dto. | dto. |
| – | **Brevität** | Kürze, Knappheit (selten) {59/57} | **brevitas,** atis f | Kürze; kurze und bündige Darstellung |
| 0437 | **Brezel** (gr)>l>mlat >it | (ineinander verschlungene) Gebäckform {17} | **bracchium,** ii n bzw. **brachiolum,** li n gr. *βραχίων* mlat. bracellum it. *braccia-tello* (dimin.) | Unterarm<br>kleiner Arm<br><br>kleiner Arm<br>Brezel |
| 0438 | **Brief** l>vulgl | schriftliche Mitteilung an jmdn. {32} | **brevis,** e vulgl. breve (scriptum) | s. oben 0436 kurzes Schreiben, Urkunde |
| – | brieflich | | | |
| – | zahlreiche Zusammensetzungen: Brieftaube, Briefkasten etc. | | | |
| 0439 | **Brimbo-rium** l>frz | unverhältnismäßiges Aufheben, unnötiger Aufwand (abwertend) {25/56} | **breviarium** mfrz. *breborion* frz. *brimborion* | s. oben 0436 gemurmeltes Gebet, Zauberformel |
| 0440a | **Brisanz** gall>vulgl >frz | Hoch-Aktualität, etwas mit Zündstoff Versehenes (z. B. eine Diskussion) {26/32/59} | vulgl. **brisare*** frz. *briser*<br><br>Part. *brisant* | zerquetschen zerbrechen, zertrümmern<br>Zündstoff enthaltend, hochaktuell |
| – | **brisant** gall>vulgl >frz | hochexplosiv; Zündstoff für eine Diskussion enthaltend; äußerst aktuell {26/32/59} | dto. | dto. |
| 0440b | **Brokat** l>gallorom >it | mit Gold- o. Silberfäden durchwirktes Seidengewebe {19/20} | **brocchus,** a, um gallorom. *brocca** it. *broccare*<br><br>*broccato* | mit hervorstehenden Zähnen<br>Dorn, Spitze (hervorstechend machen), durchwirken |

| | | | | |
|---|---|---|---|---|
| – | **Brosche**<br>l>gallorom >frz | Anstecknadel {20} | dto.<br>frz. *broche* | dto.<br>Spieß, Nadel |
| – | **broschieren**<br>l>gallorom >frz | durch Rückstich heften, in Papier binden {32/40} | dto.<br>frz. *brocher* | dto.<br>durchstechen; aufspießen |
| – | **broschiert**<br>l>gallorom >frz | geheftet, gebunden {32/40/55} | dto. | dto. |
| – | **Broschüre**<br>l>gallorom >frz | broschiertes Schriftstück (geringen Umfangs) {32/40/57} | dto.<br>frz. *brochure* | dto. |
| 0441a | **Brumaire**<br>l>frz | „Nebelmonat" im frz. Revolutionskalender von 1789 (22.10.-20.11 - hist. t. t.) {59/75} | **bruma**, ae f | Winter, (-sonnenwende, -zeit, -kälte) |
| 0441b | **brüsk**<br>l>mlat>it >frz | schroff, barsch, rücksichtslos {26/33} | uns.: **bruscum**, ci n<br>bzw. **ruscum**, ci n<br>mlat. bruscus<br>it. *brusco*<br>frz. *brusque* | Schwamm am Ahornbaum<br>Mäusedorn<br>Mäusedorn<br>knorrig; rauh, unfreundlich, herb<br>rauh, barsch |
| – | **brüskieren**<br>l>mlat>it >frz | rücksichtslos behandeln {26/33} | dto. | dto. |
| 0442 | **brutal**<br>l>spätl | roh, gefühl-, rücksichtslos, auf gewaltsame Art {26/29/33/84} | **brutus**, a, um<br>spätl. **brutalis**, e | gefühllos, unvernünftig, roh<br>tierisch, unvernünftig |
| – | **brutalisieren**<br>l>nlat | brutal, gewalttätig machen, verrohen {26/29/33} | dto. | dto. |
| – | **Brutalität**<br>l>mlat | 1. brutales Verhalten {26/84}; 2. brutale Tat, Gewalttätigkeit {26/29/33} | dto.<br>mlat. brutalitas | dto. |
| – | **brutto** (bzw. **Brutto**...)<br>l>vulgl>it | 1. mit Verpackung; 2. ohne Abzug (der Steuern); roh, insgesamt gerechnet {42/57} | **brutus**, a, um<br>vulgl. bruttus<br>it. *brutto* | s. oben |
| – | **Bruttosozialprodukt**<br>l>vulgl>it; l;l | Wert aller Waren und Dienstleistungen in einem Staat binnen eines Jahres {50/80/59} | dto.<br>+ **socialis**, e<br>+ **producere** | dto.<br>die Gesellschaft betreffend, gesellschaftlich<br>hervorbringen, erzeugen |
| – | **Bruttoregistertonne**<br>l>vulgl>it; l>mlat; (kelt)>mlat | Einheit zur Berechnung des Rauminhalts eines Schiffes (Abk. BRT) {56/58} | dto.<br>+ **regerere**<br>mlat. registrum<br>+ mlat. **tunna** | dto.<br>zurückbringen; eintragen, einschreiben<br>Verzeichnis<br>Faß |

| | | | | |
|---|---|---|---|---|
| 0443 | **Buchsbaum**<br>(gr)>l | strauch- oder baumartige Zierpflanze {04} | **buxus**, xi f<br>bzw. **buxum**, xi n<br>gr. *πυξίς* | Buchsbaum, -holz; Flöte, Schreibtafel |
| 0444 | **Büchse**<br>(gr)>l<br>>vulgl | 1. zylindrisches Gefäß zur Aufbewahrung {44}; 2. Handfeuerwaffe, Gewehr {38/86} | **pyxis**, idis f<br>gr. *πυξίς*<br>vulgl. buxis | Büchse, Dose aus Buchsbaumholz<br><br>vgl. oben 0430 |
| – | **Buchse**<br>(gr)>l<br>>vulgl | Holzzylinder zur Aufnahme eines Zapfens; Steckdose {87} | dto. | dto. |
| 0445 | **Buckel**<br>l>afrz>frz | 1. halbrunder Metallbeschlag in der Mitte des Schildes (veraltet) {75/86}; 2. halbrunde Erhöhung; Wirbelsäulenverkrümmung {11/70} | **buccula**, ae f<br><br>afrz. *boucle* | Bäckchen, Backenstück am Helm<br>s. oben 0428 |
| – | **buckeln**<br>l>afrz>frz | 1. Metall treiben {40}; 2. einen Buckel machen {12}; 3. auf dem Buckel (=Rücken) tragen {12/40}; 4. sich untertänig verhalten {33} | dto. | dto. |
| – | bucklig | | | |
| 0447 | **Buddel**<br>(gr)>spätl<br>>vulgl>frz | (niederd.) Flasche (z. B. mit Rum) {44/58} | spätl. **but(t)icula**, ae f<br>vulgl. buttis<br>gr. *βυτίνη*<br>frz. *bouteille* | Fäßchen<br><br>Faß<br><br>Flasche |
| 0448 | **Budget**<br>(gall)>l><br>afrz>frz<br>>engl | Haushaltsplan, Voranschlag von öffentlichen Einnahmen und Ausgaben {50/42/80} | **bulga**, ae f<br>afrz. *bougette*<br>frz. *bouge*<br>engl. *budget* | lederner (Geld)-Sack<br>Balg, Lederbeutel<br>Ledersack<br>Haushaltsplan |
| 0449 | **Büffel**<br>l>it>frz | wildlebendes Rind {06} | **bubalus**, li m<br>(Nbf. bufalus)<br>it. *bufalo*<br>frz. *buffle* | Gazelle; Büffelochse, Büffel |
| 0450 | **Buffa**<br>l>mlat>it | Posse {35/74} | **bufo**, onis m<br>mlat. bufo<br>it. *buffone* | Kröte<br><br>Hanswurst, Possenreißer |
| – | **Buffo**<br>l>mlat>it | Sänger komischer Rollen {37} | dto. | dto. |
| – | buffonesk | | | |
| 0451 | **bugsieren**<br>l>port<br>>niederl | 1. (ein Schiff) ins Schlepptau nehmen, lenken {45}; 2. jmdn. mühevoll irgendwohin bringen, lotsen {28/61} | **pulsare**<br>port. *puxar*<br>niederl. *boegseren* | stoßen, forttreiben<br>ziehen, schleppen |

| | | | | |
|---|---|---|---|---|
| – | **Bugsierer** l>port >niederl | kleiner Schleppdampfer {45} | dto. | dto. |
| 0452 | **Boulette o. Bulette** l>frz | flacher, gebratener Hackfleischkloß {17} | **bulla**, ae f<br><br>frz. *bouillir* | Wasserblase, Bukkel, Knopf; (goldene) Kapsel<br>s. oben 0412, 0429 |
| – | **Bulle** | 1. mittelalterliche Urkunde mit Metallsiegel {50/75}; 2. feierlicher päpstlicher Erlaß {51} | **bulla** | s. oben |
| – | **Bulletin** l>frz | 1. amtl. Bekanntmachung, Tagesbericht {50/32}; 2. Krankenbericht {32/70}; 3. Titel von Sitzungsberichten und wissenschaftlichen Zeitschriften {32/40} | dto.<br>(afrz. *bulle*)<br>frz. *bulletin* | dto.<br><br>Bericht |
| 0454 | **bunt** l>niederl | zwei- oder mehrfarbig {55} | **punctum**, ti n<br><br>niederl. *bont* | das Gestochene, Stich; Punkt, Tüpfel<br>bunt |
| 0455 | **burlesk** l>it>frz | possenhaft {26} | **burra**, ae f<br>Pl. **burrae**, arum<br>it. *burla*<br>*burlesco*<br>frz. *burlesque* | zottiges Gewand<br>läppisches Zeug, Possen |
| – | **Burleske** l>it>frz | 1. derb-spaßhaftes Musikstück {37}; 2. Schwank, Posse {35} | dto. | dto. |
| – | **Büro** l>vulgl>frz | 1. Arbeitsraum für Verwaltungs- und schriftliche Arbeiten {40/58}; 2. zur Dienststelle gehörende Mitarbeiter {40/57} | **burra**, ae f<br>vulgl. bura<br>afrz. *bure* o. *burel*<br>frz. *bureau* | zottiges Gewand, Wolle<br>grober Wollstoff<br>grober Wollstoff, Schreibtischbezug |
| 0456 | **Bursche** (gr)>spätl/ mlat | 1. Mitglied einer Vereinigung von Studenten oder Handwerkern {33/31}; 2. (ugs.) junger Mann; Kerl {15/33} | spätl./mlat.<br>**bursa**, ae f<br>gr. *βύρσα* | <br>Ledersack, Beutel<br>s. oben 0425 |
| – | **Burschenschaft** (gr)>spätl/ mlat | Studentenschaftsvereinigung {33/31} | dto. | dto. |
| – | **burschikos** (gr)>spätl/ mlat | burschenschaftlich ungezwungen, formlos, flott {33/26/84} | | |
| >>> | Bus s. Autobus | | | |
| 0457a | **Bussard** l>afrz>frz | Tagraubvogelart {07} | **buteo**, onis m<br>afrz. *bu(i)son*<br>frz. *busard* | eine Falkenart; Bussard |

| | | | | |
|---|---|---|---|---|
| 0457b | **Büste**<br>l>it>frz | Standbild; steinernes Brustbild {36} | **bustum**,<br>ti n | Leichenbrandstätte, Grabhügel, Grabmal |
| | | | it. *busto* | Brustbild des Toten auf dem Grabhügel |
| | | | frz. *buste* | |
| 0458 | **Butler**<br>vulgl>frz<br>>engl | ranghöchster Diener in vornehmen englischen Häusern {40/33} | vulgl. **buttis**<br>butticula<br>butticularius<br>frz. *butuiller* | Faß<br>Flasche<br>Kellner<br>Butler |
| 0459 | **Bütte**<br>(gr)>vulgl/<br>mlat | offenes Daubengefäß, Wanne (z. B. bei der Papierproduktion) {40/41} | vulgl. **buttis**<br>gr. *βυτίνη*<br>mlat. butina | Faß<br>s. oben 0426 / 0447<br>Flasche, Gefäß |

# C

| | | | | |
|---|---|---|---|---|
| 0460 | **Caballero** l>span | 1. spanischer Edelmann, Ritter (hist. t. t.) {33/75}; 2. Herr (span. Titel) {33} | **caballus**, li m bzw. **caballarius**, ii m | Pferd, (Acker-) Gaul, Klepper Pferdewärter, -knecht |
| 0461 | **Caddie** l>aprov >gaskogn >frz>engl >(schott) | 1. Junge, der dem Golfspieler die Schläger trägt {33/85}; 2. zweirädriger Wagen zum Golfschlägertransport {45/85}; 3. Einkaufswagen {42/45} | **capitellum**, li m aprov. *capdel* gaskogn. *capdet* frz. *cadet* engl. *cadet* | kleines Köpfchen; Säulenkapitell kleines Haupt, Hauptmann dto. Zöglinge einer Offiziersanwärterschule |
| 0462 | **Cadre** l>it>frz | Kennzeichnung bestimmter Billardpartien {85} | **quadra**, ae f o. **quadrum**, ri n it. *quadro* frz. *cadre* | Viereck, Quadrat Viereck; Kader Rahmen, Einfassung |
| 0463 | **Caeremoniale** | Buch der kath. Kirche mit An-weisungen für das gottesdienstliche Zeremoniell {32/51} | **caerimonialis**, e | zur Gottesverehrung gehörig |
| 0464 | **Calculus** | 1. Rechenstein für den Abakus {57/71/75}; 2. Konkrement (z. B. Nierensteine - med. t. t.) {70} | **calculus**, li m | Stein, Urinstein (in der Blase); Rechenstein auf dem Rechenbrett |
| 0465 | **Calor** | Wärme, Hitze (als Entzündungssymptom - med. t. t.) {55/70} | **calor**, oris m | Wärme, Hitze, Eifer |
| 0466 | **Calvities** | Glatzköpfigkeit (med. t. t.) {70} | **calvities**, ei f | Kahlköpfigkeit |
| 0467 | **Camp** l>it>frz >engl | Zelt-, Ferien-, Gefangenenlager {33/58/82/85} | **campus**, pi m | Fläche, Feld, Boden; Tummelplatz |
| – | **campen** l>it>frz > engl | im Zelt oder Wohnwagen leben (in den Ferien, am Wochenende) {44/85} | dto. | dto. |
| – | **Camper** l>it>frz> engl | jmd., der im Zelt oder Wohnwagen lebt {33/44/85} | dto. | dto. |
| – | **Campesino** l>span | Landarbeiter, Bauer (in Spanien, Lateinamerika) {39/40} | dto. | dto. |

>>> campieren s. kampieren

| | | | | |
|---|---|---|---|---|
| – | **Camping** l>it>frz >engl | das Leben im Freien (im Zelt oder Wohnwagen) {33/44/85} | dto. | dto. |
| – | **Campo** l>span/port | 1. brasilianische Grassavanne {64}; 2. Rinderhaut aus Eigenschlachtungen südam. Viehzüchter {39} | dto. | dto. |
| – | **Campus** l>engl/am | Gesamtanlage einer Hochschule, Universitätsgelände {58/31} | dto. | dto. |
| 0468 | **Canasta** (gr)>l> span | Kartenspiel (aus Uruguay stammend) {85} | **canistrum**, ri n bzw. spätl. **canistellum**, li n (gr. *κάναστρον)* span. *canasta* | Brot-, Frucht-, Blumenkorb Körbchen Korb |
| 0469 | **Can-Can** l>mfrz>frz | schneller Bühnentanz mit Hochwerfen der Beine (in Varietes, Nachtlokalen) {18/37/85} | **quamquam** mfrz. *quanquan* frz. *cancan* | obwohl Schulddisputation, feierliche Rede Lärm, üble Nachrede, Klatscherei (Schrei von Enten, Papageien); vulgärer Tanzstil |
| 0470 | **Candela** | Einheit der Lichtstärke (phys. t. t.) {72} | **candela**, ae f | Kerze, Wachs-, Talglicht |
| 0471 | **Candida** | 1. Antiquadruckschrift {32}; 2. krankheitserregender Sproßpilz auf Haut und Schleimhaut (med. t. t.) {70} | **candidus**, a, um bzw. **candida**, ae f | weiß, glänzend, hell Kandidatengewand, Anwartschaft |
| 0472 | **Cañon** (gr)>l >span | enges, tief eingeschnittenes, steilwandiges Tal (bes. in Nordamerika) {02} | **canna**, ae f gr. *κάννα* span. *cañon* | kleines Rohr, Schilf |
| 0473 | **cantabile** l>it | gesangartig, ausdrucksvoll (mus. t. t.) {37} | **cantabilis**, e | besingens-, preisenswert |
| – | **cantando** l>it | singend (mus. t. t.) {37} | **cantare** | ertönen, klingen; singen, dichten |
| >>> | Cantate s. Kantate | | | |
| – | **Cantica** | 1. gesungene Teile der altrömischen Komödie {37/35/75}; 2. biblische Gesänge und Gebete nach den Psalmen {51/37} | **canticum**, ci n | Gesang, Lied, Rezitation |
| – | **Canto** l>it | Gesang {37} | dto. | dto. |

| | | | | |
|---|---|---|---|---|
| – | **Cantus** | Gesang, Melodie (mus. t. t.) {37} | **cantus**, us m | Gesang, Melodie, Ton |
| 0474 | **Cape** l>roman >engl | ärmelloser Umhang (mit Kapuze) {19} | **cappa**, ae f<br>afrz. *capa* | eine Art Kopfbedeckung; Mantel mit Kapuze |
| 0475 | **capito?** l>it | verstanden? {22/32} | **capere** | nehmen, er-, begreifen, verstehen vgl. unten 1623 |
| 0476 | **Capriccio** l>vulgl>it; it | scherzhaftes, launiges Musikstück (mus. t. t.) {37} | **caput**, pitis n<br>vulgl. capum<br>it. *capo*<br>+ *riccio*<br>it. *caporiccio*<br>*capriccio* | Kopf; Spitze; Kapitel, Hauptabschnitt<br>dto.<br>dto.<br>Igelkopf<br>Wunsch, Wille; Igelkopf<br>Laune, Grille, Einfall |
| – | **capriccioso** l>vulgl>it | eigenwillig, launen-, scherzhaft, kapriziös (mus. t. t.) {37} | dto. | dto. |
| – | **Caput** | 1. Hauptstück, Kapitel eines Buches {32}; 2. Kopf; 3. Gelenk- oder Muskelkopf {11/70} | **caput** | s. oben |
| 0478 | **Carbo** | Kohle {02} | **carbo**, onis m | Kohle; bösartiges Geschwür |
| 0479 | **Caritas** | Verband der kath. Kirche, Hilfsorganisation {51/33} | **caritas**, atis f | Teuerung; Hochachtung, Liebe |

>>> caritativ s. karitativ

| | | | | |
|---|---|---|---|---|
| 0480 | **Carmen** | Fest-, Gelegenheitsgedicht {34} | **carmen**, minis n | Gesang, Lied, lyrisches Gedicht |
| 0481 | **Cäsar** | ehrender Beiname für einen römischen Kaiser, Herrscher {25/33/75} | **Caesar**, aris | römischer Staatsmann (100-44 v. Chr.); Ehrentitel für den Prinzeps |
| – | **cäsarisch** | kaiserlich, selbstherrlich {28/33} | **Caesarius**, a, um | kaiserlich |
| – | **Cäsarismus** l>nlat | unbeschränkte, (despotische) Herrschergewalt {28/50} | dto. | dto. |
| 0482 | **Cash** l>it>frz >engl | Bargeld, Barzahlung {42} | **capsa**, ae f<br>it. *cassa* / frz. *casse*<br>frz. *châsse* | Behältnis, Kapsel, Kasten<br>Geldaufbewahrungsbehälter, Zahlungsschalter<br>Reliquienkästchen vgl. 0507, 1393, 1662a und b |
| 0483 | **Cäsium** | chem. Grundstoff; radioaktives Metall mit einer Halbwertzeit von 30 Jahren {02/73} | **caesius**, a, um | blau-, bläulichgrau |

| | | | | |
|---|---|---|---|---|
| 0484 | **Cassis** l>frz | französischer Likör (oder Branntwein) aus Johannisbeeren {17} | **cassis**, is m | Jägergarn, Netz; Falle; Spinne(ngewebe) |
| 0485 | **Castle** l>engl | engl. Bezeichnung für: Schloß, Burg {88} | **castellum**, li n | Zitadelle, Festung, Bollwerk |
| >>> | Cäsur s. Zäsur | | | |
| >>> | Casus s. Kasus | | | |
| 0486 | **catchen** l>vulgl> afrz>am | von Berufsringern ausgeübte Art des Freistilringens {40/85} | **captare** | schnappen, fassen, Jagd machen, verlangen |
| | | | vulgl. capitare* | schnappen, greifen |
| | | | afrz. *chacier* | |
| | | | frz. *cachier* | |
| | | | engl. *catch* | fassen, fangen |
| – | Catcher | | | |
| 0487 | **Catenaccio** l>it | Verteidigungstechnik im Fußballspiel, bei dem die gesamte Mannschaft eine Kette um den eigenen Strafraum bildet („mauert") {85} | **catena**, ae f | Fessel, Kette |
| 0488 | **Cauda** | 1. Schwanz; Endstück eines Organs oder Körperteils (med. t. t.) {70}; 2. Schleppe an liturgischen Gewändern hoher Geistlicher (rel. t. t.) {19/51}; 3. nach oben oder unten gerichteter Notenhals oder Ligatur (mus. t. t.) {37} | **cauda**, ae f | Schwanz, Rute Schweif, Glied |
| 0489 | **Causa** | Grund, Ursache, Rechtsgrund {82/60} | **causa**, ae f | Grund, Ursache, Sachverhalt |
| 0490 | **Cavum** | Hohlraum {58/70} | **cavus**, vi m o. **cavum**, vi n | Höhlung, Vertiefung |
| 0491 | **Ceilometer** l>frz>engl; gr | Wolkenhöhenmesser (meteor. t. t.) {65} | **caelum**, li n + gr. *μέτρον* | Himmel, Wetter, Klima das Maß |
| 0492a | **Cella** | 1. Hauptraum im antiken Tempel {58/51/75}; 2. kleines Kloster der orthodoxen Kirche; 3. Mönchszelle (veraltet) {51/58}; 4. kleinste Einheit eines Organismus, Zelle (med. t. t.) {70} | **cella**, ae f | Kapelle, Kammer, Kabinett; Stübchen |
| – | **Cellerar(ius)** | Wirtschaftsverwalter eines Klosters {40/42/51} | **cellerarius**, ii m | Kellermeister |
| – | **Cellophan** l;gr | (Warenzeichen) durchsichtige (Verpackungs)folie {41/44} | **cella** | s. oben |

| | | | | |
|---|---|---|---|---|
| 0492b | **Cembalo** (gr)>l>mlat >it | klavierähnliches Tasteninstrument {37} | **cymbalum**, li n<br>gr. *κύμβαλον*<br>mlat. clavicymbalum<br>it. *clavicembalo* | Zimbel, Schallbecken |
| 0493 | **Cent** l>frz>engl | Untereinheit verschiedener Währungen (1/100 der jeweiligen Währung - z. B. USA, Niederlande) {42/56/57} | **centum**, ti n | hundert |
| – | **Centavo** l>port >span | Untereinheit verschiedener Währungsen in Südamerika (Argentinien, Brasilien) {42/56/57} | dto. | dto. |
| – | **Centesimo** l>it | dto. Italien, Somalia {42/56/57} | dto. | dto. |
| – | **Centésimo** l>span | dto. Panama, Chile {42/56/57} | dto. | dto. |
| – | **Centime** l>frz | dto. Frankreich, Schweiz {42/56/57} | dto. | dto. |
| – | **Céntimo** l>span | dto. Spanien, Costa Rica {42/56/57} | dto. | dto. |
| 0494 | **Center** (gr)>l>frz >am | Mittelpunkt für bestimmte Tätigkeiten (z. B. Einkauf) {58} | **centrum**, ri n<br>gr. *κέντρον* | Mittelpunkt des Kreises, Zentrum; Kern |
| >>> | Cerealie s. Zerealie | | | |
| 0495 | **Cerebellum** | Kleinhirn (med. t. t.) {70/11} | **cerebellum**, li n | kleines Gehirn |
| – | **Cerebrum** | Großhirn, Gehirn (med. t. t.) {11/70} | **cerebrum**, ri n | Gehirn, Verstand, Sinn |
| >>> | cerebr... s. unter zerebr... | | | |
| 0496 | **Cereus** | Säulenkaktus {04} | **cereus**, ei m | Wachskerze, Fackel |
| 0497 | **Chaiselongue** (gr)>l>frz; l>frz | gepolsterte Liege mit Kopf-, aber ohne Rückenlehne {44} | **cathedra**, ae f<br>gr. *καθέδρα*<br>+ **longus**, a, um | Stuhl, Sessel<br><br>lang |
| 0498 | **Champagne** l>frz | Landschaft in Nordfrankreich, berühmtes Weinanbaugebiet {02/64} | **campania**, iorum n (Pl.) | flaches Land, Blachfeld |
| – | **champagner** l>frz | zart-gelblich {54/55} | dto. | dto. |
| – | **Champagner** l>frz | Schaumwein aus der Champagne {17} | dto. | dto. |

| | | | | |
|---|---|---|---|---|
| – | **Champignon** l>vulgl>frz | eßbarer, anbaubarer Speisepilz {17} | dto.<br>vulgl. campaniolus*<br>afrz. *champegnuel* | dto.<br>der auf dem Feld Wachsende |
| 0499 | **Champion** l>gallorom >frz>engl | 1. Meister in einer Sportart {56/85}; 2. Aufsatz auf dem Rauchfang (österr. - veraltet) {44/88} | **campus,** pi m<br>gallorom. *campio*<br>afrz. *champion* | Schlachtfeld, Kampfplatz<br><br>Kämpfer |
| – | **Championat** l>gallorom >frz | Meisterschaft in einer Sportart {56/85} | dto. | dto. |
| 0500 | **Chance** l>vulgl>frz | 1. Glückswurf, -fall {26/52}; 2. günstige Gelegenheit {26/59}; 3. (gute) Aussicht {26/40} | **cadere**<br><br>vulgl. cadentia*<br>afrz. *cheance* | fallen, sinken; eintreten, sich ereignen<br>Fall |
| 0501 | **Change** l>frz/engl | Tausch, Wechsel (von Geld) {42/80} | **cambire**<br>spätl. cambiare<br>frz. *changer*<br>engl. *change* | wechseln, tauschen |
| – | **Changer** l>engl | automatischer Schallplattenwechsler {87} | dto. | dto. |
| – | **changieren** l>frz | 1. wechseln, tauschen, verändern (veraltet) {61}; 2. verschiedenartig schillern (von Stoffen) {19/54/55}; 3. vom Rechts- zum Linksgalopp übergehen (beim Reiten) {61/85}; 4. die Fährte wechseln {38/61} | dto. | dto. |
| 0502 | **Chanson** l>frz | 1. episches o. lyrisches Lied in der früheren frz. Dichtung; 2. Liebes- oder Trinklied (15.-17. Jh.); 3. witzig-freches, geistreiches rezitativisches Lied mit zeitkritischem Inhalt {34/37} | **cantio,** onis f | das Singen; Gesang; Geleier; Arie |
| – | **Chansonette** l>frz | 1. kleines Lied komischen oder frivolen Inhalts {34/37}; 2. Chansonsängerin {37/40} | dto. | dto. |
| – | **Chansonnier** l>frz | 1. frz. Liederdichter des 12.-14. Jh.s {37/34}; 2. Liedersammlung mit prov. Troubadourliedern {37/57}; 3. Chansonsänger o. -dichter {37/34} | dto. | dto. |
| 0503 | **Chapeau** l>vulgl>frz | Hut (veraltet, scherzhaft) {19} | **cappa,** ae f | eine Art Kopfbedeckung<br>vgl. oben 0474 |

>>> Charakterkomödie s. Komödie
>>> Charaktertragödie s. Tragödie

| | | | | |
|---|---|---|---|---|
| 0504 | **Charge** l>vulgl>frz | 1. Amt, Würde, Rang {33/50}; 2. Dienstgrad; Vorgesetzter (mil. t. t.) {86}; 3. Vorsitzender einer studentischen Verbindung {33/31}; 4. Ladung, Beschickung (techn. t. t.) {40/41}; 5. Nebenrolle mit einseitig gezeichnetem Charakter (theat. t. t.) {35/74}; 6. Serie (z. B. von Arzneimitteln {56/70} | **carrus**, us m<br>vulgl. carricare<br>frz. *charger*<br>*charge* | Wagen<br><br>beladen<br>beladen<br>Last; Bürde eines Amtes |
| – | **chargieren** l>vulgl>frz | 1. in der studentischen Festtracht erscheinen {33/19}; 2. einen Reaktor mit Brennstoff beschicken {41/72}; 3. eine Nebenrolle spielen (theat. t. t.) {35/74} | dto. | dto. |
| – | **Chargierter** l>vulgl>frz | einer der drei Vorsitzenden einer studentischen Verbindung {31/33} | dto. | dto. |
| 0505 | **Charité** l>frz | Krankenhaus, Pflegeanstalt {49/58/70} | **caritas**, atis f | Liebe, Hochachtung, Nächstenliebe<br>vgl. oben 0479 |
| 0506a | **charmant** l>spätl>frz | anmutig, liebenswürdig, bezaubernd {26/84} | **carmen**, minis n<br>spätl. **carminare** | Gesang, Lied, Gedicht, Zauberspruch<br>bezaubern |
| – | **Charme** l>frz | liebenswürdig-gewinnende Wesensart; Anmut, Liebreiz {26/84} | **carmen** | s. oben |
| – | **Charmeur** l>frz | Mann, der Frauen gegenüber besonders liebenswürdig ist {26/33/84} | dto. | dto. |
| 0506b | **Charter** (gr)>l>afrz >engl | Urkunde, Freibrief; Frachtvertrag {32/42/45} | **chartula**, ae f<br>gr. $\chi\acute{\alpha}\rho\tau\eta\varsigma$<br>afrz. *chartre*<br>engl. *charter* | kleine Schrift, Briefchen<br><br><br>Frachtvertrag |
| – | **chartern** (gr)>l>afrz >engl | ein Schiff o. Flugzeug mieten {42/45} | dto. | dto. |
| – | Chartermaschine, Charterflugzeug | | | |
| 0507 | **Chassis** l>frz | 1. Fahrgestell von Kraftfahrzeugen {45}; 2. Montagerahmen elektronischer Apparate (techn. t. t.) {41/72/87} | **capsa**, ae f<br>frz. *châsse*<br><br>*châssis* | Kapsel, Behältnis, Kasten<br>Kästchen, Einfassung<br>Einfassung, Rahmen |

| | | | | |
|---|---|---|---|---|
| 0508 | **Chateau**<br>l>frz | Schloß, Herrenhaus, Land-, Weingut {44/39/88} | **castellum**,<br>li n | Festung, Fort, Zitadelle |
| 0509 | **Chauffeur**<br>l>vulgl>frz | berufsmäßiger Personentransport-Kraftfahrer {40/45} | **calefacere**<br>vulgl.<br>calefare*<br>frz. *chauffer*<br>*chauffeur* | warm machen,<br>heizen, erhitzen<br><br><br>Heizer |
| – | **chauffieren**<br>l>vulgl>frz | 1. ein Kraftfahrzeug lenken {25/45/61}; 2. jmdn. berufsmäßig im Auto transportieren {45/61/40} | dto. | dto. |
| 0510 | **Chaussee**<br>l>gallorom<br>>frz | befestigte, ausgebaute Landstraße {45/58} | **calceare**<br>o. **calciare**<br>gallorom.<br>*calciare*<br>*via calciata* | mit Schuhen versehen, beschuhen<br>mit den Füßen stampfen<br>Straße mit festgestampften Steinen |
| 0511 | **Chef**<br>l>gallorom<br>>frz | 1. Leiter, Vorgesetzter, Geschäftsinhaber {33/40/42}; 2. Anführer {33} | **caput**,<br>pitis n<br>gallorom.<br>*capum**<br>frz. *chef* | Kopf, Haupt; das Oberste |
| >>> | Chef... s. ggf. unter dem Rest des Wortes | | | |
| 0512a | **Chemisette**<br>l>frz | 1. gestärkte Hemdbrust an Frack- und Smoking-Hemden; 2. heller Einsatz an Damenkeidern {19} | **camisia**,<br>ae f<br><br>frz.<br>*chemisette* | Hemd; leinerner auf dem Körper getragener Überwurf<br>Vorhemdchen |
| 0512b | **Cherub(im)**<br>(hebr)<br>>kirchenl | (biblischer) Engel mit Flügeln und Tierfüßen; himmlischer Wächter (rel. t. t.) {51} | kirchenl.<br>**cherubin**<br><br>hebr. *cherub* | <br>eine höhere Engelgattung |
| 0513 | **Chevalier**<br>l>frz | frz. Adelstitel; Ritter {33} | **caballus**,<br>li m<br>**caballarius**,<br>ii m<br>frz. *cheval* | Pferd, Gaul<br><br>Pferdeknecht<br><br>Pferd<br>vgl. oben 0460 |
| 0514 | **Chief**<br>l>gallorom<br>>frz>engl | Haupt, Oberhaupt; Polizeichef eines Distrikts in den USA {33/50} | **caput** | s. oben 0511 |
| 0515a | **Chloroform**<br>gr;l | süßlich riechendes, farbloses Betäubungs- und Lösungsmittel {73/70} | gr. χλωρός<br>+ **formica**,<br>ae f | gelblichgrün<br>Ameise |
| – | **chloroformieren**<br>gr;l | mit Chloroform betäuben {70} | dto. | dto. |
| 0515b | **Chose**<br>l>frz | (peinliche) Sache, Angelegenheit {33} | **causa**, ae f<br>frz. *chose* | Grund; Sache<br>Ding, Sache |

| | | | | |
|---|---|---|---|---|
| 0517 | **Cicerone** l>it | sehr viel redender Fremdenführer {45/32} | **Cicero**, onis | berühmter röm. Redner, Schriftsteller, Staatsmann (106-43 v. Chr.) |
| – | **Ciceronianismus** l>nlat | Bewegung in Stilkunst und Rhetorik, die sich den Stil Ciceros zum Vorbild nimmt {76/79} | dto. | dto. |
| – | Ciceronianer | | | |
| – | **ciceronianisch** l>nlat | 1. nach Art des Redners Cicero; 2. mustergültig, stilistisch vollkommen; 3. den Ciceronianer / Ciceronianismus betreffend {76/79} | dto. | dto. |
| 0518 | **Cipollata** (gr)>l>it | 1. ein Gericht aus Bratwürstchen, Zwiebeln, Maronen, Karotten und Speck; 2. kleines, weißwurstähnliches Würstchen {17} | **cepa**, ae f it. *cipolla* | Zwiebel |
| >>> | Circus s. Zirkus | | | |
| 0519 | **citissime** | sehr eilig {61/59} | **citus**, a, um Adv. Superl. **citissime** | schnell, rasch |
| – | **cito** | eilig, schnell {59/61} | dto. | dto. |
| 0520 | **City** l>frz>engl | Geschäftsviertel einer Großstadt, Innenstadt {48/58} | **civitas**, atis f | Bürgerrecht, Gemeinde; Staat, Stadt |
| 0521 | **Claim** l>frz>engl | 1. Anrecht, (Rechts)anspruch (jur. t. t.) {82}; 2. Anteil (z. B. an einem Goldgräberunternehmen); Goldmine, Landstück {43}; 3. Behauptung, die von der Werbung aufgestellt wird {32/42/80} | **clamare** frz. *claimer* | (aus)rufen, laut verkünden, bezeugen |
| >>> | Clausula s. Klausel | | | |
| 0522 | **Clavicula** | Schlüsselbein (med. t. t.) {11/70} | **clavicula**, ae f | Schlüsselchen; Zapfen; schwache Ranke |
| – | **Clavis** (gr)>l | 1. Orgeltaste (mus. t. t.); 2. Notenschlüssel (mus. t. t.) {37}; 3. lexikographisches Werk zur Erklärung alter Schriften o. der Bibel (veraltet) {32/34/51} | **clavis**, is f | Schlüssel, Riegel |

| | | | | |
|---|---|---|---|---|
| – | **Clavus** | 1. Purpur- oder Goldstreifen am Gewand altröm. Würdenträger (hist. t. t.) {19/75}; 2. Hornzellenwucherung der Haut, Hühnerauge (med. t. t.) {70} | **clavus**, vi m | Nagel; Gewandstreifen; Hühnerauge |
| – | **Clou** l>frz | Höhepunkt, Kernpunkt von etwas {25/56} | dto. frz. *clou* | dto. |
| 0523 | **Clown** l>frz>engl | Spaßmacher (im Zirkus, im Varieté) {40/85} | **colonus**, ni m frz. *colon* engl. *clown* | Landwirt, Bauer, Ansiedler<br>Bauerntölpel (im alten engl. Theater) |
| – | **Clownerie** l>frz>engl | Spaßmacherei, spaßige Geste {32/26/85} | dto. | dto. |
| – | **clownesk** l>frz>engl | nach Art eines Clowns {33/26} | dto. | dto. |
| 0524 | **Code** l>frz>engl | 1. Zeichensystem als Kommunikationsgrundlage {32}; 2. Schlüssel zu Geheimschriften, Telegrafenschlüssel {32/46} | **codex**, dicis f | Buch, Schrift, Urkunde, Verzeichnis |
| >>> | Codex, codieren s. Kodex, kodieren | | | |
| 0525 | **Cœur** l>frz | durch ein rotes Herz gekennzeichnete Spielkarte {85} | **cor**, rdis n | Herz, Seele, Gemüt, Mut |
| >>> | Coitus s. Koitus | | | |
| 0526 | **College** l>frz>engl | 1. private höhere Schule mit Internat in England; 2. einer Universität angegliederte Lehranstalt mit Wohngemeinschaft von Dozenten und Studenten {31/33/44}; 3. Eingangsstufe der Universität in den USA {31} | **collegium**, ii n | Amtsgenossen-, -gemeinschaft, Kollegium; Verein, Innung |
| – | **Collège** l>frz | höhere Schule in Frankreich, Belgien u. der frz. Schweiz {31} | dto. | dto. |
| – | **Collegemappe** l>frz>engl; l | kleine, schmale Aktentasche (mit Reißverschluß) {31/40/44} | dto. + **mappa**, ae f | dto.<br>Vortuch, Serviette; Signaltuch |
| >>> | Collier s. Kollier | | | |
| >>> | Colloquium s. Kolloquium | | | |
| 0527 | **Collum** | (med. t. t.) 1. Hals; 2. sich verjüngendes Organteil {70/11} | **collum**, li n | Hals |

| | | | | |
|---|---|---|---|---|
| 0528 | **Colonel** l>it>frz >engl | Dienstgrad eines Stabsoffiziers im Range eines Obersten {33/86} | **columna,** ae f it. *colonna* *colonello* frz. *coronel* | Säule, Pfeiler Kolonnenführer |
| 0529 | **Colonia** | 1. röm. Ansiedlung außerhalb des röm. Staatsgebiets (hist. t. t.) {33/44/75}; 2. Ansiedlung (z. B. in Südamerika) {33/44/48} | **colonia,** ae f | Ansiedlung, Tochterstadt, Kolonie |
| 0530 | **Colorbild** l;d | 1. Fernsehbild in Farbe; 2. Farbfoto {23/87} | **color,** oris m | Farbe; Teint |
| 0531 | **Combo** l>engl>am | kurz aus am. combination: kleines Jazz- oder Tanzmusikensemble (mus. t. t.) {37} | **combinatio,** onis f | Vereinigung |
| 0532 | **Comes** | 1. hoher kaiserlicher Beamter im antiken Rom (hist. t. t.); 2. Vertreter des Königs in Verwaltungsangelgenhei-ten im Mittelalter (hist. t. t.) {75/50}; 3. Wiederholung des Fugenthemas in der zweiten Stimme (mus. t. t.) {37} | **comes,** mitis mf | Begleiter; Gefolgsmann |
| 0533 | **Commonwealth** l>engl;engl | Staatenbund, (britische) Völkergemeinschaft {50} | **communis,** e | gemeinsam, gemeinschaftlich, öffentlich |
| >>> | Communiqué s. Kommuniqué | | | |
| 0534 | **comodo** l>it | gemächlich, behaglich, ruhig (mus. t. t.) {37} | **commodus,** a, um | angemessen, bequem, gefällig |
| 0535 | **Computer** l>engl | programmgesteuerte elektronische Rechenanlage {41/71/87} | **computare** bzw. **computator,** oris m | zusammen-, aus-, berechnen Berechner |
| – | **computerisieren** l>engl | 1. Informationen für einen Computer lesbar machen; 2. Informationen in einem Computer speichern {32/71} | dto. | dto. |
| >>> | Computer... s. unter dem Rest des Wortes | | | |
| 0536 | **Comte** l>frz | Graf (in Frankreich) {33} | **comes** | s. oben 0532 |
| – | **Comtesse** (o. **Komteß**) l>(vulgl) >frz | unverheiratete Tochter eines Grafen {10/33} | dto. bzw. vulgl. comitissa* | dto. Gräfin |
| 0537 | **Concentus** | melodischer Gesang in der Liturgie {51/37} | **concentus,** us m | harmonische Musik, Gesang, Harmonie |

| | | | | |
|---|---|---|---|---|
| 0538 | **Concertante** l>it/frz | Konzert für mehrere Soloinstrumente o. Instrumentengruppen {37/57} | **concertare** | wetteifern, streiten, kämpfen |
| – | **Concertino** l>it | 1. kleines Konzert {37}; 2. Gruppe von Instrumentalsolisten im concerto grosso {37/57} | dto. | dto. |
| 0539 | **Concierge** l>vulgl>frz | Hausmeister, Portier {40/44} | **conservitium**, ii n<br>vulgl. conserviens<br>frz. *concierge* | Mitknechtschaft<br><br>mitdienend<br>Türhüter |
| – | **Conciergerie** l>vulgl>frz | Pariser Untersuchungsgefängnis in der Französischen Revolution (hist. t. t.) {75/50/82} | dto. | dto. |
| 0540 | **concitato** l>it | erregt, aufgeregt (mus. t. t.) {37} | **concitatus**, a, um | aufgeregt, hastig, erregt, heftig |
| 0541 | **confer** | vergleiche! (Hinweis in Büchern - Abk. cf., cfr., conf.) {32/56} | **conferre** | zusammenbringen, vereinigen, vergleichen; Meinungen austauschen, sich besprechen |
| – | **Conférence** l>mlat>frz | Ansage eines Conférenciers {32/85} | dto.<br>mlat. conferentia | dto.<br>Besprechung, Sitzung, Tagung |
| – | **Conférencier** l>mlat>frz | witzig-unterhaltender Ansager im Kabarett oder Varieté {32/33/40/85} | dto. | dto. |

>>> conferieren, Conferenz s. konferieren, Konferenz

| | | | | |
|---|---|---|---|---|
| 0543 | **Confessio** | 1. Sünden-, Glaubensbekenntnis {51/77}; 2. Bekenntnisschrift der Reformationszeit {32/51}; 3. Vorraum eines Märtyrergrabes {51/58} | **confessio**, onis f | Zu-, Ein-, Geständnis; Bekenntnis |
| 0544 | **Connaisseur** l>frz | 1. Kenner, Sachverständiger {40/22}; 2. Feinschmecker {17/33} | **cognoscere**<br>frz. *connaître* | kennen lernen, kennen, erkennen |
| 0545 | **Conseil** l>frz | Rat(sversammlung) in Frankreich {50} | **consilium**, ii n<br>frz. *conseil* | Rat, Beratung, Versammlung, Beschluß |
| 0546 | **Consensus** | Zustimmung {32/28} | **consensus**, us m | Einstimmig-, Einhelligkeit, Übereinstimmung, |
| 0547 | **Consolatio** | Trostschrift, -gedicht (Gattung in der altröm. Literatur) {34/75} | **consolatio**, onis f | Trost(rede), Ermutigung |

>>> Constable s. Konstabler

| | | | | |
|---|---|---|---|---|
| 0548 | **Constituante** (o. **Konstituante**) l>frz | grundlegende verfassungsgebende Nationalversammlung (besonders in der Französischen Revolution - hist. t. t.) {75/50} | **constituere** | aufstellen, festsetzen, beschließen |
| 0549 | **Container** l>frz>engl | 1. Großbehälter in standardisierter Größe {41/58}; 2. Schachtel, Karton zum Bücherversand {42/58} | **continere** | zusammen-, eingeschlossen-, enthalten |
| – | containerisieren, Containerschiff | | | |
| >>> | Containerterminal s. Terminal | | | |
| – | **Containment** l>frz>engl/am | Schutzhülle für Atomreaktoren {72/58/88} | dto. | dto. |
| 0550 | **Conte** l>it/frz | 1. hoher italienischer Adelstitel {33}; 2. Erzählform in der frz. Literatur {34} | **comes**, mitis mf | Begleiter, Gefolgsmann<br>vgl. oben 0536 |
| – | **Contessa** l>vulgl>it | hoher italienischer weiblicher Adelstitel {33} | dto.<br>vulgl. comitissa* | dto.<br>Gräfin<br>vgl. oben 0536 |
| 0551 | **Contenance** l>vulgl>frz | Fassung, Haltung (in schwieriger Lage); Gelassenheit {26/84} | **continentia**, ae f | Enthaltsamkeit, Selbstbeherrschung, Mäßigung, |
| 0552 | **Contest** l>frz>engl | Wettbewerb (im Bereich der Unterhaltungsmusik) {33/37/85} | **contestari** | zum Zeugen anrufen; einen Prozeß in Gang bringen |
| >>> | contra s. Kontra | | | |
| 0553a | **Conus** (gr)>l | 1. Koniferenzapfen {04}; 2. kegelförmige Organschwellung (med. t. t.) {70}; 3. Gattung aus der Familie der Kegelschnecken (zool. t. t.) {69}; 4. kegelförmige Anordnung von Lautsprechermembranen (techn. t. t.) {87} | **conus**, ni m<br>(gr. *κῶνος*) | Kegel; Zypressenzapfen; Sonnenuhrart |
| 0553b | **Copyright** l>mlat>engl;engl | Vervielfältigungsrecht, Verlagsrecht {32/82/57} | **copia**, ae f<br>mlat. copia<br>engl. *copy* | Fülle, Vorrat, Menge<br>(den Bestand vermehrende) Abschrift |
| 0554 | **Cor** | Herz (med. t. t.) {70/11} | **cor**, rdis n | Herz |

| | | | | |
|---|---|---|---|---|
| 0555 | **Corner**<br>l>frz>engl | 1. Ringecke (beim Boxen) {58/85}; 2. planmäßig herbeigeführter Börsenkursanstieg {28/80}; 3. Ecke, Eckball (österr. - sonst veraltet) {33/85} | **cornu,**<br>us n<br><br>afrz.<br>*corniere* | Horn; Spitze, Ende, Ecke; (Heeres)-flügel |
| – | **Cornichon**<br>l>frz | kleine (gebogene) Essig-, Gewürzgurke {17} | dto.<br>frz. *corne* | dto. |
| 0556 | **Coroner**<br>(gr)>l>frz<br>>engl | Untersuchungsrichter o. Beamter in England, den USA (zur Untersuchung verdächtiger Todesfälle) {40/50/82} | **corona,**<br>ae f<br>gr. *κορώνη* | Kranz; Zuhörer; Versammlung |
| >>> | Corps s. Korps | | | |
| 0557 | **Corpus** | 1. Hauptteil eines Organs, Körperteils (med. t. t.) {11/70}; 2. Sammelbegriff für die Werke eines Autors {34/57}; 3. zentraler Vegetationsstrang einer Pflanze (bot. t. t.) {68} | **corpus,**<br>poris n | Körper, Komplex, Verband; Gesamtmasse |
| 0558 | **Cortes**<br>l>kirchenl<br>>it>span/<br>port | Volksvertretung in Spanien, Portugal {50} | **cors,**<br>rtis f<br>kirchenl.<br>cortina<br>it. *corte*<br>*cortigiano*<br>span. *corte*<br>*cortes* (Pl.) | Gefolge, Leibwache; Einzäunung, Hofraum<br><br><br>Vorhang<br>Hof, Fürstenhof<br>Höfling |
| 0559 | **Couch**<br>l>frz>engl | breites Liegesofa mit niedriger Rückenlehne {44} | **collocare**<br><br>afrz.<br>*coucher*<br>*couche*<br>engl. *couch* | auf-, hinsetzen; sich lagern, sich setzen<br>hinlegen, lagern<br>Lager |
| 0560 | **Couleur**<br>l>frz | 1. bestimmte geistig-weltanschauliche Prägung {25/77}; 2. Trumpf beim Kartenspiel {56/85}; 3. Band und Mütze einer studentischen Verbindung {19/20/33/31} | **color,**<br>oris m | Farbe, Teint; Schönheit; Kolorit |
| 0561 | **Countdown**<br>l>frz>engl;<br>engl | 1. bis zum Startzeitpunkt herunterzählende Ansage {59/32}; 2. letzte technische Vorbereitungen vor einem Unternehmen (z. B. Raketenstart) {72/59/86} | **computare**<br><br>frz. *compter*<br>engl. *count* | zusamen-, aus-, berechnen |
| 0562a | **County**<br>l>frz>engl/<br>am | Gerichts- und Verwaltungsbezirk in England, den USA {48} | **comes,**<br>mitis mf<br>frz. *comte*<br>*comté* | Begleiter<br><br><br>Grafenstand; Grafschaft |

| | | | | |
|---|---|---|---|---|
| 0562b | **Coupé** (gr)>l >gallorom >frz | 1. zweisitziger Sportwagen {45}; 2. Eisenbahnabteil {58/45}; 3. geschlossene zweisitzige Kutsche (veraltet) {45/75} | **cup(p)a,** ae f<br>gr. *κύπη*<br>gallorom. *cuppum**<br>*cuppare**<br><br>afrz. *coper*<br>frz. *couper*<br>*coupé* | Tonne, Küfe; Grabgewölbe<br><br><br>Kopf<br>die Spitze abschlagen<br>abschneiden |
| – | **Coupon** (gr)>l >gallorom >frz | 1. Abschnitt (auf Wertpapieren) {80}; 2. Stoffrest {19/57} | dto.<br>frz. *coupon* | dto. |
| 0563 | **Couplet** l>frz | 1. Strophe in Liedern mit wiederkehrendem Refrain; 2. kleines, satirisch-aktuelles Lied {34/37} | **copula,** ae f | Strick, Seil, Verknüpfung(smittel) |
| 0564 | **Courage** l>frz | Beherztheit, Schneid, Mut {26/84} | **cor,** rdis n<br>frz. *cœur*<br>*courage* | Herz |
| – | **couragiert** l>frz | beherzt {26/84} | dto. | dto. |
| 0565 | **Court** l>vulgl >afrz>engl | Spielfeld des Tennisplatzes {58/85} | **cohors,** rtis f<br>vulgl. cortis<br>afrz. *cort* | Hofraum, Gehege, Viehhof<br>Hof |
| 0566 | **Cousin(e)** l>vulgl>frz | Vetter bzw. Base {10} | **consobrinus,** ni m bzw.<br>**consobrina,** ae f<br>vulgl. cosinus* | Geschwisterkind; Vetter<br>Base; Muhme |

>>> Couvert s. Kuvert

| | | | | |
|---|---|---|---|---|
| 0567a | **Couture** l>afrz>frz | (meist Haute Couture) Schneiderkunst für elegante Mode {19/20/40/79} | **cultura,** ae f<br><br>afrz. *couture* | Anbau, Kultur; Landwirtschaft; Kleiderputz |
| – | **Couturier** l>afrz>frz | (meist Haute Couturier) Modeschöpfer {19/20/40} | dto. | dto. |

>>> Création s. Kreation

| | | | | |
|---|---|---|---|---|
| 0567b | **Creme**<br>l/gr>l>frz | 1. Sahne; 2. schaumige Süßspeise {17}; 3. Salbe {21/70}; 4. gesellschaftliche Oberschicht {33} | **crama**, ae f<br>o. **cramum**, mi n<br>gemischt mit:<br>**chrisma**, ae f<br>gr. *χρῖσμα*<br>afrz. *craime*<br>o. *cresme*<br>frz. *chrême*<br>*crème* | Sahne, Creme<br><br><br>Salbe; Salbung, Ölung<br><br><br><br>Salböl |
| 0568 | **crescendo**<br>l>it | allmählich lauter werdend, im Ton anschwellend (mus. t. t.) {37/55} | **crescere** | wachsen, anschwellen, sich steigern, zunehmen |
| – | **Crescendo**<br>l>it | allmähliches Anwachsen der Tonstärke (mus. t. t.) {37/55} | dto. | dto. |
| – | **Crew**<br>l>afrz>engl | Mannschaft, Besatzung (z. B. von Flugzeugen) {33/45/40} | dto.<br>afrz. *croître*<br>*creue*<br>engl. *crew* | dto.<br>wachsen<br>Wachstum |
| 0570 | **Croissant**<br>l>vulgl/roman>frz | Hefe oder Blätterteighörnchen {17} | uns.:<br>**crusta**, ae f<br>vulgl. cruscire*<br>afrz. *croissir* | <br>Rinde<br>knirschen |
| 0571 | **Cross**<br>l>afrz>engl | diagonal über den Platz geschlagener Ball (beim Tennis) {61/85} | **crux**, ucis f<br>frz. *croix* | Kreuz, Marter-, Querholz |
| – | **Cross-Country**<br>l>afrz>engl; l>spätl/vulgl>engl | Querfeldeinlauf über wechselnde Bodenverhältnisse {61/85} | dto.<br>+ **contra**<br>spätl./vulgl. contrata<br>afrz. *contrée*<br>engl. *country* | dto.<br>gegenüber; das Entgegengesetzte<br>Land, ländliche Gegend<br><br>ländliche Gegend |
| – | **Crux** | schwierige Situation; belastende, komplizierte Aufgabe; unlösbare Frage {25/26} | **crux** | s. oben |
| 0572 | **Cubiculum** | (hist. t. t.) 1. Schlafraum im altröm. Haus {44/58/75}; 2. Grabkammer in Katakomben {58/15} | **cubiculum**, li n | Schlaf-, Ruhegemach; Schlafstätte der Toten; Loge |
| 0573 | **Culotte**<br>(gr)>l>frz | im 17. u. 18. Jh. von der frz. Aristokratie getragene Kniehose (hist. t. t.) {19/75} | **culleus**, ei m<br>gr. *κολεός*<br>frz. *culotte* | lederner Sack; Schlauch |
| 0574 | **Culpa** | Schuld, Verschulden, Fahrlässigkeit {25/82} | **culpa**, ae f | Schuld, Verschulden |
| 0575 | **Cup**<br>l>roman>engl | 1. Pokal, Ehrenpreis {56/85}; 2. Körbchen beim Büstenhalter {19} | **cupa**, ae f | Küpe, Kufe; Tonne; Grabgewölbe |

| | | | | |
|---|---|---|---|---|
| 0576 | **Cuprum** l>vulgl | Kupfer {02/73} | **cyprum**, ri n vulgl. cuprum | Kupfer |
| 0577 | **currentis** | (des) laufenden (Jahres, Monats) - (veraltet) {59} | **currere** | laufen, eilen; schnell verlaufen |
| 0578 | **curricular** l>nlat | die Lehr- und Lernablauftheorie o. den Lehrplan betreffend) {78} | **curriculum**, li n | Wettlauf; Laufbahn; Rennwagen; Umlauf |
| – | **Curriculum** l>engl | 1. Theorie des Lehr- und Lernablaufs {78}; 2. Lehrplan, Lernprogramm {78/59} | dto. | dto. |
| 0579 | **Cuvée** l>frz | Verschnitt (Mischung) verschiedener Weine {17} | **cupa**, ae f frz. *cuve* *cuvier* | Kufe<br>Zuber |

# D

| | | | | |
|---|---|---|---|---|
| 0580 | **Dakapo** l>it | Wiederholung (mus. t. t.) {37} | **de** + **caput,** pitis n | von, von...her Kopf, Ursprung, Ausgangspunkt |
| 0581 | **Dame** l>frz | 1. höfliche Bezeichnung für „Frau"; 2. elegante, vornehme Frau {32/33}; 3. ein altes Brettspiel; 4. die Königin im Schachspiel; 5. Doppelstein im Damespiel; 6. Spielkarte {85}; 7. englischer Adelstitel (für Frauen) {33} | **domina,** ae f | (Haus)herrin, Wirtin, Hausfrau |
| 0582 | **Damhirsch** (kelt)>l;d | Wildart {06} | **dama** o. **damma**, ae f | Rehwild, Gemse, Geiß |
| 0583 | **damnatur** | lateinische (historische) Zensurformel (Druckverbot) {28/32/75} | **damnare** | büßen, verdammen, verurteilen |
| – | **Damnum** | Abzug vom Nennwert eines Darlehens als Vergütung für dessen Gewährung (wirtsch. t. t.) {80} | **damnum,** ni n | Einbuße, Verlust, Schaden, Nachteil |
| 0584 | **Datei** | nach Kriterien geordneter Bestand an Belegen und Dokumenten {32/57} | **dare** (PPP. **datus**) | geben; mitteilen, nennen |
| – | **Daten** | 1. Plural von Datum {59}; 2. Angaben, Tatsachen, Informationen {32}; 3. kodierte Informationen, Ziffern, Buchstaben {32/46} | dto. | dto. |
| – | **datieren** l>frz | 1. etwas mit einem Datum versehen; 2. aus einer bestimmten Zeit stammen {59} | dto. | dto. |
| – | **Dativ** | Wemfall, 3. Fall (sprachwiss. t. t.) {76} | **dativus,** vi m | Dativ |
| – | dativisch | | | |
| >>> | Dativobjekt s. Objekt | | | |
| – | **dato** | heute {59} | **dare** | s.oben |
| – | **datum** | gegeben, geschrieben {32} | **datus**, a, um (PPP. von dare) | gegeben, ausgefertigt |
| – | **Datum** | 1. Zeitangabe; 2. Zeitpunkt {59} | dto. | dto. |

| | | | | |
|---|---|---|---|---|
| 0585a | **Daube**<br>(gr)>l>mlat<br>>frz | gebogenes Seitenbrett eines Fasses {40/44/58} | **doga**, ae f<br>gr. *δοχή*<br>mlat. duga<br>o. doga<br>frz. *douve* | Gefäß; Faß |
| 0585b | **dauern**<br>l>frz | einen Zeitraum währen, bestehen, bleiben {59} | **durare**<br>frz. *durer* | fortdauern, existieren, sich halten; hart machen |
| – | **dauernd**<br>l>frz | beständig, fortwährend {59} | dto. | dto. |
| – | dauerhaft, Dauer | | | |
| 0586 | **de...** | Partikel von Verben und substantivierten Verben, Adjektiven: ent..., nicht..., von ... weg, ab... {83} | **de** | ab..., weg..., fort..., nieder..., (von)...herab, ent... |
| >>> | de... s. ggf. unter dem Rest des Wortes | | | |
| 0587 | **Debakel**<br>l>frz;l>frz | Zusammenbruch, Niederlage; unglücklicher Ausgang {33/52/85/86} | **de**<br>+ **baculum**, li n<br>frz. *bâcler*<br>frz. *debâcler*<br>*debâcle* | s. oben 0586<br>Stab, Stock, Riegel<br>mit einem Stück Holz versperren<br>aufbrechen (des Eises)<br>Auflösung, Zusammenbruch |
| 0588 | **Debatte**<br>l>vulgl>frz | Erörterung, Aussprache, Diskussion {32} | **battuere**<br>vulgl. battere (gallorom. *debattere*)<br>frz. *débattre* | schlagen, klopfen, stampfen; sich schlagen<br>(den Gegner mit Worten) schlagen |
| – | **debattieren**<br>l>vulgl>frz | erörtern, eine Debatte führen {32} | dto. | dto. |
| 0588 | **Debellation** | Kriegsbeendigung durch völlige Vernichtung des Feindes (völkerrechtl. t. t. ) {50/59/86} | **debellatio**, onis f | Besiegung, Überwindung |
| 0590 | **Debet** | linke (Soll)seite des Kontos {42/80} | **debere** | müssen; schuldig sein; verdanken |
| 0591 | **debil** | leicht schwachsinnig (med. t. t.) {70} | **debilis**, e | schwächlich, gebrechlich, verkrüppelt |
| – | **Debilität** | leichtester Grad von Schwachsinn (med. t. t.) {70} | **debilitas**, atis f | Gebrechlichkeit, Verkrüppelung, Schwäche |
| 0592 | **Debitor** | Schuldner, (der Waren auf Kredit bezogen hat) {42/80} | **debitor**, oris m | Schuldner |
| – | **debitieren** | eine Person oder ein Konto belasten {42/80} | **debere** | s. oben 0590 |

| | | | | |
|---|---|---|---|---|
| 0593 | **Decoder** (l;l)>frz >engl | Datenentschlüßler in einem Computer oder bei der Nachrichtenübertragung {46/32} | **de** + **codex**, dicis m | s. oben 0586 Buch, Schrift; Verzeichnis vgl. oben 0524 |
| – | decodieren, Decodierung | | | |
| 0594 | **decouragieren** (l;l)>frz | entmutigen {25/26} | **de** + **cor**, rdis n | s. oben 0586 Herz vgl.. oben 0564 |
| – | **decouragiert** (l;l)>frz | mutlos, verzagt {25/26/84} | dto. | dto. |
| 0595 | **decrescendo** l>it | im Ton geringer, leiser werdend (mus. t. t.) {37/55} | **decrescere** | abnehmen, kleiner werden, entschwinden |
| – | **Decrescendo** l>it | das Abnehmen der Tonstärke (mus. t. t.) {37/55} | dto. | dto. |
| 0596 | **Dedikation** | 1. Widmung; 2. Schenkung {32/28/43} | **dedicatio**, onis f | Weihung, Einweihung |
| 0597a | **deditieren** | eine Schuld tilgen {42/80} | **dedere** | ausliefern, preisgeben, opfern, überantworten |
| 0597b | **dedizieren** | jmd. etw. zueignen, für ihn bestimmen {28/43} | **dedicare** | erklären; widmen, weihen |
| 0598 | **deduzieren** | das Besondere, den Einzelfall aus dem Allgemeinen ableiten {25/71/77} | **deducere** | herabführen, -ziehen; ableiten; verführen |
| – | **Deduktion** | logische Ableitung von Aussagen aus anderen Aussagen mittels logischer Schlußregeln (kybern. t. t.) {25/71} | **deductio**, onis f | das Abführen; die Übersiedlung; das Ableiten |
| – | **deduktiv** | den Einzelfall aus dem Allgemeinen ableitend {25/71} | **deductivus**, a, um | abgeleitet |
| 0599 | **deeskalieren** l;l>frz >engl | die eingesetzten (militärischen) Mittel stufenweise verringern oder abschwächen {61/86} | **de** + **scalae**, arum f (Pl.) frz. *escalader* | s. oben 0586 Stiege, Leiter, Treppe mit Hilfe von Leitern ersteigen, -stürmen |
| | | | *escalade* | Erstürmung einer Mauer |
| | | | engl.*escalation* | allmähliche Steigerung, Verschärfung |
| – | **Deeskalation** l;l>frz >engl | stufenweise Verringerung oder Abschwächung eingesetzter (militärischer) Mittel {61/86} | dto. | dto. vgl. unten 0924 |
| 0600 | **Defäkation** | 1. Reinigung, Klärung (von Flüssigkeiten) {73}; 2. Stuhlentleerung (med. t. t.) {70} | **defaecatio**, onis f | Reinigung |

| | | | | |
|---|---|---|---|---|
| – | **defäkieren** | Kot ausscheiden (med. t. t.) {70} | **defaecare** | reinigen, waschen; erheitern |
| 0601 | **Defatigation** | Ermüdung, Überanstrengung (med. t. t.) {16/70} | **defatigatio**, onis f | Erschöpfung, Ermüdung |
| 0602 | **Defätismus** (l;l)/l>vulgl >frz >nlat | Mutlosig-, Hoffnungslosigkeit, Resignation; Schwarzseherei {25/26/84} | **dis** + **facere** bzw. **deficere** vulgl. disfacere* frz. *défaire* *défaite* *défaitisme* | s. unten 0757 tun, machen, handeln abnehmen, fehlen, mangeln |
| – | **Defätist** l>vulgl>frz | Schwarzseher, Pessimist {25/26/84} | dto. | dto. |
| – | **defätistisch** l>vulgl>frz | resignierend, pessimistisch, ohne Hoffnung {25/26/84} | dto. | dto. |
| 0603 | **defekt** | schad-, fehlerhaft, nicht in Ordnung {54/56} | **defectus**, a, um | mangelhaft, geschwächt, erschöpft |
| – | **Defekt** | 1. Schaden, Fehler {54/56}; 2. überzählige Drucktypen im Setzereimagazin {41/32} | **defectus**, us m | Abfall; Mangel; Entkräftung |
| – | **defektiv** | mangel-, fehlerhaft, unvollständig {54/56/57} | **defectivus**, a, um | ausbleibend (med. t. t.); mangelhaft, unvollständig |
| – | **Defektivität** l>nlat | Fehler-, Mangelhaftigkeit {40/41/54/56} | dto. | dto. |
| – | **Defektivum** | nicht in allen möglichen Formen auftretendes Wort (sprachwiss. t. t.) {76} | **defectivum** (sc. verbum) | Wörter, denen einzelne Formen fehlen (gramm. t. t.) |

>>> Defektexemplar, Defektmutation s. Exemplar, Mutation

| | | | | |
|---|---|---|---|---|
| 0604 | **Defemination** (l;l)>nlat | (med. t. t.) 1. Umwandlung der Frau zum männlichen Geschlecht hin (veraltet); 2. Frigidität {18/70} | **de** + **femina**, ae f | s. oben 0586 Frau |
| 0605 | **defensiv** l>mlat | 1. verteidigend, abwehrend {25/86}; 2. auf Sicherheit bedacht {25/33} | **defendere** mlat. defensivus | abwehren, abhalten, verteidigen |
| – | **Defensive** l>mlat | Verteidigung, Abwehr {25/86} | dto. | dto. |

>>> Defensivallianz s. Allianz

| | | | | |
|---|---|---|---|---|
| 0606 | **defibrinieren** (l;l)>nlat | Blut durch Entfernung des Fibrins ungerinnbar machen (med. t. t.) {70} | **de** + **fibra**, ae f | s. oben 0586 Faser (an Wurzeln o. Eingeweiden) |
| 0607 | **deficiendo** l>it | Tonstärke und Tempo zurücknehmen (mus. t. t.) {37} | **deficere** | abnehmen, aufhören; schwinden |

| | | | | |
|---|---|---|---|---|
| 0608 | **Defilee** (l;l)>frz | 1. Enge, Engpaß (veraltet - geogr. t. t.) {64}; 2. parademäßiger Vorbeimarsch {61/86} | **de** + **filum**, li n<br>frz. *fil* | s. oben 0586<br>Faden; Manier; äußere Form |
| – | **defilieren** (l;l)>frz | parademäßig an jmdm. vorüberziehen {61/86} | dto.<br>frz. *défiler* | dto. |
| 0609 | **definieren** | 1. den Inhalt eines Begriffes feststellen; 2. von jmdm., etw. seine Bestimmung, Prägung erfahren {32/77/71} | **definire** | ab-, begrenzen; näher bestimmen, bezeichnen |
| – | **definit** | bestimmt {76/71} | **definitus**, a, um | abgegrenzt, bestimmt, speziell |
| – | **Definition** | 1. genaue Begriffsbestimmung {76/77/71}; 2. als unfehlbar geltende Entscheidung des Papstes, eines Konzils (rel. t. t.) {51/77} | **definitio**, onis f | Abgrenzung; Begriffsbestimmung, Definition |
| – | **definitiv** | (in bezug auf eine Entscheidung) endgültig {25/28/52/59} | **definitivus**, a, um | begriffsbestimmend, erläuternd; bestimmt |
| – | **Definitivum** | endgültiger Zustand {25/52/59} | dto. | dto. |
| – | **Definitor** | 1. Verwaltungsbeamter der kath. Kirche; 2. Rat, gewählter Leiter des Generalkapitels (rel. t. t.) {51} | **definitor**, oris m | (Begriffs)bestimmer |
| – | **definitorisch** | 1. die Definition betreffend, durch sie festgelegt {25/32} | dto. | dto. |
| 0610 | **Defixion** l>nlat | Versuch, einen Feind zu vernichten, indem man dessen Bild o. ä. mit Nägeln durchbohrt (ethnol. t. t.) {51/81} | **defigere** (PPP. **defixus**) | hineinschlagen, -stoßen, -stechen |
| 0611 | **Defizient** | 1. Dienstunfähiger (veraltet) {14/40}; 2. durch Alter oder Krankheit geschwächter Geistlicher (bes. süddt., österr.) {14/51} | **deficere** | abnehmen, aufhören, mangeln, erschöpft sein; nicht ausreichen, zu kurz sein |
| – | **defizient** | unvollständig {56/57} | dto. | dto. |
| – | **Defizit** l>frz | 1. Fehlbetrag {42/80/57}; 2. Mangel {52/57} | dto. | dto. |
| – | **defizitär** l>frz | mit einem Defizit belastet, zu einem Defizit führend {42/80/57} | dto. | dto. |
| 0612 | **Deflation** l>nlat | 1. Verminderung des Geldumlaufs, um den Preis zu senken {80/50}; 2. Ausblasen und Abtragen von lockerem Gestein durch den Wind (geol. t. t.) {62} | **deflare** | ab-, wegblasen; herausschwatzen |
| – | **deflationieren** l>nlat | den Geldumlauf herabsetzen {80/50} | dto. | dto. |
| – | deflationär, deflationistisch, deflatorisch | | | |

| | | | | |
|---|---|---|---|---|
| 0613 | **Deflektor** l>nlat | 1. Saug-, Rauchklappe, Schornsteinaufsatz {44/88}; 2. Vorrichtung in Teilchenbeschleunigern zur Ablenkung geladener Teilchen aus ihrer Bahn (kernphys. t. t.) {72} | **deflectere** | beugen, ablenken, -biegen; umwandeln |
| – | **Deflexion** | Ablenkung (von Lichtstrahlen - veraltet) {72} | **deflexio**, onis f | Ablenkung, -biegung |
| 0614 | **Defloration** | Entjungferung (med. t. t.) {18/70} | **defloratio**, onis f | das Abpflücken der Blüten; Entjungferung, Schändung |
| – | **deflorieren** | entjungfern (med. t. t.) {18/70} | **deflorare** | Blüten abpflükken; exzerpieren; jmdn. des Ansehens berauben |
| 0615 | **deform** | entstellt, verunstaltet {53/26/70} | **deformis**, e | mißgestaltet, entstellt; entehrt |
| – | **Deformation** | 1. Formveränderung, Verformung {53}; 2. Verunstaltung, Mißbildung (bes. bei Organen - med. t. t.) {53/70} | **deformatio**, onis f | Abbildung, Gestaltung, anschauliche Schilderung |
| – | **deformieren** | 1. verformen {53}; 2. (den Körper) verunstalten, entstellen {53/70} | **deformare** | darstellen, verunstalten, entstellen |
| – | Deformierung | | | |
| – | **Deformität** | 1. Mißbildung (von Organen o. Körperteilen) {53/70}; 2. Zustand der Mißbildung {70} | **deformitas**, atis f | Mißgestalt, Entstellung; Greuel, Schmach |
| 0616 | **Defraudation** | Betrug, Unterschlagung, Hinterziehung (von Zollabgaben {42/50/82} | **defraudatio**, onis f | Übervorteilung, Entziehung |
| – | **defraudieren** | betrügen, unterschlagen, hinterziehen {42/50/82} | **defraudare** | betrügen, übervorteilen |
| 0617 | **Degeneration** l>nlat | 1. Verfall von Zellen, Geweben, Organen (med., biol. t. t.) {69/70}; 2. Entartung, körperlicher o. geistiger Verfall; Abstieg {70} | **degenerare** | aus-, entarten; entartet sein |
| – | **degenerativ** l>nlat | mit Degeneration zusammenhängend (med. t. t.) {69/70} | dto. | dto. |
| – | **degenerieren** | 1. verfallen, verkümmern (biol. t. t.) {69}; 2. vom Üblichen abweichen, entarten; körperlich o. geistig verfallen (med. t. t.) {70} | dto. | dto. |
| 0618 | **Degout** (l;l)>frz | Ekel, Widerwille, Abneigung {26/28} | uns.: **de** + **gustus**, us m frz. *dégoût* | s. oben 0586 Genuß, Geschmack, Probe |

| | | | | |
|---|---|---|---|---|
| – | **degoutant** (l;l)>frz | ekelhaft, abstoßend {26/28/84} | dto.<br>frz. *dégoûtant* | dto. |
| – | **degou-tieren** (l;l)>frz | anekeln, anwidern {26/28} | uns.:<br>**de**<br>+ **gustare**<br>frz. *dégoûter* | <br>s. oben 0586<br>genießen, kosten |
| 0619 | **Degrada-tion** (l;l)>mlat | Zurückversetzen in eine niedere Position {33/40/86} | **de**<br>+ **gradus**, us m<br>mlat. degradare | s. oben 0586<br>Schritt, Stufe, Rang<br>in Stand und Geltung herabsetzen |
| – | **degra-dieren** (l;l)>mlat | 1. in eine niedere Position zurückversetzen {33/40/86}; 2. Energie in Wärme umwandeln (phys. t. t.) {72}; 3. einen Boden verschlechtern {62/39} | dto. | dto. |
| – | **Degra-dierung** (l;l)>mlat | 1. das Degradieren {33/40/86}; 2. Bodenverschlechterung {62/39} | dto. | dto. |
| 0620 | **Degression** | 1. Verminderung der Stückkosten mit steigender Auflage {42/80/57}; 2. Verminderung des jährlichen Abschreibungsbetrages {42/80} | **degredi** (PPP. **degressus**) | herabsteigen, -ziehen; weggehen |
| – | **degressiv** l>nlat | abfallend, sich stufenweise vermindernd {57} | dto. | dto. |
| 0621 | **Dehuma-nisation** (l;l)>nlat | Entmenschlichung, Herabwürdigung {25/30/77} | **de**<br>+ **humanus**, a, um | s. oben 0586<br>menschlich, gebildet, freundlich |
| 0622 | **deifizieren** | zum Gott machen, vergotten {51} | **deificare** | vergöttern |
| – | **Deifikation** l>nlat | Vergottung eines Menschen oder Dinges {51} | dto. | dto. |
| 0623 | **Deismus** l>nlat | Gottesauffassung der Aufklärung (17. u. 18. Jh.) {51/75} | **deus**, ei m | Gott |
| – | Deist, deistisch | | | |
| 0624 | **Dejeuner** (l;l)>vulgl >frz | 1. Frühstück (veraltet); 2. kleines Mittagessen {17}; 3. Frühstücksgedeck für zwei Personen {17/44} | **dis**<br>+ **ieiunare**<br>vulgl. disieiunare* | zer..., ver..., auseinander...; nicht fasten<br>frühstücken |
| – | **dejeu-nieren** (l;l)>vulgl >frz | frühstücken (veraltet) {17} | dto. | dto. |
| 0625 | **Dekadenz** l>mlat>frz | Verfall, Entartung, sittlich-kultureller Niedergang {25/30/33/77} | **decidere**<br>mlat. decadentia<br>frz. *décadence* | herunter-, niederfallen, (ver)sinken |
| – | **dekadent** l>mlat>frz | verfallen, entartet {25/30/33/77} | dto. | dto. |

| | | | | |
|---|---|---|---|---|
| 0626 | **Dekan** | 1. (= Dechant) höherer kath. Geistlicher; 2. ev. Vorsteher eines Kirchenkreises, Superintendent {51}; Vorsteher einer Fakultät {31/33/40} | **decanus**, ni m | der Vorgesetzte von 10 Mann; oberster Leichenträger |
| – | **Dekanat** l>mlat | 1. (= Dechanei) Amtsbezirk eines Dekans {51/58}; 2. Fakultätsverwaltung {31}; 3. Unterteilung des Tierkreises in Abschnitte von je zehn Grad (astrol. t. t.) {51} | dto. mlat. decanatus | dto. |
| >>> | dekartellisieren s. Kartell | | | |
| 0627 | **Deklamation** | 1. ausdrucks- und wirkungsvolles Vortragen (z. B. von Gedichten) {26/32/85}; 2. Hervorhebung des Ausdrucksgehalts eines vertonten Textes (mus. t. t.) {37/34} | **declamatio**, onis f | das laute Eifern, Poltern; kunstvoller Vortrag |
| – | **Deklamator** | Vortragskünstler {32/35/40} | **declamator**, oris m | Redekünstler, Schulredner |
| – | **Deklamatorik** l>nlat | Vortragskunst {32/35} | dto. | dto. |
| – | **deklamatorisch** | 1. ausdrucksvoll im Vortrag {32/26}; 2. beim Gesang auf Wortverständlichkeit Wert legend {37/32} | **declamatorius**, a, um | schulrednerisch, deklamatorisch |
| – | **deklamieren** | 1. kunstgerecht vortragen {32/35}; 2. ein Verhältnis zwischen Betonung von Musik und Text im Lied herstellen {37/32} | **declamare** | eifern, poltern; laut vortragen, deklamieren |
| 0628 | **Deklaration** | 1. Erklärung (die etw. Grundlegendes enthält) {32/25}; 2. Meldung gegenüber den Zollbehörden über Einzelheiten eines Geschäfts {42/50/80}; 3. Inhalts- oder Wertangabe {32/56/57} | **declaratio**, onis f | Kundgebung, Offenbarung; Erklärung (eines Begriffes) |
| – | **deklarativ** | in Form einer Erklärung {32} | **declarativus**, a, um | erklärend |
| – | **deklarieren** | 1. eine Deklaration (2.) abgeben {32/42/50/80}; 2. als etwas bezeichnen {32} | **declarare** | deutlich kundgeben, öffentlich erklären, verkündigen |
| – | **deklariert** | offenkundig, ausgesprochen {32/25} | dto. | dto. |
| 0629 | **deklassieren** (l;l)>frz | 1. einen Gegner hoch besiegen (sport. t. t.) {56/85}; 2. in eine niedrigere soziale Klasse absteigen {33} | **de** + **classis**, is f | s. oben 0586 Volks-, Klasse; Abteilung |

| | | | | |
|---|---|---|---|---|
| 0630 | **deklinabel** o. **dekli-nierbar** | beugbar (von Wörtern - sprachwiss. t. t.) {76} | **declinabilis**, e | deklinierbar |
| – | **Dekli-nation** | 1. Formenabwandlung (Beugung) bei Wörtern (sprachwiss. t. t.) {76}; 2. Winkelabstand eines Gestirns vom Himmelsäquator (astron. t. t.) {66}; 3. Abweichung der Richtung der Kompaßmagnetnadel (geophys. t. t.) {63} | **declinatio**, onis f | Biegung, Abweichung; Deklination (gramm. t. t.) |
| – | **deklinieren** | (verschiedene Wortarten) beugen, Formen abwandeln (sprachwiss. t. t.) {76} | **declinare** | ablenken, -weichen, -biegen; beugen (gramm. t. t.) |
| 0631 | **dekodieren** (l;l)>frz | eine Nachricht entschlüsseln {25/32/46} | **de** + **codex**, dicis m | s. oben 0586 Buch, Schrift, Verzeichnis s. oben 0524, 0593 |
| – | Dekodierung | | | |
| 0632 | **Dekolleté** o. **Décolleté** (l;l)>frz | tiefer Ausschnitt an Damenkleidern, der Schultern, Brust o. Rücken freiläßt {18/19} | **de** + **collum**, li n frz. *collet* *décolleté* | s. oben 0586 Hals Halskragen |
| – | **dekolle-tieren** (l;l)>frz | sich bloßstellen (ugs.) {25/26/30/33} | dto. + *décolleter* | dto. Hals, Nacken entblößen |
| – | **dekolletiert** (l;l)>frz | tief ausgeschnitten {18/19/55} | dto. | dto. |
| 0633 | **Dekolo-nisation** (l;l)>nlat | Entlassung einer Kolonie aus der Abhängigkeit vom Mutterland {50} | **de** + **colonia**, ae f | s. oben 0586 Tochterstadt, Ansiedlung, Kolonie |
| 0634 | **decolo-rieren** (l;l)>frz | entfärben, ausbleichen {54/55} | **de** + **colorare** | s. oben 0586 färben, bräunen, beschönigen |
| 0635 | **dekompo-nieren** (l;l)>nlat | zerlegen, auflösen (in die Grundbestandteile) {54/73} | **de** + **componere** | s. oben 0586 zusammenlegen, -setzen, -stellen |
| – | **Dekompo-sition** (l;l)>nlat | 1. Auflösung {73/52}; 2. Nachlassen einer Organfunktion (med. t. t.); 3. Organschwund (med. t. t.) {70} | **de** + **compositio**, onis f | s. oben 0586 Zusammenstellung, -setzung, Anordnung |
| – | **dekompo-sitorisch** (l;l)>nlat | (geistig) zersetzend, zerstörend {70/52} | **decompo-situs**, a, um | von einem zusammengesetzten Wort abgeleitet |
| – | **Dekompo-situm** | Neu- oder Weiterbildung aus einer Zusammensetzung oder Ableitung (sprachwiss. t. t.) {76} | dto. | dto. |

| | | | | |
|---|---|---|---|---|
| 0636 | **Dekompression** l;l | 1. Druckabfall in einem technischen System {41/72}; 2. Druckentlastung des Organismus nach längerem Aufenthalt in Überdruckräumen o. unter Wasser {70} | **de** + **compressio**, onis f | s. oben 0586 das Zusammendrücken, -pressen, -drängen; Beischlaf |
| – | **Dekompressionskammer** l;l;l | geschlossener Raum zur Druckanpassung des Organismus nach Tauchgängen {41/58/72/87} | dto. + **camera**, ae f | dto. gewölbte Decke, Gewölbe |
| – | **dekomprimieren** l;l | den Druck von etw. verringern {72} | **de** + **comprimere** | s. oben 0586 zusammenpressen, -drücken, -drängen |
| 0637 | **Dekontamination** (l;l)>nlat | 1. Entgiftung; Entfernung radioaktiver Spaltprodukte; 2. Entgiftungsmaßnahmen, so daß verseuchungsfreier Kontakt möglich ist {41/70/72/73} | **de** + **contaminare** | s. oben 0586 in Berührung bringen; verderben, besudeln, beflecken |
| – | Dekontaminierung | | | |
| >>> | dekonzentrieren s. konzentrieren | | | |
| 0638 | **Dekor** l>frz | 1. farbige Verzierung, Ausschmückung, Vergoldung {20/55}; 2. Ausstattung, Dekoration {20} | **decor**, oris m bzw. **decus**, coris frz. *décor* | Angemessenheit, Anstand; Anmut; stattliches Aussehen Zierde, Zierat, Glanz |
| – | **Dekoration** l>frz | 1. Schmuck, Ausschmükkung {20}; 2. Bühnenausstattung, Bild, Kulisse {35/36}; 3. Ordensverleihung, Dekorierung {33}; 4. Orden, Ehrenzeichen {33/56} | **decorare** spätl. **decoratio** frz. *décorer* | zieren, schmükken, verherrlichen Ausschmückung |
| – | **dekorieren** l>frz | 1. ausschmücken, künstlerisch ausgestalten {36/20}; 2. jmdm. einen Orden verleihen {33/56} | dto. | dto. |
| – | **Dekorierung** l>frz | 1. das Ausschmücken eines Raumes {20/36/58}; 2. Orden; Ordensverleihung {33/56} | dto. | dto. |
| – | **Dekorateur** l>frz | Raumausstatter (für Schaufenster, Innenräume) {40/44/58} | dto. frz. *décorateur* | dto. |
| – | **dekorativ** l>frz | 1. schmückend, wirkungsvoll {20/26}; 2. die Theater-, Filmdekoration betreffend {33/35} | dto. frz. *décoratif* | dto. |
| 0639 | **Dekret** | Beschluß, Verordnung, behördliche o. richterliche Verfügung {28/50/82} | **decretum**, ti n | Entscheidung, Beschluß, Bescheid, Dekret |

| | | | | |
|---|---|---|---|---|
| – | **Dekretale** l>nlat | päpstliche Entscheidung in kirchlichen Einzelfragen {28/51} | **decretalis**, e | ein Dekret enthaltend, durch ein Dekret bewilligt |
| – | **Dekret(a-l)ist** l>mlat | mittelalterlicher Lehrer des kath. Kirchenrechts (hist. t. t.) {31/51/75} | dto. | dto. |
| – | **dekretieren** l>mlat | ver-, anordnen {28/50/51} | **decernere**<br>mlat. decretare | entscheiden, bestimmen, beschließen |
| 0640 | **Delation** | (veraltet) 1. verleumderische Anzeige {82}; 2. Übertragung, Anfall einer Erbschaft {82/43}; 3. Verpflichtung zur Eidesleistung {82} | **delatio**, onis f | Angabe, Denunziation |
| – | **delatorisch** | verleumderisch (veraltet) {82} | **delatorius**, a, um | zum Angeber gehörig |
| 0641 | **Deleatur** | Tilgungszeichen {28/32/40} | **delere**<br>(**deleatur** | (Geschriebenes) tilgen, auslöschen zerstören, vernichten;<br>man möge tilgen, es möge getilgt werden) |
| – | **deleatur** | Korrekturanweisung, daß etw. gestrichen werden soll {28/32/40} | dto. | dto. |
| 0642 | **Delegat** | Papstbevollmächtigter ohne diplomatische Rechte {51} | **delegare** | beauftragen, zuweisen; übertragen |
| – | **Delegation** | 1. Abordnung von Bevollmächtigten zu (politischen) Tagungen, Konferenzen etc. {50}; 2. (= Delegierung) Übertragung von Zuständigkeiten, Leistungen, Befugnissen {28/50} | **delegatio**, onis f | Anweisung (zur Bezahlung); Steuererhebung |
| – | **delegieren** | 1. jmdn. abordnen; 2. Zuständigkeiten, Leistungen, Befugnisse übertragen {28/50} | **delegare** | s.oben |
| – | **Delegierter** | Mitglied einer Delegation {50} | dto. | dto. |
| >>> | Delegierung s. oben Delegation (2.) | | | |
| 0643 | **delektieren** | ergötzen, sich gütlich tun {26/17} | **delectare** | sich ergötzen, vergnügen, Gefallen finden |
| 0644 | **Deliberation** | Beratschlagung, Überlegung {25/32} | **deliberatio**, onis f | reifliche Überlegung, Beratung |
| – | **deliberieren** | überlegen, beratschlagen {25/32} | **deliberare** | reiflich überlegen, um Rat fragen |

| | | | | |
|---|---|---|---|---|
| 0645 | **delikat** l>frz | 1. auserlesen, fein; lecker, wohlschmeckend {17}; 2. zart(fühlend), zurückhaltend, behutsam {84}; 3. wählerisch, anspruchsvoll {26}; 4. Diskretion erfordernd, mit Takt zu behandeln {25/33} | **delicatus**, a, um | fein, luxuriös, wählerisch, verwöhnt |
| - | **Delikatesse** l>frz | 1. Leckerbissen, Feinkost {17}; 2. Zartgefühl {26/84} | dto. frz. *délicatesse* | dto. |
| 0646 | **Delikt** | Vergehen, Straftat {82} | **delictum**, ti n | Fehler, Vergehen, Übertretung |
| 0647a | **delineavit** | Angabe des Künstlers auf Kupferstichen {32/36} | **delineare**<br>**delineavit** | Abrisse darstellen, skizzieren<br>hat (es) gezeichnet |
| 0647b | **delinquent** | straffällig, verbrecherisch {82} | **delinquere** | sich vergehen, einen Fehler machen |
| - | **Delinquent** | jmd., der gegen gültige Rechtsnormen verstoßen hat; Übeltäter {82} | dto. bzw. **delinquentes**, tium m (Pl.) | dto. Delinquenten, Verbrecher |
| - | **Delinquenz** | Straffälligkeit {82} | **delinquentia**, ae f | Vergehen, Verbrechen |
| 0648 | **Delir(ium)** | Bewußtseinstrübung, Verwirrtheit (mit Sinnestäuschungen, Wahnideen - med. t. t.) {14/70} | **delirium**, ii n | Delirium, das Irresein (med. t. t.) |
| - | **delirieren** | irre sein, irre reden (med. t. t.) {14/70} | **delirare** (PPA. **delirans**) | irre, verrückt sein, - reden; faseln |
| - | **delirant** | das Delirium betreffend, in der Art des Deliriums (med. t. t.) {70} | dto. | dto. |
| - | **deliriös** l>nlat | mit Delirien verbunden (med. t. t.) {70} | **delirus**, a, um | schwachsinnig, irre, wahnwitzig |
| 0649 | **deliziös** l>frz | sehr schmackhaft {17/55} | **deliciosus**, a, um frz. *delicieux* | weichlich, verwöhnt |
| - | **Delizius** o. **Delicious** l>frz | (= Golden Delicious) Apfelsorte {05/17} | dto. | dto. |
| 0650 | **Demateri-alisation** (l;l)>nlat | Auflösung eines körperhaften Gegenstandes bis zur Unsichtbarkeit (parapsych. t. t.) {51/52/72} | **de**<br>+ **materia**, ae f | s. oben 0586<br>Stoff, Materie, Holz |
| 0651 | **Dementi** l>frz | offizielle Berichtigung, Widerruf einer Behauptung oder Nachricht {32/50} | **mentiri**<br>frz. *mentir*<br>frz. *dé* (=*dis*)<br>*démentir*<br>*démenti* | lügen, falsch vorgeben, vorspiegeln<br>lügen<br>(verstärkender Partikel)<br>ableugnen |

| | | | | |
|---|---|---|---|---|
| – | **dementieren**<br>l>frz | eine Nachricht berichtigen, widerrufen {32/50} | dto. | dto. |
| 0652 | **Demenz** | erworbener Schwachsinn, organische Hirnschädigung (med. t. t.) {70} | **dementia**, ae f | Wahnsinn, Verrücktheit |
| >>> | demilitarisieren s. entmilitarisieren | | | |
| 0653 | **Demission**<br>l>frz | Rücktritt oder Entlassung eines Ministers oder der Regierung {40/50} | **demissio**, onis f | das Herab(hängen)lassen; das Gebeugtsein |
| – | **demissionieren**<br>l>frz | 1. von einem Amt zurücktreten, seine Entlassung einreichen {50/40}; 2. kündigen (schweiz.); 3. entlassen (veraltet) {40} | **demittere** (PPP. **demissus**) | herabschicken, -fallen lassen, -steigen |
| >>> | Demo s. Demonstration | | | |
| 0654 | **Demobilisation**<br>(l;l)>frz | 1. Rückführung des Kriegsheeres auf die Friedensstärke {57/86}; 2. Umstellung der Industrie von Kriegs- auf Friedensproduktion {41/86} | **de**<br>+ **mobilis**, e | s. oben 0586<br>beweglich, biegsam, schnell |
| – | **demobilisieren**<br>(l;l)>frz | 1. aus dem Kriegszustand in Friedensverhältnisse überführen {50}; 2. die Kriegswirtschaft abbauen {41/50}; 3. jmdn. aus dem Kriegsdienst entlassen (veraltet) {50} | dto. | dto. |
| – | Demobilisierung | | | |
| 0655 | **Demodulation**<br>(l;l)>nlat | technisches Verfahren bei der Rundfunkübertragung (phys., techn. t. t.) {72/87} | **de**<br>+ **modulatio**, onis f | s. oben 0586<br>Maß, Grundmaß; das Taktmäßige, Rhythmus |
| – | **Demodulator**<br>(l;l)>nlat | elektronisches Bauteil zur Demodulation; Gleichrichter (phys. , techn. t. t.) {72/87} | **de**<br>+ **modulator**, oris m | s. oben 0586<br>jmd., der bei etw. den gehörigen Rhythmus beachtet |
| – | **demodulieren**<br>(l;l)>nlat | eine Demodulation vornehmen, gleichrichten (phys., techn. t. t.) {72/87} | **de**<br>+ **modulari** | s. oben 0586<br>(ab)messen, regeln; taktmäßig spielen |
| 0656 | **demolieren**<br>l>frz | gewaltsam abreißen, zerstören, beschädigen {29/52} | **demoliri** | herabwälzen, niederreißen, zerstören |
| – | **Demolition**<br>l>frz | Zerstörung einer Festung (veraltet) {52/75/86} | **demolitio**, onis f | das Niederreißen, Schleifen |

| | | | | |
|---|---|---|---|---|
| 0657 | **Demonstration** l>(engl) | 1. Massenprotest, -kundgebung {28/33/57}; 2. sichtbarer Ausdruck einer bestimmten Absicht, nachdrückliche Bekundung {28/32}; 3. wiss. Vorführung {32/25/23} | **demostratio**, onis f | das Zeigen, Hinweisen; Veranschaulichung, Beweis |
| – | **Demonstrant** | Teilnehmer an einer Demonstration (1.) {28/33} | **demonstrare** (PPA. **demonstrans**) | hinweisen, zeigen; angeben, bezeichnen |
| – | **demonstrativ** | 1. in auffallender, provozierender Weise {23/26/28}; 2. anschaulich, verdeutlichend, aufschlußreich {25/32}; 3. hinweisend (sprachwiss. t. t.) {76} | **demonstrativus**, a, um | hinweisend (gramm. t. t.); zeigend; verherrlichend |
| – | **Demonstrativ(um)** o.-**pronomen** | hinweisendes Fürwort (sprachwiss. t. t.) {76} | **pronomina demonstrativa** | hinweisende Fürwörter |
| – | **Demonstrator** | Beweisführer, Vorführer {25/32} | **demonstrator**, oris m | Zeiger, Darleger, Angeber |
| – | **demonstrieren** | 1. an einer Demonstration (1.) teilnehmen {28/33}; 2. öffentlich zu erkennen geben {25/28/33}; 3. in anschaulicher Form darlegen, vorführen {25/32} | **demonstrare** | s. oben |
| 0658 | **demontieren** (l;l)>vulgl >frz | abbauen, abbrechen {29/52} | **de** + **mons**, ntis m<br>vulgl. montare*<br>frz. *monter* | s. oben 0586<br>Berg<br>den Berg be-, aufwärts steigen<br>aufwärts steigen, ausrüsten, aufstellen |
| – | **demontabel** (l;l)>vulgl >frz | zerlegbar, zum Wiederabbau geeignet {41/54} | dto. | dto. |
| – | **Demontage** l>frz | Abbau, Abbruch {41/52} | dto. | dto. |
| 0659 | **demoralisieren** (l;l)>frz | 1. jmds. Moral untergraben {28/30}; 2. jmds. Kampfgeist untergraben, entmutigen {28/25} | **de** + **moralis**, e | s. oben 0586<br>die Sitten betreffend, moralisch, ethisch |
| – | **Demoralisation** (l;l)>frz | 1. das Demoralisieren; 2. das Demoralisiertsein {25/28/30} | dto. | dto. |
| 0660 | **demotivieren** l;l>mlat >nlat | jmds. Interesse an etw. schwächen; bewirken, daß die Motivation nachläßt {28/26} | **de** + **motivus**, a, um<br>mlat. motivum | s. oben 0586<br>beweglich, bewegend, anreizend, antreibend<br>Beweggrund, Antrieb |

| | | | | |
|---|---|---|---|---|
| – | **Demotivation** l;l>mlat >nlat | 1. das Demotivieren; 2. das Demotiviertsein {28/26} | dto. | dto. |
| 0661 | **Denar** | altröm. o. fränkische Münze {56/75} | **denarius**, ii m | römische Silbermünze |
| 0662 | **Denaturalisation** (l;l)>nlat | Entlassung aus der bisherigen Staatsangehörigkeit {50/33} | **de** + **naturalis**, e | s. oben 0586 zur Geburt gehörig; leiblich, natürlich |
| – | **denaturalisieren** (l;l)>nlat | ausbürgern {50/33} | dto. | dto. |
| – | **denaturieren** (l;l)>mlat | 1. Stoffe durch Zusätze verändern {73}; 2. vergällen, ungenießbar machen {73/17} | **de** + **natura**, ae f | s. oben 0586 natürliche Beschaffenheit, Eigenschaft, Charakter |

>>> denazifizieren s. entnazifizieren

| | | | | |
|---|---|---|---|---|
| 0663 | **denobilitieren** (l;l)>nlat | jmdm. das Adelsprädikat entziehen {28/33/50} | **de** + **nobilitare** | s. oben 0586 bekannt -, berühmt machen, zu Ansehen verhelfen |
| – | **Denobilitation** (l;l)>nlat | Entzug des Adelsprädikats {28/33/50} | **de** + **nobilitas**, atis f | s. oben 0586 Adel |
| 0664 | **Denomination** (l>engl) | 1. Er-, Benennung {32/33}; 2. Ankündigung, Anzeige {32}; 3. Herabsetzung des Nennbetrages einer Aktie {80}; 4. christliche Religionsgemeinschaft {33/51} | **denominatio**, onis f | Benennung, Angabe; Metonymie |
| – | **Denominativ(um)** | Ableitung von einem Substantiv oder Adjektiv (sprachwiss. t. t.) {76} | **denominativus**, a, um | durch Ableitung gebildet |
| – | **denominieren** | er-, benennen {32/33} | **denominare** | benennen |
| 0665 | **Dens** | Zahn (med. t. t.) {11/70} | **dens**, ntis m | Zahn |
| – | **dental** l>nlat | 1. die Zähne betreffend, zu ihnen gehörend (med. t. t.) {11/70}; mit Hilfe der Zähne gebildet (sprachwiss. t. t.) {76} | dto. | dto. |
| – | **Dental** l>nlat | Zahnlaut (sprachwiss. t. t.) {76} | dto. | dto. |
| – | **Dentalisierung** l>nlat | Verwandlung in einen Dentallaut (sprachwiss. t. t.) {76} | dto. | dto. |
| – | **Dentifikation** (l;l)>nlat | Zahnbildung (med. t. t.) {70} | dto. + **facere** | dto. tun, machen, handeln |

| | | | | |
|---|---|---|---|---|
| – | **Dentist** l>nlat | frühere Bezeichnung für einen Zahnarzt ohne Hochschulausbildung {40/70} | dto. | dto. |
| 0666 | **Densität** | (phys. t. t.) 1. Dichte, Dichtigkeit {54/72}; 2. Maß für den Schwärzegrad fotografischer Schichten {56/87} | **densitas**, atis f | Dichte, Dichtheit; Häufigkeit |
| >>> | Denuklearisierung s. Nuklearisierung | | | |
| 0667 | **Denunziant** | jmd., der andere verleumdet, anzeigt, denunziert {82/30} | **denuntiare** | ankündigen, anzeigen, androhen |
| – | **Denunziat** | der Angezeigte, Beklagte, Beschuldigte (veraltet) {82} | dto. | dto. |
| – | **Denunziation** | Anzeige durch einen Denuntianten {82} | **denuntiatio**, onis f | Ankündigung, Anzeige, Androhung |
| – | **denunziatorisch** l>nlat | 1. denunzierend, einer Denuntiation gleichkommend {82/25}; 2. etw. brandmarkend, öffentlich verurteilend {25/32/33/82} | **denuntiare** | s. oben |
| – | **denunzieren** (l>engl) | 1. jmdn. aus niederen Beweggründen anzeigen {82/30/32}; 2. etw. brandmarken, öffentlich verurteilen {25/32/33/82} | dto. | dto. |
| 0668 | **Deo(dorant)** (l;l)>engl | Mittel zur Beseitigung von Körpergeruch, geruchtilgendes Mittel {21} | **de** + **odorare** | s. oben 0586 (wohl)riechend machen |
| – | **deodori(si)eren** o. **desodori(si)eren** l>engl | schlechten, unangenehmen Körpergeruch beseitigen, überdecken {21} | dto. | dto. |
| 0669 | **Departement** l>frz | 1. Verwaltungsbezirk in Frankreich {48}; 2. Ministerium (schweiz.) {50}; 3. Abteilung, Geschäftsbereich {42/50/57/80} | **dispertire** (bzw. **departire** | ein Ganzes zer-, ver-, einteilen zerteilen) |
| – | **Department** l>frz>engl | 1. Fachbereich an der Universität (USA, GB) {31}; 2. Abteilung der Polizei {49/50} | dto. | dto. |
| – | **Departure** l>frz>engl | 1. Abflugstelle auf Flughäfen {45/58}; 2. Abflugzeit {45/59} | dto. | dto. |
| 0670 | **Dependenz** | Abhängigkeit (philos., sprachwiss. t. t.) {56/76/77} | **dependere** | (her)abhängen, abhängig sein |
| – | **Dependenzgrammatik** l;gr | Abhängigkeitsgrammatik, linguistische Forschungsrichtung (sprachwiss. t. t.) {76} | dto. | dto. |

| | | | | |
|---|---|---|---|---|
| – | **dependentiell** l>nlat | (sprachwiss. t. t.) 1. auf die Dependenzgrammatik bezüglich; 2. nach der Methode der Dependenzgrammatik vorgehend {76} | dto. | dto. |
| 0671 | **Depersonalisation** (l;l)>nlat | Verlust des Persönlichkeitsgefühls (bei geistig-seelischen Störungen) {70} | **de** + **persona**, ae f | s. oben 0586 Maske; Charakter, Persönlichkeit, Individualität |
| 0672 | **Depesche** l>spätl>frz | Telegramm, Funknachricht {46} | **pedica**, ae f spätl. **impedicare** frz. *dé* + *empêcher* *dépêcher* | Fußschlinge, -fessel (Fußschlingen legen), verstrikken, fangen s. oben 0651 verhindern beschleunigen |
| – | **depeschieren** l>spätl>frz | ein Telegramm schicken (veraltet) {46} | dto. | dto. |
| 0673 | **depigmentieren** (l;l)>nlat | (Haut)farbstoff entfernen (med. t. t.) {11/70} | **de** + **pigmentum**, ti n | s. oben 0586 Farbe, Farbstoff |
| – | **Depigmentierung** (l;l)>nlat | Entfernung oder Verlust des (Haut)farbstoffes (med. t. t.) {11/70} | dto. | dto. |
| 0674a | **Depilation** l>nlat | Enthaarung (med. t. t.) {11/70} | **depilare** | enthaaren, rupfen |
| – | **Depilatorium** l>nlat | Enthaarungsmittel (med. t. t.) {70/73} | dto. | dto. |
| – | **depilieren** l>nlat | enthaaren (med. t. t.) {70} | dto. | dto. |
| 0674b | **deplaziert** o. **deplaciert** l;(gr)>l >vulgl>afrz >frz | fehl am Platz, unangebracht {25/26/33} | **de** + **platea**, ae f gr. πλατεῖα (sc. ὁδός ) afrz. place frz. placer | s. oben 0586 freier Platz; Gasse; Straße in der Stadt, breite Straße |
| 0675 | **deponieren** l>(frz) | nieder-, hinterlegen, in Verwahrung geben {28/29/33/42/43} | **deponere** | niedersetzen, -legen; in Verwahrung geben, unterbringen |
| – | **Deponens** | lateinisches Verb mit passivischen Formen in aktivischer Bedeutung (sprachwiss. t. t.) {76} | **deponens**, ntis n | Deponens (gramm. t. t.) |
| – | **Deponat** | etw., das jmd. deponiert hat {33/42/43} | **deponere** | s. oben |

| | | | | |
|---|---|---|---|---|
| – | **Deponent** | jmd., der etw. in Verwahrung gibt {27/33/43/58} | dto. | dto. |
| – | **Deponie** l>frz | Müllabladeplatz {41/49/58} | dto. | dto. |
| – | **Deponierung** l>(frz) | Speicherung, Lagerung {33/41/52/58} | dto. | dto. |
| 0676 | **Depopulation** | Entvölkerung (veraltet) {64} | **depopulatio**, onis f | Verheerung, Verwüstung, Ausplünderung |
| 0677 | **Deportation** | Zwangsverschickung, Verschleppung, Verbannung {50/61} | **deportatio**, onis f | das Wegtragen; lebenslängliche Verbannung, Deportation |
| – | **deportieren** | zwangsverschicken, verschleppen, verbannen {50/61} | **deportare** | forttragen, -schaffen; verbannen, deportieren |
| 0678 | **Depositum** (Pl. **Depositen**) | 1. Hinterlegungsgut, Gegenstand {43}; 2. nicht kontomäßig verbuchte Gelder (Spar-, Korrentkonten) {42/80} | **deponere** (PPP. **depositus**) | s. oben 0675 |
| – | Depositenbank | | | |
| – | **Deposition** | 1. Hinterlegung {27/43}; 2. Absetzung eines kath. Geistlichen (rel. t. t.) {51}; 3. Aufnahme eines Studenten in die akademische Gemeinschaft (im 18. Jh.) {31/33/75} | **depositio**, onis f | das Niederlegen; Amtsenthebung, Absetzung |
| – | **Depositar** o. **-är** l>(frz) | Verwahrer von Wertgegenständen, -papieren {40/42/80} | **depositarius**, ii m | jmd., bei dem etw. niedergelegt wird; jmd., der etw. zur Verwahrung gibt |
| – | **Depositorium** | Aufbewahrungsort, Hinterlegungsstelle {58} | **depositorium**, ii n | Aufbewahrungsort |
| – | **Depot** l>frz | 1. Aufbewahrungsort (für Wertsachen) {58}; 2. aufbewahrte Gegenstände {43}; 3. Ablagerung (med. t. t.) {70}; 4. Fahrzeugpark {45/58} | **deponere** frz. *dépôt* | s. oben |
| 0679 | **Depression** | 1. Niedergeschlagenheit, traurige Stimmung {26/70}; 2. Einsenkung, Vertiefung (med. t. t. ) {70}; 3. Niedergangsphase im Konjunkturverlauf (wirtsch. t. t.) {80}; 4. Landsenke, Festlandsgebiet unter der Meeresoberfläche (geogr. t. t.) {64}; 5. Tiefdruckgebiet (meteor. t. t.) {65}; 6. negative Höhe eines unter dem Horizont stehenden Gestirns (astron. t. t.) {66} | **depressio**, onis f | das Niederdrücken, Einsenken |

| | | | | |
|---|---|---|---|---|
| – | **depressiv** l>(frz) | 1. traurig, niedergeschlagen, gedrückt {26/70}; 2. durch einen Konjunkturrückgang bestimmt (wirtsch. t. t.) {80} | **depressus**, a, um | gesenkt, niedrig; gedrückt, gedämpft |
| – | **Depressivität** l>(frz) | Zustand der Niedergeschlagenheit {26/70} | dto. | dto. |
| – | **deprimieren** l>frz | niederdrücken, entmutigen {26/70} | **deprimere** (PPP. **depressus**) | niederdrücken, versenken; unterdrücken |
| – | **deprimiert** l>frz | entmutigt, niedergeschlagen, gedrückt, schwermütig {26/70} | dto. | dto. |
| 0680 | **deputieren** l>frz | einen Bevollmächtigten abordnen {28/50} | **deputare** | genau abschätzen; jmdm. etw. bestimmen, hingeben |
| – | **Deputat** | 1. zum Lohn gehörende Sachleistungen {42/80}; 2. Anzahl der Pflichtstunden einer Lehrkraft {31/40/59} | dto. | dto. |
| – | **Deputation** | Abordnung, die einer politischen Körperschaft Forderungen überbringt {28/33/50} | dto. | dto. |
| – | **Deputierte** l>frz | 1. Mitglied einer Deputation {50/33}; 2. Abgeordnete (z. B. in Frankreich) {50/40} | dto. | dto. |

>>> Dequalifizierung s. Qualifizierung

| | | | | |
|---|---|---|---|---|
| 0681 | **Derivat** | 1. abgeleitetes Wort (sprachwiss. t. t.) {76}; 2. Organ, das sich auf ein entwicklungsgeschichtlich älteres Organ zurückführen läßt (biol. t. t.) {69/70}; 3. chemische Verbindung (chem. t. t.) {73} | **derivare** | ableiten; wegleiten |
| – | **Derivation** | 1. Bildung neuer Wörter aus einem Ursprungswort, Ableitung (sprachwiss. t. t.) {76}; 2. seitliches Abweichen eines Geschosses von der Visierlinie {61/86} | **derivatio**, onis f | Ableitung; Verwechslung |
| – | derivieren | | | |

| | | | | |
|---|---|---|---|---|
| 0682 | **derogieren** | außer Kraft setzen; schmälern, beeinträchtigen {33/50/56/57} | **derogare** | (teilweise) abschaffen, aufheben |
| – | **Derogation** | Teilaufhebung, Außerkraftsetzung (eines Gesetzes) {50/82} | **derogatio**, onis f | teilweise Aufhebung, Beschränkung (eines Gesetzes) |

| | | | | |
|---|---|---|---|---|
| 0683 | **desavouieren** (l>afrz; l>afrz)>frz | 1. im Stich lassen, bloßstellen {25/26/33}; 2. nicht anerkennen, verleugnen {25/28/32} | **dis** + **advocare** afrz. *des* + *avoer* frz. *desavouer* | s. oben 0602 herbeirufen nicht anerkennen |
| – | **Desavouierung** (l>afrz; l>afrz)>frz | Bloßstellung, Brüskierung {25/26/33} | dto. | dto. |
| 0684 | **Desensibilisierung** o. **-sation** (l;l)>nlat | 1. Lichtempfindlichkeitsverringerung von belichteten fotografischen Schichten (fot. t. t.) {56/87}; 2. Schwächung o. Aufhebung allergischer Reaktionen (med. t. t.) {70} | **de** + **sensibilis**, e | s. oben 0586 empfindbar, sinnlich; mit Empfindung ausgestattet |
| – | **desensibilisieren** (l;l)>nlat | 1. unempfindlich machen (med. t. t.) {70}; 2. Filme weniger lichtempfindlich machen (fot. t. t.) {56/87} | dto. | dto. |
| 0685 | **Deserteur** l>frz | Fahnenflüchtiger, Überläufer {50/86} | **desertor**, oris m | Ausreißer, Deserteur; Flüchtling |
| – | **desertieren** l>frz | fahnenflüchtig werden, zur Gegenseite überlaufen {50/86} | **deserere** | verlassen, im Stich lasssen; desertieren |
| – | **Desertion** l>frz | Fahnenflucht {50/86} | **desertio**, onis f | Desertion, Fahnenflucht |
| 0686 | **desiderabel** | wünschenswert {25/27} | **desiderabilis**, e | wünschenswert, unvergeßlich |
| 0687 | **desiderat** | eine Lücke füllend, einem Mangel abhelfend; dringend nötig {25/27/57} | **desideratus**, a, um | erwünscht, ersehnt, willkommen |
| – | **Desiderat(um)** | 1. zur Anschaffung in eine Bibliothek vorgeschlagenes Buch {25/27/32}; 2. etw., das nötig gebraucht wird; Erwünschtes {25/27} | **desiderare** | verlangen, wünschen, vermissen |
| – | **Desiderativum** | Verb, das einen Wunsch ausdrückt (sprachwiss. t. t.) {27/76} | **desiderativus**, a, um | einen Wunsch, ein Verlangen anzeigend |
| – | **Desiderium** | 1. Wunsch, Forderung, Verlangen '{27}; 2. zur Anschaffung in Bibliotheken vorgeschlagenes Buch {27/32} | **desiderium**, ii n | Verlangen, Wunsch, Sehnsucht; Bitte |
| 0688 | **Design** l>frz>engl | 1. zeichnerischer Entwurf, Skizze, Modell; 2. nach einem Design entstandene Form von etw. {36/40/41} | **designare** | bezeichnen, darstellen; anordnen; nachbilden |
| – | **Designation** | 1. Bestimmung, Bezeichnung {32/28}; 2. vorläufige Ernennung {33/50/59} | **designatio**, onis f | Bezeichnung, Abgrenzung, Ernennung; Anordnung |
| – | **designatus** | im voraus ernannt, vorgesehen {33/50/59} | **designatus**, a, um | designiert, erklärt, bestimmt |

| | | | | |
|---|---|---|---|---|
| – | **Designer** l>frz>engl | Formgestalter für Ge- und Verbrauchsgüter {40/41} | **designare** | s. oben |
| – | **designieren** | bestimmen, bezeichnen; für ein (noch nicht besetztes) Amt vorsehen {33/50/59} | dto. | dto. vgl. unten 0701 |
| 0689 | **Desillusion** (l;l)>frz | 1. Enttäuschung, Ernüchterung; 2. Erfahrung, die eine Hoffnung zerstört {25/26} | **dis** (praep. insep.) + **illusio**, onis f | auseinander..., zer..., ver...; ent... Verspottung, Ironie; Täuschung |
| – | **desillusionieren** (l;l)>frz | enttäuschen, ernüchtern {25/26} | **dis** + **illudere** | s.oben verspotten, verhöhnen, täuschen |
| – | **Desillusionismus** (l;l)>frz >nlat | Hang zu schonungslos nüchterner Betrachtung der Wirklichkeit {25/84} | dto. | dto. |
| 0690 | **Desinfektion** o. **Desinfizierung** (l;l)>nlat | (med. t. t.) 1. Abtötung von Krankheitserregern; 2. Zustand nach einer Desinfektion {70/73} | **dis** + **infectio**, onis f | s. oben 0689 das Färben, Schändung |
| – | **Desinfektor** (l;l)>nlat | (med. t. t.) 1. Fachmann für Desinfektion {40/70}; 2. Gerät zur Desinfizierung von Kleidungsstücken {70/73} | **dis** + **infector**, oris m | s. oben 0689 Färber |
| – | **Desinfiziens** (l;l)>nlat | keimtötendes Mittel (med. t. t.) {70/73} | **dis** + **inficere** | s. oben 0689 färben; benetzen; vergiften; anstekken |
| – | **desinfizieren** (l;l)>nlat | Krankheitserreger abtöten (med. t. t.) {70} | dto. | dto. |
| 0691 | **Desinformation** (l;l)>nlat | bewußt falsche, zur Täuschung verbreitete Information {25/28/32} | **dis** + **informatio**, onis f | s. oben 0689 Unterweisung, Erläuterung |
| – | desinformieren | | | |
| 0692 | **Desintegration** o. **Desintegrierung** (l;l)>nlat | 1. Spaltung, Auflösung; 2. Zustand nach der Auflösung {33/50/52/53} | **dis** + **integratio**, onis f | s. oben 0689 Wiederherstellung, Erneuerung |
| – | **desintegrierend** (l;l)>nlat | nicht unbedingt notwendig, unwesentlich {25/56} | **dis** + **integrare** | s. oben 0689 wiederherstellen, erneuern |
| 0693 | **Desinteresse(ment)** (l;l)>frz | inneres Unbeteiligtsein, Gleichgültigkeit {25/26} | **dis** + **interesse** | s. oben 0689 dazwischen -, gegenwärtig sein; Anteil nehmen |
| – | **desinteressiert** (l;l)>frz | an etw. nicht interessiert, gleichgültig {25/26} | dto. | dto. |

| | | | | |
|---|---|---|---|---|
| 0694 | **desistieren** | von etw. abstehen (Abstand nehmen - veraltet) {25/28} | **desistere** | abstehen, ablassen, aufhören |
| 0695 | **deskribieren** | beschreiben {32} | **describere** | ab-, auf-, beschreiben |
| – | **Deskription** | Beschreibung {32} | **descriptio**, onis f | Kopie, Beschreibung, Definition |
| – | **deskriptiv** | beschreibend {32} | **descriptivus**, a, um | beschreibend, schildernd |
| >>> | Desodorant s. Deodorant | | | |
| 0696 | **desolat** | 1. trostlos, traurig {26/56}; 2. vereinsamt {26/33} | **desolare** (PPP. **desolatus**) | einsam lassen, verlassen verödet, vereinsamt |
| 0697 | **Desorption** l>nlat | das Entweichen adsorbierter Gase (chem t. t.) {61/73} | **desorbere** | hinab-, verschlingen |
| 0698 | **despektieren** | jmdn. geringschätzen, verachten {25/26/33} | **despicere** bzw. **despectare** | herabsehen, verachten, verschmähen |
| – | **despektierlich** | gering-, abschätzig, abfällig {25/26/33} | dto. | dto. |
| 0699 | **Desperado** l>span >engl | ein zu jeder Verzweiflungstat Entschlossener; politischer Abenteurer {33/50/82} | **desperare** | verzweifeln, etw. aufgeben, keine Hoffnung haben |
| – | **desperat** | verzweifelt, hoffnungslos {25/26} | **desperatus**, a, um | verzweifelt, hoffnungslos |
| – | **Desperation** | Verzweiflung {25/26} | **desperatio**, onis f | Hoffnungslosigkeit, Verzweiflung |
| 0700 | **Dessert** (l;l)>frz | Nachtisch, Nachspeise {17} | **dis** + **servire** frz. *désservir* *dessert* | s. oben 0689 dienen, bedienen die Speisen abtragen |
| 0701 | **Dessin** l>it>frz | 1. Plan, Zeichnung, Webmuster {19/32/40}; 2. Weg des gestoßenen Balles beim Billard {61/85} | **designare** it. *disegnare* afrz. *dessein* frz. *dessiner* | bezeichnen, nachbilden zeichnen |
| – | **dessinieren** l>it>frz | Muster entwerfen, zeichnen {19/29/40} | dto. | dto. |
| 0702 | **Dessous** l>frz | Damenunterwäsche {18/19} | **de** + **subter** frz. *dessous* | s. oben 0586 unten, unterhalb, von unten unterhalb; Unter-, Kehrseite |
| 0703 | **Destillation** | 1. Reinigung durch Verdampfung und anschließende Wiederverflüssigung {73}; 2. Branntweinbrennerei {40/17}; 3. kleine Schankwirtschaft {33/40/17} | **destillatio**, onis f | das Herabträufeln; Abfluß |

| | | | | |
|---|---|---|---|---|
| – | **Destillat** | Produkt einer Destillation {73/17} | **destillare** | herabträufeln; triefen von etw. |
| – | **Destillateur** l>frz | 1. Branntweinbrenner; 2. Gastwirt, der Branntwein ausschenkt {40/17} | dto. | dto. |
| – | **destillativ** l>nlat | durch Destillation bewirkt, gewonnen {73/17} | dto. | dto. |
| – | **Destille** l>nlat | 1. kleinere Gastwirtschaft mit Branntweinausschank; Kneipe (ugs.) {17/33/40/58}; 2. Branntweinbrennerei {17/40} | dto. | dto. |
| – | **destillieren** | eine Destillation durchführen {17/73} | dto. | dto. |
| 0704 | **Destination** | Bestimmung, Endzweck {25/28} | **destinatio**, onis f | Bestimmung, Festsetzung, Beharrlichkeit |
| 0705 | **destituieren** | absetzen (veraltet) {50/86} | **destituere** | wohin treten lassen; absetzen; verlassen |
| – | **Destitution** | Absetzung, Amtsenthebung (veraltet) {50/86} | **destitutio**, onis f | das im-Stich-, verlassen |
| 0706 | **destruieren** | zerstören {52/29} | **destruere** | zerstören, vernichten |
| – | **Destruktion** | 1. Zerstörung {52}; 2. Abtragung der Erdoberfläche durch Verwitterung (geol. t. t.) {62} | **destructio**, onis f | das Niederreißen |
| – | **destruktiv** | 1. zersetzend, zerstörend {52}; 2. bösartig, zu Gewebezerfall führend (med. t. t.) {70} | **destructivus**, a, um | zerstörend |
| 0707 | **deszendieren** | absteigen, absinken {61} | **descendere** | herabsteigen, -fallen, -sinken |
| – | **deszendent** | nach unten sinkend {54/61} | dto. | dto. |
| – | **Deszendent** | 1. Nachkomme, Abkömmling {10}; 2. Gestirn im Untergang, Untergangspunkt (astron. t. t.) {66}; 3. der im Augenblick der Geburt am Westhorizont absteigende Punkt (astrol. t. t.) {51/66} | **descendentes**, tium m (Pl.) | Anverwandte in absteigender Linie |
| – | **Deszendenz** | 1. Verwandtschaft in absteigender Linie {10}; 2. Untergang eines Gestirns (astron. t. t.) {66} | dto. | dto. |
| 0708 | **Detail** (l;l)>frz | Einzelheit, -teil, -ding {56/57/25} | **dis** + **taliare** | s. oben 0689 spalten, schneiden |
| | | | frz. *détailler* | abteilen, in Einzelteile zerlegen |
| – | **Detailhandel** (l;l)>frz;d | Klein-, Einzelhandel (veraltet) {42} | dto. | dto. |

| | | | | |
|---|---|---|---|---|
| – | **detaillieren** (l;l)>frz | 1. etw. im einzelnen darlegen {32}; 2. eine Ware in kleinen Mengen verkaufen {42} | dto. | dto. |
| – | **detailliert** (l;l)>frz | in allen Einzelheiten, genau {56/57/25} | dto. | dto. |
| – | **Detaillist** (l;l)>frz | Einzelhandelsunternehmer {40/42} | dto. | dto. |
| 0709 | **Detektei** | Ermittlungs-, Detektivbüro {40/82} | **detegere** (PPP. **detectus**) | aufdecken, enthüllen, ans Licht bringen |
| – | **Detektiv** l>engl | 1. privater, lizensierter Ermittler {40/82}; 2. Geheimpolizist, Ermittlungsbeamter (in Zivil) {40/49/50/82} | dto. | dto. |
| – | detektivisch | | | |

>>> Detektivkamera, Detektivroman s. Kamera, Roman

| | | | | |
|---|---|---|---|---|
| 0710 | **Detektor** | 1. Hochfrequenzgleichrichter, Demodulator (techn. t. t.) {72/87}; 2. Gerät zur Auffindung von Wasseradern (z. B. Wünschelrute) {72/51} | **detector**, oris m | Offenbarer |
| 0711 | **Détente** l>frz | Entspannung zwischen Staaten {50} | **detendere** | abspannen, abbrechen |
| 0712 | **Determinante** | 1. Rechenausdruck in der Algebra (math. t. t.) {71}; 2. unbestimmbarer Faktor der Keimentwicklung (biol. t. t.) {68/69} | **determinare** | ab-, begrenzen; festsetzen, bestimmen |
| – | **Determination** | 1. Begriffsbestimmung durch einen nächstuntergeordneten, engeren Begriff (philos. t. t.) {77}; 2. Festgelegtsein eines Keimteils bei der Organausbildung (biol. t. t.) {68/69}; 3. Bestimmung, Zuordnung {25/56}; 4. Bedingtsein psychischer Phänomene (psych. t. t.) {70} | **determinatio**, onis f | Abgrenzung, Grenze |
| – | **determinativ** l>nlat | 1. bestimmend, begrenzend, festlegend; 2. entschieden, entschlossen {25/28} | **determinare** | s. oben |
| – | **Determinativ(um)** l>nlat | 1. Zeichen in der ägyptisch-sumerischen Bilderschrift {32/75}; 2. besondere Art des Demonstrativpronomens (sprachwiss. t. t.) {76} | dto. | dto. |
| – | **determinieren** | 1. be-, abgrenzen; 2. bestimmen; entscheiden {25/28} | dto. | dto. |

| | | | | |
|---|---|---|---|---|
| – | **Determiniertheit** l>nlat;d | Bestimmtheit, Abhängigkeit des Willens von inneren oder äußeren Ursachen (philos. t. t.) {77/28} | dto. | dto. |
| – | **Determinismus** l>nlat | (philos. t. t.) 1. Lehre von der kausalen Vorbestimmtheit allen Geschehens {77}; 2. Bestimmung des Willens durch innere oder äußere Ursachen {28/77} | dto. | dto. |
| – | Determinist, deterministisch | | | |
| – | **Determinologisierung** (l;l)>nlat; gr | Übergang des Fachworts in die Gemeinsprache (sprachwiss. t. t.) {76} | **de** + **terminus**, ni m + gr. *λόγος* | s. oben 0589 Grenze, Grenzstein, -linie Wort, Kunde |
| 0713 | **detestabel** l>frz | verabscheuenswürdig {26/33} | **detestabilis**, e | verabscheuenswert, abscheulich |
| – | **detestieren** l>frz | verabscheuen, verwünschen {26/32} | **detestari** | verfluchen, -wünschen, -abscheuen |
| 0714 | **detonieren** l>frz (gr>l>frz) | 1. knallen, explodieren {55/61/72/86}; 2. unrein singen, spielen (mus. t. t.) {37} | 1.: **detonare** frz. *détoner* 2.: **tonus**, ni m gr. *τόνος* frz. *détonner* | herab-, losdonnern; losbrechen Ton; Akzent |
| – | **Detonation** l>frz (gr>l>frz) | 1. (Gas)explosion mit starker Gasentwicklung {55/72/73/86}; 2. das unreine Singen, Spielen (mus. t. t.) {37} | dto. (1.) dto. (2.) | dto. |
| 0715 | **Detritus** | 1. zerriebenes Gesteinsmaterial, Schutt (geol. t. t.) {62}; 2. Schwebe- und Sinkstoffe in Gewässern (biol. t. t.) {68/69}; 3. Überrest zerfallener Zellen (med. t. t.) {70} | **deterere** (PPP. **detritus**) | abreiben, -scheuern, -nutzen; schwinden |
| 0716 | **Devaluation** (l;l)>engl o. **Devalvation** (l;l)>nlat | Abwertung einer Währung {80/56} | **de** + **valere** | s. oben 0589 stark -, gesund sein; (viel) gelten, wert sein |
| – | devalvatorisch, devalvieren | | | |
| 0717 | **devestieren** | die Priesterwürde o. ein Lehen entziehen (hist. t. t.) {50/75/51} | **devestire** | entkleiden |
| – | **Devestitur** l>nlat | Entziehung von Priesterwürde o. Lehen im Mittelalter (hist. t. t.) {50/51/75} | dto. | dto. |
| 0718 | **Deviation** l>nlat | Abweichung {25/50/56/61} | **deviare** | vom Weg abweichen, abirren |

| | | | | |
|---|---|---|---|---|
| – | **deviieren** | von der (Partei)linie abweichen {50/25} | dto. | dto. |
| 0719 | **Devise** l>vulgl>frz | 1. Wahl-, Leitspruch {25/32}; 2. ausländisches Zahlungsmittel {50/80/56} | **dividere** vulgl. devisare* frz. *deviser* | teilen einteilen |
| 0720 | **devital** (l;l)>nlat | leblos, abgestorben {68/69/70} | **de** + **vitalis**, e | s. oben 0589 zum Leben gehörig, Lebens... |
| 0721 | **devolvieren** | zufallen, übergehen an jmdn. (veraltet - jur. t. t.) {43/82} | **devolvere** | herabrollen, -fallen, -stürzen |
| 0722 | **devot** | 1. sich übertrieben ergeben verhaltend {25/26/33/84}; 2. andächtig ergeben {51} | **devotus**, a, um | verwünscht; sehr ergeben; fromm, andächtig |
| – | **Devotion** | 1. Andacht (rel. t. t.) {51}; 2. Unterwürfigkeit {25/26/33/84} | **devotio**, onis f | Aufopferung; Andacht; Ergebenheit |
| – | **devotional** l>nlat | ehrfurchtsvoll {26/33} | **devotus** | s. oben |
| – | **Devotionalien** l>nlat | der Andacht dienende Gegenstände (rel. t. t.) {51} | dto. | dto. |
| 0723 | **Dextrose** | (Kunstw.) Traubenzucker {17/73} | **dexter**, tra, trum | rechts |
| 0724 | **Dezember** | 12. Monat im Jahr; 10. Monat des röm. Kalenders {59} | **December**, bris, bre | zur Zehn gehörig; Dezember |
| 0725 | **Dezennium** | Jahrzehnt, Zeitraum von zehn Jahren {59} | **decennium**, ii n | Zeitraum von zehn Jahren |
| 0726 | **dezent** | 1. vornehm-zurückhaltend, feinfühlig {26}; 2. unaufdringlich, nicht auffallend {26/55} | **decens** (Gen. –ntis) | schicklich, anständig, geziemend, anmutig |
| 0727a | **dezentral** (l;gr>l) >nlat | vom Mittelpunkt entfernt {58} | **de** + **centrum**, ri n gr. κέντρον | s. oben 0589 Mittelpunkt des Kreises, Zentrum |
| – | **Dezentralisation** o. **Dezentralisierung** (l;gr>l) >nlat | 1. Verteilung von Funktionen und Aufgaben auf verschiedene Stellen {50/33}; 2. Zustand, nach dem sich etw. nach dem Dezentralisieren befindet {33/52/58} | **de** + **centralis**, e | s. oben 0589 in der Mitte befindlich |
| – | **dezentralisieren** (l;gr>l) >nlat | eine Dezentralisation vornehmen {50/58/29} | dto. | dto. |
| 0727b | **Dezenz** | 1. vornehme Zurückhaltung, Unaufdringlichkeit {26/84}; 2. unauffällige Eleganz {26/19} | **decentia**, ae f | Anstand, Schicklichkeit |
| 0728 | **Dezernat** | Geschäftsbereich eines Dezernenten, Sachbearbeiters {40} | **decernere** (**decernat** | bestimmen, entscheiden, beschließen, er soll entscheiden) |

| | | | | |
|---|---|---|---|---|
| – | **Dezernent** | Sachbearbeiter mit Entscheidungsbefugnis, Dezernatsleiter {40/33} | dto. | dto. |
| 0729 | **Dezibel** l>(frz) | zehnter Teil eines Bel; physikalische Meßeinheit (z. B. für Spannungsverhältnisse - Abk. db) {72/56} | **decimus**, a, um<br>frz. *déci* | der, die, das zehnte<br>Zehntel |
| 0730 | **dezidieren** | entscheiden {25/28} | **decidere** | abschneiden; zum Abschluß bringen, ohne weiteres entscheiden |
| – | **dezidiert** | entschieden, bestimmt, energisch {25/28} | dto. | dto. |
| 0731 | **Dezi...** | der zehnte Teil von etw. {57} | **decimus** | s. oben 0729 |

>>> Dezi... s. ggf. unter dem Rest des Wortes

| | | | | |
|---|---|---|---|---|
| 0732 | **dezimieren** | Verluste beibringen; in seinem Bestand vermindern {50/52/57/86} | **decimare** | dezimieren, vermindern |
| 0733a | **diagonal** (gr;gr)>l | schräg {58/71} | **diagonalis**, e<br>gr. *διά*<br>+ *γωνία* | diagonal<br>durch<br>Ecke, Winkel |
| – | **Diagonale** (gr;gr)>l | 1. Schräge {58/71}; 2. zwei nicht benachbarte Ecken eines Vielecks verbindende Gerade (math. t. t.) {71} | **diagonalis**, is f<br>gr. *διά*<br>+ *γωνία* | Diagonallinie |
| 0733b | **Diarium** | stärkeres Heft, Buch für Eintragungen {32/44} | **diarium**, ii n | tägliche Ration der Soldaten; Tagebuch |
| 0734 | **Diäten** l>mlat>frz | 1. Abgeordnetenbezüge in Form von Tagegeld; Aufwandsentschädigungen {50/80/40}; 2. Einkommen außerplanmäßiger Hochschuldozenten {31/40/80} | **dies**, ei mf<br>mlat. di(a)eta<br>frz. *diète* | Tag; Termin<br>festgesetzter Tag, Termin, Versammlung<br>tagende Versammlung |
| 0735 | **dichten** | (als Schriftsteller) Worte kunstvoll zusammenstellen, reimen {34/32/40} | **dictare** | verfassen, verfertigen, diktieren |

– Dichter, dichterisch, Dichterling, Dichtung, (Gedicht)

| | | | | |
|---|---|---|---|---|
| 0736 | **diffamieren** | jmdn. in seinem Ansehen herabsetzen, verunglimpfen, in Verruf bringen {32/33/82} | **diffamare** | verunglimpfen, verleumden |
| – | **Diffamierung** o. **Diffamation** | Verleumdung, Verbreitung übler Nachrede {32/33/82} | dto. bzw. **diffamatio**, onis f | dto.<br>Ausbreitung, Bekanntmachung |
| – | **diffamatorisch** | ehrenrührig, verleumderisch {33/82} | dto. | dto. |

| | | | | |
|---|---|---|---|---|
| – | **Diffamie** l>frz | 1. verleumderische Bosheit {26/82/84}; 2. Beschimpfung, verleumderische Äußerung {32/82} | dto. | dto. |
| 0737 | **Differenz** | 1. (Gewichts-, Preis)unterschied {56}; 2. Ergebnis einer Subtraktion (math. t. t.) {71}; 3. (meist Pl.) Meinungsverschiedenheit, Unstimmigkeit, Zwist {32/33} | **differentia**, ae f | Unterschied, Verschiedenheit |
| – | **different** | verschieden, ungleich {56} | dto. | dto. |
| – | **differential** o. **-tiell** l>nlat | einen Unterschied begründend, darstellend {56} | dto. | dto. |
| – | **Differential** l>nlat | 1. Zuwachs einer Funktion (math. t. t.) {71}; 2. Kurzform von Differentialgetriebe {41/45/72} | dto. | dto. |
| >>> | Differential... s. ggf. unter dem Rest des Wortes | | | |
| – | **Differentiation** l>nlat | 1. Abtrennung von Mineralien während der Gesteinswerdung (geol. t. t.) {62}; 2. Anwendung der Differentialrechnung (math. t. t.) {71} | dto. | dto. |
| >>> | Differenzenquotient s. Quotient | | | |
| – | **Differenzierbarkeit** l>nlat | Eignung einer Funktion zur Differentiation (math. t. t.) {71} | dto. | dto. |
| – | **differenzieren** l>nlat | 1. trennen, unterscheiden; 2. sich aufgliedern, Konturen gewinnen {23/25}; 3. eine Funktion nach den Regeln der Differentialrechnung behandeln (math. t. t.) {71}; 4. ein mikroskopisches Präparat entfärben {68/69/55} | dto. | dto. |
| – | **differenziert** l>nlat | aufgegliedert, vielschichtig, in die Einzelheiten gehend {25/56} | dto. | dto. |
| – | **Differenzierung** l>nlat | 1. Unterscheidung, Aufgliederung, Abstufung {23/25}; 2. Bildung verschiedener Gewebe aus gleichen Zellen (biol. t. t.); 3. Aufspaltung systematischer Gruppen im Verlauf der Stammesgeschichte (biol. t. t.) {68/69}; 4. unterschiedliche Veranlagung von Agrarerzeugnissen (DDR) {39/56} | dto. | dto. |

| | | | | |
|---|---|---|---|---|
| – | **differieren** | verschieden sein, voneinander abweichen {56} | **differre** | verbreiten; sich unterscheiden, verschieden sein |
| 0738 | **diffizil** l>frz | schwierig, schwer zu bewältigen {25/56} | **difficilis**, e | schwierig, schwer zu behandeln |
| 0739 | **Diffraktion** l>nlat | Beugung von (Licht)wellen (phys. t. t.) {72} | **diffringere** (PPP. **diffractus**) | zerbrechen, -schlagen |
| 0740 | **diffundieren** | 1. eindringen, verschmelzen (chem. t. t.) {73}; 2. zerstreuen (von Strahlen - phys. t. t.) {72} | **diffundere** | ausgießen, -breiten, zerstreuen |
| – | **diffus** | 1. zerstreut, ohne Abgrenzung (chem., phys. t. t.) {72/73}; 2. unklar, verschwommen {23/25/54/55} | **diffusus**, a, um | ausgedehnt, ausgebreitet, weit |
| – | **Diffusion** | 1. Ausgleich von Konzentrationsunterschieden (chem. t. t.) {73}; 2. Lichtstreuung (phys. t. t.) {72} | **diffusio**, onis f | das Auseinanderfließen, sich Ausbreiten; Ausdehnung |
| 0741 | **Digest** l>engl | 1. Zeitschrift, die Auszüge aus Artikeln oder Büchern bringt; 2. Auszug (aus einem Buch, Bericht) {32/57} | **digesta**, torum n (Pl.) | Titel juristischer Schriften; die Bibel; nach Paragraphen geordnete Schrift |
| – | **Digesten** | Gesetzessammlung des Justinian (hist. t. t.) {82/75/57} | dto. | dto. |
| 0742 | **Digit** l>engl | Ziffer, Stelle (in der Anzeige eines elektronischen Geräts - techn. t. t.) {32/72/87} | **digitus**, ti m | Finger |
| – | **digital** | 1. mit dem Finger (med. t. t.) {70}; | **digitalis**, e | zum Finger gehörig, fingerdick |
| | (l>engl) | 2. Daten und Informationen in Ziffern darstellend (techn. t. t.) {32/71/72/87} | | |

>>> Digital-Analog-Konverter s. Konverter

| | | | | |
|---|---|---|---|---|
| – | **Digitalis** | 1. Fingerhut {04}; 2. starkes Herzmittel aus Fingerhutblättern (med. t. t.) {70} | dto. | dto. |
| – | **digitalisieren** l>engl | 1. Daten in Ziffern darstellen (EDV - t. t.) {32/71}; 2. ein Analog- in ein Digitalsignal umsetzen (techn. t. t.) {72/87} | dto. | dto. |
| 0743 | **Dignität** | 1. Wert, hoher Rang, Würde {33}; 2. Amtswürde eines kath. Geistlichen {51} | **dignitas**, atis f | Würde, Ansehen, Ehre; Ehrenstelle |
| 0744 | **Digression** | 1. Abweichung, Abschweifung {25/32/61}; 2. Winkel zwischen Meridian und Vertikalkreis (astron. t. t.) {66} | **digressio**, onis f | das Weggehen, Abschweifung; Episode |

| | | | | |
|---|---|---|---|---|
| 0745 | **dijudizieren** | entscheiden, urteilen (jur. t. t.) {25/28/82} | **diiudicare** | ein Urteil fällen, entscheiden; unterscheiden |
| 0746 | **diktando** | diktierend, beim Diktieren {32} | **dictare** | diktieren; anfertigen, vorschreiben |
| – | **Diktant** | jmd., der diktiert {32} | dto. | dto. |
| – | **Diktaphon** l;gr | Diktiergerät {32/40/87} | dto. + gr. *φωνή* | dto. Ton, Stimme, Klang |
| – | **Diktat** | 1. das Diktieren; 2. das Diktierte {32}; 3. Nachschrift, schulische Rechtschreibung {31/32}; 4. etw., das jmdm. auferlegt, vorgeschrieben worden ist {28/33} | dto. | dto. |
| – | **Diktator** | 1. unumschränkter Machthaber; Gewaltherrscher {50}; 2. herrischer, despotischer Mensch {25/26/84}; 3. altröm. Beamter mit alleiniger Staatsgewalt (hist. t. t.) {50/75} | **dictator**, oris m | Befehlshaber, Diktator |
| – | **diktatorial** | 1. gebieterisch, autoritär {28/33}; 2. absolut, unumschränkt {33/56} | dto. | dto. |
| – | **diktatorisch** | 1. unumschränkt, einem Gewaltherrscher unterworfen {50/33}; 2. gebieterisch, keinen Widerspruch duldend {28/33} | **dictatorius**, a, um | zum Diktator gehörig, diktatorisch |
| – | **Diktatur** | 1. auf unbeschränkte Vollmacht gegründete Herrschaft; 2. autoritär, diktatorisch regiertes Staatswesen; 3. autoritäre Führung, Willkürherrschaft {50/28} | **dictatura**, ae f | Amt des Diktators; Diktatur |
| – | **diktieren** | 1. jmdm. etwas Wort für Wort sagen {32}; 2. zwingend vorschreiben, festsetzen; auferlegen {25/28/33} | **dictare** | s. oben |
| – | **Diktiergerät** l;d | Tonbandgerät zur Aufnahme und Wiedergabe eines gesprochenen Textes {32/40/87} | dto. | dto. |
| – | **Diktion** | mündliche oder schriftliche Ausdrucksweise; Stil {32/34} | **dictio**, onis f | Vortrag, Spruch, Ausdrucksweise |
| – | **Diktionär** l>mlat>frz | Wörterbuch (veraltet) {34} | dto. mlat. dictionarium frz. *dictionaire* | dto. |
| – | **Diktum** | Ausspruch {32} | **dictum**, ti n | Äußerung, Wort, Ausspruch |

| | | | | |
|---|---|---|---|---|
| 0747 | **Dilatation** l>nlat | 1. Ausdehnung, Volumenänderung (phys. t. t.) {53/72}; 2. Erweiterungswachstum des Baumstammes (bot. t. t.) {68/53}; 3. krankhafte Erweiterung von Hohlorganen (med. t. t.) {70/53} | **dilatatio**, onis f | Ausdehnung, Erweiterung |
| – | **Dilatationsfuge** l>nlat;d | Dehnungsfuge in Brücken zur Verhinderung von Spannungen beim Temperaturwechsel {58/88} | dto. | dto. |
| 0748 | **Dilation** | Aufschub, Aufschubfrist (jur. t. t.) {82/59} | **dilatio**, onis f | Aufschub, Verzögerung |
| – | **dilatorisch** | aufschiebend, verzögernd {82/59} | **dilatorius**, a, um | aufschiebend, verzögernd |
| 0749 | **Dilettant** l>it | 1. Laie mit fachmännischem Ehrgeiz; Stümper (abwertend) {25/22}; 2. Kunstliebhaber (veraltet) {25/26} | **delectare**<br>it. *dilettare* | Vergnügen bereiten, Gefallen finden, interessieren |
| – | **dilettantisch** l>it | unfachmännisch, laien-, stümperhaft, unzulänglich {25/22} | dto. | dto. |
| – | **dilettieren** l>it | sich als Dilettant betätigen, sich versuchen {22/25/29} | dto. | dto. |
| 0750 | **Diligenz** | Sorgfalt, Fleiß (veraltet) {25/84} | **diligentia**, ae f | Forschung, Umsicht, Gründlichkeit |
| 0751 | **Diluvium** | Erdzeitalterbezeichnung (Pleistozän - geol. t. t.) {62/59} | **diluvium**, ii n | Überschwemmung, Wasserflut |
| – | diluvial | | | |
| 0752 | **Dime** l>frz>engl | Silbermünze der USA (10 Cents) {56} | **decima** (pars)<br>frz. *disme* | der zehnte (Teil) |
| 0753 | **Dimension** | Ausdehnung, Ausmaß, Abmessung {53} | **dimensio**, onis f | Vermessung, Ausdehnung, Dimension |
| – | **dimensional** l>nlat | die Ausdehnung betreffend {53} | dto. | dto. |
| – | **dimensionieren** l>nlat | die Maße eines Gegenstandes festlegen {53/25/28} | dto. | dto. |
| 0754 | **diminuieren** | verkleinern, verrringern, vermindern {53/57} | **diminuere** | in kleine Teile zersplittern, zerschmettern |
| – | **Diminution** | 1. Verkleinerung, Verringerung {57/53}; 2. Beschleunigung durch kürzere Notenwerte (mus. t. t.) {37} | **deminutio**, onis f | das Verringern, Vermindern, Verkleinerung |
| – | **diminutiv** | verkleinernd (in bezug auf den Inhalt eines Wortes - sprachwiss. t. t.) {76} | **deminutivus**, a, um | vermindernd |

| | | | | |
|---|---|---|---|---|
| – | **Diminutiv(um)** | Verkleinerungs-, Koseform eines Substantivs, einer Person (sprachwiss. t. t.) {76} | **deminutivum,** vi n | Diminutiv |
| 0755 | **dimittieren** | entlassen, verabschieden (veraltet) {32/40/59} | **dimittere** | entsenden, entlassen, aufgeben |
| 0756 | **Dinar**<br>l>mgr<br>>arab | Währungseinheit (z. B. in Jugoslawien, Iran) {56} | **denarius,** ii m | röm. Silbermünze |
| 0757 | **Din(n)er**<br>(l;l)>vulgl<br>>frz>(engl) | 1. festliches Mittag- oder Abendessen; 2. Hauptmahlzeit des Tages am Abend {17/59} | **dis**<br>+ **ieiunius,** a, um<br>vulgl. disieiunare*<br><br>afrz. *disner*<br>frz. *dîner*<br>engl. *dinner* | auseinander..., zer..., ver...<br>nüchtern, mit leerem Magen, hungrig<br>zu fasten aufhören<br>Abendmahlzeit |
| – | **dinieren**<br>(l;l)>vulgl<br>>frz | festlich speisen {17/33} | **dis**<br>+ **ieiunare** | s. oben<br>fasten, hungern |
| 0758 | **direkt** | 1. unmittelbar, ohne Umweg oder Verzögerung {58/59}; 2. geradezu, ausgesprochen, regelrecht {56} | **directus,** a, um | gerade, geradezu, unbedingt, direkt |
| – | Direktheit | | | |
| – | **Direktion** | 1. (Geschäfts)leitung, Vorstand {33/40}; 2. Richtung (veraltet) {58} | **directio,** onis f | gerade Linie, Aufrichtigkeit, Gerechtigkeit |
| – | **Direktive**<br>l>nlat | Weisung, Verhaltensregel {25/28/32/33} | **dirigere** | gerade richten, - machen; aufstellen, lenken |
| – | **direktiv**<br>l>nlat | Verhaltensmaßregeln gebend {28/32/33} | dto. | dto. |

>>> Direktkandidat, Direktmandat s. Kandidat, Mandat

| | | | | |
|---|---|---|---|---|
| – | **Direktor(in)** | 1. Leiter (z. B. einer Schule) {31/33/40}; 2. Vorsteher eines Unternehmens, einer Behörde {33/40/49}; 3. Element einer Dipolantenne {46/87} | **director,** oris m | Lenker, Leiter |
| – | **Direktorat**<br>l>nlat | 1. Leitung {25/33}; 2. Dienstzimmer eines Direktors {58}; 3. Amt eines Direktors {40/33} | dto. | dto. |
| – | **direktorial**<br>l>nlat | 1. einem Direktor zustehend; ihm entsprechend {33/40}; 2. von einem Direktor veranlaßt {28/40} | dto. | dto. |

| | | | | |
|---|---|---|---|---|
| – | **Direktorium** | 1. Vorstand, Geschäftsleitung, leitende Behörde {31/33/40/50}; 2. französischer Kunststil {34/35/36/79} | dto. (bzw. **directorium**, ii n | dto. bz der vorgeschriebene Reiseweg) |
| – | **Direktrice** l>frz | leitende Angestellte (bes. in der Bekleidungsindustrie) {33/40/41} | **dirigere** | s. oben |
| – | **Direx** | Direktor (Schülersprache) {31/33/40} | **director** | s. oben |
| – | **Dirigat** | 1. Orchesterleitung, Dirigentschaft {33/37/40}; 2. Tätigkeit, Auftreten eines Dirigenten {37/40} | **dirigere** | s. oben |
| – | **Dirigent** | Leiter eines Orchesters, Chors, einer musikalischen Aufführung {33/37/40} | dto. | dto. |
| – | **dirigieren** | 1. einen Chor, ein Orchester, eine Aufführung leiten {33/37}; 2. Anweisungen geben, in welche Richtung sich etw. entwickeln, etw. bewegt werden soll {28/25/61} | dto. | dto. |
| – | **Dirigismus** l>nlat | staatliche Lenkung der Wirtschaft {80} | dto. | dto. |
| – | **dirigistisch** l>nlat | 1. den Dirigismus betreffend {80}; 2. reglementierend, einengend, Vorschriften machend {28/33} | dto. | dto. |
| 0759 | **Discount** l;l>frz >engl | Selbstbedienungseinkauf verbilligter Waren {42/80} | **dis** + **computare** frz. *compte* | s. oben 0757 s. oben 0535 |
| – | **Discounter** l;l>frz >engl | Billigwarengeschäft {42/80} | dto. | dto. |
| 0760 | **Disharmonie** l;gr>l | 1. Mißklang (mus. t. t.) {37}; 2. Uneinig-, Unstimmigkeit, Mißton {25/32/33} | **dis** + **harmonia**, ae f gr. *ἁρμονία* | s. oben 0757 Harmonie, Einklang Übereinstimmung |
| – | **disharmonieren** l;gr>l | nicht zusammenstimmen, uneinig sein {25/32/33} | dto. | dto. |
| – | **disharmonisch** l;gr>l | 1. einen Mißklang bildend (mus. t. t.) {37}; 2. eine Unstimmigkeit aufweisend, uneinig {25/32/33}; 3. unterschiedlich verformt (geol. t. t.) {62/53} | **dis** + **harmonicus**, a, um gr. *ἁρμονικός* | s. oben 0757 im Einklang stehend harmonisch |
| 0761 | **disjunkt** | getrennt, geschieden {58/56} | **disiunctus**, a, um | getrennt, entfernt; ausschließend |

| | | | | |
|---|---|---|---|---|
| – | **Disjunktion** | 1. Trennung, Sonderung {56/58}; 2. Verknüpfung zweier Aussagen durch „entweder - oder" (log. t. t.) {71/77}; 3. Trennung geographischer Verbreitungsgebiete (biol. t. t.); 4. Trennungsvorgang bei Chromosomen (biol. t. t.) {68/69} | **disiunctio**, onis f | Trennung, Abweichung; Ausschließung |
| – | **disjunktiv** | 1. einander ausschließend {56/71}; 2. eine Wahlmöglichkeit zwischen mehreren sprachlichen Formen aufweisend (sprachwiss. t. t.) {76} | **disiunctivus**, a, um | einen Gegensatz enthaltend, einander entgegengesetzt |
| 0762 | **Diskant** (l;l)>mlat | 1. oberste Stimme; Gegenstimme (mus. t. t.); 2. obere Hälfte der Tastenreihe beim Klavier (mus. t. t.) {37}; 3. sehr helle, schrille Stimmlage beim Sprechen {23/32} | **dis** + **cantus**, us m<br>mlat. discantus | s. oben 0757<br>Gesang<br><br>abweichende Gegenstimme |
| 0763 | **Diskont(o)** (l;l)>it | 1. Abzug von einer zu bezahlenden Rechnungssumme {42/80}; 2. -satz: Zinsfuß für die Diskontberechnung {80} | **dis** + **computare** | s. oben 0757<br>zusammen-, berechnen<br>vgl. oben 0535, 0759 |
| – | **Diskonten** (l;l)>it | inländische Wechsel {80} | dto. | dto. |
| – | **diskontieren** (l;l)>it | eine später fällige Forderung unter Abzug von Zinsen ankaufen {80} | dto. | dto. |

>>> Diskontinuität, diskontinuierlich s. Kontinuität, kontinuierlich

| | | | | |
|---|---|---|---|---|
| 0764 | **Diskredit** (l;l)>it>frz | übler Ruf {25/33} | **dis** + **creditum**, ti n | s. oben 0757<br>das Anvertraute; Darlehen |
| – | **diskreditieren** (l;l)>it>frz | dem Ruf, Ansehen von jmdm. schaden {25/33} | **dis** + **creditare** bzw. **credere** | s. oben 0757<br>fest glauben<br>anvertrauen, glauben |
| 0765 | **diskrepant** | (voneinander) abweichend, zwiespältig {25/56} | **discrepare** | nicht übereinstimmen, abweichen |
| – | **Diskrepanz** | Widersprüchlichkeit, Mißverhältnis zwischen zwei Sachen {25/56} | dto. | dto. |
| 0766 | **diskret** l>mlat>frz | 1. vertraulich, unauffällig behandelt {25/33}; 2. takt-, rücksichtsvoll {25/26/33/84}; 3. abgegrenzt, abgetrennt {56/58}; 4. in einzelne Punkte zerfallend, vereinzelt {56/57} | **discretim** bzw. **discrete** (Adv.) | abgesondert, getrennt |

| | | | | |
|---|---|---|---|---|
| – | **Diskretion** l>frz | 1. Rücksichtnahme, taktvolle Zurückhaltung {25/26/33}; 2. Vertraulichkeit, Verschwiegenheit {25/32/33} | **discretio**, onis f | Absonderung, Trennung, Unterscheidung |
| 0767 | **diskriminieren** | 1. durch Verleumdungen jmds. Ansehen herabsetzen {25/32/33}; 2. benachteiligen, zurücksetzen {33}; 3. (sprachliche Einheiten) gegeneinander abgrenzen (sprachwiss. t. t.) {56/76} | **discriminare** | trennen, absondern, unterscheiden |
| – | Diskriminierung | | | |
| 0768 | **Diskurs** | 1. Abhandlung über ein wissenschaftliches Thema {32/22}; 2. Gedankenaustausch, Unterhaltung {32}; 3. heftiger Wortwechsel {32/26}; 4. sprachliche Äußerung (sprachwiss. t. t.) {76} | **discursus**, us m | das Auseinanderlaufen, das Umherrennen; Streifzug |
| – | **diskursiv** l>mlat | von einer Vorstellung zur anderen mit logischer Notwendigkeit fortschreitend (philos. t. t.) {77} | **discurrere** | auseinanderlaufen, zerstreuen, mitteilen |
| 0769 | **Diskussion** | Erörterung, Aussprache, Meinungsaustausch {32} | **discussio**, onis f | Untersuchung, Prüfung; Revision |
| – | **diskutabel** l>frz | erwägenswert, Akzeptierung möglich, strittig {25/32} | **discutere**<br><br>frz. *discutable* | zerspalten; untersuchen, erörtern, diskutieren |
| – | **Diskutant** l>nlat | Teilnehmer an einer Diskussion {32/33} | **discutere** | s. oben |
| – | **diskutieren** | 1. etw. eingehend erörtern, besprechen; 2. Meinungen austauschen {32} | dto. | dto. |
| 0770 | **disloyal** l;l>frz | gegen die Regierung eingestellt {50/25} | **dis**<br>+ **legalis**, e | s. oben 0757<br>gesetzlich, die Gesetze betreffend |
| 0771 | **dislozieren** (l;l)>nlat | 1. Truppen räumlich verteilen (veraltet) {58/86}; 2. umziehen (schweiz.) {61/44} | **dis**<br>+ **locare** | s. oben 0757<br>stellen, setzen, legen; einquartieren |
| 0772 | **disparat** | ungleichartig, unvereinbar, sich widersprechend {25/56} | **dispar** (Gen. disparis) | ungleich, unähnlich, verschieden |
| – | **Disparität** l>nlat | Ungleichheit, Verschiedenheit {25/56} | dto. | dto. |

| | | | | |
|---|---|---|---|---|
| 0773 | **Dispatcher** (l;l)>it >engl | 1. die Produktion überwachender Angestellter {40/41}; 2. jmd., der die zentrale Lenkung, Kontrolle und Planerfüllung überwacht (DDR - hist. t. t.) {40/41/75} | **dis** + **pangere** (PPP. **pactus**) <br> it. *dispacciare* | s. oben 0757 <br> befestigen, verfertigen, unternehmen, verabreden |
| 0774 | **Dispens** l>mlat | 1. Aufhebung einer Verpflichtung, Befreiung {25/33/82}; 2. Ausnahmebewilligung (bes. kirchlich) {28/51} | **dispensare** | abwägen, zuteilen, regulieren |
| – | **dispensabel** l>nlat | verzeihlich (veraltet) {25/33} | dto. | dto. |
| – | **dispensieren** l>(mlat) | 1. jmdn. von etw. befreien, beurlauben {25/33}; 2. Arzneien bereiten und abgeben {40/70} | dto. | dto. |
| – | Dispensierung | | | |
| 0775 | **dispers** | zerstreut, feinverteilt {54} | **dispergere** (Adv. **dispersim**) | zerstreuen, ausbreiten, verteilen |
| – | **Dispersion** | 1. feinste Verteilung eines Stoffes in einem anderen {54/73}; 2. Abhängigkeit der Fortpflanzungsgeschwindigkeit von der Wellenlänge (phys. t. t.); 3. Zerlegung von weißem Licht in ein Spektrum (phys. t. t.) {72}; 4. Streuung der Einzelwerte (statist. t. t.) {71} | **dispersio**, onis f | Zerstreuung; Zerstörung |
| >>> | Dispo s. unter Disposition (1.) | | | |
| 0776 | **Disponent** | 1. bevollmächtigter kaufmännischer Angestellter {40/42}; 2. künstlerischer Vorstand, der einen Theatervorstellungs- und -probenplan verwaltet {40/33/35} | **disponere** | aufstellen, verteilen, ordnen, anordnen |
| – | **disponibel** l>nlat | verfügbar {25/56} | dto. | dto. |
| – | Disponibilität | | | |
| – | **disponieren** | 1. planen, kalkulieren; 2. ordnen, einteilen (veraltet) {25/56} | dto. | dto. |
| – | **disponiert** | 1. aufgelegt {26}; 2. empfänglich (für Krankheiten) {70}; 3. aus einer Anzahl von Orgelregistern kombiniert (mus. t. t.) {37} | dto. | dto. |

| | | | | |
|---|---|---|---|---|
| – | **Disposition** | 1. Anordnung, Gliederung, Planung; Terminkalender von Künstlern {25/56/58/59}; 2. Verfügung über die Verwendung einer Sache {28}; 3. Anlage zu einer Eigenschaft, einem typischen Verhalten (psych. t. t.); 4. Anfälligkeit für Krankheiten (med. t. t.) {70}; 5. Anzahl und Art der Orgelregister (mus. t. t.) {37/57} | **dispositio**, onis f | Aufstellung, Anordnung, Einrichtung, Verteilung |
| – | **dispositionsfähig** l;d | geschäftsfähig {82/42} | dto. | dto. |
| – | **Dispositionskredit** l;l | Überziehungskredit {80} | dto. + **creditum**, ti n | dto. das Anvertraute; Darlehen |
| – | **dispositiv** l>nlat | anordnend, verfügend {25/28/33} | **disponere** (bzw. **dispositus**, a, um | s. oben wohl-, angeordnet, festgesetzt) |
| 0777 | **Disproportion** (l;l)>nlat | Mißverhältnis {56} | **dis** + **proportio**, onis f | s. oben 0757 Proportion, Verhältnis, Ebenmaß |
| – | **Disproportionalität** (l;l)>nlat | Mißverhältnis (bes. in der Konjunkturtheorie - wirtsch. t. t.) {56/80} | **dis** + **proportionalitas**, atis f | s. oben 0757 Verhältnismäßigkeit, Ebenmaß |
| – | **disproportioniert** (l;l)>nlat | schlecht proportioniert, ungleich {56} | **dis** + **proportionatus**, a, um | s. oben 0757 nach dem Ebenmaß eingerichtet |
| 0778 | **Disput** | Streitgespräch, Wortwechsel {32/33} | **disputare** frz. *dispute* | genau überlegen, Gründe und Gegengründe abwägen |
| – | **disputabel** | strittig {32/56} | **disputabilis**, e | worüber sich sprechen läßt |
| – | **Disputant** | jmd., der an einem Disput teilnimmt {32/33} | **disputare** | s. oben |
| – | **Disputation** | (wissenschaftliches) Streitgespräch {25/32/40} | **disputatio**, onis f | Berechnung; Untersuchung, Erörterung |
| | **disputieren** | ein (wissenschaftliches) Streitgespräch führen, seine Meinung vertreten {25/32/40} | **disputare** | s. oben |

| | | | | |
|---|---|---|---|---|
| 0779 | **Disqualifikation** o. **Disqualifizierung** l;(l;l)>mlat >engl | 1. Ausschluß von einem (sportlichen) Wettbewerb wegen Regelverstoßes {28/85}; 2. Untauglichkeit {22/25/56} | **dis**<br>+ **qualis**, e<br><br>+ **facere**<br>mlat. qualificare<br><br><br><br>qualificatio | s. oben 0757<br>(irgend)wie beschaffen<br>tun, machen (zu)<br><br>näher bestimmen, mit einer bestimmten Eigenschaft versehen<br>Verfahrensweise, Art |
| – | **disqualifizieren** l;(l;l)>mlat >engl | 1. jmdn. wegen Regelverstoßes vom Wettkampf ausschließen {28/85}; 2. für untauglich erklären {32/25/22/56} | dto. | dto. |
| >>> | Diss s. Dissertation | | | |
| 0780 | **Dissens** | Meinungsverschiedenheit (bei Vertragsabschluß) {32/80/82} | **dissensus**, us m | Nichtübereinstimmung, Meinungsverschiedenheit |
| – | **dissentieren** | abweichender Meinung sein {25/32/33} | **dissentire** | nicht übereinstimmen, in der Meinung abweichen |
| 0781 | **Dissertant** | jmd., der an einer Dissertation schreibt {31/32} | **dissertare** | auseinandersetzen, erörtern |
| – | **Dissertation** | schriftliche wissenschaftliche Abhandlung zur Erlangung des Doktorgrades {32/31} | **dissertatio**, onis f | Erörterung, Vortrag |
| – | **dissertieren** | eine Dissertation schreiben {32/31} | **dissertare** | s. oben |
| 0782 | **dissident** l>engl | andersdenkend, von der herrschenden Meinung abweichend {25/50} | **dissidere** | entfernt sein, anders denken, uneins sein |
| – | **Dissident** | 1. Konfessionsloser {51/77}; 2. Andersdenkender, von der offiziellen politischen Meinung Abweichender {25/50} | dto. | dto. |
| 0783 | **Dissimilation** | 1. Lautänderung innerhalb eines Wortes (sprachwiss. t. t.) {76}; 2. Abbau von Körpersubstanz unter Energiegewinnung (biol. t. t.) {69/73}; 3. Wiedergewinnung einer eigenen Volks- oder Gruppeneigenart (soziol. t. t.) {81} | **dissimilis**, e<br>bzw.<br>**dissimulatio**, onis f | unähnlich, ungleichartig<br><br>das Unkenntlichmachen, Verstellen |
| – | **dissimilieren** | 1. gleiche Laute innerhalb eines Wortes durch Wandel unähnlich machen (sprachwiss. t. t.) {76}; 2. organische Verbindungen zur Energiegewinnung beim Stoffwechsel zerlegen (biol. t. t.) {69/73} | **dissimilis**<br>bzw.<br>**dissimulare** | s. oben<br><br>verbergen, verheimlichen, verleugnen |

| | | | | |
|---|---|---|---|---|
| – | **Dissimulation** | bewußte Verheimlichung von Krankheitssymptomen (med. t. t.) {28/70} | **dissimulatio** | s. oben |
| – | **dissimulieren** | verbergen, verheimlichen (von Krankheiten - med. t. t.) {28/70} | **dissimulare** | s. oben |
| 0784 | **dissonant** | 1. nach Auflösung strebend, mißtönend (mus. t. t.) {37}; 2. unstimmig, unschön {26/56} | **dissonare** (PPA. **dissonans**) | verworren tönen; nicht übereinstimmen, abweichen |
| – | **Dissonanz** | Mißklang, Disharmonie (mus. t. t.) {37} | **dissonantia**, ae f | Dissonanz, Disharmonie |
| – | **dissonieren** | 1. mißtönend, nicht harmonisch (zusammen) klingen (mus. t. t.) {37}; 2. nicht übereinstimmen {56} | **dissonare** | s. oben |
| 0785 | **Dissoziation** | 1. krankhafte Geistesentwicklungsform (psych. t. t.); 2. Störung der Muskelbewegungskoordination (med. t. t.) {70}; 3. Molekülzerfall (chem. t. t.) {73} | **dissociatio**, onis f | Trennung, Antipathie |
| – | **dissoziativ** l>nlat | die Dissoziation betreffend, durch sie bewirkt {70/73} | **dissociare** | vereinzeln, trennen, auflösen |
| – | **dissoziieren** | 1. trennen, auflösen {52/58}; 2. in Ionen oder Atome aufspalten, zerfallen (chem. t. t.) {73} | dto. | dto. |
| 0786 | **Distanz** | 1. Abstand, Entfernung; 2. zurückzulegende Strecke {58}; 3. Gesamtzeit der Runden beim Boxsport {59/85}; 4. Reserviertheit, abwartende Zurückhaltung {26/84} | **distantia**, ae f | das Auseinandersetzen; Abstand |
| – | **distanzieren** l>frz | 1. jmdn. im Wettkampf hinter sich lassen {56/58/85}; 2. von etw. oder jmdm. abrücken; jmds. Verhalten nicht billigen {25/33} | dto. frz. *distancer* | dto. |
| – | **distanziert** l>frz | Zurückhaltung wahrend, auf Abstand bedacht {26/25/33/84} | dto. | dto. |
| 0787 | **distinguieren** | unterscheiden, in besonderer Weise abheben {56/26} | **distinguere** | unterscheiden; absondern, -trennen |
| – | **distinguiert** | vornehm; sich durch gepflegtes Auftreten abheben {26/33/84} | dto. | dto. |
| – | **distinkt** | klar und deutlich (abgegrenzt) {23/25/53/56} | **distinctus**, a, um | gehörig unterschieden; deutlich und bestimmt |
| – | **Distinktion** l>frz | 1. Auszeichnung, (hoher) Rang; 2. Rangabzeichen (österr.) {33/86}; 3. Unterscheidung {23/25} | **distinctio**, onis f | Unterschied; Unterscheidung; Zierde, Schmuck |
| – | **distinktiv** l>frz | unterscheidend (sprachwiss. t. t.) {76} | **distinctive** (Adv.) | unterscheidend |

| | | | | |
|---|---|---|---|---|
| 0788 | **Distorsion** | 1. Gelenkverstauchung (med. t. t.) {70}; 2. Bildverzerrung, -zeichnung (opt. t. t.) {72/87} | **distorsio,** onis f | Verdrehung |
| 0789 | **distrahieren** | 1. auseinanderziehen, trennen; 2. zerstreuen {29/53/58} | **distrahere** | auseinanderziehen, trennen |
| – | **Distraktion** | 1. Zerstreuung (veraltet) {58}; 2. Zerrung der Erdkruste durch tektonische Kräfte (geol. t. t.) {62}; 3. das Auseinanderziehen von Knochenbruchenden (med. t. t.) {70} | **distractio,** onis f | das Auseinanderziehen; Zerstückelung; Absonderung |
| – | **Distraktor** l>engl | angebotene Möglichkeit bei Ankreuztests (Multiple-choice-Verfahren) {25/31} | **distractor,** oris m | Herumzerrer; Ausverkäufer |
| 0790 | **distribuieren** | ver-, austeilen {29/33/42/58} | **distribuere** | ver-, austeilen, verbreiten |
| – | **Distribution** l>(engl) | 1. Verteilung, Vertrieb {42}; 2. verallgemeinerte Funktion (math. t. t.) {71} | **distributio,** onis f | Verteilung, (logische) Einteilung |
| – | distributional oder -nell | | | |
| – | **distributiv** | 1. eine sich wiederholende Verteilung angebend (sprachwiss. t. t.) {76}; 2. in bestimmten Umgebungen vorkommend {52/58}; 3. nach dem Distributivgesetz verknüpft (math. t. t.) {71} | **distributivus,** a, um | verteilend, distributiv |
| – | **Distributivum** | Verteilungszahlwort (im Deutschen durch „je" wiedergegeben - sprachwiss. t. t.) {76} | dto. | dto. |
| 0791 | **Distrikt** l>(frz>engl >am) | Bezirk, abgeschlossener Bereich {48/58} | **districtus,** us m | Umgebung der Stadt, Territorium |
| 0792 | **Disziplin** | 1. Unterordnung, bewußte Einordnung {25/31/33}; 2. Teilbereich, Unterabteilung (beim Sport, in der Wissenschaft) {56/85} | **disciplina,** ae f | Lehre, Unterricht; Ordnung |
| – | **disziplinär** l>mlat | die Disziplin betreffend {56/85} | dto. | dto. |
| – | **disziplinarisch** l>mlat | 1. der Dienstordnung gemäß {25/33/40/50}; 2. streng {25/26/33} | dto. | dto. |
| – | **disziplinieren** l>mlat | 1. zur bewußten Einordnung erziehen {31/33}; 2. maßregeln {25/32/33} | dto. | dto. |
| – | **diszipliniert** l>mlat | 1. an bewußte Einordnung gewöhnt {25/31/33}; 2. zurückhaltend; beherrscht; korrekt {25/26/33/84} | **disciplinatus,** a, um | geschult, gut gewöhnt |
| – | Disziplinierung, disziplinlos | | | |

| | | | | |
|---|---|---|---|---|
| 0793 | **dito**<br>l>it>frz | dasselbe, ebenso (in bezug auf ein vorher genanntes) {56} | **dicere**<br>it. *dire*<br>*detto* | sagen<br><br>das Besagte |
| 0794 | **Diva**<br>l>it | 1. Titel der röm. Kaiserinnen nach ihrem Tode (hist. t. t.) {33/51/75}; 2. von Publikumsbegeisterung und Erfolg verwöhnte Künstlerin {35/37}; 3. durch Empfindlichkeit oder Exzentrik auffallende Person {33/84} | **divus,**<br>a, um | göttlich, von göttlicher Natur |
| 0795 | **Diverbia** | gesprochene Teile der altröm. Komödie {35/74/75} | **diverbium,**<br>ii n | Wechselgespräch auf der Bühne, Dialog |
| 0796 | **divergent**<br>(l;l)>nlat | 1. entgegengesetzt, unterschiedlich {56}; 2. nicht einem endlichen Grenzwert zustrebend (math. t. t.) {71} | **dis**<br>+ **vergere** | s. oben 0757<br>sich neigen, gelegen sein, sich nähern |
| – | **Divergenz**<br>l>nlat | Auseinandergehen, -streben {56/58/61} | dto. | dto. |
| – | **divergieren**<br>l>nlat | auseinandergehen, in entgegengesetzter Richtung verlaufend {56/58/61} | dto. | dto. |
| – | divergierend | | | |
| 0797 | **diver-s(er/e/es)** | einige, mehrere (verschiedene) {56/57} | **diversus,**<br>a, um | nach zwei Seiten hingewendet; verschieden |
| – | **Diverses** | einiges, verschiedenes {56/57} | dto. | dto. |
| – | **Diversifikation** o. **Diversifizierung**<br>(l;l)>nlat | 1. Veränderung, Abwechslung, Vielfalt {56/61} | **diversus**<br>+ **facere** | s. oben<br>tun, machen, handeln |
| | ((l;l)>engl) | 2. Produktpalettenänderung zur Unternehmenssicherung (wirtsch. t. t.) {61/80} | | |
| – | **diversifizieren**<br>l>engl | ein Unternehmen auf neue Produktions- bzw. Produktbereiche umstellen {41/61/80} | dto. | dto. |
| 0798 | **Diversion** | 1. Angriff von der Seite, Ablenkung (86); | **diversio,**<br>onis f | Ablenkung, Abschweifung |
| | (l>russ) | 2. Störmanöver gegen den Staat mit den Mitteln der Sabotage (DDR) {50/82} | | |
| – | **Diversant**<br>l>russ | jmd., der Sabotage betreibt (DDR) {50/82} | dto. | dto. |
| 0799 | **Divertimento**<br>l>it<br>o. **Divertissement**<br>l>frz | (mus. t. t.) 1. lose Folge von Instrumentalsätzen; 2. frei gearbeitete Episode in einer Fuge; 3. Tanzeinlage in Opern; 4. Potpourri; 5. musikalisches Zwischenspiel {37} | **divertere** | auseinandergehen, sich trennen; verschieden sein |

| | | | | |
|---|---|---|---|---|
| 0800 | **dividieren** | teilen (math. t. t.) {71} | **dividere** | trennen, teilen, spalten |
| – | **Dividend** | Zahl, die geteilt werden soll (math. t. t.) {71} | dto. | dto. |
| – | **Dividende** l>frz | jährlich auf eine Aktie entfallender Gewinnanteil (wirtsch. t. t.) {80} | dto. Gerund. **dividendum** | dto. das zu Teilende |
| 0801 | **Divination** | Ahnung, Voraussage von Zukunftsereignissen, Wahrsagekunst {24/51} | **divinatio**, onis f | Weissagekunst, Ahnung, Eingebung |
| – | **divinatorisch** l>nlat | vorahnend, seherisch {24/51} | **divinus**, a, um | göttlich; weissagerisch, prophetisch |
| – | **Divinität** | Göttlichkeit, göttliches Wesen {51} | **divinitas**, atis f | Göttlichkeit, göttliche Natur |
| 0802 | **Divis** | 1. Teilungszeichen (veraltet) {32}; 2. Bindestrich (druckw. t. t.) {32/40} | **divisus**, a, um | getrennt |
| – | **Division** (l>frz) | 1. Teilung (math. t. t.) {71}; 2. militärische Einheit {57/86} 3. Bezeichnung für Sportleistungsklassen {56/85} | **divisio**, onis f | Teilung; Ein-, Aus-, Verteilung |
| – | **Divisionär** l>frz | 1. Befehlshaber einer Division (bes. schweiz.) {33/86}; 2. Mannschaft innerhalb einer bestimmten sportlichen Leistungsklasse {56/85} | dto. | dto. |
| – | **Divisor** | Zahl, durch die eine andere geteilt wird (math. t. t.) {71} | **divisor**, oris m | Ab-, Verteiler, Divisor (arithm. t. t.) |
| 0803 | **Divus** | Titel röm. Kaiser (hist. t. t.) {75/33} | **divus**, vi m | göttlich, von göttlicher Natur vgl. oben 0794 |
| 0804 | **Doge** l>it | (Titel des) Staatsoberhaupt(s) in Venedig und Genua (hist. t. t.) {75/33} | **dux**, ucis m | (An)führer, Leiter; Feldherr |
| 0805 | **Doktor** l>mlat | 1. höchster akademischer Grad; 2. jmd. mit Doktortitel {33}; 3. Arzt (ugs.) {40/70} | **doctor**, oris m | Lehrer, Lehrmeister |
| – | **Doktorand** l>mlat | jmd., der den Doktortitel erwerben will {27/31/33} | dto. | dto. |
| – | **Doktorat** l>mlat | 1. Doktorprüfung {31}; 2. Doktorgrad {33} | dto. | dto. |
| – | doktorieren, herumdoktorn | | | |
| 0806 | **Doktrin** | Grundsatz, programmatische Festlegung {25/28/50/81} | **doctrina**, ae f | Unterricht, Lehre, Wissenschaft |
| – | **doktrinär** l>frz | 1. in der Art einer Doktrin; auf ihr beruhend; 2. unduldsam eine Theorie verfechtend {25/26/50/81} | dto. | dto. |
| – | **Doktrinär** l>frz | Verfechter, Vertreter einer Doktrin {25/33/50/81} | dto. | dto. |

| | | | | |
|---|---|---|---|---|
| 0807 | **Dokument** | 1. Urkunde, Schriftstück {32}; 2. Beweis(stück) {25/82/50}; 3. Parteidokument (DDR) {33/50} | **documentum**, ti n | Beweis, Beispiel, Lehre, Warnung |
| – | **Dokumentalist** o. **Dokumentar** l>nlat | Fachmann, der in einem Dokumentationszentrum tätig ist {32/40} | dto. | dto. |
| – | **Dokumentalistik** l>nlat | fachwissenschaftliche Disziplin der Sammlung und Speicherung von Informationen {32/40/57} | dto. | dto. |
| – | **dokumentarisch** o. **dokumentar...** l>nlat | 1. amtlich, urkundlich {32}; 2. den Tatsachen möglichst genau entsprechend {32/52} | dto. | dto. |
| – | **Dokumentarist** o. **Dokumentator** l>nlat | Autor von Dokumentarberichten, -filmen, -spielen, -literatur {32/34/40) | dto. | dto. |
| – | **Dokumentation** l>nlat | 1. Zusammenstellung, Nutzbarmachung von Dokumenten {32/57}; 2. Sendung aus dokumentarischen Texten {32/33/85}; 3. anschaulicher Beweis {25/23/82} | **documentatio**, onis f | Vorstellung, Warnung |
| – | **dokumentieren** l>nlat | 1. zeigen {32}; 2. (durch Dokumente) beweisen {25/82} | **documentare** | vorstellen, warnen |
| 0808 | **Dolcefarniente** (l;l;l)>it | süßes Nichtstun {59/85} | **dulcis**, e<br>+ **facere**<br>+ **nihil** | süß, lieblich<br>tun, machen<br>nichts |
| 0809 | **doloroso** l>it | klagend, betrübt, trauervoll, schmerzlich (mus. t. t.) {26/37} | **dolorosus**, a, um | schmerzhaft |
| 0810 | **Dolus** | Arglist, böser Vorsatz (jur. t. t.) {28/82} | **dolus**, li m | Betrug, Arglist, Täuschung |
| 0811 | **Dom** l>it>frz (l>port) | 1. Bischofs-, Stiftskirche mit ausgedehntem Chor {51/88}; 2. portugiesischer Titel {33} | **domus**, us f (sc. ecclesiae | Haus der Christengemeinde) |
| 0812 | **Domäne** l>frz | 1. Staatsgut, -besitz {39/43/50}; 2. Arbeits-, Wissensgebiet, auf dem jmd. sehr gut Bescheid weiß {22/25/40} | **dominium**, ii n<br><br>frz. *domaine* | Herrschaft, Besitz, Eigentum, Machtgebiet |
| 0813 | **Domestik** l>frz | 1. Dienstbote (veraltet) {44/40/33}; 2. Radrennfahrer, der den besten Fahrer seines Teams unterstützt {33/85} | **domesticus**, a, um | zum Haus -, zur Familie gehörig, Haus... |
| – | **Domestikation** l>frz | Zähmung und Züchtung von Haustieren, Kulturpflanzen {39/40} | dto. bzw. **domesticatio**, onis f | dto.<br>Eigentümlichkeit, Eigentum |

| | | | | |
|---|---|---|---|---|
| – | **domestizieren** l>frz | 1. Haustiere und Kulturpflanzen aus Wildformen züchten {39/40}; 2. zähmen, heimisch machen {25/39/52/69} | **domesticus** | s. oben |
| 0814 | **Domina** | 1. Stiftsvorsteherin {33/51}; 2. Prostiuierte, die sadistische Handlungen an einem Masochisten vornimmt {18} | **domina**, ae f | Hausherrin, -frau, Wirtin, Gastgeberin vgl. oben 0581 |
| – | **dominant** | 1. vorherrschend, überdekkend (von Erbfaktoren - biol. t. t.) {68/69}; 2. beherrschend, bestimmend {28/33}; 3. = dominierend {18/33} | **dominari** (PPA. **dominans**) | herrschen, tyrannisieren herrschend |
| – | **Dominante** (l>it) | 1. vorherrschendes Merkmal (biol. t. t.) {68/69}; 2. fünfte Stufe der diatonischen Tonleiter (mus. t. t.); 3. (= Dominantakkord): Dreiklang auf der fünften Stufe (mus. t. t.) {37} | dto. | dto. |
| – | **Dominanz** l>nlat | 1. Eigenschaft von Erbfaktoren, sich gegenüber schwächeren sichtbar durchzusetzen (biol. t. t.) {68/69}; 2. Überlegenheit; das Beherrschen {28/33} | dto. | dto. |
| – | **Dominat** | absolutes Kaisertum in Rom seit Diocletian (hist. t. t.) {75} | **dominatus**, us m | Allein-, Willkür-, Oberherrschaft |
| – | **Domination** | das Dominieren; Vormachtstellung, Beherrschung {33} | **dominatio**, onis f | Despotie, Allein-, Gewaltherrschaft |
| – | **dominieren** | 1. bestimmen, herrschen, vorherrschen; 2. jmdn. oder etw. beherrschen {28/33} | **dominari** | s. oben |
| – | **dominierend** | 1. an Stärke, Gewichtigkeit andere überragend {33}; 2. sadistische Handlungen an einem Masochisten vornehmend {18} | dto. | dto. |
| 0815 | **Dominion** l>frz>engl | Bezeichnung für ein der Verwaltung nach selbständiges Land des Britischen Empire {50} | **dominium** frz. *domaine* | s. oben 0812 |
| – | **Dominium** | Herrschaft, Herrschaftsgebiet (veraltet) {50/58} | dto. | dto. |
| 0816 | **Domino** l>it>frz | 1. Maskenmantel mit Kapuze und weiten Ärmeln (im Karneval) {19/33}; 2. Träger eines solchen Kostüms {33}; 3. Dominostein (österr.) {17}; 4. Anlegespiel mit rechteckigen Steinen {85} | **dominus**, ni m it. *domino* | Herr, Hausherr, Gebieter |
| – | **Dominus** | Herr, Gebieter {33} | **dominus** | s. oben |

| | | | | |
|---|---|---|---|---|
| 0817 | **Domizil** | 1. Wohnsitz, Wohnhaus {44}; 2. Zahlungsort (von Wechseln {80}; 3. einem bestimmten Planeten zugeordnetes Tierkreiszeichen (astrol. t. t.) {51/66} | **domicilium**, ii n | Wohnung, Wohnsitz, Residenz, Palast |
| 0818 | **Domkapitel** l;l | Gemeinschaft von Geistlichen {51/33} | **domus** + **capitulum**, li n | s. oben 0811 kleiner Kopf; Hauptinhalt |
| – | **Domkapitular** l;l | Mitglied des Domkapitels {51/33} | dto. | dto. |
| 0819 | **Dompteur** l>frz | Tierbändiger {40/85} | **domitare** frz. *dompter* | bezähmen, bändigen, überwinden |
| – | **Dompteuse** l>frz | Tierbändigerin {40/85} | dto. | dto. |
| 0820 | **Don** bzw. **Doña/ Donna** l>it/span | 1. höfliche Anrede (nur vor Vornamen gebraucht) {32}; 2. Titel italienischer Adelsfamilien {33} | **dominus** bzw. **domina** | s. oben 0816 s. oben 0814 |
| 0821 | **Donation** | Schenkung (jur. t. t.) {43/82} | **donatio**, onis f | Schenkung, Geschenk |
| 0822a | **Donja** bzw. **Donna** l>it/span | weibliche Person, (z. B. Dienstmädchen); Hausangestellte (abwertend) {33/40} | **domina** | s. oben 0814 |
| 0822b | **Doppel** l>frz>engl | 1. Zweitschrift, Kopie {32/56}; 2. Spiel für vier Spieler beim Tennis (sport. t. t.) {57/85} | **duplus**, a, um frz. *double* engl. *doubles* | zweifach, doppelt vgl. unten 0825 |
| – | Doppeldecker, Doppelgänger, doppeln bzw. verdoppeln, Doppelpunkt | | | |
| – | **doppelt** l>frz | zweifach, zweimal {57} | dto. frz. *double* | dto. |
| 0823 | **dorsal** l>mlat | 1. zum Rücken gehörend (med. t. t.); 2. am Rücken, rückseitig (med. t. t.) {70/11}; 3. mit dem Zungenrücken gebildet (sprachwiss. t. t.) {76} | **dorsualis**, e | auf dem Rücken befindlich |
| – | **Dorsal** l>mlat | mit dem Zungenrücken gebildeter Laut (sprachwiss. t. t.) {76} | dto. | dto. |
| – | **Dorsale** l>mlat | Rückwand des Chorgestühls {51} | dto. bzw. **dorsum**, si n | dto. Rücken |
| – | **Dossier** l>vulgl>frz | Akte, die alle Schriftstücke zu einem Vorgang umfaßt {32/50/57/82} | **dorsum** frz. *dossier* | s. oben Rückenlehne; Aktenbündel |
| 0824 | **Dotation** l>mlat | 1. Ausstattung mit Vermögenswerten {43}; 2. Mitgift {43/33} | **dotare** | aussteuern, ausstatten |

| | | | | |
|---|---|---|---|---|
| – | **dotieren** l>(frz) | 1. für etw. eine bestimmte Geldsumme ansetzen, geben {42/43/85}; 2. Fremdatome in Halbleitermaterial einbauen (phys. t. t.) {72} | dto. | dto. |
| – | **Dotierung** l>(frz) | 1. das Dotieren {42/43/85}; 2. Entgelt, Gehalt {40/42} | dto. | dto. |
| 0825 | **doubeln** l>frz | einen Filmschauspieler bei riskanten Einstellungen durch einen Stuntman ersetzen {40/56/85} | **duplus**, a, um bzw. **duplare** | zweifach, doppelt, noch einmal soviel<br>verdoppeln |
| – | **Double** l>frz | 1. Ersatzmann, Stuntman beim Film für gefährliche Aufnahmen {40/56/85}; 2. Doppelgänger {23}; 3. Variationen des Satzes der Suite (mus. t. t.) {37}; 4. dickes Doppelgewebe für Wintermäntel {19}; 5. Gewinn von Meisterschaft und Pokalwettbewerb durch dieselbe Mannschaft in einem Jahr (sport. t. t.) {59/85} | dto. frz. *double* | dto. |

>>> Doublé, doublieren, Doublette, Doublone s. unter Dub...

| | | | | |
|---|---|---|---|---|
| 0826 | **dozieren** | 1. an einer Hochschule lehren {31/40}; 2. in belehrendem Ton reden {32/26} | **docere** | (be)lehren, unterrichten, zeigen, nachweisen |
| – | **Dozent** | Lehrbeauftragter an einer (Hoch)schule {31/40} | dto. | dto. |
| – | **Dozentur** l>nlat | 1. akademischer Lehrauftrag; 2. Stelle für einen Dozenten {31/40} | dto. | dto. |
| 0827 | **Drache** (gr)>l | Fabeltier, Lindwurm {07/24/51} | **draco**, onis m<br>gr. *δράκων* | Drache; unschädliche Seeschlange; Fischart |
| – | **Drachen** (gr)>l | 1. Kinderspielzeug, Fluggerät aus Papier {85}; 2. zänkische (alte) Frau {26/33} | dto. | dto. |
| – | **Dragoner** (gr)>l>frz | 1. Kavallerist auf leichterem Pferd (hist. t. t.) {75/86}; 2. stämmige energische Frau (ugs.) {26/33}; 3. Rückenspange am Rock oder Mantel (österr.) {19} | dto.<br>frz. *dragon* | dto.<br>Handfeuerwaffe |
| 0828 | **Drapé** l>vulgl>frz | Herrenanzugstoff aus Kammgarn {19} | **drappus**, pi m | Tuch, Lappen |
| – | **drapieren** l>vulgl>frz | 1. kunstvoll in Falten legen {19}; 2. mit kunstvoll gefaltetem Stoff behängen, schmükken {19/20} | dto. | dto. |

| | | | | |
|---|---|---|---|---|
| 0829 | **Dress** l>vulgl>frz >engl | besondere Kleidung (z. B. für Sport) {19/85} | **dirigere** vulgl. directiare* frz. *dresser* engl. *(to) dress* | gerade machen, ausrichten, zielen richten, lenken aufrichten; aufmachen; abrichten |
| – | **Dresseur** l>vulgl>frz | jmd., der Tiere abrichtet {40/85} | dto. frz. *dresseur* | dto. |
| – | **dressieren** l>vulgl>frz | 1. Tiere abrichten {28/38/40/85}; 2. jmdn. zu einer bestimmten Verhaltensweise bringen (abwertend) {28/33}; 3. Speisen kunstvoll anrichten {17}; 4. Hüte unter Dampf in der Hutpresse formen {19/41}; 5. Schappeseide kämmen {19}; 6. nachwalzen {41}; 7. drängeln (ugs.) {61} | **dirigere** | s. oben |
| – | **Dressing** l>vulgl>frz >engl | 1. Soße oder Zutat für bestimmte Gerichte (z. B. Salate); 2. Kräutermischung für Bratenfüllungen {17} | dto. | dto. |
| – | **Dressman** l>vulgl>frz >engl;engl | jmd., der auf Modenschauen Herrenkleidung vorführt {40/19}; 2. männliches Fotomodell {40/33}; 3. junger Mann, der sich homosexuell prostituiert (verhüllend) {33/18} | dto. | dto. |
| – | **Dressur** l>vugl>frz >nlat | 1. das Abrichten von Tieren {28/38/85/40}; 2. Kunststück des dressierten Tieres {33/85} | dto. | dto. |
| 0830 | **Dromedar** (gr)>l>frz | einhöckriges Kamel Nordafrikas und Arabiens {06} | **dromedarius**, ii m gr. *δρόμος* afrz. *dromedaire* | Dromedar, Rennkamel |
| 0831 | **Druide** kelt>l | heidnischer (keltischer) Priester {51/75} | **druidae**, arum bzw. **druides**, dum m | die Druiden; Priesterkaste der Gallier |
| 0832 | **dual** | eine Zweiheit bildend {57} | **dualis**, e | von zweien, zwei enthaltend |
| – | **Dual**(is) | 1. eigene sprachliche Form für zwei Dinge (z. B. in slawischen Sprachen - sprachwiss. t. t.) {76}; 2. unbeabsichtigte Teilnebenlösung eines Schachproblems {25/85} | dto. | dto. |
| – | **dualisieren** l>nlat | verzweifachen, verdoppeln {57} | dto. | dto. |

| | | | | |
|---|---|---|---|---|
| – | **Dualismus** l>nlat | 1. Zweiheit {57}; 2. Gegensätzlichkeit, Polarität zweier Faktoren {71/72/56}; 3. philosophisch-religiöse Lehre {51/77}; 4. Rivalität zweier Staaten zwischen zwei Parteien {50} | dto. | dto. |
| – | **Dualist** l>nlat | Vertreter des Dualismus {25/51/77} | dto. | dto. |
| – | **dualistisch** l>nlat | 1. den Dualismus betreffend (s. oben); 2. zwiespältig, gegensätzlich {56}; 3. eine Teilnebenlösung aufweisend (beim Schach) {25/85} | dto. | dto. |
| – | **Dualität** | 1. Zweiheit, Doppelheit (57); 2. Eigenschaft zweier geometrischer Gebilde {71} | **dualitas**, atis f | Zweizahl, Zweiheit; Zweifaltigkeit |
| 0833 | **dubios** o. **dubiös** l>(frz) | fragwürdig, zweifelhaft {25} | **dubiosus**, a, um | zweifelhaft |
| – | **Dubiosen** o. **Dubiosa** | zweifelhafte Forderungen (wirtsch. t. t.) {80} | dto. | dto. |
| – | **Dubitatio** | die Darstellung einleitende zweifelnde Frage (rhet. t. t.) {76/32} | **dubitatio**, onis f | Zweifel, Ungewißheit |
| – | **dubitativ** | zweifelhaft, Zweifel ausdrükkend {32/76} | **dubitativus**, a, um | zweifelhaft, einen Zweifel anzeigend |
| – | **Dubitativ** | Konjunktiv mit dubitativer Bedeutung (sprachwiss. t. t.) {76} | dto. | dto. |
| – | **Dubium** | Zweifelsfall {25} | **dubium**, ii n | Zweifel, Gefahr |
| 0834 | **Dublee** o. **Doublé** l>frz | 1. Metall mit Edelmetallüberzug {20/41/73}; 2. Stoß beim Billardspiel {61/85} | **duplus**, a, um bzw. **duplum**, li n | zweifach, doppelt, noch einmal soviel das Doppelte |
| – | **Dublette** l>frz | 1. doppelt Vorhandenes; Doppelstück {57}; 2. Doppelschuß, -treffer (bei der Jagd) {38}; 3. Edelstein aus zwei verkitteten Teilen {20} | dto. | dto. |
| – | **dublieren** l>frz | 1. Metall mit einem dünnen Überzug aus Edelmetall (bes. aus Gold) versehen {20/41/73}; 2. zusammendrehen, doppeln {57}; 3. abschmieren, abfärben {41/54}; 4. die Gemälderückseite (mit Holz) verstärken (künstl. t. t.) {36} | **duplicare** | doppelt machen; verdoppeln; in zwei Teile spalten |
| – | **Dublone** l>span>frz | frühere spanische Goldmünze {56/75} | **duplus** | s. oben |
| 0835 | **Duc** l>frz | höchste Rangstufe des Adels in Frankreich {33} | **dux**, ucis mf | Führer, Feldherr, Leiter |
| – | **Duca** l>it | italienischer Adelstitel {33} | dto. | dto. |

| | | | | |
|---|---|---|---|---|
| 0836 | **Ductus** | Gang, Kanal, Ausführungsgang von Drüsen (med. t. t.) {70} | **ductus**, us m | Zug, durchlaufende Verbindung; (Wasser)leitung |
| 0837 | **due** l>it | zwei (mus. t. t.) {37} | **duo**, ae, o | zwei |
| 0838 | **Duell** altl>l>frz | Zweikampf {33/86} | **bellum** altl. **duellum** gemischt mit: **duo**, ae, o | Krieg<br>zwei |
| – | **Duellant** altl>l>frz | jmd., der sich mit einem anderen duelliert {33/86} | dto. | dto. |
| – | **duellieren** altl>l>mlat >frz | einen Zweikampf austragen {29/33/86} | dto. mlat. duellare | dto. |
| 0839 | **Duett** l>it | (mus. t. t.) 1. Komposition für zwei Singstimmen; 2. zweistimmiger musikalischer Vortrag {37} | **duo**, ae, o | zwei |
| 0840 | **Dukaten** l>mlat>it | frühere Goldmünze {56/75} | **dux**<br>it. *duca*<br>*ducato* | s. oben 0835<br>Herzog<br>Münze mit dem Bildnis eines Herzogs |
| 0841 | **Duke** l>frz>engl | höchste Rangstufe des Adels in England {33} | **dux** | s. oben 0835 |
| 0842 | **Duktus** | 1. Schriftzug, Linienführung der Schriftzeichen {32}; 2. charakteristische Art der (künstlerischen) Formgebung {23/36/53/79} | **ductus** | s. oben 0836 |
| 0843 | **Duo** l>it | 1. Komposition für zwei ungleiche Klangquellen (mus. t. t.); 2. zwei gemeinsam musizierende Solisten (mus. t. t.) {37}; 3. zwei Personen, die eine (strafbare) Handlung gemeinsam aufführen {82} | **duo**, ae, o | zwei |

>>> Duodenalulkus s. Ulkus

| | | | | |
|---|---|---|---|---|
| 0844 | **Duodezfürstentum** l;d | sehr kleines, unbedeutendes Fürstentum (ironisch) {48} | **duodecimus**, a, um | der zwölfte |
| – | **duodezimal** l>nlat | auf das Duodezimalsystem bezogen {57/71} | dto. | dto. |
| – | **Duodezimalsystem** l>nlat;gr | Zahlensystem, bei dem die Einheiten nach 12er-Potenzen fortschreiten (math. t. t.) {57/71} | dto. | dto. |
| 0845 | **duplieren** | verdoppeln {57} | **duplicare** | s. oben 0834 |
| – | **Duplikat** | Zweitschrift, -ausfertigung, Abschrift {32/57} | dto. | dto. |

| | | | | |
|---|---|---|---|---|
| – | **Duplikation** | Verdopplung {57} | **duplicatio**, onis f | Verdopplung, Multiplikation |
| – | **duplizieren** | verdoppeln {57} | **duplicare** | s. oben 0834 |
| – | **Duplizität** | 1. Doppelheit, doppeltes Vorkommen {57}; 2. Zweideutigkeit (veraltet) {25} | **duplicitas**, atis f | doppelte Anzahl; Doppelzüngigkeit |
| 0846 | **Dur** | „harte" Tonart mit großer Terz (mus. t. t.) {37} | **durus**, a, um | hart, schwerfällig, derb, schroff |
| – | **Durumweizen** l;d | Hartweizen {05/17} | dto. | dto. |
| 0847a | **durativ** l>nlat | verlaufend, dauernd {59} | **durare** | hart machen, verhärten; aus-, andauern |
| 0847b | **Dusche** l>it>frz | Brause, Brausebad {21/44} | **ductio**, onis f | das Ziehen, Abführen; Wasserleitung, Ableitung |
| | | | it. *doccione* | Wasserleitungsröhre |
| | | | *doccia* | Wasserrinne, Gießbad |
| | | | frz. *douche* | Gieß-, Brausebad |
| – | **duschen** l>it>frz | ein Brausebad nehmen {21} | dto. frz. *doucher* | dto. |
| 0848 | **Dutzend** l>frz | zwölf {57} | **duodecim** frz. *douze* | zwölf |
| 0849 | **Dux** | meist einstimmiges Fugenthema (mus. t. t.) {37} | **dux** | s. oben 0835 |
| 0850 | **Dysfunktion** gr;l | gestörte Tätigkeit eines Organs (med. t. t.) {70} | gr. *δύς* + **functio**, onis f | (negative Vorsilbe) Verrichtung; Geltung |

# E

| | | | | |
|---|---|---|---|---|
| 0851 | **Eagle** l>frz>engl | 1. US-Goldmünze mit geprägtem Adler {55/56}; 2. das Treffen des Loches beim Golf mit zwei Schlägen weniger als vorgesehen {85} | **aquila,** ae f frz. *aigle* | Adler |
| 0852a | **echauffieren** l>vulgl>frz | sich erhitzen, sich aufregen {26} | **excalfacere** vulgl. excalefare* frz. *(s) 'echauffer* | erwärmen, erhitzen |
| – | **echauffiert** l>vulgl>frz | erhitzt, aufgeregt {26} | dto. | dto. |
| 0852b | **Eclair** l>frz | mit Creme gefülltes u. Zucker o. schokolade überzogenes längliches Gebäckstück {17} | **exclarare** frz. *éclairer* *éclair* | beleuchten, erhellen Blitz |
| 0853 | **edieren** | Bücher herausgeben, veröffentlichen {32/40} | **edere** | herausgeben, veröffentlichen |
| – | **Edition** | 1. (Neuher)ausgabe von Büchern, klassischen Werken; 2. Verlag {32/40}; 3. Herausgabe von Musikalien {32/37} | **editio,** onis f | Geburt; Herausgabe; Veranstaltung |
| – | **Editor** | Herausgeber eines Buches {32/40} | **editor,** oris m | Erzeuger, Veranstalter |
| – | **Editorial** l>engl | 1. Vorwort o. Leitartikel des Herausgebers o. Chefredakteurs einer Zeitschrift o. Zeitung; 2. Redaktionsverzeichnis, Verlagsimpressum {32/40} | dto. | dto. |
| – | **editorisch** l>engl | 1. die Herausgabe eines Buches betreffend; 2. verlegerisch {32/40} | dto. | dto. |
| 0854 | **Edikt** | 1. amtlicher Erlaß von Kaisern und Königen {50/47/28}; 2. (amtliche) Anordnung, Vorschrift (österr.) {50/28} | **edictum,** ti n | Befehl, Proklamation, Verordnung |
| 0855 | **Edukation** | Erziehung {31} | **educatio,** onis f | Erziehung; Aufzucht |
| 0856 | **Effekt** | 1. Wirkung, Erfolg {25/33}; 2. auf Wirkung abzielendes Ausdrucks-, Gestaltungsmittel {23/32}; 3. Ergebnis, sich ergebender Nutzen {25/56} | **effectus,** us m | Durchführung; Wirkung, Erfolg |

| | | | | |
|---|---|---|---|---|
| – | **Effekten** l>frz | Wertpapiere, die an der Börse gehandelt werden {80} | dto. | dto. |
| – | Effektenbörse, Effektenhandel | | | |
| – | **effektiv** | 1. tatsächlich, wirklich {52}; 2. wirkungsvoll {25}; 3. überhaupt, ganz und gar (ugs.); 4. lohnend {56} | **effectivus**, a, um | schaffend, bewirkend, ausübend |
| – | **Effektivität** l>nlat | Wirksamkeit, Durchschlagskraft, Leistungsfähigkeit {25/22/56} | dto. | dto. |
| – | **Effektor** | (biol. t. t.) 1. zum Organ führende Nervenreizleitung; 2. Organ, das auf einen Nervenreiz reagiert; 3. Stoff, der eine Enzymreaktion auslöst {68/69} | **effector**, oris m | Hersteller, Urheber, Schöpfer |
| 0857 | **Effemination** | (med. t. t.) 1. das Vorhandensein weiblicher Eigenschaften beim Mann; 2. höchster Grad entgegengesetzter Geschlechtsempfindung beim Mann {70/18} | **effeminatio**, onis f | Verweiblichung, Verweichlichung |
| – | **effeminiert** | 1. verweichlicht {26/84}; 2. weiblich in Empfindungen und Verhalten (vom Mann gesagt - med. t. t.) {70/18} | **effeminatus**, a, um | weibisch, weichlich |
| 0858 | **Effet** l>frz | Drall eines Balles, einer Kugel {61/85} | **effectivus** | s. oben 0856 |
| – | **effetuoso** l>it | effektvoll, mit Wirkung (mus. t. t.) {37} | **effectuosus**, a, um | wirksam |
| 0859 | **effizient** | besonders wirtschaftlich, leistungsfähig; Wirksamkeit habend {25/22/56/80} | **efficiens** (Gen. –ntis) | bewirkend |
| – | **Effizienz** | 1. Wirksamkeit {25/56}; 2. Wirtschaftlich-, Leistungsfähigkeit {25/22/80} | **efficientia**, ae f | Wirksamkeit |
| – | **effizieren** | hervorrufen, bewirken {25} | **efficere** | hervorrufen, bewirken, veranlassen; vollenden |
| – | **effiziert** | bewirkt {25} | dto. | dto. |
| 0860 | **Effusion** | das Ausfließen von Lava (geol. t.'t.) {62} | **effusio**, onis f | das Ausgießen, Erguß; das Herausströmen |
| 0861 | **egal** l>frz | 1. gleich, -artig, -mäßig {53/56}; 2. gleichgültig, einerlei (ugs.) {56/26}; 3. (landsch.) immer (wieder, noch) {59} | **aequalis**, e<br>frz. *égal* | gleich, gleich beschaffen, -förmig, entsprechend |
| – | **egalisieren** l>frz | 1. etw. Ungleichmäßiges ausgleichen, gleichmachen {56}; 2. den Vorsprung des Gegners aufholen, einen Rekord einstellen (sport. t. t.) {59/85} | dto. | dto. |

| | | | | |
|---|---|---|---|---|
| – | **egalitär** l>frz | auf politische, bürgerliche o. soziale Gleichheit gerichtet {25/33/50/81} | dto. | dto. |
| – | **Egalitarismus** l>frz>nlat | Lehre, die die vollkommene Gleichheit in der menschlichen Gesellschaft propagiert {33/77/81} | dto. | dto. |
| – | **Egalität** l>frz | Gleichheit {56/33} | **aequalitas**, atis f | Gleichmäßigkeit, Gleichheit |
| – | **Égalité** | Gleichheit (eines der drei Schlagwörter der Französischen Revolution - hist. t. t.) {33/75} | dto. | dto. |
| 0862 | **Ego** | das Ich (philos. t. t.) {77} | **ego** | ich |
| – | **Egoismus** l>frz | 1. Selbstsucht, Eigenliebe, Eigennutz {84}; 2. (Pl.) selbstsüchtige Handlungen {25/26/29/33} | dto. frz. *égoïsme* | dto. |
| – | **Egoist** l>frz | jmd., der seine persönlichen Interessen vorbehaltlos in den Vordergrund stellt {33/84} | dto. frz. *égoïste* | dto. |
| – | **egoistisch** | ichsüchtig {84} | dto. | dto. |
| – | **Egotrip** l;engl | jmds. augenblicklich nur auf die eigene Person gerichtetes Denken und Verhalten {25/29/84} | dto. | dto. |
| – | **Egozentrik** (l;gr>l) >nlat | Einstellung, die die eigene Person als Zentrum allen Geschehens betrachtet {33/84} | dto. + **centrum**, ri n gr. κέντρον | dto. Mittelpunkt, Zentrum, Kern |
| – | Egozentriker, egozentrisch | | | |
| 0863 | **egressiv** | 1. das Ende eines Vorgangs, Zustandes ausdrückend {59}; 2. den Luftstrom bei der Artikulation nach außen richtend (sprachwiss. t. t.) {76} | **egredi** (PPP. **egressus**) | herausgehen, -fallen; vorrücken; landen |
| 0864a | **eichen** l>gallorom >afränk | das gesetzliche Maß geben, prüfen {25/42/56/57} | **(ex)aequare** (sc. misuras) afränk. *ikon** | (die Maße) ausgleichen |
| 0864b | **Eimer** (gr)>l | Holz-, Plastik- o. Metallkübel mit Henkel {44} | **amphora**, ae f gr. ἀμφορα | Krug |
| >>> | ein... s. ggf. unter dem Rest des Wortes | | | |
| 0864c | **Ejakulat** | bei der Ejakulation ausgespritzte Samenflüssigkeit (med. t. t.) {11/18/70} | **eiaculare** o. **eiaculari** (PPP. **eiaculatus**) | herauswerfen, -stürzen; hervorschleudern, hervorschießen lassen |

| | | | | |
|---|---|---|---|---|
| – | **Ejakulation** l>nlat | Ausspritzung der Samenflüssigkeit beim Orgasmus; Samenerguß (med. t. t.) {18/70} | dto. | dto. |
| – | **ejakulieren** | Samenflüssigkeit ausspritzen (med. t. t.) {18/70} | dto. | dto. |
| 0865 | **Ejektion** | 1. explosionsartiges Ausschleudern von Materie aus einem Vulkan (geol. t. t.) {62}; 2. Vertreibung, Hinauswurf (veraltet) {28/29/33/61} | **eiectio**, onis f | das Herauswerfen; Vertreibung, Verbannung |
| – | **Ejektiv(laut)** l>nlat; (d) | Verschlußlaut (sprachwiss. t. t.) {76} | **eicere** | herauswerfen, -stoßen |
| – | **Ejektor** l>nlat | 1. automatisch arbeitender Patronenauswerfer bei Jagdgewehren {38}; 2. Strahlpumpe mit Absaugvorrichtung {41} | **eiectare** | herauswerfen, -speien |
| – | **ejizieren** | 1. Materie ausschleudern (phys. t. t.) {72/62}; 2. jmdn. aus dem Besitz hinauswerfen, vertreiben (veraltet) {28/33/43/61} | **eicere** | s. oben |
| 0866 | **Elaborat** | 1. flüchtig zusammengeschriebene Arbeit, Machwerk (abwertend) {32/56}; 2. schriftliche Arbeit, Ausarbeitung (selten) {32/40} | **elaborare** | sich abmühen, -anstrengen; ausarbeiten |
| – | **elaboriert** | differenziert ausgebildet {54/68/69} | **elaboratus**, a, um | herausgeputzt; sorgfältig ausgearbeitet |
| 0867 | **Elan** l>frz | innerer Schwung, Spannkraft, Begeisterung {26/28/84} | **lanceare** | die Lanze schwingen |
| | | | frz. *élancer* | schwingen |
| | | | *élan* | Schwung |
| 0868 | **Elativ** | absoluter Superlativ (sprachwiss. t. t.) {76} | **elatus**, a, um | hoch, erhaben, pathetisch |
| 0869 | **Elch** (germ)>l | Hirschtier mit schaufelförmigem Geweih {06} | **alces**, cis mf | Elch, Elentier |
| 0870 | **Eldorado** l>span | Traum-, Wunschland, Paradies; Goldland; Tummelplatz {24/58} | **deaurare** (PPP. **deauratum**) | vergolden |
| | | | span. *dorado* | |
| | | | *el dorado pais* | das vergoldete Land |
| 0871 | **Elefant** (ägypt) >(gr)>l | größtes landlebendes Säugetier {06} | **elephantus**, ti m o. **elephas** o. **elephans**, ntis m | Elefant; Elfenbein |
| | | | gr. *ἐλέφας* | |

| | | | | |
|---|---|---|---|---|
| 0872 | **elegant** l>frz | 1. durch Vornehmheit oder Geschmack auffallend; 2. gewandt, harmonisch ausgeführt {25/26/55}; 3. zur Erfüllung höchster Ansprüche geeignet {25/56} | **elegans** (Gen. –ntis) | wählerisch, geschmackvoll, nobel, gebildet |
| – | **Elegant** l>frz | auffälig modisch gekleideter Mann (meist abwertend) {55/33} | dto. | dto. |
| – | **Eleganz** l>frz | 1. geschmackvolle Vornehmheit {25/55/84}; 2. könnerhafte Gewandtheit {25/22} | **elegantia**, ae f | Geschmack, Anstand; Feinheit, Gewähltheit |
| 0873 | **Elektion** | Auswahl, Wahl {25/28/50} | **electio**, onis f | Auswahl, Wahl |
| – | **elektiv** | auswählend {25/28} | **electivus**, a, um | zur Wahl geeignet, die Wahl lassend |
| – | **Elektor** | 1. Wähler, Wahlherr; 2. (Aus)wählender {28/50} | **elector**, oris m | Auswähler |
| – | **Elektorat** l>nlat | 1. Kurfürstentum {50}; 2. Kurfürstenwürde {50/33} | dto. | dto. |
| 0874 | **Element** | 1. Grundbestandteil, Komponente; typisches Merkmal, Wesenszug {25/56/55}; 2. Kraft, Faktor; 3. Grundbegriffe, Gesetze {25}; 4. (idealer) Lebens-, Entfaltungsraum {25/56/58}; 5. Naturgewalt, -kraft {02}; 6. mit chemischen Mitteln nicht weiter zerlegbarer Stoff {73}; 7. Stromquelle, in der chemische in elektrische Energie umgewandelt wird (elektrotechn. t. t.) {72}; 8. Person einer für schädlich angesehenen sozialen o. politischen Gruppe {33}; 9. Bauteil, Einzelteil {40/41/57} | **elementum**, ti n | Grund-, Urstoff, Element; Anfangsgründe |
| – | **elementar** | 1. grundlegend, wesentlich; 2. geläufig, einfach, primitiv; 3. naturhaft ungebändigt, ungestüm {25/56}; 4. als reines Element vorhanden (chem. t. t.) {73} | **elementarius**, a, um | zu den Anfangsgründen gehörig |

>>> Elementar... s. ggf. unter dem Rest des Wortes

| | | | | |
|---|---|---|---|---|
| 0875 | **Elevation** | 1. Erhöhung, Erhebung {61/58}; 2. Höhe eines Gestirns über dem Horizont (astron. t. t.) {66}; 3. das Emporheben von Hostie und Kelch (rel. t. t.) {51}; 4. Anhebung eines Gegenstandes durch ein Medium (= Telekinese - parapsych. t. t.) {51/61/70/72} | **elevatio**, onis f | das Aufheben, Hebung; Verhöhnung |
| – | **Elevator** l>nlat | Einrichtung zur Güterbeförderung (z. B. Schotter) {41/61} | **elevator**, oris m | Beschützer |
| – | **Eleve** l>vulgl>frz | Anfänger in der praktischen Ausbildungszeit, Ballettschüler, Landpraktikant {31/37/39} | **elevare**<br>vulgl. exlevare*<br>frz. *élever*<br>*élève* | emporheben; wegnehmen; mildern<br><br><br>emporheben<br>Schüler |
| 0876 | **elidieren** | 1. einen unbetonten Vokal ausstoßen, -lassen (z. B. am Wortende) (sprachwiss. t. t.) {76}; 2. etw. ausstreichen, tilgen {52/32} | **elidere** | herausschlagen, -stoßen; synkopieren (gramm. t. t.) |
| – | **Elision** | Ausstoßung eines Vokals (sprachwiss. t. t.) {76} | **elisio**, onis f | das Herausstoßen, Auspressen; Elision (gramm. t. t.) |
| 0877 | **Elimination** | 1. Ausschaltung, Beseitigung, Entfernung {52}; 2. rechnerische Beseitigung einer unbekannten Größe (math. t. t.) {71}; 3. Verlust von Erbmerkmalen im Laufe der stammesgeschichtlichen Entwicklung (biol. t. t.) {68/69} | **eliminare** | aus dem Haus treiben, entfernen |
| – | **eliminieren** | 1. herauslösen, beseitigen {52}; 2. etw. herauslösen, um es isoliert zu behandeln {32/58} | dto. | dto. |
| 0878 | **elitär** l>vugl>frz | 1. einer Elite angehörend, auserlesen {56/33}; 2. dünkelhaft eingebildet {25/26/84} | **eligere**<br>vulgl. exlegere*<br>frz. *élire*<br>*élite* | herauslesen, -ziehen; auswählen |
| | **Elite** | 1. Auslese der Besten {56}; 2. Führungsschicht {33}; 3. Schreibmaschinenschriftgröße {32/58} | dto. | dto. |
| 0879 | **Elogium** (gr)>l | 1. Inschrift auf Grabsteinen (in d. röm Antike) {32/75}; 2. Lobrede {32/33} | **elogium**, ii n<br><br>gr. *ἐλεγεῖα* | Ausspruch, Inschrift; letztwillige Verfügung<br>Gedicht, Inschrift |
| 0880 | **eloquent** | beredsam, beredt {22/32} | **eloquens** (Gen. –ntis) | redend, beredt |
| – | **Eloquenz** | Beredsamkeit {22/32} | **eloquentia**, ae f | Beredsamkeit |

| | | | | |
|---|---|---|---|---|
| 0881 | **Elukubration** l>nlat | wissenschaftliche, bei Lampenlicht geschaffene Arbeit (veraltet) {32/40} | **elucubrare** | bei(m) Licht (der Studierlampe aus)arbeiten |
| 0882 | **Emanation** | 1. das Hervorgehen aller Dinge aus dem göttlichen Einen (philos. t. t.) {77}; 2. Ausstrahlung psychischer Energie (psych. t. t.) {70}; 3. chemische Bezeichnung für Radon (veraltet - chem. t. t.) {73} | **emanatio**, onis f | das Ausfließen, Ausfluß |
| – | **emanieren** | ausströmen; radiokative Strahlen aussenden {72/61} | **emanare** | herausfließen; entspringen, zutage treten |
| 0883 | **Emanze** | Frau, die sich emanzipiert gibt und für die Emanzipation (2.) einsetzt (iron.) {33} | **emancipatio**, onis f | Entlassung eines Sohnes aus der väterlichen Gewalt; Freilassung; Abtretung |
| – | **Emanzipation** | 1. Befreiung aus dem Zustand der Abhängigkeit, Verselbständigung; 2. recht- und gesellschaftliche Gleichstellung von Mann und Frau {33} | dto. | dto. |
| – | **emanzipativ** | die Emanzipation betreffend {33} | dto. | dto. |
| – | **emanzipatorisch** l>nlat | auf Emanzipation gerichtet {33} | dto. | dto. |
| – | **emanzipieren** | sich o. jmdn. aus einer Abhängigkeit lösen, selbständig machen {33} | **emancipare** | aus der väterlichen Gewalt entlassen, für selbständig erklären |
| – | **emanzipiert** | 1. Gleichberechtigung anstrebend, selbständig, frei, unabhängig {33}; 2. betont vorurteilsfrei, männlich wirkend (in bezug auf Frauen - veraltet, abwertend) {25/33/55} | dto. | dto. |
| 0884 | **Embargo** vulgl >gallorom >span | 1. Beschlagnahme fremden Eigentums durch einen Staat {43/50}; 2. staatliches Waren- und Kapitalausfuhrverbot {42/80/50} | vulgl. **imbarricare*** span. *embargar* | versperren, in Sperrschranken legen in Beschlag nehmen, behindern |
| 0885 | **Emendation** | Verbesserung, Berichtigung {56/32/25} | **emendatio**, onis f | Verbesserung, Vervollkommnung |
| – | **emendieren** | verbessern, berichtigen {56/32/25} | **emendare** | von Fehlern befreien, berichtigen, bessern |
| 0886 | **Emerit** | im Alter dienstunfähig gewordener kath. Geistlicher {51/59} | **emere** (PPP. **emeritus**) | ver-, ausdienen alt -, unbrauchbar geworden, ausgedient |

| | | | | |
|---|---|---|---|---|
| – | **emeritieren** l>nlat | jmdn. in den Ruhestand versetzen {59/33} | dto. | dto. |
| – | **emeritiert** l>nlat | in den Ruhestand versetzt {59/33} | dto. | dto. |
| – | **Emeritierung** l>nlat | Entbindung eines Hochschullehrers von der Vorlesungsverpflichtung {31/59/33} | dto. | dto. |
| – | **emeritus** | von seiner Lehrtätigkeit entbunden {31/59/33} | dto. | dto. |
| – | **Emeritus** | Hochschullehrer im Ruhestand {31/33/59} | dto. | dto. |
| 0887 | **Emigrant** | Auswanderer {33/50} | **emigrare** | ausziehen, auswandern |
| – | **Emigration** | 1. Auswanderung {33/50}; 2. Austritt von Blutkörperchen durch die Gefäßwand (med. t. t.) {70} | **emigratio**, onis f | das Aus-, Wegziehen |
| – | **emigrieren** | auswandern {50/33} | **emigrare** | s. oben |
| 0888 | **eminent** l>frz | außerordentlich, äußerst groß {56/57} | **eminens** (Gen. –ntis) | hervorragend, ausgezeichnet |
| – | **Eminenz** | 1. Hoheit (Kardinalstitel) {51}; 2. (graue -): wichtige Person im Hintergrund {33} | **eminentia**, ae f | das Hervorragende; Erhöhung, Vorzug |
| 0889 | **Emissär** l>frz | Abgesandter mit einem bestimmten Auftrag {32/33} | **emissarius**, ii m | Sendbote; Späher, Spion |
| – | **Emission** l>(frz) | 1. Ausgabe von Wertpapieren {80}; 2. Aussendung von elektromagnetischen Teilchen oder Wellen (phys. t. t.) {72}; 3. Entleerung (med. t. t.) {70}; 4. Luftverunreinigung {41/65/73}; 5. Rundfunksendung (schweiz.) {46} | **emissio**, onis f | das Ausströmen lassen, Entsenden, Entlassen |

>>> Emissionskataster, Emissionsspektrum s. Kataster, Spektrum

| | | | | |
|---|---|---|---|---|
| – | **Emittent** | 1. jmd., der Wertpapiere ausstellt und ausgibt {80}; 2. Luftverschmutzer {41/73/65} | **emittere** | herauslaufen -, ausströmen lassen; aussenden, entlassen |
| – | **emittieren** l>(frz) | 1. ausgeben, in Umlauf setzen (von Wertpapieren) {80}; 2. aussenden (von Elektronen - phys. t. t.) {72}; 3. Luftverunreinigungen verursachen {41/73/65} | dto. | dto. |
| 0890 | **Emotion** | Gemütsbewegung, seelische Erregung, Gefühlszustand {26} | **emotio**, onis f bzw. **emovere** | das Fortbewegen<br>wegschaffen; emporwühlen, erschüttern |

| | | | | |
|---|---|---|---|---|
| – | **emotional** o. **emotionell** l>nlat | mit Emotionen verbunden; gefühlsmäßig, einer inneren Erregung folgend {26} | dto. | dto. |
| – | **Emotionale** l>nlat | das Gefühlsmäßige {26} | dto. | dto. |
| – | **emotionalisieren** l>nlat | Emotionen wecken, - einbauen {26} | dto. | dto. |
| – | **Emotionalität** l>nlat | inneres, gefühlsmäßiges Beteiligtsein an etw. {26} | dto. | dto. |
| 0891 | **Empire** l>frz | 1. französisches Kaiserreich unter Napoleon I. {75/50}; 2. Stilepoche zur Zeit Napoleons {36/88}; | **imperium**, ii n | Befehl, Macht, Herrschaft |
| | (l>frz >engl) | 3. das britische Weltreich {50} | | |
| 0892 | **Emulation** l>engl | 1. Wetteifer {25/33}; 2. Eifersucht, Neid {26} | **aemulatio**, onis f | Wettteifer; Eifersucht, Mißgunst |
| 0893 | **Emulgator** l>nlat | Mittel zur Erleichterung der Emulsionsbildung {73/17} | **emulgere** | aus-, abmelken |
| – | **emulgieren** | 1. eine Emulsion herstellen; 2. einen unlöslichen Stoff in einer Flüssigkeit verteilen {73/40/41/17} | dto. | dto. |
| – | **Emulsion** l>nlat | 1. kolloide Verteilung zweier nicht miteinander mischbarer Flüssigkeiten {73}; 2. lichtempfindliche Schicht auf Filmen {54/72} | dto. | dto. |
| 0894 | **Encoder** (l;l)>frz >engl | Einrichtung zur Datenverschlüsselung (z. B. in einem Computer) {32/46} | **in**<br>+ **codex**, dicis n | in, in ... hinein, nach, an, auf<br>Buch, Schrift, Verzeichnis |
| – | **Encoding** l>engl | Verschlüsselung einer Nachricht (techn. t. t.) {32/46} | dto. | dto. |

>>> encodieren, Encodierung s. enkodieren, Enkodierung

| | | | | |
|---|---|---|---|---|
| 0895 | **encouragieren** (l;l)>frz | ermutigen, anfeuern {32/26} | **in**<br>+ **cor**, rdis<br>frz. *cœur* | s. oben 0894<br>Herz<br><br><br>vgl. oben 0564 |
| 0896 | **enervieren** | 1. jmdm. auf die Nerven gehen {26/33}; 2. Nervenverbindungen ausschalten (med. t. t.) {70} | **enervare** | die Nerven herausnehmen; entkräften, lähmen |

| | | | | |
|---|---|---|---|---|
| – | **Enervierung** o. **Enervation** | 1. Überbeanspruchung der Nerven, Belastung der seelischen Kräfte {26/70}; 2. Ausschaltung der Nervenverbindung zu einem Organ (med. t. t.) {70} | dto. | dto. |
| 0897 | **Enklave** (l;l)>vulgl >frz | vom eigenen Staatsgebiet umschlossener Teil eines fremden Staatsgebiets {58/50} | **in**<br>+ **clavis**, is f<br>vulgl. inclavare*<br>frz. *enclaver* | s. oben 0894<br>Schlüssel<br><br>(mit einem Schlüssel) einschließen<br>vgl. unten 0969 |
| 0898 | **enkodieren** (l;l)>frz | eine Nachricht mit Hilfe eines Kodes verschlüsseln {32/46} | **in**<br>+ **codex** | <br>s. oben 0894 |
| – | Enkodierung | | | |
| 0899 | **enorm** l>frz | von außergewöhnlich großem Ausmaß; außerordentlich, erstaunlich {56/53} | **enormis**, e | unregelmäßig; übermäßig groß, ungeheuer |
| – | **Enormität** l>frz | erstaunliche Größe {56/53} | **enormitas**, atis f | Unregelmäßigkeit; ungeheure Größe |
| 0900 | **Enquete** l>vulgl>frz | 1. amtliche Untersuchung, Erhebung {32/50}; 2. Arbeitstagung (österr.) {32/40} | **inquirere**<br><br>vulgl. inquaesitus*<br>frz. *enquête* | nach etw. suchen, etw. prüfen; erkunden, ausfragen<br><br>Zeugenverhör, Untersuchung, Befragung |
| >>> | Enquetekommision s. Kommission | | | |
| 0901 | **Ensemble** l>frz | 1. Künstlergruppe {35/37/57}; 2. Szene mit mehreren Solostimmen {37/57}; 3. Kleid mit passender Jacke oder Mantel {19}; 4. künstlerische Gruppierung städtischer Bauten {88} | **insimul** (Adv.)<br>frz. *ensemble*<br><br>(Subst.) | zugleich, zusammen<br>miteinander, zusammen;<br>Gesamtheit, Einheit, Übereinstimmung |
| 0902 | **Entente** l>frz | Einverständnis, Bündnis {50/25} | **intendere**<br><br>frz. *entendre*<br><br>*entente* | hinwenden, seine Aufmerksamkeit auf etw. richten, beabsichtigen<br>aufmerken, beabsichtigen, meinen<br>Verständigung, Aufmerksamkeit, Absicht |

>>> entlarven s. Larve 2007

| | | | | |
|---|---|---|---|---|
| 0903 | **entmilitarisieren** d;l | aus einem Gebiet die Truppen abziehen, militärische Anlagen abbauen {86} | **militaris**, e | die Soldaten -, den Kriegsdienst betreffend, soldatisch |
| – | Entmilitarisierung | | | |
| 0904a | **entnazifizieren** d;(l;l;l) >nlat | 1. Maßnahmen zur Ausschaltung nationalsozialistischer Einflüsse aus dem öffentlichen Leben durchführen; 2. einen ehemaligen Nationalsozialisten politisch überprüfen u. ihn durch Sühnemaßnahmen entlasten (hist. t. t.) {50/75} | **natio**, onis f<br>+ **socialis**, e<br>+ **facere** | Nation, Volk; Gattung, Rasse<br>die Gesellschaft betreffend, gesellschaftlich<br>tun, machen, handeln |
| 0904b | **entern** l>span >niederl | 1. ein feindliches Schiff erklettern und im Kampf aufbringen {45/61/86}; 2. in die Takelung eines Schiffes klettern (seemannsspr. t. t.) {45/61} | **intrare**<br>span. *entrar*<br>niederl. *enteren* | hineingehen, betreten<br>hineingehen, -bringen; überfallen, einnehmen |
| 0905 | **Entrecote** (l;l)>frz | Rippenstück beim Rind {17} | **inter**<br>+ **costa**, ae f | zwischen, unter<br>Rippe |
| 0906 | **Entree** l>frz | 1. Eintrittsgeld {33/42/85}; 2. Eintritt, Eingang; 3. Vorzimmer {58}; 4. Vorspeise o. Zwischengericht {17}; 5. Eröffnungsmusik, Eintrittslied (mus. t. t.) {37/59} | **intrare**<br>frz. *entrer* | hineingehen, -treten |
| 0907 | **Entreprise** (l;l)>vulgl >frz o. **Enterprise** (l;l)>vulgl >engl | Unternehmung {25/28/29} | **inter**<br>+ **prehendere**<br>vulgl. imprehendere*<br>frz. *entreprendre* *entreprise* | zwischen, unter<br>(an)fassen, ergreifen, nehmen<br>unternehmen |
| 0908 | **Enumeration** | Aufzählung {57} | **enumeratio**, onis f | Aufzählung, Wiederholung |
| – | **enumerativ** | aufzählend {57} | **enumerare** | ausrechnen, aufzählen, anführen |
| – | **enumerieren** | aufzählen {57} | dto. | dto. |
| 0909a | **Enunziation** | Aussage, Erklärung; Satz {32} | **enuntiatio**, onis f | Mitteilung, Aussprache; Aussage |
| 0909b | **Enzian** | Gebirgspflanze (auch als Gewürz für Schnaps verwendet) {04/17} | **gentiana**, ae f | Enzian |
| 0910 | **Epaulett(e)** l>frz | Achsel-, Schulterstück auf Uniformen {19/86} | **spatula**, ae f<br>frz. *épaule* | kleiner Rührlöffel; Schulter, -blatt |

| | | | | |
|---|---|---|---|---|
| 0911 | **Epilation** (l;l)>nlat | Entfernung von Körperhaaren (med. t. t.) {70/21} | **ex**<br><br><br>+ **pilus**, li m | aus ... heraus, herab, fort, weg..., von ...weg<br>Haar, Haarwuchs am Körper |
| – | **epilieren** l>nlat | Körperhaare entfernen (med. t. t.) {70/21} | dto. | dto. |
| 0912 | **Epistel** (gr)>l | 1. Apostelbrief im Neuen Testament; 2. vorgeschriebene gottesdienstliche Lesung {51/32}; 3. kunstvoller, längerer Brief (ugs.) {32/34}; 4. Strafpredigt {32/30} | **epistula**, ae f<br>gr. *ἐπιστολή* | Brief, Sendschreiben |
| – | **Epistolar(ium)** (gr)>l | 1. liturgisches Buch mit gottesdienstlichen Episteln {51/32}; 2. Sammlung von Briefen bekannter Persönlichkeiten {32/34/57} | dto. | dto. |
| 0913 | **Equalizer** l>engl | elektronischer Entzerrer-Ausgleicher zur Regelung des Klangbildes bzw. Frequenzgangs von HiFi-Anlagen {87} | **aequalis**, e | gleich, eben, entsprechend |
| 0914 | **Equestrik** l>nlat | Reitkunst (besonders im Zirkus) {38/85} | **equester**, tris, tre | zum Pferd -, Reiter o. zur Reiterei gehörig |
| – | **Equiden** l>nlat | pferdeartige Tiere (biol. t. t.) {69/06} | **equus**, ui m | Pferd |
| 0915 | **erektil** o. **erigibel** l>nlat | schwell-, erektionsfähig (med. t. t.) {70} | **erectus**, a, um | aufgerichtet; gespannt, munter; hoch |
| – | **Erektion** | Versteifung und Aufrichtung von mit Schwellkörpern versehenen Organen (med. t. t.) {70} | **erectio**, onis f | Aufrichtung, Aufstellung |
| 0916a | **ergo** | also, folglich {25} | **ergo** | wegen, also, deshalb |
| 0916b | **erigieren** | (med. t. t.) 1. sich aufrichten, versteifen; 2. eine Erektion haben {70} | **erigere** | aufrichten, sich erheben; ermutigen |
| 0917 | **Erker** l>mlat >nordfrz | Vorbau {58/88} | **arcus**, us m<br>mlat. arcuarium*<br>nordfrz. *arquière* | Bogen, -wölbung, Triumphbogen<br>bogenförmige Ausbuchtung<br>Schützenstand, Schießscharte |
| 0918 | **erodieren** | auswaschen und zerstören (geol. t. t.) {62} | **erodere** | ab-, weg-, ausnagen, angreifen |
| – | **Erosion** | Zerstörung, Beschädigung, Fehler (z. B. der Erdoberfläche durch Natureinflüsse; des Zahnschmelzes) {52/62/70/72} | **erosio**, onis f | das Zerfressenwerden, der Krebs |

| | | | | |
|---|---|---|---|---|
| – | **erosiv** l>nlat | die Erosion betreffend, durch sie entstanden (geol. t. t.) {62} | **erodere** | s. oben |
| 0919 | **erratisch** | vom Ursprungsort weit entfernt {58} | **erraticus**, a, um | umherirrend, -schweifend |
| – | **Erratum** | Druckfehler {32/25} | **erratum**, ti n | Irrtum, Fehler |
| 0920 | **eruieren** | 1. durch Überlegungen feststellen, erforschen; 2. jmdn., etw. herausfinden, ermitteln {25/29/40} | **eruere** | herausgraben, -wühlen; erforschen, ermitteln |
| – | Eruierung | | | |
| 0921 | **eruptieren** | ausbrechen (z. B. von Lava, Asche - geol. t. t.) {62} | **erumpere** (PPP. **eruptus**) | hervor-, herausbrechen, -stürzen |
| – | **Eruption** | 1. vulkanischer Ausbruch (geol. t. t.) {62}; 2. Gasausbruch auf der Sonne (astron. t. t.) {66}; 3. Hautausschlag(ausbruch) (med. t. t.) {70} | **eruptio**, onis f | das Heraus-, Hervorbrechen, -stürzen |
| – | **eruptiv** l>nlat | 1. durch Eruption entstanden (geol. t. t.) {62}; 2. aus der Haut hervortretend (med. t. t.) {70} | **erumpere** | s. oben |
| 0922 | **Esel** | 1. Grautier; Lasttier {06}; 2. dummer Mensch (ugs.) {25/33} | **asellus**, li m bzw. **asinus**, ni m | Eselchen<br>Esel |
| – | Eselei, Eselsbrücke, Eselsohr | | | |
| 0923 | **Eskadron** (l;l)>vulgl >it>frz | Schwadron, kleinste Truppeneinheit der Kavallerie (mil. t. t.) {57/86} | **ex**<br>+ **quadrare**<br>vulgl. exquadrare*<br>it. *squadra*<br>*squadrone*<br>frz. *escadre*<br>*escadron* | aus ... heraus, von ... weg<br>viereckig machen, - sein<br>viereckig machen<br>Viereck<br>Schwadron<br>Viereck<br>Schwadron |
| 0924 | **eskaladieren** l>frz >(engl) | 1. eine Festung mit Sturmleitern erstürmen (hist. t. t.) {29/75/86}; 2. eine Hinderniswand überwinden {29/86} | **scalae**, arum f (Pl.)<br>frz. *escalader* | Leiter, Treppe, Gerüst<br>eine Festung mit Leitern erstürmen |
| – | **Eskaladierwand** l>frz;d | Hinderniswand für Kletterübungen {85/86} | dto. | dto. |
| – | **Eskalation** l>frz>engl | allmähliche Verschärfung, Steigerung (beim Einsatz militärischer o. politischer Mittel) {50/59/86} | dto.<br>engl. *escalate* | dto. |
| – | **eskalieren** l>frz>engl | 1. (sich) stufenweise steigern, verschärfen; 2. sich ausweiten, rigoroser werden {25/33/50/59/86} | dto. | dto. |

| | | | | |
|---|---|---|---|---|
| – | Eskalierung | | | |
| 0925 | **Eskapade** (l;l)>vulgl >frz>it>frz | 1. falscher Sprung eines Schulpferdes {61/85}; 2. mutwilliger Streich, eigenwillige Unternehmung, Seitensprung {25/28/18} | **ex** + **cappa**, ae f vulgl. excappare* frz. *échapper* it. *scappare* frz. *escapade* | s. oben 0923 Kopfbedeckung (Ordensmütze) sich davonmachen, die Ordensmütze wegwerfen |
| 0926 | **Eskorte** (l;l)>vulgl >it>frz | Geleit, Schutz(wache), Gefolge {33/47/86} | **ex** + **corrigere** vulgl. excorrigere* it. *scorgere* *scorta* frz. *escorte* | s. oben 0911, 0923 berichtigen, verbessern; zurechtweisen ausrichten, beaufsichtigen Geleit |
| – | **eskortieren** (l;l)>vulgl >it>frz | als Schutzwache begleiten, geleiten {33/47/86} | dto. frz. *escorter* | dto. |
| 0927 | **Esperanto** l>nlat | übernationale, künstliche Weltsprache des Polen Zamenhof (Pseudonym: Dr. Esperanto - der Hoffende) {32} | **sperare** | hoffen |
| – | Esperantist, Esperantologe, Esperantologie | | | |
| 0928 | **Esplanade** l>it>frz | großer freier (Vor)platz {58} | **explanare** it. *spianare* *spianata* frz. *esplanade* | ebnen; ausbreiten; erklären ebnen geebneter Platz großer freier (Vor)platz |
| 0929 | **espressivo** l>it | ausdrucksvoll (mus. t. t.) {26/37} | **expressus**, a, um | ausdrucksvoll; anschaulich; deutlich ausgedrückt |
| – | **Espressivo** l>it | ausdrucksvolle Gestaltung in der Musik {26/37} | dto. | dto. |
| – | **Espresso** l>it | in einer Spezialmaschine zubereiteter sehr starker o. dunkel gerösteter Kaffee {17} | dto. | dto. |
| 0930 | **Esprit** l>frz | geistreiche Art (fein, witzig-einfallsreich) {25/26} | **spiritus**, us m | Leben; Luft; Geist; Begeisterung |
| 0931 | **Essay** l>frz>engl | wissenschaftliche o. literarische Abhandlung in knapper anspruchsvoller Form {34/32} | **exigere** bzw. **exagium**, ii n frz. *essai* | abmessen, wägen, untersuchen das (Er)wägen; Gewicht; Versuch (spätl.) Versuch; Abhandlung |

| | | | | |
|---|---|---|---|---|
| – | **Essayist** l>frz>engl | Verfasser von Essays {32/34/40} | dto. | dto. |
| – | **Essayistik** l>frz>engl | Kunstform des Essays {32/34} | dto. | dto. |
| – | **essayistisch** l>frz>engl | das Essay betreffend, in der Art eines Essays {32/34} | dto. | dto. |
| 0932 | **Essential** l>engl | das Wesentliche; Hauptpunkte {25/56} | **essentialiter** (Adv.) | wesentlich |
| – | **Essentialien** l>engl | Hauptpunkte bei einem Rechtsgeschäft {82/56} | dto. | dto. |
| – | **essentiell** l>frz o. **essential** l>engl | 1. wesentlich, hauptsächlich {25/56}; 2. wesensmäßig (philos. t. t.) {77}; 3. lebensnotwendig (biol. t. t.) {68/69}; 4. selbständig (von Krankheitserscheinungen - med. t. t.) {70} | dto. | dto. |
| 0933 | **Essenz** | 1. wesentlicher Teil, Kernstück {25/56}; 2. konzentrierter Duft- oder Geschmacksstoff {17/21}; 3. stark eingekochte Brühe zur Verbesserung von Speisen {17}; 4. Wesen, Wesenheit einer Sache (philos. t. t.) {77} | **essentia**, ae f | das Wesen einer Sache |
| 0934 | **Essig** l>vulgl>got >aengl | saures Weinprodukt {17/21} | **acetum**, ti n<br>vulgl. atecum*<br>got. *akeit*<br>*aengl. eced*<br>mhd. *ezzich* | Essig |
| >>> | Establishment s. 0936 | | | |
| 0935 | **Estrich** (gr)>vulgl >mlat | (Stein)fußboden {44/88} | vulgl. **astracum** bzw. **astricum***<br>gr. *ὄστρακον*<br>mlat. astracus o. astricus | Pflaster<br><br>Tonziegel, Scherbe<br>Pflaster |
| 0936 | **Establishment** l>engl | 1. Oberschicht einflußreicher Personen; 2. etablierte bürgerliche Gesellschaft {33} | **stabilire**<br>frz. *(s') établir* | befestigen, aufrecht erhalten |
| – | **etablieren** l>frz | 1. einrichten, gründen {52}; 2. sich niederlassen, sich selbständig machen {42/80}; 3. sich eingewöhnen, sich häuslich einrichten {44}; 4. sich (in der Gesellschaft) breitmachen {33} | dto. | dto. |

| | | | | |
|---|---|---|---|---|
| – | **Etablissement** l>frz | 1. Unternehmen, Geschäft, Betrieb {40/41/42}; 2. kleineres, gepflegtes Restaurant {33/40/17}; 3. Vergnügungsstätte, zweifelhaftes Nachtlokal {33/18}; 4. Bordell, Puff {18} | dto. | dto. |
| 0937 | **Etage** l>vulgl>frz | Stockwerk, (Ober)geschoß {44/58} | **status**, us m<br>vulgl. staticum*<br>frz. *étage* | Zustand, Stellung, Standort<br>Standort<br>Aufenthalt, (Zu)stand, Rang |
| – | **Etagere** l>frz | 1. Bücher- oder Geschirrgestell {44}; 2. aufhängbare Kosmetiktasche mit Fächern {21/58} | dto. | dto. |
| 0938 | **Etat** l>frz | 1. (Staats)haushaltsplan {50/80}; 2. zur Verfügung stehende Geldmittel {80/57} | **status**<br>frz. *état* | s. oben 0937 |
| 0939 | **eternisieren** l>frz | verewigen; in die Länge ziehen {24/59} | **aeternare** | ewig machen, verewigen |
| – | **Eternit** l>nlat | (Warenzeichen:) wasserundurchlässiges, feuerfestes Material {02/41/73} | dto. bzw. **aeternitas**, atis f | dto. Unvergänglichkeit, Ewigkeit |
| 0940 | **Etüde** l>frz | Übungs-, Vortrags-, Konzertstück, das spezielle Schwierigkeiten enthält (mus. t. t.) {31/37} | **studium**, ii n<br>frz. *étude* | eifriges Streben, intensive (Lieblings)beeschäftigung, Trieb<br>Studium, Untersuchung |
| – | **Etui** l>vulgl>(it) >frz | schützendes Behältnis für empfindliche Gegenstände, Futeral {21/44/58} | dto.<br>vulgl. studiare*<br>it. *studiare*<br>afrz. *estuiier* o. *estoiier*<br>*estui*<br>frz. *étui* | dto.<br>etw. sorgfältig betreiben, Eifer auf etw. verwenden<br>sorgfältig aufbewahren<br>in eine Hülle stekken, bewahren, aufheben |

>>> Euro... s. ggf. unter dem Rest des Wortes

| | | | | |
|---|---|---|---|---|
| 0941 | **evakuieren** | 1. wegen einer drohenden Gefahr vorübergehend aussiedeln, wegbringen {29/61}; 2. ein Vakuum herstellen, luftleer machen (techn. t. t.) {72}; 3. aus-, entleeren (veraltet) {57/61} | **evacuare** | auslehren, abführen; entledigen |

| | | | | |
|---|---|---|---|---|
| – | **Evakuierung** o. **Evakuation** | 1. Gebietsräumung; 2. Aussiedlung von Bewohnern {29/61}; 3. Herstellung eines Vakuums (techn. t. t.) {72} | **evacuatio,** onis f | Ausleerung, Entkräftung |
| 0942 | **Evaluation** l>frz>engl | 1. Bewertung, Bestimmung des Wertes {56}; 2. Beurteilung (von Lehrplänen und Unterrichtsprogrammen {25/31/78} | **evalescere** (Pf. **evalui**)<br>frz. *évaluer* | stark werden; vermögen, wert-, imstande sein |
| – | **evaluativ** l>frz>engl | wertend {56/25} | dto. | dto. |
| – | **evaluieren** l>frz>engl | 1. bewerten {56/25}; 2. Lehrpläne beurteilen {25/31/78} | dto. | dto. |
| – | **Evaluierung** l>frz>engl | Auswertung {25} | dto. | dto. |
| – | **Evalvation** l>frz | Schätzung, Wertbestimmung {56/25} | dto. | dto. |
| – | **evalvieren** l>frz | abschätzen {25} | dto. | dto. |
| 0943 | **Evaporation** | Verdampfung, Verdunstung, Ausdünstung (von Wasser) {72/65} | **evaporatio,** onis f | Ausdünstung, Ausdampfung |
| – | **Evaporator** l>nlat | Gerät zur Süßwassergewinnung aus Meerwasser {72/87} | **evaporare** | ausdampfen, -dünsten |
| – | **evaporieren** | 1. verdunsten {72/65}; 2. Wasser zur Eindickung einer Flüssigkeit verdampfen lassen (z. B. Milch) {72/17} | dto. | dto. |
| – | **Evaporimeter** l;gr | Verdunstungsmesser (phys., meteor. t. t.) {72/65} | dto.<br>+ gr. *μέτρον* | dto.<br>Maß, Maßstab |
| 0944 | **Eventualität** l>mlat | Möglichkeit, möglicher Fall, Zufälligkeit {25/52} | **evenire**<br>(bzw. **eventus,** us m<br>frz. *éventualité* | ablaufen, sich ereignen, eintreten, widerfahren<br>Vorfall, Ereignis; Ergebnis) |
| – | **eventualiter** l>mlat | vielleicht, unter Umständen {25} | dto. | dto. |
| – | **eventuell** o. **eventual** l>mlat>frz | 1. möglicherweise eintretend; 2. gegebenenfalls, unter Umständen, vielleicht {25} | dto. | dto. |
| 0945 | **Evertebraten** (l;l)>nlat | wirbellose Tiere (biol. t. t.) {08/69} | **ex**<br>+ **vertebra,** ae f | aus ... heraus, von ... weg<br>Rückenwirbel; Gelenk |
| 0946 | **evident** | offenkundig, klar ersichtlich; überzeugend {25} | **evidens** (Gen. –ntis) | sichtbar, einleuchtend, offenbar, erwiesen |

| | | | | |
|---|---|---|---|---|
| – | **Evidenz** | Deutlichkeit; vollständige Gewißheit; einleuchtende Erkenntnis {25} | **evidentia**, ae f | Ersichtlichkeit, Klarheit |
| 0947 | **Evokation** | 1. Vorstellungserweckung bei der Betrachtung eines Kunstwerks {24/25/26}; 2. königliches (o. päpstliches) Recht, einen Fall direkt vor den Hofgerichtshof zu bringen (hist. jur. t. t.) {82/75}; 3. Vorladung des Beklagten vor Gericht {28/82}; 4. Herausrufung der Götter (altröm. Kriegsbrauch - hist. t. t.) {51/75/86} | **evocatio**, onis f | Aufruf, Aufgebot (mil. t. t.); Vorladung eines Schuldners; Aufforderung an einen Gott, die belagerte Stadt zu verlassen |
| – | **evokativ** | bestimmte Vorstellungen enthaltend {24/25} | **evocativus**, a, um | zum (Kriegs)aufgebot gehörig |
| – | **evokatorisch** | bestimmte Vorstellung erweckend {24/25/26} | **evocatorius**, a, um | auffordernd, herbeirufend<br>vgl. unten 0949 |
| 0948 | **Evolution** | 1. allmählich fortschreitende Entwicklung {59/61}; 2. stammesgeschichtliche Entwicklung (biol. t. t.) {68/69} | **evolutio**, onis f | das Aufschlagen, Lesen |
| – | **evolutionär** l>nlat | 1. auf Evolution beruhend; 2. sich allmählich und stufenweise entwickelnd {59/61/68/69/} | **evolvere** | hinauswickeln; verdrängen; entwickeln, darstellen |
| – | **Evolutionismus** l>nlat | naturphilosophische Richtung des 19. Jh.s (philos. t. t.) {77} | dto. | dto. |
| – | Evolutionist, evolutionistisch | | | |
| – | **evolvieren** l>nlat | entwickeln, entfalten; entwickelnd darstellen {32/25} | dto. | dto. |
| 0949 | **evozieren** | 1. durch Evokation (1.) hervorrufen {24/25/26}; 2. (einen Beklagten) vorladen {28/82} | **evocare** | heraus-, hervorrufen; auffordern; vorladen |
| 0950 | **ex** | 1. Aufforderung, auszutrinken {27/32}; 2. vorbei, aus, zu Ende (ugs.) {52/59}; 3. tot (salopp) {15/32}; 4. (als Vorsilbe) ehemalig {59} | **ex** | s. oben 0911<br>in Zusammensetzungen: aus, heraus, weg, ab, herab, empor |
| 0951 | **exakt** | 1. genau (und sorgfältig) {25}; 2. pünktlich {59} | **exactus**, a, um | genau, pünktlich, vollkommen |
| – | **Exaktheit** l;d | Genauigkeit, Sorgfältigkeit {25/84} | dto. | dto. |
| 0952 | **exaltieren** l>frz | 1. sich überschwenglich benehmen; 2. sich hysterisch erregen {26} | **exaltare**<br>frz. *exalter* | erhöhen, stufenartig aushöhlen<br>erheben, erregen |
| – | **exaltiert** l>frz | 1. aufgeregt {26}; 2. überspannt {84} | dto. | dto. |
| – | **Exaltation** l>frz | Zustand, Vorgang des Exaltiertseins {25/26/84} | **exaltatio**, onis f | Erhöhung |

| | | | | |
|---|---|---|---|---|
| 0953 | **Examen** | Prüfung (besonders als Studienabschluß) {31} | **examen**, minis n | Untersuchung, Prüfung; Zünglein an der Waage |
| – | **Examinand** | Prüfling {31} | **examinare** | abwägen; untersuchen, prüfen |
| – | **Examinator** | Prüfer {31/40} | **examinator**, oris m | Prüfer, Abwäger |
| – | **Examinatorium** | 1. Prüfungskommission {31/40}; 2. Vorbereitung auf eine Prüfung (veraltet) {31/59} | **examinatorius**, a, um | eine Untersuchung betreffend |
| – | **examinieren** | 1. im Rahmen eines Examens prüfen {31}; 2. prüfend ausfragen {25/32} | **examinare** | s. oben |
| 0954 | **Exchange** (l;l)>vulgl >frz>engl | (wirtsch. t. t.) 1. Tausch, Kurs (im Börsengeschäft); 2. Börsenkurs; 3. Börse {80} | **ex** + **cambi(a)re** vulgl. excambiare* afrz. *eschangier* frz. *échanger* | s. oben 911 wechseln, tauschen |
| 0955 | **exekutieren** l>nlat | 1. an jmdm. ein Urteil vollziehen; hinrichten; 2. jmdn. bestrafen (veraltet) {82} ; 3. pfänden (österr.) {43/82} | **exsequi** (PPP. **exsecutus**) | verfolgen; vollstrecken, strafen; erörtern |
| – | **Exekutant** | jmd., der etw. ausübt, durchführt {29/82} | dto. | dto. |
| – | **Exekution** | 1. Hinrichtung; 2. Strafvollziehung {82}; 3. Durchführung einer besonderen Aktion {29}; 4. Pfändung (österr.) {43/82} | **exsecutio**, onis f | Vollstreckung, Verfolgung, Ahndung |

>>> Exekutionskommando s. Kommando

| | | | | |
|---|---|---|---|---|
| – | **exekutiv** l>nlat | ausführend {29/50/49} | **exsequi** | s. oben |
| – | **Exekutive** l>nlat | 1. vollziehende, vollstreckende Gewalt im Staat {50}; 2. Exekutivorgane (bes. Polizei) {49} | dto. | dto. |
| – | **Exekutor** | 1. Vollstrecker (einer Strafe); 2. Gerichtsvollzieher (österr.) {82} | **exsecutor**, oris m | Vollstrecker; Eintreiber |
| – | **exekutorisch** | durch Zwangsvollstreckung erfolgend (selten) {82/43} | **exsecutorius**, a, um | vollziehend |
| 0956 | **Exempel** | 1. (abschreckendes) Beispiel, Lehre {25/31/32}; 2. kleine Erzählung mit sittlicher oder religiöser Nutzanwendung {30/32/51} | **exemplum**, li n | Beispiel; Muster; Kopie; Warnung |
| – | **Exemplar** | Einzelstück oder -wesen (durch besondere Eigenschaften auffallend) {33/55/56/57} | **exemplar**, ris n | Ebenbild, Abbild; Modell, Vorbild |

| | | | | |
|---|---|---|---|---|
| – | **exemplarisch** | 1. beispielhaft, musterhaft {56/25}; 2. warnend, abschreckend; hart und unbarmherzig {25/26} | **exemplaris**, e | als Abschrift dienend; musterhaft |
| – | **Exemplifikation** l>mlat | Erläuterung durch Beispiele {25/32} | **exemplum** + **facere** | s. oben<br>tun, machen, handeln |
| – | **exemplifikatorisch** l>nlat | zum Zwecke der Erläuterung an Beispielen {25/32} | dto. | dto. |
| – | **exemplifizieren** l>mlat | an Beispielen erläutern {25/32} | dto. | dto. |
| 0957 | **exemt** | von bestimmten Pflichten, Lasten befreit, ausgenommen {25/33} | **eximere** | heraus-, wegnehmen; entbinden |
| – | **Exemtion** | Befreiung von Lasten o. Pflichten, Ausnahme {25/33} | **exemptio**, onis f | das (Her)ausnehmen, Zurückhalten |
| 0958 | **exerzieren** | 1. militärische Übungen machen {86}; 2. etw. (wiederholt) einüben {31} | **exercere** | beschäftigen, ausbilden, üben |
| – | **Exerzitien** | geistliche Übungen des Katholiken (rel. t. t.) {51} | **exercitium**, ii n | Beschäftigung, Handhabung, Übung |
| – | **Exerzitium** | Übungsstück, Hausarbeit (veraltet) {31} | dto. | dto. |
| 0959 | **Exhalation** | 1. Ausdünstung, Ausatmung (med. t. t.) {70}; 2. Ausströmen vulkanischer Dämpfe (geol. t. t.) {62} | **exhalatio**, onis f | das Aushauchen, Ausdünstung |
| – | **exhalieren** | 1. ausatmen, ausdünsten (med. t. t.) {70}; 2. vulkanische Gase ausströmen lassen (geol. t. t.) {62} | **exhalare** | aushauchen, -dünsten; verscheiden |
| 0960 | **Exheredation** | Enterbung (veraltet) {43/82} | **exheredatio**, onis f | Enterbung |
| – | **exheredieren** | enterben {82/43} | **exheredare** | enterben |
| 0961 | **exhibieren** o. **exhibitionieren** | (exhibitionistisch) zur Schau stellen; vorzeigend darbieten {29/18} | **exhibere** | aushändigen; zeigen, erkennen lassen |
| – | **Exhibition** | Zurschaustellung; bes. das Entblößen der Geschlechtsteile in der Öffentlichkeit {18/29/70} | **exhibitio**, onis f | Stellung; Vorzeigung, Unterhalt(ung) |
| – | **Exhibitionismus** l>nlat | Zurschaustellung der Geschlechtsteile zum Zwecke sexueller Befriedigung {18/29/70} | dto. | dto. |
| – | Exhibitionist, exhibitionistisch | | | |

| | | | | |
|---|---|---|---|---|
| 0962 | **exhumieren** (l;l)>mlat | eine bestattete Leiche für eine gerichtsmedizinische Untersuchung wieder ausgraben {82/70} | **ex** + **humus**, mi f | s. oben 0911 Erde, Erdboden |
| – | **Exhumierung** o. **Exhumation** l>mlat | Wiederausgrabung einer Leiche {82/70} | dto. | dto. |
| 0963 | **Exiguität** | Geringfügigkeit (veraltet) {56/25} | **exiguitas**, atis f | Knapp-, Kleinheit, Dürftigkeit |
| 0964 | **Exil** | 1. Verbannung {50}; 2. Verbannngsort {58} | **ex(s)ilium**, ii n | Verbannung, -sort |
| – | **exilieren** | verbannen, ins Exil schicken {50/28} | **exiliari** | verbannt sein, in der Verbannung leben |
| – | **exilisch** | 1. während des Exils geschehen {59/52}; 2. von der Exilzeit geprägt {25/59} | dto. | dto. |
| >>> | Exilliteratur, Exilregierung s. Literatur, Regierung | | | |
| 0965 | **eximieren** | von einer Verbindlichkeit befreien {25/33/28} | **eximere** | s. oben 0957 |
| 0966 | **existent** | wirklich, vorhanden {52} | **ex(s)istere** | hervortreten, sich zeigen, vorhanden sein, auftreten |
| – | **Existentia** | Vorhandensein, Dasein {52} | **ex(s)istentia**, ae f | das Bestehen, Dasein, Existenz |
| – | **existential** l>nlat | die Existenz -, das Dasein betreffend (philos. t. t.) {77/52} | **exsistere** | s. oben |
| – | **Existential** l>nlat | Seinscharakter des menschlichen Daseins (philos. t. t.) {77/52} | dto. | dto. |
| – | **Existentialismus** l>nlat | (auf Sartre zurückgehende) Form der Existenzphilosophie (philos. t. t.) {77} | dto. | dto. |
| – | Existentialist, existentialistisch | | | |
| – | **existentiell** l>frz | auf das unmittelbare Dasein bezogen, daseinsmäßig {77/52} | dto. | dto. |
| – | **Existenz** | 1. Dasein, Leben; 2. Vorhandensein, Wirklichkeit {52}; 3. materielle Lebensgrundlage, Auskommen, Unterhalt {15}; 4. Mensch (meist abwertend) {52/33} | **ex(s)istentia** | s. oben |
| >>> | Existenzminimum s. Minimum | | | |
| 0967a | **exit** (o. **exeunt**) | geht ab (o. gehen ab - bei Abgängen von der Bühne) {35/61} | **exire** | heraus-, weggehen |

| | | | | |
|---|---|---|---|---|
| 0967b | **Exitus** | 1. Tod, tödlicher Ausgang einer Krankheit, eines Unfalls (med. t. t.) {70/15}; 2. Ausgang (med., anat. t. t.) {70} | **exitus**, us m | Ausgang, Ende, Lebensende; Resultat |
| 0968 | **Exklamation** | Ausruf {32} | **exclamatio**, onis f | Ausruf, Aufschrei |
| - | **exklamieren** | ausrufen {32} | **exclamare** | aufschreien, laut ausrufen |
| - | **exklamatorisch** l>nlat | ausrufend, marktschreierisch {32/26} | dto. | dto. |
| 0969 | **Exklave** (l;l)>vulgl >frz | 1. von fremdem Staatsgebiet eingeschlossener Teil eines eigenen Staatsgebiets {58/50}; 2. gelegentliches Auftreten einer Art außerhalb ihres Verbreitungsgebietes (biol. t. t.) {68/69} | **ex** + **clavis**, is f | s. oben 0911 Schlüssel |
| 0970 | **exkludieren** | ausschließen {25/33/58} | **excludere** | ausschließen, abweisen, trennen |
| - | **Exklusion** | Ausschließung {25/33/58} | **exclusio**, onis f | Ausschließung, Abweisung |
| - | **exklusiv** l>mlat >engl | 1. sich gesellschaftlich abhebend, hochrangig {33}; 2. höchsten Ansprüchen genügend, vorzüglich, anspruchsvoll {25/56}; 3. ausschließlich einem bestimmten Personenkreis o. Zweck vorbehalten {33/25} | **excludere** mlat. exclusivus | s. oben |
| - | **exklusive** l>mlat | ohne, ausschließlich {57} | dto. | dto. |
| - | **Exklusivität** l>mlat >engl | exklusiver Charakter, exklusive Beschaffenheit {56/33} | dto. | dto. |
| 0971 | **Exkommunikation** | Ausschluß aus der kath. Kirche, Kirchenbann (rel. t. t.) {51} | **excommunicatio**, onis f | Kirchenbann |
| - | **exkommunizieren** | aus der kath. Kirchengemeinschaft ausschließen (rel. t. t.) {51} | **excommunicare** | mit dem Kirchenbann belegen |
| 0972 | **Exkrement** | Ausscheidung (med. t. t.) {70} | **excrementum**, ti n | Ausscheidung, Abgang,Auswurf |
| - | **Exkret** | Stoffwechsel-, Ausscheidungsprodukt (med. t. t.) {70} | **excernere** (PPP. **excretum**) | ausscheiden, absondern |
| - | **Exkretion** l>nlat | Ausscheidung unverwertbarer Stoffwechselprodukte (med. t. t.) {70} | dto. | dto. |
| - | **exkretorisch** l>nlat | ausscheidend, absondernd (med. t. t.) {70} | dto. | dto. |

| | | | | |
|---|---|---|---|---|
| 0973 | **Exkulpation** (l;l)>mlat >(nlat) | Rechtfertigung, Entschuldigung, Schuldbefreiung (jur. t. t.) {32/82} | **ex** + **culpa**, ae f | s. oben 0911 Schuld, Vergehen |
| – | **exkulpieren** (l;l)>mlat >(nlat) | rechtfertigen, entschuldigen, von einer Schuld befreien (jur. t. t.) {32/82} | dto. | dto. |
| 0974 | **Exkurs** | 1. Erörterung eines Randproblems in einer wissenschaftlichen Abhandlung {32/40/56}; 2. vorübergehende Abschweifung vom Hauptthema {32/59} | **excursus**, us m | das Herauslaufen; Ausflug; Streifzug, Abschweifung |
| – | **Exkursion** l>frz | wissenschaftlich vorbereitete Lehr- oder Studienfahrt {31/40/45} | **excursio**, onis f | das Hervorlaufen; Streifzug, Ausflug, Abstecher |
| 0975 | **Exmatrikel** (l;l)>nlat | Bescheinigung über das Verlassen einer Hochschule {31/59} | **ex** + **matricula**, ae f | s. oben 0911 öffentliches Verzeichnis, Stammrolle |
| – | **Exmatrikulation** l>nlat | Streichung aus dem Namensverzeichnis einer Hochschule {31} | dto. | dto. |
| – | exmatrikulieren | | | |
| 0976 | **Exmission** (l;l)>nlat | gerichtliche Ausweisung aus einer Wohnung {82/44} | **ex** + **missio**, onis f | s. oben 0911 das Gehen lassen, Absenden; Abschied |
| – | **exmittieren** (l;l)>nlat | zwangsweise aus einer Wohnung, von einem Grundstück weisen {82/44/43} | **ex** + **mittere** | s. oben 0911 schicken, senden, laufen lassen |
| – | **Exmittierung** l>nlat | Ausweisung aus einer Wohnung (44/82) | **ex** + **missio** | s. oben |
| 0977 | **Exoneration** | Entlastung (veraltet) {25/33/57} | **exoneratio**, onis f | Entledigung, Befreiung |
| – | **exonerieren** | entlasten (veraltet) {25/33/57} | **exonerare** | entlasten, ausladen, erleichtern |
| 0978 | **exorbitant** | außergewöhnlich; übertrieben; gewaltig {25/53/57} | **exorbitare** | aus dem Gleis, seitwärts springen; vom rechten Wege abführen |
| – | **Exorbitanz** l>nlat | Übermaß, Übertreibung {25/53/57} | dto. | dto. |
| 0979 | **Exordium** | (kunstgerechte) Einleitung einer Rede (rhet. t. t.) {32/76} | **exordium**, ii n | Beginn, Anfang (einer Rede) |
| 0980 | **Expander** l>engl | Trainingsgerät zur Kräftigung der Arm- und Oberkörpermuskulatur (sport. t. t.) {85} | **expandere** | ausbreiten, -spannen, sich ausdehnen |
| – | **expandieren** | (sich) ausdehnen {50/53/80} | dto. | dto. |

| | | | | |
|---|---|---|---|---|
| – | **expansibel**<br>l>frz | ausdehnbar {53/80} | dto. | dto. |
| – | **Expansion**<br>l>frz | das Expandieren, räumliche<br>Ausdehnung (verbunden mit<br>mehr Einfluß und Macht)<br>{50/53/80/86} | **expansio,**<br>onis f | Ausdehnung,<br>-spannung, -strek-<br>kung |
| – | **Expansio-**<br>**nist**<br>l>frz | jmd., der bei seinem wirt-<br>schaftlich-materiellen<br>Wachstum andere Dinge (so-<br>ziale Lebensgrundlagen) un-<br>berücksichtigt läßt {30/41/50/<br>80} | dto. | dto. |
| – | **Expan-**<br>**sionspolitik**<br>l>frz;gr | 1. auf Erweiterung des<br>Machtbereichs gerichtete Po-<br>litik {50}; 2. auf Umsatzstei-<br>gerung ausgerichtete Unter-<br>nehmenspolitik {41/80} | dto.<br>+ gr.<br>*πολιτική* | dto. |
| – | **expansiv**<br>l>frz | sich ausdehnend, auf Erwei-<br>terung bedacht, starke Ex-<br>pansion aufweisend {41/50/<br>53/80/86} | **expandere** | s. oben |
| 0981 | **Expatria-**<br>**tion**<br>(l;l)>mlat | Ausbürgerung, Verbannung<br>{50/33} | **ex**<br>+ **patria,**<br>ae f | s. oben 0911<br>Heimat, Vater-<br>land |
| – | **expatri-**<br>**ieren**<br>(l;l)>mlat | ausbürgern, verbannen<br>{33/50} | dto. | dto. |
| – | Expatriierung | | | |
| 0982 | **Expedient** | 1. Abfertigungsbeauftragter<br>in der Versandtabteilung ei-<br>ner Firma {40/42/45}; 2. Reise-<br>bürokaufmann {40/45} | **expedire** | befreien; verferti-<br>gen; zurechtma-<br>chen, instand set-<br>zen |
| – | **expedieren** | absenden, abfertigen, beför-<br>dern {61/42/45} | dto. | dto. |
| – | **Expedition** | 1. Forschungsreise {31/40/45};<br>2. Personen, die eine Expedi-<br>tion (1.) unternehmen {33/45};<br>2. Kriegszug, militärisches<br>Unternehmen {86}; 4. Gruppe<br>zusammengehöriger Perso-<br>nen zur ,Wahrnehmung be-<br>stimmter Aufgaben {33/57}; 5.<br>Versandabteilung {42/45}; 6.<br>das Expedieren {42/45}; 7. An-<br>zeigenabteilung {40/32/41/42} | **expeditio,**<br>onis f | Abfertigung; Feld-<br>zug; Einrichtung |
| 0983 | **Expekto-**<br>**rans**<br>o. **Expekto-**<br>**rantium** | schleimlösendes Mittel, Hu-<br>stenmittel (med. t. t.) {70} | **expectorare** | aus der Brust<br>scheuchen, reißen |
| 0984 | **expensiv**<br>l>nlat | kostspielig {42/56} | **expendere** | erwägen; ausge-<br>ben, bezahlen |

| | | | | |
|---|---|---|---|---|
| 0985 | **Experiment** | 1. unsicheres Unternehmen, Wagnis {25/26/29}; 2. wissenschaftlicher Versuch {25/40} | **experimentum**, ti n | Beweis, Versuch, Probe; Erfahrung |
| – | **experimental** o. **experimentell** l>nlat | auf Experimenten beruhend {25/40} | dto. | dto. |
| – | **Experimentator** l>nlat | jmd., der Experimente macht oder vorführt {40/25} | dto. | dto. |
| – | **experimentieren** l>mlat>frz | Experimente anstellen {25/40} | dto. mlat. experimentare frz. *expérimenter* | dto. |
| 0986 | **expert** l>frz | erfahren, sachverständig (veraltet) {22/25} | **expertus**, a, um | erprobt, bewährt |
| – | **Experte** l>frz | Sachverständiger, Kenner {22/25} | dto. | dto. |
| – | **Expertise** l>frz | Untersuchung, Gutachten (durch einen Sachverständigen) {25/22/32} | **experiri** | versuchen, untersuchen, prüfen |
| – | expertisieren | | | |
| 0987 | **explicit** | „es ist zu Ende" (meist am Ende von Handschriften und Frühdrucken {32/58/75} | **explicare** (**explicit liber** | auseinanderfalten, abrollen; ausbreiten das Buch ist zu Ende) |
| – | **Explicit** | Schlußworte einer mittelalterlichen Handschrift {32/58/75} | dto. | dto. |
| – | **Explikation** | Darlegung, Erklärung, Erläuterung {32/25} | **explicatio**, onis f | Entwicklung, Erörterung, Darlegung |
| – | **explizieren** | darlegen, erlären, erläutern {32/25} | **explicare** | s. oben |
| – | **explizit** (o. **explicite**) | 1. ausdrücklich, deutlich; 2. ausführlich und differenziert dargestellt {32/25} | **explicatus**, a, um (explicitus, a, um | geordnet; deutlich, klar noch ausführbar) |
| – | **explizite** | in aller Deutlichkeit {32/25} | dto. | dto. |
| 0988 | **explodieren** | 1. auseinanderplatzen, bersten {58/53/72}; 2. einen heftigen Gefühlsausbruch zeigen {26} | **explodere** | hinaus-, forttreiben, auszischen; mißbilligen |
| 0989 | **Explorand** | jmd., der ausgeforscht wird {25/70} | **explorare** | ausspähen, untersuchen, erkunden, erforschen |
| – | **Exploration** | Untersuchung, Befragung, Nachforschung {32/25/70} | **exploratio**, onis f | Spionage; Untersuchung, Erforschung |

| | | | | |
|---|---|---|---|---|
| – | **Explorator** | jmd., der ausforscht {25/70} | **explorator,** oris m | Kundschafter, Erforscher; Spion; Untersucher |
| – | **exploratorisch** | (aus)forschend, prüfend {25/70} | **exploratorius,** a, um | zum Aufklären gehörig, dienlich |
| – | **explorieren** | 1. erforschen, untersuchen, erkunden {25}; 2. Personen befragen, ausforschen; Verhältnisse erkunden (psych., med. t. t.) {70} | **explorare** | s. oben |
| 0990 | **explosibel** l>nlat | 1. explosionsfähig, -gefährlich {54}; 2. zu psychopathischen Kurzschlußreaktionen neigend (med., psych. t. t.) {70} | **explodere** | s. oben 0988 |
| – | **Explosibilität** l>nlat | Fähigkeit, zu explodieren (1.) {54} | dto. | dto. |
| – | **Explosion** | 1. Zerplatzen oder Zerbersten eines Körpers mit einem heftigen Knall {53/58/72}; 2. heftiger Gefühls-, Zornesausbruch {26} | **explosio,** onis f | das Auspochen, Auszischen, Auspfeifen |
| – | **explosiv** l>nlat | 1. leicht explodierend (1.); 2. explosionsartig {54}; 3. zu Gefühlausbrüchen neigend; 4. sehr temperamentvoll, heftig {26/84} | dto. | dto. |
| – | **Explosivität** l>nlat | explosive Beschaffenheit, Art und Weise {54} | dto. | dto. |
| 0991 | **Exponat** l>russ | Ausstellungs-, Museumsstück {33/34/36} | **exponere** | auf-, ausstellen, darstellen; preisgeben |
| – | **Exponent** | 1. herausgehobener Vertreter einer Richtung, Partei o. ä. {25/33/50}; 2. Hochzahl in der Wurzel- und Potenzrechnung (math. t. t.) {71} | dto. | dto. |
| – | **exponentiell** | gemäß einer (speziellen) Exponentialfunktion verlaufend; (sich) stark steigernd o. fallend (math. t. t.) {71} | dto. | dto. |
| – | **exponieren** | 1. darstellen, zur Schau stellen {23/25/33}; 2. belichten (veraltet - fot. t. t.) {87}; 3. sich -: die Aufmerksamkeit auf sich lenken {25/28/33} | dto. | dto. |
| – | **exponiert** | herausgehoben (dadurch Gefährdungen o. Angriffen ausgesetzt) {33} | dto. | dto. |

| | | | | |
|---|---|---|---|---|
| 0992 | **Export** l>engl | 1. Ausfuhr, Warenabsatz im Ausland; 2. das ausgeführte Produkt {42/80}; 3. Kurzform von Exportbier {17} | **exportare** | heraus-, forttragen, -schaffen; ausführen |
| – | **Exporteur** l>(frz) >engl | jmd., ein Unternehmen, das Exportgeschäfte betreibt {40/42/80} | dto. | dto. |
| – | **exportieren** l>engl | Waren ins Ausland ausführen {42/80} | dto. | dto. |
| 0993 | **Exposé** l>frz | 1. Denkschrift, Bericht, zusammenfassende Übersicht {32/57}; 2. Entwurf, Plan, Handlungsskizze (Filmdrehbuch) {25/32/33/85} | **exponere** frz. *exposer* | s. oben 0991 |
| – | **Exposition** | 1. Darlegung, Erörterung {32}; 2. einführender Teil des Dramas {35/59}; 3. erster Teil des Sonatensatzes (mus. t. t.); 4. Kopfteil bei der Fuge (mus. t. t.) {37}; 5. Ausstellung, Schau {33/85}; 6. mittelalterlicher Kirchenbrauch, das Allerheiligste zur Anbetung zu zeigen {51/75}; 7. Lage eines bewachsenen Berghanges in bezug auf die Einfallsrichtung der Sonnenstrahlen (biol. t. t.) {68/69/64}; 8. Grad der Gefährdung eines Organismus gegenüber Krankheiten (med. t. t.) {70} | **expositio**, onis f | Ausleerung, Aussetzung; Darlegung, Schilderung, Erklärung |
| – | **expositorisch** l>engl | erklärend, darlegend {25/32} | **exponere** | s. oben 0991 |
| – | **Expositur** l>nlat | 1. abgegrenzter Seelsorgebezirk einer Pfarrei {51/58}; 2. auswärtige Zweigstelle, Filiale (eines Geschäftes) {58/42} | dto. | dto. |
| 0994 | **expreß** | 1. eilig, Eil... {59}; 2. eigens, ausdrücklich, zum Trotz (landsch.) {28} | **expressus**, a, um | deutlich artikuliert; ausgedrückt, ausgeprägt |
| – | **Expreß** l>engl | Schnellzug {45} | dto. | dto. |
| – | **Expression** | 1. besonderes Register beim Harmonium (mus. t. t.) {37}; 2. das Herauspressen (med. t. t.) {70}; 3. Ausdruck {26/32} | **expressio**, onis f | das Auspressen, -drücken; Anschaulichkeit |
| – | **Expressionismus** l>nlat | 1. Kunstrichtung des frühen 20. Jh.s {36}; 2. musikalischer Ausdrucksstil um 1920 {37} | dto. | dto. |
| – | **Expressionist** l>nlat | 1. Vertreter des Expressionismus; 2. den Expressionismus betreffend {36/37} | dto. | dto. |

| | | | | |
|---|---|---|---|---|
| – | **expressiv** l>nlat | ausdrucksstark, -betont, mit Ausdruck {26} | **expressus** | s. oben |
| – | **Expressivität** l>nlat | 1. Fülle des Ausdrucks, Ausdrucksfähigkeit {22/32}; 2. Ausprägungsgrad einer Erbanlage im Erscheinungsbild (biol. t. t.) {68/69} | dto. | dto. |
| 0995 | **Expropriateur** (l;l)>frz | Enteigner, Ausbeuter (marxist. t. t.) {43/77/81} | **ex proprius,** a, um | s. oben 0911 eigen, eigentümlich, ausschließlich |
| – | **Expropriation** (l;l)>frz | Enteignung (marxist. t. t.) {43/77/81} | dto. | dto. |
| – | **expropriieren** (l;l)>frz | enteignen (marxist. t. t.) {43/77/81} | dto. | dto. |
| 0996 | **exquisit** l>nlat | ausgesucht, erlesen, vorzüglich {56} | **exquirere** | aufsuchen, erforschen; auswählen; erflehen |
| 0997a | **Ex(s)ekration** | 1. Entweihung {51}; 2. feierliche Verwünschung, Fluch (kath. rel. t. t.) {51/32} | **exsecratio,** onis f | verwünschender Schwur; Verwünschung, das Fluchen |
| – | **ex(s)ekrieren** | 1. entweihen {51}; 2. verwünschen, verfluchen (kath. rel. t. t.) {51/32} | **exsecrari** | verwünschen, verfluchen |
| 0997b | **Exsequatur** | 1. er übe (sein Amt) aus, er vollziehe (das Urteil) {28/82}; 2. Beglaubigung eines auswärtigen Konsuls {50/32}; 3. Vollstreckungsbefehl für ein ausländisches Gerichtsurteil {82/28/50} | **exsequi** | nach-, verfolgen; ausführen, vollstrecken |
| 0998 | **Exsikkans** (o. **Desikkant**) l>nlat | austrocknendes, Flüssigkeit absorbierendes Mittel (z. B. beim Transport elektronischer Geräte beigepackt) {54/73/45} | **exsiccare** | austrocknen, austrinken |
| 0999 | **Exspiration** | Ausatmung (med. t. t.) {70} | **exspiratio,** onis f | Ausdünstung |
| – | **exspiratorisch** l>nlat | auf Exspiration beruhend, mit ihr zusammenhängend (med. t. t.) {70} | **exspirare** | herausblasen, aushauchen |
| – | **exspirieren** | ausatmen (med. t. t.) {70} | dto. | dto. |
| 1000 | **Extemporale** | unvorbereitet anzufertigende Klassenarbeit (bes. in den alten Sprachen) {31/59} | **extemporalis,** e | unvorbereitet, aus dem Stehgreif |
| – | **extemporieren** l>nlat | 1. eine improvisierte Einlage (auf der Bühne) geben {35/59}; 2. aus dem Stehgreif reden, musizieren etc. {32/37/59} | dto. | dto. |

| | | | | |
|---|---|---|---|---|
| 1001 | **extendieren** | ausdehnen, -weiten, erweitern (veraltet) {53} | **extendere** | ausdehnen, -breiten, -strecken |
| – | **extensibel** l>nlat | ausdehnbar (veraltet) {53} | dto. | dto |
| – | **Extension** | 1. Ausdehnung, Streckung {53}; 2. Umfang eines Begriffs {25/76} | **extensio**, onis f | Ausdehnung, -streckung |
| – | **extensional** | 1. auf die Extension (2.) bezogen {25/76}; 2. umfangsgleich (besonders in der Mengenlehre {58/57/71} | dto. | dto. |
| – | **Extens(iv)ität** l>nlat | Ausdehnung, Umfang {53} | **extensivus**, a, um | ausdehnend, verlängernd |
| – | **extensiv** | 1. auf großen Flächen mit relativ geringem Aufwand betrieben (bei der Bodennutzung - landw. t. t.) {39}; 2. ausdehnend, erweiternd (von der Auslegung eines Gesetzes - jur. t. t.) {82}; 2. umfassend, ausgedehnt, in die Breite gehend {53}; | dto. | dto. |
| – | **extensivieren** | ausdehnen, in die Breite gehen, wirken lassen {53} | dto. | dto. |
| 1002 | **Exterieur** l>frz | 1. Äußeres; Außenseite; Erscheinung {23/53}; 2. Körperform eines Tieres {69/53} | **exter(us)**, a, um | außen befindlich, auswärtig, äußerlich |
| 1003 | **Extermination** | (veraltet) 1. Vertreibung, Landesverweisung {50/28/61}; 2. Zerstörung {52} | **exterminatio**, onis f | Verstörung; Vertreibung, Verjagung |
| – | **exterminieren** | ausrotten, vertreiben (veraltet) {52/61/50/28} | **exterminare** | verbannen, vertreiben; entstellen |
| 1004 | **extern** | 1. auswärtig, fremd; draußen befindlich {50/58}; 2. nicht im Internat wohnend {31/44} | **externus**, a, um | äußerlich; fremd, ausländisch |
| – | **Externa** | 1. äußere Dinge, Angelegenheiten {50/40}; 2. äußerlich anzuwendende Arzneimittel (med. t. t.) {70} | **externa**, norum n (Pl.) | auswärtige Dinge; Fremdes |
| – | **externalisieren** | etw. nach außen verlagern (z. B. Ängste - psych. t. t.) {70} | **externus** | s. oben |
| – | Externalisation, Externe | | | |
| – | **Externat** | Lehranstalt, deren Schüler außerhalb der Schule wohnen {31} | dto. | dto. |
| 1005 | **exterritorial** (l;l)>nlat | außerhalb der Landeshoheit stehend {50/58} | **ex** + **territorialis**, e | s. oben 0911 zum Gebiet gehörig |
| – | **exterritorialisieren** (l;l)>nlat | jmdm. Exterritorialität gewähren {50/28} | dto. | dto. |

| | | | | |
|---|---|---|---|---|
| – | **Exterritorialität** (l;l)>nlat | 1. Unabhängigkeit ausländischer Personen von der Gerichtsbarkeit des Aufenthaltslandes; 2. Unantastbarkeit von Diplomaten im Gastland {50/82} | dto. | dto. |
| 1006 | **Extinktion** | 1. Auslöschung, Tilgung (veraltet) {52}; 2. Schwächung einer Wellenbewegung beim Durchgang durch ein Medium (phys., astron., meteor. t. t.) {72/66/65} | **exstinctio**, onis f | das Auslöschen; Vernichtung |
| 1007 | **extra** | 1. besonders, für sich, getrennt {56/58}; 2. zusätzlich, dazu {57}; 3. ausdrücklich; 4. absichtlich; 5. zu einem bestimmten Zweck {25/28}; 6. besonders, ausgesucht {56} | **extra** | außerhalb, äußerlich; außer(dem); darüber ... hinaus; ausgenommen, ohne, frei von |
| – | **Extras** | Zubehörteile, die über die übliche Ausstattung hinausgehen {42/57/87} | dto. | dto. |
| 1008 | **extrahieren** | 1. (einen Zahn) herausziehen (med. t. t.) {70}; 2. eine Substanz mittels Lösungsmittel herauslösen (chem. t. t.) {73}; 3. eine Vollstreckungsmaßregel erwirken (veraltet - jur. t. t.) {82} | **extrahere** (PPP. **extractus**) | herausziehen, -reißen; hinhalten |
| – | **Extrakt** | 1. Auszug aus tierischen oder pflanzlichen Stoffen {73/70}; 2. konzentrierte Zusammenfassung der wesentlichen Punkte {57/32/25} | dto. | dto. |
| – | **Extraktion** l>nlat | 1. Herauslösung einer Substanz mittels Lösungsmittel (chem. t. t.) {73}; 2. das Ziehen eines Zahnes (med. t. t.) {70} | dto. | dto. |
| – | **extraktiv** l>nlat | ausziehend, auslaugend; löslich ausziehbar {73} | dto. | dto. |
| 1009 | **extraordinär** l>frz | außergewöhnlich, außerordentlich {25/56} | **extraordinarius**, a, um | außerordentlich, außergewöhnlich, auserlesen |
| 1010 | **Extrapolation** (l;l)>nlat | näherungsweise Bestimmung von Funktionswerten außerhalb eines Intervalls (math. t. t.) {71} | **extra** + **interpolatio**, onis f | s. oben 1007 Veränderung, Umgestaltung, Täuschung |
| – | **extrapolieren** (l;l)>nlat | auf das Verhalten einer Funktion schließen (math. t. t.) {25/71} | **extra** + **interpolare** | s. oben 1007 zurichten; entstellen, verfälschen, nachmachen |
| 1011 | **Extraterrestrik** (l;l)>nlat | Fachgebiet der Physik für Vorgänge außerhalb der Erdatmosphäre {63/72} | **extra** + **terra**, ae f | s. oben 1007 Erde, Land |

| | | | | |
|---|---|---|---|---|
| – | **extrater-restrisch** (l;l)>nlat | außerhalb der Erde gelegen {58/66/72} | dto. | dto. |
| 1012 | **Extratour** l;gr>l>frz | eigensinniges Verhalten innerhalb einer Gruppe (ugs.) {25/26/33} | **extra** + **tornus**, ni m gr. τορνός | s. oben 1007 Dreheisen |
| 1013 | **extra-vagant** (l;l)>mlat >frz | 1. einen ausgefallenen Geschmack habend {26/33/84}; 2. auffallend {23}; 3. überspannt, verstiegen, übertrieben {25/26} | **extra** + **vagari** mlat. extravagari | s. oben 1007 umherschweifen, -ziehen ausschweifen |
| – | **Extra-vaganz** (l;l)>mlat >frz | 1. ausgefallenes, aus dem üblichen Rahmen fallendes Tun, Verhalten {26/33/84}; 2. Ausgefallenheit {25/26}; 3. Überspanntheit, Verstiegenheit {25/84} | dto. | dto. |
| 1014 | **Extra-version** (l;l)>nlat | seelische Interessenkonzentration auf äußere Objekte (psych. t. t.) {25/70} | **extra** + **vertere** | s. oben 1007 wenden, richten, lenken |
| – | **extra-** o. **extro-vertiert** (l;l)>nlat | nach außen gerichtet, für äußere Einflüsse leicht empfänglich (psych. t. t.) {70} | dto. | dto. |
| 1015 | **extrem** | 1. äußerst, ungewöhnlich {56/25}; 2. radikal {25} | **extremus**, a, um | der äußerste, letzte, entfernteste |
| – | **Extrem** | 1. höchster Grad, äußerster Standpunkt {25/56}; 2. Übertreibung {25} | dto. | dto. |
| – | **extremi-sieren** l>nlat | zu einer extremen Haltung bringen, ins Extrem treiben {25/28} | dto. | dto. |
| – | **Extremi-sierung** | Neigung, die Gedanken und Taten bis zum äußersten zu treiben {25/28/84} | dto. | dto. |
| – | **Extremis-mus** l>nlat | extreme, radikale politische Haltung, Richtung {25/50} | dto. | dto. |
| – | **Extremist** l>nlat | radikal eingestellter Mensch {50/25} | dto. | dto. |
| – | extremistisch | | | |
| – | **Extremität** | 1. Gliedmaße (med. t. t.) {11/70}; 2. äußerstes Ende {58}; 3. das Extremsein {25/84} | **extremitas**, atis f | äußerste Grenze; Ende; Extreme; Extremitäten (1.) |
| – | **extremo** | am Ende des Kapitels (in Stellenangaben) {58/32} | **extremus** | s. oben |
| – | **Extremum** o. **Extrem-wert** l;(d) | 1. höchster oder tiefster Wert einer Funktion oder Kurve (math. t. t.) {71}; 2. größter oder kleinster Wert einer Meßreihe (phys. t. t.) {72} | dto. | dto. |

| | | | | |
|---|---|---|---|---|
| 1016 | **extrinsisch** l>frz>engl | von außen her angeregt, nicht aus eigenem inneren Anlaß erfolgend {25/78} | **extrinsecus** (Adv.) | von außen, außerhalb, äußerlich |
| >>> | extrovertiert s. extravertiert | | | |
| 1017 | **Exulant** | Verbannter, Vertriebener (veraltet) {50/58} | **exsul,** lis mf | der (die) Vertriebene, Verbannte |
| 1018 | **exzellent** l>frz | hervorragend, ausgezeichnet, vortrefflich {25/56} | **excellens** (Gen. –ntis) | hervor-, emporragend, ausgezeichnet, vortrefflich |
| – | **Exzellenz** l>frz | 1. Anrede im diplomatischen Verkehr {32/33/50}; 2. Titel der Minister oder hoher Beamter (hist. t. t.) {75/50} | **excellentia,** ae f | Vortrefflich-, Vorzüglichkeit; das Höherstehen, Hervorragen |
| – | **exzellieren** | hervorragen, glänzen {33/56} | **excellere** | empor-, hervorragen, sich auszeichnen |
| 1019 | **Exzeption** | (veraltet) 1. Ausnahme {56/25}; 2. juristische Einrede (jur. t. t.) {82} | **exceptio,** onis f | Ausnahme, Klausel, Einschränkung, gerichtliche Einwendung |
| – | **exzeptionell** l>frz | ausnahmsweise eintretend, außergewöhnlich {56/25} | dto. | dto. |
| 1020 | **exzerpieren** | einen Auszug anfertigen {32/57} | **excerpere** | herausheben, auswählen, einen Auszug machen |
| – | **Exzerpt** | schriftlicher Auszug aus einem Werk {32/57} | **excerptum,** ti n | Auszug, Exzerpt |
| – | **Exzerption** | 1. das Exzerpieren; 2. das Exzerpierte (selten) {57/32} | **excerptio,** onis f | Exzerpt |
| – | Exzerptor | | | |
| 1021 | **Exzeß** | Ausschreitung; Ausschweifung; Maßlosigkeit {25/26/33} | **excessus,** us m | das Herausgehen; Abschweifung; Verzückung |
| – | **exzessiv** l>nlat | außerordentlich, das Maß überschreitend; ausschweifend {25/26/33/56} | dto. | dto. |
| 1022 | **exzipieren** | ausnehmen, als Ausnahme hinstellen (veraltet) {25/56} | **excipere** | herausnehmen, -ziehen; aufnehmen |

# F

| | | | | |
|---|---|---|---|---|
| 1023 | **Fabel** | Erzählung, Sage {32/34} | **fabula,** ae f | Erzählung, Sage, Märchen |
| – | **fabelhaft** l;d | unglaublich, phantastisch, hervorragend {24/25/56} | dto. | dto. |
| – | **fabeln** o. **fabulieren** | Geschichten ersinnen und erzählen (auch abwertend) {25/24/32} | **fabulari** | sprechen, schwatzen, plaudern, reden |
| 1024 | **Fabrik** l>frz | 1. gewerblicher, mit Maschinen ausgerüsteter Produktionsbetrieb {41}; 2. Gebäudekomplex, in dem ein Industriebetrieb untergebracht ist {41/58}; 3. Belegschaft eines Industriebetriebes {40/41} | **fabrica,** ae f | Kunst, Gebäude, Beschäftigung; Werkstätte |
| – | **Fabrikant** l>frz | 1. Fabrikbesitzer {43/41}; 2. Hersteller einer Ware {41} | **fabricare** | ver-, anfertigen, bauen |
| – | **Fabrikat** l>nlat | 1. fabrikmäßig hergestelltes Industrieerzeugnis; 2. bestimmte Ausführung einer Marke {41} | dto. | dto. |
| – | **Fabrikation** l>frz | Herstellung von Gütern in einer Fabrik {41} | **fabricatio,** onis f | Verfertigung, Kunst, Fabrikat |
| – | **fabrikatorisch** | herstellungsmäßig {41} | **fabricatorius,** a, um | schaffend |
| – | **fabrizieren** | 1. etw. zusammenbasteln (ugs., scherzhaft, abwertend) {40/25}; 2. etw. anstellen, anrichten {25/26/29}; 3. serienmäßig in einer Fabrik herstellen (veraltet) {41/75} | **fabricare** | s. oben |
| 1025 | **Fabulant** | 1. Erfinder, Erzähler von phantastischen Geschichten {24/25/32/40}; 2. Schwätzer, Schwindler {32/26} | **fabulari** | s. oben 1023 |
| – | **Fabulist** l>nlat | Fabeldichter (veraltet) {24/34/40} | dto. | dto. |
| – | **fabulös** l>frz | 1. märchenhaft (ugs., scherzhaft) {24/25/26}; 2. unwirklich, unwahrscheinlich {24/25} | **fabulosus,** a, um | fabelhaft, wunderbar, unglaublich |

| | | | | |
|---|---|---|---|---|
| 1026 | **Facette** l>frz | 1. kleine, eckige Fläche (Edelsteinschliff) {40/20}; 2. abgeschrägte Kante an Klischees (druckw. t. t.) {41/32}; 3. Verblendteil beim Zahnersatz {70} | **facies**, ei f<br>vulgl. facia*<br>frz. *face* | Gestalt, Angesicht<br>(Vorder)seite, Außenfläche |
| – | **Facettenauge** l>frz;d | aus Einzelaugen zusammengesetztes Sehorgan von Insekten (biol. t. t.) {69} | dto. | dto. |
| – | **facettieren** l>frz | mit Facetten versehen {40} | dto. | dto. |
| 1027 | **fächeln** l>mlat | (kühlende) Luft zuwehen {12/61} | **focus**, ci m<br>mlat. focare | Herd, Feuerstätte<br>entflammen, anbrennen |
| – | **fachen** l>mlat | (modern nur: anfachen, entfachen) ein Feuer anmachen, verstärken (durch vermehrte Luftzufuhr) {44} | dto. | dto. |
| – | **Fächer** l>mlat | 1. Wedel (zur Luftbewegung) {20/44}; 2. Blasebalg, Feuerwedel (veraltet) {44} | **focus**<br>mlat. focarius<br>nhd. *focher* | s. oben<br>Heizer, Küchenjunge<br>Blasebalg, Feuerwedel |
| – | **fächern** l>mlat | den Fächer bewegen {12/61} | dto. | dto. |
| – | **Fächerung** l>mlat | Aufgliederung, Entfaltung {25/56} | dto. | dto. |
| 1028a | **Fackel** l>vulgl | brennender Holzspan, Leuchte {44} | **facula**, ae f<br>vulgl. facla* | Fackel, Leuchte, Span |
| – | **fackeln** l>vulgl | unstet brennen wie eine Fakkel (Wendung: nicht lange fackeln) {23/29/59} | dto. | dto. |
| 1028b | **fad(e)** l>gallorom >frz | geschmacklos; läppisch {23/17/56} | **fatuus**, a, um<br>gallorom. *fatidus**<br>frz. *fade* | albern, einfältig; fade, geschmacklos |
| 1028c | **Fagott** l>it | tiefstes Holzblasinstrument {37} | uns.:<br>**fagus**, gi f<br>it. *fagotto* | <br>Buche<br>hölzernes Blasinstrument, Fagott (aus Buchenholz?) |
| 1029 | **Faible** l>gallorom >frz | Vorliebe, Neigung (die zur Schwäche wird) {26/85} | **flebilis**, e<br>frz. *faible*<br>*faible* (Subst.) | beweinenswert, kläglich, weinend, klagend<br>schwach<br>schwache, verwundbare Stelle |
| 1030 | **fäkal** l>nlat | kotig (med. t. t.) {70} | **faex**, ecis f | Bodensatz, Hefe; Niederschlag |
| – | **Fäkalien** l>nlat | ausgeschiedener Kot oder Harn (med. t. t.) {70} | dto. | dto. |

| | | | | |
|---|---|---|---|---|
| 1031 | **Faksimile**<br>(l;l)>engl | originalgetreuer Nachdruck, Reproduktion {40/32/56} | **facere**<br>Imp. **fac**<br>+ **similis**, e | tun, machen<br>mach<br>ähnlich |
| – | **faksimi-lieren**<br>(l;l)>engl | eine Vorlage getreu nachbil-den {40/32/56} | dto. | dto. |
| >>> | Fakt s. Faktum | | | |
| 1032 | **Faktion** | militante Gruppe, Flügel in-nerhalb einer Partei {50/33} | **factio**,<br>onis f | Partei, -anhang, -umtriebe |
| – | **faktiös**<br>l>frz | vom Parteigeist beseelt; auf-rührerisch, aufwiegelnd {26/28/50} | **factiosus**,<br>a, um | boshaft, herrsch-süchtig, partei-isch |
| 1033 | **faktisch** | 1. tatsächlich, wirklich, auf Tatsachen gegründet {25/52}; 2. praktisch, quasi (ugs. - österr.) {56} | **factum**,<br>ti n | Tat, Handlung, Verfahren |
| – | **Faktizität** | Tatsächlichkeit, Gegebenheit, feststellbare Wirklichkeit {25/52} | dto. bzw.<br>**facticius**,<br>a, um | dto.<br>durch Kunst-, nachgemacht |
| – | **Faktor** | 1. wichtiger Umstand, Ge-sichtspunkt {25}; 2. techni-scher Leiter einer Buchdruk-kerei {40}; 3. Vervielfälti-gungszahl (math. t. t.) {57/71} | **factor**,<br>oris m | Verfertiger, Urhe-ber; Ölmacher |
| – | **Faktorei**<br>l>mlat | größere Handelsniederlas-sung in Übersee {42/80} | dto. | dto. |
| – | **faktoriell**<br>l>(nlat) | nach Faktoren aufgeschlüs-selt, in Faktoren zerlegt (math. t. t.) {71} | dto. | dto. |
| – | **Faktotum**<br>l;l | jmd., der im Haushalt oder Betrieb „Mädchen für alles" ist {33/44/40} | **facere**<br>Imp. **fac**<br>+ **totus**,<br>a, um | tun, machen<br>mach<br>ganz, völlig, alles |
| – | **Faktum** | (nachweisbare) Tatsache, Er-eignis {50/52} | **factum** | s. oben |
| – | **Faktur**<br>l>it<br>(l>frz) | 1. Warenrechnung, Liefer-schein {42/80};<br>2. handwerkliche Arbeit; kunstgerechter Aufbau (einer Komposition) {40/34/36/37} | **factura**,<br>ae f | Bearbeitung; Ge-schöpf; Bau |
| – | **fakturieren**<br>l>it | Fakturen ausschreiben, Wa-ren berechnen {42/80} | dto. | dto. |
| – | Fakturist | | | |
| 1034a | **Fakultas** | Lehrbefähigung {22/31/40} | **facultas**,<br>atis f | Vermögen, Befä-higung, Talent; Fähigkeit |

| | | | | |
|---|---|---|---|---|
| – | **Fakultät** l>(mlat) | 1. Abteilung einer Hochschule bzw. der dazugehörenden Mitarbeiter und Studenten {31/33/40}; 2. Lehrbefähigung {31/22/40}; 3. übertragene kirchliche Rechte (rel. t. t.) {51}; 4. Produkt mit in bestimmter Weise gegliederten Faktoren (math. t. t.) {71} | dto. mlat. facultas | dto. Wissens-, Forschungsgebiet |
| – | **fakultativ** l>nlat | freigestellt, nach eigenem Ermessen {28} | dto. frz. *fakultatif* | dto. |
| 1034b | **Falke** l>spätl | Raubvogelart {07} | **falx**, lcis f spätl. **falco**, onis mf | Sichel, Sense Falke |
| 1035 | **falsch** | unrichtig, unwahr, irrig, verlogen {25/56} | **falsus**, a, um | unrichtig, unwahr, falsch |
| – | Falschheit, fälschlich, fälschen, Fälscher, Fälschung | | | |
| – | **Falsett** l>it | Kopfstimme bei Männern (mus. t. t.) {37} | dto. it. *falsetto* | dto. (falsche) Singstimme |
| – | falsettieren, Falsettist | | | |
| 1036 | **Falsifikat** | Fälschung, gefälschter Gegenstand {56/25} | **falsificatus**, a, um | verfälscht |
| – | **Falsifikation** l>mlat | 1. Widerlegung einer wissenschaftlichen Aussage {32/25}; 2. Fälschung (veraltet) {56/25} | dto. | dto. |
| – | **falsifizieren** l>mlat | 1. eine Hypothese widerlegen {25/32}; 2. (ver)fälschen (veraltet) {25/56} | dto. | dto. |
| 1037 | **familiär** | 1. die Familie betreffend {10/31}; 2. ungezwungen, vertraulich {25/32/33} | **familiaris**, e | zur Familie gehörig; vertraut, freundschaftlich |
| – | **Familiarität** | Vertraulichkeit, familiäres Verhalten {32/33/31} | **familiaritas**, atis f | vertrauter Umgang, Vertraulichkeit |
| – | **Familie** | 1. Gemeinschaft von Eheleuten und Kindern {33/31}; 2. Gruppe der nächsten Verwandten {10/31/33}; 3. systematische Kategorie zur Zusammenfassung von Gattungen (biol. t. t.) {68/69} | **familia**, ae f | Familie, Hausgenossen-, Dienerschaft; Hausstand |
| 1038 | **famos** | 1. beeindruckend, großartig, ausgezeichnet {25/26/56}; 2. berüchtigt, verrufen (veraltet) {25/33} | **famosus**, a, um | viel von sich Reden machend; berüchtigt, verrufen |
| 1039 | **Famulus** | (veraltet) 1. Medizinstudent im Krankenhauspraktikum {31/40/70}; 2. Student, der einem Hochschullehrer assistiert {31/33/40} | **famulus**, li m | Diener |

| | | | | |
|---|---|---|---|---|
| – | **famulieren** | als Famulus tätig sein {33/40} | **famulari** | Diener sein |
| 1040 | **Fan** l>engl>am | jmd., der sich für etw. begeistert {26/33} | **fanaticus**, a, um | schwärmerisch, begeistert, fanatisch |
| – | **Fanatiker** l>(frz) | jmd., der sich für eine Idee begeistert einsetzt; Eiferer, dogmatischer Verfechter {25/26/33} | dto. | dto. |
| – | **fanatisch** l>(frz) | sich mit Verbortheit, blindem Eifer für etw. einsetzend {25/26/28/33} | dto. | dto. |
| – | **fanatisieren** l>frz | jmdn. aufhetzen, fanatisch machen {26/28/32} | dto. | dto. |
| – | **Fanatismus** l>frz | rigoroses, kompromißloses Eintreten für eine Idee {25/26/28/33} | dto. | dto. |
| 1041 | **Farce** l>vulgl>frz | 1. derb-komisches Lustspiel {35}; 2. abgeschmacktes Getue, billiger Scherz {25/26}; 3. Füllung für Fleisch oder Fisch (gastron. t. t.) {17} | **farcire** vulgl. farsa* frz. *farce* | voll-, hineinstopfen, mästen |
| 1042 | **Farm** l>frz>engl | 1. größerer landwirtschaftlicher Betrieb; 2. Landwirtschaftsbetrieb mit Geflügel- oder Pelztierzucht {39} | **firmare** vulgl. firma afrz. *ferme* | festmachen, stärken, sichern fester Lohn, Bezahlung |
| – | Farmer | | | |
| 1043 | **faschieren** l>frz | durch den Fleischwolf drehen (österr.) {17} | uns.: **farcire** frz. *farcir* | s. oben 1041 |
| – | **Faschiertes** l>frz | Hackfleisch (österr.) {17} | dto. | dto. |
| 1044 | **Faschine** l>it>frz | Reisiggeflecht für (Ufer)befestigungsbauten {40/64/88} | **fascina**, ae f | das Rutenbündel, die Faschine |
| 1045 | **Faschismus** l>it | 1. Mussolinis totalitäres Herrschaftssystem in Italien 1922-45 (hist. t. t.) {75/50}; 2. nach dem Führerprinzip organisierte rechtsradikale Herrschaftsform {50} | **fascis**, is m | Bund, Bündel; Rutenbündel |
| – | **Faschisierung** l>it | Eindringen faschistischer Tendenzen (in eine Staatsform) {50} | dto. | dto. |
| – | Faschist, faschistisch | | | |
| – | **faschistoid** l;gr | dem Faschismus ähnliche Züge zeigend {50} | dto. + gr. *εἶδος* | dto. Aussehen, äußere Gestalt, Beschaffenheit |

| | | | | |
|---|---|---|---|---|
| 1046 | **Fashion** l>frz>engl | 1. Mode {19/20}; 2. Vornehmheit, gepflegter Lebensstil {15/25/33} | **factio**, onis f<br>afrz. *fachon* | das Machen, Tun; Parteianhang |
| – | **fashionabel** o. **fashionable** l>frz>engl | modisch, elegant, vornehm {19/20/33} | dto. | dto. |
| 1047 | **Fassade** l>vulgl>it >frz | 1. Vorder-, Stirnseite (eines Gebäudes) {88}; 2. äußerer Schein {23/25} | **facies**, ei f<br>it. *faccia*<br>*facciata*<br>frz. *façade* | äußere Beschaffenheit, Aussehen, Anblick<br>Gesicht<br>Vorderseite<br>Fassade |
| 1048 | **Fasson** l>frz | bestimmte Art und Weise (des Zuschnittes, Sitzes etc.); Form, Muster {23/21/19} | **factio**<br>frz. *façon* | s. oben 1046 |
| – | **fassonieren** l>frz | 1. in Form bringen, formen {40/19}; 2. die Haare im Fassonschnitt schneiden (österr.) {21} | dto. | dto. |
| – | **Fassonschnitt** l>frz;d | Herrenhaarschnitt {21} | dto. | dto. |
| 1049 | **Faszikel** l>nlat | 1. Aktenbündel, Heft {32/57}; 2. kleines Bündel von Muskel- oder Nervenfasern (med. t. t.) {70} | **fasciculus**, li m | kleines Bündel, Paket |
| 1050 | **Faszination** | fesselnde Wirkung {25/26} | **fascinatio**, onis f | Beschreiung, Behexung |
| – | **faszinieren** | eine fesselnde Wirkung auf jmdn. ausüben {25/26} | **fascinare** | beschreien, behexen |
| – | **Faszinosum** | etw. auf geheimnisvolle Weise Fesselndes, Anziehendes {25/26} | **fascinosus**, a, um (bzw. fascinare | jmd., der eine große Rute hat s. oben) |
| 1051a | **fatal** | 1. sehr unangenehm, peinlich; mißlich; 2. verhängnisvoll, folgenschwer {25/26/33} | **fatalis**, e | vom Schicksal bestimmt, verhängnisvoll |
| – | **Fatalismus** l>nlat | völlige Ergebenheit in die als unabänderlich hingenommene Macht des Schicksals {25/28/33/84} | dto. | dto. |
| – | **Fatalist** l>nlat | Schicksalsgläubiger {25/28/33} | dto. | dto. |
| – | fatalistisch | | | |
| – | **Fatalität** l>mlat | Verhängnis, Mißgeschick, peinliche Lage {25/33} | **fatalitas**, atis f | Bestimmung durch das Verhängnis |
| – | **Fatum** | Schicksal, Geschick, Verhängnis {25/33/59} | **fatum**, ti n | Götterspruch, Weissagung; Lebensschicksal, Verhängnis |

| | | | | |
|---|---|---|---|---|
| 1051b | **Fatzke**<br>l>nhd | eitler, arroganter Mann (berlinisch, ugs.) {26/33/84} | **facetia,**<br>ae f<br>nhd. *Fatz*<br>*fatzen* | Scherz, Witz; Spötterei<br>Witz, Spötterei<br>verspotten, necken |
| 1052a | **Faun** | geiler, lüsterner Mensch {18/26/84} | **Faunus,**<br>ni m | röm. Feld- und Waldgott |
| – | **Fauna** | Tierwelt eines bestimmten Gebietes {69/64} | **Fauna,**<br>ae f | röm. Fruchtbarkeitsgöttin |
| – | **faunisch** | lüstern, geil {18/84} | **Faunus** | s. oben |
| – | **Faunist**<br>l>nlat | Zoologe {40/69} | **Fauna** | s. oben |
| – | **Faunistik**<br>l>nlat | Teilbereich der Zoologie (Erforschung der Tierwelt eines Gebietes) {69/64} | dto. | dto. |
| – | faunistisch | | | |
| 1052b | **Fauxpas**<br>l>frz;l>frz | Taktlosigkeit, gesellschaftlicher Verstoß {32/33} | **falsus,**<br>a, um<br>frz. *faux*<br>+ **passus,**<br>us m<br>frz. *pas* | falsch<br>vgl. oben 1035<br><br>Schritt |
| 1053a | **favorisieren**<br>l>it>frz | 1. begünstigen, bevorzugen {25/28/33}; 2. als voraussichtlichen Sieger nennen {32/33/85} | **favere**<br><br><br><br>it. *favorire*<br>frz. *favoriser* | gewogen sein, begünstigen, unterstützen |
| – | **Favorit**<br>l>it>frz<br>>engl | 1. jmd., der bevorzugt wird {25/28/33}; 2. Günstling, Geliebter (veraltet) {33/18}; 3. jmd., der die größten Siegesaussichten hat {33/85} | **favor,**<br>oris m<br>it. *favorito* | Gunst, Begünstigung, Vorliebe<br>Günstling |
| 1053b | **Fax**<br>l>engl | Funkfernschreiben {46} | **facere**<br>Imp. **fac**<br>+ **similis,** e | tun, machen<br>mach<br>ähnlich<br>vgl. oben 1031 |
| – | **faxen**<br>l>engl | ein Funkfernschreiben absenden {46} | dto. | dto. |
| 1054 | **Fazit** | 1. Schlußsumme einer Rechnung {57/42}; 2. Ergebnis, Schlußfolgerung {25} | **facere**<br>(**facit** | tun, machen<br>es macht) |
| 1055 | **Feature**<br>l>frz>engl | 1. Dokumentarbericht aus Reportagen, Kommentaren und Dialogen; 2. Text- oder Bildbericht zu einem besonderen Anlaß {32/40/85}; 3. Hauptfilm einer Filmvorstellung {33/85} | **factura,**<br>ae f<br>afrz. *faiture*<br>engl. *feature* | das Machen; Bearbeitung |
| 1056 | **febril**<br>l>nlat | fieberhaft, fiebrig (med. t. t.) {70} | **febris,**<br>is f | Fieber |
| – | **Febris** | Fieber (med. t. t.) {70} | dto. | dto. |
| 1057 | **fecit** | Aufschrift auf Kunstwerken hinter dem Namen des Künstlers {32/36} | **facere**<br>(**fecit** | tun, machen<br>hat es gemacht) |

| | | | | |
|---|---|---|---|---|
| 1058 | **Fee**<br>l>spätl/<br>vulgl>afrz<br>>frz | Märchengestalt, Zauberin {24/25/34} | **fatum**<br>spätl./vulgl.<br>fata*<br>afrz. *fee*<br>frz. *fée* | s. oben 1051a |
| 1059 | **fehlen**<br>l>frz | 1. verfehlen {12/61}; 2. sich irren, einen Fehler begehen; fehlschlagen {25}; 3. mangeln {57} | **fallere**<br><br><br>afrz. *faillir* | täuschen, betrügen, ausgleiten lassen |
| – | fehl | | | |
| – | **Fehler**<br>(o. **Fehl**)<br>l>frz | 1. Versehen, Irrtum {25}; 2. bleibender Mangel {25/56/59} | dto.<br>afrz. *faille* | dto. |
| – | **fehlbar**<br>l>frz | schuldig (schweiz.) {25/82} | dto. | dto. |
| – | Verfehlung, verfehlen, unfehlbar, Unfehlbarkeit | | | |
| 1060 | **Feier**<br>l>spätl | Festtag; Veranstaltung {33/59} | **feriae**,<br>arum f (Pl.)<br><br>spätl. **feria** | Ferien-, Feier-, Ruhetage, freie Zeit<br>Fest-, Feiertag; Fest |
| – | feierlich, feiern, Feiertag, Feierabend | | | |
| 1061 | **Feige**<br>l>vulgl | tropische Südfrucht {04} | **ficus**,<br>ci / cus f<br>vulgl. fica* | Feige(nbaum) |
| – | Feigenblatt | | | |
| 1062 | **fein**<br>l>gallorom<br>>frz | zart, nicht grob, erlesen {55/56} | **finis**,<br>is m<br>gallorom. *finus*<br>frz. *fin* | Grenze, Ende; das Äußerste, Beste |
| – | Feinheit, verfeinern | | | |
| 1063 | **Fekundation**<br>l>nlat | Befruchtung (biol., med. t. t.) {68/69/70} | **fecundus**,<br>a, um | fruchtbar, ergiebig, voll |
| 1064 | **Fell**<br>(gr)>l | Pelz, (behaarte) Haut {11/19/69} | **pellis**,<br>is f<br>gr. πέλλα | Fell, Pelz, Haut |
| 1065 | **feminin** | 1. für die Frau charakteristisch, weiblich {70/18}; 2. (als Mann) weibisch {70/26}; 3. mit weiblichem Geschlecht (sprachwiss. t. t.) {76} | **femininus**,<br>a, um | weiblich; mit weiblichem Geschlecht (gramm. t. t.) |
| – | **feminieren** | verweiblichen (infolge Eingriffs in den Hormonhaushalt - med., biol. t. t.) {69/70} | dto. | dto. |

| | | | | |
|---|---|---|---|---|
| – | **Femininum** | weibliches Geschlecht eines Substantives (sprachwiss. t. t.) {76} | dto. | dto. |
| – | **feminisieren** | (eine männliche Person) verweiblichen {70/18} | dto. | dto. |
| – | Feminisierung, Feminisation | | | |
| – | **Feminismus** l>nlat | die eine Veränderung der tradierten Rollenverteilung anstrebende Frauenbewegung {50/33}; 2. Ausbildung weiblicher Geschlechtsmerkmale beim Mann (med., biol. t. t.) {69/70} | dto. | dto. |
| – | Feminist(in), feministisch | | | |
| 1066 | **Fenchel** | 1. Gemüseart; 2. Gewürz- und Heilpflanze, Doldengewächs {05} | **feniculum**, li n | Fenchel |
| 1067 | **Fenster** | Maueröffnung (meist verglast), Öffnung {58/88} | **fenestra**, ae f | Öffnung, Luke, Fenster |
| – | **fensterln** | bei der Geliebten nachts durchs Fenster einsteigen {18/29} | dto. | dto. |
| 1068 | **Fenz** l>frz>engl | Zaun, Einfriedung (deutsch-amerikanisch) {39/58} | **finis** is m | s. oben 1062 |
| – | **fenzen** l>frz>engl | einfrieden {39/58} | dto. | dto. |
| 1069 | **Ferien** | mehrere Tage dauernde Arbeitspause, Urlaub {40/59} | **feriae**, arum f | s. oben 1060 |
| 1070 | **Ferment** | Enzym (veraltet - biol. t. t.) {69/70} | **fermentum**, ti n | Gärung, Gärstoff; Dünger; Ferment |
| – | **Fermentation** l>nlat | 1. chemische Umwandlung von Stoffen durch Bakterien und Enzyme (chem. t. t.) {73}; 2. Verfahren zur Aromaentwicklung in Lebensmitteln {73/17} | **fermentare** | gären, in Gärung geraten |
| – | **fermentativ** l>nlat | durch Fermente hervorgerufen {73} | dto. | dto. |
| – | **fermentieren** | durch Fermentation (2.) veredeln {73} | dto. | dto. |
| 1071 | **feroce** l>it | wild, ungestüm, stürmisch (mus. t. t.) {26/37} | **ferox** (Gen. –ocis) | mutig, unbändig, wild, übermütig |
| 1072 | **Ferrit** l>nlat | 1. reine Eisenkristalle {02}; 2. magnetisierbarer Werkstoff für Tonköpfe o.ä. {41/72/87} | **ferrum**, ri n | Eisen; eisernes Werkzeug |
| >>> | Ferritantenne s. Antenne | | | |
| – | **Ferro** | Eisen..., eisenhaltig {02} | dto. | dto. |
| – | **Ferrum** | Eisen {73/02} | dto. | dto. |

| | | | | |
|---|---|---|---|---|
| 1073a | **fertil** | fruchtbar (med., biol. t. t.) {68/69/70} | **fertilis,** e | fruchtbar, ertragreich, ergiebig |
| – | **Fertilität** | Fruchtbarkeit (med., biol. t. t.) {68/69/70} | **fertilitas,** atis f | Fruchtbarkeit, Ergiebigkeit |
| 1073b | **fesch** l>frz>engl | schick, schneidig, flott, elegant {19/33/55} | **factio,** onis f | das Machen; das Recht o. die Eigenart, etw. zu machen |
| | | | frz. *façon* | Form, Muster; (Zu)schnitt |
| | | | engl. *fashion* | Aufmachung, Erscheinung |
| | | | *fashionable* | modisch, elegant vgl. oben 1046 |
| 1074 | **Fest** | Feier, Veranstaltung {33} | **festum,** ti n | Fest(tag), Festlichkeit, Festmahl |
| – | festlich | | | |
| – | **Festival** l>frz>engl | 1. wiederkehrende kulturelle Großveranstaltung; 2. Weltfestspiele der Jugend (DDR) {33/59} | **festivum,** vi n afrz. *festival* | Festlichkeit, Fest |
| – | **Festivität** | Festlichkeit (ugs.) {33} | dto. | dto. |
| – | **festivo** l>it | festlich, feierlich (mus. t. t.) {37} | **festivus,** a, um | niedlich, heiter, gemütlich, lustig |
| 1075 | **fetal** o. **fötal** | zum Fetus gehörend, den Fetus betreffend (med. t. t.) {70} | **fetus,** us m (bzw. **fetalia,** ium n | das Zeugen, Gebären; Sprößling; Ertrag Geburtsfest) |
| 1076 | **Fete** l>vulgl>frz | Fest, Party, ausgelassene Feier {33} | **festum,** ti n vulgl. festa* frz. *fête* | s. oben 1074 |
| 1077 | **Fetisch** l>port>frz | Gegenstand, dem helfende oder schützende Zauberkraft zugeschrieben wird; Amulett, Talisman {51/81} | **facticius,** a, um port. *feitiço* frz. *fétiche* | nachgemacht, künstlich |
| – | **fetischisieren** l>port>frz | etw. zum Fetisch, Abgott machen {51/81} | dto. | dto. |
| – | **Fetischismus** l>port>frz | 1. Fetischverehrung (in primitiven Religionen) {51/81}; 2. gegenstandsbezogene sexuelle Perversion (psych. t. t.) {70/18} | dto. | dto. |
| – | **Fetischist** l>port>frz | 1. Fetischverehrer (ethnol. t. t.) {51/81}; 2. Person mit krankhaften, sexuell-fetischistischen Neigungen (psych. t. t.) {70/18} | dto. | dto. |
| – | fetischistisch | | | |

| | | | | |
|---|---|---|---|---|
| 1078 | **Fetus** o. **Fötus** | (menschliche) Leibesfrucht vom dritten Schwangerschaftsmonat an (med., biol. t. t.) {69/70} | **fetus**, us m | s. oben 1075 |
| 1079a | **Feuilleton** l>vulgl>frz | 1. kultureller literarischer Teil o. Beitrag in einer Zeitung o. TV-Sendung {32/34/40/85}; 2. populärwissenschaftlicher Aufsatz (österr.) {32/40} | **folium**, ii n<br>vulgl. folia*<br>frz. *feuille*<br>*feuilleton* | Blatt<br><br>Blatt, Bogen, Zeitung |
| – | **feuilletonisieren** l>vulgl>frz | einen Zeitungsbeitrag feuilletonistisch gestalten {32/40} | dto. | dto. |
| – | **Feuilletonismus** l>vulgl>frz >nlat | in der literarischen Form des Feuilletons ausgeprägte Sprach- und Stilhaltung (oft abwertend) {34/32} | dto. | dto. |
| – | Feuilletonist, Feuilletonistik, feuilletonistisch | | | |
| 1079b | **Fez** l>vulgl>frz | Ulk, Spaß; Unruhe, Wirbel (berlinisch, ugs.) {26/33} | **festus**, a, um<br>vulgl. festa*<br>frz. *fête*<br>(Pl. *fêtes)* | feierlich<br>Fest |
| 1080 | **Fibel** (o. **Fibula**) | Metallspange, -nadel zum Zusammenstecken der Kleidungsstücke (hist. t. t.) {75/19/20} | **fibula**, ae f | Klammer, Bolzen, Spange, Nadel |
| 1081 | **Fiber** | 1. (Muskel)faser {11/70}; 2. künstlich hergestellter Faserstoff (Fiberglas) {73/54} | **fibra**, ae f | Faser; Eingeweide (Pl.) |
| – | **Fibrin** | bei der Blutgerinnung entstehender (faseriger) Eiweißstoff (med. t. t.) {70} | dto. | dto. |
| – | **Fibrinogen** l>nlat;gr | im Blut enthaltener, löslicher Eiweißstoff (med. t. t.) {70} | dto.<br>+ gr. *γένος* | dto.<br>Abstammung, Herkunft |
| 1082 | **Fiche** l>vulgl >frz/(engl) | 1. Spielmarke {56/85}; 2. Pflock zum Lagerabstecken (veraltet) {44/40}; 3. Karte, auf der verkleinert Daten gespeichert sind (Mikrofiche) {46/32} | **figere**<br><br>vulgl. figicare*<br>frz. *ficher* | anheften, -schlagen, aufhängen, einschlagen |
| 1083 | **Fideikommiß** | unveräußerliches, unteilbares Vermögen einer Familie (jur. t. t.) {82/43} | **fideicommissum**, si n | bestimmte testamentarische Verfügung; Fideikommiß |
| 1084 | **fidel** | lustig, heiter, gut gelaunt, vergnügt {26} | **fidelis**, e | zuverlässig, treu, tüchtig |
| 1085 | **Fides** | Treueverhältnis zwischen Herr (Patron) und Gefolgsmann (Klient) im alten Rom (hist. t. t.) {75/33} | **fides**, ei f | Vertrauen, Glaube, Treue, Zuverlässigkeit |
| 1086a | **Fidibus** | Holzspan, Papierstreifen zum Pfeifeanzünden {44} | **fides** (2), ei f | Darmsaite, Saitenspiel, Leier |

| | | | | |
|---|---|---|---|---|
| 1086b | **Fiduz** | Vertrauen; Mut; Lust {26/33} | **fiducia**, ae f | Vertrauen, Zuversicht, Selbstvertrauen |
| 1087 | **Fieber** | erhöhte Körpertemperatur {14/70} | **febris**, is f | Fieber vgl. oben 1056 |
| – | fiebern, fiebrig, fieberhaft | | | |
| 1088 | **Fiesta** l>span | spanisches (Volks)fest {33} | **festum** | s. oben 1074 |
| 1089 | **Figur** | 1. Körperform, Gestalt, äußere Erscheinung {53}; 2. (künstlerische) Darstellung eines Körpers {36}; 3. Spielstein (beim Schach) {85}; 4. Umrißzeichnung, geometrisches Gebilde {71}; 5. Abbildung zu einem Text {32}; 6. Persönlichkeit, Person; 7. Mensch, Typ (ugs.) {25/84}; 8. handelnde Person in einem Dichtwerk {34}; 9. tänzerische Bewegungsfolge {12/37}; 10. Tonfolge (mus. t. t.) {37}; 11. sprachliche Form, Stilmittel {76} | **figura**, ae f | Bild, Gestalt, Figur, Erscheinung; Redefigur (rhet. t. t.) |
| – | **figural** l>nlat | mit Figuren versehen {36} | **figuraliter** (Adv.) | bildlich; vorbildlich, typisch |
| – | **Figuration** (o. **Figurierung**) | 1. Auflösung einer Melodie in Notengruppe (mus. t. t.) {37/57}; 2. figürliche Darstellung {36}; 3. Formgebilde {53} | **figuratio**, onis f | Bildung, Gestaltung, das Äußere; Vorstellung |
| – | **figurieren** | 1. in Erscheinung treten, auftreten als ... {25/33}; 2. einen Akkord mit einer Figuration versehen (mus. t. t.) {37} | **figurare** | bilden, gestalten, (sich) vorstellen |
| – | **figürlich** l;d | 1. in bezug auf die Figur {53}; 2. eine Figur darstellend {36}; 3. in übertragenem Sinne gebraucht (veraltend) {25/32} | **figura** | s. oben |
| 1090 | **Fiktion** | 1. nur in der Vorstellung Existierendes; Erdachtes {24}; 2. bewußt falsche Annahme als Problemlösungsmittel (philos. t. t.) {77} | **fictio**, onis f | Gestaltung; Verstellung; erdichtete Annahme |
| – | **fiktional** l>nlat | auf einer Fiktion beruhend {24} | dto. | dto. |
| – | **fiktionalisieren** l>nlat | als Fiktion darstellen {24} | dto. | dto. |
| – | **Fiktionalismus** l>nlat | philosopohische Theorie der Fiktionen (philos. t. t.) {77} | dto. | dto. |

| | | | | |
|---|---|---|---|---|
| – | **fiktiv** l>nlat | 1. eingebildet, erdichtet; 2. angenommen, auf einer Fiktion beruhend {24} | dto. | dto. |
| 1091 | **Filaria** l>nlat | Fadenwurm (Krankheitserreger - biol. t. t.) {69/70} | **filum**, li n | Faden; Form; Lebensfaden |
| – | **Filet** l>frz | 1. netzartig gewirkter Stoff {19}; 2. Lendenstück von Schlachtvieh und Wild; 3. Geflügelbrustfleisch; 4. entgrätetes Rückenstück bei Fischen {17} | dto. frz. *fil* | dto. |
| – | **filetieren** l>frz | aus Fleisch Filetstücke herauslösen {17} | dto. | dto. |
| – | **filieren** l>frz | 1. eine Filetarbeit anfertigen {19}; 2. Karten beim Spielen unterschlagen {85} | dto. | dto. |
| 1092 | **Filiale** l>mlat>frz | Zweiggeschäft eines Unternehmens {41/42/80} | **filialis**, e | kindlich; im Abhängigkeitsverhältnis eines Kindes stehend |
| | | | mlat. filiale | abhängige Tochterklöster |
| | | | nlat. filiale | Tochterkirche |
| >>> | Filial... s. unter dem Rest des Wortes | | | |
| – | **Filiation** l>nlat | 1. Verhältnis von Mutter- und Tochterkloster im Ordenswesen des Mittelalters (hist., rel. t. t.) {75/51}; 2. Abstammung einer Person von einer anderen (genealog. t. t.) {10}; 3. legitime Abstammung eines Kindes (jur. t. t.) {10/82}; 4. Gliederung des Staatshaushaltsplanes {50/80} | **filiatio**, onis f | die Abstammung des Sohnes |
| 1093 | **Filigran** (**-arbeit**) (l;l)>it | Schmiedearbeit aus Gold- o. Silberdraht; sehr genaue, präzise Arbeit {20/55/56} | **filum** + **granum**, ni n | s. oben 1091 Korn, Körnchen, Kern |
| – | **filigran** (l;l)>it | aus Filigran bestehend; sehr fein, feingliedrig {20/55} | dto. | dto. |
| 1094 | **Filius** | Sohn (scherzhaft) {10} | **filius**, ii m | Sohn |
| 1096 | **final** | 1. das Ende, den Schluß bildend {59/58}; 2. Absicht oder Zweck angebend {25/32} | **finalis**, e | die Grenzen betreffend, am Ende befindlich |
| – | **Finale** l>it>(frz) | 1. glanzvoller Abschluß; Ende, Schlußteil {33/59/58}; 2. Endkampf, -runde, -spiel, -spurt {59/85}; 3. letzter Satz eines Instrumentalwerkes {37}; 4. Schlußszene eines musikalischen Bühnenwerkes {35/37/59} | dto. (frz. *final*) | dto. |

| | | | | |
|---|---|---|---|---|
| – | **Finalist** l>it>frz | 1. Teilnehmer an einem Finale (2.) {59/85} ; 2. garantieverpflichteter Handelsbetrieb (DDR) {42/75/80} | dto. | dto. |
| – | **Finalität** | Bestimmung eines Geschehens, einer Handlung durch Zwecke {25} | **finalitas**, atis f | das Am-Ende-Sein |
| – | **Finalsatz** l;d | Absichts-, Zwecksatz (sprachwiss. t. t.) {76} | **finalis** | s. oben |
| 1097 | **Finanz** l>mlat>frz | 1. Geldwesen {80}; 2. Gesamtheit der Geld- und Bankfachleute {80/57} | **finire** | einschließen, endigen, enden, begrenzen |
| | | | mlat. finare | endigen, zum Ende kommen |
| | | | finantia | etw., das zu Ende kommt, zu Termin steht |
| | | | frz. *finances* | Zahlungen, Geldmittel |
| – | **Finanzen** l>mlat>frz | 1. Geldwesen {42/80}; 2. Einkünfte, Vermögen(sverhältnisse) {80/43} | dto. | dto. |
| – | **finanziell** l>mlat>frz | geldlich, wirtschaftlich {42/80} | dto. | dto. |
| – | **Finanzier** (o. **Financier**) l>mlat>frz | jmd., der als Geldgeber auftritt {33/42/80} | dto. | dto. |
| – | **finanzieren** l>mlat>frz | 1. Geldmittel bereitstellen; 2. mit Hilfe eines Kredits kaufen, bezahlen; 3. einen Kredit aufnehmen {42/80} | dto. | dto. |
| 1098 | **Finesse** l>frz | 1. Kunstgriff, Trick; 2. Schlauheit, Durchtriebenheit {22/25}; 3. Besonderheit, Feinheit in der Beschaffenheit {55}; 4. reiches Bukett an Weinen {17} | **finis**, is m | s. oben 1062 |
| | | | frz. *fin* | fein, durchtrieben |
| 1099 | **fingieren** | 1. erdichten {24}; 2. vortäuschen, unterstellen {24/25/82} | **fingere** | bilden, erdichten, vorgeben, erlügen |
| 1100 | **Finis** | Schlußvermerk in Druckwerken (veraltet) {32/58} | **finis** | s. oben 1062 |
| – | **Finish** l>frz>engl | 1. letzter Arbeitsgang, Schliff, Vollendung {40/59}; 2. Endkampf, Endspurt, Schlußphase (sport. t. t.) {59/85} | dto. | dto. |
| – | **finit** | bestimmt (z. B. vom Verb gesagt - sprachwiss. t. t.) {76} | **finire** | begrenzen, bestimmen, beenden vgl. oben 1097 |
| 1101 | **Finte** l>spätl>it | 1. Vorwand, Lüge, Ausflucht {25/24}; 2. Scheinhieb, -stoß beim Boxen, Fechten (sport. t. t.) {12/85} | **fingere** | s. oben 1099 |
| | | | spätl. fincta | |
| | | | it. *finta* | List |

| | | | | |
|---|---|---|---|---|
| – | **fintieren** l>it | eine Finte (2.) ausführen {12/85} | dto. | dto. |
| 1102 | **firm** | sicher, sattelfest, kundig (sein) {22/25} | **firmus**, a, um | fest, stark, zuverlässig, sicher |
| – | **Firma** l>it | kaufmännischer Betrieb, gewerbliches Unternehmen {42/41/40} | dto. it. *firma* | dto. rechtsgültige Vertragsunterschrift |
| – | **Firmament** | sichtbarer Himmel, Himmelsgewölbe {01} | **firmamentum**, ti n | Himmel, Firmament; Stütze |
| – | **firmen** | jmdm. die Firmung (kath. Sakrament) erteilen (rel. t. t.) {51} | **firmare** | stärken, sichern; ermuntern |
| – | Firmling | | | |
| – | **firmieren** l>it | unter einem bestimmten Namen bestehen, einen bestimmten Namen führen {25/32} | dto. | dto. |
| – | **Firmung** | vom Bischof vollzogenes kath. Sakrament zur Kräftigung des Glaubens (rel. t. t.) {51} | dto. | dto. |
| 1103 | **fiskalisch** | 1. den Fiskus betreffend {80/50}; 2. Rechtsverhältnisse des Staates betreffend {50/82} | **fiscalis**, e | den Fiskus betreffend, ihm zustehend |
| – | **Fiskus** | Staatskasse {80/50} | **fiscus**, ci m | (kaiserliche Staats-, Privat)-kasse |
| 1104 | **Fistel** | 1. röhrenförmiger Kanal vom Organ zur Körperoberfläche (med. t. t.) {11/70}; 2. Fistel-, Kopfstimme (ohne Brustresonanz) {37} | **fistula**, ae f | Röhre, Rohrstengel; Hirtenflöte |
| 1105 | **fix** | 1. fest(stehend) {56}; 2. geschickt, gewandt; pfiffig, schnell (ugs.) {22/25} | **fixus**, a, um | fest, bleibend |
| – | **Fixe** | Drogenspritze (Jargon) {82/44} | dto. | dto. |
| – | **fixen** l>frz>engl | 1. ein Spekulationsgeschäft an der Börse vornehmen {80}; 2. dem Körper Rauschgift zuführen {82/17} | dto. | dto. |
| – | **Fixer** l>frz>engl | 1. Börsenspekulant {80}; 2. jmd., der harte Drogen spritzt {82/17} | dto. | dto. |
| – | Fixstern | | | |

| | | | | |
|---|---|---|---|---|
| – | **fixieren** l>(frz) | 1. schriftlich festhalten; 2. formulieren, verbindlich bestimmen {28/32}; 3. befestigen, festmachen {29/58}; 4. beim Gewichtheben das Gewicht hochgedrückt halten (sport. t. t.); 5. den Gegner beim Ringen festhalten (sport. t. t.) {12/85}; 6. sich emotional an jmdn. binden (psych. t. t.) {18/70}; 7. die Augen fest auf ein Objekt richten; jmdn. unverwandt anstarren {23}; 8. fotografisches Material lichtbeständig machen {87}; 9. Kreide- oder Kohlezeichnungen unverwischbar machen {36}; 10. organische Stoffe für die Mikroskopuntersuchung haltbar machen {73/68/69} | dto. bzw. **figere** (PPP. **fixus**) | dto. anheften, -schlagen, -schmieden; einschlagen; mit Blicken fixieren |
| – | **Fixierung** l>(frz) | 1. das Steckenbleiben in einer nicht altersgemäßen Entwicklungsphase (psych. t. t.) {70}; 2. das Fixieren {s. oben} | dto. | dto. |
| – | **Fixing** l>(frz) >engl | das dreimal täglich erfolgende Feststellen der Devisenkurse (wirtsch. t. t.) {80} | dto. | dto. |
| >>> | Fixpunkt s. Punkt | | | |
| – | **Fixum** | festes Gehalt, Einkommen {40/43/42} | dto. | dto. |
| 1106 | **Flagellat** | Einzeller, Geißeltierchen (biol. t. t.) {08/69} | **flagellare** | geißeln, peitschen, schlagen |
| 1107 | **flagrant** l>frz | deutlich und offenkundig, ins Auge fallend {23/55} | **flagrare** | flackern, brennen, glühen, lodern |
| 1108 | **Flair** l>frz | 1. angenehme persönliche Note, Atmosphäre, Fluidum {26/33}; 2. feiner Instinkt, Gespür (bes. schweiz.) {22/24} | **flagrare** o. **fragrare** o. **fraglare** frz. *flairer* | stark riechen, duften<br>wittern |
| 1109 | **Flakon** germ>spätl >gallorom >frz | Fläschchen (zum Aufbewahren von Parfum) {21/58/44} | spätl. **flasco**, onis m afrz. *flascon** frz. *flacon* | Weinkrug |
| 1110 | **Flambee** l>frz | flambierte Speise {17} | **flammare** | (ent)flammen, brennen, zünden |
| – | **flambieren** l>frz | 1. Speisen mit Alkohol übergießen und brennend auftragen {17}; 2. absengen, entflammen (veraltet) {44/29} | dto. | dto. |

| | | | | |
|---|---|---|---|---|
| – | **Flamingo**<br>l>span | langbeiniger Stelzvogel mit rosa- oder rotgeflammtem Gefieder {07} | uns.:<br>**flamma**, ae f<br>span.<br>*flamenco* | <br>lodernde Flamme, helles Feuer<br>Flamingo (mit geflammtem Gefieder) |
| – | **Flamme** | loderndes Feuer {02} | **flamma** | s. oben |
| – | flammen, geflammt | | | |
| 1111 | **Flaum** | 1. weiche Bauchfeder der Vögel {69}; 2. erster Bartwuchs {11}; 3. Wollhaar an Pflanzen und Früchten {68} | **pluma**,<br>ae f | Flaumfeder |
| – | flaumig, flaumweich | | | |
| 1112 | **Flegel**<br>l>kirchenl | ungehobelter Mensch, Lümmel {25/26/84} | **flagellum**,<br>li n | Geißel, Peitsche; Dreschflegel |
| – | Flegelei, flegelhaft, flegeln | | | |
| 1113 | **flektieren** | ein Wort deklinieren oder konjugieren (sprachwiss. t. t.) {76} | **flectere** | biegen, beugen, verändern; flektieren (gramm. t. t.) |
| 1114 | **Fleur**<br>l>frz | das Beste von etwas; Zierde, Glanz {56/25} | **flos**,<br>oris m<br><br>frz. *fleur* | Blume, Blüte; Bestzustand; Zierde |
| – | **Fleurist**<br>l>frz | Blumenfreund, -kenner (veraltet) {33/40/68/85} | dto. | dto. |
| 1115a | **flexibel** | 1. biegsam, elastisch {54}; 2. beweglich, anpassungsfähig, geschmeidig {54/33}; 3. beugbar (sprachwiss. t. t.) {76} | **flexibilis**, e | biegsam, geschmeidig, elastisch |
| – | **Flexibilität** | 1. Biegsamkeit {54}; 2. menschliche Anpassungsfähigkeit (psych. t. t.) {33/70} | **flexibilitas**,<br>atis f | Biegsamkeit |
| – | flexibilisieren, Flexibilisierung | | | |
| – | **Flexion** | 1. Deklination o. Konjugation eines Wortes (sprachwiss. t. t.) {76}; 2. Beugung, Abknikkung {54/55/58}; 3. (= Flexur) bruchlose Verbiegung von Gesteinsschichten (geol. t. t.) {62} | **flexio**,<br>onis f | Biegung, Krümmung |
| – | **Flexiv** | (= Flexionsmorphem) kleinste Bedeutungstragende Gestalteinheit in der Sprache (sprachwiss. t. t.) {76} | **flectere** | s. oben 1113 |
| – | **flexivisch**<br>l>nlat | die Flexion (1.) betreffend (sprachwiss. t. t.) {76} | dto. | dto. |

| | | | | |
|---|---|---|---|---|
| 1115b | **flimmern** | unruhig glitzern, glänzen; schwankende Lichtreflexe abgeben {23/55} | **flamma** | s. oben 1110 |
| 1116a | **Flocke** l/germ | 1. Schnee-, Blütenflocke {65/03}; 2. Funke {72}; 3. Wollflokke {19} | **floccus**, ci m (gemischt mit einem germ. Urwort) | Wollfaser |
| – | flocken, flockig | | | |
| 1116b | **Flor** | 1. Blumen-, Blütenpracht, -fülle {04/26/57}; 2. Fülle von Blüten (einer Pflanze) {68/57}; 3. Wohlstand, Gedeihen {43}; | 1.-3.: **flos**, oris m | s. oben 1114 |
| | (l>prov>frz >niederl) | 4. feines, zartes, durchsichtiges Gewebe {19}; 5. Trauerflor, schwarzes Band {26/33}; 6. aufrechtstehende Faserenden bei Samt, Plüsch, Teppichen {19} | 4.-6.: **villosus**, a, um<br>afrz. *velou(r)s* | haarig, zottig<br>Samt |
| – | Trauerflor, umflort | | | |
| – | **Flora** | 1. Pflanzenwelt eines bestimmten Gebietes {68/64/03}; 2. Bestimmungsbuch für Pflanzen {32/68}; 3. Gesamtheit der Bakterien in einem Körperorgan {70/11} | **Flora**, ae f | Göttin der Blumen und Blüten, Frühlingsgöttin |
| – | **floral** | 1. mit Blumen, geblümt {03/20}; 2. Blüten betreffend, darstellend {36/55/68} | **Floralis**, e | die Flora betreffend; Blumenfest |
| – | **Floreszenz** l>nlat | 1. Blütezeit {03/33/59}; 2. Blütenstand {03/68} | **florescere** | er-, aufblühen |
| – | **Florett** l>it>frz | Stoßwaffe beim Fechten (sport. t. t.) {85} | **flos**<br>it. *fioretto*<br>frz. *fleuret* | s. oben |
| – | **florettieren** l>it>frz | mit dem Florett fechten (sport. t. t.) {12/29/85} | dto. | dto. |
| – | **florieren** | sich (geschäftlich) günstig entwickeln, gedeihen {42/80} | **florere** | blühen, in glänzenden Verhältnissen stehen; sich hervortun |
| – | **Florilegium** l>mlat | ausgewählte Sammlung von Gedichten, Prosastücken, Redewendungen (bes. aus den Werken antiker Autoren) {34/57} | **florilegus**, a, um | Blumen sammelnd |
| – | **Florist** l>nlat | 1. Kenner und Erforscher der Flora {68/40}; 2. Blumenbinder {40/20} | **flos** | s. oben |
| – | **Floristik** l>nlat | Zweig der Pflanzengeographie {64/68} | dto. | dto. |
| – | **floristisch** l>nlat | die Flora oder die Floristik betreffend {64/68} | dto. | dto. |

| | | | | |
|---|---|---|---|---|
| – | **floruit** | ... hatte seine Hauptschaffenszeit um ... (mit Angabe von Name und Lebenszeit) {32/40/59} | **florere** | s. oben |
| – | **Floskel** | nichtssagende Redensart, formelhafte Redewendung {32} | **flosculus**, li m | Blütchen, Zierde, Sentenz |
| 1116c | **Flöte** l>(vulgl) >aprov >afrz | 1. Blasinstrument {37}; 2. Aufeinanderfolge mehrerer Karten einer Spielfarbe (beim Skat - ugs.) {57/85} | uns.: **flare** vulgl. flatuare* aprov. *flauta* afrz. *flaüte* *flaüter* (frz. *flûte)* | blasen auf einem Blasinstrument blasen |
| – | flöten, Flötist | | | |
| 1117 | **fluid** | flüssig, fließend (chem. t. t.) {73/54} | **fluidus**, a, um | fließend, flüssig; wallend |
| – | **Fluid** | 1. flüssiges Mittel, Flüssigkeit (chem. t. t.) {54/73}; 2. Getriebeflüssigkeit {72/45} | dto. | dto. |
| – | **Fluidum** | besondere von einer Person oder Sache ausgehende Wirkung {26/84} | dto. | dto. |
| 1118 | **Fluktuation** | 1. Schwankung, Wechsel {61}; 2. Flüssigkeitsansammlung unter der Haut (med. t. t.) {70} | **fluctuatio**, onis f | das Schwanken, Unstetigkeit, unruhige Bewegung |
| – | **fluktuieren** | 1. schnell wechseln, schwanken; 2. hin und her schwappen {61} | **fluctuare** | Wellen schlagen, wogen; schwanken, unschlüssig sein |
| 1119 | **Fluor** | 1. chemischer Grundstoff {73/02}; 2. Ausfluß aus der Scheide oder Gebärmutter (med. t. t.) {70} | **fluor**, ris m | das Fließen, Flüssigkeit; Naß; Bauchfluß |
| – | **Fluoreszenz** l(;l) | Eigenschaft bestimmter Stoffe, bei Bestrahlung durch Licht selbst zu leuchten {54/55/73} | dto. (+ **-escere** | dto. Partikel-Suffix des Wachsens) |
| – | **fluoreszieren** l(;l) | bei Bestrahlung aufleuchten {54/55/73} | dto. | dto. |
| – | **Fluorid** | Salz der Flußsäure (chem. t. t.) {73} | dto. | dto. |
| 1120 | **föderieren** | sich verbünden {50/33} | **foederare** | ein Bündnis stiften, verbünden |
| – | **föderal** o. **föderativ** l>frz | bundesmäßig {50/48} | dto. | dto. |
| – | **föderalisieren** l>frz | die Form einer Föderation geben {50} | dto. | dto. |

| | | | | |
|---|---|---|---|---|
| – | **Föderalismus** l>frz | Prinzip der Errichtung einer bundesstaatlichen Ordnung {50} | dto. frz. *fédéralisme* | dto. |
| – | Föderalist, föderalistisch | | | |
| – | **Föderat** l>frz | Bündnispartner {50} | **foederatus**, a, um bzw. **foederati**, torum n (Pl.) | verbündet, alliiert<br>die Verbündeten |
| – | **Föderation** | 1. Verband {33}; 2. Verbindung, Bündnis (von Staaten) {50} | **foederatio**, onis f | Verbindung, Vereinigung |
| – | **Föderierte** | verbündeter Staat, verbündete Macht {50} | **foederare** | s. oben |
| 1121 | **Föhn** l>vulgl | trockener (Alpen)fallwind {01/65} | **favonius**, ii m | lauer Westwind, Frühlingswind |
| 1122 | **Fokus** | 1. Brennpunkt (phys. t. t.) {72}; 2. Streuherd einer Infektion (med. t. t.) {70} | **focus**, ci m | Feuerstätte, Herd; Besitztum |
| – | **fokussieren** | 1. optische Linsen ausrichten (opt. t. t.); 2. Lichtstrahlen in einem Punkt vereinigen; 3. Strahlen durch elektrische u. magnetische Felder sammeln {72} | dto. | dto. |
| 1123 | **Foliant** l>nlat | 1. Buch im Folioformat; 2. großes, unhandliches (altes) Buch (ugs.) {32/58} | **folium**, ii n (**foliatus**, a, um | Blatt, Nardenblattt<br>aus Blättern bestehend) |
| – | **Folie** l>vulgl | 1. Verpackungsmaterial aus Metall oder Kunststoff {41/42/44}; 2. dünne Farbschicht (druckw. t. t.) {40/32}; 3. Hintergrund, von dem sich etw. abhebt (58/55} | dto. | dto. |
| – | **foliieren** l>nlat | 1. Blätter eines Druckbogens numerieren {32/40/57}; 2. etwas mit Folie unterlegen {41/42/44} | dto. | dto. |
| – | **Folio** | 1. Buchformat in der Größe eines halben Bogens (>35 cm) {40/32/58}; 2. Doppelseite eines Geschäftsbuches {42/32} | dto. | dto. |
| 1124 | **Follikel** | (biol., med. t. t.) 1. Drüsenbläschen, kleiner Schlauch; 2. Zellhülle des gereiften Eis im Eierstock {69/70} | **folliculus**, li m | kleiner lederner Sack; Hülle, Haut |
| – | Follikelsprung | | | |
| – | **follikulär** l>nlat | (biol., med. t. t.) 1. schlauchartig; 2. den Follikel betreffend, von ihm ausgehend {69/70} | dto. | dto. |

| | | | | |
|---|---|---|---|---|
| 1125 | **Folter** l>mlat | gewaltsame gerichtliche Untersuchungsmethode, seelische o. körperliche Qual {26/33/82} | **pullus**, li m<br>mlat. poledrus, ri m | das Juge, junges Tier; Hühnchen<br>Fohlen; Foltergerät in Gestalt eines Fohlens |
| – | foltern, Folterung | | | |
| 1126 | **Fond** l>frz | 1. Rücksitz im Auto {45/58}; 2. Hintergrund (z. B. eines Gemäldes) {58/36}; 3. Stoffgrund, von dem sich ein Muster abhebt {55/19}; 4. Grundlage, Hauptsache {25/56}; 5. beim Braten oder Dünsten zurückgebliebener Fleischsaft (gastron. t. t.) {17} | **fundus**, di m<br>frz. *fond* | Grund, Boden Landstück |
| – | **Fonds** l>frz | 1. Geld für bestimmte Zwecke {42/80}; 2. Gesamtheit der Mittel eines Kombinats (DDR) {42/41/75}; 3. Schuldverschreibungen öffentlicher Körperschaften (wirtsch. t. t.) {80/50/49} | dto.<br>frz. *fonds* | dto. |
| 1127 | **Fondue** l>frz | 1. schweizerisches Gericht aus geschmolzenem Käse, Wein und Gewürzen; 2. Fleischgericht {17} | **fundere** | gießen, fließen lassen, schmelzen |
| 1128 | **Fontäne** l>vulgl>frz | aufsteigender (Wasser)strahl (eines Springbrunnens) {61/02} | **fons**, ntis m<br>vulgl. fontana<br>frz. *fontaine* | Quelle; Ursprung |
| – | **Fontanelle** l>mlat>frz | Knochenlücke am Schädel von Neugeborenen (med. t. t.) {70/11} | dto. | dto. |
| 1129 | **forcieren** l>vulgl>frz | etw. mit Nachdruck vorantreiben, beschleunigen, steigern {28/59/29} | **fortis**, e<br>vulgl. fortia*<br>fortiare*<br>frz. *forcer* | stark, kräftig, tüchtig, fest<br>Kraft, Macht<br>zwingen |
| – | **forciert** l>vulgl>frz | gewaltsam, er-, gezwungen, unnatürlich {28/25} | dto. | dto. |
| 1130 | **forensisch** | 1. zur wortgewandten Rede gehörend, rhetorisch (veraltet) {32}; die Gerichtsverhandlung betreffend, gerichtlich {82} | **forensis**, e | zum Markte gehörig; gerichtlich |
| 1131 | **Forke** | Heu-, Mistgabel {39} | **furca**, ae f | zweizinkige Gabel |
| 1132 | **Form** | 1. äußere Gestalt, Umriß {53}; 2. Muster, Modell {40/53/56}; 3. Art und Weise, seelische o. körperliche Verfassung {14/26/70} | **forma**, ae f | Form, Gestalt, Umriß, Figur |

| | | | | |
|---|---|---|---|---|
| – | **formal** | 1. die äußere Form betreffend {53}; 2. nur der Form nach vorhanden {25/52/56} | **formalis**, e | formal, formell, äußerlich; förmlich |
| – | **Formalie** | Formalität, Förmlich-, Äußerlichkeit {25/56/50} | dto. | dto. |
| – | **formalisieren** l>nlat | 1. in bestimmte (strenge) Formen bringen, sich an gegebene Formen halten {25/33}; 2. ein (wissenschaftliches) Problem mit Hilfe von Formeln allgemein formulieren und darstellen {32/25}; 3. zur verbindlichen Form machen {25/53} | dto. | dto. |
| – | **Formalismus** l>nlat | 1. Bevorzugung der Form vor dem Inhalt {56/25}; 2. etw. mechanisch ausgeführtes {25/29}; 3. subjektivistische Kunstauffassung (DDR) {36/25}; 4. Auffassung der Mathematik als Wissenschaft von rein formalen Strukturen (math. t. t.) {71} | dto. | dto. |
| – | Formalist, formalistisch | | | |
| – | **Formalität** l>mlat | 1. Förmlichkeit, Äußerlichkeit, Formsache {25/56}; 2. (amtliche) Vorschrift {50/28} | dto. | dto. |
| – | **formaliter** | der äußeren Form nach {25/56} | **formaliter** (Adv.) | s. oben formalis |
| >>> | formaljuristisch s. unter juristisch | | | |
| – | **Format** | 1. Größenverhältnis eines Gegenstandes nach Länge und Breite (bes. Papierbogen) {56/58}; 2. außergewöhnlicher Rang, Niveau {22/33}; 3. Rahmen in der Drucktechnik (druckw. t. t.) {32/40}; 4. Datenstruktur (EDV- t. t.) {71} | **formare** | gestalten, bilden, einrichten, formen |
| – | **formatieren** | Datenstrukturen vorher fest zuordnen (EDV- t. t.) {71} | dto. | dto. |
| – | **Formation** l>(frz) | 1. bestimmte Anordnung, Aufstellung, Verteilung {56/57}; 2. (für einen militärischen Zweck gebildete) Gruppe, Verband {57/86}; 3. soziales, ökonomisches Gebilde {81/80}; 4. Pflanzengesellschaft {68}; 5. Zeitabschnitt der Erdgeschichte (geol. t. t.) {62/59} | **formatio**, onis f | Gestaltung, Bildung |

| | | | | |
|---|---|---|---|---|
| – | **formativ** l>nlat | die Gestaltung betreffend, gestaltend {25/53} | **formare** | s. oben |
| – | **Formel** | 1. feststehender Ausdruck, Wendung {32}; 2. Buchstaben-Zahlenfolge (math., phys., chem. t. t.) {71/72/73}; 3. kurzgefaßter Satz zur Zusammenhangherstellung {25/32/57}; 4. Merkmale eines Rennwagens (sport. t. t.) {45/85} | **formula,** ae f | Gestalt, Form; Formel; Norm; Formular |
| – | **formell** l>frz | 1. dem Gesetz nach, offiziell {50/82}; 2. den Höflichkeitsregeln entsprechend {33}; 3. aufgrund festgelegter Ordnung, aber ohne Wert {56/33}; 4. auf Distanz haltend {58/33} | **formalis** | s. oben |
| – | **formen** | modellieren, gestalten, bilden {36/29} | **formare** | s. oben |
| 1133a | **formidabel** l>frz | 1. außergewöhnlich, erstaunlich; großartig {56/26}; 2. furchtbar (veraltet) {26} | **formidabilis,** e | grausig, fürchterlich |
| 1133b | **formieren** l>(frz) | 1. bilden, gestalten {36/29}; 2. sich zusammenschließen {33}; 3. in einer bestimmten Reihenfolge aufstellen, ordnen {29/56/58} | **formare** | s. oben 1132 |
| – | ...förmig | | | |
| – | **förmlich** l;d | gezwungen, steif {33} | **formalis** | s. oben 1132 |
| – | **formlos** l;d | ungezwungen; gestaltlos {33/53} | dto. | dto. |
| – | **Formular** | (amtlicher) Vordruck, Formblatt, Muster {50/32} | **formula** | s. oben 1132 |
| – | **formulieren** l>frz | in eine sprachliche Form bringen, ausdrücken; aussprechen, abfassen {32} | dto. | dto. |
| 1134 | **forsch** l>vulgl>frz | draufgängerisch, schneidig {25/26/84} | **fortis,** e | stark, kräftig, tüchtig, fest vgl. oben 1129 |
| | | | vulgl. fortia* frz. *force* | |
| – | **Fort** l>frz | abgeschlossenes, räumlich begrenztes Festungswerk {58/86/88} | dto. frz. *fort* | dto. stark, fest; kleine Festung |
| – | **forte** l>it | laut, stark, kräftig (mus. t. t.) {37/55} | dto. | dto. |
| – | **Forte** l>it | große Lautstärke, Klangfülle (mus. t. t.) {37/55} | dto. | dto. |
| – | **Fortifikation** | Befestigung, Befestigungskunst (veraltet) {86/88} | **fortificatio,** onis f | das Starkmachen, Stärken |

| | | | | |
|---|---|---|---|---|
| – | **fortifizieren** l>(nlat) | befestigen (veraltet) {86/88} | **fortificare** | stark machen, stärken |
| – | **fortissimo** l>it | sehr laut, äußerst stark und kräftig (mus. t. t.) {37/55} | **fortis** (Superl. **fortissimus,** a, um) | s. oben |
| – | **Fortisimo** l>it | mit sehr großer Lautstärke, Klangfülle (mus. t. t.) {37/55} | dto. | dto. |
| 1135 | **Fortuna** | 1. Erfolg, Glück {33/25}; 2. Vereinsname {85} | **fortuna,** ae f | Schicksal, Glück, Geschick |
| – | **Fortune** o. **Fortüne** l>frz | Glück, Erfolg {25/33} | dto. | dto. |
| 1136 | **Forum** | 1. Markt- und Versammlungsplatz in römischen Städten der Antike (hist. t. t.) {75/58}; 2. öffentliche Diskussion, Aussprache {32}; 3. geeigneter Ort für etwas, Plattform {58}; 4. für eine sachverständige Erörterung geeigneter Personenkreis {33/32} | **forum,** ri n | Markt-, Handels-, Versammlungsplatz |
| 1137a | **fossil** | 1. vorweltlich, urzeitlich; als Versteinerung erhalten {62/59}; 2. in früheren Zeiten entstanden {59} | **fossilis,** e | ausgegraben |
| – | **Fossil** | als Versteinerung erhaltener Überrest urzeitlicher Pflanzen oder Tiere {59/62/68/69} | dto. | dto. |

>>> Foto... s. ggf. unter dem Rest des Wortes
>>> Fötus s. unter Fetus

| | | | | |
|---|---|---|---|---|
| 1137b | **Foyer** l>vulgl>frz | Wandelhalle, Wandelgang (im Theater) {58/35} | **focus,** ci m<br>vulgl. focarium<br>frz. *foyer* | Herd, Feuerstätte<br><br>Herd, Wärmeraum |
| 1138 | **fragil** | zerbrechlich, zart {55} | **fragilis,** e | zerbrechlich, schwach |
| – | **Fragilität** | Zartheit, Zerbrechlichkeit {55} | **fragilitas,** atis f | Zerbrechlichkeit, Hinfälligkeit |
| 1139 | **Fragment** | 1. Bruchstück, Überrest {57/59}; 2. unvollständiges (literarisches) Werk {34/57}; 3. Knochenbruchstück (med. t. t.) {70/57} | **fragmentum,** ti n | Bruchstück, Splitter, Trümmer |

| | | | | |
|---|---|---|---|---|
| – | **fragmentarisch** o. **fragmentär** l>(nlat) | bruchstückhaft, unvollendet {56/57} | dto. | dto. |
| – | **Fragmentation** l>nlat | (bot. t. t.) 1. direkte Kernteilung; 2. ungeschlechtliche Pflanzenvermehrung {68} | dto. | dto. |
| – | **fragmentieren** l>nlat | in Bruchstücke zerlegen (veraltet) {57} | dto. | dto. |
| 1140 | **Fraktion** l>frz | 1. Zusammenschluß von Abgeordneten im Parlament {50/33}; 2. Zusammenschluß einer Sondergruppe innerhalb einer Organisation {33}; 3. separat gelegener Ortsteil (österr.) {58}; 4. Teil eines Substanzgemisches bei einem Trennverfahren (chem. t. t.) {73} | **fractio**, onis f | das Brechen, Zerbrechen |
| – | **fraktionell** l>frz | eine Fraktion betreffend oder bildend {50/33} | dto. | dto. |
| – | Fraktionschef, Fraktionszwang | | | |
| – | **Fraktur** | 1. Knochenbruch (med. t. t.) {14/70}; 2. Schreib- oder Druckschriftart {32} | **fractura**, ae f | das Zerbrechen; Bruch |
| 1141 | **frank** (germ) >spätl/mlat | frei, offen {32/33} | spätl./mlat. **francus**, a, um | fränkisch; frei |
| – | **frankieren** (germ) >spätl/mlat >it | Postsendungen freimachen {46/42} | dto. it. *(porto) franco* *francare* | dto. Beförderung frei freimachen |
| – | **Frankatur** (germ) >spätl/mlat >it | 1. das Freimachen einer Postsendung {46/42}; 2. die zur Frankatur bestimmten Briefmarken {46/56} | dto. | dto. |
| 1142 | **Franse** l>vulgl>frz | 1. Fadenbündel als Randbesatz von Decken, Teppichen o. ä. {44}; 2. loser Gewebefaden {19} | **fimbria**, ae f vulgl. frimbia* frz. *frange* | Faden, Troddel, Franse, Haargekräusel |
| 1143 | **Frater** | 1. (Kloster)bruder vor der Priesterweihe; 2. Laienbruder eines Mönchsordens {51} | **frater**, tris m | Bruder |
| – | **Fraternisation** l>frz | Verbrüderung {33} | **fraternare** o. **fraterculare** | als Brüder zusammen heranwachsen |

| | | | | |
|---|---|---|---|---|
| – | **fraternisieren** l>frz | sich verbrüdern, vertraut werden {33} | dto. | dto. |
| – | **Fraternität** | 1. Brüderlichkeit; 2. Verbrüderung {33}; 3. (kirchliche) Bruderschaft {51} | **fraternitas**, atis f | Brüderlichkeit, Brüderschaft |
| – | **Fraternité** l>frz | Brüderlichkeit (Schlagwort der Französischen Revolution - hist. t. t.) {33/75} | dto. | dto. |
| 1144 | **frequent** | häufig, zahlreich (veraltet) {57}; 2. beschleunigt (vom Puls - med. t. t.) {59/70}; 3. häufig vorkommend, häufig gebraucht (sprachwiss. t. t.) {76} | **frequens** (Gen. –ntis) | häufig, zahlreich, voll |
| – | **frequentieren** | zahlreich besuchen, aufsuchen; stark in Anspruch nehmen {57/33} | **frequentare** | zahlreich versammeln; wiederholen, häufig besuchen |
| – | **Frequentant** | regelmäßiger Besucher (veraltet) {33/59} | dto. | dto. |
| – | **Frequentation** | häufiges Besuchen (veraltet) {33/59} | **frequentatio**, onis f | Häufung, häufiger Gebrauch |
| – | **Frequentativum** | Verb mit andauernder oder wiederholender Aktionsart (sprachwiss. t. t.) {76} | **frequentativus**, a, um | ein häufiges tun anzeigend |
| – | **Frequenz** | 1. Höhe der Besucherzahl; Zustrom, Verkehrsdichte {33/57/45}; 2. Schwingungs-, Periodenzahl von Wellen pro Sekunde (phys. t. t.) {72}; 3. Anzahl der Atemzüge, Pulsschläge pro Minute (med. t. t.) {57/59/70} | **frequentia**, ae f | zahlreiche Versammlung, große Anzahl, Menge; Häufigkeit |

>>> Frequenzmodulation, -modulator s. Modulation, Modulator

| | | | | |
|---|---|---|---|---|
| 1145 | **Frettchen** l>vulgl>frz >niederl | halbzahme, zur Kaninchenjagd dressierte Iltisart {06/38} | **furo**, onis m vulgl. furiturus* frz. *furet* niederl. *fret* | Iltis, Frettchen |
| – | frettieren | | | |

| | | | | |
|---|---|---|---|---|
| 1146 | **Fries** l>mlat>frz | 1. ornamental ausgestalteter Gesims- oder Wandstreifen {88}; 2. krauses Wollzeug, Gewebe {19} | **Phrygius**, a, um | phrygisch |
| | | | **Phrygiae (vestes)** | golddurchwirkte phrygische Kleiderstoffe |
| | | | mlat. frigium, phrygium; frisium | Stickerei, Franse |
| | | | frz. *frise* | krauses Wollzeug; Stickerei |
| 1147 | **frigid(e)** | 1. in bezug auf sexuelle Erregbarkeit ohne Empfindung (von Frauen - med. t. t.) {18/70}; 2. kühl, nüchtern (veraltend) {26/84} | **frigidus**, a, um | kalt, kühl, fade, schlaff |
| - | **Frigidarium** | 1. Abkühlungsraum in altrömischen Bädern {58/75/88}; 2. kaltes Gewächshaus {39/58/68} | **frigidarium**, ii n | Kühlzimmer im Bad; kühler Ort; Kühlschrank, Speisekammer |
| - | **Frigidität** | Empfindungslosigkeit der Frau (beim Geschlechtsverkehr - med. t. t.) {18/70} | **frigiditas**, atis f | Kälte |
| 1148 | **Frikadelle** l>vulgl>it | gebratener Kloß aus Hackfleisch {17} | **frigere** | rösten, dörren |
| | | | uns. gallorom. *frigicare** | |
| | | | it. *frittadella* | Gebratenes |
| - | **Frikassee** (l;spätl >vulgl>frz) >frz | Ragout aus weißem Geflügel o. ä. {17} | **frigere** | s. oben |
| | | | + (spätl.) **cassare** | zerstoßen, zunichte machen |
| | | | frz. *casser* | zerbrechen, vernichten; zerkleinern |
| | | | *fricassée* | |
| - | frikassieren | | | |
| 1149 | **Friktion** | 1. Reibung {61}; 2. Einreibung {21}; 3. besondere Form der Massage {21/14}; 4. Widerstand, der ein Einpendeln von Angebot und Nachfrage verhindert (wirtsch. t. t.) {80} | **frictio**, onis f | das Reiben, Frottieren |
| 1150 | **fritieren** l>frz | Speisen oder Gebäck in heißem Fett schwimmend garen (gastron. t. t.) {17} | **frigere** | s. oben 1148 |
| | | | frz. *frire* | braten, backen |
| - | **Friteuse** l>frz | elektrisches Gerät zum Fritieren von Speisen {17/87} | dto. | dto. |
| - | **Fritte** l>frz | 1. Zwischenprodukt bei der Glasfabrikation {41}; 2. Kurzbezeichnung für Pommes frites {17} | dto. | dto. |

| | | | | |
|---|---|---|---|---|
| – | **Fritten-bude** l>frz;d | Schnellimbiß {17/42} | dto. | dto. |
| – | **Fritüre** l>frz | 1. heißes Fett oder Ölbad zum Ausbacken von Speisen; 2. fritierte Speise {17}; 3. Friteuse {17/87} | dto. | dto. |
| 1151 | **frivol** l>frz | 1. leichtfertig, bedenkenlos {25/26/84}; 2. schamlos, frech {26/18/84}; 3. eitel, nichtig (veraltet) {26} | **frivolus**, a, um | zerbrechlich; bedeutungslos, armselig, nichtig |
| – | **Frivolität** l>frz | 1. Bedenkenlosig-, Leichtfertigkeit {25/26/84}; 2. Schamlosig-, Schlüpfrigkeit {18/26/84} | **frivolum**, li n | wertlose Kleinigkeit, Bagatelle |
| 1152 | **Fromage** l>vulgl>frz | frz. Bezeichnung für Käse {17} | **forma**, ae f<br>afrz. *fourme*<br>frz. *forme*<br>südfrz. *furmo*<br>frz. *fromage* | s. oben 1132<br><br><br>Käse |
| 1153 | **Fronde** l>vulgl>frz | 1. (Aufstand einer) Oppositionspartei des frz. Hochadels im 17. Jh. gegen das absolutistische Königtum (hist. t. t.) {33/50/75}; 2. scharfe politische Opposition innerhalb einer politischen Partei {50} | **funda**, ae f<br>vulgl. fundula*<br>frz. *fronde*<br>*fronder* | Schleuder, -riemen, -kugel<br><br><br>schleudern, angreifen, sich auflehnen |
| – | **Frondeur** l>vulgl>frz | scharfer politischer Opponent {50/25} | dto. | dto. |
| – | **frondieren** l>vulgl>frz | 1. als Frondeur tätig sein {50/25}; 2. sich heftig gegen etw. auflehnen, sich widersetzen {28/25} | dto. | dto. |
| 1154 | **Front** l>frz | 1. Vorder-, Stirnseite {58}; 2. vordere Reihe der angetretenen Truppe; 3. Gefechtslinie, Kampfgebiet {58/86}; 4. geschlossene Einheit, Block {33/58}; 5. Trennungslinie, gegensätzliche Einstellung {25}; 6. Luftmassengrenze (meteor. t. t.) {65} | **frons**, ntis f | Stirn, Außenseite, Fassade, Front, Vorderseite |
| – | **frontal** l>nlat | 1. an der Vorderseite befindlich, von vorn (kommend); 2. unmittelbar nach vorn gerichtet {58} | **frontalia**, iorum n (Pl.) | die vorderen Partien, Vorderseite |
| – | **Frontalität** l>nlat | frontale Darstellung des menschlichen Körpers in der archaischen Kunst {36/75/79} | dto. | dto. |

| | | | | |
|---|---|---|---|---|
| – | **Frontispiz** (l;l)>mlat >frz | 1. Giebeldreieck über einem Gebäudevorsprung (archit. t. t.) {88}; 2. Verzierung eines Buchtitelblattes (druckw. t. t.) {32/40} | **frons** + **spicere** mlat. frontispicium frz. *frontispice* | s. oben sehen, schauen, betrachten Stirnseite (eines Gebäudes); Titelblatt |
| 1155 | **Frucht** | 1. Baum-, Feldfrucht; Obst {05/17}; 2. Nutzen, Ertrag {25/56} | **fructus**, us m | Nutzen, Ertrag, Frucht |
| – | **Fructose** (o. **Fruktose**) l>nlat | Fruchtzucker {17} | dto. | dto. |
| – | Früchtchen, fruchtbar, fruchtig, fruchten | | | |
| – | **frugal** l>frz | 1. einfach, mäßig; 2. vorzüglich, reichlich {57/26} | **frugalis**, e | zu den Früchten gehörig; brav, bieder |
| – | **Frugalität** l>frz | Genügsamkeit, Einfachheit (von Speisen) {57/17} | **frugalitas**, atis f | Vorrat an Früchten; Enthaltsamkeit |
| 1156 | **Frust** | 1. das Frustriertsein, Frustration; 2. frustrierendes Erlebnis {24/25/26/70} | **frustratio**, onis f | Täuschung, Irrtum; absichtliche Verzögerung, Hinhalten |
| – | **Frustration** | Enttäuschung durch erzwungenen Verzicht oder Versagung von Befriedigung (psych. t. t.) {24/25/26/70} | dto. | dto. |
| – | **frustrieren** | 1. die Erwartung von jmdm. enttäuschen {25/26}; 2. vereiteln, täuschen (veraltet) {25/28} | **frustrare** | täuschen, betrügen, vergeblich hinhalten |
| 1157 | **Fuge** l>it | mehrstimmiges Tonstück, bei dem das Thema durch alle Stimmen geführt wird (mus. t. t.) {37} | **fuga**, ae f it. *fuga* | Flucht, das Fliehen; schneller Lauf Wechselgesang, Kanon |
| – | **fugal** l>it>nlat | fugenartig (mus. t. t.) {37} | dto. | dto. |
| – | **fugato** l>it | frei nach der Fuge komponiert (mus. t. t.) {37} | dto. | dto. |
| – | **Fugato** l>it | Fugenthema ohne Einhaltung der Gesetzmäßigkeiten einer Fuge (mus. t. t.) {37} | dto. | dto. |
| – | **fugieren** l>it | ein Thema nach Fugenart durchführen (mus. t. t.) {37} | dto. (bzw. **fugare** | dto. s. unten 3788) |
| 1158 | **fulminant** | glänzend, großartig, ausgezeichnet, auffallend {25/56} | **fulminare** (PPA. **fulminans**) | blitzen, donnern; niederschmettern |

| | | | | |
|---|---|---|---|---|
| 1159 | **Fundament** | 1. Unterbau, Sockel (archit. t. t.) {88}; 2. Eisenplatte einer Buchdruckerschnellpresse (druckw. t. t.) {40/32}; 3. Grund, Grundlage {25/56/60}; 4. Grundbegriff, Grundlehre (philos. t. t.) {77} | **fundamentum**, ti n | Grund, Grundlage |
| - | **fundamental** | grundlegend, schwerwiegend {56/25} | **fundamentalis**, e | zum Grund gehörig, Grund... |
| - | **Fundamentalismus** l>(engl) >(am) | 1. streng orthodoxe Denkungsart (bes. auf religiösem Gebiet) {25/51}; 2. streng bibelgläubige protestantische Richtung in den USA {51} | dto. | dto. |
| - | Fundamentalist, fundamentalistisch | | | |
| - | **fundamentieren** l>nlat | ein Fundament (1.) legen; gründen {40/52/88} | **fundamentum** | s. oben |
| - | **Fundi** l>(engl) >(am) | Kurzwort für Fundamentalist; bes. Anhänger einer radikal-ökologischen Politik {25/50} | dto. | dto. |
| 1160 | **fundieren** | 1. etw. mit den nötigen Mitteln versehen; 2. (be)gründen, untermauern {25} | **fundare** | mit einem Boden versehen; (be)-gründen; befestigen |
| - | **Fundus** | 1. Grund und Boden, Grundstück {58/43}; 2. Grundlage, Unterbau, Bestand, Mittel {25/56}; 3. Gesamtheit der Ausstattungsmittel in Theater und Film {33/35/40/85}; 4. Grund, Boden eines Hohlorgans (med. t. t.) {58/70} | **fundus**, di m | Grund, Boden, Landstück, -gut |
| 1161 | **funebr(al)e** l>it/frz | traurig, ernst (mus. t. t.) {26/37} | **funebris**, e | das Leichenbegängnis betreffend, Leichen... |
| 1162 | **fungieren** | eine bestimmte Funktion ausüben, zu etw. da sein, eine Aufgabe haben {50/25/40} | **fungi** | etw. verrichten, vollziehen, vollbringen; vollenden |
| 1163 | **fungizid** (l;l)>nlat | pilztötend (von chem. Mitteln - med. t. t.) {68/70/73} | **fungus**, gi m + **caedere** | Erdschwamm, Pilz, Morchel schlagen, fällen, töten |
| - | **Fungizid** (l;l)>nlat | Pilzgift (Pflanzenschutzmittel - chem. t. t.) {68/73} | dto. | dto. |

>>> Funkkolleg s. unter Kolleg

| | | | | |
|---|---|---|---|---|
| 1164 | **Funktion** | 1. Tätigkeit {29/40}; 2. Amt, Stellung {33/40/50}; 3. klar umrissene Aufgabe, Rolle {25/40}; 4. veränderliche mathematische Größe (math. t. t.) {71}; 5. harmonische Beziehung (mus. t. t.) {37} | **functio,** onis f | Verrichtung, Amtsobliegenheit; Geltung |
| – | **funktional** l>nlat | die Funktion betreffend, auf sie bezogen; der Funktion entsprechend; auf das Funktionieren ausgerichtet {29/50/25/71} | dto. | dto. |
| – | **funktionalisieren** l>nlat | den Gesichtspunkt der Funktion entsprechend gestalten {25/40} | dto. | dto. |
| – | **Funktionalismus** l>nlat | 1. ausschließliche Berücksichtigung des Gebrauchszweckes bei der Gebäudegestaltung (archit. t. t.) {88}; 2. bestimmte philosophische Lehre {77}; 3. Richtung in der Psychologie {70} | dto. | dto. |
| – | Funktionalist, funktionalistisch | | | |
| – | **Funktionär** l>frz | offizieller Beauftragter eines wirtschaftlichen, sozialen oder politischen Verbandes, einer Sportorganisation {33/50/85} | dto. | dto. |
| – | **funktionell** l>frz | 1. auf Leistung bezogen; 2. wirksam; die Aufgabe, Rolle erfüllend {25/40/56}; 3. die Beziehung eines Tones hinsichtlich der drei Hauptakkorde betreffend (mus. t. t.) {37}; 4. die Leistungsfähigkeit eines Organs betreffend (med. t. t.) {70} | dto. | dto. |
| – | **funktionieren** l>frz | in ordnungsgemäßem Betrieb sein; reibungslos ablaufen; vorschriftsmäßig erfolgen {25/40/29} | dto. | dto. |
| 1165 | **Furie** | 1. altröm. Rachegöttin {51/75}; 2. eine in Wut geratene Frau {26/33/84} | **Furia**, ae f bzw. **furia**, ae f | Furie<br>Wut, Raserei |
| – | **furios** | 1. wütend, hitzig {26/84}; 2. mitreißend, glänzend {22/26} | **furiosus**, a, um | voller Wut, wütend, rasend |
| – | **furioso** l>it | wild, stürmisch, leidenschaftlich (mus. t. t.) {26/37} | dto. | dto. |
| – | **Furioso** l>it | Musikstück von wild-leidenschaftlichem Charakter (mus. t. t.) {26/37} | dto. | dto. |

| | | | | |
|---|---|---|---|---|
| – | **Furor** | Wut, Raserei {14/26} | **furor**, oris m | Wut, Raserei; Tobsucht |
| – | **Furore** l>it | 1. rasender Beifall; Leidenschaftlichkeit; Aufsehen (erregen); 2. - machen: Beifall (erringen) {26/33/85} | dto. | dto. |
| 1166a | **Furunkel** | eitrige Entzündung eines Haarbalges; Eitergeschwür (med. t. t.) {14/70} | **furunculus**, li m | elender Dieb, Spitzbube; der Blutschwären (med. t. t.) |
| – | **Furunkulose** l>nlat | ausgedehnte Furunkelbildung (med. t. t.) {14/70} | dto. | dto. |
| 1166b | **Fusel** l>(mlat) | minderwertiger Trinkalkohol {17} | uns.: **fusilis**, e<br>mlat. fusile | geschmolzen, fließend, flüssig<br>etw. Flüssiges |
| 1167 | **füsilieren** l>vulgl>frz | standrechtlich erschießen {15/82/86} | **focus**, ci m<br>vulgl. petrafocilis*<br>frz. *fusil*<br>*fusillier* | Herd, Brandstätte<br>Feuerstein<br>Flinte |
| – | **Füsilier** l>vulgl>frz | Schütze der leichten Infanterie {86} | dto. | dto. |
| 1168 | **Fusion** | 1. Vereinigung, Verschmelzung (von Unternehmen) {57/41/42/80}; 2. Vereinigung der Bilder des rechten und des linken Auges zu einem einzigen Bild (opt., med. t. t.) {70/72}; 3. Verschmelzung von Atomkernen (phys. t. t.) {72} | **fusio**, onis f | Ausguß, Ausfluß; das Gießen, Schmelzen |
| – | **fusionieren** l>nlat | verschmelzen (von Unternehmen) {57/41/42/80} | dto. | dto. |
| >>> | Fusionsreaktor s. Reaktor | | | |
| 1169 | **Futur(um)** | (sprachwiss. t. t.) 1. Zeitform, mit der ein zukünftiges Geschehen charakterisiert wird; 2. Verbform des Futurs {76/59} | **futurum**, ri n | Zukunft |
| – | **futurisch** | das Futur betreffend; im Futur auftretend (sprachwiss. t. t.) {76/59} | **futurus**, a, um | (zu)künftig |
| – | **Futurismus** l>nlat | von Italien ausgehende künstlerische und politische Bewegung des frühen 20. Jh.s {50/79} | dto. | dto. |
| – | Futurist, Futuristik, futuristisch, Futurologe, futurologisch | | | |
| – | **Futurologie** l;gr | moderne Wissenschaft, die sich mit zukünftigen Entwicklungen befaßt {81/59} | dto.<br>+ gr. λόγος | dto.<br>Wort, Kunde |

# G

| | | | | |
|---|---|---|---|---|
| 1170a<br>– | **Gallapfel**<br>l>frz<br>Gallwespe | Auswuchs, Mißbildung an Pflanzen {03/68} | **galla**,<br>ae f | Gallapfel, kugelartiger Auswuchs |
| 1170b | **Gallert**<br>l>mlat | steife, durchsichtige, gelatineartige Masse {17/55} | **gelare**<br><br><br>mlat. gelatria | gefrieren machen, verdichten, eindicken |
| 1171 | **Gallizismus**<br>l>nlat | Übertragung einer im Französischen charakteristischen sprachlichen Erscheinung auf eine andere Sprache (sprachwiss. t. t.) {76} | **Gallicus**,<br>a, um | gallisch |
| –<br><br>– | **Gallomane**<br>l;gr<br>Gallomanie | jmd., der alles Französische bewundert, nachahmt {26/33} | **Gallus**, li m<br>+ gr. *μανία* | der Gallier<br>Wut; Begeisterung |
| 1172 | **Gambe**<br>(gr)>l>it | Knie-, Beingeige (mus. t. t.) {37} | **gamba**,<br>ae f<br>gr. *καμπή*<br><br>it. *gamba*<br>*viola da gamba* | Fesselgelenk beim Pferd<br>Biegung, Krümmung; Gelenk<br>Bein, Schenkel |
| – | **Gambit**<br>(gr)>l>it<br>>span | Eröffnung einer Schachpartie mit Baueropfer zur Erlangung eines Stellungsvorteils {85} | dto.<br>it. *gambetto*<br>span. *gambito* | dto.<br>das Beinstellen |
| 1173 | **Gardine**<br>l>vulgl>frz<br>>niederl | (durchsichtiger) Fenstervorhang {44} | **co(ho)rs**,<br>rtis f<br>kirchenl.<br>**cortina**, ae f<br>frz. *courtine* | Hofraum, Gehege, Viehhof<br><br>Vorhang<br>Bettvorhang |
| 1174 | **Gaudi(um)** | etw., das belustigt, woran man seinen Spaß hat {26/33} | **gaudium**,<br>ii n | Freude, Vergnügen, Genuß |
| 1175 | **Gel**<br>l>it>frz | 1. gallertartiger Niederschlag aus kolloider Lösung (chem. t. t.) {73}; 2. Produkt der Kosmetikindustrie {21/41} | **gelare**<br>(PPP. **gelatus**) | s. oben 1170<br>gefroren, erstarrt |
| – | **Gelati**<br>l>it | Eis(sorten) {17} | dto. | dto. |
| – | **Gelatine**<br>l>it>frz | Knochenleim zum Eindicken von Speisen {17} | dto. | dto. |

| | | | | |
|---|---|---|---|---|
| – | **gelatinieren** l>it>frz | 1. zu Gelatine erstarren; 2. eine feinzerteilte Lösung in Gelatine verwandeln {17/55/73} | dto. | dto. |
| – | **gelatinös** l>it>frz | gelatineartig {17/55} | dto. | dto. |
| – | **Gelee** l>vulgl>frz | 1. gallertartige Masse {73}; 2. süßer Brotaufstrich aus eingedicktem Fruchtsaft {17} | dto.<br>vulgl. gelata*<br>frz. *gelée* | dto. |
| – | **gelieren** l>vulgl>frz | zu Gelee werden {17/55} | dto. | dto. |
| 1176 | **Gemination** | 1. Konsonantenverdopplung (sprachwiss. t. t.); 2. Wiederholung des gleichen Wortes im Satz (rhet. t. t.) {76} | **geminatio**, onis f | Verdopplung |
| – | **geminieren** | einen Konsonanten, ein Wort verdoppeln {76} | **geminare** | wiederholen, verdoppeln |
| – | **Gemini** l>am | amerikanische Raumkapsel der 60iger Jahre für zwei Astronauten {66/45} | **Gemini**, norum mf (Pl.) | Zwillinge (Sternbild) |
| >>> | Gemisch s. mischen | | | |
| 1177a | **Gemme** l>(it) | 1. Edelstein mit eingeschnittenen Figuren {20}; 2. Brutkörper niederer Pflanzen (bot. t. t.) {68} | **gemma**, ae f | Knospe am Weinstock; Juwel, Schmuck; Siegelring |
| 1177b | **Gemse** ?>spätl | mitteleuropäische Bergantilopenart {06} | spätl. **camox**, ocis mf | Gemse |
| 1177c | **Gendarm** (l>frz;l>frz) >frz | 1. Polizeisoldat; 2. bewaffneter Reiter (veraltet) {86} | **gens**, ntis f<br>frz. *gens*<br>+ **arma**, morum n (Pl.)<br>frz. *armes*<br>*gens d'armes*<br>*gendarme* | Stamm, Volk<br>Leute, Volk<br>Waffen<br><br>bewaffnete Männer |
| – | **Gendarmerie** (l>frz;l>frz) >frz | Einheit der staatlichen Polizei in Landbezirken (in Frankreich, der Schweiz) {49/50} | dto.<br>frz. *gendarmerie* | dto. |
| 1178 | **General** l >(kirchenl) >(frz) | 1. höchster Offiziersdienstgrad {33/86}; 2. oberster Vorsteher eines kath. geistlichen Ordens, einer Kongregation, der Heilsarmee {51/33} | **generalis**, e<br>(kirchenl. generalis abbas) | Geschlechts...; zur Gattung gehörig, allgemein |
| – | **General...** l>(frz) | grundlegend, völlig, allgemein; oberster, erster {25/56} | dto. | dto. |
| >>> | General... s. ggf. unter dem Rest des Wortes | | | |
| – | **Generalat** l>nlat | 1. Generalswürde {33/86}; 2. Amt(ssitz) eines kath. Ordensgenerals {51/58} | dto. | dto. |

| | | | | |
|---|---|---|---|---|
| – | **Generalisation** (o. **Generalisierung**) l>nlat | 1. Gewinnung der allgemeinen Regel durch Induktion aus Einzelfällen (philos. t. t.) {77}; 2. Vereinfachung bei der Landkartenverkleinerung (geogr. t. t.) {56/64}; 3. Verallgemeinerung {25/56}; 4. Fähigkeit einer bestimmten Reizreaktion (psych. t. t.) {70} | dto. | dto. |
| – | **generalisieren** l>nlat | verallgemeinern, aus Einzelfällen das Allgemeine (Regel, Satz, Gesetz) gewinnen {25/56/77} | dto. | dto. |
| – | **generalisiert** l>nlat | über den ganzen Körper verbreitet (med. t. t.) {70} | dto. | dto. |
| – | **Generalissimus** l>it | oberster Befehlshaber {86} | dto. | dto. |
| – | **Generalist** l>nlat | jmd., der in seinen Interessen nicht auf ein bestimmtes Gebiet festgelegt ist {25/22} | dto. | dto. |
| – | **Generalität** l>(frz) | 1. Gesamtheit der Generäle {57/86}; 2. Allgemeinheit (veraltet) {25/33} | **generalitas**, atis f | Allgemeinheit |
| – | **generaliter** | im allgemeinen, allgemein betrachtet {25} | **generaliter** (Adv.) | (im) allgemein(en), überhaupt |
| – | **Generalstaaten** l>nlat;l | 1. das niederl. Parlament {50}; 2. sieben niederl. Provinzen und ihre Abgeordnetenversammlung zwischen 1593 und 1795 (hist. t. t.) {75/50} | **generalis** + **status**, us m | s. oben Zustand, Lage, Stellung, Stand |
| – | **Generalstab** l>nlat;d | zentrales militärisches Kommandogremium {86} | **generalis** | s. oben |
| – | Generalstäbler, Generalstände | | | |
| 1179 | **Generation** | 1. einzelne Glieder der Geschlechterfolge {10}; 2. zu einem Fortpflanzungsprozeß gehörende Individuen {68/69/70}; 3. die Lebenszeit eines Menschen umfassender Zeitraum {59}; 4. alle innerhalb eines kleineren Zeitraums geborenen Menschen (in bezug auf Ansichten zu Kultur, Moral, Weltanschauung) {15/33/59}; 5. Gesamtheit der durch einen bestimmten Ausrüstungsstand gekennzeichneten Geräte {41/46/57/72/87} | **generatio**, onis f | Zeugung, Zeugungsfähigkeit; Generation |

| | | | | |
|---|---|---|---|---|
| – | **generativ** l>nlat | die geschlechtliche Fortpflanzung betreffend (biol. t. t.) {68/69/70} | **generare** | (er)zeugen, hervorbringen, schaffen, machen |
| – | **Generativität** l>nlat | Fortpflanzungs-, Zeugungskraft {68/69/70} | dto. | dto. |
| – | **Generator** | 1. Gerät zur Stromerzeugung; 2. Schachtofen zur Gaserzeugung {41/72} | **generator**, oris m | Erzeuger, Erschaffer |
| – | **generell** | allgemein, allgemeingültig, im allgemeinen {25/56} | **generalis** | s. oben |
| – | **generieren** | 1. erzeugen, produzieren {40/41}; 2. sprachliche Äußerungen in Übereinstimmung mit einem grammatischen Regelsystem bilden (sprachwiss. t. t.) {76} | **generare** | s. oben |
| – | Generierung | | | |
| – | **generös** l>frz | 1. großzügig, nicht kleinlich im Geben; 2. edel, großmütig denkend und handelnd {25/26/84} | **generosus**, a, um | edel, hochherzig; fruchtbar |
| – | **Generosität** l>frz | 1. Freigiebigkeit; 2. Großmut {25/26/84} | **generositas**, atis f | edle Art, - Abkunft, Hochherzigkeit |
| – | **Genetiv(us)** o. **Genitiv(us)** | (sprachwiss. t. t.) 1. zweiter Fall, Wesfall; 2. Wort, das im Genetiv steht {76} | **genetivus**, vi m | Zeugefall, Genetiv |
| – | genetivisch | | | |
| 1180 | **Genever** l>frz | niederl. Wacholderschnaps {17} | **iuniperus**, ri f | Wacholderstrauch |
| 1181 | **genial** | 1. hervorragend begabt {22}; 2. großartig, vollendet {25/56} | **genialis**, e | hochzeitlich; erfreulich, angenehm; gedeihlich |
| – | **genialisch** | nach Art eines Genies, genieähnlich {22} | dto. | dto. |
| – | **Genialität** | schöpferische Veranlagung des Genies {22} | **genialitas**, atis f | Ergötzlichkeit, Fröhlichkeit |
| – | **Genie** l>frz | 1. überragende schöpferische Geisteskraft; 2. hervorragend begabter Mensch {22} | **genius**, ii m | Gönner, Gastgeber; Schutzgeist |
| 1182 | **genital(isch)** | zu den Geschlechtsorganen gehörend, sie betreffend (med. t. t.) {70/11} | **genitalis**, e | zur Zeugung gehörig, zeugend, fruchtbar |
| – | **Genitale** | Geschlechtsorgan (med. t. t.) {70/11} | **genitale**, lis n | Schamglied, -teile |
| – | **Genitalität** l>(nlat) | beginnende Stufe der Sexualität (psych. t. t.) {59/70} | dto. | dto. |

>>> Genitiv s. Genetiv

| | | | | |
|---|---|---|---|---|
| 1184 | **Genozid** (gr)>l;l | Mord an nationalen, rassischen oder religiösen Gruppen {82/50/30} | **genus**, neris n (gr. *γένος*<br>+ **caedere** | Art, Gattung, Abstammung, Rasse Art, Gattung, Geschlecht)<br>töten, fällen, schlagen |
| 1185 | **Genre** (gr)>l>frz | Gattung, Wesen, Art {25/56} | **genus**, neris n | s. oben 1184 |
| – | **genrehaft** (gr)>l>frz;d | Bild im Stil der Genremalerei {36} | dto. | dto. |
| – | **Genremalerei** (gr)>l>frz;d | Malerei, die Zustände aus dem täglichen Leben einer Berufsgruppe oder sozialen Klasse darstellt {36/33} | dto. | dto. |
| 1186 | **gentil** l>frz | fein, nett, wohlerzogen (veraltet) {25/26/31/84} | **gentilis**, e | aus demselben Geschlecht, heimatlich, national |
| – | **gentilizisch** | nach dem Geschlecht (hist. t. t.) {10/75} | **gentilicius**, a, um | zum Geschlecht gehörig, national |
| – | **Gentleman** l>frz>engl; engl | Mann von feiner Lebensart und Charakter {33/84} | **gentilis** frz. *gentil* engl. *gentle* | s. oben |
| – | gentlemanlike | | | |
| – | **Gentry** l>frz>engl | niederer englischer Adel {50/33} | dto. | dto. |
| 1187 | **genuin** | 1. echt, naturgemäß, unverfälscht {25/56}; 2. angeboren, erblich (med., psych. t. t.) {70} | **genuinus**, a, um | angeboren, angestammt, echt, natürlich |
| 1188 | **Genus** (gr)>l | 1. Art, Gattung {56/10}; 2. grammatisches Geschlecht (sprachwiss. t. t.) {76} | **genus**, neris n gr. *γένος* | s. oben 1184 |
| >>> | geostationär | s. stationär | | |
| 1189 | **Gepard** (l;l)>mlat >it>frz | sehr schnelle Raubkatzenart {06} | **cattus**, ti m bzw.<br>**catta**, ae f<br>+ **pardus**, di m<br>it. *gatto-pardo* frz. *guépard* | Kater<br><br>Katze<br>Panther |
| 1190 | **gerieren** | (sich) benehmen, auftreten als {25/33} | **gerere** | sich benehmen, verhalten, betragen |
| 1191 | **Gerundium** | gebeugter Infinitiv des lateinischen Verbs (sprachwiss. t. t.) {76} | **gerundium**, ii n | das Gerundium (gramm. t. t.) |
| – | **Gerundiv(um)** | Partizip Passiv des Futurs, das die Notwendigkeit eines Verhaltens ausdrückt (sprachwiss. t. t.) {76} | dto. | dto. |

| | | | | |
|---|---|---|---|---|
| – | **gerundivisch** | das Gerundiv betreffend (sprachwiss. t. t.) {76} | dto. | dto. |
| 1192a | **Geschwader** l>vulgl>it | (mil. t. t.) 1. größere Formation von Schiffen o. Flugzeugen {45/57/86}; 2. Reiterabteilung (veraltet) {57/86} | **quadrus**, a, um | viereckig |
| | | | vulgl. exquadrare* | im Viereck aufstellen |
| | | | it. *squadrare* | viereckig machen, im Viereck aufstellen |
| | | | *squadra* | Viereck; Reitertruppe, Abteilung, Mannschaft |
| 1192b | **Gestagen** l;gr>l | weibliches Keimdrüsenhormon zur Vorbereitung und Erhaltung der Schwangerschaft (med. t. t.) {70} | **gestare** | tragen, bei sich führen |
| | | | + **genus** | s. oben 1184 |
| | | | gr. *γένος* | Art, Gattung |
| 1193 | **Geste** | Gebärde, begleitende körperliche Ausdrucksbewegung {12/32} | **gestus**, us m | Bewegung der Hände, des Körpers; Gebärdenspiel |
| – | **Gestik** l>nlat | Gesamtheit der Gesten als Ausdruck der Psyche {12/32/70} | dto. | dto. |
| – | **Gestikulation** | Gebärdenspiel, -sprache {12/32} | **gesticulatio**, onis f | pantomimische Bewegung, Pantomime |
| – | **gestikulieren** | Gebärden machen {12/32} | **gesticulari** | Gebärden machen |
| – | **Gestion** | Führung, Verwaltung {33/40/50} | **gestio**, onis f | Verhalten, (Aus)-führung |
| – | **gestisch** | die Gestik betreffend {12/32} | **gestus** | s. oben |
| 1194 | **Gin** l>frz >niederl >engl | Wacholderbranntwein {17} | **iuniperus** | s. oben 1180 |
| 1195 | **Ginger-ale** (gr)>l >engl;engl | alkoholfreies Erfrischungsgetränk mit Ingwergeschmack {17} | **zingiber**, eris n | Ingwer |
| | | | gr. *ζιγγίβερις* | |
| 1196 | **Gingivitis** l>nlat | Zahnfleischentzündung (med. t. t.) {70} | **gingiva**, ae f | Zahnfleisch |
| 1197 | **Ginster** | Strauchart {04} | **genista**, ae f | Ginster |
| 1198 | **Glace** l>vulgl>frz | 1. aus Zucker hergestellte Glasur; 2. Gelee aus Fleischsaft; 3. (schweiz.) Speiseeis, Gefrorenes {17} | **glacies**, iei f | Eis, Härte |
| – | **Glacé** l>vulgl>frz | 1. glänzendes Gewebe aus Naturseide oder Reyon; 2. Glacéleder = feines, glänzendes Ziegen- oder Lammleder {19} | dto. | dto. |
| | | | frz. *glacer* | vereisen, erstarren machen, mit einer glänzenden Schicht überziehen |
| | | | *glacé* | Glanz |

| | | | | |
|---|---|---|---|---|
| – | **glacieren** l>vulgl>frz | 1. zum Gefrieren bringen (veraltet) {54}; 2. mit geleeartigem Fleischsaft überziehen {17} | **glaciare** frz. *glacer* | zu Eis machen, gerinnen (lassen) |
| 1199 | **Gladiator** | Schwertkämpfer im alten Rom (hist. t. t.) {75/85/86} | **gladiator,** oris m | Fechter, Gladiator |
| – | **Gladiole** | Gartenpflanze mit schwertförmigen Blättern {04} | **gladiolus,** ii m | kleines Schwert; schwertförmiges Blatt |
| 1200 | **Glans** | Eichel; vorderer verdickter Teil des Penis bzw. der Klitoris (med. t. t.) {70/11} | **glans,** ndis f | Dattel, Eichel, Ekker; die Eichel (med. t. t.) |
| 1201 | **glazial** | 1. eiszeitlich {59/62/65}; 2. Eis, Gletscher betreffend {65} | **glacies** | s. oben 1198 |
| – | **Glazial** | Eiszeit {59/65} | dto. | dto. |
| >>> | Glazial... s. unter dem Rest des Wortes | | | |
| – | **Glaziologie** l;gr | Wissenschaft von der Entstehung und Wirkung des Eises und der Gletscher {62/65} | dto. + λόγος | dto. Wort, Kunde |
| – | Glaziologe, glaziologisch | | | |
| – | **Gletscher** l>vulgl>frz | sich langsam talwärts bewegender Eiskörper in Hochgebirgen und Polargebieten {64} | **glacies** vulgl. glacia glaciarium* frz. *glacier* | s. oben 1198 Eis Eis, Gletscher |
| 1202 | **Global** l>nlat | 1. auf die gesamte Erdoberfläche bezüglich; Erd...; weltumspannend {58/64/02}; 2. umfassend, gesamt {57}; 3. allgemein, ungefähr {56/25} | **globus,** bi m | Kugel, Ball(en), Klumpen |
| – | **Globetrotter** l>engl;engl | Weltenbummler {33/45} | dto. | dto. |
| – | **Globin** l>nlat | Eiweißbestandteil des roten Blutfarbstoffs (med. t. t.) {70} | dto. | dto. |
| – | **Globulin** l>nlat | Eiweißkörper des tierischen o. pflanzlichen Organismus (biol., med. t. t.) {68/69/70} | dto. | dto. |
| – | **Globus** | Kugel mit dem Abbild der Erdoberfläche (o. der scheinbaren Himmelskugel) {64/66} | dto. | dto. |
| 1203 | **Gloria** | 1. Ruhm, Herrlichkeit (iron.) {25/33}; 2. Lobgesang in der christlichen Liturgie {51/37} | **gloria,** ae f | Ruhm, Ruhmestat; Ruhmsucht |
| – | **Glorie** | 1. Ruhm, Herrlichkeit (Gottes) {51}; 2. Lichtkreis, Heiligenschein {51/23/24} | dto. | dto. |
| – | Glorienschein | | | |
| – | **Glorifikation** | Verherrlichung {25/32/33} | **glorificatio,** onis f | Verherrlichung |

| | | | | |
|---|---|---|---|---|
| – | **glorifizieren** | verherrlichen {25/32/33} | **glorificare** | verherrlichen |
| – | Glorifizierung | | | |
| – | **Gloriole** | Heiligenschein {24/51} | **gloriola**, ae f | ein bißchen Ruhm |
| – | **glorios** (o. **glorreich**) | 1. glorreich, ruhm-, glanzvoll {25/33}; 2. großsprecherisch, prahlerisch (veraltet) {26/84} | **gloriosus**, a, um | ruhmvoll, rühmlich; prahlerisch, aufgeblasen |
| 1204 | **Glutamat** l;gr | Salz der Glutaminsäure; häufig verwendetes Gewürz in China-Restaurants {17/73} | **gluten**, tinis n + gr. *μάττειν* | Leim; Band, Verbindung kneten |
| – | **Glutaminsäure** l;gr;d | Aminosäure in der Hirnsubstanz (med. t. t.) {70} | dto. | dto. |
| 1205 | **Gout** l>frz | Geschmack, Wohlgefallen {26/17} | **gustus**, us m | das Kosten, Genießen; Geschmack |
| – | **goutieren** (o. **gustieren**) l>frz | Geschmack an etw. finden, gutheißen {26/33} | **gustare** | kosten, genießen, zu sich nehmen |
| 1206 | **Gouvernante** l>frz | (altjüngferliche, bevormundende, belehrende) Erzieherin, Hauslehrerin {31} | **gubernare** | lenken, steuern, leiten, regieren |
| – | gouvernantenhaft | | | |
| – | **Gouverneur** l>frz >(engl) | 1. Statthalter einer Kolonie; 2. Befehlshaber einer Festung {33/86}; 3. oberster Beamter eines US-Bundesstaates {50} | **gubernator**, oris m | Steuermann; Lenker, Leiter |
| – | **Gouvernement** l>frz | 1. Regierung, Verwaltung {50}; 2. Verwaltungsbezirk {48} | **gubernare** | s. oben |
| 1207 | **Grad** | Stufe, Rang (z. B. einer Skala) {56/65} | **gradus**, us m | Schritt, Stufe, Rang, Reihenfolge |
| – | **Gradation** | 1. Steigerung, stufenweise Erhöhung; Abstufung {56/57}; 2. Aneinanderreihung steigender o. abschwächender Ausdrucksmittel (sprachwiss. t. t.) {76} | **gradatio**, onis f | Stufenerhöhung; Steigerung |
| – | **Gradient** | 1. Steigerungsmaß einer Funktion (math. t. t.) {71}; 2. Druckgefälle auf einer bestimmten Strecke (meteor. t. t.) {65} | **gradi** | schreiten, Schritte machen |
| – | **graduell** l>mlat>frz | grad-, stufenweise, allmählich {56/59} | dto. mlat. gradualis frz. *graduel* | dto. |
| – | **graduieren** l>mlat | 1. mit Graden versehen {56}; 2. einen akademischen Grad verleihen, erwerben {31/33} | **gradi** mlat. gradualis | s. oben |

| | | | | |
|---|---|---|---|---|
| – | **graduiert** l>mlat | mit einem akademischen Titel oder dem Abschlußzeugnis einer Fachhochschule versehen {31/33} | dto. | dto. |
| – | Graduierte, | Graduierung | | |
| 1208a | **Grain** l>frz>engl | 1. Korn, Getreide {17}; 2. älteres Gewicht für Edelmetall, Schmuck {20/56}; 3. Ripsgewebe für Kleider {19} | **granum**, ni n | Korn, Körnchen; Kern |
| 1208b | **Gral** l>mlat/ vulgl>frz | 1. heiliges, wundertätiges Ding; heiliger Stein {51}; 2. lärmende Turnierfeste der Bürger im späten Mittelalter (hist. t. t.) {33/75/86} | uns.: **gradus**, us m mlat. gradalis oder: **cratis**, is f vulgl. (vas) cratalis* afrz. *graal* | Schritt, Stufe<br>Stufenkelch<br>Flechtwerk, Geflochtenes<br>Schüssel, Topf (aus Flechtwerk)<br>heiliges (christliches), als Kelch gedachtes Gefäß |
| – | grölen | | | |
| 1209 | **Granat** l>mlat | Mineral, das in verschiedenen Farben vorkommt (oft dunkelroter Halbedelstein) {02/20} | **granatus**, a, um | mit Kernen -, mit Körnern versehen, gekörnt |
| – | **Granatapfel** l;d | apfelähnliche Beerenfrucht des Granatbaum {05/17} | **granatum**, ti n | Granatapfel |
| – | **Granate** l>it | 1. mit Sprengstoff gefülltes, explodierendes Geschoß {86}; 2. eine Art warme Pastete (gastron. t. t.) {17} | dto.<br>it. *granata* | dto.<br>Granate |
| 1210 | **Grand** l>frz | höchstes Spiel beim Skat {56/85} | **grandis**, e | bedeutend; großartig, erhaben |
| – | **Grande** l>span | Titel des höchsten Adels in Spanien {33} | dto. | dto. |
| – | **Grandezza** l>span | feierlich-hoheitsvolle Art und Weise, in der jmd. etw. ausführt {22/29/25} | dto. | dto. |
| – | **grandios** l>it | großartig, überwältigend, erhaben {26/56} | dto.<br>it. *grandioso* | dto. |
| – | **Grandiosität** l>it | Großartigkeit, überwältigende Pracht {26/56} | dto. | dto. |
| – | **grandioso** l>it | großartig, erhaben (mus. t. t.) {37} | dto.<br>it. *grandioso* | dto. |

| | | | | |
|---|---|---|---|---|
| – | **Grand-seigneur** l;l>frz | vornehmer, weltgewandter Mann {33} | dto.<br>+ **senior**, is m<br><br>frz. *seigneur* | dto.<br>der reife, erfahrene Mann (45-60 Jahre) |
| 1211 | **Granit** l>it | sehr harte Gesteinsart {02/62} | **granum**, ni n<br>mlat. granitum (marmor)<br>it. *granito* | Korn, Körnchen, Kern<br>s. oben 1208 |
| – | **graniten** l>it | 1. den Granit betreffend (=granitisch) {02/62}; 2. hart wie Granit {54/55} | dto. | dto. |
| – | **granulär** o. **granulös** l>nlat | körnig, gekörnt {54} | dto. | dto. |
| – | **Granulat** l>nlat | in Körner zerkleinerte Substanz; Winterstreugut {02/45} | **granulum**, li n | das Körnchen |
| – | **Granulation** l>nlat | (Herstellung und Bildung einer) körnige(n) (Oberflächen)-struktur {41/73/54} | dto. | dto. |
| – | **granulieren** l>nlat | 1. (an der Oberfläche) körnig machen, in gekörnte Form bringen {41/73/54}; 2. Körnchen, Granulationsgewebe bilden (med. t. t.) {70} | dto. | dto. |
| – | **granuliert** l>nlat | körnig zusammengeschrumpft (z. B. die Niere - med. t. t.) {70} | dto. | dto. |
| – | Granulierung | | | |
| – | **Granulum** | 1. Arzneikügelchen (med. t. t.) {70}; 2. Teilchen der mikroskopischen Kornstruktur der lebenden Zelle (med., biol. t. t.) {69/70}; 3. Gewebeknötchen (med. t. t.) {70} | dto. | dto. |
| 1212a | **Grapefruit** engl;l>engl | Zitrusfrucht, Pampelmuse {05/17} | engl. grape<br>**fructus**, us m<br>engl. *fruit* | Traube<br>Frucht |
| 1212b | **grassieren** | um sich greifen, wüten, sich ausbreiten (z. B. Seuchen) {14/70/58} | **grassari** | tüchtig losschreiten; wüten, umhertoben |
| 1213 | **Gratifikation** | zusätzliches Entgelt zu besonderen Anlässen {40/42/56} | **gratificatio**, onis f | Willfährigkeit, Gefälligkeit |
| – | **gratifizieren** | vergüten (veraltet) {40/42/56} | **gratificari** | sich gefällig zeigen; aufopfern |
| 1214 | **gratis** | unentgeltlich, frei, unberechnet {42/56} | **gratis** (Adv.) | umsonst |

| | | | | |
|---|---|---|---|---|
| 1215 | **Gratulant** | Glückwünschender {27/32} | **gratulari** | Glück wünschen, Freude bekunden |
| | | | (PPA. **gratulans**) | Glück wünschend |
| – | **Gratulation** | 1. das Gratulieren; 2. Glückwunsch {27/32} | **gratulatio**, onis f | Freuden-, Dankesbezeigung; Glückwunsch |
| – | **Gratulationscour** l;l>frz | Glückwunschzeremoniell zu Ehren einer hochgestellten Persönlichkeit {27/32/33} | dto. + **cursus**, us m frz. *cours* | dto. Lauf, Fahrt, Umlauf |
| – | **gratulieren** | beglückwünschen, Glück wünschen {27/32} | **gratulari** | s. oben |
| 1216 | **Gravamen** | Beschwerde (bes. gegen die Kirche im 15. und 16. Jh. - hist. t. t.) {51/75/27} | **gravamen**, minis n | Beschwerlichkeit, drückende Last |
| 1217 | **Gravidität** | Schwangerschaft (med. t. t.) {70} | **graviditas**, atis f | Schwangerschaft |
| 1218 | **gravieren** | beschweren, belasten (veraltet) {33/56/57} | **gravare** | beschweren, belasten, verschlimmern |
| – | **gravierend** | ins Gewicht fallend, schwerwiegend, sich nachteilig auswirken könnend {56/25/33} | dto. | dto. |
| – | **Gravis** | Betonungszeichen für den „schweren", fallenden Ton (sprachwiss. t. t.) {76} | **gravis**, e | schwer, gewichtig, bedeutend |
| – | **Gravitation** l>nlat | Schwerkraft, Anziehungskraft (zwischen Himmelskörpern, Gegenständen - astron., phys. t. t.) {63/66/72} | **gravitas**, atis f | Schwere; Wucht; Bedeutung |

>>> Gravitations... s. ggf. unter dem Rest des Wortes

| | | | | |
|---|---|---|---|---|
| – | **gravitätisch** | ernst, würdevoll, gemessen {26/33} | dto. | dto. |
| – | **gravitieren** l>nlat | 1. infolge der Schwerkraft auf einen Punkt hinstreben {61/63/66}; 2. sich zu etw. hingezogen fühlen {26/33} | dto. | dto. |
| 1219 | **Grazie** | 1. Anmut, Liebreiz {11/26/84}; 2. eine der drei (altröm.) Göttinnen der Anmut u. Schönheit {51} | **gratia**, ae f bzw. **Gratia**, ae f | Gunst, Ansehen, Annehmlichkeit; Freundschaft Göttin der Anmut |
| – | **grazil** | fein gebildet, zartgliedrig, zierlich {11/55} | **gracilis**, e | schlank, schmal, mager |
| – | **Grazilität** | Zartgliedrig-, Zierlichkeit {11/55} | **gracilitas**, atis f | Schlankheit, Magerkeit; Schlichtheit |
| – | **graziös** l>frz | anmutig, mit Grazie {11/55} | **gratiosus**, a, um frz. *gracieux* | lieblich, gefällig; begünstigt, angenehm |

| | | | | |
|---|---|---|---|---|
| – | **gracioso**<br>l>it | anmutig, mit Grazie (mus. t. t.) {37} | dto. | dto. |
| 1220 | **Gremium** | 1. Gemeinschaft; beratende, beschlußfassende Körperschaft; Ausschuß {33/50}; 2. Berufsvereinigung (österr.) {40/33} | **gremium,**<br>ii n | Schoß; Armvoll, Bündel (spätl.) |
| 1221 | **Grenadier**<br>l>it>frz | 1. Soldat der Infanterie {86}; 2. unterster Dienstgrad eines Teils der Infanterie {33/86} | **granatum,**<br>ti n | Granatapfel |
| | | | it. *granata* | Granatapfel; Granate |
| | | | frz. *grenade* | |
| | | | *grenadier* | Handgranatenwerfer<br>vgl. oben 1209 |
| – | **Grenadille**<br>l>frz>span | eßbare Frucht verschiedener Arten der Passionsblume {04/17} | dto. | dto. |
| – | **Grenadine**<br>l>it>frz | 1. Saft aus Granatäpfeln {17}; 2. hart gedrehter Naturseidenzwirn {19} | dto. | dto. |
| 1222 | **Grill**<br>l>frz>engl | Bratrost {44/87} | **cratis,**<br>is f | Flechtwerk; Hürde; Rost |
| | | | **craticula,**<br>ae f | kleiner Rost, kleine Flechte |
| | | | frz. *gril*<br>engl.<br>*grill* | |
| 1223a | **Grille** | 1. Heuschrecke, -pferd; Grashüpfer {08}; 2. wunderlicher Einfall, Laune {25/26} | **grillus,** li m<br>o. **gryllus,**<br>li m | Grashüpfer, Heupferd, Heimchen |
| 1223b | **Grillette**<br>o. **Grillade**<br>l>frz | gegrilltes Stück Fleisch (1. Form DDR) {17} | **cratis / craticula** | s. oben 1222 |
| | | | frz. *griller* | grillen, rösten |
| | | | *grillade* | |
| – | **grill(ier)en**<br>l>frz>engl | auf dem Grill braten {17/44} | dto. | dto. |
| 1224 | **Gros**<br>l>frz<br>>(niederl) | 1. überwiegender Teil einer Personengruppe {33/57}; 2. zwölf Dutzend = 144 Stück {57} | **grossus,**<br>a, um | dick |
| | | | spätl.<br>**grossus,**<br>si m | dicker Teil, Hauptmasse |
| | | | frz. *gros* bzw. *grosse* (2.) | |
| – | **Grossist**<br>l>frz | Großhändler (wirtsch. t. t.) {42/80} | dto. | dto. |
| – | **Grossohandel**<br>l>it;d | Großhandel (veraltet - wirtsch. t. t.) {42/80} | dto. | dto. |
| – | **Groschen**<br>l>mlat | Zehnpfennigstück (ugs.) {56} | dto. | dto. |
| | | | mlat. (denarius) grossus | Dickpfennig |

>>> Groß... s. ggf. unter dem Rest des Wortes

| | | | | |
|---|---|---|---|---|
| 1225 | **grotesk**<br>(gr)>l<br>>vulgl>it<br>>frz | 1. wunderlich, verzerrt, seltsam; 2. absurd, lächerlich {26/25} | **crypta,**<br>ae f<br><br>gr. κρύπτη<br>vulgl. crupta*<br>it. *grotta*<br>it. *grottesco*<br>frz. *grotesque* | Kreuzgang, Gruft, Grotte, unterirdisches Gewölbe |
| – | **Groteske**<br>(gr)>l<br>>vulgl>it<br>>frz | 1. phantastisch geformtes Tier- und Pflanzenornament der Antike und Renaissance {36/88}; 2. derbkomische, überspannte Erzählung {34/32}; 3. ins Verzerrte gesteigerter Ausdruckstanz {37} | dto. | dto. |
| – | **Grotte**<br>(gr)>l<br>>vulgl>it | malerische, oft künstlich angelegte Felsenhöhle {58/62/88} | dto.<br>it. *grotta* | dto. |
| – | **Gruft**<br>(gr)>l | unterirdischer Raum, Grabkammer {15/58/88} | dto. | dto. |
| – | **Grufti**<br>(gr)>l | (ugs.) 1. im Teenager-Jargon Personen über 25 Jahre (die dem Grab näher sind als sie selbst) {32/15/33}; 2. Anhänger von pseudoreligiösen modernen Satanskulten {33/51} | dto. | dto. |
| 1226 | **Gugelhupf**<br>l>mlat;d | Napf-, Topfkuchen (dessen oberer Teil sich wie eine Kapuze hebt - süddt.) {17} | **cucullus,**<br>li m<br>mlat. cuculla | Kopfhülle, Kapuze<br><br>Kapuze |
| 1227 | **Gully**<br>l>frz>engl | in die Fahrbahndecke eingelassener Schacht für Straßenabwässer; Schlammfang, Senkloch {58/45} | **gula,**<br>ae f<br><br>afrz. *goulet*<br>engl. *gullet*<br>*gully* | Schlund, Kehle, Gurgel; Speiseröhre<br><br><br>Schlund |
| 1228 | **Gurgel** | Kehle, Luftröhre {11} | **gurgulio,**<br>onis m | Gurgel, Luftröhre |
| – | **gurgeln** | die Kehle mit Wasser o. ä. ausspülen {21} | dto. | dto. |
| 1229 | **Gusto**<br>l>it | Geschmack, Neigung {26/28} | **gustus,**<br>us m | das Kosten, Geschmack; Probe, Vorspeise |
| 1230 | **guttural**<br>l>nlat | die Kehle betreffend, Kehl... (sprachwiss. t. t.) {76} | **guttur,**<br>uris n | Gurgel, Kehle; Kropf |
| – | **Guttura-l(is)**<br>l>nlat | Gaumen-, Kehllaut (sprachwiss. t. t.) {76} | dto. | dto. |

# H

| | | | | |
|---|---|---|---|---|
| 1231 | **Habeaskorpusakte** l;l;l | englisches Gesetz von 1679 zum Schutz der persönlichen (körperlichen) Freiheit vor willkürlichen Verhaftungen (Habeas Corpus = Anfangsworte des mittelalterlichen Haftbefehls - hist. t. t.) {82/75} | **habere** (**habeas** + **corpus**, poris n + **acta**, torum n (Pl.) | haben, halten, führen du habest) Körper s. oben 0121 |
| 1232 | **habilitieren** l>mlat | die Lehrberechtigung an einer Hochschule oder Universität erwerben, erteilen {28/31/40} | **habilis**, e mlat. habilitare | geschickt, tüchtig, fähig, geeignet geschickt, fähig machen |
| - | **Habilitand** l>mlat | jmd., der zur Habilitation zugelassen ist {31/40} | dto. | dto. |
| - | **Habilitation** l>mlat | Erwerb der Lehrberechtigung an Universitäten {31/40} | dto. | dto. |
| - | **habilitatus** l>mlat | (Abk. habil.) mit Lehrberechtigung (an der Uni) {31/40} | dto. | dto. |
| 1233 | **Habit** l>frz (l>frz >engl) | 1. Kleidung, die einer beruflichen Stellung, Gelegenheit, Umgebung entspricht {19/33/40/59}; 2. Gewohnheit, Erlerntes, Anerzogenes (psych. t. t.) {70} | **habitus**, us m | äußere Erscheinung, Haltung, Gestalt, Zustand |
| - | **Habitat** (l>engl) | 1. Standort des Vorkommens eines Tieres, einer Pflanze {58/68/69}; 2. Wohnplatz von Urmenschen {69/75/81}; 3. Wohnstätte, -raum {44/58}; 4. kapselförmige Unterwasserstation für Aquanauten {63/58} | **habitare** (PPP. **habitatus**) | bewohnen, sich aufhalten, - befinden |
| - | **habitualisieren** l>mlat >nlat | zur Gewohnheit werden, machen {25/59} | **habituari** | mit etwas behaftet sein |
| - | Habitualisierung | | | |
| - | **Habituation** l>nlat | 1. Gewöhnung (med., psych. t. t.) {70}; 2. physische oder psychische Gewöhnung an Drogen {70/82} | dto. | dto. |

| | | | | |
|---|---|---|---|---|
| – | **habituell** l>frz | 1. gewohnheitsmäßig, ständig {25/59/84}; 2. verhaltenseigen, zum Charakter gehörend (psych. t. t.) {70/84} | dto. | dto. |
| – | **Habitus** | 1. Erscheinung, Haltung {23/53}; 2. Aussehen, Erscheinungsbild (eines Menschen) (med. t. t.) {53/70}; 3. erworbene sittliche Haltung {30/84} | **habitus** | s. oben |
| 1234a | **Hallimasch** | eßbare Blätterpilzart {04/17} | uns.: **armillaria**, ae f | Hallimasch |
| 1234b | **Halluzination** | Sinnestäuschung, Trugwahrnehmung {24} | **(h)alucinatio**, onis f | gedankenloses Reden, Faselei, Träumerei |
| – | **halluzinieren** | 1. einer Sinnestäuschung unterliegen; 2. Nichtexistierendes sich als existierend vorstellen {24} | **(h)alucinari** | gedankenlos reden, handeln; faseln, träumen |
| – | **Halluzinant** | jmd., der an Halluzinationen leidet {24/70} | dto. | dto. |
| – | **halluzinativ** o. **halluzinatorisch** l>nlat | auf Halluzinationen beruhend, in Form einer Halluzination {24} | **(h)alucinator**, oris m | Träumer, Faseler |
| – | **halluzinogen** l;gr | Halluzinationen hervorrufend {24/70} | **(h)alucinari** | s. oben |
| – | **Halluzinogen** l;gr | Medikament oder Droge, die halluzinationsartige Erscheinungen hervorruft (med. t. t.) {24/70} | dto. | dto. |
| 1235 | **Halo** (gr)>l | 1. Hof um eine Lichtquelle (durch Reflexion, Beugung o. Brechung) {65/72}; 2. Ring um die Augen (med. t. t.); 3. Warzenhof (med. t. t.) {70} | **halos**, o m<br>gr. *ἅλως* | Hof um Sonne oder Mond<br>Tenne |
| >>> | Hämagglutination s. Agglutination | | | |
| 1236 | **Hämoglobin** gr;l | Farbstoff der roten Blutkörperchen {70} | gr. *αἷμα*<br>+ **globus**, bi m | Blut<br>s. oben 1202 |
| – | **Hämoglobinogen** gr;l;gr | Hämoglobin bildend, aus Hämoglobin entstanden (med. t. t.) {70} | dto.<br>+ gr. *γένος* | dto.<br>Art, Stamm, Geschlecht |
| >>> | Handkommunion s. Kommunion | | | |
| >>> | Hängepartie s. Partie | | | |

| | | | | |
|---|---|---|---|---|
| 1237 | **Häsitation** | das Zögern, Zaudern {25/28} | **haesitatio**, onis f | Unentschlossenheit, Zweifel, Stottern |
| – | **häsitieren** | zögern, zaudern {25/28} | **haesitare** | stecken, hängen bleiben; stocken, aufhören |
| 1238 | **Hausse**<br>l>vulgl>frz | 1. allgemeiner Aufschwung (in der Wirtschaft); 2. Steigen der Börsenkurse (wirtsch. t. t.) {80}; 3. Griff am unteren Bogenende bei Streichinstrumenten, Frosch (mus. t. t.) {37} | **altus**, a, um<br>vulgl. altiare*<br>frz. *hausser* | hoch, tief<br>emporheben, erhöhen |
| >>> | Haute Couture s. unter Couture | | | |
| 1239 | **Haute volee**<br>l>frz;l>frz | gesellschaftliche Oberschicht; feine, bessere Gesellschaft (oft ironisch) {33} | **altus**, a, um<br>+ **volare**<br>frz. *haut*<br>+ *volée* | hoch, tief<br>fliegen<br>hoch<br>Rang; Flug |
| 1240 | **Hautgout**<br>l>frz;l>frz | 1. eigentümlich scharfer, würziger Geschmack von Wildfleisch nach dem Abhängen {17}; 2. Anrüchigkeit {25/33} | **altus**, a, um<br>+ **gustus**, us m<br>frz. *haut*<br>+ *gout* | hoch, tief<br>das Genießen, Kosten; Vorspeise; Geschmack |
| 1241 | **Hazienda**<br>l>span | Landgut, Farm in Süd- und Mittelamerika {39/43} | **facere**<br>facienda<br>span. *hacienda* | tun, machen<br>Geschäft |
| – | **Haziendero**<br>l>span | Besitzer einer Hazienda {39/43} | dto. | dto. |
| >>> | h.c. s. RW - Liste honoris causa | | | |
| 1242 | **Helvetika** | Werke über die Schweiz {34/64} | **Helvetii**, iorum m (Pl.) | die Helvetier (gallischer Volksstamm) |
| – | **helvetisch** | schweizerisch {48/64} | **Helveticus**, a, um | helvetisch |
| – | **Helvetismus**<br>l>nlat | ein nur im Schwyzerdütschen übliches Wort oder Ausdrucksweise {32} | dto. | dto. |
| 1243 | **Herbalist** | Spezialist der Kräuterheilkunde {40/6870} | **herba**, ae f | Pflanze, Kraut, Halm |
| – | **Herbarium** | systematische Sammlung getrockneter Pflanzen(teile) (bot. t. t.) {68/57} | **herbarium**, ii n | Pflanzen-, Kräuterbuch |
| – | **herbikol**<br>(l;l)>nlat | kräuterbewohnend (von Tieren, die auf grünen Pflanzen leben - zool. t. t.) {68/69} | **herba**, ae f<br>+ **colere** | s. oben<br>pflegen, verehren; bewohnen, hausen |

| | | | | |
|---|---|---|---|---|
| – | **herbivor** (l;l)>nlat | kräuterfressend (von vegetarisch lebenden Tieren - zool. t. t.) {69} | dto. + **vorax** (Gen. –acis) | dto. verschlingend, fressend; gefräßig |
| – | **Herbivore** (l;l)>nlat | Pflanzenfresser, Vegetarier (zool. t. t.) {69} | dto. | dto. |
| – | **herbizid** l>nlat | pflanzentötend {68/73} | **herba** + **caedere** | s. oben schlagen, fällen, töten |
| – | **Herbizid** l>nlat | chem. Mittel zur Abtötung von Pflanzen {73/68} | dto. | dto. |

>>> Herzinfarkt, Herzinsuffizienz s. Infarkt, Insuffizienz
>>> hetero..., hexa... s. jeweils unter dem lateinischen Rest des Wortes

| | | | | |
|---|---|---|---|---|
| 1244 | **Hiatus** | 1. Öffnung, Spalt in Knochen oder Muskeln {70/58}; 2. das Aufeinanderfolgen zweier Vokale in der Fuge zwischen zwei Wörtern o. Silben im Wortinnern (sprachwiss. t. t.) {76}; 3. zeitliche Lücke bei der Sedimentation eines Gesteins (geol. t. t.) {59/62} | **hiatus**, ti m | Öffnung, Kluft, Schlund; Hiatus (gramm. t. t.) |
| 1245 | **hibernal** o. **hiemal** | winterlich; den Winter, die Wintermonate betreffend {59} | **hibernalis**, e bzw. **hiemalis**, e | winterlich winterlich, Winter... |
| 1246a | **Hilarität** | Heiterkeit, Fröhlichkeit {26/33} | **hilaritas**, atis f | Fröhlichkeit, Heiterkeit, Frohsinn |
| 1246b | **hinauskomplimentieren** d;l>span >frz | jmdn. mit höflichen, schönen Worten und Gesten hinauswerfen {33/61/32} | **complere** aspan. *complir* *complimiento* span. *cumplir* frz. *compliment* | anfüllen Fülle, Überfluß; Übertreibung an-, auf-, erfüllen vgl. auch 1767 |
| 1247 | **Historie** (gr)>l | 1. (Welt)geschichte; 2. Geschichtswissenschaft {75}; 3. (erdichtete) Erzählung, Bericht {34} | **historia**, ae f gr. *ἱστορία* | Kunde, Kenntnis; Geschichte, Geschichtsforschung Kunde, Wissenschaft; Geschichte |
| – | **Historik** (gr)>l | 1. Geschichtswissenschaft; 2. Lehre von der historischen Methode der Geschichtswissenschaft {75} | **historicus**, a, um | geschichtlich |
| – | **Historiker** (gr)>l | Geschichtsforscher, -kenner, -wissenschaftler {75/40} | dto. | dto. |
| – | **historisch** (gr)>l | 1. geschichtlich, überliefert {59/75}; 2. der Vergangenheit angehörend {59} | dto. | dto. |

| | | | | |
|---|---|---|---|---|
| – | **histori-sieren** (gr)>l>nlat | in geschichtlicher Weise darstellen, ein historisches Aussehen geben {32/75} | dto. | dto. |
| – | **Historismus** (gr)>l>nlat | 1. bestimmte Form der Geschichtsbetrachtung {34/75}; 2. Überbewertung des Geschichtlichen {25/56/75} | **historia** | s. oben |
| – | Historist, historistisch | | | |
| – | **Historizität** (gr)>l>nlat | Geschichtlichkeit, Geschichtsbewußtsein {25/75} | **historicus** | s. oben |
| >>> | hochfrequent, Hochfrequenz (Abk. HF) s. frequent, Frequenz | | | |
| 1248 | **hochstilisieren** d;l | einer Sache unangemessene Wichtigkeit verleihen {25} | **stilus**, li m | Stiel, Griffel; das Schreiben, die Darstellung |
| >>> | holo... s. unter dem Rest des Wortes | | | |
| >>> | Hometrainer s. unter Trainer | | | |
| 1249 | **Hominid(e)** l>nlat | Vertreter der Familie der Menschenartigen (zool. t. t.) {69} | **homo**, minis m | Mensch, Mann |
| – | **Hommage** l>frz | Huldigung, Ehrerbietung {25/33/35/36/37} | dto. | dto. |
| – | **Homo** | Frühform des Menschen; der Mensch selbst als Angehöriger einer Gattung der Hominiden (biol. t. t.) {69/10} | dto. | dto. |
| >>> | homo... s. unter dem Rest des Wortes (gr. *ὁμοῖος* = ähnlich, gleichartig) | | | |
| 1250 | **Homunkulus** | künstlich in der Retorte erzeugter Mensch (med. t. t.) {70} | **homunculus**, li m | Menschlein; Männlein; schwaches Geschöpf |
| 1251 | **Honneur** l>frz | 1. Ehrenbezeigung, Ehre {25/33}; 2. Gäste willkommen heißen (= die Honneurs machen); 3. das Umwerfen der mittleren Kegelreihe beim Kegeln {61/85}; 4. die höchsten Karten bei Whist und Bridge {56/85} | **honor**, ris m | Ehre, Ehrenbezeigung, Ehrenamt |
| – | **honorabel** | ehrenvoll, ehrbar (veraltet) {25/33} | **honorabilis**, e | ehrenvoll, -haft; angesehen |
| – | **Honorar** | Vergütung für frei- oder nebenberufliche (wissenschaftliche, künstlerische) Tätigkeit {40/42/56} | **honorarium**, ii n | Ehrengeschenk, Honorar |
| >>> | Honorarprofessor s. unter Professor | | | |

| | | | | |
|---|---|---|---|---|
| – | **Honora-tioren** | 1. Personen, die unentgeltlich Verwaltungsaufgaben übernehmen und aufgrund ihres sozialen Status Einfluß ausüben; 2. angesehener Bürger (besonders in kleineren Orten) {33/56} | **honoratus**, a, um<br>(Komp. **honoratiores** | geehrt, angesehen, ehrwürdig; hochgestellt<br>die mehr Geehrten) |
| – | **honorieren** | 1. ein Honorar zahlen {40/42/56}; 2. anerkennen, würdigen {25/33}; 3. einen Wechsel annehmen, bezahlen {42/80} | **honorare** | ehren; belohnen; verherrlichen |
| – | **honorig** | ehrenhaft, freigebig {25/26/84} | **honor** | s. oben |
| – | **Honorität** | 1. Ehrenhaftigkeit {33/84}; 2. Ehrenperson {33} | dto. | dto. |
| 1252 | **Hora** | Gebetsstunde, kirchliches Gebet {51/59} | **hora**, ae f | Zeit; Stunde |
| – | **Horarium** | Stundenbuch, Gebetbuch für Laien {32/51} | **horarium**, ii n | Uhr |
| 1253 | **Hordeolum** l>nlat | Gerstenkorn; Drüsenabszeß am Augenlid (med. t. t.) {70} | **hordeolus**, li n | Gerstenkorn (im Auge) |
| >>> | horizontal... s. unter dem Rest des Wortes | | | |
| 1254 | **horrend** | 1. jedes normale Maß überschreitend {56/57}; 2. Entsetzen erregend (veraltet) {26} | **horrendus**, a, um | haarsträubend, schrecklich, schaudervoll |
| – | **horribel** | 1. grauenerregend, grausig, furchtbar (veraltet); 2. = horrend {26} | **horribilis**, e | haarsträubend, entsetzlich, schrecklich |
| – | **Horribilität** | Schrecklichkeit, Furchtbarkeit (veraltet) {26} | dto. | dto. |
| – | **Horror** | schreckerfüllter Schauder; Abscheu; Widerwille {26} | **horror**, oris m | Schauder, Grausen, Entsetzen |
| – | Horrorfilm, Horrorliteratur, Horrortrip | | | |
| 1255 | **Horti-kultur** l;l | Gartenbau {39} | **hortus**, ti m +<br>**cultura**, ae f | Garten; Gemüse<br>Pflege; Anbau; Verehrung |
| 1256 | **Hospital** | (süddt., österr., schweiz.: Spital) 1. (kleineres) Krankenhaus {70/49}; 2. Armenhaus, Altersheim (veraltet) {33/49} | **hospitalis**, e bzw.<br>**hospitalia**, ium n (Pl.) | gastfreundlich, gastlich<br>Gastzimmer |
| – | **hospitali-sieren** | in ein Krankenhaus oder Pflegeheim einliefern {14/33/70} | dto. | dto. |
| – | Hospitalisierung | | | |
| – | **Hospita-lität** | Gastfreundschaft (veraltet) {33} | **hospitalitas**, atis f | Gast(freund)lichkeit; Wanderschaft |

| | | | | |
|---|---|---|---|---|
| – | **Hospitant** | 1. Gasthörer an Hochschulen, Universitäten {31}; 2. Abgeordneter, der als Gast Mitglied einer parlamentarischen Fraktion ist {50}; 3. Praktikant oder Referendar, der einen Unterrichtsbesuch macht {31/40/78} | **hospitari** | als Gast einkehren, verweilen, zeitweilig sich aufhalten |
| – | **Hospitanz** | Gastmitgliedschaft in einer parlamentarischen Fraktion {50} | dto. | dto. |
| – | **Hospitation** | Teilnahme am Unterricht als Teil der praktischen pädagogischen Ausbildung {31/40/78} | dto. | dto. |
| – | **hospitieren** | als Gast zuhören oder teilnehmen {31} | dto. | dto. |
| – | **Hospiz** | 1. großstädtisches Gasthaus (mit christlicher Hausordnung) {33/51}; 2. (von Mönchen eingerichtete) Reiseunterkunft im Mittelalter {33/45/75} | **hospitium**, ii n | Gastfreundschaft, Bewirtung, Herberge; Quartier |
| – | **Hosteß** l>frz>engl | 1. junge weibliche Person zur Betreuung (auf Messen, für Fluggäste) {33}; 2. Prostituierte, die ihre Dienste über Zeitungsannoncen anbietet {18} | **hospes**, pitis m<br>afrz. *(h)oste*<br>frz. *hôte*<br>afrz. *(h)ostesse*<br>frz. *hôtess*<br>engl. *hostess* | Fremdling; Gastfreund<br>Gastgeber; Gast<br><br>Gastgeberin |
| 1257 | **Hostie** | beim Abendmahl bzw. der Kommunion gereichte geweihte Oblate (rel. t. t.) {51} | **hostia**, ae f | Schlachtopfer, Opfertier; Opfer |
| 1258 | **hostil** | feindlich {25/33/86} | **hostilis**, e | feindlich, -selig |
| – | **Hostilität** | Feindseligkeit {25/33/86} | **hostilitas**, atis f | Feindseligkeit, Unbill |
| 1259 | **Hotel** l>frz | Beherbergungs- und Verpflegungsbetrieb {33/40/45} | **hospitalia**<br>afrz. *(h)ostel*<br>frz. *hôtel* | s. oben 1256 |
| – | **Hotelier** l>frz | Hotelbesitzer {40/43/45} | dto. | dto. |
| – | **Hotellerie** l>frz | Gast-, Hotelgewerbe {40/45} | dto. | dto. |
| 1260 | **human** | 1. die Menschenwürde achtend, menschenwürdig; 2. ohne Härte, nachsichtig {25/30/84}; 3. zum Menschen gehörend, ihn betreffend {15/25} | **humanus**, a, um | menschlich; freundlich; gebildet |

>>> human... s. unter dem Rest des Wortes

| | | | | |
|---|---|---|---|---|
| – | **Humaniora** | das griechisch-römische Altertum als Grundlage der Bildung, als Lehr- und Prüfungsfächer {31/78} | dto. (Komp. **humanior**) | dto. |
| – | **humanisieren** l>nlat | humaner, menschenwürdiger, menschlicher gestalten (z. B. Arbeitsbedingungen) {25/40/33} | dto. (**humanare** | dto. zum Menschen machen, verkörpern) |
| – | Humanisierung | | | |
| – | **Humanismus** l>nlat | 1. auf das Bildungsideal der griech.-röm. Antike gegründetes Denken und Handeln; Streben nach einer echten Menschlichkeit {30/31/75/84}; 2. literarisch-philologische Wiederbelebung der Antike vom 13-16. Jh. {34/75} | dto. | dto. |
| – | **Humanist** l>nlat | 1. jmd., der die Ideale des Humanismus vertritt {30/33/84}; 2. jmd., der über eine humanistische Schulbildung verfügt; Kenner der alten Sprachen {22/31/34/75}; 3. Vertreter des Humanismus (2.) {34/75} | dto. | dto. |
| – | **humanistisch** l>nlat | 1. im Sinne des Humanismus handelnd {30/33/84}; 2. am klassischen Altertum orientiert {25/75}; 3. altsprachlich gebildet {22/31/34/75} | dto. | dto. |
| – | **humanitär** l>nlat | menschenfreundlich, wohltätig {30/33/84} | dto. | dto. |
| – | **Humanitarismus** l>nlat | menschenfreundliche Gesinnung, Denkhaltung {30/33/84} | dto. | dto. |
| – | **Humanitas** | vollkommene Menschlichkeit {30/33/84} | **humanitas**, atis f | Menschlichkeit, menschliche Würde; höhere Bildung |
| – | **Humanitätsapostel** l;gr | jmd., der mit rigorosem Engagement humanitäre Ideen und Inhalte durchzusetzen versucht (iron.) {26/30/33} | dto. + gr. *ἀπόστολος* | dto. Gesandter, Bote |
| 1261 | **humid(e)** | feucht, naß {54/65} | **humidus**, a, um | feucht, naß |
| – | **Humidität** l>nlat | Feuchtigkeit {54/65} | dto. | dto. |
| 1262 | **Humifikation** l>nlat | Vermoderung, Humusbildung (geol. t. t.) {62} | **humificare** | befeuchten, benetzen |

| | | | | |
|---|---|---|---|---|
| – | **humifizieren** l>nlat | zu Humus umwandeln, vermodern (geol. t. t.) {62} | dto. | dto. |
| – | Humifizierung, Huminsäure | | | |
| 1263 | **Humor** l>frz>engl | 1. Fähigkeit, über Probleme des Alltags gelassen hinwegzugehen {22/84}; 2. sprachliche, künstlerische o. ä. Äußerung einer von Humor bestimmten Geisteshaltung {25/32/34/35}; 3. Körperflüssigkeit (med. t. t.) {70} | **humor**, oris m<br>engl. *humour* | Flüssigkeit, Feuchtigkeit; Pflanzensaft |
| – | **humoral** l>nlat | den Humor (2., 3.) betreffend, auf ihn bezüglich {32/34/35/70} | dto. | dto. |
| – | Humoreske | | | |
| – | **humorig** l>nlat | launig, mit Humor {26} | dto. | dto. |
| – | **Humorist** l>frz>engl | 1. Schriftsteller, Künstler humoristischer Werke {34/40}; 2. Vortragskünstler, der witzige Sketche darbietet {35/40/85} | dto. | dto. |
| – | **humoristisch** l>nlat | den Humor (1.) betreffend; scherzhaft, launig, heiter {26/40/84/85} | dto. | dto. |
| 1264 | **humos** l>nlat | reich an Humus (geol. t. t.) {39/56/62} | **humus**, mi f | Erde, Erdboden, Erdreich |
| – | **Humus** | fruchtbarer Bodenbestandteil (geol. t. t.) {39/62} | dto. | dto. |
| 1265 | **Husar** l>mlat>it >serbokroat>ung | Angehöriger der leichten Reiterei in ungarischer Nationaltracht {19/75/86} | **cursus**, us m<br>mlat. cursarius<br>it. *corsaro*<br>sebokroat. *kursar*<br>ung. *huszár* | Lauf, Fahrt, Ritt<br>Seeräuber<br>Straßenräuber |
| 1266 | **hybrid** (gr)>l | gemischt, aus Verschiedenem zusammengesetzt; durch Kreuzung entstanden (biol. t. t.) {68/69/56} | **hibrida**, ae f<br>gr. ὕβρις | Mischling, Bastard<br>Hochmut, Gewalttätigkeit |
| – | **Hybride** (gr)>l | Bastard (aus einer verschiedenartigen Parentalgeneration hervorgegangen - biol. t. t.) {68/69} | dto. | dto. |
| – | **hybridisch** (gr)>l | sich auf Mischung, Kreuzung beziehend; sie betreffend (biol. t. t.) {68/69} | dto. | dto. |

| | | | | |
|---|---|---|---|---|
| – | **Hybridisierung** (gr)>l | 1. Hybridzüchtung; Kreuzung von durch Inzucht geprägten Individuen (biol. t. t.) {68/69}; 2. bei der chemischen Bindung eintretender Vorgang (chem. t. t.) {73} | dto. | dto. |

\>>> Hydro... s. unter dem Rest des Wortes
\>>> Hyper..., Hypo... s. ggf. unter dem Rest des Wortes

| | | | | |
|---|---|---|---|---|
| 1267 | **Hypokausten(heizung)** (gr)>l;d | antike Bodenheizanlage, Fußbodenheizung (hist., archit. t. t.) {44/75/87/88} | **hypocaustum**, ti n<br><br>gr. *ὑπόκαυστον* | Gewölbe unter dem Zimmer oder Bad, durch das erwärmte Luft geleitet wurde |

# I

| | | | | |
|---|---|---|---|---|
| 1268 | **ibidem** | ebenda, ebendort {58/32/83} | **ibidem** | ebenda, -bei, -rin |
| 1269a | **ideal** (gr)>l | 1. mustergültig, vorbildlich, vollkommen {56/25}; 2. nur in der Vorstellung existierend {24/25} | **idealis**, e<br>gr. *ἰδέα* | in der Idee stehend, ideal |
| – | **Ideal** (gr)>l | Sinnbild der Vollkommenheit, Leitbild, Wunschbild {25/27/56} | dto. | dto. |
| – | **idealisieren** (gr)>l>frz | die Wirklichkeit verklären, etw. zum Ideal erheben {24/25/32} | dto.<br>frz. *idéaliser* | dto. |
| – | Idealismus, Idealist, idealistisch; ideell | | | |
| >>> | Idee s. griech. Liste | | | |
| 1269b | **idem** | derselbe, dasselbe {56/83} | **idem, eadem, idem** | der-, die-, dasselbe; zugleich, ebenfalls |
| 1270 | **Iden** | 13. oder 15. Tag des Monats im altrömischen Kalender (15. im März, Mai, Juli, Oktober) {59/75} | **Idus**, uum f (Pl.) | 15. o. 13. Tag des Monats, Monatsmitte |
| 1271 | **Identifikation** (spätl;l)>nlat | 1. das Identifizieren {23/25/82}; 2. emotionales Sichgleichsetzen mit einer anderen Person oder Gruppe {26/70} | spätl. **identitas**, atis f<br>+ **facere** | Wesenseinheit, Identität<br>tun, machen, handeln |
| – | **identifizieren** (spätl;l)>nlat | 1. genaues wiedererkennen; die Echtheit von etwas feststellen {23/25/56}; 2. gleichsetzen {56/25}; 3. aus innerer Überzeugung ganz mit jmdm. übereinstimmen {25}; 4. sich emotional gleichsetzen mit jmdm. {26/70} | dto. | dto. |
| – | **Identifizierung** (spätl;l)>nlat | das Identifizieren {23/25/82} | dto. | dto. |
| – | **identisch** spätl>nlat | völlig gleich; wesensgleich; gleichbedeutend {25/56} | spätl. **identitas** | s. oben |

| | | | | |
|---|---|---|---|---|
| – | **Identität** spätl>nlat | 1. vollkommene Gleichheit, Übereinstimmung; Individuelles, Unverwechselbares {56/25}; 2. die als „selbst" erlebte innere Einheit der Person (psych. t. t. ) {70/77} | dto. | dto. |
| – | Identitätsausweis | | | |
| 1272 | **Ignition** l>engl | Zündung eines Raketentriebwerks nach Ablauf des Count-downs (techn. t. t.) {72/66} | **ignire** | heiß machen, erhitzen, anzünden |
| 1273 | **ignorant** | von Unwissenheit, Kenntnislosigkeit zeugend (abwertend) {25/56} | **ignorare** | nicht kennen, nicht wissen (wollen) |
| – | **Ignorant** | unwissender Mensch, Dummkopf (abwertend) {25/56/33} | dto. | dto. |
| – | **Ignoranz** | Unwissenheit, Dummheit (abwertend) {25/33/56} | **ignorantia**, ae f | Unerfahrenheit, Unkenntnis |
| – | **ignorieren** | nicht wissen wollen; absichtlich übersehen, nicht beachten {25/23/28} | **ignorare** | s. oben |
| 1274 | **Iktus** | 1. Betonung der Hebung im Vers, Versakzent (sprachwiss. t. t.) {76}; 2. unerwartet auftretendes Krankheitszeichen (med. t. t.) {25/70}; 3. Stoß, stoßförmige Erschütterung (med. t. t.) {12/70} | **ictus**, us m | Schlag, Stoß, Hieb, Schuß |
| 1275 | **in...**, **In...** bzw. **ir...**, **Ir...** | Vorsilbe: un..., nicht, ohne {56/83} | **in** (Praeverbium) | Verneinungswort: un... |
| 1276 | **illegal** (l;l)>mlat | gesetzwidrig, ungesetzlich, ohne behördliche Genehmigung {82/50} | **in** + **legalis**, e | s. oben 1275<br>die Gesetze betreffend; gesetzlich, den Gesetzen gemäß |
| – | **Illegalität** (l;l)>mlat | 1. Ungesetzlich-, Gesetzwidrigkeit {50/82}; 2. illegaler Zustand, illegale Lebensweise {82/33}; 3. einzelne illegale Handlung {82/29} | dto. | dto. |
| – | **illegitim** | 1. unrechtmäßig, im Widerspruch zur Rechtsordnung {82}; 2. unehelich {15/82} | **illegitimus**, a, um | ungesetzlich, unerlaubt, gesetzwidrig |
| – | **Illegitimität** (l;l)>nlat | unrechtmäßiges Verhalten {82/25} | dto. | dto. |
| 1277 | **illiberal** | engherzig, unduldsam {26/84} | **illiberalis**, e | unedel, gemein, unanständig |
| – | **Illiberalität** | Engherzig-, Unduldsamkeit {26/84} | **illiberalitas**, atis f | Ungefälligkeit, Knickrigkeit |

| | | | | |
|---|---|---|---|---|
| 1278 | **illimitiert** | unbegrenzt, unbeschränkt {56/57} | **illimitatus**, a, um | unabgegrenzt; unwegsam |
| 1279a | **illiquid** (l;l)>nlat | zahlungsunfähig {42/80} | **in** + **liquidus**, a, um | s. oben 1275 flüssig, fließend, klar, ganz gewiß |
| – | **Illiquidität** (l;l)>nlat | Zahlungsunfähigkeit, Mangel an Geldmitteln {42/80} | **in** + **liquiditas**, atis f | s. oben 1275 Flüssigkeit |
| 1279b | **illiterat** | ungelehrt, nicht wissenschaftlich gebildet {25/31} | **illiteratus**, a, um | ungelehrt, ungebildet, unwissenschaftlich |
| – | **Illiterat** | Ungelehrter, nicht wissenschaftlich Gebildeter {25/31} | dto. | dto. |
| 1280 | **illoyal** (l;l)>frz | 1. den Staat, eine Instanz nicht respektierend {25/50}; 2. vertragsbrüchig, gegen Treu und Glauben {82/25}; 3. einem Partner übelgesinnt {26/84} | **in** + **legalis**, e frz. *loyal* | s. oben 1275 s. oben 1276 |
| – | **Illoyalität** l>frz | illoyales Verhalten {25/26/82/84} | dto. | dto. |
| 1281 | **Illumination** l>(frz) | 1. farbige Festbeleuchtung (vor allem im Freien) {23/33}; 2. göttliche Erleuchtung des menschlichen Geistes {25/22/51}; 3. das Ausmalen von Kodizes, Handschriften, Drucken mit Lasurfarben {32/36} | **illuminatio**, onis f | Erleuchtung |
| – | **Illuminator** l>mlat o. **Illuminist** l>nlat | 1. Hersteller von Malereien in Handschriften und Büchern des Mittelalters {36/40/75}; 2. Gerät zur Gewinnung einfarbigen Lichts (phys. t. t.) {72} | **illuminator**, oris m | Erleuchter |
| – | **illuminieren** l>(frz) | 1. festlich erleuchten {23/33}; 2. Handschriften ausmalen; Buchmalereien herstellen {36/40}; 3. erhellen {23/25} | **illuminare** | erleuchten, erhellen, Glanz verleihen |
| – | **illuminiert** l>(frz) | alkoholisiert (scherzhaft, veraltend) {14} | dto. | dto. |
| 1282 | **Illusion** l>frz | 1. Wunschvorstellung {24/25/27}; 2. falsche Deutung von tatsächlichen Sinneswahrnehmungen {24}; 3. Täuschung durch die Wirkung eines Kunstwerkes {24/36} | **illusio**, onis f | Verspottung, Ironie; Täuschung, eitele Vorstellung |
| – | **illusionär** o. **illusionistisch** l>nlat | 1. auf Illusionen beruhend {24}; 2. durch künstlerische Darstellung Scheinwirkungen erzeugend (künstl. t. t.) {36/24} | dto. | dto. |

| | | | | |
|---|---|---|---|---|
| – | **illusionieren** l>frz | in jmdm. eine Illusion erwekken; jmdm. etw. vormachen, vorgaukeln; jmdn. täuschen {24/27/28} | dto. | dto. |
| – | **Illusionismus** l>nlat | 1. die die Objektivität der Wahrheit, Schönheit, Sittlichkeit als Schein erklärende philosophische Anschauung; 2. Lehre von der scheinbaren Existenz der Welt in der brahmanischen Philosophie {77}; 3. illusionistische (Bild)wirkung {36/24} | dto. | dto. |
| – | **Illusionist** l>nlat | 1. Schwärmer, Träumer {24}; 2. Zauberkünstler {33/40/85} | dto. | dto. |
| – | **illusorisch** l>frz | 1. nur in der Illusion bestehend, trügerisch {24}; 2. vergeblich, sich erübrigend {24/25} | **illusorius**, a, um | zum Verspotten geeignet, verspottend |
| 1283 | **illuster** l>frz | glanzvoll, vornehm, erlaucht {25/33} | **illustris**, e | erleuchtet, hell; einleuchtend, angesehen |
| – | **Illustration** | 1. Bebilderung, erläuternde Bildbeigabe {36/25}; 2. Veranschaulichung, Erläuterung {25} | **illustratio**, onis f | Anschaulichkeit, anschauliche Darstellung; Erscheinung |
| – | **illustrativ** l>nlat | veranschaulichend, erläuternd {25} | **illustris** | s. oben |
| – | **Illustrator** | Künstler, der ein Buch mit Bildern ausgestaltet {36/32/40} | **illustrator**, oris m | Verherrlicher, Erleuchter |
| – | **illustrieren** | 1. ein Buch bebildern {32/36}; 2. veranschaulichen, erläutern {25} | **illustrare** | erleuchten; erläutern; verschönern; verherrlichen |
| – | **Illustrierte** | periodisch erscheinende Zeitschrift mit Bildberichten {32/59} | dto. | dto. |
| 1284 | **Image** l>frz>engl | (positives) Bild, das sich jmd. von jmd. anderem macht; Persönlichkeits- oder Charakterbild {25/84} | **imago**, inis f | Bild, Ab-, Ahnenbild; Vorstellung |
| – | **imaginabel** l>frz>engl | vorstellbar, erdenkbar (philos. t. t.) {24/77} | **imaginabilis**, e | in der Einbildung bestehend |
| – | **imaginal** l>frz>engl | das fertig ausgebildete Insekt betreffend (biol. t. t.) {69} | **imaginalis**, e | bildlich |
| – | **Imaginalstadium** l>frz>engl; gr>l | Stadium der Insekten nach Abschluß der Metamorphose (biol. t. t.) {69} | dto. + **stadium**, ii n gr. *στάδιον* | dto. Renn-, Laufbahn |
| – | **imaginär** l>frz | nur in der Vorstellung vorhanden, nicht wirklich, nicht real {24} | **imaginarius**, a, um | zum Bilde gehörig; nur dem Scheine nach bestehend, Schein... |

| | | | | |
|---|---|---|---|---|
| – | **Imagination** l>frz | Phantasie, Einbildungskraft, bildhaft anschauliches Denken {24/25} | **imaginatio**, onis f | Einbildung, Vorstellung |
| – | **imaginativ** l>nlat | die Imagination betreffend, auf ihr beruhend {24/25} | **imaginare** | als -, im Bild wiedergeben, abbilden |
| – | **imaginieren** | sich vorstellen; bildlich, anschaulich machen; ersinnen {24/25} | dto. bzw. **imaginari** | dto. sich vorstellen, träumen |
| – | **Imago** | 1. im Unterbewußtsein existierendes Bild einer anderen Person (psych. t. t.) {24/70}; 2. das fertig ausgebildete, geschlechtsreife Insekt (biol. t. t.) {69}; 3. wächserne Totenmaske der Vorfahren (im alten Rom) {75/51/36} | **imago**, ginis n | Bildnis; Ahnenbild; Trugbild |
| 1285 | **imbezil(l)** | mittelgradig schwachsinnig (med. t. t.) {25/70} | **imbecillus**, a, um | schwach, kraftlos; ohnmächtig |
| – | **Imbezillität** | mittelgradiger Schwachsinn (med. t. t.) {25/70} | **imbecillitas**, atis f | Schwäche, Gebrechlichkeit; Haltlosigkeit; Ohnmacht |
| 1286 | **Imitat(ion)** | 1. Nachahmung; (minderwertige) Nachbildung (z. B. eines wertvollen Kunstgegenstandes) {36/56}; 2. Wiederholung eines musikalischen Themas in anderer Tonlage (mus. t. t.) {37} | **imitatio**, onis f | Nachahmung, -äffung; Kopie |
| – | **imitativ** | auf Imitation beruhend, nachahmend {36/56} | **imitativus**, a, um | zur Darstellung durch Nachahmung geeignet |
| – | **Imitativ** | Verb des Nachahmens (z. B. büffeln - sprachwiss. t. t.) {76} | dto. | dto. |
| – | **Imitator** | Nachahmer {40/56/85} | **imitator**, oris m | Nachahmer, -äffer |
| – | **imitatorisch** | nachahmend {25/56} | **imitatorius**, a, um | zur Nachahmung dienlich, aus ihr hervorgegangen |
| – | **imitieren** | 1. nachahmen, nachbilden {25/56}; 2. ein musikalisches Thema wiederholen (mus. t. t.) {37} | **imitare** bzw. **imitari** | nachahmen nachahmen, darstellen, ähnlich sein |
| – | **imitiert** | nachgeahmt, künstlich, unecht {25/56} | dto. | dto. |
| 1287 | **immanent** | 1. innewohnend, in etw. enthalten {52/57}; 2. den Bereich des menschlichen Bewußtseins nicht überschreitend {25/77} | **immanere** | bei etw. bleiben; anhaften |

| | | | | |
|---|---|---|---|---|
| – | **Immanenz** l>nlat | 1. das, was innerhalb einer Grenze bleibt {58}; 2. Einschränkung des Erkennens auf das Bewußtsein oder auf Erfahrung {25/77} | dto. | dto. |
| – | **immanieren** | innewohnen, enthalten sein {58} | dto. | dto. |
| 1288 | **Immaterialgüterrecht** (l;l)>nlat;d | Recht auf freie Verfügung über eigene geistige Produkte (z. B. Patente, Copyright - jur. t. t.) {82} | **in** + **materialis**, e | s. oben 1275 zur Materie gehörig, materiell |
| – | **Immaterialismus** (l;l)>nlat | Lehre, die die Materie als selbständige Substanz leugnet (philos. t. t.) {77} | dto. | dto. |
| – | **Immaterialität** (l;l)>nlat | unkörperliche Beschaffenheit, stoffloses Dasein {52/54} | dto. | dto. |
| – | **immateriell** (l;l)>frz | unstofflich, unkörperlich {52/54} | dto. | dto. |
| 1289 | **Immatrikulation** (l;l)>nlat | Einschreibung in die Liste der Studierenden, Aufnahme an einer Hochschule {31} | **in** + **matricula**, ae f | s. oben 1275 öffentliches Verzeichnis, Matrikel |
| – | **immatrikulieren** (l;l)>nlat | 1. in die Matrikel einer Hochschule aufnehmen; 2. seine Anmeldung bei der Universität abgeben {31}; 3. (ein Motorfahrzeug) anmelden (schweiz.) {45/49} | dto. | dto. |
| 1290 | **immediat** | unmittelbar (dem Staatsoberhaupt unterstehend) {50/33} | **immediatus**, a, um | unvermittelt |
| – | **immediatisieren** l>nlat | reichsunmittelbar, frei machen (in bezug auf Fürsten und Städte bis 1806 - hist. t. t.) {33/50/75} | dto. | dto. |
| 1291 | **immens** | in Staunen erregender Weise groß; unermeßlich {57} | **immensus**, a, um | unermeßlich, unmäßig groß |
| – | **Immensität** | Unermeßlichkeit (veraltet) {25/26/57} | **immensitas**, atis f | Unermeßlichkeit, unermeßliche Größe |
| – | **immensurabel** | unmeßbar {57} | **immensurabilis**, e | unermeßlich |
| – | **Immensurabilität** l>nlat | Unmeßbarkeit {57} | dto. | dto. |
| 1292 | **Immigrant** | Einwanderer (aus einem anderen Staat) {3350/61} | **immigrare** (PPA. **immigrans**) | (hin)einziehen, einwandern |
| – | **Immigration** l>nlat | 1. Einwanderung {33/50/61}; 2. Ausbildung einer neuen Zellschicht (biol. t. t.) {68/69/70} | dto. | dto. |
| – | **immigrieren** | einwandern {33/50/61} | dto. | dto. |

| | | | | |
|---|---|---|---|---|
| 1293 | **imminent** | drohend, nahe bevorstehend (med. t. t.) {59/70} | **imminere** | über etw. hinüberragen; drohen, nahe bevorstehen |
| 1294 | **Immission** | 1. Einwirkung von Luftverunreinigungen auf Menschen, Tiere, Pflanzen {68/69/70/73}; 2. Einsetzung in eine Position (Amt, Besitzstand) {33/40/43}; 3. kurz für: Immissionskonzentration (= Stärke der Luftverunreinigungen) {65} | **immissio**, onis f | das Hineinlassen, Wachsenlassen; Anstiften |
| – | Immissionskonzentration, Immissionsschutz | | | |
| 1295 | **immobil** | 1. unbeweglich {54}; 2. nicht kriegsbereit {86} | **immobilis**, e | unbeweglich; unerschütterlich, unveränderlich |
| – | **Immobilien** | unbewegliches Vermögen, Gebäude, Grundstücke {43} | dto. | dto. |
| – | **immobilisieren** l>nlat | durch einen Verband oder Schienen ruhigstellen (z. B. Glieder, Gelenke - med. t. t.) {12/70} | dto. | dto. |
| – | **Immobilismus** l>nlat | Unbeweglichkeit als geistige Haltung {25/84} | dto. | dto. |
| – | **Immobilität** | Unbeweglichkeit; Zustand fehlender Kriegsausrüstung und -bereitschaft (von Truppen) {86} | **immobilitas**, atis f | Unbeweglichkeit, Unveränderlichkeit |
| >>> | immoralisch s. in (1275) bzw. moralisch | | | |
| 1296 | **Immortalität** | Unsterblichkeit {15/70} | **immortalitas**, atis f | Unsterblichkeit, Ewigkeit; Seligkeit |
| 1297 | **immun** | 1. für Krankheiten unempfänglich, gegen Ansteckung gefeit (med. t. t.) {14/70}; 2. unter Immunität stehend (z. B. Diplomaten) {50/82}; 3. unempfindlich, nicht zu beeindrucken {25/33/84} | **immunis**, e | abgaben-, dienstfrei; unberührt, frei |
| – | **immunisieren** l>nlat | gegen Bakterien immun machen (med. t. t.) {70} | dto. | dto. |
| – | Immunisierung | | | |
| – | **Immunität** | 1. Unempfindlichkeit gegenüber Krankheitserregern (med. t. t.) {14/70}; 2. Schutz der Abgeordneten vor Strafverfolgung (auch für Diplomaten im Gastland) {50/82} | **immunitas**, atis f | das Freisein von etw.; Abgabenfreiheit; Privilegien |

| | | | | |
|---|---|---|---|---|
| – | **Immunologie** l;gr | Immunitätskunde (biol. t. t.) {68/69} | **immunis**, e + gr. *λόγος* | s. oben Wort, Kunde, Kenntnis |
| – | **Immunsuppression** l;l | Unterdrückung einer Abwehrreaktion des Körpers (z. B. nach einer Organtransplantation - med. t. t.) {70} | **immunis**, e + **suppressio**, onis f | s. oben Nieder-, Unterdrückung, Zurückhaltung |
| – | **immunsuppressiv** l;l | eine immunologische Reaktion unterdrückend (med. t. t.) {70} | dto. | dto. |
| 1298 | **impair** l>frz | ungerade (in bezug auf Zahlen beim Roulett) {57/85} | **impar** (Gen. –ris) | ungleich, ungerade, verschieden |
| – | **Imparität** | Ungleichheit (veraltet) {25/33/56} | **imparitas**, atis f | Ungleichheit |
| 1299 | **Impeachment** l>afrz>engl | Verfahren zur Enthebung des US-Präsidenten von seinem Amt wegen Amtsmißbrauch {50/82} | **impedicare** afrz. *empescher* engl. *impeach* | verstricken, fangen hindern hindern, aufhalten |
| 1300 | **Impedanz** l>nlat | elektrischer Scheinwiderstand, Wechselstromwiderstand eines Stromkreises (phys. t. t.) {72} | **impedire** | verwickeln, verstricken; verhindern, abhalten |
| 1301 | **imperativ** | befehlend, bindend, zwingend {28} | **imperativus**, a, um | befehlend; anbefohlen |
| – | **Imperativ** | 1. Befehlsform (sprachwiss. t. t.) {76}; 2. Pflichtgebot (philos. t. t.) {30/77} | dto. | dto. |
| – | imperativisch | | | |
| – | **Imperator** | Titel des Oberfeldherren oder Kaisers im antiken Rom {33/50/75/86} | **imperator**, oris m | Befehlshaber, Feldherr, Herrscher, Gebieter |
| – | **imperatorisch** | 1. den Imperator betreffend {33/50/75/86}; 2. in der Art eines Imperators, gebieterisch {28/33/75} | **imperatorius**, a, um | feldherrlich, kaiserlich |
| 1302 | **Imperfekt(um)** | 1. Vergangenheitsstufe, Zeitform der (unvollendeten) Vergangenheit; 2. Verbform des Imperfekts (sprachwiss. t. t.) {59/76} | **imperfectus**, a, um | unvollendet, unvollständig, unvollkommen |
| – | imperfektisch | | | |
| 1303 | **imperforabel** (l;l)>nlat | nicht durchbohrbar {54} | **in** + **perforare** | s. oben durchbohren, -löchern |
| 1304 | **imperial** | das Imperium betreffend, kaiserlich {33/47/50} | **imperialis**, e | kaiserlich, Kaiser... |
| – | **Imperialismus** | Bestrebung einer Großmacht, ihren Machtbereich ständig auszudehnen {50/57/86} | dto. | dto. |

| | | | | |
|---|---|---|---|---|
| – | Imperialist, imperialistisch | | | |
| – | **Imperium** | 1. (röm.) Kaiserreich, Weltreich, Weltmacht {50/75}; 2. sehr großer Herrschafts-, Macht- und Einflußbereich {50/57} | **imperium**, ii n | Befehl, Macht; Regierung, Reich |
| 1305 | **impermeabel** (l;l)>nlat | undurchlässig, undurchdringlich (med. t. t.) {54/70} | **in** + **permeabilis**, e | s. oben 1275 durchlässig, gangbar |
| – | **Impermeabilität** (l;l)>nlat | Undurchlässig-, Undurchdringlichkeit (med. t. t.) {54/70} | dto. | dto. |
| 1306 | **Impersonale** | unpersönliches Verb, das nur in der dritten Person Singular vorkommt (sprachwiss. t. t.) {76} | **impersonalis**, e | unpersönlich |
| 1307 | **impertinent** | in herausfordernder Weise ungehörig, frech, unverschämt {25/26/84} | **impertinens** (Gen.–ntis) | nicht dazu gehörig |
| – | **Impertinenz** l>mlat | 1. dreiste Ungehörigkeit, Frechheit, Unverschämtheit {26/84}; 2. impertinente Äußerung, Handlung {26/29/32} | dto. | dto. |
| 1308 | **impetuoso** l>it | stürmisch, ungestüm, heftig (mus. t. t.) {26/37} | **impetuosus**, a, um | ungestüm, heftig |
| – | **Impetus** | 1. (innerer) Antrieb; Anstoß, Impuls {25/28}; 2. Schwung(kraft), Ungestüm {25/26} | **impetus**, us m | Anlauf; Gewalt, Ungestüm; das Vorwärtsdrängen |
| 1309 | **impfen** gr>(l;l) >vulgl | 1. ein Pfropfreis einsetzen, veredeln {39/68}; 2. Krankheitserreger in abgeschwächter Form zur Immunisierung in den Körper übertragen (med. t. t.) {70}; 3. eine Wolke mit Silberjodid zum Abregnen bringen (meteor. t. t.) {65} | **in** + **putare**<br>gr. *ἐμφυτεύειν*<br>vulgl. imputare* o. imp(od)are* | s. oben 1275 beschneiden; reinigen; meinen, glauben<br><br>veredeln |
| – | Impfling, Impfung | | | |
| 1310 | **Impietät** | Mangel an Pietät, Gott-, Lieblosigkeit {26/33/51/84} | **impietas**, atis f | Pflichtvergessenheit, Lieblosigkeit; Gott-, Ruchlosigkeit |
| 1311 | **Implantat** (l;l)>nlat | dem Körper eingepflanztes Gewebestück (med. t. t.) {70} | **in** + **plantare** | s. oben 1275 (be)pflanzen, versetzen |
| – | **Implantation** (l;l)>nlat | 1. Einpflanzung von Organen, Gewebe oder Substanzen in den Körper (med. t. t.) {70}; 2. Einnistung der befruchteten Eizelle in die Gebärmutterschleimhaut (biol., med. t. t.) {69/70} | **in** + **plantatio**, onis f | s. oben 1275 das (Ver)pflanzen |

| | | | | |
|---|---|---|---|---|
| – | **implantieren** (l;l)>nlat | eine Implantation vornehmen (med. t. t.) {70} | dto. | dto. |
| 1312 | **Implement** | Ergänzung; Erfüllung eines Vertrages (veraltet) {57/82} | **implementum**, ti n | das Eingenommensein |
| 1313 | **Implikat** | etw., das in etw. anderes einbezogen ist {25/56} | **implicatus**, a, um | verwickelt, verworren |
| – | **Implikation** | 1. Einbeziehung einer Sache in eine andere {25/56}; 2. Bezeichnung für die logische „wenn-dann-Beziehung" (philos., sprachwiss. t. t.) {77/76} | **implicatio**, onis f | Verflechtung; Verwicklung, Verwirrung |
| – | **implizieren** | 1. einbeziehen, einschließen, enthalten {56/57}; 2. zur Folge haben, mit sich bringen {25/77} | **implicare** | hineinwickeln; verwickeln, verwirren; umwinden |
| – | **implizit** | 1. nicht ausdrücklich, nicht deutlich, nur mitenthalten, mitgemeint {25/32/56}; 2. als Anlage vorhanden (med. t. t.) {70} | **implicitus**, a, um | verwickelt |
| – | **implizite** o. **implicite** | mit inbegriffen, einschließlich; ohne ausdrückliche Erwähnung {25/32/56} | **implicite** (Adv.) | verwickelt, verworren |
| 1314 | **implodieren** (l;l)>nlat | durch eine Implosion zertrümmert werden (z. B. TV-Bildröhren) {52/72/87} | **in** + **plaudere** (**plodere**) | s. oben 1275 klatschen, schlagen; zusammenschlagen |
| – | **Implosion** (l;l)>nlat | schlagartige Zertrümmerung eines (luftleeren) Gefäßes durch äußeren Überdruck {52/72/87} | dto. | dto. |
| 1315 | **imponderabel** (l;l)>nlat | unwägbar (veraltet) {25} | **in** + **ponderabilis**, e | s. oben 1275 wägbar |
| – | **Imponderabilien** (l;l)>nlat | Unwägbarkeiten; Gefühls- und Stimmungswerte {25/26} | dto. | dto. |
| – | **Imponderabilität** l>nlat | Unwägbarkeit {25} | dto. | dto. |
| 1316 | **imponieren** l>(frz) | 1. Achtung einflößen, (groß-en) Eindruck machen; 2. sich geltend machen (veraltet) {25/26/33} | **imponere** | hineinlegen, -setzen, -stellen |
| – | Imponiergehabe | | | |
| 1317 | **Import** l>frz>engl | Einfuhr {42/80} | **importare** | hineinführen, -bringen; einführen; verursachen |
| – | **important** l>frz | wichtig, bedeutend (veraltet) {25/56} | dto. | dto. |

| | | | | |
|---|---|---|---|---|
| – | **Importanz** l>frz | Wichtigkeit, Bedeutung (veraltet) {25/56} | dto. | dto. |
| – | **Importe** l>frz>engl | 1. Einfuhrware {42/80}; 2. Zigarre, die im Ausland hergestellt worden ist {17/42} | dto. | dto. |
| – | **Importeur** l>frz | Kaufmann, der Waren aus dem Ausland einführt {40/42/80} | dto. | dto. |
| – | **importieren** l>(frz) >(engl) | Waren aus dem Ausland einführen {42/80} | dto. | dto. |
| 1318 | **imposant** l>frz | eindrucksvoll, großartig, überwältigend {26/56} | **imponere** frz. *imposer* | s. oben 1316 eine Bürde auferlegen, Respekt einflößen |
| 1319 | **impossibel** | unmöglich (veraltet) {25} | **impossibilis, e** | unmöglich; unvermögend |
| – | **Impossibilität** | Unmöglichkeit (veraltet) {25} | **impossibilitas**, atis f | Unmöglichkeit |
| 1320 | **impotent** | 1. unfähig zum Geschlechtsverkehr (vom Mann - med. t. t.); 2. zeugungsunfähig (med. t. t.) {18/70}; 3. nicht schöpferisch, leistungsschwach, unfähig {22/25/40} | **impotens** (Gen. –ntis) | zügellos; ohnmächtig, schwach |
| – | **Impotenz** | 1. Unfähigkeit des Mannes zum Geschlechtsverkehr; 2. Zeugungsunfähigkeit, Unfruchtbarkeit {70}; 3. Unvermögen, Schwäche {25/22} | **impotentia**, ae f | Unvermögen, Ohnmacht; Zügellosigkeit |
| 1321a | **Imprägnation** l>vulgl | 1. feine Verteilung von Erdöl oder Erz in Gesteinsporen (geol. t. t.) {62}; 2. Befruchtung, Eindringen der Samenfäden in das reife Ei (med. t. t.) {70} | **impraegnare** | schwängern |
| – | **imprägnieren** | 1. feste Stoffe mit Flüssigkeiten zum Schutz vor Wasser, Zerfall u. a. durchtränken {40/73}; 2. einem Wein Kohlensäure zusetzen {73/17} | dto. | dto. |
| 1321b | **impraktikabel** l;gr>mlat | (selten) 1. unausführ-, unanwendbar; 2. unzweckmäßig {25} | **in** + gr. *πρᾶξις* | s. oben 1275 Tat, Handlung; Beschäftigung |
| 1322 | **Impressario** (l;l)>vulgl >it | Theater-, Konzertagent, der für einen Künstler die Verträge abschließt {40/37} | **in** + **prehendere** vulgl. imprehendere* it. *impresa* | s. oben 1275 an-, ergreifen, anfassen unternehmen Unternehmen |

| | | | | |
|---|---|---|---|---|
| 1323 | **Impres-sion** l>frz | 1. Sinneseindruck, Empfindung, Wahrnehmung {23/24}; 2. Vertiefung an Organen (med., anat. t. t.); 3. durch Druck verursachte Körpereindellung (med. t. t.) {58/70} | **impressio,** onis f | das Eindrücken; Abdruck; Angriff |
| - | **Impressio-nismus** l>frz | Stilrichtung in der (französischen) Malerei, Literatur, Musik (1860-70 bzw. 1890-1920) {34/36/37/79} | dto. frz. *impressionisme* | dto. |
| - | Impressionist, impressionistisch | | | |
| - | **Impres-sum** | Angabe über Verleger, Drukker, Redakteure u. a. in Zeitungen, Zeitschriften, Büchern {32/40} | **imprimere** (PPP. **impressus**) | ein-, an-, aufdrükken; einprägen |
| - | **Imprima-tur** | 1. Druckerlaubnis {28/32}; 2. bischöfliche Druckerlaubnis für religiöse Schriften {51/28/32} | dto. (**imprimatur** | dto. es werde gedruckt) |
| - | **Imprimé** l>frz | 1. bedrucktes Seidengewebe mit ausdrucksvollem Muster {19}; 2. Drucksache {32} | dto. | dto. |
| - | **imprimie-ren** l>nlat | das Imprimatur erteilen {28/51/32} | dto. | dto. |
| 1324 | **Improvisa-teur** (l;l)>frz | jmd., der am Klavier (zur Unterhaltung) improvisiert {37/85} | **in** + **providere** (**improvisus,** a, um | s. oben 1275 in der Ferne sehen; vorhersehen; Vorsorge treffen unvorhergesehen, unvermutet) |
| - | **Improvisa-tion** (l;l)>it | 1. das Improvisieren, Kunst des Improvisierens {22/59}; 2. ohne Vorbereitung aus dem Stehgreif Dargebotenes; Stehgreifschöpfung {35/37/59} | dto. | dto. |
| - | **Improvisa-tor** (l;l)>it | Stehgreifkünstler {35/37/40/59/85} | dto. | dto. |
| - | improvisatorisch | | | |
| - | **improvi-sieren** (l;l)>it | 1. etw. ohne Vorbereitung, aus dem Stehgreif tun; mit einfachen Mitteln herstellen {40/25/59/29}; 2. Improvisationen spielen {35/37}; 3. seinem Bühnentext frei Erfundenes hinzufügen {24/25/35} | dto. | dto. |

| | | | | |
|---|---|---|---|---|
| 1325 | **Impuls** | 1. Anstoß, Anregung {25/61}; 2. Antrieb, innere Regung {25/26}; 3. Nervenerregung (med. t. t.) {70}; 4. kurzer Strom-, Spannungsstoß {59/72}; 5. Produkt aus Dauer u. Kraft eines Stoßes (phys. t. t.); 6. Produkt aus Masse u. Geschwindigkeit eines Körpers (phys. t. t.) {72} | **impulsus**, us m | Fortbewegung, Stoß, Antrieb, Anregung |
| - | **impulsiv** l>mlat>frz | aus einem plötzlichen Impuls heraus handelnd, einer Eingebung sogleich folgend, spontan {25/26/29} | dto. mlat. impulsivus frz. *impulsif* | dto. |
| - | Impulsivität | | | |
| 1326 | **inadäquat** (l;l)>nlat | nicht passend, nicht entsprechend, unangemessen {25/56} | **in** + **adaequare** | s. oben 1275 gleichstellen,-machen, -kommen |
| - | **Inadäquatheit** (l;l)>nlat | Unangemessenheit, etw. Unangemessenes {25/56} | dto. | dto. |
| 1327 | **inakkurat** (l;l)>nlat | ungenau, unsorgfältig {25/56} | **in** + **accuratus**, a, um | s. oben 1275 sorgfältig, genau |
| 1328 | **inaktiv** (l;l)>nlat | 1. untätig, sich passiv verhaltend {25/26}; 2. außer Dienst, im Ruhestand, ohne Amt {33/40/59}; 3. chemisch unwirksam {73}; 4. vorübergehend keine Krankheitssymptome zeigend (med. t. t.) {59/70} | **in** + **activus**, a, um | s. oben 1275 eine Tätigkeit bezeichnend, aktiv |
| - | **Inaktive** (l;l)>nlat | von offiziellen Veranstaltungen befreites älteres Mitglied einer studentischen Verbindung {31/33} | dto. | dto. |
| - | **inaktivieren** (l;l)>nlat | 1. von seinen Amtspflichten entbinden, in den Ruhestand versetzen {33/40}; 2. einem Stoff seine spezifische Wirksamkeit nehmen (med. t. t.) {70/73} | dto. | dto. |
| - | **Inaktivität** (l;l)>nlat | 1. Untätigkeit, passives Verhalten {25/26}; 2. chem. Unwirksamkeit (chem. t. t.) {73}; 3. Ruhen eines krankhaften Prozesses (med. t. t.) {59/70} | dto. | dto. |
| 1329 | **inaktuell** (l;l)>nlat | nicht im augenblicklichen Interesse liegend, nicht zeitgemäß {25/33/59} | **in** + **actualis**, e | s. oben 1275 praktisch, wirksam, tätig |
| 1330 | **inakzeptabel** (l;l)>nlat | unannehmbar {25/28} | **in** + **acceptabilis**, e | s. oben 1275 annehmbar, wohlgefällig |

| | | | | |
|---|---|---|---|---|
| – | **Inakzeptabilität**<br>(l;l)>nlat | Unannehmbarkeit {25/28} | dto. | dto. |
| 1331 | **inapparent**<br>(l;l)>engl | nicht sichtbar, nicht wahrnehmbar (von Krankheiten - med. t. t.) {23/70} | **in**<br>+ **apparere** | s. oben 1275<br>erscheinen, sich zeigen, sichtbar werden |
| 1332 | **inappellabel**<br>(l;l)>nlat | durch Berufung nicht anfechtbar (jur. t. t.) {82} | **in**<br>+ **appellare** | s. oben 1275<br>anreden, -sprechen; appellieren |
| 1333 | **inartikuliert**<br>l>nlat | nicht artikuliert, ohne deutliche Gliederung gesprochen {32/23} | **inarticulatus**, a, um | unartikuliert |
| 1334 | **Inauguraldissertation**<br>(l;l)>nlat | wissenschaftliche Arbeit zur Erlangung der Doktorwürde {31/40} | **inaugurare**<br><br>+ **dissertatio**, onis f | die Weissagevögel befragen; weihen, einsetzen<br>Erörterung |
| – | **Inauguration** | feierliche Einsetzung in ein akademisches Amt, eine akademische Würde {31/33/40} | **inauguratio**, onis f | Anfang |
| – | **inaugurieren** | 1. feierlich in ein akademisches Amt einsetzen {31/33/40}; 2. einführen, einleiten, schaffen, ins Leben rufen {29/59/40}; 3. einweihen (österr., selten) {33} | **inaugurare** | s. oben |
| 1335 | **incipit** | „es beginnt" (am Anfang von Handschriften und Frühdrucken) {32/58/75} | **incipere** | anfangen, beginnen |
| 1336 | **incorporated**<br>l>engl>am | (Abk. Inc.) engl.-am. Bezeichnung für eingetragen (von Vereinen, Körperschaften, Aktiengesellschaften) {80/33} | **incorporare** | verkörpern; einverleiben, einfügen |
| 1337 | **indefinibel** | nicht begrifflich abgrenzbar, unerklärbar, nicht definierbar {25/56} | **indefinibilis**, e | unbegrenzt |
| – | **indefinit** | unbestimmt {25/56} | **indefinitus**, a, um | unbestimmt |
| >>> | Indefinitpronomen s. unter Pronomen | | | |
| 1338 | **indeklinabel** | nicht beugbar (sprachwiss. t. t.) {76} | **indeclinabilis**, e | unbeugsam, unveränderlich; nicht deklinierbar (gramm. t. t.) |
| – | Indeklinabile | | | |
| 1339 | **indemnisieren**<br>(l;l)>frz | entschädigen, vergüten (veraltet); Indemnität erteilen (jur. t. t.) {42/82} | **in**<br>+ **damnare** | s. oben 1275<br>verurteilen, verdammen; büßen |

| | | | | |
|---|---|---|---|---|
| – | **Indemnität** l>frz | 1. nachträgliche Billigung eines zuvor als verfassungswidrig abgelehnten Regierungsaktes {28/50}; 2. Straflosigkeit der Abgeordneten für alle im Parlament getätigten Äußerungen {50/82} | **indemnitas**, atis f | Schadloshaltung |
| 1340 | **Independenz** (l;l)>nlat | Unabhängigkeit (veraltet) {33} | **in** + **dependere** | s. oben 1275 ab-, herabhängen, abhängig sein |
| 1341 | **indeterminabel** | unbestimmt, unbestimmbar {25/56} | **indeterminabilis**, e | unbestimmbar |
| – | **Indetermination** l>nlat | 1. Unbestimmtheit (philos. t. t.) {77}; 2. Unentschlossenheit (veraltet) {25/28} | **indeterminatus**, a, um | unbegrenzt, unbestimmt |
| – | **indeterminiert** | unbestimmt, nicht festgelegt (abgegrenzt), frei (philos. t. t.) {77} | dto. | dto. |
| – | **Indeterminismus** l>nlat | Lehre von der Nichtbestimmbarkeit der Ursache bei physischen Vorgängen oder von Handlungsmotiven (philos. t. t.) {77} | dto. | dto. |
| 1342 | **Index** | 1. alphabetisches (Stichwort)-verzeichnis (von Namen, Sachen o. ä.) {32}; 2. auf dem - stehen: verboten sein {28/82}; 3. Liste der vom Papst verbotenen Bücher {25/28/32/51}; 4. statistischer Meßwert in der Wirtschaft {80}; 5. Buchstabe o. Zahl zur Kennzeichnung, Unterscheidung gleichartiger Größen {25/56/57}; 6. hochgestellte Zahl (zu Unterscheidungszwecken) {23/71}; 7. Zeigefinger (med. t. t.) {11/70} | **index**, dicis mfn | Verräter; Anzeiger; Register, Verzeichnis |
| – | **indexieren** l>nlat | 1. Speicheradressen ermitteln (EDV - t. t.) {71}; 2. einen Index, eine Liste von Gegenständen, Hinweisen anlegen {32/40} | dto. | dto. |
| – | **Indexierung** l>nlat | 1. das Indexieren {32/40/71}; 2. Dynamisierung eines Betrages durch Knüpfung an eine Indexklausel (wirtsch. t. t.) {80} | dto. | dto. |
| – | **Indexklausel** l>nlat;l | Wertsicherungsklausel, nach der die Höhe einer Schuld vom Preisindex der Lebenshaltung abhängt (wirtsch. t. t.) {80} | dto. + **clausula**, ae f | dto. Schluß, Ende; Schluß-, Gesetzesformel (jur. t. t.) |

| | | | | |
|---|---|---|---|---|
| >>> | Indexregister s. Register | | | |
| 1343 | **indifferent** | unbestimmt, gleichgültig; teilnahmslos; unentschieden {25/26/56} | **indifferens** (Gen. –ntis) | keinen Unterschied habend, gleichgültig, indifferent |
| – | **Indifferenz** | 1. Gleichgültigkeit, Uninteressiertheit {25/26}; 2. Neutralität (von chem. Stoffen in Arzneimitteln - chem., med. t. t.) {73/70} | **indifferentia**, ae f | das Nicht-Verschiedensein, die Gleichheit |
| 1344 | **Indignation** | Unwille, Entrüstung {25/26} | **indignatio**, onis f | Unwille, Unmut, Entrüstung |
| – | **indignieren** | Unwillen, Entrüstung hervorrufen {25/26} | **indignari** | für empörend halten, entrüstet sein, sich entrüsten |
| – | **indigniert** | unwillig, entrüstet {25/26} | dto. | dto. |
| – | **Indignität** | 1. Unwürdigkeit (veraltet) {25/33}; 2. Erbunwürdigkeit (jur. t. t.) {82} | **indignitas**, atis f | Unwürdig-, Untüchtigkeit; das Empörende; Entrüstung |
| 1345 | **Indikation** | (med. t. t.) 1. Veranlassung, ein bestimmtes Medikament zu verabreichen; 2. Umstände in bezug auf einen Schwangerschaftsabbruch {70} | **indicatio**, onis f | Anzeige des Preises, Taxe; Ansatz |
| – | Indikationslösung, Indikationsmodell | | | |
| 1346 | **Indikativ** (l>frz) | 1. Wirklichkeitsform des Verbs (sprachwiss. t. t.) {76} 2. Erkennungsmelodie (für Radio- o. TV-Sendungen) {33/37/46/85} | **indicativus**, a, um | zum Aussagen, zum Anzeigen geeignet |
| – | indikativisch | | | |
| 1347 | **Indikator** l>nlat | 1. als Hinweis dienender Umstand, Merkmal {25/55}; 2. Liste ausleihbarer Bibliotheksbestände (veraltet) {32/57}; 3. Gerät zum Aufzeichnen des Arbeitsverbrauchs einer Maschine {32/41}; 4. Stoff, der das Ende einer chemischen Reaktion anzeigt (chem. t. t.) {73} | **indicare** | anzeigen, entdekken, offenbaren, verraten |
| 1348 | **indirekt** (l;l)>mlat | 1. nicht persönlich; über einen Umweg {32/33}; 2. nicht unmittelbar, nicht auf direktem Weg {25/58/23} | **in** + **directus**, a, um | s. oben 1275 gerade gerichtet, in gerader Linie; unbedingt, direkt |
| 1349 | **indiskret** l>mlat | ohne Takt, ohne die gebotene Zurückhaltung (in bezug auf die Privatsphäre eines anderen) {26/33/84} | **indiscretus**, a, um | ungetrennt, unzertrennlich, ohne Unterschied |

| | | | | |
|---|---|---|---|---|
| – | **Indiskretion** l>mlat>frz | 1. Mangel an Verschwiegenheit, Vertrauensbruch; 2. Taktlosigkeit {26/33/84} | **indiscretio**, onis f | Rücksichtslosigkeit, Unbilligkeit |
| 1350 | **indiskutabel** l>frz | nicht der Erörterung wert {25/32/56} | **indiscussus**, a, um frz. *indiscutable* | unerörtert |
| 1351 | **indispensabel** l>nlat | unerläßlich (veraltet) {25/56} | **indispensatus**, a, um | unverteilt, ungeregelt; übermäßig |
| 1352 | **indisponibel** (l;l)>nlat | 1. nicht verfügbar, nicht festgelegt {25/52}; 2. unveräußerlich (selten) {42/43} | **in** + **disponere** | s. oben 1275 ver-, einteilen, regulieren, ordnen |
| – | **indisponiert** (l;l)>nlat | unpäßlich; nicht zu etw. aufgelegt; in schlechter Verfassung {14/26/70} | dto. | dto. |
| – | Indisponiertheit | | | |
| – | **Indisposition** (l;l)>nlat | Unpäßlichkeit, schlechte körperlich-seelische Verfassung {14/70} | **in** + **dispositio**, onis f | s. oben 1275 Anordnung, Einrichtung, Verteilung |
| 1353 | **indiszipliniert** | Mangel an Ordnung und Zucht habend, keine Disziplin haltend {25/33/84} | **indisciplinatus**, a, um | zuchtlos, liederlich |
| 1354 | **Individuum** | 1. der Mensch als Einzelwesen {15}; 2. Mensch von zweifelhaftem Charakter (abwertend) {84}; 3. Pflanze, Tier als Einzelexemplar (biol. t. t.) {68/69}; 4. kleinstes chemisches Teilchen jeglicher Art (chem. t. t.) {73} | **individuus**, a, um (bzw. **individuum**, ui n | ungeteilt, unzertrennt, unzertrennlich; unteilbar Atom) |
| – | **Individual...** l>nlat | in bezug auf den einzelnen Menschen, die einzelne Art {15/68/69} | dto. | dto. |
| – | **individualisieren** l>mlat>frz | die Individualität eines Gegenstandes bestimmen; das Besondere, Eigentümliche hervorheben {25/32/56} | dto. | dto. |
| – | Individualisierung o. Individualisation | | | |
| – | **Individualismus** l>mlat >nlat | 1. Anschauung, die dem Individuum und seinen Bedürfnissen den Vorrang vor der Gemeinschaft einräumt; 2. Hervorhebung bestimmter persönlicher Merkmale, Interessen {25/33} | dto. | dto. |
| – | **Individualist** l>mlat >nlat | 1. Vertreter des Individualismus; 2. jmd., der einen ganz persönlichen Lebensstil entwickelt hat {25/33} | dto. | dto. |

| | | | | |
|---|---|---|---|---|
| – | individualistisch | | | |
| – | **Individualität** l>mlat>frz | 1. persönliche Eigenart; Eigen-, Einzigartigkeit; 2. Persönlichkeit {25/33} | dto. | dto. |
| – | **Individuation** l>nlat | Prozeß der Selbstwerdung des Menschen {77/25) | dto. | dto. |
| – | **individuell** l>mlat>frz | 1. auf den einzelnen Menschen, seine Verhältnisse zugeschnitten; 2. je nach persönlicher Eigenart verschieden {25/33}; 3. einem einzelnen gehörend, nicht gemeinschaftlich genutzt {43}; 4. als Persönlichkeit zu respektieren; als Einzelpersönlichkeit hervortretend {33} | dto. | dto. |
| – | **individuieren** l>mlat>frz | eine individuelle, akzentuierte Persönlichkeitsstruktur gewinnen {25/33} | dto. | dto. |
| – | Individuierung | | | |
| 1355 | **Indiz(ium)** | 1. Hinweis, Anzeichen {23/25}; 2. Verdachtsmoment; Umstand, der auf einen bestimmten Sachverhalt schließen läßt (jur. t. t.) {25/82} | **indicium**, ii n | Anzeige, Aussage; Beweis, Merkmal |
| – | **indizieren** | 1. anzeigen, auf etw. hinweisen {32}; 2. etw. als angezeigt erscheinen lassen (med. t. t.) {70}; 3. auf den Index (2.) setzen {28/32/82}; 4. = indexieren; 5. mit einer hochgestellten Zahl versehen {32/40/71} | **indicare** | anzeigen, offenbaren; verraten, aussagen |
| – | **indiziert** | 1. angezeigt, ratsam {25}; 2. ein bestimmtes Heilverfahren nahelegend (med. t. t.) {70} | dto. | dto. |
| – | Indizierung | | | |
| 1356 | **Indoktrination** l;l | psych. Mittel nutzende Beeinflussung im Hinblick auf die Meinungsbildung {25/28/32} | **in** + **doctrina**, ae f | s. oben 1275 Lehre, Belehrung, Unterricht; Wissenschaft |
| – | **indoktrinativ** | auf indoktrinierende Weise {25/28/32} | dto. | dto. |
| – | **indoktrinieren** | in eine bestimmte Richtung drängen, beeinflussen {25/28/32} | dto. | dto. |
| – | **Indoktrinierung** | das Indoktrinieren bzw. Indoktriniertwerden {25/28/32} | dto. | dto. |

| | | | | |
|---|---|---|---|---|
| 1357 | **indolent** | 1. geistig träge und gleichgültig; keine Gemütsbewegung erkennen lassend {26/70}; 2. schmerzunempfindlich {11/70}; 3. schmerzfrei; keine Schmerzen verursachend (med. t. t.) {70} | **indolens** (Gen. –ntis) | unempfindlich gegen Schmerz |
| – | Indolenz | | | |
| 1358 | **Induktion** | 1. wissenschaftliche Methode, vom Einzelfall auf das Allgemeine, Gesetzmäßige zu schließen {25/40}; 2. Erzeugung elektrischer Ströme und Spannungen in elektrischen Leitern (phys. t. t.) {72}; 3. von einem Keimteil auf den anderen ausgehende Wirkung (biol. t. t.) {68/69} | **inductio**, onis f | das Einführen; Vorsatz; Verleitung; Induktion |
| >>> | Induktionsapparat s. Apparat bzw. Induktion (o.Induktor) | | | |
| – | **induktiv** | 1. vom Einzelnen zum Allgemeinen hinführend {25/56}; 2. durch Induktion (2.) wirkend, entstehend (phys. t. t.) {72} | **inductivus**, a, um | zur Annahme (Voraussetzung) geeignet |
| – | **Induktivität** l>nlat | Verhältnis zwischen induzierter Spannung und Änderung der Stromstärke pro Zeiteinheit (phys. t. t.) {72} | dto. | dto. |
| – | **Induktor** l>nlat | Transformator zur Erzeugung hoher Spannungen (phys. t. t.) {41/72} | **inductor**, oris m | Durchprügler; Leithund; Einführer in die Schriften; Betrüger |
| 1359 | **indulgent** | nachsichtig {26/28/84} | **indulgens** (Gen. –ntis) | nachsichtig, gnädig, gütig |
| – | **Indulgenz** | 1. Nachsicht {26/28/84}; 2. Straferlaß (jur. t. t.) {82}; 3. Ablaß, Nachlaß der zeitlichen Sündenstrafen (rel. t. t.) {51} | **indulgentia**, ae f | Nachsicht, Güte, Gnade; Straferlaß |
| 1360 | **industrialisieren** l>frz | 1. mit Industrie versehen, Industrie ansiedeln {41/80/64}; 2. industrielle Herstellungsmethoden einführen {41} | **industria**, ae f | Tätigkeit, Fleiß, Eifer |
| – | **Industrialisierung** l>frz | Errichtung von mit Maschinen arbeitenden Betrieben {41} | dto. | dto. |
| – | **Industrie** l>frz | 1. Produktion mittels Lohnarbeit, Maschinen, Kapital {41/80}; 2. Gesamtheit der Betriebe der Konsum- und Produktionsgüterherstellung {41/57} | dto. | dto. |

| | | | | |
|---|---|---|---|---|
| – | **industriell** l>frz | 1. die Industrie betreffend; 2. mit Hilfe der Industrie hergestellt {41} | **industrius**, a, um<br>frz. *industriel* | beharrlich, tätig, betriebsam |
| – | **Industrieller** l>frz | Unternehmer, Eigentümer eines Industriebetriebes {40/41/43} | dto. bzw. **industria** | dto.<br>s. oben |
| 1361 | **induzieren** | 1. vom Einzelfall auf das Allgemeine schließen {25/40}; 2. elektrische Ströme, Spannungen erzeugen (phys. t. t.) {72}; 3. bewirken {25/28} | **inducere** | hineinführen; aufführen; veranlassen; verführen |
| 1362 | **ineffektiv** l>nlat | unwirksam {25/54} | **ineffectus**, a, um | unausgeführt, unvollendet |
| – | **ineffizient** (l;l)>nlat | nicht wirksam, ohne Wirkung {25/54/56} | **in**<br>+ **efficere**<br><br><br>bzw. PPA. **efficiens** (Gen. –ntis) | s. oben 1275<br>bewirken, verursachen, hervorbringen<br><br>bewirkend |
| – | **Ineffizienz** (l;l)>nlat | Unwirksamkeit, Wirkungslosigkeit {25/54/56} | dto. | dto. |
| 1363 | **inessentiell** (l;l)>nlat | nicht wesensmäßig, unwesentlich (philos. t. t.) {56/77} | **in**<br>+ **essentialiter** (Adv.) | s. oben 1275<br>wesentlich |
| 1364 | **inexistent** l;l | nicht vorhanden, nicht bestehend {52} | **in**<br>+ **exsistere** | s. oben 1275<br>hervortreten; vorhanden sein |
| – | **Inexistenz** | 1. Nichtvorhandensein {52}; 2. das Enthaltensein in etw. (philos. t. t.) {77} | dto. bzw. **inexsistens** (Gen. –ntis) | dto.<br>darin existierend |
| 1365 | **infam** | 1. bösartig; auf durchtriebene, schändliche Weise schadend {30/33/84}; 2. in beeinträchtigender Weise stark (ugs.) {56}; 3. in schädigend hohem Maße {56/57} | **infamis**, e | berüchtigt, verrufen, schmachvoll, schimpflich |
| – | **Infamie** | 1. Niedertracht {30/33/84}; 2. infame Äußerung, Handlung {29/32/33}; 3. Verlust der kirchlichen Ehrenhaftigkeit (kath. rel. t. t.) {51} | **infamia**, ae f | übler Ruf, Schimpf, Schmach |
| – | **infamieren** | verleumden, für ehrlos erklären (veraltet) {32/33} | dto. | dto. |
| 1366 | **Infant** l>span | Titel spanischer und portugiesischer Prinzen (hist. t. t.) {75/33} | **infans**, ntis mf | kleines Kind; Kind im Mutterleib |
| – | **Infanterie** l>it>(frz) | Kampftruppen für den Nahkampf; Fußsoldaten {86} | dto.<br>it. *infante*<br><br>*infanteria* | dto.<br>Fußsoldat; Knabe, Edelknabe |
| – | Infanterist, infanteristisch | | | |

| | | | | |
|---|---|---|---|---|
| – | **infantil** | geistig oder körperlich zurückgeblieben, kindisch, unterentwickelt (kindlich) {14/15/70} | **infantilis**, e | kindlich, Kindern gehörig, noch klein |
| – | **infantilisieren** | geistig unselbständig, zum Kind machen; bevormunden {25/28/33} | dto. | dto. |
| – | **Infantilisierung** | 1. das Infantilisieren {25/28/33}; 2. das Infantilwerden {14/25/70} | dto. | dto. |
| – | **Infantilismus** l>nlat | (psych., med. t. t.) 1. körperliches oder geistiges Stehenbleiben auf kindlicher Entwicklungsstufe; 2. Äußerung des Infantilismus {15/32/70} | dto. | dto. |
| – | Infantilist | | | |
| – | **Infantilität** l>nlat | 1. kindisches Wesen, Unreife; 2. Kindlichkeit, kindliches Wesen {15/70} | dto. | dto. |
| – | **Infantizid** (l;l)>nlat | Kindesmord {82} | dto + **caedere** | dto. niederhauen, töten, schlagen |
| – | infantizid | | | |
| 1367 | **Infarkt** l>nlat | Absterben eines Gewebestükkes infolge fehlender Blutversorgung (bes. in den Herzkranzgefäßen - med. t. t.) {70} | **infarcire** | hinein-, vollstopfen, -füllen |
| 1368 | **Infekt** | Infektion(skrankheit) (med. t. t.) {70} | **inficere** (PPP. **infectus**, a, um | färben; vergiften, anstecken |
| – | **Infektion** | (med. t. t.) 1. Ansteckung (durch Krankheitserreger); 2. Infektionskrankheit, Entzündung {70}; 3. Infektionsabteilung in Krankenhäusern {70/58} | **infectio**, onis f | das Färben; Schändung |
| – | **infektiös** l>frz | ansteckend, auf Ansteckung beruhend (med. t. t.) {70} | **inficere** | s. oben |
| – | **Infektiosität** l>nlat | Ansteckungsfähigkeit (eines Krankheitserregers - med. t. t.) {70} | dto. | dto. |
| 1369 | **inferior** | 1. jmdm. unterlegen; 2. untergeordnet {33/40}; 3. äußerst mittelmäßig (österr.) {56}; 4. minderwertig, gering {56/57} | **inferior**, ius (Komp.) | der untere; unbedeutender, geringer, unterliegend |
| – | **Inferiorität** l>nlat | 1. untergeordnete Stellung {33/40}; 2. Unterlegenheit {33}; 3. Minderwertigkeit {56} | dto. | dto. |
| – | **infernal(isch)** | 1. höllisch, teuflisch {26/51}; 2. schrecklich, unerträglich {26} | **infernalis**, e | unterirdisch |

| | | | | |
|---|---|---|---|---|
| – | **Infernalität** l>nlat | höllisches Wesen, teuflische Verruchtheit (veraltet) {26/51} | dto. | dto. |
| – | **Inferno** l>it | 1. Unterwelt, Hölle {51/58}; 2. schreckliches, unheilvolles Geschehen {29/52}; 3. Ort eines unheilvollen Geschehens {58/26}; 4. Zustand entsetzlicher Qualen {26/52} | **infernus**, ni m bzw. **infernum**, ni n bzw. **inferna**, norum n (Pl.) | Unterwelt, Hölle |
| 1370 | **infertil** | (med. t. t.) 1. unfruchtbar; 2. unfähig, eine Schwangerschaft auszutragen {70} | **infertilis**, e | unergiebig, unfruchtbar |
| – | **Infertilität** | Unfruchtbarkeit (med. t. t.) {70} | **infertilitas**, atis f | Unfruchtbarkeit |
| 1371 | **Infiltrant** o. **Infiltrator** l;germ>l >mlat | jmd., der sich zum Zwecke des Infiltrierens (3.) in einem Land aufhält {50/28/81} | **in** + **filtrum**, ri n mlat. filtrum<br><br>filtrare | in, hinein Lumpenwerk, Lumpen Durchseihgerät aus Filz<br>filtrieren |
| – | **Infiltrat** l;germ>l >mlat | in normales Gewebe eingelagerte, krankheitserregende Zellen, Gewebe, Flüssigkeiten (med. t. t.) {70} | dto. | dto. |
| – | **Infiltration** l;germ>l >mlat | 1. das Eindringen, -sickern, -strömen {61/58}; 2. ideologische Unterwanderung {50/81/28} | dto. | dto. |
| – | **infiltrativ** l;germ>l >mlat>(frz) | 1. sich in der Art einer Infiltration (1.) ausbreitend {61}; 2. auf eine Infiltration (2.) abzielend , in der Art einer Infiltration wirkend {81/50/28} | dto. | dto. |
| – | **infiltrieren** l;germ>l >mlat>(frz) | 1. eindringen, einsickern {61/58}; 2. einflößen {29/40/61}; 3. ein fremdes Staatsgebiet ideologisch unterwandern {28/50/81/28} | dto.<br>frz. *filtrer* | dto.<br>filtrieren<br>vgl. oben 1095 |
| – | Infiltrierung | | | |
| 1372 | **infinit** | unbestimmt (sprachwiss. t. t.) {76} | **infinitus**, a, um | unbegrenzt, -endlich; unbestimmt; abstrakt (gramm., rhet. t. t.) |
| – | **infinitesimal** l>nlat | zum Grenzwert hin unendlich klein werdend (math. t. t.) {71} | dto. | dto. |
| – | Infinitesimalrechnung | | | |
| – | **Infinitiv** | Grundform; nicht näher bestimmte Verbform (sprachwiss. t. t.) {76} | **infinitivus**, a, um | unbestimmt (gramm. t. t.) |

| | | | | |
|---|---|---|---|---|
| >>> | Infinitiv... s. ggf. unter dem Rest des Wortes | | | |
| 1373 | **Infirmität** | Gebrechlichkeit (med. t. t.) {70} | **infirmitas**, atis f | Schwäche, Krankheit, Ohnmacht |
| 1374 | **infizieren** | (med. t. t.) 1. eine Krankheit übertragen; anstecken; 2. sich anstecken {70} | **inficere** | benetzen, färben; vergiften, anstekken vgl. oben 1368 |
| 1375 | **inflammabel** l>mlat | entzündbar {54} | **inflammare** | anzünden, -brennen; reizen |
| – | **Inflammabilität** l>mlat | Entzünd-, Brennbarkeit {54} | dto. | dto. |
| 1376 | **inflati(oni)eren** l>nlat | die Geldentwertung vorantreiben, durch eine Inflation entwerten (wirtsch. t. t.) {80} | **inflare** (PPP. **inflatus**) | hineinblasen; aufblähen, aufschwellen |
| – | **Inflation** | 1. Geldentwertung, wesentliche Erhöhung des Preisniveaus (wirtsch. t. t.) {80}; 2. Inflationszeit {80/59} | **inflatio**, onis f | das Sich-Aufblasen; Aufschwellen; Blähung |
| – | **inflationär** | die Geldentwertung vorantreibend (wirtsch. t. t.) {80} | dto. | dto. |
| – | Inflationierung | | | |
| – | **Inflationismus** l>nlat | Beeinflussung der Wirtschaft durch Vermehrung des Geldumlaufs (wirtsch. t. t.) {80} | dto. | dto. |
| – | **inflationistisch** l>nlat | (wirtsch. t. t.) 1. den Inflationismus betreffend; 2. = inflationär {80} | dto. | dto. |
| – | **inflatorisch** l>nlat | (wirtsch. t. t.) 1. = inflationär; 2. eine Inflation darstellend {80} | dto. | dto. |
| 1377 | **inflexibel** | 1. unbiegsam, unelastisch (selten) {54}; 2. nicht beugbar (sprachwiss. t. t.) {76}; 3. nicht anpassungsfähig {25/33} | **inflexibilis**, e | unbeugsam |
| – | **Inflexibilität** l>nlat | 1. Unbiegsamkeit {54}; 2. starre Geisteshaltung (selten) {25/33} | dto. | dto. |
| 1378 | **Influenz** l>mlat | Beeinflussung eines elektrisch ungeladenen Körpers durch die Annäherung eines geladenen (phys. t. t.) {72} | **influere** | hineinfließen, -kommen, -strömen; eindringen |
| – | **Influenza** l>mlat>it | Grippe (med. t. t.) {70} | dto. | dto. |
| 1379 | **Info** | (Kurzform von Information): über ein aktuelles Problem informierendes Flugblatt oder Text {32/59} | **informatio**, onis f | Bildung, Unterricht, Erläuterung, Darlegung |

| | | | | |
|---|---|---|---|---|
| – | **Informant** | jmd., der geheime Informationen liefert; Gewährsmann {32/82} | **informare** | gestalten, bilden; darstellen, schildern |
| – | **Informatik** l>nlat | Wissenschaft von den elektronischen Datenverarbeitungsanlagen {71} | dto. | dto. |
| – | Informatiker | | | |
| – | **Information** | 1. Nachricht; Auskunft; Belehrung, Aufklärung; 2. Informationsstand {25/32}; 3. Mitteilung als physikalische Signalfolge (kybern. t. t.) {71/72} | **informatio** | s. oben |
| – | **informativ** l>nlat | belehrend; Einblicke bietend; aufschlußreich {32/25} | **informare** | s. oben |
| – | **Informator** | jmd., der andere informiert {32} | **informator**, oris m | Bildner |
| – | **informatorisch** l>nlat | dem Zweck der Information dienend; einen allgemeinen Überblick verschaffend {25/32} | dto. | dto. |
| – | **informell** l>frz | 1. informatorisch (selten) {32}; 2. in der Absicht, sich zu informieren (selten) {32/28}; 3. ohne Auftrag, ohne Formalitäten; nicht offiziell {50/33} | **informare** | s. oben |
| – | **informieren** | 1. Nachricht, Auskunft geben, in Kenntnis setzen; belehren; 2. sich - : Auskünfte einziehen, sich unterrichten {25/32} | dto. | dto. |
| – | Informierung | | | |
| 1380 | **Infrarot** l;d | unsichtbare Wärmestrahlen zwischen dem roten Licht und den kürzesten Radiowellen (phys. t. t.) {72} | **infra** | unter, unterhalb, darunter, weiter unten |
| – | **Infraschall** l;d | (für den Menschen nicht hörbarer) Schall mit einer Frequenz kleiner als 20 Hertz (phys. t. t.) {72} | dto. | dto. |
| – | **Infrastruktur** l;l | 1. wirtschaftlicher und organisatorischer Unterbau einer hochentwickelten Wirtschaft {42/80}; 2. militärische Anlagen {86} | dto. + **structura**, ae f | dto. Ordnung, Bau(werk), ordentliche Zusammenfügung |
| – | infrastrukturell | | | |
| 1381 | **infundieren** | größere Flüssigkeitsmengen in den Körper einführen (med. t. t.) {70} | **infundere** | hineingießen,-fließen lassen, einströmen |

| | | | | |
|---|---|---|---|---|
| – | **Infusion** | Einführung größerer Flüssigkeitsmengen in den Organismus (besonders über Blutwege - med. t. t.) {70} | **infusio**, onis f | das Hineingießen, -fließen; Einspritzen |
| 1382 | **Ingenieur** l>frz | auf einer Hoch- oder Fachschule ausgebildeter Techniker {40} | **ingenium**, ii n<br><br>frz. *ingénieur* | angeborene Beschaffenheit, Charakter; Verstand, Begabung; Erfindungsgeist |
| – | **ingeniös** l>frz | erfinderisch, kunstvoll erdacht; scharfsinnig, geistreich {22/25} | **ingeniosus**, a, um | geschickt; geistreich, erfinderisch, begabt |
| – | **Ingeniosität** l>frz | 1. Erfindungsgabe, Scharfsinn; 2. von Ingenium zeugende Beschaffenheit {25/22} | **ingeniositas**, atis f | Reichtum an Begabung |
| – | **Ingenium** | natürliche Begabung, Erfindungskraft, Genie {22} | **ingenium** | s. oben |
| – | **Ingenuität** | 1. Stand eines Freigeborenen, Freiheit (hist. t. t.) {75/33}; 2. Freimut, Offenheit, Natürlichkeit im Benehmen (veraltet) {33/84} | **ingenuitas**, atis f | Stand eines Freigeborenen, edle Abstammung; Aufrichtig-, Freimütigkeit |
| 1383 | **Ingrediens** o. **Ingredienz** | 1. Zutat (pharmaz., gastron. t. t.) {70/17}; 2. Bestandteil {17/56} | **ingredi** | hineingehen, betreten; anfangen |
| – | **ingressiv** l>nlat | einen Beginn ausdrückend (sprachwiss. t. t.) {59/76} | dto. | dto. |
| – | **Ingressivum** l>nlat | Verb mit ingressiver Aktionsart (sprachwiss. t. t.) {59/76} | dto. | dto. |
| 1384 | **Inhalation** | Einatmung von Heilmitteln (z. B. Dämpfe - med. t. t.) {70} | **inhalatio**, onis f | das Anhauchen, Hauch |
| – | **Inhalator** l>nlat | Inhalationsgerät (med. t. t.) {70/87} | **inhalare** | anhauchen, zuhauchen, duften |
| – | **Inhalatorium** l>nlat | mit Inhalationsgeräten ausgestatteter Raum {70/58} | dto. | dto. |
| – | **Inhaler** l>engl | Inhalationsgerät o. -fläschchen {70/87} | dto. | dto. |
| – | **inhalieren** | 1. eine Inhalation vornehmen {70}; 2. Zigaretten über die Lunge rauchen (ugs.) {17} | dto. | dto. |
| 1385 | **inhärent** | an etw. haftend, ihm innewohnend (philos. t. t.) {77} | **inhaerere** (PPA. **inhaerens**) | in, an etw. hängen, kleben, angewachsen sein |
| – | **Inhärenz** l>mlat | die Verknüpfung von Eigenschaften mit den Dingen, zu denen sie gehören (philos. t. t.) {77} | dto. | dto. |

| | | | | |
|---|---|---|---|---|
| 1386 | **inhomogen** l;gr;gr | nicht gleich(artig) {54/56} | **in** + gr. *ὁμός* + gr. *γένος* | s. oben 1275 gemeinsam, gleich, ähnlich Art, Geschlecht |
| – | Inhomogenität | | | |
| 1387 | **inhuman** | nicht menschenwürdig, unmenschlich {30/33/84} | **inhumanus**, a, um | unmenschlich, roh, gefühllos, grausam |
| – | **Inhumanität** | Nichtachtung der Menschenwürde, Unmenschlichkeit {30/33/84} | **inhumanitas**, atis f | Unmenschlich-, Grausam-, Rücksichtslosigkeit |
| 1388 | **initial** (...) | anfänglich, beginnend, Anfangs... {58/59} | **initialis**, e | anfänglich, ursprünglich, am Anfang stehend |
| – | **Initiale** | Anfangsbuchstabe (z. B. eines Namens - verziert in alten Handschriften und Büchern) {32/75} | dto. | dto. |
| – | **Initiand** | jmd., der in etw. eingeweiht werden soll; Anwärter für eine Initiation {33/51/81} | **initiare** | anfangen, einführen, einweihen |
| – | **Initiant** | 1. jmd., der die Initiative ergreift {25/28/29}; 2. jmd., der das Initiativrecht hat oder ausübt (schweiz.) {50/82} | dto. | dto. |
| – | **Initiation** | durch Bräuche geregelte Aufnahme eines Neulings in eine Gemeinschaft, einen Geheimbund oder den Kreis der Erwachsenen bei Naturvölkern {33/51/81} | **initiatio**, onis f | feierliche Begehung (eines Geheimgottesdienstes) |
| >>> | Initiationsritus s. Ritus | | | |
| – | **initiativ** l>frz | 1. Anregungen gebend, erste Schritte unternehmend {25/29}; 2. Unternehmungsgeist besitzend {25/22/29} | **initiare** | s. oben |
| – | **Initiative** l>frz | 1. erster, tätiger Anstoß zu einer Handlung {29/28}; 2. Entschlußkraft, Unternehmungsgeist {25/28/84}; 3. Recht zur Einbringung einer Gesetzesvorlage im Parlament {50}; 4. Volksbegehren (schweiz.) {28/50} | dto. | dto. |
| – | **Initiator** | jmd., der etw. veranlaßt, für etw. verantwortlich ist; Urheber, Anreger {28/25/29} | **initiator**, oris m | Beginner, Einweiher |
| – | **initiatorisch** l>nlat | einleitend; veranlassend, anstiftend {25/28/29} | dto. | dto. |

| | | | | |
|---|---|---|---|---|
| – | **Initien** | Anfänge, Anfangsgründe {59} | **initium**, ii n bzw. **initia**, iorum n (Pl.) | Eingang, Anfang<br>Anfangsgründe |
| – | **initiieren** | 1. den Anstoß geben; 2. die Initiative (1.) ergreifen {28/29}; 3. jmdn. in ein Amt einführen, einweisen {33/40/50} | **initiare** | s. oben |
| – | Initiierung | | | |
| – | **Initio** | am Anfang (des Kapitels) {58/32} | **initium** | s. oben |
| 1389 | **Injektion** | 1. Einspritzung von Flüssigkeiten in den Körper zu medizinischen Zwecken (med. t. t.); 2. Sichtbarwerdung kleinster Blutgefäße im Auge bei Entzündungen (med. t. t.) {70}; 3. Einspritzung von Verfestigungsmitteln in unfesten Bauuntergrund (archit. t. t.) {41/88}; 4. das Eindringen magmatischer Schmelze in Fugen und Spalten (geol. t. t.) {62}; 5. das Einbringen von Ladungsträgern in einen Halbleiterbereich (phys. t. t.) {41/72} | **iniectio**, onis f | das Hineinwerfen; Einspritzung, Einflößung (med. t. t.) |
| – | **Injektor** l>nlat | 1. Preßluftzubringer in Saugpumpen; 2. Dampfstrahlpumpe zur Speisung von Dampfkesseln {41} | **inicere** | hineinwerfen, -legen; einflößen |
| – | **injizieren** | einspritzen (med. t. t.) {70} | dto. | dto. |
| 1390 | **Injuriant** | Ehrabschneider; jmd., der einen anderen beleidigt {32/33/82} | **iniuriare** (PPA. **iniurians**) | gewalttätig behandeln |
| – | **Injurie** | Unrecht, Beleidigung durch Worte oder Taten {26/32/82} | **iniuria**, ae f | Unrecht, Ungerechtigkeit, Beleidigung |
| – | **injuriieren** | beleidigen, die Ehre abschneiden (veraltet) {26/32/82} | **iniuriare** | s. oben |
| – | **injuriös** | beleidigend, ehrenrührig (veraltet) {26/82} | **iniuriosus**, a, um | unrechtmäßig, ungerecht, frevelhaft |
| 1391 | **Inkantation** | Bezauberung, Beschwörung (durch ein Zauberlied - ethnol. t. t.) {51/81} | **incantatio**, onis f | Zauberei, Zauberformel |
| 1392 | **Inkarnation** | 1. Fleisch-, Menschwerdung eines göttlichen Wesens {51/52}; 2. Verkörperung {25/52} | **incarnatio**, onis f | Mensch-, Fleischwerdung (Christi) |
| – | **inkarnieren** | sich -: sich verkörpern {25/52} | **incarnare** | zu Fleisch machen, - werden |
| – | inkarniert | | | |

| | | | | |
|---|---|---|---|---|
| 1393 | **Inkasso** (l;l)>it | Beitreibung, Einziehung fälliger Forderungen (wirtsch. t. t.) {42/80} | **in** + **capsa**, ae f it. *cassa* | s. oben 1275 Behältnis, Kasten Behältnis, Geldaufbewahrungsort; Zahlungsschalter |
| 1394 | **Inklination** | 1. Neigung, Hang {25}; 2. Neigung einer freihängenden Magnetnadel (geophys. t. t.) {63}; 3. Neigung zweier Ebenen gegeneinander (math. t. t.) {58/71}; 4. Winkel, den eine Planetenbahn mit der Ekliptik bildet (astron. t. t.) {66} | **inclinatio**, onis f | Neigung, Biegung, Krümmung; Zuneigung |
| 1395 | **Inklusion** | Einschließung, -schluß (selten) {58} | **inclusio**, onis f | Einschließung, Versperrung; rhetorische Figur |
| – | **inklusive** l>mlat | einschließlich, inbegriffen {56/57} | **includere** | einfügen, -schließen, verstopfen |
| 1396 | **inkognito** l>it | unter fremden Namen (auftretend, lebend) {32/33} | **incognitus**, a, um | unbekannt, ununtersucht |
| – | **Inkognito** l>it | Verheimlichung der Identität einer Person, das Auftreten unter fremdem Namen {32/33} | dto. | dto. |
| 1397 | **inkohärent** | unzusammenhängend {25/56/58} | **incohaerens** (Gen. –ntis) | unzusammenhängend |
| – | **Inkohärenz** l>nlat | mangelnder Zusammenhang {25/56/58} | dto. | dto. |
| 1398a | **inkommensurabel** | nicht meßbar, nicht vergleichbar {56/72/25} | **incommensurabilis**, e | unmeßbar |
| – | **Inkommensurabilität** l>mlat | Unvergleichbarkeit von Stoffen mit Meßwerten (phys. t. t.) {25/56/72} | dto. | dto. |
| 1398b | **inkommodieren** | belästigen, bemühen {25/33} | **incommodare** | beschwerlich, unbequem sein; beeinträchtigen, lästig fallen |
| 1399 | **inkomparabel** | 1. unvergleichbar (veraltet) {56/25}; 2. nicht steigerungsfähig (von Adjektiven - veraltet - sprachwiss. t. t.) {76} | **incomparabilis**, e | unvergleichbar, unvergleichlich |

| | | | | |
|---|---|---|---|---|
| 1400 | **inkompatibel** (l;l;l)>mlat >frz | 1. unverträglich (in bezug auf Medikamente - med. t. t.) {70}; 2. unvereinbar (von mehreren Ämtern in einer Person - jur. t. t.) {40/82}; 3. syntaktisch-semantisch oder lexikalisch nicht vereinbar, nicht verträglich (sprachwiss. t. t.) {76}; 4. nicht zusammenpassend, nicht anschließbar {46/71/72/87} | **in** + **cum** + **patibilis**, e frz. *compatible* | s. oben 1275 zusammen, mit, gemeinsam erträglich, leidlich; empfindsam, leidend |
| – | **Inkompatibilität** (l;l;l)>mlat >(frz) | 1. Unverträglichkeit (verschiedener Medikamente - med. t. t.) {70}; 2. Unvereinbarkeit (rel., jur. t. t.) {51/82}; 3. nicht mögliche syntaktisch-semantische Verknüpfung (sprachwiss. t. t.) {76}; 4. Unmöglichkeit der Herstellung einer Verbindung zwischen zwei elektronischen Geräten {72/45} | dto. | dto. |
| 1401 | **inkompetent** | 1. nicht zuständig, nicht befugt {25/33/40/50}; 2. nicht maßgebend, nicht urteilsfähig, ohne den nötigen Sachverstand {25/22}; 3. tektonisch verformbar (geol. t. t.) {62/54} | **incompetens** (Gen. –ntis) | unzustimmend, unpassend |
| – | **Inkompetenz** l>nlat | 1. das Nichtzuständigsein, die Nichtbefugnis {25/33/40/50}; 2. Unfähigkeit, Unvermögen {25/22} | dto. | dto. |
| 1402 | **inkomplett** l>frz | unvollständig {57} | **incompletus**, a, um | unvollständig |
| 1403 | **inkongruent** | nicht übereinstimmend, nicht passend, nicht deckungsgleich {56/58/71} | **incongruens** (Gen. –ntis) | inkonsequent, ungereimt |
| – | **Inkongruenz** | Nichtübereinstimmung, Nichtdeckung {56/58/71} | **incongruentia**, ae f | Unangemessen-, Ungereimtheit |
| 1404 | **inkonsequent** | nicht folgerichtig, widersprüchlich {25/28} | **inconsequens** (Gen. –ntis) | nicht folgerichtig, folgewidrig |
| – | **Inkonsequenz** | mangelnde Folgerichtig-, Widersprüchlichkeit {25/28} | **inconsequentia**, ae f | die Nichtfolge, Inkonsequenz |
| 1405 | **inkonsistent** (l;l)>nlat | 1. keinen Bestand habend {52}; 2. widersprüchlich, unzusammenhängend in der Gedankenführung {25} | **in** + **consistere** | s. oben 1275 sich hinstellen, stehen bleiben; auf etw. beruhen |
| – | **Inkonsistenz** (l;l)>nlat | 1. Unbeständigkeit {52/56/61}; 2. Widersprüchlichkeit {25/84} | dto. | dto. |
| 1406 | **inkonstant** | nicht feststehend, unbeständig {52/61/84} | **inconstans** (Gen. –ntis) | unbeständig, inkonsequent, veränderlich |

| | | | | |
|---|---|---|---|---|
| – | **Inkonstanz** | Unbeständigkeit {52/61/84} | **inconstantia**, ae f | Unbeständigkeit, Inkonsequenz, Veränderlichkeit |
| 1407 | **Inkontinenz** | Unvermögen, Harn oder Stuhl willkürlich zurückzuhalten (med. t. t.) {14/70} | **incontinentia**, ae f | Ungenügsamkeit, Eigennutz |
| 1408 | **inkonvertibel** | 1. unbekehrbar, unwandelbar (veraltet) {25/61}; 2. nicht austauschbar (in bezug auf Währungen - wirtsch. t. t.) {80} | **inconvertibilis**, e | unveränderlich, unbekehrbar |
| 1409 | **inkonziliant** | nicht umgänglich, unverbindlich {33/84} | **inconciliare** (PPA. **inconcilians**) | durch Intrigen verführen; betrügerisch an sich bringen |
| 1410 | **inkonzinn** | 1. unangemessen, nicht gefällig (veraltet) {25/33/56}; 2. ungleichmäßig, unharmonisch im Satzbau (rhet. t. t.) {76} | **inconcinnus**, a, um | ungefügig, ungereimt, ungeschickt |
| – | **Inkonzinnität** | 1. Unangemessenheit, mangelnde Gefälligkeit {25/33/56}; 2. Unebenmäßigkeit im Satzbau (rhet. t. t.) {76} | **inconcinnitas**, atis f | Mangel an Harmonie |
| 1411 | **Inkoordination** (l;l)>nlat | das Fehlen des Zusammenwirkens bei Bewegungsmuskeln (med. t. t.) {70} | **in** + (spätl.) **coordinatio**, onis f | s. oben 1275<br>Zuordnung |
| – | **inkoordiniert** (l;l>mlat) >nlat | nicht aufeinander abgestimmt (med. t. t.) {70} | **in** + **coordinatio** + mlat. coordinare | s. oben 1275<br>s. oben<br>beiordnen; in ein Gefüge einbauen; aufeinander abstimmen |
| 1412 | **inkorporal** l;l | im Körper befindlich (med. t. t.) {70} | **in** + **corporalis**, e | s. oben 1275<br>zum Körper gehörig, körperlich, Körper... |
| – | **Inkorporation** | 1. Einverleibung {33/56/58}; 2. Eingemeindung, Einverleibung eines Staates (jur. t. t.) {50/48/82}; 3. Aufnahme in eine Körperschaft {33}; 4. Angliederung {33/56} | **incorporatio**, onis f | Verkörperung, Fleischwerdung; Einverleibung |
| – | **inkorporieren** | 1. einverleiben {33/56/58}; 2. eingemeinden, einen Staat in einen anderen eingliedern {50/48/82}; 3. in eine studentische Verbindung, Körperschaft aufnehmen {33}; 4. eingliedern, eine Inkorporation durchführen {33/56} | **incorporare** | verkörpern; einverleiben, einfügen |
| – | Inkorporierung | | | |

| | | | | |
|---|---|---|---|---|
| 1413 | **inkorrekt** | 1. ungenau, unrichtig, fehlerhaft {25/56}; 2. unangemessen, unordentlich {25/33/84} | **incorrectus**, a, um | unverbessert |
| - | **Inkorrektheit** | 1. inkorrekte Art, Fehlerhaftigkeit {25/56}; 2. Unangemessenheit {25/33}; 3. Fehler, einzelne Unrichtigkeit in einer Äußerung {25/32}; 4. Beispiel, Fall inkorrekten Verhaltens {25/33} | dto. | dto. |
| 1414 | **inkriminieren** (l;l)>mlat | jmdn. (eines Verbrechens) beschuldigen, anschuldigen (jur. t. t.) {32/82} | **in** + **criminari** | s. oben 1275 an-, beschuldigen, verleumden |
| - | **inkriminiert** (l;l)>mlat | (als Vergehen) zur Last gelegt, zum Gegenstand einer Strafanzeige gemacht {82} | dto. | dto. |
| 1415 | **Inkubant** | jmd., der sich einer Inkubation (5.) unterzieht {51/75} | **incubare** (PPA. **incubans**) | brüten; auf etw. liegen; sich niederlegen |
| - | **Inkubation** | 1. Bebrütung von Vogeleiern (zool. t. t.) {69}; 2. das Sichfestsetzen von Krankheitserregern im Körper (med. t. t.); 3. Aufzucht von Frühgeburten im Brutkasten (med. t. t.) {70}; 4. (= Inkubationszeit) Zeit von der Ansteckung bis zum Ausbruch der Krankheit (med. t. t.) {59/70}; 5. Tempelschlaf in der Antike (hist. t. t.) {51/75} | **incubatio**, onis f | das Brüten; der unrechtmäßige Besitz |
| - | **Inkubator** | (med. t. t.) 1. Brutkasten für Frühgeburten; 2. Behälter mit Bakterienkulturen {70/58} | **incubator**, oris m | Tempelschläfer; unrechtmäßiger Besitzer |
| - | **Inkubus** | 1. nächtlicher Dämon im altröm. Volksglauben {75/51}; 2. Teufel, der mit einer Hexe geschlechlich verkehrt {18/51}; 3. Alpdrücken, Angstzustände im Schlaf (med. t. t.) {16/70} | **incubus**, bi m | Alpdrücken |
| 1416 | **inkulant** l;l>frz | ungefällig (im Geschäftsverkehr - wirtsch. t. t.) {33/42/80} | **in** + **colare** | s. oben 1275 durchseihen, reinigen, läutern |
| | | | frz. *couler* | durchseihen, fließen |
| | | | *coulant* | fließend; gewandt, gefällig |
| - | **Inkulanz** l;l>frz | Ungefälligkeit {33/42/80} | dto. | dto. |
| 1417 | **Inkulturation** l;l | Eindringen einer Kultur in eine andere {33/81} | **in** + **cultura**, ae f | s. oben 1275 Pflege, Anbau, Landwirtschaft; Kultus |

| | | | | |
|---|---|---|---|---|
| 1418 | **Inkunabel** | Wiegen-, Frühdruck aus der Zeit vor 1500 {32/40/75} | **incunabula**, lorum n (Pl.) | Windeln, Wickelbänder |
| – | Inkunablist | | | |
| 1419 | **inkurabel** | unheilbar (med. t. t.) {70} | **incurabilis**, e | unheilbar |
| 1420 | **innervieren** (l;l)>nlat | 1. mit Nerven(reizen) versehen (med. t. t.) {70}; 2. anregen {26} | **in** + **nervus**, vi m | s. oben 1275 Sehne, Flechse, Nerv, Lebenskraft |
| 1421 | **innocente** l>it | anspruchslos; ursprünglich (mus. t. t.) {37} | **innocens** (Gen. –ntis) | unschädlich, unschuldig, harmlos |
| 1422 | **Innovation** l>nlat | Einführung von etw. Neuem; Erneuerung {33/40/61} | **innovatio**, onis f | Erneuerung, Veränderung |
| – | **innovativ** l>nlat | Innovationen schaffend, beinhaltend {33/40/61} | **innovare** | erneuern, verändern |
| – | **innovatorisch** l>nlat | Innovationen zum Ziel habend {33/40/61} | dto. | dto. |
| – | **innovieren** l>nlat | erneuern, Neuerungen einführen {33/40/61} | dto. | dto. |
| 1423 | **inoffiziell** l;l | 1. nicht in amtlichem Auftrag, außerdienstlich {33/40/49/50}; 2. einer amtlichen Stelle nicht bekannt; nicht anerkannt, bestätigt {33/49/50}; 3. nicht in offiziellem Rahmen, nicht förmlich, feierlich {32/33} | **in** + **officialis**, e | s. oben 1275 zum Amt, Dienst oder zur Pflicht gehörig |
| 1424 | **inoperabel** (l;l)>nlat | nicht operierbar, durch Operation nicht heilbar (med. t. t.) {70} | **in** + **operari** | s. oben 1275 arbeiten, beschäftigt-, tätig sein |
| 1425 | **inopportun** | nicht angebracht, zweckmäßig; unpassend {25/26/33} | **inopportunus**, a, um | ungelegen |
| – | **Inopportunität** | Unzweckmäßig-, Ungünstigkeit; das Unangebrachtsein {25} | **inopportunitas**, atis f | ungelegene, ungünstige Zeit |
| 1426 | **inquirieren** | nachforschen, (gerichtlich) untersuchen, verhören {82/32} | **inquirere** (PPP. **inquisitum**) | untersuchen, nachforschen, ausfragen |
| – | **Inquisit** | Angeklagter (veraltet) {82} | dto. | dto. |
| – | **Inquisition** | 1. Untersuchung der kath. Kirche und die daraufhin durchgeführte staatliche Verfolgung der Ketzer, Hexen etc.; 2. Inquisitionsprozeß {51/82} | **inquisitio**, onis f | das Auf-, Zusammensuchen; Untersuchung, gerichtliches Verfahren |
| – | **Inquisitor** | 1. jmd., der ein Inquisitionsverfahren leitet, anstrengt {51/82}; 2. (strenger) Untersuchungsrichter {82} | **inquisitor**, oris m | Häscher, Spion; Untersucher, Kläger |
| – | **inquisitorisch** l>nlat | nach Art eines Inquisitors peinlich ausfragend {32/33} | **inquirere** | s. oben |

| | | | | |
|---|---|---|---|---|
| 1427 | **insan** | geistig krank (med. t. t.) {70} | **insanus**, a, um | vernunftlos, wütend, wahnsinnig |
| – | **Insania** | Wahnsinn (med. t. t.) {70} | **insania**, ae f | Vernunftlosigkeit, Tollheit; Unsinn |
| 1428 | **insatiabel** | unersättlich (veraltet) {57/17} | **insatiabilis**, e | unersättlich, unerschöpflich |
| 1429 | **Insekt** | Kerbtier {08/69} | **insecta**, torum n (Pl.) | Kerbtiere, Insekten |
| – | **Insektarium** l>nlat | der Aufzucht und dem Studium von Insekten dienende Anlage {08/69/58} | dto. | dto. |
| – | **insektivor** (l;l)>nlat | insektenfressend (biol. t. t.) {68/69} | dto. + **vorare** | dto. verschlingen, fressen |
| – | Insektivoren | | | |
| – | **insektizid** (l;l)>nlat | insektenvernichtend (in bezug auf chemische Mittel) {69/73} | dto. + **caedere** | dto. töten, vernichten |
| – | **Insektizid** (l;l)>nlat | Insektenvernichtungsmittel {73/69} | dto. | dto. |
| – | **Insektologe** l;gr | Insektenforscher, -kundler {40/69} | dto. + gr. λόγος | dto. Wort, Kunde |
| 1430 | **Insel** | wasserumschlossenes Landstück {02/64} | **insula**, ae f | Insel |
| 1431 | **Insemination** l>nlat | (med., biol. t. t.) 1. künstliche Befruchtung; 2. das Eindringen der Samenfäden in das reife Ei {69/70} | **inseminare** | einpflanzen; befruchten, zeugen |
| – | **Inseminator** l>nlat | jmd., der Methoden der künstlichen Befruchtung entwickelt {40/69/70} | dto. | dto. |
| – | **inseminieren** l>nlat | eine künstliche Befruchtung durchführen (med., biol. t. t.) {69/70} | dto. | dto. |
| 1432 | **insensibel** | unempfindlich gegenüber Schmerzen, Außenreizen (med. t. t.) {11/70} | **insensibilis**, e | unempfindbar; gefühllos; unbegreiflich |
| – | **Insensibilität** | Unempfindlichkeit {70/11} | **insensibilitas**, atis f | Empfindungs-, Gefühllosigkeit |
| 1433 | **Inserat** l>nlat | Anzeige (z. B. in einer Zeitung) {32/42/40/27} | **inserere** | hineinfügen, einschalten, einreihen, hineinbringen |
| – | **Inserent** | jmd., der ein Inserat aufgibt {32/40/27} | dto. | dto. |
| – | **inserieren** | 1. eine Zeitungsanzeige aufgeben; 2. durch eine Anzeige anbieten, suchen, vermitteln {32/40/27} | dto. | dto. |

| | | | | |
|---|---|---|---|---|
| – | **Insert** l>engl | 1. Inserat mit beigefügter Anforderungskarte für Informationen oder Bestellungen {32/42}; 2. in Kunststoff eingelassenes Verstärkungselement {40/41/54}; 3. graphische Darstellung, Schautafel als Einschub zwischen zwei Programmbestandteilen {32/85} | dto. | dto. |
| – | **Insert-schnitt** l>engl;d | das Einfügen einer Aufnahme auf ein bespieltes Videoband ohne Störzonen o. -phasen (techn. t. t.) {87} | dto. | dto. |
| – | **Insertion** l>engl | 1. das Aufgeben einer Anzeige {27/32}; 2. das Einfügen sprachlicher Einheiten in einen vorgegebenen Satz (sprachwiss. t. t.) {76}; 3. Einfügung einer vollständigen Urkunde in eine neue, andere als Form der Bestätigung {32/82}; 4. Ansatz, Ansatzstelle (med., biol. t. t.) {69/70} | **insertio**, onis f | Einfügung; das Einpfropfen |
| 1434 | **Insignien** | Zeichen staatlicher oder ständischer Macht und Würde {50/33/75} | **insigne**, nis n<br>(Pl. **insignia** | Kenn-, Abzeichen, Zierde, Auszeichnung<br>Insignien) |
| 1435 | **insistieren** | auf etw. bestehen, beharren, dringen {28} | **insistere** | innehalten, sich hinstellen bedrängen |
| – | **insistent** | auf etw. bestehend, dringend (selten) {28} | dto. | dto. |
| – | **Insistenz** | Beharrlichkeit, Hartnäckigkeit {28/84} | dto. | dto. |
| 1436 | **inskribieren** | (österr.) 1. sich an einer Universität einschreiben; 2. ein Studienfach, eine Vorlesung belegen {31} | **inscribere** | eine Inschrift auf etw. setzen; in o. auf etw. schreiben; zuschreiben |
| – | **Inskription** | 1. Einschreibung an einer Universität; 2. Anmeldung zur Teilnahme an einem Seminar o. ä. {31} | **inscriptio**, onis f | Auf-, In-, Überschrift |
| 1437 | **insolent** | anmaßend, unverschämt {26/33/84} | **insolens** (Gen. –ntis) | ungewöhnlich, übertrieben; unverschämt, keck |
| – | **Insolenz** | Anmaßung, Unverschämtheit {26/33/84} | **insolentia**, ae f | Übertreibung, Unverschämtheit; das Ungewöhnliche |
| 1438 | **insolvent** (l;l)>nlat | zahlungsunfähig (wirtsch. t. t.) {80} | **in**<br>+ **solvere** | s. oben 1275<br>auflösen; abtragen; bezahlen |

| | | | | |
|---|---|---|---|---|
| – | **Insolvenz** (l;l)>nlat | Zahlungsunfähigkeit (wirtsch. t. t.) {80} | dto. | dto. |
| 1439 | **Insomnie** | Schlaflosigkeit (med. t. t.) {16/70} | **insomnia**, ae f | Schlaflosigkeit |
| 1440 | **Inspekteur** l>frz | 1. Leiter einer Aufsichtsbehörde {40/49}; 2. Dienststelle der ranghöchsten aufsichtsführenden Offiziere der Bundeswehr {40/86} | **inspector**, oris m | Betrachter, Besichtiger; Untersucher |
| – | **Inspektion** | 1. Prüfung, Kontrolle {25/56/40}; 2. Prüfungs- o. Aufsichtsbehörde {40/49}; 3. regelmäßige Untersuchung u. Wartung eines Kraftfahrzeugs {45/59} | **inspectio**, onis f | das Ansehen, Betrachtung, Untersuchung, Besichtigung |
| – | **Inspektor(in)** | 1. Verwaltungsbeamte(r) des gehobenen Dienstes {49/40}; 2. jmd., der Inspektionen durchführt {40/25} | **inspector** | s. oben |
| – | **Inspektorat** | Amt oder Wohnung eines Inspektors (veraltet) {49/40/44} | dto. | dto. |
| 1441 | **Inspiration** | 1. schöpferischer Einfall, Gedanke; erhellende Idee, Erleuchtung {22/25}; 2. Einatmung (med. t. t.) {70} | **inspiratio**, onis f | das Einatmen; Lebenshauch; Eingebung |
| – | **inspirativ** l>nlat | durch Inspiration wirkend {22/25/70} | **inspirare** | einflößen (von Affekten); hineinblasen, -hauchen, begeistern |
| – | **Inspirator** | jmd., der einen anderen zu etw. anregt, inspiriert {25/33} | **inspirator**, oris m | Einflößer, Einhaucher |
| – | **inspiratorisch** l>nlat | 1. = inspirativ {22/25}; 2. die Einatmung betreffend (med. t. t.) {70} | **inspirare** | s. oben |
| – | **inspirieren** | zu etw. anregen, animieren; Impulse geben {25/29/33} | dto. | dto. |
| 1442 | **Inspizient** | 1. jmd., der für den Ablauf von Aufführungen oder Sendungen verantwortlich ist {33/35/40}; 2. aufsichtsführende Person {33/40} | **inspicere** (PPA. **inspiciens**) | (hinein)blicken; genau erkennen; besichtigen, mustern |
| – | **inspizieren** | be(auf)sichtigen, prüfen {25/33/40} | dto. | dto. |
| – | **Inspizierung** | genaue Prüfung {25/40} | dto. | dto. |
| 1443 | **instabil** | unbeständig; schwankend, labil {26/54/61/84} | **instabilis**, e | nicht feststehend; schwankend, unsicher, unstet |
| – | **Instabilität** | Unbeständig-, Veränderlichkeit, Unsicherheit {26/54/61/84} | **instabilitas**, atis f | Unbeständigkeit |

| | | | | |
|---|---|---|---|---|
| 1444 | **Installateur** (l;germ >mlat) >mlat>frz | Handwerker für technische Anlagen eines Hauses {40/87} | **in** + mlat. **stallus** **installare** frz. *installer* | s. oben 1275 Chorstuhl als Zeichen der Amtswürde in eine Stelle, ein kirchliches Amt einsetzen |
| – | **Installation** (l;germ >mlat) >mlat | 1. (Einbau, Anschluß einer) technische(n) Anlage; {40/41/87}; 2. Einweisung in ein (geistliches) Amt (schweiz., sonst veraltet) {51} | dto. | dto. |
| – | **installieren** (l;germ >mlat) >mlat>frz | 1. technische Anlagen einrichten, -bauen, anschließen {40/41/87}; 2. in ein (geistliches) Amt einweisen {51}; 3. irgendwo einrichten, in etw. unterbringen {29/40}; 4. sich -: sich in einem Raum, einer Stellung einrichten {33/40/44/58} | dto. | dto. |
| 1445 | **instant** l>engl | sofort, ohne Vorbereitung zur Verfügung {59} | **instans** (Gen. –ntis) | drohend, drängend; gegenwärtig |
| – | **Instantgetränk** l>engl;d | Getränkepulver, das schnell zubereitet werden kann (z. B. Kakao) {17/59} | dto. | dto. |
| – | **Instanz** l>mlat | zuständige Stelle (bei Behörden oder Gerichten) {49/50/82} | **instantia**, ae f | Gegenwart; Emsigkeit; Heftigkeit; inständiges Bitten |
| – | **Instanzenweg** l>mlat | Dienstweg {40/49/50/82} | dto. | dto. |
| – | **instationär** (l;l)>nlat | nicht gleichbleibend, schwankend {61} | **in** + **stationarius**, a, um | s. oben 1275 stillstehend, zum Standort gehörig |
| 1446 | **Instinkt** l>mlat | 1. angeborene, nicht erlernte Verhaltensweise und Reaktionsbereitschaft der Triebsphäre {11/69/70}; 2. sicheres Gefühl für etw. {26/24}; 3. zum Schlechten neigender Trieb im Menschen {70/77} | **instinctus**, us m | Anreizung, Eingebung, Antrieb |
| – | **instinktiv** o. **instinktuell** l>frz | 1. instinktbedingt, durch den Instinkt geleitet {11/69/70}; 2. von einem Gefühl geleitet, unwillkürlich, gefühlsmäßig {24/26} | **instintus**, a, um | angestachelt, angereizt, angefeuert; begeistert |
| 1447 | **instituieren** | 1. ein-, errichten {29/40}; 2. anordnen, unterweisen; stiften (veraltet) {25/28/33} | **instituere** | aufstellen, veranstalten; unterweisen |

| | | | | |
|---|---|---|---|---|
| – | **Institut** | 1. (wissenschaftliche Erziehungs)einrichtung, Anstalt {31/40}; 2. Institutsgebäude {58}; 3. durch positives Recht geschaffenes Rechtsgebilde {82} | **institutum**, ti n | das Erschaffene; Absicht; Einrichtung |
| – | **Institution** | 1. einem bestimmten Bereich zugeordnete öffentliche Einrichtung {40/49}; 2. Einsetzung in ein kirchliches Amt (veraltet) {51} | **institutio**, onis f | Einrichtung; Anweisung, Unterricht |
| – | **institutionalisieren** l>nlat | 1. in eine gesellschaftlich anerkannte Form bringen {33}; 2. sich -: zu einer Institution werden {33/40/49} | dto. | dto. |
| – | Institutionalisierung | | | |
| – | **institutionell** l>frz | 1. die Institution betreffend {40/49}; 2. ein Institut betreffend, zu ihm gehörend {49/31} | dto. | dto. |
| 1448a | **instruieren** | 1. in Kenntnis setzen, lehren, unterweisen, anleiten {25/31/32}; 2. eine Rechtssache zur Entscheidung vorbereiten (jur. t. t.) {82} | **instruere** | errichten; veranstalten; unterweisen |
| – | **Instrukteur** l>frz | jmd., der andere unterrichtet, anleitet {31/40} | **instructor**, oris m | Einrichter, Zubereiter |
| – | **Instruktion** | Anleitung, Vorschrift, Richtschnur, Dienstanweisung {28/31/32/40} | **instructio**, onis f | das Ordnen, Einfügen; Unterweisung; Errichtung |
| – | **instruktiv** l>frz | lehrreich, aufschlußreich {25/31} | **instructus**, a, um | ausgerüstet, ausgestattet, unterrichtet, -wiesen |
| – | **Instruktor** l>mlat | 1. Lehrer, Erzieher (veraltet); 2. = Instrukteur (österr.) {31/40} | **instructor** | s. oben |
| 1448b | **Instrument** | 1. Gerät, feines Werkzeug (für technische oder wissenschaftliche Arbeiten) {40/87}; 2. Musikinstrument {37} | **instrumentum**, ti n | Gerätschaft, Werkzeug, Hilfsmittel |
| – | **instrumental** l>nlat | 1. durch Musikinstrumente (ohne Stimmen) ausgeführt; 2. wie Instrumental-musik klingend {37}; 3. als Mittel, Werkzeug dienend {40} | dto. | dto. |
| – | **Instrumental**(is) l>nlat | das Mittel oder Werkzeug bezeichnender Fall (sprach-wiss. t. t.) {76} | dto. | dto. |
| – | **instrumentalisieren** l>nlat | ein Gesangsstück zu einem Instrumentalstück umschreiben (mus. t. t.) {37} | dto. | dto. |
| – | Instrumentalisierung | | | |

| | | | | |
|---|---|---|---|---|
| – | **Instrumentalismus** l>nlat | amerikanische Ausprägung des Pragmatismus (philos. t. t.) {77} | dto. | dto. |
| – | **Instrumentalist** l>nlat | 1. jmd., der in einem Ensemble ein Instrument spielt {37/40}; 2. Anhänger, Vertreter des Instrumentalismus {77} | dto. | dto. |
| >>> | Instrumental... s. ggf. unter dem Rest des Wortes | | | |
| – | **instrumentarisieren** l>nlat | zu einem Instrumentarium (1.) machen {25/29/40} | dto. | dto. |
| – | Instrumentarisierung | | | |
| – | **Instrumentarium** l>nlat | 1. Instrumentensammlung; 2. Gesamtzahl der in einem Klangkörper vorgesehenen Musikinstrumente (mus. t. t.) {37/57}; 3.. alles, was zur Durchführung einer Tätigkeit gebraucht wird {40/57} | dto. | dto. |
| – | **Instrumentation** l>nlat | (mus. t. t.) 1. Besetzung der Orchesterpositionen mit bestimmten Instrumenten; 2. Einrichtung einer Komposition für ein Orchester {37} | dto. | dto. |
| – | **instrumentatorisch** l>nlat | die Instrumentation betreffend {37} | dto. | dto. |
| – | **instrumentell** l>nlat | Instrumente betreffend, unter Zuhilfenahme von Instrumenten {37/40} | dto. | dto. |
| – | **instrumentieren** l>nlat | 1. eine Komposition für Orchesterinstrumente ausarbeiten (mus. t. t.); 2. die Orchesterfassung einer Komposition herstellen (mus. t. t.) {37}; 3. mit technischen Instrumenten ausstatten {40/41/87}; 4. als Operationsschwester einem Arzt die chirurgischen Instrumente zureichen {29/40/70} | dto. | dto. |
| – | Instrumentierung | | | |
| 1449 | **Insubordination** (l;l;l)>nlat | mangelnde Unterordnung; Ungehorsam gegenüber (militärischen) Vorgesetzten {28/33/86} | **in** + **sub** + **ordinatio**, onis f | s. oben 1275 unter, unterhalb (An)ordnung, Reihenfolge |

| | | | | |
|---|---|---|---|---|
| 1450 | **insuffizient** | 1. unzureichend unzulänglich {22/25/56}; 2. ungenügend leistungsfähig, geschwächt (von Organen - med. t. t.) {70} | **insufficiens** (Gen. –ntis) | unzureichend, unzulänglich |
| – | **Insuffizienz** | 1. Unzulänglichkeit, Schwäche {22/25/56}; 2. ungenügende Leistung, Schwäche eines Organs (med. t. t.) {70}; 3. unzureichende Vermögenslage eines Gläubigers (jur. t. t.) {43/82} | **insufficientia**, ae f | Unzulänglichkeit |
| 1451 | **Insulaner** | Inselbewohner {15/64/33} | **insulanus**, ni m | Inselbewohner |
| – | **insular** | Insel(n) betreffend, inselartig, Insel... {64} | **insularis**, e | zur Insel gehörig, Insel... |
| – | **Insularität** l>nlat | Insellage, geographische Abgeschlossenheit {64} | dto. | dto. |
| – | **Insulin** l>nlat | (med. t. t.) 2. Arzneimittel für Zuckerkranke; 1. Hormon der Bauchspeicheldrüse (= Inseldrüsen) {70} | **insula** | s. oben 1430 |
| 1452 | **insurgieren** | 1. zum Aufstand reizen {28/33/50}; 2. einen Aufstand machen {29/33/50/86} | **insurgere** | sich aufrichten; sich erheben (gegen jmdn.) |
| – | **Insurgent** | Aufständischer {33/50/86} | dto. | dto. |
| – | **Insurrektion** | Aufstand, Volkserhebung {50/86} | **insurrectio**, onis f | politische Erhebung |
| 1453 | **Inszenator** l;gr>l>frz | Leiter einer Bühnenaufführung {35/40/74} | **in** + **scaena**, ae f gr. *σκηνή* | s. oben 1275 Bühne, Schauplatz, Theater |
| – | **inszenatorisch** l;gr>l>frz | die Inszenierung betreffend {35/74} | dto. | dto. |
| – | **inszenieren** l;gr>l>frz | 1. ein Stück (beim Film, Theater) künstlerisch gestalten; Regie führen {35/40/74}; 2. organisieren, vorbereiten, einfädeln (abwertend) {25/29/82} | dto. | dto. |
| – | **Inszenierung** l;gr>l>frz | 1. das Inszenieren; 2. das inszenierte Stück {35/74} | dto. | dto. |
| 1454 | **intakt** | 1. unversehrt, unberührt, heil {54/55}; 2. voll funktionsfähig {40/41/54/87} | **intactus**, a, um | unberührt, unverletzt; keusch, frei von etwas |
| 1455 | **Intarsien** (l;arab)>it | Einlegearbeiten (z. B. andersfarbiger Hölzer) {40/44} | **in** + arab. *tarsi'* it. *intarsio* | s. oben 1275 das Besetzen mit Edelsteinen |
| 1456 | **integer** | 1. unbescholten, ohne Makel, unbestechlich {33/84}; 2. neu; sauber, unversehrt (veraltet) {55/56} | **integer**, gra, grum | unversehrt, unverletzt; unbefangen, unbescholten |

| | | | | |
|---|---|---|---|---|
| – | **integral** l>mlat | ein Ganzes ausmachend; für sich bestehend (math. t. t.) {52/57/71} | dto. | dto. |
| – | **Integral** l>mlat | (math. t. t.) 1. Rechensymbol der Integralrechnung; 2. mathematischer Summenausdruck über die Differentiale eines Bereiches {71} | dto. | dto. |
| – | **Integration** | 1. (Wieder)herstellung einer Einheit aus Differenziertem; Vervollständigung; 2. Einbeziehung, Eingliederung in ein größeres Ganzes {52/56/57}; 3. Berechnung eines Integrals (math. t. t.){71} | **integratio**, onis f | Wiederherstellung, Erneuerung |
| | **Integrationist** l>nlat | Anhänger der Aufhebung der Rassentrennung (in den USA) {50/30/33} | dto. | dto. |
| – | integrationistisch | | | |
| >>> | Integrations... s. ggf. unter dem Rest des Wortes | | | |
| – | **integrativ** l>nlat | eine Integration (1., 2.) darstellend, auf eine Integration hindeutend {52/57} | dto. | dto. |
| – | **integrieren** | 1. in ein übergeordnetes Ganzes aufnehmen {56}; 2. sich -: sich in ein übergeordnetes Ganzes einfügen {33/56}; 3. ein Integral berechnen (math. t. t.) {71} | **integrare** | wiederherstellen, ergänzen, erneuern |
| – | **integrierend** | zu einem Ganzen notwendig gehörend; wesentlich, unerläßlich {56} | dto. | dto. |
| – | **integriert** | durch Integration entstanden {57/71} | dto. | dto. |
| – | Integrierung | | | |
| – | **Integrität** | 1. Makellosigkeit, Unbescholtenheit, Unbestechlichkeit {30/84}; 2. Unverletzlichkeit (eines Staatsgebietes - jur. t. t.) {82/50} | **integritas**, atis f | Unversehrtheit, Unbescholtenheit; Jungfernschaft |
| 1457 | **Intellekt** | Denkvermögen, Verstand {22/25} | **intellectus**, us m | das Erkennen; Einsicht; Verstand; Erkenntnisvermögen |
| – | **intellektual** | vom Intellekt ausgehend, zu ihm gehörend {22/25} | **intellectualis**, e | geistig |
| – | **intellektualisieren** l>nlat | einer intellektuellen Betrachtung unterziehen {22/25} | dto. | dto. |

| | | | | |
|---|---|---|---|---|
| – | **Intellektualismus** l>nlat | 1. philosophische Lehre, die dem Intellekt den Vorrang gibt {77}; 2. übermäßige Betonung des Verstandes {25/26} | dto. | dto. |
| – | **intellektualistisch** l>nlat | die Bedeutung des Verstandes überbetonen {25/26} | dto. | dto. |
| – | **Intellektualität** | Verstandesmäßigkeit {25/22} | **intellectualitas**, atis f | Fähigkeit, etwas zu begreifen |
| – | **intellektuell** l>frz | 1. den Intellekt betreffend; geistig-begrifflich {22/25}; 2. einseitig, betont verstandesmäßig {25/26}; 3. die Intellektuellen betreffend {25/33} | **intellectualis** | s. oben |
| – | **Intellektuelle(r)** l>frz | (übermäßig) vom Verstand bestimmter Mensch {25/22} | dto. | dto. |
| 1458 | **intelligent** | Intelligenz besitzend; verständig, klug, begabt {22} | **intellegens** (Gen.–ntis) | einsichtsvoll, (kunst)verständig |
| – | **Intelligenz** | 1. geistige Fähigkeit, Klugheit {22}; 2. Schicht der wissenschaftlich Gebildeten {33}; 3. Vernunftwesen (veraltend) {33/69} | **intellegentia**, ae f | Vorstellung; Einsicht; Erkenntnisvermögen |
| – | **Intelligenzbestie** l;l | 1. ungewöhnlich intelligenter Mensch (ugs.) {22}; 2. jmd., der seine Intelligenz zur Schau stellt (abwertend) {26/33} | dto. + **bestia**, ae f | dto. (wildes) Tier, Bestie |
| – | **Intelligenzler** | Angehöriger der Intelligenz (2.) (abwertend) {33} | **intellegentia** | s. oben |
| >>> | Intelligenzquotient, -test s. Quotient, Test | | | |
| – | **intelligibel** | nur durch den Intellekt im Gegensatz zur sinnlichen Wahrnehmung erkennbar {25} | **intellegibilis**, e | sinnlich wahrnehmbar; verständlich; denkbar |
| 1459 | **Intendant** l>frz | künstlerischer, geschäftlicher Leiter eines Theaters, einer Rundfunkanstalt {33/35/40/74/85} | **intendere** | hinwenden, -lenken, -richten; auf etw. achten |
| – | **Intendantur** l>frz | (veraltet) 1. Amt eines Intendanten {35/40/74/85}; 2. Verwaltungsbehörde eines Heeres {86} | dto. | dto. |
| – | **Intendanz** l>frz | 1. Amt eines Intendanten {35 40/74/85}; 2. Büro eines Intendanten {58} | dto. | dto. |
| – | **intendieren** | auf etw. hinzielen; beabsichtigen, anstreben, planen {25/28} | dto. | dto. |

| | | | | |
|---|---|---|---|---|
| – | **Intension** | 1. Anspannung; Eifer; Kraft {26/25/22}; 2. Sinn, Inhalt einer Aussage {32} | **intensio**, onis f | Spannung |
| – | **intensional** | 1. auf die Intension bezogen {32}; 2. inhaltsgleich, obwohl äußerlich verschieden (math. t. t.) {55/57/71} | dto. | dto. |
| – | **Intensität** l>nlat | (konzentrierte) Stärke, (besonders gesteigerte) Kraft {56} | dto. | dto. |
| – | **intensiv** l>frz | 1. gründlich {56}; 2. kräftig, durchdringend, stark {55/56}; 3. mit großem Aufwand auf kleiner Fläche betrieben (landw. t. t.) {39} | **intensus**, a, um | heftig, stark, aufmerksam |
| – | **intensivieren** l>frz | verstärken, steigern; gründlicher durchführen {29/40/57} | dto. | dto. |
| – | **Intensivkurs** l>frz;l | Lehrveranstaltung, bei der viele Kenntnisse in kurzer Zeit vermittelt werden {31/59} | dto.<br>+ **cursus**, us m | dto.<br>Lauf, Fahrt, Ritt |
| – | **Intensivstation** l>frz;l | Krankenstation zur Betreuung akut lebensgefährlich erkrankter Personen {70/58} | dto.<br>+ **statio**, onis f | dto.<br>(Still)stehen, Aufenthalt, Standort, Posten |
| 1460 | **Intention** | 1. Absicht, Vorhaben; Anspannung geistiger Kräfte auf ein bestimmtes Ziel {25/28}; 2. Wundheilung (med. t. t.) {70} | **intentio**, onis f | Spannung, Aufmerksamkeit, Anstrengung |
| – | **intentional** o. **intentionell** l>nlat | mit einer Intention (1.) verknüpft, zielgerichtet, zweckbestimmt {25/28} | dto. | dto. |
| – | **Intentionalität** l>nlat | Lehre von der Ausrichtung aller psychischen Akte auf ein reales oder ideales Ziel (psych. t. t.) {70} | dto. | dto. |
| 1461 | **interagieren** (l;l)>nlat | in Interaktion sein (soziol. t. t.) {32/33/81} | **inter** (Präp.)<br>+ **agere** | (da)zwischen, unter; während; einander<br>tun, treiben, machen, handeln |
| – | **Interaktion** (l;l)>nlat | Wechselbeziehung zwischen Handlungspartnern (psych., soziol. t. t.) {32/33/70/81} | **inter**<br>+ **actio**, onis f | s. oben<br>Bewegung; Vortrag; Handlung, Tätigkeit |
| – | **interaktiv** (l;l)>nlat | Interaktion betreibend (psych., soziol. t. t.) {32/33/70/81} | **inter**<br>+ **activus**, a, um | s. oben<br>tätig, aktiv |
| 1462 | **Intercity (-Zug)** l>engl;l>>frz>engl | komfortabeler Schnellzug zwischen Großstädten mit wenigen Zwischenstops {45} | **inter**<br>+ **civitas**, atis f<br>frz. *cité* | s. oben 1461<br>Bürgerschaft, Gemeinde, Staat |

| | | | | |
|---|---|---|---|---|
| 1463 | **interdependent** (l;l)>nlat | voneinander abhängig {56/33} | **inter** + **dependere** | s. oben 1461 (her)abhängen; abhängig sein |
| – | **Interdependenz** (l;l)>nlat | gegenseitige Abhängigkeit {56/33} | dto. | dto. |
| 1464a | **Interdikt** | Verbot aller kirchlichen Amtshandlungen als Strafe (kath. rel. t. t.) {51} | **interdictum**, ti n | Verbot; Interdikt |
| – | **Interdiktion** | Untersagung, Entmündigung (jur. t. t.) {28/33/82} | **interdictio**, onis f | Verbot; das Untersagen |
| 1465a | **interdisziplinär** (l;l)>nlat | mehrere Teilbereiche umfassend, die Zusammenarbeit mehrerer Disziplinen betreffend {32/40/57} | **inter** + **disciplina**, ae f | s. oben 1461 Lehre, Unterricht, Unterweisung, Bildung |
| – | **Interdisziplinarität** (l;l)>nlat | Zusammenarbeit mehrerer Disziplinen {32/40} | dto. | dto. |
| 1465b | **interdizieren** | 1. untersagen, verbieten {28}; 2. entmündigen (veraltet - jur. t. t.) {33/82} | **interdicere** | untersagen, verbieten |
| 1466 | **interessant** l>mlat>frz | 1. geistige Teilnahme, Aufmerksamkeit erweckend; fesselnd {25/26/33}; 2. vorteilhaft (kaufmannsspr. t. t.) {42} | **interesse** | dazwischen sein, dabeisein; beiwohnen; sich unterscheiden |
| – | **Interesse** l>mlat>frz | 1. geistige Anteilnahme, Aufmerksamkeit {25/33}; 2. Vorliebe, Neigung (zum Kauf) {25/26/42}; 3. Bestrebung, Absicht {28}; 4. Vorteil, Nutzen {56/25} | dto. | dto. |
| – | **Interessent** l>mlat >nlat | 1. jmd., der an etw. Interesse hat {25/33}; 2. potentieller Käufer {27/42} | dto. | dto. |
| – | **interessieren** l>mlat >(frz) | 1. Interesse zeigen, Anteilnahme bekunden {25/27/32/33}; 2. sich nach etw. erkundigen; etw. beabsichtigen, anstreben {32/28}; 3. jmds. Interesse wecken {27/28}; 4. jmdn. zu gewinnen suchen {27/33} | dto. | dto. |
| – | **interessiert** l>mlat >(frz) | Anteil nehmend; geistig aufgeschlossen; aufmerksam {25/33} | dto. | dto. |
| – | **Interessiertheit** l>mlat >(frz);d | das Interessiertsein an etw., bekundetes Interesse {25/32/33} | dto. | dto. |

| | | | | |
|---|---|---|---|---|
| 1467 | **Interferenz** (l;l)>nlat | 1. Überlagerung, Überschneidung {58/56/72}; 2. Hemmung eines biologischen Vorgangs (biol. t. t.) {68/69}; 3. Einwirkung eines sprachlichen Systems auf ein anderes (sprachwiss. t. t.); 4. falsche Analogie beim Erlernen einer Sprache (sprachwiss. t. t.); 5. Verwechslung von ähnlich klingenden Wörtern innerhalb der eigenen Sprache (sprachwiss. t. t.) {76} | **inter** + **ferre** | s. oben 1461 tragen, führen, bringen |
| – | **interferieren** (l;l)>nlat | sich überlagern, überschneiden {58/56/72} | dto. | dto. |
| – | **Interferon** (l;l)>nlat | Eiweiß-Abwehrkörper bei der Interferenz (2.) einer Infektion; Krebsbekämpfungsmittel (med. t. t.) {70} | dto. | dto. |
| 1468 | **interfraktionell** (l;l)>nlat | zwischen den Fraktionen bestehend, allen Fraktionen gemeinsam {50/33} | **inter** + **fractio**, onis f | s. oben 1461 das (Zer)brechen |
| 1469 | **intergalaktisch** l;gr>l | zwischen den verschiedenen Milchstraßensystemen gelegen (astron. t. t.) {01/66} | **inter** + **galaxias**, ae m gr. *γαλαξίας* | s. oben 1461 Milchstraße |
| 1470 | **Interieur** l>frz | 1. das Innere, die Ausstattung (eines Raumes) {44/58}; 2. einen Innenraum darstellendes Bild {36} | **interior**, ius (Komp.) | der (die, das) Innere; inneres; kürzeres |
| 1471 | **Interim** | 1. Zwischenzeit {59}; 2. vorläufige Regelung, Übergangslösung {25/40/59} | **interim** | unterdessen, mittlerweile, inzwischen; mitunter |
| – | **interimistisch** l>nlat | vorläufig, einstweilig {59} | dto. | dto. |
| – | Interimstrainer (s. auch unter Trainer) | | | |
| 1472 | **interindividuell** (l;l)>nlat | zwischen mehreren Individuen ablaufend, sie betreffend {33} | **inter** + **individuus**, a, um | s. oben 1461 ungeteilt, unzertrennt |
| 1473 | **Interjektion** | Ausrufe-, Empfindungswort (sprachwiss. t. t.) {76} | **interiectio**, onis f | das Dazwischenwerfen, -setzen; Interjektion |
| – | interjektionell | | | |
| 1474 | **interkommunal** (l;l)>nlat | zwischen Städten bestehend (in bezug auf Vereinbarungen) {49/50} | **inter** + **communalis**, e | s. oben 1461 zur ganzen Gemeinde gehörig, Gemeinde... |

| | | | | |
|---|---|---|---|---|
| 1475 | **interkon-fessionell** (l;l)>nlat | das Verhältnis verschiedener Konfessionen zueinander betreffend (rel. t. t.) {51/33} | **inter** + **confessio**, onis f | s. oben 1461 Geständnis, Bekenntnis |
| 1476 | **interkonti-nental** (l;l)>nlat | 1. zwischen die Erdteile eingeschaltet {02/64}; 2. von einem Kontinent aus einen anderen erreichend {45/86} | **inter** + **continens** (Gen. –ntis) | s. oben 1461 zusammenhängend, ununterbrochen, fortlaufend |
| >>> | Interkontinentalrakete s. Rakete | | | |
| 1477 | **interkultu-rell** (l;l)>nlat | die Beziehungen zwischen verschiedenen Kulturen betreffend {33/81} | **inter** + **cultura**, ae f | s. oben 1461 Pflege, Anbau, Verehrung |
| 1478 | **interlinear** (l;l)>nlat | zwischen die Zeilen des fremdsprachigen Urtextes geschrieben (bes. in mittelalterlichen Handschriften = sog. Interlinearglosse) {32/75} | **inter** + **linearis**, e | s. oben 1461 zu den Linien gehörend, in Linien bestehend, Linien... |
| 1479 | **interlin-gual** (l;l)>nlat | zwei o. mehrere Sprachen betreffend, ihnen gemeinsam (sprachwiss. t. t.) {32/76} | **inter** + **lingua**, ae f | s. oben 1461 Zunge; Rede, Sprache |
| - | **Interlin-guistik** (l;l)>nlat | 1. Wissenschaft von den Kunstsprachen; 2. Mehrsprachigkeit, synchrone vergleichende Sprachwissenschaft {40/76} | dto. | dto. |
| - | Interlinguist | | | |
| 1480 | **Interlu-dium** l>nlat | musikalisches Zwischenspiel (bes. in der Orgelmusik) {37} | **interludere** | dazwischenspielen |
| 1481 | **interme-diär** l>nlat | in der Mitte liegend, dazwischen befindlich, ein Zwischenglied bildend {58/56} | **intermedius**, a, um | zwischen etwas befindlich; der (die, das) mittelste |
| - | **Intermezzo** l>it | 1. Zwischenspiel im Drama, in der ernsten Oper {35/37}; 2. kürzeres Klavier- oder Orchesterstück {37}; 3. lustiger Zwischenfall; kleine, unbedeutende Begebenheit {32/33} | dto. it. *intermezzo* | dto. |
| 1482 | **intermit-tieren** | (zeitweilig) zurücktreten (in bezug auf Krankheitserscheinungen - med. t. t.) {70} | **intermittere** | leer-, offenlassen; aussetzen, unterbrechen |
| - | Intermission | | | |
| - | **intermit-tierend** | zeitweilig aussetzend, wechselnd (z. B. Strom) {61/72} | dto. | dto. |
| 1483 | **intermole-kular** l;l>frz | zwischen den Molekülen bestehend, stattfindend (chem., phys. t. t.) {72/73} | **inter** + **moles**, lis f frz. *molécule* *moléculaire* | s. oben 1461 Masse, Wucht, Klumpen, Größe |

| | | | | |
|---|---|---|---|---|
| 1484 | **intern** | 1. innerlich, inwendig {58}; 2. die inneren Organe betreffend (med. t. t.) {70}; 3. im engsten Kreise; nur die eigenen Verhältnisse (einer Familie) angehend {33}; 4. im Internat wohnend {31/44} | **internus**, a, um | im Innern befindlich, der Innere |
| - | Interne | | | |
| - | **internal** | innerlich, verinnerlicht {25} | dto. | dto. |
| - | **internalisieren** l>engl | Werte, Auffassungen, Normen o. ä. übernehmen und sich zueigen machen; verinnerlichen {25/30/33} | dto. | dto. |
| - | Internalisierung, Internalisation | | | |
| - | **Internat** l>engl | 1. (höhere) Lehranstalt, in der die Schüler wohnen und verpflegt werden; 2. an eine Lehranstalt angeschlossenes Heim {31/44} | dto. | dto. |
| 1485 | **international** (l;l)>nlat | 1. zwischen mehreren Staaten bestehend; 2. nicht national begrenzt; überstaatlich, weltweit {50/33} | **inter** + **natio**, onis f | s. oben 1461 Geschlecht; Sippe, Stamm; Nation |
| - | **Internationale** (l;l)>nlat | 1. Vereinigung von Sozialisten und Kommunisten {33/50/75}; 2. Kampflied der internationalen Arbeiterbewegung {37/50}; 3. (Internationaler): an internationalen Sportwettkämpfen teilnehmender Athlet {85} | dto. | dto. |
| - | **internationalisieren** (l;l)>nlat | 1. die Gebietshoheit eines Staates beschränken; 2. international machen {28/33/50} | dto. | dto. |
| - | Internationalisierung | | | |
| - | **Internationalismus** (l;l)>nlat | 1. das Streben nach zwischenstaatlichem Zusammenschluß {50/28}; 2. Wort, das in gleicher Bedeutung in verschiedenen Kultursprachen vorkommt (sprachwiss. t. t.) {76} | dto. | dto. |
| - | Internationalist | | | |
| - | **Internationalität** (l;l)>nlat | Überstaatlichkeit {50/33} | dto. | dto. |

| | | | | |
|---|---|---|---|---|
| 1486 | **internieren** l>frz | 1. (Angehörige einer feindlichen Armee) in Lagern unterbringen, festsetzen {58/86}; 2. einen Kranken isolieren, in einer geschlossenen Anstalt unterbringen {70/58} | **internus** frz. *interner* | s. oben 1484 ins Landesinnere bringen |
| - | **Internierungslager** l>frz;d | Lager, in dem Zivilpersonen (während des Krieges) gefangengehalten werden {58/86} | dto. | dto. |
| - | **Internist** l>nlat | 1. Facharzt für innere Krankheiten {40/70}; 2. Schüler eines Internats (veraltet) {31} | dto. | dto. |
| - | **internistisch** l>nlat | die innere Medizin betreffend {70} | dto. | dto. |
| - | **Internum** | 1. Gebiet, das einer bestimmten Personengruppe vorbehalten ist {58/33}; 2. nur die eigenen inneren Verhältnisse angehende Angelegenheit {25/33/40} | dto. | dto. |
| 1487 | **interparlamentarisch** l;gr>l >vulgl>frz >engl | die Parlamente der einzelnen Staaten umfassend {50} | **inter** + **parabole**, es f o. **parabola**, ae f vulgl. parabolare gr. $\pi\alpha\rho\alpha\beta o\lambda\acute{\eta}$ frz. *parler* *parlement* engl. *parliament* | s. oben 1461 Gleichnis, Parabel; Wort sprechen Gleichnis, Sprichwort |
| 1488 | **Interpellation** | 1. parlamentarische Anfrage an die Regierung {32/50}; 2. Recht, die Erfüllung eines Anspruchs zu verweigern (jur. t. t. - veraltet); 3. Einspruchsrecht gegen Vollstreckungsbefehle (jur. t. t. - veraltet); 4. Mahnung des Gläubigers an den Schuldner (jur. t. t. - veraltet) {82}; 5. Unterbrechung, Zwischenrede (veraltet) {32/59} | **interpellatio**, onis f | Unterbrechung, das Ins-Wort-Fallen; gerichtliche Klage |
| - | **interpellieren** | 1. eine Interpellation einbringen {32/50/82}; 2. unterbrechen, dazwischenreden, ins Wort fallen (veraltet) {32/59} | **interpellere** | unterbrechen; Einspruch erheben; hindern |

| | | | | |
|---|---|---|---|---|
| 1489 | **interplanetar(isch)** l;gr>l | zwischen den Planeten befindlich {01/66} | **inter** + **planetae**, arum f (Pl.) bzw. **planetes**, tum m (Pl.) gr. πλανῆται o. πλάνητες | s. oben 1461 Planeten, Wandelsterne |
| 1490 | **Interpol** (l;gr>l >mlat) >nlat | Internationale kriminalpolizeiliche Organisation mit Sitz in Paris {50/82} | **inter** + **politia**, ae f gr. πολιτεία mlat. policia | s. oben 1461 Staatsverwaltung, -verfassung, Staat Staat |
| – | **Interpolation** | 1. das Errechnen von Werten einer Funktion (math. t. t.) {71}; 2. spätere unberechtigte Einschaltung in den Text eines Werkes {34/32/57} | **interpolatio**, onis f | Veränderung, Umgestaltung, Täuschung |
| – | **Interpolator** | jmd., der eine Interpolation vornimmt {32/34/40} | **interpolator**, oris m | Verfälscher, Verderber |
| – | **interpolieren** | 1. Werte zwischen bekannten Werten einer Funktion errechnen (math. t. t.) {71}; 2. eine Interpolation vornehmen {32/34} | **interpolare** | herrichten; entstellen, verfälschen |
| 1491 | **Interpret(ator)** | 1. jmd., der etw. in einer bestimmten Weise auslegt {32/25}; 2. Künstler, Musiker, Sänger {37/40} | **interpres**, etis mf | Vermittler, Unterhändler, Erklärer, Übersetzer |
| – | **Interpretation** | 1. Auslegung, Erklärung, Deutung {32/25}; 2. künstlerische Wiedergabe von Musik {37} | **interpretatio**, onis f | Erklärung, Auslegung, Deutung, Übersetzung |
| – | **interpretativ** l>nlat | auf Interpretation beruhend; erklärend, deutend {32/25} | **interpretari** | vermitteln, erklären, übersetzen |
| – | **interpretatorisch** l>nlat | den Interpreten, die Interpretation betreffend {32/25/37} | **interpretatorius**, a, um | zur Erklärung geeignet |
| – | **interpretieren** | 1. (einen Text) auslegen, deuten, erklären {32/25}; 2. Musik künstlerisch wiedergeben {37} | **interpretari** | s. oben |
| 1492 | **interpungieren** o. **interpunktieren** l>nlat | Satzzeichen setzen {76/32} | **interpungere** | (zwei Wörter) durch Punkte unterscheiden, abteilen |
| – | **Interpunktion** | (Satz)zeichensetzung {76/32} | **interpunctio**, onis f | Trennung der Wörter durch Punkte |

| | | | | |
|---|---|---|---|---|
| 1493 | **Interregnum** | 1. (Zeitraum einer) geschäftsführend amtierende(n), vorläufige(n) Regierung {50/59}; 2. kaiserlose Zeit 1254-73 n. Chr. (hist. t. t.) {50/59/75} | **interregnum**, ni n | Zwischenregierung, Interregnum |
| 1494 | **interrogativ** | fragend (sprachwiss. t. t.) {76} | **interrogativus**, a, um | zur Frage gehörig, fragend |
| - | **Interrogativum** o. **Interrogativ(pronomen)** l;l | fragendes Fürwort, Fragefürwort (sprachwiss. t. t.) {76} | dto. bzw. + **pronomen**, minis n | dto. bzw. Vorname; Fürwort (gramm. t. t.) vgl. unten 2857 |
| 1495 | **Interruption** | 1. Unterbrechung, Störung {41/58/59/87}; 2. (künstliche) Unterbrechung (med. t. t.) {58/70} | **interruptio**, onis f | Unterbrechung, das Abbrechen in der Rede |

>>> interruptus s. Redewendungsliste unter Coitus interruptus

| | | | | |
|---|---|---|---|---|
| 1496 | **Intersexualität** (l;l)>nlat | krankhafte Mischung männlicher u. weiblicher Geschlechtsmerkmale in einem Individuum (biol. t. t.) {68/69} | **inter** + **sexualis**, e | s. oben 1461 zum Geschlecht gehörig |
| - | **intersexuell** (l;l)>nlat | eine geschlechtliche Zwischenform zeigend (biol. t. t.) {68/69} | dto. | dto. |
| 1497 | **Intershop** l;engl | (Kunstwort DDR) Geschäft, in dem Waren nur gegen frei konvertierbare Währungen verkauft wurden {42/75} | **inter** | s. oben 1461 |
| 1498 | **interstellar** (l;l)>nlat | zwischen den Fixsternen befindlich (astron. t. t.) {01/66} | **inter** + **stellaris**, e | s. oben 1461 zu den Sternen gehörig |
| 1499 | **intersubjektiv** (l;l)>nlat | verschiedenen Personen gemeinsam, von verschiedenen Personen nachvollziehbar {25/33} | **inter** + **subiectivus**, a, um | s. oben 1461 hinzugefügt; zum Subjekt gehörig |
| 1500 | **interterritorial** (l;l)>nlat | zwischenstaatlich (in bezug auf Abkommen) {50/56} | **inter** + **territorialis**, e | s. oben 1461 zum Gebiet gehörig |
| 1501 | **Intervall** | 1. Zeitabstand, -spanne; Frist; Pause {59}; 2. Abstand zweier zusammen oder nacheinander klingender Töne (mus. t. t.) {37}; 3. symptom- bzw. schmerzfreie Zwischenzeit im Verlauf einer Krankheit (med. t. t.); 4. Zeit zwischen den Menstruationen (med. t. t.) {59/70}; 5. Bereich zwischen zwei Punkten einer Strecke oder Skala (math. t. t.) {71} | **intervallum**, li n | Zwischenraum, Entfernung, Pause, Abstand |

| | | | | |
|---|---|---|---|---|
| 1502 | **intervenieren** l>frz | 1. dazwischentreten, vermitteln; sich einmischen {32/33}; 2. sich vermittelnd in eine Rechtssache einschalten (jur. t. t.) {33/82}; 3. als hemmender Faktor in Erscheinung treten {56/70} | **intervenire** | dazwischenkommen, -treten, widerfahren |
| – | Intervenient | | | |
| – | **Intervention** l>frz | 1. Vermittlung; Einmischung eines Staates in die Verhältnisse eines anderen {50/86}; 2. Ehreneintritt eines Dritten zum Schutz eines Rückgriffschuldners (jur. t. t.) {82/80}; 3. Maßnahme zur Verhinderung von Effektenkursrückgängen (wirtsch. t. t.) {80} | **interventio**, onis f | Vermittlung |
| – | **Interventionismus** l>nlat | (unsystematisches) Eingreifen des Staates in die (private) Wirtschaft {50/80} | dto. | dto. |
| – | Interventionist, interventionistisch | | | |
| 1503 | **Interview** (l;l)>frz >engl | 1. Befragung einer prominenten Persönlichkeit {32/33/40}; 2. gezielte Personenbefragung zu statistischen Zwecken (soziol. t. t.) {81}; 3. methodische Befragung eines Patienten zur Diagnoseerstellung (med., psych. t. t.) {70} | **inter** + **videre** frz. *voir* *entrevoir* *entrevue* engl. *interview* | s. oben 1461 sehen sehen sich treffen Zusammenkunft |
| – | **interviewen** (l;l)>frz >engl | 1. mit jmdm. ein Interview führen {32/33/40}; 2. jmdn. in einer bestimmten Angelegenheit be-, ausfragen {32} | dto. | dto. |
| – | **Interviewer** (l;l)>frz >engl | jmd., der ein Interview macht {32/40} | dto. | dto. |
| – | **Intervision** l;l | ehemaliger Zusammenschluß osteuropäischer Fernsehanstalten zum Austausch von TV-Programmen {46/75/85} | **inter** + **visio**, onis f | s. oben 1461 das Sehen, Anblick, Erscheinung, Vorstellung |
| 1504 | **interzedieren** | dazwischentreten; sich verbürgen, für jmdn. eintreten {33/82} | **intercedere** | dazwischentreten, -liegen; verhindern, Einspruch erheben |
| – | **Interzession** | 1. das Eintreten für die Schuld eines anderen {33/82}; 2. = Intervention (1.) (veraltet) {50/86} | **intercessio**, onis f | Widerspruch, Vermittlung |

| | | | | |
|---|---|---|---|---|
| 1505 | **interzellular** o. **-lär** (l;l)>nlat | zwischen den Zellen gelegen (med., biol. t. t.) {68/69/70/58} | **inter** + **cellula**, ae f | s. oben 1461 kleine Zelle; Kämmerchen |
| 1506 | **interzonal** l;gr>l | zwischen zwei Bereichen, Gebieten (z. B. Vereinbarungen) {33/58/50} | **inter** + **zona**, ae f gr. ζώνη | s. oben 1461 (Erd)gürtel Gürtel, Leibgurt |
| – | Interzonen... | | | |
| 1507 | **Inthronisation** o. **Inthronisierung** l;gr>l>mlat | Thronerhebung eines Monarchen; feierliche Einsetzung eines Abtes, Bischofs oder Papstes {47/50/51} | **in** + **thronus**, ni m gr. θρόνος | s. oben 1275 erhabener Sitz, Thron Sitz, Sessel, Thron |
| – | inthronisieren | | | |
| 1508 | **intim** | 1. innig, vertraut, eng (befreundet) {33}; 2. sexuell (intim sein = geschlechtlich verkehren) {18}; 3. den Bereich der Geschlechtsorgane betreffend {11/70/18}; 4. ganz persönlich, verborgen, geheim {25/33}; 5. gemütlich {26/33}; 6. genau, bis ins Innnerste {56} | **intimus**, a, um (Superl.) | der (die, das) innerste, tiefste, vertrauteste, engste |
| – | **Intima** | 1. innerste Gefäßhaut (med. t. t.) {70}; 2. Vertraute, Busenfreundin (eines Mädchens) {33} | dto. | dto. |
| – | **Intimität** l>nlat | 1. vertrautes, intimes Verhältnis; Vertrautheit {33}; 2. Vertraulichkeit, vertrauliche Angelegenheit {25/33}; 3. sexuelle, erotische Handlung, Berührung, Äußerung {18/29/32}; 4. gemütliche, intime Atmosphäre {26/33}; 5. innerster persönlicher Bereich, Intimsphäre {25/33} | dto. | dto. |
| >>> | Intimsphäre s. Intimität (5.) | | | |
| – | **Intimspray** l;engl | Deodorant für den Intimbereich {21} | dto. | dto. |
| – | **Intimus** | Vertrauter; engster Freund {33} | dto. | dto. |
| 1509 | **intolerabel** | unerträglich; unleidlich, unausstehlich (veraltet) {26/33} | **intolerabilis**, e | unerträglich; unwiderstehlich; ungeduldig |

| | | | | |
|---|---|---|---|---|
| – | **intolerant** l>frz | 1. unduldsam; keine andere Meinung gelten lassend {25/33/84}; 2. bestimmte Stoffe nicht vertragend (med. t. t.) {70} | **intolerans** (Gen. –ntis) | unduldsam, nicht leicht ertragend; unerträglich |
| – | **Intoleranz** l>frz | 1. Unduldsamkeit {25/33/84}; 2. auf Unverträglichkeit beruhende mangelnde Widerstandsfähigkeit gegen bestimmte Stoffe (med. t. t.) {70} | **intolerantia**, ae f | Unduldsamkeit, Unerträglichkeit, Unausstehlichkeit |
| 1510 | **Intonation** l>nlat | 1. Tongebung beim Sprechen (sprachwiss. t. t.) {32/76}; 2. vom Vorsänger gesungene Anfangsworte eines liturgischen Gesangs {37/51}; 3. kurzes Orgelvorspiel (mus. t. t.) {37/59}; 4. Art der Tongebung bei Sängern, Instrumentalisten (mus. t. t.) {37}; 5. Ausgleich der Töne und ihrer Klangfarbe beim Orgelbau (mus. t. t.) {37/40} | **intonare** | donnern, laut vernehmen lassen, Getöse machen |
| – | **intonieren** | 1. die Stimme auf eine bestimmte Tonhöhe einstellen (physiol. t. t.) {70/69}; 2. anstimmen, etw. zu spielen beginnen (mus. t. t.); 3. den Ton angeben (mus. t. t.); 4. Töne in einer bestimmten Tongebung hervorbringen (mus. t. t.) {37} | dto. | dto. |
| 1511 | **Intrade** l>it | festlich-feierliches Eröffnungsstück (mus. t. t.) {33/37} | **intrare** | be-, hineintreten, -gehen |

>>> intra... s. ggf. unter dem Rest des Wortes

| | | | | |
|---|---|---|---|---|
| 1512 | **intrakutan** (l;gr>l) >nlat | in der Haut gelegen; in die Haut hinein (injiziert - med. t. t.) {70} | **intra**<br>+ **cutis**, is f<br>gr. κύτος | innerhalb, innen, innerlich; binnen<br>Haut, Oberfläche |
| 1513 | **intralingual** (l;l)>nlat | innersprachlich, innerhalb einer Sprache auftretend {76} | **intra**<br>+ **lingua**, ae f | s. oben 1512<br>Zunge, Sprache |
| 1514 | **intramolekular** (l;l)>nlat | sich innerhalb der Moleküle vollziehend (chem. t. t.) {73} | **intra**<br>+ **moles**, lis f | s. oben 1512<br>Wucht, große Masse, Größe |
| 1515 | **intramuskulär** (l;l)>nlat | im Innern eines Muskels gelegen; ins Innere des Muskels hinein erfolgend (med. t. t.) {70} | **intra**<br>+ **musculus**, li m | s. oben 1512<br>Mäuschen; Muskel |

| | | | | |
|---|---|---|---|---|
| 1516 | **intransitiv** | nichtzielend (Verben ohne Akkusativobjekt und persönliches Passiv - sprachwiss. t. t.) {76} | **intransitivus**, a, um | intransitiv (gramm. t. t.) |
| – | **Intransitiv(um)** | intransitives Verb (sprachwiss. t. t.) {76} | dto. | dto. |
| 1517 | **intrasubjektiv** (l;l)>nlat | innerhalb des einzelnen Subjekts, des Ichs bleibend {25/77} | **intra** + **subjectivus**, a, um | s. oben 1512 hinzugefügt; zum Subjekt gehörig |
| 1518 | **Intrauterinpessar** l;l>nlat;gr >l>mlat | in die Gebärmutter eingelegter Kunststoffkörper zur Empfängnisverhütung (med. t. t.) {70/18} | **intra** + **uterinus**, a, um + **pessum**, si n o. **pessus**, si m gr. *πεσσόν* o. *πεσσός* | s. oben 1512 leiblich, von einer Mutter Mutterzäpfchen, Mutterkranz (med. t. t.) |
| 1519 | **intravenös** (l;l)>nlat | innerhalb einer Vene gelegen; in die Vene hinein erfolgend (von Injektionen - med. t. t.) {70} | **intra** + **venosus**, a, um bzw. **vena**, ae f | s. oben 1512 voll Adern, adrig Ader, Vene |
| 1520 | **intrazellulär** (l;l)>nlat | innerhalb der Zelle(n) gelegen (med., biol. t. t.) {68/69/70} | **intra** + **cellula**, ae f | s. oben 1512 Kämmerchen; kleine Zelle |
| 1521 | **intrigant** l>it>frz | ränkesüchtig, hinterlistig; ständig auf Intrigen sinnend {25/33/84} | **intricare** it. *intrigare* frz. *intriguer* *intrigant* | verwickeln, verwirren, in Verwirrung bringen |
| – | **Intrigant** l>it>frz | Ränkeschmied; jmd., der Intrigen schmiedet {25/33/84} | dto. | dto. |
| – | **Intriganz** l>it>frz | intrigantes Verhalten {25/33/84} | dto. | dto. |
| – | **Intrige** l>it>frz | hinterlistig angelegte Verwicklung, Ränkespiel {25/33} | dto. frz. *intrigue* | dto. |
| – | **intrigieren** l>it>frz | Ränke schmieden, hinterlistig Verwicklungen inszenieren, einen gegen den anderen ausspielen {25/33} | dto. | dto. |
| 1522 | **intrinsisch** l>frz>engl | von innen her, aus eigenem Antrieb durch Sachinteresse erfolgend, durch Sachanreize bedingt (psych., päd. t. t.) {70/78} | **intrinsecus** (Adv.) | inwendig, innerlich; einwärts |
| 1523 | **Intro** | 1. einleitender Musiktitel {37/59/85}; 2. Vorbemerkung, einleitender (Zeitschriften)artikel {32} | **intro** (Adv.) | hinein; inwendig, innerlich |

| | | | | |
|---|---|---|---|---|
| 1524 | **Introduktion** | 1. Einleitung, Einführung (veraltet) {32/56/59}; 2. das Einführen des Penis in die Vagina beim Geschlechtsverkehr (med. t. t.) {70/18} | **introductio**, onis f | das Ein-, Zuführen |
| | (l>it) | 3. (= Introduzione) freier Einleitungssatz vor dem Hauptsatz (beim Konzert - mus. t. t.); 4. erste Gesangsnummer einer Oper (mus. t. t.) {37}; | | |
| – | **introduzieren** | einleiten, einführen {32/59} | **introducere** | (hin)einführen, -leiten; vorführen |
| 1525a | **Introversion** (l;l)>nlat | Konzentration des Interesses weg von der Außenwelt auf innerseelische Vorgänge (psych. t. t.) {70/84} | **intro** + **vertere** | s. oben 1523 (um)kehren, -wenden, drehen, richten |
| – | **introvertiert** (l;l)>nlat | nach innen gewendet, zur Innenverarbeitung der Erlebnisse veranlagt (psych. t. t.) {70/84} | dto. | dto. |
| 1525b | **Intubation** l;l>(nlat) | das Einführen eines Tubus in die Luftröhre (z. B. bei der Narkose - med. t. t.) {70} | **in** + **tubus**, bi m | s. oben 1275 (Wasser)röhre |
| – | intubieren | | | |
| 1526 | **Intuition** l>mlat | 1. unmittelbare, nicht auf Überlegung beruhendes Erkennen eines Sachverhalts; 2. Eingebung, (plötzliches) ahnendes Erfassen {22/24} | **intuitio**, onis f | das Erscheinen des Bildes auf der Oberfläche des Spiegels |
| – | **intuitiv** l>mlat | auf Intuition beruhend, mit Intuition {22/24} | **intueri** | hinsehen, anschauen, betrachten |
| 1527 | **intus** | 1. innen, inwendig {58}; 2. etw. - haben: etw. begriffen -, sich etw. einverleibt -, etw. gegessen haben {25/17}; 3. einen - haben: angetrunken, beschwipst sein {14/17/26} | **intus** (Adv.) | von innen; inwendig; nach innen, hinein |
| 1528 | **invadieren** | in fremdes Gebiet einfallen {29/86} | **invadere** | eindringen,-fallen; überfallen |
| 1529 | **invalid**(e) | arbeits-, dienst-, erwerbsunfähig (infolge einer Verwundung, Krankheit o. ä.) {14/70} | **invalidus**, a, um | schwach, kraftlos; krank |
| – | Invalide | | | |
| – | **invalidieren** l>nlat | ungültig machen, umstoßen (veraltet) {25/56} | dto. | dto. |
| – | **invalidisieren** l>nlat | 1. für invalide erklären {32/14/70}; 2. jmdm. eine Alters- oder Arbeitsunfähigkeitsrente gewähren {28/33/40/49} | dto. | dto. |

| | | | | |
|---|---|---|---|---|
| – | **Invalidität** l>nlat | dauernde erhebliche Beeinträchtigung der Arbeits-, Dienst-, Erwerbsfähigkeit {14/40/70} | dto. | dto. |
| 1530 | **invariabel** (l;l)>nlat | unveränderlich {53/59/61} | **in** + **variabilis**, e | s. oben 1275 veränderlich |
| 1531 | **Invasion** l>frz | 1. Einfall; feindliches Einrükken von Truppen in fremdes Gebiet {86}; 2. das Eindringen von Krankheitserregern in die Blutbahn (med. t. t.) {70} | **invasio**, onis f | Angriff, das Einfallen; Vergewaltigung |
| – | **Invasor** | Eroberer, eindringender Feind {86} | **invasor**, oris m | Eroberer, Angreifer |
| 1532 | **Invektive** | Schmährede, -schrift; beleidigende Äußerung {32/33/26} | **invectivus**, a, um | schmähend, voller Schmähungen |
| 1533 | **Inventa-r(ium)** | (Verzeichnis über die) Gesamtheit der zu einem Betrieb, Haus, einer Erbschaft o. ä. gehörenden Einrichtungsgegenstände, Vermögenswerte und Verbindlichkeiten {32/43/80} | **inventarium**, ii n | Vermögens-, Nachlaßverzeichnis; Inventar |
| – | **Inventarisation** l>nlat | Bestandsaufnahme (des Inventars) (32/43/80} | dto. | dto. |
| – | Inventarisator, inventarisieren, Inventarisierung | | | |
| 1534 | **Invention** | 1. Erfindung (veraltet) {72/25/22}; 2. kleines Klavierstück mit einem zugrundeliegenden Thema (mus. t. t.) {37} | **inventio**, onis f | das Auf-, Erfinden; Entdeckung, Fund |
| – | **Inventor** | Erfinder, Urheber {22/25/40} | **inventor**, oris m | Erfinder, Urheber |
| – | **Inventur** l>mlat | Bestandsaufnahme der Vermögensverhältnisse eines Unternehmens zu einem bestimmten Zeitpunkt {42/43/80} | **invenire** (PFA. **inventurus**) | finden, entdecken, ausfindig machen |
| 1535 | **invers** | umgekehrt {56} | **invertere** (PPP. **inversus**) | umkehren, -drehen, -wenden |

| | | | | |
|---|---|---|---|---|
| – | **Inversion** | 1. Umkehrung der üblichen Wortstellung (sprachwiss. t. t.) {76}; 2. Umwandlung von Rohr- in Trauben- u. Fruchtzucker (chem. t. t.) {17/73}; 3. Berechnung der inversen Funktion (math. t. t.) {71}; 4. Umkehrung des Geschlechtstriebes (med. t. t.) {18/70}; 5. Form der Chromosomenmutation (biol. t. t.) {68/69}; 6. Reliefumkehr (geol. t. t.) {62}; 7. Temperaturumkehrung in der Atmosphäre unterhalb einer Sperrschicht (meteor. t. t.) {65}; 8. Umkehrung der Notenfolge der Intervalle (mus. t. t.) {37} | **inversio**, onis f | Umkehrung, -setzung, Versetzung |
| – | **invertieren** | umkehren, umstellen, eine Inversion vornehmen {56/58} | **invertere** | s. oben |
| – | **invertiert** | 1. umgekehrt {58/56}; 2. zum eigenen Geschlecht hin empfindend (med. t. t.) {18/70} | dto. | dto. |
| – | Invertierte(r) | | | |
| – | **Invertzucker** l;d | der bei der Inversion (2.) entstehende Trauben- und Fruchtzucker (z. B. in Honig) {17/73} | dto. | dto. |
| 1536 | **investieren** l>(mlat) | 1. mit den Zeichen der Amtswürde bekleiden, in ein Amt einsetzen {33/51/50}; 2. etw. in jmd. o. etw. -: etw. (z. B. Zeit) für etw. o. jmdn. verwenden {28/33/59}; | **investire** | bekleiden |
| | (l>it) | 3. Kapital langfristig in Sachgütern anlegen (wirtsch. t. t.) {80} | | |
| – | Investierung | | | |
| – | **Investition** l>nlat | (wirtsch. t. t.) 1. Überführung von Finanz- in Sachkapital {80}; 2. Erhöhung des Bestandes an Gütern für späteren Bedarf {43/80} | dto. | dto. |
| – | **investiv** l>nlat | als Investition, in Form von Investitionen, zur produktiven Verwendung (wirtsch. t. t.) {41/80} | dto. | dto. |

| | | | | |
|---|---|---|---|---|
| – | **Investitur** l>mlat | 1. Einweisung in ein niederes geistliches Amt (kath. rel. t. t.) {51}; 2. (im Mittelalter) feierliche Belehnung mit dem Bischofsamt durch den König {50/51/75}; 3. abschließender Akt der Eigentumsübertragung {43/82}; 4. Bestätigung des Ministerpräsidenten durch die frz. Nationalversammlung {50} | dto. (2.: mlat. investitura) | dto. |
| – | **Investment** l>engl | Anteilsschein am Vermögen einer Kapitalanlagegesellschaft (wirtsch. t. t.) {80/43} | dto. | dto. |
| – | **Investor** l>nlat | Kapitalanleger (wirtsch. t. t.) {80/43} | dto. | dto. |
| 1537 | **Investigation** | Untersuchung, Nachforschung (veraltet) {25} | **investigatio**, onis f | das Aufspüren, Erforschen |
| – | **Investigator** | jmd., der Nachforschungen anstellt (selten) {25/40/33} | **investigator**, oris m | Aufspürer, Erforscher |
| – | **investigieren** | nachforschen, -spüren, untersuchen (veraltet) {25/33} | **investigare** | auskundschaften, aufspüren, erforschen |
| 1538 | **inveterieren** | verjähren (veraltet - jur. t. t.) {82/59} | **inveterare** | alt werden lassen; veralten |
| 1539 | **invisibel** | unsichtbar (selten) {54/55} | **invisibilis**, e | unsichtbar |
| 1540 | **Invitation** | Einladung (selten) {27/33} | **invitatio**, onis f | Aufforderung, Einladung |
| – | **invitieren** | (veraltet) 1. einladen, zu Gast bitten {27/33}; 2. ersuchen {27} | **invitare** | höflich auffordern, einladen; ermuntern |
| 1541 | **Invokation** | Anrufung Gottes (und der Heiligen - rel. t. t.) {51} | **invocatio**, onis f | Anrufung |
| 1542 | **involvieren** | einschließen, in sich begreifen, enthalten {56} | **involvere** | hineinwälzen,-rollen, -stürzen; einwickeln |
| 1543 | **Inzest** | 1. Geschlechtsverkehr zwischen Blutsverwandten (med. t. t.) {70/18}; 2. Paarung von engverwandten Tieren (biol. t. t.) {69} | **incestum**, ti n | Unzucht, Blutschande |
| – | **inzestuös** l>frz | blutschänderisch, einen Inzest bedeutend {70/18} | **incestuosus**, a, um | unkeusch, blutschänderisch |
| 1544 | **inzident** | zufällig; im Verlauf einer Angelegenheit nebenbei auffallend (veraltet) {25/56} | **incidere** | hineinfallen; sich zutragen, sich ereignen |

| | | | | |
|---|---|---|---|---|
| – | **Inzidenz** l>mlat | 1. Eintritt (eines Ereignisses), Vorfall (veraltet) {52/59}; 2. Beziehung zwischen einem Punkt und einer Geraden (geometr. t. t.) {71}; 3. Teilcheneinfall in ein bestimmtes Raumgebiet (astron. t. t.) {66}; 4. Umstand, daß Subventionen eine andere Wirkung haben als vorauskalkuliert (wirtsch. t. t.) {80} | dto. | dto. |
| 1545 | **inzipient** | beginnend (med. t. t.) {59/70} | **incipere** | anfangen, beginnen |
| >>> | Ionen... s. ggf. unter dem Rest des Wortes | | | |
| 1546 | **Iris** (gr)>l | 1. Regenbogen (meteor. t. t.) {65}; 2. Regenbogenhaut des Auges (med. t. t.) {11/70}; 3. Schwertlilie {04} | **iris**, idis f gr. *ἶρις* | Iriswurzel; Regenbogenstein |
| – | **irisieren** (gr)>l>nlat | in Regenbogenfarben schillern {54/55} | dto. | dto. |
| 1547 | **Ironie** (gr)>l | 1. feiner verdeckter Spott {26/25}; 2. paradoxe Konstellation {56} | **ironia**, ae f gr. *εἰρωνεία* | feiner Spott; Ironie |
| – | **ironisch** (gr)>l | voller Ironie; spöttisch {25/26/84} | **ironicus**, a, um gr. *εἰρωνικός* | ironisch |
| 1548 | **irrational** | 1. mit dem Verstand nicht faßbar; 2. vernunftwidrig {25} | **irrationalis**, e | unvernünftig, ohne Vernunft ausgeführt |
| – | **Irrationalismus** l>nlat | 1. Vorrang des Gefühlsmäßigen vor der Verstandeserkenntnis {25/26/77}; 2. bestimmte metaphysische Lehre (philos. t. t.) {77}; 3. irrationale Verhaltensweise, irrationales Geschehen o. ä. {25/52} | dto. | dto. |
| – | **Irrationalität** l>nlat | die Eigenschaft des Irrationalen {25} | dto. | dto. |
| – | **irrationell** | dem Verstand nicht zugänglich, außerhalb des Rationalen {25} | dto. | dto. |
| 1549 | **irreal** l;l | nicht wirklich, unwirklich {24} | **in** + **realis**, e | s. oben 1275 sachlich, wesentlich |
| – | **Irreal(is)** (l;l)>nlat | Modus des unerfüllbaren Wunsches (sprachwiss. t. t.) {76} | dto. | dto. |
| – | **Irrealität** (l;l)>nlat | Nicht-, Unwirklichkeit {24} | dto. | dto. |

| | | | | |
|---|---|---|---|---|
| 1550 | **irregulär** (l;l)>nlat | 1. nicht der Regel entsprechend {33/56}; 2. ungesetzlich {82}; 3. vom Empfang der kath. geistlichen Weihen ausgeschlossen (kath. rel. t. t.) {51} | **in** + **regularis**, e | s. oben 1275 eine Richtschnur enthaltend; regelmäßig |
| – | **Irregularität** l>nlat | 1. Regellosigkeit, mangelnde Gesetzmäßigkeit {33/56}; 2. vom üblichen Sprachgebrauch abweichende Erscheinung (sprachwiss. t. t.) {76}; 3. kirchenrechtliches Hindernis, das den Empfang geistlicher Weihen ausschließt (kath. rel. t. t.) {51} | dto. | dto. |
| 1551 | **irrelevant** (l;l)>nlat | unerheblich, belanglos {56/25} | **in** + **relevare** | s. oben 1275 aufheben, erleichtern, mildern, Erholung verschaffen |
| – | **Irrelevanz** l>nlat | Unwichtigkeit, Bedeutungslosigkeit {56/25} | dto. | dto. |
| 1552 | **irreligiös** | nicht religiös {51} | **irreligiosus**, a, um | gottlos, unreligiös |
| – | **Irreligiosität** | Religionslosigkeit {51} | **irreligiositas**, atis f | Gottlosigkeit |
| 1553 | **irreparabel** | 1. sich nicht durch eine Reparatur instand setzen lassend {40/41/54/87}; 2. sich nicht ersetzen, beheben lassend {40/41/25}; 3. nicht heilbar, dauernd funktionsuntüchtig (med. t. t.) {70} | **irreparabilis**, e | nicht wiederherzustellen, unersetzlich, unwiederbringlich |
| – | **Irreparabilität** l>nlat | Unmöglichkeit, einen Fehler wieder auszugleichen {54/40/41/25} | dto. | dto. |
| 1554 | **irreversibel** l>frz | nicht umkehrbar, nicht rückgängig zu machen {52/56/59} | **irrevertibilis**, e frz. *irreversible* | nicht zurückgehbar |
| – | **Irreversibilität** l>frz | Unumkehrbarkeit {52/56/59} | dto. | dto. |
| 1555 | **Irritation** | 1. auf jmdn. oder etw. ausgeübter Reiz, Reizung; 2. das Erregtsein; 3. Verwirrung, Verunsicherung {25/26} | **irritatio**, onis f | Erregung, (An)reizung; Erbitterung |
| – | **irritieren** | 1. (auf)reizen, erregen; 2. unsicher machen, verwirren, beunruhigen; 3. stören, lästig sein; 4. ärgern (veraltend) {25/26/33} | **irritare** | erregen, (an)reizen, provozieren, aufbringen |

| | | | | |
|---|---|---|---|---|
| 1556 | **Isolation**<br>l>it>frz | 1. Absonderung, Getrennthaltung (von Infektionskranken, Häftlingen o. ä.) {58/70/82}; 2. Vereinsamung, Abkapselung {58/26/33}; 3. Abgeschnittenheit eines Gebietes {58/64}; 4. Verhinderung des Durchgangs von Strömen (Gas, Strom o. ä.) {72}; 5. Isoliermaterial (techn. t. t.) {40/41/87} | **insula**,<br>ae f<br>it. *isola*<br>*isolare*<br>frz. *isoler*<br>*isolation* | Insel, Eiland<br>vgl. oben 1430 |
| – | **Isolationismus**<br>l>it>frz<br>>nlat | politische Tendenz, sich vom Ausland abzuschließen {50/33} | dto. | dto. |
| – | Isolationist, isolationistisch | | | |
| – | **isolativ**<br>l>it>frz | eine Isolation darstellend, beinhaltend {58/72} | dto. | dto. |
| – | **Isolator**<br>l>it>frz | 1. Stoff, der Energieströme schlecht oder gar nicht leitet {72}; 2. Material zum abdichten, isolieren (z. B. gegen Kälteeinbruch) {40/41/44/87} | dto. | dto. |
| – | **isolieren**<br>l>it>frz | 1. absondern, vereinzeln, abschließen {33/58}; 2. Kranke von Gesunden getrennt halten (med. t. t.) {70}; 3. eine Schachfigur von ihren Mitstreitkräften abschneiden {58/85}; 4. einen Isolator anbringen (techn. t. t.) {40/41/44/72/87} | dto. | dto. |
| >>> | Isolierstation s. Station | | | |
| – | Isolierung | | | |
| 1557 | **Itala** | 1. wichtigste Gruppe unter den ältesten, der Vulgata vorausgehenden lateinischen Bibelübersetzungen; 2. (fälschliche) Bezeichnung für die Vetus Latina (eine alte lateinische Bibelübersetzung) {51/32} | **Italus**,<br>a, um | italisch (= lateinisch), in oder aus Italien |
| 1558 | **item** | ebenso, desgleichen, ferner (veraltet) {83/56} | **item** | ebenso, ebenfalls, desgleichen, auch |
| – | **Item**<br><br>(l>engl) | 1. das Fernere, Weitere, ein weiterer (Frage)punkt {57/56}; 2. Einzelangabe, Element, Bestandteil; Einzelaufgabe innerhalb eines Tests {31/56/57} | dto. | dto. |

| | | | | |
|---|---|---|---|---|
| 1559 | **Iteration** | 1. schrittweises Rechenverfahren zur Annäherung an die exakte Lösung (math. t. t.) {71}; 2. Verdopplung einer Silbe, eines Wortes (rhet. t. t.); 3. Wiederholung einer Wortgruppe im Satz (rhet. t. t.) {76}; 4. zwanghafte, gleichförmige, ständige Wiederholung von Wörtern, Sätzen und einfachen Bewegungen (bei Geisteskrankheiten - med., psych. t. t.) {70} | **iteratio**, onis f | Wiederholung (auch als rhet., gramm. t. t.) |
| – | **iterativ** | 1. wiederholend {56/59}; 2. sich schrittweise einer Lösung annähernd (math. t. t.) {71} | **iterativus**, a, um | zur Wiederholung dienend, wiederholend |
| – | **Iterati-v(um)** | Verb mit wiederholender Aktionsart (sprachwiss. t. t.) {76} | dto. | dto. |
| – | **iterieren** | wiederholen, eine Iteration vornehmen {29/59/71/76} | **iterare** | (eine Handlung) noch einmal vornehmen, wiederholen, erneuern, |
| 1560 | **Itinera-r(ium)** | 1. Straßen- und Stationenverzeichnis der röm. Kaiserzeit (hist. t. t.) {75/32/64}; 2. Verzeichnis der Wegeaufnahmen bei Forschungsreisen {64/32/45} | **itinerarium**, ii n | das Signal zum Marsche; Wegbeschreibung |

# J

| | | | | |
|---|---|---|---|---|
| 1561 | **jade**<br>l>span>frz | blaßgrün {55} | **ile**, lis n<br>(o. **ileum**, ei /<br>**ilium**, ii n)<br>**ilia**,<br>iorum n (Pl.)<br><br>span. *ijada*<br>*piedra de la ijada*<br>afrz. *ejade*<br>frz. *jade* | Unterleib, Weichen<br><br><br>Magen, Gedärme<br>Eingeweide, Weiche, Flanke<br><br>Lendenstein<br><br><br>blaßgrüner Stein |
| – | **Jade**<br>l>span>frz | Mineral; blaßgrüner (chinesischer) Schmuckstein {02/20} | dto. | dto. |
| – | jaden | | | |
| 1562 | **jambisch**<br>(gr)>l | den Jambus betreffend, nach Art des Jambus (sprachwiss. t. t.) {34/75/76} | **iambicus**,<br>a, um<br>gr. *ἰαμβικός* | jambisch |
| – | **Jambus**<br>(gr)>l | antiker Versfuß (sprachwiss. t. t.) {34/75/76} | **iambus**,<br>bi m<br><br>gr. *ἴαμβος* | jambisches Versglied, Gedicht; jambischer Vers |
| 1563 | **Januar** o.<br>**Jänner**<br>l>vulgl | 1. Monat im Jahr (schweiz., österr.) {59} | **Ianuarius**,<br>a, um<br>vulgl.<br>Ienuarius* | zum Janus gehörig, januarisch |
| 1564 | **Januskopf**<br>l;d | Bild eines zweigesichtigen Männerkopfes (als Bildnis des Zwiespalts) {25/51/55/75} | **Ianus**,<br>ni m | römisch-italischer, doppelgesichtiger Gott |
| 1565 | **Jeton**<br>l>vulgl>frz | 1. Spielmünze, Spielmarke {56/85}; 2. Automatenmarke, Telefonmarke {46/56} | **iactare**<br>vulgl.<br>iectare*<br>frz. *jeter*<br>*jeton* | werfen, schleudern<br><br><br>werfen, (be)rechnen |
| 1566 | **Jeu**<br>l>frz | Spiel, Kartenspiel {85} | **iocus**,<br>ci m | Scherz, Spaß;<br>Spiel, Zeitvertreib |
| >>> | Job-Rotation s. Rotation | | | |
| – | **Joker**<br>l>engl. | für jede andere Karte einsetzbare zusätzliche Spielkarte mit der Abbildung eines Narren {56/85} | dto. | dto. |

| | | | | |
|---|---|---|---|---|
| – | **jokos** | scherzhaft, spaßig (veraltet) {26/33} | **iocosus**, a, um | scherzhaft, spaßig, kurzweilig |
| – | **Jokus** | Scherz, Spaß (ugs.) {26/33} | **iocus** | s. oben |
| – | **Jongleur** l>frz | 1. Artist, Geschicklichkeitskünstler {40/85}; 2. jmd., der den Jongliersport ausübt {12/85}; 3. Spielmann, Possenreißer {40/75} | **ioculator**, oris m<br>frz. *jongleur* | Spaßmacher, Schäker |
| – | **jonglieren** l>frz | 1. mit artistischem Können mehrere Gegenstände gleichzeitig spielerisch werfen und auffangen {12/40/85}; 2. mit Gewichten o. ä. bestimmte Geschicklichkeitsübungen ausführen (Kunstkraftsport) {12/85} | dto.<br>frz. *jongler* | dto. |
| 1567 | **Journal** l>vulgl>frz | 1. Tageszeitung {32}; 2. Modezeitschrift {19/20/32}; 3. Tagebuch {32/34/59} | **diurnus**, a, um<br>vulgl. diurnum*<br>frz. *jour*<br>*journal* | täglich<br><br>Tag |
| – | **Journaille** l>vulgl>frz | hinterhältig-gemeine, skrupellose Presse, Journalisten {26/32/33/40} | dto. | dto. |
| – | **Journalismus** l>vulgl>frz | 1. Tätigkeit, Arbeit eines Journalisten {40}; 2. charakteristische Art der Zeitungsberichterstattung, typischer journalistischer Schreibstil (salopp, abwertend) {32/26} | dto. | dto. |
| – | **Journalist** l>(vulgl)>(frz) | jmd., der beruflich für Presse, Rundfunk, TV schreibt, publizistisch tätig ist {40/32} | **diurnarius**, ii m | Journalist |
| – | **Journalistik** l>vulgl>frz | Zeitungswesen, -wissenschaft {32/40} | **diurnus** | s. oben |
| – | journalistisch | | | |
| 1568 | **jovial** l>mlat | betont wohlwollend, leutselig {26/84} | **Iovialis**, e | zu Jupiter gehörig |
| – | **Jovialität** l>mlat | joviales Wesen, Leutseligkeit {26/84} | dto. | dto. |
| 1569 | **jubilieren** | 1. jubeln, frohlocken {26}; 2. ein Jubiläum feiern {33} | **iubilare** | jauchzen, frohlocken, ein wildes Geschrei erheben |
| – | **Jubel** l>vulgl | Freudengeschrei {32/26} | dto.<br>mlat. iubilum | dto.<br>freudiger Aufschrei; das Jauchzen, Frohlocken |

\>>> Jubeljahr, Jubilar, Jubiläum sind hebräischen Ursprungs!

| | | | | |
|---|---|---|---|---|
| – | **Jubilate** l>vulgl | Name des 3. Sonntags nach Ostern (rel. t. t.) {59/51} | **iubilare** | s. oben |
| – | **Jubilatio(n)** l>vulgl o. **Jubilus** kirchenl | jubelnde, auf einem Vokal gesungene Tonfolge im Gregorianischen Choral (rel. t. t.) {37/51} | **iubilatio,** onis f | das Jubeln, Jodeln, Frohlocken |
| – | **Jubilee** l>vulgl>frz >engl>am | religiöser Hymnengesang der farbigen Nordamerikaner {37/51} | **iubilum** | s. oben |
| 1570 | **Judikat** | Rechtsspruch, richterlicher Entscheid (veraltet - jur. t. t.) {82} | **iudicatum,** ti n | Urteil(sspruch), richterliche Entscheidung |
| – | **Judikation** | richterliche Untersuchung; Aburteilung (veraltet - jur. t. t.) {82} | **iudicatio,** onis f | Untersuchung, Urteil |
| – | **Judikative** l>nlat | richterliche Gewalt im Staat {50/82} | **iudicare** | verurteilen, gerichtlich entscheiden; beschließen |
| – | **judikatorisch** | richterlich (veraltet - jur. t. t.) {82} | **iudicatorius,** a, um | richterlich |
| – | **Judikatur** l>nlat | Rechtsprechung (jur. t. t.) {82} | **iudicare** (**iudicatur** | s. oben es wird gerichtlich entschieden) |
| – | **judiziell** l>nlat | die Rechtsprechung betreffend, richterlich (jur. t. t.) {82} | **iudicialis,** e | zum Gericht gehörig, gerichtlich; richterlich, amtlich |
| – | **judizieren** | das Richteramt verwalten, Recht sprechen (veraltet - jur. t. t.) {40/82} | **iudicare** | s. oben |
| – | **Judiz(ium)** | (jur. t. t.) 1. richterliche Untersuchung, Rechtspflege, Richteramt {40/82}; 2. Rechtsspruch {28/82}; 3. aus langjähriger Gerichtspraxis sich entwickelndes Rechtsfindungsvermögen {22/82} | **iudicium,** ii n | gerichtliche Untersuchung, Gerichtsverhandlung, Prozeß; Urteil |
| 1571 | **Jugulum** | Drosselgrube (Einsenkung an der Halsvorderseite zwischen dem Schlüsselbein u. den Hals- u. Schultermuskeln - med. t. t.) {11/70} | **iugulum,** li n | Schlüsselbein; Drosselgrube; Kehle |
| – | jugular | | | |
| 1572 | **Juice** l>frz>engl | Obst- oder Gemüsesaft {17} | **ius** (2.), uris n | Brühe, Suppe; Saft der Purpurschnecke vgl. ius (1.) 1578 |
| 1573 | **Juli** | 7. Monat im Jahr (nach Julius Cäsar benannt, der eine Kalenderreform durchführte) {59} | **Iulius,** a, um | zum Juli gehörig |

| | | | | |
|---|---|---|---|---|
| 1574 | **Juni** | 6. Monat im Jahr (nach der altröm. Göttin Juno benannt) {59} | **Iunius**, a, um | zum Juni gehörig |
| 1575 | **junior** | der jüngere {15/33} | **iunior**, ius (Komp.) bzw. **iuniores**, rum m (Pl.) | jünger(e/er/es) junge Mannschaft |
| – | **Junior** | 1. Juniorchef einer Firma {40/41}; 2. Sohn (im Verhältnis zum Vater) {15/10}; 3. der junge Mann; Jungsportler {15/33/85} | dto. | dto. |
| 1576 | **Junktim** | notwendige Verbindung zwischen zwei Verträgen oder Gesetzesvorlagen {50/56/82} | **iunctim** (Adv.) | vereinigt, beisammen; gleich hintereinander |
| – | **Junktur** | 1. Verbindung, Fuge (z. B. zwischen benachbarten Knochen des Skeletts - med. t. t.) {58/70}; 2. Grenze zwischen aufeinanderfolgenden sprachlichen Einheiten, die als Sprechpause erscheint (sprachwiss. t. t.) {76} | **iunctura**, ae f | Verbindung, Gelenk, Fuge, Bespannung |
| 1577 | **Junta** l>span | 1. Regierungsausschuß (in Spanien, Lateinamerika) {50}; 2. = Militärjunta (s. darunter) {86} | **iungere** span. *juntar* | verbinden, vereinigen; anspannen; angrenzen verbinden |
| 1578 | **Jura** | 1. Rechtswissenschaft {82}; 2. erdgeschichtliche Formation des Mesozoikums (nach dem schweiz. Gebirge) = Juraformation {62/59} | 1.: **ius**, uris n 2.: **Iura**, ae f | Satzung, Verordnung; (Vor)recht Gebirgslandschaft in der Schweiz und Frankreich |
| – | **Jurator** | 1. Wertsachverständiger {40/43/82}; 2. Eideshelfer (veraltet - jur. t. t.) {82} | **iurator**, oris m | Geschworener, Zeuge; Schwörer; Begutachter |
| – | **juridisch** | der Rechtswissenschaft entsprechend, juristisch {82} | **iuridicus**, a, um | das Recht handhabend, gerichtlich |
| – | **jurieren** | 1. Werke für eine Ausstellung o. ä. zusammenstellen {28/34/36/57}; 2. in einer Jury, einem Sachverständigenausschuß mitwirken {25/33} | **iurare** | schwören, eidlich versichern |
| – | Jurierung | | | |
| – | **Jurisdiktion** | 1. weltliche und geistliche Gerichtsbarkeit, Rechtsprechung {51/82}; 2. Vollmacht, Recht des Klerus zur Leitung der Mitglieder der Kirche {51} | **iurisdictio**, onis f | Zivilgerichtsbarkeit; Gerichtsbezirk |
| – | **Jurisprudenz** | Rechtswissenschaft {82} | **iurisprudentia**, ae f | Rechtsgelehrtheit, -wissenschaft |

| | | | | |
|---|---|---|---|---|
| – | **Jurist** l>(mlat) | studierter, staatlich geprüfter Rechtswissenschaftler {40/82} | **ius** mlat. iurista | s. oben |
| – | **Juristerei** l>(mlat) | Rechtswissenschaft (ugs.) {40/82} | dto. | dto. |
| – | **juristisch** l>mlat | 1. rechtswissenschaftlich, das Recht betreffend; 2. mit den Mitteln des Rechts, der Rechtswissenschaft {82} | dto. | dto. |
| – | **Juror** l>engl | Mitglied einer Jury {25/33} | **iurare** | s. oben |
| – | **Jury** l>frz>engl >(frz) | 1. Schwurgericht, Gremium von Laien (bes. in Großbritannien, den USA) {82}; 2. Sachverständigenausschuß, Preisgericht {25/33} | dto.<br>afrz. *jurée*<br><br>frz. *jurer*<br>*juré*<br>engl. *jury* | <br>Geschworenenversammlung<br><br><br>Geschworener |
| – | **Jus** | 1. Recht, Rechtswissenschaft {82}; 2. Bratensaft; Fruchtsaft (süddt., schweiz.) {17} | 1.: **ius**<br>2.: **ius** | s. oben<br>s. oben 1572 |
| 1579 | **Jussiv** l>nlat | imperativisch gebrauchter Konjunktiv (sprachwiss. t. t.) {76} | **iussum**, si n | Befehl, Geheiß; Verordnung |
| 1580 | **just** | eben, gerade; recht {59/56} | **iuste** (Adv.) | gerecht, mit Recht, billig, gehörig |
| – | **justament** l>frz | 1. gerade, genau {59/56}; 2. nun gerade, erst recht (veraltet) {28} | dto. | dto. |
| – | **justieren** l>mlat | 1. Geräte oder Maschinen genau einstellen {40/41/72/87}; 2. Druckstöcke auf Schrifthöhe und Winkelständigkeit bringen {40/32}; 3. das Münzgewicht kontrollieren {25/40/42/56} | **iustare**<br><br>(bzw. **iustus**, a, um<br>mlat. iustare | gehörig untereinander mischen<br>gerecht; recht, gehörig, ordentlich)<br>berichtigen, in die gehörige Ordnung bringen |
| – | Justierer, Justierung o. Justage | | | |
| 1581 | **Justifikation** (l>nlat) | 1. Rechtfertigung {25/32};<br>2. (= Justifikatur) Rechnungsgenehmigung nach erfolgter Prüfung {80/42/28} | **iustificatio**, onis f | Rechtfertigung |
| – | **justifizieren** | 1. rechtfertigen {25/32}; 2. eine Rechnung nach Prüfung genehmigen {28/42/80} | **iustificare** | recht handeln; rechtfertigen |
| 1582 | **Justitia** | altröm. Göttin des Rechts; Verkörperung der Gerechtigkeit {51/75/82} | **iustitia**, ae f | Gerechtigkeit, Billigkeit |
| – | **justitiabel** l>mlat | vor Gericht abzuurteilen {82} | dto. | dto. |

| | | | | |
|---|---|---|---|---|
| – | **Justitiar(ius)** l>mlat | 1. ständiger, für Rechtsangelegenheiten zuständiger Mitarbeiter eines Unternehmens, einer Behörde {40/41/42/49/82}; 2. Gerichtsherr in der Patrimonialgerichtsbarkeit (hist. t. t.) {75/82} | dto. | dto. |
| – | **Justitiariat** l>mlat | Amt des Justitiars {40/82} | dto. | dto. |
| – | **justitiell** l>mlat | die Justiz betreffend {82} | dto. | dto. |
| – | **Justitium** | Unterbrechung der Rechtspflege durch Krieg oder höhere Gewalt {59/82/86} | **iustitium**, ii n | Gerichtsruhe, -ferien; Staatstrauer |
| – | **Justiz** | 1. Rechtswesen, -pflege; Rechtsprechung {82}; 2. Behörde, Gesamtheit der Justizbehörden {49/50/82} | **iustitia** | s. oben |

>>> Justizministerium s. Ministerium

| | | | | |
|---|---|---|---|---|
| 1583 | **juvenil** | 1. jugendlich, für junge Menschen charakteristisch {15/26/84} 2. direkt aus dem Erdinnern stammend, aufgestiegen (geol. t. t.) {62} | **iuvenilis**, e | jugendlich; heftig, stark |
| – | **Juvenilismus** l>nlat | 1. Entwicklungsstufe des Jugendstadiums {15}; 2. Form seelischer Undifferenziertheit (psych. t. t.) {70} | dto. | dto. |
| – | **Juvenilität** | Jugendlichkeit {15/84} | **iuvenilitas**, atis f | Jugend |
| 1584 | **Juwel** l>vulgl>frz >niederl | 1. Edelstein, Schmuckstück {20}; 2. etw. (jmd.) Wertvolles, hoch Geschätztes {56/33} | **iocus**, ci m<br>vulgl. iocellum*<br>afrz. *joël*<br>mniederl. *juweel* | Scherz, Spaß<br>Scherzhaftes, Kurzweiliges<br>Schmuck |
| – | **Juwelier** l>vulgl>frz >niederl | Goldschmied, Schmuckhändler {40/42/20} | dto. | dto. |
| 1585 | **Jux** | Scherz, Spaß, Ulk (ugs.) {26/33} | **iocus** | s. oben 1566, 1584 |
| – | **juxen** | ulken, Spaß machen (ugs.) {26/33} | dto. | dto. |

# K

| | | | | |
|---|---|---|---|---|
| 1586a | **Kabarett** (gr)>l >mniederl >frz | 1. zeit- und sozialkritische Kleinkunst(bühne) {33/35/74/ 85}; 2. drehbare, mit kleinen Fächern versehene Speiseplatte {44} | **camera,** ae f<br>gr. *καμάρα*<br>mniederl. *cambret* o. *cabret*<br>frz. *cabaret* | Gewölbe, gewölbte Decke; Wölbung<br><br>Kämmerchen<br><br>Kleinkunstbühne; Restaurant; Satz Gläser mit Flasche<br>vgl. unten 1603 |
| – | Kabarettist | | | |
| 1586b | **Kabel** l>mlat>frz | 1. Ankertau, Schiffsseil {45}; 2. isolierte (Strom-, Telegrafen)leitung {41/46/72/87} | **capulus,** li m<br>mlat. capulum<br>frz. *câble* | Sarg, Griff<br><br>Fangseil, Lasso |
| – | **kabeln** l>mlat>frz | ein Überseetelegramm aufgeben {46} | dto. | dto. |
| 1587 | **Kabine** l>aprov. >afrz>engl | 1. Wohn- und Schlafraum auf Schiffen {44/45/58}; 2. kleiner, abgeteilter Raum für bestimmte Zwecke {58}; 3. Fahrgastraum eines Schiffes {45/ 58} | **cabanna,** ae f<br>aprov. *cabana*<br>afrz. *cabane*<br>engl. *cabin* | Hütte (der Weinbergshüter)<br><br>Hütte, Koje, Zelt |
| 1588 | **Kabrio(lett)** l>it>frz | 1. Auto mit zurückklappbarem Stoffverdeck; 2. leichter, zweirädriger Einspänner (veraltet) {45} | **caper,** pri m<br>it. *capriola*<br>frz. *cabriole*<br>*cabriolet* | (Ziegen)bock; Bocksgestank<br>Bocksprung<br><br>Einspänner |
| 1589 | **Kadaver** | toter, in Verwesung übergehender Tierkörper {15/09/69} | **cadaver,** eris n | Leiche, Leichnam; Aas |
| – | **Kadavergehorsam** l;d | blinder, willenloser Gehorsam unter völliger Aufgabe der Persönlichkeit {25/26/ 28/86} | dto. | dto. |

| | | | | |
|---|---|---|---|---|
| 1590 | **Kadenz**<br>l>vulgl>it | 1. Akkordfolge als Abschluß eines Tonsatzes (mus. t. t.); 2. harmonisches Grundgerüst der Akkordfolge (mus. t. t.); 3. virtuose Paraphrasierung des Hauptthemas (mus. t. t.) {37}; 4. Schlußfall der Stimme (sprachwiss. t. t.) {76}; 5. metrische Form des Versschlusses {76/34}; 6. Klausel {25/56}; 7. Feuergeschwindigkeit pro Minute {59/86} | **cadere**<br>vulgl. cadentia*<br>it. *cadenza* | fallen, sinken, sich senken<br>das Fallen |
| 1591 | **Kader**<br>l>it>frz<br><br>(l>it>frz >russ) | 1. erfahrener Stamm (z. B. eines Heeres, einer Sportmannschaft) {33/86};<br>2. (einzelner Angehöriger einer) Gruppe leitender Personen mit wichtigen Funktionen in Partei, Staat und Wirtschaft (DDR) {50/33/75} | **quadra**, ae f<br>it. *quadro*<br>frz. *cadre* | Viereck, Quadrat, Platte<br><br>Rahmen, Einfassung |
| 1592 | **Kadett**<br>l>prov>frz | 1. Zögling eines Offiziersanwärterinternats (hist. t. t.) {31/75/86}; 2. Mitglied einer Organisation für Wehrkundeunterricht (schweiz.) {31/33/86}; 3. Bursche, Kerl (ugs.) {25/32/33}; 4. blau- oder schwarz-weiß gestreiftes Baumwollgewebe {19} | **capitellum**, li n<br>prov. *capdel*<br>frz. *cadet* | Köpfchen<br><br>Offiziersanwärter |
| 1593 | **Käfig** | 1. Vogelbauer, (vergittertes) Behältnis, Gehege {44/58/69}; 2. ein persönlich eingeengtes Leben (führen) {33} | **cavea**, ae f | Höhlung, Gehege, Käfig, Vogelbauer |
| 1594 | **Kaiser** | (Ober)herrscher (ältestes lateinisches Lehnwort im Germanischen) {50/75} | Gaius Iulius **Caesar** | römischer Feldherr, Staatsmann, Diktator (100-44 v. Chr.) |
| – | **Kaiserschnitt**<br>l>mlat;d | herausschneiden des Fötus aus dem Mutterleib, künstliche Geburt (med. t. t.) {70} | **caedere** (PPP. **caesum**)<br>mlat. sectio caesarea | schlagen, hauen; herausschneiden<br>Kaiserschnitt |
| 1595 | **Kalamität** | 1. (schlimme) Verlegenheit, mißliche Lage {25/26/33}; 2. durch Schädlinge, Unwetter o. ä. hervorgerufener Schaden in Pflanzenkulturen (biol. t. t.) {68/39} | **calamitas**, atis f | Schaden, Unheil, Unglück |
| 1596a | **Kaldarium** | 1. altröm. heißes Badezimmer {44/58/75}; 2. warmes Gewächshaus (veraltet) {39/58/68} | **caldarium**, ii n | Warmzelle im Bad, Warmbad |

| | | | | |
|---|---|---|---|---|
| 1596b | **Kaldaune** l>mlat | Eingeweide; eßbare Innereien (besonders vom Rind) {17} | **calidus**, a, um<br>mlat. calduna o. caldumen | warm<br><br>Eingeweide |
| 1597 | **kalendarisch** | nach dem Kalender {59} | **calendaris**, e | zu den Kalenden (= 1. Tag des Monats) gehörig |
| – | **Kalendarium** | 1. Verzeichnis kirchlicher Gedenk- und Festtage {51/59/32}; 2. (Termin)kalender {59/32}; 3. altröm. Verzeichnis der am Monatsersten fälligen Zinsen (hist. t. t.) {75/59/42} | **calendarium**, ii n | Schuldregister, -buch |
| – | **Kalenden** | erster Tag des altröm. Monats (hist. t. t.) {75/59} | **Calendae**, arum f (Pl.) | 1. Tag des Monats; Monat |
| – | **Kalender** l>mlat | Zeitweiser durchs Jahr {59/32} | **calendarium** | s. oben |
| 1598 | **Kalfaktor** o. **Kalfakter** l>mlat | 1. jmd., der untergeordnete Hilfsdienste verrichtet (z. B. als Häftling im Gefängnis) {33}; 2. jmd., der andere bespitzelt, verleumdet, denunziert {28/32/33/82} | **calefacere**<br><br>mlat. cal(e)factor | warm -, heiß machen, erhitzen, heizen<br>Warmmacher, Heizer |
| 1599 | **Kalk** | Kreide; Tünche; weiße, wasserlösliche Gesteinsart {02} | **calx**, lcis f | Spiel-, Kalkstein; Kreide, Kalk |
| – | kalken, kalkig | | | |
| 1600 | **Kalkül** l>frz | 1. Berechnung, Überlegung {25}; 2. Regelsystem zur schematischen Konstruktion von Figuren (math. t. t.) {71} | **calculus**, li m | (Rechen)stein; (Be)rechnung |
| – | **Kalkulation** | Kostenermittlung, Kostenvoranschlag {42/80} | **calculatio**, onis f | Berechnung |
| – | **Kalkulator** | Angestellter des betrieblichen Rechnungswesens {40/41/42} | **calculator**, oris m | Rechner, Rechenkünstler; Buchhalter |
| – | **kalkulatorisch** | rechnungsmäßig {42} | **calculatorius**, a, um | zum Rechnen gehörig |
| – | **kalkulieren** | 1. (be)rechnen, veranschlagen {25/42/56}; 2. abschätzen, überlegen {25} | **calculare** | be-, an-, zusammenrechnen |
| 1601 | **Kalorie** l>nlat | 1. phys. Maßeinheit für die Wärmemenge {72/56}; 2. Maßeinheit für den Energiewert (Nährwert) von Lebensmitteln {17/56/70} | **calor**, oris m | Wärme, Hitze, Glut |
| – | **Kalorimeter** l;gr | Gerät zur Bestimmung von Wärmemengen (phys. t. t.) {72} | dto.<br>gr. *μέτρον* | dto.<br>Maß |
| – | **kalorisch** l>nlat | die Wärme betreffend (phys. t. t.) {72} | **calor** | s. oben |

| | | | | |
|---|---|---|---|---|
| 1602 | **Kalzit**<br>o. **Calcit**<br>l>nlat | Kalkspat {02} | **calx** | s. oben 1599 |
| – | **Kalzium**<br>l>nlat | chemischer Grundstoff (Metall) {02/73} | dto. | dto. |
| >>> | Kalzium... s. ggf. unter dem Rest des Wortes | | | |
| 1603a | **Kamarilla**<br>(gr)>l<br>>span | einen unkontrollierten Einfluß ausübende Hofpartei; Clique in unmittelbarer Umgebung eines Herrschers {33/47/50} | **camera**,<br>ae f<br>gr. *καμάρα*<br>span.<br>*camarilla* | Gewölbe, gewölbte Decke, Wölbung<br><br>königlicher geheimer Staatsrat |
| – | **Kamera**<br>(gr)>l>nlat | 1. Aufnahmegerät für Filme und TV-Übertragungen; 2. Fotoapparat {46/87} | dto. | dto. |
| – | **Kamerad**<br>(gr)>l>it<br>>frz | Genosse, Gefährte {33} | dto.<br>it. *camerata*<br><br>frz. *camerade* | dto.<br>Stubengenossenschaft; Genosse, Gefährte |
| – | Kameraderie | | | |
| – | **Kameralien**<br>(gr)>l>nlat | Staatswissenschaft; Volkswirtschaftslehre {50/80} | dto. | dto. |
| – | **Kameralismus**<br>(gr)>l>nlat | Lehre von der ertragreichsten Gestaltung der Staatseinkünfte (hist. t. t.) {50/80/75} | dto. | dto. |
| – | **Kameralist**<br>(gr)>l>nlat | (hist. t. t.) 1. Fachmann für Kameralistik {50/80/75}; 2. Beamter einer fürstlichen Kammer {40/47/50/75} | dto. | dto. |
| – | **Kameralistik**<br>(gr)>l>nlat | 1. Finanzwissenschaft (veraltet) {80/75}; 2. auf den Nachweis von Einnahmen und Ausgaben gerichtete Rechnungsführung {42/80} | dto. | dto. |
| – | kameralistisch, Kameralwissenschaft | | | |
| – | **Kammer**<br>(gr)>l>nlat | 1. Schlafgemach; 2. Vorratsraum {44/58}; öffentliche Kasse, Schatzkammer {50/42/43} | dto. | dto. |
| – | Kammerdiener, Kammersänger, Kammermusik, Kammerjäger | | | |
| – | **Kämmerer**<br>(gr)>l>nlat | fürstlicher Aufseher für Finanzen im Mittelalter (hist. t. t.) {42/47/50/75} | dto. | dto. |
| 1603b | **Kamée**<br>l>frz | erhaben geschnittener Edelstein {20} | **gemma**,<br>ae f<br><br>afrz. *game*<br>frz. *camée* | Knospe; geschnittener Edelstein; Juwel |

| | | | | |
|---|---|---|---|---|
| 1604 | **Kamp** | 1. eingefriedetes Feld, Grasplatz, Feldstück {39/58}; 2. Pflanzengarten zur Aufzucht von Forstpflanzen {68/39} | **campus**, pi m | Feld, Fläche, Ebene, Tummelplatz |
| – | **Kampagne**<br>l>it>frz | 1. militärischer Feldzug (veraltend) {29/86}; 2. gemeinschaftliche, großangelegte, zeitliche begrenzte Aktion, Aktivität {29/33/59} | dto.<br>spätl. **campania**, iorum n (Pl.)<br>it. *campagna*<br>frz. *campagne* | dto.<br>flaches Land, Blachfeld<br><br>Ebene |
| – | **Kämpe**<br>l >westgerm | Kämpfer, alter Haudegen {33/86} | uns.:<br>**campus** | <br>s. oben |
| – | **Kampf**<br>l >westgerm | Zweikampf, Kampfspiel, körperliche Auseinandersetzung {29/86} | uns.:<br>**campus** | <br>s. oben |
| – | kämpfen, Kämpfer | | | |
| – | **kampieren**<br>l>it>frz | 1. im Freien lagern {33/85}; 2. irgendwo behelfsmäßig untergebracht sein (ugs.) {58/44} | dto.<br>it. *campo*<br>frz. *camp*<br>*camper* | dto. |
| 1605 | **Kanaille**<br>l>it>frz | bösartiger Mensch (bzw. Menschen), der anderen schaden will {25/33} | **canis**, is m<br>it. *canaglia*<br>frz. *canaille* | Hund<br>Hundepack<br>Gesindel |
| 1606 | **Kanal**<br>(gr)>l>it | 1. künstlich angelegte Wasserstraße {45}; 2. unterirdischer Abwassergraben {44/58/88}; 3. röhrenförmiger Durchgang (med. t. t.) {70}; 4. bestimmter Frequenzbereich eines Senders (techn. t. t.) {46/87} | **canalis**, is mf<br>gr. *κάννα*<br>it. *canale* | Röhre, Rinne, (Wasser)kanal |
| – | **Kanalisation**<br>(gr)>l>it | 1. unterirdisches Abwasserrohrleitungssystem (bzw. dessen Bau) {40/44/58/88}; 2. Ausbau von Flüssen zu schiffbaren Kanälen {45} | dto. | dto. |
| – | **kanalisieren**<br>(gr)>l>it | 1. eine Örtlichkeit mit einer Kanalisation (1.) versehen {40/44/58/88}; 2. eine Fluß schiffbar machen {45}; 3. etw. gezielt in eine bestimmte Richtung leiten (von politischen Bewegungen) {28/50/33} | dto. | dto. |
| – | Kanalisierung | | | |
| 1607 | **Kandelaber**<br>l>frz | 1. mehrarmiger Kerzenleuchter {44/57}; 2. mehrarmiger Ständer für die Straßenbeleuchtung {45/49/57} | **candelabrum**, ri n | Leuchter, Kandelaber |

| | | | | |
|---|---|---|---|---|
| 1608 | **Kandidat** | 1. jmd., der sich um etw., ein Amt bewirbt {27/33/40/50}; 2. Student, der sich auf das Examen vorbereitet; 3. Prüfling {31} | **candidatus**, ti m | (weißgekleideter) Bewerber um ein Amt |
| >>> | Kandidatenturnier s. Turnier | | | |
| – | **Kandidatur** l>nlat | Anwartschaft; als Kandidat aufgestellt sein {27/33/40/50} | **candidare** | glänzend weiß kleiden |
| – | **kandidieren** l>nlat | sich um ein Amt, eine Stelle bewerben {27/40/50} | dto. | dto. |
| 1609 | **Kanin(chen)** iber>l>frz | (landsch. Karnickel) Kaninchenfell; Stallhase {06/19} | **cuniculus**, li m<br>afrz. *conin* | Kaninchen; unterirdischer Gang |
| 1610 | **Kanne** (gr)>l>it | (bauchiges) Gefäß {44} | **canna**, ae f<br>gr. *κάννα* | kleines Rohr, Schilf, Röhre |
| 1611 | **kantabel** l>it | gesanglich, singbar {37} | **cantabilis**, e | vgl. oben 1606<br>des Besingens wert, preisenswert |
| – | **Kantabile** l>it | ernstes, getragenes Tonstück (mus. t. t.) {37} | dto. | dto. |
| – | **Kantabilität** l>it>nlat | Singbarkeit, gesanglicher Ausdruck; melodische Schönheit (mus. t. t.) {37} | dto. | dto. |
| – | **Kantate** | 1. der vierte Sonntag nach Ostern {59}; 2. jährliche Zusammenkunft deutscher Buchhändler an diesem Tag {59/33/42}; | **cantatus**, us m | Gesang |
| | (l>it) | 3. mehrteiliges, meist lyrisches Gesangsstück mit Instrumentalbegleitung (mus. t. t) {37} | | |
| 1612 | **Kante** (gr)>l>afrz | Rand, Ecke {58} | **canthus**, thi m<br>gr. *κανθός*<br>afrz. *cant* | eiserner Reif ums Rad, Radschiene; Radfelge; Augenwinkel<br>Ecke (Kreis, Rand) |
| – | kantig, (ver)kanten, Kanthaken | | | |

| | | | | |
|---|---|---|---|---|
| – | **Kanton** (gr)>l>it >frz | 1. Bundesland der Schweiz; 2. Bezirk, Kreis in Frankreich und Belgien {48}; 3. Wehrverwaltungsbezirk in Preußen (hist. t. t.) {48/75/86} | dto.<br>gr. *κανθός*<br>it. *canto*<br>afrz. *cant*<br>it. *cantone*<br>frz. *canton* | dto.<br><br>Winkel, Ecke<br><br>Bezirk<br>Ecke, Winkel; Landstrich, Bezirk |
| – | kantonal | | | |
| – | **Kantonist** l>it>frz | 1. ausgehobener Rekrut (veraltet) {86}; 2. unsicherer -: unzuverlässiger Mensch {25/33} | dto. | dto. |
| 1613 | **Kantor** | 1. Vorsänger im Gregorianischen Choral; 2. Leiter des Kirchenchores, Organist {37/40/51} | **cantor**, oris m | Sänger, Schauspieler |
| – | **Kantorat** l>mlat | Amtszeit eines Kantors {59/37/51} | dto. | dto. |
| – | **Kantorei** l>mlat | 1. Gesangschor im Mittelalter (hist. t. t.) {75/37}; 2. fürstliche Kapellinstitution im 15./16. Jh. {37/47/75}; 3. Schulchor {37/31}; 4. evangelischer Kirchenchor {37/51} | dto. | dto. |
| – | **Kantus** | Gesang (Studentensprache) {37} | **cantus**, us m | Gesang, Ton, Melodie |
| 1614 | **Kanüle** sumer >babyl>gr >l>frz | (med. t. t.) 1. Röhrchen zum Einführen oder Ableiten von Luft oder Flüssigkeiten; 2. Hohlnadel an einer Injektionsspritze {70} | **cannula**, ae f<br>gr. *κάννα* | kleines Rohr, Röhre; Luftröhre<br>vgl. oben 1610 |
| 1615 | **Kanzel** l>mlat | 1. erhöhter Stand für den kirchlichen Prediger {51/58}; 2. Lehrstuhl (österr.- veraltet) {31}; 3. Pilotenkabine in Flugzeugen {45/58} | **cancelli**, lorum n (Pl.) | Gitter, Einzäunung, Schranken |
| – | **Kanzlei** l>mlat | Schreibstube, Büro; Dienstraum für Behördenbeamte {40/49/50/58} | dto. | dto. |
| – | **(ab)kanzeln** l>mlat | jmdm. von der Kanzel herab eine Strafpredigt halten; streng zurechtweisen {26/30/32/33} | dto. | dto. |
| – | **Kanzler** l>mlat | 1. Leiter der Kanzlei im Mittelalter (hist. t. t.) {75/47/40}; 2. Regierungschef eines Staates {50/40} | **cancellarius**, ii m | Türsteher; Kanzleidirektor |

| | | | | |
|---|---|---|---|---|
| 1616 | **kanzellieren** l>mlat | Geschriebenes mit sich gitterförmig kreuzenden Strichen ungültig machen (veraltet) {32/56} | **cancellare** | gitterförmig machen, gittern; durchstreichen |
| 1617 | **kanzerogen** l;gr | krebserregend, -erzeugend (med. t. t.) {70} | **cancer**, cri m<br>+ gr. *γένεσις* | Gitter; Krebs; Krebskrankheit; Geschwür<br>Entstehung, Erzeugung |
| - | **Kanzerologie** l;gr | Lehre von der Erkennung und Behandlung bösartiger Tumoren (med. t. t.) {70} | dto.<br>+ gr. *λόγος* | dto.<br>Wort, Kunde, Kenntnis |
| - | Kanzerologe | | | |
| - | **Kanzerophobie** l;gr | Furcht vor einer Krebserkrankung (med. psych. t. t.) {25/26/70} | dto.<br>+ gr. *φόβος* | dto.<br>Furcht, Schrekken; Flucht |
| - | **kanzerös** | krebsartig (med. t. t.) {70} | **cancerosus**, a, um | voller Krebsgeschwüre |
| 1618 | **Kanzone** l>it | 1. romanische Gedichtform {34}; 2. leichtes, empfindungsvolles Lied (mus. t. t.) {26/37}; 3. A-Capella-Chorgesang im 14./15. Jh. (mus. t. t.) {37/75}; 4. liedartige Instrumentalkomposition für Orgel, Laute, Klavier, Streichinstrumente (mus. t. t.) {37} | **cantio**, onis f | Gesang, Lied, Arie; Geleier (abwertend) |
| - | **Kanzonette** l>it | kleines Gesangs- oder Instrumentalstück (mus. t. t.) {37} | dto. | dto. |
| 1619a | **Kap** l>vulgl >prov>frz >niederl | Vorgebirge; vorspringender Teil einer Felsenküste {02/64} | **caput**, pitis n<br>vulgl. capum*<br>aprov. *cap*<br>frz. *cap* | Haupt, Kopf; Spitze, Kuppe<br><br><br>Vorgebirge |
| 1619b | **Kapaun** l>vulgl>frz | verschnittener Masthahn {06/17} | **capus**, pi m bzw. **capo**, onis m<br>vulgl. cappo*<br>frz. *c(h)apon* | Kapaun, Kapphahn |
| 1620 | **Kapazität** | 1. Fassungs-, Speicherungs-, Leistungs-, Produktionsvermögen (vom Geist, technischem Gerät gesagt; räumlich) {22/41/58/71/72}; 2. Kondensator {72/87}; 3. Produktionsstätte {41/58}; 4. hervorragender Fachmann {40/22} | **capacitas**, atis f | Fassungsvermögen; Geräumigkeit; Umfang; (geistige) Fähigkeit |
| - | **kapazitiv** l>engl | die Kapazität eines Kondensators betreffend (phys. t. t.) {72} | dto. | dto. |

>>> Kapazitätsreserven s. Reserven

| | | | | |
|---|---|---|---|---|
| 1621 | **Kapelle** l>mlat | 1. kleines (privates) Gotteshaus ohne Gemeinde {51}; 2. abgeteilter Raum für Gottesdienste {51/58}; | **cappa,** ae f<br>mlat. | Kopfbedeckung; Mantel mit Kapuze<br>kleiner Mantel; |
| | (l>mlat>it) | 3. mittelalterlicher Kirchengesangschor {37/51/75}; 4. Musikergruppe, Instrumentalorchester {37}; | cap(p)ella<br>3.: it. *capella* | kleines Gotteshaus<br>Musikergesellschaft |

>>> Kapellmeister s. Meister

| | | | | |
|---|---|---|---|---|
| 1623 | **kapieren** | begreifen, verstehen {25/22} | **capere** | fassen; be-, ergreifen; verstehen |
| – | **Kapee** l>(frz) | schwer von - sein: begriffsstutzig sein (ugs.) {22/25} | dto. | dto. |
| 1624 | **kapillar** | haarfein (von Blutgefäßen - med. t. t.) {53/70} | **capillaris**, e | zum Haar gehörig, Haar... |
| – | **Kapillare** | 1. Haargefäß, kleinstes Blutgefäß (biol., med. t. t.) {69/70}; 2. Röhrchen mit sehr kleinem Querschnitt (phys. t. t.) {72/58} | dto. | dto. |
| – | **Kapillarität** l>nlat | das Verhalten von Flüssigkeiten in engen Röhren (phys. t. t.) {72} | dto. | dto. |
| 1625 | **kapital** | 1. etw., das alles vergleichbare übersteigt {56/57}; 2. außerordentlich groß, stark (waidm. t. t.) {38} | **capitalis**, e | das Leben betreffend; gefährlich; vorzüglich, hauptsächlich |
| – | **Kapital** l>it | 1. zu einer gewinnbringenden Produktion verwendetes Geld und Sachwerte (wirtsch. t. t.) {43/80}; 2. Wert des Vermögens eines Unternehmens (wirtsch. t. t.) {43/42/41}; 3. Gesamtheit der kapitalkräftigen Unternehmen (wirtsch. t. t.) {80/57}; | **caput**, pitis n<br>it. *capitale* | Kopf, Spitze, Hauptsache<br>Hauptsumme, Reichtum |
| | | 4. gewebtes Band am Buchblockrücken {32/40} | 4. **capital**, lis n | leinernes Tuch; Kapitalverbrechen |
| – | **Kapitale** l>frz | 1. Hauptstadt (veraltet) {48/64}; 2. Majuskelschrift im Mittelalter {32/75} | dto. | dto. |

>>> Kapital... s. ggf. unter dem Rest des Wortes

| | | | | |
|---|---|---|---|---|
| – | **Kapitalisation** l>nlat | Umwandlung einer laufenden Einnahme in einen einmaligen Kapitalbetrag (wirtsch. t. t.) {80} | dto. | dto. |
| – | **kapitalisieren** l>nlat | in eine Geldsumme umwandeln (wirtsch. t. t.) {80} | dto. | dto. |
| – | Kapitalisierung | | | |

| | | | | |
|---|---|---|---|---|
| – | **Kapitalismus** l>nlat | Wirtschaftssystem mit freiem Unternehmertum (wirtsch. t. t.) {80} | dto. | dto. |
| – | **Kapitalist** l>nlat | (wirtsch. t. t.) 1. Kapitalbesitzer {43/80}; 2. jmd. mit überwiegendem Einkommen aus Zinsen, Renten o. Gewinn {33/43}; 3. jmd., der über viel Geld verfügt (abwertend, ugs.) {43} | dto. | dto. |
| – | kapitalistisch | | | |
| – | **Kapitalverbrechen** l;d | schwere Straftat (z. B. Mord) {82} | **capital** | s. oben |
| 1626 | **Kapitän** l>it>(frz) | 1. Kommandant eines Schiffes; 2. Chefpilot {40/45/86}; 3. Spielführer einer Sportmannschaft {85} | **capitaneus**, a, um<br>it. *capitano*<br>afrz. *capitaine* | durch Größe hervorstehend; vorzüglich<br>Anführer, Hauptmann |
| – | **Kapitänspatent** l>it>(frz); mlat | amtliches Zeugnis, das jmdn. zur Führung eines Schiffes berechtigt {45/32/33} | dto.<br>+ mlat. (littera) **patens** | dto.<br>landesherrlicher offener Brief; Offizierspatent |
| 1627 | **Kapitel** | 1. Hauptstück, Abschnitt in einem Druckwerk {32/58}; 2. Körperschaft der Geistlichen einer Dom- oder Stiftskirche; 3. Versammlung eines geistlichen Ordens {51/33} | **capitulum**, li n | Köpfchen, Kapitell; Abschnitt, Kapitel |
| – | **Kapitell** | oberer Abschluß einer Säule, eines Pfeilers {88} | **capitellum**, li n | Köpfchen; Säulenkapitell |
| – | **Kapitelsaal** l;d | Sitzungssaal im Kloster {51/58/88} | **capitulum** | s. oben |
| 1628 | **Kapitol** | 1. Stadtburg im alten Rom, Senatssitz (hist. t. t.) {50/75/88}; 2. Sitz des amerikanischen Senats, Parlamentsgebäude der USA in Washington {50/88} | **Capitolium**, ii n | Jupitertempel in Rom |
| 1629 | **Kapitulant** l>mlat>frz | 1. Soldat, der sich zu einer längeren Dienstzeit verpflichtet (veraltet) {59/86}; 2. jmd., der vor den Argumenten politischer Gegner kapituliert {50/25/28} | **capitulum**<br>mlat. capitulare<br>frz. *capituler* | s. oben 1627<br>über einen Vertrag verhandeln<br>unterhandeln |
| – | **Kapitular** l>mlat | Mitglied eines (Dom)kapitels {51/33} | **capitularii**, iorum m (Pl.) | Steuereinnehmergehilfen; Rekruten |
| – | **Kapitularien** l>mlat | Gesetze und Verordnungen der fränkischen Könige (hist. t. t.) {75/50} | **capitularium**, ii n | Kopfsteuer |

| | | | | |
|---|---|---|---|---|
| – | **Kapitulation** l>mlat>frz | 1. das Kapitulieren {25/28/33/86}; 2. Kapitulationsvertrag {32/50/86}; 3. resignierendes Nachgeben {28/25}; 4. Vertrag, der den Dienst eines Soldaten verlängert (veraltet) {59/86} | **capitulum** | s. oben |
| – | **kapitulieren** l>mlat>frz | 1. sich dem Feind ergeben, sich unterwerfen {25/28/50/86}; 2. resignierend aufgeben, nachgeben {25/28}; 3. einen Kapitulationsvertrag (s. Kapitulation 4.) abschließen {59/86} | dto. | dto. |
| 1630 | **Kaplan** l>mlat | 1. dem Pfarrer untergeordneter kath. Geistlicher; 2. Geistlicher mit besonderen Aufgaben {51} | **cappa**, ae f<br>mlat. capella<br>capellanus | s. oben 1621<br><br>Geistlicher, der den Gottesdienst in einer Kapelle abhält |
| 1631a | **Kappe** | krempenlose Kopfbedeckung, Mütze {19} | **cappa**<br>ae f | Kopfbedeckung<br>vgl. oben 1621 |
| – | Käppi | | | |
| 1631b | **kappen** mlat >niederl | abschneiden, beschneiden; abhauen {58/39/29} | mlat. **cappare** | schneiden |
| 1632 | **Kappes** l>mlat | 1. (landsch.) Weißkohl {05/17}; 2. unbrauchbare Pfuscharbeit (ugs.) {25/40/56}; 3. dummes, törichtes Geshwätz (ugs.) {25/32} | **caput**,<br>pitis n<br>mlat. caputia | Kopf, Spitze<br><br>Kohlkopf, Weißkohl |
| 1633 | **Kapriccio** l>it | scherzhaftes, launiges Musikstück (mus. t. t.) {37} | **caput**<br>it. *capriccio* | s. oben<br>Laune, Grille |
| – | **Kaprice** l>it>frz | Laune, verspielter Eigensinn {26} | dto.<br>frz. *caprice* | dto. |
| – | **kaprizieren** l>it>frz | eigensinnig auf etw. bestehen {26/28} | dto. | dto. |
| – | **kapriziös** l>it>frz | launenhaft, eigenwillig {26/28/84} | dto. | dto. |
| 1634 | **Kapriole** l>it | 1. Luftsprung {12}; 2. Sprung in der Reitkunst {61/85}; 3. launenhafter, toller Einfall; übermütiger Streich {25/26} | **caper**, pri m<br>it. *capro*<br>*capriola* | (Ziegen)bock<br><br>Bocksprung<br>vgl. oben 1588 |
| – | kapriolen | | | |
| 1635 | **Kapsel** | (rundes) Behältnis, Kästchen {58/44} | **capsula**,<br>ae f | kleine Kapsel, Kästchen |
| – | abkapseln | | | |
| 1636a | **Kapuze** l>it | an den Mantel angearbeitete Kopfbedeckung {19} | **cappa**,<br>ae f<br>it. *capuccio* | (Mantel) mit Kopfbedeckung |

| | | | | |
|---|---|---|---|---|
| 1636b | **Karamel** (gr)>l >span/port >frz | gebrannter Zucker {17} | **calamellus**, li m<br>gr. *κάλαμος*<br>span. / port. *caramelo*<br>frz. *caramel* | Röhrchen<br>Schilfrohr, Halm<br>Zuckerrohr; gebrannter Zucker<br>Gerstenzucker; gebrannter Zucker |
| – | Karamelle, karamellisieren | | | |
| 1637 | **Karbid** l>mlat | (chem. t. t.) 1. Kalziumkarbid, chemischer Rohstoff; 2. chemische Verbindung aus Kohlenstoff und einem Metall {73} | **carbo**, onis f | Kohle; böses Geschwür |
| – | **Karbo...** | Kohlenstoff in einer chemischen Verbindung {73} | dto. | dto. |
| – | **Karbol** | Karbolsäure, Phenol (chem. Verbindung) {73} | dto. | dto. |
| – | **Karbon** | erdgeschichtliche Formation (geol. t. t.) {59/62} | dto. | dto. |
| – | **Karbonade** l>it>frz | Kotelett, gebratenes Rippenstück (landsch.) {17} | dto. | dto. |
| – | **Karbonat** l>nlat | 1. grauschwarze Diamantenabart {02}; 2. kohlensaures Salz {73} | dto. | dto. |
| 1638 | **Karbunkel** | Häufung dicht beieinanderliegender Furunkel (med. t. t.) {70} | **carbunculus**, li m | kleine Kohle; Edelsteinart; Geschwür |
| 1639 | **kardinal** o. **Kardinal...** l>mlat | grundlegend, wichtig, haupt... {56/25} | **cardinalis**, e | zur Türangel gehörig; vorzüglich, Haupt... |
| – | **Kardinal** | 1. höchster kath. Würdenträger nach dem Papst (kath. rel. t. t.) {33/51}; 2. Singvogelart {07}; 3. Apfelsorte {05/17}; 4. eine Art Bowle {17} | dto. | dto. |
| – | Kardinalat | | | |
| – | **Kardinale** (o. **Kardinalzahl**) | Grundzahl, ganze Zahl {57} | dto. | dto. |
| >>> | Kardinal... s. ggf. unter dem Rest des Wortes | | | |
| 1640a | **Karenz** | 1. (...zeit): Wartezeit, Sperrfrist {59}; 2. Enthaltsamkeit, Verzicht {17/25/28} | **carentia**, ae f | das Nichthaben, Freisein von etw. |

| | | | | |
|---|---|---|---|---|
| 1640b | **Karfiol** [(gr)>l>it;l >it]>it | Blumenkohl (süddt., österr.) {05/17} | **caulis,** is m gr. *καυλός* it. *cavolo* + **flos,** oris n it. *fiore* *cavolfiore* | Stengel, Strunk; Kohl<br>Blume<br>Kohlblume |
| 1641 | **Karfunkel** | 1. feurig-roter Edelstein {02/ 20}; 2. Karbunkel (med. t. t.) {70} | **carbunculus,** li m | s. oben 1638 |
| 1642 | **Kargo** l>span (oder: gall>l >vulgl >span>frz) | Ladung eines Schiffes {45/42} | **carricare** span. *cargar* | beladen, belasten |
| 1643 | **karieren** l>frz | mit Würfelzeichnung mustern, kästeln {32/55} | **quadrare** frz. *carré* | viereckig machen, - sein; passen |
| – | **kariert** l>frz | 1. gewürfelt, gekästelt {55}; 2. wirr, ohne erkennbaren Sinn (ugs.) {25} | dto. | dto. |
| 1644 | **Karies** | (med. t. t.) 1. Zahnfäule; 2. entzündliche Knochenerkrankung, Knochentuberkulose {70} | **caries,** iei f | Fäulnis, Morschheit |
| – | **kariös** | von Karies befallen, angefault (med. t. t.) {70} | **cariosus,** a, um | morsch, faul, mürbe |
| 1645 | **karikativ** (gall)>l >vulgl>it | in der Art einer Karikatur, verzerrt komisch {25/26/33/36} | **carricare** it. *caricatura* | s. oben 1642 Übertreibung, Überladung, Karikatur |
| – | **Karikatur** (gall)>l >vulgl>it | 1. komisch übertriebene Zeichnung; 2. das Karikieren; Kunst der Karikatur {26/36}; 3. Zerr-, Spottbild {25/26/33/36} | dto. | dto. |
| – | **Karikaturist** (gall)>l >vulgl>it | Karikaturenzeichner {25/33/ 36/40} | dto. | dto. |
| – | **karikaturistisch** (gall)>l >vulgl>it | in der Art einer Karrikatur {25/33/36/56} | dto. | dto. |
| – | **karikieren** (gall)>l >vulgl>it | verzerren, als Karikatur darstellen {25/26/36} | dto. | dto. |
| 1646 | **Karitas** | (christliche) Nächstenliebe; Wohltätigkeit {33/30/28/51} | **caritas,** atis f | Teuerung; Hochachtung; Liebe; Werthaltung |
| – | **karitativ** l>nlat | mildtätig, Wohltätigkeits... {30/33/28/51} | dto. | dto. |

| | | | | |
|---|---|---|---|---|
| 1647 | **Karneval**<br>l>it | Fastnacht(sfest) {33/59} | uns. ob:<br>1. **carne, vale**<br>aus: caro<br>+ valere<br>oder:<br>2. **carrus navalis**<br>aus: carrus<br>+ navalis, e | <br>Fleisch, leb wohl<br>s. unten 1648<br>s. oben 0716<br><br>Schiffskarren<br><br>s. oben 0504<br>zu den Schiffen gehörig |
| – | **Karnevalist**<br>l>it | aktiver Teilnehmer am Karneval, Büttenredner o. ä. {33/85} | dto. | dto. |
| – | karnevalistisch | | | |
| 1648 | **karnivor**<br>l;l | fleischfressend (von Pflanzen und Tieren - biol. t. t.) {68/69} | **caro**,<br>rnis f<br>+ **vorare** | Fleisch<br><br>verschlingen, verschlucken; gierig fressen |
| – | **Karnivore**<br>l;l | Fleischfresser (biol. t. t.) {68/69} | dto. | dto. |
| 1649 | **Karo**<br>l>gallorom<br>>frz | 1. Raute, Viereck {58}; 2. niedrigste Farbe im Kartenspiel; 3. Kartenspiel, bei dem Karo Trumpf ist {56/85} | **quadra**, ae f<br>o. **quadrum**,<br>ri n<br>gallorom. quadrellum*<br>frz. *carreau* | Viereck; Quadrat |
| 1650 | **Karosse**<br>(gall)>l>it<br>>frz | von Pferden gezogener Prunkwagen; Staatskutsche {33/45} | **carrus**,<br>ri m<br><br>it. *carro*<br>*carozza*<br>frz. *carosse* | vierrädriger Transportwagen, Karren |
| – | **Karosserie**<br>(gall)>l>it<br>>frz | Wagenoberbau, -aufbau (von Kraftwagen) {45} | dto. | dto. |
| – | **Karre(n)**<br>(gall)>l>it<br>>frz | 1. kleines ein- bis zweirädriges Fahrzeug (zum Schieben) {40/45}; 2. klappriges Auto (abwertend, landsch.) {45} | dto. | dto. |
| – | **karren**<br>(gall)>l>it<br>>frz | etw. mit einer Karre befördern {40/45/61} | dto. | dto. |
| 1651 | **Karree**<br>l>frz | 1. Viereck {71}; 2. nähere Umgebung, Häuserblock {58}; 3. gebratenes oder gedämpftes Rippenstück (gastron. t. t.) {17}; 4. Diamantenschlifform {20/40/53} | **quadrare**<br>frz. *carré* | s. oben 1643<br>Viereck |

| | | | | |
|---|---|---|---|---|
| 1652 | **Karriere**<br>(gall)>l<br>>aprov>frz | 1. schnellste Gangart des Pferdes {61}; 2. bedeutende, erfolgreiche Laufbahn {33/40} | **carrus**<br>spätl. (**via**)<br>**carraria**<br>aprov.<br>*carriera*<br>frz. *carrière* | s. oben 1650<br>Straße<br><br><br><br>Renn-, Laufbahn |
| – | **Karrierismus**<br>(gall)>l<br>>aprov>frz | rücksichtsloses Karrierestreben (abwertend) {28/33/40/84} | dto. | dto. |
| – | Karrierist, karrieristisch | | | |
| – | **kariolen**<br>(gall)>l<br>>mlat>it<br>>frz | 1. mit der Briefpost fahren (veraltet) {61/45}; 2. herumfahren, unsinnig fahren (landsch., ugs.) {45/61/25} | dto. | dto. |
| 1653a | **Kartätsche**<br>(gr)>l>it<br>>(engl) | Artilleriegeschoß {86} | **charta**,<br>ae f<br><br>gr. χάρτης<br>it. *carta*<br>*cartaccia*<br>engl. *cartage*<br>it. *cartoccio* | Blatt Papier, Papyrusstaudenblatt; Brief, Schrift<br><br><br>grobes Papier<br><br>Tüte; Flintenpatrone |
| – | Kartätschenprinz, niederkartätschen | | | |
| – | **Karte**<br>(äg)>(gr)>l<br>>frz | (steifes) bedrucktes Blatt Papier (Land-, Spiel-, Speisekarte etc.) {32/64/85} | dto.<br>frz. *carte* | dto. |
| – | **Kartei**<br>(äg)>(gr)>l<br>>frz | Zettelkasten {32/40/58} | dto. | dto. |
| – | **Karto...**<br>(äg)>(gr)>l<br>>frz | Karten..., Zettel... etc. {32} | dto. | dto. |
| – | **Kartell**<br>(äg)>(gr)>l<br>>it>frz | Zusammenschluß von wirtschaftlichen Unternehmen (wirtsch. t. t.) {80/57} | dto.<br>it. *carto*<br>*cartello*<br>frz. *cartel* | dto.<br>Urkunde<br>kleines Schreiben<br>Überbringer einer Herausforderung zum Duell |
| – | kartellieren | | | |
| – | **kartieren**<br>(äg)>(gr)>l<br>>frz | 1. ein vermessenes Gebiet auf einer Karte darstellen (geogr. t. t.) {64}; 2. in eine Kartei einordnen {29/32/40} | dto. | dto. |
| 1653b | **Kartoffel**<br>l>vulgl>ait | aus Südamerika stammende, stärkehaltige Knollenpflanze {05/17} | (sc. terrae)<br>**tuber**, eris n<br>vulgl. terrae tufer*<br>ait. *tartufo(lo)* | <br>Trüffel<br><br>Trüffel; Kartoffel |

| | | | | |
|---|---|---|---|---|
| 1653c | **Karton** (äg)>(gr)>l >it>frz | 1. (leichte) Pappe, Steifpapier {40/44}; 2. Schachtel aus leichter Pappe {40/44/58}; 3. Vorzeichnung zu einem Wandgemälde {36}; 4. Ersatzblatt in einem Buch {32/56} | **charta**, ae f<br>gr. *χάρτης*<br>it. *carto*<br>*cartone*<br>frz. *carton* | s. oben 1653a |
| - | **Kartonage** (äg)>(gr)>l >it>frz | 1. Pappverpackung {40/42/44}; 2. Bucheinbandart in starkem Karton {32/40} | dto. | dto. |
| - | **kartonieren** (äg)>(gr)>l >it>frz | ein Buch in Pappe steif heften, einbinden {32/40} | dto.<br>frz. *cartonner* | dto. |
| - | kartoniert | | | |
| - | **Kartusche** (äg)>(gr)>l >it>frz | 1. Verzierung aus einer schildartigen Fläche mit ornamental geschmücktem Rahmen (kunstwiss. t. t.) {36/74/75}; 2. Metallhülse für Artilleriegeschoßtreibladungen; | dto.<br>it. *carta*<br>o. *cartuccia*<br>2., 3.: frz. *cartouche* | dto.<br>Papprolle, Kartusche |
| | (äg>gr>l >it) | 3. Patronentasche berittener Truppen {58/86} | 1.: it. *cartoccio* | Kartusche |
| 1654 | **Karzer** | 1. Arrestraum für Schüler o. Studenten (hist. t. t.) {58/31/75}; 2. Haftstrafe an Schulen und Universitäten; Arrest {31/82} | **carcer**, eris m | Gefängnis, Kerker, Gewahrsam |
| 1655 | **kaschieren** l>gallorom >frz | 1. Mängel verdecken, verheimlichen, verbergen {23/25}; 2. ein Bühnenbild plastisch herstellen {35/36}; 3. Bucheinbandpappe überkleben {40/32}; 4. Gewebe mittels Klebstoff miteinander verbinden {19/40} | **coactare**<br>gallorom. *coacticare**<br>frz. *cacher* | mit Gewalt zwingen<br>zusammendrükken |
| 1656 | **Käse** | festes Milchprodukt {17} | **caseus**, ei m | Käse |
| - | **käsig** | 1. aus Käse, quarkartig {17}; 2. von bleicher Gesichtsfarbe {14/55} | dto. | dto. |
| 1657 | **Kaserne** l>vulgl >prov>frz | Gebäude zur ständigen Unterbringung von Soldaten, Truppenunterkunft {44/58/86} | **quaterni**, ae, a<br>vulgl. quaderna*<br>prov. *cazerna*<br>frz. *caserne* | je vier<br>je vier, Gruppe von vier Personen<br>Wachthaus für vier Soldaten |
| - | **kasernieren** l>vulgl >prov>frz | Truppen in Kasernen unterbringen {58/86} | dto. | dto. |

| | | | | |
|---|---|---|---|---|
| 1658 | **Kasino**<br>l>it | 1. Gebäude mit Räumen für gesellige Zusammenkünfte {33/58}; 2. Speiseraum {17/58}; 3. öffentliches Gebäude, in dem Glücksspiele betrieben werden {58/85} | **casa,**<br>ae f<br>it. *casa*<br>*casino* | Hütte, Häuschen<br><br>Haus<br>Klubhaus |
| 1659 | **Kaskade**<br>l>vulgl>it<br>>frz | 1. (künstlicher) stufenförmiger Wasserfall {61/64/88}; 2. wagemutiger Sprung in der Artistik {12/33/85}; 3. Anordnung gleichartiger Gefäße (chem. t. t.) o. anderer Teile (elektrotechn. t. t.) {73/72} | **casus,**<br>us m<br>vulgl.<br>casicare*<br>it. *cascare*<br>*cascata*<br>frz. *cascade* | Fall, Sturz; Zufall<br><br><br>fallen<br><br>Wasserfall |
| – | **Kaskadeur**<br>l>vulgl>it<br>>frz | Artist, der eine Kaskade (2.) ausführt {12/40/85} | dto. | dto. |
| 1660 | **Kasko**<br>l>vulgl<br>>span | 1. Schiffsrumpf {45/58}; 2. Fahrzeug (im Unterschied zur Ladung) {45}; 3. Versicherung gegen Schäden am Auto des Versicherungsnehmers {33/42/45} | **quatere**<br><br><br><br>quassus<br>vulgl.<br>quassicare*<br>span. *cascar* | zerschlagen, zerschmettern; erschüttern, schütteln<br><br><br><br>gebrochen, zerrüttet<br><br>zerbrechen |
| – | Kaskoversicherung | | | |
| 1661 | **Kassation**<br>l>nlat | 1. Ungültigkeitserklärung von Urkunden {28/56/82}; 2. Aufhebung eines Gerichtsurteils durch die nächsthöhere Instanz {82}; 3. Entlassung aus dem Militär-, Staatsdienst (veraltet) {40/50/59/86} | **cassare** | zunichte-, ungültig machen, kassieren |
| – | kassatorisch | | | |
| 1662a | **Kasse**<br>l>it | 1. verschließbarer Geldaufbewahrungsbehälter {40/42/58}; 2. Zahlungsraum, Bankschalter {42/58}; 3. Barmittel {42/43}; 4. Kurzform für Spar- bzw. Krankenkasse (ugs.) {33/42/49/80} | **capsa,**<br>ae f<br>it. *cassa* | Kasten, Kapsel, Behältnis<br><br>Zahlungsraum; Geldbehälter |
| – | **kassieren**<br><br>(l>it) | 1. jmdn. seines Amtes entheben, aus dem Dienst entlassen {40/59/33}; 2. etw. (z. B. ein Urteil) aufheben, für ungültig erklären {82};<br>3. etw. hinnehmen {25}; 4. gefangennehmen {86}; 5. Geld einnehmen, -ziehen {42/80}; 6. etw. an sich nehmen {33/43} | **cassare** | s. oben 1661 |
| – | **Kassierer**<br>l>it | jmd., der die Kasse führt, an der Kasse sitzt {42/40} | **cassare** bzw. **capsa** | s. oben 1661 bzw. s. oben |

| | | | | |
|---|---|---|---|---|
| – | Kassierung | | | |
| 1662b | **Kassette** l>it>frz | 1. verschließbares Kästchen zur Aufbewahrung von Wertgegenständen; 2. flache Schutzhülle für Bücher, LP's etc. {44/58}; 3. lichtundurchlässiger Behälter in einem Fotoapparat {58/87}; 4. vertieftes Feld (in der Zimmerdecke - archit. t. t.) {88}; 5. Magnetband auf zwei kleinen Spulen in festem Kunststoffgehäuse {87} | **capsa**<br>frz. *casse*<br>*cassette* (dimin.) | s. oben |
| 1663 | **Kasserolle** vulgl>prov/nordfrz>frz | flacher Henkeltopf zum Kochen oder Schmoren {44} | vulgl. **cattia**, ae f<br><br>nordfrz. *casse*<br>frz. *casserole* | Maurerkelle; Schöpflöffel; Schmelztiegel<br><br>Pfanne |
| 1664 | **Kaste** l>port>frz | 1. Gruppe innerhalb der hinduistischen Gesellschaftsordnung {33/51}; 2. sich streng absondernde Gesellschaftsschicht mit übertriebenem Standesbewußtsein {33} | **castus**, a, um<br><br>port. *casto*<br>*casta*<br>frz. *caste* | rein, keusch, anständig, unschuldig<br><br>Kaste<br>Kaste |
| – | **kasteien** l>kirchenl | 1. peinigen, martern {26/29/33}; 2. sich als religiöse Buße Schmerzen auferlegen, strenge Selbstzucht üben {28/51} | **castigare** | züchtigen, tadeln, strafen; rügen |
| 1665a | **Kastell** | 1. militärische Befestigungsanlage (hist. t. t.) {75/86/88}; 2. Burg, Schloß (hist. t. t.) {75/88}; 3. Aufbauten auf Kriegsschiffen (veraltet) {45/58/86} | **castellum**, li n | Zitadelle, Fort; Bollwerk, Festung |
| – | **Kastellan** l>mlat | 1. Burg-, Schloßvogt (hist. t. t.) {75/50/47}; 2. Aufsichtsbeamter in Schlössern {40/49} | **castellani**, norum m (Pl.) | Besatzung eines Kastells; Bewohner eines befestigten Ortes |
| – | **Kastellanei** l>mlat | Schloßverwaltung {40/49} | **castellum** | s. oben |
| 1665b | **Kastigation** | Züchtigung (veraltet) {26/51/82} | **castigatio**, onis f | Züchtigung, Zurechtweisung, Strafe |
| – | kastigieren | | | |
| 1666 | **Kastration** | 1. Entfernung der Keimdrüsen beim Menschen oder Tieren (Hoden bzw. Eierstöcke - med. t. t.) {69/70}; 2. Entfernung der Staublätter bei Pflanzen (bot. t. t.) {68} | **castratio**, onis f | das Verschneiden, Kastrieren |

| | | | | |
|---|---|---|---|---|
| – | **kastrieren** | eine Kastration vornehmen (med. t. t.) {68/69/70} | **castrare** | verschneiden, entmannen, kastrieren; (Bäume) lichten |
| – | **Kastrat** l>it | 1. Mann, dem die Keimdrüsen entfernt wurden (med. t. t.) {70}; 2. in der Jugend entmannter, mit Knabenstimme singender Bühnensänger (17./18. Jh.) {37/75} | dto. | dto. |
| – | **Kastrierte** | Filterzigarette (ugs., scherzhaft) {17} | dto. | dto. |
| 1667 | **kasuell** l>frz | den Kasus betreffend (sprachwiss. t. t.) {76} | **casualis**, e | zufällig; den Kasus betreffend (gramm. t. t.) |
| – | **Kasuist** l>nlat | 1. Vertreter der Kasuistik {77}; 2. Wortverdreher, Haarspalter {32/25} | **casus**, us m | Fall, Zufall; das Fallen; Beugefall (gramm. t. t.) |
| – | **Kasuistik** l>nlat | 1. Teil der Sittenlehre, der für alle möglichen Fälle des Lebens Verhaltensgebote gibt (stoische und kath. Moralphilosophie) {77/30}; 2. Methode der Rechtsfindung (jur. t. t.) {82}; 3. Beschreibung von Krankheitsfällen (med. t. t.) {70}; 4. Wortverdreherei, Haarspalterei {32/25} | dto. | dto. |
| – | kasuistisch | | | |
| – | **Kasus** | 1. Fall, Vorkommnis {52}; 2. Beugungsfall (sprachwiss. t. t.) {76} | dto. | dto. |
| 1668 | **Katafalk** (gr>l;l) >vulgl>it >frz | schwarz verhängtes Gestell, auf dem der Sarg während der Trauerfeierlichkeiten steht {51/15} | **catasta**, ae f gr. *κατάστασις* + **fala**, ae f vulgl. catafalicum* it. *catafalco* frz. *catafalque* | Schaugerüst (zur Ausstellung von Kaufsklaven) hohes Gerüst; hölzerner Turm |
| 1669 | **Katakombe** l>it | unterirdische Anlage zur Beisetzung von Toten (in frühchristlicher Zeit) {15/51/58/88} | **catacumba**, ae f | Katakombe, Grabgewölbe |
| 1670 | **Katapult** (gr)>l | 1. Wurf-, Schleudermaschine im Altertum {75/86}; 2. gabelförmige Gummiband-, Steinschleuder {86}; 3. Startschleuder für Flugzeuge {45/86} | **catapulta**, ae f gr. *καταπέλτης* | Wurfmaschine, -geschoß; Katapult |

| | | | | |
|---|---|---|---|---|
| 1671 | **katzbuckeln** (l);l>frz | übertrieben höflich sein {26/33} | **catta**, ae f<br>o. **cattus**, ti m<br>+ **buccula**, ae f<br>afrz. *boucle* | Katze<br>Kater<br>Bäckchen<br>Metallbeschlag in der Schildmitte |
| - | Kater, Katze | | | |
| 1672 | **kaufen** | gegen Geld erwerben (ursprünglich: Tauschhandel treiben) {42} | uns. ob:<br>**caupo**, onis m<br>oder:<br>**cauponari** | Verhökerer, Herbergs-, Schankwirt<br>(ver)schachern, verhökern |
| - | Kauf, Käufer, käuflich, Kaufmann, Kaufleute | | | |
| 1673 | **kausal** | ursächlich, das Verhältnis Ursache-Wirkung betreffend, dem Kausalgesetz entsprechend {60} | **causalis**, e | zur Ursache gehörig |
| >>> | kausal..., Kausal... s. ggf. unter dem Rest des Wortes | | | |
| - | **Kausalis** l>spätl | (sprachwiss. t. t.) 1. Kasus in bestimmten Sprachen, der die Ursache, den Grund einer Handlung angibt; 2. Wort, das im Kausalis steht {60/76} | dto. | dto. |
| - | **Kausalität** l>nlat | Zusammenhang von Ursache und Wirkung {60} | dto. | dto. |
| - | **Kausativ(um)** | Verb des Veranlassens (sprachwiss. t. t.) {60/76} | **causativus**, a, um | ursächlich; die Rechtssache feststellend |
| 1674 | **Kautel** | 1. Vorkehrung, Absicherung, (vertraglicher) Vorbehalt (jur. t. t.) {82}; 2. (nur Pl.) Vorsichtsmaßregel (med. t. t.) {70} | **cautela**, ae f | Vorsicht; Sicherstellung, Schutzmittel; Kaution (jur. t. t.) |
| 1675 | **Kaution** | Bürgschaft; Sicherheitsleistung in Form einer Geldhinterlegung {82} | **cautio**, onis f | Vorsicht, Sicherheit; Bürgschaft, Kaution |
| 1676 | **Kavalier** l>aprov>it >frz | 1. Mann, der Frauen gegenüber besonders zuvorkommend und hilfsbereit ist; 2. Freund, Begleiter eines Mädchens (ugs., scherzhaft) {33}; 3. Edelmann (hist. t. t.) {75/33} | **caballarius**, ii m<br>aprov. *cavalier*<br>it. *cavaliere*<br>frz. *chevalier* | Pferdeknecht, -wärter |
| - | **Kavaliersdelikt** l>aprov>it >frz;l | geringfügig strafbare Handlung {82} | dto.<br>+ **delictum**, ti n | dto.<br>Fehler, Versehen, Vergehen |

| | | | | |
|---|---|---|---|---|
| – | **Kavalier-<br>start**<br>l>aprov>it<br>>frz;engl | schnelles Anfahren mit Vollgas (an Verkehrsampeln) {45/61} | dto. | dto. |
| – | **Kavalkade**<br>l>it>frz | prachtvoller Reiteraufzug, Pferdeschau {33/61/85} | spätl.<br>**caballicare**<br>it. *cavalcare*<br>*cavalcata*<br>frz. *cavalcade* | <br>reiten<br><br>Reitertrupp, Ritt |
| – | **Kavallerie**<br>l>it>frz | Reiterei, Reitertruppe {86} | dto.<br>it. *cavalleria*<br>frz. *cavallerie* | |
| – | Kavallerist | | | |
| 1677 | **Kavents-<br>mann**<br>l>mlat<br>>mhd;d | 1. beleibter, begüterter Mann {11/33/43/53}; 2. Prachtexemplar {25/56}; 3. sehr hoher Wellenberg (seemannsspr. t. t.) {45/63} | **cavere**<br>(PPA. **cavens**)<br><br>mhd. *Kavent* | sich hüten; Beistand leisten, bürgen<br>Gewährsmann, Bürge |
| 1678 | **Kaverne** | 1. (künstlich angelegter) unterirdischer Hohlraum für militärische Anlagen oder Müll {49/58/86}; 2. Hohlraum in Körpergewebe (bes. in tuberkulösen Lungen - med. t. t.) {70} | **caverna,**<br>ae f | Höhle, Grotte; Kammer |
| 1679 | **Kelch**<br>(gr)>l | Trinkgefäß {44} | **calix,**<br>icis m<br>gr. *κύλιξ* | tiefe Schale, Becher, Pokal, Schüssel |
| >>> | Kelchkommunion s. Kommunion | | | |
| 1680 | **Keller** | (Vorrats)räume unterhalb des Wohnbereichs eines Hauses {44/58} | **cellarium,**<br>ii n | Speise-, Vorratskammer |
| – | Kellerei, (ein)kellern | | | |
| – | **Kellner(in)**<br>spätl | 1. Kellermeister, Verwalter des Weinkellers; 2. Restaurantbedienstete(r) {40/17} | spätl.<br>**cellarius,**<br>ii m | <br>Kellermeister |
| – | kellnern | | | |
| 1681a | **Kelter** | Traubenpresse {17/39/40/44} | **calcatura,**<br>ae f | das Treten; das Keltern; die Kelter |
| – | **keltern** | Saft aus Weintrauben herauspressen {17/39/40} | dto. | dto. |

| | | | | |
|---|---|---|---|---|
| 1682a | **Kemenate** (gr)>l>mlat | Wohnraum einer Burg, Frauengemach (hist. t. t.) {58/44/75} | **caminare** (PPP. **caminatus**)<br>**caminata**<br><br>mlat. caminata o. caminada<br>ahd. *kamenade, keminata* | in Form eines Kamins aufbauen, - aufsetzen<br>mit einem Kamin versehen<br><br>Raum mit Kamin, heizbares Zimmer |
| 1682b | **Kerker** | 1. Verließ, Gefängnis {82/58}; 2. Zuchthausstrafe (österr.) {82} | **carcer**, eris m | Gefängnis, Kerker, Gewahrsam |
| >>> | Kernreaktion, Kernreaktor s. Reaktor, Reaktion | | | |
| 1682c | **Kerze** (gr)>l | Talg-, Wachslicht {44} | uns. ob: **charta**, ae f<br>gr. $\chi\acute{\alpha}\rho\tau\eta\varsigma$<br>oder: **cerare**<br><br>(sc. candela) **cerata** | <br>Papyrus, Schreibmaterial<br><br>mit Wachs überziehen<br>Wachslicht |
| 1683 | **Kessel** | Tiegel; bauchiger, erhitzbarer Wasserbehälter (aus Metall) {44} | **catillus**, li m bzw.<br>**catinus**, ni m | Schüsselchen, Tellerchen<br>Napf, Schüssel, Pfanne; Kessel |
| – | Kesselschlacht, Kesseltreiben, einkesseln | | | |
| 1684 | **Kette** | 1. aus ineinandergreifenden Einzelgliedern gefügtes Metallband {20}; 2. zusammenhängende Folge (von Ereignissen o. ä.) {56/59} | **catena**, ae f | Kette; Fessel; Klammer(hölzer) |
| – | ketten, anketten, verketten, Verkettung | | | |
| 1685 | **keusch** l>got | tugendhaft, sittsam, enthaltsam, rein {25/30/33/51/84} | **conscius**, a, um<br>got. kuskeis* | mitwissend, eingeweiht, bewußt<br>der christlichen Lehre bewußt |
| – | Keuschheit | | | |
| 1686a | **Kipferl** l>ahd >österr | Gebäcksorte {17} | **cippus**, pi m<br>ahd. *kipf(e)*<br><br>österr. *kipferl* | Spitzsäule, Pfahl<br>Wagenrunge; länglich geformtes Brot<br>Hörnchen |

| | | | | |
|---|---|---|---|---|
| 1686b | **Kirsche**<br>(gr)>l<br>>vulgl | Steinfruchtart {05/17} | **cerasum**,<br>si n<br>gr. *κέρασος*<br>vulgl.<br>ceresia*<br>o. cerasia* | Kirsche |
| 1687 | **Kissen**<br>l>gallorom<br>>afrz>frz | (loses) Sitzpolster {44} | **coxa**,<br>ae f<br>gallorom.<br>coxinum*<br>afrz. *coissin, cussin*<br>frz. *coussin* | Hüfte, Hüftgelenk<br><br>Hüft-, Sitzkissen |
| 1688a | **klamm-heimlich**<br>l;d | ganz heimlich {33/25} | **clam** | heimlich |
| 1688b | **klar** | 1. hell; rein; glänzend; schön; durchsichtig {55}; 2. wolkenlos {65} | **clarus**,<br>a, um | laut; hell, leuchtend; deutlich; berühmt |
| – | Klarheit, klären | | | |
| – | **klarieren**<br>l>(nlat) | 1. klar -, einsatzbereit machen {29/40/86}; 2. beim Ein- und Auslaufen des Schiffes die Zollformalitäten erledigen {50/42/45} | dto. | dto. |
| – | **Klarinette**<br>l>it>(frz) | Holzblasinstrument {37} | **clarus**<br>it. *clarino*<br><br>*clarinetto* | hell tönend<br>hell tönende (Solotrompete) |
| – | Klarinettist | | | |
| 1689 | **Klasse**<br>l>(frz) | 1. Abteilung (z. B. in der Schule) {31/56}; 2. Gruppe mit bestimmten, besonderen Merkmalen; Einteilung nach besonderen Kennzeichen {33/56} | **classis**,<br>is f<br><br>frz. *classe* | versammelte Menge; Abteilung; Landheer; Flotte |
| – | **klasse**<br>l>(frz) | großartig, ausgezeichnet {26/56/33} | dto. | dto. |
| – | ...klassig | | | |
| – | **Klassement**<br>l>frz | 1. Einteilung, Ordnung {33/56}; 2. Rangliste, Reihenfolge (sport. t. t.) {56/85} | dto. | dto. |
| – | Klassenkampf | | | |
| – | **klassieren**<br>l>frz | 1. Fördergut nach der Größe aussortieren (bergmannsspr. t. t.) {41/56}; 2. nach bestimmten Merkmalen einer Klasse zuordnen {29/56} | dto. | dto. |

| | | | | |
|---|---|---|---|---|
| – | **Klassifikation** (l;l)>nlat | 1. das Klassifizieren; 2. das Klassifizierte {33/56/85} | dto. + **facere** | dto. tun, machen, handeln |
| – | **Klassifikator** (l;l)>nlat | Sachkatalogbearbeiter (bibliotheksswiss. t. t.) {40/76} | dto. | dto. |
| – | **klassifikatorisch** (l;l)>nlat | die Klassifikation betreffend {33/56/85} | dto. | dto. |
| – | **klassifizieren** (l;l)>nlat | 1. jmd. o. etw. in Klassen einteilen, einordnen {56/33}; 2. jmd. o. etw. als etw. abstempeln {33} | dto. | dto. |
| – | Klassifizierung | | | |
| – | **Klassik** l>nlat | 1. Kultur und Kunst der griech.-röm. Antike {33/75/79}; 2. Epoche, die sich die antike Kunst und Kultur zum Vorbild genommen hat; 3. Epoche kultureller Höchstleistungen eines Volkes {33/56/59} | **classicus**, a, um | die Bürgerklassen -, das Heer betreffend; Bürger der ersten Klasse; mustergültig (nur in Phrasen!) |
| – | **Klassiker** | 1. Vertreter der Klassik (1., 2.) {33/75/79}; 2. Wissenschaftler, Künstler o. ä., der richtungsweisende Ergebnisse erzielt hat {25/33/40/56} | dto. | dto. |
| – | **klassisch** l>(nlat) | 1. die (antike) Klassik betreffend (z. B. Sprachen) {32/59/75}; 2. die Merkmale der Klassik tragend; 3. vollkommen, Maßstäbe setzend; mustergültig, zeitlos {56/25}; 4. altbewährt, seit langem verwendet {25/56/59}; 5. toll, großartig (ugs.) {25/26/56} | dto. | dto. |
| – | **Klassizismus** l>nlat | 1. Nachahmung eines klassischen (antiken) Vorbildes {56/75/79}; 2. Baustil in Anlehnung an die Antike {75/88}; 3. europäischer Kunststil 1770-1830 {35/36/75/79} | dto. | dto. |
| – | **klassizistisch** l>nlat | 1. den Klassizismus betreffend, zu ihm gehörend {25/56}; 2. die Antike nachahmend {25/56/75/79} | dto. | dto. |
| – | **Klassizität** l>nlat | Mustergültigkeit (veraltet) {25/56} | dto. | dto. |

| | | | | |
|---|---|---|---|---|
| 1690 | **Klause** l>mlat | 1. Klosterzelle; weltabgeschiedene Behausung {44/51/58}; 2. enger Raum, kleines (Studier)zimmer {44/58}; 3. Engpaß, Schlucht {64}; 4. Frucht der Windengewächse und Lippenblütler (bot. t. t.) {68}; 5. Damm zum Aufstauen von Flußwasser für die Holzflößerei {40/45} | **claudere** (PPP. **clausus**)<br><br>mlat. clusa | (ver-, ab)schließen; versperren; beendigen<br>umschlossener Raum, Klosterzelle; Einsiedelei |
| – | **Klausel** | 1. vertraglicher Vorbehalt, Sondervereinbarung (jur. t. t.) {82}; 2. metrische Gestaltung des Satzschlusses (sprachwiss. t. t.) {76}; 3. formelhafter, melodischer Schluß (mus. t. t.) {37} | **clausula**, ae f | Schluß, Schlußsatz, Schlußformel; Klausel |
| – | **Klausner** l>mlat | Bewohner einer Klause (1.); Einsiedler {33/44} | **claudere** | s. oben |
| – | **klausulieren** l>nlat | in Klauseln bringen, verklausulieren {32/82/37/76} | **clausula** | s. oben |
| – | **Klausur** | 1. Einsamkeit, Abgeschlossenheit {58/33}; 2. nicht jedermann zugänglicher Teil eines Klosters {51/58}; 3. (= Klausurarbeit) schriftliche, unter Aufsicht anzufertigende Prüfungsarbeit {25/31} | **clausura**, ae f | Verschluß; Schloß; Fort, Kastell |
| – | **Klausurtagung** l;d | Tagung unter Ausschluß der Öffentlichkeit {32/33/50} | dto. | dto. |
| – | **Klaustrophobie** l;gr | krankhafte Angst vor dem Aufenthalt in (kleinen) geschlossenen Räumen (psych. t. t.) {70} | **claudere** + gr. *φόβος* | s. oben<br>Furcht |
| 1691 | **Klavier** l>mlat>frz | Tasten(musik)instrument {37} | **clavis**, is f<br>mlat. clavis<br>frz. *clavier* | Schlüssel, Riegel<br><br>Taste<br>Tastenbrett |
| – | **Klaviatur** l>mlat>frz >nlat | Gesamtheit der Tasten bei Klavier, Orgel, Harmonium {37} | dto. | dto. |

>>> klein... s. ggf. unter dem Rest des Wortes

| | | | | |
|---|---|---|---|---|
| 1692 | **Klient** | 1. Auftraggeber, Kunde (z. B. von Rechtsanwälten) {33/82/42}; 2. Bürger mit Dienstverpflichtung gegenüber seinem adligen Herren (im alten Rom - hist. t. t.) {75/33} | **cliens**, ntis m | Höriger, Klient, Vasall |

| | | | | |
|---|---|---|---|---|
| – | **Klientel** | 1. Gesamtheit der Klienten (1.) {57/33/42/82}; 2. Gesamtheit der von einem adligen Herren (= Patron) abhängigen Bürger im alten Rom (hist. t. t.) {33/57/75} | **clientela**, ae f | Schutzgemeinschaft; Schützlinge; Klientelverbindung |
| 1693 | **Kloake** | 1. (unterirdischer) Abwasserkanal, Senkgrube {44/49/58}; 2. gemeinsamer Körperausgang für alle Körperausscheidungen bei niederen Säugetieren und Reptilien (zool. t. t.) {69} | **cloaca**, ae f | Gosse, Abzugskanal, Kloake |
| 1694 | **Klosett** l>frz>engl | (kurz: Klo) 1. Toilettenraum {58/44/21}; 2. Toilettenbecken {44/21} | **claudere** frz. *clos* *closet* | s. oben 1690 Gehege abgeschlossener Ort |
| – | **Kloster** l>vulgl | Wohnraum, -gebäude für Mönche und Nonnen {51/44/58} | **claustrum**, ri n vulgl. clostrum | Verschluß, Sperre, Riegel |
| – | klösterlich | | | |
| – | **Klüse** l>niederl | 1. Öffnung im Schiffsbug für Ankerketten und Taue (seemannsspr. t. t.) {45/58}; 2. Augen, Augenlider (ugs.) {11} | **claudere** (PPP. **clausus** o. **clusus**) niederl. *kluisgad* | s. oben 1690 Öffnung im Schiffsbug |
| 1695 | **Koagulans** | die Blutgerinnung beschleunigendes Mittel (med. t. t.) {70} | **coagulare** (PPA. **coagulans**) | gerinnen machen; stiften |
| – | **Koagulum** | Blutgerinsel (med. t. t.) {70} | **coagulum**, li n | gerinnungsförderndes Mittel; das Gerinnen |
| 1696 | **koali(si)eren** l>mlat >engl>frz | 1. verbinden, sich verbünden {33}; 2. mit jmdm. eine Koalition eingehen, bilden {50/33} | **coalescere** (Perf. **coalui**) | zusammen-, verwachsen; sich einigen, zusammenschließen |
| – | **Koalition** l>mlat >engl>frz | Vereinigung, Bündnis mehrerer Parteien oder Staaten {33/50} | dto. mlat. coalitio engl./frz. *coalition* | dto. Vereinigung, Zusammenkunft |
| – | Koalitionspartei, Koalitionsregierung | | | |
| 1697 | **Koautor** l;l | Mitverfasser {34/33/40} | **co, con = cum** + **auctor**, oris m | zusammen, mit Urheber, Verfasser |
| 1698 | **koaxial** (l;l)>nlat | mit gleicher Achse {54} | **co, con = cum** + **axis**, is m | s. oben 1697 Achse, Himmelsgegend |

| | | | | |
|---|---|---|---|---|
| – | **Koaxialkabel** (l;l)>nlat;l >mlat>frz | Elektrokabel aus einem zylindrischen inneren und einem rohrförmigen äußeren Leiter (techn. t. t.) {46/87} | dto. + **capulus** mlat. capulum frz. *câble* | dto. s. oben 1586b |
| 1699 | **Kobra** (l;l)>port | südasiatische Brillenschlange {07} | **colubra**, ae f | Schlangenweibchen; kleine Schlange |
| | | | + **cappa**, ae f port. *cobra de capello* | Kappe, Mütze Kappenschlange |
| 1700 | **Koch** l>vulgl | jmd., der die Mahlzeiten zubereitet, heiß macht {17/40} | **coquus**, ui m vulgl. cocus | Koch |
| – | **kochen** | heiß machen, sieden {17/54} | **coquere** | kochen, sieden |
| – | Köchin, Kocher | | | |
| 1701 | **Kode** l>frz>engl | 1. Schlüssel zu Geheimschriften, Telegrafenschlüssel {25/32/46}; 2. Zeichensystem als Grundlage für Kommunikation {32} | **codex**, dicis m | Buch, Schrift, Verzeichnis, Schreibtafel |
| – | **Kodex** | 1. Sammlung von Gesetzen, Handschriften o. ä. {57/32/82}; 2. mit Wachs überzogene, hölzerne Schreibtafel der Antike {75/32} | dto. | dto. |
| – | Ehrenkodex | | | |
| – | **kodieren** l>frz>engl | 1. eine Nachricht verschlüsseln {32/46}; 2. etw. Mitzuteilendes mittels eines Kodes (2.) in eine sprachliche Form bringen {32} | dto. | dto. |
| – | Kodierung | | | |
| – | **Kodifikation** (l;l)>nlat | 1. systematische Erfassung aller Fakten eines bestimmten Gebietes (z. B. des Rechts) {25/32/57}; 2. Gesetzessammlung {82/57} | dto. + **facere** | dto. tun, machen, handeln |
| – | **Kodifikator** l>nlat | jmd., der eine Kodifikation zusammenstellt {32/57/40} | dto. | dto. |
| – | **kodifizieren** l>nlat | 1. eine Kodifikation (1.) zusammenstellen {32/57}; 2. systematisch erfassen {25/32/57} | dto. | dto. |
| – | Kodifizierung | | | |
| 1702 | **Koedition** l;l | Edition eines Werkes von mehrerern Herausgebern bzw. Verlagen {32/40} | **co, con = cum** + **editio**, onis f | s. oben 1697 Herausgabe; Geburt; Mitteilung |
| – | Koeditor | | | |

| | | | | |
|---|---|---|---|---|
| 1703 | **Koedukation** (l;l)>engl | Gemeinschaftserziehung von Jungen und Mädchen in Schulen {31/33} | **co, con = cum + educatio**, onis f | s. oben 1697 Erziehung; das Aufziehen |
| – | **koedukativ** (l;l)>engl | zur Koedukation gehörend {31/33} | dto. **+ educare** | dto. er-, aufziehen |
| 1704 | **Koeffizient** (l;l)>nlat | 1. Vorzahl veränderlicher Größen einer Funktion (math. t. t.) {71}; 2. kennzeichnende Größe für physikalische o. technische Verhaltensweisen {72} | **co, con = cum + efficiens** (Gen. –ntis) | s. oben 1697 bewirkend |
| 1705 | **Koerzitivkraft** l>nlat;d | Fähigkeit eines Stoffes, der Magnetisierung zu widerstehen oder diese zu behalten (phys. t. t.) {72/87} | **coercere** | zusammenhalten, (ein)schließen, in Ordnung halten, beschränken |
| 1706 | **koexistieren** | zusammen dasein, nebeneinander bestehen {33/52} | **coexistere** | zugleich vorhanden sein |
| – | **koexistent** | nebeneinander bestehend {33/52} | dto. | dto. |
| – | **Koexistenz** l>frz | das gleichzeitige Nebeneinanderbestehen (z. B. von gesellschaftlichen Systemen) {52/50/33} | dto. | dto. |
| 1707 | **Kognat** | Blutsverwandter, der nicht Agnat (s. darunter) ist {10} | **cognatus**, ti m | (Bluts)verwandter |
| – | **Kognation** | Blutsverwandtschaft {10} | **cognatio**, onis f | Verwandtschaft durch Geburt |
| – | **kognatisch** | den oder die Kognaten betreffend {10} | **cognatus**, a, um | verwandt, verbunden |
| 1708 | **Kognition** | gerichtliche Untersuchung (veraltet) {82} | **cognitio**, onis f | das Kennenlernen, Kenntnis; richterliche Untersuchung |
| – | **kognitiv** l>nlat | die Erkenntnis betreffend, erkenntnismäßig {25} | **cognitus**, a, um | be-, erkannt; erprobt |
| 1709 | **Kognomen** | dem röm. Vor- und Geschlechternamen beigegebener Name (hist. t. t.) {75} | **cognomen**, minis n | Zu-, Beiname |
| 1710 | **Kohabitation** | Geschlechtsverkehr (med. t. t.) {70} | **cohabitatio**, onis f | das Beisammenwohnen |
| – | **kohabitieren** | Geschlechtsverkehr ausüben (med. t. t.) {70} | **cohabitare** | beisammen wohnen |
| 1711 | **kohärent** | zusammenhängend {56} | **cohaerens** (Gen. –ntis) | zusammenhängend |
| – | **Kohärenz** | 1. Zusammenhang {56/25}; 2. Eigenschaft von Lichtbündeln, die gleiche Wellenlänge und Schwingungsart zu haben (phys. t. t.) {72} | **cohaerentia**, ae f | Zusammenhang |

>>> Kohärenzfaktor, Kohärenzprinzip s. unter Faktor, Prinzip

| | | | | |
|---|---|---|---|---|
| – | **kohärieren** | zusammenhängen, Kohäsion zeigen {73/72/56} | **cohaerere** (PPP. **cohaesum**) | zusammenhängen, -halten, -kleben |
| – | **Kohäsion** l>nlat | innerer Zusammenhalt der Moleküle eines Körpers {73/72} | dto. | dto. |
| – | **kohäsiv** l>nlat | zusammenhaltend {73/72/56} | dto. | dto. |
| 1712 | **Kohl** (gr)>l | Gemüsesorte {05/17} | **caulis**, is m gr. *καυλός* | Stengel, Strunk, Kohl |
| 1713 | **Kohortation** | Ermahnung, Ermunterung (veraltet) {25/32} | **cohortatio**, onis f | Zuspruch; das Zureden, Anfeuern |
| – | **Kohortativ** l>nlat | Konjunktiv zum Ausdruck einer Aufforderung an die eigene Person (sprachwiss. t. t.) {76} | dto. | dto. |
| 1714 | **Kohorte** | 1. zehnter Teil einer röm. Legion (hist. t. t.) {57/75/86}; 2. Personengruppe für eine soziologische Untersuchung (soziol. t. t.) {81/57}; 3. Schar, Gruppe (von gemeinsam agierenden Personen) {33/57/29) | **cohors**, rtis f | Viehhof; Leibwache; Kohorte |
| 1715 | **koinzident** (l;l)>nlat | zusammenfallend; einander deckend {33/56/58/59} | **co, con = cum + incidere** | s. oben 1697 hineinfallen, -geraten; sich ereignen, sich zutragen |
| – | **Koinzidenz** (l;l)>nlat | das Zusammentreffen, Zusammenfall (z. B. zweier Ereignisse) {56/33/59} | dto. | dto. |
| – | **koinzidieren** (l;l)>nlat | zusammenfallen; einander decken {33/56/58/59} | dto. | dto. |
| 1716 | **koitieren** l>nlat | (med. t. t.) 1. (mit jmdm.) Geschlechtsverkehr vollziehen; 2. jmdn. als Objekt für sein sexuelles Verlangen benutzen {18/70} | **coire** | zusammenkommen; sich vereinigen; sich paaren, begatten |
| – | **Koitus** | Geschlechtsverkehr (med. t. t.) {18/70} | **coitus**, us m | das Sich-Vereinigen; Begattung, Beischlaf |
| 1717 | **Koje** l>niederl | 1. fest eingebautes Bett (auf Schiffen) {16/44/45}; 2. Raum zur Aufbewahrung von Segeln {58/45}; 3. Ausstellungsstand {42/33} | **cavea**, ae f niederl. *kooi* | Käfig, Höhle, Behältnis |

| | | | | |
|---|---|---|---|---|
| 1718 | **Kokosnuß** (gr)>l >span/port; d | tropische hartschalige Baumfrucht {04/17} | **coccum**, ci n o. **coccus**, ci m gr. *κόκκος* span. *coco* | Kern; Beere; runder Auswuchs<br><br>Gespenst, Butzemann |
| >>> | Kokospalme s. unter Palme | | | |
| 1719 | **kollabieren** | 1. einen Kollaps (1.) erleiden, plötzlich schwach werden, verfallen (med. t. t.) {14/70}; 2. in sich zusammenfallen (von Sternen - astron. t. t.) {66} | **collabi** (PPP. **collapsus**) | in sich zusammensinken, -brechen; einsinken; verfallen |
| - | **Kollaps** l>mlat | 1. plötzlicher Schwächeanfall infolge Kreislaufversagens (med. t. t.) {14/70}; 2. Holzschwund während der Trocknung {40/57}; 3. Endphase der Sternenentwicklung (astron. t. t.) {66}; 4. (wirtschaftlicher) Zusammenbruch {80} | dto. | dto. |
| 1720 | **Kollaborateur** l>frz | jmd., der innerhalb eines von feindlichen Truppen besetzten Gebietes mit dem Feind zusammenarbeitet {28/33/86} | **collaborare** frz. *collaborer* | mitarbeiten |
| - | **Kollaboration** l>frz | aktive Unterstützung der feindlichen Besatzungsmacht {28/29/33/86} | dto. | dto. |
| - | **kollaborieren** | (mit einer feindlichen Besatzungsmacht) zusammenarbeiten {28/33/86} | dto. | dto. |
| 1721 | **Kollation** | 1. Vergleich einer o. mehrerer Abschriften mit der Urschrift zur Prüfung der Richtigkeit {32/25}; 2. Prüfung der Bogen in der Buchbinderei auf Vollzähligkeit {40/32/57}; 3. Prüfung antiquarischer Bücher auf Vollständigkeit {25/32/57}; 4. Übertragung eines freigewordenen Pfarramtes {51}; 5. kleine Zwischenmahlzeit, Imbiß (veraltet, landsch.) {17}; 6. Hinzufügung der Vorausleistungen des Erblassers (jur. t. t.) {82/43} | **collatio**, onis f | das Zusammenbringen; Vereinigung; Beitrag; Vergleichung |

| | | | | |
|---|---|---|---|---|
| – | **kollationieren** l>nlat | 1. (eine Abschrift mit der Urschrift) vergleichen {32/25}; 2. etw. auf seine Richtigkeit und Vollständigkeit prüfen {32/40/57/25}; 3. einen Imbiß einnehmen (veraltet) {17}; 4. durch Handschriftenvergleiche Fehler ausmerzen {32/25/76} | dto. | dto. |
| 1722 | **Kolleg** | 1. Vorlesung(sstunde) an einer Hochschule {31/59}; 2. Fernunterricht im Medienverbund {31/46}; 3. kirchliche Studienanstalt für kath. Theologen {51/31}; 4. Schule (mit Internat) der Jesuiten {51/31}; 5. = Kollegium {33/40} | **collegium** ii n | Kollegium; Amtsgenossenschaft, Brüderschaft, Verein |
| – | **Kollege** | 1. Amts-, Berufsgenosse; Mitarbeiter {33/40}; 2. Schul-, Klassenkamerad {33/31}; 3. saloppe Anrede für einen Unbekannten {32}; 4. Genosse, Werktätiger (DDR) {33/40} | **collega,** ae f | Amtsgenosse, -gehilfe; Standesgenosse |
| – | **kollegial** | 1. freundschaftlich, hilfsbereit {26/33/84}; 2. durch ein Kollegium erfolgend {33/40}; 3. nach Art eines Kollegiums zusammengesetzt {33} | **collegialis,** e | kollegial(isch) |
| – | **Kollegialität** l>nlat | gutes Einvernehmen unter Kollegen, kollegiales Verhalten, kollegiale Einstellung {26/33/84} | dto. | dto. |
| | **Kollegium** | Gruppe von Personen mit gleichem Amt oder Beruf {33/40} | **collegium** | s. oben |
| 1723 | **Kollekte** l>mlat | 1. Sammlung freiwilliger Spenden (während und nach dem Gottesdienst {28/42/51}; 2. kurzes Altargebet {51/59} | **collecta,** ae f | Beitrag, Beisteuer; Betversammlung |
| – | **Kollekteur** l>frz | (veraltet) 1. Lotterieeinnehmer {42/40/33}; 2. jmd., der für wohltätige Zwecke sammelt {33/42} | dto. bzw. **collector,** oris m | dto. Mitleser in der Schule |
| – | **Kollektion** l>frz | 1. Mustersammlung von Waren (z. B. Modellen in der Textilbranche) {57/42/40/19}; 2. für einen bestimmten Zweck zusammengestellte Sammlung, Auswahl {40/57} | **collectio,** onis f | das Aufsammeln; Wiederholung, Schlußfolgerung |
| – | **kollektiv** | 1. gemeinschaftlich; 2. alle Beteiligten betreffend, er-, umfassend {33/57} | **collectivus,** a, um | angesammelt; sammel..., kollektiv |

| | | | | |
|---|---|---|---|---|
| – | **Kollektiv** l>(russ) | 1. Gruppe, in der Menschen zusammen leben {33}; 2. Arbeitsteam; 3. von gemeinsamen Zielvorstellungen getragene Arbeits- und Produktionsgemeinschaft (DDR) {33/40}; 4. Gesamtheit von Meßwerten; 5. Gesamtheit von Teilchen mit Bewegungskorrelation (phys. t. t.) {57/72} | dto. | dto. |
| – | **kollektivieren** l>russ | Privateigentum in Gemeineigentum überführen {43/50/80} | dto. | dto. |
| – | **Kollektivierung** l>russ | Überführung privater Produktionsmittel in Gemeinwirtschaften {43/50/80} | dto. | dto. |
| – | **Kollektivismus** l>(russ) | 1. Anschauung, die den Vorrang des gesellschaftlichen Ganzen gegenüber dem Individuum betont {77/33}; 2. kollektive Wirtschaftslenkung mit Vergesellschaftung des Privateigentums {43/50/80} | dto. | dto. |
| – | Kollektivist, kollektivistisch | | | |
| – | **Kollektivität** l>(russ) | 1. Gemeinschaftlichkeit {25/33}; 2. Gemeinschaft {33} | dto. | dto. |
| – | **Kollektivum** | Sammelbezeichnung (sprachwiss. t. t.) {76} | dto. | dto. |
| – | **Kollektor** l>nlat | 1. Bauteil für Stromzufuhr o. -aufnahme von elektrischen Maschinen (elektrotechn. t. t.); 2. technische Vorrichtung zur Sammlung von Sonnenenergie (phys. t. t.) {41/72}; 3. Sammler {33/57} | **collector**, oris m | Mitleser (in der Schule |
| >>> | Kolli s. Kollo | | | |
| 1724 | **kollidieren** | 1. (von Fahrzeugen) zusammenstoßen {45/61}; 2. im Widerspruch zueinander stehen, zusammenprallen (z. B. von Interessen) {56/25} | **collidere** | zusammenschlagen, -stoßen, zerstoßen, zerquetschen |
| – | **Kollision** | 1. Zusammenstoß von Fahrzeugen {45/61}; 2. Widerstreit von nicht miteinander vereinbaren Pflichten, Interessen {56/25} | **collisio**, onis f | das Zusammenstoßen; Elision (gramm. t. t.) |

| | | | | |
|---|---|---|---|---|
| 1725 | **Kollier** l>frz | 1. wertvolle, aus Edelsteinen o. Perlen bestehende Halskette {20}; 2. schmaler Pelz, der um den Hals getragen wird {19/20} | **collare**, ris n | Halsband; -fessel, -eisen |
| – | **Kollo** l>it | Frachtstück, Warenballen {42/45/57} | **collum**, li n | Hals; Flaschenhals |
| 1726 | **Kollokation** | 1. Ordnung nach der Reihenfolge {56}; 2. Platzanweisung {58/28}; 3. inhaltliche Kombinierbarkeit sprachlicher Einheiten (sprachwiss. t. t.); 4. Zusammenfall verschiedener Inhalte in einer lexikalischen Einheit (sprachwiss. t. t.) {76} | **collocatio**, onis f | das Aufstellen, Errichten; Anordnung, Disposition |
| – | kollokieren | | | |
| 1727 | **Kolloquium** | 1. wissenschaftliches Gespräch {25/32/40}; 2. kleinere Einzelprüfung an einer Hochschule {31}; 3. Zusammenkunft, Beratung von Wissenschaftlern oder Politikern über spezielle Probleme {32/25/50} | **colloquium**, ii n | Unterredung, Gespräch, Geplauder |
| – | **kolloquial** l>engl | für die Redeweise im Gespräch charakteristisch (sprachwiss. t. t.) {76/32} | dto. | dto. |
| 1728 | **Kolonat** | 1. Grundhörigkeit in der röm. Kaiserzeit (hist. t. t.) {75/33}; 2. Erbzinsgut {43/39} | **colonatus**, us m | Bauernstand |
| – | **Kolone** | 1. persönlich freier, schollengebundener Pächter in der röm. Kaiserzeit (hist. t. t.) {75/33}; 2. Erbzinsbauer {39/40} | **colonus**, ni m | Landwirt, Bauer, Ansiedler, Kolonist |
| – | **kolonial** l>frz | 1. aus den Kolonien stammend, sie betreffend {58/33/42}; 2. in enger natürlicher Gemeinschaft lebend (biol. t. t.) {68/69} | **colonia**, ae f | Bauern-, Pachtgut; Ansiedlung; Kolonie |
| – | **kolonialisieren** l>frz | jmdn. in eine koloniale Abhängigkeit bringen {50/33} | dto. | dto. |
| – | **Kolonialwaren** l>frz;d | Lebens- und Genußmittel (aus Übersee - veraltet) {42/17} | dto. | dto. |

| | | | | |
|---|---|---|---|---|
| – | **Kolonie** | 1. auswärtige abhängige Besitzung eines Staates {33/43/50}; 2. Gruppe von Personen, die im Ausland einheimische Traditionen pflegen {33}; 3. mit Arbeitsteilung verbundener Zusammenschluß pflanzlicher oder tierischer Individuen einer Art (biol. t. t.) {68/69}; 4. Siedlung {33/58/64}; 5. röm. o. griechische Siedlung in eroberten Gebieten (hist. t. t.) {33/64/75}; 6. Lager (z. B. Ferienlager) {33/44/85} | dto. | dto. |
| – | **Kolonisation** l>frz/engl | 1. Gründung, Entwicklung (und wirtschaftliche Ausbeutung) von Kolonien; 2. wirtschaftliche Entwicklung rückständiger Gebiete des eigenen Staates {50/42/80} | dto. | dto. |
| – | **Kolonisator** l>frz/engl | 1. jmd., der an der Gründung einer Kolonie beteiligt ist; 2. jmd., der kolonisiert {40/33/50} | dto. | dto. |
| – | **kolonisatorisch** l>frz/engl | die Kolonisation betreffend {33/42/50/80} | dto. | dto. |
| – | **kolonisieren** l>frz/engl | 1. aus einem Gebiet eine Kolonie (1.) machen {50/42/33}; 2. urbar machen, besiedeln und wirtschaftlich erschließen {39/42/58/33} | dto. | dto. |
| – | Kolonisierung | | | |
| – | **Kolonist** l>engl | 1. europäischer Siedler in einer Kolonie (1.) {33}; 2. jmd., der in einer Kolonie wohnt {33/44}; 3. jmd., der kolonisiert {40/50/29}; 4. Adventivpflanze (bot. t. t.) {68} | dto. bzw. **colonus** | dto. s. oben |
| 1729 | **Kolonnade** l>it>frz | Säulengang, -halle {58/88} | **columna**, ae f frz. *colonne* | Säule, Pfeiler; Wasserhose Säule, senkrechte Reihe; Marschformation |

| | | | | |
|---|---|---|---|---|
| – | **Kolonne** l>frz | 1. für bestimmte Arbeiten im Freien zusammengestellter Trupp {40/33}; 2. Marschformation der Truppe oder von Fahrzeugen {61/86}; 3. senkrechte Reihe (einer Tabelle) {58/71}; 4. Druckspalte, Kolumne {32/40/58}; 5. Destillationsapparatur (chem. t. t.) {41/72/73}; 6. Wettkampfgemeinschaft im Kunstkraftsport {33/85} | dto. | dto. |
| 1730 | **Koloratur** l>it | Ausschmückung und Verzierung einer Melodie mit einer Reihe umspielender Töne (mus. t. t.) {37} | **colorare**<br>it. *colorare*<br>*coloratura* | färben; beschönigen, verdecken<br>ausschmücken, färben<br>Ausschmückung, Farbgebung |
| >>> | Koloratursopran s. Sopran | | | |
| – | **kolorieren** l>(it) | 1. mit Farbe ausmalen {55/29/36}; 2. eine Komposition mit Verzierungen versehen (mus. t. t.) {37} | dto. | dto. |
| – | **Kolorist** l>(it) | 1. jmd., der Zeichnungen o. Drucke farbig ausmalt; 2. Maler, der den Schwerpunkt auf das Kolorit (2.) legt {40/36} | dto. | dto. |
| – | **koloristisch** l>(it) | die Farbgebung betreffend {55/36} | dto. | dto. |
| – | **Kolorit** l>it | 1. Farbgebung, Farbwirkung eines Gemäldes {36/55}; 2. Klangfarbe (mus. t. t.) {37}; 3. eigentümliche Atmosphäre, Stil {26/23} | dto.<br>it. *colorire*<br>*colorito* | dto. |
| 1731 | **Kolportage** l>frz | 1. literarisch minderwertiger, auf billige Wirkung abzielender Bericht {34/32/26}; 2. Verbreitung von Gerüchten {32/33}; 3. Hausiererhandel mit Kolportageliteratur (veraltet) {32/34/40/42} | **comportatio**, onis f bzw. **comportare**<br>frz. *comporter*<br>*colporter*<br>*colportage* | Beförderung, Transport<br>zusammentragen, -bringen, einliefern |
| – | **Kolporteur** l>frz | 1. jmd., der Gerüchte verbreitet {32/33}; 2. jmd., der mit Büchern u. Zeitschriften hausieren geht (veraltet) {34/40/42} | dto. | dto. |
| – | **kolportieren** l>frz | 1. Gerüchte verbreiten {32/33}; 2. von Haus zu Haus gehen u. Ware anbieten (veraltet) {42/40} | dto. | dto. |

| | | | | |
|---|---|---|---|---|
| 1732 | **Kolumne** | 1. Satzspalte (druckw. t. t.) {32/40/58}; 2. von demselben Journalisten verfaßter, regelmäßig erscheinender Meinungsbeitrag {32/40} | **columna,** ae f | Säule, Pfeiler; Wasserhose vgl. oben 1729 |
| – | **Kolumnist** l>nlat | jmd., der Kolumnen (2.) schreibt {40/32} | dto. | dto. |
| 1733 | **kombattant** l>vulgl>frz | kämpferisch {26/33} | **combattuere** | (be)kämpfen |
| – | **Kombattant** l>vulgl>frz | 1. (Mit)kämpfer, Kampfteilnehmer {33/86}; 2. Angehöriger der Truppen, die völkerrechtlich abgesichert zu Kampfhandlungen berechtigt sind {86} | dto. | dto. |
| 1734 | **Kombination** | 1. Verbindung, (geistige) Verknüpfung; Zusammenstellung {25/56}; 2. Herrenanzug aus verschiedenen Stoffen und Farben {19}; 3. planmäßiges Zusammenspiel (z. B. beim Fußball) {61/85}; 4. aus mehreren Einzeldisziplinen bestehender Wettkampf {57/85} | **combinatio,** onis f | Vereinigung |
| | (l>frz >engl) | 5. einteiliger Schutzanzug (der Flieger) {19/40}; 6. Wäschegarnitur, bei der Hemd und Hose in einem Stück gearbeitet sind {19} | | |
| – | **Kombi** | 1. Kurzform von Kombiwagen (Liefer- und Personenwagen) {45}; 2. Kurzform von Kombi(=Mehrzweck)schrank (schweiz.) {44} | dto. | dto. |
| – | **Kombinat** l>russ | Zusammenschluß produktionsmäßig eng zusammengehörender Industriebetriebe zu einem Großbetrieb (DDR) {41/80/75} | **combinare** (PPP. **combinatus**) | vereinigen |
| – | **kombinativ** l>nlat | gedanklich verbindend, verknüpfend {25} | dto. | dto. |
| – | **Kombinatorik** l>nlat | (o. Kombinationslehre) 1. Begriffsaufbau nach bestimmten Regeln {56/32/25}; 2. Teilgebiet der Mathematik (math. t. t.) {71} | dto. | dto. |
| – | **kombinatorisch** l>nlat | die Kombination (1.) o. Kombinatorik betreffend {25/32/56/71} | dto. | dto. |

| | | | | |
|---|---|---|---|---|
| – | **kombinieren** | 1. mehrere Dinge zusammenstellen, (gedanklich) miteinander verknüpfen {56/25}; 2. schlußfolgern, mutmaßen {25/24}; 3. (im Fußball) planmäßig zusammenspielen {61/85} | dto. | dto. |
| – | **Kombinierter** | jmd., der die nordische Kombination (Skisprung plus 15 km Langlauf) absolviert {85} | dto. | dto. |
| 1735 | **Komfort** l>frz>engl | luxuriöse Ausstattung, behagliche Einrichtung {26/44/87} | **confortare**<br>afrz. *conforter*<br>*confort*<br>engl. *comfort* | sehr stärken<br><br>stärken, trösten<br><br>Trost, Stärkung; Bequemlichkeit |
| – | **komfortabel** l>frz>engl | behaglich, wohnlich; mit allen Bequemlichkeiten des modernen Lebensstandards ausgestattet {26/44/87} | dto. | dto. |
| >>> | Komintern s. unter kommunistisch und Internationale | | | |
| 1736 | **Komitee** l>frz>engl >frz | 1. (leitender) Ausschuß {33/50}; 2. Personen, die mit der Organisation einer Veranstaltung betraut sind {33} | **committere**<br>engl. *commit*<br>*committee*<br>frz. *comité* | zusammenbringen; anvertrauen; preisgeben; abhalten |
| 1737 | **Komitien** | Bürgerversammlungen im alten Rom (hist. t. t.) {75/33} | **comitia,** iorum n (Pl.) | Volksversammlung (im antiken Rom) |
| 1738 | **Kommandant** l>vulgl>frz | 1. Befehlshaber (z. B. eines Schiffes) {45/86}; 2. Kommandeur (schweiz.) {86} | **commendare**<br>vulgl. commandare*<br>frz. *commander* | empfehlen, auszeichnen; anvertrauen, übergeben; |
| – | **Kommandeur** l>vulgl>frz | Befehlshaber eines größeren Truppenteils (Bataillon bis Division) {86} | dto. | dto. |
| – | **kommandieren** l>vulgl>frz | 1. die Befehsgewalt ausüben {86}; 2. jmdn. an einen bestimmten Ort beordern, dienstlich versetzen {28/40/50/86}; 3. etw. (im Befehlston) anordnen, Befehle erteilen {28/32/86} | dto. | dto. |

| | | | | |
|---|---|---|---|---|
| – | **Kommando** l>it | 1. Befehlsgewalt {33/86}; 2. Befehl(swort); Auftrag {28/32/50}; 3. vereinbarte Wortfolge als Startsignal (z. B. im Sport) {32/85}; 4. (militärische) Abteilung für einen Sonderauftrag {57/86} | dto. | dto. |
| – | **Kommanditgesellschaft** l>it>frz;d | Handelsgesellschaft, bei der mindestens einer der Gesellschafter nur mit seiner Einlage haftet {42/80} | dto. | dto. |
| – | **Kommanditist** l>it>frz | Gesellschafter, dessen Haftung auf seine Einlage beschränkt ist {42/80} | dto. | dto. |
| 1739 | **Kommemoration** | 1. Erwähnung, Gedächtnis, Andenken (veraltet) {24}; 2. Fürbitte in der kath. Messe; kirchliche Gedächtnisfeier (rel. t. t.) {51/27/24} | **commemoratio**, onis f | Zurückrufung ins Gedächtnis, Vergegenwärtigung; Erwähnung |
| – | **kommemorieren** | erwähnen, gedenken (veraltet) {24/32} | **commemorare** | sich vergegenwärtigen, in Erinnerung rufen; erwähnen |
| 1740 | **kommensurabel** | mit gleichem Maß meßbar; vergleichbar {56} | **commensurabilis**, e | gleich zu bemessen, gleichmäßig |
| – | **Kommensurabilität** l>(nlat) | Vergleichbarkeit, Meßbarkeit mit gleichem Maß (math., phys. t. t.) {56/71/72} | dto. | dto. |
| 1741 | **Kommentar** | 1. mit Erläuterungen und kritischen Anmerkungen versehenes Zusatzwerk zu einem Druckwerk (z. B. zu einem Gesetzestext, antiker Literatur o. ä.) {25/32/34/82}; 2. kritische Stellungnahme zu aktuellen Tagesereignissen; 3. Anmerkung, Erklärung, Stellungnahme (ugs.) {32/25} | **commentarium**, ii n | Notizen, Skizze; Tagebuch, Auszüge |
| – | kommentarisch | | | |
| – | **Kommentator** | 1. Verfasser eines Kommentars {40/32}; 2. Berichterstatter von (Sport)ereignissen in den Medien (besonders TV, Radio) {32/33/40/85} | **commentator**, oris m | Erfinder, Urheber; Erklärer, Ausleger |
| – | **kommentieren** | 1. ein Druckwerk mit kritischen oder erläuternden Anmerkungen versehen; 2. zu aktuellen Tagesereignissen Stellung nehmen; 3. eine Anmerkung zu etw. machen (ugs.) {25/32} | **commentari** | etw. überdenken, Betrachtungen anstellen, Entwürfe machen; verfassen |

| | | | | |
|---|---|---|---|---|
| 1742 | **Komment-handlung**<br>l>vulgl<br>>frz;d | angeborenen Trieben entsprechende Handlung (zool. t. t.) {69} | **quomodo**<br>frz.<br>*comment?* | wie<br><br>wie?; das Wie, die Art und Weise |
| – | **Komment-kampf**<br>l>vulgl<br>>frz;d | ritualisierte Form der Auseinandersetzung bei Tieren zur Vermeidung von Verletzungen (zool. t. t.) {69} | dto. | dto. |
| 1743 | **Kommerz**<br>l>frz | 1. Wirtschaft, Handel und Verkehr {41/42/45/80}; 2. wirtschaftliches, auf Gewinn bedachtes Interesse {42/28/80} | **commercium**, ii n | Handel, Warenverkehr; Marktplatz |
| – | **kommerzialisieren**<br>l>frz | (wirtsch. t. t.) 1. öffentliche in privatwirtschaftliche Schulden umwandeln {80}; 2. alles wirtschaftlichen Interessen, dem Gewinnstreben unterordnen {28/42/80} | **commercialis**, e | den Verkehr betreffend, wechselseitig |
| – | **Kommerzialismus**<br>l>frz | auf die Erzielung eines größtmöglichen Gewinnes zielendes wirtschaftliches Handeln (wirtsch. t. t.) {28/29/42/80} | dto. | dto. |
| – | **kommerziell**<br>l>frz | (wirtsch. t. t.) 1. Wirtschaft u. Handel betreffend, auf ihnen beruhend {42/80}; 2. Geschäftsinteressen wahrnehmend, auf Gewinn bedacht {42/28/80} | dto. | dto. |
| – | **Kommerzienrat**<br>l>frz;d | 1. Titel für Großkaufleute und Industrielle (veraltet) {33/80/75}; 2. Träger dieses Titels {33} | **commercium** | s. oben |
| 1744 | **Kommilitone** | Studienkollege (Studentensprache) {31/33} | **commilito**, onis m | Mitsoldat, Waffenbruder, Kriegskamerad |
| 1745 | **Kommis**<br>l>frz | Handlungsgehilfe (veraltet) {40/33} | **committere** | s. oben 1736 |
| – | **Kommiß** | 1. Militär(dienst) (ugs.) {86}; 2. Heeresvorräte (veraltet) {17/57/86} | **commissum**, si n | Verstoß; Konfiskation; anvertrautes Gut, Geheimnis |
| – | Kommißbrot, Kommißkopf | | | |
| – | **Kommissar**<br>l>mlat | 1. (vom Staat) Beauftragter; 2. Dienstrangbezeichnung für Polizeibeamte {40/49/50} | **committere**<br>mlat. commissarius | s. oben 1736<br>mit der Besorgung eines Geschäftes Betrauter |
| – | **Kommissariat**<br>l>mlat<br>>nlat | 1. (Amts)zimmer eines Kommissars {40/58}; 2. Polizeidienststelle (österr. ) {40/49} | dto. | dto. |
| – | **kommisarisch**<br>l>mlat<br>>nlat | vorübergehend, vertretungsweise; beauftragt; einstweilig {59/33} | dto. | dto. |

| | | | | |
|---|---|---|---|---|
| – | **Kommission** l>mlat | 1. Ausschuß von beauftragten Personen {33/40}; 2. Auftrag (veraltet) {28} | **commissio**, onis f<br>mlat. commissio | Vereinigung, Verbindung; Wettkampf<br>Vorladung, Auftrag |
| – | **Kommissionär** l>mlat>frz | Geschäftsvermittler {40/42} | dto.<br>frz. *commissionaire* | dto. |
| 1746 | **kommod** l>frz | bequem, angenehm (z. T. veraltet) {26} | **commodus**, a, um | angemessen, bequem, zweckmäßig; umgänglich |
| – | **Kommodität** l>frz | (veraltet, noch landsch.) 1. Bequemlichkeit {26/44}; 2. Abort {58/21} | **commoditas**, atis f | Angemessenheit, Zweckmäßigkeit, Bequemlichkeit |
| – | **Kommode** l>frz | Möbelstück mit mehreren Schubladen {44} | **commodus**<br>frz. *commode* | s. oben |
| 1747 | **Kommodore** l>vulgl >frz>engl | 1. Geschwaderführer bei Marine und Luftwaffe {45/86}; 2. erprobter ältester Kapitän bei großen Schiffahrtslinien {33/40/45} | **commendare**<br>vulgl. commandare*<br>frz. *commandeur*<br>engl. *commodore* | s. oben 1738 |
| 1748 | **kommun** | gemeinschaftlich, gemein {33} | **communis**, e | gemeinschaftlich, öffentlich, allgemein |
| – | **kommunal** | eine Gemeinde, die Gemeinden betreffend, gemeindeeigen, Gemeinde... {43/48/49} | **communalis**, e | zur ganzen Gemeinde gehörig, Gemeinde... |
| – | **kommunalisieren** l>nlat | Privatunternehmen in Gemeindebesitz und -verwaltung überführen {43/49/80} | dto. | dto. |
| – | **Kommunalobligation** (l;l)>nlat | von einer Gemeinde aufgenommene öffentliche Anleihe {49/80} | dto.<br>+ **obligatio**, onis f | dto.<br>Verpflichtung, Schuldforderungsverhältnis; Pfandrecht |
| – | **Kommunarde** l>frz | 1. Mitglied einer Kommune (4.) = Wohngemeinschaft {33/44}; 2. Anhänger der Pariser Kommune {33/75/25} | **communis** | s. oben |
| – | **Kommune** l>vulgl>frz | 1. Gemeinde {48}; 2. Herrschaft des Pariser Gemeinderats (1792-94, 1871 - hist. t. t.) {75}; 3. Kommunisten (veraltet, abwertend) {50/25}; 4. Zusammenschluß mehrerer Personen zu einer Wohn- und Wirtschaftsgemeinschaft {33/44} | dto.<br>vulgl. communia<br>frz. *commune* | dto. |

| | | | | |
|---|---|---|---|---|
| 1749a | **Kommunikant** | 1. jmd., der (zum ersten Mal) kommuniziert (kath. rel. t. t.) {51}; 2. Gesprächsteilnehmer, Teilhaber an einer Kommunikation (sprachwiss., soziol. t. t.) {32/76/81} | **communicare** | gemeinschaftlich machen; sich besprechen; jmdm. mitteilen |
| - | **Kommunikation** | 1. Verständigung untereinander, Umgang, Verkehr {32/33}; 2. Verbindung, Zusammenhang {56/33} | **communicatio**, onis f | Mitteilung |
| >>> | Kommunikations... s. ggf. unter dem Rest des Wortes | | | |
| - | **kommunikativ** l>nlat | 1. mitteilbar, mitteilsam; 2. die Kommunikation betreffend {32} | **communicare** | s. oben |
| - | **Kommuniqué** l>frz | 1. regierungsamtliche Mitteilung {32/50}; 2. Denkschrift {32} | dto. frz. *communiquer* *communiqué* | dto. Mitteilung |
| 1750 | **Kommunion** | (Empfang des) Abendmahl(s) als Gemeinschaftsmahl der Gläubigen mit Christus (rel. t. t.) {33/51} | **communio**, onis f | Gemeinschaft; das heilige Abendmahl |
| 1751a | **Kommunismus** l>engl>frz | letzte Entwicklungsstufe der menschlichen Gesellschaft unter Aufhebung sozialer Gegensätze (nach Karl Marx) {33/77/81} | **communis** engl. *communism* frz. *communisme* | s. oben 1748 |
| - | **Kommunist** l>engl>frz | 1. Vertreter, Anhänger des Kommunismus {25/33/50/81}; 2. Mitglied einer kommunistischen Partei {33/50} | dto. | dto. |
| - | **kommunistisch** l>engl>frz | den Kommunismus und seine Grundsätze betreffend, auf ihnen basierend {25/77/81} | dto. | dto. |
| - | **Kommunität** | 1. Gemeinschaft, Gemeingut {33/43}; 2. Ort, an dem sich Studenten zum Speisen versammeln (veraltet) {31/58}; 3. ordensähnliche ev. Bruderschaft {33/51} | **communitas**, atis f | Gemeinschaft, Gemeinsinn; Leutseligkeit |
| 1751b | **kommunizieren** | 1. sich verständigen, miteinander sprechen {32/33}; 2. zusammenhängen, in Verbindung stehen {56/33} | **communicare** | s. oben 1749 |
| 1752 | **kommutativ** l>nlat | 1. umstellbar, vertauschbar (von math. Größen - math. t. t.) {71}; 2. die Umkehrung der Stromrichtung betreffend (phys. t. t.) {61/72} | **commutare** | verändern, verwandeln, wechseln; umtauschen |

| | | | | |
|---|---|---|---|---|
| – | **kommutieren** | 1. Größen umstellen, miteinander vertauschen (sprachwiss., math. t. t.) {76/71}; 2. die Richtung des elektrischen Stroms ändern (phys. t. t.) {61/72} | dto. | dto. |
| – | Kommutierung | | | |
| 1753 | **Komödie** (gr)>l | 1. Bühnenstück, Lustspiel {35/74}; 2. kleines Theaster, in dem nur Komödien gespielt werden {58/35}; 3. unechtes, theatralisches Gebaren, Heuchelei, Verstellung {24/26/32/33} | **comoedia**, ae f gr. *κωμῳδία* | Lustspiel, Komödie |
| – | **Komödiant** (gr)>l>it >engl | 1. Schauspieler {35/40}; 2. Heuchler; jmd., der anderen etw. vorzumachen sucht (ugs., abwertend) {24/26/32/33} | dto. | dto. |
| – | komödiantisch | | | |
| 1754 | **Kompagnon** (l;l)>mlat >frz | Gesellschafter, Teihaber, Mitinhaber eines Geschäftes o. Handelsunternehmens {43/40/42/80} | **com** = **cum** + **panis**, is m mlat. companio frz. *compagnon* | s. oben 1697 Brot<br>Brotgenosse, Gefährte<br>Geselle, Genosse |
| 1755 | **kompakt** l>frz | 1. massig, gedrungen (ugs.) {53}; 2. undurchdringlich, dicht, fest {54}; 3. kurzgefaßt, das Wesentliche zusammenfügend; auf engstem Raum {57/58} | **compactus**, a, um | untersetzt, gedrungen, dick |
| 1756 | **Kompanie** (l;l)>mlat >it/frz | 1. Handelsgesellschaft (veraltet) {42/75/80}; 2. Truppeneinheit von 100-250 Mann {57/86} | **com** = **cum** + **panis** mlat. companio compagn(i)a | s. oben 1697<br>s. oben 1754<br>Brotgenossenschaft, Kameradschaft, Gesellschaft |
| 1757 | **komparabel** | vergleichbar {25/56} | **comparabilis**, e | vergleichbar |
| – | **Komparabilität** l>nlat | Vergleichbarkeit {25/56} | dto. | dto. |
| – | **Komparation** | 1. das Vergleichen {25/56}; 2. Steigerung des Adjektivs (sprachwiss. t. t.) {56/76} | **comparatio**, onis f | Vergleich, gleiches Verhältnis; Komparativ |

| | | | | |
|---|---|---|---|---|
| – | **komparativ** | (sprachwiss. t. t.) 1. auf Vergleichung beruhend; 2. vergleichend (von der Untersuchung zweier Sprachen gesagt) {25/76}; 3. steigernd {56/76} | **comparativus,** a, um | zur Vergleichung geeignet, vergleichend; komparativ |
| – | **Komparativ** | Steigerungssufe, Mehrstufe (sprachwiss. t. t.) {56/76} | dto. | dto. |
| – | **komparieren** | 1. vor Gericht erscheinen (veraltet) {82}; 2. vergleichen (veraltet) {25/56}; 3. die Komparation (2.) anwenden, steigern (sprachwiss. t. t.) {56/76} | 1.: **comparere**<br>2., 3.: **comparare** | sichtbar werden, erscheinen, sich einfinden<br>gleichmachen, gegenüberstellen, vergleichen |
| – | **Komparse** l>it | Nebenperson ohne Sprechrolle, Statist {35/40/74} | **comparere**<br>it. *comparire*<br>*comparsa* | s. oben<br>erscheinen |
| – | **Komparserie** l>it | Gesamtheit der Komparsen, Statisterie {35/57/74} | dto. | dto. |
| 1758 | **Kompaß** (l;l)>vulgl >it | Gerät zur Feststellung der Himmelsrichtung mittels Magnetnadel {72/45/64} | **com = cum** + **passus,** us m<br>vulgl. compassare*<br>it. *compassare*<br>*compasso* | s. oben 1697<br>(Doppel)schritt (als Längenmaß)<br>abmessen<br>ringsum abschreiten, messen<br>Zirkel; Magnetnadel |
| 1759 | **kompatibel** (l;l)>frz >engl | 1. syntaktisch-semantisch anschließbar (sprachwiss. t. t.) {76}; 2. miteinander vereinbar, zusammenpassend {56}; 3. die Eigenschaft der Kompatibilität besitzend (techn. t. t.) {41/71/72/87}; 4. miteinander vereinbar, verträglich (med. t. t.) {70} | **com = cum** + **pati** | s. oben 1697<br>(er)dulden, hinnehmen, zulassen, gestatten |
| – | **Kompatibilität** (l;l)>frz >engl | 1. Vereinbarkeit (zweier Ämter in einer Person) {33/40/50}; 2. Austauschbarkeit, Vereinbarkeit verschiedener Systeme (techn. t. t.) {41/56/71/72/87}; 3. syntaktisch-semantische Anschließbarkeit (sprachwiss. t. t.) {76}; 4. Verträglichkeit verschiedener Medikamente oder Blutgruppen (med. t. t.) {70} | dto. | dto. |
| 1760 | **Kompendium** | Abriß, kurzgefaßtes Lehrbuch {31/32/57} | **compendium,** ii n | Ersparnis, Vorteil, Gewinn; Abkürzung (der Zeit) |

| | | | | |
|---|---|---|---|---|
| 1761 | **Kompensation** | 1. Ausgleich, Aufhebung von Wirkungen {54/56/70}; 2. Aufrechnung (jur. t. t.); 3. Schuldaufwiegung im Falle wechselseitiger Täterschaft (jur. t. t.) {82}; 4. Streben nach Ersatzbefriedigung als Ausgleich von Minderwertigkeitsgefühlen (psych. t. t.); 5. Ausgleich einer krankhaften Organveränderung (med. t. t.) {70} | **compensatio**, onis f | Ausgleichung, Gleichgewicht, Tilgung einer Forderung |
| – | **kompensatorisch** l>nlat | ausgleichend {54/56} | **compensare** | gegeneinander abwägen, ausgleichen; aufrechnen |
| – | **kompensieren** | ausgleichen (z. B. Wirkungen, Minderwertigkeitsgefühle) {54/56/70/82} | dto. | dto. |
| 1762 | **kompetent** | 1. sachverständig, fähig {22/40}; 2. zuständig, maßgebend, befugt {25/33/40/50}; 3. tektonisch wenig verformbar (geol. t. t.) {62} | **competens** (Gen. –ntis) | zuständig, kompetent, passend, geeignet |
| – | **Kompetenz** | 1. Vermögen, Fähigkeit {22/40}; 2. Zuständigkeit, Befugnis {25/33/40/50}; 3. zeitlich begrenzte Reaktionsbereitschaft von Zellen gegenüber einem Entwicklungsreiz (biol. t. t.) {59/68/69}; 4. nicht pfändbare Unterhaltsmittel eines Klerikers {42/51/82} | **competentia**, ae f | Zusammentreffen, Proportion, Verbindung, Konstellation |
| 1763 | **Kompilation** | 1. Zusammenstellung, -tragung; unschöpferisches Abschreiben; 2. durch Zusammentragen unverarbeiteten Stoffes entstandene wertlose Schrift {32/56} | **compilatio**, onis f | Plünderung, Kompilation |
| – | **Kompilator** | Verfasser einer Kompilation {32/40} | **compilator**, oris m | Plünderer, Ausbeuter |
| – | **kompilatorisch** | aus Teilen verschiedener Werke zusammengeschrieben {32/56} | **compilare** | ausplündern, -beuten, berauben, stehlen |
| – | **kompilieren** | unverarbeiteten Stoff zu einer Schrift ohne wissenschaftlichen Wert zusammentragen {32/56} | dto. | dto. |
| 1764 | **Komplement** | 1. Ergänzung {56}; 2. Komplementär-, Differenzmenge (math. t. t.) {71}; 3. ein die Antikörperwirkung aktivierender Blutserumbestandteil (med. t. t.) {70} | **complementum**, ti n | Ergänzungsmittel |

| | | | | |
|---|---|---|---|---|
| – | **komplementär** l>frz | sich gegenseitig ergänzend {56} | dto. | dto. |
| – | **Komplementärfarbe** l>frz;d | Farbe, die mit einer anderen Farbe gemischt Weiß oder Schwarz ergibt; Ergänzungsfarbe {54/55} | dto. | dto. |
| – | **komplementieren** l>frz | ergänzen {56} | dto. (bzw. **complere** | anfüllen, ergänzen) |
| – | Komplementierung | | | |
| – | **Komplementwinkel** l>frz;d | Ergänzungswinkel, der einen gegebenen Winkel zu 90° ergänzt (geometr. t. t.) {71} | dto. | dto. |
| – | **komplett** l>frz | 1. vollständig, abgeschlossen; 2. ganz, gesamt, vollzählig {57}; 3. ganz und gar, absolut (ugs.) {56}; 4. voll, besetzt (bes. österr.) {57/58} | **completus**, a, um | vollständig, vollkommen |
| – | **komplettieren** l>frz | etw. vervollständigen; auffüllen, ergänzen {57} | dto. frz. *compléter* | dto. |
| 1765 | **komplex** | 1. vielschichtig; viele Dinge umfassend {56/57}; 2. zusammenhängend {56}; 3. allseitig, alles umfassend (bes. DDR) {57/56} | **complecti** (PPP. **complexus**) | umfassen, umschlingen; umarmen; zusammenfassen |
| – | **Komplex** | 1. Zusammenfassung, Verknüpfung {56}; 2. Gebiet, Bereich {56/58}; 3. Gruppe, Gebäudeblock {58}; 4. Zwangshandlungen auslösender Affekt (psych. t. t.) {70}; 5. chemische Vereinigung mehrerer Atome (chem. t. t.) {73} | **complexus**, us m | das Umfassen, Umschließen; Zusammenfassung, Verbindung |
| – | **Komplexität** l>nlat | 1. Gesamtheit aller Merkmale, Möglichkeiten {54/55/57}; 2. Vielschichtigkeit {56} | **complecti** | s. oben |
| 1766 | **Komplikation** | 1. Schwierigkeit, Verwicklung; Erschwerung {25/56}; 2. Verschlimmerung eines Krankheitszustandes (med. t. t.) {14/70} | **complicatio**, onis f | das Zusammenwickeln; die Vervielfältigung |
| 1767 | **Kompliment** l>span>frz | 1. Schmeichelei, höfliche Redensart {32/33}; 2. Gruß (veraltet) {32}; 3. Verbeugung (veraltet) {12/32} | **complere**<br>span. *complir*<br>*complimiento*<br>frz. *compliment* | an-, ausfüllen, ergänzen; vollmachen<br>an-, erfüllen<br>Fülle; Übertreibung, Überschwang |

| | | | | |
|---|---|---|---|---|
| – | **kompli-mentieren** l>span>frz | 1. jmdn. willkommen heißen {32}; 2. jmdn. mit höflichen Gesten und Redensarten irgendwohin geleiten (ugs. meist: hinauskomplimentieren) {32/61} | dto. | dto.<br>vgl. oben 1246b |
| 1768 | **Komplize** l>frz | Mitbeteiligter an einer Straftat, Helfershelfer {33/82} | **complex**, licis<br>frz. *complice* | mit jmdm. eng verbunden; Verbündeter, Teilnehmer |
| 1769 | **komplizie-ren** | verwickeln, erschweren {25/56} | **complicare** | zusammenfalten, -wickeln; multiplizieren (arithm. t. t.) |
| – | **kompliziert** l>(frz) | schwierig, verwickelt, umständlich {25/56} | dto.<br>frz. *compliqué* | dto. |
| 1770 | **Kompo-nente** | 1. Teilkraft {56/57}; 2. Bestandteil eines Ganzen {57} | **componere** (PPP. **compositus**) | zusammenstellen, -fügen; verfassen, entwerfen |
| – | **kompo-nieren** | 1. (ein Kunstwerk nach bestimmten Gesetzen) aufbauen, gestalten {22/25/79}; 2. ein musikalisches Werk schaffen {37}; 3. etw. aus Einzelteilen zusammensetzen, gliedern {25/57} | dto. | dto. |
| – | **Komponist** (o. **Kompo-siteur**) l>nlat | jmd., der ein musikalisches Werk komponiert {37/40} | dto. | dto. |
| – | **Komposi-tion** | 1. Zusammensetzung, -stellung von Dingen aus Einzelteilen {25/56/57}; 2. das Komponieren eines Musikstückes; 3. Musikwerk {37}; 4. Aufbau eines Kunstwerkes {56/79}; 5. das Zusammensetzen eines Wortes {76}; 6. gütliche Beilegung eines Rechtsstreites, Löse-, Sühnegeld {42/82} | **compositio**, onis f | Zusammenstellung, -setzung; Aussöhnung; Abfassung eines Schriftwerkes |
| – | **kompositio-nell** o. **komposi-torisch** l>nlat | 1. die Komposition eines Musikwerkes betreffend {37}; 2. gestalterisch {22/25/79} | dto. | dto. |
| – | **Komposi-tum** | aus zwei Teilen zusammengesetztes Wort (sprachwiss. t. t.) {76} | **componere** | s. oben |

| | | | | |
|---|---|---|---|---|
| – | **Kompost** l>mlat>frz | Dünger aus mit Erde vermischten pflanzlichen o. tierischen Wirtschaftsabfällen {39} | dto. mlat. compostum frz. *compost* | dto. Misthaufen, Dünger |
| – | **kompostieren** l>mlat>frz | 1. zu Kompost verarbeiten; 2. mit Kompost düngen {39} | dto. | dto. |
| – | **Kompott** l>vulgl>frz | gekochtes Obst, das als Nachtisch gegessen wird {17} | dto. vulgl. composita* frz. *compote* | dto. Zusammengesetztes, Gemischtes Eingemachtes |
| 1771 | **Kompresse** l>frz | (med. t. t.) 1. feuchter Umschlag; 2. zusammengelegtes Mullstück für Druckverbände {14/70} | **compressus**, us m | das Zusammendrücken, -pressen; Unterdrükkung |
| – | **kompressibel** l>nlat | zusammendrückbar, verdichtbar (phys. t. t.) {53/72} | **comprimere** (PPP. **compressus**) | zusammen-, niederdrücken; zusammendrängen |
| – | **Kompressibilität** l>nlat | Zusammendrückbarkeit, Verdichtbarkeit (phys. t. t.) {53/72} | dto. | dto. |
| – | **Kompression** | 1. Zusammenpressung (phys. t. t.) {53/72}; 2. Quetschung eines Körperorgans (med. t. t.); 3. mechanische Abdrükkung eines blutenden Gefäßes (med. t. t.) {70} | **compressio**, onis f | das Zusammendrücken, -pressen; Unterdrükkung |
| – | **Kompressor** l>nlat | Apparat zum Verdichten von Gasen oder Dämpfen (techn. t. t.) {72} | **comprimere** (bzw. **compressor**, oris m | s. oben<br>Schänder) |
| – | **komprimierbar** l;d | zusammenpreßbar {72/53} | **comprimere** | s. oben |
| – | **komprimieren** | 1. zusammenpressen; 2. verdichten {72/53} | dto. | dto. |
| – | **komprimiert** | in gedrängter Kürze dargestellt, nur das Wesentliche enthaltend {32/57} | dto. | dto. |
| 1772 | **Kompromiß** | Übereinkunft auf der Grundlage gegenseitiger Zugeständnisse {25/33} | **compromissum**, si n | Kompromiß (jur. t. t.) |
| – | **kompromittieren** l>frz | dem Ansehen eines anderen empfindlich schaden; jmdn., sich bloßstellen {33/26} | **compromittere**<br>frz. *compromettre* | sich ein gegenseitiges Versprechen geben<br>jmdn. in eine kritische Lage bringen, bloßstellen |
| – | **Kompromittierung** l>frz | Bloßstellung; das Kompromittieren {33/26} | dto. | dto. |

| | | | | |
|---|---|---|---|---|
| 1773 | **Komteß** o. **Komtesse** l>frz | unverheiratete Tochter eines Grafen {31/33} | **comes,** mitis mf frz. *comte* *comtesse* | Mitgänger; Begleiter(in), Gefolge Graf |
| 1774 | **Komtur** l>mlat>frz | (hist. t. t) 1. Ordensritter als Leiter einer Komturei; 2. Inhaber eines Komturkreuzes {33/75} | **commendare** mlat. commendator afrz. *commendeor* | anvertrauen Vorsteher der Niederlassung eines Ritterordens |
| - | **Komturei** l>mlat>frz | Verwaltungsbezirk, Ordenshaus eines geistlichen Ritterordens (hist. t. t.) {75/48} | dto. | dto. |
| 1775 | **Kondemnation** | Verurteilung, Verdammung (veraltet) {82} | **condemnatio,** onis f | Verurteilung, Bestrafung |
| - | **kondemnieren** | jmdn. verdammen, verurteilen (veraltet) {82} | **condemnare** | verurteilen, verdammen, schuldig sprechen |
| 1776 | **Kondensat** | Flüssigkeit, die sich aus dem Dampf (o. Zigarettenrauch) niedergeschlagen hat (phys. t. t.) {72/73/17} | **condensare** (PPP. **condensatus**) | verdichten, zusammenpressen |
| - | **Kondensation** | 1. Verdichtung von Dampf o. Gas zu Flüssigkeit (phys. t. t.) {72}; 2. chemische Reaktion bei der Molekülvereinigung (chem. t. t.) {73} | **condensatio,** onis f | Verdichtung |
| - | **Kondensator** l>nlat | 1. Gerät zur Speicherung elektrischer Ladungen (elektrotechn. t. t.) {41/87}; 2. Anlage zur Kondensation von Dämpfen, Verflüssiger {41/72} | **condensare** | s. oben |
| - | **kondensieren** | 1. sich verflüssigen; Gase o. Dämpfe durch Druck o. Abkühlung verflüssigen; 2. eine Flüsigkeit durch Verdampfen eindicken {72/73} | dto. | dto. |
| - | **Kondensmilch** l;d | eingedickte, in Dosen abgefüllte (sterilisierte) Milch {17} | dto. | dto. |
| - | **Kondensstreifen** l;d | durch Abgase von Flugzeugen verursachter schmaler Wolkenstreifen (meteor. t. t.) {65} | dto. | dto. |
| 1777 | **Kondition** l>(mlat/ vulgl) | 1. Geschäftsbedingung (Lieferung bzw. Zahlung) {42}; 2. körperlich-seelische Gesamtverfassung eines Menschen {14/26/70}; 3. körperliche Leistungsfähigkeit {11/14}; 4. Stellung, Dienst (eines Angestellten - veraltet) {40/33} | **condicio,** onis f mlat./vulgl. conditio | Stellung, Beschaffenheit, Bedingung; Zustand |

| | | | | |
|---|---|---|---|---|
| – | **konditional** | eine Bedingung angebend, bedingend (sprachwiss. t. t.) {76} | **condicionalis**, e | auf Bedingungen beruhend, bedingungsweise, angenommen |
| – | **Konditionalis** | Modus der Bedingung (sprachwiss. t. t.) {76} | dto. | dto. |
| – | **konditionell** | die Kondition (3.) betreffend {11/14} | dto. | dto. |
| – | **konditionieren** | 1. in Stellung sein, in Diensten stehen {40/33}; 2. Rohstoffen vor der Verarbeitung bestimmte Eigenschaften verleihen; 3. den Feuchtigkeitsgrad von Textilrohstoffen ermitteln {40/41}; 4. bestimmte Reaktionen hervorrufen (psych., biol. t. t.) {69/70} | dto. (bzw. **condicere** | dto. übereinkommen; aufkündigen) |
| – | **konditioniert** | 1. bedingt; beschaffen (von Waren {42/54}; 2. bestimmte Reaktionen bedingend (von Reizen - psych., biol. t. t.) {69/70} | dto. | dto. |
| – | **Konditionierung** | 1. Ausbildung bedingter Reaktionen bei Mensch und Tier (psych., biol. t. t.) {69/70}; 2. Behandlung des Getreides vor dem Mahlen {39/40}; 3. Feuchtigkeitsgradermittlung von Textilrohstoffen {40/41} | dto. | dto. |
| >>> | Konditionstraining s. Training | | | |
| 1778 | **Konditor** | Feinbäcker {40/17} | **conditor**, oris m | Anfertiger würziger Speisen; jmd., der etw. schmackhaft macht |
| – | **Konditorei** | 1. Laden, der Feinbackwaren herstellt und verkauft {17/40/42}; 2. Feinbackwaren, Feingebäck {17} | dto. | dto. |
| 1779 | **Kondolenz** l>nlat | Beileid(sbezeigung) {26/33/32} | **condolere** | Mitleid haben, Mitgefühl zeigen |
| – | **kondolieren** | sein Beileid aussprechen {26/32/33} | dto. | dto. |
| – | **Kondominium** (l;l)>nlat | 1. Herrschaft mehrerer Staaten über dasselbe Gebiet {50}; 2. größeres Haus mit Eigentumswohnungen (in Südtirol) {44/43/58} | **con = cum** + **dominium**, ii n | s. oben 1697 Herrschaft, Besitz, Eigentum |
| 1781 | **Kondottiere** l>it | Söldnerführer im 14./15. Jh. in Italien (hist. t. t.) {75/86} | **conducere** | führen, zusammenführen, -bringen; mieten |

| | | | | |
|---|---|---|---|---|
| – | **Konduka-tor** l>rum | Titel des ehemaligen rumänischen Diktators Ceausescu (hist. t. t.) {50/75} | dto. | dto. |
| 1782 | **Konfekt** l>mlat>it | 1. feine Zuckerwaren, Pralinen; 2. Teegebäck {17} | **conficere** (PPP. **confectus**) mlat. confectum it. *confetto* | verfertigen, vollenden, zubereiten<br>Zubereitetes |
| – | **Konfektion** l>frz | 1. fabrikmäßige Serienherstellung von Kleidungsstükken; 2. Bekleidungsindustrie {41/19}; 3. (Handel mit) Fertigkleidung {42/19} | **confectio**, onis f | Herstellung, Anfertigung, Eintreibung |
| – | **konfektio-nieren** l>frz | fabrikmäßig herstellen {41} | dto. | dto. |
| 1783 | **Konferenz** l>mlat | 1. Sitzung; Besprechung, Tagung {32/40}; 2. beratschlagende Versammlung {32/33/50}; 3. kartellartiger Reedereizusammenschluß im Überseehandel (wirtsch. t. t.) {42/45/80} | **conferre**<br>mlat. conferentia | zusammentragen; Meinungen austauschen, sich besprechen |
| – | **konferie-ren** l>frz | 1. mit jmdm. verhandeln, über etw. beraten {32/40/50}; 2. als Conférencier sprechen, ansagen {32/33/40/85} | dto. frz. *conférer* | dto. |
| 1784 | **Konfession** | (rel. t. t.) 1. (christliche) Glaubensgemeinschaft; (christliches) Glaubensbekenntnis {51}; 2. Geständnis, (Sünden)-bekenntnis {32/51}; 4. literarische Zusammenfassung von Glaubenssätzen {51/34} | **confessio**, onis f | Zu-, Ein-, Geständnis; Bekenntnis |
| – | **konfessio-nalisieren** l>(nlat) | die Besonderheiten einer Konfession (1.) in allen Bereichen des Lebens durchsetzen (rel. t. t.) {51/33} | dto. | dto. |
| – | **Konfessio-nalismus** l>(nlat) | (übermäßige) Betonung der eigenen Konfession (rel. t. t.) {33/51} | dto. | dto. |
| – | **konfessio-nalistisch** l>(nlat) | den Konfessionalismus betreffend; eng kirchlich denkend (rel. t. t.) {51/25} | dto. | dto. |
| – | **konfessio-nell** l>(nlat) | zu einer Konfession gehörend (rel. t. t.) {33/51} | dto. | dto. |
| 1785 | **Konfetti** l>mlat>it | 1. bunte Papierblättchen, die bes. bei Faschingsveranstaltungen geworfen werden {33/85}; 2. Zuckergebäck, Süßigkeiten (österr., veraltet) {17} | **conficere** mlat. confectum it. *confetti* (Pl.) | s. oben 1782 |

| | | | | |
|---|---|---|---|---|
| 1786 | **Konfiguration** | 1. Gestaltung, Gestalt (veraltet) {40/53}; 2. äußere Form, Aufbau eines Organs (med. t. t.); 3. Verformung (z. B. des Schädels bei der Geburt - med. t. t.) {70/53}; 4. Aspekt {25}; 5. Anordnung von Atomen (chem. t. t.) {73/58}; 6. Anordnung von Einzelerlebnissen zu einem Sachverhalt (psych. t. t.) {24/70}; 7. Planetenstellung (astron. t. t.) {66}; 8. Gruppe syntaktisch verbundener Wörter (sprachwiss. t. t.) {76} | **configuratio**, onis f | ähnliche Bildung |
| – | **konfigurieren** | 1. gestalten (veraltet) {40/29}; 2. verformen {40/53/29} | **configurare** | zusammenheften, -nageln; durchbohren |
| 1787 | **Konfirmand** | jmd., der konfirmiert wird (rel. t. t.) {33/51} | **confirmare** | befestigen, kräftigen, bestätigen, ermutigen |
| – | **Konfirmation** | feierliche Aufnahme junger ev. Christen in die Gemeinde der Erwachsenen (rel. t. t.) {33/51} | **confirmatio**, onis f | Befestigung, Ermutigung, Bestätigung |
| – | **konfirmieren** | einen ev. Jugendlichen feierlich in die Gemeinde der Erwachsenen aufnehmen (rel. t. t.) {33/51} | **confirmare** | s. oben |
| 1788 | **Konfiserie** l>frz | Betrieb, der Süßwaren herstellt oder verkauft (schweiz.) {42/40/17} | **conficere** | s. oben 1782 |
| 1789 | **Konfiskation** | entschädigungslose staatliche Enteignung {43/50} | **confiscatio**, onis f | Einziehung des Vermögens |
| – | **konfiszieren** | etw. (von Staats wegen, gerichtlich) einziehen, beschlagnahmen {43/50/82} | **confiscare** | in der Kasse aufheben; in die kaiserliche Schatzkammer einziehen |
| 1790 | **Konfitüre** l>frz | aus nur einer Obstsorte hergestellte Marmelade {17} | **confectura**, ae f<br>frz. *confiture* | Verfertigung, Zubereitung<br>Eingemachtes |
| 1791 | **Konflagration** | Feuersbrunst, Brand {54/55} | **conflagratio**, onis f | das Aufgehen in Flammen, Auflodern; Verbrennung |
| 1792 | **Konflikt** | 1. Zerwürfnis, Streit {26/33}; 2. bewaffnete, militärische Auseinandersetzung zwischen Staaten {50/86}; 3. Widerstreit der Motive, Zwiespalt {25/26} | **conflictus**, us m | das Zusammenschlagen; feindlicher Zusammenstoß; Kampf |

>>> Konfliktkommission s. Kommission

| | | | | |
|---|---|---|---|---|
| 1793 | **Konföderation** | Staatenbund {50} | **confoederatio**, onis f | Bündnis |
| - | **konföderieren** | sich -: sich verbünden {50/33} | **confoederare** | durch ein Bündnis vereinigen, verbünden |
| - | **Konföderierte** | 1. Verbündete {33/50/86}; 2. die Südstaaten bzw. deren Anhänger im amerikanischen Sezessionskrieg 1861-65 (hist. t. t.) {50/75/86} | dto. | dto. |
| 1794 | **konform** | 1. einig, übereinstimmend {25/33}; 2. winkel-, maßstabsgetreu (math. t. t.) {71} | **conformis**, e | gleichförmig, ähnlich |
| - | **konformieren** | anpassen, einfügen, übereinstimmend machen (veraltet) {56/29} | **conformare** | entsprechend (harmonisch) gestalten, anordnen, gehörig ausbilden |
| - | **Konformismus** l>engl | um Anpassung der persönlichen Einstellung bemüht sein {25/33} | **conformis** | s. oben |
| - | **Konformist** l>engl | 1. jmd., der seine eigene Einstellung nach der herrschenden Meinung richtet {25/33}; 2. Anhänger der anglikanischen Staatskirche (rel. t. t.) {51} | dto. | dto. |
| - | konformistisch | | | |
| - | **Konformität** l>mlat | 1. Übereinstimmung, Anpassung {25/56}; 2. das Gleichgerichtetsein des Verhaltens einer Person mit dem einer Gruppe (soziol. t. t.) {33/81}; 3. Winkel- und Maßstabtreue einer Abbildung (math. t. t.) {71} | dto. | dto. |
| 1795 | **Konfrontation** (l;l)>mlat | 1. Gegenüberstellung von sich widersprechenden Meinungen, Sachverhalten, Personen (vor Gericht) {82}; 2. (politische) Auseinandersetzung {50/86}; 3. synchronische Sprachbetrachtung (sprachwiss. t. t.) {76} | **con = cum** + **frons**, ntis f mlat. confrontatio | Stirn-, Vorderseite, Außenseite |
| - | **konfrontieren** (l;l)>mlat | 1. jmdn. einem anderen gegenüberstellen, um eine Unstimmigkeit auszuräumen {82}; 2. jmdn. dazu bringen, sich mit etw. Unangenehmen auseinanderzusetzen {25/28}; 3. zum Vergleich -, als Kontrast gegenüberstellen {25/56} | dto. mlat. confrontare | dto. |

| | | | | |
|---|---|---|---|---|
| 1796 | **konfus** | verwirrt, verworren; wirr im Kopf {14/25/26} | **confusus**, a, um | verwirrt, verworren, ungeordnet |
| – | **Konfusion** | 1. Verwirrung, Zerstreutheit; Unklarheit {14/25/26}; 2. das Erlöschen eines Rechtes (jur. t. t.) {82} | **confusio**, onis f | Vereinigung; Verwirrung, Verstörtheit |
| 1797 | **kongenial** (l;l)>nlat | geistesverwandt, geistig ebenbürtig {25/22} | **con = cum** + **genialis**, e | s. oben 1697<br>zum Genius gehörig; erfreulich |
| – | **Kongenialität** (l;l)>nlat | geistige Ebenbürtigkeit {25/22} | dto.<br>+ **genialitas**, atis f | dto.<br>Ergötzlich-, Fröhlichkeit |
| 1798 | **kongenital** (l;l)>nlat | angeboren, aufgrund einer Erbanlage vorhanden (med. t. t.) {70} | **con = cum** + **genitalis**, e | s. oben 1697<br>zur Geburt gehörig, fruchtbar |
| 1799 | **Konglomerat** l>frz | 1. Zusammenballung, Gemisch {54/57}; 2. Sedimentgestein aus Gesteinstrümmern (geol. t. t.) {62}; 3. Zusammenballung, Anhäufung (med. t. t.) {70} | **conglomerare** (PPP. **conglomeratus**) | zusammenrollen, -wickeln, -häufen |
| 1800 | **Kongregation** | (rel. t. t.) 1. kirchliche Vereinigung für bestimmte Aufgaben; 2. enger Verband von Klöstern innerhalb eines Mönchsordens; 3. Kardinalsversammlung; 4. Vereinigung, Versammlung (veraltet) {33/51} | **congregatio**, onis f | Geselligkeit; Zusammenstellung, Vereinigung |
| – | **Kongregationist** l>nlat | Mitglied einer Kongregation (rel. t. t.) {33/51} | dto. | dto. |
| – | **kongregieren** l>(nlat) | sich versammeln, vereinigen {51/33} | **congregare** | vereinigen, zusammengesellen, -scharen |
| 1801 | **Kongreß** | 1. (größere) fachliche o. politische Versammlung, Tagung {33/40/50}; 2. Parlament in den USA (Repräsentantenhaus und Senat) {50} | **congressus**, us m | Zusammentreffen, -kunft; Gesellschaft; Angriff |
| 1802 | **kongruent** | 1. übereinstimmend (von Ansichten) {25}; 2. deckungsgleich (von geometr. Figuren); übereinstimmend (von Zahlen - math. t. t.) {53/57/71} | **congruens** (Gen. –ntis) | übereinstimmend, entsprechend, gleichförmig |
| – | **Kongruenz** | 1. Übereinstimmung {25/56}; 2. Deckungsgleichheit (math. t. t.) {71/53}; 3. formale Übereinstimmung zusammengehöriger Satzteile (sprachwiss. t. t.); 4. Vereinbarkeit des Verbs mit anderen Satzgliedern (sprachwiss. t. t.) {76} | **congruentia**, ium n (Pl.) | Übereinstimmendes |

| | | | | |
|---|---|---|---|---|
| – | **kongruieren** | übereinstimmen, sich decken {25/53/71/56} | **congruere** | zusammentreffen, übereinstimmen, angemessen sein |
| 1803 | **Konifere** | Nadelbaumart {04} | **conifer**, era, erum | Zapfen tragend |
| 1804 | **Konjektur** | 1. Vermutung (veraltet) {25}; 2. Textverbesserung, mutmaßlich richtige Lesart (philol. t. t.) {76/25} | **coniectura**, ae f | Vermutung, Mutmaßung; Deutung |
| – | **konjektural** | die Konjektur betreffend, auf ihr beruhend {76/25} | **coniecturalis**, e | auf Vermutung beruhend, mutmaßlich |
| – | **konjizieren** | 1. vermuten (veraltet) {25}; 2. Konjekturen (2.) anbringen {76/25} | **conicere** | hineinwerfen; ermitteln, vermuten |
| 1805 | **Konjugation** | 1. Abwandlung, Beugung des Verbs (sprachwiss. t. t.) {76}; 2. Vereinigung zweier Wimpertierchen (biol. t. t.) {69} | **coniugatio**, onis f | Verbindung, Verwandtschaft; Konjugation (gramm. t. t.) |
| – | **konjugieren** | 1. ein Verb beugen (sprachwiss. t. t.) {76}; 2. verbinden (veraltet) {56/33} | **coniugare** | verbinden, verheiraten |
| – | **konjugiert** | 1. zusammengehörend, einander zugeordnet {56}; 2. mit Doppelbindungen versehen (chem. t. t.) {73}; 3. gebeugt (von Verben - sprachwiss. t. t.) {76} | dto. | dto. |
| 1806 | **Konjunktion** | 1. neben- o. untergeordnetes Bindewort (sprachwiss. t. t.) {76}; 2. Zusammentreffen mehrerer Planeten im gleichen Tierkreiszeichen (astrol. t. t.); 3. Stellung zweier Gestirne im gleichen Längengrad (astron. t. t.) {66}; 4. Verknüpfung mehrerer Aussagen (log. t. t.) {71} | **coniunctio**, onis f | Verbindung, Zusammenhang; Konjunktion (rhet. t. t.); Verwandtschaft |
| – | **konjunktional** l>nlat | die Konjunktion (1.) betreffend (sprachwiss. t. t.) {76} | dto. | dto. |
| – | **konjunktiv** | verbindend {56} | **coniunctivus**, a, um | verbindend |
| – | **Konjunktiv** | Aussageweise der Vorstellung, Möglichkeitsform (sprachwiss. t. t.) {76} | **coniunctivus**, vi m | Konjunktiv (gramm. t. t.) |
| – | konjunktivisch | | | |
| – | **Konjunktur** | (wirtsch. t. t.) 1. Wirtschaftslage, -entwicklung; 2. Wirtschaftsaufschwung {80} | **coniungere** (PFA. **coniuncturus**) | verbinden, vereinigen, zusammenhängen |

| | | | | |
|---|---|---|---|---|
| – | **konjunkturell** | die wirtschaftliche Gesamtlage betreffend (wirtsch. t. t.) {80} | dto. | dto. |
| 1807 | **Konjuration** | Verschwörung (veraltet) {33/50/82} | **coniuratio**, onis f | eidliche Verbindung; Komplott, Verschwörung |
| 1808 | **konkav** | hohl, vertieft, nach innen gewölbt (phys. t. t.) {53/72} | **concavus**, a, um | hohl, gewölbt, gekrümmt |
| – | **Konkavität** | das Nach-innen-Gewölbtsein (phys. t. t.) {53/72} | **concavitas**, atis f | Höhlung, Höhle |
| 1809 | **Konklave** | abgeschlossene(r) Kardinalsversammlung(sort) bei der Papstwahl {51/58} | **conclave**, vis n | Gemach, Zimmer; Stall |
| 1810 | **konkludent** | eine Schlußfolgerung zulassend, schlüssig (philos. t. t.) {77/25} | **concludere** | einschließen; schlußfolgern |
| – | **konkludieren** | einen Schluß ziehen, folgern (philos. t. t.) {25/77} | dto. | dto. |
| – | **Konklusion** | Schluß, Folgerung, Schlußsatz im Syllogismus (philos. t. t.) {77/25} | **conclusio**, onis f | Einschließung, Blockade; Schlußfolgerung |
| – | **konklusiv** l>nlat | 1. folgernd (philos. t. t.) {77/25}; 2. den allmählichen Abschluß eines Geschehens kennzeichnend (von Verben - sprachwiss. t. t.) {59/76} | **concludere** | s. oben |
| 1811 | **konkordant** | 1. übereinstimmend {56/25}; 2. ungestört übereinander lagernd (geol. t. t.) {62} | **concordare** | übereinstimmen, harmonieren, in Einklang bringen |
| – | **Konkordanz** l>mlat | 1. alphabetisches Gesamt-Wörterverzeichnis (eines Autors, eines Werkes - philol. t. t.) {32/76/57}; 2. Vergleichstabelle von Seitenzahlen verschiedener Werkausgaben {32/56}; 3. Lagerung von Gesteinsschichten (geol. t. t.) {62}; 4. Merkmalsübereinstimmung (biol. t. t.) {68/69}; 5. Ausdruck grammatischer Zusammenhänge (sprachwiss. t. t.) {76} | dto. | dto. |
| – | **Konkordat** | 1. Vertrag zwischen einem Staat und dem Vatikan {50/51}; 2. Vertrag zwischen Kantonen (schweiz.) {50} | dto. | dto. |
| – | **Konkordia** | Eintracht, Einigkeit {26/28/33} | **concordia**, ae f | Eintracht, Einvernehmen, Harmonie |
| – | **Konkordienformel** l;l | letzte allgemein anerkannte lutherische Bekenntnisschrift von 1577 n. Chr. {51/32} | dto. + **formula**, ae f | dto. Gesetz, Formular, Bestimmung |

| | | | | |
|---|---|---|---|---|
| 1812 | **konkret** | 1. anschaulich, gegenständlich, wirklich; auf etw. Bestimmtes bezogen; 2. sachlich, bestimmt, wirkungsvoll; 3. deutlich, präzise {25/32} | **concrescere** (PPP. **concretus**) | sich verdichten, entstehen, sich bilden |
| - | **Konkretion** | 1. Vergegenständlichung, Verwirklichung {25}; 2. Verklebung, Verwachsung (med. t. t.) {70}; 3. knolliger mineralischer Körper in Gesteinen (geol. t. t.) {62} | **concretio**, onis f | das Zusammenwachsen; innige Verbindung; Verdichtung |
| - | **konkretisieren** l>nlat | veranschaulichen, verdeutlichen, im einzelnen ausführen {25/32} | **concrescere** | s. oben |
| - | Konkretisierung | | | |
| - | **Konkretum** | Substantiv, das etw. Gegenständliches bezeichnet (sprachwiss. t. t.) {76} | dto. | dto. |
| 1813 | **Konkubinat** | 1. gesetzlich erlaubte außereheliche Verbindung in der röm. Kaiserzeit (hist. t. t.) {31/33/75}; 2. eheähnliche Lebensgemeinschaft ohne Trauschein (jur. t. t.) {31/82} | **concubinatus**, us m | morganatische Ehe, Konkubinat |
| - | **Konkubine** | 1. im Konkubinat lebende Frau (veraltet) {31/33}; 2. Geliebte (abwertend) {33/18} | **concubina**, ae f | Zuhälterin, Beischläferin, Konkubine |
| 1814 | **Konkurrent** | 1. Mitbewerber (um eine Stellung, einen Preis) {33/40/85}; 2. (geschäftlicher) Rivale, Gegner {33/80}; 3. zwei Feste, die auf aufeinanderfolgende Tage fallen (kath. Liturgie) {51/59} | **concurrere** | zusammenlaufen, -kommen; aufeinandertreffen, attackieren |
| - | **Konkurrenz** l>mlat | 1. Rivalität, Wettbewerb {33}; 2. (geschäftlicher) Rivale, Konkurrenzunternehmen, Gesamtheit der (wirtschaftlichen) Gegner {33/57/80}; 3. (sportlicher) Wettkampf, Wettbewerb {85} | dto. | dto. |
| - | **konkurrieren** | 1. wetteifern, sich um einen Posten bewerben {33/40}; 2. zusammentreffen mehrerer Straftatbestände (jur. t. t.) {57/82} | dto. | dto. |
| - | **Konkurs** | (witsch. t. t.) 1. Zahlungsunfähigkeit einer Firma {80}; 2. gerichtliches Vollstreckungsverfahren zur Befriedigung aller Gläubiger {82/80} | **concursus**, us m | Zusammen-, Auflauf, Angriff, Zusammenstoß |

| | | | | |
|---|---|---|---|---|
| 1815 | **Konnex** | 1. Zusammenhang; Verbindung, Verflechtung {56/33}; 2. persönlicher Kontakt, Umgang {33} | **con(n)exus**, us m | Verknüpfung, Verflechtung, enge Verbindung |
| – | **Konnexion** l>frz | 1. einflußreiche, fördernde Bekanntschaft, Beziehung {33/40}; 2. Beziehung zwischen verschiedenen Satzelementen (sprachwiss. t. t.) {76} | **conexio**, onis f | Verknüpfung, enge Verbindung; logische Schlußfolge |
| 1816 | **Konnotation** l;l | die Grundbedeutung eines Wortes begleitende zusätzliche (z. B. emotionale) Vorstellung (sprachwiss. t. t.) {24/76} | **con = cum** + **notatio**, onis f | s. oben 1697 Bezeichnung, Etymologie, Charakterisierung |
| – | **konnotativ** l;l | assoziative, emotionale Begleitvorstellung (sprachwiss. t. t.) {24/26/76} | dto. + **notatus**, a, um | dto. kenntlich, ausgezeichnet |
| 1817 | **Konquista** l>span | spanische Eroberung Südamerikas im 16. Jh. (hist. t. t.) {50/75/86} | **conquirere**<br>span. *conquistar*<br>*conquista* | aufsammeln, sich zu verschaffen suchen, nachhaschen<br>erobern<br>Eroberung |
| – | **Konquistador** l>span | Teilnehmer an der Konquista (hist. t. t.) {50/75/86} | dto.<br>span. *conquistador* | dto.<br>Eroberer |
| 1818 | **Konrektor** (l;l)>nlat | Stellvertreter des Rektors in einer (Grund-, Haupt-, Real-) schule {31/33/40} | **con =cum** + **rector**, oris m | s. oben 1697 Lenker, Leiter, Führer |
| 1819 | **Konseil** l>frz | 1. Staats-, Ministerrat, Ratsversammlung {50/25}; 2. Beratung (veraltet) {25/32} | **consilium**, ii n<br>frz. *conseil* | Beratung; Beschluß; beratendes Kollegium |
| 1820 | **Konsekration** | 1. liturgische Weihe einer Person oder Sache (kath. rel. t. t.); 2. liturgische Weihe von Brot und Wein beim christlichen Abendmahl (kath. rel. t. t.) {51}; 3. Vergöttlichung des verstorbenen Kaisers in Rom (hist. t. t.) {51/75}; 4. feierliche Inkraftsetzung (ugs.) {33/25} | **consecratio**, onis f | religiöse Weihe, Vergötterung, Apotheose |
| – | **konsekrieren** | 1. liturgisch weihen {51}; 2. feierlich in Kraft setzen {25/33} | **consecrare** | heilig sprechen, weihen; vergöttern |
| 1821 | **konsekutiv** l>nlat | 1. aufeinanderfolgend {56/59}; 2. nachfolgend, abgeleitet (philos. t. t.) {77}; 3. folgend, die Folge bezeichnend (sprachwiss. t. t.) {76} | **consecuus**, a, um bzw. **consequi** (PPP. **consecutus**) | folgend<br>(nach)folgen; erreichen |
| 1822 | **Konsens(us)** | 1. Zustimmung, Einwilligung {25/28}; 2. Übereinstimmung zweier Vertragspartner {25/28/82} | **consensus**, us m | Übereinstimmung, Einstimmigkeit, Einwilligung |

| | | | | |
|---|---|---|---|---|
| – | **konsentieren** | (veraltet) 1. übereinstimmen, einig sein {25/28}; 2. etw. genehmigen (jur. t. t.) {28/82} | **consentire** | übereinstimmen, einverstanden sein; sich verschwören |
| 1823 | **konsequent** | 1. folgerichtig, logisch zwingend {25/71/77}; 2. unbeirrbar, fest entschlossen {28}; 3. beharrlich, immer, jedesmal {28/59}; 4. einer tektonischen Linie folgend (geol. t. t.) {62} | **consequens** (Gen. –ntis) | in richtiger Folge stehend, folgerichtig; richtig konstruiert (gramm. t. t.) |
| – | **Konsequenz** | 1. Folgerichtigkeit {25/71/77}; 2. Zielstrebig-, Beharrlichkeit {28}; 3. Folge; Aus-, Nachwirkung (einer Handlung) {59/25} | **consequentia**, ae f | Folge, Aufeinanderfolge |
| 1824 | **Konservation** | Erhaltung, Instandhaltung (veraltet) {52} | **conservatio**, onis f | Bewahrung, Rettung, Aufrechterhaltung |
| – | **konservativ** l>mlat >engl | 1. am Hergebrachten festhaltend, auf Überliefertem beharrend (bes. politisch) {25/50}; 2. althergebracht, bisher üblich {33/52/59}; 3. erhaltend, bewahrend (med. t. t.) {70}; 4. politisch dem Konservativismus zugehörend {25/50/33} | **conservare**<br>mlat. conservativus<br>engl. *conservative* | erhalten, bewahren, retten, beibehalten<br><br>erhaltend |
| – | **Konservativer** l>mlat engl | 1. Anhänger einer konservativen Partei {25/50/33}; 2. jmd., der am Hergebrachten festhält {25/33/59} | dto. | dto. |
| – | **Konservativismus** l>nlat | 1. politische Anschauung, die auf die Erhaltung der bestehenden Ordnung gerichtet ist {25/50/33}; 2. Gesamtheit politisch konservativer Bestrebungen und Organisationen {25/33/50/57} | dto. | dto. |
| – | **Konservativität** l>nlat | konservative (1.) Art, Beschaffenheit, Charakter {25/84} | dto. | dto. |
| – | **Konservator** | Beamter, der für die Instandhaltung von Kunstdenkmälern verantwortlich ist {36/40/49/52/88} | **conservator**, oris m | Bewahrer, Erhalter, Retter |
| – | **Konservatorium** l>it | Musikhochschule für die Ausbildung von Musikern {31/37} | **conservare**<br>it. *conservatorio* | s. oben |
| – | **konservatorisch** l>nlat | 1. auf die Instandhaltung von Kunstwerken bedacht {28/36/40/52/88}; 2. das Konservatorium betreffend {31/37} | dto. | dto. |
| – | **Konservatorist** l>nlat | Schüler eines Konservatoriums {31/37} | dto. | dto. |

| | | | | |
|---|---|---|---|---|
| – | **Konserve** l>mlat | 1. haltbar gemachtes Lebensmittel in Blechdose oder Glas {17}; 2. auf einem Tonträger festgehaltene Aufnahme {46/87}; 3. kurz für: Blutkonserve (med. t. t.) {70} | dto. mlat. conserva | dto. |
| – | **konservieren** | 1. haltbar machen {52/59}; 2. Gemüse, Früchte einmachen {17}; 3. etw. durch Pflege erhalten, bewahren (z. B. auch Gewebe in Nährboden - med. t. t.) {52/70/73}; 4. (totes) Gewebe in einer Flüssigkeit aufbewahren (med. t. t.) {70}; 5. eine Tonaufnahme auf Schallplatte o. Tonband festhalten {46/87} | dto. | dto. |
| 1825 | **konsiderabel** l>frz | beachtlich, ansehnlich (veraltet) {55/57} | **considerare** | in Augenschein nehmen, besichtigen; überlegen |
| 1826 | **Konsilium** | 1. Rat {25/32}; 2. ärztliche Beratung über einen Krankheitsfall (med. t. t.) {70/32} | **consilium** | s. oben 1819 |
| 1827 | **konsistent** | 1. dicht, zäh zusammenhängend {54}; 2. dickflüssig, in sich stabil, beständig {54/52/73}; 3. widerspruchsfrei {25} | **consistere** (PPA. **consistens**) | sich hinstellen; mit jmdm. übereinstimmen; Fuß fassen, standhalten |
| – | **Konsistenz** l>nlat | 1. Dichtigkeit, Zusammenhang {54}; 2. Widerspruchslosigkeit {25}; 3. Festigkeit, Beständigkeit (psych. t. t.) {70}; 4. Haltbarkeit, Beschaffenheit eines Stoffes (chem. t. t.) {73/52/59} | dto. | dto. |
| 1828 | **Konsistorium** | (rel. t. t.) 1. Plenarversammlung der Kardinäle unter Vorsitz des Papstes {33/51}; 2. kirchlicher Gerichtshof, Verwaltungsbehörde einer Diözese o. ev. Landeskirche {51/82} | **consistorium**, ii n | Versammlungsort, Bedientenzimmer, kaiserliches Kabinett |
| – | konsistorial, Konsistorialrat | | | |
| 1829 | **konskribieren** | (zum Heeres-, Kriegsdienst) ausheben (hist. t. t.) {75/86} | **conscribere** | verzeichnen, eintragen; Soldaten anwerben, ausheben |
| – | Konskription | | | |
| 1830 | **Konsolation** | Trost, Beruhigung (veraltet) {26/32} | **consolatio**, onis f | Trost, Ermutigung |

| | | | | |
|---|---|---|---|---|
| – | **Konsole** l>frz | 1. vorspringender Tragstein für Bogen, Figuren u. a. (archit. t. t.) {88}; 2. Wandbrett, an der Wand angebrachtes (Ablage)gestell {44} | **consolator**, oris m frz. *consolateur* *console* | Tröster; (Stütze) Gesimsträger, Pfeilerfigur |
| 1831 | **Konsolidation** l>(frz) | 1. Festigung, Sicherung {52/56}; 2. Umwandlung kurzfristiger Staatsschulden in Anleihen (wirtsch. t. t.); 3. Vereinigung verschiedenartiger Anleihen (wirtsch. t. t.); 4. Zusammenlegung der Stammaktien (wirtsch. t. t.) {80}; 5. Fortbestand eines dinglichen Rechtes an einem Grundstück {82/43/80}; 6. Abheilung eines krankhaften Prozesses (med. t. t.) {70}; 7. Versteifung der Erdkruste (geol. t. t.) {62} | **consolidatio**, onis f | Feststellung, Sicherung des Eigentumsrechts (jur. t. t.) |
| – | **konsolidieren** | (etw. Bestehendes) sichern, festigen {52/56} | **consolidare** | feststellen, das Eigentumsrecht sichern (jur. t. t.) |
| – | Konsolidierung | | | |
| 1832 | **konsonant** | 1. einstimmig, übereinstimmend (veraltet) {25/28}; 2. harmonisch zusammenklingend (mus. t. t.) {37}; 3. mitschwingend, -klingend (akust. t. t.) {72} | **consonans** (Gen. –ntis) | mitlautend (gramm. t. t.); übereinstimmend, passend |
| – | **Konsonant** | Mitlaut (sprachwiss. t. t.) {76} | **consonans**, ntis f | Konsonant (gramm. t. t.) |
| – | **konsonantisch** | (einen) Konsonanten betreffend (sprachwiss. t. t.) {76} | dto. | dto. |
| – | **Konsonanz** | 1. Konsonantenverbindung, Häufung von Konsonanten (sprachwiss. t. t.) {57/76}; 2. Klangeinheit zwischen Tönen mit dem Schwingungsverhältnis ganzer Zahlen (mus. t. t.) {37} | **consonantia**, ae f | Einklang, Konsonanz, Harmonie, Übereinstimmung |
| 1833 | **Konsorte** | 1. Leute solcher Art; zwielichtige Typen (abwertend) {25/33}; 2. Mitglied eines Konsortiums (wirtsch. t. t.) {80} | **consors**, rtis m | Teilhaber, Mitgenosse; am Vermögen gleichen Anteil habend |
| – | **konsortial...** | zum Konsortium gehörig (wirtsch. t. t.) {80} | dto. | dto. |
| – | **Konsortium** | Zweckverband von Geschäftsleuten o. Unternehmen zur Durchführung risikoreicher Geschäfte (wirtsch. t. t.) {80} | **consortium**, ii n | Teilhaberschaft, (Güter)gemeinschaft |

| | | | | |
|---|---|---|---|---|
| 1834 | **Konspirant** | Verschwörer (veraltet) {33/50/82} | **conspirare** | übereinstimmen, in Einklang stehen; sich verschwören |
| – | **Konspirateur** l>frz | politischer Verschwörer (selten) | dto. | dto. |
| | o. **Konspirator** l>mlat | dto. (veraltet) {33/50/82} | | |
| – | **Konspiration** l>frz | Verschwörung {33/50/82} | **conspiratio**, onis f | Übereinstimmung, Einmütigkeit; Komplott, Verschwörung |
| – | **konspirativ** l>nlat | 1. eine politische Verschwörung bezweckend {33/50/82}; 2. zu einer Verschwörung gehörend {33/82} | **conspirare** | s. oben |
| – | **konspirieren** | sich verschwören, eine Verschwörung anzetteln {33/50/82/29} | dto. | dto. |
| 1835 | **Konstabler** (l;l)>l>mlat >frz (l>mlat >afrz>engl) | 1. Geschützmeister (auf Kriegsschiffen), Unteroffiziersgrad der Artillerie {86}; 2. Polizist in England und den USA {40/49} | **comes** + **stabulum**, li n **comes stabuli** afrz. *conestable* | s. oben 0532 Stall Oberstallmeister |
| 1836 | **konstant** | unveränderlich; ständig gleichbleibend; beharrlich {59/54/28} | **constans** (Gen. –ntis) | (sich) gleichbleibend, beständig, gleichmäßig; unverändert |
| – | **Konstante** | unveränderliche Größe; fester Wert (auch math. t. t.) {56/59/71} | dto. | dto. |
| – | **Konstanz** | Unveränderlich-, Stetig-, Beharrlichkeit {54/56/59/28} | **constantia**, ae f | Beständig-, Unwandelbarkeit, Beharrlichkeit, Konsequenz |
| – | **konstatieren** l>frz | (eine Tatsache) feststellen, bemerken {25/32} | **constare** | feststehen, fortbestehen, bekannt sein; (da)stehen |
| 1837 | **Konstellation** | 1. Zusammentreffen bestimmter Umstände und die daraus resultierende Lage {25/56/59}; 2. Planetenstand, Stellung der Gestirne zueinander (astron. t. t.) {66} | **constellatio**, onis f | Stellung der Gestirne, Horoskopstellerei |
| 1838 | **Konsternation** | Bestürzung (veraltet) {26} | **consternatio**, onis f | Bestürzung, Empörung, Verblüffung |
| – | **konsternieren** | bestürzt, fassungslos machen {26} | **consternare** | außer Fassung bringen, bestürzen; aufregen |

| | | | | |
|---|---|---|---|---|
| – | **konsterniert** | bestürzt, betroffen, fassungslos {26} | dto. | dto. |
| 1839 | **Konstituente** | sprachliche Einheit, die Teil einer komplexen Konstruktion ist (sprachwiss. t. t.) {76} | **constituere** | aufstellen, einsetzen; regulieren, feststellen |
| – | **konstituieren** l>(frz) | 1. einsetzen, festsetzen, gründen {28/25/33}; 2. sich -: sich versammeln, zusammentreten {33} | dto. | dto. |
| – | **Konstitution** | 1. körperliche, seelische Verfassung {26/14}; 2. Körperbau (med. t. t.) {11/70}; 3. Rechtsbestimmung, Satzung, Verfassung {50/82}; 4. päpstlicher Erlaß mit Gesetzeskraft {28/51}; 5. Atomanordnung im Molekül (chem. t. t.) {72/73} | **constitutio**, onis f | Verfassung, Einrichtung, Beschaffenheit; Anordnung |
| – | **Konstitutionalismus** l>nlat | 1. auf einer Verfassung basierende Staatsform {50}; 2. für den Konstitutionalismus eintretende Lehre {50/81} | dto. | dto. |
| – | **konstitutionell** l>frz | 1. verfassungsmäßig, an die Verfassung gebunden {50/81}; 2. anlagebedingt (med. t. t.) {70} | dto. | dto. |
| – | **konstitutiv** l>nlat | 1. zur Feststellung dienend, grundlegend {25/56}; 2. die Erfahrung ermöglichend (philos. t. t.); 3. unerläßlich (philos. t. t.) {77}; 4. rechtsbegründend (jur. t. t.) {82} | **constituere** | s. oben |
| 1840 | **konstruieren** | 1. ein kompliziertes (technisches) Gerät entwerfen und bauen {25/40/41/72}; 2. eine geometrische Figur zeichnen (geometr. t. t.) {71}; 3. Satzglieder zu einem Satz zusammenbauen (sprachwiss. t. t.) {76}; 4. gedanklich, begrifflich, logisch aufbauen; 5. theoretisch, künstlich herstellen (abwertend) {25} | **construere** (PPP. **constructus**) | zusammenbauen, -fügen, errichten, konstruieren |
| – | **Konstrukt** | Arbeitshypothese, gedankliche Hilfskonstruktion {25/40} | dto. | dto. |
| – | **Konstrukteur** l>frz | Ingenieur o. Techniker für Entwicklung und Bau komplizierter Geräte {40/41} | dto. | dto. |

| | | | | |
|---|---|---|---|---|
| – | **Konstruktion** | 1. Bauart {41/54/72/87}; 2. geometrische Darstellung einer Figur (geometr. t. t.) {71}; 3. Zusammenordnung von Wörtern nach syntaktischen Regeln (sprachwiss. t. t.) {76}; 4. wirklichkeitsfremder Gedankengang {25/24}; 5. Entwurf, Plan {25}; 6. Darstellung von Begriffen in der Anschauung (philos. t. t.); 7. Aufbau eines Begriffssystems (philos. t. t.) {77} | **constructio**, onis f | Zusammenfügung, Periodenbau; Konstruktion |
| – | **konstruktiv** l>nlat | 1. die Konstruktion betreffend {41/54/72/87}; 2. auf die Erhaltung des Bestehenden gerichtet, positiv {25/52}; 3. aufbauend, helfend, einen brauchbaren Beitrag liefernd {25/56} | **construere** | s. oben |
| – | **Konstruktivismus** l>nlat | 1. Richtung in der bildenden Kunst des 20. Jh.s {36}; 2. Kompositionsweise (mus. t. t.) {37} | dto. | dto. |
| – | Konstruktivist, konstruktivistisch | | | |
| 1841 | **Konsul** | 1. höchster Beamter der röm. Republik (hist. t. t.) {75/50}; 2. ständiger Vertreter eines fremden Staates zur Wahrnehmung politischer Interessen {50} | **consul**, lis m | höchster Beamter im antiken Rom |
| – | **konsularisch** | den Konsul, das Konsulat betreffend {75/50} | **consularis**, e | zum Konsul gehörig, konsularisch |
| >>> | Konsularagent s. Agent | | | |
| – | **Konsulat** | Amt(sgebäude) eines Konsuls, einer Auslandsvertretung {50/58} | **consulatus**, us m | Konsulwürde, -amt, Konsulat |
| 1842 | **Konsulent** | (Rechts)berater, Anwalt (veraltet) {82/40} | **consulere** (PPA. **consulens**) | beraten; beschließen, Vorsorge treffen |
| 1843 | **Konsultation** | 1. Untersuchung und Beratung (z. B. durch einen Arzt) {25/32/70}; 2. gemeinsame Beratung von Regierungen {25/32/50} | **consultatio**, onis f | Begutachtung, Beratung; Konsultation; Anfrage |
| – | **konsultativ** l>nlat | beratend {25/32} | **consultare** | sich überlegen, beraten; beschließen |
| – | **konsultieren** | 1. bei jmdm. (ärztlichen) Rat einholen {25/32/70}; 2. beratende Gespräche führen, sich besprechen {25/32} | dto. | dto. |

| | | | | |
|---|---|---|---|---|
| – | Konsultierung | | | |
| 1844 | **Konsum** l>it | 1. Verbrauch an Gütern des täglichen Bedarfs; 2. das wahllose Verbrauchen {57/17/42/43}; 3. Verkaufsstelle eines Konsumvereins (österr.); 4. ehemalige Handelskette für Nahrungsmittel (DDR) {42} | **consumere** | auf-, verwenden, -brauchen; zerstören |
| – | **Konsument** | Käufer, Verbraucher {42/33} | dto. | dto. |
| – | **konsumieren** | Konsumgüter verbrauchen {17} | dto. | dto. |
| – | **Konsumterror** l;l | durch unmittelbaren Anreiz zum Kauf und Verbrauch hervorgerufene Art von Kaufzwang {28/42/43/70} | dto. + **terror**, oris m | dto. Schrecken, Schrecknis |
| – | **Konsumtion** | 1. Verbrauch an Wirtschaftsgütern {80}; 2. das Aufgehen eines einfachen Straftatbestandes in einem übergeordneteren, umfassenderen (jur. t. t.) {82}; 3. körperliche Auszehrung infolge anhaltenden Appetitmangels (med. t. t.) {70} | **consumptio**, onis f | Aufwand; Aufzehrung, Vernichtung |
| – | **konsumtiv** l>nlat | für den Verbrauch bestimmt {80} | **consumere** | s. oben |
| 1845 | **kontagiös** | ansteckend, ansteckungsfähig (med. t. t.) {70} | **contagiosus**, a, um | ansteckend |
| 1846 | **Kontakt** | 1. das In-Verbindung-Treten; Fühlungnahme {33/32}; 2. Berührung {23}; 3. (menschliche) Beziehung {33}; 4. Vorrichtung zum Schließen eines Stromkreises {41/72/87}; 5. aus einem Festkörper bestehender Katalysator {72/73} | **contactus**, us m | Berührung; Einfluß; Ansteckung |
| – | **kontaktieren** l>nlat | 1. Kontakt aufnehmen, Kontakte vermitteln {33/32}; 2. als Werbeberater neue Geschäftsbeziehungen einleiten {80/40/33} | dto. | dto. |
| – | **Kontaktlinse** l;l | Kunststoffschale (auf der Hornhaut als Brillenersatz zu tragen) {70/14} | dto. + **lens**, ntis f | dto. Linse |
| – | **Kontaktperson** l;l | jmd., der durch Kontakt mit infizierten Personen als Träger von Krankheitserregern in Betracht kommt (med. t. t.) {70} | dto. + **persona**, ae f | dto. Maske; Rolle; Charakter; Person |

| | | | | |
|---|---|---|---|---|
| 1847 | **Kontamination** | 1. Verschmelzung von zwei Wörtern (sprachwiss. t. t.) {56/76}; 2. Verseuchung mit schädlichen (bes. radioaktiven) Stoffen {73/72/70} | **contaminatio**, onis f | Befleckung, Verderbnis |
| – | **kontaminieren** | 1. eine Kontamination (1.) vornehmen (sprachwiss. t. t.) {56/76}; 2. mit schädlichen (bes. radioaktiven) Stoffen verseuchen {72/73/70} | **contaminare** | berühren, verderben, besudeln, beflecken |
| 1848 | **Kontemplation** | 1. Versunkenheit in Werk u. Wort Gottes (rel. t. t.) {25/51}; 2. beschauliches Nachdenken und geistiges Sich-versenken in etw. {24/25} | **contemplatio**, onis f | Anschauung, geistige Betrachtung; Berücksichtigung |
| – | **kontemplativ** | beschaulich, besinnlich {24/25/26} | **contemplativus**, a, um | beschaulich, theoretisch |
| – | **kontemplieren** | sich der Kontemplation (2.) hingeben {24/25} | **contemplari** | seine Blicke schweifen lassen |
| 1849 | **kontemporär** l>nlat | gleichzeitig, zeitgenössisch {59} | **contemporare** | gleichzeitig -, zu gleicher Zeit sein |
| 1850 | **Konter** l>frz>engl | 1. Gegenangriff beim Sport {85}; 2. Pendelschwung zur Körperschwerpunktverlagerung beim Turnen {12/85}; 3. Wechsel von Rechts- in Linksgalopp und umgekehrt {61/85}; 4. schlagfertige Erwiderung {32} | **contra**<br>frz. *contre*<br>engl. *counter*<br>*to counter* | gegenüber, entgegen, dagegen<br><br>gegen, entgegen |
| – | **kontern** l>frz>engl | 1. einen gegnerischen Angriff abfangen u. selbst angreifen {85}; 2. einen Konter (2.) ausführen {12/85}; 3. sich aktiv zur Wehr setzen, schlagfertig erwidern {32}; 4. ein Druckbild umkehren (druckw. t. t.) {32/40}; 5. eine Mutter im Gegensinn fest anziehen {40/61} | dto. | dto. |
| – | Konterschlag | | | |
| – | **Konteradmiral** l;arab>frz | hoher Seeoffizier {45/86} | **contra**<br>+ arab. *amir*<br>frz. *a(d)miral* | s. oben<br>Befehlshaber |
| – | **Konterfei** l>frz | Bildnis, Abbild, Porträt {36} | **contrafacere**<br>frz.<br>*contrefaire*<br>*contrefait* | nachmachen, -bilden |
| – | **konterfeien** l>frz | abbilden, porträtieren {36} | dto. | dto. |
| – | **konterkarieren** (l;l)>frz | jmdm. in die Quere kommen; etw. hintertreiben {25/33} | **contra**<br>+ **quadrare** | s. oben<br>s. oben 1643 |

\>>> Konterrevolution, Konterrevolutionär s. Revolution, Revolutionär

| | | | | |
|---|---|---|---|---|
| 1851 | **Kontext** | 1. der umgebende Text einer sprachlichen Einheit (sprachwiss. t. t.) {76}; 2. selbständiges Text- oder Redestück {32/34}; 3. umgebender inhaltlicher Gedanken- oder Sinnzusammenhang {25/32} | **contextus**, us m | Zusammenfügung, -hang; Verbindung |
| – | **kontextuell** l>nlat | den Kontext betreffend {76/32/25} | dto. | dto. |
| 1852 | **kontieren** l>(frz)>it | ein Konto angeben, etw. auf einem Konto verbuchen {80} | **computus**, ti m<br>frz. *compte*<br>it. *conto* | Berechnung<br><br><br>Rechnung |
| – | Kontierung | | | |
| 1853 | **Kontinent** | 1. (europäisches) Festland {64}; 2. Erdteil {02/64} | **continens** (Gen. –ntis)<br>(Subst. - n) | zusammenhängend, ununterbrochen, angrenzend<br>Hauptpunkt |
| – | **kontinental** l>nlat | festländisch {02/64} | dto. | dto. |
| 1854 | **Kontingent** l>(frz) | 1. Anteil, (Pflicht)beitrag {33/57}; 2. der Einschränkung des Warenangebots dienende Mengenbegrenzung (wirtsch. t. t.) {42/80}; 3. (Mindest)truppenstärke {57/86} | **contingere**<br>frz. *contingent* | berühren, (zu)treffen, zustehen |
| – | **kontingentieren** l>nlat | (wirtsch. t. t.) 1. die Erwerbs- bzw. Verbrauchsmenge einschränken {42/80/28}; 2. Handelsgeschäfte nur bis zu einem gewissen Umfang zulassen {28/42/50/80} | dto. | dto. |
| 1855 | **kontinuierlich** l>frz | stetig, fortdauernd, unaufhörlich {59} | **continuare**<br>frz. *continuer* | zusammnehängend machen, ohne Unterbrechung fortführen, unmittelbar verbinden |
| – | **Kontinuität** | lückenloser Zusammenhang, Stetigkeit, Fortdauer; gleichmäßiger Fortgang {56/59} | **continuitas**, atis f | ununterbrochene Fortdauer |
| – | **Kontinuum** | 1. lückenloser Zusammenhang {56/59}; 2. durch Verbindung vieler Punkte entstehendes geometrisches Gebilde (geometr. t. t.) {71} | **continuus**, a, um | zusammenhängend, ununterbrochen fortlaufend |
| 1856 | **Konto** l>it | laufende Abrechnung der Geschäftsvorgänge (wirtsch. t. t.) {80} | **computus**, ti m<br>it. *conto* | Berechnung<br><br>Rechnung |

| | | | | |
|---|---|---|---|---|
| – | **Kontokorrent** l>it;l>it | Geschäftsverbindung mit Gegenüberstellung von Leistung und Gegenleistung bei der Abrechnung (wirtsch. t. t.) {80} | dto. + **currere**<br>it. *conto* +*corrente* | dto.<br>laufen, rennen, eilen |
| – | **Kontor** l>frz >niederl | 1. Handelsniederlassung im Ausland {42/80}; 2. Handelszentrale, die die Betriebe mit Material versorgt (DDR) {42/80/75}; 3. Geschäftsraum eines Kaufmanns {42/58} | **computare**<br>frz. *compter*<br>*comptoir*<br>niederl. *contoor* | zusammen-, berechnen<br>berechnen, zahlen<br>Schreibstube, Zahltisch |
| – | **Kontorist(in)** l>frz >niederl | Angestellte(r) in der kaufmännischen Verwaltung {40/80/42} | dto. | dto. |
| 1857 | **kontra** | gegen, entgegengesetzt {58/56} | **contra** | s. oben 1850 |
| – | **Kontra** | Gegenansage beim Kartenspiel {32/85} | dto. | dto. |
| – | **Kontrabaß** l;l>it | tiefstes und größtes Streichinstrument (mus. t. t.) {37} | dto.<br>+ **bassus**, a, um<br>it. *basso* | dto.<br>dick; niedrig (spätl.) |
| 1858 | **Kontradiktion** | Widerspruch, Gegensatz (philos. t. t.) {25/56/77} | **contradictio**, onis f | Gegenrede, Widerspruch, -rede |
| – | **kontradiktorisch** | sich widersprechend (philos. t. t.) {25/56/77} | **contradictorius**, a, um | Widerspruch enthaltend |
| 1859 | **kontrahieren** | 1. einen Vertrag schließen (jur. t. t.) {82}; 2. sich zusammenziehen (med. t. t.) {70/53}; 3. jmdn. zum Zweikampf fordern (hist. t. t.) {33/75/86} | **contrahere** | zusammenziehen, vereinigen; eine geschäftliche Verbindung eingehen, abschließen |
| – | **Kontrahent** | 1. Vertragspartner (jur. t. t.) {82}; 2. Gegner im Streit oder Wettkampf {33/85/86} | dto. | dto. |
| 1860 | **Kontraindikation** l;l | Umstand, der die Anwendung einer ärztlichen Maßnahme o. Medikaments verbietet; Gegenanzeige (med. t. t.) {70} | **contra**<br>+ **indicatio**, onis f | s. oben 1850<br>Anzeige des Preises, Ansatz, Taxe |
| – | **kontraindiziert** l;l | aus bestimmten Gründen nicht anwendbar (med. t. t.) {70} | **contra**<br>+ **indicare** | anzeigen, offenbaren; taxieren |
| 1861 | **Kontrakt** | Vertrag, Abmachung; Handelsabkommen {28/42/80/50} | **contractus**, us m | Vertrag, das Zusammenziehen; Geschäftsabschluß |
| – | **kontraktil** l>nlat | zusammenziehbar {53/54} | **contrahere** | s. oben 1859 |

| | | | | |
|---|---|---|---|---|
| – | **Kontraktion** | 1. Zusammenziehung (z. B. von Muskeln - med. t. t.) {70/53}; 2. Verminderung der in der Volkswirtschaft vorhandenen Geld- und Kreditmenge (wirtsch. t. t.) {57/80}; 3. Zusammenziehung mehrerer Vokale (sprachwiss. t. t.) {76}; 4. Schrumpfung von Gesteinen (geol. t. t.) {53/62}; 5. Volumenverringerung eines Körpers (phys. t. t.) {72/53}; 6. Abwehr eines Angriffs beim Fechten (sport. t. t.) {12/85} | **contractio**, onis f | Zusammenziehung; Beklommenheit; Verkürzung |
| – | kontraktiv | | | |
| 1862 | **Kontrapunkt** (l;l)>mlat | auf der Bewegung mehrerer selbständiger Stimmen beruhender Tonsatz (mus. t. t.) {37} | **contra** + **punctus**, us m mlat. contrapunctum | s. oben 1850 das Stechen; Stich; Punkt Note |
| – | **kontrapunktieren** (l;l)>mlat | eine Handlung begleiten, etw. parallel zu etw. anderem tun {29/59} | dto. | dto. |
| – | **kontrapunktierend** (l;l)>mlat | den gegenüber anderen Stimmen selbständigen Stimmverlauf betreffend (mus. t. t.) {37} | dto. | dto. |
| – | kontrapunktisch | | | |
| 1863 | **konträr** l>frz | gegensätzlich, widrig {56/33} | **contrarius**, a, um | gegenüber, entgegengesetzt; widerstrebend, widrig |
| 1864 | **Kontrasignatur** l;l | Gegenzeichnung, Mitunterschrift {32} | **contra** + **signare** | s. oben 1850 (be)zeichnen, siegeln, stempeln |
| – | kontrasignieren | | | |
| 1865 | **Kontrast** (l;l)>vulgl >it | 1. (starker) Gegensatz, auffallender Unterschied {33/55/56}; 2. syntagmatische Beziehung sprachlicher Einheiten (sprachwiss. t. t.) {76} | **contra** + **stare** vulgl. contrastare it. *contrastare* *contrasto* | s. oben 1850 stehen entgegenstehen |
| – | **kontrastieren** (l;l)>vulgl >it>frz | (sich) abheben, unterscheiden; abstechen; im Gegensatz stehen {25/33/55/56} | dto. frz. *contraster* | dto. |
| – | **kontrastiv** (l;l)>vulgl >it>frz | vergleichend, gegenüberstellend {56/33/25} | dto. | dto. |

| | | | | |
|---|---|---|---|---|
| – | **Kontrastmittel** (l;l)>vulgl >it;d | in den Körper eingeführte, strahlungsundurchlässige Substanz bei Röntgenuntersuchungen (med. t. t.) {70/73} | dto. | dto. |
| 1866 | **Kontrazeption** l;l | Empfängnisverhütung (med. t. t.) {18/70} | **contra** + **capere** | s. oben 1850 ergreifen, fassen; bekommen, empfangen |
| – | kontrazeptiv | | | |
| – | **Kontrazeptivum** l;l | Empfängnisverhütungsmittel (med. t. t.) {18/70} | dto. | dto. |
| 1867 | **kontribuieren** | (veraltet) 1. Steuern entrichten {42/50/80}; 2. beitragen, behilflich sein {33} | **contribuere** | zu etw. schlagen, einverleiben, vereinigen |
| – | **Kontribution** | 1. für den Unterhalt der Besatzungstruppen erhobener Beitrag im besetzten Gebiet; 2. von einem besiegten Land geforderte Geldzahlung {42/50/80/86}; 3. Beitrag zu einer gemeinsamen Sache (veraltet) {33/42} | **contributio**, onis f | gleichmäßige Zuteilung, gleichmäßiger Beitrag |
| 1868 | **Kontrolle** (l;l)>frz | 1. Aufsicht, Überwachung; Prüfung {25/33/40}; 2. Beherrschung, Gewalt {25} | **contra** + **rota**, ae f bzw. **rotula**, ae f spätl. rotulus afrz. *rol(l)e* frz. *rôle* *contre-rôle* *contrôle* | s. oben 1850 Rad, Rolle, Töpferscheibe Rädchen Rolle, Liste, Register Gegenrolle, -register; Zweitregister |
| – | **Kontrolleur** (l;l)>frz | Aufsichtsbeamter, Prüfer {33/40} | dto. frz. *contrôleur* | – |
| – | **kontrollieren** (l;l)>frz | 1. etw. nachprüfen, jmdn. beaufsichtigen {25/33/40}; 2. etw. unter seinem Einflußbereich haben, beherrschen {33} | dto. frz. *contrôler* | dto. |
| – | Kontrollkommission s. Kommission | | | |
| 1869 | **kontrovers** | 1. streitig, bestritten {25/32/33}; 2. entgegengesetzt, gegeneinander gerichtet {56/33/25} | **controversus**, a, um | entgegengesetzt, gegenüberliegend; streitig |
| – | **Kontroverse** | (wissenschaftliche) Streitfrage; heftige Auseinandersetzung, Streit {25/32/33/40/50} | **controversia**, ae f | entgegengesetzte Richtung; Streitigkeit; Streitfrage |

| | | | | |
|---|---|---|---|---|
| 1870 | **Kontur** (l;gr>l) >vulgl>it >frz | Umrißlinie, Umriß; andeutende Linienführung {53} | **con = cum** + **tornare**<br><br>gr. *τορνεύειν*<br>vulgl. contornare*<br><br>it. *contorno*<br>frz. *contour* | s. oben 1697<br>drehen, wenden, zurückkehren<br>drechseln, drehen<br>umgeben, einfassen, Konturen ziehen<br>Umriß |
| - | **konturieren** (l;gr>l) >vulgl>it >frz | umreißen, andeuten {25/32} | dto.<br>it. *contornare* | dto. |
| 1871 | **Konvaleszent** | jmd., der sich nach einem Unfall o. einer Krankheit auf dem Weg der Genesung befindet (med. t. t.) {70/14} | **convalescere** | erstarken; genesen, erholen |
| - | **Konvaleszenz** | 1. Genesung (med. t. t.) {70/14}; 2. das Wirksamwerden eines Rechtsgeschäftes (jur. t. t.) {82} | **convalescentia**, ae f | Genesung |
| 1872 | **Konvektion** | 1. Mitführung von Energie o. elektrischer Ladung durch kleinste Teilchen einer Strömung (phys. t. t.) {72}; 2. Zufuhr von Luft- (meteor. t. t.) o. Wassermassen in Weltmeeren (geophys. t. t.) in vertikaler Richtung {61/63/65} | **convectio**, onis f | das Zusammenfahren, -bringen |
| - | **konvektiv** l>nlat | durch Konvektion bewirkt; auf die Konvektion bezogen (meteor. t. t.) {61/65} | **convectare** | zusammenfahren, -bringen |
| - | **Konvektor** | Heizkörper, der Luft durch Bewegung erwärmt {44} | **convector**, oris m | Mitreisender, Reisegefährte |
| 1873 | **Konveniat** | Zusammenkunft kath. Geistlicher {51/33} | **convenire** | zusammentreffen, -kommen, -passen, zusagen |
| - | **konvenieren** | zusagen, gefallen, passen; annehmbar sein {25/26/27} | dto. | dto. |
| - | **Konvent** | 1. Kloster(versammlung); regelmäßige Versammlung (z. B. von Geistlichen} {33/51}; 2. Gesamtheit der Habilitierten einer Universität {31/40/57}; 3. Volksvertretung in der Französischen Revolution (hist. t. t.) {75/50} | **conventus**, us m | Zusammenkunft, Versammlung; Kongreß; Verein |
| - | **Konvention** l>frz | 1. Übereinkunft, Abkommen; völkerrechtlicher Vertrag {50/25}; 2. Regeln des sozialen Verhaltens, Umgangs {30/33} | **conventio**, onis f | Zusammenkunft, Volksversammlung; Übereinkunft, Vertrag |

| | | | | |
|---|---|---|---|---|
| – | **konventional** l>frz>nlat | die Konvention (1.) betreffend {25/50} | **conventionalis**, e | den Vertrag betreffend |
| – | **konventionalisieren** l>frz>nlat | zur Konvention (2.) erheben {30/33} | dto. | dto. |
| – | **konventionalisiert** l>frz>nlat | sich in eingefahrenen Bahnen bewegend {25} | dto. | dto. |
| – | **Konventionalstrafe** l>frz>nlat; d | vertraglich vereinbarte Geldbuße bei Nichterfüllung des Vertrages (jur. t. t.) {42/80/82} | dto. | dto. |
| – | **konventionell** l>frz | 1. die Konvention (2.) betreffend {30/33}; 2. herkömmlich, nicht modern {25/59}; 3. nichtatomar (von Waffen gesagt) {72/86} | dto. | dto. |
| 1874 | **konvergent** l>mlat | übereinstimmend {56} | **convergere** | sich hinneigen |
| – | **Konvergenz** l>mlat | 1. Übereinstimmung von Meinungen {25}; 2. Ausbildung ähnlicher Merkmale unverwandter Lebewesen (biol. t. t.) {68/69}; 3. das Nachinnenschielen (med. t. t.) {70}; 4. Vorhandensein einer Annäherung konvergenter Linien (math. t. t.) {71}; 5. das Sichschneiden von Lichtstrahlen (phys. t. t.) {72}; 6. das Zusammenwirken von Anlage und Umwelt bei der psychischen Entwicklung (psych. t. t.) {70}; 7. Zusammentreffen verschiedener Srömungen des Meerwassers (ozeanogr. t. t.) {63/64}; 8. das Auftreten ähnlicher Oberflächenformen in unterschiedlichen Klimazonen {64/65}; 9. Bündelung des Elektronenstrahls in TV-Geräten (techn. t. t.) {46/87} | dto. | dto. |
| – | **konvergieren** | 1. sich nähern, einander näherkommen, zusammenlaufen {58/61/72}; 2. demselben Ziel zustreben, übereinstimmen {28/33/56/61} | dto. | dto. |
| – | **konvergierend** | sich zuneigend, zusammenlaufend {58/61/72} | dto. | dto. |

| | | | | |
|---|---|---|---|---|
| 1875 | **Konversation** l>frz | (geselliges, leichtes) Gespräch, Plauderei {32} | **conversatio**, onis f | das Sich-Aufhalten, Verkehren; Umgang, Aufenthalt |
| – | **Konversationslexikon** l>frz;gr | Nachschlagewerk für alle Wissensgebiete {32} | dto. + gr. λέξις | dto. das Lesen, Redeweise |
| 1876 | **Konverse** | 1. Laienbruder eines kath. Mönchsordens {51/33}; 2. Begriff, Satz, der zu einem anderen gegenteilig ist (sprachwiss. t. t.) {76} | **conversus**, us m | Umdrehung |
| – | **Konversion** | 1. Konfessionsübertritt (meist zur kath. Kirche) {51/61}; 2. Wortartenwechsel (sprachwiss. t. t.) {61/76}; 3. sinngemäße Umdeutung eines nichtigen Rechtsgeschäftes (jur. t. t.) {82}; 4. Schuldumwandlung (wirtsch. t. t.) {80}; 5. grundlegende Einstellungs-, Meinungsänderung (psych. t. t.) {25/70}; 6. Umwandlung unbewältigter Erlebnisse in körperliche Symptome (psych. t. t.) {70}; 7. Erzeugung spaltbaren Materials in einem Reaktor (kernphys. t. t.) {41/72}; 8. Aussageveränderung durch Vertauschung von Prädikat und Subjekt (log. t. t.) {25/76/77} | **conversio**, onis f | Übertritt, Umkehrung, -wandlung; Umlauf |
| – | **Konverter** l>frz>engl | 1. Frequenztransformationsgerät (im Radio) {46/87}; 2. Gleichspannungswandler (elektrotechn. t. t.) {72/87}; 3. Gefäß für Stahl- o. Kupfererzeugung {41/58}; 4. Reaktor zur Erzeugung spaltbaren Materials (kernphys. t. t.) {41/72}. | **convertere** | umkehren, -drehen, -wandeln; hinwenden |
| – | **konvertibel** l>frz | frei austauschbar {80/56} | **convertibilis**, e | veränderlich |
| – | **Konvertibilität** o. **Konvertierbarkeit** l>frz | freie Austauschbarkeit der Währungen verschiedener Länder (wirtsch. t. t.) {80} | **convertibilitas**, atis f | Veränderlichkeit |

| | | | | |
|---|---|---|---|---|
| – | **konvertieren** l>frz | 1. verschiedene Währungen gegeneinander tauschen (wirtsch. t. t.) {80}; 2. zu einem anderen Glauben übertreten (rel. t. t.) {33/51/61}; 3. Informationen auf einen anderen Datenträger übertragen {32/46} | **convertere** | s. oben |
| – | **Konvertit** l>engl | jmd., der zu einem anderen Glauben übergetreten ist (rel. t. t.) {33/51/61} | dto. | dto. |
| 1877 | **konvex** | erhaben, nach außen gewölbt (phys. t. t.) {72/53} | **convexus**, a, um | nach oben (außen) gewölbt; kesselförmig |
| – | **Konvexität** | das Nach-außen-Gewölbtsein (phys. t. t.) {72/53} | **convexitas**, atis f | Wölbung, gewölbeartige Rundung, Höhlung |
| 1878 | **Konvikt** | 1. Stift, Wohnheim für kath. Theologiestudenten; 2. Schülerheim, kath. Internat (österr.) {31/44/51} | **convictus**, us m | geselliges Zusammenleben, Tischgesellschaft; Bewirtung |
| 1879 | **Konvivium** | (Fest)gelage (veraltet) {33} | **convivium**, ii n | Gastmahl, Tischgelage, Gesellschaft |
| – | **Konvoi** (l;l)>vulgl >frz>engl | Geleitzug (besonders von Autos o. Schiffen) {45/57/86} | **con = cum** + **viare** vulgl. conviare* frz. *convoyer* *convoi* engl. *convoy* | s. oben 1697 gehen, (umher)reisen begleiten, geleiten Geleit |
| 1881 | **Konvolut** | 1. Bündel von verschiedenen Schriftstücken o. Drucksachen; 2. Sammelband, Sammelmappe {57/32}; 3. Knäuel (med. t. t.) {70} | **convolvere** (PPP. **convolutus**) | fortwälzen; zusammen-, umrollen, -wickeln |
| 1882 | **konzedieren** | zugestehen, erlauben; einräumen {25/28/32} | **concedere** | abtreten; einräumen, zugestehen |
| 1883 | **Konzentrat** (l;gr>l)>frz | 1. angereicherter Stoff, hochprozentige Lösung (chem. t. t.) {73}, 2. hochprozentiger Pflanzen-, Fruchtauszug {17/73}; 3. Zusammenfassung {32/57} | **con = cum** + **centrum**, ri n gr. *κέντρον* frz. *concentrer* | s. oben 1697 Schenkel des Zirkels; Zentrum, Kreismittelpunkt in einem Punkt vereinigen |
| – | **Konzentration** (l;gr>l)>frz | 1. höchste Aufmerksamkeit, geistige Anspannung {25}; 2. Zusammenballung (wirtsch. o. militärischer Kräfte) {57/80/86}; 3. gezielte Lenkung auf etw. hin {23/25/28}; 4. Gehalt einer Lösung an gelöstem Stoff (chem. t. t.) {56/73} | dto. frz. *concentration* | dto. |

| | | | | |
|---|---|---|---|---|
| – | **Konzentrationslager** (l;gr>l) >frz;d | Internierungs- und Vernichtungslager für politisch, rassisch o. religiös Verfolgte (während der Nazi-Diktatur - hist. t. t.) {58/75/82} | dto. | dto. |
| – | **konzentrieren** (l;gr>l)>frz | 1. wirtschaftliche, militärische Kräfte zusammenziehen {56/57/80}; 2. etw. verstärkt auf etw., jmdn. ausrichten {24/25}; 3. sich -: sich geistig sammeln, anspannen {25}; 4. anreichern, gehaltreich machen (chem. t. t.) {73/17} | dto. | dto. |
| – | **konzentriert** (l;gr>l)>frz | 1. gesammelt, aufmerksam {24/25}; 2. einen gelösten Stoff in großer Menge enthaltend, angereichert (chem. t. t.) {73/17} | dto. | dto. |
| – | **konzentrisch** (l;gr>l) >mlat | 1. einen gemeinsamen Mittelpunkt habend, um ihn herum angeordnet (von Kreisen - math. t. t.) {71}; 2. umfassend {57} | dto.<br>mlat. concentricus | dto.<br>einen gemeinsamen Mittelpunkt besitzend |
| 1884 | **Konzept** | 1. (stichwortartiger) Entwurf, erste Fassung einer Rede o. Schrift {32/25}; 2. Plan, Programm {25/28} | **conceptus**, us m | das Zusammenfassen; Gedanke, Vorsatz |
| – | **Konzeption** | 1. geistiger, künstlerischer Einfall; Entwurf eines Werkes {25/32/34}; 2. klare Grundvorstellung, Leitprogramm {25/28}; 3. Schwangerschaftseintritt, Empfängnis (biol. t. t.) {69/70} | **conceptio**, onis f | das Auffassen; Inbegriff; Empfängnis |
| – | **konzeptionell** | die Konzeption betreffend {s. darunter} | **conceptionalis**, e | zur Empfängnis gehörig |
| – | **konzeptualisieren** l>(nlat) | ein Konzept (2.) entwerfen, gestalten {25/28} | **conceptus** | s. oben |
| – | **konzeptuell** | ein Konzept (2.) aufweisend {25/28} | dto. | dto. |
| 1885 | **Konzern** l>mlat>frz >engl | Zusammenschluß von Wirtschaftsunternehmen ohne Aufgabe der rechtlichen Selbständigkeit (wirtsch. t. t.) {80/82/57} | **concernere**<br>mlat. concernere<br><br>frz. *concerner*<br>engl. *concern*<br><br>(Subst.) | vermischen<br>beachten, berücksichtigen; betreffen, sich beziehen auf<br><br>betreffen, sich beziehen auf, angehen<br>(Geschäfts)beziehung, Unternehmung |

| | | | | |
|---|---|---|---|---|
| 1886 | **Konzert**<br>l>it | 1. öffentliche Musikaufführung {33/37/85}; 2. Komposition für Solo u. Orchester {37}; 3. Zusammenwirken verschiedener Faktoren o. (politischer) Kräfte {33/50/56} | **concertare**<br><br>it *concertare*<br><br>*concerto* | sich messen, wetteifern; kämpfen<br>abstimmen, verabreden<br>Übereinkunft, Abmachung, Vereinigung; Vertrag |
| >>> | Konzertagentur s. Agentur | | | |
| – | **konzertant**<br>l>it | konzertmäßig, in Konzertform (mus. t. t.) {37} | dto. | dto. |
| – | **konzertieren**<br>l>it | 1. ein Konzert geben (mus. t. t.) {37}; 2. etw. verabreden, besprechen (veraltet) {28/32} | dto. | dto. |
| – | **konzertiert**<br>l>engl | verabredet, aufeinander abgestimmt, übereinstimmend {28/32/56/80} | dto.<br>engl. *concerted (action)* | dto. |
| 1887 | **Konzession** | 1. Zugeständnis, Entgegenkommen {25/28}; 2. behördliche Gewerbegenehmigung {40/80/50}; 3. staatliches Recht der Vergabe von Schürfrechten für Bodenschätze {41/50/82} | **concessio**, onis f | Zugeständnis, Vergünstigung, Bewilligung; Straferlaß |
| – | **Konzessionär**<br>l>nlat | Inhaber einer Konzession {40/50/82} | dto. | dto. |
| – | **konzessionieren**<br>l>nlat | eine behördliche Genehmigung, Konzession erteilen {40/50/82} | dto. | dto. |
| – | **konzessiv** | einräumend (sprachwiss. t. t.) {76} | **concessivus**, a, um | einräumend |
| – | Konzessivsatz | | | |
| 1888 | **Konzil** | 1. Hochschulgremium mit Entscheidungsbefugnis {31/33/40}; 2. Versammlung hoher kath. Würdenträger {33/51} | **concilium**, ii n | Vereinigung, Verbindung; Versammlung, Zusammenkunft |
| – | **konziliant**<br>l>frz | freundlich, versöhnlich; umgänglich, verbindlich {25/26/84} | **conciliatus**, a, um | beliebt, befreundet, geneigt |
| – | **Konzilianz**<br>l>frz | Umgänglichkeit, Verbindlichkeit, freundliches Entgegenkommen {25/26/33/84} | **conciliare** (PPA. **concilians**) | vereinigen, verbinden; befreunden, gewinnen |
| – | **konziliar(isch)**<br>l>frz | 1. zu einem Konzil gehörend; 2. einem Konzil entsprechend {31/51/33} | dto. | dto. |

| | | | | |
|---|---|---|---|---|
| 1889 | **konzinn** | 1. angemessen, gefällig (veraltet) {26/28/56}; 2. syntaktisch gleich gebaut, harmonisch zusammengefügt, abgerundet (rhet., stilk. t. t.) {76/79} | **concinnus**, a, um | wohl zusammengefügt, harmonisch, elegant, gefällig |
| – | **Konzinnität** | 1. Gefälligkeit (veraltet) {26/33}; 2. gleichartige syntaktische Konstruktion gleichwertiger Sätze (rhet. t. t.) {76} | **concinnitas**, atis f | kunstgerechte Verbindung, Harmonie, symmetrische Form |
| 1890 | **konzipieren** | 1. ein schriftliches Konzept (1.) für etw. machen {32/25}; 2. etw. planen, entwerfen, entwickeln {25/40}; 3. schwanger werden (med. t. t.) {70} | **concipere** | zusammenfassen, annehmen; trachten nach etw.; schwanger werden |
| – | Konzipierung | | | |
| 1891 | **Kooperateur** l>frz | Wirtschafts-, Unternehmenspartner (wirtsch. t. t.) {33/80} | **cooperator** | Mitwirker, Mitarbeiter |
| – | **Kooperation** | Zusammenarbeit verschiedener (Wirtschafts)partner mit verschiedenem Aufgabenbereich {33/40/80} | **cooperatio**, onis f | Mitwirkung |
| – | **kooperativ** l>nlat | (auf wirtschaftlichem Gebiet) zusammenarbeitend, gemeinsam {80/33} | **cooperarius**, a, um | mitwirkend |
| – | **Kooperative** l>frz>russ | Genossenschaft (DDR) {33/40/75/80} | **cooperari** | mitwirken, mitarbeiten |
| – | **Kooperator** | 1. Mitarbeiter (veraltet) {40/33}; 2. kath. Hilfsgeistlicher (landsch., österr.) {51} | **cooperator** | s. oben |
| – | **kooperieren** | (auf wirtschaftlichem Gebiet) zusammenarbeiten (33/40/80} | **cooperari** | s. oben |
| 1892 | **Kooptation** | nachträgliche Hinzuwahl neuer Mitglieder einer Körperschaft durch alte Körperschaftsmitglieder {28/33/59} | **cooptatio**, onis f | Wahl zur Ergänzung einer Korporation; Selbstergänzung |
| – | **kooptieren** | jmdn. durch Nachwahl in eine Körperschaft aufnehmen {28/33/59} | **cooptare** | als Ergänzung wählen, nachwählen |
| 1893 | **Koordinate** (l;l)>mlat >nlat | 1. Zahl, die die Lage eines Punktes in der Ebene und im Raum angibt (math., geogr. t. t.) {58/64/71}; 2. (im Pl.) Abszisse u. Ordinate zusammen (math. t. t.) {71} | **co = cum** + **ordinatus**, a, um bzw. **ordinare**<br><br>mlat. coordinare | s. oben 1697<br>geordnet, ordentlich<br>ordnen, aufstellen, regeln<br>beiordnen; in ein Gefüge einbauen; aufeinander abstimmen |

| | | | | |
|---|---|---|---|---|
| – | **Koordination** (l;l)>nlat | 1. gegenseitiges Abstimmen verschiedener Faktoren o. Vorgänge {25/56}; 2. Beiordnung von Satzgliedern o. Sätzen (sprachwiss. t. t.) {76}; 3. harmonisches Zusammenwirken der Muskelbewegungen (med. t. t.) {12/70}; 4. Zusammensetzung und Aufbau chemischer Verbindungen (chem. t. t.) {73} | **co = cum + ordinatio**, onis f | s. oben 1697 Einrichtung, (An)ordnung, Regelung |
| – | **Koordinator** l>nlat | jmd., der Teilbereiche eines Sachgebiets, Programme mit- bzw. aufeinander abstimmt {40/56/25} | **co = cum + ordinator**, oris m | s. oben 1697 Ordner, Einrichter, Regulierer |
| – | **koordinieren** l>mlat | mehrere Dinge o. Vorgänge aufeinander abstimmen {25/40/56} | **co = cum + ordinare** mlat. coordinare | s. oben 1697 s. oben |
| 1894a | **Köper** l>vulgl >mniederl | Gewebeart mit sich schräg kreuzenden Fäden {19} | **capra**, ae f vulgl. capreus* mniederl. *keper* | Ziege<br>Strebebalken Dachsparren; Gewebeart mit diagonal verlaufenden Bindungslinien |
| 1894b | **Kopf** (gr)>l >gallorom | oberster Teil des Körpers {11} | **cupa**, ae f gr. *κυπή* gallorom. *cuppa* | Küpe, Kufe, Tonne<br>Becher |
| – | **köpfen** (gr)>l >gallorom | enthaupten {82/15} | dto. | dto. |
| – | kopflos, kopfscheu, Kopfschmerzen, Kopfzerbrechen | | | |
| 1894c | **Kopie** l>mlat | 1. Abschrift, Durchschrift {32/56}; 2. Fotokopie {32/46/87}; 3. Nachbildung, Nachgestaltung {36/56}; 4. durch Belichten hergestelltes Bild von einem Negativ (fot. t. t.) {87}; 5. fotografisch hergestelltes Doppel eines Filmes (fot. t. t.) {57/87} | **copia**, ae f mlat. copia | Fülle, Menge, Vorrat (den Bestand an Exemplaren vermehrende) Abschrift |
| – | **kopieren** l>mlat | 1. etw. in Zweitausfertigung herstellen {32/56}; 2. eine Fotokopie von etw. machen {32/46/87}; 3. ein Kunstwerk nachbilden {36/56}; 4. von einem Negativfilm einen Positivfilm herstellen (fot. t. t.) {87} | dto. (bzw. **copiari** | dto. sich mit etw. reichlich versehen) |
| – | **Kopierer** l>mlat | Gerät, mit dem Fotokopien gemacht werden {46/87} | dto. | dto. |

| | | | | |
|---|---|---|---|---|
| – | **Kopist** l>mlat | jmd., der eine Kopie anfertigt {32/29} | dto. | dto. |
| 1895 | **Koppel** l>frz | 1. Leibriemen {19}; 2. durch Riemen aneinandergebundene Hundekoppel {38}; 3. Einfriedung eines Feldes, eingezäunte Weide {58/39} | **copula**, ae f<br>afrz. *co(u)ple*<br>frz. *couple* | Strick, Seil, Leine; Bindemittel<br>Band<br>Koppelriemen |
| – | **koppeln** l>frz | 1. verbinden, vereinigen {56/33}; 2. fesseln; an die Koppel legen {38} | **copulare** | verknüpfen, zusammenkoppeln, -schließen; vereinigen |
| – | **kopulieren** | 1. miteinander verschmelzen (von Zellen bei der Befruchtung - biol. t. t.) {69/70}; 2. Pflanzen veredeln (bot. t. t.) {68}; 3. jmdn. trauen (veraltet) {31/33/82}; 4. Geschlechtsverkehr ausüben {18} | dto. | dto. |
| – | **Kopula** | 1. = Kopulation {s. unten}; 2. Verbform, die die Verbindung zwischen Subjekt und Prädikat herstellt (sprachwiss. t. t.) {76}; 3. Subjekt und Prädikat zu einer Aussage verbindendes Glied (log. t. t.) {77/71/76} | **copula** | s. oben |
| – | **Kopulation** | 1. Trauung, eheliche Verbindung (veraltet - jur. t. t.) {31/33/82}; 2. Verschmelzung von Geschlechtszellen bei der Befruchtung (biol. t. t.) {69/70}; 3. Veredelung von Pflanzen (bot. t. t.) {68}; 4. Geschlechtsverkehr {18} | **copulatio**, onis f | Verknüpfung, engere Verbindung |
| – | **kopulativ** | verbindend, anreihend {56/58} | **copulativus**, a, um | zur Verbindung gehörig, Verbindungs... |
| 1896 | **Koproduktion** l;l>frz | Gemeinschaftsherstellung, bes. beim Film {33/35/40/85} | **co** = **cum**<br>+ **productio**, onis f | s. oben 1697<br>das Hervorführen; Ausdehnung; das Hinausschieben |
| – | **Koproduzent** l;l>frz | jmd., der mit jmd. anderem einen Film o. ä. produziert {33/35/40/85} | dto.<br>+ **producere** | dto.<br>hervorbringen, erschaffen; fortziehen, verschieben |
| – | **koproduzieren** l;l>frz | mit jmd. anderem zusammen etw. herstellen (bes. einen Film) {33/35/40/85} | dto. | dto. |
| 1897 | **koram** | öffentlich {33} | **coram** | angesichts, vor aller Augen; gegenwärtig, persönlich |

| | | | | |
|---|---|---|---|---|
| 1898a | **Korb** | 1. Geflochtenes, Tragbehälter aus Weidengeflecht {44/58}; 2. Ablehnung bei einer (Be)werbung (bes. um ein Mädchen - ugs.) {33/28} | **corbis**, is mf | Korb |
| 1898b | **Kork(en)** l>span | 1. Rinde der Korkeiche {03}; 2. Flaschenstöpsel {44} | **cortex**, ticis mf span. *corcho* | Schale; Borke, Rinde; Kork |
| – | **(ver)korken** l>span | mit einem Korken zupfropfen {44/29} | dto. | dto. |
| – | Korkenzieher | | | |
| 1899 | **Kormoran** (l;l)>frz | pelikanartiger, fischfressender Schwimmvogel {07} | **corvus**, vi m + **marinus**, a, um **corvus marinus** | Rabe zum Meer gehörig, Meer... Meerrabe, Kormoran |
| 1900 | **Kornelkirsche** l;d | Zier- und Heckenstrauch mit eßbaren Früchten {04} | **cornus**, ni f bzw. **cornetum**, ti n | Kornelkirschbaum Kornelkirschbaumgebüsch |
| 1901 | **Kornett** l>frz | 1. Fähnrich bei der Kavallerie (veraltet) {86}; 2. Orgelregister; 3. kleines Horn mit Ventilen (mus. t. t.) {37} | **cornu**, us n | Horn, Geweih; Flügel; Blashorn |
| – | **Kornettist** l>frz | jmd., der Kornett spielt (mus. t. t.) {37/40} | dto. | dto. |
| 1902 | **Korona** (gr)>l | 1. Heiligenschein an einer Figur {51/23/24}; 2. (sichtbarer) Strahlenkranz der Sonne (astron. t. t.) {66}; 3. fröhliche Runde, Zuhörerkreis (ugs.) {32/33}; 4. Horde (ugs., abwertend) {57/33} | **corona**, ae f gr. *κορώνη* | Kranz, Krone; Versammlung, Zuhörer |
| – | **koronar** o. **Koronar...** (gr)>l | zu den Herzkranzgefäßen gehörend (med. t. t.) {70} | **coronarius**, a, um | zum Kranz gehörig |
| >>> | Koronar... s. ggf. unter dem Rest des Wortes | | | |
| 1903 | **Körper** | Leib; Masse; räumliches Gebilde; Verband {11/33/57/58} | **corpus**, poris n | Körper, Leib, Masse; Stand |
| – | körperlich, Körperschaft, verkörpern | | | |
| 1904 | **Korporal** l>it>frz >(engl) | (niederster) Unteroffiziersgrad (veraltet; schweiz.; in den USA und England) {86} | **corporalis**, e | zum Körper gehörig, körperlich |
| – | **Korporalschaft** l>it>frz;d | Unterabteilung der Kompanie im inneren Dienst (veraltet) {57/86} | dto. | dto. |

| | | | | |
|---|---|---|---|---|
| 1905 | **Korporation** l>mlat >engl | 1. Körperschaft, Innung, juristische Person {33/82}; 2. Studentenverbindung {31/33} | **corporatio**, onis f | Körperlichkeit |
| – | **korporativ** l>mlat >engl | 1. körperschaftlich, geschlossen {33}; 2. eine Studentenverbindung betreffend {31/33} | **corporativus**, a, um | einen Körper bildend, substantiell |
| – | **korporiert** | einer Korporation angehörend {33/31} | **corporare** | zum Körper machen, - bilden; verkörpert |
| 1906 | **Korps** l>frz | 1. größerer Truppenverband {57/86}; 2. studentische Verbindung {33/31} | **corpus** | s. oben 1903 |
| – | Freikorps, Kadettenkorps | | | |
| – | **Korpsgeist** l>frz;d | 1. Gemeinschafts-, Standesbewußtsein {25/33}; 2. Standeshochmut {26/33} | dto. | dto. |
| – | **korpulent** | beleibt {11} | **corpulentus**, a, um | wohlbeleibt, korpulent; dick und fett |
| – | **Korpulenz** | Beleibtheit {11} | **corpulentia**, ae f | Wohlbeleibtheit, Körperlichkeit |
| – | **Korpus** | 1. Körper (ugs., scherzhaft) {32/11}; 2. Leib Christi am Kreuz (künstl. t. t.) {36/51}; 3. massives Grundteil bei Möbeln {44}; 4. Ladentisch, Büromöbel mit Fächern {40/42/58}; 5. Belegsammlung von Texten o. Schriften {32/57}; 6. Klangkörper eines Musik-, bes. Saiteninstruments (mus. t. t.) {37}; 7. Schriftgrad {32/58} | **corpus** | s. oben 1903 |
| 1907 | **Korpuskel** | kleines Teilchen der Materie, Elementarteilchen (phys. t. t.) {72} | **corpusculum**, li n | Körperchen, Leibchen; Werkchen |
| – | korpuskular | | | |
| 1908 | **Korreferat** (l;l)>nlat | zweiter -, Nebenbericht {32} | **con = cum** + **referre** | s. oben 1697 zurücktragen, -bringen; erwidern; überliefern |
| – | **Korreferent** (l;l)>nlat | 1. jmd., der ein Korreferat hält {31/32/40}; 2. Zweitgutachter (bei der Leistungsbeurteilung) {25/31/40} | dto. | dto. |
| – | **korreferieren** (l;l)>nlat | 1. ein Korreferat halten {31/32/40}; 2. als zweiter Gutachter berichten {25/31/32/40} | dto. | dto. |
| 1909 | **korrekt** | richtig, fehlerlos, einwandfrei; genau {25} | **correctus**, a, um | ge-, verbessert |

| | | | | |
|---|---|---|---|---|
| – | **Korrektheit** l;d | 1. Richtigkeit {25}; 2. einwandfreies Benehmen {25/26/33/84} | dto. | dto. |
| – | **Korrektion** | (Ver)besserung; Regelung {25/32/56} | **correctio**, onis f | Berichtigung, Verbesserung; Zurechtweisung |
| – | **korrektiv** l>nlat | bessernd; zurechtweisend (veraltet) {25/56/33} | **correctus** | s. oben |
| – | **Korrektiv** l>nlat | etw., was Fehlhaltungen, Mängel ausgleichen kann {25/56} | dto. | dto. |
| – | **Korrektor** | 1. jmd., der Korrekturabzüge auf Fehler durchsieht {23/25/40}; 2. Aufsichtsbeamter der röm. Kaiserzeit (hist. t. t.) {40/47/75} | **corrector**, oris m | Berichtiger; Zurechtweiser; Landvogt |
| – | **Korrektur** | 1. Verbesserung, (Druck)berichtigung {32/25/56/40}; 2. schriftliche Berichtigung {32/25} | **correctura**, ae f | das Amt des Korrektors |
| 1910 | **korrelat(iv)** (l;l)>mlat | sich gegenseitig bedingend {56} | **cor = cum** + **relativus**, a, um | s. oben 1697 sich beziehend, bezüglich |
| – | **Korrelation** (l;l)>mlat | 1. das Aufeinanderbezogensein von zwei Begriffen (sprachwiss. t. t.) {25/56/76}; 2. Zusammenhang zwischen statistischen Ergebnissen, die durch Wahrscheinlichkeitsrechnung ermittelt werden (math. t. t.) {71}; 3. Wechselbeziehung zwischen verschiedenen Organen (med. t. t.) {70} | **cor = cum** + **relatio**, onis f | s. oben 1697 das Zurückbringen, Erwiderung; Vortrag, Bericht |
| – | **korrelieren** (l;l)>mlat | einander bedingen, miteinander in Wechselbeziehung stehen {33/56/70} | **cor = cum** + **referre** (PPP. **relatus**) | s. oben 1697 zurückbringen; berichten; beurteilen; wiedergeben |
| 1911 | **Korrespondent** (l;l)>mlat >frz | 1. Journalist für aktuelle (Auslands)reportagen {40/32}; 2. Betriebsangestellter für den kaufmännischen Schriftwechsel {40/42/32}; 3. Briefpartner (veraltet) {32/33/46} | **cor = cum** + **respondere**<br>mlat. correspondere<br>frz. *correspondre* | s. oben 1697 versichern, antworten, entsprechen<br>übereinstimmen, in geschäftlicher Verbindung stehen, Briefe wechseln |
| – | **Korrespondenz** (l;l)>mlat >frz | 1. Briefwechsel, -verkehr {32/46}; 2. Beitrag eines Zeitungskorrespondenten {32/40}; 3. Übereinstimmung (veraltet) {25/56} | dto. | dto. |

| | | | | |
|---|---|---|---|---|
| – | **korrespondieren** (l;l)>mlat >frz | 1. mit jmdm. in Briefverkehr stehen {32/46}; 2. mit etw. übereinstimmen {25/56} | dto. | dto. |
| 1912 | **Korridor** l>it | 1. Wohnungsflur, Gang {44/58}; 2. schmaler Gebietsstreifen durch das Hoheitsgebiet eines fremden Landes {50/58} | **currere** it. *correre* *corridore* | laufen, eilen<br>Läufer; Laufgang |
| 1913 | **Korrigenda** | Druckfehler, Fehlerverzeichnis {25/32} | **corrigere**<br>(Gerund. **corrigendus**, a, um | berichtigen, verbessern; zurechtweisen<br>etw., das berichtigt werden muß) |
| – | **korrigieren** | etw. berichtigen, verbessern {25/32/56} | dto. | dto. |
| 1914 | **korrodieren** | angreifen, zerstören; der Korrosion unterliegen {52/54/73} | **corrodere** (PPP. **corrosus**) | zernagen |
| – | **Korrosion** l>mlat | 1. chemische Materialoberflächenveränderung bei festen Körpern {73/54}; 2. Wiederauflösung von Mineralien (geol. t. t.) {52/62/73}; 3. Körpergewebezerstörung durch Entzündungen (med. t. t.) {70} | dto. | dto. |
| – | **korrosiv** l>mlat | angreifend, zerstörend {52/70/73} | dto. | dto. |
| 1915 | **korrumpieren** | 1. jmdn. bestechen {25/28/42}; 2. jmdn. moralisch verderben {28/25/30} | **corrumpere** | verderben, verfälschen; entehren; verführen |
| – | **korrumpiert** | verderbt (von Stellen in alten Handschriften - philol. t. t.) {32/56} | dto. | dto. |
| – | **korrupt** | 1. bestechlich; 2. moralisch verdorben {30/84} | **corruptus**, a, um | verdorben, verderbt; ruchlos; geschändet |
| – | **Korruptel** | verderbte Textstelle (philol. t. t.) {32/76} | **corruptela**, ae f | das Verderben; Bestechung; Verführung; Schändung |
| – | **Korruption** | 1. Bestechung, Bestechlichkeit; 2. moralischer Verfall {30/33/42} | **corruptio**, onis f | Verführung, Bestechung; das Verdorbensein |
| 1916 | **Korsage** l>frz | auf Figur gearbeitetes, versteiftes Oberteil eines Kleides {19} | **corpus** afrz. *cors* | s. oben 1903<br>Körper, Leib |
| – | **Korsett** l>frz | 1. mit Stäbchen o. Schnüren mit Gummieinsätzen versehenes Mieder {19}; 2. fester Stützverband für gebrochene Körperteile (med. t. t.) {12/70}; 3. etw., das geistig einengt {25} | dto. frz. *corset* | dto. Mieder |

| | | | | |
|---|---|---|---|---|
| – | **Korselett** l>frz | kleines, leichtes Korsett {19} | dto. frz. *corselet* | dto. leichter Brustharnisch |
| 1917 | **Korsar** l>mlat>it | 1. Seeräuber(schiff) (hist. t. t.) {45/75/86}; 2. Zweimannjolle mit Vor- und Großsegel {45} | **cursus**, us m mlat. cursarius it. *corsare* | Lauf, Fahrt (zur See), Reise; Umlauf Seeräuber |
| – | **Korso** l>it | 1. Umzug, festliche Demonstrationsfahrt {33/61}; 2. große breite Straße (für Umzüge) {45/58}; 3. Wettrennen von Pferden ohne Reiter (hist. t. t.) {61/75/85} | **cursus** it. *corso* | s. oben (Um)lauf |
| 1918a | **Kortex** | (med. t. t.) 1. äußere Zellschicht eines Organs; 2. Hirnrinde {70} | **cortex**, ticis mf | Rinde, Schale, Hülle |
| – | **Kortison** | (Kunstwort) Präparat aus Nebennierenrindenhormon (med. t. t.) {70} | dto. | dto. |
| 1918b | **Korvette** l>frz | Kriegsschiffstyp {45/86} | uns.: **corbita**, ae f (sc. navis) frz. *corvette* | langsam segelndes Lastschiff |
| 1919 | **Kosinus** l>nlat | Verhältnis von Ankathete zu Hypotenuse (im rechtwinkligen Dreieck - math. t. t.) {71} | **complere** + **sinus** **complementi sinus** | s. oben 1764 s. unten 3331 Sinus des Ergänzungswinkels |
| 1920 | **kosten** l>vulgl>frz | wert sein, einen bestimmten Preis haben {56/42} | **constare** vulgl. costare* afrz. *coster* frz. *coûter* | feststehen; zu stehen kommen; kosten |
| – | **Kosten** l>vulgl >mlat | Aufwand, Wert, Preis, Ausgaben {56/42} | dto. mlat. costa | dto. Aufwand an Geldmitteln; Wert, Preis |
| – | kostbar, kostspielig, köstlich, Unkosten | | | |
| 1921 | **Kostüm** l>it>frz | 1. (historische) Kleidung, Tracht {19/75}; 2. aus Rock und Jacke bestehende Damenkleidung {19}; 3. Theaterkleidung {35/19}; 4. Verkleidung für ein Maskenfest {19/33/85} | **consuetudo**, dinis f it. *costume* frz. *costume* | Gewohnheit, Sitte, Brauch; Umgang Bezeichnung für nationale Eigenheiten und Zustände in verschiedenen Kulturbereichen Tracht, Kleidung |
| – | **kostümieren** l>it>frz | jmdn., sich für ein Maskenfest, eine Theaterrolle verkleiden {19/33/35/85} | dto. | dto. |
| – | Kostümierung | | | |

| | | | | |
|---|---|---|---|---|
| 1922 | **Kotangens** l>nlat | Kehrwert des Tangens (im rechtwinkligen Dreieck - math. t. t.) {71} | **complementi tangens** | Tangente des Ergänzungswinkels s. unten 3531 (tangere) bzw. oben 1764 (complere) |
| 1923 | **Kotelett** l>frz | Rippenstück von Kalb, Schwein, Lamm, Hammel {17} | **costa**, ae f<br>afrz. *coste*<br>frz. *côte* | Rippe, Seite |
| | | | *côtelette* | Rippchen |
| – | **Koteletten** l>frz | Haare (des Bartes) an beiden Gesichtsseiten neben den Ohren; Backenbart {11/20} | dto. | dto. |
| 1924a | **Kral** l>mlat >port >afrikaans | kreisförmig angelegtes, mit einer Hecke geschütztes Dorf bei afrikanischen Stämmen {58/33/64/44} | **currus**, us m | Wagen |
| | | | mlat. currate | eingefriedeter Raum (für Wagen) |
| | | | port. *curral*<br>afrikaans *kraal* | Pferch |
| 1924b | **kraß** | grob; auffallend, ungewöhnlich {25/55} | **crassus**, a, um | dick, grob |
| 1924c | **Krawall** mlat | Aufruhr, Lärm {23/26/33} | mlat. **charavallium** | Katzenmusik; Straßenlärm |
| – | Krawallbrüder, Krawallmacher | | | |
| 1925a | **Kreation** l>(frz) | 1. Modeschöpfung, Modell(kleid) {19}; 2. Schöpfung, Erschaffung (veraltet) {40/79}; 3. Wahl, Ernennung (veraltet) {25/28/32/50} | **creatio**, onis f | das Erschaffen, Erzeugen; Erwählung |
| – | **kreativ** l>nlat | schöpferisch, Ideen habend und diese gestalterisch verwirklichend {22/79} | **creare** | schaffen, erschaffen; wählen |
| – | **Kreativität** l>nlat | das Schöpferische, Schöpferkraft {22/79} | dto. | dto. |
| – | **Kreator** | Schöpfer (veraltet) {22/33/40/79} | **creator**, oris m | Erzeuger, Schöpfer; Urheber |
| – | **Kreatur** l>mlat | 1. (Lebe)wesen, Geschöpf {06/07/08}; 2. bedauerns-, verachtenswerter Mensch {25/26/33}; 3. Günstling, willenloses Werkzeug {33/28} | **creatura**, ae f | Schöpfung; Geschöpf |
| 1925b | **Kredenz** l>mlat>it | Anrichte(schrank) (veraltet) {44} | **credere** | (an)vertrauen, glauben |
| | | | mlat. credentia | Glaube, Vertrauen, Glaubwürdigkeit |
| | | | it. *credenza* | Anrichte |
| – | **kredenzen** l>mlat>it | 1. (ein Getränk) feierlich anbieten, einschenken, auftischen; 2. vorkosten (veraltet) {17/33} | dto. | dto. |

| | | | | |
|---|---|---|---|---|
| – | **Kredit** (l>it>frz) | (wirtsch. t. t.) 1. Guthaben-Kontoseite {42/43/80}; 2. Vertrauen in die Rückzahlungsfähigkeit einer Person, eines Unternehmens; 3. kurz- o. langfristig zur Verfügung stehende Geld- oder Sachmittel; 4. Zahlungsaufschub; Stundung {42/59/80} | **credere** (PPP. **creditus**) | s. oben; hier: ein Darlehen anvertrauen |
| – | **kreditär** l>it>frz | das Kreditwesen o. Kredite betreffend (wirtsch. t. t.) {42/80} | dto. (bzw. **creditarius**, ii m | dto. Vertrauter, Kämmerer) |
| – | **kreditieren** l>it>frz | (wirtsch. t. t.) 1. jmdm. Kredit geben; 2. jmdm. etw. gutschreiben {42/80} | dto. bzw. **creditare** | dto. etw. fest glauben |
| – | **Kredo** | 1. Ruf, äußerer Anschein {25/33}; 2. Apostolikum (rel. t. t.); 3. Teil der kath. Messe (rel. t. t.); 4. Glaubensbekenntnis, Leitsatz (rel. t. t.) {51} | **credere** | s. oben |
| 1926 | **Kreide** | weißer, zum Schreiben verwendeter Kalkstein {02/32} | **creta**, ae f | kretische Erde; Kreide; Ton |
| – | ankreiden | | | |
| 1927 | **kreieren** l>(frz) | 1. eine neue Linie, eine neuen (Mode)stil entwickeln {19/22/79}; 2. etw. (Bedeutsames) schaffen {22/25/56}; 3. eine Rolle als erster auf der Bühne darstellen {35}; 4. einen Kardinal ernennen {33/51} | **creare** | s. oben 1924b |
| 1928 | **Krematorium** l>nlat | Einäscherungs-, (Leichen)verbrennungsanstalt {15/51} | **cremare** | verbrennen, einäschern |
| 1929 | **Krempel** l>(vulgl)>it | minderwertige, unbrauchbare Gegenstände; wertloses Zeug {56/44} | **comparare** vulgl. comprare ait. *crompare* | beschaffen, ankaufen; ausrüsten; anordnen kaufen |
| 1931 | **krepieren** l>it | 1. bersten, platzen, zerspringen (von Sprenggeschossen) {86}; 2. sterben, verenden, verrecken (ugs.) {15/52} | **crepare** | knallen, knattern, krachen, dröhnen |
| – | Rohrkrepier | | | |
| 1932 | **Krepp** l>frz | Gewebe mit welliger oder gekräuselter Oberfläche {19/55} | **crispus**, a, um frz. *crêpe* | kraus(köpfig), sich kräuselnd |
| – | **kreppen** l>frz | 1. Textilfasergewebe zu Krepp verarbeiten {19/40/41}; 2. Papier kräuseln {40} | dto. | dto. |

>>> Krescendo s. Crescendo

| | | | | |
|---|---|---|---|---|
| 1933 | **Kreuz** (bzw. **kreuz**...) | 1. Kreuz Christi {51}; 2. Galgen {82}; 3. sich schneidende Linien {58/71}; 4. (Adj.) verstärkender Partikel (z. B. kreuzgefährlich) {76/56}; 5. Rückenteil des Körpers {11} | **crux**, ucis f | Kreuz; Marterholz |
| – | zahlreiche Zusammensetzungen wie: Kreuzfahrer, -ritter etc. | | | |
| – | **kreuzigen** | ans Kreuz schlagen, martern, foltern {29/33/82} | **cruciare** | ans Kreuz schlagen, martern, quälen |
| – | Kreuzigung, kreuzen, Kreuzung | | | |
| – | **Kreuzer** | 1. (Schlacht)schiff {45/86}; 2. alte deutsche Münze {56} | **crux** | s. oben |
| 1934 | **Krimi** | kurz für Kriminalroman, -film: Verbrechensschilderung und dessen Aufklärung {32/82} | **criminalis**, e<br>(bzw. **crimen**, minis n | ein Verbrechen betreffend, kriminell, Kriminal...<br>Beschuldigung, Anklage, Verbrechen) |
| – | **kriminal** | strafrechtlich (veraltet) {82} | dto. | dto. |
| – | **Kriminal** | Strafanstalt, Zuchthaus (landsch., ugs., österr.) {82/58} | dto. | dto. |
| – | **Kriminaler** | Kriminalbeamter, für Verbrechensbekämpfung zuständiger Polizist {40/49/82} | dto. | dto. |
| – | **kriminalisieren** | 1. bei jmdm. kriminelle Neigungen wecken, in die Kriminalität treiben {25/82}; 2. als kriminell hinstellen {25/32/82} | dto. | dto. |
| – | Kriminalisierung | | | |
| – | **Kriminalist** l>nlat | 1. Universitätsprofessor für Strafrecht {31/40/82}; 2. Sachverständiger für Verbrechensbekämpfung u. -aufklärung {40/82} | dto. | dto. |
| – | **Kriminalistik** l>nlat | Wissenschaft von der Aufklärung und Verhinderung von Verbrechen {82} | dto. | dto. |
| – | kriminalistisch | | | |
| – | **Kriminalität** l>nlat | 1. Straffälligkeit {82}; 2. Umfang, Rate strafbarer Handlungen {82/57} | dto. | dto. |
| – | **Kriminalpolizei** l>nlat;gr>l >mlat | Polizeiabteilung zur Verhütung, Aufklärung und Bekämpfung von Verbrechen {49/82} | dto.<br>+ gr. *πόλις* | dto.<br>Stadt, Staat |
| >>> | Kriminal... s. ggf. unter dem Rest des Wortes | | | |

| | | | | |
|---|---|---|---|---|
| – | **kriminell** l>frz | 1. straffällig; 2. strafbar, verbrecherisch {33/82}; 3. unverantwortlich, schlimm {25/26/30/33} | dto. frz. *criminel* | dto. |
| – | **Krimineller** l>(frz) | (abwertend) jmd., der ein schweres Verbrechen begangen hat {30/33/82} | dto. | dto. |
| – | **Kriminologie** l;gr | Wissenschaft über Ursachen und Erscheinungsformen von Verbrechen {82} | **crimen** + gr. *λόγος* | s. oben Wort, Kunde |
| – | Kriminologe, kriminologisch | | | |
| >>> | Kripo s. Kriminalpolizei | | | |
| 1935 | **Krokodil** gr>l | wasserbewohnende Panzerechse, Kriechtier {07} | **crocodil(l)us**, li m gr. *κροκόδειλος* | Krokodil |
| – | Krokodilstränen | | | |
| 1936 | **Krone** gr>l | 1. Herrscherkennzeichen, -symbol {33/47}; 2. Zahnkrone {70}; 3. Baumkrone, -wipfel {03}; 4. nordeuropäische (und tschechische) Währungseinheit {56} | **corona**, ae f gr. *κορώνη* | Kranz, Krone; Einfassung s. oben 1902 |
| – | **krönen** | 1. die Krone aufs Haupt setzen {12/33/47}; 2. glanzvoll abschließen {25/33/59} | dto. | dto. |
| – | Kronjuwelen, Krönung, Kronprinz, Kronzeuge | | | |
| 1937 | **krud** | 1. roh (von Nahrungsmitteln); 2. unverdaulich {17}; 3. roh, grausam {25/26/33/84} | **crudus**, a, um | roh; unverdaut; unreif; grausam |
| – | **Krudelität** | Grausamkeit {25/26/33/84} | **crudelitas**, atis f | Grausamkeit, Unbarmherzigkeit |
| – | **Krudität** | 1. Grob-, Derb-, Plumpsein; Roheit {25/33}; 2. grober, derber Ausdruck {32}; 3. rücksichtslose Handlung, Grobheit {26/33} | **cruditas**, atis f | Unverdaulichkeit |
| 1938 | **Kruste** | 1. (harte) Rinde, Oberfläche {03/58/55}; 2. Brotrinde {17} | **crusta**, ae f | Kruste, Rinde, Schale, Borke |
| – | **Krustazeen** l>nlat | Krebstier {08} | dto. | dto. |
| 1939 | **Kruzifix** l>mlat | (plastische) Darstellung des gekreuzigten Christus {51/36} | **crucifigere** (PPP. **crucifixus**) | ans Kreuz schlagen, kreuzigen |
| 1940 | **Kübel** (gr)>l>mlat | Gefäß {44} | **cupa**, ae f gr. *κύπη* mlat. cupellus | Küpe, Kufe, Tonne kleines Trinkgefäß |

| | | | | |
|---|---|---|---|---|
| 1941 | **Kubus** (gr)>l | 1. Würfel {58/71}; 2. dritte Potenz (math. t. t.) {71} | **cubus**, bi m<br>gr. κύβος | Würfel; Kubikzahl |
| 1942 | **Küche** l>vulgl | Kochraum {44} | **coquina**, ae f<br>vulgl. cocina | Küche |
| 1943 | **Kufe** | Bottich, Büte; Gefäß {44} | **cupa** | s. oben 1940 |
| – | **Küfer** | 1. Böttcher, Weinfaßhersteller {40}; 2. (Wein)kellermeister {40/17} | dto. | dto.<br>vgl. unten 1955, oben 0575 |
| 1944 | **kulant** l>frz | gefällig, entgegenkommend, großzügig (im Geschäftsverkehr) {25/42} | **colare**<br>frz. *couler*<br>*coulant* | durchseihen, reinigen, läutern<br><br>fließend, gewandt; gefällig |
| – | **Kulanz** l>frz | Entgegenkommen, Großzügigkeit {25/42} | dto. | dto. |
| – | **Kulisse** | 1. bewegliche Theaterbühnendekorationswand {35/61/74}; 2. Hintergrund; Silhouette {58/55}; 3. vorgetäuschte Wirklichkeit, Schein {24}; 4. äußerer Rahmen einer Veranstaltung {33}; 5. nichtamtlicher Börsenmarkt {80}; 6. Hebel mit verschiebbarem Drehpunkt (techn. t. t.) {72} | dto.<br>frz. *coulisse* | dto.<br>Rinne, Schiebefenster |
| 1945 | **kulinarisch** | 1. auf die Kochkunst bezogen; 2. ausschließlich dem Genuß dienend {17/55} | **culinarius**, a, um | zur Küche gehörig, Küchen... |
| 1946 | **kulminieren** l>frz | seinen Höhepunkt erreichen {56} | **culminare**<br>frz. *culminer* | den Höhepunkt erreichen |
| – | **Kulmination** l>frz | 1. Erreichung des Höhepunkts {56}; 2. Durchgang eines Gestirns durch den Meridian im extremsten Punkt seiner Laufbahn (astron. t. t.) {66} | **culmen**, minis n | Gipfel, Kuppe; Zenit, Scheitelpunkt |
| – | Kulminationspunkt | | | |
| 1947 | **Kult(us)** | 1. an feste Vollzugsformen gebundene Religionsausübung einer Gemeinschaft {51}; 2. übertriebene Verehrung für jmdn., etw. {26/33} | **cultus**, us m | Pflege; Kultur; Bildung; Verehrung einer Gottheit |
| – | **Kultusminister** l;l>frz | für den Kultur- und Erziehungsbereich zuständiges Regierungsmitglied {50/40/33} | dto.<br>+ **minister**, tri m<br>frz. *ministre* | dto.<br>Untergebener, Diener, Gehilfe; Vollstrecker<br>Staatsdiener; mit einem politischen Amt Beauftragter<br>vgl. unten 2242 |
| – | Kultusministerium | | | |

| | | | | |
|---|---|---|---|---|
| – | **kultisch** | den Kult betreffend, zum Kult gehörend {51} | dto. | dto. |
| – | **kultivieren** l>mlat>frz | 1. Land bearbeiten, urbar machen; 2. Kulturpflanzen anbauen {39}; 3. etw. sorgsam pflegen {33}; etw. auf eine höhere Stufe bringen, verfeinern {40/56} | **colere** mlat. cultivare frz. *cultiver* | pflegen, bebauen, verehren, bewohnen (be)bauen, pflegen |
| – | **kultiviert** l>mlat>frz | gebildet, gepflegt; von vornehmer Lebensart {25/33} | dto. mlat. cultivus* | dto. gesittet, hochgebildet; gepflegt |
| – | **Kultur** (bzw. **Kultur**...) | 1. Gesamtheit der geistigen und künstlerischen Lebensäußerungen eines Volkes {31/33}; 2. feine Lebensart, Erziehung und Bildung {31/33}; 3. Zucht von Mikroorganismen auf Nährboden (biol. t. t.) {69}; 4. Nutzung, Pflege und Bebauung von Ackerboden; 5. junger Bestand von Forstpflanzen {39}; 6. das Kultivieren {s. oben} | **cultura**, ae f | Pflege; Bearbeitung; Kultur; Anbetung |
| – | zahlreiche Zusammensetzungen wie: Kulturattachée, Kulturbeutel, Kultursenator etc.; s. ggf. unter dem Rest des Wortes | | | |
| – | **kulturell** | die Kultur (1.), ihre Erscheinungsformen betreffend {33} | dto. | dto. |
| 1948a | **Kümmel** (semit) >(gr)>l | 1. Gewürz(pflanze) {04/17}; 2. Kümmelschnaps {17} | **cuminum**, ni n gr. κύμινον | Kümmel |
| 1948b | **Kummer** gallolat >mlat | 1. Schutt, Müll {56/41/44}; 2. Belastung, Mühsal; 3. Not, Gram {26/25}; 4. Beschlagnahme, Verhaftung {50/43/82} | gallolat. **comboro**(s)* mlat. cumbrus, combrus | Zusammengetragenes Verhau, Sperre, Wehr |
| – | kümmerlich, Kümmerling, kümmern, Kümmernis | | | |
| 1949 | **Kumpan** (l;l)>mlat >frz | 1. Gefährte, Kamerad, Begleiter (ugs.) {33}; 2. Mittäter, Helfer (ugs., abwertend) {82/33} | **cum** + **panis**, is m mlat. companio afrz. *compain* | s. oben 1697 Brot Brotgenosse, Gefährte Genosse |
| – | **Kumpanei** (l;l)>mlat >frz | 1. Gruppe von Kumpanen (2.) (ugs., abwertend) {82/33}; 2. kameradschaftliches Zusammengehörigkeitsgefühl, Freundschaft {26/33} | dto. | dto. vgl. oben 1754, 1756 |
| – | **Kumpel** l>mlat>frz | 1. Arbeitskamerad; Bergmann {40/41/33}; 2. Freund (ugs.) {33} | dto. | dto. |

| | | | | |
|---|---|---|---|---|
| 1950 | **Kumst** l>vulgl>frz | Weißkohl, Sauerkraut (ostpr.) {17} | **componere** | s. oben 1770 |
| 1951a | **Kumulation** | 1. Anhäufung {57}; 2. vergiftende Wirkung fortgesetzt gegebener Arzneimittel (med. t. t.) {59/70} | **cumulatio,** onis f | Vermehrung, Zuwachs |
| – | **kumulativ** l>nlat | anhäufend {57} | **cumulatus,** a, um | gehäuft, vermehrt, vergrößert |
| – | **kumulieren** | 1. anhäufen {57}; 2. einem Wahlkandidaten mehrere Stimmen geben {28/50/57} | **cumulare** | (auf)häufen, überschütten, vergrößern |
| – | **Kumulonimbus** (l;l)>nlat | blumenkohlartig aufgequollene Haufenwolke, Gewitterwolke (meteor. t. t.) {65} | **cumulus,** li m<br>+ **nimbus,** bi m | Haufen; Übermaß; Höhepunkt<br>Platzregen, Unwetter, Sturm; Regenwolke |
| – | **Kumulus** l>nlat | Haufenwolke (meteor. t. t.) {65} | **cumulus** | s. oben |
| 1951b | **kungeln** vulgl | heimlich absprechen, (in betrügerischer Weise) unter sich ausmachen {33/40} | vulgl. **conucula**<br>altd. *kunkeln* | Spinnrocken, Spindel<br>am Spinnrocken schwatzen, heimlich bereden |
| – | Kungelei | | | |
| 1951c | **kunterbunt** (l;l)>mlat | 1. verworren, durcheinander; 2. bunt gemischt {25/55/56}; 3. vielstimmig (veraltet) {37} | **contra**<br>+ **punctus,** us m<br><br>mlat. contrapunctum | gegen<br>das Stechen; Stich<br>vgl. oben 1850, 1862<br>Note |
| 1952 | **Küpe** | 1. Färbebad, Färbekessel (landsch.) {40}; 2. Lösung eines Küpenfarbstoffes {40/73} | **cupa** | s. oben 1940 |
| 1953 | **Kupfer** | rötliches Metall {02} | **aes,** ris n<br>**aes cyprum**<br>spätl. cuprum<br>gr. *κύπρος* | Kupfer, Erz<br>zyprisches Erz<br>Kupfer |
| 1954 | **Kupidität** | Begierde, Lüsternheit {26/18} | **cupiditas,** atis f | Begierde, Lust, Leidenschaft |
| – | **Kupido** | sinnliche Begierde, Verlangen {18/26} | **cupido,** inis f | Begierde, Trieb, Leidenschaft |
| 1955 | **kupieren** l>gallorom >frz | 1. abschneiden (veraltet) {57/29}; 2. lochen, knipsen (veraltet) {55/29}; 3. durch Schneiden kürzen, stutzen (z. B. Pferdeschwanz) {57/29}; 4. einen Krankheitsprozeß aufhalten (med. t. t.) {70} | **cupa**<br>gallorom. *cuppum**<br>*cuppare**<br><br>afrz. *coper*<br>frz. *couper* | s. oben 1940<br><br>Kopf<br>die Spitze abschlagen<br>abschneiden |

| | | | | |
|---|---|---|---|---|
| – | **Kuppe**<br>l>spätl<br>>gallorom<br>>frz | 1. Bergspitze, Gipfel {58/64}; 2. äußerste Spitze {64} | **cupa**<br>spätl. **cuppa**<br><br><br><br>frz. *coupe* | s. oben 1940<br>Becher; schalenförmiger Gegenstand; Haube, Gipfel |
| – | **Kuppel**<br>l>it | halbkugelförmig gewölbtes Dach {88} | **cupula,**<br>ae f<br><br>it. *cupula* | Tönnchen, kleine Kufe; Grabgewölbe |
| 1956 | **kuppeln**<br>l>frz | 1. koppeln, verbinden {45/56}; 2. zur Ehe, zum Beischlaf zusammenbringen {18/33} | **copula,** ae f<br>bzw. **copulare** | s. oben 1895 |
| – | **Kupplung**<br>l>frz | Verbindung von Motor und Getriebe (techn. t. t.) {45/72} | dto. | dto. |
| – | **Kuppelei**<br>l>frz | 1. eigennützige o. gewohnheitsmäßige Begünstigung der Ausübung von Unzucht {18}; 2. Heiratsvermittlung (abwertend) {33/40} | dto. | dto. |
| – | Kuppler(in), kupplerisch | | | |
| 1957 | **Kur** | unter ärztlicher Aufsicht durchgeführtes Heilverfahren (med. t. t.) {70} | **cura,**<br>ae f | (Für)sorge, Rücksichtnahme, Pflege; Aufsicht |
| – | Kurpfuscher, -ort, -gast | | | |
| – | **kurabel** | heilbar (von Krankheiten - med. t. t.) {70} | **curabilis,** e | heilbar |
| 1958 | **Küraß**<br>(l;l)>vulgl<br>>it>frz | Brustharnisch (hist. t. t.) {75/86} | **vestis,**<br>is f<br>+ **coriaceus,**<br>a, um<br>**vestis coriacea**<br>vulgl. coracea*<br>it. *corazza*<br>frz. *cuirasse* | (Be)kleid(ung)<br><br>ledern<br><br>ledernes Kleid, Gewand<br><br><br><br>Lederpanzer |
| – | **Kürassier**<br>l>it>frz | 1. Reiter mit Küraß; schwerer Reiter {75/86}; 2. stattliche Frau (ugs.) {25/55} | dto.<br>frz. *cuirassier* | dto. |
| 1959 | **Kuratel**<br>l>mlat | Pfleg-, Vormundschaft (ugs.) {33/82} | **curatio,**<br>onis f<br>mlat. curatela | Fürsorge; Verpflegung; Aufsicht<br>Vormund-, Pflegschaft |
| – | **Kurator** | 1. Vormund, Pfleger (veraltet) {33/82}; 2. Verwalter einer Stiftung {33/40}; 3. Staatsbeamter in der Universitätsvermögensverwaltung {31/50/40/43} | **curator,**<br>oris m | Pfleger, Aufseher; Vormund |

| | | | | |
|---|---|---|---|---|
| – | **Kuratorium** | 1. Aufsichtsbehörde (von öffentlichen Körperschaften, privaten Institutionen) {33/43/50}; 2. Behörde eines Kurators (3.) {31/43/50} | **curatorius**, a, um | zum Vormund -, zum Kurator gehörig |
| 1960 | **Kurbel** l>vulgl | 1. einarmiger, gebogener Hebel zum Drehen einer Welle {41/44/87}; 2. Ziehbrunnenwinde (veraltet) {44/87} | **curvus**, a, um<br>vulgl. curva* | gekrümmt, gebogen, gewölbt, bauchig<br>Krummholz |
| – | (an)kurbeln, Kurbelwelle | | | |
| 1961 | **Kürbis** l>vulgl | Gemüsepflanze mit dickfleischiger Beerenfrucht {05/17} | **cucurbita**, ae f<br>vulgl. curbita* | Kürbis; Schröpfkopf |
| 1962 | **Kurie** | 1. Sitz der päpstlichen Zentralbehörde, päpstlicher Hof {51/47}; 2. Körperschaft der altröm. Bürgerschaft (hist. t. t.) {75/33} | **curia**, ae f | Amtsgebäude, Sitz der Kurien; Abteilung der Bürgerschaft; Senatsversammlung |
| – | **kurial** l>mlat | zur päpstlichen Kurie gehörend {51/47} | **curialis**, e | zur Kurie -, zum kaiserlichen Hof gehörig |
| >>> | Kurienkardinal, Kurienkongregation s. Kardinal, Kongregation | | | |
| – | **Kuriatstimme** l;d | Gesamtstimme mehrerer, in einem Wahlkörper zusammengefaßter Stimmberechtigter (hist. t. t.) {75/50} | **curiatus**, a, um | zur Kurie gehörig |
| 1963 | **Kurier** l>it>frz | jmd., der (z. B. beim Militär) wichtige Informationen überbringt; Eilbote {40/45/61/86} | **currere**<br>it. *correre*<br>*corriere*<br>frz. *courrier* | laufen, rennen, eilen |
| 1964 | **kurieren** | 1. ärztlich behandeln, heilen {14/70}; 2. jmdn. von etw. abbringen {25/28} | **curare** | pflegen, sich kümmern; ärztlich behandeln, heilen |
| 1965 | **kurios** l>(frz) | auf unverständlich-spaßige Weise sonderbar, merkwürdig {25/26} | **curiosus**, a, um | interessiert, sorgfältig, aufmerksam; neugierig |
| – | **Kuriosität** l>(frz) | 1. Sonderbar-, Merkwürdigkeit; 2. etw., das vom Normalen abweicht {25/26} | **curiositas**, atis f | Wißbegierde, Neugierde |
| – | **Kuriosum** l>(frz) | kuriose Sache, Angelegenheit, Situation {25/26/52} | **curiosus** | s. oben |
| 1966 | **Kurrikulum** | Laufbahn, Lebenslauf (veraltet) {15}<br>Curriculum = Lehrplan s. oben 0578 | **curriculum**, li n | Wettlauf, -rennen, Umlauf; Laufbahn |

| | | | | |
|---|---|---|---|---|
| 1967 | **Kurs** l>niederl o. **Kursus** l>(mlat) | 1. Fahrtrichtung, Reiseroute {61/45}; 2. Rennstrecke {61/58}; 3. zusammengehörige Folge von Unterrichtsstunden; Lehrgang {31/59/78}; 4. Gesamtheit der Kursteilnehmer {31/33/57}; | **cursus**, us m<br>niederl. *koers* | Lauf, Gang, Fahrt; Verlauf; Umlauf; Richtung<br>Ausfahrt zur See, Reiseroute |
| | (l>it/frz) | 5. Preis von Wertpapieren, Devisen u. a. (wirtsch. t. t.) {42/80} | it. *corso*<br>frz. *cours* | |
| – | Kursbuch, Kurswagen | | | |
| – | **Kursant** l>niederl o. **Kursist** l>nlat | Teilnehmer an einem Kurs (3.) (DDR) {31/33}<br>dto. (veraltet) | dto. | dto. |
| – | **kursieren** | umlaufen, in Umlauf sein, die Runde machen {61} | **cursare** | fort-, umherrennen, -laufen; durchlaufen |
| – | **kursiv** l>mlat | schräg (von Schreib- und Druckschrift) {32/58} | **currere**<br>mlat. cursivus, cursiva littera | laufen, rennen, eilen<br>laufend<br>laufende Schrift |
| – | **Kursive** l>mlat | 1. schrägliegende lateinische Druckschrift; 2. fortlaufend geschriebene Schrift (veraltet) {32/58} | dto. | dto. |
| >>> | Kurskorrektur s. unter Korrektur | | | |
| – | **kursorisch** | 1. fortlaufend, nicht unterbrochen, rasch {59}; 2. überblickartig (vom Lesen gesagt) {32/56} | **cursorius**, a, um | zum Laufen gehörig |
| >>> | Kursus s. oben Kurs | | | |
| 1968 | **Kurtaxe** l;l | Abgabe in Kur- und Erholungsorten zur Benutzung besonderer Einrichtungen {33/49/42} | **cura**<br>+ **taxare** | s. oben 1957<br>tadeln; den Wert von etw. ermitteln, taxieren |
| 1969 | **Kurtisane** l>it>frz | Geliebte eines Adligen am Hof, Halbweltdame (hist. t. t.) {18/47/75} | **cors**, rtis f<br>kirchenl. cortina<br>it. *corte*<br>*cortigiano*<br>*cortigiana*<br>frz. *courtisane* | Gefolge, Leibwache; Einzäunung, Hofraum<br>Vorhang<br>Hof, Fürstenhof<br>Höfling<br>Kurtisane |

| | | | | |
|---|---|---|---|---|
| 1970 | **Kurve** | 1. Straßen-, Fahrbahnkrümmung {45/58}; 2. gekrümmte Linie als Darstellung math. o. statist. Größen (math. t. t.) {71}; 3. Bogen, Bogenlinie; Wendung {58/61} | **curvus**, a, um | gekrümmt, gebogen, gewölbt, bauchig<br>s. oben 1960 |
| – | **Kurvenstar** o. **Kurvenwunder** l;d | weiblicher Filmstar mit hervorgehobenen, auf erotische Wirkung abzielenden Körperformen {18/33/40} | dto. | dto. |
| – | **kurven** | in Kurven, kreuz und quer fahren {45/61} | dto. | dto. |
| – | **Kurvendiskussion** l;l | rechnerische Untersuchung einer Kurve (2.) und ihrer Eigenschaften (math. t. t.) {71} | dto.<br>+ **discussio**, onis f | dto.<br>Erschütterung; Untersuchung, Prüfung |
| – | **kurvig** | 1. gekrümmt, gebogen (= kurvisch - math. t. t.) {71}; 2. kurvenreich {45/57/58} | **curvus** | s. oben |
| 1971 | **kurz** | zeitlich o. räumlich nicht lang {58/59} | **curtus**, a, um | verstümmelt, verkürzt, gestutzt |
| – | zahlreiche Zusammensetzungen z. B. Kurzschluß, Kurzweil etc. | | | |
| – | Kürze, kürzen, kürzlich, Kürzung, Kürzel, kurzum | | | |
| 1972 | **kuschen** l>frz | 1. sich lautlos niederlegen (vom Hund) {38}; 2. sich dukken, sich fügen {25/28/33} | **collocare**<br>frz. *coucher* | auf-, hinstellen, -legen<br>niederlegen |
| – | kusch! | | | |
| – | **kuscheln** l>frz | sich (zärtlich) anschmiegen {26/18} | dto. | dto. |
| – | **Küste** l>frz >niederl | Meeresstrand {02/64} | **costa**, ae f<br>afrz. *coste*<br>frz. *côte*<br>niederl. *kust* | Rippe<br>Rippe; Seite; Abhang; Meeresstrand |
| 1974 | **Küster** l>mlat | Kirchendiener {40/51} | **custos**, odis mf<br>mlat. custor | Wächter, Aufseher, Hüter<br>Hüter (des Kirchenschatzes); Kirchenpfleger |
| – | **Kustode** | 1. Kenzeichen der einzelnen Lagen einer Handschrift (hist. t. t.) {32/75}; 2. = Kustos {s. unten} | **custos** | s. oben |
| – | **Kustodia** | Behälter zur Aufbewahrung der Hostie (kath. rel. t. t.) {51/58} | **custodia**, ae f | Obhut, Wache; Verwahrung |

| | | | | |
|---|---|---|---|---|
| – | **Kustos** | 1. wissenschaftlicher Sachbearbeiter an Museen und Bibliotheken {40/32}; 2. Küster, Kirchendiener (veraltet) {40/51}; 3. Silbe o. Wort am Kopf bzw. Ende einer Buchseite zur Verbindung mit der kommenden Seite {32} | **custos** | s. oben |
| 1975 | **kutan**<br>(gr)>l | zur Haut gehörend, sie betreffend (med. t. t.) {70/11} | **cutis,**<br>is f<br>gr. *κύτος* | Haut, Hülle |
| – | Kutanreaktion | | | |
| 1977 | **Kuvert**<br>l>frz | 1. Briefumschlag {32/44}; 2. (Tafel)gedeck für eine Person {44} | **cooperire**<br>frz. *couvrier*<br>*couvert* | von allen Seiten be-, überdecken, überschütten<br>bedecken, einhüllen<br>etw., mit dem etw. bedeckt wird |
| – | **kuvertieren**<br>l>frz | mit einem (Brief)umschlag versehen {32} | dto. | dto. |
| – | **Kuvertüre**<br>l>frz | Überzugmasse für Gebäck o. Pralinen aus Kakao, Zucker o. ä. {17} | dto. | dto. |
| 1978 | **Küvette**<br>l>frz | 1. kleines Gefäß (veraltet) {44}; 2. = Künette: Abzugsgraben auf der Sohle eines Festungsgrabens (hist. t. t.) {75/86/88}; 3. Innendeckel der Taschenuhr (veraltet) {44/58/59} | **cupa**<br>frz. *cuve*<br>*cuvette* | s. oben 1940<br><br>Schale, Schüssel, Becken |

# L

| | | | | |
|---|---|---|---|---|
| 1979 | **laben** | erfrischen, erquicken {17/26} | **lavare** | waschen, baden; befeuchten |
| – | Labsal | | | |
| 1980a | **labial** l>mlat | 1. zu den Lippen gehörend, sie betreffend (med. t. t.) {70}; 2. mit den Lippen gebildet (von Lauten - sprachwiss. t. t.) {76} | **labea** o. **labia**, ae f o. **labium**, ii n | Lippe; Gefäßrand; Lefze |
| – | **Labial(is)** | Lippenkonsonant (sprachwiss. t. t.) {76} | dto. | dto. |
| 1980b | **Labium** | 1. Lippe (med. t. t.); 2. Schamlippe (med. t. t.) {11/70}; 3. Unterlippe bei Insekten (biol. t. t.) {69}; 4. bei Blockflöten der Teil, der die Luftaustrittsspalte begrenzt (mus. t. t.) {37} | **labium** | s. oben 1980a |
| 1981 | **labil** | 1. schwankend, leicht aus dem Gleichgewicht kommend, veränderlich {56/61}; 2. schwach, unsicher, beeinflußbar {25/28} | **labilis**, e | leicht gleitend; vergänglich |
| – | **Labilität** l>nlat | 1. leichte Wandelbarkeit, Beeinflußbarkeit, Schwäche {61/25/28}; 2. uneinheitliche Luftbewegung (meteor. t. t.) {65} | dto. | dto. |
| 1982 | **Labiodental** l;l | Lippenzahnlaut (sprachwiss. t. t.) {76} | **labea** + **dens**, ntis m | s. oben 1980a der Zahn |
| 1983 | **Labor** o. **Laboratorium** l>mlat | Arbeits- und Forschungsstätte für naturwissenschaftliche oder technische Versuche {40/58} | **labor**, oris m bzw. **laborare** | Anstrengung, Mühe, Arbeit sich anstrengen, arbeiten |
| – | **Laborant(in)** | Fachkraft in Labors und Apotheken {40/41/70} | **laborare** | s. oben |
| – | **laborieren** | 1. (ugs.) sich mit der Herstellung von etw. abmühen {40/41}; 2. an etw. leiden, gepeinigt werden durch etw. {14/26/70} | **laborare** | s. oben; auch: verfertigen; geplagt-, gepeinigt werden, leiden |
| 1984 | **Lactat** (o. **Laktat**) l>nlat | Salz der Milchsäure (chem. t. t.) {73} | **lac**, ctis n | Milch |

| | | | | |
|---|---|---|---|---|
| 1985 | **lädieren** | (äußerlich sichtbar) beschädigen {14/29/53/55} | **laedere** | verletzen, beschädigen; beleidigen, kränken |
| 1986 | **Ladino** l>span. | 1. Mischling von Weißen und Indianern in Mexiko und Mittelamerika {10}; 2. jüdisch-spanische Sprache {32} | **Latinus**, a, um | zu Latium gehörig, lateinisch |
| 1987 | **Lafette** l>frz | (fahrbares) Untergestell eines Geschützes {45/86} | **fustis**, is m<br>frz. *fût*<br>*affût*<br><br>*l'affût* | Knüppel<br><br>Anstand, (Hochsitz)<br>Gestell, Lafette |
| 1988 | **lagrimando** o. **lagrimoso** l>it | traurig, klagend (mus. t. t.) {26/37} | **lacrimosus**, a, um | voller Tränen, kläglich, jammervoll |
| 1989 | **Lagune** l>it | 1. vom offenen Meer getrenntes Flachwassergebiet vor einer Küste; 2. von Korallenriffen umgebene Wasserfläche eines Atolls {64/02} | **lacuna**, ae f<br>it. *laguna* | Vertiefung, Senke; Tümpel, Teich<br>Küstensee (in der Umgebung von Venedig) |
| 1990 | **Lake** (o. **Lache**) | Salzlösung zum Konservieren von Fleisch oder Fisch {17} | **lacus**, us m<br><br>mnd. *lake* | See; Zuber, Kübel; Grube zur Aufbewahrung von Hülsenfrüchten<br>Heringsbrühe; stehendes Wasser |
| 1991 | **Laktalbumin** (l;l)>nlat | biologisch hochwertiger Eiweißstoff aus Kuhmilch; Milcheiweiß {73/17} | **lac**, ctis n<br>+ **albumen**, minis n | Milch<br>das Weiße |
| - | **Laktation** l>nlat | (med., biol. t. t.) 1. Milchabsonderung aus der Brustdrüse; 2. Stillzeit; das Stillen {17/59/69/70} | **lac** | s. oben |
| - | **laktieren** | (med., biol. t. t.) 1. Milch absondern {69/70}; 2. stillen {17/69/70} | **lactare** | säugen; saugen |
| - | **Laktose** l>nlat | Milchzucker {17/73} | **lac** | s. oben |
| 1992 | **Lakune** | 1. Lücke in einem Text (sprachwiss. t. t.) {25/32/76}; 2. Vertiefung, Ausbuchtung; Muskel-, Gefäßlücke (med. t. t.) {53/58/70} | **lacuna**, ae f | Loch, Abgrund; Lücke<br>vgl. oben 1989 |
| 1993 | **Lamäng** l>frz | Hand; hohle Hand; unvorbereitet, mit Leichtigkeit {25/59} | **manus**, us f<br>frz. *la main* | Hand; Schar; Tapferkeit<br>die Hand |

| | | | | |
|---|---|---|---|---|
| 1994 | **Lambada** l>port | portugiesisch-brasilianischer Modetanz mit erotischem Flair {37/18/61} | uns. ob: **lambere** | (be)lecken; scherzhaft: umranken; umzüngeln (von Flammen) |
| | | | port. *lamber* *lambão* | Schleckermaul, Sabberer |
| | | | oder: **lumbus**, bi m | Lende |
| | | | port. *lombo* | Lende; Buch-, Bergrücken |
| | | | *lambada* | Schlag, Hieb, Prügel |
| 1995 | **Lamé** l>frz | mit (Kunst)seide übersponnenes Gewebe aus Metallfäden {19} | **lam(i)na**, ae f | dünnes Metallstück, -plättchen, Blatt, Scheibe |
| – | **lamé** l>frz | mit Lamé durchwirkt {19} | dto. | dto. |
| – | **lamellar** l>nlat | streifig, schichtig, in Lamellen angeordnet {54/55} | **lamella**, ae f frz. *lamelle* | Blättchen, dünnes Blech |
| – | **Lamelle** l>frz | 1. Sporenblättchen unter dem Hut der Blätterpilze (bot. t. t.) {03/68}; 2. dünnes Blättchen, Scheibe (techn. t. t.) {41/72/87} | dto. | dto. |
| – | lamellieren, | lamellös | | |
| 1996 | **Lamentation** | 1. Gejammer, weinerliches Klagen {26/32}; 2. Klagelieder des Jeremias im Alten Testament (rel. t. t.) {37/51} | **lamentatio**, onis f | das Wehklagen, Weinen und Heulen |
| – | **lamentieren** | 1. (abwertend): laut klagen, jammern {26/32}; 2. (landsch.) jammernd um etw. betteln {26/27} | **lamentare** o. **lamentari** | wehklagen, heulen, bejammern |
| – | **Lamento** l>it | 1. Klage, Gejammer (abwertend) {26/32}; 2. schmerzlich-leidenschaftliches Musikstück (mus. t. t.) {26/37} | **lamentum**, ti n | das Wehklagen, Weinen und Heulen |
| – | **lamentoso** l>it | wehklagend, traurig (mus. t. t.) {26/37} | **lamentosus**, a, um | wehklagend |
| 1997 | **Lametta** l>it | 1. Christbaumschmuck aus schmalen, glitzernden Metallstreifen {20/51}; 2. Orden, Uniformschnüre, Schulterstücke (abwertend) {20/86} | **lamina** it. *lama* *lametta* | s. oben 1995 Metallblatt, Klinge |
| 1998 | **Lampe** gr>l>vulgl >frz | Beleuchtungskörper {44} | **lampas**, adis f gr. *λαμπάς* vulgl. lampada afrz. *lampe* | Fackel, Kerze, Leuchte |

| | | | | |
|---|---|---|---|---|
| – | **Lampion** gr>l>vulgl >it>frz | Papierlaterne {44} | dto. it. *lampa lampione* frz. *lampion* | dto. |
| 1999 | **lancieren** l>frz | 1. auf geschickte Weise bewirken, daß etwas bekannt wird {28/32/33}; 2. geschickt an eine gewünschte Stelle, auf einen vorteilhaften Posten bringen {25/33/40} | **lanceare** frz. *lancer* | die Lanze schwingen schleudern; in Schwung bringen; loslassen; |
| 2000 | **Languste** l>vulgl >prov>frz | scheerenloser Panzerkrebs mit schmackhaftem Fleisch {08/17} | **locusta**, ae f vulgl. lacusta* aprov. *langosta* frz. *langouste* | Heuschrecke(n-krebs) |
| 2001 | **Lanolin** l>nlat | in Schafwolle enthaltenes, gereinigtes Fett (als Salbengrundlage, Rostschutzmittel) {70/73} | **lanosus**, a, um + **linimen**, minis n | wollig Schmiere |
| 2002 | **Lanze** l>frz | langstielige Stichwaffe, zum Werfen geeignet {86} | **lancea**, ae f frz. *lance* | Speer mit Wurfriemen, Lanze |
| – | **Lanzettbogen** l>frz;dt | schmaler Spitzbogen der engl. Gotik (archit. t. t.) {88} | dto. frz. *lancette* | dto. |
| – | **Lanzette** l>frz | zweischneidiges, kleines Operationsmesser (med. t. t.) {70} | dto. | dto. |
| – | Lanzettfenster, Lanzettfisch | | | |
| 2003 | **lapidar** | 1. wuchtig, kraftvoll {26}; 2. knapp, ohne Erläuterungen, kurz und bündig (abwertend) {32/58/59} | **lapidarius**, a, um | zu den Steinen gehörig, Stein...; steinig |
| – | **Lapidarium** | Sammlung von Steindenkmälern {02/57} | dto. | dto. |
| – | **Lapislazuli** l;(pers >arab >mlat) | 1. tiefblaues, feinkörniges, an Kalkstein gebundenes Mineral (= Lasurit) {02}; 2. blauer Edelstein {02/20} | **lapis**, idis m + pers. *lagward* arab. *lazaward* mlat. lazur | Stein Blaustein, -farbe |
| 2004 | **Lapsus** | Fehlleistung, Versehen, Schnitzer {25/33/40} | **lapsus**, us m | Gleiten; Fall; Versehen, Fehltritt |
| 2005 | **Lärche** | Nadelbaumart {04} | **larix**, icis f | Lärchenbaum |
| 2006a | **Large** l>frz>engl | groß (Kleidergröße) {19/56} | **largus**, a, um | reichlich, freigebig |
| – | **largo** l>it | breit, gedehnt, im langsamsten Zeitmaß (mus. t. t.) {37/59} | dto. | dto. |

| | | | | |
|---|---|---|---|---|
| – | Largo | | | |
| 2006b | **Lärm** (l;l)>it>(frz) | lautes Geräusch, großes Aufsehen {23/26/33} | **ad** + **arma**, morum n (Pl.) it. *all' arme* frz. *alarme* | s. oben 0001 Waffen zu den Waffen vgl. oben 0132 |
| – | lärmen | | | |
| 2007 | **Larve** | 1. Gesichtsmaske {33/35/74}; 2. (abwertend, ironisch) Gesicht {11/25}; 3. Gespenst, Totengeist (veraltet) {51}; 4. Jugendform mancher Tierarten mit anderer Lebensweise und Gestalt (z. B. Insekten vor der Metamorphose - biol. t. t.) {69} | **larva**, ae f | böser Geist, Gespenst; Skelett; (Theater)maske |
| – | **larval** | die Tierlarve betreffend, im Larvenstadium befindlich (biol. t. t.) {69} | **larvalis**, e | gespensterhaft |
| – | **entlarven** | jmds. Absichten enthüllen, offenbaren {25} | **larva** | s. oben |
| 2008 | **Lasso** l>span | Wurfschlinge zum Einfangen von Tieren {39/38} | **laqueus**, ei m span. *lazo* | Strick als Schlinge, Fallstrick, Fessel Schnur, Schlinge |
| 2009 | **lasziv** | bewußt erotisch, mit einer an Anstößigkeit grenzenden Sinnlichkeit (von Frauen); wollüstig; zweideutig {18} | **lascivus**, a, um | schäkerhaft; geil, zügellos; üppig |
| – | **Laszivität** | 1. laszives Wesen, laszive Art {18/84}; 2. laszive Äußerung {18/32} | **lascivitas**, atis f | geschlechtliche Ausschweifung, Mutwille |
| 2010 | **latent** l>frz | 1. verborgen; vorhanden, aber nicht offenkundig {23/25/52}; 2. nicht gleich erkennbar (von Krankheiten - med. t. t.) {23/70}; 3. unsichtbar, unentwikkelt (fot. t. t.) {87}; 4. gebunden {56} | **latens** (Gen. –ntis) | unsichtbar, verborgen |
| – | **Latenz** l>nlat | 1. Versteckt-, Verborgenheit {23/25/52}; 2. unbemerktes Vorhandensein einer Krankheit (med. t. t.) {23/70}; 3. Zeit zwischen Reizwirkung und Reaktion (psych. t. t.) {70/59} | dto. | dto. |
| 2011 | **lateral** | 1. seitlich, seitwärts (gelegen) {58}; 2. an der Seite eines Organs gelegen (med. t. t.) {70} | **lateralis**, e | die Seite betreffend, an der Seite befindlich |

>>> Lateranskonzilien s. unter Konzil

| | | | | |
|---|---|---|---|---|
| 2012 | **Laterne** (gr)>l >vulgl | 1. wetterfeste, durch ein Gehäuse geschützte Lampe {44/45}; 2. auf die Scheitelöffnung einer Kuppel gesetztes, durchbrochenes Türmchen (archit. t. t.) {88} | **lanterna**, ae f<br>gr. *λαμπτήρ*<br>vulgl. laterna | Laterne, Lampe<br>Leuchter, Fackel |
| 2013 | **Latex** (gr)>l | Milchsaft tropischer Pflanzen, aus dem Kautschuk, Klebstoff u. a. hergestellt wird {03/40/41/73} | **latex**, ticis m<br>gr. *λάταξ* | Flüssigkeit, Naß |
| 2014 | **Latifundium** | 1. von Sklaven bewirtschaftetes Landgut im römischen Reich (hist. t. t.) {39/75}; 2. Liegenschaften, großer Land- und Forstbesitz; 3. Großgrundbesitz in Südamerika {39/43} | **latifundium**, ii n | großes Landgut |
| 2015 | **latinisieren** | in lateinische Sprachform bringen; der lateinischen Sprachart angleichen {32/76} | spätl. **latinizare** | ins Lateinische übersetzen |
| – | **Latinismus** l>mlat | Entlehnung eines dem Lateinischen eigentümlichen Ausdrucks in einer anderen Sprache {32/76} | **Latinus**, a, um | lateinisch |
| – | **Latinist** l>mlat | jmd., der sich wissenschaftlich mit der lateinischen Sprache u. Literatur befaßt {40/76} | dto. | dto. |
| – | **Latinität** | 1. klassische, mustergültige lateinische Schreibweise; 2. klassisches lateinisches Schrifttum {34/76} | **Latinitas**, atis f | lateinische Sprache, lateinischer Ausdruck |
| – | **Latinum** | 1. an einer höheren Schule vermittelter Wissensstoff der lateinischen Sprache {31/32/76}; 2. durch eine Prüfung nachgewiesene Kenntnis der lateinischen Sprache {22/25/32/76} | **Latinus** | s. oben |
| 2016 | **Latitüde** l>frz | 1. geographische Breite {64}; 2. Weite, Spielraum (veraltet) {58/25} | **latitudo**, dinis f | Breite, Länge, Ausdehnung, Größe |
| – | **latitudinal** l>nlat | den Breitengrad betreffend (geogr. t. t.) {64} | dto. | dto. |
| 2017 | **Latrine** | primitive Toilette; Senkgrube {21/44} | **latrina**, ae f | Abtritt, Kloake; Bordell |
| 2018 | **Lattich** | Pflanzenart mit milchartigem Saft {04} | **lactuca**, ae f | Lattich, Kopfsalat |
| 2019 | **Latz** l>frz/it/span | durch Schlingen oder Knöpfe befestigte Kleidungsteile {19} | **laqueus**<br>afrz. *laz*<br>it. *laccio*<br>span. *lazo* | s. oben 2008<br>Schnürband<br>Schnur<br>Schnur, Schlinge |
| – | Lätzchen, Sabberlätz(chen) | | | |

| | | | | |
|---|---|---|---|---|
| 2020 | **Laudatio(n)** | Lobrede anläßlich einer Preisverleihung o. ä. {32/33} | **laudatio,** onis f | Belobigung, Lobrede; Dankadresse |
| – | **Laudator** | Redner bei einer Preisverleihung; Lobredner {32/33} | **laudator,** oris m | Leichen-, Lobredner, -hudler |
| – | **Laudes** | kath. Morgengebet {51} | **laus,** udis f | Lob(reden); Anerkennung; Loblied |
| 2021 | **Laune** | menschlicher Gemütszustand {26} | **luna,** ae f | Mond; Monat; Nacht |
| – | launenhaft, launig, launisch | | | |
| 2022a | **Lava** l>it | feurig-flüssiger vulkanischer Schmelzfluß {62} | **labes,** bis f | das Hinsinken; Fall, Sturz; Unheil |
| | | | neapol. / it. *lava* | die Straße überflutender Sturzbach; Lava |
| 2022b | **Lavendel** l>(it) >mlat>it | 1. Heil- und Gewürzpflanze {04}; 2. Lavendelwasser, -parfüm {21} | **lavare** (it. *lavanda)* | waschen, baden etw., das zum Waschen dienlich ist |
| | | | mlat. lavandula it. *lavendola* | |
| – | **lavendel** l>mlat>it | hell(blau)violett (wie die Lavendelblüte) {55} | dto. | dto. |
| 2023 | **lavieren** l>it | 1. Farben auf einem Bild verwischen; 2. mit verlaufenden Farbflächen arbeiten {36}; (andere Bedeutungen von lavieren sind niederl. Herkunft!) | **lavare** | s. oben 2022 |
| 2024 | **Lawine** l>mlat >ladin | an Hängen niedergehende Schnee- oder Steinmassen {02/65} | **labi** | herabsinken, -gleiten, rinnen |
| | | | mlat. labina | Erdrutsch, Lawine |
| | | | ladin. *lavina* | Schnee-, Eislawine |
| 2025 | **lax** | nachlässig, ohne feste Grundsätze, nicht streng auf etw. achtend {25/33/84} | **laxus,** a, um | schlaff, locker, schlapp |
| 2026 | **legal** | gesetzlich (erlaubt), dem Gesetz gemäß {82} | **legalis,** e | die Gesetze betreffend, gesetzlich; den Gesetzen gemäß |
| – | **Legalisation** l>nlat | Beglaubigung (von Urkunden) {32/82} | dto. | dto. |
| – | **legalisieren** l>nlat | 1. (Urkunden) amtlich beglaubigen; 2. legal machen {32/82} | dto. | dto. |
| – | Legalisierung | | | |

| | | | | |
|---|---|---|---|---|
| – | **Legalität** l>mlat | Gesetzmäßigkeit; Bindung an das geltende Recht {82} | dto. (Adv. legaliter) | dto. |
| 2028 | **Legat** | 1. Gesandter im alten Rom; Gehilfe des Feldherren o. des Statthalters {33/40/75/86}; 2. päpstlicher Gesandter bei besonderen Anlässen {33/51}; 3. Vermächtnis; Zuwendung einzelner Vermögensgegenstände durch letztwillige Verfügung {82/43/28} | 1., 2.: **legatus**, ti m<br>3.: **legatum**, ti n | Gesandter, Unterfeldherr<br>Vermächtnis, Legat |
| – | **Legation** | 1. (päpstliche) Gesandtschaft {33/51}; 2. Provinz des früheren Kirchenstaates {51/50} | **legatio**, onis f | Gesandtschaft, Gesandtenstelle |
| 2029 | **legendär** l>mlat | 1. legenden-, sagenhaft {24/32/51}; 2. unwahrscheinlich, unglaublich; phantastisch {24/51}; 3. berühmt {25/33} | **legere**<br>mlat. legenda | lesen; sammeln; auswählen<br>die zu lesenden Stücke |
| – | **legendarisch** l>mlat | eine Legende betreffend, Legenden enthaltend, -artig {24/32/51} | dto. | dto. |
| – | **Legende** l>mlat | 1. Heiligenerzählung {32/51}; 2. sagenhafte, unglaubwürdige Geschichte {24/32/51}; 3. episch-lyrisches Tonstück (mus. t. t.) {37}; 4. Zeichenerklärung, erklärender Text am Rand (für Karten, Abbildungen) {25/32} | dto. | dto. |
| 2030 | **leger** l>vulgl>frz | 1. ungezwungen, zwanglos, lässig (im Benehmen) {25/26}; 2. bequem, leicht {55/19}; 3. nachlässig, oberflächlich {25/26} | **levis**, e<br>vulgl. leviarius*<br>frz. *léger* | leicht, flüchtig; leichtsinnig; sanft |
| 2031 | **legieren** l>it | 1. ein Legat aussetzen (veraltet) {28/43/82}; 2. mehrere Metalle zusammenschmelzen, eine Legierung herstellen {41/40}; 3. Suppen o. Soßen mit Ei oder Mehl eindicken {17} | **ligare**<br>it. *legare* | (zusammen-, an-) binden; umgeben; vereinigen<br>(zusammen-, ver-) binden; vereinigen |
| – | **Legierung** | durch Zusammenschmelzen verschiedener Metalle entstandenes Mischmetall (z. B. Messing) {41/73} | dto. | dto. |
| 2032 | **Legion** | 1. altrömische Heereseinheit (hist. t. t.) {57/75/86}; 2. frz. Fremdenlegion {40/86}, 3. unbestimmt große Anzahl, Menge {57} | **legio**, onis f | Heer; Heeresabteilung |
| – | **Legionär** | Mitglied einer Legion {33/86} | **legionarii**, iorum m (Pl.) | Legionssoldaten |

| | | | | |
|---|---|---|---|---|
| 2033 | **Legislative**<br>l>frz>nlat | 1. gesetzgebende Gewalt, Gesetzgebung; 2. gesetzgebende Versammlung (veraltet) {50/82} | **legislatio**, onis f<br>frz. *législation*<br>*législatif*<br>*assemblée législative* | Gesetzgebung<br>Gesetzgebung<br><br>gesetzgebende Versammlung |
| – | **legislativ**<br>l>nlat | gesetzgebend {50/82} | dto. | dto. |
| – | **legislatorisch**<br>l>nlat | gesetzgeberisch {50/82} | dto. | dto. |
| – | **Legislatur**<br>l>nlat | 1. Gesetzgebung; 2. gesetzgebende Versammlung (veraltet) {50/82} | dto.<br>frz. *législature* | dto. |
| – | **Legislaturperiode**<br>l>nlat; gr>l>mlat | Gesetzgebungs-, Wahlperiode; Amtsdauer einer Volksvertretung {50/59} | dto.<br>+ **periodus**, di m<br>gr. *περίοδος* | dto.<br>Gliedersatz, Periode |
| 2034 | **legitim** | 1. rechtmäßig, gesetzlich anerkannt {82}; 2. ehelich (von Kindern) {31/33}; 3. berechtigt; allgemein anerkannt, vertretbar {25} | **legitimus**, a, um | recht-, gesetzmäßig; gehörig |
| – | **Legitimation**<br>l>frz | 1. Beglaubigung; (Rechts)ausweis {82}; 2. Ehelichkeitserklärung (für ein vorher uneheliches Kind) {28/31/33/82} | dto.<br>frz. *légitimation* | dto. |
| – | **legitimieren**<br>l>mlat>(frz) | 1. beglaubigen; 2. für gesetzmäßig erklären {82/28}; 3. sich -: sich ausweisen {32/33/45/49} | dto.<br>mlat. legitimare | dto.<br>rechtlich anerkennen |
| – | Legitimierung | | | |
| – | **Legitimität**<br>l>mlat>frz | 1. Rechtmäßigkeit einer Staatsgewalt {50}; 2. Gesetzmäßigkeit (eines Besitzes) {82/43} | **legitimus**, a, um<br>mlat. legitimitas<br>frz. *légitimité* | s. oben<br><br>Ehelichkeit<br>Gesetzlichkeit (der Erbfolge) |
| 2035 | **Leguminose** | Hülsenfrüchtler {05} | **legumen**, minis n | Hülsenfrucht |
| >>> | Leit... s. unter dem Rest des Wortes | | | |
| 2036 | **Lektion** | 1. Unterichtsstunde {31/59/78}; 2. Lernpensum, -abschnitt {31/57/78}; 3. Zurechtweisung, Verweis {32/33}; 4. liturgische Bibellesung {32/51} | **lectio**, onis f | das Lesen, Auswählen; Lektüre; Text |

| | | | | |
|---|---|---|---|---|
| – | **Lektor** | 1. Sprachlehrer an einer Hochschule {31/40}; 2. Mitarbeiter eines Verlages zur Begutachtung eingehender Manuskripte {32/40}; 3. Vorleser liturgischer Texte (kath. rel. t. t.); 4. jmd., der Lesegottesdienste abhält (ev. rel. t. t.) {51/32} | **lector**, oris m | Leser, Vorleser |
| – | **Lektorat** l>mlat | 1. Lehrauftrag eines Lektors (1.) {31/40}; 2. Verlagsabteilung der Manuskriptprüfung {32/40} | dto. | dto. |
| – | **lektorieren** l>nlat | als Lektor (2.) ein Manuskript prüfen {32/40/25} | dto. | dto. |
| – | **Lektüre** l>mlat>frz | 1. Lesestoff; 2. das Lesen {32} | **legere** mlat. lectura frz. *lecture* | s. oben 2029 das Lesen |
| 2037 | **Lemure** | 1. Geist eines Verstorbenen, Gespenst (nach altröm. Glauben) {51}; 2. Halbaffe (mit Affenhänden und Fuchsgesicht) {06} | **lemures**, rum m (Pl.) | abgeschiedene Seelen, Nachtgeister, Gespenster |
| – | lemurisch | | | |
| – | **lemurenhaft** l>(nlat) | gespenstisch {51} | dto. | dto. |
| 2038 | **lentikular** o. **lentikulär** | 1. linsenförmig (med. t. t.) {70}; 2. zur Augenlinse gehörend (med. t. t.) {70/11} | **lenticularis**, e | linsenartig, -förmig |
| – | **Lentikulariswolke** l;d | linsenförmige Wolke bei Fön in den Alpen (meteor. t. t.) {65} | dto. | dto. |
| 2039 | **lento** l>it | langsam (mus. t. t.) {37/59} | **lentus**, a, um | zäh; lange anhaltend; langsam |
| – | lentamente, lentement | | | |
| 2040 | **Leoniden** (gr)>l>nlat | regelmäßiger Sternschnuppenschwarm im November {66/01} | **leo**, onis m gr. *λέων* | Löwe |
| 2041 | **Leopard** (gr;gr)>l | afrikanische und asiatische gefleckte Raubkatze {06} | **leopardus**, di m gr. *λέων* + *παρδάλις* = *λεοπάρδαλος* | Leopard |
| 2042 | **letal** | tödlich (z. B. von Giften) (med. t. t.) {70} | **letalis**, e | tödlich |
| – | **Letalfaktor** l;l | Erbanlage, die Ursache einer todbringenden Mißbildung ist (med., biol. t. t.) {69/70} | dto. + **factor**, oris m | dto. Urheber, Schöpfer |

| | | | | |
|---|---|---|---|---|
| – | **Letalität** l>nlat | Sterblichkeit, Verhältnis der Todesfälle zur Zahl der Erkrankten (med. t. t.) {70/57} | dto. | dto. |
| 2043 | **Letter** l>frz | Druckbuchstabe {32} | **littera**, ae f<br>frz. *lettre* | Buchstabe, Handschrift; (im Pl.) Urkunde |
| 2044 | **Leu** (gr)>l >rumän | 1. rumänische Währungseinheit {56/42}; 2. Löwe (veraltet) {06} | **leo**, onis m<br>gr. *λέων* | Löwe |
| 2045 | **Leutnant** (l;l)>mlat >frz | Offizier der untersten Rangstufe {33/86} | **locus**, ci m<br>+ **tenere**<br>mlat. locum tenens<br>frz. aus: *lieu* + *tenir*<br>*lieutenant* | Ort, Platz, Stelle<br>(inne)haben, halten<br>Statthalter, Stellvertreter |
| 2046 | **Levante** l>it | Mittelmeerländer östlich von Italien (veraltet) {64} | **levare**<br>it. *levare*<br>*levante* | erleichtern, aufrichten, erheben<br>in die Höhe -, erheben<br>Aufgang (= Orient) |
| – | **Levantiner** l>it | in der Levante geborener Nachfahre eines Europäers und einer Orientalin {10} | dto. | dto. |
| – | **levantinisch** l>it | die Levante, Levantiner betreffend {64} | dto. | dto. |
| 2047 | **Level** l>frz>engl | erreichtes Niveau, Leistungsstand, Rang, Stufe {56/25} | **libra**, ae f<br>dimin.: **libella**, ae f<br>afrz. *livel*, *liveau* | die Waage, das Gewogene<br>Pfennig; Blei-, Wasserwaage |
| – | **Leveller** l>frz>engl | „Gleichmacher": Angehöriger einer radikal-demokratischen Gruppe Mitte des 17. Jh. in England {25/33/50/75} | dto. | dto. |
| 2048 | **Lew** (gr)>l >bulgar | bulgarische Währungseinheit {56/42} | **leo** | s. oben 2040, 2044 |
| 2049 | **Lex** | Gesetz, Gesetzesantrag {82} | **lex**, egis f | Regel, Vorschrift; Gesetzesvorschlag |
| 2050a | **Liaison** l>frz | 1. (nicht standesgemäßes) Liebesverhältnis, Liebschaft {18/33}; 2. Ausspracheregel im Französischen {32/76}; 3. Mischung aus Ei, Rahm, Mehl, Fleischbrühe u. a. zur Soßenherstellung {17} | **ligatio**, onis f<br>frz. *liaison* | das Binden; Verbindung<br>vgl. unten 2060 |

| | | | | |
|---|---|---|---|---|
| 2050b | **Liane** l>frz | Schling-, Kletterpflanze {04} | **ligamen**, minis n afrz. *li(i)en* o. *loi(i)en* frz. *lien* | Band, Verband, Binde Band, Strick, Fessel |
| 2051 | **Libelle** | 1. vierflügeliges Raubinsekt, Wasserjungfer {08}; 2. Haarspange bestimmter Art {21} | **libella**, ae f | Blei-, Wasserwaage |
| 2052 | **liberal** l>frz | 1. freiheitlich, wenig Einschränkungen auferlegend {25/33}; 2. die Weltanschauung des Liberalismus (1.), eine ihn vertretende Partei betreffend {50/25/33}; 3. nach allen Seiten offen {25} | **liberalis**, e | die Freiheit betreffend; anständig; freigebig |
| – | **Liberale** l>frz | Anhänger einer liberalen (4.) Partei, -des Liberalismus (1.) {50/25/33} | dto. | dto. |
| – | **liberalisieren** l>nlat | 1. von Einschränkungen freimachen; freiheitlich gestalten {25/33}; 2. Einfuhrverbote im Außenhandel beseitigen (wirtsch. t. t.) {42/50/80} | dto. | dto. |
| – | **Liberalismus** l>nlat | 1. im 19. Jh. begründete politische Denkrichtung, die Freiheit, Autonomie, Verantwortung und freie Entfaltung der Persönlichkeit vertritt {25/50/75}; 2. liberales (1.) Wesen, liberaler Zustand {25/33/84} | dto. | dto. |
| – | Liberalist | | | |
| – | **liberalistisch** l>nlat | 1. den Liberalismus betreffend; freiheitlich {25/33/50}; 2. extrem liberal {25/33} | dto. | dto. |
| – | **Liberalität** | 1. Großzügigkeit; 2. Vorurteilslosigkeit; 3. freiheitliche Gesinnung, liberales (1.) Wesen {25/33/84} | **liberalitas**, atis f | freisinnige Denkweise, Gutmütigkeit, Freigebigkeit |
| – | **Liberation** | Befreiung; Entlastung (veraltet) {33} | **liberatio**, onis f | Schulderlaß; Freispruch; Befreiung |
| – | **Libero** l>it | Abwehrspieler im Fußball ohne direkten Gegenspieler {85} | **liber**, era, erum | frei, ungebunden, ungehindert |
| – | **Libertät** | 1. ständische Freiheit (hist. t. t.) {33/75}; 2. Freiheit, (eingeschränkte) Bewegungs- und Handlungsfreiheit {25/33/28} | **libertas**, atis f | Freiheit, Unabhängigkeit, Autonomie |
| – | **Liberte** l>frz | Freiheit (eines der Schlagworte der Franz. Revolution) {75} | dto. | dto. |
| – | **libertin** l>frz | ausschweifend, locker; zügellos, leichtfertig {18/26/30/33/84} | **libertinus**, a, um | freigelassen |

| | | | | |
|---|---|---|---|---|
| – | **Libertin(er)** l>frz | 1. Freigeist (veraltet) {25/26/33}; 2. ausschweifend lebender Mensch, Wüstling {18/26/30/33/84} | dto. | dto. |
| 2053 | **Libido** | 1. Begierde, (Geschlechts)-trieb (med., psych. t. t.) {18/70}; 2. psychische Energie (psych. t. t.) {70} | **libido**, dinis f | Trieb, Begierde; Geil-, Lüsternheit |
| – | **libidinisieren** l>nlat | sexuelle Wünsche erregen, erotisieren, mit sexueller Energie aufladen (med., psych. t. t.) {18/70} | **libidinari** | lustentbrannt-, geil-, brünstig sein |
| – | **Libidinist** l>nlat | sexuell triebhafter Mensch (med., psych. t. t.) {18/70} | dto. | dto. |
| – | **libidinös** | auf die Libido bezogen, die sexuelle Lust betreffend (med., psych. t. t.) {18/70} | **libidinosus**, a, um | lüstern, wollüstig ausschweifend |
| 2054 | **Libretto** l>it | Textbuch von Opern, Operetten, Singspielen, Oratorien (mus. t. t.) {34/37} | **liber**, bri m<br>it. *libro*<br>dimin.<br>*libretto* | Buch, Katalog, Schrift; Bast<br><br><br><br>Büchlein |
| – | **librettisieren** l>it | in die Form eines Libretto bringen (mus. t. t.) {34/37} | dto. | dto. |
| – | **Librettist** l>it | Verfasser eines Librettos (mus. t. t.) {34/37/40} | dto. | dto. |
| 2055 | **licet** | es ist erlaubt {25/33} | **licet** | es ist erlaubt; man darf; es steht frei |
| 2056a | **Lido** l>it | Strand vor abgeschnürten Meeresteilen {64/45/02} | **litus**, toris n | Ufer, Strand, Gestade |
| 2056b | **liebkosen** d;l>ahd | zärtlich sein, liebevoll streicheln {18/29/33} | **causa**, ae f<br>ahd. *kosa*<br>*koson* | Rechtssache, Klage, Prozeß<br>Rechtssache<br>verhandeln; erzählen, plaudern |
| – | Liebkosung | | | |
| 2056c | **Liebstöckel** l>mlat >ahd | Gewürz- und Arzneipflanze {04} | **ligusticum**, ci n<br>mlat. levisticum, livisticum o. lubisticum<br>ahd. *lubistecko* | aus Ligurien stammende Pflanze |
| 2057 | **liefern** l>mlat>frz | Ware abgeben, ausgeben, hinbringen; senden (wirtsch. t. t.) {42/80/45} | **liberare**<br>mlat. liberare<br>frz. *livrer* | losmachen, befreien, freisprechen<br>freilassen, ausliefern, frei machen<br>mit etw. ausstatten, liefern |
| – | Lieferung | | | |

| | | | | |
|---|---|---|---|---|
| – | Lieferant | | | |
| – | zahlreiche Zusammensetzungen: ab-, be-, über-, ausliefern; geliefert | | | |
| 2058 | **Liga** l>span | 1. Bund, Bündnis (z. B. kath. Fürsten im 17. Jh.) {75/33}; 2. Wettkampfklasse {33/85} | **ligare** | zusammen-, ver-, an-, festbinden; vereinigen |
| | | | span. *ligar* | (ver)binden, vereinigen |
| | | | *liga* | Bündnis |
| – | **Ligatur** l>spätl | 1. Buchstabenverbindung auf einer Drucktype (z. B. æ oder œ) {32}; 2. Zusammenbinden von Noten über einen Takt hinweg (mus. t. t.) {37}; 3. Unterbindung von Blutgefäßen mittels Naht (med. t. t.) {70} | dto. spätl. **ligatura**, ae f | dto. Band, Verband, Bündel |
| – | **Ligist** l>span >nlat | Angehöriger einer Wettkampf-, Spielklasse {33/85} | dto. | dto. |
| – | ligistisch | | | |
| 2059 | **Liguster** | Zierheckengewächs, Rainweide {04} | **ligustrum**, ri n | Liguster, Rainweide |
| 2060 | **liieren** l>frz | 1. eine Liaison, ein Liebesverhältnis beginnen {18/33}; 2. eine Geschäftsverbindung eingehen, geschäftlich zusammenarbeiten {41/42/33} | **ligare** frz. *lier* | s. oben 2058, 2031 |
| – | **Liierte** l>frz | Vertraute(r) (veraltet) {33} | dto. | dto. |
| – | Liierung | | | |
| 2061 | **Likör** l>frz | süßes alkoholisches Getränk mit aromatischen Geschmacksträgern {17} | **liquor**, oris m frz. *liqueur* | Flüssigkeit |
| 2062 | **Liktor** | Amtsdiener hoher Beamter im alten Rom (hist. t. t.) {40/50/75} | **lictor**, oris m | Liktor, Amtsdiener |
| 2063 | **Lilie** (gr)>l | stark duftende Gartenpflanze {04} | **lilium**, ii n gr. *λείριον* | Lilie |
| 2064 | **Limbus** | 1. Vorhölle für vorchristliche Gerechte {51/58}; 2. Saum teilweise verwachsener Kelchblätter (bot. t. t.) {68}; 3. Gradkreis, Teilkreis an Winkelmeßinstrumenten (techn. t. t.) {45/71/72} | **limbus**, bi m | Streifen; Besatz, Bordüre; Gürtel |
| 2065 | **Limes** | 1. von den Römern angelegter Grenzwall (an Rhein und Donau) {75/88}; 2. math. Grenzwert (math. t. t.) {71} | **limes**, mitis m | Grenzlinie; Querweg; Unterschied; Grenzwall |

| | | | | |
|---|---|---|---|---|
| – | **Limit** l>frz>engl | 1. Grenze, die z. B. zeitlich, preislich nicht überschritten werden darf {42/56/57/58/59}; 2. Preisgrenze, äußerster Preis (wirtsch. t. t.) {42/80} | dto. frz. *limite* | dto. |
| – | **Limitation** | Begrenzung, Einschränkung {56/58/59/53} | **limitatio**, onis f | Festsetzung, Bestimmung |
| – | **limitativ** l>nlat | begrenzend, einschränkend {56/58/59/53} | **limitare** | abgrenzen; festsetzen |
| – | **limited** l>frz>engl | (Abk. Ltd.) Handelsgesellschaft mit beschränkter Haftung der Teilhaber (GmbH) (wirtsch. t. t.) {42/80} | dto. | dto. |
| – | **limitieren** | begrenzen, einschränken {56/25} | dto. | dto. |
| 2066 | **limös** l>nlat | schlammig, sumpfig (biol. t. t.) {68/64} | **limosus**, a, um | voller Schlamm, schlammig |
| 2067 | **Lineal** l>mlat | mit einer Längenskala versehenes Gerät zum Ziehen von Geraden {56/44/40} | **linea**, ae f bzw. **linealis**, e | Leine, Strich, Linie; Richtschnur in Linien bestehend, mit Linien gemacht |
| – | **Lineament** | 1. Handlinie, Gesichtszug (med. t. t.) {14/70}; 2. Gesamtheit von gezeichneten Linien in der Kunst {36}; 3. Erdnaht, Bewegungsfläche der Erdkruste (geol. t. t.) {62} | **lineamentum**, ti n | Federstrich, Skizze, Umriß |
| – | **linear** | 1. geradlinig; linienförmig {55/58}; 2. für alle in gleicher Weise erfolgend; gleichmäßig, gleichbleibend (wirtsch. t. t.) {56/59/80}; 3. die horizontale Satzweise befolgend (mus. t. t.) {37} | **linearis**, e | aus Linien bestehend, zu den Linien gehörig |
| – | **Linearität** l>nlat | 1. kontrapunktischer Satzbau mit selbständiger Stimmenführung (mus. t. t.) {37}; 2. Eigenschaft, lineare Redeketten zu bilden (sprachwiss. t. t.) {76}; 3. Geradlinigkeit (z. B. Verlauf einer Kurve - math. t. t.) {55/56/71} | dto. (Adv. lineariter) | dto. |
| – | **Lineatur** l>nlat | 1. Linierung (z. B. im Schulheft); 2. Linienführung {55/58} | **lineatus**, a, um | gestreift |
| – | **Liner** l>engl | 1. Überseedampfer, Linienschiff; 2. Linien-, Passagierflugzeug {45} | **linea** | s. oben |
| 2068 | **lingual** l>mlat | die Zunge betreffend, zur Zunge gehörend {11/70} | **lingua**, ae f | Zunge, Sprache, Rede |
| – | **Lingual(is)** l>mlat | Zungenlaut (sprachwiss. t. t.) {76} | dto. | dto. |

| | | | | |
|---|---|---|---|---|
| – | **Linguist** l>nlat | jmd., der sich wissenschaftlich mit der Linguistik befaßt; Sprachwissenschaftler {40/76} | dto. | dto. |
| – | **Linguistik** l>nlat | moderne Sprachwissenschaft {76} | dto. | dto. |
| – | linguistisch | | | |
| 2069 | **Linie** | 1. längerer Strich {53/58}; 2. Strecke (math. t. t.) {71}; 3. Markierungs-, Begrenzungslinie (sport. t. t.) {58/85}; 4. kleines Längenmaß (veraltet) {56}; 5. Umriß(form, -gestalt) {53}; 6. Äquator (seemannsspr. t. t.) {64/45}; 7. Reihe {58}; 8. Front, Kampfgebiet {58/86}; 9. Truppen des stehenden Heeres {86}; 10. regelmäßig befahrene, beflogene Verkehrsstrecke {45}; 11. Verwandtschaftszweig {10}; 12. allgemeine Richtung für ein Vorhaben, Verhalten {25/28} | **linea** | s. oben 2067 |
| – | **Linienmaschine** l;(gr)>l | Flugzeug, das im fahrplanmäßigen Verkehr eingesetzt wird {45} | **linea** + **machina**, ae f gr. μηχανή | s. oben 2067 Maschine; (Bühnen)gerüst |
| – | **Linienregiment** l;l | aktives, aber nicht zur Garde gehörendes Regiment {86} | **linea** + **regimentum**, ti n | s. oben 2067 Leitung, Regierung, Oberbefehl |
| – | **liniieren** | mit Linien versehen, Linien ziehen {29/58} | **lineare** | nach der Richtschnur -, dem Lot einrichten |
| – | Liniierung, -linig | | | |
| >>> | links..., Links... s. unter dem Rest des Wortes | | | |
| 2070 | **Linoleum** (l;l)>engl | Fußbodenbelag {44} | **linum**, ni n + **oleum**, ei n | Lein, Flachs Öl |
| – | **Linolsäure** l>nlat;d | Leinölsäure {17/73} | dto. | dto. |
| – | **Linolschnitt** l>nlat;d | im Hochdruckverfahren mit Linolplatten hergestelltes Druckbild {36/40} | dto. | dto |
| 2071 | **Linse** | 1. Hülsenfrucht {05}; 2. geschliffenes Glas für optische Geräte {40/72/87} | **lens**, ntis f | Linse(nfrucht) |
| – | **linsen** l>(nlat) | schauen, blinzeln {23} | dto. | dto. |

| | | | | |
|---|---|---|---|---|
| 2072 | **liquid(e)** | 1. flüssig (chem. t. t.) {73/54}; 2. verfügbar (wirtsch. t. t.); 3. zahlungsfähig (wirtsch. t. t.) {42/43/80}; 4. die Eigenschaften eines Fließlautes aufweisend (sprachwiss. t. t.) {76} | **liquidus**, a, um | flüssig, fließend; hell; klar |
| – | **Liquida** | Fließlaut (sprachwiss. t. t.) {76} | **liquidus**, a, um | flüssig (von Konsonanten) |
| – | **Liquidation** l>mlat >roman/ frz | 1. Abwicklung der Rechtsgeschäfte einer aufgelösten Handelsgesellschaft {42/82}; 2. Abwicklung von Börsengeschäften {80}; 3. Kostenrechnung freier Berufe {42/40}; 4. Beilegung eines Konfliktes (selten) {33/86}; 5. Beseitigung, Liquidierung; 6. Tötung, Ermordung {52/82} | dto. frz. *liquidation* | dto. |
| – | **Liquidator** l>nlat | 1. jmd., der eine Liquidation (1.) durchführt {40/42/82}; 2. jmd., der einen anderen umbringt {33/82} | dto. | dto. |
| – | **liquidieren** l>mlat>it | 1. eine Gesellschaft, ein Geschäft auflösen {82/42/80}; 2. eine Forderung in Rechnung stellen (wirtsch. t.); 3. Sachwerte in Geld umwandeln, flüssig machen (wirtsch. t. t.) {42/80}; 4. einen Konflikt beilegen {33/86}; 5. beseitigen, abschaffen {52}; | dto. it. *liquidare* | dto. ins Reine bringen, klarlegen |
| | (l>mlat>it >russ) | 6. hinrichten lassen, beseitigen, umbringen {52/82} | | |
| – | **Liquidität** l>roman | (wirtsch. t. t.) 1. Verfügungsmacht über Bedarfsgüter; 2. Möglichkeit der Umwandlung von Sachgütern in Geld; 3. Zahlungsfähigkeit {42/43/80} | **liquiditas**, atis f | Flüssigkeit |
| 2073 | **Lire** o. **Lira** l>it | italienische Währungseinheit {56/42} | **libra**, ae f | Waage; das Gewogene; römisches Pfund |
| 2074 | **Liste** (germ) >mlat>it | Verzeichnis {32} | mlat. **lista** it. *lista* | Leiste; Papierstreifen, Verzeichnis |
| 2075 | **literarisch** | 1. die Literatur (1.) betreffend, schriftstellerisch {34}; 2. vordergründig symbolisierend {34/32} | **litterarius**, a, um | zum Lesen und Schreiben gehörig, schriftlich |
| – | **literarisieren** l>nlat | etwas in literarischer (2.) Weise gestalten {34/40} | dto. | dto. |

| | | | | |
|---|---|---|---|---|
| – | **Literat** l>nlat | Schriftsteller {40/34} | **litteratus**, a, um | schriftkundig, gelehrt, wissenschaftlich gebildet |
| – | **Literatur** | 1. schöngeistiges Schrifttum {34}; 2. Gesamtbestand aller Schriftwerke eines Volkes {34/57}; 3. Fachschrifttum; Schriftennachweise {34/32} | **litteratura**, ae f | Alphabet; Buchstabenschrift; Sprachwissenschaft, -kunst |
| 2076 | **litoral** | die Küsten-, Uferzone betreffend (geogr. t. t.) {64} | **litoralis**, e | zum Ufer-, zum Strand gehörig |
| – | **Litoral** | Küsten-, Ufer-, Strandzone (geogr. t. t.) {64} | dto. | dto. |
| 2077 | **Litze** l>roman | Besatzschnur, biegsame Leitung aus dünnen Drähten, Packschnur {40/41/44} | **licium**, ii n | Gewebefaden, umschlungener Kettfaden, Band |
| 2078 | **Livre** l>frz | (hist. t. t.) 1. frz. Gewichtsmaß {56/75}; 2. frz. Währungseinheit bis zum Ende des 18. Jh.s {56/42/75} | **libra** | s. oben 2073 |
| 2079 | **Livree** l>mlat>frz | uniformartige Dienerkleidung {19/33} | **liberare**<br>frz. *livrer*<br><br>*livrée* | s. oben 2057<br>liefern, mit etwas ausstatten<br>(„Geliefertes") vom Herren gestellte Kleidungsstücke für die Dienerschaft |
| – | **livriert** l>mlat>frz | Livree tragend {19} | dto. | dto. |
| 2080 | **Lizenz** | (behördliche) Erlaubnis, Genehmigung (zur Herstellung oder Herausgabe von etwas) {28/40/49/50} | **licentia**, ae f | Freiheit, Erlaubnis, Lizenz; Willkür |
| – | **lizenzieren** o. **lizensieren** l>nlat | Lizenz erteilen {28/49/50} | dto. | dto. |
| 2081 | **Llano** l>span | baumarme (halbwüste) Ebene in Lateinamerika (und New Mexico) {64/68} | **planus**, a, um<br>bzw. **planum**, ni n | eben, platt, flach<br>Ebene, Fläche |
| 2082 | **Lobby** (germ) >mlat>engl | 1. Wandelhalle im Parlamentsgebäude {50/58}; 2. Vestibül, Hotelhalle {44/45/58}; 3. Interessengruppe, die in der Lobby (1.) versucht, Abgeordnete zu beeinflussen {50/28/33} | mlat. **lobia**<br>aus: ahd. *louba*<br><br>mhd. *loube* | Laube, Galerie<br>Schutzdach, Hütte; Halle, Vorbau, Gang, Galerie, Speicher |
| – | **Lobbying** (germ) >mlat>engl | Abgeordnetenbeeinflussung durch Interessengruppen {50/28/33} | dto. | dto. |
| – | Lobbyismus, Lobbyist | | | |

| | | | | |
|---|---|---|---|---|
| – | **Loge** (germ) >mlat >afrz/engl | 1. abgeteilter Raum im Theater {58/35}; 2. Pförtnerraum {58/40}; 3. (Versammlungsort einer) Geheimgesellschaft, Vereinigung von Freimaurern {58/33} | dto.<br>ahd. *louba*<br>fränk. *laubja**<br>1., 2.: afrz. *loge*<br>3., 4.: engl. *lodge* | <br><br><br>abgeschlossener Raum, Unterkunft |
| – | **Loggia** (germ) >mlat>frz >it | halboffene Bogenhalle; nach einer Seite offener, überdeckter Raum des Hauses {58/88} | dto.<br>it. *loggia* | dto. |
| – | **logieren** (germ) >(mlat)>frz | 1. (vorübergehend) wohnen; 2. beherbergen, unterbringen (veraltet) {44} | dto.<br>frz. *loger* | dto. |
| – | **Logis** (germ) >(mlat)>frz | 1. Wohnung, Bleibe, Unterkunft {44}; 2. Mannschaftsraum auf Schiffen (seemannsspr. t. t.) {44/45} | dto.<br>frz. *loger*<br>*logis* | dto.<br><br>Bleibe, Unterkunft |
| >>> | Lok s. Lokomotive | | | |
| 2083 | **lokal, Lokal...** l>frz | 1. örtlich, Orts...; 2. örtlich beschränkt {25/58} | **localis**, e<br>frz. *local* (Adj.) | örtlich |
| – | **Lokal** l>frz | 1. Gaststätte, Restaurant {33/17}; 2. Raum für Versammlungen, Zusammenkünfte {58} | dto.<br>frz. *local* (Subst.) | dto.<br>Örtlichkeit, Raum zu bestimmten Zwecken |
| – | **Lokalisation** l>frz | 1. örtliche Beschränkung; 2. Ortsbestimmung {25/58}; 3. Zuordnung psychischer Funktionen zu Gehirnteilen (psych., med. t. t.); 4. Feststellung eines Krankheitsherdes; Verhinderung seiner Ausbreitung (med. t. t.) {70} | dto. | dto. |
| – | **lokalisieren** l>frz | 1. örtlich beschränken, begrenzen; 2. örtlich bestimmen, festlegen {25/28/58}; 3. einen Krankheitsherd feststellen; seine Ausbreitung verhindern (med. t. t.) {70} | dto.<br>frz. *localiser* | dto. |
| – | **Lokalität** l(>frz) | Örtlichkeit, Raum {58} | **localitas**, atis f<br>frz. *localité* | Örtlichkeit |
| – | **Lokalkolorit** l>frz; l>it | besondere Atmosphäre einer Stadt oder Landschaft {26/58} | **localis**<br>+ **colorare** | s. oben<br>s. oben 1730 |
| – | **Lokaltermin** l>frz;l | Gerichtstermin am Tatort {58/59/82} | **localis**<br>+ **terminus**, ni m | s. oben<br>Grenze, Grenzlinie, -stein |

| | | | | |
|---|---|---|---|---|
| >>> | Lokal... s. auch unter dem Rest des Wortes | | | |
| – | **Lokation** | 1. Platz-, Rangbestimmung (veraltet) {25/33/56}; 2. moderne Wohnsiedlung {44}; 3. Bohrstelle bei der Erdölförderung {41/62}; 4. Bauernansiedlung im Rahmen der mittelalterl. Ostsiedlung {39/75} | **locatio**, onis f | Stellung, Anordnung; Vermietung, Verpachtung |
| – | **Lokativ** l>nlat | Ortskasus, -fall (sprachwiss. t. t.) {76} | **locare** | stellen, setzen, legen |
| – | **Lokator** | 1. ein im landesherrlichen Auftrag Kolonisationsland verteilender Ritter im Mittelalter {33/39/75}; 2. Vermieter, Verpächter (veraltet) {43/44} | **locator**, oris m | Vermieter, Verpächter |
| – | **Lokomotion** | der menschliche Gang, Fortbewegung (med. t. t.) {12/70} | **locus**, ci m + **motio**, onis f | Ort, Platz, Stelle Bewegung; Erregung, Eindruck |
| – | **Lokomotive** l>engl | schienengebundene Eisenbahnzugmaschine {45} | **locus** + **motivus**, a, um | s. oben zur Bewegung geeignet, beweglich |
| – | Lokomotivführer | | | |
| – | **lokomotorisch** l>nlat | die Fortbewegung, den Gang betreffend (med. t. t.) {12/70} | **locus** + **motorius**, a, um | s. oben voll Bewegung, lebhaft |
| – | **Lokus** | 1. Ort, Platz, Stelle (veraltet) {58}; 2. Abort (ugs.) {44/58/21} | **locus** **locus necessitatis** | s. oben Ort der Notdurft |
| 2084a | **Lokution** | 1. Redewendung, Redensart; 2. Redestil, Ausdrucksweise {32} | **locutio**, onis f | Rede; Redensart; Sprache |
| 2084b | **Lolch** | Grasart {04} | **lolium**, ii n | Schwindelhafer, Trespe |
| 2085 | **Longe** l>frz | 1. sehr lange Laufleine für Pferde {38/61/85}; 2. Sicherheitsgurt mit Fangleine beim Turntraining {40/85/87} | **longus**, a, um frz. *longe* | lang; weit, entlegen Leitseil |
| – | **longieren** l>frz | ein Pferd an der Leine laufen lassen {38/61/85} | **longare** | lang machen, entfernt halten |
| – | **longitudinal** l>nlat | 1. in der Längsrichtung verlaufend, längsgerichtet, längs... {58}; 2. die geographische Länge betreffend {64} | **longitudo**, dinis f | Länge, lange Dauer |
| – | **longline** l>engl>am | an der Seitenlinie entlang gespielt (z. B. beim Tennis) {58/85} | **longus** + **linea** | s. oben s. oben 2067 |
| 2086 | **Loquazität** | Geschwätzigkeit (med. t. t.) {32/70/84} | **loquacitas**, atis f | Redselig-, Geschwätzigkeit |

| | | | | |
|---|---|---|---|---|
| 2087 | **Lorbeer** l>ahd | Pflanzenart, dessen Blätter als Gewürze oder (im Kranz) zur Auszeichnung für besondere Verdienste dienen {04/17/33} | **laurus,** ri f ahd. *lorberi* (*lorboum*) | Lorbeer, Lorbeerbaum |
| 2088 | **Lotion** l>frz >(engl) | flüssiges Kosmetikum zur Reinigung und Pflege der Haut {21} | **lotio,** onis f | das Waschen, Baden, Schwemmen |
| 2089 | **Löwe** (gr)>l | Raubkatze {06} | **leo,** onis m gr. *λέων* | Löwe |
| 2090 | **loyal** l>frz | 1. zur Regierung, zum Vorgesetzten stehend; gesetzestreu {25/33/40/50/82}; 2. die Interessen anderer achtend, vertragstreu, anständig, redlich {25/33/82/84} | **legalis,** e frz. *loyal* | s. oben 2026 |
| – | **Loyalist** l>frz | 1. amerikanischer Kolonist, der während des Unabhängigkeitskrieges zu England hielt {75/50}; 2. Anhänger der Politik der Loslösung von England in Ulster (Nordirland) {50} | dto. | dto. |
| – | **Loyalität** l>frz | 1. Treue gegenüber Regierung, Vorgesetzten, Gesetzen {25/50}; 2. Vertragstreue; Achtung vor den Interessen anderer; Anständig-, Redlichkeit {25/82} | dto. frz. *loyauté* | dto. |
| 2091 | **lozieren** | 1. an einen Ort setzen, stellen, einordnen (veraltet) {58}; 2. verpachten (veraltet) {42/43} | **locare** | irgendwohin stellen, setzen, unterbringen; verpachten |
| 2092 | **Ludus** | 1. öffentliches Fest- und Schauspiel im antiken Rom (hist. t. t.) {75/33}; 2. mittelalterl. geistliches Drama {35/51/74/75}; 3. Bezeichnung für Elementarschule {31} | **ludus,** di m | öffentliche Spiele; Zeitvertreib; Elementarschule |
| 2093 | **Lügendetektor** d;l>engl | Registriergerät zur Feststellung unterdrückter affektiver Regungen {82/72/70} | **detector,** oris m | Offenbarer |
| 2094 | **lukrativ** l>frz | gewinnbringend, einträglich {42} | **lucrativus,** a, um frz. *lucratif* | gewonnen; mit Gewinn und Vorteil verknüpft |
| 2095 | **Lukubration** | wissenschaftliches Arbeiten bei Nacht (veraltet) {25/40/59} | **lucubratio,** onis f | das Arbeiten, Studieren bei Licht, in der Nacht |
| – | **lukulent** | lichtvoll, klar (veraltet) {54/55/25} | **luculentus,** a, um | recht hell, ansehnlich, tüchtig |

| | | | | |
|---|---|---|---|---|
| 2096 | **lukullisch** | üppig, schwelgerisch, opulent (von Gerichten) {17/57} | **Lucullus** | römischer Feldherr, der ein verschwenderisches, üppiges Leben führte |
| – | **Lukullus** | Schlemmer {17/33} | dto. | dto. |
| 2097 | **Lumen** | 1. kluger Mensch, Könner, hervorragender Kopf (veraltet, scherzhaft) {22/25}; 2. (innerer Durchmesser eines -,) röhrenförmiges (-n) Hohlorgan(s) (med., biol. t. t.) {53/58/69/70}; 3. Maßeinheit für den Lichtstrom (phys. t. t.) {72} | **lumen**, minis n | Licht; Augenlicht; Einsicht, Klarheit |
| – | **Luminanzsignal** l;l>frz | das beim Farbfernsehen zur Übertragung der Helligkeitswerte ausgestrahlte Signal {46/87} | **luminare** + **signalis**, e | erleuchten, erhellen bestimmt, ein Zeichen zu geben |
| – | **Lumineszenz** l>nlat | Leuchten eines Stoffes ohne gleichzeitige Temperaturerhöhung (phys. t. t.) {54/72} | **luminare** (+ -**escere**) | s. oben Suffix, das ein Wachsen ausdrückt |
| – | **lumineszieren** l>nlat | ohne Temperaturerhöhung leuchten (phys. t. t.) {54/72} | dto. | dto. |
| – | **luminös** l>frz | lichtvoll, leuchtend, vortrefflich {25/33/56} | **luminosus**, a, um | lichtvoll, hell, hervorstechend |
| >>> | Lumpenproletariat s. Proletariat | | | |
| 2098 | **Luna** | Mond (dichterisch) {01/34/66} | **luna**, ae f | Mond; Monat; Nacht |
| – | **lunar(isch)** | den Mond betreffend, von ihm ausgehend (astron. t. t.) {66} | **lunaris**, e | zum Mond gehörig; mondähnlich |
| 2099 | **Luperkalien** | altrömisches Reinigungs- und Fruchtbarkeitsfest (hist. t. t.) {75/33} | **Lupercalia**, iorum n (Pl) | Fest des lycäischen Pan |
| 2100 | **Lupine** | Schmetterlingsblütler; Futter-, Zier- und Gründüngungspflanze {05/39} | **lupinus**, ni m o. **lupinum**, ni n | Lupine, Wolfsbohne |
| 2101 | **Lüster** l>it>frz | 1. Kronleuchter {44}; 2. Glanzüberzug auf Glas-, Ton-, Porzellanwaren {44/40}; 3. Appreturmittel in der Lederverarbeitung {40/73}; 4. glänzendes Halbwollgewebe {19} | **lustrare**<br><br>it. *lustrare* *lustro* frz. *lustre* | hell machen, beleuchten; reinigen beleuchten<br><br>Glanz |
| – | **Lustration** | 1. kultische Reinigung (rel. t. t.) {51}; 2. Durchsicht, Musterung, Prüfung (veraltet) {25/40} | **lustratio**, onis f | Reinigung, Sühne; Durchwanderung |
| – | lustrieren | | | |

| | | | | |
|---|---|---|---|---|
| – | **Lustrum** | 1. altrömisches Reinigungs- und Sühneopfer (hist. t. t.) {75/51}; 2. Zeitraum von fünf Jahren {59} | **lustrum**, ri n | Reinigungsopfer; Jahrfünft; Steuer-, Finanzperiode |
| 2102 | **Lux** | Einheit der Beleuchtungsstärke (phys. t. t.) {72} | **lux**, ucis f | (Sonnen-, Tages)-licht; Leben; Hilfe |
| 2103 | **Luxation** | Verrenkung, Ausrenkung eines Gelenks (med. t. t.) {12/14/70} | **luxatio**, onis f | Verrenkung |
| – | luxieren | | | |
| 2104 | **Luxus** | übertriebener Aufwand, Verschwendung, Prunk {43/33} | **luxus**, us m | üppige Fruchtbarkeit, übermäßige Verschwendung, Pracht |
| – | **luxuriös** | komfortabel ausgestattet; üppig, verschwenderisch; prunkvoll {43/33} | **luxuriosus**, a, um | üppig, ausschweifend, schwelgerisch, geil |
| 2105 | **Luzerne** l>vulgl >prov>frz | Schmetterlingsblütler, Futterpflanze {05/39} | **lucerna**, ae f | Leuchte, Lampe |
| | | | vulgl. lucerna* | |
| | | | prov. *luzerno* | Glühwürmchen; Luzerne |
| | | | frz. *luzerne* | |
| 2106 | **luzid** | 1. hell; durchsichtig {55}; 2. klar, verständlich {25} | **lucidus**, a, um | lichtvoll, gell; glänzend; deutlich |
| 2107 | **Luzifer** l>kirchenl | Teufel, Satan {51} | **Lucifer**, ri m | Venus, Morgenstern |
| | | | kirchenl. **Lucifer** | Teufel |
| – | luziferisch | | | |
| 2108 | **Lymphe** (gr)>l | (med. t. t.) 1. hellgelbe, eiweißhaltige Körperflüssigkeit in eigenem Gefäßsystem {11/70}; 2. Impfstoff gegen Pocken {70} | **lympha** o. **limpha**, ae f gr. *νύμφη* | klares Wasser, Flüssigkeit |

# M

| | | | | |
|---|---|---|---|---|
| 2109 | **Maar** l>vulgl | (mit Wasser gefüllte) kraterförmige Vertiefung (geogr. t. t.) {02/64} | **mare**, ris n | Meer |
| | | | vulgl. mara | stehendes Gewässer, See |
| 2110 | **Machination** | 1. listiger Anschlag, Kniff {25/28}; 2. Ränke, Machenschaften, Winkelzüge {25/28/33} | **machinatio**, onis f | Mechanismus; List, Kunstgriff; Maschine |
| – | machinieren | | | |
| 2111 | **Macho** l>span >südam | 1. jmd. mit Männlichkeitswahn; Mann, der sich Frauen gegenüber überlegen fühlt {18/33}; 2. harter Bursche, Kraftprotz {25/26/33} | **masculus**, a, um | männlich; kräftig, tüchtig |
| | | | span. *macho* | |
| | | | *machismo* | übersteigertes Männlichkeitsgefühl |
| – | **macho** l>span >südam | übertrieben männlich {18/25/26/33} | dto. | dto. |
| 2112 | **Madam** l>frz | 1. Hausherrin, die Gnädige; 2. Ehefrau (landsch., scherzhaft) {31/33}; 3. dickliche, behäbige Frau (scherzh.) {33} | **meus**, a, um + **domina**, ae f | mein(e) Herrin |
| | | | **mea domina** | meine (Haus)herrin |
| | | | frz. *madame* | |
| – | **Madame** l>frz | französische Anrede für „gnädige Frau" {32/33} | dto. | dto. |
| – | **Mademoiselle** l>gallorom >frz | französische Anrede für „Fräulein" {32/33} | dto. | dto. |
| | | | vulgl. dominicella* | |
| | | | afrz. *ma demoiselle* | meine junge Dame |
| – | **Madonna** l>it | 1. (Darstellung der) Gottesmutter (mit dem Kinde) {51/36}; 2. schöne Geliebte (veraltet) {18} | **mea domina** | s. oben |
| | | | it. *madonna* | |
| 2113 | **Maestro** l>it | 1. großer Musiker o. Komponist {40/37}; 2. Musiklehrer {40/37/31} | **magister**, tri m | Meister; Lehrer; Lehrmeister |

| | | | | |
|---|---|---|---|---|
| – | **Magister** | 1. akademischer Grad in einigen Hochschulfächern, gleichwertig mit einem Diplom {31/40}; 2. akademischer Grad zur Unterrichtsbefähigung an Universitäten (hist. t. t.) {31/40/75}; 3. Lehrer (veraltet, scherzhaft) {31/40} | dto. | dto. |
| – | **Magistrale** l>nlat (l>russ) | 1. Hauptverkehrslinie, -straße; 2. repräsentative Hauptstraße mit Geschäften und Gaststätten (DDR) {45} | **magistralis**, e | zum Lehrer gehörig, Lehrer... |
| – | **Magistrat** | 1. hoher Beamter, öffentliches Amt im antiken Rom (hist. t. t.) {75/50}; 2. Stadtverwaltung {49}; 3. Mitglied der Regierung oder ausführenden Behörde (schweiz.) {49/50} | **magistratus**, us m | öffentliches Amt; Staatsbeamter, Obrigkeit |
| – | **Magistratur** l>nlat | behördliche Würde, obrigkeitliches Amt (veraltet) {33/49} | dto. | dto. |
| 2114 | **Magnat** l>mlat | 1. Inhaber (branchenbeherrschender) wirtschaftlicher Macht {33/41/42/43}; 2. hoher Adliger (hist. t. t.) {75/33} | **magnates**, tium n (Pl.) mlat. magnas | die Großen, Häuptlinge |
| 2115 | **magnifik** l>frz | herrlich, prächtig, großartig (veraltet) {56/26} | **magnificus**, a, um | großartig, prächtig, prahlend |
| – | **Magnifizenz** | Anrede, Titel von Hochschulrektoren {31/32} | **magnificentia**, ae f | edler Charakter; Großartigkeit; Großsprecherei |
| 2116 | **Magnum** | Wein- oder Sektflasche mit doppeltem Fassungsvermögen (1,5 Liter) {17/56/57/58} | **magnus**, a, um | groß, bedeutend, zahlreich |
| 2117 | **Mai** | 5. Monat im Jahr, Wonnemonat {59} | **Maius** (sc. mensis) | Maimonat |
| 2118 | **Maire** l>frz | Bürgermeister in Frankreich {49} | **maior**, ius (Komp.) | größer, älter; bedeutender; höherstehender |
| – | **Mairie** l>frz | Bürgermeisterei in Frankreich {49} | dto. | dto. |
| 2119 | **Majestät** | 1. Herrlichkeit, Erhabenheit {25/33}; 2. Titel und Anrede von Kaisern und Königen {32/33} | **maiestas**, atis f | Hoheit, Erhabenheit, Würde |
| – | **majestätisch** l>(nlat) | herrlich, erhaben, hoheitsvoll {26/33/56} | dto. | dto. |
| 2120 | **Major** (l>span) | 1. der weitere Begriff im Syllogismus (log. t. t.) {71}; 2. Offiziersrang über dem Hauptmann {86} | **maior** span. *mayor* | s. oben 2118 |

| | | | | |
|---|---|---|---|---|
| 2121 | **Majoran**<br>(gr)>l>mlat | Gewürz- und Heilpflanze (bzw. die Blätter dieser Pflanze) {04/17} | **amaracum**, ci n<br>gr. *ἀμάρακος* | Majoran |
| | | | mlat. majorana | Majoran |
| 2122 | **majorisieren**<br>l>nlat | übereinstimmen, durch Stimmenmehrheit zwingen {28/57/50} | **maior** | s. oben 2118 |
| – | **Majorität**<br>l>mlat>frz | (Stimmen)mehrheit {50/57} | dto.<br>mlat. maioritas<br>frz. *majorité* | dto. |
| – | **Majuskel** | Großbuchstabe (bes. in frühmittelalterlichen Handschriften) {32/58/75} | **maior** | s. oben 2118 |
| 2123 | **Makel** | Schandfleck, Fehler {25/30/33} | **macula**, ae f | Lücke, Schandfleck, Makel |
| – | makellos | | | |
| – | **Makulatur**<br>l>mlat | 1. fehlerhafter Bogen, Fehldruck {40/32/56}; 2. Altpapier, Abfall der Papierindustrie {41/56}; 3. Unsinn; dummes, wertloses Zeug {25/56} | **maculare** | beflecken, fleckig machen, besudeln |
| >>> | Makro... s. ggf. unter dem Rest des Wortes | | | |
| 2124a | **malade**<br>(l;l)>l>frz | krank, unwohl, müde {14/70} | **malus**, a, um | schlecht, übel, böse |
| | | | + **habitus**, us m | s. oben 1233 |
| | | | **male habitus** | in schlechter Verfassung |
| | | | frz. *malade* | |
| 2124b | **Malaise**<br>l>frz | 1.. Übelkeit, Unbehagen {26/14}; 2. Unglück, Widrigkeit, Misere {26/33} | **malus**, a, um | schlecht, böse; ungünstig, schlimm |
| | | | frz. *malaise* | Unbehagen |
| – | **Malaria**<br>(l;gr>l)>l>it | Sumpf-, Wechselfieber (med. t. t.) {70} | **malus** | s. oben |
| | | | + **aer**<br>gr. *ἀήρ* | s. oben 0090a |
| | | | **aer mala** | schlechte Luft |
| | | | it. *mala aria* | schlechte Luft, Sumpfluft |
| | | | *malaria* | |
| – | **maledeien**<br>l>frz | verwünschen, fluchen (veraltet - häufiger vermaledeien) {32/27} | **maledicere** | lästern, schmähen, schimpfen |
| | | | afrz. *maldire* | |
| – | **Malediktion** | Verleumdung, Schmähung (veraltet) {32} | **maledictio**, onis f | das Schmähen, Lästern, Schimpfen |
| – | **maledizieren** | verwünschen (veraltet) {32/27} | **maledicere** | s. oben |

| | | | | |
|---|---|---|---|---|
| – | **Malefikus** | 1. Missetäter, Übeltäter {25/33/82}; 2. unheilbringender Planet (astrol. t. t.) {66/51} | **maleficus**, a, um bzw. **maleficus**, ci m | übel handelnd, böse tuend, schädlich, gottlos Zauberer |
| – | **Malefiz** | 1. Missetat, Verbrechen (veraltet) {25/82}; 2. Strafgericht (landsch.) {82} | **maleficium**, ii n | Übeltat, Frevel; Betrug, Zauberei |
| – | **Malheur** l>frz; l>vulgl>frz | 1. Unglück, Unfall (veraltet); 2. Pech, kleines Unglück, peinliches Mißgeschick (ugs.) {26/33} | **malus** + **augurium**, ii n vulgl. agurium frz. *heur* frz. *malheur* | s. oben Omen; Vorzeichen; Wahrzeichen glücklicher Zufall |
| – | **maligne** | bösartig (z. B. Krebsgeschwür - med. t. t.) {70} | **malignus**, a, um | bösartig; mißgünstig; geizig |
| – | **Malignität** | Bösartigkeit (med. t. t.) {70} | **malignitas**, atis f | Bösartigkeit; Mißgunst; Kargheit |
| – | **maliziös** l>frz | arglistig, boshaft, hämisch {26/25/84} | **malitiosus**, a, um | schurkisch, arg-, hinterlistig, hämisch |
| – | **malträtieren** (l>frz;l>frz) >frz | mißhandeln, quälen {29/33} | **malus** + **tractare** frz. *mal* + *traiter* *maltraiter* | s. oben be-, verhandeln |
| – | **Malum** | Krankheit, Übel (med. t. t.) {70} | **malum**, li n | Krankheit; Fehler; Übel |
| – | **Malus** | 1. nachträglicher Prämienzuschlag in der Kfz-Versicherung {45/42/57}; 2. Punktabzug zum Ausgleich unterschiedlicher Ausgangspositionen {56/85} | **malus** | s. oben |
| 2125 | **Malve** (gr)>l>it | krautige Heil- und Zierpflanze {04} | **malva**, ae f gr. μαλάχη it. *malva* | Malve |
| 2126 | **Mamillaria** l>nlat | Warzenkaktus {04} | **mamilla**, ae f | Brustwarze |
| – | **Mammalia** l>nlat | systematische Bezeichnung für alle Säugetiere (biol. t. t.) {69} | **mammalis**, e | zu den Brüsten gehörig |
| – | **Mammatuswolke** l;d | bei Gewittern auftretende Beutelwolke mit kleinen sackartigen Ausbuchtungen (meteor. t. t.) {65} | **mammatus**, a, um | mit Brüsten versehen |
| – | **Mammographie** l;gr | röntgendiagnostische Untersuchung der weiblichen Brust (med. t. t.) {70} | **mamma**, ae f + gr. γράφειν | Mutterbrust |

| | | | | |
|---|---|---|---|---|
| 2127 | **Mamsell** l>gallorom >frz | 1. Angestellte im Gaststättengewerbe {40}; 2. Fräulein, Hausgehilfin (scherzhaft, veraltet) {33/40}; 3. Hauswirtschafterin auf einem Gutshof {39/40} | **meus** bzw. **domina** **mea domina** mlat. mea dom(i)nicella frz. *mademoiselle* | s. oben 2112 meine Herrin meine kleine Herrin (mein) Fräulein |
| 2128 | **Management** l>it>engl >am | Leitung eines Unternehmens, Betriebsführung {40/41/42/80} | **manus**, us f it. *mano* *maneggiare* engl. *(to) manage* | Hand; Handgemenge; Abteilung handhaben, bewerkstelligen handhaben, bewerkstelligen; leiten, führen |
| – | **managen** l>it>engl >am | 1. leiten, zustande bringen, organisieren {25/33}; 2. einen Berufssportler, Künstler o. ä. betreuen {33/40/85}; 3. jmdm. eine höhere Position verschaffen {25/33} | dto. | dto. |
| – | **Manager** l>it>engl >am | 1. Leiter (eines Großunternehmens) {40/41}; 2. Betreuer (eines Berufssportlers o. ä.) {33/40/85} | dto. | dto. |
| 2129 | **Mandant** | Klient eines Rechtsanwalts {33/82} | **mandare** | übergeben, anvertrauen, Auftrag erteilen |
| – | Mandantschaft | | | |
| – | **Mandat** | 1. Auftrag, (Vertretungs)vollmacht (jur. t. t.) {82}; 2. Amt eines (gewählten) Abgeordneten (polit. t. t.); 3. in Treuhand von einem Staat verwaltetes Gebiet (polit. t. t.) {50/81} | **mandatum**, ti n | Auftrag, Befehl, Weisung |
| – | **Mandatar** l>mlat | 1. jmd., der im Auftrag eines anderen handelt (z. B. Anwalt) {29/33/40/82}; 2. Abgeordneter (österr.) {50} | **mandare** | s. oben |

>>> Mandatsgebiet s. oben Mandat (3.)

| | | | | |
|---|---|---|---|---|
| 2130 | **Mandel** (gr)>l >spätl/ vulgl | 1. Nußfrucht des Mandelbaumes {05/17}; 2. Organ im Nasen-Rachenraum {11/70} | 1., 2.: **amygdala**, ae f gr. *ἀμυγδάλη* spätl. amandula vulgl. amiddula | Mandel; Mandelkern, -baum |
| | (l>mlat) | 3. Gruppe von 15 aufgestellten Getreidegarben {39/57}; 4. Anzahl von 15 oder 16 Stück (noch landsch.) {57} | 3., 4.: **manus**, us m mlat. mandala | Hand; Schar<br>Bündel, Garbe; Handvoll |
| 2131 | **Mandibel** | Oberkiefer der Gliederfüßler (biol. t. t.) {69} | **mandibula**, ae f | Kinnbacken, Kinnlade |
| – | **Mandibula** | Unterkiefer (med. t. t.) {70} | dto. | dto. |
| 2132 | **Manege** l>it>frz | runde Fläche für Zirkusdarbietungen bzw. in einer Reitschule {31/33/58/85} | **manus**<br>it. *maneggio*<br>frz. *manège* | s. oben 2128<br>Handhabung; Reitbahn<br>Reitbahn, -schule |
| 2133 | **Manen** | die Geister der Toten im altröm. Glauben (hist., rel. t. t.) {51} | **manes**, nium m (Pl.) | Seelen der Verstorbenen, Totengeister |
| 2134 | **Manier** l>gallorom >frz | 1. Art und Weise, Eigenart; Stil; 2. Künstelei, Mache {25/26/33}; 3. Umgangsform, Sitte, Benehmen {26/33}; 4. Verzierung (mus. t. t.) {37} | **manus**<br>frz. *main*<br>afrz. *manièr(e)*<br>frz. *manière* | s. oben 2128<br>Hand<br>zur Hand; gewandt; geschickt, gewohnt<br>Art und Weise, Gewohnheit; Benehmen |
| – | **manieriert** l>gallorom >frz | gekünstelt, unnatürlich (abwertend) {25/26/33} | dto.<br>frz. *maniéré* | dto. |
| – | **Maniertheit** l>gallorom >frz | Geziertheit, Gehabe, unnatürliches Ausdrucksverhalten (abwertend) {25/26/33/84} | dto. | dto. |
| – | **Manierismus** l>gallorom >frz>nlat | 1. Stilbegriff, Epoche der Kunst zwischen Renaissance und Barock (kunstwiss., lit.wiss. t. t.); 2. gegenklassischer Stil in verschiedenen Epochen {75/79}; 3. manieriertes Verhalten, manierierte Ausdrucksweise {25/26/32/84} | dto. | dto. |
| – | Manierist, manieristisch | | | |
| – | **manierlich** l>gallorom >frz;d | 1. den guten Manieren entsprechend, wohlerzogen {25/26/33/84}; 2. ganz gut, recht akzeptabel (ugs.) {25/56} | dto. | dto. |

| | | | | |
|---|---|---|---|---|
| 2135 | **manifest** | 1. handgreiflich, offenbar, offenkundig {25}; 2. deutlich erkennbar (von Krankheiten u. a. - med. t. t.) {70/23} | **manifestus**, a, um | handgreiflich, offenbar; überführt, ertappt |
| – | **Manifest** l>mlat | 1. Grundsatzerklärung, Programm (einer Partei o. ä.) {25/50}; 2. Verzeichnis der Güter auf einem Schiff {32/57/45} | dto. mlat. manifestum | dto. |
| – | **Manifestant** | 1. Teilnehmer an einer Kundgebung (veraltet) {28/33/50}; 2. jmd., der den Offenbarungseid leistet (jur. t. t.) {82} | **manifestare** (PPA. **manifestans**) | sichtbar machen, offenbaren |
| – | **Manifestation** | 1. das Offenbar-, Sichtbarwerden {25/23}; 2. Offenlegung, Darlegung; Bekundung (jur. t. t.) {82}; 3. das Erkennbarwerden (von Krankheiten o. ä. - med. t. t.) {23/70}; 4. (politische) Kundgebung, Massenversammlung {50/33/57} | **manifestatio**, onis f | Offenbarung, das An-den-Tag-Legen |
| – | **manifestieren** | 1. offenbaren; kundgeben, bekunden {25/28/32}; 2. den Offenbarungseid leisten (veraltet - jur. t. t.) {82} | **manifestare** | s. oben |
| 2136 | **Maniküre** (l;l)>frz | 1. Hand-, bes. Nagelpflege {21}; 2. kleines Beutelchen für die Nagelpflegegeräte {21/58}; 3. Kosmetikerin für die Handpflege {21/40} | **manus** + **cura** frz. *manicure* | s. oben 2128 Sorge, Pflege |
| – | maniküren | | | |
| 2137 | **Manipel** | 1. Unterabteilung der röm. Kohorte (hist. t. t.) {57/75/86}; 2. Band des kath. Meßgewandes am linken Unterarm {51/19} | **manipulus**, li m | Handvoll; Bündel; Manipel, Kompanie |
| – | **Manipulant** l>frz | 1. jmd., der bestimmte soziale Verhaltensweisen auslöst o. steuert {25/28/33}; 2. Hilfskraft, Amtshelfer (österr., veraltend) {33/40/49} | dto. frz. *manipuler* | dto. handhaben |

| | | | | |
|---|---|---|---|---|
| – | **Manipulation**<br>l>frz | 1. bewußter, gezielter Einfluß auf Menschen ohne deren Wissen (z. T. gegen ihren Willen) {25/28/33}; 2. absichtliche Informationsverfälschung {28/32}; 3. undurchsichtige Machenschaften {25/28/82}; 4. Handhabung, Verfahren (techn. t. t.) {72/29}; 5. Anpassen der Ware an Verbraucherbedürfnisse {42/80}; 6. Handbewegung, Hantierung (veraltet) {12}; 7. kunstgerechter Handgriff (med. t. t.) {70} | dto.<br>frz. *manipulation* | dto.<br>bestimmtes Heilverfahren |
| – | **manipulativ**<br>l>frz | auf Manipulation beruhend, durch Manipulation entstanden {s. oben} | dto. | dto. |
| – | **Manipulator**<br>l>frz<br>(o. **Manipulierer**) | 1. jmd., der andere zu seinem eigenen Vorteil beeinflußt {25/28/33}; 2. Vorrichtung zur Handhabung gefährlicher Substanzen {72/73}; 3. Zauberkünstler, Jongleur, Taschenspieler {40/85} | dto. | dto. |
| – | manipulatorisch, manipulierbar | | | |
| – | **manipulieren**<br>l>frz | 1. Menschen gezielt beeinflussen {25/28/33}; 2. Informationen verfälschen {32/28}; 3. etw. handhaben, betasten {12/23}; 4. kunstgerecht mit etw. umgehen {22/25/70}; 5. mit etw. hantieren {12/29} | dto.<br>frz. *manipuler* | dto. |
| – | Manipulierung | | | |
| >>> | manisch-depressiv s. depressiv | | | |
| 2138 | **Manko**<br>l>it | 1. Fehlbetrag {57/42}; 2. Fehler, Unzulänglichkeit, Mangel {25/33} | **mancus**, a, um<br><br>it. *manco* | verstümmelt, gebrechlich; unvollständig<br>Mangel, Fehlbetrag |
| 2139 | **Manöver**<br>(l;l)<br>>vulgl>frz | 1. Truppenübung unter Kriegsbedingungen {86}; 2. taktische Truppenbewegung {61/86}; 3. Bewegung mit einem Schiff, Flugzeug o. ä. {45/61}; 4. Scheinmaßnahme, Täuschungsversuch {25/28/33} | **manus**<br>**+ operari**<br><br>vulgl. manuopera<br>frz. *manœuvre* | s. oben 2128<br>tätig werden, arbeiten, wirken<br>Handhabung; Handarbeit<br>Handarbeit, Bewegung militärischer Verbände |

| | | | | |
|---|---|---|---|---|
| – | **manövrieren** (l;l) >vulgl>frz | 1. ein Manöver (2.) durchführen {61/86}; 2. ein Fahrzeug geschickt lenken {45/61}; 3. Kunstgriffe anwenden, um jmdn. in eine bestimmte Situation zu bringen {25/28} | dto.<br>frz. *manœuvrer* | dto. |
| 2140 | **Manschette** l>frz | 1. steifer Ärmelabschluß an Hemden oder Blusen {19}; 2. -n haben: Angst haben (ugs.) {26}; 3. Papierkrause für Blumentöpfe {44}; 4. unerlaubter Würgegriff beim Ringkampf {12/85}; 5. Dichtungsring mit eingestülptem Rand {40/44} | **manica**, ae f<br>frz. *manche*<br>*manchettte* | Tunikaärmel; Handfessel; Enterhaken<br>Ärmel<br>Handkrause |
| 2141 | **Mantel** l>(vulgl) | Kleidungsstück, Überkleid {19} | **mantellum**, li n<br>vulgl. mantulum* | Hülle, Decke |
| – | bemänteln | | | |
| 2142 | **Mantisse** | 1. Zugabe, Anhängsel (veraltet) {57}; 2. Ziffern des Logarhythmus hinter dem Komma (math. t. t.) {71} | **mantisa**, ae f | Zugabe; Gewinn |
| 2143 | **manuell** l>frz | mit der Hand, Hand... {11/12/29/61} | **manualis**, e | zur Hand gehörig, Hand... |
| 2144 | **Manufaktur** (l;l)>mlat >frz/engl | 1. Handarbeit; Web- und Wirkwaren (veraltet) {19/40/44}; 2. (vorindustrieller) gewerblicher Großbetrieb (hist. t. t.) {41/75}; 3. in Handarbeit hergestelltes Industrieerzeugnis (40/41} | **manus**<br>+ **factura**, ae f<br>mlat. manufactura<br>frz. / engl. *manufacture* | s. oben 2128<br>das Machen; Herstelllung<br>mit der Hand ausgeführte Arbeit |
| – | manufakturieren, Manufakturist | | | |
| 2145 | **Manuskript** (l;l)>mlat | 1. Handschrift, handschriftliches Buch der Antike und des Mittelalters {32/75}; 2. Niederschrift eines Textes als Vorlage für den Setzer {32/40}; 3. Ausarbeitung einer Vorlesung, eines Vortrages {31/32} | **manus**<br>+ **scribere** (PPP. **scriptus**)<br>mlat. manuscriptum | s. oben 2128<br>schreiben<br>mit der Hand Geschriebenes |
| 2146 | **Mappe** l>(mlat) | 1. Umschlag für Landkarten {40/58/64}; 2. flache Tasche; aus zwei aufklappbaren Deckeln bestehende Hülle {44/40/58} | **mappa**, ae f<br>(mlat. mappa mundi | Vortuch; Serviette; Flagge, Signaltuch<br>Land-, Weltkarte) |
| 2147 | **Maraschino** l>it | aus (dalmatischen Maraska)-kirschen hergestellter Likör {17} | **amarus**, a, um<br>it. *marasca* | bitter, herb; widerlich<br>bittere, wilde Kirsche |

| | | | | |
|---|---|---|---|---|
| 2148 | **Mare** | als dunkle Fläche erscheinende Ebene auf dem Mond (astron. t. t.) {66} | **mare**, ris n | Meer, -wasser; Meerfarbe |
| 2149 | **Marge**<br>l>frz | Abstand, Spielraum, Spanne (bei Gewinn, Preisen o. ä. - wirtsch. t. t.) {80/56} | **margo**, ginis mf | Rand; Grenze |
| – | **marginal**<br>l>mlat | 1. am Rande, auf der Grenze liegend {58/56}; 2. auf dem Rand stehend {58}; 3. randständig (bot. t. t.) {68}; 4. unwichtig {25/56} | **marginare**<br><br>mlat. marginalis, e | mit einem Rand versehen, einrahmen<br>den Rand betreffend |
| >>> | Marginalexistenz s. Existenz bzw. Marginalität | | | |
| – | **Marginalglosse**<br>l>mlat;gr>l | an den Rand der Seite geschriebene Zusatzbemerkungen (bei mittelalterlichen Handschriften) {32/75} | dto.<br>+ **glossa**, ae f<br>gr. γλῶσσα | dto.<br>Glosse, Randbemerkung |
| – | **Marginalie**<br>l>mlat | 1. Anmerkungen am Rand einer Handschrift, eines Buches {32}; 2. Randtitel bei Gesetzeserlassen (jur. t. t.) {82} | dto. | dto. |
| – | marginalisieren | | | |
| – | **Marginalität**<br>l>mlat | Existenz am Rande einer sozialen Gruppe, Klasse oder Schicht (soziol. t. t.) {81/33} | dto. | dto. |
| 2150 | **Mariage**<br>l>frz | 1. Heirat, Ehe (veraltet) {31/33}; 2. Zusammentreffen von Dame u. König in der Hand des Kartenspielers {56/85}; 3. Kartenspiel mit 32 Blatt {85} | **maritare**<br><br>frz. *marier* | verheiraten, vermählen; schwängern |
| 2151 | **marin** | 1. zum Meer gehörend {02/64}; 2. aus dem Meer stammend, im Meer lebend (biol. t. t.) {68/69} | **marinus**, a, um | zum Meer gehörig, im Meer befindlich, Meer... |
| – | **Marinade**<br>l>frz | 1. Soße, Beize zum Einlegen von Fleisch, Fisch, Salaten; 2. in Gewürzsoße eingelegter Fisch {17} | dto.<br>frz. *marin*<br>*mariner* | dto.<br><br>in Meer-, Salzwasser einlegen |
| – | **Marine**<br>l>frz | 1. See-, Flottenwesen {45}; 2. (Kriegs)flotte {45/86}; 3. bildliche Darstellung von See o. Küste, Hafen (kunstwiss. t. t.) {36} | dto.<br>frz. *marine* | dto. |
| – | marineblau | | | |
| – | **marinieren**<br>l>frz | (Fische) in Marinade (1.) einlegen {17} | dto.<br>frz. *marin*<br>*mariner* | dto.<br><br>s. oben |
| – | **maritim** | 1. das Meer betreffend, Meer... {02/64/65}; 2. das Seewesen betreffend {45/50} | **maritimus**, a, um | zum Meer gehörig, im Meer befindlich |

| | | | | |
|---|---|---|---|---|
| 2152 | **Marketenderin** l>it | die Truppe bei Manövern und im Krieg begleitende Händlerin (hist. t. t.) {42/75/86} | **mercatus**, us m<br>it. *mercato*<br>*mercatare*<br>*mercatante* | (Kauf)handel, (Jahr)markt<br><br><br>Händler |
| – | **Marketenderei** l>it | Verkauf(sstelle) von Marketenderwaren (hist. t. t.) {42/75/86} | dto. | dto. |
| – | marketendern | | | |
| – | **Marketenderware** l>it;d | an die Soldaten gegen Bezahlung gelieferte Lebens- und Genußmittel, Gebrauchsgegenstände (hist. t. t.) {42/75/86} | dto. | dto. |
| – | **Marketing** l>frz>engl | Ausrichtung eines Unternehmens auf das absatzpolitische Ziel, Verbesserung der Absatzmöglichkeiten (wirtsch. t. t.) {42/80} | dto.<br>engl. *market* | dto. |
| – | **Marketing-Research** l>frz>engl; (l;l>frz)>frz >engl | Absatzforschung (wirtsch. t. t.) {80} | dto.<br>+ **re**<br>+ **circare**<br><br><br>afrz. *cercher*<br>frz. *recerche* | dto.<br>zurück, wieder<br>durchwandern, -streifen, umkreisen<br><br><br><br>vgl unten 2988 |
| – | **Markt** l>(vulgl) | 1. Verkauf von Waren, Handel {42/80}; 2. Verkaufsort, Handelsplatz {42/58} | **mercatus** | s. oben |
| – | Marktflecken, Marktschreier, marktschreierisch | | | |
| 2153 | **Marmelade** (gr;gr)>gr >l>port | 1. mit Zucker eingekochte reife Früchte; 2. süßer Brotaufstrich aus Zitrusfrüchten (EG-Phraseologie) {17} | **melimelum**, li n<br>gr. *μελίμηλον*<br>aus:<br>*μέλι*<br>+ *μῆλον*<br>port.<br>*marmelo*<br>*marmelada* | Honig-, süßer Mostapfel; Granatapfelwein<br><br><br>Honig<br>Apfel<br><br>Honigapfel, Quitte<br>Quittenmus |
| 2154 | **Marmor** (gr)>l | kristallin-körniger, polier- und schleiffähiger Kalkstein {02/20/36/88} | **marmor**, oris m<br>gr. *μάρμαρος* | Marmor(stein) |
| – | **marmorieren** (gr)>l | marmorartig bemalen, ädern {20/36/88} | **marmorare** | mit Marmor überziehen |
| – | **marmorn** (gr)>l | aus Marmor {02/20/36/88} | **marmoreus**, a, um | marmorn<br>vgl. unten 2321 |
| 2155 | **martialisch** | kriegerisch; grimmig, wild, verwegen {26/84/86} | **Martialis**, e | zu Mars gehörig, martialisch |

| | | | | |
|---|---|---|---|---|
| – | **März** | dritter Monat im Jahr {59} | **Martius** (sc. mensis) | März, dritter (ursprünglich erster) Monat im Jahr |
| 2156 | **Maschine** (gr)>l | 1. Gerät, das Arbeitsgänge selbständig verrichtet {40/41/72/87}; 2. Motorrad; Rennwagen {45/87}; 3. Flugzeug {45}; 4. Schreibmaschine {40/44/32}; 5. beleibte weibliche Person (ugs., scherzhaft) {25/26} | **machina**, ae f gr. _μηχανή_ (dor. _μαχανά_) | Maschine, Gerüst; List; Bühne |
| – | **maschinell** (gr)>l | maschinenmäßig; mit einer Maschine (hergestellt) {40/41} | dto. | dto. |
| >>> | Maschinen... | s. unter dem Rest des Wortes | | |
| – | **Maschinerie** (gr)>l | 1. maschinelle Einrichtung; Getriebe {40/41/72}; 2. System automatisch ablaufender Vorgänge, in die kein Eingriff möglich ist {41/25/72} | dto. | dto. |
| – | **Maschinist** (gr)>l | 1. jmd., der Maschinen bedient und überwacht {40/41}; 2. Spezialist auf Schiffen für Inbetriebsetzung, Instandhaltung und Reparatur der Antriebsmaschine {40/45} | dto. | dto. |
| 2157 | **maskulin** | 1. für den Mann charakteristisch, männlich; 2. das Männliche betonend, hervorhebend; 3. als Frau männliche Züge habend, nicht weiblich {18/23/25/26/70} | **masculinus**, a, um | männlich, männlichen Geschlechts (auch gramm. t. t.) |
| – | maskulinisch, Maskulinisierung | | | |
| – | **Maskulinum** | männliches Substantiv (sprachwiss. t. t.) {76} | dto. | dto. |
| 2158a | **Massaker** l>vulgl >gallorom >frz | Gemetzel, Blutbad {82/26/33} | uns.: **mateola**, ae f | Werkzeug zum Einschlagen in die Erde, Schlegel |
| | | | vulgl. mateuca* | Schlegel |
| | | | früh-gallorom. _matteucculare*_ | erschlagen |
| | | | frz. _massacrer_ | niedermetzeln |
| | | | _massacre_ | |
| – | **massakrieren** l>vulgl >gallorom >frz | niedermetzeln, grausam hinmorden, quälen, mißhandeln {82/26/33} | dto. | dto. |

| | | | | |
|---|---|---|---|---|
| 2158b | **Masse** (gr)>l | ungestalteter Stoff; (Metall)-klumpen; Haufen {57} | **massa,** ae f gr. *μᾶζα* | Masse, Klumpen; Landgut |
| >>> | Massen... s. unter dem Rest des Wortes | | | |
| – | **massig** (gr)>l | schwer, gedrungen, mächtig {55/54} | dto. | dto. |
| – | **massieren** (gr)>l | 1. Truppen zusammenziehen {57/86}; 2. verstärken {57} | dto. | dto. |
| – | **massiv** (gr)>l>frz | 1. schwer, fest, wuchtig {54/55}; 2. ganz aus gleichem Material, nicht hohl {54/53}; 3. stark, heftig, ausfallend; in bedrohlicher Weise erfolgend {26/56} | dto. frz. *massif* | dto. |
| – | **Massiv** (gr)>l>frz | 1. Gebirgsstock, geschlossene Gebirgseinheit {64}; 2. freigelegte Masse alter Gesteine (geol. t. t.) {62} | dto. | dto. |
| – | **Massivität** (gr)>l>frz | Wucht, Nachdruck; Derbheit {26/28} | dto. | dto. |
| 2159 | **Master** l>frz>engl | 1. engl. Anrede: junger Herr {32/33}; 2. akademischer Grad in den USA, GB {31/33}; 3. Schallplattenmatritze (techn. t. t.); 4. = Master-Tape: kopierfähiges Mutterband einer Tonaufzeichnung (techn. t. t.) {32/33/87}; 5. Anführer bei Parforcejagden {38} | **magister,** tri m afrz. *maistre* frz. *maître* | Meister; Direktor, Anführer; Urheber |
| 2160 | **Mastiff** l>vulgl>frz >engl | englische doggenartige Hunderasse {06} | **mansuetus,** a, um afrz. *mastin* | sanftmütig, friedlich, zahm |
| 2161 | **Masturbation** l>nlat | (med. t. t.) 1. geschlechtliche Selbstbefriedigung; 2. geschlechtliche Befriedigung eines anderen durch manuelle Reizung der Geschlechtsorgane {18/70} | **masturbari** | onanieren |
| – | **masturbatorisch** l>nlat | auf Masturbation bezüglich (med. t. t.) {18/70} | dto. | dto. |
| – | **masturbieren** | (med. t. t.) 1. sich selbst geschlechtlich befriedigen; 2. bei jmdm. die Masturbation (2.) ausüben {18/70} | dto. | dto. |
| 2162 | **Matador** l>span | 1. Hauptkämpfer im Stierkampf {85}; 2. Berühmtheit, hervorragender Mann; Anführer {33} | **mactator,** oris m span. *matador* | Mörder, Schlächter Mörder, Totschläger |

| | | | | |
|---|---|---|---|---|
| 2163 | **material** | 1. stofflich, sich auf einen Stoff beziehend, als Material gegeben {54/52}; 2. inhaltlich, sich auf den Inhalt beziehend (philos. t. t.) {77} | **materialis**, e | zur Materie gehörig, materiell |
| – | **Material** l>mlat | 1. Roh-, Werkstoff {40/41/52}; 2. (schriftliche) Angaben, Unterlagen, Nachweise; Hilfsmittel {32} | dto. | dto. |
| – | **Materialisation** l>nlat | 1. Umwandlung von Energie in materielle Teilchen (phys. t. t.) {72}; 2. Bildung körperhafter Gebilde in Abhängigkeit von einem Medium (parapsych. t. t.) {72/70/51} | dto. | dto. |
| – | **materialisieren** l>nlat | verstofflichen, verwirklichen {29/52} | dto. | dto. |
| – | **Materialismus** l>frz | 1. philosophische Lehre, die die Wirklichkeit auf Kräfte o. Bedingungen der Materie zurückführt (philos. t. t.) {77}; 2. Streben nach Lebensgenuß ohne ethische Ziele oder Ideale {30/77/84} | dto. frz. *matérialisme* | dto. |
| – | **Materialist** l>frz | 1. Vertreter des philosophischen Materialismus {77}; 2. nur auf den eigenen Vorteil bedachter Mensch {30/33/77/84} | dto. frz. *matérialiste* | dto. |
| – | materialistisch | | | |
| – | **Materialität** l>nlat | Stoff-, Körperlichkeit; das Bestehen aus Materie {52} | dto. | dto. |
| – | **Materie** | 1. Stoff, Substanz (phys. t. t.) {72}; 2. Gegenstand, Gebiet (einer Untersuchung) {25}; 3. Urstoff, Ungeformtes {52}; 4. außerhalb des Bewußtseins vorhandene Wirklichkeit (philos. t. t.) {77}; 5. Inhalt, Substanz im Gegensatz zur Form {52} | **materia**, ae f | Stoff, Materie; Bauholz; Aufgabe |
| – | **materiell** l>frz | 1. stofflich, körperlich greifbar; die Materie betreffend {52}; 2. auf Besitz, Gewinn bedacht {25/28/43}; 3. finanziell, wirtschaftlich {42/80} | **materialis** frz. *matériel* | s. oben |

| | | | | |
|---|---|---|---|---|
| 2164 | **Matinee** l>frz | 1. künstlerische Morgenunterhaltung; Vormittagsveranstaltung {33/59/85}; 2. Morgenrock (veraltet) {19} | **matutinum**, ni n (bzw. matutinum tempus) frz. *matin* *matinée* | Früh-, Morgenzeit, der Morgen<br>Morgen |
| 2165 | **Mätresse** l>frz | Geliebte eines Fürsten (hist. t. t.) bzw. eines verheirateten Mannes (abwertend) {75/18/33} | **magister**, tri m frz. *maître* *maîtresse* | s. oben 2159<br>Herrin, Gebieterin, Meisterin |
| 2166 | **Matriarchat** (gr>l;gr) >nlat | Gesellschaftsordnung, in der die Frau die bevorzugte Stellung in Staat und Familie innehat {33} | **mater**, tris f gr. *μήτηρ* + gr. *ἄρχειν* | Mutter; Gattin, Frau<br>herrschen |
| – | matriarchalisch | | | |
| 2167 | **Matrikel** | 1. Verzeichnis von Personen (z. B. der Studenten einer Universität) {31/32}; 2. Personenstandsregister (österr.) {31/32/33/49} | **matricula**, ae f | öffentliches Verzeichnis, Matrikel, Stammrolle |
| 2168 | **matrimonial** o. **matrimoniell** | zur Ehe gehörig, ehelich (jur. t. t.) {31/33/82} | **matrimonialis**, e | die Ehe betreffend, ehelich |
| 2169 | **Matrix** | 1. Krallen- und Nagelbett bei Wirbeltieren (biol. t. t.) {69}; 2. Chromosomenhülle (biol. t. t.) {68/69}; 3. System zusammengehörender Einzelfaktoren (EDV- t. t.) {71}; 4. Schaltung zur gleichzeitigen Steuerung von Helligkeits- und Farbsignalen im TV-Gerät (techn. t. t.) {87} | **matrix**, icis f | Mutter(tier); Gebärmutter; Verzeichnis |
| – | **Matrize** l>frz | 1. Hohlform in der Setzmaschine {32/40}; 2. die von einem Druckstock hergestellte Wachsform {40}; 3. Teil bei der Werkzeugformung, in dessen Hohlform der Stempel eindringt {40/41}; 4. beschriftungsfähiges Vervielfältigungsblatt {32/57} | dto. | dto. |
| 2170 | **Matrone** | 1. ältere, ehrwürdige Frau {33/15}; 2. ältere, füllige Frau (abwertend) {23/25/26} | **matrona**, ae f | ehrbare, verheiratete Frau; Gattin |
| 2171 | **Matte** | Decke, Unterlage; Bodenbelag {44} | **matta**, ae f | Matte, grobe Binsendecke |
| 2172 | **Matur(a)** | Reifeprüfung, Abitur (österr.) {31} | **maturus**, a, um | reif, erwachsen; zeitig, früh |

| | | | | |
|---|---|---|---|---|
| – | **Maturant** | jmd., der die Reifeprüfung macht oder gemacht hat (österr.) {31} | **maturare** | reif werden, zur Entwicklung bringen; beschleunigen |
| – | **maturieren** | das Abitur ablegen (veraltet) {31} | dto. | dto. |
| 2173 | **Mauer** | 1. Wall, (trennendes) Steinbauwerk {58/36}; 2. ehemalige Befestigungsanlage der DDR an der Berliner Sektorengrenze {50/75} | **murus**, ri m | Mauer, Damm, Wall |
| – | mauern, Maurer | | | |
| 2174 | **Maulbeere** (gr)>l | brombeerähnliche Frucht des Maulbeerbaums {04} | **morum**, ri n gr. *μῶρον* ahd. *morberi* | Maulbeere; Brombeere |
| 2175 | **Maulesel** bzw. **Maultier** (gr)>l;d | Kreuzung aus Pferd und Esel {06} | **mulus**, li m gr. *μυχλός* | Maulesel; Maultier |
| 2176 | **mausern** l>mlat | 1. das Federkleid wechseln (biol. t. t.) {69}; 2. sich herausmachen, zum Vorteil verändern {33/25/56} | **mutare** | wegbewegen; verändern, umschlagen, wechseln, vertauschen |
| | | | mlat. muta | Mauser der Vögel |
| – | **mausig** l>mlat | keck, frech (sich - machen) {26/33} | dto. | dto. |
| – | **Mauser** l>mlat | Federwechsel der Vögel (biol. t. t.) {69} | dto. | dto. |
| 2177 | **maxi** | knöchellang (auf Röcke, Kleider, Mäntel bezogen) {19/53/56} | **maximus**, a, um (Superl.) | am größten, höchsten, bedeutendsten |
| – | **Maxi** | 1. knöchellange Kleidung (Kleid, Rock) {19/53/56}; 2. Länge bis zu den Knöcheln (von Kleidung) {19/53/56}; 3. auf LP-Größe gepreßte Single-Schallplatte {37/58/85}; 4. verlängerte Version eines Musiktitels (z. B. für Diskotheken) {37/59/85} | dto. | dto. |
| 2178 | **Maxilla** | Oberkiefer(knochen) (med. t. t.) {70} | **maxilla**, ae f | Kinn, -backen, -lade |
| 2179 | **maximal** l>nlat | 1. höchstens {57}; 2. sehr groß, größt..., höchst... {57/58} | **maximus** | s. oben 2177 |
| – | **maximalisieren** l>nlat | aufs Äußerste steigern {57} | dto. | dto. |
| – | **Maximalist** l>nlat | jmd., der das Äußerste fordert {28/56} | dto. | dto. |

| | | | | |
|---|---|---|---|---|
| – | **Maxime** l>mlat>frz | Hauptgrundsatz, Leitsatz; subjektiver Vorsatz für das eigene sittliche Handeln; Lebensregel (philos. t. t.) {77/30} | dto. mlat. maxima (sc. regula) frz. *maxime* | dto. höchste Regel, oberster Grundsatz |
| – | **maximieren** l>mlat>frz | den Höchstwert zu erreichen suchen, bis zum Äußersten steigern (wirtsch., techn. t. t.) {28/56/72/80} | **maximus** | s. oben 2177 |
| – | Maximierung | | | |
| – | **Maximum** | 1. größtes Maß, Höchstmaß {57/56}; 2. oberster Extremwert (math. t. t.) {71}; 3. höchster Wert einer Beobachtungsreihe (meteor. t. t.); 4. Kern eines Hochdruckgebietes (meteor. t. t.) {65}; 5. etw. Unüberbietbares (ugs.) {56} | dto. | dto. |
| 2180 | **Mäzen** | Kunstfreund; freigebiger Gönner, Geldgeber für Künstler oder Sportler {28/33/85} | (Gaius Cilnius) **Maecenas** | Freund und Förderer berühmter röm. Dichter der Augusteischen Zeit |
| – | **Mäzenatentum** | freigebige, gönnerhafte Kunstpflege, -freundschaft; Sportförderertum {28/33/85} | dto. | dto. |
| – | mäzenatisch | | | |
| 2181 | **Medaille** (gr)>l >vulgl>it >frz | Gedenk-, Schaumünze ohne Geldwert; Siegerpreis {36/56/85} | **metallum**, li n<br>gr. *μέταλλον*<br><br>vulgl. metallia* moneta<br>it. *medaglia*<br>frz. *médaille* | Metall, Grube, Bergwerk<br>Mine, Erzader; Mineral, Metall<br><br>Münze aus Metall |
| – | **Medailleur** (gr)>l >vulgl>it >frz | Stempelschneider {40} | dto. | dto. |
| – | **Medaillon** (gr)>l >vulgl>it >frz | 1. große Schaumünze; Bildkapsel, Rundbildchen; 2. ovales o. rundes (gerahmtes) Relief o. Bild(nis) (kunstwiss. t. t.) {36}; 3. kreisrunde o. ovale Fleischscheibe (meist vom Filet - gastron. t. t.) {17} | dto. it. *medaglione* frz. *médaillon* | dto. |

| | | | | |
|---|---|---|---|---|
| 2182 | **medial** | 1. das Medium (Mittelform zwischen Aktiv und Passiv) betreffend (sprachwiss. t. t.) {76}; 2. nach der Körpermitte gelegen (anat. t. t.) {70}; 3. Kräfte und Fähigkeiten eines Mediums (4.) besitzend {22/51/70} | **medialis**, e | mitten; mittägig, Mittags... |
| – | **median** | in der Mitte(llinie eines Körpers oder Organs) gelegen (anat. t. t.) {70/11} | **medianus**, a, um | in der Mitte befindlich, das mittlere |
| – | **mediat** l>frz | mittelbar (veraltet) {56/33} | **mediare** | halbieren, teilen |
| – | **mediatisieren** l>frz | mittelbar machen; bis dahin unmittelbar dem Reich unterstehende Besitzungen der Landeshoheit unterwerfen (hist. t. t.) {75/33/43} | dto. | dto. |
| 2183 | **mediäval** (l;l)>nlat | mittelalterlich (59/75} | **medius**, a, um<br>+ **aevum**, vi n | der mittlere, in der Mitte befindlich<br>Zeit, Ewigkeit, Unsterblichkeit |
| – | **Mediävist** l>nlat | Wisssenschaftler auf dem Gebiet des Mittelalters {40/75/59} | dto. | dto. |
| – | **Mediävistik** l>nlat | Wissenschaft von Geschichte, Kunst und Literatur des europäischen Mittelalters {40/59/75} | dto. | dto. |

>>> Medien, Medien... s. unter Medium

| | | | | |
|---|---|---|---|---|
| 2184 | **Medikament** | Arznei-, Heilmittel {70} | **medicamentum**, ti n | Arzneimittel, Medizin; Gift |
| – | **medikamentös** | unter Verwendung von Heilmitteln {70} | **medicamentosus**, a, um | heilkräftig, Heilkräfte besitzend |
| – | **Medikation** | Arzneiverordnung (med. t. t.) {70} | **medicatio**, onis f | Heilung, Kur |
| – | **Medikus** | Arzt (scherzhaft) {40/32/70} | **medicus**, ci m | Arzt, Wundarzt |
| 2185 | **medio** l>it | Mitte (d. h. am 15. Tag) des Monats (wirtsch. t. t.) {80/59} | **medius** | s. oben 2183 |
| 2186 | **Mediothek** l;gr | um andere Medien (z. B. Folien, Tonträger) erweiterte Bibliothek {32} | **medium**, ii n<br>+ gr. *θήκη* | Mitte<br>Behälter, Kiste; Sarg |
| 2187 | **Meditation** | 1. Nachdenken; sinnende Betrachtung {25}; 2. geistig-religiöse Übung (bes. im Hinduismus und Buddhismus) {51/25} | **meditatio**, onis f | das Nachdenken, Studieren; Vorübung |

| | | | | |
|---|---|---|---|---|
| – | **meditativ** | 1. die Meditation betreffend {25/51}; 2. nachdenkend, nachsinnend {25} | **meditativus**, a, um | ein Sinnen auf etw. bezeichnend |
| 2188a | **mediterran** | zum Mittelmeerraum gehörend {64/58} | **mediterraneus**, a, um | mitten im Land, mittelländisch; fern vom Meer |
| 2188b | **meditieren** | 1. nachdenken; sinnend betrachten {25}; 2. Meditation (2.) ausüben {25/51} | **meditari** | nachdenken, -sinnen; Vorübungen machen |
| 2189 | **medium** | 1. mittelgroß (Kleidergröße) {19/53}; 2. halb durchgebraten (von Fleisch - gastron. t. t.) {17} | **medius** | s. oben 2183 |
| – | **Medium** | 1. Mittel(glied); vermittelndes Element {56/58}; 2. Mittelform zwischen Aktiv und Passiv (sprachwiss. t. t.) {76}; 3. Träger physikalischer oder chemischer Vorgänge {72/73}; 4. jmd., der für (angebliche) Verbindungen zum Übersinnlichen besonders befähigt ist (parapsych. t. t.) {22/51/70}; 5. Patient, Versuchsperson bei Hypnoseversuchen {70}; 6. Einrichtung für die Vermittlung von Informationen (z. B. Presse, TV) {32/46}; 7. Unterrichtshilfsmittel zur Informationsvermittlung {31/32}; 8. Kommunikationsmittel, Werbeträger {32/42/80} | **medium**, ii n | Mitte, Mittelpunkt; mittlere Zeit; Vermittler |
| 2190 | **Medizin** | 1. Heilkunde {70/40}; 2. Heilmittel, Arznei {70} | **medicina**, ae f | Heilkunst; Arznei, Heilmittel |
| – | **medizinal** | zur Medizin gehörend, sie betreffend; medizinisch verwendet {70} | **medicinalis**, e | zur Arznei gehörig, Arznei... |
| >>> | Medizinalassistent s. Assistent | | | |
| – | **Medizinball** l;afränk >frz | großer, sehr schwerer, nichtelastischer Lederball {85} | **medicina** | s. oben |
| – | **Mediziner** | 1. Arzt {70/40}; 2. Medizinstudent {70/31} | **medicinus**, a, um (bzw. **medicus** | zur Arznei, Heilung gehörig s. oben 2184) |
| – | **medizinisch** | 1. zur Medizin gehörend, sie betreffend; 2. nach den Gesichtspunkten der Medizin (hergestellt) {70} | dto. | dto. |

| | | | | |
|---|---|---|---|---|
| – | **Medizinmann**<br>l;d | Zauberarzt; Priester bei vielen Naturvölkern (ethnol. t. t.) {33/51/81} | dto. | dto. |
| 2191a | **Medley**<br>l>mlat<br>>afrz>engl | Potpourri, musikalisches Gemisch verschiedener Stücke (mus. t. t.) {32/57} | **medius**<br>afrz. *medler*<br>o. *mesler* | s. oben 2183<br>mischen |
| >>> | Meerrettich s. Rettich | | | |
| 2191b | **Meier** | 1. Dorfvorsteher (veraltet); 2. Verwaltungsbeamter im Frankenreich (hist. t. t.) {75/40/33}; 3. Molkereibesitzer {43/40/39} | **maior**<br>+ **domus**<br>**maior domus**<br><br><br>mhd. *meier* | s. oben 2118<br>s. oben 0811<br>Haushofmeister, Oberaufseher über ein Gut<br>Gutsbewirtschafter |
| – | Meierei | | | |
| 2192 | **Meile** | Längenmaß {56/58} | **milia** (sc. passuum) | tausend Doppelschritte, röm. Meile |
| 2193 | **Meiler**<br>l>mlat<br>>roman | 1. zum Verkohlen bestimmter Holzstoß {40}; 2. Atomreaktor {72/41} | **mille**<br>mlat.<br>miliarum | tausend<br>Anzahl von tausend Stück |
| 2194a | **Meister**<br>l>(frz) | 1. Handwerker mit Prüfung {40}; 2. jmd., der sein Metier beherrscht {22} | **magister**<br>frz. *maître* | s. oben 2113 |
| – | meistern, meisterhaft, meisterlich, Meisterschaft, Meisterstück | | | |
| 2194b | **Melange**<br>l>vulgl>frz | 1. Mischung, Gemengsel {56}; 2. Milchkaffee (österr. ) {17} | **miscere**<br><br>vulgl.<br>misculare*<br>afrz. *mesler*<br>frz. *mêler*<br>*mélange* | (ver)mischen, vermengen, vereinigen<br><br><br><br><br><br>Mischung |
| 2195 | **Melasse**<br>(gr)>l<br>>span>frz | Rückstand bei der Zuckergewinnung (als Futtermittel o. zur Branntweinherstellung verwendet) {17/39/41} | **mel,**<br>lis n<br>gr. *μέλι*<br>span. *miel*<br>*melaza*<br>frz. *mélasse* | Honig |
| 2196 | **melieren**<br>l>vulgl>frz | mischen, sprenkeln {56/55} | **miscere**<br>frz. *mêler* | s. oben |
| – | **meliert**<br>l>vulgl>frz | 1. aus verschiedenen Farben gemischt (von Stoffen) {55/19}; 2. leicht ergraut (vom Haar) {55/11} | dto. | dto. |
| 2197 | **Melioration** | Bodenverbesserung (z. B. durch Be- oder Entwässerung - landw. t. t.) {39/56} | **melioratio,**<br>onis f | Verbesserung |

| | | | | |
|---|---|---|---|---|
| – | **meliorativ** l>nlat | einen positiven Bedeutungswandel durchmachend (von Wörtern - sprachwiss. t. t.) {61/76} | **melior**, ius (Komp.) | besser, schöner, günstiger |
| – | Meliorativum | | | |
| – | **meliorieren** | (Ackerland) verbessern (landw. t. t.) {39/56} | **meliorare** | verbessern |
| 2198 | **Melisse** (gr)>l>mlat | Heil- und Gewürzpflanze des Mittelmeergebietes {04/17} | **melisphyllum**, li n<br>gr. *μελίφυλλον*<br>mlat. melissa | Bienenkraut, Honigblatt<br><br>Honigblatt |
| 2199 | **Melone** (gr)>l>it >(frz) | Kürbisgewächs {05/17} | **melo**, onis m o. **melopepo**, onis m<br>gr. *μηλοπέπων*<br>it. *mellone*<br>frz. *melon* | apfelförmige Melone, die erst vollreif genossen wird |
| 2200 | **Membrane** | 1. Schwingblättchen zur Übertragung von Druckänderungen (phys. t. t.) {72}; 2. zarte, dünne (Zelloberflächen)haut im (tierischen) Körper (biol. t. t.) {69}; 3. feinporiges Filterhäutchen (chem. t. t.) {73} | **membrana**, ae f | Haut, Häutchen, Pergament |
| 2201 | **Memoiren** l>frz | Lebenserinnerungen, Denkwürdigkeiten {32/34/24} | **memoria**, ae f<br><br>frz. *mémoire*<br><br>*mémoires* | Gedächtnis, Erinnerung, Andenken<br>Gedächtnis, Erinnerung |
| – | **memorabel** | denkwürdig (veraltet) {24} | **memorabilis**, e | erwähnenswert, merk-, denkwürdig |
| – | **Memorabilien** | Denkwürdigkeiten, Erinnerungen {24/32} | dto. | dto. |
| – | **Memorandum** | (ausführliche diplomatische) Denkschrift {50/32} | **memorandus**, a, um | erwähnenswert, merkwürdig, selten |
| – | **Memorial** l>(frz/engl) | 1. Tagebuch, Vormerkbuch (veraltet) {24/32/59}; 2. (sportliche) Veranstaltung zum Gedenken an einen Verstorbenen {24/33/85}; 3. Denkmal {24/36} | **memorialis**, e bzw. **memoriale**, lis n | zum Gedächtnis, Andenken gehörig<br>Erinnerung(szeichen), Denkmal |
| – | **memorieren** | auswendig lernen {24/25} | **memorare** | jmdn. an etw. erinnern, mahnen; erwähnen |
| – | Memo-Technik, Memory | | | |

| | | | | |
|---|---|---|---|---|
| 2202 | **Menage** l>gallorom >frz | 1. Gewürzständer (selten) {44}; 2. Truppenverpflegung (österr.) {17/86}; 3. Haushalt, Wirtschaft (veraltet) {42/44/80} | **mansio,** onis f gallorom. *mansionaticum** <br> frz. *ménage* | Aufenthalt, Wohnung, Nachtlager <br> das zum Wohnen, Haushalt Gehörige <br> Haushalt, Wirtschaft, Hausrat |
| - | **Menagerie** l>gallorom >frz | Tierschau, -gehege; Käfig {58/33} | dto. *ménagerie* | dto. Haushaltung; Verwaltung eines ländlichen Besitzes; (Ort der) Haustierhaltung; Sammlung lebender Tiere |
| 2203 | **Mennige** (iber)>l | Bleioxid, rote Malerfarbe; Rostschutzmitel {55/41/40} | **minium,** ii n iber. (span.) *miño, minho* | Bergzinnober, Mennige |
| 2204 | **Mensa** | 1. kath. Altartisch {51}; 2. Kantine an Hochschulen und Universitäten mit preisgünstigem Essen {31/17} | **mensa,** ae f | (Opfer)tisch, Tafel; Speisen |
| 2205 | **Menses** | Monatsblutung (med. t. t.) {70} | **mensis,** is m | Mond, Monat; Menstruation |
| 2206 | **menstrual** | zur Monatsblutung gehörig (med. t. t.) {70} | **menstrualis,** e | monatlich; (menstruierend) |
| - | **Menstruation** l>nlat | Monatsblutung, Regel (med. t. t.) {70} | **menstruare** | die Monatsblutung haben |
| - | **menstruell** | die Monatsblutung betreffend (med. t. t.) {70} | **menstrualis** | s. oben |
| - | **menstruieren** | die Monatsblutung haben (med. t. t.) {70} | **menstruare** | s. oben |
| 2207 | **Mensur** | 1. studentischer Zweikampf {31/33}; 2. meßbares Notenzeitmaß (mus. t. t.) {37/59}; 3. Verhältnis von Länge und Weite der Orgelpfeifen (mus. t. t.); 4. Verhältnis der Saiten zum Geigenkörper (mus. t. t.); 5. Rohrdurchmesser bei Blechblasinstrumenten (mus. t. t.) {37/56}; 6. Meßzylinder, Meßglas, -becher {44/56} | **mensura,** ae f | Messung, Maß, Beschafenheit, Umfang |
| - | **mensurabel** | meßbar {56} | **mensurabilis,** e | meßbar |
| - | **Mensurabilität** l>nlat | Meßbarkeit {56} | dto. | dto. |
| - | **mensural** | zum Messen gehörend, dienend {56} | **mensuralis,** e | zum Messen gehörig, - dienlich |

– Mensuralnotation

| | | | | |
|---|---|---|---|---|
| 2208 | **mental** l>mlat | 1. geistig (philos. t. t.) {77}; 2. aus Überlegungen hervorgegangen; 3. Geistesart, Psyche, Denkvermögen betreffend; 4. in Gedanken, heimlich (veraltet) {25}; | 1.-4.: **mens**, ntis f<br>mlat. mentalis | Gesinung; Seele, Verstand; Gedanke<br>geistig, in Gedanken, in der Vorstellung vorhanden |
| | (l>nlat) | 5. zum Kinn gehörig (med. t. t.) {70} | 5.: **mentum**, ti n | Kinn, Kinnbart |
| – | **Mentalität** l>mlat >engl | Geisteshaltung, Sinnesart; Einstellung {25/84} | dto.<br>engl. *mentality* | dto. |
| 2209 | **Menthol** (gr>l;l) >nlat | Hauptbestandteil des Pfefferminzöls {73/70} | **ment(h)a**, ae f<br>gr. *μίνθη*<br>+ **oleum**, ei n | Minze<br><br>Öl |
| – | **Menü** o. **Menu** l>frz | 1. aus mehreren Gängen bestehende Mahlzeit {17}; 2 Speisekarte (veraltet) {17/32}; 3. (Auflistung der) Programmier- und Computerbearbeitungsmöglichkeiten (EDV- t. t.) {32/71} | **minutus**, a, um<br>frz. *menu* (Subst.)<br>*menu* | ganz klein, winzig<br>klein, dünn<br>Kleinigkeit; detaillierte Speisenfolge |
| – | **Menuett** l>frz | 1. mäßig schneller Tanz im 3/4 Takt; 2. dritter Satz in der Sonate oder Symphonie (mus. t. t.) {37} | dto.<br>frz. *menuet* (Subst.) | dto.<br>klein, winzig, zart;<br>Kleinschrittanz |
| >>> | Mercatorprojektion s. Projektion | | | |
| 2211 | **merci** l>frz | danke {32/26} | **merces**, edis f | Verdienst, Lohn, Zins |
| 2212 | **merde** l>frz | Scheiße! (Ausruf des Ärgers, der Enttäuschung) {26/32} | **merda**, ae f | Unrat, Kot; Exkremente |
| 2213 | **Mergel** (gall)>l >mlat | Ton-Kalk-Gestein {02/62} | **marga**, ae f<br>mlat. margila | Mergel |
| 2214a | **Meridian** | 1. Längenkreis von Pol zu Pol (geogr. t. t.) {64}; 2. Mittagskreis an der Himmelskugel (astron. t. t.) {66} | **meridianus**, a, um<br>**circulus meridianus** | mittägig, zur Mittagszeit, nach Süden liegend<br>Mittagslinie |
| 2214b | **Meritum** | Verdienst (meist Pl.: Meriten) {56/33/25/40} | **meritum**, ti n | Verdienst, Lohn; Wohltat |
| 2215 | **merkantil(isch)** l>it>frz | kaufmännisch, den Handel betreffend {42} | **mercari**<br>it. *mercare* | handeln, erkaufen |
| – | **Merkantilismus** l>it>frz | Wirtschaftspolitik im Zeitalter des Absolutismus (hist. t. t.) {42/50/75} | dto. | dto. |
| – | Merkantilist, merkantilistisch | | | |

| | | | | |
|---|---|---|---|---|
| 2216 | **Mesner** l>mlat | Kirchendiener, Küster {51/40} | **mansio,** onis f<br>mlat. ma(n)-sonarius | Aufenthalt, Wohnung, Herberge<br>Kirchendiener |
| 2217 | **Message** l>vulgl/mlat>engl | 1. Mitteilung, Nachricht, Information; 2. Aussage, Botschaft {32/46} | **mittere**<br>vulgl. missaticum | schicken, senden; melden<br>Nachricht |
| 2218 | **Messalina** | genußsüchtige, zügellose Frau {17/18/26} | **Messalina** | die wegen ihrer Grausamkeit berüchtigte Frau des röm. Kaisers Claudius |
| 2219 | **Messe** l>mlat | 1. kath. Gottesdienst mit Abendmahlsfeier {51}; 2. geistliche Komposition {51/37}; 3. Markt- und Ausstellungsveranstaltung für bestimmte Produkte {42/80/33}; 4. Jahrmarkt, Kirmes {33/85}; | **mittere**<br>kirchenl. / mlat. missa<br>ite, (concio) missa est | s. oben 2217<br>liturgische Opferfeier, Messe<br>geht, die (gottesdienstliche) Versammlung ist entlassen |
| | (l>vulgl >frz>engl) | 5. Tischgenossenschaft von Offizieren auf Kriegsschiffen {33/45/86}; 6. Schiffskantine, Besatzungsspeiseraum {58/50/45} | (5., 6.): **mittere** (PPP. **missus**)<br>vulgl. missum<br>afrz. *mes*<br>frz. *mets*<br>engl. *mess* | s. oben 2217<br>(aus der Küche) Geschicktes, zu Tisch Aufgetragenes<br>Gericht, Speise<br><br>Gericht, Speise, Mahlzeit |
| 2220 | **Messidor** (l;gr)>frz | Erntemonat, zehnter Monat im frz. Revolutionskalender (hist. t. t.) {59/75} | **metere**<br>+ gr. *δῶρον* | abmähen, ernten<br>Geschenk |
| 2221 | **Mestize** l>span | Nachkomme eines weißen und eines indianischen Elternteils {10} | **mixticius,** ii m<br>span. *mestizo* | von Eltern verschiedener Rasse geboren, Mischling<br>vermischt, mischblütig |
| 2222 | **mesto** l>it | traurig, betrübt (mus. t. t.) {37} | **maestus,** a, um | traurig, betrübt, niedergeschlagen |
| 2223 | **Metall** (gr)>l | Sammelbezeichnung für eine best. Gruppe chem. Grundstoffe von hoher Festigkeit {02/73} | **metallum,** li n<br>gr. *μέταλλον* | Metall, Bergwerk |

– metallen, Metaller, metallic, Metallisation, metallisch, metallisieren, Metallurgie

| | | | | |
|---|---|---|---|---|
| 2224 | **Metier** l>frz | 1. berufliche Tätigkeit; Beruf, Fach; 2. Tätigkeit, die man besonders gut ausüben kann, die man perfekt beherrscht {22/40} | **ministerium,** ii n<br>afrz. *me(ne)-stier, mistier*<br>frz. *métier* | Dienst, -leistung; Verwaltung, Amt |

| | | | | |
|---|---|---|---|---|
| 2225 | **Metrum** (gr)>l | 1. Versmaß, metrisches Schema {34/76}; 2. Zeitmaß, Tempo (mus. t. t.) {37/59}; 3. Taktart (mus. t. t.) {37} | **metrum**, ri n gr. *μέτρον* | Vers, Versmaß, Silbenmaß |
| 2226 | **Mette** l>vulgl >roman | Nacht- oder Frühgottesdienst; nächtliches Gebet {51/59} | **matutinus**, a, um vulgl. mattinus kirchenl. | in der Frühe geschehend, morgendlich, Früh... |
| | | | mattina (sc. hora) | Frühmorgengottesdienst |
| 2227 | **metzeln** (hebr)>(gr) >l>mlat | niedermetzeln; hinrichten, schlachten {29/50/82} | **macellum**, li n | Fleisch(markt) |
| | | | gr. *μάκελλον* | Gehege, Gitter; Lebensmittelmarktplatz |
| | | | hebr. *mikela* | Hürde, Umzäunung |
| | | | mlat. macellare | schlachten |
| – | Gemetzel | | | |
| 2228 | **Metzger** (gr)>l>mlat | Fleischer, Schlächter {40/17} | **mattea**, ae f | leckere, köstliche Speise; Leckerbissen |
| | | | gr. *ματτύη* | eine Art Leckerbissen; Geknetetes |
| | | | mlat. matiarius | Fleischer, der Würste herstellt; jmd., der mit Därmen handelt |
| – | Metzgerei | | | |
| 2229 | **Meute** l>vulgl>frz | 1. Koppel Jagdhunde {38/57}; 2. wilde Horde, Bande; Verfolgergruppe {33/57} | **movere** | bewegen; aufregen; abziehen |
| | | | vulgl. movita* | Bewegung |
| | | | afrz. *muete* | Erhebung, Aufruhr |
| | | | frz. *meute* | Jagdhundekoppel |
| – | **meutern** l>vulgl>frz | 1. Aufruhr stiften; 2. sich einem Befehl widersetzen {28/50/86} | dto. | dto. |
| – | Meuterei, Meuterer | | | |
| 2230 | **mezzoforte** (l>it;l)>it | halblaut, mittelstark, mit halber Tonstärke (mus. t. t.) {37} | **medius**, a, um it. *mezzo* | mittel; in der Mitte befindlich, halb |
| | | | + **fortis**, e | stark, tüchtig, tapfer |
| – | Mezzoforte | | | |

| | | | | |
|---|---|---|---|---|
| – | **Mezzo-<br>sopran**<br>l>it;<br>l>mlat>it | Stimmlage zwischen Sopran und Alt (mus. t. t.) {37} | **medius**<br>+ **super**,<br>pra, prum<br>mlat.<br>superanus<br>it. *soprano* | s. oben<br>oben, auf, über<br><br>darüber befindlich: überlegen<br>darüber befindlich; oberer |
| – | Mezzosopranistin | | | |
| 2231a | **midi**<br>l>engl | halb-, wadenlang {19/53/56} | **medius**<br>engl. *middle* | s. oben 2230 |
| – | **Midi**<br>l>engl | halblange, bis zur Wadenmitte reichende Kleidung (Mäntel, Röcke u. ä.) {19/53/56} | dto. | dto. |
| 2231b | **Miete** | (mit Stroh) abgedecktes Lager von Feldfrüchten und Obst {39/58} | **meta**,<br>ae f | pyramidenförmige Figur; Heuschober; Grenze, Ende |
| >>> | Mietskaserne, Mietpartei s. Kaserne, Partei | | | |
| 2232 | **Migration** | Wanderung von Individuen o. Gruppen im geographischen o. sozialen Raum (soziol., biol. t. t.) {81/69/61} | **migratio**,<br>onis f | Auswanderung, Umzug |
| – | **migratorisch**<br>l>nlat | wandernd, durch Wanderung übertragen {61/69} | **migrare** | ausziehen, übersiedeln; wegbringen |
| – | **migrieren** | wandern (z. B. beim Wirtswechsel von Parasiten gesagt - biol. t. t.) {69} | dto. | dto. |
| >>> | Mikro... s. ggf. unter dem Rest des Wortes | | | |
| 2233 | **Mikroprozessor**<br>gr;l>nlat | standardisierter Chip-Baustein eines Kleincomputers mit Steuerfunktionen (EDV-t. t.) {41/71/87} | gr. μικρός<br><br>+ **processus**,<br>us m | klein, kurz, gering<br>das Vorrücken, Fortschreiten, (guter) Fortgang |
| – | **Mikrozensus**<br>gr;l | statistische Repräsentativerhebung der Bevölkerung und des Erwerbslebens {33/40/50/71/81} | dto.<br>+ **census**,<br>us m | dto.<br>Abschätzung, Kontrollierung; Vermögen, Besitz |
| 2234 | **Milan**<br>l>vulgl<br>>prov>frz | weitverbreitete Greifvogelgattung {07} | **milvus**,<br>vi m<br>prov. *milan* | Gabelweihe, Taubenfalke |

| | | | | |
|---|---|---|---|---|
| 2235 | **Milieu** (l>frz;l>frz) >frz | 1. (soziales) Umfeld, Umgebung {33/58/81}; 2. Lebensraum (von Pflanzen und Tieren) {58/68/69}; 3. kleine Tischdecke (österr., veraltend) {44}; 4. Stadtteil, Straße, in der Prostitution betrieben wird {58/18/40} | **medius** + **locus**, ci m<br>frz. *mi* + *lieu* | s. oben 2230<br>Ort, Platz, Stelle<br>mitten, mittlerer Ort, Stelle; Lage; Umstand |
| 2236 | **militant** | mit kriegerischen Mitteln für seine Überzeugung kämpfend; streitbar {28/50/81/86} | **militare** (PPA. **militans**, Gen. –ntis) | Kriegsdienst leisten, Soldat sein |
| – | **Militär** l>frz | 1. Heerwesen, (Gesamtheit der) Soldaten {57/86}; 2. hoher Offizier {33/86} | **militaris**, e<br>frz. *militaire* | den Kriegsdienst betreffend, soldatisch, kriegerisch |
| – | **Militärattache** l>frz;frz | einer diplomatischen Vertretung zugeteilter Offizier {50/86} | dto. + frz. *attacher* | dto.<br>befestigen |
| >>> | Militär... s. ggf. unter dem Rest des Wortes | | | |
| – | **Militaria** | 1. Heeresangelegenheiten (veraltet) {86}; 2. Bücher über das Militärwesen {32/86}; 3. Laden mit alten Waffen, Orden {42/86} | **militaris** | s. oben |
| – | **militärisch** l>frz | 1. das Militär betreffend {86}; 2. schneidig, forsch, soldatisch {33/86}; 3. streng geordnet {33/56} | dto. | dto. |
| – | **militarisieren** l>frz | militärische Anlagen errichten, Truppen aufstellen, das Heerwesen organisieren {86} | **militare** | s. oben |
| – | **Militarismus** l>frz>nlat | Zustand des Übergewichts militärischer Grundsätze und Wertvorstellungen in der Politik, im täglichen Leben {30/50/86} | dto.<br>frz. *militarisme* | dto. |
| – | Militarist, militaristisch | | | |
| – | **Militärjunta** l>frz; l>span | Regierung von Offizieren, die durch einen Putsch an die Macht gekommen sind {50/86} | **militaris** + **iunctus**, a, um<br>span. *junto* *junta* | s. oben<br>versammelt, vereinigt, verbunden<br>Versammlung, Sitzung, Rat, Kommission |
| – | **Militärkonvention** (l;l)>frz | militärische zwischenstaatliche Vereinbarung {50/86} | **militaris** + **conventio**, onis f | s. oben<br>Zusammenkunft; Übereinkunft, Vertrag |

| | | | | |
|---|---|---|---|---|
| – | **Militär-mission** l>frz;l | 1. Offiziere, die ausländische Staaten in militärischen Fragen beraten {25/86}; 2. Gebäude, in dem sich eine Militärmission befindet {58/86} | **militaris** + **missio,** onis f | s. oben<br>das Gehenlassen, Absenden |
| – | **Militär-tribunal** l>frz;l | Militärgericht zur Aburteilung militärischer Straftaten {82/86} | **militaris** + **tribunal,** lis n | s. oben<br>Tribunal; Stuhl, von dem aus Amtshandlungen angeordnet werden |
| – | **Military** l>frz>engl | reitsportliche Vielseitigkeitsprüfung (Geländeritt, Dressur, Jagdspringen - sport. t. t.) {38/85} | **militaris** | s. oben |
| – | **Miliz** | 1. Heer (hist. t. t.) {75/86}; 2. Reservesoldaten mit kurzer militärischer Ausbildung {33/59/86}; 3. Polizei mit halbmilitärischem Charakter {49/86}; 4. Streitkräfte aus Wehrpflichtigen (schweiz.) {86} | **militia,** ae f | Kriegs-, Heeresdienst; Gesamtheit der Soldaten |
| – | Milizionär | | | |
| 2237 | **Mille** | Tausend; tausend Mark (ugs.) {56/57} | **mille** | tausend |
| – | **Milli...** | ein Tausendstel (in Zusammensetzungen wie Milligramm etc.) {57} | dto. | dto. |
| – | **Milliardär** l>frz | Besitzer von Milliardenwerten; steinreicher Mann {43} | dto.<br>frz. *million milliard* | dto. |
| – | **Milliarde** l>frz | 1000 Millionen {57} | dto. | dto. |
| – | Milliardstel | | | |
| – | **Million** l>it | 1000 mal 1000 {57} | dto.<br>it. *milione* | <br>Großtausend |
| – | Millionär, Millionstel | | | |
| 2238 | **Mine** (kelt)>l >mlat>frz | 1. unterirdischer Gang {58}; 2. Bergwerk; Erzvorkommen {02/41}; 3. stäbchenförmige Bleistift-, Kugelschreibereinlage {44}; 4. Sprengkörper {86}; 5. verborgener, heimtückischer Anschlag {25/26/29/33}; | **mina,** ae f<br>mlat. mina<br>frz. *mine* | Metallader<br>Erzader, -grube; unterirdischer Gang |
| | (gr>l) | 6. altgriechische Münz- und Gewichtseinheit {75/56} | gr. *μνᾶ* | |

| | | | | |
|---|---|---|---|---|
| – | **Mineral** (kelt)>mlat >frz | anorganischer, natürlich gebildeter Stoff der Erdkruste (geol. t. t.) {02/73} | mlat. **minera**<br>(aes) minerale<br>frz. *minéral* | Erzgrube; Grubenerz<br>Grubenerz, Erzgestein |
| – | Mineralisation, Mineralisatoren, mineralisch, mineralisieren, Mineralisierung, Mineraloge, Mineralogie, mineralogisch, minieren | | | |
| 2239 | **mini** (l;l)>it>frz >engl | sehr kurz, weit oberhalb des Knies endend (von Kleidern, Röcken, Mänteln {19/53/56} | **minor**, nus (Komp.)<br>+ **minium**, ii n<br>it. *miniatura*<br>engl. *miniature* | kleiner, geringer, kürzer<br>Bergzinnober, Mennige<br>mit Zinnoberrot ausgeführte (zierliche) Kleinmalerei |
| – | **Mini** l>it>frz >engl | 1. weit oberhalb des Knies endende Kleidung; 2. extra kurzes Minikleid (ugs.) {19/53/56} | dto. | dto. |
| – | **Miniatur** l>it | 1. Illustration einer (alten) Handschrift oder eines Buches {36/32}; 2. zierliche Kleinmalerei, kleines Bildnis {36}; 3. allgemein verkleinerter Gegenstand {56/58} | dto. | dto. |
| – | **miniaturisieren** l>it | verkleinern (von elektronischen Bauteilen) {41/56/58/87} | dto. | dto. |
| – | Miniaturisierung | | | |
| – | **Minibikini** l>it>frz >engl; polyn>am | äußerst knapper, den Körper so wenig wie möglich bedeckender Damenbadeanzug {18/19/53/56} | dto. | dto. |
| – | **Minikini** l>it>frz >engl; polyn>am | nur aus einer Art Slip bestehende Badebekleidung für Damen {18/19/53/56} | dto. | dto. |
| 2240 | **minimal** l>nlat | sehr klein, sehr wenig; niedrigst, winzig {53/57/58} | **minimus**, a, um (Superl.) | kleinster, geringster, unbedeutendster |
| – | **minimalisieren** l>nlat | 1. so klein wie möglich machen, sehr stark reduzieren, vereinfachen {25/53/57/58}; 2. abwerten, geringschätzen {25/56} | dto. | dto. |
| – | **Minimalisierung** l>nlat | Vereinfachung, Reduzierung auf die elementaren Bestandteile {57/58/25} | dto. | dto. |
| – | **Minimalist** l>nlat | Vertreter einer am. Kunstrichtung {36} | dto. | dto. |

| | | | | |
|---|---|---|---|---|
| – | **minimieren** l>nlat | verringern, verkleinern {53/57/58} | dto. | dto. |
| – | Minimierung | | | |
| – | **Minimum** | 1. geringstes, niedrigstes Maß, Mindestmaß {57/58}; 2. unterster Extremwert (math. t. t.) {71}; 3. niedrigster Wert innerhalb des Beobachtungszeitraums (meteor. t. t.); 4. Kern eines Tiefdruckgebietes (meteor. t. t.) {65} | **minimum**, mi n | das Kleinste, Geringste, Wenigste |
| 2241 | **Minispion** l>it>frz >engl; germ>it | Kleinstabhörgerät {23/33/82} | **minor** | s. oben 2239 |
| 2242 | **Minister** l>frz | Mitglied einer Landesregierung mit Geschäftsbereich; Staatsverwaltungsbeamter {50/40} | **minister**, tri m<br>frz. *ministre* | Untergebener, Diener, Gehilfe; Vollstrecker<br>Staatsdiener; mit einem politischen Amt Beauftragter |
| – | **ministerial** l>frz | von einem Ministerium ausgehend, zu ihm gehörend {50} | spätl. **ministerialis**, e | den Dienst beim Kaiser betreffend |
| – | **Ministerialdirektor** l>frz;l | Abteilungsleiter in einem Ministerium {50/40} | dto.<br>+ **director**, oris m | dto.<br>Lenker, Leiter |
| – | **Ministerialdirigent** l>frz;l | Referatsleiter in einem Ministerium {50/40} | dto.<br>+ **dirigere** | dto.<br>gerade richten, ordnen, leiten |
| – | **Ministeriale** | Angehöriger des mittelalterlichen Dienstadels (hist. t. t.) {33/47/75} | **ministeriales**, lium m (Pl.) | kaiserliche Ordonanzen oder Beamte |
| – | **Ministerialität** l>nlat | mittelalterlicher Dienstadel (hist. t. t.) {33/47/75} | dto. | dto. |
| – | **ministeriell** l>mlat>frz | einen Minister, ein Ministerium betreffend, von ihm ausgehend (z. B. Anordnungen) {28/50} | **ministerialis** | s. oben |
| – | **Ministerium** l>frz | höchste Verwaltungsbehörde eines Landes mit einem bestimmten Aufgabenbereich {50} | **ministerium**, ii n<br>frz. *ministère* | Dienstleistung, Verrichtung; Verwaltung |
| – | **Ministerpräsident** l>frz;l | 1. Vorsitzender eines Ministerrates; 2. Regierungschef eines Bundeslandes in Deutschland {50/40} | **minister**<br>+ **praesidere** | s. oben<br>vorsitzen, leiten, die Aufsicht haben |
| – | **ministrabel** l>nlat | befähigt, Minister zu werden (selten) {22/33/40/50} | **ministerialis** | s. oben |

| | | | | |
|---|---|---|---|---|
| – | **Ministrant** | kath. Meßdiener {40/51} | **ministrare** | zur Hand gehen, bedienen; verschaffen |
| – | **ministrieren** | bei der Messe dienen {33/51} | dto. | dto. |
| >>> | Minium s. Mennige bzw. Miniatur | | | |
| 2243 | **Minorität** l>mlat>frz | Minderzahl, Minderheit {33/50/57} | **minor**, nus<br>mlat. minoritas<br>frz. *minorité* | s. oben 2239<br><br>Minderheit |
| 2244 | **Minuend** | Zahl, von der etw. abgezogen werden soll (math. t. t.) {57/71} | **minuere** | verkleinern, vermindern, verringern |
| >>> | Minuetto s. Menuett | | | |
| – | **minus** | 1. weniger (math. t. t.) {57/71}; 2. unter dem Gefrierpunkt liegend (meteor. t. t.) {65/72}; 3. negativ (elektrotechn. t. t.) {72} | **minor**, nus | s. oben 2243 |
| – | **Minus** | 1. Verlust, Fehlbetrag {42/80}; 2. Mangel, Nachteil {25/33/56} | dto. | dto. |
| – | **Minuskel** | Kleinbuchstabe (bes. in mittelalterlichen Handschriften - hist. t. t.) {32/75} | **minusculus**, a, um | etwas klein, etwas kleiner |
| – | **Minute** l>mlat | 1. 1/60 Stunde {59}; 2. 1/60 Grad (math. t. t.) {71} | **minutus**, a, um | ganz klein, winzig; Zeitteilchen |
| – | minütlich | | | |
| – | **minutiös** o. **minuziös** l>frz | 1. peinlich genau, äußerst gründlich ; 2. kleinlich (veraltet) {25/26/33} | **minutia**, ae f<br>frz. *minutie*<br><br><br>*minutieux* | Kleinheit, Kleinigkeit<br>Kleinigkeit; peinliche Genauigkeit; Kleinlichkeit |
| 2245 | **Minze** (gr)>l | Pflanzengattung der Lippenblütler {04/17} | **menta**, ae f<br>gr. *μίνθη* | Minze |
| 2246 | **Mirage** l>frz | 1. Luftspiegelung (meteor. t. t.) {65}; 2. Selbsttäuschung (veraltet) {24}; 3. Name eines frz. Kampfflugzeuges {45/86} | **mirari**<br><br>frz. *mirer* | sich wundern; bewundern |
| 2247 | **Mirakel** | 1. Wunder, Gebetserhörung (rel. t. t.) {51}; 2. mittelalterliches Drama über Marien- u. Heiligenwunder {35/51/74} | **miraculum**, li n | Wunder, wunderbares Ereignis |

| | | | | |
|---|---|---|---|---|
| – | **mirakulös** | durch ein Wunder bewirkt (veraltet) {51} | **miraculose** (Adv.)<br><br>mlat. miraculosus<br>frz. *miraculeux* | auf wunderbare Weise, durch ein Wunder<br><br>wunderbar |
| 2248 | **mischen** | zwei Substanzen, Dinge miteinander vermengen {56} | **miscere** | (ver)mischen, vermengen, vereinigen |
| – | Mischung, Mischling, Mischmasch, Gemisch, Mischehe | | | |
| 2249 | **miserabel** l>frz | 1. sehr schlecht; 2. erbärmlich {25/56}; 3. moralisch minderwertig, gemein {30} | **miserabilis**, e<br><br>frz. *misérable* | jämmerlich, kläglich, erbärmlich, schuftig |
| – | **Misere** l>frz | Elend, Unglück; Notsituation {25/26/33} | **miseria**, ae f<br>frz. *misère* | Elend, Not, Unglück |
| – | **Misereor** | kath. Hilfsorganisation für Entwicklungsländer {51/33} | **misereri**<br><br>(**misereor** | Mitleid haben, sich erbarmen<br><br>ich erbarme mich) |
| 2250 | **Miss** o. **Miß** l>frz>engl | 1. (engl.) Anrede für eine junge unverheiratete Frau {32/33}; 2. aus England stammende Erzieherin (veraltet) {31/40}; 3. Schönheitskönigin (in Verbindung mit einem Titel o. Ortsnamen) {18/33/85} | **magister**<br>afrz. *maistresse*<br>engl. *mistress* | s. oben 2113 |
| 2251a | **Missile** l>engl>am | Flugkörpergeschoß {86} | **mittere** | (feindlich los)-schicken, senden; übergeben |
| – | **Mission** l>mlat/frz | 1. Sendung, (ehrenvoller) Auftrag; innere Aufgabe {25/28}; 2. Verbreitung einer religiösen Lehre unter Andersgläubigen, Heidenbekehrung (rel. t. t.) {51}; 3. (ins Ausland) entsandte Person(engruppe) mit besonderem Auftrag {28/33/40/50}; 4. diplomatische Vertretung eines Staates im Ausland {50} | **missio**, onis f<br><br>(3., 4.: frz. *mission)* | das Ziehen-, Gehen lassen, Absenden; Entlassung, Verabschiedung |
| – | **Missionar** l>nlat | in der Mission (2.) tätiger Priester o. Prediger (rel. t. t.) {51} | dto. | dto. |
| – | **missionarisch** l>nlat | die Mission (2.) betreffend; auf Bekehrung hinzielend (rel. t. t.) {51/28} | dto. | dto. |
| – | **missionieren** l>nlat | eine (bes. die christliche) Glaubenslehre verbreiten, zum christlichen Glauben bekehren (rel. t. t.) {51/28} | dto. | dto. |

| | | | | |
|---|---|---|---|---|
| 2251b | **Mißkredit**<br>d;l>it>(frz) | schlechter Ruf, mangelndes Vertrauen {33/25} | **credere**<br><br>(PPP. **creditus**)<br>it. *credito*<br>frz. *crédit* | anvertrauen, glauben<br>das Anvertraute, Darlehen<br>Leihwürdigkeit |
| 2252 | **Mistral**<br>l>prov/it >frz | kalter nördlicher Wind in Südfrankreich {01/65} | **magister**<br>prov. *mistral*<br>it. *maestrale* | s. oben 2113<br>Nordwestwind |
| 2253 | **Miszell(a-ne)en** | kleine Aufsätze verschiedenen Inhalts (bes. in wiss. Zeitschriften) {32/40} | **miscellanea**, neorum n (Pl.) | Speisengemengsel; Vermischtes; Schrift gemischten Inhalts |
| >>> | Mittelpunkt s. Punkt | | | |
| 2254 | **mixen**<br>l>frz>engl | 1. mischen (z. B. alkoholische Getränke) {56/17}; 2. Speisen mit einem elektrischen Küchengerät zerkleinern u. mischen {56/17}; 3. mischen verschiedener Aufzeichnungen auf eine Tonspur (techn. t. t.) {56/87} | **miscere**<br>(PPP. **mixtus**)<br><br>afrz. *mixte*<br>engl. *to mix* | (ver)mischen, vermengen, vereinigen |
| – | **Mixer**<br>l>frz>engl | 1. (=Barmixer) jmd., der alkoholische Getränke mischt {17/40/56}; 2. Techniker, der verschiedene (Film)tonspuren mischt {40/56/87}; 3. Gerät zum Mixen (3.) {17/87} | dto. | dto. |
| – | **Mixed**<br>l>frz>engl | gemischtes Doppel beim Tennis (sport. t. t.) {56/85} | dto. | dto. |
| – | Mix(ed)pickles | | | |
| – | **Mixtur** | 1. (flüssige Arznei)mischung {56/70}; 2. Orgelregister, das auf jeder Taste mehrere Pfeifen ertönen läßt (mus. t. t.) {37} | **mixtura**, ae f | Vermischung, Vereinigung; Begattung |
| 2255 | **Mob**<br>(l;l)>engl | Pöbel; aufgewiegelte Volksmenge {33} | **mobilis**, e<br><br>+ **vulgus**, gi n<br>**mobile vulgus** | beweglich, leicht zu bewegen; biegsam, veränderlich<br>Volk, Menge<br>bewegliche Masse, Volk, Menge |
| 2256 | **Möbel**<br>l>mlat>frz | 1. Einrichtung(sgegenstand), Mobiliar {44}; 2. ungefüger Gegenstand (ugs.) {40/44/58} | **mobilis**<br>mlat. mobile<br><br>frz. *meuble* | s. oben 2255<br>bewegliches Hab und Gut<br>Hausgerät; Einrichtungsgegenstand |

| | | | | |
|---|---|---|---|---|
| – | **möblieren** l>mlat>frz | mit Hausrat einrichten, ausstatten {44} | dto. frz. *meubler* | dto. |
| – | Möblierung, | aufmöbeln, vermöbeln | | |
| – | **mobil** l>frz | 1. beweglich, nicht standortgebunden {54/61}; 2. Wohnsitz u. Arbeitsplatz häufig wechselnd {61/40/44}; 3. für den Krieg ausgerüstet, einsatzbereit {86}; 4. wohlauf, gesund, lebendig, munter (ugs.) {14} | **mobilis** | s. oben 2255 |
| – | **Mobil** | Fahrzeug {45} | dto. | dto. |
| – | **mobile** l>it | beweglich, nicht steif (mus. t. t.) {37} | dto. | dto. |
| – | **Mobile** l>mlat >engl | hängend befestigte kinetische Plastik aus Plättchen, Stäben und Drähten (kunstwiss. t. t.) {36/44/61/79} | dto. | dto. |
| – | **Mobiliar** (l;l)>l>mlat >nlat | Gesamtheit der Möbel und Einrichtungsgegenstände; Hausrat, bewegliches Habe {43/44} | **res**, ei f<br>+ **mobilis**, e<br>**res mobiles**<br><br>mlat. mobilia | Sache, Ding; Vermögen (Pl.)<br>s. oben 2255<br>bewegliches Vermögen<br>bewegliches Vermögen |
| – | **Mobilien** l>mlat | 1. Hausrat, Möbel (veraltet) {44}; 2. bewegliche Güter (wirtsch. t. t.) {80} | dto. | dto. |
| – | **Mobilisation** l>frz | 1. Operation, bei der Körperteile (z. B. Gelenke) wieder beweglich gemacht werden (med. t. t.) {70}; 2. = Mobilmachung {86} | **mobilis** | s. oben 2255 |
| – | Mobilisator | | | |
| – | **mobilisieren** l>frz | 1. mobilmachen (mil. t. t.) {86}; 2. beweglich, zu Geld machen (wirtsch. t. t.) {80}; 3. ein Körperteil wieder beweglich machen (med. t. t.) {70}; 4. in Bewegung versetzen, zum Handeln veranlassen; verfügbar machen {61/28/29} | dto. frz. *mobiliser* | dto. |
| – | **Mobilisierung** l>frz | 1. Aktivierung von Lebensvorgängen (biol. t. t.) {68/69}; 2. Umwandlung von gebundenem Kapital in Geldvermögen (wirtsch. t. t.) {42/80}; 3. = Mobilmachung {86} | dto. | dto. |
| – | **Mobilist** | Autofahrer (ugs., scherzhaft) {45/33} | dto. | dto. |

| | | | | |
|---|---|---|---|---|
| – | **Mobilität** | 1. (geistige) Beweglichkeit {22/25}; 2. Beweglichkeit innerhalb der Gesellschaft {33}; 3. Häufigkeit des Wohnsitzwechsels einer Person {33/44/61} | **mobilitas**, atis f | Beweglichkeit; Unbeständigkeit; Schnelligkeit |
| – | **mobilmachen** l;d | 1. in den Kriegszustand versetzen {86}; 2. in Aufregung, Bewegung versetzen (ugs.) {26/61} | **mobilis** frz. *mobile* | s. oben 2255 marschbereit, beweglich |
| – | Mobilmachung | | | |
| – | **Mobilstation** l;l | Sprechfunkanlage im Auto oder als Handgerät {87} | dto. + **statio**, onis f | dto. Aufenthalt, Standort; das Stillstehen |
| 2257 | **modal** l>mlat | 1. die Art und Weise des Geschehens betreffend, bezeichnend (philos., sprachwiss. t. t.) {76/77}; 2. in Modalnotation (einer Notenschrift des 12./13. Jh.s) notiert (mus. t. t.) {37} | **modus**, di m | Maß; Melodie; Regel; Art und Weise |
| – | **Modalität** l>mlat >nlat | 1. Art und Weise (des Seins, des Denkens - philos., sprachwiss. t. t.) {76/77}; 2. Art und Weise der Aus- und Durchführung eines Vertrages o. ä. {80/82} | dto. | dto. |
| – | **Mode** l>frz<br><br>(l>engl) | 1. Brauch, Sitte zu einem bestimmten Zeitpunkt {33/59}; 2. Tages-, Zeitgeschmack (bei Kleidung, Schmuck o. ä.) {19/20/26/59/79};<br>3. Schwingungsform elektromagnetischer Wellen in Hohlleitern (elektrotechn. t. t.) {72} | dto. frz. *mode* | dto. |
| – | **Modistin** l>frz | Putzmacherin; Angestellte eines Hutgeschäftes {40/19/20} | dto. frz. *modiste* | dto. |
| – | **Model**<br><br>(l>vulgl>it >engl) | 1. Halbmesser des unteren Teils einer antiken Säule (archit. t. t.) {88}; 2. Hohlform für die Gebäckherstellung {40/58/17}; 3. erhabene Druckform für Stoff- und Tapetendruck {40/41/44}; 4. Strick- und Wirkmuster {40/19};<br>5. Mannequin, Fotomodell {40/18} | **modulus**, li m<br>vulgl. modellus* it. *modello* | Rhythmus, Takt, Melodie; Maß(stab)<br>Muster, Form; Vorbild; Entwurf; Mannequin |

| | | | | |
|---|---|---|---|---|
| – | **Modell** l>vulgl>it | 1. Muster, Vorbild {33/56/25}; 2. Entwurf oder verkleinerte, maßstabsgetreue Nachbildung {58/25/56}; 3. Kleidungsstück-Unikat {19/57}; 4. Mensch oder Gegenstand als Vorbild für ein Werk der bildenden Kunst {36}; 5. Typ, Ausführungsart eines Fabrikats {41/56/87}; 6. vereinfachte Darstellung zur Erleichterung der Untersuchung {25/56}; 7. Mannequin; 8. Callgirl {40/18} | dto. | dto. |
| – | **Modelleur** o. **Modellierer** l>vulgl>it >frz | Former, Musterformer {40} | dto. frz. *modelleur* | dto. |
| – | **modellieren** l>vulgl>it | (eine Plastik) formen, ein Modell herstellen {40/29/36} | dto. it. *modellare* | dto. |
| – | **modeln** | gestalten, in eine Form bringen {29/53} | **modulus** | s. oben |
| – | **Modem** (l;l;l)>engl | engl. Kurzform aus Modulator / Demodulator: Gerät zur Übertragung von Daten über Fernsprechleitungen (EDV - t. t.) {46/71/87} | **modulator**, oris m<br>+ **de**<br>+ **modulator** | jmd., der bei etw. den gehörigen Rhythmus beobachtet<br>s. oben 0580 |
| 2258 | **moderat** | gemäßigt, maßvoll {26/56/84} | **moderatus**, a, um | gemäßigt, Maß haltend; besonnen |
| – | **Moderation** | 1. Mäßigung, Gleichmut (veraltet) {26}; 2. Leitung und Redaktion einer Rundfunk- o. TV-Sendung {32/40/85} | **moderatio**, onis f | Mäßigung, Selbstbeherrschung; Leitung, Herrschaft |
| – | **moderato** l>it | gemäßigt, mäßig schnell (mus. t. t.) {37/59} | **moderatus** | s. oben |
| – | **Moderator** | 1. (leitender) Rundfunk- oder TV-Redakteur, der durch die Sendung führt {32/40/85}; 2. Stoff, der Neutronen hoher Energie abbremst (kernphys. t. t.) {72}; 3. Vorsteher eines gewählten Vorstandskollegiums einer reformierten Synode (rel. t. t.) {33/51} | **moderator**, oris m | Lenker, Handhaber; Mäßiger |
| – | **moderieren** | 1. eine Rundfunk- oder TV-Sendung mit einleitenden u. verbindenden Worten versehen {32/40/85}; 2. mäßigen (veraltet, noch landsch.) {33/56} | **moderari** | mäßigen, beherrschen; leiten, lenken |

| | | | | |
|---|---|---|---|---|
| 2259 | **modern** l>frz | 1. der Mode (1.) entsprechend {59/26/19}; 2. neuzeitlich, neuartig {59/56} | **modernus**, a, um frz. *moderne* | neu, neuer |
| – | **Moderne** l>frz | 1. moderne Richtung in Literatur, Kunst, Musik {59/34/35/36/37}; 2. die jetzige Zeit und ihr Geist {59/25/33} | dto. | dto. |
| – | **modernisieren** l>frz | 1. der gegenwärtigen Mode (1.) entsprechend umgestalten, umändern (von Kleidungsstücken) {19/59/61}; 2. nach neuesten technischen o. wissenschaftlichen Erkenntnissen austatten, verändern {41/61/72/87} | dto. frz. *moderniser* | dto. |
| – | **Modernismus** l>frz | 1. Streben nach Modernität (in Kunst und Literatur {34/35/36}; 2. Reformbewegung in der kath. Kirche {51}; 3. modernes Stilelement {25/59} | dto. | dto. |
| – | Modernist | | | |
| – | **modernistisch** l>frz | zum Modernismus gehörend; sich modern gebend {59/26/33} | dto. | dto. |
| – | **Modernität** l>frz | 1. neuzeitliches Verhalten, Gepräge {25/26/33}; 2. Neuheit {59/56} | dto. | dto. |
| 2260 | **modest** | bescheiden, sittsam (veraltet) {26/84} | **modestus**, a, um | mäßig, besonnen; bescheiden, sittsam |
| 2261 | **Modifikation** | 1. Abwandlung, Veränderung, Einschränkung {25/56/61}; 2. nichterbliche Änderung bei Pflanzen und Tieren (biol. t. t.) {68/69}; 3. Zustandsform, in der ein Stoff vorkommt (chem. t. t.) {73} | **modificatio**, onis f | Abmessung |
| – | **Modifikator** | 1. etw., das abschwächende o. verstärkende Wirkung hat {61/56}; 2. modifizierend wirkendes Gen (biol. t. t.) {68/69} | **modificator**, oris m | jmd., der etw. gehörig einrichtet |
| – | **modifizieren** | einschränken, abändern, abwandeln {61/56} | **modificare** o. **modificari** | gehörig abmessen; mäßigen abmessen, Maß halten |
| 2262 | **modisch** l>frz | nach der Mode {19} | **modus** frz. *mode* | s. oben 2257 |

| | | | | |
|---|---|---|---|---|
| 2263 | **Modul** | 1. = Model (1.-4.) {s. oben}; 2. zugrundeliegendes Verhältnis (math. t. t.); 3. Divisor, in bezug auf den zwei Zahlen kongruent sind (math. t. t.); 4. absoluter Betrag einer komplexen Zahl (math. t. t.) {71}; 5. Materialkonstante (phys., techn. t. t.); | **modulus** (1.: vulgl. modellus* it. *modello)* | s. oben 2257 |
| | (l>engl/ am) | 6. komplexes, eine geschlossene Funktionseinheit bildendendes Geräteteil (elektrotechn. t. t.) {41/72/87} | engl. *module* | |
| 2264 | **Modulation** | 1. Beeinflussung einer Trägerfrequenz zum Zweck der Nachrichtenübertragung (techn. t. t.) {46/72/87}; 2. Tonartenwechsel (mus. t. t.); 3. Abstimmen von Tonstärken u. Klangfarbe im Musikvortrag (mus. t. t.) {37} | **modulatio**, onis f | das proportionierte Maß, Grundmaß; das Rhythmische |
| – | **Modulator** | Modulationsgerät (1.) (techn. t. t.) {46/72/87} | **modulator**, oris m | jmd., der den Rhythmus beobachtet |
| – | modulatorisch | | | |
| – | **modulieren** | 1. abwandeln {61/29}; 2. eine Frequenz zwecks Nachrichtenübermittlung beeinflussen (techn. t. t.) {46/72/87}; 3. in eine andere Tonart übergehen (mus. t. t.) {37} | **modulari** | abmessen; regeln; taktmäßig, melodisch singen |
| >>> | Modultechnik s. Modul | | | |
| 2265 | **Modus** | 1. Art und Weise {25/56}; 2. Aussageweise des Verbs im Deutschen (sprachwiss. t. t.) {76}; 3. Kirchentonart; Taktmaß (mus. t. t.) {37/51} | **modus** | s. oben 2257 |
| 2266 | **Mohr** | dunkelhäutiger Mensch, Neger (veraltend) {10} | **Maurus**, ri m | der Mauretanier, Afrikaner mit dunkler Hautfarbe |
| – | **Mohrenkopf** l;(gr)>l >gallorom | runde Gebäckart mit Schokoladenüberzug {17} | dto. + **cupa** | dto. s. oben 1894b |
| 2267 | **Mol** l>nlat | bestimmte Menge eines chemisch einheitlichen Stoffes (chem. t. t.) {73/57} | **moles**, lis f | Schwere, Masse; Klumpen, Damm |
| – | **Molalität** l>nlat | Maßangabe der Konzentration von Lösungen in Mol je kg (chem. t. t.) {73/56/57} | dto. | dto. |

| | | | | |
|---|---|---|---|---|
| – | **molar** l>nlat | das Mol betreffend, je ein Mol (chem. t. t.) {73/57} | dto. | dto. |
| 2268 | **Mole** l>it | Hafendamm {45/88} | **moles** it. *molo* | s. oben 2267 |
| – | **Molekül** l>frz | kleinste Einheit einer chemischen Verbindung mit bestimmten Eigenschaften (chem. t. t.) {57/73} | dto. frz. *molécule* | dto. |
| – | molekular | | | |
| 2269 | **Molesten** | Beschwerden, Belästigungen (veraltet, noch landsch.) {25/26/32} | **molestia**, ae f | Beschwerde, Unbehagen, Verdruß |
| – | **molestieren** | belästigen (veraltet, noch landsch.) {32/25/26} | **molestare** | beschwerlich fallen, belästigen |
| 2270a | **Moll** l>mlat | Tonart mit kleiner Terz im Dreiklang auf der ersten Stufe (mus. t. t.) {37} | **mollis**, e | weich, beweglich, biegsam, sanft |
| 2270b | **Molle** l>mnd | 1. Bierglas {44}; 2. Glas Bier (ugs., berlinisch) {17} | **mulctra**, ae f mnd. *molle* | Melkfaß, -kübel vgl. unten 2309 |
| 2270c | **mollig** | rundlich, nicht schlank {11/55} | uns.: **mollis** | s. oben 2270a |
| 2271 | **Molluske** l>nlat | Weichtier (z. B. Muscheln, Schnecken) {08} | **molluscus**, ci m bzw. **molluscus**, a, um | Ahornschwamm<br>weich (mit dünner Schale) |
| 2272 | **molto** l>it | viel, sehr (mus. t. t.) {37/56} | **multus**, a, um | viel, zahlreich, sehr |
| 2273 | **Moment** l>frz | 1. Augenblick, Zeitpunkt; 2. kurze Zeitspanne {59}; 3. ausschlaggebender Umstand; Merkmal; Gesichtspunkt {25/56}; 4. Produkt aus zwei physikalischen Größen (phys. t. t.) {72} | **momentum**, ti n | Bewegung; Augenblick; Gewicht, Bedeutung |
| – | **momentan** l>frz | augenblicklich, vorübergehend {59} | **momentaneus**, a, um | nur augenblicklich, zeitlich |
| – | monaural s. aural | | | |
| 2274 | **mondän** l>frz | nach Art der großen Welt, modern, von auffälliger Eleganz {19/20/55/79} | **mundanus**, a, um | zur Welt gehörig, weltlich; himmlisch |
| 2275 | **mondial** l>frz | weltweit, weltumspannend {58/64} | **mundialis**, e | weltlich, irdisch |
| 2276 | **monetär** | geldlich, die Finanzen betreffend {42/80} | **monetarius**, a, um | zur Münze gehörig, Münz... |
| – | **Monetarismus** l>nlat | Wirtschaftssteuerung durch Geldmengen (wirtsch.wiss. t. t.) {42/80} | dto. | dto. |
| – | Monetarist, monetaristisch | | | |
| – | **Moneten** | Geld (ugs.) {42/43} | **moneta**, ae f | Münze, Münzstätte, -stempel |

| | | | | |
|---|---|---|---|---|
| – | **monetarisieren** l>nlat | in Geld umwandeln (wirtsch. t. t.) {42/80} | dto. | dto. |
| – | Monetarisierung | | | |
| 2277 | **monieren** | etw. bemängeln, tadeln, rügen, beanstanden {25/32/33} | **monere** | erinnern, ermahnen, veranlassen |
| – | **Monitor** l>engl | 1. Kontrollbildschirm (für TV-Moderatoren o. zur Überwachung elektronischer Anlagen {32/40/46/87}; 2. einfaches Strahlennachweis- und -meßgerät (phys. t. t.) {72}; 3. Aufseher (veraltet) {33/40}; 4. veralteter Panzerschifftyp {45/86} | **monitor**, oris m | Erinnerer, Souffleur; Mahner, Warner |
| 2278 | **monokausal** gr;l | sich nur auf eine Grundlage stützend {60/25/57} | gr. *μόνος*<br>+ **causalis**, e | allein, einzeln, einzig<br>zur Ursache gehörig |
| – | **Monokel** gr;l | Einglas, Korrekturlinse für ein Auge {14/70} | gr. *μόνος*<br>+ **oculus**, li m | s. oben<br>Auge |
| – | **monokular** (gr;l)>nlat | mit einem Auge, für ein Auge (med. t. t.) {14/23/70} | gr. *μόνος*<br>+ **ocularis**, e | s. oben<br>zu den Augen gehörig, Augen... |
| – | **Monokular** (gr;l)>nlat | Fernglas für ein Auge {23/38/87} | dto. | dto. |
| – | **Monokultur** gr;l | landwirtschaftliche Bodennutzung mit nur einer Nutzpflanze {39/57} | gr. *μόνος*<br>+ **cultura**, ae f | s. oben<br>Pflege, Bebauung; Landwirtschaft |
| >>> | Monroedoktrin s. Doktrin | | | |
| 2279 | **Monseigneur** (l/l>frz;l >frz)>frz | 1. Titel der frz. Ritter o. Prinzen {33/47}; 2. Titel für hohe Geistliche {33/51} | **meus**, a, um beeinflußt von: **bonus**, a, um<br>frz. *mon*<br>+ **senior**, ris m<br>frz. *seigneur* | mein<br>gut, tüchtig<br><br>der ältere, (reifere) Herr |
| – | **Monsieur** (l/l>frz;l >frz)>frz | frz. Anrede: Herr {32/33} | dto. | dto. |
| – | **Monsignore** (l/l>frz;l >frz)>frz>it | 1. Titel hoher ital. kath. Geistlicher; 2. Titel päpstlicher Geheimkämmerer {33/51} | dto.<br>it. *signore* | dto. |
| 2280 | **Monster** l>frz>engl | Ungeheuer {14/24/25/53} | **monstrum**, ri n | Ungeheuer, Unhold, Scheusal |
| – | Monsterfilm | | | |

| | | | | |
|---|---|---|---|---|
| – | **monströs** l>(frz) | 1. ungeheuerlich {25/56}; 2. mißgestaltet (med. t. t.) {14/70} | **monstr(u)osus**, a, um | widernatürlich, scheußlich; seltsam |
| – | **Monstrosität** l>(frz) | 1. Ungeheuerlichkeit {25/56}; 2. Mißbildung, Mißgeburt (med. t. t.) {14/70} | **monstrositas**, atis f | Wider-, Unnnatürlichkeit |
| – | **Monstrum** o. **Monster** | 1. Ungeheuer {24/25/53}; 2. großer, unförmiger Gegenstand; etw. Riesiges {53}; 3. Mißbildung, Mißgeburt (med. t. t.) {14/70} | **monstrum** | s. oben |
| – | **Monstranz** l>mlat | kostbares Gefäß zum Tragen und Zeigen der geweihten Hostie (rel. t. t.){51/58} | **monstrare**<br>mlat. monstrantia | zeigen, (hin)weisen, andeuten<br>die zeigenden (Gefäße) |
| 2281 | **Montage** l>vulgl>frz | 1. das Zusammensetzen und Betriebsbereit-machen (einer Maschine) aus vorgefertigten Produktionsteilen {40/41/29}; 2. ein Kunstwerk zusammensetzen {36}; 3. künstlerischer Aufbau eines Films aus einzelnen Bild- und Handlungseinheiten {35/85} | **mons**, ntis m<br>vulgl. montare*<br>frz. *monter*<br>*montage* | Berg, Gebirge<br>steigen<br>steigen, aufsitzen; errichten, aufbauen |
| 2282 | **montan** | Bergbau und Hüttenwesen betreffend {41} | **montanus**, a, um | auf den Bergen befindlich, Berg..., Gebirgs... |
| – | **Montanindustrie** l;l | Gesamtheit der bergbaulichen Industrieunternehmen {41/57} | dto.<br>+ **industria**, ae f | dto.<br>s. oben 1360 |

>>> Montanunion s. Union

| | | | | |
|---|---|---|---|---|
| 2283 | **Monteur** l>vulgl>frz | Montagefacharbeiter {40/41} | **mons** / montare*<br>frz. *monteur* | s. oben 2281 |
| – | **montieren** l>vulgl>frz | 1. eine Maschine zusammensetzen und betriebsbereit machen; 2. etw. (mit technischen Hilfsmitteln) installieren, anbringen {29/40/41}; 3. etw. zu künstlerischen Zwecken zusammensetzen {36}; 4. einen Edelstein fassen {40/29/20} | dto.<br>frz. *monter* | dto. |
| – | **Montur** l>vulgl>frz | 1. Uniform, Dienstkleidung; 2. einteiliger Arbeitsanzug (ugs.) {40/19}; 3. Unterbau für eine Perücke {21}; 4. Fassung für Edelsteine {20/58} | dto.<br>frz. *monture* | dto.<br>Ausrüstung |
| 2284a | **Monument** | 1. (großes) Denkmal {24/36/88}; 2. (wichtiges) Erinnerungszeichen; Gedenkstein {24/36} | **monumentum**, ti n | Erinnerungszeichen, Denkmal, Andenken; Urkunden |

| | | | | |
|---|---|---|---|---|
| – | **monumental** | 1. denkmalartig {24/36/88}; 2. gewaltig, großartig {25/26/56} | **monumentalis**, e | nur als Denkzeichen dienend |
| – | **Monumentalität** l>nlat | eindrucksvolle Größe, Großartigkeit {25/26/56/58} | dto. | dto. |
| 2284b | **Mop** l>afrz>engl | Staubbesen mit ölgetränkten Fransen {44} | **mappa**, ae f<br>afrz. *mappe*<br>engl. *mop* | Tuch, Decke |
| – | moppen | | | |
| >>> | Moped s. Motor bzw Pedal | | | |
| 2285 | **Mora** | 1. (Zahlungs-, Weisungs)verzug {59/80}; 2. kleinste Zeiteinheit im Verstakt {32/59} | **mora**, ae f | Verzug, Verzögerung, Aufschub, Aufenthalt |
| 2286 | **Moral** l>frz | 1. System von auf Tradition, Gesellschaftsform u. Religion beruhenden sittlichen Grundsätzen u. Normen {30}; 2. sittliches Verhalten {30/33}; 3. Stimmung, Kampfgeist {26}; 4. philos. Sittlichkeitslehre {30/77}; 5. lehrreiche Nutzanwendung {25} | **moralis**, e<br>(bzw. philosophia moralis<br>frz. *morale* | die Sitten betreffend, moralisch, ethisch<br>Sittenlehre) |
| – | **moralisch** l>frz | 1. der Moral (1.) entsprechend {30/33}; 2. die Moral (3.) betreffend {30/77}; 3. sittenstreng, tugendhaft {30}; 4. eine Moral (5.) enthaltend {30}; 5. geistig, nicht körperlich (veraltet) {25} | dto. | dto. |
| – | **moralisieren** l>frz | 1. moralische (1.) Überlegungen anstellen {25/30}; 2. die Moral (2., 4.) verbessern {26/30/33}; 3. den Sittenprediger spielen {30/33} | dto.<br>frz. *moraliser* | dto. |
| – | Moralist | | | |
| – | **Moralität** l>frz | 1. moralische Haltung; sittliches Empfinden, Verhalten {30/33/84}; 2. mittelalterliches, lehrhaft allegorisierendes Drama {35/74/75} | **moralitas**, atis f | Charakteristik; Moralität |
| 2287 | **Moratorium** l>mlat | gesetzlich angeordneter, (vertraglich) vereinbarter Aufschub (z. B. einer Zahlung) {50/59/80} | **mora** | s. oben 2285 |
| 2288 | **morbid** l>frz | 1, kränklich, krankhaft (med. t. t.) {70/14}; 2. im (sittlichen) Verfall begriffen {30/33} | **morbidus**, a, um<br>frz. *morbide* | krank, siech, ungesund |
| – | **Morbidität** l>nlat | 1. Krankheitsstand; Zahlenverhältnis von Kranken und Gesunden (med. t. t.) {70/57}; 2. sittlicher Verfall {30/33} | dto. | dto. |

| | | | | |
|---|---|---|---|---|
| – | **Morbus** | Krankheit (med. t. t.) {70} | **morbus**, bi m | Krankheit; Verdruß |
| 2289 | **Morelle** o. **Marelle** l>it>(frz) | Sauerkirschenart {05/17} | **Maurus**, ri m<br>it. *morellus*<br>*morello*<br>frz. *morelle* | s. oben 2266a<br>Nachtschatten |
| 2290 | **Mores** | 1. Sitten, Anstand {33/30}; 2. jmdn. - lehren: energisch zurechtweisen {25/32} | **mos**, oris m (Pl. mores) | Sitte, Anstand; Benehmen; Charakter |
| 2291 | **morganatisch** mlat | nicht standesgemäß (in bezug auf die Ehe) {33/82/75} | mlat. **matrimoniam ad morganaticam** | Ehe zur linken Hand, Ehe auf (bloße) Morgengabe |
| 2292 | **moribund** | im Sterben liegend; sterbend (med. t. t.) {52/70} | **moribundus**, a, um | dem Tode nahe, im Sterben liegend |
| 2293a | **Mörser** | schalenförmiges Gefäß zum Zerkleinern und Zerstoßen harter Stoffe {40/44} | **mortarium**, ii n | Mörser; Mörtel(pfanne) |
| 2293b | **Mortadella** (gr)>l>it | ital. Zervelatwurst; Brühwurst aus Schweine- u. Kalbfleisch, Speckwürfeln u. Zunge {17} | **murta**, ae f<br>gr. *μυρσίνη*<br>**murtatum**, ti n (sc. farcimen)<br>it. *mortadella* | Myrtenbeere<br><br>mit Myrte(nbeeren) gewürzt(e Wurst) |
| 2293c | **Mörtel** | Bindemittel für Bausteine {40/41} | **mortarium** | s. oben 2293a |
| 2294 | **Mortalität** | Sterblichkeit(sziffer) (med. t. t.) {52/57/70} | **mortalitas**, atis f | Sterblichkeit; Sterbefälle |
| – | **mortifizieren** | 1. demütigen, beleidigen (veraltet) {26/32/33}; 2. kasteien {25/26}; 3. absterben (lassen), abtöten (med. t. t.) {52/70}; 4. tilgen, für ungültig erklären (jur. t. t.) {28/56/82} | **mortificare** | töten |
| 2295 | **Morula** (gr)>l>nlat | maulbeerähnlicher, kugeliger Zellhaufen der befruchteten Eizelle; Zellwachstumsstufe (biol. t. t.) {69/70} | **morum**, ri n<br>gr. *μῶρον*<br>o. *μόρον* | Maulbeere; Brombeere |
| 2296 | **Mosaik** (gr)>l>mlat >it>frz | 1. flaches Bildwerk aus verschiedenfarbigen Steinen o. Glassplittern {36}; 2. aus vielen Teilen zusammengesetzte Einheit, bunte Vielfalt {56} | **musivum**, vi n (sc. opus)<br>gr. *μουσεῖος*<br>mlat. musaicum<br>it. *mosaico*<br>frz. *mosaïque* | Mosaik(arbeit)<br><br>den Musen geweiht, künstlerisch |
| 2297 | **Moskito** l>span | Stechmücke {08} | **musca**, ae f<br>span. *mosca*<br>*mosquito* | Fliege<br><br>Stechmücke |

| | | | | |
|---|---|---|---|---|
| 2298 | **Most**<br>l;l | unvergorener Frucht-, Traubensaft; Obstwein {17} | **vinum**, ni n<br>+ **mustus**, a, um<br>(vinum)<br>**mustum** | Wein<br>jung, neu, frisch<br><br>junger Wein, Most |
| – | **Mostrich**<br>l>roman/<br>afrz>frz | Senf (aus zerriebenen Senfkörnern und Most bzw. Weinessig) {17} | dto.<br>afrz.<br>*mostarde*<br>frz. *moutarde* | dto. |
| 2299 | **Motette**<br>l>vulgl<br>>mlat>it | mehrstimmiger Kirchengesang ohne Instrumentalbegleitung {37/51} | **muttire**<br>vulgl.<br>muttum<br>mlat.<br>motetum<br>it. *mot(t)etto* | mucksen; halblaut reden<br>Muckser; Wort<br><br>Kirchengesang |
| 2300 | **Motion**<br>l>frz | 1. (Leibes)bewegung (veraltet) {12}; 2. schriftlicher Antrag im Parlament (schweiz.) {32/50}; 3. Abwandlung (des Adjektivs) nach dem jeweiligen Geschlecht (sprachwiss. t. t.) {76} | **motio**,<br>onis f | Bewegung; Degradierung |
| 2301 | **Motiv**<br>l>mlat>frz | 1. Leitgedanke; Beweggrund, Ursache; Zweck {25/60}; 2. kleinste, gestaltbildende musikalische Einheit (mus. t. t.) {37}; 3. Vorlage, Gegenstand einer künstlerischen Darstellung (künstl. t. t.) {36/79} | **motivus**,<br>a, um<br>mlat. motivus<br><br>motivum<br><br>frz. *motif* | zur Bewegung geeignet, beweglich<br>antreibend, anreizend<br>Beweggrund, Antrieb |
| – | **Motivation**<br>l>mlat<br>>nlat | 1. Summe der das menschliche Handeln beeinflussenden Beweggründe {25/60}; 2. Durchschaubarkeit einer aus Teilen bestehenden Wortbildung (sprachwiss. t. t.) {76}; 3. das Motiviertsein {25/26} | dto. | dto. |
| – | motivational | | | |
| – | **motivieren**<br>l>mlat>frz | 1. begründen {25/32/60}; 2. zu etw. anregen, veranlassen {25/28} | dto.<br>frz. *motiver* | dto. |
| – | **motiviert**<br>l>mlat>frz | 1. als Wort in der semantischen Struktur durchsichtig (sprachwiss. t. t.) {76}; 2. angeregt, veranlaßt sein {25/28} | dto. | dto. |
| – | Motivierung | | | |
| – | **Motivik**<br>l>mlat<br>>nlat | Kunst der Motivverarbeitung in einem Tonwerk (mus. t. t.) {37} | dto. | dto. |
| – | **motivisch**<br>l>mlat<br>>nlat | das Motiv, die Motivik betreffend {s. darunter} | dto. | dto. |

| | | | | |
|---|---|---|---|---|
| 2302 | **Motodrom** (l;gr)>frz | Rennstrecke, Rundkurs für Motorsportveranstaltungen {45/58/85} | **motor**, oris m<br><br>+ gr. *δρόμος* | Beweger; Fortrükker der Grenzsteine<br>Lauf |
| – | **Motor** | 1. Maschine, die Kraft erzeugt und etw. in Bewegung setzt {40/41/61/72/87}; 2. Kraft, die etw. antreibt; jmd., der etw. voranbringt {25/28/33/72} | **motor** | s. oben |
| – | ...motorig | | | |
| – | **Motorik** l>nlat | 1. menschliche Bewegungen als Ausdruck der Persönlichkeit (psych. t. t.); 2. Gesamtheit der willkürlichen aktiven Muskelbewegungen (med. t. t.) {12/70}; 3. gleichmäßige, motorartige Rhythmik (mus. t. t.) {37}; 4. Gesamtheit von Bewegungsabläufen {12/57} | dto. | dto. |
| – | Motoriker | | | |
| – | **motorisch** | 1. bewegend, der Bewegung dienend; von einem Motor angetrieben {41/61/72/87}; 2. die Motorik (1.) betreffend {12/70}; 3. einen Muskelreiz aussendend und weiterleitend (von Nerven - med. t. t.) {70}; 4. von eintönig hämmernder Rhythmik (mus. t. t.) {26/37}; 5. gleichförmig, automatisch ablaufend {56/59} | **motorius**, a, um | voll Bewegung, lebhaft |
| – | **motorisieren** l>frz | mit Kraftfahrzeugen ausstatten, sich ein Kraftfahrzeug anschaffen {45/43} | dto.<br>frz. *motoriser* | dto. |
| – | **Motorisierung** l>frz | das Ausstatten mit einem Motor (1.) bzw. mit Kraftfahrzeugen {45/72/43} | dto. | dto. |
| 2303 | **Motto** l>vulgl>it | Denk-, Wahl-, Leitspruch; Kennwort {25/28/32} | **muttire**<br>vulgl. muttum<br>it. *motto* | s. oben 2299<br><br>Witzwort, Wahlspruch |
| 2304 | **Mouche** l>frz | 1. Schönheitspflästerchen {21}; 2. Treffer in den Mittelpunkt der Schießscheibe {85} | **musca**, ae f<br>frz. *mouche* | Fliege<br>Fliege; Kinnbärtchen; Schönheitspflästerchen<br>vgl. oben 2297 |
| 2305 | **Movens** | bewegender Grund, Antriebskraft {60/25} | **movere** (PPA. **movens**) | bewegen, erregen, einwirken, verursachen |

| | | | | |
|---|---|---|---|---|
| – | **Movie** l>frz>engl >am | Unterhaltungsfilm, Kino {35/85} | dto. | dto. |
| – | **movieren** | ein Wort (bes. ein Adjektiv) nach dem jeweiligen Geschlecht abwandeln (sprachwiss. t. t.) {76} | dto. | dto. |
| 2306a | **Moxibustion** jap;l | ostasiatische Heilmethode, die durch Einbrennen von Beifußwolle in bestimmte Hautstellen eine Erhöhung der allgemeinen Abwehrreaktion bewirkt (med. t. t.) {70} | jap. *moxa* + **ustio**, onis f | Beifußwolle das Brennen, Verbrennen; Entzündung |
| 2306b | **Muff** (germ?) >mlat>frz >mniederl | Handwärmer aus Pelz {19} | mlat. **muffula** frz. *moufle* mniederl. *muffel* | Fausthandschuh Pelzhandschuh |
| – | **Muffe** (germ?) >mlat>frz >mniederl | Röhrenverbindungs- o. -ansatzstück {40/44/87} | dto. | dto. |
| 2307 | **Mühle** l>mlat | Einrichtung zum Mahlen von Getreide {40/58} | **molinae**, arum f (Pl.) mlat. molina | Mühle |
| 2308 | **Mulatte** (gr)>l >span | Nachkomme eines weißen und eines farbigen Elternteils {10} | **mulus**, li m gr. *μυχλός* span. *mulo* *mulato* | Maulesel; Maultier |
| 2309 | **Mulde** l>mnd | 1. längliches, halbrundes Gefäß, Mehl-, Backtrog {44}; 2. muldenförmige Vertiefung im Erdreich; Talsenkung {64} | **mulctra**, ae f mnd. *molde*, *molle* | Melkfaß, Melkkübel; Milch vgl. oben 2270b |
| 2310 | **Muli** (gr)>l | Maulesel {06} | **mulus** gr. *μυχλός* | s. oben 2175, 2308 |
| 2311 | **Müller** | Mehlproduzent, Mühlenbesitzer {40/43} | **molinarius**, ii m | Müller |
| 2312 | **Multi** | multinationaler Konzern {41/42/80} | **multus**, a, um | viel, zahlreich, groß, bedeutend |

\>>> multi... s. ggf. unter dem Rest des Wortes

| | | | | |
|---|---|---|---|---|
| – | **Multidimensionalität** l;l | Vielschichtigkeit (psych., soziol. t. t.) {70/81} | **multus** + **dimensio**, onis f | s. oben Vermessung; Dimension, Ausdehnung; Erdachse |
| – | **multilateral** l>nlat | mehrseitig, mehrere Seiten betreffend {56/33/50} | dto. + **lateralis**, e | dto. die Seiten betreffend, Seiten... |
| – | **Multilateralismus** l>nlat | System einer vielfach verknüpften Weltwirtschaft mit allseitig geöffneten Märkten {80} | dto. | dto. |

| | | | | |
|---|---|---|---|---|
| – | **multipel** | 1. vielfältig {56/57}; 2. an vielen Stellen im Körper auftretend (med. t. t.) {70} | **multiplex**, licis | vielteilig, vielfach, mannigfaltig |
| – | **multiplex** | vielfältig (veraltet) {56/57} | dto. | dto. |
| – | **Multiplexfilter** l;mlat | elektronische Schaltung in Tonbandgeräten zur Unterdrückung des Stereo-Pilottones bei Rundfunksendungen (techn. t. t.) {46/87} | dto.<br>+ mlat.<br>**filtrum** | dto.<br><br>s. oben 1095 |
| – | **Multiplikant** | Zahl, die mit einer anderen multipliziert werden soll (math. t. t.) {71} | **multiplicare** | vermehren, vergrößern; multiplizieren (arithm. t. t.); vervielfältigen |
| – | **Multiplikation** | Vervielfachung, Vervielfältigung {71/57} | **multiplicatio**, onis f | Vervielfältigung, Vermehrung; das Multiplizieren (arithm. t. t.) |
| – | multiplikativ | | | |
| – | **Multiplikativum** | Wiederholungs-, Vervielfältigungszahlwort (sprachw. t. t.) {76} | **multiplicativus**, a, um | multiplizierend, zum Multiplizieren geeignet |
| – | **Multiplikator** | 1. Zahl, mit der multipliziert werden soll (math. t. t.) {71/57}; 2. jmd., der erworbenes Wissen o. Informationen weitergibt {32/25} | **multiplicator**, oris m | Vervielfältiger; Multiplikator (arithm. t. t.) |
| – | **multiplizieren** | 1. um eine bestimmte Zahl vervielfachen; 2. vervielfältigen, zunehmen lassen, vermehren {71/57} | **multiplicare** | s. oben |
| – | **Multiplizität** | mehrfaches Vorkommen, Vorhandensein {57/71/52} | **multiplicitas**, atis f | Vielfältigkeit |
| – | **Multivision** l;l | Technik der gleichzeitigen Projektion mehrerer Dias auf eine Leinwand {72/85/87} | **multus**<br>+ **visio**, onis f | s. oben<br>das Sehen; Anblick; Erscheinung, Vorstellung |
| 2313 | **Mumifikation** (pers>arab >it;l)>nlat | 1. Mumifizierung; 2. Austrocknung abgestorbener Gewebeteile an der Luft (med. t. t.) {70/73} | pers. *mum*<br>arab. *mimiya*<br>it. *mummia*<br>+ **facere** | Wachs<br><br><br>tun, machen, handeln |
| – | **mumifizieren** (pers>arab >it;l)>nlat | 1. einbalsamieren; 2. eintrocknen -, absterben lassen (bes. Gewebe - med. t. t.) {70/73} | dto. | dto. |
| 2314 | **Mumm** | Mut, Tatkraft, Entschlossenheit (ugs.) {28/84} | **animus**, mi m | Seele, Geist; Sinn; Verlangen; Mut |
| 2315 | **mundan** | weltlich, auf das Weltganze bezüglich (veraltet) {56} | **mundanus**, a, um | zur Welt gehörig, Welt...; körperlich, materiell |

| | | | | |
|---|---|---|---|---|
| – | **Mundus** | Welt, Weltall, Weltordnung {02/56} | **mundus,** di m | Welt(all), -ordnung; Gerät; Erde; Unterwelt |
| 2316 | **Munition** l>frz | Schießmaterial für Feuerwaffen; Gewehr-, Pistolenkugel {86} | **munitio,** onis f | Befestigung, Verwahrung, Schanzwerk |
| – | **munitionieren** l>frz | mit Munition versehen, ausrüsten {86} | dto. | dto. |
| 2317 | **munizipal** | städtisch {64/48} | **municipalis,** e | zu einer Landstadt gehörig; kleinstädtisch |
| – | **Munizipalität** l>nlat | Stadtobrigkeit (veraltet) {49/33} | dto. | dto. |
| – | **Munizipium** | 1. altröm. Landstadt (hist. t. t.) {75/48}; 2. Stadtverwaltung (veraltet) {49} | **municipium,** ii n | Landstadt, Bundesstadt |
| 2318 | **Münster** (gr)>l >vulgl | Stiftskirche; Hauptkirche; Dom {51/36} | **monasterium,** ii n gr. *μοναστήριον* vulgl. monisterium* | Kloster, Einsiedelei |
| 2319 | **Münze** | geprägtes Metallstück, Geldstück {20/36/42/56} | **moneta,** ae f | Münze, Münzstätte, -stempel |
| – | **münzen** | 1. Geld prägen {29/42/56}; 2. auf jmdn. zielen, anspielen (ugs.) {25/32/33} | dto. | dto. |
| 2320 | **Muräne** (gr)>l | aalartiger Knochenfisch {07} | **murena,** ae f gr. *μύραινα* | Muräne (beliebter Seefisch) |
| 2321 | **Murmel** (gr)>l | (marmorne) Kinderspielkugel {85} | **marmor** gr. *μάρμαρος* | s. oben 2154 |
| 2322 | **Murmeltier** l>roman | Alpennagetier-Gattung {06} | **mus,** uris mf + **mons,** ntis m **mus** (Akk. murem) **montis** ahd. *murmunto* | Maus<br>Berg, Gebirge<br>Bergmaus |
| 2323 | **Muschel** (gr)>l >roman | Meeresschalentier {08} | **musculus,** li m<br>gr. *μῦς* | Mäuschen; Muskel; Bartenwalfisch; Miesmuschel<br>Maus, Mäuschen |
| 2324 | **Museum** (gr)>l | Ausstellungsgebäude für Kunstgegenstände und wissenschaftliche Sammlungen {33/40/58/85} | **museum,** ei n<br>gr. *μουσεῖος* | Museum; Musensitz; Bibliothek; Akademie |

| | | | | |
|---|---|---|---|---|
| – | **museal**<br>(gr)>l>nlat | 1. zum, ins Museum gehörend; Museums... {33/40/58/85}; 2. veraltet, verstaubt, unzeitgemäß (ugs.) {25/33/59} | dto. | dto. |
| 2325 | **Musical**<br>(gr)>l>mlat<br>>frz>engl<br>>am | aktuelle Stoffe behandelndes, populäres Musiktheater (theat. t. t.) {35/37/74} | **musica**, ae f<br>(o. **ars musica**)<br>gr. *μουσική τέχνη*<br>frz. *musique* | Musenkunst, Musik |
| – | Music..., Musik... s. ggf. unter dem Rest des Wortes | | | |
| – | **Musik**<br>(gr)>l>frz | 1. Tonkunst; 2. Kunstwerk, bei dem Töne und Rhythmus eine Einheit bilden; 3. Unterhaltungsorchester (ugs.) {37} | dto. | dto. |
| – | **musikalisch**<br>(gr)>l>frz | 1. die Musik betreffend, tonkünstlerisch; 2. musikbegabt, musikliebend {22/26/37}; 3. klangvoll, wohltönend {37} | dto. | dto. |
| – | **Musikalität**<br>(gr)>l>frz | 1. musikalisches Empfinden; 2. Musikbegabung {37/22}; 3. Wirkung wie Musik (2.) {26/37} | dto. | dto. |
| – | **Musikant**<br>(gr)>l>frz | Musiker, der zum Tanz, zu Umzügen o. ä. aufspielt {37/40} | dto.<br>**musicare** | dto.<br>musikalisch, melodisch einrichten |
| – | **Musiker**<br>(gr)>l | 1. jmd., der beruflich Musik macht; 2. Mitglied eines Orchesters, Orchestermusiker {37/40} | dto. | dto. |
| – | **Musikkorps**<br>(gr)>l;l | Blasorchester als militärische Einheit {37/57/86} | dto.<br>+ **corpus**, poris n<br>frz. *corps* | dto.<br>Körper, Leib; Gesamtheit, Verband |
| – | **Musikus**<br>(gr)>l | Musiker (veraltet, noch scherzhaft) {37/40} | dto.<br>**musicus**, ci m | dto.<br>Dichter |
| – | **musisch**<br>(gr)>l | 1. die schönen Künste betreffend {37}; 2. künstlerisch (begabt), kunstempfänglich {22/26/34/35/36/37} | **musicus**, a, um<br>gr. *μουσικός* | die Musik betreffend, musikalisch |
| – | **musizieren**<br>(gr)>l | (mit jmdm. zusammen) Musik machen, spielen {37} | **musicare** | s. oben |
| 2326 | **Muskat**<br>sanskr<br>>pers>gr>l<br>>mlat>frz | als Gewürz verwendeter Same des Muskatnußbaumes {04/17} | **muscus**, ci m<br>gr. *μόσχος*<br>mlat. muscatus<br>nux muscata<br>afrz. *muscate* | Moos; Bisam, Moschus<br><br>nach Moschus duftend<br>Muskatnuß |

| | | | | |
|---|---|---|---|---|
| – | **Muskateller** sanskr >pers>gr>l >mlat>it | 1. Traubensorte mit Muskatgeschmack; 2. (süßer) Wein aus der Muskatellertraube {05/17} | dto. mlat. muscatellum it. *moscatello* | dto. |
| 2327 | **Muskel** (gr)>l | fleischiger Teil des Körpers, der durch Kontraktion und Erschlaffung Bewegungen vermittelt {11} | **musculus** gr. *μῦς* | s. oben 2323 |
| 2328 | **Muskete** l>it>frz | schwere Handfeuerwaffe (hist. t. t.) {75/86} | **musca**, ae f it. *mosca* | Fliege |
| | | | *moschetto* | gesprenkelter Sperber; Wurfgeschoß; Luntenschloßgewehr |
| | | | frz. *mousquet* | |
| – | **Musketier** l>it>frz | Musketenschütze, Fußsoldat {86} | dto. frz. *mousquetaire* | dto. |
| 2329 | **muskulär** (gr)>l>nlat | zu den Muskeln gehörend, die Muskulatur betreffend {11/70} | **musculus** gr. *μῦς* | s. oben 2327 |
| – | **Muskulatur** (gr)>l>(frz) >nlat | Muskelgefüge, Gesamtheite der Muskeln eines Körpers oder Organs {11/70/57} | dto. frz. *musculature* | dto. |
| – | **muskulös** (gr)>l>frz | mit starken Muskeln versehen; äußerst kräftig {11/70/55} | **musculosus**, a, um frz. *musculeux* | muskulös, fleischig |
| 2330 | **Muster** l>it | 1. Modell; Vorbild; Probestück ; 2. Zeichnung, Figur {40/32/56} | **monstrare** | zeigen, (hin)weisen, hindeuten; verordnen |
| | | | it. *mostrare* | |
| | | | *mostra* | das Zeigen; Darstellung; Ausstellung(sstück) |
| – | musterhaft, mustergültig | | | |
| – | **mustern** l>it | 1. prüfend betrachten {23/25}; 2. Rekruten auf Militärtauglichkeit hin untersuchen {70/86} | dto. | dto. |
| – | **Musterung** l>it | 1. Militärtauglichkeitsuntersuchung {70/86}; 2. Gewebszeichnung, Gewebsmuster {19/40/55} | dto. | dto. |
| 2331 | **Muta** | Explosiv-, Verschlußlaut (sprachwiss. t. t.) {76} | **mutuus**, a, um (**mutuae consonantes** | schweigend, lautlos, still, stumm; stummer Mitlaut (gramm. t. t.) |

| | | | | |
|---|---|---|---|---|
| 2332 | **mutabel** | veränderlich, wandelbar {61} | **mutabilis**, e | wandelbar, veränderlich, launisch |
| – | **Mutabilität** | Unbeständigkeit, Veränderlichkeit {61} | **mutabilitas**, atis f | Veränderlichkeit |
| – | **Mutant(e)** | 1. Junge im Stimmbruch (österr.) {11/70}; 2. durch Mutation verändertes Individuum (biol. t. t.) {68/69} | **mutare** (PPA. **mutans**) | verändern, wechseln, tauschen |
| – | **Mutation** | 1. Veränderung im Erbgefüge (biol. t. t.) {68/69}; 2. Stimmbruch (med. t. t.) {70/11}; 3. Änderung, Wandlung (veraltet) {61} | **mutatio**, onis f | Veränderung, Wechsel, Vertauschung |
| – | **mutativ** l>nlat | sich spontan ändernd {61/68/69} | **mutare** | s. oben |
| – | **mutieren** | 1. sich spontan im Erbgefüge ändern (biol. t. t.) {68/69}; 2. sich im Stimmbruch befinden (med. t. t.) {11/70} | dto. | dto. |
| 2333 | **mutual** o. **mutuell** l>nlat | gegenseitig, wechselseitig {33/56} | **mutuus**, a, um | geborgt, geliehen; wechsel-, gegenseitig |
| – | Mutualität | | | |
| 2334 | **Mütze** mlat>frz | Kopfbedeckung {19} | mlat. **almutium**, ii n bzw. **almutia**, ae f | Umhang um Kopf und Schultern der Geistlichen |
| | | | frz. *aumusse* | Pelzmantel der Geistlichen; Chorkappe |
| | | | mhd. *almuz, armuz* | |
| 2335 | **Mystifikation** (gr>l;l) >nlat | Täuschung, Vorspiegelung {24/25/28} | **mysticus**, a, um | geheim(nisvoll), mystisch, zum Geheimkultus gehörig |
| | | | gr. *μυστικός* | |
| | | | + **facere** | tun, machen, handeln |
| – | mystifizieren | | | |

# N

| | | | | |
|---|---|---|---|---|
| 2336 | **naiv** l>frz | 1. von kindlich unbefangener, unkritischer Denkart, treuherziger Arglosigkeit {25/84}; 2. wenig Sachkenntnis o. Urteilsvermögen erkennen lassend, töricht, einfältig {25}; 3. in vollem Einklang mit Natur und Wirklichkeit stehend {56} | **nativus**, a, um<br>frz. *naïf* | von Natur entstanden, angeboren, natürlich, ursprünglich |
| – | **Naive** l>frz | Darstellerin jugendlich-naiver Mädchengestalten beim Theater {35/74} | dto. | dto. |
| – | **Naivität** l>frz | 1. Natürlichkeit, Unbefangenheit; Treuherzigkeit, Kindlichkeit, Arglosigkeit {25/33/84}; 2. Einfalt, Leichtgläubigkeit {25} | dto.<br>frz. *naïvité* | dto. |
| – | **Naivling** l;d | gutgläubiger, einfältiger Mensch; Einfaltspinsel {25} | dto. | dto. |
| 2337 | **Narr** | 1. Scherzbold, Spaßmacher {25/32/33}; 2. Unterhaltungskünstler bei Hofe (hist. t. t.) {47/33/75}; 3. Trottel, einfältiger Mensch {25/33} | uns.:<br>**nario**, onis m | Spötter, Nasenrümpfer |
| – | narren, Narretei, närrisch, Narrenhaus | | | |
| 2338 | **Narration** | Erzählung, Bericht (veraltet) {32} | **narratio**, onis f | Erzählung; Teil der klassischen antiken Rede |
| – | **narrativ** | erzählend, in erzählender Form darstellend (sprachwiss. t. t.) {32/76} | **narrativus**, a, um | zum Erzählen geeignet, erzählender Art |
| – | **Narrator** | Erzähler (lit.wiss. t. t.) {76/32} | **narrator**, oris m | Erzähler |
| – | **narratorisch** | den Erzähler o. die Erzählung betreffend, erzählerisch (lit.wiss. t. t.) {76/32} | **narratorius**, a, um | zur Erzählung geeignet, erzählend |
| 2339 | **nasal** l>nlat | 1. zur Nase gehörend, sie betreffend (med. t. t.) {11/70}; 2. durch die Nase gesprochen, als Nasal(laut) ausgesprochen (sprachwiss. t. t.) {76}; 3. (unbeabsichtigt) näselnd, genäselt {32/55} | **nasus**, si m | Nase |

| | | | | |
|---|---|---|---|---|
| – | **Nasal(laut)** l>nlat | Nasenlaut (sprachwiss. t. t.) {76} | dto. | dto. |
| – | **nasalieren** l>nlat | einen Laut nasal aussprechen (sprachwiss. t. t.) {76} | dto. | dto. |
| – | Nasalierung | | | |
| 2340 | **Natalität** l>nlat | Geburtenhäufigkeit {15/64/57} | **natalis**, e | zur Geburt gehörig, Geburts... |
| 2341 | **Nation** l>(frz) | Menschen mit dem Bewußtsein gleicher politisch-kultureller Vergangenheit und dem Willen zum Staat {33/50} | **natio**, onis f | Geschlecht; Geburt; Volk(sstamm); Nation |
| – | **national** l>frz | 1. zur Nation gehörend, sie betreffend {33/50}; 2. die Interessen der eigenen Nation vertretend; vaterländisch {25/28/33/50} | dto. | dto. |
| >>> | National... s. ggf. unter dem Rest des Wortes | | | |
| – | **Nationalgarde** l;germ>frz | 1. frz. Bürgerwehr 1789-1871 (hist. t. t.) {75/86}; 2. Miliz der US-Einzelstaaten (zugleich Reserve der US Army) {86} | dto. | dto. |
| – | **Nationalhymne** l;gr>l | (bei feierlichen Anlässen gespieltes) Lied, dessen Text Ausdruck des National- und Staatsgefühls eines Volkes ist {37/50/33} | dto. + **hymnus**, ni m gr. *ὕμνος* | Lobgesang, Hymne |
| – | **nationalisieren** l>nlat | 1. (einen Wirtschaftszweig) verstaatlichen {41/43/50/80}; 2. die Staatsangehörigkeit verleihen, einbürgern {33/50} | **natio** | s. oben |
| – | **Nationalisierung** l>nlat | 1. Verstaatlichung {41/43/50/80}; 2. Verleihung der Staatsangehörigkeit {50/33} | dto | dto. |
| – | **Nationalismus** l>nlat/frz | 1. starkes, intolerantes, übersteigertes Nationalgefühl {50/25/26}; 2. erwachendes Selbstbewußtsein einer Nation mit dem Ziel, einen eigenen Staat zu bilden {50/28} | dto. frz. *nationalisme* | dto. |
| – | Nationalist, nationalistisch | | | |
| – | **Nationalität** l>nlat/frz | 1. Volks- o. Staatszugehörigkeit {50/33}; 2. Volksgruppe in einem Staat; nationale Minderheit {50/57} | dto. frz. *nationalité* | dto. |
| – | **Nationalkonvent** l>nlat;l | die 1792 in Frankreich gewählte Volksvertretung (hist. t. t.) {75/50} | dto. + **conventus**, us m | Zusammenkunft, Versammlung |

| | | | | |
|---|---|---|---|---|
| – | **Nationalsozialismus** l>nlat;l | extrem nationalistische, imperialistische u. rassistische Bewegung, auf der die faschistische Terrorherrschaft in Deutschland von 1933-45 basierte (hist. t. t.) {50/75} | dto. + **socialis**, e<br>frz. *socialisme* | dto.<br>die Gesellschaft betreffend, gesellschaftlich |
| – | Nationalsozialist (kurz: Nazi), nationalsozialistisch | | | |
| 2342 | **nativ** | 1. unverändert, im natürlichen Zustand befindlich (chem., med. t. t.) {73/70}; 2. angeboren (med. t. t.) {70}; 3. einheimisch (sprachwiss. t. t.) {76} | **nativus**, a, um | angeboren; natürlich, ursprünglich |
| – | **Nativität** | 1: Geburtsstunde, Geburt (veraltet) {15/59}; 2. Stand der Gestirne bei der Geburt und das dadurch angeblich vorbestimmte Schicksal (astrol. t. t.) {66/51} | **nativitas**, atis f | Geburt; Generation |
| 2343 | **Natur** | 1. Stoff, Substanz, Materie; alles, was sich ohne zutun des Menschen entwickelt (hat) {52}; 2. Gesamtheit der Tiere, Pflanzen, Gewässer und Gesteine {02/57}; 3. auf Veranlagung beruhende geistige, seelische, körperliche u. biologische Eigentümlichkeit {25/68/69/84}; 4. Mensch im Hinblick auf eine bestimmte Eigenart {25/11}; 5. eigentümliche Beschaffenheit, natürlicher Zustand von etw. {52/54}; 6. Geschlechtsteil; Sperma (landsch., veraltet, verhüllend) {11/18} | **natura**, ae f | natürliche Beschaffenheit, Eigenart; Charakter; Schöpfung |
| – | **Naturalien** | 1. Naturprodukte; Lebensmittel, Waren, Rohstoffe {40/41/42/17}; 2. Gegenstände einer naturwissenschaftlichen Sammlung (selten) {40/57} | **naturalia**, iorum n (Pl.) | das Natürliche, Naturgemäße |
| – | **Naturalisation** l>frz | 1. Einbürgerung eines Ausländers (jur. t. t.) {33/50/82}; 2. allmähliche Anpassung von Pflanzen und Tieren in fremden Lebensräumen (biol. t. t.) {68/69}; 3. Ausstopfen von Tierbälgen; Präparierung von Tierköpfen an Pelzkleidung {40/19} | **naturalis**, e<br>frz. *naturaliser* | natürlich, angeboren, naturgemäß; die Natur betreffend |
| – | naturalisieren, Naturalisierung | | | |

| | | | | |
|---|---|---|---|---|
| – | **Naturalismus** l>nlat/frz | 1. Wirklichkeitstreue, -nähe; Naturnachahmung {56}; 2. philosophische Weltanschauung, nach der alles aus der Natur selbst erklärbar ist {77}; 3. naturgetreu abbildender Kunststil (1880-1900) {36} | dto. frz. *naturalisme* | dto. |
| – | Naturalist, Naturalistik | | | |
| – | **naturalistisch** l>nlat/frz | 1. den Naturalismus betreffend {77/36}; 2. naturnah, wirklichkeitstreu {56} | **naturalis**, e | s. oben |
| – | **Naturallohn** l;d | Arbeitsentgelt in Form von Naturalien {40/42} | dto. | dto. |
| – | **Naturalobligation** l;l | nicht (mehr) einklagbarer Rechtsanspruch (z. B. Spielschulden) {82} | dto. + **obligatio**, onis f | dto. Verpflichtigung, Verbürgung, Pfandrecht |
| – | **Naturalregister** l;l>mlat | landwirtschaftliche Buchführung über Viehbestand und Hofvorräte {39/80} | dto. + **regesta**, torum n (Pl.) mlat. registrum | dto. Verzeichnis, Katalog |
| – | **Naturalrestitution** l;l | Wiederherstellung des vor Eintritt des Schadens bestehenden Zustandes (jur. t. t.) {82} | dto. + **restitutio**, onis f | dto. Wiederherstellung; Wiedererstattung |
| – | **naturell** (o. **natural**) l>frz | 1. natürlich, ungefärbt, unbearbeitet {54}; 2. ohne besondere Zutaten zubereitet (gastron. t. t.) {17} | **naturalis** frz. *naturel* | s. oben |
| – | **Naturell** l>frz | natürliche Veranlagung, natürliche Wesens-, Gemütsart, Temperament {25/26} | dto. | dto. |
| – | **natürlich** | 1. von Natur aus, nicht künstlich {52/56}; 2. gewiß, selbstverständlich {25}; 3. ungezwungen (vom Charakter gesagt) {26/84} | **natura** | s. oben |
| >>> | Natur... s. ggf. unter dem Rest des Wortes | | | |
| 2344 | **Navigation** | Einhaltung des gewählten Kurses, Standortbestimung (bei Schiffen, Flugzeugen) {45/58/86} | **navigatio**, onis f | Schiffahrt, Seereise |
| – | **Navigationsakte** l;l | Gesetze zum Schutz der eigenen Schiffahrt in England (im 17. Jh. - hist. t. t.) {45/50/75} | dto. + **acta**, torum n (Pl.) | dto. s. oben 0121 |

| | | | | |
|---|---|---|---|---|
| – | **Navigator** | 1. für die Flugzeugnavigation verantwortliches Besatzungsmitglied; 2. Steuermann auf Schiffen (veraltet) {40/45/86} | **navigator**, oris m | Schiffer, Schiffsmann, Steuermann |
| – | navigatorisch | | | |
| – | **navigieren** | ein Schiff o. Flugzeug führen; die Navigation durchführen {45/86} | **navigare** | schiffen, segeln, fahren |
| >>> | Nazi s. Nationalsozialist | | | |
| >>> | nazistisch s. nationalsozialistisch | | | |
| 2345 | **nebulos** o. **nebulös** | unklar, undurchsichtig, dunkel, verworren, geheimnisvoll {25/26} | **nebulosus**, a, um | von Nebel bedeckt, finster, dunkel; schwer verständlich |
| – | neblig | | | |
| 2346 | **Necessaire** l>frz | Behältnis für Reiseutensilien (Näh-, Toilettenartikel); Kulturbeutel {21/44/58} | **necessarius**, a, um | notwendig, unvermeidlich, unentbehrlich, dringend |
| | | | frz. *nécessaire* | Reisebesteck, Handarbeitskästchen |
| 2347 | **Negation** | 1. Verneinung; Ablehnung einer Aussage {28/32}; 2. Verneinungswort (sprachwiss. t. t.) {76} | **negatio**, onis f | Verneinung(swort), Leugnung |
| – | **negativ** | 1. verneinend, ablehnend {32/28}; 2. ergebnislos; schlecht {56}; 3. kleiner als Null (math. t. t.) {71}; 4. das Foto-Negativ betreffend (fot. t. t.) {87}; 5. eine der beiden elektrischen Ladungsformen bezeichnend (phys. t. t.) {72}; 6. keinen krankhaften Befund zeigend (med. t. t.) {70} | **negativus**, a, um | verneinend |
| – | **Negativ** l>(frz) | fotografisches Bild mit vertauschter Helligkeit und Farbe im Vergleich zum Original (fot. t. t.) {87} | dto. frz. *négatif* | dto. |
| – | **Negative** | Verneinung, Ablehnung (veraltet) {32/28} | **negativa**, ae f | Negation |

| | | | | |
|---|---|---|---|---|
| – | **Negativismus** l>nlat | 1. ablehnende, negative Grundhaltung, Trotzverhalten von Jugendlichen (psych. t. t.); 2. Widerstand Geisteskranker gegen jede äußere Einwirkung und gegen die eigenen Triebe (med., psych. t. t.) {28/70} | **negativus** | s. oben |
| – | **negativistisch** l>nlat | aus Grundsatz ablehnend {32/28} | dto. | dto. |
| – | **Negativität** l>nlat | verneindes, ablehnendes Verhalten (selten) {28/32/84} | dto. | dto. |
| – | **Negativum** | etw., das an einer Sache als ungünstig, schlecht empfunden wird {26} | dto. | dto. |
| – | **negieren** | 1. ablehnen, verneinen {32/28}; 2. bestreiten {32}; 3. mit einer Negation (2.) versehen (sprachwiss. t. t.) {76} | **negare** | verneinen; abschlagen, verweigern |
| 2348 | **Négligé** l>frz | zarter, oft durchsichtiger Überwurfmantel passend zur Damennachtwäsche; Hauskleid, Morgenrock {19/18} | **neglegere**<br>frz. *négligér*<br>*(habillement ) négligé* | vernachlässigen, außer acht lassen, geringschätzen<br>außer acht lassen, vernachlässigen<br>vernachlässigte, lässig-intime Kleidung |
| – | **Negligenz** l>frz | Unachtsamkeit, Nachlässig-, Sorglosigkeit {25/26} | **neglegentia**, ae f | Nachlässig-, Unachtsamkeit, Gleichgültigkeit |
| – | **neglegieren** l>frz | vernachlässigen {25/26} | **neglegere** | s. oben |
| 2349a | **Neger** l>span/port >frz | Mensch mit dunkler Hautfarbe; Afrikaner {10} | **niger**, gra, grum<br>span./port. *negro*<br>frz. *nègre* | schwarz, dunkelfarbig; dunkelhäutig |
| – | **negrid** l>span >nlat | zu den Negern gehörend; dunkelhäutig {10} | dto. | dto. |
| – | **Negride** l>span >nlat | Angehörige(r) des negriden Rassenkreises {10} | dto. | dto. |
| – | **negroid** l>span;gr | negerähnlich {10} | dto. | dto. |
| – | Negroide | | | |
| 2349b | **Nektion** l>(nlat) | Verbindung, Verknüpfung mehrerer gleichartiger Sätze o. Satzteile (sprachwiss. t. t.) {76} | **nectere** | anknüpfen, binden, an-, zusammenfügen |

| | | | | |
|---|---|---|---|---|
| >>> | Neo... s. unter dem Rest des Wortes | | | |
| 2350a | **Nepotismus** l>nlat | 1. Bevorzugung der eigenen Verwandten bei der Verleihung von Ämtern o. ä. {50/10}; 2. Vetternwirtschaft {33}; 3. Erscheinung bei Comic-Strip-Figuren, statt Eltern und Kinder jeweils Onkel und Neffen als übliches Verwandtschaftsverhältnis einzuführen {33/85} | **nepos**, otis m | Enkel; Neffe; Verschwender |
| – | nepotistisch | | | |
| 2350b | **Nerv** (gr)>l >(engl) | 1. Blattader o. -rippe {03/68}; 2. rippenartige Versteifung, Insektenflügelader {69}; 3. Reizleitung zwischen Gehirn, Rückenmark und Körperorgan (med. t. t.) {70/11}; 4. nervliche Konstitution, psychische Verfassung {70}; 5. Kernpunkt; kritische Stelle {25/56} | **nervus**, vi m<br>gr. *νεῦρον* | Sehne, Flechse; Muskel; Nerv; Saite; Spannkraft, Lebenskraft |
| – | **nerval** l>(engl) | die Nerventätigkeit betreffend; nervlich (med. t. t.) {70} | **nervalis**, e | zu den Nerven gehörig, Nerven... |
| – | **nerven** l>nlat | 1. jmdm. auf die Nerven gehen (ugs.); 2. nervlich strapazieren, anstrengen {26}; 3. hartnäckig bedrängen, zermürben {25/28/33} | **nervus** | s. oben |
| – | **nervig** l>nlat | sehnig, kraftvoll {11} | dto. | dto. |
| – | **nervlich** l>nlat | das Nervensystem betreffend {11} | dto. | dto. |
| – | **nervös** l>(frz/engl) | 1. nervlich {25/26}; 2. unruhig, leicht reizbar, aufgeregt {84}; 3. fahrig, zerfahren {26} | **nervosus**, a, um<br>frz. *nerveux*<br>engl. *nervous* | sehnig, muskulös, nervig; kraftvoll |
| – | **Nervosität** l>(frz/engl) | 1. nervöser Zustand, nervöse Art {25/26/84}; 2. einzelne nervöse Handlung {26/29}; 3. Unrast, Reizbarkeit, Erregtheit {26} | **nervositas**, atis f<br>frz. *nervosité* | Stärke einer Faser, eines Fadens |
| – | enervieren, entnerven | | | |
| 2351 | **nett** l>frz >mniederl | schmuck; zierlich; niedlich; freundlich {26/84} | **nitidus**<br>frz. *net*<br>mniederl. *net* | s. oben<br>sauber, rein, klar; unvermischt |
| – | Nettigkeit | | | |

| | | | | |
|---|---|---|---|---|
| 2351 | **netto** l>it | rein, nach Abzug, ohne Verpackung (wirtsch. t. t.) {42/57/80} | **nitidus**, a, um<br>it. *netto*<br><br>*(peso netto)* | glänzend; schön; nett; rein<br>rein, glatt, unvermischt<br>rein, unvermischt |
| >>> | neumodisch s. modisch | | | |
| 2352 | **neutral** l>mlat >(frz) | 1. unparteiisch, unabhängig {33/56}; 2. keinem Staatenbündnis angehörend; nicht an einem Konflikt teilnehmend {50/86}; 3. sächlich (sprachwiss. t. t.) {76}; 4. zu allem passend, nicht einseitig festgelegt {56/33}; 5. weder basisch noch sauer (chem. t. t.); 6. weder positiv noch negativ reagierend (chem. t. t.) {73} | **neutralis**, e<br><br>mlat. neutralis<br><br>(frz. *neutre)* | neutral; sächlich (gramm. t. t.)<br><br>keiner Partei angehörend |
| - | **Neutralisation** l>frz | 1. Aufhebung einer Wirkung, eines Einflusses {61/56}; 2. Aufhebung der Säurewirkung (chem. t. t.) {73}; 3. Auslöschung von Kräften, Ladungen o. ä. (phys. t. t.) {72}; 4. vorübergehende Unterbrechung eines Rennens {59/33} | dto.<br>frz. *neutraliser* | dto. |
| - | **neutralisieren** l>frz | 1. unwirksam machen, ausschalten {56/29}; 2. einen Staat zur Neutralität verpflichten (jur. t. t.) {50/82}; 3. (Grenz)gebiet von militärischen Anlagen und Truppen freimachen (mil. t. t.) {86}; 4. die saure o. basische Reaktion von Lösungen aufheben (chem. t. t.); 5. Spannungen, Kräfte u. ä. aufheben, gegenseitig auslöschen (phys. t. t.) {72}; 6. ein Rennen unterbrechen (sport. t. t.) {59/85} | dto. | dto. |
| - | Neutralisierung | | | |
| - | **Neutralismus** l>nlat | Grundsatz der Nichteinmischung in fremde Angelegenheiten (vor allem in der Politik); Politik der Blockfreiheit {33/50/86} | dto. | dto. |
| - | Neutralist | | | |

| | | | | |
|---|---|---|---|---|
| – | **Neutralität** l>mlat | 1. unparteiische Haltung, Nichteinmischung {25/33}; 2. Nichtbeteiligung eines Staates an einem Krieg o. Konflikt {50/86} | dto. mlat. *neutralitas* | dto. |
| – | **Neutrino** l>it | masseloses Elementarteilchen ohne elektrische Ladung (phys. t. t.) {72} | **neuter**, tra, trum | keine(r/s) von beiden |
| – | **Neutron** l>nlat | Elementarteilchen ohne elektrische Ladung (phys. t. t.) {72} | dto. | dto. |
| – | Neutronenbombe | | | |
| – | **Neutrum** | sächliches Substantiv (sprachwiss. t. t.) {76} | **neutrum** (sc. genus) | das sächliche Geschlecht (gramm. t. t.) |
| 2353 | **Nexus** | Zusammenhang, Verbindung, Verflechtung {33/56} | **nexus**, us m | das Zusammenknüpfen; Verbindlichkeit; Umschlingung; |
| 2354 | **Nigger** l>span/port >frz>am | abfällige Bezeichnung für Afrikaner, Menschen mit dunkler Hautfarbe {10/33} | **niger**, gra, grum engl. *negro* | schwarz; dunkelfarbig, -häutig |
| – | **Nigromantie** l;gr | Schwarze Kunst, Magie, Zauberei {51} | **niger** + gr. *μαντεία* | vgl. oben 2347 s. oben Sehergabe, Weissagung, Orakelspruch |
| 2355 | **Nihilismus** l>nlat | 1. philosophische Anschauung von der Nichtigkeit alles Bestehenden {77/52}; 2. bedingungslose Verneinung aller Normen, Werte, Ziele {77/30} | **nihil** | nichts |
| – | **Nihilist** l>nlat | Vertreter des Nihilismus; alles verneinender, zerstörerischer Mensch {77/30/25} | dto. | dto. |
| – | nihilistisch | | | |
| 2356 | **Nimbus** l>mlat | 1. Heiligenschein, Gloriole {51}; 2. Ruhmesglanz; Ansehen, Geltung {33}; 3. = Nimbostratus: tiefhängende Regenwolke (meteor. t. t.) {65} | **nimbus**, bi m<br>mlat. nimbus | Platzregen, Regenschauer, Regenwolke; Heiligenschein<br>Heiligenschein, Strahlenkranz |
| 2357 | **Nische** l>vulgl>frz | Mauervertiefung {58/88} | **nidus**, di m<br>vulgl. nidicare*<br>afrz. *nichier*<br>frz. *nicher*<br>*niche* | Nest, Lager; Schrank, Winkel<br>ein Nest bauen; hausen |

| | | | | |
|---|---|---|---|---|
| 2358 | **nival** | den Schneefall betreffend (meteor. t. t.) {65} | **nivalis**, e | zum Schnee gehörig; schneebedeckt; schneeweiß |
| – | **Nival** | Gebiet mit dauernder o. langfristiger Schnee- o. Eisbedekkung {65/63} | dto. | dto. |
| – | **Nivea** l>nlat | (Warenzeichen) „schneeweiße" Pflegecreme {21} | **niveus**, a, um | schneeig; schneeweiß, aus Schnee |
| 2359 | **Niveau** l>vulgl>frz | 1. waagrechte, ebene Fläche; Höhenstufe {58/56}; 2. Wertstufe o. ä., auf der sich etw. bewegt {56}; 3. geistiger Rang; Stand, Grad, Stufe {22/25} | **libella**, ae f<br>vulgl. libellus*<br>afrz. *livel* / *nivel*<br>frz. *niveau* | Münze; Blei-, Wasserwaage<br><br><br><br>Grund-, Wasserwaage; waagrechte Fläche; Bildungsstufe |
| – | **niveaufrei** l>vulgl >frz;d | nicht in gleicher Höhe liegend (z. B. mit einer anderen Fahrbahn) {58} | dto. | dto. |
| – | **niveaulos** l>vulgl >frz;d | Bildung, Takt, geistigen Rang vermissen lassend {25/33} | dto. | dto. |
| – | **nivellieren** l>vulgl>frz | 1. gleichmachen, einebnen; Unterschiede ausgleichen {56}; 2. Höhenunterschiede bestimmen {63} | dto.<br>frz. *niveler* | dto. |
| 2360 | **nobel** l>frz | 1. edel, vornehm; 2. freigebig, großzügig (ugs.) {25/33/84} | **nobilis**, e | bekannt; berühmt, edel, vornehm |
| – | **Nobiles** | Angehörige des Amtsadels im alten Rom (hist. t. t.) {75/50/33} | dto. | dto. |
| – | **Nobilität** | Amtsadel im alten Rom (hist. t. t.) {75/33/50} | **nobilitas**, atis f | Berühmtheit, vornehmer Rang, - Stand; Vorzüglichkeit |
| – | **Nobilitation** l>nlat | Verleihung des Adelstitels {33/47} | dto. | dto. |
| – | **nobilitieren** | adeln {33/47} | **nobilitare** | bekannt -, berühmt machen |
| – | Nobilitierung | | | |
| – | **Nobility** l>engl | Hochadel Großbritanniens {33} | **nobilitas** | s. oben |
| – | **Noblesse** l>frz | 1. Adel; vornehme Gesellschaft (veraltet) {33}; 2. edle Gesinnung, Vornehmheit, vornehmes Benehmen {25/26/84} | dto.<br>(bzw. **nobilis** | dto.<br>s. oben) |

| | | | | |
|---|---|---|---|---|
| 2361 | **Nocturne** l>frz | (mus. t. t.) 1. elegisches o. träumerisches Klaviercharakterstück; 2. = Notturno (selten) {37} | **nocturnus**, a, um | nächtlich, bei Nacht |
| 2362 | **nodös** | knotig, mit Knötchenbildung (med. t. t.) {70} | **nodosus**, a, um | voller Knoten, knotig, verwickelt |
| – | **Nodus** | 1. Knoten (z. B. Lymphknoten - med. t. t.) {70}; 2. knotig verdickte Blattansatzstelle (bot. t. t.) {68}; 3. Knauf am Schaft eines Gerätes {40/44/87} | **nodus**, di m | Knoten; Verbindung, Verwicklung; Geschwulst |
| 2363 | **Noël** l>frz | französisches mundartliches Weihnachtslied, -spiel; Weihnachten {51/37/33/59} | **natalis**, is m<br><br>afrz. *natal*<br>frz. *noël* | Geburtstag, Entstehung, Geburt; Weihnachten |
| 2364 | **Noir** l>frz | die Farbe Schwarz als Gewinnmöglichkeit beim Roulette {55/85} | **niger**<br>frz. *noir* | s. oben 2354 |
| 2365 | **Noisette** l>frz | 1. mit gemahlenen Haselnüssen durchsetzte Milchschokolade; 2. rundes Fleischstück aus der Keule bestimmter Schlachttiere {17} | **nucella**, ae f o. **nucicla**, ae f<br>frz. *noisille* | kleine Nuß, Haselnuß |
| 2366 | **Nomen** | 1. Name {32}; 2. deklinierbares Wort (sprachwiss. t. t.) {76} | **nomen**, minis n | Name, Benennung; Ruf, Ansehen |
| – | **Nomenklator** (l;gr)>l | 1. altröm. Sklave, der seinem Herren die Namen seiner Sklaven und Besucher anzugeben hatte (hist. t. t.) {75/32}; 2. Buch, das die in einem Wissenschaftszweig gültigen vorkommenden Namen verzeichnet {32/57} | **nomenc(u)lator**, oris m | Namennenner (altröm. Sklave) |
| – | **nomenklatorisch** (l;gr)>l | den Nomenklator (2.), die Nomenklatur betreffend {32/57} | dto. | dto. |
| – | **Nomenklatur** (l;gr)>l | Zusammenstellung von Sach- oder Fachbezeichnungen eines Wissensgebietes {32/57} | **nomenclatura**, ae f | Namensverzeichnis |
| – | **nominal** l>frz | 1. das Nomen (2.) betreffend, mit einem Nomen gebildet (sprachwiss. t. t.) {76}; 2. zum Nennwert (wirtsch. t. t.) {80/56}; 3. dem Namen nach {32} | **nominalis**, e | zum Namen gehörig, Namens... |
| – | **nominalisieren** l>(nlat) | (sprachwiss. t. t.) 1. = substantivieren; 2. einen ganzen Satz in eine Wortgruppe mit einem Nomen als Kern verwandeln {76} | dto. | dto. |

| | | | | |
|---|---|---|---|---|
| – | **Nominal-kapital** l;l | (wirtsch. t. t.) 1. Grundkapital einer Aktiengesellschaft; 2. Stammkapital einer GmbH {80} | dto.<br>+ **capitalis** | dto.<br>s. oben 1625 |
| – | **nominatim** | namentlich {32/56} | **nominatim** (Adv.) | namentlich, ausdrücklich |
| – | **Nominativ** | erster Fall, Werfall (sprachwiss. t. t.) {76} | **nominativus** (sc. casus) | Nominativ (gramm. t. t.) |
| – | nominativisch | | | |
| – | **nominell** l>frz | 1. (nur) dem Namen nach (bestehend), vorgeblich {32/25/24}; 2. den Nennwert betreffend {56/80} | **nominalis**<br>frz. *nominal* | s. oben |
| – | **nominieren** | zur Wahl (für ein Amt), für die Teilnahme an etw. vorschlagen, ernennen {32/33/50} | **nominare** | be-, er-, nennen, namentlich erwähnen |
| – | **Nominierung** | das Vorschlagen eines Kandidaten; Ernennung {32/33/50} | dto. | dto. |
| 2367 | **Nonchalance** (l;l>frz)>frz | Nachlässigkeit, formlose Ungezwungenheit, Lässigkeit, Unbekümmertheit {25/26/33/84} | **non**<br>+ **calere**<br><br><br><br>frz. *chaloir*<br><br><br><br>*nonchalance* | nicht<br>warm sein; sich erwärmen für; entbrannt sein, glühen<br>sich für etw. erwärmen, angelegen sein |
| – | **nonchalant** (l;l>frz)>frz | nachlässig; formlos ungezwungen, lässig {25/26/33/84} | dto.<br>frz. *nonchalant* | dto. |
| 2368 | **None** l>mlat | 1. Teil des kath. Stundengebets {51}; 2. neunter Ton einer diatonischen Tonleiter (mus. t. t.) {37} | **nonus**, a, um | der (die, das) neunte |
| – | **Nonen** | im altröm. Kalender der neunte Tag vor den Iden (d. h. der 5. bzw. 7. Tag des jeweiligen Monats {59/75} | **Nonae**, arum f (Pl.) | der neunte Tag vor den Iden |
| 2369 | **Nonkonformismus** (l;l)>engl | individualistische Haltung in politischen, weltanschaulichen, religiösen und sozialen Fragen {25/77} | **non**<br>+ **conformis**, e | nicht<br>s. oben 1794 |
| – | **Nonkonformist** (l;l)>engl | 1. jmd., der dem Nonkonformismus huldigt {25/77}; 2. Anhänger britischer protestantischer Kirchen, die die Staatskirche ablehnen {51/25/28} | dto. | dto. |

| | | | | |
|---|---|---|---|---|
| – | **nonkonformistisch** (l;l)>engl | 1. auf Nonkonformismus (1.) beruhend; seine eigene Einstellung nicht nach der herrschenden Meinung richtend {25/33}; 2. im Sinne eines Nonkonformisten (2.) denkend {25/51} | dto. | dto. |
| – | **Nonkonformität** (l;l)>engl | 1. Nichtübereinstimmung; mangelnde Anpassung; 2. = Nonkonformismus {25} | dto. | dto. |
| 2370 | **Nonne** | Angehörige eines weiblichen Klosterordens {51} | **nonna**, ae f | Nonne; Amme, Kindermädchen |
| 2371 | **Nonplusultra** l;l;l | Unübertreffbares, Unvergleichliches {56} | **non** + **plus** + **ultra** | nicht mehr jenseits, weiter, darüber hinaus |
| 2372 | **Nonsens** (l;l)>engl | Unsinn; absurde, unlogische Gedankenverbindung {56/25} | **non** + **sensus**, us m | nicht Wahrnehmung, Gefühl; Sinn; Verstand |
| 2373 | **nonverbal** l;l | nicht durch Sprache, sondern durch Gestik, Mimik, optische Zeichen vermittelt {32} | **non** + **verbalis**, e | nicht zum Wort gehörig, Wort... |
| 2374 | **Norm** (gr)>etr>l | 1. allgemein anerkannte Regel; Richtschnur, Maßstab {56/33}; 2. Durchschnitt, normaler, gewöhnlicher Zustand {56}; 3. vorgeschriebene Arbeitsleistung {40/57}; 4. sittliches Gebot als Grundlage der Rechtsordnung (jur. t. t.) {30/77/82}; 5. Größenanweisung für die Technik (z. B. DIN) {40/41/44/58}; 6. absoluter Betrag einer komplexen Zahl im Quadrat (math. t. t.) {71}; 7. am Fuß der ersten Seite jedes Bogens stehende Kurzfassung von Buchtitel u. Bogennummer (druckw. t. t.) {32/40} | **norma**, ae f<br>gr. *γνῶμων* (Akk. *γνώμονα)* | Winkelmaß; Richtschnur, Maßstab, Regel, Vorschrift<br>Kenner, Maßstab, Richtschnur |
| – | **normal** (gr)>etr>l | 1. der Norm entsprechend, vorschriftsmäßig; 2. so wie üblich; wie man es gewöhnt ist {25/33/56}; 3. geistig und körperlich gesund {70/14} | **normalis**, e<br>gr. *γνῶμων* | nach dem Winkelmaß gemacht; der Norm entsprechend<br>s. oben |
| – | **Normal** (gr)>etr>l | 1. ein mit besonderer Genauigkeit hergestellter Kontroll-Maßstab {40/41/56/58}; 2. = Normalbenzin (mit niedriger Oktanzahl) {45/73} | dto. | dto. |

| | | | | |
|---|---|---|---|---|
| – | **normalisieren** (gr)>etr>l >frz | 1. normal gestalten, auf ein normales Maß zurückführen; 2. sich -: wieder normal (2.) werden {56}; 3. eine Normallösung herstellen (chem. t. t.) {73} | dto. frz. *normaliser* | dto. |
| – | Normalisierung | | | |
| – | **Normalität** (gr)>etr>l >frz | normale Beschaffenheit, normaler Zustand; Vorschriftsmäßigkeit {56} | dto. frz. *normalité* | dto. |
| – | **Normalnull** (gr)>etr>l;l | festgelegte Bezugshöhenangabe {64/63} | **normalis** gr. γνῶμων + **nullus**, a, um bzw. **nullum**, li n | s. oben<br>keine(r/s)<br>nichts |
| – | **normativ** (gr)>etr>l >frz | 1. als Norm (1.) geltend, als Richtschnur dienend {33/56}; 2. Normen (1.) setzend (gramm., sprachwiss. t. t.) {76} | **norma** gr. γνῶμων | s. oben |
| – | **Normativ** (gr)>etr>l >frz | besonderen Erfordernissen entsprechende Regel; Anweisung, Vorschrift (DDR) {28/33/40/56/75} | dto. | dto. |
| – | **Normative** (gr)>etr>l >frz | Grundbestimmung, grundlegende Festsetzung {28/33/56} | dto. | dto. |
| – | **normen** (gr)>etr>l >frz | einheitlich festsetzen, gestalten; zur Vereinheitlichung für etw. ein Norm aufstellen {28/41/56} | **normare**<br>gr. γνῶμων<br>frz. *normer* | nach dem Winkelmaß abmessen, gehörig einrichten |
| – | **normieren** (gr)>etr>l >frz | 1. vereinheitlichen, in einer bestimmten Weise festlegen, regeln; 2. normen {28/33/56} | dto. | dto. |
| – | Normierung | | | |
| – | **Normung** (gr)>etr>l >frz | einheitliche Gestaltung, Festsetzung (als Norm (1.); Größenregelung {56/58} | **norma** gr. γνῶμων | s. oben |
| 2375 | **Nota** | (wirtsch. t. t.) 1. Rechnung {42/80}; 2. Vormerkung {27/42/80} | **nota**, ae f | Kennzeichen, Merkmal; Note; Anmerkung |
| – | **notabel** l>frz | bemerkenswert, merkwürdig (veraltet) {25/26} | **notabilis**, e | bemerkenswert, merkwürdig, auffällig |
| – | **Notabeln** l>frz | Mitglieder der bürgerlichen Oberschicht in Frankreich (hist. t. t.) {33/75} | dto. | dto. |

| | | | | |
|---|---|---|---|---|
| – | **notabene** l;l | übrigens {56/83} | **bene** (Adv.) + **notare**<br><br><br>**nota bene** | **wohl, gut** **kennzeichnen**; be- **zeichnen**; bemer- **ken**, wahrnehmen<br>merke wohl |
| – | **Notabene** | Merkzeichen, Vermerk {24/ 32} | dto. | dto. |
| – | **Notabilität** l>frz | (veraltet) 1. Vornehmheit; 2. vornehme, berühmte Persönlichkeit {33} | **notabilis** | s. oben |
| – | **Notar** l>mlat | staatlich vereidigter Volljurist mit Aufgaben wie Beglaubigung und Beurkundung von Rechtsgeschäften {40/82} | **notarius**, ii m<br>mlat. notarius | Schreiber, Sekretär; Stenograph<br>durch kaiserliche Gewalt bestellter öffentlicher Schreiber |
| – | **Notariat** l>mlat | 1. Amt eines Notars {40/82}; 2. Büro eines Notars {40/58} | **notarius**, a, um<br>mlat. notariatus | zum (Geschwind)-schreiben gehörig |
| – | **notariell** o. **notarisch** l>mlat | von einem Notar ausgefertigt und beglaubigt {40/82} | dto. | dto. |
| – | **Notation** | 1. das Aufzeichnen von Musik in Notenschrift (mus. t. t.) {37}; 2. das Aufzeichnen der einzelnen Züge einer Schachpartie {32/85}; 3. Darstellung von Informationen durch Symbole {32} | **notatio**, onis f | Bezeichnung; Bemerkung; Schilderung; Beobachtung |
| – | **Note** l>mlat | 1. musikalisches Tonzeichen {37}; 2. Kennzeichen, Merkmal {25/56}; 3. schriftliche Bemerkung, erklärende Anmerkung {32}; 4. Zensururteil {25/28}; 5. diplomatisches Schriftstück im zwischenstaatlichen Verkehr {50/32}; 6. Art, persönliche Eigenart {25/ 26/84}; 7. Banknote {42/56} | **nota** | s. oben |
| – | **notieren** l>mlat | 1. aufzeichnen, aufschreiben (um etw. nicht zu vergessen) {32/24}; 2. vormerken {32/27}; 3. in Notenschrift schreiben (mus. t. t.) {37}; 4. den Börsenkurs eines Wertpapiers, den Warenpreis festsetzen (wirtsch. t. t.) {28/42/80} | **notare**<br>mlat. notare | s. oben<br>in Notenschrift aufzeichnen |
| – | Notierung | | | |

| | | | | |
|---|---|---|---|---|
| – | **Notiz** | 1. Aufzeichnung, Vermerk; 2. Nachricht, Meldung, Anzeige {32/24}; 3. Preisfeststellung (wirtsch. t. t.) {42/80} | **notitia**, ae f | das Bekanntsein; Kenntnis; Nachricht, Aufzeichnung |
| – | Notizbuch | | | |
| – | **notorisch** | 1. offenkundig, allbekannt {25/33}; 2. berüchtigt, gewohnheitsmäßig {25/33/59} | **notorius**, a, um | anzeigend, kundtuend |
| 2376 | **Notre-Dame** l>frz | 1. frz. Bezeichnung für Jungfrau Maria {51}; 2. Name frz. Kirchen {36/51} | **noster**, tra, trum<br>+ **domina**, ae f | unser(e/es)<br>Herrin<br>vgl. oben 0581 |
| 2377 | **Notturno** l>it | (mus. t. t.) 1. stimmungsvolles Musikstück (für eine nächtliche Aufführung im Freien); 2. einem Ständchen ähnliches Musikstück; 3. = Nocturno (selten) {37} | **nocturnus**, a, um | nächtlich, bei Nacht, Nacht... |
| 2378 | **Nougat** l>gallorom >aprov>frz | aus fein zerkleinerten gerösteten Nüssen oder Mandeln, Zucker und Kakao zubereitete pastenartige weiche Masse {17} | **nux**, ucis f<br>vulgl. nucatum*<br>aprov. *nogat*<br>frz. *nougat* | Nuß; Nußbaum<br>aus Nüssen Bereitetes<br>Nußkuchen |
| 2379 | **Nova** | 1. Stern, der durch innere Explosion kurzfristig hell aufleuchtet (astron. t. t.) {66}; 2. Neuerscheinungen des Buchhandels {32/42} | **novus**, a, um | neu, jung; ungewöhnlich, sonderbar |
| – | **Novation** | Schuldumwandlung (jur. t. t.) {82} | **novatio**, onis f | Erneuerung, Veränderung; Umwandlung einer bestehenden Schuld |
| – | **Novelle** l>it | 1. Kunstform der Prosaerzählung {34}; 2. abändernder o. ergänzender Nachtrag zu einem Gesetz (jur. t. t.) {82/50} | **novellus**, a, um<br>**Novellae**, arum f (Pl.) (sc. constitutiones)<br>it. *novella* | neu, jung<br>Novellen, Nachtragsgesetze<br>kleine Neuigkeit; kurze poetische Erzählung |
| – | **novellieren** l>it | ein Gesetz(buch) mit Novellen (2.) versehen (jur. t. t.) {32/50/82} | dto.<br>(bzw. **novellare** | dto.<br>neue Weinstöcke setzen) |
| – | **Novellist** l>it | Verfasser einer Novelle (1.) {34/40} | dto. | dto. |
| – | **Novellistik** l>it | 1. Kunst der Novelle (1.) {34}; 2. Gesamtheit der novellistischen Dichtung {34/57} | dto. | dto. |
| – | novellistisch | | | |

| | | | | |
|---|---|---|---|---|
| 2380 | **November** | elfter Monat im Jahr {59} | **November**, bris, bre (sc. mensis) | November; zum November gehörig |
| 2381 | **Novität** | 1. Neuerscheinung; Neuheit (z. B. von Büchern) {59/56}; 2. Neuigkeit (veraltet) {32/59} | **novitas**, atis f | Neuheit; das Ungewöhnliche, Überraschende |
| – | **Novize** bzw. **Novizin** | Mönch oder Nonne während der Probezeit (rel. t. t.) {51/59} | **novicius**, a, um bzw.<br>**novicii**, iorum n (Pl.) | neu; Neuling<br>Neulinge (bei den Sklaven) |
| – | **Noviziat** l>nlat | Probezeit, Stand eines Ordensneulings (rel. t. t.) {51/59} | dto. | dto. |
| – | **Novum** | Neuheit; neuer Gesichtspunkt, neu hinzukommende Tatsache {59/25} | **novum**, vi n (Subst.) | Neues<br>vgl. oben 2379 |
| 2382 | **Nuance** l>(vulgl) >frz | 1. Abstufung, feiner Übergang; Feinheit; Ton {55/56}; 2. Schimmer, Spur, Kleinigkeit {57} | **nubes**, bis f<br>vulgl. nuba*<br>frz. *nue*<br>*nuer*<br>*nuance* | Wolke, Trübung, Schleier<br><br>Wolke<br>bewölken; abstufen, abschattieren |
| – | **nuancieren** l>(vulgl) >frz | abstufen, ein wenig verändern, feine Unterschiede machen {56/55} | dto.<br>frz. *nuancer* | dto. |
| – | **nuanciert** l>(vulgl) >frz | 1. äußerst differenziert, subtil; 2. pointiert {25/56} | dto. | dto. |
| 2383 | **nüchtern** | 1. noch nichts gegessen o. getrunken habend; 2. nicht betrunken {17/26}; 3. schwunglos, langweilig {26/33/84}; 4. besonnen {25} | **nocturnus**, a, um | s. oben 2377 |
| – | Nüchternheit, aus-, ernüchtern | | | |
| 2384 | **Nudismus** l>nlat | Freikörperkultur {33/18} | **nudus**, a, um | nackt, unbekleidet, entblößt |
| – | Nudist, nudistisch | | | |
| – | **Nudität** | 1. Nacktheit {33/55}; 2. Darstellung eines nackten Körpers (als sexueller Anreiz) {18/36} | **nuditas**, atis f | Nacktheit, Blöße; das Entblößtsein |
| 2385 | **nuklear** l>nlat | 1. den Atomkern betreffend, Kern...; 2. mit der Kernspaltung zusammenhängend, durch Kernenergie erfolgend {72/41}; 3. Atom-, Kernwaffen betreffend {72/86} | **nucleus**, ei m | Kern, Fruchtkern, Nuß |
| – | **Nuklein** l>nlat | Eiweißverbindung des Zellkerns (biol. t. t.) {68/69} | dto. | dto. |

| | | | | |
|---|---|---|---|---|
| – | **Nuklein-säure** l>nlat;d | Grundsubstanz der Vererbung (biol. t. t.) {68/69} | dto. | dto. |
| – | **Nukleus** | 1. Zellkern (biol. t. t.) {68/69}; 2. Nervenkern (anat., physiol. t. t.) {69/70}; 3. Feuersteinblock zur Herstellung von Werkzeugen {75/44/40}; 4. Kern einer sprachlich zusammengehörenden Einheit (sprachwiss. t. t.) {76} | dto. | dto. |
| 2386 | **null** | 1. kein {57}; 2. nichts; nichtig {56/57} | **nullus**, a, um | kein(er/e/es); unbedeutend, gering |
| – | **Null** l>it | 1. Ziffer 0 {57/71}; 2. Gefrierpunkt, Nullpunkt {72/65}; 3. Versager (ugs.) {33/25}; 4. in der Notierung für Streichinstrumente die leere Saite (mus. t. t.) {37}; 5. wertlose Sache {56} | dto. it. *nulla* | dto. Zahlzeichen für den Begriff des Nichts |
| – | **Nullage** l>(frz) | Nullstellung bei Meßgeräten (techn. t. t.) {41/72} | dto. | dto. |
| – | **Nulldiät** l;gr>l | Fasten, bei dem man nur Wasser, Mineralstoffe und Vitamine zu sich nimmt {17/14} | dto. + **diaeta**, ae f gr. *δίαιτα* | dto. geregelte Lebensweise |
| – | **Nuller** | 1. Nullfehlerritt beim Springreiten; 2. Fehlschuß beim Schießsport (schweiz.); 3. Fehlsprung beim Weit-, Drei-, Hoch- oder Stabhochsprung (schweiz.); 4. mißglückter Pferdsprung beim Turnen (schweiz.) {61/85} | **nullus** | s. oben |
| – | **nullifizieren** l;l | für ungültig erklären, aufheben (jur. t. t.) {56/82} | **nullus** + **facere** | s. oben tun, machen, handeln |
| – | Nullifikation | | | |
| – | **Null-meridian** l;l | Längenkreis von Greenwich, von dem ausgehend die Längenkreise nach Ost und West abgezählt werden {64} | **nullus** + **meridianus** | s. oben s. oben 2214 |
| – | **Nulloption** l;l | (= Nullösung) Verzicht auf die Aufstellung bestimmter Waffensysteme {28/86} | **nullus** + **optio**, onis f | s. oben freier Wille, freie Wahl; Willkür, Belieben |
| – | **Nullpunkt** l;l | 1. Gefrierpunkt beim Thermometer {72/65}; 2. seelischer Tiefpunkt {26} | **nullus** + **punctum**, ti n | s. oben Stich; Punkt; Tüpfel; Augenblick |

| | | | | |
|---|---|---|---|---|
| – | **Nulltarif** l;arab>it >frz | kostenlose Gewährung bestimmter Leistungen {42/56} | **nullus** + arab. *ta'rif* it. *tariffa* frz. *tarif* | s. oben Bekanntmachung Preisstaffel, Gebührenordnung |
| 2387 | **Numen** | Gottheit, göttliches Wesen (als wirkende Macht ohne Gestaltscharakter) {51/28} | **numen**, minis n | Wink, Wille; göttliches Walten, Gottheit |
| 2388 | **Numerale** | Zahlwort (sprachwiss. t. t.) {76} | **numeralis**, e | zu den Zahlen gehörig, Zahl... |
| – | **numerieren** | beziffern, mit fortlaufenden Ziffern versehen {56/57} | **numerare** | zählen, rechnen; schätzen |
| – | **numerisch** l>nlat | 1. zahlenmäßig, der Zahl nach {57}; 2. unter Verwendung von (bestimmten) Zahlen erfolgend {71} | **numerus**, ri m | Zahl, Anzahl, Menge, Rang |
| – | **Numero** l>it | Nummer (in Verbindung mit einer Zahl) {56/57} | dto. | dto. |
| – | **Numerus** | 1. Zahl {57}; 2. Zahl, zu der der Logarithmus gesucht wird (math. t. t.) {71}; 3. Zahlform des Nomens (sprachwiss. t. t.); 4. Bau eines Satzes in bezug auf Gliederung, Wortlänge etc. (rhet., stilk. t. t.) {76} | dto. | dto. |
| 2389 | **numinos** l>nlat | göttlich {51} | **numen** | s. oben 2387 |
| 2390 | **Nummer** l>it | 1. zur Kennzeichnung dienende Ziffer, Zahl; Kennzahl {56}; 2. spaßige, unbekümmerte, dreiste Person, Witzbold {26/33}; 3. einzelne Darbietung im Varieté {33/85}; 4. Geschlechtsakt (ugs.) {18} | **numerus** | s. oben 2388 |
| 2391 | **Nuntiatur** l>nlat | 1. Amt eines Nuntius {40/50/51}; 2. Sitz eines Nuntius {50/51/58} | **nuntiare** | mündlich ver-, ankündigen; melden |
| – | **Nuntius** l>(mlat) | ständiger diplomatischer Vertreter des Papstes bei einer Staatsregierung im Botschafterrang {40/50/51} | **nuntius**, ii m (mlat. nuntius curiae) | Verkünder, Melder, Bote; Botschaft |
| 2392 | **Nurse** l>frz>engl | engl. Bezeichnung für Kinderpflegerin, Kindermädchen {40/31} | **nutrix**, icis f afrz. *norrice* frz. *nourrice* engl. *nurse* | Ernährerin, Säugerin, Amme |
| 2393 | **Nutria** l>span | 1. (Fell der) südam. Biberratte {06}; 2. Pelz aus Biberrattenfell {19/20} | **lutra**, ae f span. nutra | Fischotter |
| 2394 | **nutrieren** | ernähren (veraltet) {17/33} | **nutrire** | nähern, säugen, füttern |

| | | | | |
|---|---|---|---|---|
| – | **Nutriment** | Nahrungsmittel (med. t. t.) {70/17} | **nutrimentum**, ti n bzw. **nutrimenta**, torum n (Pl.) | Nahrung, Ernährung<br>Nahrungsmittel; Erziehung, Pflege |
| – | **Nutrition** | Ernährung (med. t. t.) {70/17} | **nutritio**, onis f | das Säugen, Ernähren |

# O

| | | | | |
|---|---|---|---|---|
| 2395 | **Obduktion** | Leichenöffnung zur Klärung der Todesursache (med. t. t.) {82/70} | **obductio**, onis f | das Verhüllen, Bedecken; Trübsal |
| – | **obduzieren** | eine Obduktion vornehmen (med. t. t.) {70} | **obducere** | etw. über etw. ziehen, bedecken; verschließen |
| – | **Obduzent** | Arzt, der eine Obduktion vornimmt {70/40} | dto. | dto. |
| 2396 | **obiit** | „ist gestorben" (Inschrift auf alten Grabmälern) {32/51} | **obire** | dahingehen, untergehen; sterben |
| 2397 | **Objekt** | 1. Gegenstand, mit dem etw. geschieht o. geschehen soll {52/28}; 2. unabhängig vom Bewußtsein existierende Welt, auf die sich das Erkennen richtet (philos. t. t.) {77}; 3. plastisches Werk der modernen Kunst {36}; 4. von einem Verb als Ergänzung gefordertes Satzglied (sprachwiss. t. t.) {76}; 5. Grundstück, Wertgegenstand, Vertrags-, Geschäftsgegenstand (wirtsch. t. t.) {80/43}; 6. Gebäude, Anlage (bes. österr.) {58} | **obicere** (PPP. **obiectus**) | entgegenwerfen, -stellen; vorwerfen; darbieten |
| – | **Objektion** | Übertragung einer seelischen Erlebnisqualität auf einen Gegenstand (psych. t. t.) {70} | **obiectio**, onis f | das Vorwerfen, Vorrücken; Einwand |
| – | **objektiv** l>nlat | 1. außerhalb des subjektiven Bewußtseins bestehend; 2. sachlich, nicht von Gefühlen und Vorurteilen bestimmt; unvoreingenommen, unparteiisch {25/33} | **obicere** | s. oben |
| – | **Objektiv** l>nlat | die dem zu beobachtenden Gegenstand zugewandte Linse eines optischen Geräts (z. B. Foto, Fernglas - opt. t. t.) {40/41/72/87} | dto. | dto. |

| | | | | |
|---|---|---|---|---|
| – | **objektivieren** l>nlat | 1. von emotionellen Einflüssen befreien {25/33}; 2. etw. so darstellen, wie es wirklich ist, unbeeinflußt von Meßgerät o. Beobachter (phys. t. t.) {72} | dto. | dto. |
| – | **Objektivismus** l>nlat | 1. Annahme, daß es subjektunabhängige, objektive Wahrheiten und Werte gibt; 2. erkenntnistheoretische Lehre, wonach Erfahrungsinhalte objektiv Gegebenes sind (philos. t. t.) {77}; 3. ein bestimmtes methodisches Prinzip der bürgerlichen Wissenschaften {25} | dto. | dto. |
| – | Objektivist, objektivistisch | | | |
| – | **Objektivität** l>nlat | strenge Sachlichkeit; objektive Darstellung unter Ausschaltung des Subjektiven {25/32} | dto. | dto. |
| 2398 | **Oblate** l>mlat | 1. ungeweihte Hostie (kath. rel. t. t.); 2. Abendmahlsbrot (ev. rel. t. t.) {51}; 3. eine Art Waffel; 4. sehr dünne Weizenmehlscheibe als Gebäckunterlage {17}; 5. kleines Bildchen für Poesiealben (landsch.) {32/36} | **offerre** (PPP. **oblatus**)<br><br>mlat. oblata (sc. hostia) | entgegenbringen; erscheinen; preisgeben; darbringen<br>als Opfer dargebrachtes Abendmahlsbrot |
| 2399 | **obligat** | 1. unerläßlich, erforderlich, unentbehrlich {56}; 2. regelmäßig dazugehörend, üblich {59/33} | **obligatus**, a, um | verbindlich, verpflichtet |
| – | **Obligation** | 1. Verpflichtung, persönliche Verbindlichkeit (jur. t. t.) {82/80}; 2. Schuldverschreibung eines Unternehmers (wirtsch. t. t.) {80} | **obligatio**, onis f | Verbürgung, Verpflichtung; Pfandrecht, Schuldforderungsverhältnis |
| – | **obligatorisch** | verpflichtend, bindend, verbindlich; Zwangs... {56/28/82} | **obligatorius**, a, um | verbindend, verbindlich |
| 2400 | **oblique** | schräg, schief (veraltet) {55} | **obliquus**, a, um | seitwärts, schräg, schief; zweideutig |
| – | **Obliquität** | 1. Schrägstellung (des kindlichen Schädels bei der Geburt - med. t. t.) {70} 2. Abhängigkeit {33/56}; 2. Unregelmäßigkeit {53/56} | **obliquitas**, atis f | Schief-, Schrägheit, Zweideutigkeit |
| 2401 | **obsekrieren** | beschwören, dringend bitten (veraltet) {27} | **obsecrare** | inständig bitten, anflehen |

| | | | | |
|---|---|---|---|---|
| 2402 | **Observanz** | 1. Brauch, Herkommen {33/51}; 2. Gewohnheitsrecht (jur. t. t.) {82}; 3. Befolgung der eingeführten Regel (eines Mönchsordens) {51} | **observantia**, ae f | Beobachtung; Ehrfurcht; Achtsamkeit, Befolgung |
| - | **Observation** | 1. wissenschaftliche Beobachtung {23/25/40/66}; 2. verdächtige Personen (polizeilich) überwachen {33/82/40} | **observatio**, onis f | Wahrnehmung, Beobachtung; Ehrerbietung |
| - | **Observatorium** l>nlat | Beobachtungsstation zu wissenschaftlichen Zwecken; Stern-, Wetterkarte (astron., meteor. t. t.) {65/66} | **observator**, oris m | Beobachter |
| - | **observieren** | 1. wissenschaftlich beobachten {23/25/40}; 2. verdächtige Personen polizeilich überwachen {33/40/82} | **observare** | beobachten, lauern, aufpassen |
| 2403 | **Obsession** | Zwangsvorstellung (psych. t. t.) {70} | **obsessio**, onis f | Einschließung, Blockade |
| - | **obsessiv** l>nlat | in der Art einer Zwangsvorstellung (psych. t. t.) {70} | dto. | dto. |
| 2404 | **obskur** | 1. dunkel; verdächtig; zweifelhafter Herkunft {26/33}; 2. unbekannt {25/33} | **obscurus**, a, um | dunkel, undeutlich, ungewiß; unbekannt |
| - | **Obskurität** | 1. Dunkelheit, zweifelhafte Herkunft {26/33}; 2. Unbekanntheit {25/33} | **obscuritas**, atis f | Dunkelheit, Unverständlichkeit, Unberühmtheit |
| 2405 | **obsolet** | ungebräuchlich, veraltet {25/59/56} | **obsoletus**, a, um | unscheinbar, abgenutzt; gemein, alltäglich |
| 2406 | **Obstination** | Halsstarrigkeit, Eigensinn (veraltet) {26/28} | **obstinatio**, onis f | Beharrlichkeit; Starrsinn |
| 2407 | **obstruieren** | 1. hindern; entgegenarbeiten; Widerstand leisten {28}; 2. verstopfen (med. t. t.) {70} | **obstruere** | entgegen-, verbauen; versperren, verstopfen |
| - | **Obstruktion** | 1. Widerstand; parlamentarische Verzögerungstaktik {28/50}; 2. Verstopfung (von Körperkanälen - med. t. t.) {70} | **obstructio**, onis f | das Verbauen, Einschließen; Verschluß |
| - | obstruktiv | | | |
| 2408 | **obszön** | unanständig, schlüpfrig, schamlos (auf den Sexual-, Fäkalbereich bezogen) {18}; 2. (sittliche) Entrüstung hervorrufend {30} | **obsc(a)enus**, a, um | anstößig, unsittlich, ekelhaft, unzüchtig |
| - | **Obszönität** | Schamlosig-, Schlüpfrigkeit {18/30} | **obscenitas**, atis f | das Unflätige, Unzüchtigkeit |
| 2409 | **Odeur** l>frz | 1. wohlriechender Stoff, Duft {21/55}; 2. seltsamer Geruch {55} | **odor**, ris m | Geruch; Duft; Gestank |

| | | | | |
|---|---|---|---|---|
| 2410 | **odios** o. **odiös** | gehässig, unausstehlich, widerwärtig {26/33/84} | **odiosus**, a, um | Ärgernis erregend, verhaßt, widerwärtig |
| – | **Odiosität** l>(nlat) | Gehässigkeit, Widerwärtigkeit {26/33/84} | dto. | dto. |
| – | **Odium** | hassenswerter Makel; übler Beigeschmack {26/33} | **odium**, ii n | Widerwille, Abneigung, Feindschaft; Haß |
| 2411 | **odorieren** | zur Intensivierung des Geruchs Stadtgas (aus Sicherheitsgründen) mit Schwefelverbindungen mischen {49/55/73} | **odorare** o. **odorari** | (wohl)riechend machen; riechen; wittern |
| – | Odorierung | | | |
| 2412 | **offensiv** l>nlat | angreifend, den Angriff bevorzugend {26/28/29/85/86} | **offendere** (PPP. **offensus**) | beleidigen, kränken; verletzen, beschädigen |
| – | **Offensive** l>frz | 1. (planmäßig vorbereiteter) Angriff (eines Heeres) {25/29/86}; 2. auf Angriff (Stürmen) eingestellte Spielweise (sport. t. t.) {85} | dto. frz. *offensive* | dto. |
| 2413 | **offerieren** | an-, darbieten (zum Kauf) {42} | **offerre** | entgegenbringen, preisgeben; darbringen, anbieten |
| – | **Offerte** l>frz | schriftliches (Waren)angebot; Anerbieten {32/42} | dto. frz. *offerte* | dto. |
| 2414 | **Office** l>frz >(engl) | (schweiz.) 1. Büro, Dienststelle (selten / engl.) {40/58}; 2. Anrichteraum (im Gasthaus) {58} | **officium**, ii n | Pflicht, Dienst, Beruf; Amt(sgeschäfte) |
| – | **Offizial** l>mlat | 1. Vertreter des (Erz)bischofs in einer kirchlichen Gerichtsbehörde {51}; 2. ein Beamtentitel (österr.) {33/40/50} | **officialis**, is m (Subst.) (bzw. **officialis**, e | Diener, Subalternbeamter zur Pflicht-, zum Amt, - Dienst gehörig) |
| – | **Offizialdelikt** l>mlat;l | Straftat, deren Verfolgung von Amts wegen eintritt (jur. t. t.) {82} | dto. + **delictum**, ti n | dto. Fehler, Vergehen |
| – | **Offizialprinzip** l>mlat;l | Verpflichtung des Gerichts, Ermittlungen über die von den Beteiligten vorgebrachten Tatsachen hinaus anzustellen (jur. t. t.) {82} | dto. + **principium**, ii n | dto. Anfang, Ursprung; Grundlage; Urheber |
| – | **Offizialverteidiger** l>mlat;d | Pflichtverteidiger in Strafsachen (jur. t. t.) {82} | dto. | dto. |
| – | **offiziell** l>frz | 1. amtlich, von einer Behörde ausgehend, bestätigt {50/49}; 2. feierlich, förmlich {26} | **officialis** frz. *officiel* | s. oben |

| | | | | |
|---|---|---|---|---|
| – | **Offizier** l>mlat>frz | 1. Bezeichnung für höhere militärische Rangstufen (ab Leutnant); 2. Träger eines Dienstgrades innerhalb dieser Rangstufe {33/86}; 3. Sammelbezeichnung für bestimmte Schachfiguren {85} | **officium**<br>mlat. officiarius<br>frz. *officier* | s. oben<br>Beamteter, Bediensteter |
| – | **Offizin** l>mlat | 1. (größere) Buchdruckerei (bes. DDR) {40/32}; 2. Apotheke {70/58/42} | **officina**, ae f | Werkstatt; Herd, Sitz |
| – | **offiziös** l>frz | halbamtlich; nicht verbürgt {25/33/50} | **officiosus**, a, um<br>frz. *officieux* | diensteifrig, -beflissen, zuvorkommend<br>gleichsam amtlich, diensteifrig |
| – | **Offiziosität** l>frz | 1. Anschein der Amtlichkeit, des Offiziellen {25/33/50}; 2. Dienstfertigkeit (veraltet) {33} | **officiositas**, atis f | Gefälligkeit, Dienstfertigkeit |
| – | **Offizium** | 1. Dienstpflicht, Obliegenheit (veraltet) {33/40}; 2. kath. Gottesdienst; Stundengebet; 3. kath. Kirchenamt; Amt und Pflichten eines Geistlichen {51} | **officium** | s. oben |
| 2415 | **Okarina** l>vulgl>it | kurze Flöte aus Ton oder Porzellan in Form eines Gänseeis (mus. t. t.) {37} | **auca**, ae f<br>vulgl. avica*<br>it. *oca*<br>*ocarina* | Vogel, Gans<br><br>Gans |
| 2416 | **Okkasion** l>(frz) | 1. Gelegenheit, Anlaß (veraltet) {59/60}; 2. Gelegenheitskauf {42/59} | **occasio**, onis f | Gelegenheit, günstiger Zeitpunkt; Vorwand |
| – | **okkasionell** l>(frz) | gelegentlich, Gelegenheits... {59} | dto. | dto. |
| 2417 | **okkludieren** | 1. verschließen {29/58}; 2. als Kalt- mit einer Warmfront zusammentreffen (meteor. t. t.) {65} | **occludere** | ver-, zu-, einschließen, einsperren |
| – | **Okklusion** | 1. Verschließung, Verschluß {58}; 2. normale Schlußbißstellung der Zähne (med. t. t.) {70}; 3. das Zusammentreffen von Kalt- und Warmfront (meteor. t. t.) {65} | **occlusio**, onis f | Verschließung, Verstopfung |
| – | okklusiv | | | |
| – | **Okklusiv** l>(nlat) | Verschlußlaut (sprachwiss. t. t.) {76} | **occlusus**, a, um | verschlossen |
| 2418 | **okkult** | verborgen, geheim (von übersinnlichen Dingen) {51} | **occultus**, a, um | verborgen, versteckt, geheim |
| – | **Okkultismus** l>nlat | Geheimwissenschaft von den übersinnlichen Kräften und Dingen {51} | dto. | dto. |

| | | | | |
|---|---|---|---|---|
| – | Okkultist, okkultistisch, Okkultologe | | | |
| 2419 | **Okkupant** | jmd., der fremdes Gebiet (widerrechtlich) in Besitz nimmt; Angehöriger einer Besatzungsmacht {43/82/86} | **occupare** | einnnehmen, besetzen, sich bemächtigen |
| – | **Okkupation** | 1. (militärische) Besetzung eines fremden Gebietes (abwertend) {43/86}; 2. Aneignung herrenlosen Gutes (jur. t. t.) {43/82} | **occupatio**, onis f | Besetzung, Einnahme; Beschäftigung |
| – | **Okkupativ** l>nlat | Verb des Beschäftigtseins (sprachwiss. t. t.) {76} | **occupare** | s. oben |
| – | **okkupatorisch** | die Okkupation betreffend {43/82/86} | **occupatorius**, a, um | zur Besitznahme gehörig |
| – | **okkupieren** | ein fremdes Gebiet (militärisch) besetzen (abwertend) {43/86} | **occupare** | s. oben |
| 2420 | **Oktan** l>nlat | gesättigter Kohlenwasserstoff mit acht Kohlenstoffatomen (in Erdöl und Benzin) {45/73} | **octo** | acht |
| – | **Oktanzahl** l>nlat;d | Maßzahl für die Klopffestigkeit der Motorkraftstoffe {45/56/73} | dto. | dto. |
| – | **Oktav** | 1. Achtelbogengröße (Buchformat) {32/40/58}; 2. = Oktave (österr.) {37}; 3. Nachfeier der Hochfeste in der kath. Liturgie (rel. t. t.) {51} | **octavus**, a, um | der achte |
| – | **Oktave** l>mlat | 1. achter Ton einer diatonischen Tonleiter (mus. t. t.) {37}; 2. Strophenform aus acht elfsilbigen jambischen Verszeilen {34/76} | dto. | dto. |
| – | **Oktober** | zehnter Monat im Jahr {59} | **October**, bris, bre<br>(sc. mensis) | zur Acht, zum Monat Oktober gehörig<br>der zehnte (ursprünglich der achte) Monat des altröm. Kalenders |
| 2421 | **oktroyieren** l>mlat>frz | 1. verleihen (veraltet) {33/43}; 2. ein Gesetz kraft landesherrlicher Machtvollkommenheit erlassen (veraltet) {75/50}; 3. aufdrängen, aufzwingen; aufoktroyieren {28} | **auctorare**<br>mlat. auctorizare<br>frz. *octroyer* | (sich) verbürgen, bekräftigen; verpflichten<br>sich verbürgen; bestätigen, bewilligen |
| 2422a | **okular** | 1. das Auge betreffend, ihm zugewandt (z. B. von Fotolinsen gesagt) {41/87}; 2. mit dem, für das Auge {11/70} | **ocularis**, e | zu den Augen gehörig, Augen... |
| – | Okular | | | |

| | | | | |
|---|---|---|---|---|
| 2422b | **okulieren** | die geschlossene Knospe eines edelen Gewächses in ein unedeles einsetzen; veredeln {39/68} | **inoculare** | einpflanzen, okulieren; schmükken |
| – | Okulation, Okuliermesser, Okulierreis, Okulierung | | | |
| 2423 | **Okzident** | 1. Abendland (= Europa) {33/64}; 2. Westen (veraltet) {64}; 3. Richtung der untergehenden Sonne {66} | **occidere**<br>+ **sol**, lis m<br>**occidens sol** | niederfallen, untergehen<br>Sonne<br>Westen; Abendland; untergehende Sonne |
| – | **okzidentalisch** | 1. abendländisch {33}; 2. westlich (veraltet) {64} | **occidentalis**, e | abendlich, westlich |
| 2424 | **Öl**<br>(gr)>l<br>>vulgl | flüssiges Fett (Speise-, Salb-, Haut-, Motorenöl etc.) {17/21/41} | **oleum**, ei n<br>gr. *ἔλαιον*<br>vulgl. olium* | Oliven-, (Baum)öl |
| – | ölen, ölig, Ölbaum, Ölgötze | | | |
| – | **Ölung**<br>(gr)>l<br>>vulgl | 1. Salbung mit Öl {51}; 2. Ölzufuhr {41} | dto. | dto. |
| 2425 | **Oleander**<br>[l;(l;gr)<br>>mlat]>it | Rosenlorbeer (ein immergrüner Strauch) {04} | **olea**, ae f<br>it. *oleandro*<br>+ **laurus**, ri f<br>+ gr. *ῥοδοδένδρον*<br>mlat. lorandum | Olivenbaum<br><br>Lorbeer(baum)<br>Lorbeerrose, Oleander<br>Oleander |
| 2426 | **Oleat**<br>(gr)>l>nlat | Salz der Ölsäure (chem. t. t.) {73} | **oleatus**, a, um | mit Öl getränkt, - angemacht |
| – | **Olein**<br>(gr)>l>nlat | ungereinigte Ölsäure (chem. t. t.) {73} | **oleum** | s. oben 2424 |
| – | **Oleum**<br>(gr)>l | (chem. t. t.) 1. Öl; 2. rauchende Schwefelsäure {73} | **oleum**, ei n<br>gr. *ἔλαιον* | s. oben 2424 |
| 2427 | **Olive**<br>(gr)>l | 1. Frucht des Ölbaumes, aus der Olivenöl gewonnen wird {05/17}; 2. Oliven-, Öbaum {05}; 3. Handgriff für die Verschlußvorrichtung an Fenstern, Türen o. ä. {40/41/44}; 4. länglich-runde Bernsteinperle {20}; 5. Endstück verschiedener ärztlicher Instrumente o. Laborgeräte (med. t. t.) {70} | **oliva**, ae f<br>= **olea**, ae f<br>gr. *ἐλαία* | Olive; Ölbaum; Ölzweig |
| – | **oliv**<br>(gr)>l | olivenfarbig {55} | dto. | dto. |
| 2428 | **Omen** | (gutes o. schlechtes) Vorzeichen; Vorbedeutung {51/26} | **omen**, minis n | An-, Vorzeichen, Vorbedeutung |
| – | **ominös**<br>l>(frz) | 1. von schlimmer Vorbedeutung, unheilvoll {26/51}; 2. bedenklich, verdächtig, anrüchig {26} | **ominosus**, a, um<br>frz. *omineux* | voll von Vorbedeutungen |

| | | | | |
|---|---|---|---|---|
| 2429 | **Omissa** | Fehlendes, Lücken, Ausgelassenes (veraltet) {52/57} | **omittere** (PPP. **omissus**) | sein lassen; aufgeben; übergehen, unerwähnt lassen |
| – | **Omission** | Aus-, Unterlassung; Versäumnis (veraltet) {25} | **omissio**, onis f | Unterlassung |
| – | **omittieren** | aus-, unterlassen (veraltet) {25} | **omittere** | s. oben |
| 2430 | **Omnibus** l>frz | im öffentlichen Verkehr eingesetzter Kraftwagen zur Beförderung vieler Personen {45/57} | **omnis** (Dat. Pl.: **omnibus** | alle(r/s); jeder; ganz für alle) |
| – | **omnipotent** | allmächtig, einflußreich {22/33} | **omnipotens** (Gen. –ntis) | allmächtig |
| – | **Omnipotenz** | 1. göttliche Allmacht {51}; 2. absolute Machtstellung {33} | **omnipotentia**, ae f | Allmacht |
| – | **omnipräsent** (l;l)>nlat | allgegenwärtig {22/51/52} | **omnis** + **praesens** (Gen. –ntis) | s. oben gegenwärtig, derweilig, sofortig, augenblicklich |
| – | **Omnipräsenz** (l;l)>nlat | Allgegenwart (Gottes) {22/51/52} | **omnis** + **praesentia**, ae f | s. oben Gegenwart; Macht; Schutz |
| – | **Omnivore** l;l | Allesfresser (von Pflanzen- und Tiernahrung lebend - biol. t. t.) {17/69} | **omnis** + **vorare** | s. oben verschlucken, verschlingen, gierig fressen |
| 2431 | **Ondulation** l>frz | das Wellen der Haare mit einer Brennschere {21} | **undula**, ae f frz. *ondulation* | kleine Welle das Wallen, Wogen |
| – | **ondulieren** l>frz | Haare wellen {21} | dto. frz. *onduler* | dto. |
| – | **Ondulé** l>frz | Gewebe mit wellig gestalteter Oberfläche {19/55} | dto. | dto. |
| 2432 | **Onkel** l>frz | Mutterbruder, Vaterbruder {10} | **avunculus**, li m frz. *oncle* | Onkel |
| 2433 | **Oper** l>it | 1. musikalische(s) Bühnenwerk(e) mit Darstellung einer Handlung (mus. t. t.) {35/37}; 2. Opernhaus (als kulturelle Institution) {33/85}; 3. Mitglieder, Personal eines Opernhauses {40/37} | **opera**, ae f it. *opera (in musica)* | Mühe, Arbeit, erarbeitetes Werk; Tätigkeit (Musik)werk |
| – | **Operette** l>it | leichte(s), unterhaltende(s) musikalische(s) Bühnenwerk(e) mit Dialogen, Ballett etc. (mus. t. t.) {35/37} | dto. it. *operetta* | dto. |
| – | **Opera** | 1. Plural von Opus (s. d.) {34/37}; 2. italienische Bezeichnung für Oper (mus. t. t.) {35/37} | dto. | dto. |

| | | | | |
|---|---|---|---|---|
| 2434 | **operabel** l>frz | 1. operierbar (med. t. t.) {70}; 2. so beschaffen, daß man damit arbeiten kann {40/54} | **operari** frz. *opérable* | werktätig sein, arbeiten, beschäftigt sein; opfern |
| – | **Operabilität** l>frz | operabele (1.) Beschafenheit, Operierbarkeit (med. t. t.) {70} | dto. | dto. |
| – | **operant** l>engl | eine bestimmte Wirkungsweise in sich habend {54/25} | dto. | dto. |
| – | **Operateur** l>frz | 1. Arzt, der eine Operation vornimmt {70/40}; 2. Kameramann bei Filmaufnahmen; 2. Vorführer (in Kinos) {40/85}; 4. Toningenieur {40/85}; 5. jmd., der maschinelle Anlagen bedient {40/41} | **operator**, oris m frz. *opérateur* | Arbeiter, Verrichter, Schöpfer |
| – | **Operating** l>engl | das Bedienen (z. B. von Computern) {29/40/71} | **operari** | s. oben |
| – | **Operation** | 1. chirurgischer Eingriff (med. t. t.) {70}; 2. zielgerichtete, detailliert abgestimmte Truppenbewegung (mil. t. t.) {61/86}; 3. Lösungsverfahren (math. t. t.) {71}; 4. wissenschaftlich nachkontrollierbares Verfahren {25/40/71/72/73}; 5. Handlung, Unternehmen; Arbeits- o. Denkvorgang {25/29}; 6. Durchführung eines Befehls einer EDV-Anlage {71} | **operatio**, onis f | Arbeit, Verrichtung; Gewerbe, Werktätigkeit |
| – | **operationabel** l>nlat | operationalisierbar {81/78} | dto. | dto. |
| – | **operational** o. **operationell** l>nlat | sich durch Operationen (5.) vollziehend, verfahrensbedingt {25} | dto. | dto. |
| – | **operationalisieren** l>nlat | 1. Begriffe durch Angabe der Operationen (5.) o. der Indikatoren, die den betreffenden Sachverhalt anzeigen, standardisieren (soziol. t. t.) {78/81}; 2. Lernziele durch einen Ausbildungsgang in Verhaltensänderungen der Lernenden übersetzen (päd. t. t.) {78} | dto. | dto. |
| – | **Operationalismus** l>nlat | Theorie, nach der wissenschaftliche Aussagen nur dann gültig sind, wenn sie sich auf physikalische Operationen (5.) zurückführen lassen {72/25} | dto. | dto. |

| | | | | |
|---|---|---|---|---|
| – | Operationssaal | | | |
| – | **operativ** l>nlat | 1. die Operationen (1.) betreffend, chirurgisch eingreifend (med. t. t.) {70}; 2. strategisch (mil. t. t.) {86}; 3. (als konkrete Maßnahme) unmittelbar wirkend {25/61} | **operari** | s. oben |
| – | **Operativität** l>nlat | operative (3.) Beschaffenheit, unmittelbare Wirksamkeit {25/61} | dto. | dto. |
| – | **Operator** l>engl | 1. jmd., der fertige Computer-Programme benutzt {40/71}; 2. Verfahrung zur Durchführung einer Operation (3.-5.) (math., linguist. t. t.) {71/76}; 3. jmd., der Werbeflächen in öffentlichen Verkehrsmitteln pachtet {40/80/32} | **operator** | s. oben |
| – | **operieren** | eine Operation durchführen (med. t. t.) {70} | **operari** | s. oben |
| – | Opfer | | | |
| – | **opfern** | 1. etw. (einem) Gott als Opfergabe darbringen {51}; 2. auf etw. verzichten, etw. aufgeben {28/43} | dto. | dto. |
| 2435 | **opponieren** | 1. widersprechen, sich widersetzen {32/28}; 2. gegenüberstellen (med. t. t.) {70} | **opponere** | gegen etw. halten, setzen; entgegenstellen, einwenden |
| – | **Opponent** | jmd., der eine gegenteilige Anschauung vertritt {28/25/32} | dto. | dto. |
| – | **opponiert** | gegenständig, gegenüberstehend, entgegengestellt (bot. t. t.) {68} | dto. | dto. |
| 2436 | **opportun** | in der gegenwärtigen Situation von Vorteil, angebracht {25/33} | **opportunus**, a, um | geeignet, günstig, nützlich, zweckmäßig |
| – | **Opportunismus** l>frz | 1. bereitwillige Anpassung an die jeweilige Lage (um persönlicher Vorteile willen) {25/28/33/84}; 2. bestimmte bürgerliche ideologische Bewegung (marxist. t. t.) {81} | dto. frz. *opportunisme* | dto. |
| – | **Opportunist** | 1. jmd., der sich aus Nützlichkeitserwägungen bedenkenlos der jeweiligen Lage anpaßt {25/28/33/84}; 2. Anhänger, Vertreter des Opportunismus (marxist. t. t.) {81} | dto. frz. *opportuniste* | dto. |
| – | opportunistisch | | | |

| | | | | |
|---|---|---|---|---|
| – | **Opportunität** | Zweckmäßigkeit in der gegenwärtigen Situation {25/33} | **opportunitas**, atis f | günstige Lage, guter Zeitpunkt; lokkende Gelegenheit; Vorteil |
| 2437 | **Opposition** l>(frz) | 1. Widerstand, Widerspruch {28}; 2. nicht an der Regierung beteiligte Parteien und Gruppen {50/33}; 3. Stellung eines Planeten oder des Mondes, bei der Sonne, Erde und der Planet auf einer Geraden liegen (astron. t. t.) {66}; 4. Gegensätzlichkeit sprachlicher Gebilde (sprachwiss. t. t.); 5. beispielhafte Beziehung einer sprachlichen Einheit zu einer anderen (sprachwiss. t. t.) {76}; 6. Gegenüberstellung des Daumens (med. t. t.) {70}; 7. bestimmte Stellungen einiger Schachfiguren {85} | **oppositio**, onis f | das Entgegensetzen, Widersprechen |
| – | **oppositär** l>nlat | gegensätzlich, eine Opposition ausdrückend {25/33/56} | **oppositus**, a, um | gegenüberliegend; entgegengesetzt, widersprechend |
| – | **oppositionell** l>frz | 1. gegensätzlich; gegnerisch {56/33}; 2. widersetzlich, zum Widerspruch neigend {28/25/33} | **oppositio** | s. oben |
| 2438 | **Oppression** | 1. Be-, Unterdrückung {25/33}; 2. Beklemmung (med. t. t.) {70} | **oppressio**, onis f | das Herabdrükken; Unterdrükkung; plötzliche Bewußtlosigkeit (med. t. t.) |
| – | **oppressiv** l>nlat | unterdrückend, drückend {25/33/56} | **opprimere** (PPP. **oppressus**) | herab-, nieder-, unterdrücken; überwältigen |
| – | **opprimieren** | bedrücken, überwältigen {25/29/33} | dto. | dto. |
| 2439 | **Optant** | jmd., der sich für etw. ausspricht, eine Option ausübt {27/28/32} | **optare** | aussuchen, wünschen, verlangen |
| – | **Optativ** | Modus des Verbs, der einen Wunsch o. die Möglichkeit eines Geschehens bezeichnet (sprachwiss. t. t.) {76} | **optativus**, a, um | wünschend, einen Wunsch ausdrükkend |
| – | optativ | | | |
| – | **optieren** | vom Recht der Option Gebrauch machen {27} | **optare** | s. oben |
| 2440 | **optimal** l>nlat | sehr gut, bestmöglich, beste, Best... {56} | **optimus**, a, um (Superl.) | der (die, das) beste, schönste, hervorragendste, tüchtigste |

| | | | | |
|---|---|---|---|---|
| >>> | optimalisieren s. optimieren | | | |
| – | **Optimat** | Angehöriger der herrschenden Geschlechter im alten Rom (hist. t. t.) {75/33} | **optimas,** atis (m) | einer der Besten, Edelsten; Patriot, Aristokrat |
| – | **optim(alis)ieren** l>nlat | 1. optimal gestalten {56/29}; 2. günstigste Lösungen für bestimmte Zielstellungen ermitteln (math. t. t.) {71} | **optimus** | s. oben |
| – | **Optimierung** l>nlat | 1. das Optimieren {56/29}; 2. Teilgebiet der numerischen Mathematik {71} | dto. | dto. |
| – | **Optimismus** l>frz | 1. heitere, zuversichtliche, lebensbejahende Lebensauffassung, Haltung {26/84}; 2. bestimmte positivistische philosophische Auffassung {77} | dto. frz. *optimisme* | dto. |
| – | **Optimist** l>frz | 1. lebensbejahender, zuversichtlicher Mensch; 2. jmd., der Schwierigkeiten unterschätzt (scherzhaft) {26/84} | dto. | dto. |
| – | optimistisch | | | |
| – | **Optimum** | 1. das Beste, Wirksamste; Höchstmaß {56}; 2. günstigste Umweltbedingungen für ein Lebewesen (biol. t. t.) {68/69} | **optimus** | s. oben |
| 2441 | **Option** | 1. freie Entscheidung {27/28}; 2. Voranwartschaft auf den Erwerb bzw. das Recht zur zukünftigen Lieferung einer Sache (jur. t. t.) {28/42/43/80/82}; 3. Recht der Kardinäle, in eine freiwerdende Würde aufzurücken (kath. rel. t. t.) {33/51} | **optio,** onis f | freier Wille, freie Wahl; Willkür, Belieben |
| 2442 | **opulent** | üppig, reichlich {57/17} | **opulentus,** a, um | reich, vermögend, wohlhabend, ansehnlich |
| – | **Opulenz** | Üppigkeit, Überfluß {57/43} | **opulentia,** ae f | Wohlhabenheit, Reichtum; Macht |
| 2443 | **Opus** | künstlerisches, literarisches, bes. musikalisches Werk {34/35/36/37} | **opus,** peris n | Beschäftigung, Arbeit; Mühe; Werk |
| – | **Opusculum** o. **Opuskulum** | kleines Opus, kleine Schrift {34/37} | **opusculum,** li n | literarisches Werkchen |

| | | | | |
|---|---|---|---|---|
| 2444 | **Orakel** | 1. Stätte, wo Priester(innen) oder Seher(innen) Weissagungen verkündeten {51/58}; 2. Weissagung; rätselhafte, mehrdeutige Aussage {51/25/32} | **oraculum**, li n | Orakel-, Sprechstätte; Orakelspruch, Weissagung |
| - | **orakelhaft** l;d | dunkel, undurchschaubar, rätselhaft (in bezug auf Äußerungen) {51/25/26} | dto. | dto. |
| - | **orakeln** l>(nlat) | 1. in dunklen Andeutungen sprechen {32/26}; 2. ein Orakel (2.) anstellen {51} | dto. | dto. |
| 2445 | **oral** l>nlat | 1. am Mund gelegen, durch den Mund, ihn betreffend (med. t. t.) {11/70}; 2. mündlich (überliefert o. ä.) {32} | **os**, oris n | Antlitz, Gesicht, Mund; Sprache |
| - | **Oral** | mit dem Mund gesprochener Laut (im Unterschied zum Nasal - sprachwiss. t. t.) {76} | **os** | s. oben |
| 2446 | **Orante** | Gestalt der frühchristlichen Kunst in antiker Gebetshaltung (mit erhobenen Armen) {36/51} | **orare** | reden, sprechen; beten; bitten |
| - | **Oration** | liturgisches Gebet (in der kath. Messe - rel. t. t.) {51} | **oratio**, onis f | Rede; Äußerung; (kirchenl.: Gebet, Vaterunser) |
| - | **Orator** | Redner (in der Antike - hist. t. t.) {40/75} | **orator**, oris m | Redner, Sprecher |
| - | **oratorisch** | 1. rednerisch, schwungvoll, hinreißend {26}; 2. in der Art eines Oratoriums (2.) {37} | **oratorius**, a, um | zum Redner gehörig, rednerisch; zum Beten gehörig |
| - | **Oratorium** l>mlat | 1. Betsaal, Hauskapelle (in Klöstern o. ä.) {51/58}; 2. opernartiges Musikwerk ohne szenische Handlung mit religiösen oder episch-dramatischen Stoffen (mus. t. t.) {37} | **oratorium**, ii n | Bethaus, Betkammer |
| 2447 | **Orbis** | 1. lateinische Bezeichnung für Kreis {58}; 2. Wirkungsbereich, der sich aus der Stellung der Planeten zueinander und zur Erde ergibt (astrol. t. t.) {66/51} | **orbis**, is m | Rundung, Kreis, Karree, Kreisbahn |
| - | **Orbit** l>engl | Umlaufbahn (eines Satelliten, einer Rakete) um einen Planeten (astron. t. t.) {66} | **orbita**, ae f | Kreisbahn, Kreislauf; Bahn, Spur |
| - | **orbital** l>nlat | 1. den Orbit betreffend, zum Orbit gehörend (astron. t. t.) {66}; 2. zur Augenhöhle gehörend (med. t. t.) {70} | dto. | dto. |

>>> Orbitalrakete, -station s. Rakete, Station

| | | | | |
|---|---|---|---|---|
| – | **Orbiter** l>engl | Teil eines Raumfahrtsystems, das in einen Orbit gebracht wird (astron. t. t.) {57/66} | dto. | dto. |
| 2448 | **Orden** | 1. Ehrenzeichen, Auszeichnung {33/86}; 2. christliche, klösterliche o. weltliche Gemeinschaft {33/51}; 3. Regel; Reihenfolge; Gesetz; Rang (veraltet) {33/56} | **ordo**, dinis n | Ordnung; Rang, Stellung; Reihenfolge |
| – | **ordentlich** l;d | der Ordnung, Vorschrift gemäß; ordnungsliebend; sauber, anständig, tüchtig; wohlgeordnet {56/33/25/26} | dto. | dto. |
| – | **Order** l>frz | 1. Befehl, Anweisung {28}; 2. Bestellung, Auftrag (wirtsch. t. t.) {80/42} | dto. afrz. *ordene* frz. *ordre* | dto. |
| – | **ordern** l>frz >(engl) | einen Auftrag erteilen; eine Ware bestellen (wirtsch. t. t.) {42/80} | dto. engl. *(to) order* | dto. |
| – | **Ordinale** o. **Ordinalzahl** l bzw. l;d | Ordnungszahl (z. B. zweiter) {56/57} | **ordinalis**, e | eine Ordnung anzeigen |
| – | **ordinär** l>frz | 1. unfein, vulgär, gemein (abwertend) {26/30/84}; 2. alltäglich, gewöhnlich {25/26/59} | **ordinarius**, a, um<br>frz. *ordinaire* | in gehöriger Reihe und Ordnung stehend; ordentlich, gewöhnlich; vorzüglich |
| – | **Ordinariat** l>nlat | 1. oberste Verwaltungsstelle eines kath. Bistums {33/51}; 2. Amt eines ordentlichen Hochschulprofessors {31/40} | dto. | dto. |
| – | **Ordinarium** | 1. kath. (handschriftliche) Gottesdienstordnung {32/51}; 2. der sogenannte ordentliche Haushalt (eines Staates, Landes etc.) mit regelmäßig wiederkehrenden Ausgaben und Einnahmen {50/42/80} | dto. | dto. |
| – | **Ordinarius** | 1. ordentlicher Professor an einer Hochschule {31/40}; 2. Inhaber einer kath. Oberhirtengewalt {33/51}; 3. Klassenlehrer an einer höheren Schule (veraltet, landsch.) {31/40} | dto. | dto. |
| – | **Ordinate** l>nlat | Größe des Abstandes von der horizontalen Achse (Abszisse) auf der vertikalen Achse des rechtwinkligen Koordinatensystems (math. t. t.) {71} | **ordinatus**, a, um | geordnet, ordentlich |

| | | | | |
|---|---|---|---|---|
| – | **Ordinaten-achse** l>nlat;d | Vertikalachse des rechtwinkligen Koordinatensystems (math. t. t.) {71} | dto. | dto. |
| – | **Ordination** l>mlat | 1. feierliche Einsetzung in ein ev. Pfarramt; 2. kath. Priesterweihe {51} 3. ärztliche Verordnung {70/28}; 4. ärztliche Sprechstunde; Untersuchungszimmer (österr.) {70/59/58} | **ordinatio**, onis f | Einrichtung; Amtsbesetzung, geistliche Weihe |
| – | **ordinieren** | 1. in ein geistliches Amt einsetzen (ev. rel. t. t.); 2. zum Priester weihen (kath. rel. t. t.) {33/51}; 3. eine Arznei verordnen (med. t. t.) {70}; 4. Sprechstunde halten (med. t. t.) {70/59} | **ordinare** | in ein Amt einsetzen, einen Priester weihen; (ver)-ordnen |
| – | **ordnen** | 1. in Ordnung bringen, gehörig einrichten, sortieren {56/29}; 2. anordnen {25/29/58} | dto. | dto. |
| – | **Ordner** | 1. jmd., der für Ordnung sorgt (z. B. in Sportstadien) {33/40/58/85}; 2. Vorrichtung zum Einordnen von Schriftstücken {40/44/32/58} | dto. | dto. |
| – | **Ordnung** | 1. Tätigkeit des Ordnens; Geregeltheit; Aufgeräumtheit, Sauberkeit {58/56/25}; 2. systematische Zusammenfassung {25}; 3. Reihe, Grad {56}; 4. Regel, Vorschrift {25/28} | dto. | dto. |
| – | ab-, ver-, anordnen etc. | | | |
| – | **Ordo** | 1. Hinordnung alles Weltlichen auf Gott {51}; 2. Stand des Klerikers, bes. des Priesters {51/33}; 3. systematische Einheit in der Biologie (biol. t. t.) {68/69} | **ordo** | s. oben |
| – | **Ordonnanz** l>frz | 1. Befehl, Anordnung (veraltet) {28}; 2. Soldat, der einem Offizier zur Befehlsübermittlung zugeteilt ist {33/86}; 3. königliche Erlasse in Frankreich vor der Französischen Revolution (hist. t. t.) {28/50/75} | **ordinare** afrz. *ordenner* frz. *ordonner* *ordonnance* | s. oben |
| – | **Ordre** l>frz | französische Form von Order {28/50} | **ordo** | s. oben |
| 2449 | **Orient** | 1. vorder- oder mittelasiatische Länder; 2. Osten (veraltet) {64} | **oriens** (Gen. –ntis) (sc. sol) | aufgehende Sonne; Osten; Morgen(land) |

| | | | | |
|---|---|---|---|---|
| – | **Orientale** | Bewohner der Länder des Orients {10/64} | **orientales**, lium m (Pl.) (Subst.) bzw. **orientalis**, e | Morgenländer, Orientalen<br>orientalisch, morgenländisch; in, aus dem Orient |
| – | **Orientalia** | Werke über den Orient {32/34/64} | **orientalis** | s. oben |
| – | **orientalisch** | den Orient betreffend; östlich, morgenländisch {64/58} | dto. | dto. |
| – | **orientalisieren** | 1. orientalische Einflüsse aufnehmen {33}; 2. einer Sache orientalisches Gepräge geben {25/26/33} | dto. | dto. |
| – | **Orientalistik** l>nlat | Wissenschaft von den orientalischen Sprachen und Kulturen {40/64/75/76} | dto. | dto. |
| – | Orientalist, orientalistisch | | | |
| – | **orientieren** l>frz | 1. sich -: eine Richtung suchen, sich zurechtfinden {25/58/61/33}; 2. eine Kirche in Ost-West-Richtung anlegen {51/88}; 3. informieren, unterrichten {32}; 4. auf etw. einstellen, nach etw. ausrichten (z. B. die Politik) {25/33/50}; 5. auf etw. hinlenken {25/28/61}; 6. sich -: seine Aufmerksamkeit auf etw., jmdn. konzentrieren (DDR) {25} | **oriens**<br>frz. *orient*<br>*s'orienter* | s. oben<br>(ursprünglich: die Himmelsrichtung nach dem Sonnenaufgang bestimmen) |
| – | Orientierung | | | |
| 2450 | **original** | 1. ursprünglich, echt; urschriftlich; eine Sendung direkt übertragen {56/32/46}; 2. von besonderer, einmaliger Art; urwüchsig, originell {56/25} | **originalis**, e | vom Ursprung an, ursprünglich |
| – | **Original** l>mlat | 1. Urschrift, Urfassung; Urbild, Vorlage; Urtext {32/56}; 2. vom Künstler eigenhändig geschaffenes Werk der bildenden Kunst {36}; 3. eigentümlicher, durch seine besondere Eigenart auffallender Mensch {25/33/84} | dto.<br>mlat. originale (exemplar) | dto.<br>ursprüngliches Exemplar |
| – | **Originalität** l>frz | 1. Ursprünglichkeit, Echtheit, Selbständigkeit {56/33}; 2. Besonderheit, Eigentümlichkeit {56/26} | dto.<br>frz. *originalité* | dto. |
| – | **originär** | ursprünglich {56/59} | **originarius**, a, um | ursprünglich |

| | | | | |
|---|---|---|---|---|
| – | **originell** l>frz | 1. ursprünglich, in seiner Art neu, schöpferisch {56/25}; 2. eigenartig, eigentümlich, urwüchsig und gelegentlich komisch {33/26} | **originalis** frz. *originel* | s. oben |
| 2451 | **Orkus** (gr)>l | Unterwelt, Totenreich {51/58} | **Orcus**, ci m | Unterwelt; Gott der Unterwelt, Pluto |
| | | | gr. ὄρχος bzw. ὅρκος | Gehege, Gruft Gegenstand, bei dem man einen Eid schwört |
| 2452 | **Ornament** | Verzierung; Verzierungsmotiv {20/36/44/88} | **ornamentum**, ti n | Ausrüstung; Zierde, Schmuck, Kostbarkeit |
| – | **ornamental** l>nlat | mit einem Ornament versehen, durch Ornamente wirkend; schmückend, zierend {20/36} | dto. bzw. **ornare** | dto. ausrüsten; veranstalten; schmücken, zieren |
| – | **ornamentieren** l>nlat | mit Verzierungen versehen {20/36} | dto. | dto. |
| – | **Ornamentik** l>nlat | 1. Ornamente im Hinblick auf epochentypische Stilelemente; 2. Verzierungskunst {20/36/79} | dto. | dto. |
| – | **Ornat** | feierliche (kirchliche) Amtstracht {19/51} | **ornatus**, us m | Ausstattung, Kostüm, Kleidung; Ausschmückung |
| 2453 | **Ossarium** | 1. Beinhaus (auf Friedhöfen) {15/58}; 2. Gebeinurne in der Antike (hist. t. t.) {15/58/75} | **oss(u)arium**, ii n | Gebein, Totenurne |
| 2454 | **ostensibel** l>nlat | zum Vorzeigen berechnet, zur Schau gestellt, auffällig {55/28} | **ostendere** (PPP. spätl. **ostensus**) | erklären, veranschaulichen; entgegenstrecken, zeigen |
| – | **ostensiv** l>nlat | 1. augenscheinlich, handgreiflich, offensichtlich {23/55/25}; 2. zeigend; anschaulich machend, dartuend {25/32}; 3. = ostentativ {25/28/32/33} | dto. | dto. |
| >>> | Ostensorium s. Monstranz | | | |
| – | **Ostentation** | Schaustellung, Prahlerei (veraltet) {25/28/32/33} | **ostentatio**, onis f | das Zeigen, Zur-Schau-Stellen; Prahlerei |
| – | **ostentativ** l>nlat | zur Schau gestellt, betont, herausfordernd, prahlend {25/28/32/33} | dto. | dto. |

| | | | | |
|---|---|---|---|---|
| 2455 | **ostinato** l>it | beharrlich, ständig wiederholt (zur Bezeichnung eines immer wiederkehrenden Baßthemas - mus. t. t.) {37/59} | **obstinatus**, a, um | fest entschlossen, hartnäckig |
| 2456 | **Oszillation** | Schwingung (phys. t. t.) {61/72} | **oscillatio**, onis f | das Schaukeln |
| – | **Oszillator** l>nlat | Schwingungserzeuger (phys. t. t.) {72} | dto. | dto. |
| – | **oszillatorisch** l>nlat | die Oszillation betreffend; zitternd, schwankend {54/72/61} | dto. | dto. |
| – | **oszillieren** | 1. schwingen (phys. t. t.) {61/72}; 2. schwanken, pendeln {61}; 3. sich auf- oder abwärts bewegen (von Teilen der Erdkruste); hin- und herschwanken (von Eisrändern - geophys., geol. t. t.) {62/63} | **oscillare** bzw. **oscillari** | sich schaukeln<br>geschaukelt werden |
| – | **Oszillogramm** l;gr | von einem Oszillographen aufgezeichnetes Schwingungsbild (phys. t. t.) {72} | **oscillare** + gr. *γράμμα* | s. oben<br>Buchstabe |
| – | **Oszillograph** l;gr | Apparatur zum Aufzeichnen (schnell) veränderlicher (elektrischer) Vorgänge, bes. Schwingungen (phys. t. t.) {72} | dto. + gr. *γράφειν* | dto.<br>schreiben |
| – | **Oszilloskop** l;gr | Apparatur zur Sichtbarmachung von Schwingungen; Kontrollbildschirm (phys., techn. t. t.) {72} | dto. + gr. *σκοπεῖν* | dto.<br>sehen, betrachten |
| 2457 | **Otium** | Beschaulichkeit, Muße (veraltet) {59/85} | **otium**, ii n | Muße, Nichtstun, freie Zeit |
| 2458 | **Ottavino** l>it | (mus. t. t.) 1. Oktav-, Pikkoloflöte; 2. Oktavklarinette {37} | **octavus**, a, um | der achte |
| 2459 | **Ounce** l>frz>engl | engl. Gewichtseinheit, Unze (28,35g - Abk.: oz) {56} | **uncia**, ae f<br>afrz. *unce* | der zwölfte Teil (eines röm. Asses); Zwölftel, Unze; Zoll |
| 2460 | **Ouvertüre** l>vulgl>frz | 1. einleitendes Instrumentalstück {mus. t. t.}; 2. einsätziges Konzertstück für Orchester (mus. t. t.) {37}; 3. Einleitung, Eröffnung, Auftakt {59} | **apertura**, ae f<br>vulgl. opertura*<br>frz. *ouverture* | Eröffnung; Öffnung, Luke<br>(Er)öffnung |
| 2461 | **oval** l>mlat | eirund, länglichrund {53} | **ovatus**, a, um bzw. **ovalis**, e | eiförmig; zur Ovation (= kleiner Triumph) gehörig |
| – | **Oval** l>mlat | ovale Form, - Fläche, - Anlage {53/58} | dto. | dto. |
| 2462 | **ovarial** o. **ovariell** l>nlat | das Ovarium, den Eierstock betreffend (med. t. t.) {70} | **ovarius**, a, um | zum Ei gehörig, Eier... |

| | | | | |
|---|---|---|---|---|
| – | **Ovarial-gravidität** l>nlat;d | Eierstockschwangerschaft (med. t. t.) {70} | **ovarius** + **graviditas**, atis f | s. oben Schwangerschaft |
| – | **Ovari-ektomie** l;gr;gr | operative Entfernung eines Eierstocks (med. t. t.) {70} | dto. + gr. ἐκ + gr. τέμειν | dto. aus, heraus schneiden |
| – | **Ovarium** | Eierstock (biol., med. t. t.) {69/70} | **ovarium**, ii n (= **ovum**, vi n) | Ei; Eierschale, Ei-gestalt |
| 2463 | **Ovation** | Huldigung, (begeisterter, stürmischer) Beifall {32/26/33} | **ovatio**, onis f | kleiner Triumph, Ovation |

>>> Overheadprojektor s. Projektor

| | | | | |
|---|---|---|---|---|
| 2464 | **Ovulation** l>nlat | Ausstoßung des reifen Eis aus dem Eierstock; Eisprung (biol., med. t. t.) {69/70} | **ovum** | s. oben 2462 |
| – | **Ovu(lu)m** | Ei, Eizelle (biol., med. t. t.) {69/70} | dto. | dto. |

# P

| | | | | |
|---|---|---|---|---|
| 2465 | **Paar** | 1. zwei zusammengehörige Dinge gleicher o. ähnlicher Beschaffenheit {56}; 2. zwei in einer Lebensgemeinschaft verbundene Lebewesen {33} | **par** (Gen. –ris) (bzw. Subst.) | gleichkommend, gleich(stark) Genosse bzw. Genossin; Gatte, Gattin; das Paar |
| – | **paaren** | 1. zu Paaren zusammenfügen {56}; 2. Tiere zur Fortpflanzung zusammenbringen {69}; 3. sich begatten {69/70} | dto. | dto. |
| – | Pärchen | | | |
| 2466 | **Pace** l>frz>engl | Tempo eines Rennens, einer Jagd, eines Geländeritts (sport. t. t.) {38/61/85} | **passus**, us m<br><br>frz. *pas* | Schritt, Tritt, Fußtapfe; röm. Doppelschritt (= 1,5 m; Längenmaß) |
| – | **Pacemaker** l>frz>engl; engl | 1. Pferd in einem Rennen, das zugunsten eines anderen Pferdes das Tempo des Rennens bestimmt {61/85}; 2. Schrittmacherzelle der glatten Muskulatur (med. t. t.); 3. elektrisches Gerät zur künstlichen Anregung der Herztätigkeit (med. t. t.) {70} | **passus** | s. oben |
| 2467 | **Pacht** l>vulgl | vertraglich vereinbartes Recht zur Nutzung einer Sache gegen Entgelt {43/82} | **pactum**, ti n<br>vulgl. pacta | Vertrag, Verabredung, Vergleich |
| – | pachten, Pächter | | | |
| 2468 | **Padre** l>it | (Titel der) Ordenspriester in Italien {51} | **pater**, tris m | Vater, Hausherr |
| 2469 | **Padrone** l>it | 1. italienische Bezeichnung für: Herr, Besitzer, Chef {33/43}; 2. Schutzheiliger {51} | **patronus**, ni m | Schutz-, Schirmherr; Beschützer, Patron |
| 2470 | **Pagina** | Buch, Blattseite (veraltet) {32/58} | **pagina**, ae f | Blatt Papier, Seite, Kolumne |
| – | **paginieren** | mit Seitenzahlen versehen {57} | **paginare** | zusammenfügen; abfassen, schreiben |

| | | | | |
|---|---|---|---|---|
| 2471 | **Paillette** l>frz | glitzerndes Metallblättchen zum Aufnähen {19/20/86} | **palea,** ae f<br>frz. *paille*<br>*paillette* | Streu, Stroh, Spreu; Hahnenbart<br>Stroh |
| 2472 | **pair** l>frz | gerade (von Zahlen beim Roulettspiel) {57/85} | **par**<br>frz. *pair* | s. oben 2465<br>ebenbürtig; gleich; gerade |
| – | **Pair** l>frz | Mitglied des französischen Hochadels (hist. t. t.) {75/33} | dto. | dto. |
| 2473 | **Pakt** | Vertrag, Übereinkommen; politisches oder militärisches Bündnis {50/86} | **pactum** | s. oben 2467 |
| – | **paktieren** l>nlat | einen Vertrag, ein Bündnis schließen; gemeinsame Sache machen {33/50/86} | dto.<br>(bzw. **pacisci** | dto.<br>einen Vetrag schließen) |
| 2474 | **Paladin** l>mlat>it >frz | 1. Angehöriger des Heldenkreises am Hofe Karls des Großen (hist. t. t.); 2. Hofritter, Berater eines Fürsten {75/47}; 3. treuer Gefolgsmann {47/33} | **Palatinus,** a, um<br>**Palatini,** norum m (Pl. - Subst.)<br>it. *paladino*<br>frz. *paladin* | palatinisch; kaiserlich<br>die kaiserlichen Palastdiener |
| 2475 | **Palais** l>frz | Palast, Schloß {58/88} | **Palatium,** ii n<br>frz. *palais* | der palatinische Berg; Palast, kaiserlicher Hof |
| – | **Palas** l>frz | Hauptgebäude einer Ritterburg {44/58/75/88} | dto. | dto. |
| – | **Palast** l>frz | schloßartiges Gebäude {44/47/58/88} | dto. | dto. |
| – | **Palastrevolution** l>frz;l | das Aufbegehren, Sichempören gegenüber Vorgesetzten, Höhergestellten {28/33/40} | dto.<br>+ **revolutio,** onis f | dto.<br>das Zurück-, Wegwälzen; Rückkehr |
| 2476 | **Palatin** l>mlat>frz | (hist. t. t.) 1. Pfalzgraf (im Mittelalter); 2. Stellvertreter des Königs von Ungarn (bis 1848) {47/50/75} | **Palatinus** | s. oben 2474 |
| 2477 | **Palatschinke** (gr)>l >rumän >ung >österr | dünner, zusammengerollter mit Marmelade o. ä. gefüllter Eierkuchen {17} | **placenta,** ae f<br>gr. *πλακοῦς*<br>rumän. *placinta*<br>ung. *palacsinta*<br>österr. *Palatschinke* | (flacher) Kuchen<br><br>Eierkuchen |

| | | | | |
|---|---|---|---|---|
| 2478 | **Palaver** (gr)>l>port >engl | ergebnisloses langwieriges Reden über etw. (abwertend) {32} | **parabole**, es f<br>o. **parabola**, ae f<br>gr. *παραβολή*<br>port. *palavra*<br>engl. *palaver* | Gleichnis, Parabel<br><br><br>Unterredung, Erzählung |
| – | **palavern** (gr)>l>port >engl | mit anderen über etw. sprechen, etw. erörtern, ohne daß ein Ergebnis zustandekommt (abwertend) {32} | dto. | dto. |
| 2479 | **Palazzo** l>it | ital. Bezeichnung für: Palast, Stadthaus {44/58/88} | **Palatium** | s. oben 2475 |
| 2480 | **Palette** l>frz | 1. reiche Auswahl, viele Möglichkeiten bietende Menge {56/57}; 2. ovales Mischbrett für Farben {40/36}; 3. Hubplatte zum Stapeln von Waren mit einem Gabelstapler {40/41/58} | **pala**, ae f<br>it. *paletta*<br>frz. *palette* | Spaten, Backofenschieber; Schulterblatt<br>kleine Schaufel |
| 2481 | **Palisade** l>prov>frz | 1. zur Befestigung dienender Pfahl, Schanzpfahl; 2. Hindernis aus dicht nebeneinander in die Erde gerammten Pfählen {86} | **palus**, li m<br>prov. *palissa(da)*<br>frz. *palissade* | Pfahl<br><br>Pfahlzaun |
| 2482 | **Palliata** | altröm. Komödie mit griech. Stoff und Kostüm (hist. t. t.) {35/74/75} | **palliatus**, a, um | mit einem Pallium bekleidet |
| – | **Pallium** | 1. mantelartiger Überwurf im antiken Rom {19/75}; 2. Krönungsmantel der Kaiser (im Mittelalter) {19/75/50}; 3. weiße Schulterbinde als Amtszeichen der kath. Erzbischöfen {19/51} | **pallium**, ii n | Bedeckung, Überwurf, Mantel |
| – | **Paletot** l>aengl >mfrz>frz | dreiviertellanger Herrenmantel; Überzieher {19} | uns.:<br>**pallium**<br>aengl. *pæll*<br>o. *pall*<br>mfrz. *paltoc*<br>o. *paltoke*<br>frz. *paletot* | <br>s. oben<br><br>Mantel<br>kurzer Überrock mit Ärmeln<br><br>Herrenmantel |
| 2483 | **Palme** l>roman | tropische Holzpflanze mit unverzweigtem Stamm {04} | **palma**, ae f | flache Hand; Palme, Palmblatt |
| 2484 | **Paludarium** (gr)>l>nlat | Anlage zur Haltung von Sumpf- u. Moorpflanzen sowie Tieren (biol. t. t.) {58/68/69} | **palus**, udis f<br>gr. *παλός* | Pfuhl, Sumpf, Pfütze; See<br>Schlamm |
| 2485 | **Panade** l>prov>frz | 1. Brei aus Semmelbröseln und Ei zum Panieren; 2. breiige Mischung als Streck- und Bindemittel {17} | **panis**, is m<br>frz. *pain*<br>*paner* | Brot<br><br>mit geriebenem Brot bestreuen |

| | | | | |
|---|---|---|---|---|
| 2486 | **Panaschee**<br>l>it>frz<br><br><br>(o. **Panaschierung**) | 1. aus verschiedenen Obstsorten bereitetes Kompott (veraltet); 2. mehrfarbiges Speiseeis (veraltet); {17};<br>3. weiße Musterung auf Pflanzenblättern (bot. t. t.) {68} | **pinnaculum**,<br>li n<br>it. *pennacchio*<br>frz. *panache* | kleiner Flügel; Federbusch |
| – | **panaschieren**<br>l>it>frz | bei einer Wahl seine Stimme für Kandidaten verschiedener Parteien abgeben {50/57} | dto. | dto. |
| 2487 | **Paneel**<br>(l>vulgl/ l>afrz) >mniederl >frz | 1. (vertieft liegendes Feld einer) Holztäfelung {36/40/44}; 2. Holztafel der Gemälde {36} | **pannulus**,<br>li m<br>vulgl. pannellus*<br>gemischt mit:<br>**panis**,<br>is m<br>afrz. *panel*<br><br>mniederl. *panneel*<br>frz. *panneau* | Lumpen, zerlumptes Kleid, Lappen, Tuch<br><br><br>Brot, Fladen; Türfüllung, Tafel<br>Lappen, Lumpen, Fangnetz; eingefaßte Fläche, Tafel |
| 2488 | **panieren**<br>l>frz | (Fleisch, Fisch o. ä.) vor dem Braten in geschlagenes Eigelb tauchen und in Semmelbröseln wälzen {17} | **panis**<br>frz. *pain*<br>*paner* | s. oben 2485 |
| 2489 | **Panne**<br>l>frz | 1. Unfall, Schaden, Betriebsstörung {25/40/56}; 2. Störung, Mißgeschick, Fehler {25/56}; 3. Seiden-, Spiegelsamt {19/40} | **penna**,<br>ae f<br>frz. *penne*<br><br><br><br>*panne* | Feder; Schwinge, Flügel<br>äußerstes Ende der Segelstange; Feder<br>Segelwerk, Aufbrassen der Segel; Mißgeschick |
| 2490 | **Pansen**<br>l>vulgl> afrz | Magenabschnitt bei Wiederkäuern (biol. t. t.) {69} | **pantex**,<br>ticis m<br>afrz. *pance* | Wanst; Gedärme<br><br>Magen, Wanst |
| 2491 | **Pantry**<br>l>vulgl >frz>engl | Speisekammer, Anrichte (auf Schiffen, in Flugzeugen) {58/45} | **panis**<br>vulgl. panitaria<br>frz. *panaterie* | s. oben 2485<br><br>Bäckerei |
| 2492 | **Pänultima**<br>l;l | vorletzte Silbe in einem Wort (sprachwiss. t. t.) {76} | **paene**<br>+ **ultimus**,<br>a, um<br>(Superl.) | beinahe, fast<br>der, die, das allerletzte |
| – | **Pänultimagesetz**<br>l;l;d | Betonungsregel in der lateinischen Sprache (sprachwiss., philol. t. t.) {76} | dto. | dto. |
| 2493 | **Panzer**<br>l>vulgl> afrz>frz | 1. metallener Rumpfschutz; feste Schutzhülle; 2. Stahlmantel {54/58}; 3. gepanzertes Kriegsfahrzeug, Panzerwagen {45/86} | **pantex**<br>vulgl. pantica*<br>afrz. *pance*<br>*pancier(e)* | s. oben 2490<br><br>Magen, Wanst<br>Leibrüstung, Brustpanzer |

| | | | | |
|---|---|---|---|---|
| – | **panzern**<br>l>vulgl<br>>afrz>frz | mit Panzerplatten, einer starken Schutzhülle versehen {54/86} | dto. | dto. |
| 2494 | **papillar**<br>l>nlat | warzenartig, -förmig {53/70} | **papilla**,<br>ae f | Warze; Brust; Bläschen |
| – | **Papille** | 1. Brustwarze (med. t. t.); 2. warzenartige Erhebung an Organoberflächen (med. t. t.) {70}; 3. haarähnliche Ausstülpung der Pflanzenoberhaut (bot. t. t.) {68} | dto. | dto. |
| – | **Papillom**<br>l>nlat | Warzen, Zottengeschwulst (med. t. t.) {70} | dto. | dto. |
| – | **papillös**<br>l>nlat | warzig (biol., med. t. t.) {69/70} | dto. | dto. |
| 2495 | **Papillon**<br>l>frz | 1. frz. Bezeichnung für Schmetterling {08}; 2. flatterhafter Mensch (veraltet) {26/33}; 3. feinfädiges Woll- o. Mischgewebe {19/40} | **papilio**,<br>onis m | Schmetterling; Zelt |
| 2496 | **Pappel** | Laubbaumart mit langgestreckter Krone {04} | **populus**,<br>li f | Pappel(baum) |
| 2497 | **Paprika**<br>sanskr<br>>pers>gr>l<br>>serb>ung | 1. Gemüse- und Gewürzpflanze; 2. Paprikaschote {05/17}; 3. Paprikapulver (Gewürz) {17} | **piper**, eris n<br>gr. *πέπερι*<br>serb. *pàpar*<br>serb./ung.<br>*pàprika* | Pfeffer<br><br><br>Pfefferschote,<br>Paprika |
| 2498 | **Papst**<br>(gr)>l | Oberhaupt der röm.-kath. Kirche {33/51} | **pap(p)as**,<br>ae m<br>gr. *πάππας* | Erzieher; Vater, Bischof |
| 2499 | **Par**<br>l>engl | für jedes Loch des Golfplatzes festgelegte Anzahl von Schlägen (sport. t. t.) {56/85} | **par** | s. oben 2465 |
| 2500 | **Parabolantenne**<br>gr>l;l>it | Satellitenempfangsantenne mit Wellenbündelung durch Reflektionsschirm in Form eines Hohlspiegels {46/66/72/87} | **parabole**,<br>es f<br>gr. *παραβολή*<br>+ **antemna**,<br>ae f | Begleitung der Gestirne (astron. t. t.); Gleichnis<br><br>Segelstange, Rahe<br>vgl. oben 0207 |

| | | | | |
|---|---|---|---|---|
| 2501 | **Parade** l>it>frz | 1. Truppenschau; prunkvoller Aufmarsch {33/61/86}; 2. Abwehr eines Angriffs (z. B. durch den Torhüter - sport. t. t.) {12/85} | **parare** | bereiten, (aus)rüsten, verschaffen |
| | | | 1.: it. *parare* | vorbereiten; sich verteidigen, einen Angriff parieren |
| | (l>it>span >frz) | 3. das Anhalten eines Pferdes, eines Gespanns; Wechsel der Dressurlektion (sport. t. t.) {33/61}; | frz. *parer* | herrichten, ausschmücken, elegant aufmachen |
| | | | 2.: it. *parare* *parata* frz. *parade* | s. oben |
| | | | 3.: it. parare | s. oben |
| | | | span. *parar* | an-, aufhalten, zum Stehen bringen |
| | | | *parada* | |
| – | **paradieren** l>it>frz | 1. vorbeimarschieren; feierlich vorbeiziehen {33/61/86}; 2. sich mit etw. brüsten; mit etw. prunken {32/25} | dto. | dto. |
| 2502 | **Paraffin** (l;l)>nlat | (chem. t. t.) 1. wachsähnliches Gemisch zur Herstellung von Kerzen, Bohnerwachs o. ä.; 2. Sammelbezeichnung für gesättigte, aliphatische Kohlenwasserstoffe {73} | **parum** + **affinis**, e | wenig angrenzend; verwandt; benachbart |
| – | paraffinieren, paraffinisch | | | |
| 2503 | **Paragium** l>mlat>ait | Abfindung nachgeborener Prinzen (z. B. mit Landbesitz) {43/47/82} | **par** ait. *paraggio* | s. oben 2465 Stamm; Adel |
| >>> | Parallel... s. unter dem Rest des Wortes | | | |
| >>> | para... s. ggf. unter dem Rest des Wortes | | | |
| 2504 | **paranormal** gr;l | nicht auf natürliche Weise erklärbar; übersinnlich (parapsych. t. t.) {70/51} | gr. *παρά* + **normalis**, e | halb..., neben... nach dem Winkelmaß gemacht |
| 2505 | **Parapluie** gr;l>frz | Regenschirm (veraltet) {44} | gr. *παρά* + **pluvius**, a, um bzw. **pluvia**, ae f frz. *pluie* | gegen vom Regen herrührend, regnerisch; Regen... Regen |
| 2506 | **Parasol** (gr;l)>it >frz | 1. Sonnenschirm (veraltet) {44}; 2. großhutiger, wohlschmeckender Blätterpilz (= Parasolschirmpilz) {03} | gr. *παρά* + **sol**, lis m frz. *parasol* | s. oben 2505 Sonne, Sonnengott Sonnenschirm |
| 2507 | **parat** | (für den Gebrauchs-, Bedarfsfall) zur Verfügung (stehend), bereit {52/25} | **paratus**, a, um | bereit(stehend); gerüstet, vorbereitet |

| | | | | |
|---|---|---|---|---|
| 2508 | **Parcours** l>frz | abgesteckte Hindernisbahn für Jagdspringen oder Jagdrennen (sport. t. t.) {38/58/85} | **percursus**, us m<br>frz. *parcours* | das Durchlaufen<br>Umlaufbahn, durchlaufene Strecke |
| 2509 | **Pardon** l>vulgl>frz | 1. Verzeihung, Nachsicht (veraltet); 2. Verzeihung! (Wort der Entschuldigung) {26/32} | **donare**<br>vulgl. perdonare<br>frz. *pardonner*<br>*pardon* | geben, schenken (völlig schenken); vergeben<br>Gnade schenken, verzeihen |
| 2510 | **parental** | den Eltern, der Parentalgeneration zugehörend, von ihr stammend (biol. t. t.) {68/69} | **parentalis**, e | elterlich, der Eltern; zur Totenfeier der Eltern gehörig |
| - | **Parentalgeneration** l;l | Elterngeneration (biol. t. t.) {68/69} | dto.<br>+ **generatio**, onis f | dto.<br>Zeugung(sfähigkeit); Generation |
| 2511 | **Parforcejagd** l;l>vulgl >frz;d | Hetzjagd mit Pferden und Hunden (sport. t. t.) {38/61/85} | **per**<br>+ **fortis**, e<br>vulgl. fortia | durchaus, völlig sehr (verstärkender Partikel)<br>stark, kräftig, mutig, energisch |
| - | **Parforceritt** l;l>vulgl >frz;d | Gewaltritt {38/61/85/86} | dto. | dto. |
| 2512 | **Parfum** o. **Parfüm** (l;l)>it>frz | 1. Flüssigkeit mit intensivem (länger anhaltenden) Duft; 2. Duft, Wohlgeruch {21} | **per**<br>+ **fumare**<br>it. *perfumare*<br>frz. *parfumer*<br>*parfum* | s. oben 2511<br>rauchen, dampfen, qualmen<br>heftig dampfen, durchduften<br>wohlriechend machen |
| - | **Parfümerie** (l;l)>it>frz | 1. Geschäft, Betrieb, in dem Kosmetikartikel o. Parfüms verkauft bzw. hergestellt werden {21/40/42} | dto. | dto. |
| - | **Parfümeur** (l;l)>it>frz | Fachkraft für Parfümherstellung {40/21} | dto. | dto. |
| - | **parfümieren** (l;l)>it>frz | mit Parfüm besprengen; wohlriechend machen {21} | dto. | dto. |

| | | | | |
|---|---|---|---|---|
| 2513 | **parieren**<br><br>(l>it)<br><br>(l>span >frz)<br><br>(l>frz) | 1. ohne Widerspruch gehorchen {25/28/33};<br>2. einen Angriff abwehren (sport. t. t.) {12/85};<br>3. ein Pferd in eine mäßigere Gangart, zum Stehen bringen (sport. t. t.) {61/85};<br>4. Fleischstücke sauber zuschneiden, von Haut und Fett befreien {17} | 1.: **parere**<br><br>2.-4.: **parare**<br>2.: it. *parare*<br><br>3.: span. *parar*<br><br>frz. *parer*<br><br>4. frz. *parer* | gehorchen, unterworfen sein, dienen<br>bereiten, ausrüsten, verschaffen<br>sich verteidigen, Vorkehrungen treffen<br>an-, aufhalten, zum Stehen bringen<br>ein Pferd zum Stehen bringen<br>herrichten, ausschmücken, arrangieren |
| 2514 | **Parietalauge**<br>l;d | vom Zwischenhirn gebildetes, lichtempfindliches Sinnesorgan niederer Wirbeltiere (biol. t. t.) {69} | **parietalis**, e | zur Wand gehörig |
| 2515 | **Parität** | 1. Gleichstellung, -setzung, (zahlenmäßige) Gleichheit {56/57}; 2. Austauschverhältnis zwischen verschiedenen Währungen (wirtsch. t. t.) {80/56} | **paritas**, atis f | Gleichheit |
| – | **paritätisch**<br>l>(nlat) | gleichgestellt, gleichberechtigt {33/56} | dto. | dto. |
| 2516 | **Park**<br>mlat >(frz) | 1. großflächig angelegte, umschlossene Grünanlage; 2. Tiergehege {58}; 3. (militärisches) Depot, bes. für Waffen, Geschütze {58/86}; 4. reservierter städtischer Abstellplatz für Fahrzeuge {58/45} | mlat. **parricus**<br>frz. *parc* | eingeschlossener Raum, Gehege<br>eingehegter Raum |
| – | **parken**<br>mlat>engl/am | ein Kraftfahrzeug vorübergehend abstellen {45} | dto.<br>engl. *(to) park* | dto. |
| – | **Parkett**<br>mlat>frz | 1. getäfelter Holzfußboden {44}; 2. vorderer Raum zu ebener Erde (z. B. im Theater) {58}; 3. amtlicher Börsenverkehr {80}; 4. Schauplatz des großen gesellschaftlichen Lebens {33} | dto.<br>frz. *parc*<br>*parquet* | dto.<br>eingehegter Raum<br>kleiner, abgegrenzter Raum; hölzerne Einfassung |
| – | **Parkstudium**<br>mlat>frz >engl;l | das Studieren eines dem gewünschten Fache ähnlichen Faches, bis die Zulassung zum eigentlichen gewünschten Studienfach erfolgt {31/59} | dto.<br>engl. *to park*<br>+ **studium**, ii n | dto.<br><br>Streben, Eifer, Drang |

| | | | | |
|---|---|---|---|---|
| 2517 | **Parlament**<br>(gr)>l<br>>vulgl>afrz<br>>engl | 1. Volksvertretung mit gesetzgebender Funktion {50}; 2. Parlamentsgebäude {58} | **parabole**, es f<br>o. **parabola**, ae f<br>gr. *παραβολή*<br>vulgl. paraula*<br>paraulare*<br>afrz. *parler*<br>*parlement*<br><br>engl. *parliament* | Gleichnisrede, Parabel<br><br><br>(Gleichnis)rede, Erzählung<br>sprechen<br>sprechen, reden<br>Gespräch, Unterhaltung, Erörterung |
| – | **Parlamentär**<br>(gr)>l<br>>vulgl>frz | Unterhändler zwischen feindlichen Heeren {32/50/86} | dto.<br>frz. *parlamenter*<br>*parlamentaire* | dto.<br>in Unterhandlungen treten |
| – | **Parlamentarier**<br>(gr)>l<br>>vulgl>frz<br>>engl | Abgeordneter, Parlamentsmitglied {50} | dto.<br>engl. *parliamentarian* | dto. |
| – | parlamentarisch, parlamentarisieren | | | |
| – | **Parlamentarismus**<br>(gr)>l<br>>vulgl>frz<br>>engl>nlat | demokratische Regierungsform, in der die Regierung dem Parlament verantwortlich ist {50} | dto. | dto. |
| – | **parlamentieren**<br>(gr)>l<br>>vulgl>frz | 1. unterhandeln (veraltet) {32/50/86}; 2. eifrig hin und her reden, verhandeln (landsch.) {32} | dto. | dto. |
| – | **Parlando**<br>(gr)>l<br>>vulgl>it | vorgetragener Gesang; Sprechgesang (mus. t. t.) {37} | dto.<br>it. *parlare* | dto. |
| – | **parlieren**<br>(gr)>l<br>>vulgl>frz | 1. plaudern; sich unterhalten, leichte Konversation machen; 2. in einer fremden Sprache sprechen {32} | dto.<br>frz. *parler* | dto. |
| – | **Parole**<br>(gr)>l<br>>vulgl>frz | 1. gesprochene, aktualisierte Sprache, Rede {32}; 2. militärisches Kennwort, Losung {32/86}; 3. Leit-, Wahlspruch {25}; 4. (unwahre) Meldung, Behauptung {25/32} | dto.<br>vulgl. paraula*<br>frz. *parole* | dto.<br><br>Wort; Spruch |

| | | | | |
|---|---|---|---|---|
| 2518 | **Paroli** l>it>frz | 1. Verdoppelung des ersten Einsatzes im Kartenspiel {56/85}; 2. - bieten: Widerstand entgegensetzen; sich widersetzen {28/33} | **par** it. *pari* *paroli* (Pl.) | s. oben 2465 das Gleiche (wie im ersten Einsatz); Verdopplung des Spielstocks |
| 2519 | **Part** l>frz | 1. Anteil des Miteigentums an einem Schiff {43/57/45}; 2. Stimme eines Instrumental- oder Gesangsstücks (mus. t. t.) {37}; 3. Rolle in einem Theaterstück {35/74} | **pars**, rtis f partes (Pl.) frz. *part* | Teil, Stück, Portion, Abteilung Rolle des Schauspielers; Amt (An)teil |
| – | halbpart, Widerpart | | | |
| – | **Partei** l>frz | 1. Abteilung, Personenverband {33/57}; 2. politische Organisation; Bürgerinitiative {33/50}; 3. Gegner im Zivilprozeß {82}; 4. Mitmieter in einer größeren Wohngemeinschaft {33} | **partire** o. **partiri** vulgl. partire frz. *partir* *partie* | teilen, zerlegen, trennen; zuteilen (An)teil; Abteilung, Gruppe; Beteiligung |
| – | **Partei-dokument** l>frz;l | Mitgliedsbuch für ein Mitglied der ehemaligen SED (DDR) {50/32} | dto. + **documentum**, ti | dto. Beweis, Zeugnis, warnendes Beispiel |
| – | **parteiisch** l>frz | voreingenommen, befangen, nicht objektiv {25/26} | **partire** | s. oben |
| – | parteilich, Parteibuch, Parteigenosse, Parteitag, Parteiorgan | | | |
| 2520 | **parterre** (l;l)>frz | zu ebener Erde {58} | **par** + **terra**, ae f | s. oben 2465 Erde, Land |
| – | **Parterre** (l;l)>frz | 1. Erdgeschoß {58/44}; 2. Sitzreihe zu ebener Erde im Theater oder Kino {58/85} | dto. | dto. |
| 2521 | **Partie** l>frz | 1. Abschnitt, Ausschnitt (z. B. des Gesichts) {57}; 2. Durchgang, Runde bei bestimmten Spielen (z. B. beim Schach) {59/85}; 3. Rolle in einem gesungenen (Bühnen)werk {37}; 4. (gemeinsamer) Ausflug {33/85}; 5. Warenposten (wirtsch. t. t.) {57/80}; 6. gute -: vermögender Heirats-, Ehepartner {33/43} | **pars** frz. *partie* | s. obne 2519 (An)teil; Abteilung, Gruppe; Beteiligung |
| – | **partiell** o. **partial** | teilweise (vorhanden); einseitig; anteilig {56/57} | **partialis**, e | (an)teilig, partiell |

| | | | | |
|---|---|---|---|---|
| 2522 | **Partikel** | 1. zusammenfasende Bezeichnung für die keiner Flexion unterliegenden Wortarten (Adverb, Präposition, Konjunktion - sprachwiss. t. t.); 2. ein die Bedeutung modifizierendes Wörtchen ohne syntaktische Funktion (sprachwiss. t. t.) {76}; 3. Elementarteilchen (phys., techn. t. t.) {72}; 4. Teilchen der Hostie (kath. rel. t. t.); 5. als Reliquie verehrter Span des Kreuzes Christi (kath. rel. t. t.) {51} | **particula**, ae f | kleiner Teil, ein Stückchen |
| - | **partikular** o. **partikulär** | einen Teil, eine Minderheit betreffend; einzeln {56/57} | **particularis**, e | einen Teil betreffend |
| - | **Partikularismus** l>nlat | das Streben staatlicher Teilgebiete, ihre Einzelinteressen durchzusetzen {50/33/28} | dto. | dto. |
| - | Partikularist, partikularistisch | | | |
| - | **Partikulier** l>frz | selbständiger Schiffseigentümer, Selbstfahrer in der Binnenschiffahrt {43/45} | **particula** | s. oben |
| 2523 | **Partisan** l>it>frz | irregulärer Kämpfer, der aus dem Hinterhalt gegen eingedrungene Feinde operiert {86} | **pars**<br>it. *parte*<br>*partigiano*<br>frz. *partisan* | s. oben 2519<br><br><br>Parteigänger, Anhänger |
| 2524 | **partitiv** l>mlat | die Teilung ausdrückend (sprachwiss. t. t.) {76} | **partiri** (PPP. **partitus**) | s. oben 2519 |
| - | **Partitur** l>mlat>it | übersichtliche Zusammenstellung aller zur Komposition gehörenden Stimmen (mus. t. t.) {37} | dto.<br>mlat. partitura<br>it. *partitura* | dto.<br><br>(Ein)teilung |
| 2525 | **Partizip(ium)** | Mittelwort (der Gegenwart o. Vergangenheit - sprachwiss. t. t.) {76} | **participium**, ii n | das Teilnehmen; Partizip (gramm. t. t.) |
| - | **Partizipation** | das Teilhaben an etw. {43/33} | **participatio**, onis f | Teilhaftmachung, Mitteilung |
| - | **partizipial** | das Partizip betreffend (sprachwiss. t. t.) {76} | **participialis**, e | zum Partizip gehörig |
| - | **partizipieren** | von etwas, das ein anderer hat, etwas abbekommen; teilhaben {33/43/57} | **participare** | teilhaft machen, teilnehmen lassen; mitteilen |

| | | | | |
|---|---|---|---|---|
| 2526 | **Partner** l>afrz>engl | 1. Teilhaber, Teilnehmer, Kompagnon {33/43/42}; 2. Mitspieler, Gegenspieler {33/85}; 3. Genosse, Gefährte {33} | **partitio**, onis f | (Ab-, Ein-, Ver)teilung |
| | | | afrz. *parçon* | |
| | | | *parçonier* | Teilhaber |
| | | | mengl. *parcener* | |
| | | | engl. *partner* | |
| – | Partnerin, Partnerschaft | | | |
| 2527 | **partout** (l;l)>frz | durchaus, unbedingt, um jeden Preis {28} | **per** | durch, hindurch vgl. oben 2511 |
| | | | frz. *par* | durch, gemäß, mittels |
| | | | + **totus**, a, um | ganz |
| | | | frz. *tout* | ganz, all |
| 2528 | **Party** l>frz>engl >am | zwangloses Fest, gesellige Feier {33} | **pars** | s. oben 2519 |
| | | | frz. *partie* | |
| | | | engl. *party* | Partei; Gesellschaft; Fest |
| 2529 | **Parvenü** l>frz | Emporkömmling, Neureicher {33/43} | **pervenire** | hinkommen, -gelangen; erreichen; bekommen |
| | | | frz. *parvenir* | anlangen, emporkommen |
| | | | *parvenu* | |
| 2530 | **Parzelle** l>vulgl>frz | vermessenes Grundstück (als Bau- oder Ackerland) {58/39/43} | **particula** | s. oben 2522 |
| | | | vulgl. particella* | Teilchen |
| | | | frz. *parcelle* | Teilchen, Stückchen; Grundstück |
| – | **parzellieren** l>vulgl>frz | Großflächen in Parzellen zerlegen {39/43/57/58} | dto. | dto. |
| | | | frz. *parceller* | in kleine Stücke teilen |
| 2531 | **Pas** l>frz | französische Bezeichnung für: Schritt, Tanzbewegung {37} | **passus**, us m | (Doppel)schritt; Fußtapfe, Tritt |
| 2532 | **Paspel** l>vulgl >frz;l>frz | schmaler Nahtbesatz bei Kleidungsstücken; Litze, Vorstoß, Biese {19} | **passus** | s. oben 2531 |
| | | | vulgl. passare* | Schritte machen, durchschreiten; durchgehen |
| | | | frz. *passer* | überschreiten, darüber hinausgehen |
| | | | + **pilus**, li m | Haar |
| | | | frz. *poil* | Haar; Tuch-, Gewebehaar |
| | | | *passepoil* | Litze, Nahtbesatz |
| – | **paspelieren** l>vulgl >frz;l>frz | mit Paspeln versehen {19} | dto. | dto. |
| | | | frz. *passepoiler* | |

| | | | | |
|---|---|---|---|---|
| 2533 | **Paß** | 1. amtliches Legitimationsdokument im Ausland {32/45/50}; 2. Übergang über einen Gebirgskamm, enger Durchgang {45/64}; 3. Zuspiel, Vorlage (beim Ballspiel) {61/85}; 4. Paßgang, Gangart von Vierbeinern {61/69} | **passus** | s. oben 2531 |
| 2534 | **passabel**<br>l>vulgl>frz | annehmbar, leidlich {25/26/56} | **passus**<br>vulgl.<br>passare*<br>frz. *passer*<br><br>*passable* | s. oben 2531<br><br>s. oben 2532<br>(vorüber)gehen; durchqueren<br>gangbar, überschreitbar |
| – | **Passage**<br>l>vulgl>frz | 1. Durchfahrt, Durchgang; das Passieren {58/61}; 2. Reise mit Schiff oder Flugzeug (bes. übers Meer) {45}; 3. überdachte Ladenstraße {42/58}; 4. Teil eines Musikwerks {37}; 5. Gangart bei der Pferdedressur (sport. t. t.) {61/85}; 6. Durchgang eines Gestirns durch den Meridian (astron. t. t.) {66} | **passus**<br>vulgl.<br>passare*<br>frz. *passage* | s. oben 2531<br><br>s. oben 2532 |
| – | **Passagier**<br>l>vulgl>it<br>>(frz) | Schiffsreisender; Flug-, Fahrgast {45/61} | dto.<br>it. *passare*<br>*passeggiere* | dto.<br>reisen<br>Reisender |
| – | **Passant**<br>l>vulgl>frz | Fußgänger, Vorübergehender {33/45/61} | dto.<br>frz. *passer*<br>*passant* | dto. |
| >>> | passe! (Skatwort) s. passen (4.) | | | |
| – | **passé**<br>l>vulgl>frz | vorbei, vergangen, abgetan, überlebt (ugs.) {59/56} | dto.<br>frz. *passer* | dto. |
| – | **Passat**<br>l>vulgl<br>>span<br>>niederl | ständig wehender tropischer nord- bzw. südöstlicher Wind (meteor. t. t.) {02/65} | dto.<br>span.<br>*passada*<br>niederl. *passaat(wind)* | dto.<br>Durch-, Übergang; Überfahrt |
| – | **passen**<br>l>vulgl>frz<br>>(niederl) | 1. angemessen, willkommen, angenehm sein {25/26/56}; 2. genau entsprechen, mit etw. harmonieren, gut sitzen {19/56}; 3. aufmerksam verfolgen, harren (= aufpassen - veraltet) {25}; 4. ein Spiel vorübergehen lassen; nicht mithalten (beim Kartenspiel) {85}; | **passus**<br>vulgl.<br>passare*<br>frz. *paser* | s. oben 2531<br><br>s. oben 2532 |
| | (l>vulgl<br>>frz>engl) | 5. (den Ball) zuspielen, eine Vorlage geben {61/85} | engl. *(to) pass* | |

| | | | | |
|---|---|---|---|---|
| – | unpäßlich, ver-, auf-, an-, abpassen | | | |
| – | **Passe-partout** l>vulgl >frz; (l;l)>frz | 1. Umrahmung aus leichter Pappe für Graphiken, Aquarelle etc. {36}; 2. Freipaß, Dauerkarte (schweiz., sonst veraltet) {33/59}; 3. Haupt-, Generalschlüssel {44/40} | dto. + **per** + **totus** | dto. s. oben 2527 |
| – | **Passeport** l>vulgl >frz;l>frz | frz. Bezeichnung für Reisepaß {50/32/45} | dto. + **portare** frz. *port* | dto. tragen, bringen |
| – | **passieren** l>vulgl>frz | 1. durch-, überqueren; vorüber-, durchgehen {61}; 2. durchlaufen (lassen) (z. B. von einem Schriftstück) {61/32}; 3. sich ereignen, geschehen, sich zutragen, zustoßen {29/59}; 4. gerade noch erträglich sein (veraltet) {26}; 5. durchseihen, durch ein Sieb rühren (gastron. t. t.) {17} | dto. | dto. |
| – | **Passier-schlag** l>vulgl >frz;d | hart geschlagener Ball dicht am vorgerückten Gegenspieler vorbei ins Feld (beim Tennis - sport. t. t.) {61/85} | dto. | dto. |
| 2535 | **Passiflora** (l;l)>nlat | Passionsblume {04} | **patiri** (PPP. **passus**) + **flos**, oris m | (er)dulden, erleiden Blume, Blüte |
| 2536 | **passim** | da und dort, zerstreut, allenthalben {58} | **passim** (Adv.) | weit und breit, allenthalben, allerorten |
| 2537 | **Passion** l>(frz) | 1. Leidenschaft; 2. Vorliebe, Liebhaberei {26/85}; 3. (Darstellung der) Leidensgeschichte Jesu Christi (in der bildenden Kunst o. Musik) {36/37/51} | **passio**, onis f | das Leiden, Erdulden; Krankheit |
| – | **Passionato** l>it | leidenschaftlicher Vortrag (mus. t. t.) {37} | dto. | dto. |
| – | **passionieren** l>frz | sich leidenschaftlich für etw. einsetzen; begeistern (veraltet) {26/85} | dto. frz. *passionner* | dto. |
| – | **passioniert** l>frz | leidenschaftlich (für etw. begeistert) {26/85} | dto. | dto. |
| – | **Passions-spiel** l>(frz);d | volkstümliche dramatische Darstellung der Passion Christi {51/35} | dto. | dto. |

| | | | | |
|---|---|---|---|---|
| – | **passiv** l>(frz) | 1. untätig, nicht zielstrebig, eine Sache nicht ausübend {25/33}; 2. teilnahmslos; still, duldend {25/26/84}; 3. (= passivisch) das Passiv betreffend, zu ihm gehörend; im Passiv stehend (sprachwiss. t. t.) {76} | **passivus,** a, um frz. *passif* | empfindsam; passiv (gramm. t. t.) |
| – | **Passiv** l>(frz) | Leideform; Verhaltensrichtung des Verbs (vom „leidenden" Subjekt her gesehen - sprachwiss. t. t.) {76} | dto. | dto. |
| – | **Passiva** | Schulden, Verbindlichkeiten eines Unternehmens {80} | dto. | dto. |
| – | **Passivität** l>frz | 1. Untätig-, Teilnahmslosigkeit, Inaktivität {25/26/33}; 2. herabgesetzte Reaktionsfähigkeit bei unedlen Metallen (chem. t. t.) {73} | **passivitas,** atis f | Unstetigkeit, Unbeständigkeit; passive Bedeutung (gramm. t. t.) |
| >>> | passivisch s. passiv (3.) | | | |
| – | **Passivrauchen** l>(frz);d | das Einatmen von Tabakrauch durch einen Nichtraucher in Anwesenheit eines Rauchers {14/33} | **passivus** | s. oben |
| 2538 | **Passus** | 1. Abschnitt in einem Text, Textstelle {58/32}; 2. Angelegenheit, Fall (selten) {52/82} | **passus,** us m | (Doppel)schritt; Fußtapfe, Tritt |
| 2539 | **Paste** (gr)>l>mlat >it | 1. streichbare Masse (aus Fisch, Gänseleber o. ä., oder als Grundlage für Arzneien und Kosmetika) {17/21/70}; 2. Abdruck von Gemmen oder Medaillen in einer feinen Gipsmasse {20}; 3. (antike) Nachbildung von Gemmen in Glas {75/20} | **pasta,** ae f<br><br><br>gr. *πάστη*<br>mlat. pasta<br>it. *pasta* | ein Gericht von gemischten und eingebrockten Speisen<br>Mehlteig, Brei<br>Teig<br>Teig, Brei |
| – | **Pastell** (gr)>l>it >(frz) | 1. zarte(r) helle(r) Farbton, Farbe {55/36}; 2. mit Pastellfarben gemaltes Bild {36}; 3. trockene Malerfarbe in Stiftform {40} | dto.<br>it. *pastello* | dto.<br>geformter Farbteig; Farbstift |
| – | **pastellen** (gr)>l>it >(frz) | (wie) mit Pastellfarbe gemalt; von heller, samtartiger Wirkung {55/36} | dto. | dto. |
| – | **Pastete** (gr)>l>mlat >roman | 1. Fleisch-, Fischspeise in Teighülle; 2. Speise aus fein gemahlenem Fleisch o. Leber (gastron. t. t.) {17} | dto.<br>mlat. pasta<br>afrz. *pastee* | dto.<br>Teig<br>Teig, Brei |
| 2540 | **Pastille** | Kügelchen o. Plätzchen mit Heil- und Geschmacksstoffen zum Lutschen {17/70} | **pastillus,** li m | Kügelchen (aus Mehl); Arzneipastille; Pille |

| | | | | |
|---|---|---|---|---|
| 2541 | **Pastor** l>mlat | Pfarrer, Geistlicher, Seelsorger {40/51} | **pastor**, oris m<br>mlat. pastor | Hirt; Hühnerwärter<br>Seelenhirt |
| – | **pastoral** l>mlat | 1. ländlich, idyllisch {58/39/55}; 2. den Pastor betreffend; ihm zustehend; pfarramtlich, seelsorgerisch {33/51}; 3. feierlich, würdig {33}; 4. salbungsvoll (abwertend) {25/26} | **pastoralis**, e | zu den Hirten gehörig, Hirten... |
| – | **Pastorale** l>it | 1. Hirtenmusik; ländlich-idyllisches Musikstück o. Oper {37}; 2. idyllische Hirtendarstellung in der Malerei {36}; 3. Krumm-, Hirtenstab des kath. Bischofs {51} | dto. | dto. |
| – | **Pastorat** l>mlat | Pfarramt, -wohnung {51/44} | **pastor** | s. oben |
| – | **Pastoration** l>mlat >nlat | seelsorgerische Betreuung einer Gemeinde oder Anstalt {33/51} | dto. | dto. |
| 2542 | **Pate** l>mlat | christlicher Taufzeuge {33/51} | **pater**, tris m<br>mlat. pater spiritualis | Vater<br>geistlicher Vater, Taufzeuge |
| – | Patin | | | |
| – | **Patenschaft** l>mlat | 1. moralische und finanzielle Unterstützung (z. B. für eine Organisation {33/42}; 2. Taufzeugenschaft {33/51} | dto. | dto. |
| 2543 | **Patella** | Kniescheibe bzw. Kniesehne (med. t. t.) {70/11} | **patella**, ae f | Schüssel, Platte, Opferschale; Kniescheibe |
| – | **patellar** | zur Kniescheibe gehörend (med. t. t.) {70} | **patellarius**, a, um | zur Schüssel gehörig |
| 2544 | **patent** l>mlat | 1. geschickt, praktisch, tüchtig; großartig (ugs.) {22/25/26/33}; 2. hübsch gekleidet, flott und selbstbewußt (landsch.) {19/26} | **patens** (Gen. –ntis)<br>mlat. littera patens | offen, gangbar; unversperrt<br>landesherrlicher offener Brief; Offizierspatent |
| – | **Patent** l>mlat | 1. Recht zur alleinigen Nutzung und gewerblichen Verwertung einer Erfindung {82/40}; 2. Ernennungsurkunde, bes. eines (Schiffs)offiziers {32/40/45/86}; 3. Erlaubnis(urkunde) für die Ausübung bestimmter Berufe (schweiz.) {40/82} | dto. | dto. |

| | | | | |
|---|---|---|---|---|
| – | **patentieren** l>mlat | 1. einer Erfindung durch Verwaltungsakt Rechtsschutz gewähren {82/40}; 2. erhitzte Stahldrähte durch Abkühlen im Bleibad veredeln (techn. t. t.) {41} | dto. | dto. |
| – | **Patentrezept** l>mlat;l | erwünschte, einfache Lösung zur Beseitigung aller Schwierigkeiten {25} | dto. + **recipere** | dto. zurück-, (auf)nehmen |
| | | | mlat. receptum | Apothekervermerk: genommen, verwendet |
| 2545 | **Pater** | kath. Ordensgeistlicher {40/51} | **pater**, tris m | Vater |
| – | **Paternalismus** l>(nlat) | Bestreben (eines Staates) andere (Staaten) zu bevormunden, zu gängeln {50/28} | **paternus**, a, um | väterlich, vom Vater übernommen; vaterländisch |
| – | **Paternität** | Vaterschaft {15} | **paternitas**, atis f | Vaterschaft, väterliche Gesinnung |
| – | **Paternoster** (l;l)>mlat | 1. Vaterunser(gebet) {51}; 2. ständig umlaufender Aufzug ohne Tür {58/61} | **pater** + **noster**, tra, trum | s. oben unser(e/es) vgl. oben 2376 |
| | | | **pater noster** | unser Vater |
| | | | mhd. pater noster | Gebetsschnur mit aufgereihten Kügelchen |
| 2546 | **Patience** l>frz | (von einer Person gespieltes) Kartengeduldsspiel {59/85} | **patientia**, ae f | das Erdulden; Ausdauer, Geduld |
| – | **Patient** | von einem Arzt behandelte Person, Kranker {33/70} | dto. | dto. |
| 2547 | **Patio** l>vulgl >aprov >aspan o.: mlat >span | Innenhof des spanischen Wohnhauses {58/88} | uns.: **pactum**, ti n | Vertrag, Übereinkunft |
| | | | aprov. *patu* o. *pati* | verpachtetes Land, Weide |
| | | | aspan. *patio* | ungepflügtes Land |
| | | | oder: mlat. **patuum** | Innenhof des Hauses |
| | | | span. *patio* | |
| 2548 | **Patisserie** (gr)>l >vulgl>frz | 1. feines Backwerk, Konditoreierzeugnisse {17}; 2. Feinbäckerei {58/40/17} | **pasta**, ae f gr. *πάστη* | Brei, Teig |
| | | | afrz. *pastis* | Kuchen |
| | | | frz. *pâtisserie* | vgl. oben 2539 |
| 2549 | **patrimonial** | das Patrimonium betreffend, erbherrlich {33/43/75} | **patrimonialis**, e | zum Erbgut, Erbvermögen gehörig |
| – | **Patrimonium** | väterliches Erbgut (im röm. Recht) {33/43/75/82} | **patrimonium**, ii n | Erbgut, (Erb)vermögen |
| 2550 | **Patristik** l>nlat | Wissenschaft von den Schriften und Lehren der Kirchenväter; altchristliche Literaturgeschichte {51/75} | **pater**, tris m | Vater |

| | | | | |
|---|---|---|---|---|
| – | Patristiker, patristisch | | | |
| – | **Patrize** l>nlat | Stempel, Prägestock (druckw. t. t.) {40} | dto. | dto. |
| 2551 | **patrizial** o. **patrizisch** | 1. den Patrizier, den altröm. Adel betreffend, zu ihm gehörend {75/33}; 2. den Patrizier (2.) betreffend; wohlhabend, vornehm {75/33/43} | **patricius**, a, um | patrizisch, adlig |
| – | **Patriziat** | Gesamtheit der adligen altröm. Geschlechter; Bürger-, Stadtadel (hist. t. t.) {75/33} | **patriciatus**, us m | Würde eines Patricius in Rom |
| – | **Patrizier** | 1. Mitglied des altröm. Adels (hist. t. t.); 2. vornehmer, wohlhabender Bürger (bes. im Mittelalter - hist. t. t.) {75/33} | **patricius**, ii m | Patrizier, Adliger |
| 2552 | **Patron** | 1. Schutzherr eines Freigelassenen o. Klienten {75/33}; 2. Schutzheiliger einer Kirche o. Berufsgruppe; 3. Inhaber eines kirchlichen Patronats (2.) {51}; 4. Schutzherr, Gönner {33}; 5. Schiffs-, Handelsherr {43/45/42}; 6. übler Bursche, Kerl, Schuft (ugs., abwertend) {25/26/33}; | **patronus**, ni m | Schutz-, Schirmherr; Verteidiger, Vertreter |
| | (l>frz) | 7. Inhaber eines Geschäfts, einer Gaststätte {40/42/43} | | |
| – | **Patrona** | (heilige) Beschützerin {51} | **patrona**, ae f | Beschützerin, Verteidigerin, Herrin |
| – | **Patronage** l>frz | Günstlingswirtschaft, Protektion {33/40} | **patronatus**, us m | Patronat, Würde eines Patrons |
| – | **Patronat** | 1. Würde und Amt eines Schutzherren (im alten Rom - hist. t. t.) {75/33}; 2. Rechtsstellung des Stifters einer Kirche oder seines Nachfolgers {51/82}; 3. Schirmherrschaft {33} | dto. | dto. |
| – | **Patrone** l>mlat>frz | 1. als Munition für Handfeuerwaffen dienende Metallhülse {58/86}; 2. Musterzeichnung auf Papier bei der Weberei {40}; 3. Behälter für einen Kleinbildfilm {58/87}; 4. (gefettetes) Papier, das man zum Schutz vor zu starker Hitze über Speisen deckt (gastron. t. t. - veraltet) {17/40} | **patronus** mlat. patronus frz. *patron* | s. oben Musterform Vater-, Musterform |
| – | **Patronin** | Schutzherrin; Schutzheilige {51} | **patrona** | s. oben |

| | | | | |
|---|---|---|---|---|
| – | **Patrozinium** | 1. Vertretung durch einen Patron vor Gericht im alten Rom (hist. t. t.); 2. Rechtsschutz des Gutsherren für seine Untergebenen im Mittelalter (hist. t. t.) {75/33/82}; 3. (himmlische) Schutzherrschaft eines Heiligen über eine Kirche {51}; 4. Fest des Ortsheiligen {51/33} | **patrocinium**, ii n | Vertretung, Verteidigung, Schutz; Klienten |
| – | **Pattern**<br>l>frz>engl | 1. (Verhaltens)muster o. (Denk)schema, Modell (psych. t. t.) {70/25}; 2. Satzbaumuster, Modell einer Satzstruktur (sprachwiss. t. t.) {76} | **patronus**<br>frz. *patron* | s. oben |
| 2553 | **Pauperisierung**<br>l>nlat | Verelendung, Verarmung {33/43} | **pauper**<br>(Gen. –eris) | arm, unbemittelt; beschränkt |
| – | pauperisieren | | | |
| – | **Pauperismus**<br>l>nlat | Verarmung, Verelendung; Massenarmut {43/33/57} | dto. | dto. |
| 2554 | **Pause**<br>(gr)>l<br>>roman | 1. Unterbrechung einer Tätigkeit {29/40/59}; 2. kurze Zeit des Ausruhens, Rastens {59}; | 1., 2.: **pausa**, ae f<br>gr. *παύειν* | Pause; das Innehalten; Stillstand<br>aufhören (machen); ablassen |
| | (l>vulgl<br>>frz) | 3. auf durchscheinendem Papier gezeichnete Kopie {32/56} | 3.: **pumex**, micis m<br>vulgl. pomex*<br>frz. *ponce*<br>frz. *poncer*<br>gemischt mit:<br>frz. *ébaucher* | Bimsstein, Lava<br><br><br>mit Bimssteinen abreiben; durchpausen<br><br>entwerfen |
| – | **pausen**<br>l>vulgl>frz | eine Originalzeichnung o. -schrift durch nachzeichnen oder mit lichtempfindlichem Papier wiedergeben (= durchpausen) {32/56} | dto. | dto. |
| – | **pausieren**<br>(gr)>l<br>>roman | 1. eine Tätigkeit (für kurze Zeit) unterbrechen, mit etw. vorübergehend aufhören {29/40/59}; 2. ausruhen, ausspannen {16} | **pausare**<br>gr. *παύειν* | innehalten, pausieren |

| | | | | |
|---|---|---|---|---|
| 2555 | **Pavillon** l>frz | 1. großes viereckiges (Fest)-zelt {58}; 2. kleindes rundes o. mehreckiges freistehendes Gebäude {58/88}; 3. Einzelbau auf einem Ausstellungsgelände {58/33}; 4. vorspringender Eckteil des Hauptbaus eines (Barock)schlosses (archit. t. t.) {88} | **papilio**, onis f afrz. *pavillon* | Schmetterling; Zelt |
| 2556 | **Pax** | 1. lateinische Bezeichnung für Friede {33/50}; 2. Friedensgruß (bes. in der kath. Messe) {51}; 3. = Paxtafel: Darstellung Christi, Mariens o. eines Heiligen {36/51} | **pax**, acis f | Friede, Ruhe; Gnade, Gunst |
| - | **Pazifik** l>engl | Pazifischer „Stiller" Ozean {02/64} | **pacificus**, a, um | Frieden stiftend, friedlich, Frieden schließend |
| - | **Pazifikation** | Beruhigung, Befriedung {33} | **pacificatio**, onis f | Friedensstiftung, -vermittlung |
| - | **pazifisch** l>engl | den Raum, Küstentyp, die Inseln des Stillen Ozeans betreffend {02/64} | **pacificus** | s. oben |
| - | **Pazifismus** l>frz | 1. weltanschauliche Strömung, die jeden Krieg oder Rüstungen ablehnt; 2. Haltung, die durch den Pazifismus bestimmt ist {25/30/77} | dto. frz. *pacifique* *pacifisme* | dto. friedlich, friedliebend |
| - | Pazifist, pazifistisch | | | |
| - | **paziszieren** | einen Vertrag schließen, einen Vergleich mit jmdm. eingehen {50/33/82} | **pacisci** | verabreden, einen Vergleich-, Vertrag schließen |
| 2557 | **Pech** (gr)>l | 1. dunkler zähklebriger teerartiger Rückstand bei der Destillation organischer Stoffgemenge {02/73}; 2. Unglück, Mißgeschick (übertr.) {25/26/33} | **pix** icis f gr. *πίσσα* | Pech, Teer |
| 2558 | **Pedal** l>nlat | Fußhebel (am Fahrrad, im Auto, bei verschiedenen Musikinstrumenten) {45/37} | **pedale**, lis n bzw. **pedalis**, e | Fuß-, Schuhwerk zum Fuß gehörig, Fuß... |
| 2559a | **Pedell** (ahd)>mlat | Hausmeister einer (Hoch)-schule {40/31} | mlat. **pedellus** ahd. *butil* | (Gerichts)bote, Diener |
| 2559b | **Pedicatio** l>nlat | Analverkehr (med. t. t.) {18/70} | **p(a)edicare** | mit Knaben Unzucht treiben |
| 2560 | **Pedikulose** l>nlat | Läusebefall beim Menschen (med. t. t.) {14/70} | **pediculosus**, a, um | voller Läuse |
| 2561 | **Pediküre** (l>frz;l>frz) >frz | 1. Fußpflege {21}; 2. Fußpflegerin {21/40} | **pes**, edis f + **cura**, ae f frz. *pied + cure* | Fuß Sorge, Pflege |

| | | | | |
|---|---|---|---|---|
| – | **pediküren** (l>frz;l>frz) >frz | Fußpflege machen {21} | dto. | dto. |
| 2562 | **Pedometer** l;gr | Schrittzähler {57/61} | **pes** + gr. *μέτρον* | s. oben 2561 das Messen; Maß |
| 2563 | **Pedum** | bischöflicher Krummstab {51} | **pedum**, di n | Hirtenstab |
| 2564 | **Peer** l>frz>engl | 1. Angehöriger des engl. Hochadels {33}; 2. Mitglied des engl. Oberhauses {33/50} | **par** (Gen. –ris) frz. *pair* | gleich; ebenbürtig |
| 2565 | **Pein** (gr)>l>mlat | 1. Strafe, Leibesstrafe (veraltet) {26/33/82}; 2. Qual, Not, Mühe {25/26}; 3. eifrige Bemühung {28/29} | **poena**, ae f gr. *ποινή* | Strafe, Qual, Marter, Pein Zahlung, Buße, Sühne; Strafe |
| – | **peinigen** (gr)>l>mlat | Schmerzen zufügen, quälen, martern {26/33} | dto. | dto. |
| – | Peiniger, Peinigung | | | |
| – | **peinlich** (gr)>l>mlat | 1. unangenehm, beschämend {26/33}; 2. pedantisch genau, sorgfältig {25/84} | dto. | dto. |
| 2566 | **Pejoration** l>nlat | das Annehmen eines negativen Sinnes bei einem Wort (sprachwiss. t. t.) {76} | **peiorare** | schlechter machen, (sich) verschlimmern |
| – | **pejorativ** l>nlat | die Pejoration betreffend; bedeutungsverschlechternd; abwertend (sprachwiss. t. t.) {76} | dto. | dto. |
| 2567 | **pektanginös** (l;l)>nlat | die Angina pectoris betreffend, ihr ähnlich; brust- und herzbeklemmend (med. t. t.) {70} | **pectus**, toris n + **angina**, ae f | Brust(bein); Seele, Herz Beklemmung |
| – | **pektoral** | die Brust betreffend, zu ihr gehörend {11/70} | **pectoralis**, e | zur Brust gehörig, Brust... |
| 2568 | **pekuniär** l>frz | das Geld betreffend; finanziell, geldlich {42/80} | **pecuniaris**, e o. **pecuniarius**, a, um frz. *pecuniaire* | zum Geld gehörig, Geld... |
| 2569 | **Pelerine** l>frz | weiter ärmelloser (Regen)-umhang {19} | **peregrinus**, ni m frz. *pèlerin* | Fremdling; Nichtbürger; Pilger |
| 2571 | **Pelota** l>vulgl>frz >span | 1. baskisches, tennisartiges Rückschlagspiel {85}; 2. Videospiel {85/87} | **pila**, ae f frz. *pillote* span./prov. *pelota* | Ball, Spielball |
| 2570 | **Pelle** | Wursthaut, Schale, dünne Haut {17/68/69/11} | **pellis**, is f | Fell, Pelz, Haut; Leder |
| – | **pellen** | schälen (z. B. Kartoffeln) {17/29} | dto. | dto. |
| – | **Pelz** l>mlat | weich beharrte Tierhaut; zum Kleidungsstück verarbeitetes Tierfell {06/19} | **pellicius**, a, um mlat. *pellicia* | aus Fellen gemacht Fellkleidungsstück, Pelz |

| | | | | |
|---|---|---|---|---|
| 2572 | **Penalty** (gr)>l >vulgl >engl | Strafstoß (bes. im Eishockey - sport. t. t.) {85} | **poena** gr. *ποινή* vulgl. poenalitas | s. oben 2565 |
| 2573 | **Penaten** | altröm. Schutzgötter des Hauses u. der Familie {51/75} | **penates**, tium m (Pl.) | Penaten (Hausgötter) |
| 2574 | **Pendant** l>frz | 1. ergänzendes Gegenstück; Entsprechung {56}; 2. Ohrgehänge {20} | **pendere** | hängen; ausgehängt-, angeschlagen sein; liegen bleiben |
| | | | frz. *pendre* *pendant* | hängen |
| - | **Pendel** l>mlat | um eine Achse, einen Punkt frei schwingender Körper {61} | **pendulus**, a, um mlat. pendulum | herabhängend, schwebend Schwinggewicht |
| - | **pendeln** l>mlat | schwingen; sich ständig zwischen zwei Orten hin- und herbewegen {61} | dto. | dto. |
| - | Pendelverkehr | | | |
| 2575 | **penetrabel** l>frz | durchdringbar; durchdringend (veraltet) {54/55} | **penetrabilis**, e | durchdringbar, durchdringend |
| - | **penetrant** l>frz | in störender Weise durchdringend (z. B. vom Geruch); aufdringlich {26/33/55} | **penetrare** (PPA. **penetrans**) | hinein-, durchdringen, -ziehen |
| | | | frz. *pénétrer* *pénétrant* | durchdringen |
| - | **Penetranz** l>frz | 1. durchdringende Schärfe; penetrante Beschaffenheit {55/54}; 2. Aufdringlichkeit {26/33}; 3. prozentuale Häufigkeit beim Auftreten des erbgutbedingten gleichen Phänotyps (biol. t. t.) {57/68/69} | dto. | dto. |
| - | **Penetration** | 1. Durchdringung, Durchsetzung, das Penetrieren {58/61}; 2. Eindringtiefe (bei der Viskositätsprüfung von Schmierfetten - techn. t. t.) {41/72}; 3. das Eindringen (z. B. des Penis in die weibliche Scheide) {18/61} | **penetratio**, onis f | das Eindringen |
| - | **penetrieren** l>frz | 1. durchsetzen, durchdringen {58/61}; 2. mit dem Penis in die weibliche Scheide eindringen {18} | **penetrare** | s. oben |

| | | | | |
|---|---|---|---|---|
| 2576 | **penibel**<br>(gr)>l>frz | 1. sehr sorgfältig, genau, empfindlich {25/84}; 2. unangenehm, peinlich (landsch.) {26/33} | **poena**<br>gr. *ποινή*<br>frz. *peine*<br><br><br>*pénible* | s. oben 2565<br><br>Strafe, Schmerz; Mühe, Schwierigkeit<br>schmerzlich, beschwerlich, mühsam |
| – | **Penibilität**<br>(gr)>l>frz | Sorgfalt, (ängstliche) Genauigkeit; Empfindlichkeit {26/84} | dto. | dto. |
| 2577 | **Penicillin** o. **Penizillin**<br>l>nlat | besonders wirksames Antibiotikum (aus Pinselschimmelpilzen - med. t. t.) {70} | **penicillum**, li n<br>o. **penicillus**, li m<br>nlat. penicillium notatum | Pinsel; Malerei; Schwamm; Wundfäden<br><br>Pinselschimmelpilz |
| 2578 | **Peninsula** | Halbinsel (geogr. t. t.) {02/64} | **paeninsula**, ae f | Halbinsel |
| – | peninsular(isch) | | | |
| 2579 | **Penis** | männliches Glied (med. t. t.) {70/11} | **penis**, is m | Schwanz; männliches Glied |
| 2580 | **Pennal**<br>l>mlat | 1. Federbüchse (veraltet); 2. höhere Lehranstalt (Schülersprache, veraltet); 3. angehender Student (in der Frühneuzeit) {31/75} | **penna**<br>ae f<br>mlat. pennale | Feder, Flügel, Flug; Schreibfeder<br>Federbüchse |
| – | **Penne**<br>l>mlat | (höhere) Schule (ugs.) {31/58} | dto. | dto. |
| – | **Pennäler**<br>l>mlat | Schüler einer höheren Lehranstalt {31} | dto. | dto. |
| – | **Pennalismus**<br>l>mlat >nlat | im 16. und 17. Jh. das Dienstverhältnis zwischen jüngeren und älteren Studierenden {31/33} | dto. | dto. |
| 2581 | **Pension**<br>l>frz | 1. Ruhestand {59/33/40}; 2. Ruhegeld für einen Beamten o. für dessen Witwe {42/40}; 3. Unterkunft und Verpflegung {17/44/45/58}; 4. kleineres Hotel mit familiärem Charakter, Fremdenheim {44/45}; 5. Pensionat (veraltet) {31/44} | **pensio**, onis f | Zahlung, Auszahlung, Abgabe, Mietzins |
| – | **Pensionär**<br>l>frz | jmd., der sich im Ruhestand befindet, Ruhegehaltsempfänger {33/40/42} | dto.<br>frz. *pensionnaire* | dto. |
| – | **Pensionat**<br>l>frz | Erziehungsinstitut, in dem die Schüler beköstigt werden und untergebracht sind {31/44} | dto.<br>frz. *pensionnat* | dto. |
| – | **pensionieren**<br>l>frz | in den Ruhestand versetzen {33/40/59} | dto.<br>frz. *pensionner* | dto. |

| | | | | |
|---|---|---|---|---|
| – | Pensionierung | | | |
| – | **Pensionist** l>frz | Pensionär (österr., schweiz.) {33/40/59} | dto. | dto. |
| 2582 | **Pensum** | 1. zugeteilte Aufgabe, Arbeit {57/40}; 2. in einer bestimmten Zeit zu bewältigender Lehrstoff; Abschnitt {31/57/59} | **pensum**, si n | Tages-, Wollarbeit; Pensum; Aufgabe |
| 2583 | **Peperoni** sanskr >pers>gr >l>it | kleine, in Essig eingelegte scharfe Paprikafrucht {17} | **piper**, eris n gr. *πέπερι* ait. *pevere* it. *pepe* | Pfeffer |
| 2584 | **per** | 1. mit, mittels, durch {56/83}; 2. je, pro (amtsspr., kaufmannsspr. t. t.) {56/42}; 3. bis zum, am (amtsspr., kaufmannsspr. t. t.) {42/59} | **per** (Präp.) | auf ... hin, durch ... hindurch; während, unter; vermittelst, durch; völlig; (verstärkender Partikel) |
| – | **Per(chloräthylen)** (l;gr;gr) >nlat | Lösungsmittel (chem. t. t.) {73} | dto. | dto. |
| >>> | Percussion s. Perkussion | | | |
| 2585 | **perdu** l>frz | verloren, weg, auf und davon (ugs.) {52/56} | **perdere** frz. *perdre* | zugrunde richten, verderben; verschwenden, verlieren |
| 2586 | **Perem(p)tion** | Verfall, Verjährung (jur. t. t.) {82/59} | **peremptio**, onis f | Vernichtung, Tötung |
| – | **peremptorisch** | aufhebend (jur. t. t.) {82} | **peremptorius**, a, um | tödlich, unvermeidlich |
| 2587 | **perfekt** | 1. vollendet, vollkommen (ausgebildet) {56/53}; 2. abgemacht, gültig {25/33/82/56} | **perfectus**, a, um | vollendet, vollkommen; vollendet (von der Zeit - gramm. t. t.) |
| – | **Perfekt(um)** | Zeitform der Vergangenheit, die ein Geschehen als abgeschlossen darstellt (sprachwiss. t. t.) {76} | **perfectum** (sc. tempus) | Perfekt (gramm. t. t.) |
| – | **Perfektion** l>frz | 1. Vollendung, Vollkommenheit {33/56}; 2. Zustandekommen eines Rechtsgeschäftes (veraltet) {82} | **perfectio**, onis f | Ausführung, Vollendung, Vollkommenheit |
| – | **perfektionieren** l>nlat | vollenden, vervollkommnen {29/33/56} | dto. | dto. |
| – | Perfektionierung | | | |

| | | | | |
|---|---|---|---|---|
| – | **Perfektionismus** l>nlat. | 1. übertriebenes Streben nach Vervollkommnung (abwertend) {25/27/28/84}; 2. Sektenlehre der Methodisten in Nordamerika {51} | dto. | dto. |
| – | Perfektionist | | | |
| – | **perfektionistisch** l>nlat | 1. in übertriebener Weise Perfektion anstrebend (abwertend) {25/27/28/84}; 2. bis in alle Einzelheiten vollständig, umfassend {57} | dto. | dto. |
| – | **perfekti(vi)sch** l>nlat | das Perfekt betreffend (sprachwiss. t. t.) {76} | **perfectus** | s. oben |
| >>> | Perfektpartizip s. Perfekt und Partizip | | | |
| 2588 | **perfid(e)** l>frz | hinterhältig, hinterlistig, tükkisch {25/26/33/84} | **perfidus**, a, um | wortbrüchig, treulos, unredlich |
| – | **Perfidie** o. **Perfidität** l>frz | 1. Hinterhältigkeit, Hinterlist, Falschheit {25/26/33/84}; 2. perfide Handlung, Äußerung {25/26/29/32} | **perfidia**, ae f | Wortbrüchig-, Treulosig-, Unredlichkeit |
| 2589 | **Perforation** | 1. Durchbruch, z. B. eines Abszesses (med. t. t.); 2. Durchstoßung einer Organwand (med. t. t.); 3. Zerstükkelung des Kopfes eines abgestorbenen Fötus im Mutterleib (med. t. t.) {70}; 4. Reißlinie, Trennung an einem Papierblatt; Briefmarkenzähnung {44/54}; 5. Lochung am Filmrand {54/87} | **perforatio**, onis f | Durchbohrung (med. t. t.); Durchstich (archit. t. t.) |
| – | **Perforator** | 1. Gerät zum Herstellen einer Perforation (4.) (techn. t. t.) {40/41}; 2. Schriftsetzer, der den Drucksatz auf Papierstreifen locht (druckw. t. t.) {40/32} | **perforator**, oris m | Durchbohrer, Durchlöcherer |
| – | **perforieren** | 1. bei einer Operation unbeabsichtigt eine Organwand durchstoßen (med. t. t.) {70}; 2. durchlöchern {58/29}; 3. eine Perforation (4.) herstellen {40/29} | **perforare** | durchlöchern, -bohren, -brechen |
| 2590 | **perfundieren** | auf dem Wege der Perfusion in einen Organismus einführen (med. t. t.) {70} | **perfundere** | übergießen, überschütten, benetzen; bestreuen |

| | | | | |
|---|---|---|---|---|
| – | **Perfusion** | (künstliche) Durchströmung eines Hohlorgans oder Gefäßes (z. B. bei der Nierenspende - med. t. t.) {70} | **perfusio**, onis f | das Begießen, Benetzen |
| 2591 | **Pergament** (gr)>l>mlat | (Handschrift auf einer) zum Beschreiben geglättete(n) Tierhaut {32/40} | **pergamena**, ae f (sc. charta) gr. *Περγαμηνός* mlat. pergamen(t)um | Pergament pergamenisch, zu Pergamum gehörig |
| – | **pergamenten** (gr)>l>mlat | (wie) aus Pergament {55/54} | dto. | dto. |
| – | **pergamentieren** (gr)>l>mlat | 1. ein pergamentähnliches Papier herstellen {32/40}; 2. Baumwollgewebe durch Schwefelsäure pergamentähnlich machen {73/19} | dto. | dto. |
| 2592 | **Pergola** l>it | Laubengang aus einer Holzkonstruktion, an der sich Pflanzen emporranken {39/88} | **pergula**, ae f it. *pergola* | Weingeländer; Vorsprung, -bau |
| 2593 | **perikulös** | mißlich; gefährlich (veraltet) {26} | **periculosus**, a, um | gefährlich, mit Risiko verbunden |
| 2594 | **Perjuration** l>nlat | Meineid (veraltet - jur. t. t.) {82} | **periurium**, ii n | Meineid |
| 2595 | **Perkussion** | 1. Organuntersuchung durch Beklopfen der Körperoberfläche (med. t. t.) {70}; 2. Zündung durch Schlag oder Stoß (techn. t. t.) {41/72}; 3. Schlaginstrumente in der Jazzkapelle (mus. t. t.); 4. Anschlagvorrichtung beim Harmonium (mus. t. t.); 5. Abklingeffekt bei der elektronischen Orgel (mus. t. t.) {37} | **percussio**, onis f | das Schlagen; der Takt (mus. t. t.) |
| 2596 | **perkutan** l>nlat | durch die Haut hindurch (z. B. bei der Anwendung einer Salbe - med. t. t.) {70} | **percutere** | durchbohren, -stechen; verwunden |
| 2597 | **Perle** l>vulgl/roman | aus der Schalensubstanz der Perlmuscheln gebildetes, glänzendes Kügelchen {20/69} | **perna**, ae f vulgl./roman. per(n)ula* ahd. *per(a)la* | Hüfte; Hinterkeule von Tieren; Muschelart |
| – | **Perlé** l>vulgl>frz | weicher, flauschartiger Mantelstoff {19} | dto. frz. *perlé* | dto. |
| – | Perlmutt | | | |

| | | | | |
|---|---|---|---|---|
| 2598 | **permanent** | dauernd, anhaltend, ununterbrochen, ständig {59} | **permanere** (PPA. **permanens**) | verbleiben, ausdauern, verharren |
| – | **Permanenz** l>mlat | ununterbrochene, permanente Dauer {59} | dto. | dto. |
| 2599 | **permeabel** | durchdringbar, durchlässig {54} | **permeabilis**, e | durchgehbar, gangbar |
| – | **Permeabilität** l>nlat | 1. Durchlässigkeit von Scheidewänden (chem. t. t.) {73/54}; 2. Verhältnis zwischen magnetischer Induktion und Feldstärke (phys. t. t.) {72} | dto. | dto. |
| 2600 | **Permission** | Erlaubnis (veraltet) {25/28} | **permissio**, onis f | Zu-, Überlassung; Erlaubnis |
| – | **Permit** l>frz>engl | engl. Bezeichnung für: Erlaubnis(schein) {25/28/49} | **permittere** | zulassen, erlauben; überlassen, anvertrauen |
| – | **permittieren** | erlauben, zulassen (veraltet) {25/28} | dto. | dto. |
| 2601 | **Permutation** | 1. Vertauschung, Umstellung {56}; 2. Umstellung in der Reihenfolge bei einer Zusammenstellung geordneter Größen, Elemente (math. t. t.) {71}; Umstellung aufeinanderfolgender sprachlicher Elemente; Umstellprobe (sprachwiss. t. t.) {76} | **permutatio**, onis f | Veränderung; Wechsel, Vertauschung; Umtausch |
| – | Permutationswette | | | |
| – | **permutieren** | vertauschen, umstellen (z. B. die Reihenfolge math. Größen, sprachlicher Elemente) {56/76/71} | **permutare** | umkehren, wechseln, vertauschen |
| 2602 | **pernegieren** l>nlat | vollkommen verneinen, rundweg abschlagen (veraltet) {28/32} | **pernegare** | hartnäckig leugnen; verweigern, rundweg abschlagen |
| 2603 | **perniziös** l>frz | bösartig, unheilbar (med. t. t.) {70} | **perniciosus**, a, um | gefährlich, verderblich, schädlich |
| 2604 | **peroral** (l;l)>nlat | durch den Mund, über den Verdauuungsweg (med. t. t.) {70} | **per** + **os**, oris n | s. oben 2584 Gesicht, Antlitz; Mund |
| 2605 | **Perpendikel** | Uhrpendel {44/61} | **perpendiculum**, li n | Senk-, Richtblei; Lot |
| – | **perpendikulär** | senkrecht, lotrecht {58} | dto. bzw. **ad perpendiculum** | dto. senkrecht, lotrecht, gerade |
| 2606 | **perpetuieren** l>frz | ständig (in gleicher Weise) fortfahren, weitermachen; fortdauern {29/59} | **perpetuare** | ununterbrochen fortdauern lassen, - fortsetzen |

| | | | | |
|---|---|---|---|---|
| 2607 | **perplex** l>frz | verwirrt, überrascht; bestürzt, betroffen (ugs.) {25/26} | **perplexus**, a, um | verflochten, unergründlich, verworren, verschlungen |
| – | **Perplexität** l>frz | Bestürzung, Verwirrung; Verlegenheit, Ratlosigkeit {25/26} | **perplexitas**, atis f | Verwirrung, Verschlingung, Dunkelheit |
| 2608 | **Persekutionsdelirium** l;l | (alkoholbedingter) Verfolgungswahn (med. t. t.) {70} | **persecutio**, onis f + **delirium**, ii n | Verfolgung, Fortsetzung Delirium, das Irresein (med. t. t.) |
| 2609 | **Perseveranz** | Ausdauer, Beharrlichkeit {28/59/84} | **perseverantia**, ae f | Beharrlichkeit, Ausdauer |
| – | **Perseveration** | 1. Tendenz seelischer Erlebnisse, im Bewußtsein zu verharren (psych. t. t.); 2. krankhaftes Verweilen beim gleichen Gedanken (med., psych. t. t.) {70} | **perseveratio**, onis f | Beharrung; Ausdauer |
| – | **perseverieren** | 1. bei etw. beharren; etw. ständig wiederholen {59/29/70}; 2. hartnäckig immer wieder auftauchen (von Gedanken, Redewendungen, Melodien - psych. t. t.) {70} | **perseverare** | verharren, fortfahren, andauern, fortsetzen |
| 2610 | **Persiflage** l>vulgl>frz | feiner, geistreicher Spott; geistreiche Verspottung {25/26/32/33} | **sibilare**<br>vulgl. sifilare<br>frz. *siffler*<br>*persifler*<br>*persiflage* | (aus)pfeifen, zischen<br>pfeifen<br>(aus)pfeifen |
| – | **persiflieren** l>vulgl>frz | auf geistreiche Art verspotten {25/26/32/33} | dto. | dto. |
| 2611 | **persistent** | anhaltend, dauernd, hartnäckig (med., biol. t. t.) {59/69/70} | **persistere** (PPA. **persistens**) | festbleiben; verharren |
| – | **Persistenz** l>nlat | 1. Beharrlichkeit, Ausdauer; Eigensinn {28/59/84}; 2. Bestehenbleiben eines Zustandes über längere Zeiträume (med., biol. t. t.) {69/70/59} | dto. | dto. |
| – | **persistieren** | 1. auf etw. beharren, bestehen (veraltet) {25/28}; 2. bestehenbleiben, fortdauern (von krankhaften Zuständen - med. t. t.) {70/59} | dto. | dto. |

| | | | | |
|---|---|---|---|---|
| 2612 | **Person** etr>l | 1. Mensch, menschliches Wesen (als individuelles, geistiges bzw. hinsichtlich seiner äußeren Eigenschaften {15/33/52}; 2. Figur in einem Drama, Film o. ä. {33/35/85}; 3. Frau, junges Mädchen (abwertend) {33/25}; 4. Mensch als Träger von Rechten und Pflichten (= juristische Person - jur. t. t.) {82}; 5. Träger eines durch ein Verb gekennzeichneten Geschehens (sprachwiss. t. t.) {76} | **persona**, ae f | Maske; Rolle; Charakter; Persönlichkeit; Rang |
| – | **personal** bzw. **Personal**... etr>l | die Person (1.), den Einzelmenschen betreffend; von einer Einzelperson ausgehend {52/57/15} | **personalis**, e | persönlich |
| – | **Personal** etr>l>mlat | 1. Gesamtheit der Hausangestellten {57/33/40}; 2. Belegschaft {40/41/57} | **persona** mlat. persona personale | s. oben Diener dienerhaft |
| – | **Personale** etr>l>mlat | 1. persönliches Verb, das in allen drei Personen benutzt wird (sprachwiss. t. t.) {76}; 2. = Personalie: Angaben zur Person (veraltet) {32/49} | **personalis** | s. oben |
| – | **Personalie** etr>l >(spätl) | 1. (Ausweispapiere, die) Angaben zur Person (enthalten) {32/49}; 2. Einzelheit, die jmds. persönliche Verhältnisse betrifft {32/33/43/44} | dto. spätl. **personalia** | dto. persönliche Dinge, Lebensumstände einer Person |
| – | **personalisieren** etr>l>nlat | auf Einzelpersonen ausrichten {25/33} | **personalis** | s. oben |
| – | **Personalismus** etr>l>nlat | 1. der Glaube an einen persönlichen Gott {51}; 2. philos. Lehre von der Vervollkommnung der Persönlichkeit als höchstem sittlichen Ziel (philos. t. t.); 3. den Menschen als handelndes Wesen betrachtende philos. Richtung (philos. t. t.) {77}; 4. psych. Lehre, die den Personenbegriff in den Mittelpunkt stellt (psych. t. t.) {70} | dto. | dto. |
| – | Personalist, personalistisch | | | |
| – | **Personalität** etr>l>nlat | die Persönlichkeit; die das Wesen einer Person ausmachenden Eigenschaften {25} | dto. | dto. |

| | | | | |
|---|---|---|---|---|
| – | **Personalitätsprinzip** etr>l>nlat;l | Grundsatz, bestimmte Straftaten nach den Gesetzen des Heimatlandes des Täters abzuurteilen (jur. t. t.) {82} | dto. + **principium**, ii n | dto. Anfang, Ursprung, Grundlage |
| – | **personaliter** etr>l | in Person, persönlich, selbst {52} | **personaliter** (Adv.) | persönlich, nach Ansehen der Person |
| – | **Personalunion** etr>l;l | 1. Vereinigung von Ämtern in der Hand einer Person {33/50/57}; 2. (durch Erbfolge bedingte) zufällige Vereinigung selbständiger Staaten unter einem Monarchen (hist. t. t.) {75/50} | **personalis** + **unio**, onis f | s. oben Einheit, Vereinigung |
| – | **personell** etr>l>frz | das Personal, die Belegschaft betreffend; die Person (1.) betreffend {40/41/57/52} | **personalis** frz. *personnel* | s. oben |
| – | **Personifikation** (etr>l;l)>frz | Vermenschlichung von Göttern, Begriffen oder leblosen Dingen {51/25} | **persona** + **facere** frz. *personnification* | s. oben machen, tun, handeln |
| – | **personifizieren** (etr>l;l)>frz | vermenschlichen {25/51} | dto. frz. *personnifier* | dto. |
| – | Personifizierung | | | |
| – | **persönlich** etr>l | 1. die Person betreffend; in eigener Person {33}; 2. einem Menschen zu nahe tretend, beleidigend {26/33} | **persona** | s. oben |
| – | **Persönlichkeit** etr>l | 1. in sich gefestigter Mensch {25/33}; 2. bedeutende Person des öffentlichen Lebens {50/33} | dto. | dto. |
| 2613 | **Perspektive** l>mlat | 1. Betrachtungsweise, -möglichkeit; Sicht, Blickwinkel {25}; 2. Ausblick, Zukunftsaussicht {59/25}; 3. dem Augenschein entsprechende Darstellung räumlicher Verhältnisse {58/36} | **perspectus**, a, um spätl. **perspectivus**, a, um mlat. perspectiva (ars) | durchschaut; völlig bekannt, bewährt durchblickend durchblickende (=räumliche) Kunst |
| – | **perspektivisch** l>mlat | 1. die Zukunftsaussicht(en) betreffend; in die Zukunft gerichtet, planend {25/59}; 2. die Perspektive (3.) betreffend, ihren Regeln entsprechend {36/58} | dto. | dto. |
| – | **Perspektivismus** l>mlat >nlat | Betrachtung der Welt unter bestimmten Gesichtspunkten (philos. t. t.) {25/77} | dto. | dto. |

| | | | | |
|---|---|---|---|---|
| – | **Perspektivität** | besondere projektive Abbildung (math. t. t.) {71} | dto. | dto. |
| 2614 | **Perturbation** | Verwirrung, Störung (z. B. in den Bewegungen eines Sterns - astron. t. t.) {56/61/66} | **perturbatio**, onis f | Verwirrung, Störung, Unordnung |
| 2615 | **pervers** l>(frz) | andersartig veranlagt; entartet, widernatürlich; von der Norm abweichend (bes. sexuell) {18/25/33/70/84} | **perversus**, a, um | umgedreht, verkehrt; unrecht, schlecht |
| – | **Perversion** l>(frz) | krankhafte Abweichung vom Normalen, bes. in sexueller Hinsicht {18/25/33/70/84} | **perversio**, onis f | Um-, Verdrehung |
| – | **Perversität** l>(frz) | 1. das Perverssein; 2. perverse Verhaltensweise, Erscheinungsform der Perversion {18/25/33/70} | **perversitas**, atis f | Verkehrtheit im Benehmen |
| – | **pervertieren** l>(frz) | 1. vom Normalen abweichen, entarten {33/25/18/70}; 2. verdrehen, verfälschen {25/28/56} | **pervertere** | umkehren, -stürzen; vernichten, verderben |
| – | Pervertiertheit | | | |
| – | **Pervertierung** l>(frz) | 1. das Pervertieren; 2. das Pervertiertsein, Entartung {33/25/18/70} | dto. | dto. |
| 2616 | **Perzeption** | 1. das sinnliche Wahrnehmen als erste Stufe der Erkenntnis (philos. t. t.) {23/77}; 2. Reizaufnahme durch Sinneszellen, -organe (med., biol. t. t.) {23/68/69/70} | **perceptio**, onis f | das Empfangen; Erfassen, Begreifen; Erkenntnis |
| 2617 | **Pesete** o. **Peseta** l>span | spanische Währungseinheit {56} | **pe(n)sare**<br>span. *pesar*<br>*peso* | abwägen; beurteilen; bezahlen<br><br>Waage, (Gewicht) |
| – | **Peso** l>span >südam | Währungseinheit in südamerikanischen Staaten (z. B. Chile, Argentinien) {56} | dto. | dto. |
| 2618 | **Pessar** (gr)>l>mlat | die Gebärmutter blockierender ring- oder schalenförmiger Körper zur Empfängnisverhütung; Mutterring (med. t. t.) {70} | **pessarium**, ii n o. **pessum**, si n o. **pessus**, si m<br>gr. *πεσσόν* o. *πεσσός* | Mutterzäpfchen, Mutterkranz (med. t. t.) |
| 2619 | **Pessimismus** l>nlat | 1. negative Grundhaltung, Lebensauffassung; Schwarzseherei {25/26/84}; 2. bestimmte philosophische Auffassung {25/77} | **pessimus**, a, um | der schlechteste, übelste; sehr schlecht |
| – | **Pessimist** l>nlat | negativ eingestellter Mensch; Schwarzseher {25/26/84} | dto. | dto. |
| – | **pessimistisch** l>nlat | lebensunfroh, niedergedrückt; schwarzseherisch {25/26/84} | dto. | dto. |

| | | | | |
|---|---|---|---|---|
| 2620 | **Pest** | tödlich verlaufende Krankheit {14/70} | **pestis**, is f | Seuche, Pest, ansteckende Krankheit |
| – | verpesten | | | |
| – | **Pestilenz** | Pest, schwere Seuche {14/70} | **pestilentia**, ae f | Seuche, ansteckende Krankheit |
| – | **Pestizid** l;l | Schädlingsbekämpfungs-, -vernichtungsmittel {69/73} | dto. + **caedere** | dto. töten, niederhauen, schlagen |
| – | **Petition** | Bittschrift, Eingabe {32/27} | **petitio**, onis f | Angriff; das Bitten; Bewerbung; Forderung |
| – | **petitionieren** l>nlat | eine Bittschrift einreichen {32/27} | dto. | dto. |
| – | **Petitor** | 1. (Amts)bewerber (veraltet) {27/28/40}; 2. Privatkläger (jur. t. t.) {82} | **petitor**, oris m | Amts(bewerber); Kläger; Freier |
| 2622 | **Petrefakt** gr;l | Versteinerung von Pflanzen o. Tieren (geol., biol. t. t.) {62/68/69} | gr. πέτρα o. πέτρος + **facere** | Stein, Felsen tun, machen, handeln |
| – | **petrefizieren** gr;l | versteinern (geol., biol. t. t.) {62/68/69} | dto. | dto. |
| – | **Petroleum** gr;l | 1. Erdöl {02}; 2. Destillationsprodukt des Erdöls {73} | gr. πέτρα + **oleum**, ei n | s. oben Öl |
| 2623 | **Pfahl** | Stamm ohne Seitenäste zum Befestigen o. Abstützen {39/40} | **palus**, li m | Pfahl; hölzernes Phantom des Gegners für Kampfübungszwecke |
| 2624 | **Pfalz** l>vulgl | wechselnde Residenz deutscher Könige und Kaiser im Mittelalter {47/75} | **palatium** spätl. **palatia** vulgl. palantia | Palast, kaiserlicher Hof fürstliche Wohnung, Hof, Palast |
| 2625 | **Pfand** l>(mlat) | 1. die zur Sicherung einer Verpflichtung gegebene Sache {82/43}; 2. Betrag, den man bei Rückgabe von Mehrwegflaschen zurückerhält {42}; 3. Gegenstand, den man einem Leihhaus als Bürgschaft überlassen hat {43/42} | uns.: **pactum**, ti n (Nf. panctum*) mlat. pantum* | Übereinkommen, Vertrag, Abmachung |
| – | **pfänden** l>(mlat) | ein Pfand für eine geldliche Forderung einziehen {43/82} | dto. | dto. |
| – | **Pfändung** l>(mlat) | Inbesitznahme durch den Gerichtsvollzieher {82/43} | dto. | dto. |
| – | Unterpfand, verpfänden | | | |

| | | | | |
|---|---|---|---|---|
| 2626 | **Pfanne** (gr)>l >vulgl | 1. Schüssel, Schale; Bratgefäß {44}; 2. Vertiefung am Gewehr für die Aufnahme des Pulvers {50/58}; 3. Gelenkkapsel (med. t. t.) {11/70}; 4. Dachziegel (landsch.) {44/40} | **patina**, ae f gr. πατάνη vulgl. panna | Schüssel, Pfanne(ngericht) |
| – | **Pfannkuchen** l>vulgl;d | 1. Eierkuchen, Omelett; 2. in Fett gebackener, mit Marmelade gefüllter Kuchenteig (berlinisch) {17} | dto. | dto. |
| 2627 | **Pfau** (gr)>l | 1. Vogel mit besonders bunten, prächtigen Schwanzfedern {07}; 2. eitler Mensch {26/33/84} | **pavo**, onis f (gr. ταώς) | Pfau |
| 2628 | **Pfeffer** sanskr >pers>gr>l | in Ostasien beheimateter Gewürzstrauch {17} | **piper**, eris m gr. πέπερι | Pfeffer |
| – | pfeffern, Pfefferkuchen, Pfefferminze | | | |
| – | **Pfeffersack** sanskr >pers>gr >l;(gr)>l | Großkaufmann, reicher Geschäftsmann {42/33/40} | dto. + **saccus**, ci m gr. σάκκος | Sack; Durchschlag, Filter |
| 2629 | **Pfeife** (gr)>l >vulgl | 1. Blasinstrument; Dampfpfeife {37/41}; 2. Gerät zum Tabakrauchen {17/85}; 3. ängstlicher Mensch, Versager {26/25/33} | **pipare** gr. πιπ(π)ίζειν vulgl. pipa* | piepen<br>Rohrpfeife, Schalmei, Röhre |
| – | **pfeifen** (gr)>l | Laute (junger) Vögel von sich geben {32/55} | dto. | dto. |
| – | an-, verpfeifen | | | |
| 2630a | **Pfeil** | 1. Bogengeschoß {61/85/86}; 2. Richtungsanzeiger in Pfeilform {32} | **pilum**, li n | Wurfspieß (röm. Fußsoldaten) |
| 2630b | **Pfeiler** l>mlat | Pfosten, Säule, Stütze {44/88} | **pila**, ae f<br>mlat. pilarium o. pilarius | Pfeiler<br>Pfeiler, Stütze, Säule |
| 2631 | **Pferch** mlat | Einfriedung, Einzäunung, Gehege {58} | mlat. **parricus**, ci m | eingeschlossener Raum, Gehege |
| – | **pferchen** mlat | in einen Pferch sperren; auf engstem Raum zusammenzwängen {58/29} | dto. | dto. |
| – | ein-, zusammenpferchen | | | |
| 2632 | **Pferd** (gr;gall >spätl) >mlat | Reittier; Roß, Gaul {06/85} | gr. παρά<br>+ spätl. **veredus**, di m<br>gall. voredos<br>mlat. paraveredus | neben, bei, neben ... hin<br>Post-, Kurierpferd<br><br>Kurierpferd (auf Nebenlinien) |

| | | | | |
|---|---|---|---|---|
| 2633 | **Pfifferling** sanskr >pers>gr>l | gelber Speisepilz mit würzigem, pfefferartigem Geschmack {04/17} | **piper** gr. *πέπερι* | s. oben 2628 |
| 2634 | **Pfirsich** (pers)>l >vulgl | sehr saftige, süßliche Steinfrucht mit gelblichem Fleisch {05/17} | **persicum** (sc. malum) vulgl. persica | persischer Apfel |
| 2635 | **Pflanze** | 1. Sammelbezeichnung für alle Gewächse {03}; 2. scherzhafter Ausdruck als Zusatz zum Geburtsort eines Menschen (z. B. Berliner Pflanze - ugs.) {33/15} | **planta**, ae f | Setzling; Pfropfreis; Gewächs |
| – | pflanzen, Pflanzer | | | |
| 2636 | **Pflaume** (gr)>l >vulgll | 1. Steinfrucht mit saftigem Fruchtfleisch {05}; 2. untauglicher, schwächlicher Mensch (ugs.) {25/26/33} | **prunum**, ni n<br>gr. *προύνη* bzw.<br>*προῦμνον*<br>vulgl. pruna* | Pflaume<br>Pflaumenbaum<br>Pflaume |
| 2637 | **pflücken** l>vulgl | eine Frucht vom Baum abreißen, eine Blume auszupfen {39/29} | **pilus**, li m<br>vulgl. piluccare* | Haar<br>auszupfen, enthaaren, rupfen, abbeeren |
| 2638 | **Pforte** | Tür, kleines Tor; Eingang; (Gebirgs)durchgang {44/64} | **porta**, ae f | Tor, Tür, Zugang |
| – | **Pförtner** | 1. Türhüter, Hausmeister {40/44}; 2. Magenausgang (med. t. t.) {11/70} | dto. | dto. |
| 2639 | **Pfosten** | Stützpfeiler (meist aus Holz) {58/88} | **postis**, is m | (Tür)pfosten |
| 2640 | **Pfropf** | Setzreis {39} | **propago**, ginis f | Setzling, Ableger; Nachkommenschaft |
| – | **pfropfen** | Pflanzen durch ein Setzreis veredeln {39} | dto. | dto. |
| 2641 | **Pfründe** (l/l)>mlat | 1. mit Einkünften verbundenes Kirchenamt {51}; 2. gute Einnahmequelle {42} | **praebere**<br>Gerund. **praebenda**<br>gemischt mit: **providere**<br>mlat. provenda | darreichen, gewähren<br>das zu Gewährende, das Darzureichende<br>versorgen<br>Reichtum |
| 2642a | **Pfund** | Gewichtsbezeichnung (500g) {56} | **pondo**, deris n | dem Gewicht nach, an Gewicht; ein Pfund |
| – | **pfundig** | großartig, außerordentlich, beachtlich, ansehnlich {26/55/56} | dto. | dto. |
| – | Pfundskerl, Pfundssache | | | |

| | | | | |
|---|---|---|---|---|
| 2642b | **Pfütze** | kleine Wasseransammlung, Lache {58/57/53} | **puteus**, ei m | Grube, Brunnen, Zisterne |
| 2643 | **Phiole** (gr)>l>mlat | kugelförmige Glasflasche mit langem Hals {73/44} | **phiala**, ae f<br>gr. *φιάλη*<br>mlat. fiola | Tasse, Schale<br><br>(Trink)schale |
| >>> | Photo... s. ggf. unter dem Rest des Wortes | | | |
| 2644 | **Photozelle** gr;l | Vorrichtung, die Licht- in Stromschwankungen bzw. Strahlungs- in elektrische Energie umwandelt (phys. t. t.) {72} | gr. *φῶς* (Gen. *φωτός*)<br>+ **cella**, ae f | Licht<br><br>Vorratskammer, enger Wohnraum |
| >>> | Phyto... s. unter dem Rest des Wortes | | | |
| 2645 | **Piacere** l>it | Belieben, Willkür (beim musikalischen Vortrag - mus. t. t.) {28/37} | **placere**<br>it. *piacere* | gefallen, gefällig sein |
| 2646 | **pianissimo** l>it | sehr leise (mus. t. t.) {37} | **planus**, a, um<br>it. *piano* | platt, eben, flach<br>leise, schwach |
| - | Pianissimo | | | |
| - | **Piano** l>it>frz o. **Pianoforte** (l;l)>it>frz | 1. Klavier; 2. schwaches, leises Spielen oder Singen (mus. t. t.) {37} | **planus**<br>+ **fortis**, e<br>it. *pianoforte*<br>frz. *pianoforte* | s. oben<br>stark, tüchtig, tapfer |
| - | **piano** l>it | leise, schwach (mus. t. t.) {37} | **planus** | s. oben |
| - | **Pianist** l>it>frz | ausgebildeter, in der Öffentlichkeit auftretender Klavierinterpret {37/40} | dto.<br>frz. *pianiste* | dto. |
| - | **pianistisch** l>it>frz | klaviermäßig, klavierkünstlerisch {37} | dto. | dto. |
| - | **Pianola** l>it | selbsttätig spielendes Klavier (mus. t. t.) {37/87} | dto. | dto. |
| 2647 | **Piedestal** l>it>frz | 1. (gegliederter) Sockel (archit. t. t.); 2. sockelartiger Ständer für bestimmte Zier- und Kunstgegenstände {88}; 3. Gestell mit schräggestellten Beinen für (Tier)vorführungen im Zirkus {40/58/85} | **pes**, edis m<br>it. *piede*<br>*piedistallo*<br>frz. *pied*<br>*piédestal* | Fuß<br><br><br><br><br>Sockel, Grundlage |
| 2648 | **Piep** (gr)>l | geistiger Defekt {14/25/70} | **pipare**<br>gr. *πιπ(π)ίζειν* | piepen<br>vgl. oben 2629 |
| - | **piepen** (gr)>l | 1. Piep machen, einen leisen Pfeifton hören lassen {32/55}; 2. (übertr.) verrückt-, zum Lachen sein (ugs.) {25/33} | dto. | dto. |

| | | | | |
|---|---|---|---|---|
| – | Piepmatz | | | |
| – | **piepsen**<br>(gr)>l | 1. Laut junger Vögel o. Mäuse {55/69}; 2. mit schwacher Stimme reden (ugs.) {32/55} | dto. | dto. |
| – | **piepsig**<br>(gr)>l | leise, schwächlich, kränklich {14/55/70} | dto. | dto. |
| 2650 | **Pier**<br>vulgl/mlat >engl | Hafendamm, Landungsbrükke (seemannsspr. t. t.) {45} | vulgl./mlat.<br>pera | Uferbefestigung, Hafendamm |
| 2651 | **Pietät** | Ehrfurcht, Achtung (gegenüber Toten); Rücksichtnahme {25/33} | **pietas**,<br>atis f | Pflichtgefühl, Liebe, Frömmigkeit, Dankbarkeit |
| – | **Pietismus**<br>l>nlat | ev. Bewegung des 17./18. Jh.s, die die tätige Nächstenliebe betont {51/30} | dto. | dto. |
| – | Pietist, pietistisch | | | |
| 2652 | **Pigment** | 1. Körperfarbstoff (med., biol. t. t.) {68/69/70}; 2. in Binde- o. Lösungsmitteln verteilter Farbstoff {73} | **pigmentum**,<br>ti n | Färbestoff, Farbe; Schminke |
| – | **Pigmentation**<br>l>nlat | Einlagerung von Pigment, Färbung {68/69/70} | dto. | dto. |
| – | **pigmentieren**<br>l>nlat | 1. Farbstoffe in kleinste Teilchen zerteilen {73}; 2. körpereigenes Pigment bilden; 3. sich durch Pigmente einfärben {68/69/70} | dto. | dto. |
| 2653 | **Pik**<br>vulgl>frz | 1. Spielkartenfarbe {85}; 2. Berggipfel, -spitze {58/64}; 3. heimlicher Groll (ugs.) {26} | vulgl.<br>**piccare***<br>o. **pikkare***<br>frz. *pique* | <br>stechen<br><br>Spieß, Lanze |
| – | **pikant**<br>vulgl>frz | 1. den Geschmack reizend, gut gewürzt, scharf {17}; 2. interessant, prickelnd, reizvoll {25/26}; 3. zweideutig, schlüpfrig {18/25} | dto.<br>frz. *piquer*<br><br>*piquant* | dto.<br>stechen; anstacheln, (auf)reizen |
| – | **Pikanterie**<br>vulgl>frz | 1. reizvolle Note, Reiz {25/26}; 2. Zweideutigkeit, Anzüglichkeit {25/18} | dto. | dto. |
| – | **Pike**<br>vulgl>frz | 1. (Landsknecht)spieß, Lanze (hist. t. t.) {75/86}; 2. von der - auf: von der untersten Stufe an (emporarbeiten) {33/40} | dto.<br>frz. *pique* | dto. |
| – | **pikiert**<br>vulgl>frz | (leicht) beleidigt, gereizt, verletzt, verstimmt {26/33} | dto.<br>frz. *piquer* | dto. |
| – | piksen, Pikser | | | |
| 2654 | **Piktogramm**<br>l;gr | formelhaftes Bildsymbol mit international festgelegter Bedeutung {32} | **pictura**,<br>ae f<br>+ gr. γράμμα | das Malen, Malerei; Gemälde<br>Buchstabe |

| | | | | |
|---|---|---|---|---|
| – | **Pikto-graphie** l;gr | Symbol-, Bilderschrift {32} | dto. + gr. *γράφειν* | dto. schreiben |
| – | piktographisch | | | |
| 2655 | **Pilaster** l>it>frz | (flacher) Wandpfeiler (archit. t. t.) {88} | **pila,** ae f | Pfeiler |
| 2656 | **Pilger(er)** l>vulgl | Wallfahrer, Wanderer {45/51/61} | **peregrinus,** ni m vulgl./kirchenl. pelegrinus | Fremder, Fremdling, Ausländer Fremder, Wanderer, Pilgerer |
| – | **pilgern** l>vulgl | wallfahren, wandern {45/51/61} | dto. | dto. |
| 2657 | **Pille** | 1. Arzneimittel in Kügelchenform {70/53}; 2. Niederlage, Schlappe (ugs.) {33/25} | **pilula,** ae f | kleiner Ball; Kügelchen; Pille (med. t. t.) |
| – | **Pillen-dreher** l;d | 1. Apotheker (ugs., scherzhaft) {70}; 2. Käferart {08} | dto. | dto. |
| 2658 | **Pilz** | Sporenpflanze, deren Fruchtkörper z. T. eßbar und wohlschmeckend sind {04/17} | **boletus,** ti m ahd. *buliz* | Pilz |
| 2659 | **Piment** l>roman | Nelkenpfeffer, englisches Gewürz {04/17} | **pigmentum** | s. oben 2652 |
| 2660 | **Pinasse** l>vulgl >span>frz >niederl | Beiboot (von Kriegsschiffen {45/86} | **pinus,** ni f vulgl. pinacea* frz. *pinasse* | Fichte, Kiefer; Schiff; Ruder Boot aus Fichtenholz |
| 2661 | **pingelig** (gr)>l | übertrieben gewissenhaft, pedantisch genau {25/26/84} | **poena** gr. *ποινή* | s. oben 2565 |
| 2662a | **Pinie** | Kiefer des Mittelmeerraumes mit schirmförmiger Krone {04} | **pinea,** ae f | Fichtenkern, -nuß; Pinie |
| 2662b | **Pinne** l>frz | (Ruderpinne) Teil des Schiffssteuerruders {45} | **pinna,** ae f frz. *pinne* | Feder, Flosse, Flügel; Radschaufel Flosse |
| 2663 | **Pinsel** l>vulgl>frz | (Mal)gerät aus einem längeren (Holz)stiel mit eingesetztem Haar- oder Borstenbüschel {44/40/36} | **peniculus,** li m o. **penicillus,** li m vulgl. penicellus* afrz. *pincel* frz. *pinceau* | Bürste; Pinsel; Schwamm Pinsel, Malerei |
| – | pinseln | | | |
| 2664 | **pinxit** | hat (es) gemalt (Zusatz zur Signatur eines Künstlers auf Gemälden) {36} | **pingere** **pinxit** | (be-, ab)malen er (sie, es) hat es gemalt |

| | | | | |
|---|---|---|---|---|
| 2665 | **Pinzette**<br>vulgl>frz | kleine Greifzange; Federzange {44/40} | uns.:<br>vulgl.<br>**pinctiare***<br>frz. *pincer*<br>*pince*<br>*pincette* | <br><br>stechen, zwicken<br>kneifen, zwicken<br>Zange<br>kleine Zange |
| 2666 | **Pionier**<br>l>vulgl>frz | 1. Soldat der technischen Truppe {86}; 2. Wegbereiter, Vorkämpfer, Bahnbrecher {33}; 3. Mitglied einer DDR-Jugendorganisation (hist. t. t.) {31/33/75} | **pes**, edis m<br>vulgl. pedo<br><br>afrz. *peon*<br><br>*peonier*<br>frz. *pionnier* | Fuß<br>Fußgeher, Fußsoldat<br><br>Fußgänger, -soldat |
| 2667 | **Pipe**<br>(gr)>l<br>>vulgl<br>>frz/engl | 1. Pfeife (ugs.) {17/44}; 2. das ist mir -: egal, nicht wichtig {25/56}; 3. engl. und am. Hohlmaß von unterschiedlicher Größe für Wein und Branntwein {56/58}; 4. runde oder ovale vulkanische Durchschlagsröhre (geol. t. t.) {62} | **pipare**<br>gr. *πιπ(π)ίζειν*<br>vulgl. pipa<br><br>frz. *pipe* | piepen, pfeifen<br><br>Rohrpfeife, Schalmei, Röhre<br>Rohrpfeife, Röhre |
| – | **Pipeline**<br>l>vulgl<br>>engl | Rohrleitung für Erdöl {41/45/58} | dto. | dto. |
| – | **Pipette**<br>l>vulgl>frz | Saugröhrchen, Stechheber {40/44/58} | dto.<br>frz. *pipette* | dto.<br>Pfeifchen, Röhrchen, Pipette |
| 2668 | **Pirat**<br>(gr)>l>it | Seeräuber {45/40/82} | **pirata**, ae m<br>gr. *πειρατής* | Seeräuber |
| – | **Piraterie**<br>gr>l>frz | Seeräuberei {45/40/82} | dto. | dto. |
| 2669 | **Piscina**<br>o. **Piscine**<br>(l>frz) | 1. Taufbrunnen im altchristlichen Baptisterium; 2. Ausgußbecken in mittelalterlichen Kirchen {51/58}; 3. Schwimmbecken, Swimmingpool {44/88} | **piscina**,<br>ae f | Fischteich, Weiher, Wasserbekken |
| 2670 | **pissen**<br>vulgl<br>>aprov<br>>afrz | Wasser lassen, urinieren {15} | uns.:<br>vulgl. **pissiare***<br><br>aprov. *pissar*<br>afrz. *pissier* | <br>lautmalende Bildung rieselnden Wassers |
| – | Pisse | | | |
| – | **Pissoir**<br>vulgl<br>>aprov<br>>afrz>frz | Bedürfnisanstalt, Toilette für Männer {15/21/49/58} | dto. | dto. |

| | | | | |
|---|---|---|---|---|
| 2671 | **Pistazie** pers>gr>l | 1. Baum o. Strauch des Mittelmeergebietes mit grünlichen Nüssen {04}; 2. Frucht des Pistazienbaumes {17} | **pistacia**, ae f o. **pistacium**, ii n | Pistazienbaum Pistazienkern |
| | | | gr. *πιστάκη* o. *πιστάκιον* pers. *$pista^h$* | |
| 2672 | **Piste** l>it>frz | 1. abgesteckte Ski- o. Radrennstrecke {58/61}; 2. Einfassung in der Manege im Zirkus {58/33}; 3. Start- und Landebahn auf Flugplätzen {58/45}; 4. nicht ausgebauter Karawanenweg in der Wüste {58/45} | **pistare** | stampfen, (zerstoßen) |
| | | | it. *pestare* | |
| | | | *pesta* | gestampfter Weg, Fährte, Spur |
| | | | *pista* | |
| | | | frz. *piste* | Spur, Fährte |
| 2673 | **pittoresk** l>it>frz | malerisch {26/36} | **pictor**, oris m | Maler, Sticker |
| | | | it. *pittore* | |
| | | | *pittoresco* | malerisch schön |
| | | | frz. *pittoresque* | |
| 2674 | **Placebo** | unwirksames, aus psych. Gründen verordnetes Scheinmedikament (med. t. t.) {70} | **placere** | gefallen, gefällig sein; verordnen |
| | | | **placebo** | ich werde gefallen |
| 2675 | **placet** | es gefällt, wird genehmigt (veraltet) {25/28} | **placere** | s. oben vgl. unten 2687 |
| 2676 | **placido** l>it | ruhig, still, gemessen (mus. t. t.) {37} | **placidus**, a, um | sanft, ruhig, still |

\>\>\> placken s. unter plagen

| | | | | |
|---|---|---|---|---|
| 2677 | **plädieren** l>frz | 1. ein Plädoyer halten (jur. t. t.) {82}; 2. für etw. eintreten, stimmen; sich für etw. aussprechen {25/28/32/33}; 3. viel, eifrig (und laut) reden (ugs.) {32/55} | **placitum**, ti n | Meinung, Willensäußerung; Grund-, Lehrsatz |
| | | | afrz. *plait* | |
| | | | frz. *plaid* | Rechtsversammlung; Klage; Prozeß |
| | | | *plaider* | vor Gericht verhandeln |
| – | **Plädoyer** l>frz | 1. Schlußvortrag des Verteidigers o. Staatsanwalts vor Gericht (jur. t. t.) {32/82}; 2. Rede, mit der jmd. für etw. eintritt; engagierte Befürwortung {25/28/32/33} | dto. frz. *plaidoyer* | dto. |
| 2678 | **Plage** (gr)>l | quälendes Übel; Belästigung; anstrengende Arbeit; Mißgeschick {25/26/33/40} | **plaga**, ae f gr. *πλαγά* o. *πληγή* | Schlag, Streich, Hieb, Wunde |
| – | **plagen** (gr)>l | quälen, belästigen, schinden {25/26/33/40} | **plagare** | schlagen, verwunden; peinigen, quälen |
| – | placken, Plackerei | | | |

| | | | | |
|---|---|---|---|---|
| 2679 | **Plagiat** (gr)>l>frz | unrechtmäßige Nachahmung eines fremden Werkes; Diebstahl geistigen Eigentums {82/34} | **plagiarius**, ii m<br>gr. *πλάγιος*<br>frz. *plagiaire*<br>*plagiat* | Seelenverkäufer, Menschenräuber<br>Menschenraub, Seelenverkauf<br>jmd., der geistiges Eigentum stiehlt |
| 2680 | **plan** | flach, eben, platt {53} | **planus**, a, um | platt, eben, flach |
| – | **Plan** | auf den - treten: in Erscheinung treten {61/29}; 2. Ebene, Kampfplatz (veraltet) {58/86} (s. auch unten 2681!) | **planum**, ni n | Ebene, Fläche |
| – | **planieren** l>frz >(niederl) | (ein)ebnen {40/58/53} | **planare**<br>frz. *planer*<br>niederl. *planeren* | eben machen, ebnen |
| 2681 | **Plan** l>frz | 1. Grundriß, Entwurf {25/36}; 2. Vorhaben {25/28} | **planta**, ae f<br>frz. *plan* | Gewächs; Setzling; Fußsohle<br>Oberfläche |
| – | planen, Planer, planlos, Planung, planvoll | | | |
| – | **Planche** l>spätl/roman >vulgl>frz | Fechtbahn (sport. t. t.) {58/61/85} | **palanga**, ae f<br>spätl./roman. planca<br>vulgl. palanca*<br>frz. *planche* | Stange, Tragebaum; Rolle, Walze<br>Bohle, Brett, Planke<br>Brett |
| >>> | planieren s. oben 2680 | | | |
| – | **Planke** l>spätl/roman >vulgl>frz | starkes Brett, Bohle {45/40} | dto. | dto. |
| 2682 | **Plantage** l>frz | (größere) Pflanzung, landwirtschaftlicher Großbetrieb (bes. in den Tropen) {39} | **plantare**<br>frz. *planter*<br>*plantage* | (be)pflanzen, versetzen |
| 2683 | **Pläsier** l>frz | Vergnügen, Spaß; Unterhaltung {25/26/33} | **placere**<br>afrz. *plaisir*<br>frz. *plaire* | s. oben 2674 |
| 2684 | **Platz** (gr)>l >vulgl>afrz | 1. freie, unbebaute (Straßen)fläche {58/45}; 2. Ort, Stelle {58}; 3. Stellung, Position {58/33}; 4. verfügbarer Raum {58} | **platea**, ae f<br>gr. *πλατεῖα* (sc. *ὁδός*)<br>frz. *place* | Gasse; Straße in der Stadt; freier Platz (im Haus)<br>breite Straße |
| – | Plätzchen | | | |

| | | | | |
|---|---|---|---|---|
| 2685 | **plausibel** l>frz | verständlich, überzeugend, triftig, einleuchtend {25} | **plausibilis**, e<br><br><br><br>frz. *plausible* | Beifall verdienend, auf Beifall berechnet, einleuchtend |
| – | plausibili(si)eren, Plausibilität | | | |
| 2686 | **Plazenta** (gr)>l | 1. Mutterkuchen (med., biol. t. t.) {69/70}; 2. leistenförmige Verdickung des Fruchtblattes (bot. t. t.) {68} | **placenta**, ae f<br>gr. πλακοῦς | Kuchen<br><br>flacher, breiter Kuchen |
| 2687 | **Plazet** (o. **Placet**) | Zustimmung, Genehmigung, Bestätigung {25/28} | **placere** | s. oben 2674 |
| 2688 | **plazieren** (gr)>l >vulgl>afrz | 1. an einen bestimmten Platz setzen {58}; 2. Kapitalien anlegen (wirtsch. t. t.) {80}; 3. einen gut gezielten Wurf, Schuß abgeben (sport. t. t.); 4. einen Schlag genau beim Gegner anbringen (sport. t. t.) {61/85}; 5. sich -: bei einem Wettkampf einen vorderen Platz erringen (sport. t. t.) {56/85} | **platea**<br>frz. *placer* | s. oben 2684 |
| 2689 | **Plebejer** | 1. Angehöriger des gemeinen Volkes im alten Rom (hist. t. t.) {75/33}; 2. gewöhnlicher, ungehobelter Mensch {25/26/33} | **plebeius**, eii (o. ei) m | der Plebejer |
| – | **plebejisch** | 1. zur Plebs (1.) gehörend {75/33}; 2. ungebildet, ungehobelt (abwertend) {25/26/33} | **plebeius**, a, um | bürgerlich, plebejisch |
| – | **Plebiszit** | Volksbeschluß, Volksabstimmung; Volksbefragung {28/50} | **plebiscitum**, ti n | Volksbeschluß |
| – | **plebiszitär** l>nlat | das Plebiszit betreffend, auf ihm beruhend {28/50} | dto. | dto. |
| – | **Plebs** | 1. das gemeine Volk im alten Rom (hist. t. t.) {75/33}; 2. niederes, ungebildetes Volk, Pöbel (abwertend) {25/26/33} | **plebs**, bis f | Volk(smenge), Plebejer |
| 2690 | **plenar...** bzw. **Plenar...** l>engl | vollständig, vollzählig, gesamt {57} | **plenarius**, a, um<br>engl. *plenary* | vollständig, völlig |
| – | **Plenarsaal** l>engl;d | Sitzungssaal der Parlamentsabgeordneten {58/50} | dto. | dto. |
| – | Plenarsitzung | | | |
| – | **Plenum** l>engl | Vollversammlung einer politischen Körperschaft, bes. die Mitglieder eines Parlaments {50/57} | **plenum** (sc. consilium)<br>engl. *plenum* | vollzählige Versammlung |

| | | | | |
|---|---|---|---|---|
| 2691 | **Pleureuse** l>frz | (veraltet) 1. Trauerbesatz an Kleidern {19/33}; 2. lange, geknüpfte, farbige Straußenfedern als Hutschmuck {19/20} | **plorare** frz. *pleurer* | schreien, weinen, heulen, bejammern |
| 2692 | **Plexiglas** (gr)>l;d | (Warenzeichen) nichtsplitternder, glasartiger Kunststoff {40/41} | **plectere** (PPP. **plexus**) gr. *πλέκειν* | flechten, ineinanderfügen |
| - | **Plexus** (gr)>l>nlat | Gefäß- oder Nervengeflecht (med. t. t.) {70} | dto. | dto. |
| 2693 | **Plisse** (gr)>l>frz | 1. schmale, gepreßte Falten in einem Gewebe, Stoff; 2. gefältetes Gewebe {19} | **plicare** gr. *πλέκειν* afrz. *ployer* frz. *plier* *plisser* *plissé* | zusammenfalten, -legen, -wickeln in Falten legen falten, fälteln |
| - | **plissieren** (gr)>l>frz | in Falten legen {19} | dto. | dto. |
| 2694 | **Plombe** l>frz | 1. Zahnfüllung; 2. Füllstoff bei Operationen (med. t. t.) {70}; 3. Kennzeichnungs-, Metallsiegel zum Verschluß von Behältern und Räumen {44/50/58/82} | **plumbum**, bi n frz. *plomb* | Blei, -kugel, -röhre |
| - | **plombieren** l>frz | 1. einen defekten Zahn mit Füllmasse versehen (med. t. t.) {70}; 2. mit einer Plombe (3.) versehen {44/50/58/82} | dto. frz. *plomber* | dto. |
| 2695a | **Plosivlaut** l;d | Explosivlaut (sprachwiss. t. t.) {76} | **plaudere** o. **plodere** | klatschen, schlagen |
| 2695b | **Plumbum** | Blei; chemischer Grundstoff {73/02} | **plumbum** | s. oben 2694 |
| 2696 | **Plumeau** l>frz | halblanges, dickeres Federdeckbett {44/16} | **pluma**, ae f frz. *plume* *plumeau* | (Flaum)feder Federbesen |
| 2697 | **plural** | den Pluralismus (2.) betreffend, pluralistisch {77/50} | **pluralis**, e | zur Mehrzahl, zu mehreren gehörig; im Plural stehend (gramm. t. t.) |
| - | **Plural(is)** | (Wort, das in der) Mehrzahl (steht) {76/57} | dto. | dto. |
| - | **Pluraletantum** | nur im Plural vorkommendes Wort (sprachwiss. t. t.) {76} | dto. + **tantum** | dto. nur |
| - | **pluralisch** | den Plural betreffend, im Plural stehend, - vorkommend, - gebraucht {76/57} | **pluralis** | s. oben |

| | | | | |
|---|---|---|---|---|
| – | **Pluralismus** l>nlat | 1. philosophische Anschauung, nach der die Welt aus selbständigen, einheitslosen Weltprinzipien besteht (philos. t. t.) {77/25}; 2. Vielgestaltigkeit weltanschaulicher, politischer o. gesellschaftlicher Phänomene {50/77/81} | dto. | dto. |
| – | **Pluralist** l>nlat | Vertreter des Pluralismus (1.) {77/25} | dto. | dto. |
| – | pluralistisch | | | |
| – | **Pluralität** | 1. mehrfaches, vielfältiges Vorhandensein, Nebeneinanderbestehen; Vielzahl {52/57}; 2. Majorität {57/50} | **pluralitas**, atis f | Mehrzahl; Plural (gramm. t. t.) |
| – | **plurilingue** l;l | in mehreren Sprachen abgefaßt; vielsprachig {57/32} | **plures**, rium (Komp. - Pl. von plus) + **lingua**, ae f | mehrere, mehrfach<br>Sprache, Zunge |
| – | **plus** | 1. zuzüglich, und {57}; 2. im ungeladenen Zustand mehr Elektronen enthaltend als im geladenen (= positiv - phys. t. t.) {72} | **plus** (Komp.) | mehr, zahlreicher, größer |
| – | **Plus** | 1. Gewinn, Überschuß {42/41/80}; 2. Vorteil, Nutzen {25} | dto. | dto. |
| – | **Plusquamperfekt** | Zeit- bzw. Verbform, mit der etw. Vorzeitiges in der Vergangenheit ausgedrückt wird (sprachwiss. t. t.) {76} | **plusquamperfectum**, ti n | Plusquamperfekt (gramm. t. t.) |
| 2698 | **Plüsch** l>gallorom >afrz>frz | samtiges Florgewebe mit senkrecht stehenden Fasern {44} | **pilus**, li m<br>**pilare**<br>gallorom. *piluccare*<br>afrz. *pelucher*<br>frz. *peluche* | Haar<br>enthaaren<br><br><br>Plüsch |
| 2699 | **Pluviometer** l;gr | Regenmesser (meteor. t. t.) {65} | **pluvia**, ae f<br>+ gr. *μέτρον* | Regen<br>Maß |
| 2700 | **Pöbel** l>(frz) | Gesindel, Pack {26/33} | **populus**, li m<br>frz. *peuple* | Volk, Volksmenge, Leute |
| – | **pöbelhaft** l>(frz) | in der Art des Pöbels, gemein {26/33/84} | dto. | dto. |
| – | **pöbeln** l>(frz) | 1. sich pöbelhaft benehmen {26/33}; 2. jmdn. mit beleidigenden Äußerungen provozieren {26/32} | dto. | dto. |
| – | anpöbeln | | | |

| | | | | |
|---|---|---|---|---|
| 2701 | **Podest** (gr)>l;l | (Treppen)absatz, Stufe; Podium {44/58} | **podium**, ii n | Tritt, Erhöhung, Untergestell; Postament |
| | | | gr. *πόδιον* gemischt mit: | |
| | | | **suggestum**, ti n | Erhöhung, Tribüne; Anhöhe |
| 2702 | **Podex** | (kurz Po o. Popo) Gesäß, Hintern (scherzhaft) {11/70} | **podex**, dicis m | Gesäß, Hintern |
| 2703 | **Podium** (gr)>l | trittartige, breitere Erhöhung; Rednerpult {58/32} | **podium** gr. *πόδιον* | s. oben 2701 |
| – | Podiumsdiskussion s. Diskussion | | | |
| 2704a | **Point** l>frz | 1. Stich (bei Kartenspielen); 2. Auge (bei Würfelspielen) {33/57}; 3. Notierungseinheit von Warenpreisen an Produktbörsen (wirtsch. t. t.) {42/80}; | **punctum**, ti n vulgl. puncta | Stich, kleines Loch, Punkt |
| | | | frz. *pointe* | Spitze, Schärfe |
| | (l>frz >engl) | 4. engl. Bezeichnung für Punkt (sport. t. t.) {56/85} | | |
| – | **Pointe** l>frz | geistreicher, überraschender Schlußeffekt {25/26} | dto. | dto. |
| – | **Pointer** l>frz>engl | gescheckter Vorsteh- o. Hühnerhund {06} | dto. | dto. |
| – | **pointieren** l>frz | betonen, unterstreichen, hervorheben {25/32/56} | dto. frz. *pointer* | dto. |
| – | **pointiert** l>frz | betont, zugespitzt {25/32/56} | dto. | dto. |
| 2704b | **Polenta** l>it | italienisches Maisgericht mit Käse {17} | **polenta**, ae f it. *polenta* | Gerstengraupen |
| 2705 | **Polier** (gr)>l >vulgl>frz | Vorarbeiter der Maurer und Zimmerleute, Bauführer {40/41} | **parabola**, ae f gr. *παραβολή* vulgl. paraulare* | Gleichnisrede |
| | | | afrz. *parler* | sprechen, reden |
| | | | *parlier* | Sprecher; Wortführer |
| 2706 | **polieren** l>frz | 1. glätten, schleifen {40/41/29}; 2. glänzend machen, blank reiben; putzen {40/55} | **polire** | feilen, glätten, polieren |
| | | | frz. *polir* | |
| 2707 | **Politbüro** (gr>l>frz;l >vulgl>frz) >russ> | zentraler Lenkungsausschuß einer kommunistischen Partei (bis 1990) {50} | **politicus**, a, um | zum Staat gehörig, politisch |
| | | | gr. *πολιτική* (sc. *τέχνη*) frz. *politique* | Politik, Staatskunst |
| | | | + **burra**, ae f vulgl. bura frz. *bureau* | zottiges Gewand, Wolle |
| | | | | vgl. oben 0455 |

| | | | | |
|---|---|---|---|---|
| 2708 | **Politesse**<br>l>it>frz<br><br>(gr>l>mlat;<br>l>frz>engl) | 1. Höflichkeit, Artigkeit {25/26/33}; 2. Kniff, Schlauheit (landsch.) {25/22};<br>3. Kunstwort aus Polizei und Hosteß: Hilfspolizistin für bestimmte Aufgabenbereiche {49/40} | **politia,**<br>ae f<br>frz. *police*<br>3.: gr.<br>*πολιτεῖα*<br>mlat. politia / policia<br>+ **hospes,**<br>pitis m | Staatsverwaltung<br><br><br><br><br>Staatsverwaltung, -verfassung<br>Gastfreund, Quartiergeber, Wirt |
| 2709 | **Politur** | 1. durch Polieren hervorgebrachte Glätte, Glanz {55/44}; 2. Poliermittel {40/44}; 3. Lebensart, gutes Benehmen (veraltet) {25/26} | **politura,**<br>ae f | das Polieren, Glätten; Appretur |
| 2710 | **Polizei**<br>(gr)>l>mlat | 1. die öffentliche Ordnung überwachende Sicherheitsbehörde {49}; 2. Angehörige, Dienststelle der Polizei {49/40/58} | **politia**<br>gr. *πολιτεῖα*<br>mlat. policia | s. oben 2708 |
| – | **Polizist**<br>(gr)>l>mlat<br>>nlat | Angehöriger der Polizei, Schutzmann {40/49} | dto. | dto. |
| 2711 | **Pollen** | Blütenstaub (bot. t. t.) {68} | **pollen**<br>o. **pollis,**<br>linis n | sehr feines Mehl, (Staub)mehl |
| 2712 | **Pollution** | unwillkürlicher Samenerguß im Schlaf (z. B. in der Pubertät - med. t. t.) {16/18/70} | **pollutio,**<br>onis f | Besudelung, Verunreinigung |
| >>> | Poly... s. unter dem Rest des Wortes | | | |
| 2713a | **Pomade**<br>l>it>frz | parfümierte salbenähnliche Substanz zur Haarpflege {21} | **pomum,**<br>mi n<br>it. *pomo*<br>*pomata*<br><br>frz. *pommade* | Obst-, Baumfrucht; Obstbaum<br>Apfel<br>wohlriechende Salbe |
| – | **pomadig**<br>l>it>frz | mit Pomade eingerieben {21} | dto. | dto. |
| – | pomadisieren | | | |
| – | **Pomeranze**<br>(l;pers>it)<br>>it>mlat | 1. bittere Apfelsinenart (z. B. zur Orangeat-Herstellung verwendet) {05/17}; 2. (= Landpomeranze): einfältiger, unkultivierter Mensch vom Lande {33} | **pomum**<br>it. *pomo*<br>+ it. *arancia*<br>pers. *naring*<br>ait. / mlat.<br>pomarancia | s. oben<br><br>Apfelsine |
| 2713b | **Pomp**<br>(gr)>l>frz | großer Aufwand, prachtvolle Ausstattung; übertriebener Prunk {20/33/55} | **pompa,**<br>ae f<br><br>gr. *πομπή*<br>mfrz. pompe | (Fest)umzug; Leichenzug; Pracht, Prunk<br>festlicher Aufzug |
| – | pomphaft | | | |

| | | | | |
|---|---|---|---|---|
| – | **pompös**<br>(gr)>l<br>>spätl>frz | übertrieben prächtig, prunkhaft {33/55} | **pompa**<br>gr. *πομπή*<br>spätl. **pomposus**, a, um<br>frz. *pompeux* | s. oben<br><br>prächtig, reichlich |
| 2714 | **pönal**<br>(gr)>l | die Strafe, das Strafrecht betreffend (jur. t. t.) {82} | **poenalis**, e<br><br><br>gr. *ποινή* | zur Strafe gehörig, Straf...; peinlich, qualvoll |
| – | **pönalisieren**<br>(gr)>l>nlat | 1. unter Strafe stellen, bestrafen {33/82}; 2. einem Pferd einen Gewichtsausgleich auferlegen (sport. t. t.) {56/85} | dto. | dto. |
| – | Pönalisierung | | | |
| 2715 | **Pond** | Maßeinheit der Kraft (phys. t. t.) {72} | **pondus**, deris n | Gewicht; Last, Bürde |
| – | **Ponderabilien** | kalkulierbare, faßbare, wägbare Dinge {25} | **ponderabilis**, e | wägbar |
| 2716 | **Pönitent** | Büßender, Beichtender (kath. rel. t. t.) {51} | **paeniteri** o. **poeniteri** | Reue empfinden |
| – | **Pönitenz** | (kirchliche) Buße, Bußübung {51} | **paenitentia** o. **poenitentia**, ae f | Reue |
| 2717 | **Ponticello**<br>l>it | Steg bei Geigeninstrumenten {37} | **ponticulus**, li m | kleine Brücke, kleiner Steg |
| 2718 | **Pontifex** | Oberpriester im alten Rom (hist. t. t.) {75/51} | **pontifex**, ficis m | Oberpriester |
| – | **pontifikal** | bischöflich (kath. rel. t. t.) {51} | **pontificalis**, e | oberpriesterlich |
| – | **Pontifikalamt**<br>l;kelt | vom Bischof (oder einem Prälaten) gehaltene feierliche Messe (kath. rel. t. t.) {51} | dto. | dto. |
| – | **Pontifikale**<br>l>mlat | liturgisches Buch für die bischöflichen Amtshandlungen (kath. rel. t. t.) {32/51} | dto. | dto. |
| – | **Pontifikat** | Amtsdauer und Würde des Papstes o. eines Bischofs (kath. rel. t. t.) {33/51/59} | **pontificatus**, us m | Amt und Würde eines Pontifex, Oberpriestertum |
| 2719 | **Ponton**<br>l>frz | Tragschiff, Brückenschiff (mil. t. t.) {45/86} | **ponto**, onis f<br><br>frz. *ponton* | Fähre, flaches Boot, Brückenschiff |
| 2720 | **Pool**<br>l>frz>engl<br>>am | 1. Vertrag zwischen verschiedenen Unternehmungen über die Zusammenlegung der Gewinne und die Gewinnverteilung untereinander (wirtsch. t. t.); 2. Zusammenfassung von Beteiligungen am gleichen Objekt (wirtsch. t. t.) {80}; 3. kurz für: Poolbillard {85} | **pulla**, ae f<br>frz. *poule*<br>*jeu de la poule*<br><br>*poule (2.)*<br><br>engl. *pool* | Henne<br>Henne<br>ein Spiel, bei dem eine Henne als Einsatz gilt<br>Einsatz., den der Gewinner bekommt<br>Wirtschaftsvertrag |
| – | poolen | | | |

| | | | | |
|---|---|---|---|---|
| 2721 | **Pop**<br>l>engl>am | 1. Sammelbezeichnung für Popkunst, -musik, -literatur {34/36/37}; 2. poppige Art, poppiger Einschlag (ugs.) {33/19/20} | **popularis**, e<br><br><br>afrz. *populeir*<br>engl. *popular*<br>*popular art* | volkstümlich; einheimisch, inländisch; populär<br><br><br><br><br>volkstümliche Kunst |
| – | **Pop-art**<br>l>engl>am;<br>l>engl | moderne Kunstrichtung {36} | **popularis**<br>+ **ars**,<br>rtis f | s. oben<br>Kunst(fertigkeit) |
| – | **Popper**<br>l>engl>am | Jugendlicher, der sich modisch kleidet, um sich bewußt abzuheben {19/20/33} | **popularis** | s. oben |
| – | **poppig**<br>l>engl>am | (Stil)elemente der Pop-art enthaltend, modern-auffallend {33/36/37/79} | **popularis** | s. oben |
| – | Popstar | | | |
| – | **Popular** | Mitglied der in Opposition zum Senat stehenden altröm. Volkspartei (hist. t. t.) {75/50} | **populares**, rium<br>m (Pl.) | Volkspartei im alten Rom |
| – | **populär**<br>l>frz | 1. gemeinverständlich, volkstümlich {25/33}; 2. beliebt, allgemein bekannt {25/26/33}; 3. Anklang, Beifall, Zustimmung findend {26/33} | **popularis**<br>frz. *populaire* | s. oben |
| – | **populari-sieren**<br>l>frz | 1. gemeinverständlich darstellen {25/32}; 2. verbreiten, in die Öffentlichkeit bringen {32} | dto.<br>frz.<br>*populariser* | dto. |
| – | **Popularität**<br>l>frz | Volkstümlichkeit, Beliebtheit {26/33} | **popularitas**,<br>atis f<br>frz.<br>*popularité* | Popularität, Gefälligkeit; Genossenschaft |
| – | **Population** | 1. Bevölkerung {33/64}; 2. Gesamtheit der Individuen einer Art o. Rasse in einem engeren Bereich (biol. t. t.) {57/68/69}; 3. Gruppe von Fixsternen mit bestimmten astrophysikalischen Eigenschaften (astron. t. t.) {66} | **populatio**,<br>onis f | Bevölkerung, Volk |
| – | **Populis-mus**<br>l>nlat | 1. Politik mit dem Ziel der Gewinnung der Gunst der Massen (polit. t. t.) {81}; 2. literarische Richtung des 20. Jh.s {34} | **populus**,<br>li m | Volk; Gemeinde, Staat |
| – | Populist, populistisch | | | |
| 2722 | **Porree**<br>l>vulgl>frz | südeuropäische Lauchart, Gemüsepflanze {05/17} | **porrum**, ri n<br>o. **porrus**,<br>ri m<br>frz. *poireau* | Lauch, Porree |

| | | | | |
|---|---|---|---|---|
| 2723 | **Port**<br>l>frz/engl | 1. Ziel, Ort der Geborgenheit, Sicherheit {25/26/33/58}; 2. engl. Bezeichnung für: (befestigter) Hafen {45/58} | **portus**, us m | Seeinfahrt, Hafen; Zuflucht |
| 2724 | **Portable**<br>l>engl | tragbares, mobil zu betreibendes Kleingerät (z. B. TV, Radio, Schreibmaschine) {41/87} | **portabilis**, e | tragbar |
| 2725 | **Portal**<br>l>mlat | 1. (prunkvolles) Tor, Pforte, großer Eingang {88}; 2. torartige Tragkonstruktion für einen Kran {40/41} | **porta**, ae f<br>mlat. portale | Tor, Zugang, Eingang<br>Vorhalle |
| 2726 | **Portefeuille**<br>(l>frz;l>frz) >frz | 1. Brieftasche, Aktenmappe (veraltet) {40/43/44/58}; 2. Geschäftsbereich eines Ministers {40/50}; 3. Wertpapierbestand einer Bank (wirtsch. t. t.) {80} | **portare**<br>Imp. **porte**!<br>frz. *porter*<br>+ **folium**, ii n<br>afrz. *fueil*<br>frz. *feuille* | tragen, führen, bringen<br>trage!<br><br>Blatt |
| – | **Portemonnaie**<br>(l>frz;l>frz) >frz | Geldbeutel, -börse {58/43/44} | **portare**<br>+ **moneta**, ae f<br>frz. *monnaie* | s. oben<br>Münze, Münzstätte |
| 2727 | **Porter**<br>l>afrz>engl | starkes (engl.) Bier {17} | **portator**, oris m<br>afrz. *porteour*<br>engl. *porter* | Träger<br><br>Lastträger; Biersorte |
| 2728 | **Portier**<br>l>frz | 1. Pförtner; 2. Hauswart {40} | **portarius**, ii m<br>frz. *portier* | Türhüter, Pförtner |
| 2729 | **Portikus** | Säulenhalle als Vorbau an der Haupteingangsseite eines Gebäudes (archit. t. t.) {88} | **porticus**, us m | Säulengang, -halle; Galerie |
| 2730 | **Portion** | (An)teil, abgemessene Menge (bes. bei Speisen) {57/17} | **portio**, onis f | Anteil; Proportion, Verhältnis |
| – | **portionieren**<br>l>frz | in Portionen teilen {57/17/29} | dto. | dto. |
| – | **Portionierer**<br>l>frz | Gerät zum Einteilen der Portionen {44/57/17} | dto. | dto. |
| 2731 | **Porto**<br>l>it | Gebühr für die Beförderung von Postsendungen {42/45/46} | **portare**<br>it. *portare*<br>*porto* | s. oben 2726<br>tragen, bringen<br>das Tragen; Transport(kosten) |
| 2732 | **Porträt**<br>o. **Portrait**<br>l>frz | (Brust)bild eines Menschen, Bildnis {36} | **protrahere**<br><br>afrz. *po(u)rtraire* | hervorziehen; ans Licht bringen, offenbaren<br>entwerfen, darstellen |

| | | | | |
|---|---|---|---|---|
| – | **porträtieren** l>frz | jmds. Porträt anfertigen {36/29} | dto. | dto. |
| – | Porträtist | | | |
| 2733 | **Porzellan** l>it | feinste Tonware (durch Brennen von Kaolin, Feldspat und Quarz, z. B. für Figuren o. Geschirr) {36/44} | **porcella**, ae f<br>it. *porcella*<br><br>*porcellana* | kleines weibliches Schwein, Ferkel<br>kleines weibliches Schwein; Meeresschnecke |
| 2734 | **Posament** l>vulgl>frz | textiler Besatzartikel (Borte, Quaste, Schnur) {19} | **pandere** (PPP. **passus**)<br>vulgl. passare*<br>frz. *passer*<br>*passement* | ausbreiten, -spannen; öffnen; offenbaren<br>durchgehen, Schritte machen<br><br>Borte |
| – | **posamentieren** l>vulgl>frz | Posamenten herstellen {19/40} | dto. | dto. |
| 2735a | **Posaune** l>vulgl>frz | Blechblasinstrument {37} | **bucina**, ae f<br>afrz. *boisine* o. *buisine* | Hirten-, Kuh-, Signalhorn<br>Jagd-, Signalhorn |
| – | **posaunen** l>vulgl>frz | 1. die Posaune blasen (meist ugs.) {37}; 2. (= ausposaunen) etw., das nicht bekannt werden sollte, überall herumerzählen (ugs., abwertend) {32/26}; 3. laut(stark) verkünden {32} | dto. | dto. |
| – | **Posaunist** l>vulgl>frz | Musiker, der Posaune spielt {37} | dto. | dto. |
| 2735b | **Pose** (l/gr>vulgl) >frz | auf Wirkung abzielende, gekünstelte Körperhaltung {12/33} | **ponere** (PPP. **positus**)<br>gemischt mit:<br>gr. *παύειν*<br>(vulgl.) pausare<br>frz. *poser*<br><br>*pose* | setzen, stellen, legen<br><br>innehalten<br>innehalten, pausieren, ruhen<br>setzen, stellen, legen<br>Stellung, Haltung |
| – | posieren | | | |

| | | | | |
|---|---|---|---|---|
| 2736 | **Position** | 1. Stellung, Stelle (im Beruf) {40/33}; 2. Situation, Lage {25/33}; 3. Einstellung, Standpunkt {25}; 4. bestimmte Stellung, Haltung {12}; 5. Rangplatz (sport. t. t.) {56/85}; 6. Einzelposten einer (Waren)liste {42/57}; 7. Standort eines Schiffes, Flugzeuges o. Gestirns {58/45/66}; 8. militärische Stellung {86}; 9. metrische Länge (in der antiken Metrik - sprachwiss. t. t.) {76/34}; 10. jede geordnete Einheit in einer sprachlichen Konstruktion (sprachwiss. t. t.) {76}; 11. Setzung, Aufstellung einer These (philos. t. t.) {77/25} | **positio**, onis f | das Setzen, Stellen; Endung (gramm. t. t.); Lage, Stellung |
| – | **positionell** l>(frz) | 1. stellungsmäßig {58; s. auch oben}; 2. in der Stellung einer Schachpartie begründet {85} | dto. | dto. |
| – | **positionieren** l>frz | in eine bestimmte Position (4.), Stellung bringen; einordnen {12/25/58} | dto. frz. *positionner* | dto. |
| – | **Positionierung** l>frz | der auf dem Bildschirm vorgenommene Umbruch (EDV-t. t.) {32/40/71} | dto. | dto. |
| – | **positiv** l>(frz) | 1. bejahend, zustimmend {25/32}; 2. ein Ergebnis bringend; vorteilhaft, günstig {56/25}; 3. sicher, genau, tasächlich {25}; 4. größer als Null {57/71}; 5. das Foto-Positiv betreffend (fot. t. t.) {87}; 6. im ungeladenen Zustand mehr Elektronen enthaltend als im geladenen (phys. t. t.) {72}; 7. einen krankhaften Befund zeigend (med. t. t.) {70} | **positivus**, a, um | gesetzt, gegeben; im Positiv, als Substantiv stehend (gramm. t. t.) |
| – | **Positiv** | 1. ungesteigerte Form des Adjektivs, Grundstufe (sprachwiss. t. t.) {76}; 2. kleine Standorgel (meist ohne Pedal) {37}; 3. über das Negativ gewonnenes, seitenrichtiges, der Natur entsprechendes Bild (fot. t. t.) {87} | dto. | dto. |
| – | **Positivismus** l>nlat | philos. Richtung, die ihre Forschung auf das Tatsächliche, Wirkliche beschränkt (philos. t. t.) {52/77} | dto. | dto. |
| – | Positivist | | | |

| | | | | |
|---|---|---|---|---|
| – | **positivistisch** l>nlat | 1. den Positivismus betreffend, auf ihm beruhend {52/77}; 2. vordergründig; bei einer wissenschaftlichen Arbeit keine eigene Gedankenarbeit aufweisend (abwertend) {25/40} | dto. | dto. |
| – | **Positivum** | etw., das an einer Sache als positiv (2.), vorteilhaft, gut empfunden wird; etw. Positives {25/26/56} | dto. | dto. |
| – | **posito** | angenommen, gesetzt den Fall (veraltet) {25} | **ponere** (PPP. **positus**) | stellen, setzen, legen |
| – | **Positron** l;gr>l | (Kurzwort aus positiv und Elektron): positiv geladenes Elementarteilchen (phys. t. t.) {72} | **positivus** + **electrum**, ri n gr. *ἤλεκτρον* | s. oben Bernstein |
| – | **Positur** | 1. (betonte, herausfordernde) Haltung o. Stellung {12/26}; 2. Gestalt, Figur, Statur (landsch.) {11/53} | **positura**, ae f | Stellung, Lage; Interpunktion |
| 2737 | **Possession** | Besitz (jur. t. t.) {82/43} | **possessio**, onis f | Besitznahme, -ergreifung |
| – | **possessiv** | 1. von einer Art, die jmdn. ganz für sich beansprucht {43/33}; 2. besitzanzeigend (sprachwiss. t. t.) {76} | **possessivus**, a, um | einen Besitz anzeigend |
| – | **Possessiv(um)** | (= Possessivpronomen) besitzanzeigendes Fürwort (sprachwiss. t. t.) {76} | dto. | dto. |
| – | **possessorisch** | den Besitz betreffend (jur. t. t.) {82/43} | **possessorius**, a, um | den Besitz(stand) betreffend |
| 2738 | **possibel** l>frz | möglich (veraltet) {25} | **possibilis**, e | möglich, tunlich |
| – | **Possibilität** l>frz | Möglichkeit (veraltet) {25} | **possibilitas**, atis f | Möglichkeit, Macht |
| 2739a | **Post** (l;l)>l>it | 1. (staatliche) Beförderungseinrichtung für Briefe etc. {46/61/50}; 2. Postgebäude {58}; 3. Brief, Versandgut {46/32} | **ponere** (PPP. **positus**) + **statio**, onis f | s. oben 2736 Posten; Standort, Aufenthalt; das Stillstehen |
| | | | **posita statio** | festgesetzter Aufenthaltsort |
| | | | it. *posta* | Pferdewechselstation |
| – | Postille, Postillion | | | |
| – | zahlreiche Zusammensetzungen (Postamt, -bote, -karte) | | | |
| 2739b | **post...** o. **Post...** | nach, hinter {58/59/83} | **post** (Adv.) | hinter, nachher, zuletzt |
| >>> | Post... s. ggf. unter dem Rest des Wortes | | | |

| | | | | |
|---|---|---|---|---|
| 2739c | **postalisch** | die Post betreffend, von ihr | **ponere** | s. oben 2739a |
| | (l;l)>l>it | ausgehend; Post... {46/50/61} | + **statio** | |
| | >nlat | | | |
| 2740 | **Postament** | Unterbau, Sockel einer Säule | **ponere** | s. oben 2736 |
| | (l;l)>l>it | o. Statue {36/88} | (PPP. **positus**) | |
| | | | + **locus**, ci m | Ort, Platz, Stelle |
| | | | **positus locus** | Standort; festgesetzter Ort |
| | | | it. *posto* | |
| 2741 | **post-** | mit einer früheren bzw. spä- | **post** | s. oben 2739b |
| | **datieren** | teren Zeitangabe versehen | + **dare** | geben |
| | (l;l>frz) | (veraltet) {32/59} | frz. *dater* | |
| | >nlat | | | |
| 2742 | **Posten** | 1. Rechnungsbetrag, Waren- | 1.: **ponere** | s. oben 2736 |
| | (l;l)>l>it | menge {80/57}; | (PPP. **positus**) | |
| | | | + **summa**, ae f | Hauptpunkt; Gesamtheit; Summe |
| | | | **posita summa** | aufgestellte, festgesetzte Summe |
| | | | it. *posta* | Rechnungsbetrag |
| | | 2. Standort für eine militäri- | 2., 3.: **ponere** | s. oben 2736 |
| | | sche Wache; auf Wache ste- | (PPP. **positus**) | |
| | | hender (Soldat) {23/86}; 3. Stel- | + **statio** bzw. | dto. |
| | | le, Anstellung, Amt {40} | **locus** bzw. | s. oben 2740 |
| | | | **mansio**, onis f | Aufenthalt(sort), Nachtlager |
| | | | **posita statio / mansio** | festgesetzter Stand-, Aufenthaltsort |
| | | | it. *posta / posto* | Standort |
| 2743 | **Poster** | künstlerisches, dekoratives | **postis**, is m | Tür(pfosten) |
| | (gr)>l>engl | (Werbe)plakat {36/42} | gr. *παστάς* | |
| | | | engl. *(to) post* | (Plakate) anschlagen |
| 2744a | **Post-** | das Fortbestehen der Seele | **post** | s. oben 2739b |
| | **existenz** | nach dem Tod (philos. t. t.) | + **exsistentia**, | das Bestehen, Da- |
| | l;l | {52/77} | ae f | sein, Existenz |
| >>> | posthum s. postum | | | |
| 2744b | **postieren** | aufstellen, hinstellen, einen | **posita mansio** | s. oben 2742 (2., 3.) |
| | (l;l)>l>frz | Platz zuweisen {58/28} | **/ statio / locus** | |
| - | **Postillion** | Postkutscher {40/46/45} | **posita statio** | s. oben 2739a |
| | (l;l)>l>l | | frz. *postillon* | |
| | >frz/it | | it. *postiglione* | |
| 2744c | **postmortal** | nach dem Tode (auftretend - | **post** | s. oben 2739b |
| | l;l | med. t. t.) {59/70} | + **mortalis**, e | sterblich, vergänglich, irdisch |
| - | **postnatal** | nach der Geburt bzw. Entbin- | **post** | s. oben 2739b |
| | l;l | dung (auftretend - med. t. t.) | + **natalis**, e | zur Geburt gehö- |
| | | {59/70} | | rig, Geburts... |
| >>> | postoperativ s. operativ | | | |

| | | | | |
|---|---|---|---|---|
| – | **Post-position** (l;l)>nlat | 1. dem Substantiv nachgestellte Präposition (sprachwiss. t. t.) {76}; 2. Verlagerung eines Organs nach hinten (med. t. t.) {70/58}; 3. verspätetes Auftreten (von Krankheitssymptomen - med. t. t.) {70/59} | **post** + **positio** | s. oben 2739b a. oben 2736 |
| 2745 | **Postregal** [(l;l)>l;l] >nlat | Recht des Staates, das gesamte Postwesen in eigener Regie zu führen {50/82/46} | **posita statio** + **regalis**, e | s. oben 2739a zum König gehörig, ihm zukommend; königlich |
| – | Postscheck | | | |
| >>> | Postscheckkonto s. Konto | | | |
| 2746 | **Postskript(um)** l;l | Nachschrift {32/58} | **post** + **scriptum**, ti n | s. oben 2739b Schrift, Entwurf; alles Geschriebene |
| 2747 | **Postulat** | 1. unbedingte (sittliche) Forderung {25/28/30}; 2. notwendige unbewiesene, aber einsichtige Annahme (philos. t. t.) {25/77}; 3. Probezeit für die Kandidaten eines kath. Ordens {51/59} | **postulatum**, ti n | Forderung; Klagegesuch |
| – | **postulieren** | 1. fordern, zur Bedingung machen {25/28}; 2. feststellen {25}; 3. ein Postulat (2.) aufstellen {25/77} | **postulare** | fordern, verlangen, beanspruchen |
| 2748a | **postum** o. **posthum** l/l | 1. nach jmds. Tod erfolgt (z. B. erschienen, nachgelassen); 2. nach dem Tod des Vaters geboren, nachgeboren {59/15} | **postumus**, a, um bzw. **postumus** gemischt mit: **humare** | der letzte, hinterste; nachgeboren; nach dem Tode eintretend beerdigen, begraben |
| 2748b | **post-wendend** (l;l)>l>it;d | umgehend {59} | **ponere** + **statio** | s. oben 2739a |
| 2749 | **potent** | 1. leistungsfähig {22}; 2. mächtig, einflußreich {33}; 3. zahlungskräftig, vermögend {43}; 4. zum Geschlechtsverkehr fähig (vom Mann gesagt); zeugungsfähig (med. t. t.) {70/18} | **potens** (Gen. –ntis) | mächtig; einflußreich; tüchtig, stark |
| – | **Potentat** | 1. jmd., der Macht hat und ausübt {33/28}; 2. souveräner, regierender Fürst (veraltet) {50/75} | **potentatus**, us m | Vermögen, Kraft; Macht, Oberherrschaft |

| | | | | |
|---|---|---|---|---|
| – | **potential** l>spätl/ mlat | 1. die bloße Möglichkeit betreffend (philos. t. t.) {77}; 2. die Möglichkeit ausdrückend (sprachwiss. t. t.) {76} | **potentia**, ae f spätl. / mlat. potentialis, e | Vermögen; Kraft; Macht; Einfluß nach Vermögen; tätig wirkend |
| – | **Potential** l>mlat | 1. Leistungsfähigkeit, Kapazität {22/57}; 2. Maß für die Stärke eines Kraftfeldes (phys. t. t.); 3. potentielle Energie (phys. t. t.) {56/72} | dto. | dto. |
| – | **Potentialis** l>mlat | Modus der Möglichkeit, Möglichkeitsform (sprachwiss. t. t.) {76} | dto. | dto. |
| – | **Potentialität** l>mlat | Möglichkeit, die zur Wirklichkeit werden kann (sprachwiss. t. t.) {76} | dto. | dto. |
| – | **potentiell** l>mlat>frz | möglich, denkbar; der Anlage, Möglichkeit nach {25} | dto. frz. *potentiel* | dto. |
| – | **Potentiometer** l>mlat;gr | Gerät zur Herstellung von Teilspannungen (elektrotechn. t. t.) {41/72/87} | dto. + gr. *μέτρον* | dto. Maß |
| – | **Potenz** | 1. Fähigkeit, Leistungsvermögen {22}; 2. Fähigkeit des Mannes zum Geschlechtsverkehr; Zeugungsfähigkeit (med. t. t.) {70/18}; 3. Verdünnungsgrad einer Arznei (med. t. t.) {70/73}; 4. Produkt mehrerer gleicher Faktoren (math. t. t.) {71} | **potentia** | s. oben |
| – | **potenzieren** l>(nlat) | 1. erhöhen, steigern {56/57}; 2. die Wirkung eines Arzneimittels verstärken (med. t. t.); 3. eine Arznei homöopathisch verdünnen (med. t. t.) {70}; 4. eine Zahl mit sich selbst multiplizieren, zur Potenz erheben (math. t. t.) {71} | dto. | dto. |
| 2750 | **Potpourri** (vork>l >spätl>afrz >frz;l >vulgl>frz) >span>frz | 1. aus verschiedenen Melodien zusammengestelltes Musikstück {37}; 2. Allerlei, Kunterbunt {56/57} | **potus**, us m vork. *pottus** frz. *pot* + **putrere** vulgl. putrire* frz. *pourrir* span. *olla potrida* frz. *pot-pourri* | Trank, Getränk; das Zechen;Trinkgefäß (spätl.) morsch -, mürbe sein faulen, verwesen Eintopfgericht; buntes Allerlei (wörtlich: verfaulter Topf) |

| | | | | |
|---|---|---|---|---|
| – | **Pott** vork>l >spätl>frz | Topf, Trinkgefäß {44} | **potus** vork. *pottus** frz. *pot* | s. oben |
| 2751 | **Poularde** l>frz | junges (verschnittenes) Masthuhn {17/39} | **pulla**, ae f bzw. **pullus**, li m afrz. *polle* frz. *poule* | Henne Hühnchen; junges Tier Henne |
| – | **Poulet** l>frz | junges, zartes Masthuhn o. -hähnchen {17/39} | dto. | dto. |
| 2752 | **Pound** l>engl | engl. Gewichtseinheit (= 453,6 g) {56} | **pondus**, deris n | Gewicht; Schwere, Masse |
| 2753 | **poussieren** l>frz | 1. flirten, anbändeln; mit jmdm. in einem Liebesverhältnis stehen {33/18}; 2. jmdm. schmeicheln; jmdn. gut behandeln und verwöhnen, um etw. zu erreichen {25/28/32/33} | **pulsare** frz. *pousser* | stoßen, antreiben, drücken; beunruhigen stoßen, drücken |
| – | **Poussage** o. **Poussade** l>frz | 1. (nicht ernstgemeinte) Liebschaft (veraltend); 2. Geliebte (oft abwertend) {33/18} | dto. | dto. |
| 2754 | **Power** l>vulgl >afrz>engl | 1. Kraft, Stärke, Leistung (ugs.) {22/40}; 2. Einschaltknopf an techn. Geräten {87} | **posse** vulgl. potere afrz. *poer* | können; vermögen |
| 2755 | **Prä** | Vorteil, Vorrang {56} | **prae** (Adv./Präp.) | vor, voran, voraus, vorher |

>>> Prä..., prä... s. ggf. unter dem Rest des Wortes

| | | | | |
|---|---|---|---|---|
| 2756 | **Präambel** l>mlat | 1. (feierliche Erklärung als) Einleitung einer (Verfassungs)urkunde, eines Staatsvertrages {50/32}; 2. Vorspiel in der Orgel- und Lautenliteratur {37/32} | **praeambulus**, a, um mlat. praeambulum | vorangehend Einleitung |
| 2758 | **Prädestination** l>mlat | 1. göttliche Vorherbestimmung (des Menschen zur Seligkeit o. zur Verdammnis - rel. t. t.) {51}; 2. das Geeignetsein durch Fähigkeiten, charakterliche Anlagen für einen Beruf o. ä. {22/40/84} | **praedestinatio**, onis f | Vorherbestimmung |
| – | **prädestinieren** l>mlat | vorherbestimmen {22/51} | **praedestinare** | im voraus bestimmen, - vornehmen |
| – | **prädestiniert** l>mlat | vorherbestimmt; wie geschaffen {22/51} | dto. | dto. |
| 2759 | **Prädetermination** (l;l)>nlat | Vorherfestgelegtsein der Keimesentwicklung (biol. t. t.) {68/69} | **prae** + **determinatio**, onis f | s. oben 2755 Abgrenzung, Grenze |

– prädeterminieren

| | | | | |
|---|---|---|---|---|
| 2760 | **prädikabel** | lobenswert, rühmlich (veraltet) {25/56} | **praedicabilis**, e | rühmenswert, ruhmwürdig |
| – | **Prädikat** | 1. Note, Bewertung, Zensur {31/56}; 2. Rangbezeichnung, Titel (beim Adel) {33}; 3. grammatischer Kern einer Aussage (sprachwiss. t. t.) {76}; 4. der die Aussage enthaltende Teil des Urteils (log., philos. t. t.) {71/77} | **praedicare** (PPP. **praedicatus**) | öffentlich ausrufen, aussagen, behaupten, rühmen |
| – | **Prädikation** | Bestimmung eines Begriffs durch ein Prädikat (4.) (philos., log. t. t.) {77/71} | **praedicatio**, onis f | das öffentliche Ausrufen; Aussage, Behauptung |
| – | **prädikati(si)eren** l>nlat | mit einem Prädikat (1.) versehen (z. B. Filme) {25/56/85} | **praedicare** | s. oben |
| – | **prädikativ** | das Prädikat (3.) betreffend, zu ihm gehörend; aussagend (sprachwiss. t. t.) {76} | **praedicativus**, a, um | behauptend, bejahend, kategorisch |
| – | **Prädikativ(um)** | auf das Subjekt o. Objekt bezogener Teil der Satzaussage (sprachwiss. t. t.) {76} | dto. | dto. |

>>> Prädikatsnomen s. Nomen

| | | | | |
|---|---|---|---|---|
| 2761 | **Prädikation** | Vorhersage, Voraussage {24/32/51/59} | **praedicatio**, onis f | das Vorhersagen; Prophezeiung |
| 2762 | **Prädisposition** (l;l)>nlat | Anlage, Empfänglickeit für bestimmte Krankheiten (med. t. t.) {70} | **prae** + **dispositio**, onis f | s. oben 2755 Anlage, Anordnung, Einrichtung, Verteilung |
| 2763 | **prädizieren** | einen Begriff durch ein Prädikat (4.) bestimmen (log., philos. t. t.) {71/77} | **praedicare** | s. oben 2760 |
| 2764 | **praecox** | vorzeitig, frühzeitig, zu früh auftretend (med. t. t.) {70/59} | **praecox** (Gen. –ocis) | frühzeitig; frühreif; voreilig |
| 2765 | **Präexistenz** (l;l)>nlat | 1. das Vorhandensein der Welt als Idee in Gedanken Gottes vor ihrer stofflichen Erschaffung (philos. t. t.); 2. das Bestehen der Seele vor ihrem Eintritt in den Leib (philos. t. t.); 3. Dasein Christi als Idee bei Gott vor seiner Menschwerdung (theol. t. t.) {51/77} | **prae** + **exsistentia**, ae f | s. oben 2755 das Bestehen, Dasein, Existenz |

– präexistieren

| | | | | |
|---|---|---|---|---|
| 2766 | **Präfekt** | 1. hoher Beamter im alten Rom (hist. t. t.) {75/50}; 2. oberster Verwaltungsbeamter eines Departments (Frankreich) o. einer Provinz (Italien) {49/40}; 3. leitender kath. Geistlicher in Missionsgebieten {51}; 4. ältester Schüler in einem Internat, der jüngere beaufsichtigt {31/33} | **praefectus**, ti m | Vorgesetzter, Vorsteher, Aufseher |
| – | **Präfektur** | Amt(sbezirk), Amtsräume eines Präfekten (2.) {49/48/58} | **praefectura**, ae f | Vorsteheramt; Provinzialverwaltung, Statthalterschaft |
| 2767 | **präferentiell** l>frz | Präferenzen betreffend {33/40/56} | **praeferre** | vor(an/aus)tragen; vorziehen, den Vorzug geben |
| – | **Präferenz** l>frz | 1. Vorrang, Vorzug; Vergünstigung {33/40/56}; 2. Trumpffarbe bei Kartenspielen {56/85} | dto. | dto. |
| – | **präferieren** l>frz | vorziehen, den Vorzug geben {25/28} | dto. | dto. |
| 2768 | **Präfix** | (sprachwiss. t. t.) 1. vor den Wortstamm, vor ein Wort tretende Silbe; 2. Präverb {76} | **praefigere** | vorn anheften, vorstecken; verschließen |
| 2769 | **Präformation** l>nlat | angenommene Vorausbildung des fertigen Organismus im Keim (biol. t. t.) {69/70} | **praeformare** | vorher bilden, - entwerfen; vorzeichnen |
| – | präformieren | | | |
| 2770 | **prägnant** l>frz | gehaltvoll, eindrucksvoll; gedrängt (im Ausdruck); treffend darstellend {22/32/56} | **praegnans** (Gen. –ntis) frz. *prégnant* | schwanger, trächtig; voll, strotzend gehalt-, eindrucksvoll |
| – | **Prägnanz** l>frz | Schärfe, Genauigkeit, Knappheit des Ausdrucks {22/32/56} | dto. | dto. |
| 2771 | **Prähistorie** l;gr>l | Vorgeschichte {59/75} | **prae** + **historia**, ae f<br>gr. *ἱστορία* | s. oben 2755<br>Kunde; Geschichte, Geschichtsforschung, -werk |
| – | Prähistoriker, prähistorisch | | | |

| | | | | |
|---|---|---|---|---|
| 2772 | **Präjudiz** | 1. vorgefaßte Meinung, Vorentscheidung {25/28}; 2. hochrichterliche Grundsatzentscheidung {28/82}; 3. durch Nichtbefolgung einer Verordnung entstehender Schaden {82/40}; 4. Vorwegnahme einer Entscheidung durch zwingendes Verhalten (Staatspolitik) {50} | **praeiudicium**, ii n | Vorentscheidung, Vorbescheid, Präjudiz |
| - | **präjudizial** o. **präjudiziell** l>frz | bedeutsam für die Beurteilung eines späteren Sachverhalts (jur. t. t.) {56/82} | **praeiudicialis**, e | zur vorgängigen, vorgreifenden richterlichen Entscheidung gehörig |
| - | **präjudizieren** | der (richterlichen) Entscheidung vorgreifen (jur., pol. t. t.) {81/82} | **praeiudicare** | einen vorgreifenden Spruch fällen, im voraus entscheiden |
| **2773** | **Präkaution** | Vorsicht, Vorkehrung {25} | **praecautio**, onis f | Vorsicht |
| 2774 | **Präkonisation** l>mlat | feierliche Bekanntgabe einer Bischofsernennung durch den Papst {32/33/51} | **praeconari** | den Herold machen, ausposaunen; rühmen |
| 2775 | **Prälat** l>mlat | geistlicher Würdenträger {33/51} | **praeferre** | voran-, zur Schau tragen, offenbaren, den Vorzug geben |
| | | | mlat. praelatus | geistlicher Würdenträger |
| 2776 | **Prälimi-nar...** (l;l)>nlat | vorläufig, einleitend (nur in Zusammensetzungen, z. B. -frieden) {59} | **prae** + **liminaris**, e | s. oben 2755 zur Schwelle gehörig |
| - | **Präliminare** (l;l)>nlat | 1. diplomatische Vorverhandlungen {59/50/32}; 2. Vorbereitung, Einleitung, Vorspiel {59} | dto. | dto. |
| - | **präliminieren** l>nlat | vorläufig feststellen, -legen {59/25/28} | dto. | dto. |
| 2777 | **präludieren** | durch ein Vorspiel eine Musikaufführung, einen Chorgesang einleiten (mus. t. t.) {37/59} | **praeludere** | vorspielen; ein Vorspiel -, eine Probe machen |
| - | **Präludium** l>nlat | (mus. t. t.) 1. improvisiertes muskalisches Vorspiel; 2. Einleitung der Suite und Fuge {37/59}; 3. selbständiges Instrumentalstück {37} | dto. | dto. |
| 2778 | **Prämaturität** l>nlat | Frühreife, vorzeitige Pubertät (med. t. t.) {18/59/70} | **praematurus**, a, um | frühzeitig, voreilig, frühreif |

| | | | | |
|---|---|---|---|---|
| 2779 | **Prämie** | 1. Belohnung, Preis {56/42}; 2. zusätzlich gezahlter Betrag für besondere Leistungen {56/42/40}; 3. Zugabe beim Warenkauf {42/57}; 4. Versicherungsbeitrag {33/42}; 5. Gewinn in der Lotterie {43/56/85} | **praemium**, ii n | Belohnung, Preis; Vorteil, Gewinn |
| >>> | Prämienfonds, Prämiendepot s. Fonds, Depot | | | |
| – | **prämi(i)eren** | mit einem Preis belohnen, auszeichnen {42/56} | **praemiare** | belohnen |
| 2780 | **Prämisse** | 1. Vordersatz im Syllogismus (log., philos. t. t.) {71/77}; 2. Voraussetzung {25} | **praemittere** | vorausschicken, vorausgehen lassen |
| | | | **praemissa** (sc. propositio) | vorausgeschickter (Satz) |
| 2781 | **prämortal** (l;l)>nlat | vor dem Tode (auftretend - med. t. t.) {70/59} | **prae** + **mortalis**, e | s. oben 2755 sterblich, vergänglich |
| 2782 | **pränatal** (l;l)>nlat | vor der Geburt, ihr vorausgehend (med. t. t.) {70/59} | **prae** + **natalis**, e | s. oben 2755 zur Geburt gehörig, Geburts... |
| 2783 | **Pranke** gall>spätl >roman | Raubtiertatze {06/07} | **branca** ae f | Pranke, Pfote |
| 2784 | **Pränomen** | altröm. Vorname (hist. t. t.) {75} | **praenomen**, minis n | Vorname; Titel |
| 2785 | **Praenuntiation** | Vorherverkündigung (veraltet) {32/59} | **praenuntiatio**, onis f | Vorherverkündigung |
| 2786 | **Präparat** | 1. etw. kunstgerecht Zubereitetes (z. B. Arzneimittel) {70}; 2. konservierte Pflanze o. Tierkörper zu Lehrzwecken {68/69/31}; 3. Gewebsschnitt zum Mikroskopieren {40/68/69} | **praeparare** (PPP. **praeparatus**) bzw. **praeparatus**, us m | vorbereiten, bereithalten, im voraus instand setzen Vorbereitung |
| – | **Präparation** | 1. Vorbereitung, häusliche Aufgabe (veraltet) {25/31}; 2. Herstellung eines Präparats (2., 3.) {40/68/69} | **praeparatio**, onis f | Vorbereitung auf etw., Rüstung |
| – | **präparativ** l>nlat | die Herstellung von Präparaten (2., 3.) betreffend {40/68/69} | **praeparare** | s. oben |
| – | **Präparator** | jmd., der naturwissenschaftliche Präparate (2., 3.) herstellt {40/68/69} | **praeparator**, oris m | (Vor)bereiter |
| – | **präparatorisch** | vorbereitend, vorläufig (veraltet) {59/25} | **praeparatorius**, a, um | vorbereitend |

| | | | | |
|---|---|---|---|---|
| – | **präparieren** | (einen Stoff, ein Kapitel, sich) vorbereiten {25}; 2. tote menschliche, tierische Körper o. Pflanzen (für Lehrzwecke) zerlegen und dauerhaft haltbar machen {31/40/68/69} | **praeparare** | s. oben |
| 2787 | **Präponderanz** l>frz | Übergewicht (z. B. eines Staates) {33/50/56} | **praeponderare** | Übergewicht -, den Vorzug haben; überwiegen |
| – | **präponderieren** l>frz | überwiegen {33/56} | dto. | dto. |
| 2788 | **Präposition** | Verhältniswort (sprachwiss. t. t.) {76} | **praepositio**, onis f | das Vor(an)setzen; Vorzug; Präposition (gramm. t. t.) |
| – | **präpositional** l>nlat | die Präposition betreffend, verhältniswörtlich (sprachwiss. t. t.) {76} | dto. | dto. |
| 2789 | **Prärie** l>frz | Grassteppen im mittleren Westen Nordamerikas {03/64} | **pratum**, ti n<br>frz. *pré*<br>*prairie* | Wiese(ngras)<br>Wiese |
| 2790 | **Prärogativ(e)** | Vorrecht des Herrschers bei der Auflösung des Parlaments, dem Erlaß von Gesetzen (hist. t. t.) {75/50} | **praerogativa**, ae f | Vorbedeutung, Vorwahl, Vorrang, Vorrecht |
| 2791 | **Präsens** | Zeit-, Verbform der Gegenwart (sprachwiss. t. t.) {76} | **praesens** (Gen. –ntis) | gegenwärtig, jetzig; augenblicklich |
| – | **präsent** | anwesend; gegenwärtig; zur Hand {52/59} | dto. | dto. |
| 2792a | **Präsent** l>frz | Geschenk, kleine Aufmerksamkeit {33/42/56} | **praesentare**<br>frz. *presenter*<br>*présent* | gegenwärtig machen, zeigen<br>darbieten, vorstellen<br>Geschenk |
| – | **präsentabel** l>frz | ansehnlich, vorzeigbar {33/56} | dto. | dto. |
| – | **Präsentation** l>mlat | 1. Präsentierung {33/32}; 2. Vorlage (bes. eines Wechsels - wirtsch. t. t.) {80} | dto. | dto. |
| – | **Präsentator** l>mlat | jmd., der etw. (z. B. eine TV-Sendung) vorstellt, darbietet, kommentiert {33/32/40/85} | dto. | dto. |
| – | **präsentieren** l>frz | 1. überreichen, darbieten {33/29}; 2. vorlegen, vorzeigen {29/32}; 3. sich -: sich zeigen, vorstellen {33/32}; 4. mit der Waffe eine militärische Ehrenbezeigung machen {86} | dto. | dto. |

| | | | | |
|---|---|---|---|---|
| – | **Präsentierung** l>frz | Vorstellung, Vorzeigung, Überreichung {29/32/33} | dto. | dto. |
| – | **Präsentierteller** l>frz;spätl >roman >frz | nach allen Seiten hin offener, den Blicken der Öffentlichkeit ausgesetzter Platz {58} | dto. + **taliare** afrz. *tailleor* frz. *tailloir* *tailler* | dto. spalten; schneiden, zerlegen Vorlegeteller; Hackbrett Hackbrett (zer)schneiden, zerteilen vgl. unten 3543b |
| 2792b | **präsentisch** | das Präsens betreffend (sprachwiss. t. t.) {76} | **praesens** | s. oben 2791 |
| 2793 | **Präsenz** l>frz | 1. Gegenwart, Anwesenheit {52}; 2. mittlerer Tonbereich bei HiFi-Anlagen (um 5 kHz - techn. t. t.) {87} | **praesentia**, ae f frz. *présence* | Gegenwart; Einwirkung; Schutz |
| – | **Präsenzbibliothek** l>frz;gr | Bibliothek, deren Bücher nicht ausgeliehen werden dürfen {31/32/49} | dto. + gr. *βιβλιοθήκη* | dto. |
| 2794 | **Präser-(vativ)** spätl>frz | Gummischutz zur Schwangerschaftsverhütung oder zum Schutz vor Ansteckung (mit AIDS-Viren); Kondom {70/18} | **praeservare** mlat. praeservativus frz. *préservatif* | vorher beobachten vorbeugend, bewahrend |
| 2795 | **Präses** | (rel. t. t.) 1. Vorstand eines kath. Vereins; 2. Vorsitzender einer ev. Synode {33/51} | **praeses**, sidis mf | Beschützer; Vorsteher; Vorgesetzter |
| – | **präsidieren** l>frz | 1. einem Gremium vorsitzen; 2. leiten (z. B. eine Versammlung) {33} | **praesidere** frz. *présider* | den Vorsitz haben, beaufsichtigen, leiten |
| – | **Präsident** l>frz | 1. Vorsitzender (einer Versammlung o. ä.) {33}; 2. Leiter (einer Behörde o. ä.) {33/40}; 3. Staatsoberhaupt einer Republik {50} | **praesidens**, ntis m frz. *président* | Vorsitzender, Vorsteher |
| – | **präsidiabel** l>frz | befähigt, ein Präsidentenamt zu übernehmen {22/33/50} | **praesidialis**, e | den Statthalter betreffend, ihm zustehend, von ihm ausgehend |
| – | **präsidial** | den Präsidenten, das Präsidium (1., 2.) betreffend {50/33} | dto. | dto. |
| – | **Präsidium** | 1. leitendes Gremium einer Versammlung o. Organisation; 2. Vorsitz, Leitung {33/50}; 3. Amtsgebäude eines (Polizei)präsidenten {40/49/58} | **praesidium**, ii n | Schutz, Hilfe; Besatzung, Posten |
| 2796 | **präskribieren** | 1. vorschreiben, verordnen {28/50}; 2. als verjährt erklären (jur. t. t.) {32/59/82} | **praescribere** | einwenden; vorschreiben, verordnen; vorschieben |

| | | | | |
|---|---|---|---|---|
| – | **Präskription** | 1. Vorschrift, Verordnung {50/28}; 2. Verjährung (jur. t. t.) {59/82} | **praescriptio**, onis f | Überschrift; Vorschrift, Verordnung; Einwand |
| – | **präskriptiv** | vorschreibend, festgelegten Normen (1.) folgend; Normen setzend (sprachwiss. t. t.) {76} | **praescriptivus**, a, um | zur rechtlichen Ausnahme gehörig |
| 2797 | **präsumieren** | 1. voraussetzen, annehmen, vermuten (philos., jur. t. t.) {77/82/25}; 2. argwöhnen (landsch.) {24/25} | **praesumere** | voraussetzen, erwarten, vermuten |
| – | **Präsum(p)tion** | Voraussetzung, Vermutung, Annahme (philos., jur. t. t.) {77/82/25} | **praesumptio**, onis f | Vermutung, Erwartung; Vorurteil |
| – | **präsumtiv** | voraussetzend, wahrscheinlich, vermutlich (philos., jur. t. t.) {77/82/25} | **praesumptivus**, a, um | vorausnehmend |
| 2798 | **Prätendent** l>frz | jmd., der Ansprüche auf ein Amt, eine Stellung (den Thron) erhebt {33/27/28} | **praetendere** | hervorragen; vorziehen; vorgeben |
| – | **prätendieren** l>frz | 1. Anspruch erheben, beanspruchen fordern {27/28/33}; 2. behaupten, vorgeben {25/32} | dto. | dto. |
| – | **Prätention** l>frz | Anspruch, Anmaßung {28/26/33} | dto. | dto. |
| – | **prätentiös** l>frz | anspruchsvoll; anmaßend, selbstgefällig {26/28/33} | dto. | dto. |
| 2799 | **präterital** l>nlat | das Präteritum betreffend (sprachwiss. t. t.) {76} | **praeterire** | vorübergehen, vorbewikommen; übergehen |
| – | **Präteritio(n)** | nachdrückliche Hervorhebung durch die Erklärung, etw. übergehen zu wollen (rhetorische Figur - rhet. t. t.) {76} | **praeteritio**, onis f | das Vorübergehen; Übergehung |
| – | **Präteritum** | Zeit-, Verbform der Vergangenheit; Imperfekt (sprachwiss. t. t.) {76} | **praeteritum** (sc. tempus) | Vergangenheit (gramm. t. t.) |
| 2800 | **Prätor** | höchster (Justiz)beamter im antiken Rom (hist. t. t.) {75/50} | **praetor**, oris m | hoher römischer Beamter |
| – | **Prätorianer** | Angehörige der Leibwache römischer Feldherren o. Kaiser (hist. t. t.) {75/86} | **praetoriani**, norum m (Pl.) | Leibwache, Prätorianer(garde) |
| – | **prätorisch** | das Amt, die Person des Prätors betreffend (hist. t. t.) {50/75} | **praetorius**, a, um | prätorisch, zum Prätor gehörig |
| – | **Prätur** | Amt(szeit) eines Prätors (hist. t. t.) {50/59/75} | **praetura**, ae f | Würde, Amt eines Prätors, Prätur |
| 2801 | **prävalent** | überlegen; vorherrschend, überwiegend {56/33} | **praevalere** | sehr kräftig -, übermächtig sein; überwiegen, mehr vermögen |
| – | **Prävalenz** | Überlegenheit; das Vorherrschen {56/33} | **praevalentia**, ae f | Übermacht |

| | | | | |
|---|---|---|---|---|
| – | **prävalie-<br>ren** | vorherrschen, vor-, überwie-<br>gen {56/33} | **praevalere** | s. oben |
| 2802 | **Prävention**<br>l>mlat | 1. das Zuvorkommen {29/59};<br>2. Vorbeugung; Abschrek-<br>kung künftiger Verbrecher<br>(jur. t. t.) {82} | **praevenire** | zuvorkommen;<br>übertreffen |
| – | **präventiv**<br>l>nlat | vorbeugend, verhütend {82/59} | dto. | dto. |
| – | **Präventiv-<br>krieg**<br>l>nlat;d | Angriffskrieg, der dem vor-<br>aussichtlichen Angriff des<br>Gegners zuvorkommt {59/86} | dto. | dto. |
| 2803 | **Präzedens** | früherer Fall, früheres Bei-<br>spiel {59/82} | **praecedere**<br>(PPA.<br>**praecedens**) | voran-, vorausge-<br>hen; übertreffen |
| – | **Präzedenz** | Rangfolge bei Prozessionen<br>der kath. Kirche {51/33} | dto. | dto. |
| – | **Präzedenz-<br>fall**<br>l;d | Musterfall, der für ähnlich<br>gelagerte Situationen rich-<br>tungsweisend ist (polit., jur.<br>t. t.) {81/82} | dto. | dto. |
| 2804 | **Präzeption** | Unterweisung; Vorschrift,<br>Verfügung {25/28/50} | **praeceptio**,<br>onis f | Unterweisung,<br>Vorschrift, Verfü-<br>gung |
| 2805 | **präzise**<br>l>frz | genau, bestimmt; unzweideu-<br>tig, klar {25} | **praecisus**,<br>a, um<br>frz. *précis* | steil, abschüssig;<br>abgebrochen (rhet.<br>t. t.) |
| – | **präzisieren**<br>l>frz | genauer bestimmen, eindeu-<br>tiger beschreiben; knapp zu-<br>sammenfassen {25/32} | dto.<br>frz. *préciser* | dto. |
| – | **Präzision**<br>l>frz | Genauigkeit, Feinheit {25/40} | **praecisio**,<br>onis f<br>frz. *précision* | das Abschneiden;<br>Ab-, Ausschnitt |
| 2806 | **predigen** | 1. das Wort Gottes (in der Kir-<br>che) verkünden {32/51}; 2.<br>mahnend reden {25/32} | **praedicare** | öffentlich ausru-<br>fen, verkünden;<br>vorhersagen;<br>kirchenl.: verkün-<br>digen, predigen |
| – | Prediger, Predigt | | | |
| 2807 | **Pre-<br>emphasis**<br>(l;gr)>engl | Vorverzerrung hoher Fre-<br>quenzen zur Störungsunter-<br>drückung (im Funkwesen o.<br>bei elektronischen Geräten)<br>{46/87} | **prae**<br>+ **emphasis**,<br>seos f<br>gr. *ἔμφασις* | s. oben 2755<br>Anblick; Nach-<br>druck, Kraft des<br>Ausdrucks |
| 2808 | **Preis**<br>l>frz<br>>(niederl) | 1. Ruhm, Herrlichkeit; 2. Lob,<br>Anerkennung, Belohnung<br>{33}; 3. Wert {56}; 4. Geld-,<br>Kaufwert {42/56} | **pretium**,<br>ii n<br>afrz. *pris*<br>frz. *prix* | Wert, (Kauf)preis;<br>Lohn, Belohnung |
| – | **preisen**<br>spätl>afrz<br>>frz | 1. rühmen, verherrlichen,<br>hochschätzen {33/32/56}; 2.<br>Gott loben {51} | spätl.<br>**pretiare**<br>afrz. *preisier*<br>frz. *priser* | im Wert abschät-<br>zen, hochschätzen |

| | | | | |
|---|---|---|---|---|
| >>> | Preisindex s. Index | | | |
| 2809 | **prekär** l>frz | heikel, mißlich, schwierig {26/33} | **precarius**, a, um | bittend; vorübergehend; widerruflich |
| | | | frz. *précaire* | dto.; unsicher, heikel |
| 2810 | **Prélude** l>frz | (mus. t. t.) 1. phantasievolles Musikstück für Klavier o. Orchester; 2. frz. Bezeichnung für Präludium {37} | **praeludere** | s. oben 2777 |
| 2811 | **Premiere** l>frz | Erst-, Uraufführung {33/35/59/85} | **primarius**, a, um | einer der ersten; vornehm, ansehnlich |
| | | | frz. *premier* | erster |
| | | | *première* (sc. *représentation)* | erste Aufführung |
| – | **Premier-(minister)** l>frz;(l) | erster Minister, Ministerpräsident {50} | dto. | dto. |
| | | | frz. *premier* | |
| | | | + **minister**, tri m | Untergebener, Diener, Gehilfe |
| 2812 | **Presse** l>mlat >(frz) | 1. Vorrichtung o. Maschine, die durch Druck Rohstoffe o. Werkstücke formt {40/41/53}; 2. Gerät zum Auspressen von Obst {44}; 3. Druckmaschine {40/32}; 4. Gesamtheit periodischer Druckschriften, Zeitungen, Zeitschriften {32/57}; 5. Beurteilung in Zeitungen und Zeitschriften; Zeitungsecho {25/32/56}; 6. Zeitungsmitarbeiter {40/32}; 7. Privatschule mit Intensivunterricht für schwache Schüler (ugs., abwertend) {31} | **pressare** | drücken, pressen, bedrängen |
| | | | (bzw. **premere** | drücken, pressen, verbergen) |
| | | | mlat. pressa | Druck, Zwang |
| | | | frz. *presser* | |
| | | | *presse* | Gedränge, Haufe; Schar |
| | | | 2.: **pressura**, ae f | Druck; das Keltern des Weines |
| – | **pressen** | (zusammen)drücken, zusammendrängen; durch Druck bearbeiten {12/40/53} | **pressare** | s. oben |
| – | erpressen | | | |
| >>> | Pressekonferenz s. Konferenz | | | |
| – | **pressieren** | eilig -, dringend sein; drängen, treiben (landsch.) {59} | dto. | dto. |
| | | | frz. *presser* | pressen, (be)drängen, eilig sein |
| – | **Pression** | Druck, Nötigung, Zwang {28/33/82} | **pressio**, onis f | Druck, das (Herab)drücken |
| – | **Pressure-group** l>engl>am; engl>am | Interessenverband, der auf Parteien, Parlament, Regierung Einfluß zu gewinnen sucht {33/28/50} | **pressura** | s. oben |

| | | | | |
|---|---|---|---|---|
| 2813 | **Prestige** l>frz | 1. (positives) Ansehen, Geltung {33}; 2. Blendwerk, Zauber (veraltet) {25/26} | **praestigia,** ae f | Blendwerk, Gaukeleien |
| 2814 | **prestissimo** l>it | sehr schnell, in schnellstem Tempo (mus. t. t.) {37/59} | **praesto** (Adv.) | gegenwärtig, bei der Hand; rasch, bereit |
| - | **presto** l>it | schnell (mus. t. t.) {37/59} | dto. | dto. |
| 2815 | **Pretiosen** | Kostbarkeiten, Geschmeide {20/56} | **pretiosus,** a, um | kostbar, von hohem Wert; teuer |
| - | **preziös** l>frz | 1. kostbar {20/56}; 2. geziert, geschraubt, gekünstelt {25/26/33} | dto. frz. *précieux* | dto. |
| - | **Preziosität** l>frz | geziertes Benehmen, Ziererei {25/26/33/84} | **preciositas,** atis f | Kostbarkeit |
| 2816 | **prim** l(;l) | nur durch eins und sich selbst teilbar (von Zahlen - math. t. t.) {71} | **primus,** a, um bzw. **numerus primus** | der erste, beste, vorzüglichste Ausgangs-, Elementarzahl |
| - | **prima** l>it | 1. vom Besten, erstklassig; 2. vorzüglich, prächtig, ausgezeichnet {33/56} | dto. it. *prima, primo* | dto. |
| - | **Prima** | 1. höchste Klassenstufe(n) einer höheren Lehranstalt {31/56}; 2. Erstausfertigung eines Wechsels (wirtsch. t. t.) {80} | dto. | dto. |
| - | **Primaballerina** l;(gr)>l>it | erste, Vortänzerin einer Ballettgruppe {37/61/40} | dto. + spätl. **ballare** gr. *βαλλίζειν* it. *ballare* | dto. tanzen tanzen |
| - | **Primadonna** l;l>it | 1. Darstellerin der weiblichen Hauptpartie in der Oper {37}; 2. verwöhnter, empfindlicher, eine Sonderrolle für sich beanspruchender Mensch {26/33} | **primus** + **domina,** ae f | s. oben Herrin vgl. oben 0814 |
| - | **Primaner** | Schüler einer Prima (1.) {31} | **primus** | s. oben |
| - | **primär** l>frz | 1. zuerst vorhanden, ursprünglich {52/59}; 2. erst-, vorrangig; grundlegend, wesentlich {56/25}; 3. der unmittelbar am Stromnetz hängende Teil eines Netzgerätes, in den die umzuformende Spannung einfließt (elektrotechn. t. t.) {41/72/87} | **primarius,** a, um frz. *primaire* | zu den ersten gehörig, vornehm, ansehnlich |

>>> primär..., Primär... s. ggf. unter dem Rest des Wortes

| | | | | |
|---|---|---|---|---|
| – | **Primärenergie** l>frz;gr>l >frz | von natürlichen, nicht weiterbearbeiteten Trägern (z. B. Kohle, Erdöl) stammende Energie (techn. t. t.) {41/56} | dto. + **energia**, ae f gr. *ἐνέργεια* | dto. Wirksamkeit |
| – | **Primas** | Ehrentitel des würdehöchsten Erzbischofs eines Landes {33/51}; 2. Solist und Vorgeiger einer Zigeunerkapelle {37} | **primas**, atis m | einer der Ersten und Vornehmsten |
| – | **Primat** | 1. Vorrang, bevorzugte Stellung (z. B. des Papstes als Inhaber der obersten Kirchengewalt) {33/51}; 2. Herrentier (Ordnung der Säugetiere - biol. t. t.) {69/06} | **primatus**, us m | erste Stelle, erster Rang, Vorrang |
| – | **Primatologie** l;gr | Wissenschaft, die sich mit der Erforschung der Primaten (2.) befaßt (zool. t. t.) {40/69} | dto. + gr. *λόγος* | dto. Wort; Kunde |
| – | Primatologe | | | |
| – | **Prime** l>mlat | 1. erste Tonstufe einer diatonischen Tonleiter (mus. t. t.) {37}; 2. erste, die Norm enthaltende Seite des Druckbogens (druckw. t. t.) {32/40} | **primus** | s. oben |
| – | **Primel** l>nlat | zu den Schlüsselblumengewächsen gehörende Zierpflanze {04} | **primulus**, a, um nlat. primula veris | der erste, erster erste (Blume) des Frühlings |
| – | **primissima** | ganz prima, ausgezeichnet (ugs.) {33/56} | **primus** | s. oben |
| 2817 | **primitiv** l>frz | 1. auf niedriger Kultur-, Entwicklungsstufe stehend; urtümlich {81}; 2. von geringem geistig-kulturellen Niveau (abwertend) {81/25}; 3. einfach, dürftig, behelfsmäßig {33/56} | **primitivus**, a, um frz. *primitif* | der (die, das) erste in seiner Art |
| – | **Primitive** l>frz | auf niedriger Kultur-, Entwicklungsstufe stehende Völker {81} | dto. | dto. |
| – | **primitivi(si)eren** l>frz | in unzulässiger Weise vereinfachen, vereinfacht wiedergeben {32/25/56} | dto. | dto. |
| – | **Primitivismus** l>frz>nlat | moderne Kunstrichtung {36} | dto. | dto. |
| – | **Primitivität** l>frz>nlat | (abwertend) 1. geistig-seelische Unentwickeltheit {25/56}; 2. Einfachheit, Behelfsmäßigkeit, Dürftigkeit {33/56} | dto. | dto. |
| 2818 | **primo** l>it | erste, zuerst (z. B. violino - mus. t. t.) {37/56} | **primus** | s. oben 2816 |

| | | | | |
|---|---|---|---|---|
| – | **Primogenitur** l>mlat | Vorzugsrecht des (fürstlichen) Erstgeborenen bei der Erbfolge {10/33/47/50/56} | **primogenitus**, a, um | zuerst geboren |
| – | **Primus** | Erster, Bester in einer Schulklasse {31/56} | **primus** | s. oben 2816 |
| >>> | Primzahl s. prim | | | |
| 2819 | **Printe** l>frz >niederl | lebkuchenähnliches Gebäck {17} | **premere**<br>afrz. *preindre*<br>niederl. *prent* | s. oben 2812<br><br>Abdruck, Aufdruck; Pfefferkuchen |
| – | **Printer** l>engl | automatisches Kopiergerät, das eine große Anzahl von Papierkopien von einem Negativ (oder Dia) herstellen kann {40/41/87} | dto.<br>mengl. *print, prente* | dto. |
| 2820 | **Prinz** l>frz | nicht regierender Verwandter eines regierenden Fürsten {10/33/47} | **princeps**, cipis m<br>frz. *prince* | der Erste, Vornehmste; Gebieter, Fürst<br>Fürst, Prinz |
| – | **Prinzeps** | (hist. t. t.) 1. altröm. Senator von großem politischen Einfluß; 2. Titel röm. Kaiser {33/50/75} | dto. | dto. |
| – | **Prinzessin** l>frz | Fürstentochter {10/33/47} | dto.<br>frz. *princesse* | dto.<br>Fürstin |
| 2821 | **Prinzip** | 1. Grundlage, Grundsatz; 2. Regel, Richtschnur {25/33/56}; 3. Gesetzmäßigkeit; Idee, die einer Sache zugrunde liegt; Schema, nach dem etw. aufgebaut ist {25}; 4. Anfang, Ursprung {59} | **principium**, ii n | Anfang, Ursprung; Grundlage; Grundstoff |
| – | **Prinzipal** | 1. Leiter eines Theaters, einer Theatertruppe {35/40}; 2. Lehrherr; Geschäftsinhaber {31/42/43}; 3. Hauptregister der Orgel; 4. tiefe Trompete (mus. t. t.) {37} | **principalis**, is m | Vorsteher; Oberältester; niederer Offizier |
| – | **prinzipaliter** | vor allem, in erster Linie {56} | **principaliter** (Adv.) | vorzüglich, hauptsächlich; kaiserlich |
| – | **Prinzipat** | 1. Vorrang (veraltet) {33}; 2. älteres röm. Kaisertum (hist. t. t.) {75/50} | **principatus**, us m | erste Stelle (im Staat), Obergewalt, Führungsposition |
| – | **prinzipiell** | 1. im Prinzip, grundsätzlich {25/56}; 2. einem Grundsatz entsprechend, aus Prinzip {25} | **principialis**, e | anfänglich, ursprünglich |

>>> Prinzregent s. Regent

| | | | | |
|---|---|---|---|---|
| 2822 | **Prior** l>mlat | 1. Klosteroberer, -vorsteher; Vorsteher eines Priorats (2.); 2. Stellvertreter eines Abtes {51} | **prior**, ius (Komp.)<br>mlat. prior | der erstere, vordere; eher; vorzüglicher<br>Klostervorsteher |
| – | **Priorat** l>mlat | 1. Amt, Würde eines Priors {33/51}; 2. von einer Abtei abhängiges (kleineres) Kloster {51} | **prioratus**, us m | erste Stelle, Vorrang |
| – | **Priorität** l>mlat>frz | 1. Vorrecht, Vorrang(igkeit); 2. Rangfolge, Stellenwert {33/56}; 3. zeitliches Vorhergehen {59}; 4. mit Vorrechten ausgestattete Aktien, Obligation {80} | **prior**<br>mlat. prioritas<br>frz. *priorité* | s. oben |
| 2823 | **Prise** l>frz | 1. aufgebrachtes feindliches Schiff {45/86}; 2. beschlagnahmte Ladung eines solchen Schiffes {42/45/86}; 3. Kriegsbeute {43/86}; 4. kleine Menge eines feinkörnigen, pulvrigen Stoffes (z. B. Pfeffer, Schnupftabak) {57/54} | **prehendere**<br>frz. *prendre*<br>*prise* | fassen, ergreifen; ertappen<br>nehmen, ergreifen<br>das Genommene; das Nehmen, Ergreifen |
| 2824 | **privat** | 1. die eigene Person angehend, persönlich; 2. vertraulich; 3. familiär, häuslich, vertraut; 4. nicht offiziell, nicht öffentlich {33} | **privatus**, a, um | (ab)gesondert; einem Privatmann gehörig; nicht öffentlich |
| – | **Privataudienz** l;l | nicht dienstlichen Angelegenheiten dienender Empfang {33/32} | dto.<br>+ **audientia**, ae f | dto.<br>das Hören, die Aufmerksamkeit, das Anhören |
| – | **Privatdetektiv** l;l>engl | freiberuflich tätiger, in privatem (2.) Auftrag handelnder Ermittler {40/82} | dto.<br>+ **detegere** | dto.<br>enthüllen, entdekken, offenbaren |
| – | **Privatdozent** l;l | (Titel eines) nicht im Beamtenverhältnis stehender (-n) Hochschullehrer(s) {40/31} | dto.<br>+ **docere** | dto.<br>lehren, unterrichten, zeigen |
| – | **Privatier** | (französisierend) jmd., der keinen Beruf ausübt; Rentner {33/40} | **privatus** | s. oben |
| – | **privatim** | in persönlicher, vertraulicher Weise; unter vier Augen {33} | **privatim** | als Privatmann; persönlich, für sich; in seiner eigenen Angelegenheit |
| – | **Privation** | Beraubung, Entziehung (veraltet) {33/43/82} | **privatio**, onis f | Befreiung; das Befreitsein |

| | | | | |
|---|---|---|---|---|
| – | **privatisieren** | (französisierend) 1. staatliches in privates Vermögen umwandeln {50/43}; 2. als Rentner(in), als Privatmann vom eigenen Vermögen leben {43} | **privatus** | s. oben |
| – | Privatisierung | | | |
| – | **privatissime** | im engsten Kreis; streng vertraulich, ganz allein {33} | **privatus** **privatissime** (Adv., Superl.) | s. oben |
| – | **Privatpatient** l;l | jmd., der sich auf eigene Rechnung o. als Versicherter einer privaten Krankenkasse in ärztliche Behandlung begibt {49/14/33} | **privatus** + **patientia** | s. oben s. oben 2546 |
| 2825 | **Privileg(ium)** | Vor-, Sonderrecht {33/56} | **privilegium**, ii n | besondere Verordnung, Ausnahmerecht; Vorrecht |
| – | **privilegieren** l>mlat | jmdm. eine Sonderstellung, ein Vorrecht einräumen {33/56} | dto. mlat. privilegiare | dto. |
| 2826 | **Prix** l>frz | frz. Bezeichnung für Preis {33/56/85} | **pretium**, ii n frz. *prix* | Wert, Preis; Belohnung |
| 2827 | **pro** (gr)>l | je, für (z. B. pro Stück) {56/57} | **pro** gr. *πρό* | vor, für, vorn, vorwärts, zugunsten vor, vorher, im voraus, zuvor |
| – | **Pro** (gr)>l | 1. das Für, Dafür {25}; 2. minderjährige Prostituierte (Jargon) {18} | dto. | dto. vgl. unten prostituere 2878 |
| – | **pro..., Pro** (gr)>l | 1. (Vorsilbe): vor, vorwärts, hervor {58}; 2. für, zu jmds. Gunsten, zum Schutz von jmdm.; 3. an Stelle von; 4. im Verhältnis zu {33/56} | dto. | dto. |
| 2828 | **probabel** | wahrscheinlich, glaubwürdig; billigenswert (philos. t. t.) {25/77} | **probabilis**, e | beifalls-, anerkennenswert; wahrscheinlich |
| 2829 | **Proband** | 1. Versuchs-, Testperson (med., psych. t. t.) {70}; 2. jmd., für den eine Ahnentafel aufgestellt wird (med. t. t.) {70/10}; 3. von einem Bewährungshelfer betreuter ehemaliger Strafgefangener {82/33} | **probare** | prüfen, abschätzen, untersuchen; billigen |
| – | **probat** | erprobt, bewährt, wirksam {25/56} | **probatus**, a, um | erprobt, bewährt, tüchtig |

| | | | | |
|---|---|---|---|---|
| – | **Probation** | 1. Prüfung, Untersuchung; 2. Nachweis, Beweis {25/40}; 3. Erprobung, Bewährung (jur. t. t.) {33/82} | **probatio**, onis f | Prüfung, Erprobung; Beweis |
| – | **Probe** l>mlat | 1. Prüfung, Untersuchung; 2. Beweisverfahren {25/40}; 3. Bewährung(sversuch) {25/82}; 4. Muster, Teststück {56}; 5. Testaufführung (z. B. im Theater) {33/35/40} | **probare** mlat. proba | s. oben Prüfung, Untersuchung; Bewährungs-, Erfahrungsversuch |
| – | **proben** l>mlat | 1. ausprobieren, testen {25/56}; 2. eine Probeaufführung machen {33/35/40}; 3. etw. einstudieren {25} | dto. | dto. |
| – | erproben | | | |
| – | **probieren** | 1. ausprobieren, versuchen {25/56}; 2. kosten, abschmekken {17}; 3. eine (Theater)probe machen {33/35/40}; 4. (ein Kleidungsstück) anprobieren {19} | **probare** | s. oben |
| – | an-, auf-, ausprobieren | | | |
| – | **Probierer** | Prüfer im Bergbau, im Hüttenwerk, in der Edelmetallindustrie {40/41} | dto. | dto. |
| 2830 | **Procedere** o. **Prozedere** | Verfahrensordnung; Vorgehensweise; Prozedur {25/29/33/59} | **procedere** | vorrücken, -gehen; auftreten |
| >>> | Processor s. Prozessor | | | |
| 2831 | **Prodekan** l;l | Vertreter des Dekans an einer Hochschule {31} | **pro** + **decanus**, ni m | s. oben Vorgesetzter (von zehn Mann) |
| 2832 | **Prodigalität** | Verschwendungssucht (veraltet) {26/33/84/85} | **prodigalitas**, atis f | Verschwendung |
| 2833 | **Prodigium** | im altröm. Glauben ein Zeichen göttlichen Zorns (hist. t. t.) {75/51} | **prodigium**, ii n | Wunderzeichen; Ungeheuer(lichkeit) |
| 2834 | **Producer** l>engl | 1. engl. Bezeichnung für: Hersteller, Fabrikant {40/41}; 2. Film-, Musikproduzent {33/35/37/40/85}; 3. jmd., der eine Hörfunksendung vorbereitet und ihren Ablauf überwacht {33/35/40/46/85} | **producere** (PPP. **productus**) | vor(wärts)führen; hervorbringen; fortdauern lassen; auftreten lassen |
| – | **Produkt** | 1. Erzeugnis, Ertrag {41/42/80}; 2. Folge, Ergebnis {33/56}; 3. Ergebnis einer Multiplikation (math. t. t.) {71} | dto. | dto. |

| | | | | |
|---|---|---|---|---|
| – | **Produktion** l>frz | 1. Herstellung von Waren u. Gütern {40/41}; 2. Herstellung eines Films, einer Schallplatte, einer Radio- o. TV-Sendung {35/37/40/46/85} | **productio**, onis f frz. *production* | das Hervorführen; (Aus)dehnung Herstellung, Erzeugung |
| – | **produktiv** l>frz | 1. ergiebig, viel hervorbringend {57}; 2. leistungsstark, schöpferisch, fruchtbar {22} | **productivus**, a, um frz. *productif* | zur Verlängerung geeignet ergiebig; schöpferisch |
| – | **Produktivität** l>frz | 1. Ergiebigkeit, Leistungsfähigkeit {22/57}; 2. schöpferische Leistung, Schaffenskraft {22} | dto. | dto. |
| – | **Produzent** | 1. jmd., der etw. produziert (1.); Hersteller, Erzeuger {40/41}; 2. Leiter einer Produktion (2.) {35/37/40/46/85}; 3. Beschaffer u. Verwalter der für eine Produktion (2.) nötigen Geldmittel {42/40/33/37}; 4. Lebewesen, das organische Nahrung aufbaut (biol. t. t.) {68/69} | **producere** | s. oben |
| – | **produzieren** | 1. (Güter) hervorbringen, erzeugen, schaffen {40/41}; 2. die Herstellung eines Films o. ä. leiten {35/37/40/46/85}; 3. Geldmittel zur Verfügung stellen u. verwalten {40/42}; 4. sich -: seine Künste zeigen, sich auffällig benehmen {25/26/33}; 5. herausnehmen u. vorzeigen, -legen, präsentieren (veraltet, noch schweiz.) {23/32/33} | dto. | dto. |
| 2835 | **Prof** | kurz für: Professor (Jargon) {31} | **professor**, oris m | öffentlicher Lehrer, Professor |
| 2836 | **profan** | 1. weltlich, unkirchlich; ungeweiht, unheilig (rel. t. t.) {51}; 2. alltäglich {56/59} | **profanus**, a, um | ungeheiligt, ungeweiht; gott-, ruchlos |
| – | **profanieren** | entweihen, entwürdigen {51/56} | **profanare** | verweltlichen; entweihen; schänden; offenbaren |
| – | Profanierung o. Profanation | | | |
| – | **Profanität** | 1. Unheiligkeit, Weltlichkeit {51}; 2. Alltäglichkeit {56/59} | **profanitas**, atis f | Unheiligkeit |
| 2837 | **profaschistisch** (l;l)>nlat | sich für den Faschismus einsetzend {50} | **pro** + **fascis**, is m | s. oben 2827 Bund, Bündel, Paket; Rutenbündel vgl. oben 1045 |
| 2838 | **Profession** l>frz | Beruf, Gewerbe {40} | **professio**, onis f | Bekenntnis; Gewerbe, Geschäft |

| | | | | |
|---|---|---|---|---|
| – | **Professional**<br>o. **Profi**<br>l>frz>engl | Berufssportler {40/85} | dto.<br>frz.<br>*professionnel*<br>engl.<br>*professional* | dto.<br><br>berufsmäßig |
| – | **professionalisieren**<br>l>frz>engl | 1. zum Beruf, zur Erwerbsquelle machen; 2. als Beruf anerkennen {33/40} | dto. | dto. |
| – | **Professionalismus**<br>l>frz>engl<br>>nlat | Ausübung des Berufssports {40/85} | dto. | dto. |
| – | **professionell**<br>l>frz<br>o. **professional**<br>l>frz>engl | 1. (eine Tätigkeit) als Beruf ausübend, als Beruf betrieben {40/85}; 2. fachmänisch, von Fachleuten zu benutzen {22/40} | dto. | dto. |
| – | **professioniert**<br>l>frz | gewerbsmäßig {40} | dto. | dto. |
| – | **Professor** | (akademischer Titel für) Hochschullehrer, Forscher, Künstler {31/33/40} | **professor**,<br>oris m | öffentlicher Lehrer, Professor |
| – | **professoral**<br>l>nlat | professorenhaft, würdevoll {31/33} | dto. | dto. |
| – | **Professur**<br>l>nlat | Lehrstuhl, Lehramt {31/40} | dto. | dto. |
| >>> | Profi s. oben Professional | | | |
| 2839 | **Profil**<br>l>it>frz | 1. Seitenansicht (eines Gesichtes); Umriß {53/23}; 2. zeichnerisch dargestellter senkrechter Schnitt durch die Erdkruste (geol. t. t.) {62/32}; 3. Schnitt in oder senkrecht zu einer Achse {58}; 4. Walzprofil bei der Stahlerzeugung {41}; 5. Riffelung bei Gummireifen, Schuhsohlen {44/45/19}; 6. festgelegter Querschnitt bei der Eisenbahn (techn. t. t.) {45/58/72}; 7. stark ausgeprägte, persönliche Eigenschaft; Charakter {84}; 8. aus einem Gebäude hervorspringender Teil eines architektonischen Elements (archit. t. t.) {88}; 9. Höhe und / oder Breite einer Durchfahrt (z. B. Tunnel-; veraltend) {45/58} | **filum**,<br>li n<br>it. *filo*<br>*profilare*<br><br>*profilo*<br>frz. *profil* | Faden, Gewebe<br><br>Strich, Linie, Faden<br>umreißen, im Profil zeichnen; mit einer Linie im Umriß zeichnen<br>Seitenansicht, Umriß |

| | | | | |
|---|---|---|---|---|
| – | **profilieren** l>it>frz | 1. im Profil, im Querschnitt darstellen {53/32}; 2. einer Sache, jmdm. eine besondere, charakteristische Prägung geben {25/55/56}; 3. sich -: seine Fähigkeiten entwickeln u. Anerkennung finden, sich einen Namen machen {22/33/40}; 4. sich -: sich im Profil (1.) abzeichnen {23/53}; 5. riffeln {40/41} | dto.<br>frz. *profiler* | dto. |
| – | **profiliert** l>it>frz | 1. mit Profil (5.) versehen, gerillt {44/45/19}; 2. in bestimmtem Querschnitt hergestellt {58}; 3. scharf umrissen, markant, von ausgeprägter Art {25/55} | dto. | dto. |
| – | **Profilierung** l>it>frz | 1. Umrisse eines Gebäudeteils {58/53}; 2. Entwicklung der Fähigkeiten, das Sichprofilieren {22/25/40} | dto. | dto. |
| – | **Profilneurose** l>it>frz;gr >nlat | die Angst (bes. im Beruf), zu wenig zu gelten (und die daraus resultierenden Profilierungsbemühungen - psych. t. t.) {70} | dto.<br>+ gr. *νεῦρον* | dto.<br>Nerv |
| 2840 | **Profit** l>frz >niederl | 1. Nutzen, (materieller) Gewinn {41/42/80}; 2. Kapitalertrag (wirtsch. t. t.) {80} | **profectus**, us m<br><br>frz. *profit*<br>mniederl. *profijt* | Fortgang, Wachstum, Vorteil; Zunahme<br>Gewinn |
| – | **profitabel** l>frz | gewinnbringend (wirtsch. t. t.) {80/41/42} | dto. | dto. |
| – | **Profiteur** l>frz | Nutznießer {80/33} | dto. | dto. |
| – | **profitieren** l>frz | Nutzen ziehen, Vorteil haben {33/56/80} | dto.<br>frz. *profiter* | dto. |
| 2841 | **Profos** o. **Profoß** l>frz >niederl | Verwalter der Militärgerichtsbarkeit; Stockmeister (hist. t. t.) {75/82/86} | **propositus**, a, um<br>afrz. *provost* | bloßgestellt; drohend; vorgesetzt |
| 2842 | **profund** l>frz | 1. tief(gründig), gründlich {56/25}; 2. in den tieferen Körperregionen liegend (med. t. t.) {70} | **profundus**, a, um | bodenlos, unergründlich tief, unermeßlich |
| – | **Profundität** l>frz | Gründlichkeit, Tiefe {56/25} | **profunditas**, atis f | Tiefe; Unermeß-, Unergründlichkeit |
| 2843 | **Progredienz** l>nlat | das Fortschreiten, die zunehmende Verschlimmerung einer Krankheit (med. t. t.) {70/59} | **progredi** (PPA. **progrediens**) | fortschreiten, vorrücken, weitergehen |

>>> progredient s. progressiv (1.)

| | | | | |
|---|---|---|---|---|
| – | **Progreß** l>nlat | 1. Fortschritt {25/33/59}; 2. Fortschreiten des Denkens von der Ursache zur Wirkung (log. t. t.) {25/71/77} | **progressus,** us m | das Vorwärts-, Fortschreiten; Fortschritt |
| – | **Progression** | 1. Steigerung, Fortschreiten, Stufenfolge {56/57}; 2. mathematische Reihe {71}; 3. stufenweise Steigerung der Steuersätze {50/57/80} | **progressio,** onis f | das Fortschreiten, Fortgang; Steigerung; Wachstum |
| – | **progressiv** l>frz | 1. stufenweise fortschreitend, sich entwickelnd {56/59/61}; 2. fortschrittlich {25/33/59} | **progressus** frz. *progrès progressif* | s. oben das Fortschreiten |
| 2844 | **prohibieren** | verhindern, verbieten {28} | **prohibere** | fern-, abhalten, verhindern |
| – | **Prohibition** l>(frz) >(engl) | 1. Verbot, Verhinderung (veraltet) {28}; 2. staatliches Verbot von Alkoholherstellung und -abgabe {28/50/17} | **prohibitio,** onis f | Verhinderung, Verbot |
| – | **Prohibitionist** l>frz>engl | Anhänger der Prohibition (2.) {17/25/28/30} | dto. | dto. |
| – | **Prohibitiv** l>nlat | Modus des Verbots, verneinte Befehlsform (sprachwiss. t. t.) {76} | **prohibere** | s. oben |
| – | **prohibitiv** o. **prohibitorisch** l>nlat | verhindernd, abhaltend, vorbeugend {28/25} | dto. | dto. |
| 2845 | **Projekt** | Plan, Unternehmung, Entwurf, Vorhaben {25/28/40/59} | **proicere** (**proiectum** | hin-, vor(wärts)-werfen, vorstrekken; vorrücken das nach vorn Geworfene) |
| – | **Projekteur** l>frz | Vorplaner (techn. t. t.) {25/40/41/59} | dto. | dto. |
| – | **projektieren** | entwerfen, planen, vorhaben {25/28/59} | dto. | dto. |
| – | **Projektil** l>frz | Geschoß {61/86} | dto. frz. *projectile* | dto. Geschoß |

| | | | | |
|---|---|---|---|---|
| – | **Projektion** | 1. Wiedergabe eines Bildes auf einem Schirm mit einem Bildwerfer (opt. t. t.) {72/87}; 2. Abbildung von Teilen der Erdoberfläche mit verschiedenen Gradnetzen (geogr. t. t.) {64/32}; 3. Übertragung von Gefühlen, Wünschen auf andere als Abwehrmechanismus (psych. t. t.) {70}; 4. Verfahren zur Abbildung von Körpern auf einer Ebene (math. t. t.) {71} | **proiectio**, onis f | das Hervorwerfen; Vorbau, Erker |
| – | **Projektor** l>nlat | Lichtbildwerfer (techn. t. t.) {87} | **proicere** | s. oben |
| – | **projizieren** | 1. Bilder mit einem Projektor auf einen Bildschirm werfen {87}; 2. ein geometrisches Gebilde auf einer Fläche darstellen (math. t. t.) {71}; 3. etw. auf etw. übertragen {25/56/33}; 4. Gedanken, Vorstellungen o. ä. auf einen anderen Menschen übertragen {25/70} | dto. | dto. |
| 2846 | **Proklamation** l>frz | 1. amtliche Verkündigung (z. B. einer Verfassung) {32/49/50}; 2. Aufruf an die Bevölkerung; 3. gemeinsame Erklärung mehrerer Staaten {32/50} | **proclamatio**, onis f frz. *proclamation* | das Ausrufen, Schreien |
| – | **proklamieren** l>frz | (durch eine Proklamation) verkündigen, erklären; aufrufen; kundgeben {32/49/50} | **proclamare** frz. *proclamer* | heftig rufen, schreien |
| – | Proklamierung | | | |
| 2847 | **Prokonsul** | 1. ehemaliger Konsul als Statthalter einer Provinz im Römischen Reich (hist. t. t.) {50/75}; 2. ausgestorbene frühere Menschen(affen)art (biol. t. t.) {69} | **proconsul**, lis m | Prokonsul, Statthalter |
| – | **Prokonsulat** | Amt, Statthalterschaft eines Prokonsuls (hist. t. t.) {75/50} | **proconsulatus**, us m | Prokonsulat, Würde eines Prokonsuls |
| 2848 | **Prokura** l>it | Handlungsvollmacht, die ein Vollkaufmann erteilen kann {28/42/80} | **procurare** | Sorge tragen, verwalten; Geschäftsführer -, Agent sein |
| | | | it. (sc. *per*) *procura* | (in) Vollmacht |
| – | **Prokuration** l>it>nlat | 1. Stellvertretung durch Bevollmächtigte {33}; 2. Vollmacht {28/33} | **procuratio**, onis f | Besorgung, Verwaltung; Sühne |

| | | | | |
|---|---|---|---|---|
| – | **Prokurator** | 1. Statthalter einer Provinz des Römischen Reiches (hist. t. t.) {75/50}; 2. bevollmächtigter Vertreter einer Person im kath. kirchlichen Prozeß {51/82}; 3. Vermögensverwalter eines Klosters {33/43/51}; | **procurator**, oris m | Verwalter, Stellvertreter; Geschäftsführer |
| | (l>it) | 4. hoher venezianischer Staatsbeamter (hist. t. t.) {40/50/75} | | |
| – | **Prokurist** l>it>nlat | Handlungsbevollmächtigter {40/42/80} | dto. | dto. |
| 2849 | **Prolet** | 1. roher, ungehobelter, ungebildeter Mensch (ugs., abwertend) {33/25}; 2. kurz für: Proletarier (ugs., veraltet) {33} | **proletarius**, ii m (bzw. **proletarius**, a, um | Bürger der untersten Klasse gemein, niedrig) |
| – | **Proletariat** l>frz | die wirtschaftlich abhängige, besitzlose (Arbeiter)klasse {33/81} | dto. frz. *prolétariat* | dto. |
| – | **Proletarier** | Angehöriger des Proletariats {33/81} | dto. | dto. |
| – | **proletarisch** | den Proletarier, das Proletariat betreffend {33/81} | dto. | dto. |
| – | **proletarisieren** l>nlat | zu Proletariern machen {33/81} | dto. | dto. |
| 2850 | **Prolongation** l>nlat | Stundung, Verlängerung einer Kreditfrist (wirtsch. t. t.) {59/80} | **prolongare** | verlängern, weiter hinaussetzen |
| – | **Prolongement** l>frz | dem Weiterklingen der Töne dienendes Pedal bei Tasteninstrumenten (mus. t. t.) {37/59} | dto. | dto. |
| – | **prolongieren** | stunden, eine Kreditfrist verlängern (wirtsch. t. t.) {59/80} | dto. | dto. |
| 2851 | **Promenade** l>(vulgl) >frz | 1. Spaziergang {29/61/85}; 2. Spazierweg {58} | **prominere**<br><br>vulgl. minare*<br>frz. *mener*<br>*promener*<br>*se promener*<br>*promenade* | hervorragen, -treten; vorspringen<br><br>treiben, führen<br>führen<br>spazierenführen<br>spazierengehen |
| – | **promenieren** l>(vulgl) >frz | spazierengehen, sich ergehen {12/61/85} | dto. | dto. |
| 2852 | **Promille** l;l | 1. ein Teil von Tausend; Tausendstel {57}; 2. in Tausendstel gemessener Alkoholanteil im Blut {57/17/82/45} | **pro**<br><br>+ **mille** | vor, für, anstelle vgl. oben 2827<br>tausend |
| 2853 | **prominent** | 1. hervorragend, bedeutend, maßgebend; 2. weithin bekannt, berühmt {33/56} | **prominens** (Gen. –ntis) | hervorragend, vorspringend |

| | | | | |
|---|---|---|---|---|
| – | Prominente(r) | | | |
| – | **Prominenz** | 1. (Gesamtheit) prominente(r) Persönlichkeiten {33/57}; 2. das Prominentsein {33}; 3. hervorragende Bedeutung {33/56} | **prominentia**, ae f | das Hervorragen, Vorspringen; Vorsprung |
| 2854 | **promiscue** | vermengt, durcheinander {56} | **promiscue** (Adv.) | ohne Unterschied, gemeinschaftlich |
| – | **Promiskuität** l>nlat | Geschlechtsverkehr mit verschiedenen, häufig wechselnden Partnern {18/33} | **promiscuus**, a, um | gemischt, gemeinsam, gemeinschaftlich |
| >>> | Prommi s. prominent, Prominenz | | | |
| 2855 | **Promoter** l>frz>engl | 1. Veranstalter (z. B. von Box-, Theaterveranstaltungen {33/40/85}; 2. Vertriebskaufmann für Händlerberatung u. Verkäuferschulung {31/40/42} | **promotor**, oris m | Vermehrer |
| – | **Promotor** | 1. Förderer, Manager {33/40/85}; 2. Professor, der die formelle Verleihung der Doktorwürde vornimmt (österr.) {31/33} | dto. | dto. |
| – | **Promotion** | 1. (offizielle Feier bei der) Verleihung, Erlangung der Doktorwürde {33/31}; | **promotio**, onis f | Beförderung |
| | (l>engl) | 2. Absatzförderung, Werbung {42/80} | | |
| – | **Promovend** | jmd., der kurz vor seiner Promotion steht (DDR) {31} | **promovere** | vorwärts bewegen, vorrücken, befördern |
| – | **promovieren** | 1. eine Dissertation schreiben {31/40}; 2. die Doktorwürde erlangen o. verleihen {33/31} | dto. | dto. |
| 2856 | **prompt** l>frz | 1. unverzüglich, unmittelbar erfolgend; umgehend {59}; 2. doch tatsächlich {52}; 3. bereit, verfüg-, lieferbar (kaufmannsspr. t. t.) {42}; 4. schlagfertig {22/25/32} | **promptus**, a, um<br><br>frz. *prompt* | gleich zur Hand, bereit; entschlossen; offenbar<br>bereit, geschwind |
| 2857 | **Pronomen** | Fürwort (sprachwiss. t. t.) {76} | **pronomen**, minis n | Vorname; Fürwort (gramm. t. t.) |
| – | **pronominal** | das Pronomen betreffend, fürwörtlich (sprachwiss. t. t.) {76} | **pronominalis**, e | zum Fürwort gehörig, pronominal |
| 2858 | **prononcieren** l>frz | offen erklären, aussprechen, bekanntgeben (veraltet) {32/33} | **pronuntiare** | laut rufen, berichten, verkündigen |

| | | | | |
|---|---|---|---|---|
| – | **prononciert** l>frz | 1. deutlich ausgesprochen, scharf betont {32}; 2. ausgeprägt {25/56} | dto. | dto. |
| 2859 | **Propaganda** | 1. systematische Verbreitung politischer Meinungen mit dem Ziel der Beeinflussung {32/50/28}; 2. Werbung, Reklame (wirtsch. t. t.) {80/42} | **propagare** | erweitern, weiter ausbreiten; verlängern, ausdehnen |
| – | **Propagandist** l>nlat | 1. jmd., der Propaganda treibt {32/28/50}; 2. Werbefachmann {40/42/80} | dto. | dto. |
| – | **propagandistisch** l>nlat | die Propaganda betreffend, auf ihr beruhend {32/28} | dto. | dto. |
| – | **Propagator** | jmd., der etw. propagiert, sich für etw. einsetzt {28/32/33} | **propagator**, oris m | Fortsetzer, Erweiterer, Verlängerer |
| – | **propagieren** | verbreiten, für etw. Propaganda treiben, werben {32/28/42/80} | **propagare** | s. oben |
| 2860 | **Propeller** l>engl | Antriebsschraube bei Schiffen o. Flugzeugen {45/87} | **propellere** | fort-, wegstoßen, in Bewegung setzen; forttreiben |
| 2861 | **proper** l>frz | 1. sauber, ordentlich; 2. eigen, ansprechend {33/55}; 3. sorgfältig, solide gearbeitet {40/56} | **proprius**, a, um | eigen, eigentümlich, charakteristisch, wesentlich |
| 2862 | **Proponent** | Antragsteller {27/32/49} | **proponere** | (öffentlich) aufstellen, vortragen, vorschlagen |
| – | **proponieren** | vorschlagen, beantragen {32/27} | dto. | dto. |
| 2863 | **Proportion** | 1. Größenverhältnis; rechtes Maß; Eben-, Gleichmaß {56}; 2. Takt- und Zeitmaßbestimmung der Mensuralmusik (mus. t. t.) {37/59}; 3. Verhältnisgleichung (math. t. t.) {71} | **proportio**, onis f | Proportion, Ebenmaß; ähnliches Verhältnis |
| – | **proportional** | verhältnisgleich; angemessen, entsprechend {56/71} | **proportionalis**, e | zur Proportion gehörig, verhältnismäßig |
| – | **Proportionale** | Glied einer Verhältnisgleichung (math. t. t.) {71} | dto. | dto. |
| – | **Proportionalität** | Verhältnismäßigkeit, richtiges Verhältnis {71/56} | **proportionalitas**, atis f | Verhältnismäßigkeit, Ebenmaß |
| – | **proportioniert** l>mlat | in einem bestimmten Maßverhältnis stehend; ebenmäßig, wohlgebaut {53/56} | **proportionatus**, a, um | nach dem Ebenmaß eingerichtet |
| – | **Proporz** | 1. Sitzverteilung nach dem Verhältnis der abgegebenen Stimmen; 2. Verhältniswahlsystem (österr., schweiz.) {50/56} | **proportio** | s. oben |

| | | | | |
|---|---|---|---|---|
| 2864 | **Proposition** | 1. Vorschlag, Antrag (veraltet) {32/27}; 2. Ankündigung des Themas (rhet., stilk. t. t.); 3. Satz als Informationseinheit (sprachwiss. t. t.) {76}; 4. Ausschreibung bei Pferderennen {85} | **propositio**, onis f | Vorstellung, Hauptsatz, Thema; Bekanntmachung |
| – | **propositional** l>(nlat) | den Satz als Informationseinheit betreffend (sprachwiss. t. t.) {76} | dto. | dto. |
| – | **Propositum** | Äußerung, Rede (veraltet) {32} | **propositum**, ti n | Vorsatz, Vorhaben; Thema |
| 2865 | **Proprätor** | Statthalter einer Provinz im Römischen Reich, gewesener Prätor (hist. t. t.) {75/50} | **propraetor**, oris m | Proprätor |
| 2866 | **Propst** l>spätl | Kloster-, Stiftsvorsteher; Superintendent {33/40/51} | **praepositus**, ti m spätl. **propos(i)tus** | Vorgesetzter, Vorsteher |
| 2867 | **Prorektor** (l;l)>nlat | Vorgänger und Stellvertreter des amtierenden Rektors an Hochschulen {31/40} | **pro** + **rector**, oris m | s. oben 2827 Lenker, Leiter, Führer |
| – | Prorektorat | | | |
| 2868 | **Prorogation** | 1. Aufschub, Vertagung {59}; 2. Anerkennung eines an sich nicht zuständigen Gerichts (jur. t. t.) {82} | **prorogatio**, onis f | Verlängerung |
| – | **prorogativ** | aufschiebend, vertagend {59} | **prorogativus**, a, um | aufgeschoben werden |
| – | **prorogieren** | 1. aufschieben, vertagen {59}; 2. eine Prorogation (2.) vereinbaren (jur. t. t.) {82} | **prorogare** | verschieben, verlängern; vorschießen |
| 2869 | **Prosa** | 1. Rede, Schrift in ungebundener Form {32/34}; 2. nüchterne Sachlichkeit {25/32/84}; 3. geistliches Lied des frühen Mittelalters {37/51/75} | **prorsus**, a, um bzw. **prosus**, a, um | geradeaus gerichtet, ungebunden prosaisch |
| – | **Prosaiker** | 1. Prosa schreibender Schriftsteller {40/34}; 2. Mensch von nüchterner Geistesart {25/84} | **prosaicus**, a, um | prosaisch |
| – | **prosaisch** | 1. in Prosa (1.) abgefaßt {32/34}; 2. sachlich-nüchtern, ohne Phantasie, trocken{25/84} | dto. | dto. |
| – | Prosaist | | | |
| – | **prosaistisch** | frei von romantischen Gefühlswerten, sachlich-nüchtern berichtend {25/32} | dto. | dto. |
| 2870 | **Prosektur** l>nlat | pathologische -, Sektionsabteilung eines Krankenhauses (med. t. t.) {58/70} | **prosecare** | vorn ab-, be-, zurechtschneiden |

| | | | | |
|---|---|---|---|---|
| 2871 | **Prosekution** | gerichtliche Verfolgung, Belangung (jur. t. t.) {82} | **prosecutio**, onis f | Begleitung, ehrender Nachruf |
| 2872 | **Proseminar** l;l | einführende Übung (für Studienanfänger) an der Hochschule {31} | **pro** + **seminarium**, ii n | s. oben 2827 Baum-, Pflanzschule |
| 2873 | **prosit** o. **prost** | wohl bekomm's! zum Wohl! (Trinkspruch) {17/27/33} | **prodesse** **prosit** | nützen, nützlich sein, helfen es möge nutzen, bekommen |
| - | **Prosit** zuprosten | Zutrunk {27/33/17} | dto. | dto. |
| 2874 | **proskribieren** | ächten, verbannen {82/33} | **proscribere** | öffentlich bekanntmachen; ächten; konfiszieren |
| — | **Proskription** | 1. Ächtung (politischer Gegner) {82/33}; 2. öffentliche Bekanntmachung der Namen der Geächteten im alten Rom (hist. t. t.) {75/32} | **proscriptio**, onis f | öffentlicher Anschlag; Ächtung |
| 2875 | **Prospekt** | 1. mit Bildern ausgestattete Werbeschrift {32/42}; 2. Preisliste {42}; 3. Vorderansicht des Pfeifengehäuses der Orgel {37/53}; 4. gemalter Bühnenhintergrund, -himmel (im Theater) {35/36/74}; 5. perspektivisch übertriebene Ansicht einer Landschaft beim Kupferstich (künstl. t. t.) {36}; 6. große, langgestreckte Straße in der Sowjetunion {45}; 7. Darlegung der Unternehmenslage bei geplanter Inanspruchnahme des Kapitalmarktes (wirtsch. t. t.) {32/80} | **prospectus**, us m | Hinblick; Aussicht; Anblick aus der Ferne |
| - | **prospektieren** | Minerallagerstätten ausfindig machen, untersuchen (geol. t. t.) {62/40} | **prospectare** | aus der Ferne hinschauen, sich umschauen; erwarten |
| - | **Prospektierung** l>nlat | 1. Erkundung nutzbarer Bodenschätze {62}; 2. Drucksachenwerbung mit Prospekten {42/32}; 3. Lageberichtsbekanntgabe eines Unternehmens vor einer Wertpapieremission (wirtsch. t. t.) {32/80} | dto. | dto. |
| - | **Prospektion** | 1. das Prospektieren {40/62}; 2. Drucksachenwerbung mit Prospekten {32/80} | **prospectio**, onis f | Vorsorge |

| | | | | |
|---|---|---|---|---|
| – | **prospektiv** | 1. der Aussicht, Möglichkeit nach; vorausschauend; 2. die Weiterentwicklung betreffend {25/59} | **prospectivus**, a, um | zur Aussicht gehörig |
| – | **Prospektor** l>engl | Gold-, Erzschürfer (bergmannsspr. t. t.) {40/41/62} | **prospector**, oris m | Vorherseher, Vorsorger |
| 2876 | **prosperieren** l>frz | gedeihen, vorankommen, gutgehen {33/80} | **prosperare** | einer Sache Erfolg verschaffen; gewähren, beglükken |
| – | **Prosperität** l>frz | Wohlstand, Periode allgemeinen wirtschaftlichen Aufschwungs {56/59/80} | **prosperitas**, atis f | erwünschte Beschaffenheit, glücklicher Zustand, Gedeihen |
| >>> | prost s. prosit | | | |
| 2877 | **Prosternation** l>mlat | Fußfall vor einem Herrscher o. religiösen Gegenstand (= Proskynese) {12/47/51/61} | **prosternere** | vor-, hinstrecken; niederstrecken, -werfen |
| – | **prosternieren** | sich (zum Kniefall) niederwerfen {12/47/51/61} | dto. | dto. |
| 2878 | **prostituieren** l>(frz) | 1. jmdn. herabwürdigen, öffentlich preisgeben, bloßstellen {32/25/33}; 2. sich -: Prostitution (2.) treiben {18/33} | **prostituere** | öffentlich zur Unzucht preisgeben, prostituieren; vorn hinstellen |
| – | **Prostituierte** l>(frz) | Frau, die sich gewerbsmäßig zum Geschlechtsverkehr anbietet; Dirne {33/40/18} | dto. | dto. |
| – | **Prostitution** l>frz | 1. gewerbsmäßige Ausübung sexueller Handlungen {33/18/40}; 2. Herabwürdigung, öffentliche Preisgabe, Bloßstellung {25/32/33} | **prostitutio**, onis f | Preisgebung zur Unzucht; Entehrung, Beschimpfung |
| – | **prostitutiv** l>frz | die Prostitution betreffend {33/18/40} | **prostitutus**, a, um | öffentlich preisgegeben |
| 2879 | **Protegé** l>frz | jmd., der protegiert wird; Günstling, Schützling {33} | **protegere** | vorn bedecken, beschützen; verbergen |
| | | | frz. *protegé* | |
| – | **protegieren** l>frz | begünstigen, fördern, bevorzugen {33} | dto. | dto. |
| – | **Protektion** l>frz | Gönnerschaft, Förderung, Begünstigung, Bevorzugung {33} | **protectio**, onis f | Bedeckung; Beschützung, Verteidigung |
| – | **Protektionismus** l>frz>nlat | Schutz einheimischer Produkte gegen ausländische Konkurrenz durch handelspolitische Maßnahmen (wirtsch. t. t.) {80/50} | dto. | dto. |
| – | Protektionist, protektionistisch | | | |

| | | | | |
|---|---|---|---|---|
| – | **Protektor** | 1. Beschützer, Förderer; 2. Schutz-, Schirmherr; Ehrenvorsitzender {33}; 3. mit Profil versehene Lauffläche des Autoreifens {45} | **protector**, oris m | Bedecker, Beschützer; Leibwächter |
| – | **Protektorat** l>nlat | 1. Schirmherrschaft {33}; 2. Schutzherrschaft eines Staates über ein fremdes Gebiet; unter Schirmherrschaft stehendes Gebiet {50/86} | dto. | dto. |
| 2880 | **Protest** l>it | 1. spontane, temperamentvolle Mißfallensbekundung {28/32}; 2. amtliche Beurkundung über die Annahmeverweigerung bei Wechseln (jur. t. t.) {80/82}; 3. Rechtsmittel des Staatsanwalts gegen ein erstinstanzliches Urteil (jur. t. t.) {82} | **protestari** (PPA. **protestans**) it. *protestari* *protesto* | öffentlich bezeugen, - beweisen, - aussagen |
| – | **Protestant** | 1. Angehöriger einer protestantischen Kirche {51}; 2. jmd., der gegen etw. protestiert (1.) {28/32} | dto. | dto. |
| – | **protestantisch** | zum Protestantismus gehörend, ihn vertretend; evangelisch {51} | dto. | dto. |
| – | **protestantisieren** | protestantisch machen, für die protestantische Kirche gewinnen (veraltet) {51} | dto. | dto. |
| – | Protestantismus | | | |
| – | **Protestation** | Mißfallensbekundung, Protest {28/32} | **protestatio**, onis f | das Bezeugen, Dartun |
| – | **protestieren** l>frz | 1. Protest (1.) einlegen; 2. etw. als unzutreffend zurückweisen; widersprechen {32/28}; 3. die Annahme, Zahlung eines Wechsels verweigern (jur. t. t.) {82/80} | **protestari** | s. oben |
| >>> | Protestnote s. Note (5.) | | | |
| 2881 | **Protuberanz** l>nlat | 1. Vorsprung (an Organen, Knochen etc. - med. t. t.) {53/70}; 2. aus dem Sonneninnern aufschießende glühende Gasmasse (astron. t. t.) {66} | **protuberare** (PPA. **protuberans**) | hervorschwellen, als Auswuchs hervortreten |
| 2882 | **Protze** l>spätl>it | zweirädriger Vorderwagen zweiteiliger militärischer Fahrzeuge (z. B. Geschütze, Minenwerfer) (veraltet - mil. t. t.) {86} | **birotus**, a, um spätl. **birotium** it. *biroccio* | zweirädrig<br>Zweiradkarren |
| – | (ab)protzen | | | |

| | | | | |
|---|---|---|---|---|
| 2883 | **Provenienz** l>nlat | Herkunft, Ursprung {33/42/56} | **provenire** (PPA. **proveniens**) | hervorkommen, entstehen, erzeugt werden |
| 2884 | **Prover-b(ium)** | Sprichwort {76/34} | **proverbium**, ii n | Sprichwort |
| – | **proverbia-l(isch)** o. **proverbiell** l>frz | sprichwörtlich {76/34} | **proverbialis**, e | sprichwörtlich |
| 2885 | **Proviant** l>vulgl >afrz>it | Verpflegung auf einer Wanderung, Expedition; Wegzehrung, Ration {17} | **praebere**<br>**praebenda**<br>vulgl. probenda*<br>afrz. *provende*<br>it. *provianda* | darreichen, gewähren<br>von Staats wegen zukommendes Nahrungsgeld; Zehrgeld<br><br>Mundvorrat |
| – | **proviantie-ren** l>vulgl>it >(frz) | mit Proviant versorgen {17} | dto. | dto. |
| 2886 | **Provinz** | 1. eine Verwaltungseinheit bildendes größeres Gebiet {48}; 2. hinsichtlich des Kultur- und Vergnügungsangebots rückständiges Gebiet (abwertend) {33/56/58/85} | **provincia**, ae f | Aufgabe, Amts-, Geschäftsbereich; Provinz |
| – | **Provinzial** l>mlat | Vorsteher einer Ordensprovinz (rel. t. t.) {33/51} | **provincialis**, e | zur Provinz gehörig, sie betreffend, provinzialisch |
| – | **Provinziale** | Provinzbewohner {64/58/33} | **provincialis**, is m | einer aus der Provinz; Magistratsperson in der Provinz; Provinzbewohner |
| – | **Provinzia-lität** l>mlat | 1. zur Provinz gehörende Eigenschaften {25/33}; 2. gesellschaftliche, kulturelle Rückständigkeit {33/85} | **provincialis**, e | s. oben |
| – | **Provinzia-lismus** l>mlat | 1. in der Hochsprache auftretende, landschaftlich gebundene Spracheigentümlichkeit (sprachwiss. t. t.) {76/32}; 2. kleinbürgerliche, spießige Einstellung; Engstirnigkeit {25/28/33}; 3. Lokalpatriotismus (österr.) {25} | dto. | dto. |

| | | | | |
|---|---|---|---|---|
| – | **Provinzialist** (o. **Provinzonkel**) l>mlat | jmd., der eine kleinbürgerliche Denkungsart besitzt {25/33} | dto. | dto. |
| – | **provinziell** l>frz | 1. zur Provinz (2.) gehörend; ihr entsprechend; für das Leben in ihr charakteristisch (abwertend) {56/58/33}; 2. von geringem geistigen, kulturellen Niveau zeugend, engstirnig {25/28/33}; 3. landschaftlich, mundartlich {32} | dto. | dto. |
| – | **Provinzler** l;d | Provinzbewohner, (kulturell) rückständiger Mensch (abwertend) {64/56/33} | dto. | dto. |
| – | **provinzlerisch** l;d | 1. wie ein Provinzler (abwertend) {33/56}; 2. ländlich {58/64} | dto. | dto. |
| 2887 | **Provision** l>it | 1. Umsatzbeteiligung; Vermittlungsgebühr {42/80}; 2. rechtmäßige Verleihung eines Kirchenamtes (kath. rel. t. t.) {51} | **provisio**, onis f it. *provvisione* | Vorsorge, Vorkehrung, Fürsorge Vorrat, Erwerb, Vergütung; Vermittlungsgebühr |
| – | **Provisor** | 1. Verwalter, Verweser (veraltet) {50/33}; 2. Geistlicher, der vertretungsweise eine Pfarrei betreut (österr.) {51}; 3. approbierter, in einer Apotheke angestellter Apotheker (veraltet) {40/70} | **provisor**, oris m | Vorausseher, Vorsorger; Verwalter |
| – | **provisorisch** l>mlat >(frz) | nur als Notbehelf, zur Überbrückung dienend; vorläufig, behelfsmäßig {56/59} | **providere** (PPP. **provisus**) mlat. provisorius frz. *provisoire* | vorsorgen, Vorkehrungen treffen; vorhersehen päpstlich verliehen |
| – | **Provisorium** l>mlat | 1. Übergangslösung {56/59}, 2. Aushilfsausgabe (Briefmarke mit Aufdruck - philat. t. t.) {59/46} | dto. | dto. |
| 2888 | **provokant** | herausfordernd, aufreizend {26/28} | **provocare** | aufrufen; reizen; herausfordern, wetteifern |
| – | **Provokant** | Herausforderer, Kläger (veraltet - polit., jur. t. t.) {81/82} | dto. | dto. |
| – | **Provokateur** l>frz | jmd., der andere aufwiegelt, zu etw. provoziert {26/28} | **provocator**, oris m frz. *provocateur* | Herausforderer |

| | | | | |
|---|---|---|---|---|
| – | **Provokation** | 1. Herausforderung, Aufreizung {26/28}; 2. künstliche Hervorrufung von Krankheitserscheinungen (med. t. t.) {70} | **provocatio**, onis f | Herausforderung; Berufung (jur. t. t.) |
| – | **provokativ** l>nlat | herausfordernd, eine Provokation (1.) enthaltend {26/28} | **provocativus**, a, um | hervorlockend, abführend |
| – | **provokatorisch** | herausfordernd, eine Provokation (1.) bezweckend {26/28} | **provocatorius**, a, um | zur Herausforderung gehörig; abführend |
| – | **provozieren** | 1. herausfordern, aufreizen {26/28}; 2. künstlich hervorrufen (z. B. Krankheiten - med. t. t.) {70} | **provocare** | s. oben |
| >>> | Prozedere s. Procedere | | | |
| 2889 | **prozedieren** | zu Werke gehen, verfahren {29/40} | **procedere** | vorrücken, -gehen; Fortschritte machen |
| – | **Prozedur** l>nlat>(frz) | Verfahren, (schwierige, unangenehme) Behandlungsweise {29/40} | dto. (frz. *procédure)* | dto. |
| – | **prozedural** l>nlat | verfahrensmäßig, den äußeren Ablauf einer Sache betreffend {29/40/59} | dto. | dto. |
| 2890 | **Prozent** (l;l)>it | 1. vom Hundert, Hundertstel {57/71}; 2. in Prozenten berechneter Gewinnanteil {57/42} | **pro** + **centum**, ti n | s. oben 2827 hundert |
| – | prozentig | | | |
| – | **prozentual, prozentuell** o. **prozentisch** (l;l)>it>nlat | im Verhältnis zum Hundert, in Prozenten ausgedrückt {57/71} | dto. | dto. |
| – | prozentualiter | | | |
| – | **prozentuieren** (l;l)>it>nlat | in Prozenten berechnen, ausdrücken {57/71} | dto. | dto. |
| 2891 | **Prozeß** l>mlat | 1. Verlauf, Hergang, Entwicklung {59/52}; 2. Gerichtsverhandlung, systematische gerichtliche Durchführung von Rechtsstreitigkeiten {82} | **processus**, us m<br>mlat. processus | das Fortschreiten, Vorrücken; (guter) Fortgang, Verlauf<br>Rechtsstreit, Handlungsweise |
| – | **prozessieren** l>nlat | einen Prozeß (2.) vor Gericht durchführen {82} | dto. | dto. |

| | | | | |
|---|---|---|---|---|
| – | **Prozession** | feierlicher (kirchlicher) Umzug, Bitt- o. Dankgang (kath. u. orth. Kirche) {27/51/61} | **processio,** onis f | Vor-, Ausrücken; Aufzug; Prozession (rel. t. t.) |
| – | **Prozessor** l>(nlat) | aus Leit- und Rechenwerk bestehende Funktionseinheit in digitalen Rechenanlagen (EDV- t. t.) {41/71/72/87} | **procedere** (PPP. **processus**) | s. oben 2889 |
| – | **prozessual** l>nlat | den Prozeß (2.) betreffend, gemäß den Grundsätzen des Verfahrensrechts (jur. t. t.) {82} | **processus** | s. oben |
| – | **Prozessualist** l>nlat | Wissenschaftler auf dem Gebiet des Verfahrensrechts (jur. t. t.) {82} | dto. | dto. |
| 2892 | **prüde** l>spätl >afrz>frz | 1. in bezug auf Sexuelles gehemmt, unfrei {18/26}; 2. sehr empfindlich, engherzig hinsichtlich Sitte und Moral; zimperlich, spröde {26/30/84} | **prodesse**<br>spätl. prode<br>afrz.<br>*prud'homme*<br>*prode femme*<br>frz. *preux*<br>*prude* | nützen, nützlich sein<br>Nutzen, Vorteil; wacker<br>Ehrenmann<br>ehrbare Frau<br>tüchtig, tapfer<br>zimperlich, gehemmt |
| – | **Prüderie** l>spätl> afrz>frz | prüde (Wesens)art, prüdes Verhalten; Zimperlichkeit, Geziertheit {26/30/84} | dto.<br>frz. *pruderie* | dto. |
| 2893a | **prüfen** l>vulgl >engl | erwägen; erkennen; berechnen; erproben {25/40/56} | **probare**<br>vulgl. provare<br>afrz. *prover*<br>frz. *prouver* | erproben, billigen, prüfen, für gut befinden<br>be-, erweisen, dartun |
| – | Prüfer, Prüfling | | | |
| – | **Prüfstein** l>vulgl >frz;d | Maßstab, Kriterium {25/56} | dto. | dto. |
| – | **Prüfung** l>vulgl>frz | 1. Untersuchung {25/40}; 2. Bewährung, Erprobung {25/40/56}; 3. Examen {31/40} | dto. | dto. |
| >>> | Psycho... s. unter dem Rest des Wortes | | | |
| 2893b | **Pub** l>engl | 1. Kneipe, Wirtshaus {17/33/58}; 2. öffentliches Haus {33/49/58} | **publicus,** a, um | staatlich, allgemein; öffentlich, zum Volk gehörig |
| 2894 | **puberal** o. **pubertär** l>nlat | mit der Geschlechtsreife zusammenhängend (med. t. t.) {15/18/70} | **pubes** (Gen. –eris) | männlich, erwachsen |
| – | **Pubertät** | Zeit der eintretenden Geschlechtsreife (med. t. t.) {15/18/59/70} | **pubertas,** atis f | Geschlechtsreife, Zeugungskraft |

| | | | | |
|---|---|---|---|---|
| – | **pubertieren** l>nlat | in die Pubertät eintreten, sich in ihr befinden (med. t. t.) {15/18/59/70} | dto. | dto. |
| 2895 | **publice** | öffentlich {33} | **publicus** (Adv. **publice**) | s. oben 2893b |
| – | **Publicity** l>frz>engl | 1. öffentliches Bekanntsein o. -werden {33}; 2. Reklame, Propaganda; öffentliche Verbreitung {32/33} | **publicitus**, a, um frz. *publicité* engl. *publicity* | von Staats wegen, öffentlich; vor aller Welt |
| – | **publik** l>frz | öffentlich, offenkundig; allgemein bekannt {33} | **publicus** | s. oben |
| – | **Publikation** l>frz | 1. im Druck erschienenes, literarisches o. wissenschaftliches Werk; 2. Veröffentlichung, Publizierung {32/34/40} | **publicatio**, onis f | Konfiskation; Veröffentlichung; Beichte |
| – | **Publikum** l>mlat >(frz) >(engl) | 1. Zuhörer-, Leser-, Besucherschaft; 2. Öffentlichkeit, Allgemeinheit; 3. unentgeltliche öffentliche Vorlesung (veraltet) {32/33} | **publicus** mlat. publicum (sc. vulgus) | s. oben das gemeine Volk, Öffentlichkeit |
| – | **publizieren** | 1. ein literarisches o. wissenschaftliches Werk veröffentlichen; Forschungsergebnisse bekannt machen; 2. publik machen {32/33/34/40} | **publicare** | einziehen, konfiszieren; öffentlich zeigen, bekanntmachen |
| – | Publizierung | | | |
| – | **Publizist** l>nlat | 1. (politischer) Tagesschriftsteller; 2. Journalist (im Bereich des aktuellen politischen Geschehens) {32/40} | **publicus** | s. oben |
| – | **Publizistik** l>nlat | 1. Tätigkeitsbereich von Presse, Film, Rundfunk o. Fernsehen; 2. Zeitungswissenschaft {32/40} | dto. | dto. |
| – | **publizistisch** l>nlat | den Publizisten, die Publizistik betreffend {32/40} | dto. | dto. |
| – | **Publizität** l>(frz) | das Bekannt-, Publiksein; Öffentlichkeit; öffentliche Darlegung {32/33} | dto. bzw. **publicitus** frz. *publicité* | dto. s. oben |
| 2896 | **Puder** l>frz | feines Pulver für Heil- und kosmetische Zwecke {21/70} | **pulvis**, veris n frz. *poudre* | Staub; (Töpfer)erde Staub; Pulver; Puder |
| – | pudern, Puderzucker | | | |

| | | | | |
|---|---|---|---|---|
| 2897 | **pueril** | kindlich, im Kindesalter vorkommend (med. t. t.) {15/59/70} | **puerilis**, e | kind-, jugendlich; kindisch |
| - | **Puerilismus** l>nlat | das Kindischsein, kindisches Wesen (med., psych. t. t.) {25/70} | dto. | dto. |
| - | **Puerilität** | kindliches o. kindisches Wesen (med., psych. t. t.) {25/70} | **puerilitas**, atis f | Knabenalter; kindisches Wesen, Benehmen |
| 2898 | **Pulle** | 1. Flasche (ugs.) {44}; 2. Kraft, Energie (z. B. volle - spielen) (ugs.) {25/33} | **ampulla**, ae f | kleine Flasche, Ölgefäß; Redeschwulst |
| 2899 | **Pulpa** | weiße, gefäßreiche Gewebemasse im Zahn und in der Milz (med. t. t.) {70} | **pulpa**, ae f | Fleisch, Muskelfleisch |
| 2900 | **Puls** l>mlat | 1. das Anschlagen der Blutwelle an den Gefäßwänden {70/23}; 2. Schlagader (Pulsader) am Handgelenk {70/11}; 3. gleichmäßige Folge gleichartiger Impulse {59} | **pulsus**, us m mlat. pulsus (sc. venarum) | Stoß, Schlag; Pulsschlag |
| - | **Pulsar** | kosmische Strahlungsquelle mit Radioimpulsen von höchster periodischer Konstanz (astron. t. t.) {66} | **pulsare** | stoßen, stampfen, klopfen, schlagen |
| - | **Pulsation** | 1. rhythmische Zu- und Abnahme des Gefäßvolumens, Pulsschlag (med. t. t.) {70/58}; 2. Veränderung eines Sterndurchmessers (astron. t. t.) {66/53} | **pulsatio**, onis f | das Stoßen, Schlagen, Knuffen |
| - | **pulsieren** | 1. rhythmisch an- und abschwellen; schlagen, klopfen {59/23}; 2. sich lebhaft regen, fließen, strömen; in geschäftiger Bewegung sein {61} | **pulsare** | s. oben |
| - | **Pulsion** | Stoß, Schlag {23/61} | **pulsio**, onis f | das Fortstoßen; Abwehr |
| 2901 | **Pult** | (Tisch)aufsatz, Gestell mit schräger Fläche zum Schreiben, Auflegen von Notenblättern o. ä. {37/40/44/58} | **pulpitum**, ti n | Brettergerüst (als Redner-, Schauspiel-, Zuschauertribüne) |
| 2902 | **Pulver** l>mlat | 1. fester Stoff in sehr feiner Zerteilung {54}; 2. Schießpulver {86}; 3. Geld (ugs.) {42/43} | **pulvis**, eris n mlat. pulver | Staub; (Töpfer)erde |
| - | pulvrig, pulvern, verpulvern | | | |
| - | **Pulverisator** l>nlat | Maschine zur Pulverherstellung durch Stampfen o. Mahlen {41/40} | **pulverizatus**, a, um | pulverisiert |
| - | **pulverisieren** l>nlat | feste Stoffe zu Pulver (1.) zerreiben, zerstäuben {29/40/41/54} | dto. | dto. |

| | | | | |
|---|---|---|---|---|
| 2903 | **Punkt** l>(spätl) | 1. geometrisches Gebilde ohne Ausdehnung; durch Koordinaten festgelegte Stelle im Raum (math. t. t.) {71}; 2. Satzschlußzeichen; Zeichen hinter der Abkürzung; Morsezeichen {32/46}; 3. sehr kleiner Fleck {58/55}; 4. typographischer Punkt (druckw. t. t.) {32/40}; 5. bestimmte Stelle, bestimmter Ort {58}; 6. Stelle, Abschnitt aus einem zusammenhängendem Ganzen {57/56}; 7. Thema, Verhandlungsgegenstand innerhalb eines größeren Themenkomplexes {32/57}; 8. Zeitpunkt, Augenblick {59}; 9. Wertungseinheit für bestimmte Leistungen (z. B. im Sport) {56/85} | **punctum**, ti n<br><br>spätl. **punctus**, ti m | Stich; kleines Loch; Punkt, Tüpfel; Augenblick<br>Punkt (als arithm. t. t.) |
| - | **Punktation** l>nlat | 1. nicht bindender Vorvertrag (jur. t. t.) {82}; 2. (vorläufige) Festlegung der Hauptpunkte eines künftigen Staatsvertrages {59/82/50}; 3. Kennzeichnung der Vokale im Hebräischen (sprachwiss. t. t.) {76} | dto. | dto. |
| - | **punktieren** l>mlat | 1. mit Punkten versehen, tüpfeln {55}; 2. eine Note um die Hälfte ihres Wertes verlängern (mus. t. t.); 3. Töne einer Gesangspartie um eine Oktave oder Terz versetzen (mus. t. t.) {37}; 4. eine Punktion durchfühern (med. t. t.) {70} | **pungere**<br><br>mlat. punctare | stechen; verletzen, beunruhigen; eindringen<br>Einstiche, Punkte machen |
| - | **Punktion** o. **Punktur** | Entnahme von Flüssigkeiten aus Körperhöhlen durch Einstich mit Hohlnadeln (med. t. t.) {70} | **punctio**, onis f bzw.<br>**punctura**, ae f | das Stechen; Stich<br><br>dto. |
| - | **Punktualität** l>nlat | Genauigkeit, Strenge {25/31} | **punctum** | s. obne |
| - | **punktuell** l>nlat | einen o. mehrere Punkte betreffend, Punkt für Punkt, punktweise {57} | dto. | dto. |
| - | **Punktum** | basta!, genug damit!, Schluß {28/32/59} | dto. | dto. |
| - | **pünktlich** | auf den verabredeten Zeitpunkt genau {59} | dto. | dto. |

| | | | | |
|---|---|---|---|---|
| 2904 | **pupillar** | 1. die Pupille (1.) betreffend, zu ihr gehörend (med. t. t.) {11/70}; 2. (= pupillarisch) das Mündel betreffend (veraltet - jur. t. t.) {82/33} | 1.: **pupilla**, ae f<br>2.: **pupillaris**, e | Pupille, Augapfel; Waise, Mündel<br>zu den Waisen gehörig, unmündig |
| – | **Pupille** | 1. Sehloch in der Regenbogenhaut des Auges {11/70}; 2. Mündel, Pflegebefohlene (veraltet - jur. t. t.) {82/33} | **pupilla** | s. oben |
| 2905 | **Puppe** | 1. Kinderspielzeug {31/33/44/85}; 2. kleines Mädchen; Kosewort für junge Frauen {33/32}; 3. die von der Larve zum vollausgebildeten Insekt überleitende Entwicklungsstufe (biol. t. t.) {69} | **pup(p)a**, ae f | (junges) Mädchen; Backfisch; Puppe (Spielzeug) |
| – | Püppchen, ver-, entpuppen | | | |
| – | **Puppet**<br>l>afrz>engl | 1. engl. Bezeichnung für: Drahtpuppe, Marionette {33/35}; 2. willenloses Werkzeug {28/33} | dto.<br>afrz. *poupette* | dto. |
| 2906 | **pur** | 1. rein, unverfälscht; unvermischt {54/56}; 2. nur, bloß, nichts als; glatt {57} | **purus**, a, um | rein, lauter, sauber, klar; heiter |
| – | **Püree**<br>l>frz | breiförmige Speise, Brei (z. B. aus Kartoffeln) {17} | **purare**<br>afrz. *purer*<br>frz. *purée* | reinigen<br>reinigen; sieben; durchpassieren<br>Brei aus Hülsenfrüchten; breiförmige Speise |
| 2907a | **purgieren** | 1. reinigen, läutern (rel. t. t.) {51}; 2. abführen, ein Abführmittel anwenden (med. t. t.) {70} | **purgare** | reinigen; abführen; entschuldigen, rechtfertigen |
| 2907b | **pürieren**<br>l>frz | zu Püree machen, eine Püree herstellen (gastron. t. t.) {17} | **purare** | s. oben 2906 |
| 2908 | **purifizieren** | reinigen, läutern (kath. rel. t. t.) {51} | **purificare** | reinigen, entsühnen |
| 2909 | **Purismus**<br>l>nlat | 1. übertriebenes Streben nach Sprachreinheit, Kampf gegen Fremdwörter {32/25/28}; 2. bestimmte Auffassung in der Denkmalpflege {25/88}; 3. Kunstrichtung des 20. Jh.s {36} | **purus**, a, um | s. oben 2906 |
| – | Purist, puristisch | | | |

| | | | | |
|---|---|---|---|---|
| – | **Puritaner** l>(afrz) >engl | 1. Anhänger einer streng kalvinistischen Richtung (im England des 16. u. 17. Jh.s - hist. t. t.) {75/51}; 2. sittenstrenger Mensch {30/33/84} | **puritas**, atis f<br><br>afrz. *purté*<br>engl. *purity*<br>*puritan* | (moralische, sprachliche) Reinheit; Unschuld<br><br><br><br>auf Reinheit Bedachter; Reiniger |
| – | Puritanismus | | | |
| – | **puritanisch** l>(afrz) >engl | 1. den Puritanismus, die Puritaner (1.) betreffend {51/75}; 2. sittenstreng {30/33/84}; 3. bewußt einfach, spartanisch (z. B. in der Lebensführung) {25/26/33} | dto. | dto. |
| 2910 | **Purpur** (gr)>l | 1. hochroter Farbstoff {36/55}; 2. purpurfarbenes, prächtiges, von Herrschern getragenes Gewand (bei offiziellen Anlässen) {19/50/75} | **purpura**, ae f<br><br>gr. *πορφύρα* | Purpurschnecke; -farbe, Purpur; Purpurstoff |
| – | **purpurn** (gr)>l | purpurfarben {55} | dto. | dto. |
| 2911 | **pushen** l>frz>engl | 1. durch forcierte Werbung die Aufmerksamkeit des Käufers auf etw. lenken {25/28/42}; 2. mit Rauschgift handeln (Jargon) {42/82} | **pulsare**<br>frz. *pousser*<br>engl. *to push* | s. oben 2900 |
| 2912 | **Pustel** | Eiterbläschen in der Haut, Pickel (med. t. t.) {11/70} | **pustula**, ae f | Blase, Bläschen; Pustel (med. t. t.) |
| 2913 | **putativ** | auf einem Rechtsirrtum beruhend, vermeintlich (jur. t. t.) {82} | **putativus**, a, um | vermeintlich, scheinbar |
| 2914 | **Putrefaktion** o. **Putreszenz** (l>nlat) | 1. Verwesung, Fäulnis (biol., med. t. t.) {68/69/70}; 2. faulige Nekrose (med. t. t.) {70} | **putrefactio**, onis f<br>bzw. **putrescere** (PPA. **putrescens**) | (das Übergehen in) Fäulnis<br>in Fäulnis, Verwesung übergehen |
| 2915 | **Putte** l>it | Figur eines kleinen nackten Knaben mit Flügeln; Kinderengel (in der Barockkunst) {36} | **putus**, ti m (o. **pusus**, si m)<br>it. *putto* | Knabe<br><br><br>Knäblein |

# Q

| | | | | |
|---|---|---|---|---|
| 2916 | **qua** | 1. mittels, durch, auf dem Weg über {58/56}; 2. gemäß, entsprechend; 3. (in der Eigenschaft) als {33/56} | **qua** (Adv.) | auf der Seite, wo; da, wo; insoweit, wie; auf welche Art, wie |
| 2917 | **Quader** l>mlat | 1. rechteckiger Körper (math. t. t.) {71/58}; 2. (behauener) massiver rechteckiger Steinblock {02/40/58} | **quadrus**, a, um<br>mlat. quadrus (sc. lapis) | viereckig<br>viereckiger Stein |
| 2918 | **Quadrant** | 1. Viertelkreis; Viertelebene im Koordinatensystem (math. t. t.) {71}; 2. ein Viertel des Äquators, eines Meridians (geogr. t. t.) {64}; 3. Instrument zur Messung der Durchgangshöhe der Sterne (astron., hist. t. t.) {66/75}; 4. Instrument zum Einstellen der Höhenrichtung eines Geschützes (mil., hist. t. t.) {75/50} | **quadrans**, ntis m | der vierte Teil, Viertel |
| – | **Quadrat** | 1. Viereck mit vier gleichen Seiten und vier rechten Winkeln (math. t. t.); 2. zweite Potenz einer Zahl (math. t. t.) {71}; 3. rechteckiges, nicht druckendes Stück Blei (druckw. t. t.) {40/32}; 4. 90 ° Winkelabstand zwischen Planeten (astrol. t. t.) {51/66} | **quadratum**, ti n (o. **quadratus**, ti m) | Viereck, Quadrat |
| – | **Quadrat...** | Fläche in der jeweiligen Maßeinheit (z. B. Quadratmeter) {57/71} | dto. | dto. |
| – | **quadratisch** | 1. in der Form eines Quadrats {58/71}; 2. in die zweite Potenz erhoben (math. t. t.) {71} | **quadratus**, a, um | viereckig; wohlgebaut, -gefügt |

| | | | | |
|---|---|---|---|---|
| – | **Quadratur** | 1. Umwandlung einer ebenen Fläche in ein Quadrat gleichen Flächeninhalts durch geometrische Konstruktion (math. t. t.); 2. Inhaltsberechnung einer beliebigen Fläche durch Integralrechnung (math. t. t.) {71}; 3. zur Verbindungsachse Erde-Sonne rechtwinklige Planetenstellung (astron. t. t.) {66}; 4. architektonische Konstruktionsform {88} | **quadratura**, ae f | Verwandlung in ein Viereck |
| – | **Quadratwurzel** l;d | zweite Wurzel einer Zahl o. mathematischen Größe (math. t. t.) {71} | **quadratum** | s. oben |
| – | **Quadratzahl** l;d | Ergebnis der zweiten Potenz einer Zahl (math. t. t.) {71} | dto. | dto. |
| 2919 | **Quadriennale** l>it | alle vier Jahre stattfindende Ausstellung o. repräsentative Vorführung {33/59/85} | **quadriennium**, ii n | eine Zeit von vier Jahren |
| 2920 | **quadrieren** | eine Zahl mit sich selbst multiplizieren (math. t. t.) {71} | **quadrare** | viereckig machen, - sein; zutreffen, passen |
| – | **Quadrierung** | Nachahmung von Quadersteinen durch Aufmalung von Scheinfugen auf den Putz {40/88} | dto. | dto. |
| 2921 | **Quadriga** | von einem offenen Streitwagen aus gelenktes Viergespann (oft als Siegesdenkmal) {45/24/36} | **quadriga**, ae f | Viergespann |
| 2922 | **Quadrille** l>span>frz | von vier Personen im Karree aufgeführter Tanz {37/57} | **quadrus**<br>span. *cuadro*<br>*cuadrilla*<br><br>frz. *quadrille* | s. oben 2917<br>Viereck, Karree<br>Gruppe von vier Reitern |
| 2923 | **Quadrillion** (l;l)>frz | vierte Potenz einer Million, $10^{24}$ {57} | **quadrus**, a, um o. **quadruplex**, licis<br>+ **mille**<br>frz. *million* | vierfach<br><br>tausend<br><br>vgl. oben 2193, 2237 |
| – | **Quadrilliarde** l>frz | 1000 Quadrillionen = $10^{27}$ {57} | dto.<br>frz. *milliard* | dto. |
| 2924 | **Quadrivium** | Arithmetik, Geometrie, Astronomie, Musik im mittelalterlichen Universitätsunterricht (hist. t. t.) {31/75} | **quadrivium**, ii n | Kreuzweg; die vier höheren Wissenschaften |

| | | | | |
|---|---|---|---|---|
| 2925 | **Quadro** | (mit) Vierradantrieb (beim Kfz) {45/61} | **quadrus** | s. oben 2917 |
| 2926 | **quadrophon** l;gr | über vier Kanäle laufend (in bezug auf die Übertragung von Musik, Sprache o. ä. - techn. t. t.) {32/57/87} | **quadrus** + gr. *φωνέειν* | s. oben 2917 sprechen, tönen |
| – | **Quadrophonie** l;gr | vierkanalige Übertragungstechnik mit erhöhter räumlicher Klangwirkung (techn. t. t.) {32/57/87} | dto. | dto. |
| – | quadrophonisch | | | |
| 2927 | **Quadrupede** | (veraltet) 1. Vierfüßer {08/69}; 2. Säugetier {06/69} | **quadrupes**, edis mf | das vierfüßige Tier |
| 2928 | **Qualifikation** (l;l)>mlat >frz>(engl) | 1. das Sich-qualifizieren; 2. Befähigung(snachweis), Eignung {22/40}; 3. Berechtigung zur Teilnahme an einem sportlichen Wettkampf {22/33/85}; 4. Beurteilung, Kennzeichnung {25/56} | **qualis**, e + **facere** mlat. qualificatio frz. / engl. *qualification* | wie beschaffen machen, tun Verfahrensweise, Art |
| – | **qualifizieren** (l;l)>mlat >(frz) >(engl) | 1. sich -: sich weiterbilden, einen Befähigungsnachweis erbringen {22/31/40}; 2. seine berufliche Leistungsfähigkeit steigern (DDR) {22/40}; 3. die für die Teilnahme an einem Wettbewerb erforderlichen sportlichen Leistungen bringen {22/33/85}; 4. die Befähigung, Eignung für jmdn. o. etw. darstellen {22/25}; 5. als etw. beurteilen, einstufen, kennzeichnen {25/56} | **qualis** + **facere** mlat. qualificare engl. *qualify* | s. oben näher bestimmen, mit einer bestimmten Eigenschaft versehen |
| – | **qualifiziert** (l;l)>mlat >(frz) >(engl) | tauglich, besonders geeignet {25/22/33/56} | dto. | dto. |
| – | Qualifizierung | | | |
| 2929 | **Qualität** | 1. Beschaffenheit; 2. Güte, Wert {56}; 3. Klangfarbe eines Vokals (sprachwiss. t. t.) {76}; 4. relative Überlegenheit des Turmes gegenüber Läufer oder Springer beim Schachspiel {56/85} | **qualitas**, atis f | Beschaffenheit, Verhältnis, Eigenschaft |
| – | **qualitativ** l>mlat | hinsichtlich der Beschaffenheit {56} | dto. mlat. qualitativus | dto. qualitativ |
| 2930 | **Quant** | nicht weiter teilbares Energieteilchen (phys. t. t.) {72} | **quantus**, a, um | wie groß, wie viel; so groß wie |

| | | | | |
|---|---|---|---|---|
| – | **Quantifikation** (l;l)>nlat | Umformung der Eigenschaften von etw. in Zahlen, meßbare Größen {57/71/72} | dto. + **facere** | dto. tun, machen |
| – | Quantifizierung | | | |
| – | **quantisieren** l>nlat | 1. eine Quantisierung (2., 3.) vornehmen; 2. (= quanteln) eine Energiemenge in Quanten darstellen (phys. t. t.) {72} | **quantus** | s. oben |
| – | **Quantisierung** l>nlat | 1. das Quanteln, die Quantelung; 2. quantentheoretische Beschreibung eines physikalischen Systems (phys. t. t.) {72}; 3. bestimmtes technisches Verfahren bei der Digitalisierung von Tonaufnahmen (techn. t. t.) {41/87} | dto. | dto. |
| – | **Quantisierungsrauschen** l>nlat;d | rauschähnlicher Störimpuls bei Digitalaufnahmen (z. B. bei DAT-Recordern, im PCM-Verfahren - techn. t. t.) {87} | dto. | dto. |
| 2931 | **Quantität** | 1. Menge, Anzahl, Masse {57}; 2. Dauer einer Silbe ohne Rücksicht auf die Betonung (antike Metrik - sprachwiss. t. t.) {76/59} | **quantitas**, atis f | Menge, Anzahl; Summe, Quantität |
| – | **quantitativ** l>nlat | der Quantität (1.) nach, mengenmäßig {57} | dto. | dto. |
| – | **quantitieren** l>nlat | Silben im Vers nach der Quantität (2.) messen (sprachwiss. t. t.) {76} | dto. | dto. |
| 2932 | **Quantum** | angemessene Menge (bes. an Nahrungsmitteln o. ä.); Anzahl, Anteil {57/17} | **quantus** | s. oben |
| 2933 | **Quarantäne** l>vulgl>frz | räumliche Absonderung, Isolierung ansteckungsverdächtiger Personen (med. t. t.) {70/58} | **quadraginta** vulgl. quarranta frz. *quarante* *quarantaine* | vierzig<br><br><br>Anzahl von vierzig (Tagen) |
| 2934 | **Quart** l>(mlat) | 1. vierte Stufe einer diatonischen Tonleiter; Intervall von vier Tönen (mus. t. t.) {37}; 2. Viertelbogengröße (druckw. t. t.) {32/40/58}; | **quartus**, a, um bzw. **quarta**, ae f | der (die, das) vierte<br><br>der vierte Teil; Viertel |
| | (l>frz >engl) | 3. früheres Flüssigkeitsmaß in Preußen und Bayern; 4. engl. und am. Hohlmaß {56} | (sc. pars) | |
| – | **Quarta** l(;l) | dritte (österr. vierte) Klasse eines Gymnasiums {31/56} | dto. **quarta classis** | dto. vierte Abteilung |
| – | **Quartal** l>mlat | Vierteljahr {59} | **quartus** mlat. quartale (anni) | s. oben Viertel eines Jahres |

| | | | | |
|---|---|---|---|---|
| – | **Quartalsäufer** l>mlat;d | von periodischer Trunksucht befallener Mensch {14/17/59/70} | dto. | dto. |
| – | **Quartaner** | Schüler der Quarta {31/56} | **quarta** | s. oben |
| – | **quartär** | 1. das Quartär betreffend (geol. t. t.) {62}; 2. an vierter Stelle in einer Reihe, (Rang)-folge stehend; viertrangig {56}; 3. zentrales Atom, an das vier organische Reste gebunden sind (chem. t. t.); 4. aus Molekülen mit quartärem (3.) Atom als Zentrum bestehend (chem. t. t.) {72/73} | **quartarius**, ii m | Viertel |
| – | **Quartär** | erdgeschichtliche Formation (geol. t. t.) {62/59} | dto. (bzw. **quartus** | dto. s. oben) |
| – | **Quarter** l>frz>engl | engl. Gewicht o. Hohlmaß; am. Getreidemaß {56/57} | dto. | dto. |
| – | **Quarterback** l>frz>engl; engl | zentraler Spieler, Spielmacher beim American Football {85} | dto. | dto. |
| – | **Quartett** l>it | 1. (Komposition für) vier solistische Instrumente (mus. t. t.); 2. die erste o. zweite Strophe des Sonetts (mus. t. t.) {37}; 3. Gruppe von vier Personen, die gemeinsam etw. tun {33/57}; 4. Kartenspiel (bes. für Kinder) {85} | dto. it. *quarto* *quartetto* | dto. |
| – | **Quartier** l>frz | 1. Unterkunft {58/44}; 2. Stadtviertel (schweiz., österr.) {49/64} | **quartarius**, ii m frz. *quartier* | Viertel |
| – | **quartieren** l>frz | unterbringen, einquartieren (veraltet) {58/44} | dto. | dto. |
| – | ein-, aus-, umquartieren | | | |
| 2935 | **Quasar** (l;l;l)>nlat | kurz für: quasi-stellare Radioquelle (astron. t. t.) {66} | **quasi** | als wenn, gerade als ob; gleichwie |
| | | | + **stellaris**, e | zu den Sternen gehörig |
| | | | + **radius**, ii m | Stab, Stecken; Radius des Kreises, Halbmesser |
| 2936 | **quasi** | gewissermaßen, gleichsam, sozusagen {56} | **quasi** | s. oben 2935 |

>>> quasi... s. ggf. unter dem Rest des Wortes

| | | | | |
|---|---|---|---|---|
| 2937 | **Quästio** | in einer mündlichen Diskussion gelöste wissenschaftliche Streitfrage {25/32} | **quaestio**, onis f | Befragung, Untersuchung; Gegenstand, Thema |

| | | | | |
|---|---|---|---|---|
| – | **Quästor** | 1. hoher Finanz- und Archivbeamter in der Römischen Republik (hist. t. t.) {75/50}; 2. Leiter einer Quästur (2.) {31/42}; 3. Kassenwart eines Vereins (schweiz.) {33/42} | **quaestor**, oris m | Quästor, römischer Beamter |
| – | **Quästur** | 1. Amt(sbereich) eines Quästors (1.) {75/50}; 2. Universitätskasse, die die Hochschulgebühren einzieht {31/42} | **quaestura**, ae f | Amt, Würde eines Quästors, Quästur |
| 2938 | **Quatember** (l;l)>mlat | kath. Faststag zu Beginn der vier Jahreszeiten (kath. rel. t. t.) {51/59} | **quattuor** + **tempus**, poris n kirchenl. | vier<br>Zeit |
| | | | **quattuor tempora** | vier Zeiten |
| 2939 | **Quaternion** | Zahlensystem mit vier komplexen Einheiten (math. t. t.) {57/71} | **quaternio**, onis f | Vier(zahl); Quartbogen Papier |
| 2940 | **Quentchen** l>mlat | kleine Menge, ein bißchen {57} | **quintus**, a, um mlat. | der Fünfte |
| | | | quintinus*<br>quentinus* | Fünftel |
| 2941 | **Querele** l>frz | (kleinere) Streiterei {33/26/32} | **querela**, ae f | Klage, Beschwerde; Unpäßlichkeit |
| | | | frz. *querelle* | Klage, Beschwerde; Streit |
| – | **Querulant** l>nlat | jmd., der sich über jede Kleinigkeit beschwert; Nörgler, Besserwisser {32/33/84} | **querelari** | Klage erheben, klagen |
| – | **Querulanz** l>nlat | querulatorisches Verhalten mit krankhafter Steigerung des Rechtsgefühls (psych. t. t.) {26/32/33/70/84} | dto. | dto. |
| – | **Querulation** l>nlat | Beschwerde, Klage (veraltet) {25/32/33/82} | dto. | dto. |
| – | **querulatorisch** l>nlat | nörglerisch, streitsüchtig {32/25/33/84} | dto. | dto. |
| – | **querulieren** l>nlat | nörgeln, ohne Grund klagen {32/25/33} | dto. | dto. |
| 2942 | **Queue** l>frz | 1. Billardstock {85}; 2. lange Reihe, Schlange {58}; 3. Ende einer Kolonne o. reitenden Abteilung {58/61/86} | **cauda**, ae f | Schwanz |
| 2943 | **Quieszenz** | Ruhe(stand) (veraltet) {33/40/26} | **quiescentia**, ae f | Ruhe |
| – | **quieto** l>it | ruhig, gelassen (mus. t. t.) {26/37} | **quietus**, a, um | ruhig, gelassen, friedlich |

| | | | | |
|---|---|---|---|---|
| 2944 | **Quint(e)** l>mlat | fünfte Stufe einer diatonischen Tonleiter; Intervall von fünf Tönen (mus. t. t.) {37} | **quintus**, a, um | der (die, das) fünfte |
| – | **Quinta** l>(mlat) | zweite (österr. fünfte) Klasse einer höheren Schule {31/56} | dto. (bzw. **quinta classis** | dto. fünfte Abteilung) |
| – | **Quintaner** l>(mlat) | Schüler einer Quinta {31/56} | dto. | dto. |
| 2945 | **Quintesenz** (l;l)>mlat | Endergebnis, Hauptgedanke, -inhalt; Wesen einer Sache {25} | **quintus** + **esse** mlat. quinta essentia (= Lehnübersetzung von gr. *πεμπτή οὐσία)* | s. oben (vorhanden) sein das fünfte Seiende (unsichtbarer Luftstoff als fünftes Element) |
| 2946 | **Quintett** l>it | (Komposition für) fünf solistische Instrumente o. Solostimmen {37} | **quintus** it. *quinto quintetto* | s. oben 2944 |
| >>> | Quintilliarde, Quintillion vgl. oben Quadrillion, Quadrilliarde | | | |
| 2947 | **Quirinal** | Sitz des italienischen Staatspräsidenten {58/50} | **Qurinalis**, e | dem Quirinus (= Romulus) geweiht; einer der sieben Hügel Roms |
| 2948 | **Quirite** | röm. Vollbürger in der Antike (hist. t. t.) {75/33} | **Quiritis**, is m | römischer Vollbürger |
| 2949 | **quitt** l>frz | ausgeglichen, wett; bezahlt, erledigt; los und ledig {56/33} | **quietus**, a, um afrz. *quite* frz. *quitte* | ruhig; untätig; frei (von Störungen); losgelöst frei, ledig |
| 2950 | **Quitte** (gr)>l >vulgl | zu den Rosengewächsen zählende Baumart bzw. deren apfel- oder birnenförmige Früchte {04/17} | **cotonea** o. **cydonea** (sc. mala) gr. *κυδώνια μῆλα* vulgl. quidonea | Quittenäpfel |
| 2951 | **quittieren** l>mlat>frz | 1. den Empfang einer Leistung o. Lieferung bescheinigen, bestätigen {42/32}; 2. auf etw. reagieren, etw. mit etw. beantworten; (etw.) hinnehmen (müssen) {32/33}; 3. etw. aufgeben, beenden (z. B. seinen Dienst) {32/40/59} | **quietare** mlat. quietare oder quit(t)are frz. *quitter* | beruhigen befreien, entlassen; aus einer Verbindlichkeit entlassen freimachen; sich zurückziehen |

| | | | | |
|---|---|---|---|---|
| – | **Quittung** l>mlat>frz | 1. Empfangsbescheinigung, -bestätigung (für eine Bezahlung) {32/42}; 2. unangenehme Folgen (z. B. einer Tat); Vergeltung {25/33/82} | dto. | dto. |
| 2952 | **Quivive** (l;l)>frz | auf dem - sein: auf der Hut sein, aufpassen {23/25} | **qui, quae, quod**<br>+ **vivere**<br>frz. *qui vive?* | welche(r/s)<br>leben<br>wer lebe? |
| 2953 | **Quodlibet** | 1. humoristische musikalische Form {37/35}; 2. ein Kartenspiel {85}; 3. Durcheinander, Mischmasch (veraltet) {56} | (**quilibet, quaelibet**)<br>**quodlibet** | alles ohne Unterschied; das erste, beste; das beliebige |
| 2954 | **Quorum** l>engl | die zur Beschlußfähigkeit eines Gremiums notwendige Mindestzahl anwesender Mitglieder (o. abgegebener Stimmen - bes. süddt., schweiz.) {50/57/28} | **qui, quae, quod**<br>**quorum** (Gen. Pl. m)<br>engl. *quorum of justice of the peace* | s. oben 2952<br>deren<br>zur Bildung eines Gerichtshofes nötige Zahl von Friedensrichtern |
| 2955 | **Quotation** l>mlat >nlat | Kursnotierung an der Börse (wirtsch. t. t.) {80} | **quotus**, a, um<br>mlat. quota pars | der wievielste; wieviele, wiewenige<br>Anteil |
| – | **Quote** l>mlat | Anteil (von Sachen o. Personen) für den Einzelnen {57} | dto. | dto. |
| – | **Quotenregelung** l>mlat;l >mlat | Regelung, wonach ein Anteil einer bestimmten Gruppe angehören muß (z. B. Frauenanteil im Parteivorstand o. ä.) {57/33/50} | dto.<br>+ **regula**, ae f<br>mlat. regula | dto.<br>Richtschnur; Maßstab, Regel<br>Ordensregel |
| – | **Quotient** l>mlat | (math. t. t.) 1. Zähler und Nenner eines Bruches {57/71}; 2. Ergebnis einer Division {71} | **quotiens** (Adv.) | wie oft, wievielmal |
| – | **quotieren** l>mlat | den Preis (Kurs) angeben, mitteilen, notieren (wirtsch. t. t.) {80} | dto.<br>(bzw. **quotus** | dto.<br>s. oben) |
| – | Quotierung | | | |

# R

| | | | | |
|---|---|---|---|---|
| 2956 | **Rabatt** l>vulgl>it | Preisnachlaß {42/80} | **batt(u)ere** | schlagen, klopfen, stampfen |
| | | | vulgl. battere | |
| | | | reabbat-t(u)ere* | niederschlagen, wieder abschlagen |
| | | | it. *rabattere* | nieder-, abschlagen; einen Preisnachlaß gewähren |
| | | | *rabatto* | |
| – | **Rabatte** l>vulgl>frz >niederl | 1. schmales Beet (an Wegen, um Rasenflächen) {39/58/03}; 2. Umschlag, Aufschlag an Kragen o. Ärmeln (bes. bei Uniformen - veraltet) {19/75/86} | **batt(u)ere** | s. oben |
| | | | vulgl. reab-batt(u)ere | |
| | | | frz. *rabattre* | nieder-, abschlagen |
| | | | *rabat* | Aufschlag am Halskragen; schmales Beet |
| | | | niederl. *rabat* | |
| – | **rabattieren** l>vulgl>it | Rabatt gewähren {42/80} | **batt(u)ere** | s. oben |
| | | | it. *rabattere* | |
| 2957 | **rabiat** l>mlat | 1. rücksichtslos und roh {25/26/33/84}; 2. wütend {25/26} | **rabere** | toll sein, wüten, toben |
| | | | mlat. rabiare | wüten |
| | | | rabiatus | |
| – | **Rabies** | Tollwut (med. t. t.) {70} | **rabies**, iei f | Wut, Tollheit, Raserei |
| 2958 | **Rabulist** l>nlat | Wortverdreher; jmd., der mit spitzfindigen Argumenten die Tatsachen verdreht {32} | **rabula**, ae m | Zungendrescher, Rabulist |
| 2959 | **radial** l>mlat | den Radius betreffend; strahlenförmig, von einem Mittelpunkt ausgehend {58/71} | **radius**, ii m | Stab; Halbmesser, Kreisradius; Speiche |
| – | **Radialität** l>nlat | radiale Anordnung {58/71} | dto. | dto. |
| – | **Radiant** | 1. scheinbarer Ausstrahlungspunkt eines Meteorschwarms (astron. t. t.) {66}; 2. Einheit des Winkels im Bogenmaß; ebener Winkel {71} | **radiare** | Strahlen von sich werfen, schimmern, strahlen |
| – | **Radiata** | Hohltiere und Stachelhäuter (biol. t. t.) {08/69} | **radiatus**, a, um | mit Speichen, Strahlen versehen; strahlend |

| | | | | |
|---|---|---|---|---|
| – | **Radiation** | 1. stammesgeschichtliche Ausstrahlung, Entwicklungsexplosion (biol. t. t.) {68/69}; 2. scheinbar von einem Punkt ausgehende Bewegung eines Meteoritenschwarms (astron. t. t.) {66} | **radiatio**, onis f | das Strahlen; Glanz |
| – | **Radiator** l>nlat | Hohlkörper bei Dampf-, Wasser-, Gaszentralheizungen, der die Wärme ausstrahlt; Heizkörper {44/87} | **radiare** | s. oben |
| 2960 | **Radicchio** (gr)>l>it | eßbare Zichorien-Pflanze (für Salate) {17/05} | **radix**, icis f<br>gr. *ῥάδιξ* | (Baum)wurzel; Ursprung, Quelle |
| 2961 | **Radien** | [Pl. v. Radius] (biol. t. t.) 1. Flossenstrahlen der Fische; 2. Strahlen der Vogelfeder; 3. Strahlen(achsen) radial-symmetrischer Tiere {69} | **radius** | s. oben 2959 |
| 2962 | **radieren** | 1. etw. Geschriebenes mit einem Radiergummi, Messer entfernen {32/52}; 2. eine Zeichnung auf eine Kupferplatte einritzen {36/40} | **radere** | reinigen, glätten; abschaben, -kratzen |
| -- | **Radierer** | 1. Künstler, der Radierungen herstellt {36/40}; 2. Radiergummi (ugs.) {32/44} | dto. | dto. |
| – | **Radierung** | 1. Tiefdruckverfahren, bei dem die Zeichnung auf einer Kupferplatte eingeritzt wird {36/40}; 2. durch das Radier-Tiefdruckverfahren hergestelltes graphisches Blatt {36/32} | dto. | dto. |
| 2963 | **Radieschen** (gr)>l>it >frz >niederl | rettichartiges Wurzelknollengewächs {05/17} | **radix**<br>gr. *ῥάδιξ*<br>it. *radice*<br>frz. *radis*<br>niederl. *radijs* | s. oben 2960<br><br>Wurzel, Radieschen |
| – | **radikal** l>frz | 1. vollständig, gründlich {56}; 2. hart, rücksichtslos {26/33}; 3. einen politischen o. weltanschaulichen Radikalismus vertretend {50/25}; 4. die Wurzel betreffend (math. t. t.) {71} | **radicitus** (Adv.)<br><br>spätl. **radicalis**<br>frz. *radical* | mit der Wurzel, mit Stumpf und Stiel, von Grund aus, ganz<br>eingewurzelt<br>grundlegend, gründlich |
| – | **Radikalinski** l>frz>(d) | (polonisierend) politisch Radikaler (ugs., abwertend) {25/50} | dto. | dto. |

| | | | | |
|---|---|---|---|---|
| – | **radikalisieren** l>frz>nlat | radikal, rücksichtslos, unerbittlich machen {26/33/28} | dto. | dto. |
| – | **Radikalisierung** l>frz>nlat | Entwicklung zu einer radikalen (3.) Form {25/50} | dto. | dto. |
| – | **Radikalismus** l>frz>nlat | 1. rücksichtslose bis zum Äußersten gehende (politische, religiöse o. ä.) Richtung {25/50/51}; 2. unerbittliches, unnachgiebiges Vorgehen {25/26/33} | dto. | dto. |
| – | **Radikaler** o. **Radikalist** l>frz>nlat | Vertreter des Radikalismus {25/50} | dto. | dto. |
| – | radikalistisch | | | |
| – | **Radikand** (gr)>l | Größe o. Zahl, deren Wurzel gezogen werden soll (math. t. t.) {71} | **radix** | s. oben |
| 2964 | **Radio** l>engl>am | Rundfunkempfang(sgerät) {46/87} | **radius** engl. *radio(telegraphy)* | s. oben 2959 Übermittlung von Nachrichten durch Ausstrahlung elektromagnetischer Wellen |
| – | **radioaktiv** l>engl;l | durch Atomkernzerfall bestimmte Elementarteilchen aussendend (phys. t. t.) {72} | dto. + **activus**, a, um | dto. tätig, eine Tätigkeit bezeichnend, aktiv |
| – | **Radioaktivität** (l>engl;l) >frz | Eigenschaft von Atomkernen, sich umzuwandeln und dabei Strahlen auszusenden (phys. t. t.) {72} | dto. + **activitas**, atis f frz. *radioactivité* | dto. aktive Bedeutung (gramm. t. t.) |
| >>> | Radio... s. ggf. unter dem Rest des Wortes | | | |
| – | **Radiolarie** l>nlat | Strahlentierchen (meerbewohnender Wurzelfüßler - biol. t. t.) {08/69} | **radius** | s. oben 2959 |
| – | **Radiologie** l>(nlat);gr | Wissenschaft von den Strahlen radioaktiver Stoffe und ihre Anwendung, Strahlenkunde {40/70/72} | dto. + gr. *λόγος* | dto. Wort, Kunde |
| – | Radiologe, radiologisch | | | |
| >>> | Radiorecorder s. Recorder | | | |
| – | **Radium** l>nlat | radioaktiver chemischer Grundstoff, Metall {73/02} | **radius** | s. oben 2959 |

| | | | | |
|---|---|---|---|---|
| – | **Radius** | 1. Halbmesser des Kreises (math. t. t.) {71}; 2. Speiche, Röhrenknochen des Unterarms (med. t. t.) {11/70} | dto. | dto. |
| 2965 | **Radix**<br>(gr)>l | 1. Pflanzenwurzel {68}; 2. Basisteil eines Organs, Nervs o. sonstigen Körperteils (med., anat. t. t.) {11/70} | **radix**<br>gr. *ῥάδιξ* | s. oben 2960 |
| – | **radizieren**<br>(gr)>l>nlat | die Wurzel (aus einer Zahl) ziehen (math. t. t.) {71} | dto. | dto. |
| 2966 | **Radon**<br>l>nlat | radioaktiver chemischer Grundstoff, Edelgas {02/73} | **radius** | s. oben 2959 |
| 2967 | **Raffinade**<br>l>mlat>frz | feingemahlener, gereinigter Zucker {17} | **affinis**, e | verwandt, verschwägert |
| | | | mlat. affinare | Metalle reinigen |
| | | | mfrz. *affiner* | reinigen, verfeinern |
| | | | frz. *raffiner* | reinigen, läutern, feiner machen |
| | | | *raffinade* | |
| – | **Raffinage**<br>l>mlat>frz | Verfeinerung, Veredelung {41/56} | dto. | dto. |
| – | **Raffinat**<br>l>mlat>frz | Raffinationsprodukt {41} | dto. | dto. |
| – | **Raffination**<br>l>mlat>frz | Reinigung und Veredelung von Naturstoffen u. technischen Produkten {41} | dto. | dto. |
| – | **Raffinement**<br>l>mlat>frz | 1. höchste Verfeinerung; luxuriöser Geschmack {26/56}; 2. klug berechnendes Handeln, um andere unmerklich zu beeinflussen {25/29} | dto.<br>frz. *raffinement* | dto. |
| – | **Raffinerie**<br>l>mlat>frz | Betrieb zur Raffination von Erdöl, Zucker etc. {41/72} | dto.<br>frz. *raffinerie* | dto. |
| – | **Raffinesse**<br>l>mlat>frz | 1. besondere künstlerische, technische o. ä. Vervollkommnung, Feinheit {25/56}; 2. schlau und gerissen ausgeklügelte Vorgehensweise; Durchtriebenheit {22/25/29/84} | dto.<br>(frz. *finesse)* | dto. |
| – | **raffinieren**<br>l>mlat>frz | Zucker, Öle u. andere (Natur)produkte reinigen {41} | dto. | dto. |
| – | **raffiniert**<br>l>mlat>frz | 1. durchtrieben, gerissen, schlau {22/25/84}; 2. von Raffinement (1.) zeugend, mit Raffinesse (1.) erdacht {25/56}; 3. gereinigt (techn. t. t.) {41} | dto.<br>(frz. *raffiner)* | dto. |
| – | **Raffiniertheit**<br>l>mlat>frz; d | Durchtriebenheit, Gerissenheit {22/25/84} | dto. | dto. |

| | | | | |
|---|---|---|---|---|
| 2968 | **Rage** l>vulgl>frz | 1. Wut, Raserei, Zorn {26}; 2. Eile, Aufregung {26/59} | **rabies**, iei f | Wut, Tollheit, Raserei |
| | | | vulgl. rabia* | |
| | | | frz. *rage* | Wut<br>vgl. oben 2957 |
| 2969 | **Ragout** l>frz | Mischgericht aus Fleisch, Wild, Geflügel oder Fisch in pikanter Soße {17} | **gustus**, us m | Geschmack; Genuß; Vorspeise |
| | | | frz. *goût* | Geschmack, Geschmackssinn |
| | | | *ragoûter* | den Gaumen reizen, Appetit machen |
| | | | *ragoût* | |
| 2970 | **Rallye** (l;l>frz) >frz>engl >frz | Automobilwettbewerb (in mehreren Etappen) mit Sonderprüfungen (Sternfahrt, Cross) {33/45} | **re** (Präp. insep.) | zurück, entgegen, wieder |
| | | | + **alligare** | an-, verbinden |
| | | | frz. *allier* | (sich) vereinigen, verbünden |
| | | | + *re* = *rallier* | wieder zusammenkommen, sich wieder vereiningen, sammeln |
| | | | engl. *rally* | Wiedervereinigung, Zusammenkunft |
| | | | frz. *rallye* | |
| 2971 | **Ranküne** l>vulgl>frz | Groll, heimliche Feindschaft; Rachsucht {26/84} | **rancor**, oris m | alter Haß, Groll; ranziger Geschmack |
| 2972 | **Ranunkel** | Gartenpflanze der Gattung Hahnenfuß {04} | **ranunculus**, li m | Hahnenfußgewächs; kleiner Frosch |
| 2973 | **ranzig** l>frz >niederl | durch Zersetzung verdorben, stinkend (von Fetten und Ölen) {54/55} | **rancidus**, a, um | ranzig, stinkend; ekelhaft |
| | | | frz. *rance* | |
| | | | niederl. *ransig* | |
| 2974 | **rapid(e)** l>frz | sehr, erstaunlich schnell vor sich gehend; reißend, stürmisch {59} | **rapidus**, a, um | wild; reißend schnell, rasch |
| | | | frz. *rapide* | |
| – | **rapidamente** o. **rapido** l>it | sehr schnell, rasend (mus. t. t.) {37/59} | dto. | dto. |
| – | **Rapidität** l>frz | Blitzeschnelle, Ungestüm {59} | **rapiditas**, atis f | reißende Schnelligkeit |
| 2975 | **Rappel** | Anfall von Raserei, Verrücktheit {26} | **rabies** | s. oben 2957 |
| – | rappeln | | | |
| 2976 | **Rappell** (l;l)>frz | Abruf, Schreiben zur Rückberufung eines Gesandten (veraltet) {50/32} | **re** | s. oben 2970 |
| | | | + **appellare** | anreden, -sprechen; benennen |

| | | | | |
|---|---|---|---|---|
| 2977 | **Rapport** (l;l)>mlat >frz | 1. Bericht, Meldung (mil., wirtsch. t. t.) {32/80/86}; 2. unmittelbarer Kontakt zwischen Versuchsleiter und Medium (psych. t. t.) {70/32}; 3. sich ständig wiederholendes Muster oder Motiv (z. B. auf Teppichen) {36/44/55}; 4. Beziehung, Zusammenhang {56} | **re** + **apportare**<br><br>frz. *re* + *apporter* | s. oben 2970 herbei-, hintragen, -bringen, -schaffen |
| – | **rapportieren** (l;l)>mlat >frz | 1. berichten, Meldung machen {32/80/86}; 2. sich als Motiv ständig wiederholen {36/44/55} | dto. | dto. |
| 2978 | **Raps** l;l | (eigentlich Rapsaat) Nutzpflanze für Viehfutter o. zur Ölherstellung {05/39} | **semen**, minis n + **rapicius**, a, um **semen rapicium** | Same, Setzling, Sprößling Rüben..., von Rüben Rapssamen, Raps |
| 2979 | **Rapunzel** (gr>l;gr>l) >vulgl >mlat | Baldriangewächs {04} | **radix**, icis f gr. *ῥάδιξ* + **phu** (Akk. phun) gr. *φοῦ* vulgl. radice puntium* mlat. rapuncium | Wurzel<br><br>eine Art Baldrian |
| 2980 | **rar** l>frz | nur in (zu) geringer Menge, Anzahl vorhanden; selten, aber gesucht {56/57} | **rarus**, a, um<br><br>frz. *rare* | locker, dünn; einzeln; selten (vorkommend) |
| – | **Rarität** | etw. Seltenes, Kostbares; Seltenheit {56/57} | **raritas**, atis f | Lockerheit; Seltenheit |
| 2981 | **rasant** l>vulgl>frz | 1. imponierend, erstaunlich schnell (ugs.) {59}; 2. mitreißend, begeisternd (ugs.) {26}; 3. sehr flach gestreckt (ballist. t. t.) {58/61/86}; 4. rassig, attraktiv {26/55/18}; 5. fabelhaft, großartig {26/56} | **radere**<br><br>vulgl. rasare* frz. *raser*<br><br>*rasant* | kratzen; abscheren; darüber hinstreichen<br><br>scheren, rasieren; darüber hinstreichen, streifen bestreichend, den Erdboden streifend |
| – | **Rasanz** l>vulgl>frz | 1. rasende Geschwindigkeit; stürmische Bewegtheit (ugs.) {59/61}; 2. in Erregung versetzende Schönheit, Großartigkeit (ugs.) {26/55/18}; 3. rasante (3.) Flugbahn eines Geschosses (ballist. t. t.) {58/61/86} | dto. | dto. |

| | | | | |
|---|---|---|---|---|
| – | **rasieren** l>vulgl>frz >niederl | 1. mit einem Rasiermesser o. -apparat die (Bart)haare entfernen {21}; 2. übertölpeln, betrügen (ugs.) {25/33} | dto. frz. *raser* niederl. *raseren* | dto. |
| – | **Rasur** | 1. das Rasieren, Entfernung der (Bart)haare {21}; 2. das Radieren; Schrifttilgung {32/52} | **rasura**, ae f | das Abscheren, Abrasieren; Kratzen, Schaben |
| 2982 | **Räson** l>frz | Vernunft, Einsicht (veraltend) {25} | **ratio**, onis f | Berechnung; Erwägung; Denken; Vernunft |
| | | | frz. *raison* | Vernunft, Verstand; Recht(fertigung); Grundsatz |
| – | **räsonabel** l>frz | (veraltet, landsch.) 1. vernünftig {25}; 2. heftig; 3. gehörig {56} | dto. | dto. |
| – | **räsonieren** l>frz | 1. vernünftig reden; Schlüsse ziehen (veraltet) {25/32}; 2. viel und laut reden (abwertend) {32/55}; 3. seiner Unzufriedenheit Luft machen, schimpfen (abwertend) {32/26} | dto. frz. *raisonner* | dto. überlegen, vernunftgemäß handeln |
| 2983 | **Raster** | in ein Liniennetz o. Punktsystem aufgelöste Bildfläche, Schema {55/72/87} | **raster** o **rastrum**, tri m | Harke, Hacke |
| – | **rastern** | ein Bild in Rasterpunkte zerlegen {55/72/87} | dto. | dto. |
| – | **Rastral** l>nlat | Gerät mit fünf Zinken zum Ziehen der Notenlinien {40/37} | dto. | dto. |
| – | rastrieren | | | |
| 2984 | **Rate** l>mlat>it | Anteil, Teilbetrag {57/42/80} | **reri** (PPP. **ratus**) mlat. rata (sc. pars) it. *rata* | meinen, glauben, urteilen, schätzen berechneter Anteil |
| – | Ratenzahlung | | | |
| 2985 | **Ratifikation** (l;l)>mlat | Bestätigung eines von der Regierung abgeschlossenen völkerrechtlichen Vertrages durch die gesetzgebende Körperschaft {28/50/82} | **ratus**, a, um + **facere** mlat. ratificatio | berechnet; bestimmt, feststehend, gültig tun, machen Bestätigung, Genehmigung |
| – | **ratifizieren** (l;l)>mlat | als gesetzgebende Körperschaft einen völkerrechtlichen Vertrag in Kraft setzen {28/50/82} | dto. mlat. ratificare | dto. |
| – | Ratifizierung | | | |

| | | | | |
|---|---|---|---|---|
| 2986 | **Ratio** | Vernunft, Einsicht; Denk-, Urteilsvermögen; Verstand {22/25} | **ratio**, onis f | (Be)rechnung; Geschäft; Rechenschaft; Verhalten; Beschaffenheit; Vernunft; Regel |
| – | **Ration** l>mlat>frz | zugeteilte Menge an Lebens- und Genußmitteln; (täglicher) Verpflegungssatz {17/57/86} | dto. mlat. ratio frz. *ration* | dto. berechneter Anteil (an Mundvorrat) |
| – | **rationieren** l>mlat>frz | in festgelegten, kleinen Mengen haushälterisch zu-, einteilen; sparsam zumessen {17/57/86} | dto. frz. *rationner* | dto. |
| – | **rational** | die Ratio betreffend; vernünftig, von der Vernunft bestimmt {25} | **rationalis**, e | zu den Rechnungen, zur Vernunft gehörig; folgernd |
| – | **Rationalisator** l>nlat | jmd., der mit der Durchführung einer betrieblichen Rationalisierungsmaßnahme betraut ist {40/41/80} | dto. | dto. |
| – | **rationalisieren** l>frz | 1. vereinheitlichen, straffen; wirtschaftlich effizienter machen (wirtsch. t. t.) {40/41/42/80}; 2. vernunftgemäß gestalten; durch Denken erfassen {25}; 3. ein emotionales Verhalten nachträglich verstandesmäßig begründen (psych. t. t.) {70} | dto. frz. *rationaliser* | dto. |
| – | **Rationalisierung** l>frz | 1. Einbau wirtschaftlich effizienterer Verfahren (wirtsch. t. t.) {40/41/42/80}; 2. nachträgliche verstandesmäßige Rechtfertigung eines irrationalen, triebhaften Verhaltens (psych. t. t.) {70} | dto. | dto. |
| – | **Rationalismus** l>nlat | Geisteshaltung, die das rationale Denken als einzige Erkenntnisquelle ansieht {25/77} | dto. | dto. |
| – | **Rationalist** l>nlat | Vertreter des Rationalismus; einseitiger Verstandesmensch {25/77/33} | dto. | dto. |
| – | rationalistisch | | | |
| – | **Rationalität** l>mlat | 1. Eigenschaft von Zahlen, sich als Bruch schreiben zu lassen (math. t. t.) {71}; 2. Vernunftgemäßheit; Zweckmäßigkeit {25} | **rationalitas**, atis f mlat. rationalitas | Vernünftigkeit, Vernunft Vernunft, Denkvermögen |
| – | **rationell** l>frz | vernünftig, zweckmäßig, sparsam {25/57} | **rationalis**, e frz. *rationnel* | s. oben |

| | | | | |
|---|---|---|---|---|
| 2987 | **Ravage**<br>l>frz | 1. Verwüstung, Verheerung {25/56/86}; 2. mißlicher Umstand; ärgerlicher Aufwand (landsch.) {26/33} | **rapere**<br><br>frz. *ravir*<br>*ravage* | rauben, fortraffen, -reißen<br>hinreißen<br>Verwüstung |
| 2988 | **Ravioli**<br>(gr)>l<br>>vulgl<br>lombard>it | mit kleingewiegtem Fleisch oder Gemüse gefüllte Nudelteigtasche {17} | **rapum,**<br>pi n<br>gr. *ῥάπυς*<br>vulgl. rapa<br>lombard. *rava*<br>it. *ravioli* | Rübe, Wurzelknolle<br><br>Rübe |
| >>> | Re..., re... s. ggf. unter dem Rest des Wortes | | | |
| 2989 | **Re** | Erwiderung auf ein Kontra beim Skatspiel {32/85} | **re** | s. oben 2970 |
| 2990 | **Reagens**<br>o. **Reagenz**<br>(l;l)>nlat | Stoff, der mit einem anderen eine chemische Reaktion herbeiführt und ihn so identifiziert (chem. t. t.) {52/73} | **re**<br>+ **agere**<br>(PPA. **agens**)<br>(**reagere** | s. oben 2970<br>tun, treiben, handeln<br>wieder treiben) |
| – | **Reagenzglas**<br>(l;l)>nlat;d | zylindrisches Prüf-, Probier-, Versuchsglas {40/58/73} | dto. | dto. |
| – | **reagieren**<br>(l;l)>nlat | 1. auf etw. ansprechen, antworten, eingehen {32}; 2. eine chemische Reaktion eingehen, auf etw. einwirken (chem. t. t.) {73} | dto. | dto. |
| – | **Reaktion**<br>(l;l)>nlat<br>>(frz) | 1. das Reagieren; (Gegen)wirkung {32}; 2. durch einen Reiz ausgelöstes und bestimmtes Verhalten (psych. t. t.) {70}; 3. unter stofflichen Veränderungen ablaufender Vorgang (chem. t. t.) {73}; 4. fortschrittsfeindliches politisches Verhalten (polit. t. t.) {33/50/81}; 5. Gesamtheit aller fortschrittsfeindlichen Kräfte (polit. t. t.) {33/50/57/81} | **re**<br>+ **actio**,<br>onis f | s. oben 2970<br>Handlung, Tätigkeit; Rede; Bewegung |
| – | **Reaktionär**<br>(l;l)>frz | jmd., der sich fortschrittlichen politischen o. sozialen Neuorientierungen widersetzt (abwertend) {28/33/50/81} | **re**<br>+ **actionarius,** ii m<br>(bzw. **actio** | s. oben 2970<br>Agent, Intendant<br><br>s. oben) |
| – | **reaktionär**<br>(l;l)>frz | nicht politisch fortschrittlich (abwertend) {25/33/50/81} | dto. | dto. |
| – | **reaktiv**<br>(l;l)>nlat | 1. als Reaktion auf einen Reiz auftretend (psych., med. t. t.) {70}; 2. Gegenwirkung ausübend o. erstrebend {32/28} | **re**<br>+ **activus,**<br>a, um | s. oben 2970<br>tätig, handelnd; aktiv (gramm. t. t.) |

| | | | | |
|---|---|---|---|---|
| – | **reaktivieren** (l;l)>nlat | 1. wieder in Tätigkeit setzen, in Gebrauch nehmen {29/40/44}; 2. wieder anstellen, in Dienst nehmen {33/40}; 3. chemisch wieder umsetzungsfähig machen {73} | **re** + **activus** | s. oben 2970 s. oben |
| – | Reaktivität | | | |
| – | **Reaktor** (l;l)>nlat | Vorrichtung, Anlage, in der eine physikalische o. chemische Reaktion abläuft (z. B. im Atommeiler - phys., chem. t. t.) {72/73/41} | **re** + **actor**, oris m | s. oben 2970 Vollzieher; Treiber; Kläger |
| 2991 | **real** l>mlat | 1. dinglich, sachlich {52}; 2. wirklich, tatsächlich; der Realität entsprechend {52/56} | spätl. **realis**, e (bzw. **res** | sachlich, wesentlich Sache, Ding; Gegenstand; Angelegenheit) |
| >>> | Real... s. ggf. unter dem Rest des Wortes | | | |
| – | **Realeinkommen** l>mlat;d | Einkommen unter dem Aspekt der Kaufkraft (wirtsch. t. t.) {80/42} | dto. | dto. |
| – | **Realgymnasium** l>mlat;gr>l | frühere Form der höheren Schule {31/75} | dto. + **gymnasium**, ii n gr. γυμνάσιον | dto. Turn-, Tummelplatz, Bildungsschule |
| – | **Realien** l>mlat | 1. wirkliche Dinge, Tatsachen {52}; 2. Naturwissenschaften als Grundlage der Bildung u. als Lehr- und Prüfungsfächer {31}; 3. Sachkenntnisse (päd. t. t.) {22/25/78} | **realis** bzw. **res** | s. oben |
| – | **Realinjurie** l>mlat;l | tätliche Beleidigung (jur. t. t.) {82} | dto. + **iniuria**, ae f | dto. Unrecht, Gewalttätigkeit, Beleidigung (jur. t. t.) |
| – | **Realisation** l>mlat>frz | 1. Verwirklichung {52/29}; 2. Herstellung, Inszenierung eines Films, einer Fernsehsendung {33/35/40/85}; 3. Umsetzung einer abstrakten Einheit (sprachwiss. t. t.) {76}; 4. Umwandlung in Geld (wirtsch. t. t.) {42/80} | **realis** bzw. **res** | s. oben |
| – | **Realisator** l>mlat >nlat | 1. Geschlechtsbestimmungsfaktor in den Fortpflanzungszellen (biol. t. t.) {68/69}; 2. Hersteller, Autor, Regisseur eines Films o. einer TV-Sendung {33/35/40/85} | dto. | dto. |

| | | | | |
|---|---|---|---|---|
| – | **realisieren** l>mlat>frz | 1. verwirklichen {52/29}; 2. in Geld umwandeln {42/80}; 3. eine Realisation (3.) vornehmen (sprachwiss. t. t.) {76}; | dto. frz. *réaliser* | dto. verwirklichen |
| | (l>mlat>frz >engl) | 4. klar erkennen, einsehen, begreifen {25} | (engl. *to realise)* | |
| – | Realisierung | | | |
| – | **Realismus** l>mlat >nlat | 1. wirklichkeitsnahe Einstellung; auf Nutzen bedachte Grundhaltung {25/77}; 2. ungeschminkte Wirklichkeit {52}; 3. bestimmte philosophische Denkrichtung {25/77}; 4. mit der Wirklichkeit übereinstimmende Kunstrichtung, künstlerische Darstellung (in Literatur, bildender Kunst) {34/36} | **realis** bzw. **res** | s. oben |
| – | **Realist** l>mlat >nlat | 1. nüchterner, sachlicher und wirklichkeitsorientierter Mensch {25/33/84}; 2. Vertreter des Realismus {34/36} | dto. | dto. |
| – | **Realistik** l>mlat >nlat | ungeschminkte Wirklichkeitsdarstellung {34/36/52} | dto. | dto. |
| – | **realistisch** l>mlat >nlat | 1. wirklichkeitsnah, lebensecht {52}; 2. ohne Illusion, sachlich-nüchtern {25/84}; 3. zum Realismus (4.) gehörend {34/36} | dto. | dto. |
| – | **Realität** l>mlat >(frz) | Wirklichkeit, tatsächliche Lage, Gegebenheit {52} | **realis** bzw. **res** frz. *réalité* | s. oben |
| – | **realiter** l>mlat | in Wirklichkeit {52} | dto. | dto. |
| – | **Reallexikon** l>mlat;gr | Nachschlagewerk, das die Sachbegriffe einer Wissenschaft bzw. eines Wissensgebietes enthält {31/32/34} | dto. + gr. *λέξις* | dto. Wort |
| – | **Realo** l>mlat >nlat | Mitglied der Grünen Partei, das sich für eine realistische (Kompromiß)politik einsetzt {50/25/33} | **realis** bzw. **res** | s. oben |
| – | **Realschule** l>mlat;d | Lehranstalt, die bis zur Mittleren Reife führt; Mittelschule {31} | dto. | dto. |

| | | | | |
|---|---|---|---|---|
| 2992 | **reamateurisieren** (l;l)>frz | einen Berufssportler wieder zum Amateur machen {33/40/85} | **re** + **amator**, oris m<br><br>frz. *amateur* | s. oben 2970<br>Liebhaber, Verehrer; jmd., der einer Sache sehr zugetan ist |
| 2993a | **Reanimation** (l;l)>nlat | Wiederbelebung (durch künstliche Beatmung o. ä. - med. t. t.) {70} | **re** + **animatio**, onis f | s. oben 2970<br>das Beleben, Beseelen; freudiger Eifer |
| – | **reanimieren** (l;l)>nlat | wiederbeleben (med. t. t.) {70} | **re** + **animare** | s. oben 2970<br>Leben einhauchen, beseelen |
| 2993b | **Rebe** | 1. Wurzelausläufer einer Pflanze; Rankpflanze {03}; 2. Weinstock; Weinberg, -garten (im Pl.) {05} | **repere** | kriechen, schleichen |
| – | Rebensaft, Reblaus | | | |
| 2994 | **Rebell** l>frz | Aufrührer, Aufständischer {25/28/50/86} | **rebellis**, e<br><br>frz. *rebelle* | den Krieg erneuernd; sich auflehnend; widerspenstig<br>aufrührerisch; Rebell |
| – | **rebellieren** l>frz | sich auflehnen, sich empören, sich widersetzen {25/28/50/86} | **rebellare**<br><br>frz. *rebeller* | den Krieg erneuern; sich auflehnen, sich widersetzen, sich empören |
| – | **Rebellion** l>frz | Aufruhr, Aufstand; Widerstand, Empörung {25/28/50/86} | **rebellio**, onis f | Erneuerung des Krieges; erneuerter Aufstand |
| – | **rebellisch** l>frz | widersetzlich, aufsässig, aufrührerisch {25/28/33/50} | **rebellis** | s. oben |
| 2995 | **Rebus** l>frz | Bilderrätsel {25/32/85} | **res**, ei f (Ablativ **rebus**<br>frz. *rébus* | Sache, Ding durch Sachen) |
| 2996 | **Receiver** l>frz>engl | 1. Dampfaufnehmer bei Verbunddampfmaschinen (techn. t. t.) {41}; 2. Rückschläger (z. B. beim Tennis, Baseball) {85}; 3. Empfänger(=Radio)-Verstärker-Kombination für Hifi-Wiedergabe (techn. t. t.) {46/87} | **recipere**<br><br>frz. *receivre*<br>engl. *(to) receive* | zurücknehmen; auf-, annehmen; empfangen |
| 2997 | **Receptaculum** | 1. Blütenboden bedecktsamiger Pflanzen (bot. t. t.) {68}; 2. blasenförmiges weibliches Geschlechtsorgan bei Würmern, Weich- und Gliedertieren (zool. t. t.) {69} | **receptaculum**, li n | Behälter, Behältnis; Magazin, Schlupfwinkel |

| | | | | |
|---|---|---|---|---|
| 2998 | **Recherche** (l;l)>vulgl >afrz>frz | Nachforschung, Ermittlung {25/29/32/40} | **re** + **circare**<br><br><br><br>afrz. *cercher* frz. *chercher recherche* | s. oben 2970 durchwandern, durchstreifen, umkreisen |
| - | **Rechercheur** (l;l)>vulgl >afrz>frz | Ermittler {40/32/29} | dto. | dto. |
| - | **recherchieren** (l;l)>vulgl >afrz>frz | ermitteln, untersuchen, erkunden, sich genau über etw. informieren {25/29/32/40} | dto. | dto. |
| 2999 | **recipe** | nimm! (Hinweis auf ärztlichen Rezepten - med. t. t.) {32/70} | **recipere** | s. oben 2996 |
| 3000 | **recitando** l>it | frei (ohne strikte Einhaltung des Taktes), rezitierend (mus. t. t.) {37} | **recitare** | laut vortragen, vorlesen |
| 3001 | **recommandé** (l;l)>vulgl >frz | frz. - postalisch für: eingeschrieben {46/32} | **re** + **commendare**<br><br><br><br>vulgl. commandare* frz. *commander* | s. oben 2970 anvertrauen, empfehlen; übergeben; Weisung geben |
| 3002 | **Reconquista** (l;l)>span | Kampf der (christlichen) Bevölkerung Spaniens gegen die arabische Herrschaft (im Mittelalter - hist. t. t.) {50/75/86} | **re** + **conquirere**<br><br><br>span. *conquista* | s. oben 2970 einsammeln, sich zu verschaffen suchen, erwerben |
| 3003 | **Recorder** l>frz>engl | (techn. t. t.) 1. Gerät zur Aufzeichnung von Bild und/oder Tonsignalen {87}; 2. Drehspulenschnellschreiber im Funkdienst {46} | **recordari** | sich etw. vergegenwärtigen, an etw. zurückdenken; bedenken |
| 3004 | **Redakteur** l>frz | jmd., der Beiträge für die Veröffentlichung in Zeitung, Rundfunk, TV auswählt, bearbeitet und selbst schreibt {32/40/85} | **redigere** (PPP. **redactus**)<br><br>frz. *rédiger*<br><br><br>*rédacteur* | zurückbringen, -führen; in Ordnung bringen, herabsetzen<br>zurückführen; einen Text in Ordnung bringen |

| | | | | |
|---|---|---|---|---|
| – | **Redaktion** l >(kirchenl) >frz | 1. Tätigkeit des Redakteurs, Redigierung {40/32}; 2. Gesamtheit der Redakteure {40/32/57}; 3. Raum, in dem die Redakteure arbeiten {40/58}; 4. Veröffentlichung; (bestimmte) Ausgabe eines Textes {32} | dto. kirchenl. **redactio** frz. *rédaction* | dto. Zurückführung |
| – | **redaktionell** l>frz | die Redaktion betreffend {40/32} | dto. | dto. |
| – | **Redaktor** l>nlat>(frz) | 1. wissenschaftlicher Herausgeber; 2. Redakteur (schweiz.) {40/32} | dto. (frz. *rédacteur)* | dto. |
| – | **redigieren** l>frz | einen (eingesandten) Text bearbeiten, druckfertig machen {32/25/40} | **redigere** | s. oben |
| >>> | Redintegration s. Reintegration | | | |
| 3005 | **Redistribution** (l;l)>nlat | Korrektur der (marktwirtschaftlichen) Einkommensverteilung mit Hilfe finanzwirtschaftlicher Maßnahmen (wirtsch. t. t.) {80} | **re** + **distributio**, onis f | s. oben 2976 Verteilung; logische Einteilung |
| 3006 | **redivivus** | wiedererstanden {52} | **redivivus**, a, um | wieder lebendig geworden; schon gebraucht; erneuert |
| 3007 | **Redoute** l>it>frz | 1. Saal für festliche o. Tanzveranstaltungen {58}; 2. Maskenball (österr., sonst veraltet) {33/85}; 3. Festungswerk (hist. t. t.) {75/86/88} | **reducere** it. *ridotto* frz. *redoute* | zurückführen, -ziehen; retten; wieder einführen Sammelplatz, Schanze |

| | | | | |
|---|---|---|---|---|
| 3008 | **Reduktion** | 1. Verringerung, Herabsetzung {57}; 2. Zurückführung (des Komplizierten auf etw. Einfaches - log. t. t.) {77/71/25}; 3. Verlust von Quantität und Qualität bis zum Vokalschwund (sprachwiss. t. t.) {76}; 4. einen Kleriker in den Laienstand zurückführen (kath. rel. t. t.) {51}; 5. christliche Indianersiedlung unter Missionarsleitung {51/33}; 6. Elektronenübertragung bei der Oxydation (chem. t. t.); 7. Entzug von Sauerstoff aus einer chemischen Verbindung (chem. t. t.) {73}; 8. Verarbeitung eines Erzes zu Metall {41}; 9. Umrechnung eines physikalischen Meßwertes {72/71} | **reductio**, onis f | Zurückziehung; Zurückführung, Wiedereinsetzung |
| - | **reduktiv** l>nlat | mit den Mitteln der Reduktion arbeitend, durch Reduktion bewirkt {73/76} | **reductus**, a, um | zurückgezogen, zurücktretend; entlegen |
| 3009 | **redundant** | Redundanz aufweisend {57} | **redundans** (Gen. –ntis) | überströmend, überflüssig |
| - | **Redundanz** | 1. Überfluß, Üppigkeit {57}; 2. im Sprachsystem angelegte mehrfache Kennzeichnung derselben Information (sprachwiss. t. t.); 3. stilistische Überladung einer Aussage (stilk. t. t.) {76}; 4. Bezeichnung für zusätzliche Information in der Nachrichtentechnik {46} | **redundantia**, ae f | das Überströmen, die Überfülle (im Ausdruck - stilk. t. t.) |
| 3010 | **Reduplikation** | Verdopplung eines Wortes, einer Anlautsilbe (sprachwiss. t. t.) {76} | **reduplicatio**, onis f | Verdoppelung, Wiederholung |
| - | **reduplizieren** | der Reduplikation unterworfen sein (sprachwiss. t. t.) {76} | **reduplicare** | wieder verdoppeln |
| 3011 | **Reduzent** | Lebewesen (z. B. Bakterie, Pilz), das organische Stoffe mineralisiert (biol. t. t.) {68} | **reducere** | s. oben 3007 |

| | | | | |
|---|---|---|---|---|
| – | **reduzieren** | 1. auf etw. Einfacheres, Wesentlicheres zurückführen {57/25}; 2. verringern, herabsetzen {57}; 3. einen Vokal abschwächen (sprachwiss. t. t.) {76}; 4. einer chemischen Verbindung Elektronen zuführen bzw. Sauerstoff entziehen (chem. t. t.) {73}; 5. Erze zu Metall verarbeiten {41}; 6. einen physikalischen Meßwert umrechnen (z. B. Luftdruck auf Meersehöhe) {72/71} | dto. | dto. |
| – | Reduzierung | | | |
| 3012 | **reell** l>mlat>frz | 1. anständig, ehrlich, redlich {33/84}; 2. ordentlich, den Erwartungen entsprechend (ugs.) {25/26/27}; 3. wirklich, tatsächlich (vorhanden) {52} | **realis** bzw. **res** frz. *réel* | s. oben 2991 tatsächlich, wirklich, zuverlässig |
| >>> | Reexport s. Export | | | |
| 3013 | **Refektorium** l>mlat | Speisesaal in einem Kloster {58/51} | **refectorius**, a, um | erquickend |
| 3014 | **Referat** | 1. Vortrag über ein bestimmtes Thema {32}; 2. eine Beurteilung enthaltender schriftlicher Bericht; Kurzbesprechung (eines Buches) {32/34}; 3. Sachgebiet eines Referenten (3.) {40/32} | **referre** **referat** | überbringen; melden, berichten, mitteilen er/es möge berichten |
| – | **Referee** l>engl | Schiedsrichter, Ringrichter (sport. t. t.) {33/85} | dto. | dto. |
| – | **Referendar** l>mlat | Anwärter auf die höhere Beamtenlaufbahn nach der ersten Staatsprüfung {31/40} | dto. **referendum** mlat. referendarius | dto. das zu Berichtende Anwärter für den Staatsdienst |
| – | **Referendariat** l>mlat >nlat | Vorbereitungsdienst für Referendare {31/40} | dto. | dto. |
| – | **Referendum** | 1. Volksabstimmung, Volksentscheid {50/28}; 2. (= Denotat) begrifflicher Inhalt eines sprachlichen Zeichens im Gegensatz zu den emotionalen Nebenbedeutungen (sprachwiss. t. t.) {76} | dto. | dto. |

| | | | | |
|---|---|---|---|---|
| – | **Referent** | 1. jmd., der ein Referat (1.) hält, Redner {32}; 2. Gutachter (bei der wissenschaftlichen Arbeit) {32/40}; 3. Sachbearbeiter in einer Dienststelle {40/49}; 4. = Denotat [s. oben Referendum (4.)] (sprachwiss. t. t.) {76} | dto. (PPA. **referens**) | dto. |
| – | **Referenz** l>frz | 1. (Empfehlung einer) Vertrauensperson {25/33}; 2. Beziehung zwischen sprachlichen Zeichen (sprachwiss. t. t.) {76}; 3. etw., das beim Vergleich technischer Leistungen als Vorbild herangezogen wird (z. B. in Testberichten) {32/56/87} | dto.<br>frz. *référence*<br>engl. *reference* | dto. |
| – | **referieren** l>(frz) | 1. einen kurzen (beurteilenden) Bericht von etw. geben, vortragen; 2. ein Referat (1.) halten {32} | **referre** | s. oben |
| 3015 | **refinanzieren** (l;l)>vulgl/ mlat>frz | fremde Mittel aufnehmen, um damit selbst Kredit zu geben (wirtsch. t. t.) {80} | **re**<br>+ **finire**<br><br>vulgl./mlat. finare<br><br>frz. *financer* | s. oben 2970<br>begrenzen, einschließen; enden<br>endigen, zum Ende kommen; eine Abgabe zahlen |
| – | Refinanzierung | | | |
| 3016 | **reflektieren** | 1. zurückstrahlen, spiegeln {54}; 2. nachdenken, erwägen {25}; 3. an jmd. o. etw. sehr interessiert sein, etw. erhalten wollen {33/27} | **reflectere** | zurückbeugen, -drehen, umwenden |
| – | **Reflektor** l>nlat>(frz) | (techn. t. t.) 1. Hohlspiegel hinter einer Lichtquelle zur Bündelung des Lichts {72}; 2. Teil einer Antenne, das einfallende elektromagnetische Wellen zurückwirft {46/72/87}; 3. Fernrohr mit Parabolspiegel {66/87}; 4. Umhüllung eines Atomreaktors mit Material von großer Neutronenreflektion {41/72}; 5. Vorrichtung aus einem lichtreflektierenden Material; Rückstrahler {55/45} | dto. (frz. *réflecteur)* | dto. |
| – | **reflektorisch** l>nlat | durch einen Reflex bedingt (med., biol. t. t.) {70/69} | dto. | dto. |

| | | | | |
|---|---|---|---|---|
| – | **Reflex**<br>l>frz | 1. Widerschein, Rückstrahlung {55/23}; 2. Muskelkontraktion, unwillkürliche Reaktion des Organismus auf eine Reizung des Nervensystems (med., biol. t. t.) {70/69} | **reflexus**, us m<br>frz. *réflexe* | das Zurückbeugen |
| – | **Reflexion**<br>l>(frz) | 1. das Zurückwerfen von Licht, elektromagnetischen Wellen, Schallwellen etc. (phys. t. t.) {72}; 2. das Nachdenken; Überlegung, Betrachtung {25} | **reflexio**, onis f<br>(frz. *réflexion)* | das Zurückbeugen; die Umkehrung; Erwiderung |
| – | **reflexiv**<br>l>nlat | 1. sich (auf das Subjekt) rückbeziehend (sprachwiss. t. t.) {76}; 2. die Reflexion (2.) betreffend, reflektiert {25} | **reflectere** | s. oben |
| – | **Reflexiv(um)** o. **Reflexivpronomen**<br>l>nlat bzw. l>nlat;l | rückbezügliches Fürwort (sprachwiss. t. t.) {76} | dto.<br>(+ **pronomen** | dto.<br>s. oben 2857) |
| – | **Reflexivität**<br>l>mlat >nlat | reflexible Eigenschaft, Möglichkeit des (Sich)rückbeziehens (sprachwiss., philos. t. t.) {76/77} | dto. | dto. |
| 3017 | **Reflux**<br>l>mlat | Rückfluß (z. B. bei Erbrechen; med. t. t.) {70} | **refluere**<br>(PPP. **refluxus**) | zurück-, ab-, überfließen |
| 3018 | **Reform**<br>l>frz | Umgestaltung, Neuordnung; Verbesserung des Bestehenden {25/50/56} | **reformare**<br>frz. *réformer* *réforme* | umgestalten, -bilden; abändern, wiederherstellen |
| – | **Reformation** | 1. durch Luther ausgelöste Bewegung zur Erneuerung der Kirche im 16. Jh. {51/75}; 2. Erneuerung, geistige Umgestaltung, Verbesserung {25/50/56} | **reformatio**, onis f | Um-, Neugestaltung; Verbesserung |
| – | **Reformator** | 1. Begründer der Reformation (1.) {51}; 2. Umgestalter, Erneuerer {25/33/56} | **reformator**, oris m | Umgestalter, Erneuerer, Verbesserer |
| – | **reformatorisch**<br>l>nlat | 1. in der Art eines Reformators (1.); umgestaltend, erneuernd {51}; 2. die Reformation (2.) betreffend; im Sinne der Reformation, Reformatoren (2.) {25/33/56} | dto. | dto. |
| – | **Reformer**<br>l>frz>engl | Umgestalter, Verbesserer, Erneuerer {25/50/33} | **reformare**<br>engl. *reformer* | s. oben |

| | | | | |
|---|---|---|---|---|
| – | **reformerisch** l>frz>engl | Reformen betreibend; nach Verbesserung, Erneuerung strebend {25/50/33} | dto. | dto. |
| – | **Reformhaus** l>frz;d | Fachgeschäft für Reform(= Natur-)kost {42/17} | **reformare** | s. oben |
| – | **reformieren** | 1. verbessern (geistig, sittlich) erneuern; neu gestalten {25/30/33/50}; 2. die Oktanzahl von Benzin erhöhen (techn. t. t.) {72/73/45} | dto. | dto. |
| – | **reformiert** | evangelisch-reformiert, protestantisch (rel. t. t.) {51} | dto. | dto. |
| – | Reformierte, Reformierung | | | |
| – | **Reformismus** l>nlat | 1. Bewegung zur Verbesserung eines (sozialen) Zustandes, (politischen) Programms {50/33/25/81}; 2. Bewegung innerhalb der Arbeiterklasse, die soziale Verbesserungen durch Reformen, nicht durch Revolutionen erreichen will (abwertend - marxist. t. t.) {81} | dto. | dto. |
| – | Reformist, reformistisch | | | |
| 3019 | **Refrain** l>vulgl >afrz>frz | wiederkehrende Laut- oder Wortfolge in einem Gedicht o. Lied; Kehrreim {34/37/59} | **refringere** (PPP. **refractus**) vulgl. refrangere* | auf-, zer-, zurückbrechen, -werfen |
| | | | afrz. *refraindre* | (zurück)brechen; wiederholt unterbrechen; modulieren |
| | | | frz. *refrain* | Kehrreim; Rückprall (der Wogen an Klippen) |
| – | **Refraktion** l>nlat | (phys. t. t.) 1. Brechung von Lichtwellen an Grenzflächen zweier Medien; 2. Brechungswert {72} | **refringere** | s. oben |
| – | **Refraktor** l>nlat | Fernrohr mit mehreren Sammellinsen als Objektiv (opt. t. t.) {66/72/87} | dto. | dto. |
| – | **Refrakturierung** l>nlat | operatives Wiederzerbrechen eines Knochens (med. t. t.) {70} | dto. | dto. |
| 3020 | **Refrigerator** l>nlat | Gefrieranlage {44/87} | **refrigerare** | abkühlen, erkalten, kalt werden |

| | | | | |
|---|---|---|---|---|
| 3021 | **Refugium** | 1. Zufluchtsort, -stätte {33/58}; 2. Rückzugs- u. Erhaltungsgebiet (z. B. für bedrohte Tierarten) {58/68/69} | **refugium,** ii n | Zuflucht(sort); Geheimgang |
| 3022 | **Refutation** | 1. Widerlegung (veraltet) {25}; 2. Lehensaufkündigung durch den Vasallen (hist. t. t.) {75/33} | **refutatio,** onis f | Widerlegung |
| 3023a | **Regal** l>mlat (l>mlat >frz) | 1. (wirtschaftlich nutzbares) Hoheitsrecht {75/50/80}; 2. Bücher-, Warengestell mit Fächern {44/58}; 3. Schriftkastengestell (druckw. t. t.) {58/40/32} | 1. **regalis,** e | zum König gehörig, dem König zukommend, königlich |
| | | | 2., 3.: **rigare** | eine Flüssigkeit leiten, führen |
| | | | mlat. riga rigulus | Graben; Reihe |
| | | | frz. *rigole* | Rinne, Furche |
| 3023b | **Regatta** l>vulgl>it | Wettfahrt für Boote {45/61/85} | uns.: **re** | s. oben 2970 |
| | | | + **captare** | greifen, Jagd machen, nach etw. streben |
| | | | vulgl. recaptare* | wetteifern |
| | | | ait. *regattare* | wetteifern, streiten |
| | | | it. *regatta* | Gondelwettfahrt |
| 3024 | **Regel** l>(mlat) | 1. Richtschnur, -linie; Norm, Vorschrift {25/33}; 2. Menstruation der Frau (med. t. t.) {11/70/59} | **regula,** ae f | Leiste, Richtschnur, Maßstab, Regel |
| | | | mlat. regula | Ordensregel |
| – | regeln, Regler, Regelung, regelmäßig, regelrecht | | | |
| 3024 | **Regeneration** l>(frz) | 1. Wiederauffrischung, Erneuerung {59/56}; 2. Wiederherstellung bestimmter chemischer o. physikalischer Eigenschaften {72/73}; 3. Rückgewinnung chemischer Stoffe (chem. t. t.) {73}; 4. Ersatz verlorengegangener Organe (med., biol. t. t.) {69/70} | **regeneratio,** onis f | Wiedergeburt |
| – | **regenerativ** o. **regeneratorisch** l>nlat | 1. wiedergewinnend, wiedergewonnen {56/59/52}; 2. durch Regeneration (4.) entstanden (med., biol. t. t.) {68/69/70} | **regenerare** | wieder erzeugen, hervorbringen, fortpflanzen |
| – | **regenerieren** l>(frz) | 1. erneuern, auffrischen, wiederherstellen {52/56/59}; 2. wiedergewinnen (von Rohstoffen - chem. t. t.) {41/73}; 3. sich -: sich neu bilden (med., biol. t. t.) {68/69/70} | dto. | dto. |

| | | | | |
|---|---|---|---|---|
| 3026 | **Regent** | 1. (fürstliches) Staatsoberhaupt {50/33}; 2. verfassungsmäßiger Vertreter des Monarchen, Landesverweser {50} | **regere** (PPA. **regens**) spätl. **regens** | lenken, leiten, herrschen Herrscher, Fürst |
| – | **Regentschaft** l;d | Herrschaft o. Amtszeit eines Regenten {50/59} | dto. | dto. |
| 3027 | **Regesten** | zeitlich geordnete Urkundenverzeichnisse {32/75} | **regesta**, torum n (Pl.) | Verzeichnis, Katalog |
| 3028 | **Regie** l>frz | 1. verantwortliche Führung; künstlerische Leitung (bei der Gestaltung einer Aufführung {33/35/40/85}; 2. Regie-, Verwaltungskosten (österr.) {42/33} | **regere** frz. *régir* *régie* | s. oben 3026 lenken, leiten, verwalten verantwortliche Leitung, Verwaltung |
| – | **regieren** | 1. (be)herrschen; die Verwaltung, Politik eines Staates leiten {40/50}; 2. einen bestimmten Fall fordern (sprachwiss. t. t.) {76}; 3. in der Gewalt haben; bedienen; lenken {28/33} | **regere** | s. oben |
| – | **Regierung** | 1. das Regieren; Ausübung der Herrschaftsgewalt {40/50}; 2. oberstes Organ eines Staates; Gesamtheit der Personen, die einen Staat regieren (1.) {50/57} | dto. | dto. |
| – | **Regime** l>frz | 1. einem bestimmten politischen System entsprechende (volksfeindliche) Regierung(sform) {50}; 2. System, Schema, Ordnung (selten) {56}; 3. Lebensweise; Diätvorschrift (selten) {17/15} | **regimen**, minis n frz. *régime* | Lenkung, Leitung; Regierung, Verwaltung |
| – | **Regiment** | 1. Regierung, Herrschaft; Leitung {50}; 2. größere Truppeneinheit {57/86} | **regimentum**, ti n | Leitung, Regierung; Oberbefehl |
| 3029 | **Region** | 1. Gebiet, Gegend {58/64}; 2. Bereich, Sphäre {58/33}; 3. Bezirk, Abschnitt; Körpergegend (anat. t. t.) {70} | **regio**, onis f | Richtung; Reihe; Gebiet, Bezirk |
| – | **regional** (o. **Regional**...) | 1. sich auf einen bestimmten Bereich erstreckend; gebietsweise, Gebiets... {58/64}; 2. (= regionär) einen bestimmten Körperbereich betreffend (anat. t. t.) {70} | **regionalis**, e | zur Landschaft, Provinz gehörig |
| – | **Regionalismus** l>nlat | 1. Ausprägung landschaftlicher Eigeninteressen {48/28}; 2. Heimatkunst, bodenständige Literatur um 1900 {34/75} | dto. | dto. |
| – | Regionalist | | | |

>>> regionär s. regional (2.)

| | | | | |
|---|---|---|---|---|
| 3030 | **Regisseur** l>frz | jmd., der (berufsmäßig) Regie (1.) führt {33/35/40/85} | **regere** frz. *régir* *régisseur* | s. oben 3026<br><br>Verwalter; Spielleiter |
| 3031 | **Register** l>mlat | 1. alphabetisches Namen- o. Sachverzeichnis; 2. stufenförmig eingeschnittener, mit Buchstaben versehener Seitenrand in Büchern {32}; 3. Orgelpfeifengruppe mit charakteristischer Klangfärbung (mus. t. t.) {37}; 4. Lage der menschlichen Stimme {11/37}; 5. amtliches Verzeichnis rechtlicher Vorgänge {82/32/49}; 6. genaues Aufeinanderpassen der Farben beim Mehrfarbendruck {36/40}; 7. spezieller, schnell verfügbarer Kurzzeitspeicher einer digitalen Rechenanlage (EDV-t. t.) {71/72} | **regesta** mlat. registrum | s. oben 3027<br><br>Verzeichnis |
| - | **registered** l>mlat>frz >engl | 1. in ein Register eingetragen, patentiert, gesetzlich geschützt(es Warenzeichen - Abkürzung ®) {32/82}; 2. eingeschrieben (auf Postsendungen) {46/32} | **regesta** mlat. registrare | s. oben 3027 |
| - | **Registertonne** l>mlat;kelt >mlat >roman | Maß zur Angabe des Rauminhalts von Schiffen {45/56/58} | **regesta** mlat. registrum + mlat. **tunna** frz. *tonne* | s. oben 3027<br><br><br>Faß<br>Tonne, großes Faß |
| - | **Registrator** l>mlat | 1. Register führender Beamter (veraltet) {40/49}; 2. Ordner(mappe) {32/40/44} | **regesta** | s. oben 3027 |
| - | **registratorisch** l>mlat | das Registrieren betreffend {32/29/57} | dto. | dto. |
| - | **Registratur** l>mlat >nlat | 1. das Registrieren, Eintragen; Buchung {32}; 2. Aufbewahrungsstelle für Karteien, Akten; 3. Regal, Gestell, Schrank zum Aufbewahren von Akten {58/40}; 4. die die Register (3.) auslösende Schaltvorrichtung bei der Orgel (mus. t. t.) {37} | dto. | dto. |

| | | | | |
|---|---|---|---|---|
| – | **registrieren** l>mlat | 1. in ein Register eintragen; 2. selbsttätig aufzeichnen; einordnen {32}; 3. bewußt wahrnehmen {23/24}; 4. sachlich, ohne urteilenden Kommentar feststellen {25/32}; 5. Registerstimmen verbinden und mischen (bei der Orgel - mus. t. t.) {37} | dto. mlat registrare | dto. |
| 3032 | **Reglement** l>frz | Gesamtheit von Vorschriften für einen bestimmten Bereich {33/40/57} | **regulare** frz. *régler* *réglement* | regeln, einrichten regeln; bestimmen, verordnen |
| – | **reglementarisch** l>frz | der (Dienst)vorschrift, Geschäftsordnung gemäß {25/33/40/50} | dto. | dto. |
| – | **reglementieren** l>frz | durch Vorschriften regeln, einschränken {25/28/33/40/50} | dto. frz. *réglementer* | dto. |
| – | **Reglementierung** l>frz | 1. das Reglementieren {25/28/33/40/50}; 2. Unterstellung (bes. von Prostituierten) unter behördliche Aufsicht {49/18/40} | dto. | dto. |
| 3033 | **Regreß** | 1. Rückgriff eines ersatzweise haftenden Schuldners auf den Hauptschuldner (jur. t. t.) {82/80}; 2. das Zurückgehen vom Besonderen zum Allgemeinen, von der Wirkung zur Ursache (log. t. t.) {77/71} | **regressus**, us m | Rückkehr; Zuflucht; Ersatzanspruch, Regress (jur. t. t.) |
| – | **Regression** | 1. langsamer Rückzug des Meeres (geogr. t. t.) {64}; 2. Reaktivierung entwicklungsgeschichtlich älterer Verhaltensweisen (biol. t. t.) {69}; 3. das Zurückfallen auf kindliche Stufen der Triebvorgänge (psych. t. t.) {70}; 4. nachträgliche Wiederaufnahme, Wiederholung eines Wortes , (sprachwiss. t. t.) {76}; 5. Aufteilung einer variablen Größe (math. t. t.) {71}; 6. das Schrumpfen des Ausbreitungsgebietes einer Art (biol. t. t.) {58/61/68/69} | **regressio**, onis f | Rückkunft, Rückgang, -zug; Wiederholung eines Wortes |

| | | | | |
|---|---|---|---|---|
| – | **regressiv** l>nlat | 1. zurückschreitend in der Art eines Regresses (2.) (log. t. t.) {77/71}; 2. sich zurückbildend (von Krankheiten - med. t. t.) {70}; 3. auf einer Regression (3.) beruhend (psych. t. t.) {70}; 4. nicht progressiv, rückschrittlich; rückläufig {25/33/59}; 5. einen Regreß (1.) betreffend (jur. t. t.) {82/80} | **regredi** (PPP. **regressus**) | zurückgehen, -kommen, -kehren; gegen jmdn. Ersatzansprüche stellen (jur. t. t.) |
| – | **Regressivität** l>nlat | regressives Verhalten (psych. t. t.) {70} | dto. | dto. |
| 3034 | **regulär** | 1. vorschriftsmäßig; gewöhnlich, üblich; der Regel gemäß; 2. regelrecht (ugs.) {25/33/56} | **regularis**, e | eine Richtschnur enthaltend; regelmäßig |
| – | **Regularien** | regelmäßig abzuwickelnde Geschäftsangelegenheiten bei Versammlungen {33/40/59} | dto. | dto. |
| – | **Regularität** l>nlat/frz | 1. Gesetzmäßigkeit, Richtigkeit {25/56/33}; 2. sprachübliche Erscheinung (sprachwiss. t. t.) {76} | dto. frz. *régularité* | dto. |
| – | **Regulation** l>nlat | 1. Regelung der Organsysteme eines Organismus durch verschiedene Steuerungseinrichtungen (biol. t. t.); 2. Anpassung eines Lebewesens an wechselnde Umweltbedingungen (biol. t. t.) {68/69}; 3. = Regulierung {s. unten} | **regulare** | s. oben 3032 |
| – | **regulativ** l>nlat | regulierend, regelnd; als Norm dienend {25/3340/56} | dto. | dto. |
| – | **Regulativ** l>nlat | 1. regelnde Vorschrift, Verordnung {25/28/32/40/49}; 2. steuerndes, ausgleichendes Element {25/56} | dto. | dto. |
| – | **Regulator** l>nlat | (techn. t. t.) 1. Apparatur zur Einstellung des gleichmäßigen Ganges einer Maschine {40/41}; 2. Pendeluhr, bei der das Pendel reguliert werden kann {44/59/87}; 3. steuernde, ausgleichende Kraft {56/72} | dto. | dto. |
| – | **regulieren** | 1. regeln, ordnen {25/33/40/56}; 2. sich -: in ordnungsgemäßen Bahnen verlaufen {25}; 3. in Ordnung bringen, den gleichmäßigen Gang einer Maschine einstellen {40/41}; 4. einen Fluß begradigen (geogr. t. t.) {39/64} | dto. | dto. |

| | | | | |
|---|---|---|---|---|
| – | **Regulierung** | 1. Regelung {25/56}; 2. Herstellung des gleichmäßigen Ganges einer Maschine {72/40/41}; 3. Begradigung eines Flußlaufs (geogr. t. t.) {39/64} | dto. | dto. |
| 3035 | **Rehabilitand** (l;l)>mlat (>frz) | jmd., dem die Wiedereingliederung in das gesellschaftliche Leben ermöglicht werden soll {33} | **re** + **habilis**, e<br><br>mlat. rehabilitare<br><br>frz. *réhabiliter* | s. oben 2970 leicht zu handhaben, beweglich, handlich, tüchtig<br>in den früheren Stand wiedereinsetzen |
| – | **Rehabilitation** l>mlat >(frz) | 1. (Wieder)eingliederung eines Kranken oder Behinderten in das gesellschaftliche Leben {33/70}; 2. = Rehabilitierung: Wiederherstellung des sozialen Ansehens, Wiedereinsetzung in frühere (Ehren)stellen {33} | dto.<br>mlat. rehabilitatio<br>frz. *réhabilitation* | dto. |
| – | **rehabilitieren** l>mlat >(frz) | 1. jmds. soziales Ansehen wiederherstellen {33}; 2. einen durch Krankheit o. Unfall Geschädigten wieder in die Gesellschaft eingliedern {33/70} | dto.<br>mlat. rehabilitare | dto. |
| 3036 | **Reimplantation** (l;l;l)>nlat | Wiedereinpflanzung, -einheilung (med. t. t.) {70} | **re**<br>+ **in**<br>+ **plantare** | s. oben 2970<br>in, hinein (etc.)<br>(be)pflanzen, versetzen |
| 3037 | **Reimport(ation)** (l;l)>nlat | Wiedereinfuhr ausgeführter Güter {42/80} | **re**<br>+ **importare** | s. oben 2970<br>einführen; hineintragen, -bringen |
| – | **reimportieren** (l;l)>nlat | ausgeführte Güter wiedereinführen {42/80} | dto. | dto. |
| 3038 | **Reinfektion** (l;l)>nlat | Wiederansteckung mit den gleichen Erregern (med. t. t.) {70} | **re**<br>+ **infectio**, onis f | s. oben 2970<br>das Färben; Schändung |
| 3039 | **Reinkarnation** (l;l)>nlat | Wiedergeburt (in der buddhistischen Seelenwanderungslehre - rel. t. t.) {51} | **re**<br>+ **incarnatio**, onis f | s. oben 2970<br>Fleisch-, Menschwerdung (Christi) |
| 3040 | **Reintegration** (l;l)>nlat | 1. = Redintegration: volle Rechtswirksamkeit eines völkerrechtlichen Vertrages nach zwischenzeitlicher Einschränkung {82/50}; 2. Wiedereingliederung {33/56/59}; 3. Wiederherstellung (veraltet) {52/59} | **re**<br>+ **integratio**, onis f | s. oben 2970<br>Wiederherstellung, Erneuerung |

| | | | | |
|---|---|---|---|---|
| – | **reintegrieren** (l;l)>nlat | wiedereingliedern {33/56/59} | **re** + **integrare** | s. oben 2970 wiederherstellen, erneuern, einrenken |
| 3041 | **reinvestieren** (l;l)>nlat | freiwerdende Kapitalbeträge erneut anlegen (wirtsch. t. t.) {80} | **re** + **investire** | s. oben 2970 bekleiden |
| – | Reinvestition | | | |
| 3042 | **Rejektion** | 1. Abstoßung transplantierter Organe durch den Organismus des Empfängers (med. t. t.) {70}; 2. Abweisung, Verwerfung (z. B. einer Klage - jur. t. t.) {82} | **reiectio**, onis f | das Zurück-, Auswerfen; Verschmähung, Ab-, Zurückweisung |
| – | **rejizieren** | (einen Antrag, eine Klage) verwerfen, abweisen (jur. t. t.) {82} | **reicere** | zurückschlagen, -stoßen; abweisen, verwerfen (jur. t. t.) |
| 3043 | **Rekapitulation** | 1. das Rekapitulieren; das Rekapitulierte {32/59/24/25}; 2. gedrängte Wiederholung der Stammesentwicklung (biol. t. t.) {68/69} | **recapitulatio**, onis f<br><br>(Lehnübersetzung von gr.: *ἀνακεφαλείωσις*) | die Zusammenfassung des Erzählten in den Hauptpunkten; Wiederholung |
| – | **rekapitulieren** | 1. wiederholen, noch einmal zusammenfassen {59/32}; 2. in Gedanken durchgehen, sich noch einmal vergegenwärtigen {24/25} | **recapitulare** o. **recapitulari** (Lehnübersetzung von gr.: *ἀνακεφαλαιόειν*) | wiederholen, in den Hauptpunkten zusammenfassen |
| 3044 | **Reklamation** | Beanstandung, Beschwerde {32/33/42} | **reclamatio**, onis f | Gegengeschrei, das Neinrufen |
| – | **reklamieren** l>(frz) | 1. (zurück)fordern, für sich beanspruchen {28/43}; 2. wegen irgendwelcher Mängel beanstanden, Einspruch erheben {32/28/42} | **reclamare**<br><br>frz. *réclamer* | dagegenschreien, laut widersprechen, sich widersetzen |
| – | **Reklame** l>(frz) | Werbung; Anpreisung (von Waren zum Verkauf); mit etw. prahlen {32/42} | dto.<br>frz. *réclame* | dto.<br>das Ins-Gedächtnis-Rufen |
| 3045 | **Rekodierung** l;l>frz | (beim Übersetzen) erfolgende Umsetzung in den Kode der Zielsprache (sprachwiss. t. t.) {76} | **re** + **codex**, dicis m<br>frz. *code* | s. oben 2970<br>Buch, Verzeichnis; Schreibtafel |

| | | | | |
|---|---|---|---|---|
| 3046 | **rekognos-zieren** | 1. auskundschaften (scherzhaft) {25/23}; 2. die Stärke, Stellung des Feindes erkunden, aufklären (schweiz., sonst veraltet - mil. t. t.) {86}; 3. die Echtheit einer Person, Urkunde (gerichtlich, amtlich) anerkennen {25/33/49/82} | **recognoscere** | wiedererkennen, erinnern; besichtigen, prüfen |
| – | **Rekognos-zierung** | 1. Erkundung; 2. Identifizierung {23/25/86} | dto. | dto. |
| 3047 | **rekom-mandieren** (l;l)>frz | 1. empfehlen; einschärfen (veraltet, landsch.) {25/27/32}; 2. einschreiben lassen (postal. t. t. - österr.) {46/32} | **re** + **commen-dare** | s. oben 2970 anvertrauen, empfehlen; übergeben |
| – | Rekommandation | | | |
| 3048 | **rekonstru-ieren** (l;l)>nlat >(frz) | 1. den ursprünglichen Zustand wiederherstellen {59/52}; 2. den Ablauf eines früheren Vorgangs darstellen {32/59}; 3. zu größerem wirtschaftlichen Nutzen umgestalten (DDR) {42/61/80} | **re** + **construere** (frz. *reconstruire)* | s. oben 2970 auf-, erbauen, errichten |
| – | rekonstruktabel | | | |
| – | **Rekon-struktion** (l>l)>nlat | 1. das Wiederherstellen, Wiederaufbauen, Nachbilden; das Nachgebildete, Wiederhergestellte {52/59}; 2. das Wiedergeben, Darstellen (eines Vorgangs in seinen Einzelteilen) {32/57}; 3. wirtschaftliche Umgestaltung (DDR) {42/61/80} | **re** + **constructio**, onis f | s. oben 2970 Zusammenfügung, Konstruktion; Bau |
| 3049 | **rekonva-leszent** | sich im Stadium der Genesung befindend (med. t. t.) {14/59/70} | **reconvales-cere** | wieder erstarken |
| – | Rekonvaleszent | | | |
| – | **Rekonva-leszenz** l>nlat | Genesung(szeit) (med. t. t.) {14/59/70} | dto. | dto. |
| – | **rekonva-leszieren** | genesen (med. t. t.) {14/70} | dto. | dto. |
| 3050 | **Rekord** l>frz>engl | (anerkannte) sportliche Höchstleistung {56/85} | **recordari**<br>vulgl. recordare<br>frz. *recorder*<br>engl. *record* | sich vergegenwärtigen; sich erinnern<br>ins Gedächtnis bringen, erinnern<br>schriftlich aufzeichnen, beurkunden |

| | | | | |
|---|---|---|---|---|
| – | Rekordhalter, Rekordler | | | |
| 3051 | **Rekreation** | Erfrischung, Erholung {25/26/33} | **recreatio**, onis f | Wiederherstellung, Erholung |
| – | **rekreieren** | erfrischen, erquicken, Erholung verschaffen {25/26/33} | **recreare** | wiederherstellen, erfrischen, sich erholen |
| 3052 | **Rekrut** (l;l)>frz | Soldat in der ersten Ausbildungszeit {59/86} | **re** + **crescere** bzw. **recrescere** frz. *recroître* *recrue* | s. oben 2970 wachsen, gedeihen wieder wachsen, - hervorwachsen nachwachsen Nachwuchs (an Soldaten) |
| – | **rekrutieren** l>frz | 1. Rekruten ausheben, mustern {86}; 2. zuammenstellen, beschaffen {57/29}; 3. sich -: sich zusammensetzen, bilden (aus etw.) {33/54/56} | dto. frz. *recruter* | dto. |
| 3053 | **rektal** (l;l)>l>nlat | (med. t. t.) 1. den Mastdarm betreffend {70}; 2. durch den, im Mastdarm erfolgend {58/70} | **rectus**, a, um + **intestinum**, ni n **rectum intestinum** | in gerader Richtung Darm gerade verlaufender Darm |
| 3054 | **Rektifikation** (l;l)>nlat | 1. Berichtigung, Zurechtweisung (veraltet) {25/33}; 2. Bestimmung der Länge einer Kurve (math. t. t.) {71}; 3. Trennung von Flüssigkeitsgemischen durch wiederholte Destillation (chem. t. t.) {73} | **rectus** + **facere** | s. oben 3053 tun, machen, handeln |
| – | rektifizieren | | | |
| 3055 | **Rektion** | Eigenschaft eines Wortes, den Kasus eines abhängigen Wortes zu bestimmen (sprachwiss. t. t.) {76} | **rectio**, onis f | Regierung, Leitung |
| – | **Recto** | Vorderseite eines Blattes in einem Buch {32/58} | **recto** (Adv.) (bzw. **rectus** | geradewegs, direkt s. oben 3053) |
| – | **Rektor** l>mlat | 1. Leiter einer (Hoch)schule {31/33/40}; 2. kath. Geistlicher an einer Nebenkirche {51} | **rector**, oris m mlat. rector | Lenker, Leiter; Führer; Erzieher Vorsteher |
| – | **Rektorat** l>mlat | 1. Amt(szeit) eines Rektors {40/59/31}; 2. Verwaltungsgremium, dem der Rektor, die Prorektoren und der Kanzler angehören {49/40/31} | dto. mlat. rectoratus | dto. |
| 3056 | **Rektum** l>nlat | Mastdarm (med. t. t.) {11/70} | **rectum intestinum** | s. oben 3053 |

| | | | | |
|---|---|---|---|---|
| 3057 | **rekultivieren** l;l>mlat >frz | (durch Bergbau) unfruchtbar gewordenen Boden wieder als Kulturland nutzen (landw. t. t.) {39} | **re** + **colere**<br>mlat. cultivare<br>frz. *cultiver* | s. oben 2970<br>pflegen; (be)bauen, bewohnen<br>(be)bauen, pflegen |
| 3058 | **rekurrieren** | 1. Bezug nehmen, auf etw. zurückgreifen {25/56}; 2. Beschwerde, Berufung einlegen gegen Gerichtsurteile, Verwaltungsakte (veraltet, nur österr. - jur. t. t.) {82} | **recurrere** | zurücklaufen, -kommen, -kehren |
| 3059 | **Relais** l>frz | 1. zum Ein-, Ausschalten eines stärkeren Stromes benutzter Apparat (elektrotechn. t. t.) {41/72/87}; 2. (Station für den) Pferdewechsel {45/46/58}; 3. kleinere Reiterabteilung zur Überbringung von Befehlen (hist. t. t.) {46/50/75}; 4. Weg zwischen Wall und Graben einer Festung {58/75/86} | **relaxare**<br>frz. *relaisser*<br>*relais* | erweitern; erschlaffen; nachlassen; erleichtern<br>nachlassen, sich aufhalten<br>Ablösung; Vorspann; Stafette, Relais |
| – | **Relaisstation** l>frz;l | 1. Pferdewechselstation im Postverkehr, beim Militär {45/46/58/86}; 2. automatisch gesteuerter Sender bei Radio und TV zur Weitervermittlung des Programms (techn. t. t.) {46/87} | dto.<br>+ **statio**, onis f | dto.<br>das Stillstehen; Standort; Posten; Quartier |
| 3060 | **Relation** | 1. Beziehung, Verhältnis {56/33}; 2. Beziehung zwischen den Elementen einer Menge (math. t. t.) {71}; 3. gesellschaftliche, geschäftliche o. ä. Verbindung (veraltend) {42/33}; 4. Bericht, Mitteilung (veraltet) {32}; 5. regelmäßig befahrene (Schiffahrts)linie {45} | **relatio**, onis f | Erwiderung; Vortrag; Beziehung, Verhältnis (gramm., philos. t. t.) |
| – | **relativ** l>(frz) | 1. ziemlich, verhältnismäßig, vergleichsweise, je nach dem Standpunkt verschieden; 2. bezüglich {25/56} | **relativus**, a, um<br>frz. *relatif* | sich beziehend auf etw., bezüglich |
| – | **relativieren** l>nlat | in seiner Gültigkeit beschränken {56/25} | dto. | dto. |
| – | **relativisch** l>nlat | das Relativpronomen, -adverb betreffend, als - gebraucht (sprachwiss. t. t.) {76} | dto. | dto. |

| | | | | |
|---|---|---|---|---|
| – | **Relativismus** l>nlat | (philos. t. t.) 1. erkenntnistheoretische Lehre, nach der nur die Verhältnisse der Dinge zueinander erkennbar sind; 2. Anschauung, nach der jede Erkenntnis nur relativ, nicht allgemein (gültig) richtig ist {25/56/77} | dto. | dto. |
| – | **Relativist** l>nlat | (philos. t. t.) 1. Vertreter des Relativismus; 2. jmd., für den alle Erkenntnis subjektiv ist {25/56/77} | dto. | dto. |
| – | **relativistisch** l>nlat | 1. den Relativismus betreffend (philos. t. t.) {25/56/77}; 2. die Relativität(stheorie) betreffend, auf ihr beruhend (phys. t. t.) {72} | dto. | dto. |
| – | **Relativität** l>nlat | 1. Bezogenheit, Bedingtheit; 2. relative (1.) Gültigkeit {56/72} | dto. | dto. |
| – | **Relativitätstheorie** l>nlat;gr>l | von Einstein begründete physikalische Theorie {25/56/72} | dto.<br>+ **theoria**, ae f<br>gr. *θεωρία* | dto.<br>Theorie, Spekulation, Untersuchung |
| – | **Relativpronomen** l>(frz);l | bezügliches Fürwort (sprachwiss. t. t.) {76} | **relativus**<br>+ **pronomen**, minis n | s. oben<br>Vorname; Fürwort (gramm. t. t.) |
| 3061 | **relaxed** l>engl | gelöst, zwanglos {26/33} | **relaxare** | s. oben 3059 |
| – | **relaxen** l>engl | sich körperlich entspannen, sich nach einer Anstrengung erholen {16/26} | dto. | dto. |
| – | Relaxing | | | |
| – | **Release(-Center)** l>frz>engl; (gr)>l | Stelle, Zentrale zur Heilung, Behandlung Rauschgiftsüchtiger {58/70} | dto.<br>afrz. *relaissier*<br>(+ **centrum**, ri n<br>gr. *κέντρον* | dto.<br><br>Mittelpunkt des Kreises; Zentrum) |
| 3062 | **Relegation** | 1. Verweisung von der (Hoch)schule {28/31}; 2. Qualifikation für eine Liga (sport. t. t.) {85} | **relegatio**, onis f | Ausschließung, Verweisung, Verbannung |
| – | **Relegateur** l>frz | Professor, der jmdn. von der Hochschule verweisen läßt {28/31} | dto. | dto. |
| – | **relegieren** | von der Hochschule verweisen {28/31} | **relegare** | fortschicken, entfernen, verbannen, verweisen |

| | | | | |
|---|---|---|---|---|
| 3063 | **relevant** l>mlat>frz | bedeutsam, wichtig {56/25} | **relevare**<br><br><br><br>mlat.<br>**relevantes articuli** | auf-, in die Höhe heben; erleichtern; wieder in den vorigen Stand einsetzen<br>berechtigte, beweiskräftige Argumente (im Rechtsstreit) |
| – | **Relevanz** l>mlat >(engl) | Wichtigkeit, Erheblichkeit {56/25} | dto.<br>engl. *relevance* | dto. |
| 3064 | **reliabel** l>frz>engl | verläßlich, zuverlässig {25/26/77/78} | **religare**<br><br><br>afrz. *relier*<br>eng. *rely* | auf-, anbinden; befestigen; losbinden |
| – | **Reliabilität** l>frz>engl | Zuverlässigkeit eines wissenschaftlichen Versuchs, eines (informellen) Tests (philos., päd. t. t.) {77/78} | dto.<br>engl. *reliability* | dto. |
| 3065 | **Relief** l>frz | 1. Geländeoberfläche o. deren plastische Nachbildung {58/64}; 2. plastisches Bildwerk auf einer Fläche {36} | **relevare**<br>frz. *relever*<br><br>*relief* | s. oben 3063<br>in die Höhe -, aufheben |
| – | reliefieren, Reliefierung | | | |
| 3066 | **Religion** | 1. Glaubensbekenntnis; 2. Gottesverehrung; 3. innerliche Frömmigkeit {51} | **religio**, onis f | religiöse Scheu, Gottesfurcht; Gewissenhaftigkeit; Gottesverehrung |
| – | **religiös** l>frz | 1. die Religion betreffend; 2. gottesfürchtig, fromm {51} | **religiosus**, a, um<br><br><br>frz. *religieux* | gewissenhaft; religiös, fromm, gottesfürchtig |
| – | **Religiosität** l>(frz) | (innere) Frömmigkeit, Gläubigkeit, Gottesfurcht {51} | **religiositas**, atis f<br>frz. *religiosité* | Gottesfurcht, Frömmigkeit |
| – | **religioso** l>it | feierlich, andächtig (mus. t. t.) {37} | **religiosus** | s. oben |
| 3067 | **relikt** | in Resten vorkommend (von Tieren und Pflanzen - biol. t. t.) {57/68/69} | **relictus**, a, um | verlassen |
| – | **Relikt** | 1. Überrest, Überbleibsel {57}; 2. Restbestand früherer Pflanzen und Tiere (biol. t. t.) {68/69/57}; 3. ursprünglich gebliebener Gesteinsteil (geol. t. t.) {62}; 4. Boden, der von einer Klimaänderung kaum beeinflußt wurde (geogr. t. t.) {64}; 5. mundartliche Restform (sprachwiss. t. t.) {76} | **relictus**, us m<br>bzw.<br>**relinquere** (PPP. **relictus**) | das Verlassen<br><br>zurück-, übrig-, hinterlassen |

| | | | | |
|---|---|---|---|---|
| – | **Reliquiar** l>mlat | (künstlerisch gestalteter) Reliquienbehälter {51/36/58} | **reliquiae**, iarum f (Pl.) kirchenl. | Rest, Trümmer, Gerippe |
| | | | **reliquiae** (sc. sanctorum) | Überreste, Gebeine (der Heiligen) |
| – | **Reliquie** l>(mlat) | 1. Überrest eines Heiligen, seiner Gebrauchs- o. Martergegenstände als Gegenstand religiöser Verehrung {51}; 2. kostbares Andenken (selten) {24} | dto. | dto. |
| 3068 | **remanent** | zurückbleibend {59/52} | **remanere** | zurück-, dauernd ver-, übrigbleiben |
| – | **Remanenz** l>nlat | 1. Dauermagnetismus (phys. t. t.) {72/63}; 2. Rückstand, Weiterbestehen eines Reizes, Engramm (biol. t. t.) {69} | dto. | dto. |
| >>> | Rematerialisation s. Materialisation | | | |
| 3069 | **Remedium** | 1. Heilmittel (med. t. t.) {70}; 2. bei Münzen zulässige Toleranzabweichung bei Gewicht und Feingehalt {56} | **remedium**, ii n | Heil-, Gegen-, Hilfsmittel |
| 3070 | **Remigrant** | jmd., der in das Land zurückkehrt, das er aus politischen o. ä. Gründen verlassen mußte {33/50/61} | **remigrare** | zurückkehren; ausziehen |
| – | Remigrierte(r) | | | |
| 3071 | **remilitarisieren** (l;l)>frz | wiederbewaffnen, wieder mit eigenen Truppen besetzen {86} | **re** + **militaris**, e | s. oben 2970 die Soldaten, den Kriegsdienst betreffend, soldatisch, Militär... |
| 3072 | **Reminiszenz** | Erinnerung, die etw. für jmdn. bedeutet; Anklang, Überbleibsel {24/57} | **reminiscentia**, ae f | Rückerinnerung |
| 3073 | **remis** l>frz | unentschieden (bes. in bezug auf Schachpartien und Sportwettkämpfe) {56/85} | **remittere** | zurückschicken; aufhören; nachlassen; auf etw. verzichten |
| | | | frz. *remettre* | zurückführen, zurückstellen |
| | | | *remis* | zurückgestellt (als ob nicht stattgefunden) |
| – | **Remis** l>frz | Sportwettkampf, Schachpartie mit unentschiedenem Ausgang {56/85} | dto. | dto. |

| | | | | |
|---|---|---|---|---|
| – | **Remise** l>frz | 1. Geräte-, Wagenschuppen {44}; 2. (künstlich angelegtes) dichtes Schutzgehölz für Wild (forstwirt. t. t.) {38/39} | dto. frz. *remise* | dto. das Zurück-, Einstellen |
| – | **Remission** | 1. Erlaß, Nachsicht (veraltet) {25/28}; 2. Rücksendung von Remittenden (buchw. t. t.) {32/40/42}; 3. das Zurückwerfen von Licht (in der Lichttechnik) {40/72}; 4. Rückgang von Krankheitserscheinungen (med. t. t.) {70} | **remissio**, onis f | das Zurückschicken; Nachlassen; Unterbrechung; das Erlassen |
| – | **Remittende** | beschädigtes, fehlerhaftes, an den Verlag zurückgesandtes Buch (buchw. t. t.) {32/42} | **remittere** **remittenda** | s. oben das Zurückzuschickende |
| – | **remittieren** | 1. Remittenden zurücksenden (buchw. t. t.) {42/32}; 2. Zahlung für empfangene Leistungen einsenden (wirtsch. t. t.) {80}; 3. zeitweilig nachlassen, zurückgehen (z. B. Fieber - med. t. t.) {59/70} | **remittere** | s. oben |
| 3074a | **Remonstration** (l;l)>mlat | Gegenvorstellung, Einspruch, Einwand {25/32} | **re** + **monstratio**, onis f | s. oben 2970 das Zeigen |
| – | **remonstrieren** (l;l)>mlat | Einwände, Gegenvorstellungen erheben {25/32} | **re** + **monstrare** | s. oben 2970 zeigen, weisen, hindeuten |
| 3074b | **Remoulade** l>it>frz | Kräutermayonnaise, pikante kalte Soße {17} | **armoracia** o. **armoracea**, ae f o. **armoracium**, ii n it. *ramolaccio* o. *ramoraccio* nordfrz. *rémola* o. *ramolas* frz. *rémoulade* | Meerrettich<br><br>Meerrettich<br><br>Meerrettich |
| 3075 | **Renaissance** l>frz | 1. Epoche einer kulturellen Bewegung in Europa im Übergang vom Mittelalter zur Neuzeit {59/75}; 2. geistige u. künstlerische Bewegung, die bewußt an die griechisch-römische Antike anzuknüpfen versucht {33/79}; 3. Wiederaufleben, neue Blüte {59/56} | **renasci** vulgl. (re)nascere* frz. *naître* *renaître* *renaissance* | wieder geboren werden, wieder entstehen geboren werden wiedergeboren werden, wiederaufleben Wiedergeburt |
| – | renaissancistisch | | | |
| 3076 | **renal** | die Nieren betreffend (med. t. t.) {70} | **renalis**, e | die Nieren betreffend |

| | | | | |
|---|---|---|---|---|
| 3077 | **Rendezvous**<br>l>vulgl>frz | 1. Stelldichein, Verabredung {33}; 2. Annäherung und Ankoppelung von Raumfahrzeugen im Weltraum {66/61} | **reddere**<br><br>vulgl. rendere*<br>frz. *se rendre*<br><br>*rendezvous* | zurück-, wieder-, herausgeben; erstatten<br><br>sich wohin begeben<br><br>Versammlung (der Soldaten im Krieg), Treffen, Verabredung |
| – | **Rendite**<br>l>mlat/roman>it | Jahresertrag einer Kapitalanlage (wirtsch. t. t.) {59/80} | **reddere**<br>mlat./roman. rendere*<br>it. *rendere*<br><br>*rendita* | s. oben<br><br>zurück-, ergeben<br>zurückerstatten, bezahlen<br>Ertrag, Einkommen |
| 3078 | **Renegat**<br>(l;l)>mlat >(frz) | (Glaubens)abtrünniger (rel. t. t.) {51} | **re**<br>+ **negare**<br>mlat. renegare<br>renegatus<br>frz. *renégat* | s. oben 2970<br>verneinen, leugnen, verweigern<br>verleugnen<br>Treuebrüchiger<br>jmd., der seinem Glauben abschwört |
| – | Renegation | | | |
| 3079 | **renitent**<br>l>(frz) | widerspenstig, widersetzlich {28/33/84} | **reniti**<br>(PPA. **renitens**)<br><br>frz. *rénitent* | sich entgegenstemmen, - widersetzen; widerstehen |
| – | **Renitenz**<br>l>mlat | Widersetzlichkeit {28/33/84} | dto. | dto. |
| 3080 | **Renommee**<br>l>frz | guter Ruf, Leumund, Ansehen {33} | **nominare**<br>frz. *nommer*<br>*renommer*<br><br>*renommée* | (er-, be)nennen<br><br>wieder ernennen, erwählen; loben, rühmen |
| – | **renommieren**<br>l>frz | angeben, prahlen, großtun {32/33} | dto. | dto. |
| – | **renommiert**<br>l>frz | berühmt, angesehen, namhaft {33} | dto. | dto. |
| 3081 | **renovieren** | erneuern, instand setzen, wiederherstellen {40/44/52/59} | **renovare** | erneuern, wiederherstellen; wiederholen |
| – | **Renovierung** o. **Renovation** | Erneuerung, Instandsetzung {44/40/52/59} | dto. bzw.<br>**renovatio, onis f** | dto.<br>Erneuerung, Wiederholung |

| | | | | |
|---|---|---|---|---|
| 3082 | **rentabel**<br>l>mlat/roman>(frz) | einträglich, lohnend; gewinnbringend (wirtsch. t. t.) {42/80} | **reddere**<br>mlat./roman. rendere*<br>afrz. *rente* | s. oben 3077<br>zurück-, ergeben<br>Einkommen, Ertrag; Gewinn |
| – | **Rentabilität**<br>l>mlat/roman>frz | Verhältnis von Gewinn zu eingesetztem Kapital bei einer Unternehmung (wirtsch. t. t.) {56/80} | dto. | dto. |
| – | **Rente**<br>l>mlat/roman>frz | regelmäßiges Einkommen aus angelegtem Kapital; Altersruhegeld {42/43/80} | dto. | dto. |
| – | **Rentner** o. **Rentier**<br>l>mlat/roman>frz | jmd., der eine Rente bezieht {59/15/33/42/80} | dto. | dto. |
| – | **rentieren**<br>l>mlat/roman>frz | Zins, Gewinn bringen, einträglich sein, (sich) lohnen (wirtsch. t. t.) {42/80} | dto. | dto. |
| 3083 | **Renunziation** | Abdankung (eines Monarchen) {33/50} | **renuntiatio**, onis f | Verkündigung, Anzeige, Aufkündigung |
| – | **renunzieren** | (als Monarch) abdanken {33/50} | **renuntiare** | öffentlich bekanntmachen; aufgeben, verzichten |
| 3084 | **Reorganisation**<br>l;gr>l>frz | 1. Neugestaltung, Neuordnung {25/52/33}; 2. Neubildung zerstörten Gewebes bei der Heilung (med. t. t.) {70} | **re**<br>+ **organum**, ni n<br><br>gr. *ὄργανον*<br>frz. *organe*<br>*organisation* | s. oben 2970<br>Werkzeug; musikalisches Instrument<br><br><br>Organ, Werkzeug |
| – | **reorganisieren**<br>l;gr>l>frz | neu gestalten, neu ordnen, wieder einrichten {25/52/33} | dto.<br>frz. *organiser* | dto.<br>einrichten, anordnen, gestalten, organisieren |
| 3085 | **reparabel** | wiederherstellbar {54} | **reparabilis**, e | ersetzlich, ersetzbar |
| – | **Reparateur**<br>l>(frz) | jmd., der berufsmäßig Reparaturen durchführt {40} | **reparator**, oris m | Wiederhersteller, Erneuerer |
| – | **Reparation** | 1. Reparatur (selten) {40}; 2. Regeneration, bei der verlorengegangene Organe ersetzt werden (biol., med. t. t.) {69/70}; 3. Kriegsentschädigungen, Wiedergutmachungsleistungen (nur im Pl.) {80/86} | **reparatio**, onis f | Wiederherstellung, Erneuerung |
| – | **Reparatur**<br>l>mlat | Wiederherstellung, Ausbesserung, Instandsetzung {40/41/44/56/87} | **reparare**<br><br>mlat. reparatura | wiederherstellen, wieder erneuern, ersetzen<br>Wiederherstellung |

| | | | | |
|---|---|---|---|---|
| – | **reparieren** | in Ordnung bringen, ausbessern, wiederherstellen {40/41/44/56/87} | **reparare** | s. oben |
| – | Reparierung | | | |
| 3086 | **repatriieren** | 1. die Staatsangehörigkeit wiederverleihen {50/33}; 2. einen Kriegs- o. Zivilgefangenen in die Heimat entlassen {33/86} | **repatriare** | ins Vaterland zurückkehren, heimkehren |
| 3087 | **Repertoire** l>frz | Vorrat einstudierter Theaterstücke, Kompositionen o. ä.; Spielplan {35/37/57} | **repertorium** frz. *répertoire* | Verzeichnis |
| – | **Repertorium** | wissenschaftliches Nachschlagewerk (z. B. Bibliographie von Zeitschriftenaufsätzen) {32/34/57} | **repertorium** | s. oben |
| 3088 | **repetieren** | 1. durch Wiederholen einüben, lernen {25/59}; 2. eine Klasse noch einmal durchlaufen (verhüllend) {31/59}; 3. als Ton richtig zu hören sein (beim Klavier - mus. t. t.) {37} | **repetere** | wieder auf etw. losgehen; wiederholen, sich erinnern |
| – | **Repetiergewehr** l;d | Mehrladegewehr mit Patronenmagazin {86} | dto. | dto. |
| – | **Repetieruhr** l;d | Taschenuhr mit Schlagwerk {44/59/87} | dto. | dto. |
| – | **Repetition** | Wiederholung {59} | **repetitio**, onis f | Rückforderung; Wiederholung |
| – | **Repetitor** | Akademiker, der Studierende (bes. Juristen) durch Stoffwiederholung auf das Examen vorbereitet {31/40/82} | **repetitor**, oris m | Zurückforderer; Wiederholer |
| – | **Repetitorium** l>nlat | Wiederholungsunterricht, -buch {31/32/59} | dto. | dto. |
| 3089 | **Replik** l>frz | 1. Entgegnung, Erwiderung {32}; 2. Erwiderung des Klägers auf das Vorbringen des Beklagten (jur. t. t.) {82}; 3. Nachbildung eines Kunstwerkes durch den Künstler selbst (künstl. t. t.) {36} | **replicare** (PPP. **replicatus**) | wieder auseinanderfalten; überdenken; dagegen einwenden (jur. t. t.) |
| – | **Replikat** l>frz | originalgetreue Nachbildung eines Kunstwerks (künstl. t. t.) {36} | dto. | dto. |
| – | **Replikation** | Erscheinung, das biologische Systeme sich identisch vermehren (z. B. Chromosomen - biol. t. t.) {68/69} | **replicatio**, onis f | das Zurückfalten, Wiederaufrollen; Wiederholung |

| | | | | |
|---|---|---|---|---|
| – | **replizieren** | 1. entgegnen, erwidern {32}; 2. eine Replik (2.) vorbringen (jur. t. t.) {82}; 3. eine Replik (3.) herstellen {36} | **replicare** | s. oben |
| 3090 | **Report** l>engl (l>frz) | 1. (Dokumentar)bericht {32/40}; 2. Kursaufschlag an der Wertpapierbörse (wirtsch. t. t.) {80} | **reportare** engl. *report* afrz. *reporter* | zurücktragen, -führen, -bringen |
| – | **Reportage** l>frz>engl >frz | aktueller Bericht vom Ort des Geschehens für Presse, Radio, TV {32/40/85} | dto. engl. *reporter* frz. *reportage* | dto. |
| – | **Reporter** l>frz>engl | Zeitungs-, Radio-, TV-Berichterstattung {32/40/85} | dto. engl. *(to) report reporter* | dto. |
| – | **reportieren** l>frz>engl | über ein Ereignis (live) berichten {32/40/85} | dto. engl. *(to) report* | dto. |
| 3091 | **repräsentabel** l>frz | würdig, stattlich; wirkungsvoll {25/33/55} | **repraesentare** frz. *représenter* | vergegenwärtigen, vorstellen; darstellen; verwirklichen |
| – | **Repräsentant** l>frz | 1. (offizieller) Vertreter (z. B. eines Volkes) {50/33}; 2. Vertreter einer Firma {42/40}; 3. Abgeordneter {50/40} | dto. frz. *représentant* | dto. |
| – | **Repräsentantenhaus** l>frz;d | zweite Kammer des nordamerikanischen Kongresses (USA) mit zweijähriger Wahlperiode {50} | dto. | dto. |
| – | **Repräsentanz** l>frz | 1. Vertretung {50/40/33}; 2. Auslandsvertretung einer Bank, eines Industrieunternehmens {41/42}; 3. das Repräsentativsein {33} | dto. | dto. |
| – | **Repräsentation** l>(frz) | 1. Vertretung einer Gesamtheit von Personen {57/33}; 2. das Repräsentativsein {33}; 3. Vertretung eines Staates, einer öffentlichen Einrichtung o. ä. auf gesellschaftlicher Ebene {33/50}; 4. auf Status und Außenwirkung bedachter gehobener Lebensstil {33} | **repraesentatio**, onis f frz. *représentation* | Abbildung; Vorstellung; Voraus-, Barzahlung |

| | | | | |
|---|---|---|---|---|
| – | **repräsentativ** l>frz | 1. vom Prinzip der Repräsentation (1.) bestimmt {57/33}; 2. als einzelne(-er, -es) typisch für etw., eine Gruppe {25/33/55}; 3. verschiedene Interessen(gruppen) berücksichtigend {25/33}; 4. in seiner Art, Anlage, Ausstattung wirkungs-, eindrucksvoll {26/55}; 5. der Repräsentation (3., 4.) dienend {33/50/41} | **repraesentare** | s. oben |
| – | **repräsentieren** | 1. etw., eine Gesamtheit von Personen nach außen vertreten {33/57}; 2. repräsentativ (2., 3.) sein; 3. Repräsentation (3., 4.) betreiben {33}; 4. wert sein; (einen Wert) darstellen {56} | dto. | dto. |
| 3092a | **Repressalie** l>mlat | Druckmittel, Vergeltungsmaßnahme {28/29/33/86} | **repre(he)ndere**<br>mlat. reprensalia o. repraessalae<br>frz. *représsaille* | festhalten, ergreifen; widerlegen (rhet. t. t.); zurücknehmen<br>gewaltsame Rücknahme dessen, was einem widerrechtlich genommen wurde |
| 3092b | **Repression** | 1. Unterdrückung von Triebregungen (psych. t. t.) {70}; 2. Unterdrückung individueller Entfaltung durch gesellschaftliche Autoritätsverhältnisse {50/33}; 3. politische Gewaltanwendung {50/86} | **repressio**, onis f | das Zurückdrängen, Rückzug; Tadel |
| – | **repressiv** l>nlat | hemmend, unterdrückend, Repression ausübend (z. B. in bezug auf Gesetze) {50/82} | **reprimere** (PPP. **repressus**) | zurückdrängen, hemmen, einschränken |
| 3093 | **Reprint** (l;l)>afrz >engl | unveränderter Nachdruck, Neudruck (druckw. t. t.) {32/40} | **re**<br>+ **premere**<br>afrz. *preindre / priente*<br>engl. *(to) print* | s. oben 2970<br>drücken; bedrängen, verfolgen<br><br>drucken |

| | | | | |
|---|---|---|---|---|
| 3094 | **Reprise** l>frz | 1. Wiederaufführung eines lange nicht gespielten Theaterstückes; Neuauflage einer vergriffenen Schallplatte {35/37/59/85}; 2. dem Feind wieder abgenommene Prise {43/45/86}; 3. Börsenkurserholung, die vorherige Verluste ausgleicht (wirtsch. t. t.) {80}; 3. Wiederaufnahme des ersten Teils nach der Durchführung im Sonatensatz (mus. t. t.) {37} | **reprehendere** frz. *reprendre* *reprise* | s. oben 3092a wiederaufnehmen |
| >>> | reprivatisieren s. unter privatisieren | | | |
| 3095 | **Repro** (l;l)>nlat | (kurz für Reproduktion) fotografische Wiedergabe nach einer Bildvorlage (druckw. t. t.) {32/40/87} | **re** + **productio**, onis f | s. oben 2976 das Hervorführen; Ausdehnung, Verlängerung |
| - | **Reproduktion** (l;l)>nlat | 1. Wiedergabe {32}; 2. Vervielfältigung von Büchern (durch Druck) {32/40}; 3. Exemplar einer Reproduktion (2.) {32}; 4. Wiederholung des gesellschaftlichen Produktionsprozesses {33}; 5. Fortpflanzung (biol. t. t.) {68/69}; 6. das Sich-erinnern an früher erlebte Bewußtseinsinhalte (psych. t. t.) {24/70} | dto. | dto. |
| - | **reproduktiv** (l;l)>nlat | nachbildend, nachahmend {55/56} | **re** + **productivus**, a, um | s. oben 2970 zur Verlängerung geeignet |
| - | **reproduzieren** (l;l)>nlat | 1. etw. genauso hervorbringen, (wieder)herstellen {52/56}; 2. eine Reproduktion (3.) herstellen {32/40}; 3. ständig neu erzeugen {52/29/59}; 4. die Reproduktion (4.) bewirken {33}; 5. sich -: sich fortpflanzen (biol. t. t.) {68/69} | **re** + **producere** | s. oben 2970 (her)vorführen, -bringen, erzeugen, erschaffen |
| - | **Reprographie** (l;l)>nlat; gr | Kopierverfahren mittels elektromagnetischer Strahlung {32/40/41/72/87} | dto. + gr. *γράφειν* | dto. schreiben |
| - | reprographieren | | | |
| - | **reprographisch** (l;l)>nlat; gr | durch Reprographie hergestellt, auf ihr beruhend, sie betreffend {32/40/41/72/87} | dto. | dto. |

| | | | | |
|---|---|---|---|---|
| 3096 | **Reptil** l>frz | Kriechtier {07} | **reptile,** lis n | kriechendes Tier |
| – | **Reptilienfonds** l>frz;l>frz | 1. Fonds Bismarcks zur Bekämpfung geheimer Staatsfeinde (sogenannter „bösartiger Reptilien" - hist. t. t.) {42/50/75}; 2. Geldfonds, über dessen Verwendung hohe Regierungsstellen keine Rechenschaft abzulegen brauchen {42/50} | dto. + **fundus** | dto. s. oben 1126 |
| 3097 | **Republik** l>frz | Staat, in dem mehrere nicht durch Erbfolge bestimmte Personen sich zu rechtlich umschriebenen Bedingungen die Staatsgewalt teilen {50} | **res publica** frz. *république* | Gemein-, Staatswesen, Staat(sverwaltung, -gewalt) |
| – | **Republikaner** l>frz >(engl) | 1. Anhänger der republikanischen Staatsform {50/25}; 2. Mitglied der Republikanischen Partei in den USA; 3. Mitglied einer rechtsradikalen deutschen Partei {33/50} | dto. frz. *républicain* | dto. |
| – | **republikanisch** l>frz | 1. die Republik betreffend, für sie eintretend {25/50}; 2. die Republikanische Partei (USA), die Rep's betreffend {33/50} | dto. | dto. |
| – | **Republikanismus** l>frz>nlat | das Eintreten für die republikanische Verfassung {25/50} | dto. | dto. |
| 3098 | **Repulsion** | Ab-, Zurückstoßung (techn. t. t.) {41/61/72} | **repulsio,** onis f | Abwehr; Abweisung, Widerlegung |
| – | **repulsiv** l>nlat | zurück-, abstoßend (bei elektrisch o. magnetisch geladenen Körpern - phys. t. t.) {72} | dto. | dto. |
| 3099 | **Repunze** l;l>it | Feingehaltsstempel für Waren aus Edelmetallen {40/56} | **re** + **punctio,** onis f it. *punzone* | s. oben 2970 das Stechen; Stich Stoß; Stempel |
| – | repunzieren | | | |
| 3100 | **Reputation** l>frz | (guter) Ruf, Ansehen {33} | **reputatio,** onis f | Berechnung; Erwägung, Betrachtung |
| – | **reputierlich** o. **reputabel** l>frz | ansehnlich; achtbar; ordentlich {33/25/56} | **reputare** | (be)rechnen; überdenken, erwägen |
| 3101 | **Requiem** | (Komposition, die die) kath. Totenmesse (zum Leitthema hat) {37/51} | **requies,** etis f | Ruhe, Rast; Todesruhe |

| | | | | |
|---|---|---|---|---|
| 3102 | **requirieren** | 1. für Heereszwecke beschlagnahmen {43/86}; 2. (auf etw. gewaltsame Weise) be-, herbeischaffen (scherzhaft, verhüllend) {43}; 3. Nachforschungen anstellen, untersuchen {25}; 4. ein Gericht, eine Behörde um Rechtshilfe ersuchen {82} | **requirere** (PPP. **requisitus**) | verlangen; nach-, erforschen, untersuchen |
| – | **Requisit** | 1. Zubehör für eine Bühnenaufführung, Filmszene {33/35/40/85}; 2. benötigtes Gerät, Zubehörteil {40/44/87} | **requisita**, torum n (Pl.) | Bedürfnis, Notdurft; das Nötige |
| – | **Requisite** | Raum für Requisiten (1.); für die Requisiten zuständige Stelle {33/35/40/58/85} | dto. | dto. |
| – | **Requisiteur** l>frz | Verwalter der Requisiten beim Theater o. Film {33/35/40/85} | dto. | dto. |
| – | **Requisition** | 1. Beschlagnahme für Heereszwecke {43/86}; 2. Beschaffung auf etw. gewaltsame Weise (scherzhaft, verhüllend) {33/43}; 3. Nachforschung, Untersuchung {25}; 4. Rechtshilfeersuchen {27/50/82} | **requisitio**, onis f | Untersuchung |
| 3103 | **Res** | Sache, Ding, Gegenstand (philos. t. t.) {77} | **res**, ei f | Sache, Ding, Gegenstand |
| 3104a | **Research** (l;l)>frz >engl | Markt-, Meinungsforschung (soziol., wirtsch. t. t.) {80/81} | **re** + **circare**<br><br>frz. *chercher* *recherche* | s. oben 2970<br>umkreisen, durchstreifen |
| – | Researcher | | | |
| 3104b | **Reseda** o. **Resede** | krautige Mittelmeerzierpflanze {04} | **reseda**, ae f | Resede o. Reseda |
| 3105 | **Reservat** | 1. Vorbehalt, Sonderrecht {82/33}; 2. den Indianern vorbehaltenes Gebiet {58/64}; 3. natürliches Großraumgehege zum Schutz von in freier Wildbahn lebenden Tierarten (biol. t. t.) {58/69} | **reservare** (PPP. **reservatus**) | (auf)bewahren; erhalten, erretten |
| – | **Reservation** l>nlat >(engl) | 1. Vorbehalt, Sonderrecht {82/33}; 2. Indianerreservat in Nordamerika {58/64} | dto. | dto. |

| | | | | |
|---|---|---|---|---|
| – | **Reserve** l>mlat>frz | 1. Verschlossenheit, zurückhaltendes Wesen {26/84}; 2. im Frieden die Gesamtheit der nicht aktiv dienenden Soldaten (mil. t. t.) {57/86}; 3. im Krieg zurückgehaltene, einsatzbereite Ersatztruppe (mil. t. t.) {86}; 4. Vorrat; Rücklage für den Notfall {25/57/44}; 5. Gesamtheit der Ersatzspieler einer Mannschaft (sport. t. t.) {85} | dto. frz. *réserve* | dto. |
| – | **Reservefonds** l>mlat>frz; l>frz | Rücklage {42/43/57} | dto. + **fundus** | dto. s. oben 1126 |
| – | **reservieren** | 1. für jmdn. bis zur Inanspruchnahme zurücklegen; vorbelegen {27/25/33/42}; 2. für einen bestimmten Anlaß, Fall zurückhalten {25/57} | dto. frz. *réserver* | dto. |
| – | **reserviert** | zurückhaltend, zugeknöpft, kühl, abweisend {26/33/84} | dto. | dto. |
| – | **Reservist** l>mlat>frz >nlat | 1. Soldat der Reserve (3., 4.) {86}; 2. Auswechsel-, Ersatzspieler (sport. t. t.) {85} | dto. | dto. |
| – | **Reservoir** l>frz | 1. Sammelbecken, Wasserspeicher, Behälter für Vorräte {17/57/58}; 2. Reservebestand, -fonds {25/44/57} | dto. frz. *réservoir* | dto. |
| 3106 | **Resident** l>frz | 1. Regierungsvertreter; Geschäftsträger {50}; 2. Statthalter (veraltet) {50/75} | **residere** (PPA. **residens**) | sich niederlassen, sich setzen; verweilen |
| – | **Residenz** l>mlat | Wohnsitz eines Staatsoberhaupts o. hohen Geistlichen; Hauptstadt {44/47/48/58} | dto. mlat. residentia | dto. |
| – | **residieren** | seinen Wohnsitz haben (von regierenden Fürsten) {44/47} | dto. | dto. |
| – | **residual** l>nlat | (med. t. t.) 1. als Reserve zurückbleiben (z. B. nicht ausgeatmete Luft); 2. als Rest zurückbleiben (z. B. Urin in der Blase); 3. als Dauerfolge einer Krankheit zurückbleiben (z. B. Lähmungen) {59/70} | **residere** [mit langem e hinter dem d] | zurückbleiben, verweilen; rückständig bleiben |
| 3107 | **Resignation** l>mlat | 1. Schicksalsergebenheit; Entsagung, Verzicht {25/26/28/84}; 2. freiwillige Niederlegung eines Amtes (amtsspr. t. t.) {33/40} | **resignare** mlat. resignatio | ungültig machen, vernichten; zurückgeben, verzichten |
| – | **resignativ** l>nlat | resignierend, durch Resignation gekennzeichnet {25/26/28/84} | dto. | dto. |

| | | | | |
|---|---|---|---|---|
| – | **resignieren** | entsagen, verzichten; sich widerspruchslos fügen, sich in eine Lage schicken {25/26/28} | dto. | dto. |
| – | **resigniert** | durch Resignation (1.) gekennzeichnet {25/26/28/84} | dto. | dto. |
| 3108 | **Résistance** l>frz | (hist. t. t.) 1. Gruppe konservativer französischer Parteien im 19. Jh. {75/50}; 2. französische Widerstandsbewegung gegen die deutsche Besatzung im 2. Weltkrieg {28/50/75/86} | **resistentia**, ae f | Widerstand |
| – | **resistent** | widerstandsfähig (z. B. in bezug auf Schädlinge - biol. t. t.) {68/69/54/22} | **resistere** (PPA. **resistens**) | zurückbleiben; Widerstand leisten, sich widersetzen |
| – | **Resistenz** | 1. Widerstand, Gegenwehr {22/25/28/86}; 2. anlagebedingte Widerstandsfähigkeit gegen Krankheiten, Witterung etc. (biol., med. t. t.) {68/69/70} | **resistentia** | s. oben |
| – | **resistieren** | widerstehen; ausdauern {22/25/28} | **resistere** | s. oben |
| – | **resistiv** l>nlat | widerstehend, hartnäckig {28/25} | dto. | dto. |
| – | **Resistivität** l>nlat | Widerstandsfähigkeit (biol., med. t. t.) {68/69/70} | dto. | dto. |
| 3109 | **resolut** l>frz | Bestimmtheit zum Ausdruck bringend; beherzt, tatkräftig; betont entschlossen {25/28/84} | **resolutus**, a, um<br>frz. *resolu* | wollüstig; zügellos, ausgelassen |
| – | **Resolution** l>(frz) | 1. Beschluß, Entschließung {25/28/32}; 2. Rückgang von Krankheitserscheinungen (med. t. t.) {70} | **resolutio**, onis f<br>frz. *résoudre* | Auflösung; Aufhebung, Schwäche<br>entscheiden, beschließen |
| 3110 | **Resonanz** | 1. durch Schallwellen gleicher Schwingungszahl angeregtes Mitschwingen eines Körpers (phys. t. t.) {72}; 2. Klangverstärkung und -verfeinerung durch Mitschwingung in den Obertönen (mus. t. t.) {37}; 3. Widerhall, Anklang, Verständnis, Wirkung {25/32/33} | **resonantia**, ae f | Widerschall, Widerhall |
| – | **Resonator** l>nlat | bei der Resonanz mitschwingender Körper (z. B. die Luftsäule bei Blasinstrumenten - mus., phys. t. t.) {72/37} | **resonare** | widerschallen, -hallen, ertönen |
| – | **resonatorisch** l>nlat | die Resonanz betreffend, auf ihr beruhend (mus., phys. t. t.) {37/72} | dto. | dto. |

| | | | | |
|---|---|---|---|---|
| – | **resonieren** | mitschwingen (mus., phys. t. t.) {37/72} | dto. | dto. |
| 3111 | **resorbieren** | bestimmte Stoffe aufnehmen, aufsaugen (chem. t. t.) {73} | **resorbere** | wieder -, zurück in sich schlucken, -schlürfen |
| – | **Resorption** l>nlat | 1. das Aufsaugen; Aufnahme gelöster Stoffe in die Blutbahn (med. t. t.) {70/73}; 2. Wiederauflösung eines Kristalls beim Erstarren einer Gesteinsschmelze (geol. t. t.) {62/73} | dto. | dto. |
| 3112 | **resozialisieren** (l;l)>engl | schrittweises Wiedereingliedern in die Gesellschaft (nach Verbüßung einer längeren Haftstrafe) (jur., soziol. t. t.) {33/81/82} | **re** + **socialis**, e | s. oben 2970 die Gesellschaft betreffend, gesellschaftlich |
| – | Resozialisierung | | | |
| 3113 | **Respekt** l>frz | 1. Ehrerbietung; schuldige Achtung {33/26}; 2. Scheu {25/26}; 3. leerer Rand (bei Seiten) {58/40/32} | **respectus**, us m<br>frz. *respect* | das Zurückblicken; Rücksicht, Berücksichtigung |
| – | **respektabel** l>mlat>frz | ansehnlich; angesehen {33/56} | **respectare**<br>mlat. respectabilis<br>frz. *respectable* | zurück-, sich umsehen; entgegensehen; Rücksicht nehmen |
| – | **Respektabilität** l>frz | Achtbarkeit, Ansehen {33} | dto. | dto. |
| – | **respektieren** l>frz | 1. achten; anerkennen, gelten lassen {25/33}; 2. einen Wechsel bezahlen (wirtsch. t. t.) {80} | dto.<br>frz. *respecter* | dto. |
| – | **respektierlich** l>frz | ansehnlich, achtbar {33/56} | dto. | dto. |
| – | **respektiv** l>mlat | jedesmalig, jeweils (veraltet) {59} | dto. | dto. |
| – | **respektive** l>mlat | beziehungsweise; oder {56} | dto. | dto. |
| 3114 | **Respiration** | Atmung (med. t. t.) {70} | **respiratio**, onis f | das Atemholen, Aufatmen; Pause |
| – | **Respirator** l>nlat | Atmungsgerät, Atemfilter (med., techn. t. t.) {70/72} | **respirare** | ausatmen; aufatmen, Luft schöpfen |
| – | **respiratorisch** l>nlat | mit der Atmung verbunden, auf sie bezüglich (med. t. t.) {70} | dto. | dto. |
| – | **respirieren** | atmen (med. t. t.) {70} | dto. | dto. |

| | | | | |
|---|---|---|---|---|
| 3115 | **Response**<br>l>engl | durch einen Reiz ausgelöstes und bestimmtes Verhalten (psych., sprachwiss. t. t.) {70/76} | **responsum**,<br>si n | Antwort; Ausspruch; Rechtsbescheid |
| – | **Responsorium**<br>l>mlat | kirchlicher Wechselgesang {37/51} | dto. bzw.<br>**responsoria**,<br>iorum n (Pl.) | dto.<br>Wiederholungen beim Gottesdienst |
| 3116 | **Ressentiment**<br>(l;l)>frz | 1. heimlicher Groll; ohnmächtiger Haß, (Lebens)neid {26/33}; 2. das Wiedererleben eines (dadurch verstärkten) meist schmerzlichen Gefühls (psych. t. t.) {26/70} | **re**<br>+ **sentire** | s. oben 2970<br>fühlen, empfinden, wahrnehmen |
| | | | frz. *sentir* | |
| | | | *ressentir* | empfinden, nachfühlen |
| | | | *ressentiment* | heimlicher Groll |
| 3117 | **Ressort**<br>l>frz | Geschäfts-, Amts-, Arbeits-, Aufgabenbereich {40/49/50} | **sors**,<br>rtis f<br>(**sortiri** | Los, Schicksal; erloster Anteil<br>durch Los erhalten) |
| | | | frz. *ressortir* | hervorgehen; zugehören |
| | | | *ressort* | |
| 3118 | **Ressource**<br>l>frz | 1. natürliches Produktionsmittel für die Wirtschaft (wirtsch. t. t.) {80}; 2. Hilfsmittel; Reserve; Geldmittel {42/57/80} | **resurgere** | wieder aufstehen; sich erheben; wieder erstehen |
| | | | afrz.<br>*resourdre*<br>*ressource* | |
| 3119 | **Rest**<br>l>it | Rückstand, Überbleibsel {57} | **restare** | widerstehen; zurück-, übrig bleiben, übrig sein |
| | | | it. *resto* | übrig gebliebener Geldbetrag |
| 3120 | **Restaurant**<br>l>frz | Gaststätte {58/17} | **restaurare** | wiederherstellen; erneuern, erholen |
| | | | frz. *restaurer* | wiederherstellen, stärken |
| | | | *restaurant* | |
| – | **Restaurateur**<br>l>frz | 1. Gastwirt (veraltet) {40/17}; 2. = Restaurator (ugs.) {36/40/88} | **restaurator**,<br>oris m | Wiederhersteller (eines Bauwerkes o. ä.) |
| – | **Restauration** | 1. das Restaurieren; Ausbessern eines Kunstwerkes {36/40/88}; 2. Wiedereinrichtung der alten politischen und sozialen Ordnung nach einem Umsturz {50/81}; | **restauratio**,<br>onis f | Erneuerung, Wiederherstellung |
| | (l>frz) | 3. Gastwirtschaft (österr., sonst veraltet) {58/17} | | |
| – | **restaurativ**<br>l>nlat | die Restauration (2.) betreffend, sich auf die Restauration stützend {50/81} | **restaurare** | s. oben |
| – | **Restaurator** | Fachmann, der Kunstwerke wiederherstellt {36/40/88} | **restaurator** | s. oben |

| | | | | |
|---|---|---|---|---|
| – | **restaurieren** l>(frz) | 1. ein Kunst-, Bauwerk, Gemälde o. ä. wiederherstellen, ausbessern {36/40/88}; 2. eine frühere politische, gesellschaftliche Ordnung wiederherstellen {50/81}; 3. sich -: sich erholen, sich erfrischen (veraltend) {14} | **restaurare** | s. oben |
| – | Restaurierung | | | |
| 3121 | **restituieren** | wiederherstellen {52}; 2. zurückerstatten {33/42}; 3. ersetzen {56} | **restituere** | wiedergeben; wiederherstellen |
| – | **Restitution** | 1. Wiederherstellung, Wiedererrichtung {52}; 2. Wiedergutmachung, Schadenersatzleistungen für die einem anderen Staat zugefügten Schäden {50/42}; 3. Wiederaufhebung einer Entscheidung (im röm. Recht) {82}; 4. Form der Regeneration mit Ersetzung verlorener Organteile (z. B. Haare - biol. t. t.) {68/69} | **restitutio**, onis f | Wiederherstellung; Wiedererstattung, Rückgabe; Begnadigung |
| 3122 | **Restriktion** | 1. Ein-, Beschränkung (z. B. von Rechten) {28/82}; 2. für den Gebrauch eines Wortes geltende Einschränkung (sprachwiss. t. t.) {76} | **restrictio**, onis f | Einschränkung, Kargheit |
| – | **restriktiv** l>nlat | einschränkend, einengend {25/28} | **restrictus**, a, um | straff angezogen; karg; streng |
| – | **restringieren** | 1. einschränken (veraltet) {25/28/33}; 2. zusammenziehen (med. t. t.) {53/70} | **restringere** | zurückziehen, beengen, beschränken |
| – | **restringiert** | eingeschränkt {25/28/33} | dto. | dto. |
| 3123 | **Resultat** l>mlat>frz | 1. (in Zahlen ausdrückbares) Ergebnis (einer Rechnung) {57/71}; 2. Erfolg, Ergebnis {33/56} | **resultare**<br><br>mlat. resultare<br>resultatum<br><br>frz. *résultat* | zurückspringen; hüpfen; widerhallen lassen<br>entspringen, entstehen<br>Folge, Ergebnis; Folgerung, Schluß |
| – | **resultativ** l>mlat >nlat | ein Resultat bewirkend {71/25} | dto. | dto. |
| – | **resultieren** l>mlat>frz | sich als Resultat ergeben, die Folge von etw. sein {25/33/56} | **resultare** | s. oben |

| | | | | |
|---|---|---|---|---|
| 3124 | **Resümee** l>frz | 1. Zusammenfassung {32/57/25}; 2. Fazit {32/25} | **resumere**<br><br><br><br>frz. *résumer* | wieder (vor)nehmen, - annehmen, wiederholen; wiederherstellen |
| – | **resümieren** l>frz | zusammenfassen {32/25/57} | dto. | dto. |
| 3125 | **Retardation** l>frz | Verzögerung, Verlangsamung eines Ablaufs, einer Entwicklung {59} | **retardatio**, onis f | Verzögerung |
| – | **retardieren** l>frz | 1. verzögern, hemmen {33/59}; 2. nachgehen (in bezug auf Uhren - veraltet) {44/59/87} | **retardare** | verzögern, zurück-, aufhalten; hemmen |
| – | **retardiert** l>frz | in der geistigen o. körperlichen Entwicklung zurückgeblieben (med., psych. t. t.) {70} | dto. | dto. |
| 3126 | **retikular** o. **retikulär** | netzartig {54/55} | **reticulum**, li n o. **reticulus**, li m | kleines Netz, Gitter; Vorhang |
| – | **Retikulum** | (biol. t. t.) 1. Netzmagen der Wiederkäuer; 2. Netzwerk entspiralisierter Chromosomen im Zellkern {68/69} | dto. | dto. |
| – | **Retina** l>mlat | Netzhaut des Auges (med. t. t.) {70} | **rete**, tis n<br>mlat. retina | Netz; Garn<br>Netzhaut |
| – | **Retinitis** l>mlat >nlat | Netzhautentzündung (med. t. t.) {70} | dto. | dto. |
| 3127 | **Retorte** l>mlat>frz | 1. rundliches Labordestillationsgefäß mit umgebogenem Hals {40/58/73}; 2. Behälter, der innen mit feuerfestem Material ausgekleidet ist {40/40/58} | **retorquere** (PPP. **retortus**)<br>mlat. retorta | rückwärts drehen, - wenden, - kehren; verdrehen<br>die Zurückgedrehte (Flasche) |
| – | **Retortenbaby** l>mlat>frz; engl | Baby, das sich aus einem außerhalb des Mutterleibs befruchteten Ei entwickelt hat (med. t. t.) {15/70} | dto. | dto. |
| 3128 | **retour** l;(gr)>l >vulgl>frz | zurück (landsch., sonst veraltend) {56/58} | **re**<br>+ **tornus**, ni m<br>gr. *τόρνος*<br>frz. *tour*<br>*tourner*<br>*retourner* | s. ben 2970<br>Dreh-, Drechseleisen<br><br><br><br><br>zurückkehren |
| – | **Retour** l;(gr)>l >vulgl>frz | Rückfahrkarte (österr., ugs.) {45/58/61} | dto. | dto. |

| | | | | |
|---|---|---|---|---|
| – | **Retour-kutsche**<br>l;(gr)>l<br>>vulgl>frz;<br>ung | das Zurückgeben eines Vorwurfs, einer Beleidigung (bei einer passenden Gelegenheit) {25/32/33} | dto.<br>+ ung. *kocsi* | dto.<br>Wagen aus der Stadt Kocs |
| – | **retournie-ren**<br>l;(gr)>l<br>>vulgl>frz | 1. Waren an den Verkäufer zurücksenden {42}; 2. zurückgeben, -bringen (österr.) {29/45}; 3. den gegnerischen Aufschlag zurückschlagen (beim Tennis - sport. t. t.) {12/61/85} | dto. | dto. |
| 3129 | **Retraktion** | Zusammenziehung, Verkürzung, Schrumpfung (med. t. t.) {53/70} | **retractio**,<br>onis f | das Zurückziehen; Verminderung |
| 3130 | **Retro...**,<br>**retro...** | rückwärts, zurück; umgekehrt; nach hinten {58} | **retro** (Adv., Präp.) | rückwärts, nach hinten, zurück |
| >>> | Retro..., retro... s. ggf. unter dem Rest des Wortes | | | |
| – | **retrospek-tiv**<br>(l;l)>nlat | rückschauend, rückblickend {24/59} | **retro**<br>+ **spectare** | s. oben<br>betrachten, (an)-schauen, zusehen |
| – | **Retrospek-tive**<br>(l;l)>nlat | 1. Rückschau, Rückblick {24/25/59}; 2. Kunstaustellung, Filmserie, die das Werk eines Künstlers, Regisseurs o. einer Epoche rückschauend vorstellt {24/35/36/59/85} | dto. | dto. |
| – | **Retro-version** | 1. Rückwärtsneigung, bes. der Gebärmutter (med. t. t.) {70}; 2. Text für die Übersetzung in eine andere Sprache, der zuvor aus der Zielsprache herüber übersetzt wurde (sprachwiss. t. t.) {31/76} | **retrovertere** | umwandeln |
| – | **retro-vertieren** | zurückneigen, -wenden {58/61} | dto. | dto. |
| 3131 | **Rettich**<br>(gr)>l | Gemüsepflanze mit scharf schmeckender eßbarer Wurzelknolle {05/17} | **radix**,<br>icis f<br><br>gr. *ῥάδιξ* | Wurzel; Ursprung; Rettich; Radieschen<br><br>vgl. oben 2960 |
| 3132 | **Return**<br>l;(gr)>l<br>>vulgl>frz<br>>engl | Rückschlag, zurückgeschlagener Ball (Tischtennis-, Tennis - sport. t. t.) {12/61/85} | **re**<br>+ **tornus**<br>gr. *τόρνος*<br>frz. *retourner* | s. oben 2970<br>s. oben 3128 |
| 3133 | **reunieren**<br>(l;l)>frz | 1. wiedervereinigen, versöhnen (veraltet) {33/26}; 2. sich -: sich versammeln {57/33} | **re**<br>+ **unire** | s. oben 2970<br>vereinigen |
| – | **Reunion**<br>(l;l)>frz | 1. Wiedervereinigung {33/50}; 2. Gesellschaftsball (veraltet) {33}; 3. französische Insel im Indischen Ozean {64} | **re**<br>+ **unio**,<br>onis f | s. oben 2970<br>Einheit; Vereinigung; Zwiebel |

| | | | | |
|---|---|---|---|---|
| 3134 | **revalidieren** (l;l)>nlat | wieder gültig werden {56} | **re** + **valere** | s. oben 2970 gesund, stark sein; vermögen, gelten |
| 3135 | **Revanche** l>frz;l>frz | 1. Vergeltung für eine militärische Niederlage; Rache {25/33/86}; 2. Gegenleistung {33/80}; 3. Chance, eine Wettkampfniederlage wettzumachen; Rückkampf, Rückspiel (nach verlorenem Hinspiel - sport. t. t.) {85} | **re** + **vindicare**<br>frz. *(re +) venger*<br>*revancher*<br>*revanche* | s. oben 2970 beanspruchen; befreien; rächen, bestrafen<br>rächen, ahnden<br>rächen |
| - | **revanchieren** l>frz;l>frz | 1. vergelten, sich rächen {25/33/86}; 2. sich erkenntlich zeigen, eine Gegendienst erweisen {33/42}; 3. eine erlittene Niederlage im Rückkampf wettmachen (sport. t. t.) {85} | dto. | dto. |
| - | **Revanchismus** l>frz;l>frz >russ | Politik, die auf die Rückgewinnung der in einem Krieg verlorenen Gebiete mit militärischen Mitteln gerichtet ist (DDR, abwertend) {25/50/86} | dto. | dto. |
| - | Revanchist, | revanchistisch | | |
| 3136 | **Reverend** l>engl | (Titel der) Geistlicher (-n) in England und Amerika {51} | **reverendus**, a, um | (hoch)ehrwürdig; Hochwürden |
| - | **Reverenz** | 1. Ehrerbietung {33}; 2. Verbeugung {12/32} | **reverentia**, ae f | Scheu, Achtung, Ehrfurcht; Hoheit |
| 3137 | **Revers** l>frz<br>(l>mlat) | 1. Umschlag, Aufschlag an Kleidungsstücken {19}; 2. Rückseite (einer Münze) {58}; 3. Erklärung, Verpflichtungsschein {28/32/33} | **revertere** o. **reverti** (PPP. **reversus**)<br>frz. *revers*<br>3.: mlat. reversum | um-, zurückkehren, -kommen<br>Aufschlag (an Kleidungsstükken)<br>Münzrückseite, Antwort |
| - | **Reverse** l>engl | Umschaltautomatik für den Rücklauf bzw. die Gegenspur von Cassetten- o. Tonbandgeräten (techn. t. t.) {61/87} | dto. | dto. |
| - | **reversibel** l>(frz)>nlat | 1. umkehrbar {56/58/61}; 2. heilbar (med. t. t.) {70} | dto. | dto. |
| - | **Reversibilität** l>nlat | Umkehrbarkeit {58/61} | dto. | dto. |
| - | **Reversion** | Umkehrung, Umdrehung {58/61} | **reversio**, onis f | Umkehrung, Umdrehung; Rück-, Wiederkehr |

| | | | | |
|---|---|---|---|---|
| 3138 | **revidieren** | 1. (über)prüfen, kontrollieren, durchsuchen {23/25/40}; 2. formal abändern, korrigieren {25/33/40} | **revidere** | wieder hinsehen |
| 3139 | **Revier**<br>l>vulgl>frz<br>>niederl | 1. Bezirk, Gebiet; Tätigkeitsbereich {58/40}; 2. kleinere Polizeidienststelle (eines Stadtbezirks) {49/58}; 3. von einem Truppenteil belegte Räume in einer Kaserne (mil. t. t.) {58/86}; 4. Krankenstube eines Truppenteils (mil. t. t.) {58/70/86}; 5. Teilbezirk eines Forstamtes (forstwirt. t. t.); 6. begrenzter Jagdbezirk (forstwirt. t. t.) {58/38/39}; 7. Abbaugebiet (bergmannsspr. t. t.) {41/58}; 8. Wohngebiet, Lebensraum, bestimmter Tiere {69/58} | **ripa,**<br>ae f<br>**riparius**<br>vulgl. riparia<br>afrz. *rivière*<br>mniederl. *riviere* | Ufer, Rand, Abhang eines Gewässers<br>am Ufer befindlich<br>das am Ufer Befindliche<br>Ufergegend, Fluß<br>Ufergegend entlang eines Wasserlaufs |
| 3140 | **Review**<br>l>frz>engl | Titel(bestandteil) engl. o. am. Zeitschriften {32} | **revidere**<br>frz. *revue* | s. oben 3138 |
| – | **Revision**<br>l>mlat | 1. nochmalige Durchsicht; Korrektur des umgebrochenen Drucksatzes (druckw. t. t.) {32/40/25}; 2. Änderung nach eingehender Prüfung {25}; 3. bei einem Bundesgericht gegen ein Urteil einzulegendes Rechtsmittel (jur. t. t.) {82}; 4. Kontrolle vorhandener Bestände auf ihre Vollzähligkeit (z. B. in Bibliotheken) {25/43/57} | dto.<br>(bzw. **revisio,** onis f<br>mlat. revisio | dto.<br>das Wiedersehen)<br>prüfende Wiederdurchsicht |
| – | **Revisionismus**<br>l>mlat<br>>nlat | 1. das Streben nach Änderung eines bestehenden völkerrechtlichen Zustandes {28/50/81}; 2. Richtung innerhalb der deutschen Sozialdemokratie gegen den Marxismus im 19. Jh. {50/75/81} | dto. | dto. |
| – | Revisionist, | revisionistisch | | |
| – | **Revisor**<br>l>nlat | 1. (Wirtschafts)prüfer {40/42/80}; 2. die letzten Korrekturen im druckfertigen Bogen prüfender Korrektor {40/32/25} | **revisere** | nachsehen; besichtigen, besuchen |
| 3141 | **Revival**<br>l>engl | Wiederbelebung, Erneuerung {52/59} | **revivere** | wieder leben |
| 3142 | **Revokation** | Widerruf (z. B. eines wirtschaftlichen Auftrages) {28/42/80} | **revocatio,**<br>onis f | Zurück-, Abrufen |

| | | | | |
|---|---|---|---|---|
| 3143 | **Revolte** l>vulgl>it >frz | Aufruhr, Aufstand (einer kleinen Gruppe) {28/33/50/86} | **revolvere**<br>vulgl. revolvitare*<br>it. *rivoltare*<br>frz. *révolter*<br>*révolte* | zurückrollen, -wälzen, -drehen<br>umdrehen, umwenden; empören<br>zurück-, umwälzen; aufwiegeln, empören |
| - | **revoltieren** l>vulgl>it >frz | an einer Revolte teilnehmen; sich empören, sich auflehnen; meutern {28/33/50/86} | dto. | dto. |
| - | **Revolution** l>(frz) | 1. (gewaltsamer) Umsturz der bestehenden politischen u. sozialen Ordnung {33/50/81/86}; 2. Aufhebung, Umwälzung der bisher anerkannten Gesetze, Praktiken durch neue Erkenntnisse {25/61}; 3. Gebirgsbildung (geogr. t. t.) {64}; 4. Umlauf eines Himmelskörpers um ein Hauptgestirn (astron. t. t.) {61/66}; 5. Solospiel im Skat {85} | **revolutio**, onis f<br>(1.: frz. *révolution)* | das Zurück-, Wegwälzen; Rückkehr; Umdrehung |
| - | **revolutionär** l>frz | 1. die Revolution (1.) betreffend, zum Ziele habend; für die Revolution eintretend {25/28/50/81/86}; 2. eine Revolution (2.) bewirkend {25/61} | dto.<br>frz. *révolutionnaire* | dto. |
| - | **Revolutionär** l>frz | 1. jmd., der auf eine Revolution (1.) hinarbeitet; Umstürzler {25/28/33/50/81}; 2. jmd., der sich gegen das Überkommene auflehnt {28/33} | dto. | dto. |
| - | **revolutionieren** l>frz | 1. in Aufruhr bringen, für seine revolutionären (1.) Ziele gewinnen {25/28/33/50/81}; 2. revoltieren (selten) {28/33/50/86}; 3. grundlegend verändern {25/61} | dto.<br>frz. *révolutionner* | dto. |
| - | **Revoluzzer** l>it | jmd., der sich (besonders in nicht ernstzunehmender Weise) als Revolutionär gebärdet {33/25} | dto.<br>it. *rivoluzione*<br>*rivoluzionario* | dto. |
| - | **Revolver** l>frz>engl | 1. kurze Handfeuerwaffe mit einer drehbaren Trommel als Magazin {86}; 2. drehbare Vorrichtung an Werkzeugmaschinen zum Einspannen mehrerer Werkzeuge {41/61/40} | **revolvere**<br>engl. *(to) revolve*<br>*revolver* | s. oben<br>sich drehen |

| | | | | |
|---|---|---|---|---|
| – | **Revolverpresse**<br>l>frz>engl; l>mlat>frz | reißerisch aufgemachte Sensationszeitungen (abwertend) {32/26} | dto.<br>+ **premere** (PPP. **pressus**) | dto.<br>s. oben 2812 |
| – | **revolvieren** | zurückdrehen (techn. t. t.) {61/41} | **revolvere** | s. oben |
| 3144 | **revozieren** | 1. (sein Wort) zurücknehmen; widerrufen {25/28}; 2. vor Gericht einen mündlichen Antrag sofort zurückziehen (jur. t. t.) {82} | **revocare** | zurückziehen, widerrufen |
| 3145 | **Revue**<br>l>frz | 1. (Bestandtteil des) Titel(s) von Zeitschriften {32}; 2. musikalisches Ausstattungsstück mit sängerischen, tänzerischen und artistischen Darbietungen {37/85}; 3. Truppenschau (veraltet) {33/86} | **revidere**<br>frz. *revoir*<br>*revue* | s. oben 3138<br>wiedersehen |
| 3146 | **Rex** | 1. (altröm.) Königstitel {33/50/75}; 2. = Direktor (Schülersprache) {31/33} | **rex,**<br>egis m | König, Regent, Herrscher |
| 3147 | **Rezensent** | Verfasser einer Rezension, Literaturkritiker {32/34/40} | **recensere** (PPA. **recensens**) | prüfen, in Augenschein nehmen, durchmustern |
| – | **rezensieren** | ein künstlerisches o. wissenschaftliches Produkt kritisch besprechen {25/32/34/40} | dto. | dto. |
| – | **Rezension** | 1. kritische Besprechung eines wissenschaftlichen oder künstlerischen Produkts {25/32/40}; 2. berichtigende Durchsicht eines alten Textes {32/25} | **recensio,**<br>onis f | Musterung |
| 3148 | **Rezept** | 1. schriftliche Arztanweisung für den Apotheker; Lösung, Heilmittel {70/32}; 2. Back-, Kochanweisung {17/32} | **recipere** (PPP. **receptus**) | (zurück)nehmen, -bekommen; auf-, entgegennehmen |
| – | **Rezeption** | 1. Aufnahme, Übernahme fremden Gedanken-, Kulturgutes (z. B. des röm. Rechts) {33/75/81}; 2. Aufnahme eines Textes, eines Kunstwerkes durch den Hörer, Leser, Betrachter {32/23}; 3. Aufnahme in eine Gemeinschaft (veraltet) {33}; | **receptio,**<br>onis f | Aufnahme; Vorbehalt |
| | (l>frz) | 4. Aufnahme(raum), Empfangsbüro im Foyer eines Hotels {58/33/40} | (frz. *réception)* | Empfangsbüro, -halle |
| – | **rezeptiv**<br>l>nlat | (nur) aufnehmend, empfangend; empfänglich {33} | **recipere** | s. oben |

| | | | | |
|---|---|---|---|---|
| – | **Rezeptor** | 1. Empfänger; Steuereinnehmer {40/49/42}; 2. Ende einer Nervenfaser zur Aufnahme von Reizen (med., biol. t. t.) {68/69/70} | **receptor**, oris m | Aufnehmer; Hehler; Befreier |
| – | **rezeptorisch** | von Rezeptoren (2.) aufgenommen (med., biol. t. t.) {23/68/69/70} | **receptorius**, a, um | zur Aufnahme geeignet |
| – | **Rezeptur** l>nlat | 1. Zubereitung (von Arzneimitteln in kleinen Mengen) nach Rezept {70/44/17}; 2. Steuereinnehmerei (hist. t. t.) {75/49/42} | **recipere** (PFA. **recepturus**, a, um) | s. oben |
| 3149 | **Rezession** l>engl | Verminderung der wirtschaftlichen Wachstumsgeschwindigkeit, leichter Konjunkturrückgang (wirtsch. t. t.) {80} | **recessio**, onis f | das Zurückgehen, Zurückweichen |
| – | **rezessiv** l>nlat | 1. zurücktretend, nicht in Erscheinung tretend (in bezug auf Erbfaktoren - biol. t. t.) {55/68/69}; 2. die Rezession (2.) betreffend (wirtsch. t. t.) {80} | **recedere** (PPP. **recessus**) | zurücktreten, -weichen, sich entfernen |
| – | **Rezessivität** l>nlat | Eigenschaft eines Gens, nicht in Erscheinung zu treten (biol. t. t.) {55/68/69} | dto. | dto. |
| 3150 | **Rezipient** | 1. Hörer, Leser, Betrachter eines Kunstwerkes, Textes etc. {23/32/33}; 2. Glasglocke mit Ansatzrohr für eine Vakuumpumpe (phys. t. t.) {72} | **recipere** (PPA. **recipiens**) | s. oben 3148 |
| – | **rezipieren** | 1. fremdes Gedanken-, Kulturgut aufnehmen, übernehmen {33/75/81}; 2. einen Text, ein Bild o. ä. als Leser, Hörer, Betrachter aufnehmen {32/33} | dto. | dto. |
| 3151 | **reziprok** l>(frz) | wechsel-, gegenseitig; aufeinander bezüglich {56/71} | **reciprocus**, a, um frz. *réciproque* | wechselseitig; auf demselben Weg zurückgehend |
| – | **Reziprozität** l>nlat | Wechselseitigkeit (der im Außenhandel eingeräumten Bedingungen) {42/80} | dto. | dto. |
| 3152 | **Rezitation** | künstlerischer Vortrag einer Dichtung, eines literarischen Werkes {34/32} | **recitatio**, onis f | das Vorlesen; Vorlesung |
| – | **Rezitativ** l>it | dramatischer Sprechgesang (in Oper, Operette, Kantate, Oratorium - mus. t. t.) {37} | **recitare** it. *recitativo* | vortragen, vorlesen |
| – | **rezitativisch** l>it | in der Art des Rezitativs vorgetragen (mus. t. t.) {37} | dto. | dto. |

| | | | | |
|---|---|---|---|---|
| – | **Rezitator** | jmd., der rezitiert; Vortragskünstler {32/40/85} | **recitator**, oris m | Vorleser |
| – | **rezitatorisch** l>nlat | den Rezitator, die Rezitation betreffend (mus. t. t.) {32/37/40/} | dto. | dto. |
| – | **rezitieren** | ein literarisches Werk, ein Gedicht künstlerisch vortragen {32/34} | **recitare** | s. oben |
| 3153a | **ridikül** l>frz | lächerlich {26/56} | **ridiculus**, a, um | lächerlich; spaßhaft |
| 3153b | **Riegel** l>vulgl | 1. Schieber als Verschlußvorrichtung, Sperre, Querbalken {44}; 2. Schokoladenstreifen {17/57}; 3. aufgesetzter Stoffstreifen {19} | **regula**, ae f vulgl. regula | Leiste, Latte; Stab; Richtschnur |
| – | **riegeln** l>vulgl | mit einem Riegel (1.) verschließen {29/44} | dto. | dto. |
| – | ab-, ver-, zuriegeln | | | |
| 3154 | **Riemen** l>(niederl) | Ruder {45} | **remus**, mi m niederl. *riem* | Ruder |
| 3155 | **rigid(e)** | 1. streng, unnachgiebig {26/28/84}; 2. starr, steif, fest {25/54} | **rigidus**, a, um | starr, steif; unbeugsam, streng |
| – | **Rigidität** | 1. Unnachgiebigkeit {26/28/84}; 2. Unfähigkeit sich wechselnden Bedingungen anzupassen (psych. t. t.); 3. Versteifung, (Muskel)starre (med. t. t.) {70} | **rigiditas**, atis f | Steife, Härte (des Holzes) |
| 3156 | **Rigorismus** l>nlat | unbeugsames, starres Festhalten an Grundsätzen (bes. in der Moral) {28/30/84} | **rigor**, oris m | Steifheit, Strenge, starres Wesen, Unbeugsamkeit |
| – | Rigorist, rigoristisch | | | |
| – | **rigoros** l>mlat >(frz) | sehr streng, unerbittlich, hart, rücksichtslos {25/26/28/33/84} | dto. mlat. rigorosus frz. *rigoreux* | dto. streng, hart |
| – | **Rigorosität** l>mlat >(frz) | Stenge, Rücksichtslosigkeit {25/26/28/33/84} | dto. | dto. |
| – | **rigoroso** l>mlat>it | genau, streng im Takt (mus. t. t.) {37} | dto. | dto. |
| – | **Rigorosum** l>mlat | mündliche Doktorprüfung {31/32} | dto. | dto. |
| 3157 | **Rimesse** l>it | (wirtsch. t. t.) 1. Übersendung von Geld bzw. eines Wechsels; 2. in Zahlung gegebener Wechsel {80} | **remittere** it. *rimettere* *rimessa* | zurückschicken, -werfen; verursachen übergeben, anvertrauen |

| | | | | |
|---|---|---|---|---|
| 3158a | **Riposte** l>it>frz | unmittelbarer Gegenstoß nach einem parierten Angriff beim Fechten (sport. t. t.) {12/85} | **respondere**<br>it. *riposta*<br>frz. *riposte* | antworten; erwidern, vergelten |
| – | **ripostieren** l>it>frz | eine Riposte ausführen (sport. t. t.) {12/85} | dto. | dto. |
| 3158b | **Risiko** gr/l>vulgl >it | 1. Wagnis, Gefahr {25/26/33}; 2. gewagter Einsatz bei einem Geschäft {25/42} | uns.:<br>gr. *ρίζα*<br>o.: **resecare**<br>vulgl. resecum*<br>ait. *risico*<br>o. risco<br>it. *rischio* | <br>Wurzel; Klippe<br>abschneiden<br>das vom Festland Abgeschnittene; Felsklippe; Gefahr<br><br><br>Gefahr, Wagnis |
| – | **riskant** gr/l>vulgl >it>(frz) | gewagt, gefährlich, waghalsig {25/26/33} | dto.<br>(frz. *risquant)* | dto. |
| – | **riskieren** gr/l>vulgl >it>(frz) | freiwillig Gefahr auf sich nehmen, ein Wagnis eingehen, aufs Spiel setzen {25/26/28/33} | dto.<br>(frz. *risquer)* | dto. |
| 3159 | **Risorgimento** l>it | italienische Einigungsbestrebungen im 19. Jh. (hist. t. t.) {75/50/28} | **resurgere**<br>it. *risorgere* | wieder auf(er)stehen, sich wieder erheben, wieder hervorkommen |
| >>> | Ristorante s. Restaurant | | | |
| 3160 | **rite** | 1. genügend (geringstes Prädikat bei Doktorprüfungen) {56/31}; 2. ordnungsgemäß {56} | **rite** (Adv.) | gesetzlich; auf gehörige Weise, recht |
| 3161 | **ritual** | den Ritus betreffend {51/33} | **ritualis**, e | den religiösen Brauch, die Zeremonien betreffend |
| – | **Ritual** | 1. Ordnung für gottesdienstliches Brauchtum; 2. religiöser (Fest)brauch in Worten, Gesten, Handlungen; Ritus (1.) {51}; 3. Zeremoniell, Vorgehen nach festgelegter Ordnung {33}; 4. Verhalten in bestimmten Grundsituationen, besonders bei Tieren (z. B. Balzverhalten - biol. t. t.) {69} | dto. | dto. |
| – | **Rituale** | liturgisches Buch für die Amtshandlungen des kath. Priesters {51/32} | dto. | dto. |
| – | **ritualisieren** l>nlat | zum Ritual (4.) formalisieren (biol. t. t.) {69} | dto. | dto. |

| | | | | |
|---|---|---|---|---|
| – | **Ritualisierung** l>nlat | Verselbständigung einer Verhaltensform zum Ritual (4.) mit Signalwirkung für artgleiche Tiere (biol. t. t.) {69} | dto. | dto. |
| – | **ritualistisch** l>nlat | 1. das Ritual streng befolgend {51/33}; 2. den Ritualismus (eine anglokatholizistische Bewegung) betreffend (rel. t. t.) {51} | dto. | dto. |
| – | **rituell** l>frz | 1. dem Ritus (1.) entsprechend {51}; 2. in der Art eines Ritus (2.), zeremoniell {33} | dto. frz. *rituel* | dto. |
| – | **Ritus** | 1. religiöser (Fest)brauch in Worten, Gesten und Handlungen {51}; 2. das Vorgehen nach festgelegter Ordnung; Zeremoniell {33} | **ritus**, us m | religiöser Brauch, Zeremonie, Ritus, Sitte |
| 3162 | **Rivale** l>frz | Nebenbuhler, Mitbewerber; Gegenspieler {33} | **rivalis**, is m<br>frz. *rival* | der an der Nutzung eines Wasserlaufs Mitberechtigte, Bachnachbar; Nebenbuhler |
| – | **rivalisieren** l>frz | um den Vorrang kämpfen {29/33/86} | **rivalis**, e<br>frz. *rivaliser* | zum Bach -, zum Kanal gehörig |
| – | **Rivalität** l>frz | Nebenbuhlerschaft, Kampf um den Vorrang {29/33/86} | **rivalitas**, atis f<br>frz. *rivalité* | Eifersucht, Nebenbuhlerschaft |
| 3163 | **Rizinus** | 1. strauchiges Wolfsmilchgewächs mit fettreichem giftigen Samen {04}; 2. Abführmittel aus gleichnamigem Samen {70} | **ricinus**, ni m | Holzbock, Zecke |
| 3164a | **robust** | stark, derb, widerstandsfähig, unempfindlich (in bezug auf Dinge und Menschen) {11/25/26/54/84} | **robustus**, a, um | aus Hartholz; hart, stark, fest |
| 3164b | **Rochen** l>(frz) | Seefischart {07} | **raja**, ae f<br>frz. *raieteau* o. *raieton* | Rochen<br>junger Rochen |
| 3165 | **Rodeo** l>span >engl | mit Geschicklichkeitsübungen und Wildwestvorführungen verbundene Reiterschau der Cowboys in den USA {12/61/85} | **rotare**<br>span. *rodar* | kreisförmig herumdrehen, -rollen, -schleudern |

| | | | | |
|---|---|---|---|---|
| 3166 | **Rolle**<br>l>spätl<br>>(vulgl)<br>>frz | 1. kleines Rad, kleine Scheibe; 2. rollenförmiger (zylindrischer) Gegenstand {61/40}; 3. Schriftrolle, Urkunde {32}; 4. Darstellungspart eines Schauspielers {33/35/40/85}; 5. Leistung des Einzelnen im größeren Rahmen {25/56/40} | **rota**, ae f<br>bzw. **rotula**, ae f<br>spätl. **rotulus**, li m<br>afrz. *rol(l)e*<br>frz. *rôle* | Rad<br>Rädchen; Rolle, Walze<br><br>Rolle, Liste, Register |
| – | **rollen**<br>l>vulgl/<br>mlat>frz | sich (z. B. durch Drehung eines Rades) vorwärtsbewegen {61} | **rotula** / spätl. **rotulus**<br>mlat. / vulgl. rotulare*<br>afrz. *rol(l)er*<br>frz. *rouler* | s. oben<br>ein Rädchen, eine Scheibe rollen<br>rollen |
| – | Roller, Rollmops, Rollstuhl, Rolladen | | | |
| – | **rollieren**<br>l>mlat>frz;<br>d | 1. einen dünnen Stoff am Rand rollend umlegen {19}; 2. nach einem bestimmten System turnusmäßig abwechseln {61}; 3. die Oberfläche eines zylindrischen Werkstücks einebnen {40/58} | dto. | dto. |
| >>> | Rollo s. Rouleau | | | |
| 3167 | **Roman**<br>l>vulgl>frz | Exemplar bzw. literarische Gattung erzählender Prosa, die das Schicksal eines einzelnen o. einer Gruppe schildert {34} | **Romanus**, a, um<br>vulgl. romanice*<br>frz. *roman* | zu Rom gehörig, römisch<br>auf romanische Art, in romanischer Sprache<br>ursprüngl.: eine in lateinisch-romanischer Volkssprache verfaßte Erzählung; heute: Roman |
| – | **Romancier**<br>l>vulgl>frz | Verfasser von Romanen, Romanschriftsteller {40/34} | dto.<br>frz. *romancier* | dto. |
| – | **Romane** | Angehöriger eines Volkes mit romanischer Sprache {10/81} | **Romanus** | s. oben |
| – | **romanesk**<br>l>it | 1. breit ausgeführt, in der Art eines Romans gehalten {34}; 2. nicht ganz real o. glaubhaft {25/24} | dto. | dto. |
| – | **Romanik** | europäische Baustilepoche des frühen Mittelalters (auch Malerei - archit., künstl. t. t.) {36/75/88} | dto. | dto. |

| | | | | |
|---|---|---|---|---|
| – | **romanisch** | 1. aus dem Vulgärlatein entwickelt (z. B. französich, italienisch etc.) {32/76}; 2. die Romanen und ihre Kultur betreffend; zu den Romanen gehörig {10/81}; 3. die Kunst der Romanik betreffend, für die Romanik charakteristisch {36/75/79} | dto. | dto. |
| – | **romanisieren** l>nlat | 1. römisch machen (veraltet); 2. romanisch machen {81}; 3. in lateinische Schriftzeichen umsetzen (sprachwiss. t. t.) {76/32} | dto. | dto. |
| – | **Romanismus** l>nlat | 1. eine für eine romanische Sprache charakteristische Erscheinung in einer nichtromanischen Sprache (sprachwiss. t. t.) {76}; 2. papst-, kirchenfreundliche Einstellung (veraltend) {25/51}; 3. Richtung der niederländischen Malerei im 16. Jh. {36/75/79} | dto. | dto. |
| – | **Romanist** l>nlat | 1. jmd., der sich wissenschaftlich mit romanischen Sprachen und Literaturen befaßt {40/76}; 2. Wissenschaftler auf dem Gebiet des Römischen Rechts {40/82}; 3. Vertreter des Romanismus (3.) {36/75/79} | dto. | dto. |
| – | **Romanistik** l>nlat | 1. Wissenschaft von den romanischen Sprachen und Literaturen {76/40}; 2. Wissenschaft vom Römischen Recht {82/40} | dto. | dto. |
| – | **romanistisch** l>nlat | die Romanistik betreffend {76/82/40} | dto. | dto. |
| – | **Romantik** l>vulgl>frz >engl | 1. durch eine schwärmerische Idealisierung der Wirklichkeit gekennzeichnete Art {26/84}; 2. romantischer Reiz, romantische Stimmung {25/26}; 3. abenteuerliches Leben {15/25/26/33}; 4. Epoche des europäischen Geisteslebens im 18. u. 19. Jh. {59/75/79} | dto. frz. *romantique* engl. *romantic* | dto. |
| – | **Romantiker** l>vulgl>frz >engl | 1. Vertreter, Künstler der Romantik (1.) {40/59/79}; 2. Phantast, Gefühlsschwärmer {25/26/33/84} | dto. | dto. |

| | | | | |
|---|---|---|---|---|
| – | **romantisch**<br>l>vulgl>frz<br>>engl | 1. die Romantik (1.) betreffend, im Stil der Romantik {59/75/79}; 2. phantastisch, gefühlsschwärmerisch, die Wirklichkeit idealisierend; 3. stimmungsvoll, malerisch-reizvoll; 4. abenteuerlich, geheimnisvoll {25/26/33} | dto. | dto. |
| – | **Romantsch**<br>l>vulgl<br>>rätorom | rätoromanische Sprache (im schweiz. Graubünden) {32/76} | **Romanus** | s. oben |
| – | **Romanze**<br>l>vulgl<br>>prov<br>>span>frz | 1. volksliedhaftes episches Gedicht mit balladenhaften Zügen {34}; 2. liedartiges gefühlsgesättigtes Musikstück erzählenden Inhalts (mus. t. t.) {34/37}; 3. episodenhaftes Liebesverhältnis {18/33/59} | **Romanus**<br>vulgl. romanice*<br>aprov. *romans*<br>span. *romance*<br>frz. *romance* | <br>s. oben |
| 3168 | **Rondeau**<br>l>frz | 1. (= Rondel) mittelalterl. frz. Tanzlied beim Rundtanz (mus. t. t.) {37}; 2. Gedicht mit zweireimigem Refrain (im 13. Jh.) {34/75}; 3. rundes Beet; runder Platz (österr.) {58/45/39} | **rotundus,**<br>a, um<br>afrz. *rond*<br>frz. *rondeau* | scheiben-, kreisrund, abgerundet<br><br><br>Tanzlied |
| – | **Rondell**<br>o. **Rundell**<br>l>frz | 1. Rundteil (an der Bastei - archit. t. t.) {88}; 2. Rundbeet {39/58}; 3. Rückteil des Handtaschenüberschlags {44} | dto. | dto. |
| – | **Rondo**<br>l>it | 1. mittelalterl. Tanzlied, Rundgesang (mus. t. t.) {37/75}; 2. (Schluß)satz in Sonaten und Sinfonien {37} | dto.<br>it. *rondo* | dto.<br>Tanzlied |
| 3169 | **rosa** | 1. blaßrot, rosenfarbig {55}; 2. sich auf Homosexualität beziehend (verhüllend, Jargon) {18} | **rosa,**<br>ae f | Rose(nstrauch), Rosenkranz; Rosenöl |
| – | **Rosa** | rosa Farbe (ugs.) {55} | dto. | dto. |
| – | **Rosazee** | Rosengewächs (bot. t. t.) {68} | dto. | dto. |
| – | **rosé**<br>l>frz | rosig, zartrosa {55} | dto.<br>frz. *rosé* | dto. |
| – | **Rosé**<br>l>frz | Wein aus roten Trauben, hellgekeltert {17} | dto. | dto. |
| – | **Rose** | Blumenart {04} | dto. | dto. |

| | | | | |
|---|---|---|---|---|
| – | **Rosette**<br>l>frz | 1. kreisförmiges Ornamentmotiv in Form einer stilisierten Rose (archit., künstl. t. t.) {36/88}; 2. Schliffform für flache Diamanten {40/20}; 3. aus Bändern geschlungene o. genähte Verzierung (mod. t. t.) {19/20}; 4. rundes Schalloch der Laute (mus. t. t.) {37/58}; 5. bestimmte Anordnung grundständiger Blätter (bot. t. t.) {68}; 6. After (scherzhaft, verhüllend) {11} | dto.<br>frz. *rose*<br>*rosette* | dto.<br><br>Röschen |
| – | Rosenkohl, Rosenkranz | | | |
| >>> | Roséwein s. Rosé | | | |
| – | **rosig** | 1. rosenrot {55}; 2. erfreulich, schön, gut {25/56} | dto. | dto. |
| 3170 | **Rosine**<br>l>vulgl>frz | getrocknete Weinbeere {17} | **racemus**, mi m<br><br><br><br>vulgl. racimus*<br>frz. *raisin* | Kamm der Weintrauben; Weinbeere; Traube (als Ganzes)<br><br><br>Weintraube |
| 3171 | **Rosmarin**<br>l;l | immergrüner Strauch des Mittelmeergebietes (Grundstoff für Gewürze, Heilmittel, Kosmetika) {04/17/21/70} | **ros**, oris m<br>+ **marinus**, a, um<br>**ros marinus** | Tau<br>Meer..., zum Meer gehörig<br>Rosmarin |
| 3172 | **Rostra** | mit erbeuteten Schiffsschnäbeln verzierte Rednertribüne im alten Rom (hist. t. t.) {36/75/88} | **rostra**, rorum n (Pl.) | Rednerbühne in Rom |
| – | **Rostrum** | über das Vorderende des Tierkörpers hinausragender Fortsatz (z. B. Vogel- o. „Delphin"schnabel - biol. t. t.) {69} | **rostrum**, ri n | Schnabel, Maul, Schnauze |
| 3173 | **Rotaprint**<br>l;l>frz >engl | Warenzeichen: Offsetdruck- u. Vervielfältigungsmaschine {32/40} | **rota**, ae f<br>+ **premere**<br>afrz. *preindre*<br>engl. *print* | Rad; Wechsel; Rolle; Kreis<br>drücken, pressen |
| – | **Rotarier**<br>l>engl | Angehöriger des Rotary Club International, einer Vereinigung führender Persönlichkeiten unter dem Gedanken des Dienstes {33} | **rota** | s. oben |
| – | rotarisch | | | |

| | | | | |
|---|---|---|---|---|
| – | **Rotation** | 1. Drehung in einer Kreisbahn um eine feste Achse (phys. t. t.) {72}; 2. geregelte Aufeinanderfolge des Kulturpflanzenanbaus (landw. t. t.); 3. Bewäserungsregelung in der Landwirtschaft (landw. t. t.) {39}; 4. das Mitdrehen des Oberkörpers im Schwung (beim Ski - sport. t. t.); 5. Positionswechsel aller Spieler einer Mannschaft (beim Volleyball - sport. t. t.) {12/61/85}; 6. das Anrollen der Walzendruckmaschine (= Rotationsdruck - druckw. t. t.) {32/40/41/61} | **rotatio**, onis f | kreisförmige Umdrehung |
| – | **rotieren** | 1. umlaufen, sich um die eigene Achse drehen {12/61}; 2. über etw. aus der Fassung geraten; sich in Aufregung befinden {26}; 3. ins - kommen: heftig, eifrig arbeiten müssen {25/40}; 4. die Positionen wechseln (z. B. beim Volleyball) {12/61/85} | **rotare** | (kreisförmig) herumdrehen, -schleudern, -rollen; sich im Kreis drehen |
| – | **Rotor** l>engl | 1. sich drehender Teil einer elektrischen Maschine {40/41/61/87}; 2. sich drehender Zylinder im Schiffsantrieb; 3. Drehflügel des Hubschraubers {45/61}; 4. kippbarer Drehofen zur Stahlproduktion {41/61}; 5. automatische Aufzugswelle in Armbanduhren {59/61/87} | **rotator**, oris m<br>engl. *rotor* | der Herumdreher |
| – | **Rotunde** | 1. Rundbau, runder Saal {58/88}; 2. rund gebaute öffentliche Toilette (veraltend, verhüllend) {21/58} | **rotundus**, a, um | scheiben-, kreisrund, abgerundet |
| 3174 | **Rotte** l>mlat >afrz | Abteilung, Schar; wilder Haufen, zusammengewürfelte Horde {57/33} | **rumpere** (PPP. **ruptus**) | zerbrechen, zersprengen, zerreißen |
| | | | mlat. rupta | Abteilung; Räuberschar |
| | | | afrz. *rote* | Horde, Räuberschar |
| – | **rotten** l>mlat >afrz | eine Rotte bilden {33/57} | dto. | dto. |
| – | zusammenrotten | | | |

| | | | | |
|---|---|---|---|---|
| 3175 | **Rouge** l>frz | 1. Make-up in roten Farbtönen (für Wangen und Lippen) {21}; 2. Rot als Farbe beim Roulett {55/85} | **rubeus**, a, um frz. *rouge* | rot |
| 3176 | **Roulade** l>mlat>frz | 1. mit Speck, Zwiebeln, Gurkenstreifen gefüllte, gerollte und geschmorte Fleischscheibe {17}; 2. rollender Lauf, mit dem die Melodie ausgeschmückt wird (Oper des 17. u. 18. Jh.s - mus. t. t.) {37} | **rota / rotula** frz. *rouler* *roulade* | s. oben 3166 rollen |
| – | **Rouleau** o. **Rollo** l>mlat>frz | aufrollbarer Vorhang {44} | dto. frz. *rôle* *rouleau* | dto. Rolle |
| – | **Roulett**(e) l>frz | 1. (Gewinnspiel mit einer Kugel auf einer) rotierende(n) Scheibe mit 37 Zahlenfeldern {85}; 2. eine mit feinen Zähnchen besetzte Scheibe in der Kupferstichkunst {36/40} | spätl. **rotella**, ae f afrz. *roele* frz. *rouelle* *roulette* | Rädchen Rollrädchen; Roulett |
| 3177 | **Route** (l;l)>vulgl >frz | 1. (vorgeschriebener, geplanter) Reiseweg; Weg in bestimmter Marschrichtung {45/58/61}; 2. Kurs, Richtung (in bezug auf ein Handeln, Vorgehen) {25} | **via**, ae f + **rumpere** (PPP. **ruptus**) vulgl. rupta (sc. via) frz. *route* | Straße, Weg vgl. unten 3477 s. oben 3174 gebrochener, gebahnter Weg |
| – | **Routine** (l;l)>vulgl >frz | 1. handwerksmäßige Gewandtheit, Übung, Fertigkeit, Erfahrung {22/40}; 2. bloße Fertigkeit bei einer Ausführung ohne persönlichen Einsatz {22/25/40}; 3. Dienstplan auf einem Kriegsschiff {40/45/59/86} | dto. frz. *route* *routine* | dto. Wegerfahrung |
| – | **Routinier** (l;l)>vulgl >frz | routinierter Praktiker {40/22} | dto. frz. *routinier* | dto. |
| – | **routiniert** (l;l)>vulgl >frz | gewitzt, (durch Übung) gewandt, geschickt, gekonnt, sachverständig {22/40} | dto. frz. *routiné* | dto. |
| 3178 | **royal** l>(prov) >frz | 1. königlich {33/47}; 2. königstreu {25/50} | **regalis**, e (prov. *reial*) frz. *royal* | zum König gehörig, königlich |
| – | **Royalismus** l>frz>nlat | Königstreue {25/50} | dto. frz. *royalisme* | dto. |
| – | **Royalist** l>frz>nlat | Anhänger des Königshauses {25/50} | dto. | dto. |
| – | royalistisch | | | |

| | | | | |
|---|---|---|---|---|
| 3179 | **Rubikon** | den - überschreiten: einen (strategisch) entscheidenden Schritt tun {56/50/25} | **Rubico,** onis m | Grenzfluß zwischen der altröm. Provinz Gallia cisalpina und Italien |
| 3180 | **Rubin** l>mlat | Mineral, roter Edelstein {02/20} | **rubeus,** a, um<br>mlat. rubinus | rot<br>Rubin, roter Edelstein |
| 3181 | **Rubrik** | 1. Spalte, in die etw. unter einer Überschrift eingetragen wird {32/58}; 2. Klasse, in die man jmdn., etw. gedanklich einordnet {33/25}; 3. rot gehaltene Überschrift in mittelalterl. Handschriften o. Frühdrucken {32/55/58/75}; 4. rot gedruckte Anweisung in liturgischen Büchern (kath. rel. t. t.) {32/51} | **rubrica** (sc. terra) | rote Erde, roter Schreibstoff; Gesetzestitel, Rubrik |
| – | **rubrizieren** l>mlat | 1. in eine bestimmte Rubrik (1., 2.) einordnen; {32/33/58/25}; 2. Überschriften und Initialen (rot) malen {32/55} | **rubricare** | rot färben, röten |
| – | **Rubrum** l>mlat | kurze Inhaltsangabe als Aufschrift (bei Aktenstücken o. ä.); Kopf eines amtlichen Schreibens {32/40/49} | **ruber,** bra, brum | rot (gefärbt), gerötet; glühend |
| 3182 | **rüde** l>frz | roh, rücksichts- und gefühllos, grob {25/26/33/84} | **rudis,** e<br>frz. *rude* | roh, ungebildet, wild; ungeschickt |
| 3183 | **Rudiment** | 1. Rest, Überbleibsel, Bruchstück {53/57/59}; 2. Organ, das im Laufe vieler Generationen verkümmert ist (biol. t. t.) {53/59/68/69} | **rudimentum,** ti n | erster Unterricht, Übungsschule, erster Versuch |
| – | **rudimentär** l>nlat | (biol. t. t.) 1. nicht voll ausgebildet; 2. zurückgeblieben, verkümmert {53/59/68/69} | dto. | dto. |
| 3184 | **Ruin** l>frz | 1, Zusammenbruch, Zerrüttung, Verderben, Untergang {56/52/59}; 2. wirtschaftlicher Zusammenbruch eines Unternehmens {80} | **ruina,** ae f<br>frz. *ruine* | das Herabstürzen; Unglück, Ruin, Untergang; Trümmer |
| – | **Ruine** l>frz | 1. Überrest eines verfallenen Bauwerks {53/58/59/88}; 2. Trümmer (Pl.) {53/56}; 3. hinfälliger, entkräfteter Mensch (ugs.) {14} | dto. | dto. |
| – | **ruinieren** l>mlat>frz | zerstören, verwüsten, zugrunde richten {14/56/52/80} | dto.<br>mlat. ruinare<br>frz. *ruiner* | dto. |

| | | | | |
|---|---|---|---|---|
| – | **ruinös** l>frz | 1. baufällig, schadhaft {40/52/56}; 2. zum Ruin, wirtschaftlichen Zusammenbruch führend {80} | dto. | dto. |
| 3185 | **Rumor** l>mlat | Lärm, Unruhe (landsch., sonst veraltet) {26/33/55} | **rumor**, oris m<br>mlat. rumor | dumpfes Geräusch; Gerücht, Ruf<br>Lärm, Tumult |
| – | **rumoren** | 1. Lärm machen, geräuschvoll hantieren, poltern {29/40/55}; 2. rumpeln; (im Magen) kollern; Unruhe hervorrufen {14/26/55} | dto. | dto. |
| 3186 | **rund** l>frz | eckenlos, abgerundet; kreis-, kugelförmig {58/53} | **rotundus**, a, um<br>afrz. *ront*<br>frz. *rond* | (kreis)rund, abgerundet |
| – | **Rund** l>frz | Rundung, Umkreis; Umgebung, Arena {58} | dto.<br>frz. *rond* | dto.<br>das Runde; Kreis; Ring |
| – | **Runde** l>frz | 1. (Um)kreis; Durchgang; Wettkampfabschnitt {59/85}; 2. Rundgang zur Überprüfung der Wachen {61/86} | dto.<br>frz. *ronde* | dto. |
| – | **runden** l>frz | rund machen; etw. vervollständigen, abschließen, vollenden {29/53/57/59} | dto. | dto. |
| – | **rundlich** l>frz | annähernd rund; ein wenig dick {11/53/55} | dto. | dto. |
| – | **Rundung** l>frz | rundliche Biegung; Wölbung (z. B. auch des Körpers) {11/53} | dto. | dto. |
| – | Rundfunk, überrunden | | | |
| 3187 | **rustikal** l>mlat | 1. ländlich-einfach (zubereitet, hergestellt) {17/25/33/56}; 2. in ländlichem (altdeutschen) Stil {36/44}; 3. von robuster, unkomplizierter Wesensart; 4. grob, derb, roh (im Benehmen {25/26/33/84} | **rusticus**, a, um<br>mlat. rusticalis | ländlich; schlicht, einfach; roh |
| – | **Rustikalität** l>mlat | rustikale (1., 2.) Art {17/25/36/44/56} | dto. | dto. |
| – | **Rustikus** | plumper, derber Mensch (veraltet) {25/26/84} | **rusticus**, ci m | Bauer(nlümmel); Grobian |

# S

| | | | | |
|---|---|---|---|---|
| 3188 | **Sack** (hebr) >(gr)>l | 1. grober Mantel; Trauer-, Büßerkleid {19/33/51}; 2. Behältnis aus grobem Jutestoff {58/40/44} | **saccus**, ci m gr. *σάκκος* | Filter, Durchschlag; Sack |
| – | sacken, Sacktuch, Sackgasse, einsacken, Sackpfeife | | | |
| – | **Säckel** (hebr) >(gr)>l | Portemonnaie, Geldbeutel {58/42} | **saccellus**, li m gr. *σάκκος* | Säckchen |
| 3189 | **Safe** l>frz>engl | Geldschrank, Tresor, Schließfach {58/42} | **salvus**, a, um frz. *sauf* engl. *safe* | wohlbehalten, heil, unversehrt<br>unversehrt, sicher |
| 3190a | **Saison** l>(vulgl) >frz | Zeitabschnitt, in dem in einem bestimmten Bereich Hochbetrieb herrscht (z. B. Hauptgeschäfts-, -reisezeit) {40/45/59/85} | **satio**, onis f vulgl. satio* frz. *saison* | das Anpflanzen, Säen; Aussaat<br>Zeit der Aussaat |
| – | **saisonal** l>frz>nlat | die (wirtschaftliche) Saison betreffend, saisonbedingt {40/59/80} | dto. | dto. |
| 3190b | **Sakko** (hebr)>(gr) >l>ahd | (italienisierend) einzeln zu kaufendes Jackett {19} | **saccus** gr. *σάκκος* ahd. *sac* | s. oben 3188 |
| 3191 | **sakra!** | verdammt (süddt. salopp als Ausruf des Erstaunens, der Verwünschung - gekürzt aus Sakrament) {32/26} | **sacramentum**, ti n | Strafsumme; Treueid; Verpflichtung zum Kriegsdienst |
| – | **sakral** l>nlat | 1. heilig, den Gottesdienst betreffend (rel. t. t.) {51}; 2. zum Kreuzbein gehörend (med. t. t.) {70} | **sacer**, cra, crum | heilig, ehrwürdig; verflucht |
| – | **Sakrament** | die eine göttliche Gnade vermittelnde Handlung in der Kirche (z. B. Taufe - rel. t. t.) {29/51} | **sacramentum** | s. oben |
| – | **sakramental** l>nlat | 1. zum Sakrament gehörend; 2. heilig {51} | dto. | dto. |
| – | **Sakrifizium** | (kath. Meß)opfer (rel. t. t.) {51} | **sacrificium**, ii n | Opfer(tier) |

| | | | | |
|---|---|---|---|---|
| – | **Sakrileg(ium)** | 1. Vergehen gegen Stätten u. Gegenstände religiöser Verehrung (z. B. Kirchenraub, Gotteslästerung - rel. t. t.) {51/82}; 2. ungebührliche Behandlung von Personen oder Gegenständen {25/26/33} | **sacrilegium**, ii n | Tempelraub; Religionsfrevel |
| – | **sakrilegisch** | ein Sakrileg betreffend; gotteslästerlich (rel. t. t.) {51/82} | **sacrilegus**, a, um | tempelräuberisch, religionsfrevlerisch, gottlos |
| – | **Sakristan** l>mlat | kath. Küster, Mesner (rel. t. t.) {40/51} | **sacer**<br>mlat.<br>sacristia | s. oben<br><br>Sakristei |
| – | **Sakristei** l>mlat | Nebenraum in der Kirche für den Geistlichen und die gottesdienstlichen Geräte {58/51} | dto. | dto. |
| – | **sakrosankt** | hochheilig, unverletzlich (rel. t. t.) {51} | **sacrosanctus**, a, um | unverletzlich, hochheilig |
| 3192 | **säkular** | 1. außergewöhnlich {56};2. alle hundert Jahre wiederkehrend {59}; 3. weltlich {33/51} | **saecularis**, e | hundertjährig; weltlich, zeitlich |
| – | **Säkularfeier** l;l | Hundertjahrfeier {59/33} | dto.<br>+ **feriae**, arum f (Pl.) | dto.<br>Feiertag, Ruhetag vgl. oben 1060 |
| – | **Säkularisation** l>nlat | 1. Einziehung o. Nutzung kirchlichen Besitzes durch den Staat {50/43/51}; 2. = Säkularisierung {s. darunter} | **saecularis** | s. oben |
| – | **säkularisieren** l>nlat | 1. kirchlichen Besitz einziehen und verstaatlichen {51/43/50}; 2. aus kirchlicher Abhängigkeit lösen; unter weltlichem Gesichtspunkt betrachten {51/33/25} | dto. | dto. |
| – | **Säkularisierung** l>nlat | 1. Loslösung gesellschaftlicher Gruppen aus den Bindungen an die Kirche seit Ausgang des Mittelalters; Verweltlichung {51/33/50}; 2. Erlaubnis für Ordensgeistliche, sich außerhalb des Klosters aufhalten zu dürfen {51/15}; 3. = Säkularisation {50/51/43} | dto. | dto. |
| – | **Säkulum** | Jahrhundert {59} | **saeculum**, li n | Zeit-, Menschenalter; Jahrhundert |
| 3193 | **Salami** l>it | eine stark gewürzte (geräucherte) Dauerwurst {17} | **sal**, lis m/n<br>it. *sale*<br>*salame* | Salz; Meerwasser<br><br><br>Salzfleisch, Schlackwurst |

| | | | | |
|---|---|---|---|---|
| – | **Salamitaktik** l;gr>frz | politische Ziele durch kleinere, von der Gegenseite hingenommene Übergriffe zu erreichen suchen {25/28/50} | dto. + gr. *τακτικά* | dto. Taktik |
| 3194 | **Salär** l>frz | Gehalt, Lohn (bes. schweiz.) {40/42/56} | **salarium,** ii n<br>frz. *salaire* | Salzration, Verpflegungsgeld, Sold<br>Lohn |
| 3195 | **Salat** l>vulgl>it | Gemüsepflanze {05/17}; 2. mit Gewürzen zubereitetes, kalt serviertes Gericht aus Gemüse, Fleisch o. ä. {17}; 3. Wirrwarr, Durcheinander (ugs.) {25/33/56} | **salire**<br>vulgl. salare*<br>it. *salare*<br>*insalare*<br>*insalata* | salzen<br>salzen, in Salz einlegen<br><br>einsalzen<br>eingesalzene, gewürzte Speise; Salat |
| 3196 | **Salbei** l>mlat | Heilpflanze {04} | **salvia,** ae f<br>mlat. salvegia | Salbei |
| 3197 | **saldieren** l>vulgl>it | (wirtsch. t. t.) 1. den Saldo ermitteln; 2. die Bezahlung einer Rechnung bestätigen; 3. (eine Rechnung o. ä.) begleichen; eine Schuld tilgen {42/80} | **solidus,** a, um<br>vulgl. saldus*<br>it. *saldo*<br>*saldare* | dicht; fest; hart; tüchtig<br><br>fest<br>(ein Konto) ausgleichen, festmachen |
| – | **Saldo** l>vulgl>it | (wirtsch. t. t.) 1. Unterschiedsbetrag zwischen der Soll- u. der Habenseite eines Kontos; 2. Betrag, der bis zur völligen Begleichung einer Rechnung fällig bleibt {42/80} | dto.<br>it. *saldare*<br>*saldo* | dto. |
| 3198 | **Saline** | Anlage zur Kochsalzgewinnung {41/62} | **salinae,** arum f (Pl.) | Salzgrube, -lager; Saline |
| 3199 | **Salizylat** l>nlat | Salz der Salicylsäure (gärungs- u. fäulnishemmend - chem. t. t.) {73}; 2. Fiebermittel (z. B. in Aspirin enthalten - med. t. t.) {70} | **salix,** icis f | Weide, Weidenbaum, -ruten |
| 3200 | **Salm** l>gall>frz (gr>l) | 1. Fischart (Lachs) {07};<br>2. langweiliges Geschwätz (ugs.) {32/26} | **salmo,** onis f<br>frz. *saumon*<br>2.: psalmus, mi m<br>gr. *ψαλμός* | Salm, Lachs<br>Lachs<br>Psalm |
| 3201 | **Salmiak** l>mlat | eine Ammoniakverbindung (Ammoniumchlorid - chem. t. t.) {21/44/73} | **sal armeniacum**<br>mlat. sal armoniacum | armenisches Salz |
| 3202 | **Salpeter** | Sammelbezeichnung für Leichtmetallsalze der Salpetersäure (chem. t. t.) {73} | **sal petrae** | Salpeter, Salz des Steins |

| | | | | |
|---|---|---|---|---|
| 3203 | **saltatorisch** | sprunghaft, mit tänzerischen Bewegungen verbunden (med. t. t.) {12/70} | **saltatorius**, a, um | zum Tanzen gehörig |
| – | **Salto** l>it | freier Überschlag mit ein- o. mehrmaliger Drehung des Körpers (sport. t. t.) {12/85} | **saltus**, us m<br>it. *salto* | Sprung; das Hüpfen, Springen<br>Sprung, Kopfsprung |
| 3204 | **salü** l>it | Grußformel (zur Begrüßung, zum Abschied - bes. schweiz., ugs.) {32/33/59} | **salus**, utis f<br>frz. *salut* | Wohlbefinden, Gesundheit; begrüßende Anrede |
| – | **Salut** l>frz | 1. (Kanonenschuß)salve bei der Begrüßung o. Bestattung von hochgestellten Persönlichkeiten {15/33/50/55/86}; | dto. | dto. |
| | (l>frz >russ) | 2. Name einer sowjetischen Raumkapsel (eigentlich: Saljut) {66} | | |
| – | **Salutation** | feierliche Begrüßung, Gruß (veraltet) {32/33} | **salutatio**, onis f | Staatsbesuch; Begrüßung; Aufwartung |
| – | **salutieren** | 1. vor einem Vorgesetzten strammstehen und militärisch grüßen {32/33/86}; 2. Salut schießen {86} | **salutare** | (be)grüßen, seine Aufwartung machen |
| 3205 | **Salvation** | Rettung, Verteidigung (veraltet) {33} | **salvatio**, onis f | Rettung |
| – | **Salvator** | 1. (Christus als) Retter, Erlöser (der Menschheit) {51}; 2. Warenzeichen: bayerische Starkbiersorte {17} | **salvator**, oris m | Erretter, Erlöser |
| – | **salve!** | sei gegrüßt (altröm. lateinischer Gruß) {32/33/75} | **salve** | heil dir, sei gegrüßt; bleib gesund |
| – | **Salve** l>frz | gleichzeitiges Schießen von mehreren Feuerwaffen, meist Geschützen {57/59/86} | dto.<br>frz. *salve* | dto.<br>gleichzeitiges Schießen |
| – | **salvieren** | retten, in Sicherheit bringen (veraltet) {33} | **salvere** | gesund sein, sich wohlbefinden |
| 3206 | **Sample** l>frz>engl | 1. ausgewählte Stichprobe(ngruppe in der Markt- u. Meinungsforschung) {25/32/80/81}; 2. Warenprobe {42} | **exemplum**, li n<br>mengl. *essample* | Beispiel |
| – | **Sampler** l>frz>engl | 1. geologischer Assistent bei Erdölbohrungen {40/62}; 2. LP, CD, o. MC mit einer Zusammenstellung erfolgreicher Musiktitel verschiedener Interpreten {37/57/85} | **exemplar**, ris n<br>afrz. *essemplaire* | Abschrift, Kopie; Abbild, Modell |

| | | | | |
|---|---|---|---|---|
| 3207 | **Sanatorium** l>nlat | (private) Heilstätte, Kurheim {49/70/58} | **sanare** (bzw. **sanator**, oris m | gesund machen, heilen; zur Vernunft bringen Heiler, Gesundmacher) |
| >>> | San, Sancta, Sanctus s. Sankt(us) | | | |
| 3208 | **Sanguiniker** l>nlat | lebhafter, temperamentvoller, lebensbejahender Mensch {25/26/84} | **sanguineus**, a, um | aus Blut bestehend, blutvoll |
| – | **sanguinisch** | zum Temperamentstyp des Sanguinikers gehörend; leichtblütig; lebhaft-heiter {25/26/84} | dto. | dto. |
| 3209 | **sanieren** | 1. einen Krankheitsherd wegoperieren (med. t. t.); 2. eine Harnröhrenspülung zur Desinfektion vornehmen (med. t. t.) {70}; 3. in einem Stadtteil gesunde Lebensverhältnisse schaffen {49/33/14}; 4. einem Unternehmen aus wirtschaftlichen Schwierigkeiten helfen (wirtsch. t. t.); 5. mit Manipulationen größtmöglichen Gewinn aus einem Unternehmen ziehen (ugs.) {42/80} | **sanare** | s. oben 3207 |
| – | **Sanierung** | 1. Heilung {14/70}; 2. wirtschaftliche Gesundung {42/80}; 3. Umgestaltung durch Renovierung oder Abriß mit anschließendem Neuaufbau {41/49/58/61/88} | dto. | dto. |
| – | **sanitär** l>frz | der Gesundheit, der Hygiene dienend; zum Bad, zur Toilette gehörig {21/14/44} | **sanitas**, atis f frz. *sanitaire* | Gesundheit, Vernunft |
| – | **Sanitär** l>frz | Sanitärbereich, Sanitärbranche {21/44/42} | dto. | dto. |
| – | **Sanitäter** | jmd., der in der Ersten Hilfe ausgebildet ist; Krankenpfleger {33/40/70} | dto. | dto. |
| – | Sanitätsoffizier (kurz: Sani) | | | |
| 3210 | **Sankt(us)** | 1. (= Sanctus) heilig (in Heiligen-, Ortsnamen) {51}; 2. Lobgesang vor der Eucharistie (rel. t. t.) {51/37} | **sanctus**, a, um | geheiligt, heilig; göttlich |

| | | | | |
|---|---|---|---|---|
| 3211 | **Sanktion** l>frz | 1. Bestätigung, Anerkennung {25/32/33}; 2. Anweisung, die einen Gesetzesinhalt zum verbindlichen Rechtssatz erhebt (jur. t. t.) {82}; 3. Maßnahme gegen einen das Völkerrecht verletzenden Staat (jur. t. t.) {82/50}; 4. Zwangsmaßnahme, Sicherung(sbestimmung) {25/28/50}; 5. gesellschaftliche Reaktion auf (nicht) normgerechtes Verhalten (soziol. t. t.) {33/81} | **sanctio**, onis f<br>frz. *sanction* | geschärfte Verordnung, Strafgesetz; Klausel, Vorbehalt |
| – | **sanktionieren** l>frz | 1. Gesetzeskraft erteilen {50/82}; 2. bestätigen, gutheißen {25/28}; 3. mit best. Maßnahmen auf eine Normabweichung reagieren; Sanktionen (4.) verhängen {28/33/82} | dto. (bzw. **sancire**<br>frz. *sanctionner* | dto. heiligen, bestätigen, besiegeln) |
| – | **Sanktionismus** l>frz | einseitige, auf politische Strafmaßnahmen ausgerichtete Politik eines Staates {28/33/50/82} | dto. | dto. |
| >>> | Santo, Santa, São s. Sankt(us) | | | |
| 3212 | **sapperlot, –ment** o. **sappradi** | Ausruf des Erstaunens, der Erregung {26/32} | **sacramentum** | s. oben 3191 |
| – | **sapristi** l>frz | Ausruf des Erstaunens (veraltet) {26/32} | dto. | dto. |
| 3213 | **Sardine** l>it | west-, südeuropäischer kleiner Heringsfisch {07/17} | **sarda**, ae f<br>it. *sardina* | Heringsart, Sardelle |
| – | **Sardelle** l>it | 1. kleiner Hering des westeuropäischen Mittelmeers {07/17}; 2. schräg über eine Glatze gelegte Resthaarsträhne (ugs., scherzhaft) {21} | dto.<br>it. *sardella* | dto.<br>kleine Sardine |
| 3214 | **Satellit** | 1. (= Satellitenstaat) außenpolitisch abhängiger Staat (abwertend) {50/28}; 2. Himmelskörper, der einen Planeten umkreist (astron. t. t.); 3. Raumsonde, künstlicher Erdmond (astron. t. t.) {66} | **satelles**, lites m/f | Trabant, Begleiter, Helfershelfer; Gefolge (Pl.) |
| – | Satellitenfoto | | | |
| 3215 | **Satire** | (Literaturgattung) ironisch-witzige(r) künstlerische(r) Darstellung(en) menschlicher und sozialer Zustände {33/34/35} | **satira** o. **satura**, ae f | Satire, Spottgedicht |

| | | | | |
|---|---|---|---|---|
| – | **Satiriker** | Verfasser von Satiren {40/34/35} | **satiricus**, ci m | Satirenschreiber |
| – | **satirisch** | 1. die Satire betreffend {34/35}; 2. spöttisch-tadelnd, beißend {25/26/33} | **satiricus**, a, um | satirisch, zur Satire gehörend |
| 3216 | **Satisfaktion** | Genugtuung (besonders durch eine Ehrenerklärung o. ein Duell) {33/86} | **satisfactio**, onis f | Genugtuung; Entschuldigung, Rechtfertigung |
| 3217 | **Saturation** | 1. Sättigung {57/17}; 2. Verfahren bei der Zuckergewinnung {41} | **saturatio**, onis f | Sättigung |
| – | **saturieren** | 1. sättigen {57/17}; 2. (Ansprüche) befriedigen {25/27} | **saturare** | sättigen, stillen, befriedigen |
| – | **saturiert** | 1. zufriedengestellt; gesättigt {25/27/17/57}; 2. ohne geistige Ansprüche, selbstzufrieden (abwertend) {25/33} | dto. | dto. |
| – | Saturiertheit | | | |
| 3218 | **Saturnalien** | ausgelassenes Fest {33} | **Saturnalia**, iorum n (Pl.) | zu Ehren des Gottes Saturn gefeiertes Fest im alten Rom |
| – | **saturnisch** | uralt (veraltet) {59} | **Saturnius**, a, um | saturnisch, zu Saturn gehörig |
| 3219 | **sauber** l>vulgl | 1. rein {21/55}; 2. nicht straffällig sein (Jargon) {32/82} | **sobrius**, a, um<br>vulgl. suber | nüchtern, mäßig, enthaltsam; besonnen<br>mäßig, besonnen |
| – | Sauberkeit, säuberlich, säubern, Säuberung | | | |
| 3220 | **Sauce** o. **Soße** l>vulgl>frz | Zutat zur Zubereitung von Gerichten, Salaten, Nachspeisen o. ä.; Brühe, Tunke {17} | **salsus**, a, um<br>vulgl. salsa<br>afrz. *sausse*<br>frz. *sauce* | gesalzen, salzig<br>die Gesalzene (Brühe)<br><br>Tunke, Brühe |
| – | **Saucier** l>vulgl>frz | Soßenkoch {17/40} | dto. | dto. |
| – | **Sauciere** l>vulgl>frz | Soßengießer, -schüssel {44} | dto.<br>frz. *saucière* | dto. |
| 3221 | **sautieren** l>frz | (bereits gebratene Stücke Fleisch o. Fisch) kurz in der Pfanne braten {17/59} | **saltare**<br>frz. *sauter* | springen, tanzen<br>in Butter schmoren, umschwenken; springen |
| 3222 | **sazerdotal** | priesterlich (rel. t. t.) {51} | **sacerdotalis**, e | priesterlich |
| – | **Sazerdotium** | (rel. t. t.) 1. Priestertum, Priesteramt {33/51}; 2. geistliche Gewalt des Papstes im Mittelalter {51/75} | **sacerdotium**, ii n | Priestertum, -amt, -würde |

| | | | | |
|---|---|---|---|---|
| 3223 | **Scanner** l>(frz) >engl | Gerät, das ein Objekt mit einem Licht- o. Elektronenstrahl punkt- o. zeilenweise abtastet u. die Meßwerte elektronisch weiterverarbeitet (techn., EDV- t. t.) {46/71/87} | **scandere**<br>(frz. *scander)*<br>engl. *(to) scan* | (empor)steigen, sich erheben; be-, ersteigen |
| – | **Scanning** l>engl | Untersuchung mit Hilfe eines Scanners (techn. t. t.) {40/46/70/71/87} | dto. | dto. |
| 3224 | **Schachtel** mlat>it | 1. Behältnis {58/44}; 2. häßliche, alte Frau {32/33/53} | mlat. **scatula**, ae f<br>it. *scatola* | Schrein, Schatulle<br>Behälter |
| 3225 | **Schafott** (gr>l;l) >vulgl>frz >niederl | (erhöhte) Stätte für Enthauptungen {58/82} | **catasta**, ae f<br>gr. *κατάστασις*<br>+ **fala**, ae f<br>vulgl. catafalicum*<br>afrz. *chafaud*<br>frz. *échafaud*<br>mniederl. *scafaut, scafot*<br>niederl. *schavot* | Schaugerüst zur Ausstellung käuflicher Sklaven; Marterrost, Tribüne<br>hohes Gerüst, hölzerner Turm |
| 3226 | **Schalotte** l>vulgl>(it) >frz | kleine Zwiebel {17/05} | **ascalonia**, ae f<br>(it. *scalogna)*<br>frz. *échalote* | Schalotte |
| 3227 | **Scharlach** vulgl/mlat | 1. ansteckende Krankheit (med. t. t.) {14/70}; 2. rote Farbe, roter Stoff) {19/55} | vulgl. **febris scarlatina**<br>mlat. scarlatum | Scharlachfieber<br>rote Farbe |
| 3228 | **Scharnier** l>vulgl>frz | 1. drehbares Gelenk (an Türen) {44/61}; 2. Umbiegungslinie einer Flexur (geol. t. t.) {62} | **cardo**, dinis m<br>vulgl. cardinaria*<br>afrz. *charne*<br>frz. *charnière* | Türangel, Wendepunkt |
| 3229 | **schassen** l>vulgl>frz | 1. (von der Schule, aus der Stellung) wegjagen {31/40/33}; 2. jmdn. ertappen, erwischen {29/82}; 3. jagen (landsch.) {33/38/61} | **captare**<br>vulgl. capitare* o. captiare*<br>frz. *chasser* | nehmen, fassen, fangen<br>zum Gefangenen machen, jagen, zu ergreifen suchen |
| 3230 | **Schatulle** mlat>it | 1. Geld-, Schmuckkästchen {20/42/43/44/58}; 2. Privatkasse eines Staatsoberhaupts o. Fürsten (veraltet) {42/43/47} | mlat. **scatula**, ae f<br>it. *scatola* | Schrein<br>Behälter<br>vgl. oben 3224 |

| | | | | |
|---|---|---|---|---|
| 3231a | **Schemel** | kleine Bank, Fußbank; (niedriger, dreibeiniger) Sitz ohne Lehne {44} | **scamellum** o. **scamillum**, li n (**scamillus**, li m | Bänkchen<br>ungleiche Säulenkapitellbänkchen) |
| 3231b | **scheuern** vulgl>frz >niederl | (mit Bürste und Sand) reinigen; reiben {21} | uns.: vulgl. **excurare*** afrz. *escurer* frz. *écurer* mniederl. *schuren* | reinigen<br>reiben |
| 3232 | **Schilf** (etr)>l | Wassergras, Rohr, Röhricht, Ried, Binse {04} | **scirpus**, pi m | Binse; Binsennetz; Rätsel |
| 3233 | **Schindel** | Holzbrettchen als Dach- und Wandbedeckung {44/88} | **scindula** o. **scandula** ae f | Dachschindel |
| 3234 | **Schleuse** l>mlat>frz | Stauvorrichtung in fließenden Gewässern {45/88} | **excludere** mlat. (ex)clusa afrz. *escluse* frz. *écluse* niederl. *sluis* | ausschließen; absondern, abhalten Schleuse |
| – | **schleusen** l>mlat>frz | ein Schiff durch eine Schleuse, jmdn. o. etw. durch einen Engpaß manövrieren {45/61} | dto. | dto. |
| 3235 | **Scholar** o. **Scholast** (gr)>l | (herumziehender) Schüler, Student (im Mittelalter - hist. t. t.) {31/75} | **scholaris**, e<br>gr. σχολή<br>bzw. **scholasticus**, ci m<br>gr. σχολαστικός | zur Schule gehörig, Schul...; zur kaiserlichen Garde gehörig<br>Schüler, Student; Professor, Gelehrter |
| 3236 | **schreiben** | Buchstaben, Wörter zu Papier bringen {32/40} | **scribere** | schreiben, zeichnen, ziehen |
| – | **Schreiben** | Schriftstück, Brief {32} | dto. | dto. |
| – | Schreiber | | | |
| – | **Schrift** | Geschriebenes, Schriftwerk, Schreibkunst {32} | **scriptum**, ti n | Schrift |
| – | schriftlich, Schrifttum, Schriftsprache, Schriftsteller; an-, ab-, vor... und zahlreiche andere Zusammensetzungen mit „Schreiben" oder „Schrift" | | | |
| 3237 | **Schrein** | 1. Behälter {44/48}; 2. Geld-, Kleiderkasten {19/42/58}; 3. Reliquienschrein {51}; 4. Sarg {15/58}; Archivtruhe {32/58} | **scrinium**, ii n | zylindrische Kapsel für Papiere, Bücher, Salben etc. |
| 3238 | **Schule** | Unterrichtsstätte, Unterricht {31/58} | **sc(h)ola**, ae f | Muße, Ruhe; Schule , Unterricht |
| – | Schüler | | | |

| | | | | |
|---|---|---|---|---|
| 3239 | **Schüssel** (gr)>l | flaches Gefäß {44} | **scutella**, ae f bzw. **scutula**, ae f gr. *σκυτάλη* | Platte flache Schüssel |
| 3240 | **Schuster** | Schuhmacher {40} | **sutor**, oris m | (Flick)schuster |
| – | **schustern** | (= zusammenschustern) Pfuscharbeit machen {25/29/56} | dto. | dto. |
| – | zuschustern | | | |
| 3241 | **Schwadron** (l;l)>vulgl >it | kleinste Truppeneinheit der Kavallerie (mil. t. t.) {57/86} | **ex** + **quadrare** vulgl. exquadrare* it. *squadrare* *squadra* *squadrone* | s. oben 0950 viereckig machen, - sein; passen viereckig machen Geschwader, Viereck Schwadron |
| – | **Schwadronade** (l;l)>vulgl >it | wortreiche, nichtssagende Schwafelei, prahlerisches Gerede {32/25} | dto. | dto. |
| – | **schwadronieren** (l;l)>vulgl >it | schwatzen, viel und lebhaft erzählen {32/25} | dto. | dto. |
| – | **Schwadroneur** (l;l)>vulgl >it | jmd., der schwadroniert {32/25} | dto. | dto. |
| 3242 | **Sciencefiction** (l;l)>engl >am | abenteuerlich-phantastische Literatur utopischen Inhalts auf naturwissenschaftlich-technischer Grundlage {25/34/85} | **scientia**, ae f + **fictio**, onis f | Wissen(schaft), Kunde, Kenntnis Gestaltung; erdichteter Fall, Fiktion |
| – | **Scientology** l>engl | religiöse, mit wissenschaftlichem Scheinanspruch auftretende Sekte {51} | **scientia** | s. oben |
| 3243a | **scilicet** | nämlich; zu ergänzen, zu verstehen in dem Sinne (Abkürzung: sc.) {25} | **scilicet** | natürlich, freilich, nämlich |
| 3243b | **sculpsit** | ... hat es geschnitzt, gemeißelt, gegossen (auf Plastiken) {32/36} | **sculpere** | bilden, schnitzen, meißeln |
| 3244a | **Séance** l>frz | (spiritistische) Sitzung {33/51} | **sedere** frz. *seoir* *séance* | sitzen, sich setzen sitzen Sitz, Sitzung |

>>> Season s. Saison

| | | | | |
|---|---|---|---|---|
| 3244b | **Secam** l>frz;l>frz | kurz aus séquentiel à mémoire (= aufeinanderfolgend mit Gedächtnisspeicherung): französisches Farbfernsehsystem (techn. t. t.) {46/87} | **sequi** (PPA. **sequens**) frz. *séquentiel* + **memoria**, ae f frz. *mémoire* | (ver-, nach)folgen vgl. unten 3287 Gedächtnis, Erinnerung vgl. oben 2201 |
| 3245 | **secco** | it. Bezeichnung für: trocken (z. B. bei Wein, Sekt) {17/54} | **siccus**, a, um | trocken, nüchtern, enthaltsam |
| 3246a | **Secondhandshop** l>engl; engl | Laden, in dem gebrauchte Ware (bes. Kleidung) verkauft wird {19/42/56} | **secundus**, a, um | folgend, zweite(r/s); günstig |
| 3246b | **Securitate** l>rumän | ehemaliger rumänischer Geheimdienst {50/75/86} | **securitas**, atis f | Furcht-, Sorglosigkeit; Sicherheit, Gefahrlosigkeit |
| 3247 | **sedativ** l>nlat | beruhigend, schmerzstillend (von Medikamenten - med. t. t.) {70} | **sedare** | beruhigen, beschwichtigen, hemmen |
| – | **Sedativ(um)** l>nlat | Beruhigungsmittel, schmerzlinderndes Mittel (med. t. t.) {70} | dto. | dto. |
| 3248 | **Sediment** | 1. das durch Sedimentation entstandene Schicht- o. Absatzgestein (geol. t. t.) {62/02}; 2. Bodensatz einer (Körper)-flüssigkeit (med. t. t.) {70/57} | **sedimentum**, ti n | Bodensatz |
| – | **sedimentär** l>nlat | durch Ablagerung entstanden (von Gesteinen - geol. t. t.) {62} | dto. | dto. |
| – | **Sedimentation** l>nlat | 1. Ablagerung von Stoffen, die an anderen Stellen abgetragen wurden (geol. t. t.) {62}; 2. Bodensatzbildung in Flüssigkeiten (chem., med. t. t.) {70/73/57} | dto. | dto. |
| – | **sedimentieren** l>nlat | 1. ablagern (von Staub, Kies usw. durch Wind, Wasser, Eis - geol. t. t.) {62}; 2. einen Bodensatz bei Flüssigkeiten bilden (chem., med. t. t.) {70/73/57} | dto. | dto. |
| 3249 | **Sedition** | Aufruhr, Aufstand (veraltet) {33/50/86} | **seditio**, onis f | Zerwürfnis; Aufstand, Aufruhr |
| – | **seditiös** | aufständisch, aufrührerisch (veraltet) {28/33/50/86} | **seditiosus**, a, um | aufrührerisch, unruhig |
| 3250 | **Seduktion** | Verführung (veraltet) {18/28/33} | **seductio**, onis f | Verführung, Trennung |

| | | | | |
|---|---|---|---|---|
| – | **seduzieren** | verführen (veraltet) {18/28/33} | **seducere** | trennen; ausschließen; verführen |
| 3251 | **Segment** | Abschnitt, Teilstück (in bezug auf ein Ganzes) {57} | **segmentum**, ti n | Ein-, Abschnitt; Schnitt |
| – | **segmentär** l>nlat | aus einzelnen Abschnitten zusammengesetzt {57/54} | dto. | dto. |
| – | **Segmentation** l>nlat | Bildung von Furchungen an Zellkernen (med., biol. t. t.) {68/69/70} | dto. | dto. |
| – | **segmentieren** l>nlat | (in Segmente) zerlegen; gliedern {57/58} | dto. | dto. |
| – | Segmentierung | | | |
| 3252 | **segnen** (kirchen)l | 1. das Zeichen des Kreuzes machen, bekreuzigen {12/51}; 2. jmdm. o. etw. den kirchlichen Segen geben {32/51} | **signare** | mit einem Zeichen versehen, bezeichnen; das Zeichen des Kreuzes machen |
| – | Segnung | | | |
| – | **Segen** (kirchen)l | 1. Zeichen des Kreuzes {12/51}; 2. Segensspruch, Gnade {32/51} | **signum**, ni n | Merk-, Kennzeichen; Zeichen des Kreuzes |
| – | **Segno** l>it | Zeichen, von dem oder bis zu dem noch einmal zu spielen ist (mus. t. t.) {32/37} | dto. | dto. |
| 3253 | **Seide** l>mlat >aprov | aus dem Gespinst der Seidenspinnerraupe o. künstlich hergestelltes Gewebe {19} | **saeta**, ae f mlat. seta aprov. *seda* | Borste; Angelschnur; Pinsel Seide |
| – | seiden, seidig | | | |
| 3254 | **Seidel** l>mlat | Bierkrug, Bierglas {44} | **situla**, ae f mlat. sidulus | (Schöpf)eimer, Stimmurne |
| 3255 | **Seigneur** l>frz | 1. frz. Grund-, Lehnsherr (hist. t. t.) {75/33}; 2. vornehmer, gewandter Herr (veraltet) {33} | **senior**, oris m | älterer, reifer Mann von 45 bis 60 Jahren |
| – | **seigneural** l>frz | vornehm, weltmännisch (veraltet) {33} | dto. | dto. |
| 3256 | **Sekante** | jede Gerade, die eine Kurve (bes. einen Kreis) schneidet (math. t. t.) {71} | **secare** (PPA. **secans**) | (ab-, zer)schneiden, ritzen |

| | | | | |
|---|---|---|---|---|
| 3257 | **Sekret** l>(mlat) | 1. Drüsenabsonderung mit biochemischer Aufgabe (med., biol. t. t.) {68/69/70}; 2. Ausscheidung, Absonderung (einer Wunde - med. t. t.) {70}; 3. vertrauliche Mitteilung {32/33}; 4. stilles Gebet des Priesters während der Messe (kath. rel. t. t.) {51} | **secernere** (PPP. **secretus**) | ab-, aussondern, ausscheiden |
| 3258a | **Sekretär** l>mlat >(frz) | 1. jmd., der die Korrespondenz, organisatorische Aufgaben o. ä. erledigt {40/32}; 2. leitender Funktionär einer Organisation; 3. Schriftführer (40/33); 4. Beamter des mittleren Dienstes {40/49}; 5. Schreibschrank {58/44}; 6. afrikanischer Raubvogel (Kranichgeier) {07} | **secretus**, a, um<br>mlat. secretarius<br>frz. *secrétaire* | abgesondert, getrennt; einsam, geheim<br>(Geheim)schreiber |
| – | **Sekretariat** l>mlat | 1. für Verwaltung, organisatorische Aufgaben zuständige Abteilung; Geschäftsstelle, Kanzlei {32/40/49}; 2. Raum eines Sekretariats {58} | dto.<br>mlat. secretariatus | dto.<br>Amt eines Geheimschreibers |
| – | **Sekretärin** l>mlat >(frz) | Angestellte für Korrespondenz und organisatorische Aufgaben {40/32} | dto. | dto. |
| 3258b | **sekretieren** l>nlat | 1. absondern, ausscheiden (med. t. t.) {70}; 2. geheimhalten, verschließen (z. B. Bücher) {25/28/33/58} | **secernere** | s. oben 3257 |
| – | **Sekretion** | 1. Produktion und Absonderung von Sekreten durch Drüsen (med. t. t.) {70}; 2. das Ausfüllen von Hohlräumen im Gestein durch Minerallösungen (geol. t. t.) {62} | **secretio**, onis f | Absonderung, Trennung, Scheidung |
| – | **sekretorisch** l>nlat | die Sekretion von Drüsen betreffend (med. t. t.) {70} | **secernere** | s. oben 3257 |
| 3259 | **Sekt** l>it>frz | Schaumwein {17} | **siccus**<br>**siccum** (sc. vinum)<br>it. *vino secco*<br>frz. *vin sec* | s. oben 3245<br>trockener (Wein) |
| 3260 | **Sekte** l>mlat | 1. kleine abgespaltene religiöse Gemeinschaft {33/51}; 2. philosophisch o. politisch einseitig ausgerichtete Gruppe {25/33/77/50} | **secta**, ae f | Grundsätze; Denk-, Handlungsweise; Sekte |
| – | Sektierer | | | |

| | | | | |
|---|---|---|---|---|
| – | **sektiererisch** l>mlat | 1. einer Sekte anhängend; 2. nach Art eines Sektierers {51/33} | dto. | dto. |
| 3261 | **Sektion** | 1. Abteilung, Gruppe (innerhalb einer Behörde, Institution) {57/33/40/49}; 2. = Obduktion (med. t. t.) {70/82}; 3. vorgefertigtes Bauteil (bes. eines Schiffes - techn. t. t.) {41/45} | **sectio**, onis f | das (Ab-, Zer-, Ver)schneiden; Zerteilung |
| – | Sektionschef | | | |
| – | **Sektor** | 1. (Sach)gebiet (als Teil von einem Ganzen), Bezirk {57/58}; 2. Teil, Besatzungszone von Berlin (hist. t. t.) {75/58/50} | **sector**, oris m | (Ab-, Zer)schneider; Ab-, Ausschnitt eines Kreises |
| 3262 | **Sekunda** | 1. die sechste und siebente Klasse einer höheren Schule; 2. die zweite Klasse einer höheren Schule (österr.) {31/56} | **secundus**, a, um | zweite(r/s); folgend |
| – | **Sekundaner** | Schüler einer Sekunda {31} | dto. | dto. |
| – | **Sekundant** l>(frz) | 1. Zeuge bei einem Duell {33/82}; 2. Betreuer eines (Box)sportlers während eines Wettkampfes {33/40/85}; 3. Helfer, Beistand {33} | **secundare** (PPA. **secundans**) | begünstigen, beglücken; gefällig sein |
| – | **Sekundanz** l>nlat | 1. Tätigkeit eines Sekundanten (1.) {33/82}; 2. Hilfe, Beistand {33} | dto. | dto. |
| – | **sekundär** l>frz | 1. an zweiter Stelle stehend, zweitrangig {56/25}; 2. nachträglich hinzukommend {59/57}; 3. zwei Atome ersetzend, sich mit ihnen verbindend (chem. t. t.) {73}; 4. den Teil eines Netzgerätes betreffend, über den die umgeformte Spannung abgegeben wird (elektrotechn. t. t.) {72/87} | **secundarius**, a, um (bzw. **secundarium**, ii n frz. *secondaire* | der Ordnung nach der zweite, von der zweiten Sorte Nebensache) |
| – | **Sekundärliteratur** l;l | wissenschaftliche, kritische Literatur über dichterische Texte, Quellen als Gegenstand von Untersuchungen {34/56/25} | dto. + **litteratura**, ae f | dto. das Geschriebene; Sprachwissenschaft; Schrift |
| – | **Sekundarstufe** l;d | die Klassen 5-10 (bzw. 13) an der Haupt- und Realschule (bzw. Gymnasium) {31/56} | dto. | dto. |

| | | | | |
|---|---|---|---|---|
| – | **Sekunde** | 1. Zeitgrundeinheit, 60. Teil einer Minute; 2. sehr kurze Zeitspanne, kurzer Augenblick {59}; 3. Winkelmaß (3600. Teil eines Winkelgrades) {58/71}; 4. dritte Seite eines Druckbogens mit der Sternchenziffer) {32/40/56}; 5. Intervall der zweiten Tonstufe der diatonischen Tonleiter (mus. t. t.) {37} | **secundus** | s. oben |
| – | **sekundlich** o. **sekündlich** | in jeder Sekunde geschehend, sich vollziehend {29/59} | dto. | dto. |
| – | **sekundieren** l>(frz) | 1. jmdn. o. etw. (mit Worten) unterstützen; beipflichtend äußern {32/25}; 2. die zweite Stimme singen, jmdn. begleiten (mus. t. t.) {37}; 3. als Sekundant tätig sein {33/82}; 4. einen Wettkämpfer (z. B. Boxer) während des Kampfes betreuen {33/40/85} | **secundare** | s. oben |
| – | **Sekundogenitur** l;l | Besitz(recht) des zweitgeborenen Sohnes und seiner Linie in Fürstenhäusern {33/43/10/47} | **secundus** + **genitura**, ae f | s. oben<br>Zeugung; Geschlecht (im Sinne von Familie) |
| 3263 | **Sekurit** l>nlat | (Warenzeichen) nicht splitterndes Sicherheitsglas {41/44/45} | **securus**, a, um | unbesorgt, sicher, gefahrlos |
| 3264 | **selekt(io-n)ieren** l>nlat | aus einer Anzahl von Individuen o. Dingen als besonders geeignet auswählen {25/57} | **seligere** (PPP. **selectus**) | auswählen, auserlesen |
| – | **Selektion** | 1. Aussonderung, Auswahl {25/57}; 2. Auslese, Zuchtwahl (biol. t. t.) {68/69} | **selectio**, onis f | das Auslesen; Auswahl |
| – | **selektiv** l>nlat | 1. auf Auswahl, Auslese beruhend; auswählend {25/57}; 2. trennscharf (z. B. von Radioempfängern gesagt - techn. t. t.) {46/87} | **seligere** | s. oben |
| – | **Selektivität** l>nlat | technische Fähigkeit eines (Rund)funkempfängers zur Isolierung einer gewünschten Welle von Nachbar- und Gleichkanalsendern (techn. t. t.) {46/87} | dto. | dto. |
| 3265 | **Semester** | 1. akademisches Studienhalbjahr {59/31}; 2. Student eines bestimmten Semesters {31}; 3. Jahrgang (ugs., scherzhaft) {15} | **seme(n)stris**, e | sechsmonatlich, halbjährlich |

| | | | | |
|---|---|---|---|---|
| 3266 | **Semi...**, **semi...** (gr)>l | halb... (in Zusammensetzungen) {57} | **semi** gr. ἡμι.. | halb (in Zusammensetzungen |
| 3267 | **Semideponens** (gr)>l;l | Verb mit teils aktivischen, teils passivischen Endungen (bei aktiver Bedeutung - sprachwiss. t. t.) {76} | **semi** + **deponens** (Gen. –ntis) (sc. verbum) | s. oben 3266 Deponens (gramm. t. t.) |
| >>> | Semifinale s. Semi... bzw. Finale | | | |
| 3268 | **Semikolon** (gr)>l; (gr)>l | aus Komma und Punkt bestehendes Satzzeichen (sprachwiss. t. t.) {76} | **semi** + **colon** o. **colum,** li n gr. κῶλον | s. oben 3266 Versglied; Darmkolik |
| 3269 | **Seminar** | 1. Hochschulinstitut eines bestimmten Fachbereichs; 2. Lehrveranstaltung (an einer Hochschule) {31}; 3. kirchliches Institut zur Ausbildung von Geistlichen {31/51}; 4. Institut für die Volksschullehrerausbildung (hist. t. t.) {31/40/75}; 5. unterrichtstheoretischer Lehrgang für Studienreferendare vor dem zweiten Staatsexamen {31/40} | **seminarium,** ii n | Baum-, Pflanzschule |
| – | **Seminarist** l>nlat | Seminarteilnehmer (2.-5.) {31/51/75/40} | dto. | dto. |
| – | **seminaristisch** l>nlat | das Seminar, den Seminaristen betreffend {31/40} | dto. | dto. |
| 3270 | **Semmel** | Brot, Brötchen aus Weizenmehl {17} | **simila,** ae f | feinstes Weizenmehl |
| 3271 | **sempre** l>it | immer (mus. t. t.) {59/37} | **semper** | jedesmal, jederzeit, immer |
| 3272 | **Senar** | lateinischer Vers mit sechs Hebungen (antike Metrik - philol. t. t.) {34/76} | **senarius,** ii m | sechsgliedriger (jambischer) Vers |
| 3273 | **Senat** | 1. Staatsrat als Träger des Volkswillens im antiken Rom (hist. t. t.) {75/50}; 2. eine von zwei Kammern des Parlaments (z. B. in den USA) {50}; 3. Regierungsbehörde in Hamburg, Bremen und Berlin {49/50}; 4. Stadtverwaltung (z. B. in Lübeck) {49}; 5. Verwaltungsbehörde an Hochschulen und Universitäten {31}; 6. Richterkollegium an höheren deutschen Gerichten {82/40} | **senatus,** us m | Senat; Senatssitzung, -versammlung (im antiken Rom) |

| | | | | |
|---|---|---|---|---|
| – | **Senator** | Mitglied des Senats {50/82/40} | **senator,** oris m | Mitglied des römischen Senats |
| – | **senatorisch** | den Senat betreffend {50/82} | **senatorius,** a, um | zu den Senatoren gehörig, senatorisch |
| >>> | Senhor s. Señor | | | |
| 3274 | **senil** | 1. altersschwach, greisenhaft; 2. das Greisenalter betreffend, im hohen Lebensalter auftretend {15/70}; 3. verkalkt (abwertend) {14/56/70} | **senilis,** e | greisenhaft, zu den Greisen gehörig, Greisen... |
| – | **Senilität** l>nlat | 1. verstärkte Ausprägung normaler Alterserscheinungen (z. B. Gedächtnisschwäche - med. t. t.) {70}; 2. Verkalktheit, Verschrobenheit (abwertend) {14/70} | dto. | dto. |
| 3275 | **senior** | (unflektiert hinter Personennamen): der ältere {15/33} | **senior,** ius (Komp.) | der ältere, bejahrtere, reifere |
| – | **Senior(in)** | 1. = Seniorchef (ugs.) {33/40}; 2. Vater (im Verhältnis zum Sohn) {15}; 3. der ältere Mann o. die ältere Frau (bes. im Sport) {15/85}; 4. Vorsitzender {33/40}; 5. der o. die Älteste (in einem Familien-, Versammlungskreis) {15}; 6. ältere Menschen (nur im Pl.) {15/33} | dto. | dto. |
| – | **Seniorat** l>nlat | 1. Aufsicht und Verantwortung des Grundherren gegenüber seinen Abhängigen im Frankenreich (hist. t. t.) {75/33}; 2. Vorrecht des Ältesten innerhalb eines Familienverbandes {15/33}; 3. Ältestenwürde, Amt des Vorsitzenden {33} | dto. | dto. |
| – | **Seniorchef** l;l >gallorom >frz | Geschäfts-, Firmeninhaber, dessen Sohn in der Firma mitarbeitet {40/41/42/15} | dto. + **caput** pitis n gallorom. *capum** frz. *chef* | dto. Haupt, Kopf; Hauptperson (Ober)haupt |
| – | **Señor** l>span | span. Bezeichnung für: Herr {33/32} | **senior** | s. oben |
| – | **Señora** l>span | span. Bezeichnung für: Dame, Frau {32/33} | dto. | dto. |
| – | **Señorita** l>span | span. Bezeichnung für: Fräulein {32/33} | dto. | dto. |

| | | | | |
|---|---|---|---|---|
| 3276 | **Sensation**<br>l>mlat>frz<br>(l>frz >engl) | 1. aufsehenerregendes Ereignis; Veranstaltungshöhepunkt, erstaunliche Leistung {22/26/33/85}; 2. subjektive körperliche Gefühlsempfindung (med. t. t.) {26/70};<br>3. äußere Sinneswahrnehmung {23} | **sensatus**, a, um<br>mlat. sensatio<br>frz. *sensation* | mit Empfindung, Verstand begabt; verständig<br>das Empfinden, Verstehen<br>Empfindung, Sinneseindruck; Ereignis, das Aufsehen erregt |
| – | **sensationell**<br>l>mlat>frz | aufsehenerregend, verblüffend, (höchst) eindrucksvoll {26/33/85} | dto.<br>frz. *sensationnel* | dto. |
| 3277 | **sensibel**<br>l>frz | 1. empfindsam, empfindlich (in bezug auf die Psyche) {26/84}; 2. die Empfindung, Reizaufnahme betreffend, Hautreize aufnehmend (von Nerven - med. t. t.) {23/70} | **sensibilis**, e<br>frz. *sensible* | empfindbar, sinnlich; der Empfindung fähig |
| – | **sensibilisieren**<br>l>nlat | 1. empfindlich, sensibel machen (für die Aufnahme von Reizen, Eindrücken) {70/26}; 2. fotografische Schichten für das Licht empfindlich machen {40/87}; 3. den Organismus gegen bestimmte Antigene empfindlich machen, Antikörperbildung bewirken (med. t. t.) {70} | dto. | dto. |
| – | **Sensibilismus**<br>l>frz | (hochgradige) Empfindlichkeit für äußere Einrücke, Reize {26/70} | dto. | dto. |
| – | **Sensibilität**<br>l>frz | 1. Empfindlich-, Empfindsam-, Feinfühligkeit {26/84}; 2. Fähigkeit bestimmter Teile des Nervensystems, Gefühls-, Sinnesreize aufzu-nehmen (med., psych. t. t.) {23/70}; 3. Empfangsempfindlichkeit bei Funkempfängern {46/87} | **sensibilitas**, atis f | Empfindlichkeit, Empfindbarkeit |
| – | **sensitiv**<br>l>mlat>frz | leicht reizbar, überempfindlich (in bezug auf die Psyche - med., psych. t. t.) {70} | **sensus**, us m | Wahrnehmung; Empfindung, Gefühl; Bewußtsein |
| – | **Sensitivität**<br>l>mlat>frz | Überempfindlichkeit, Feinfühligkeit (med., psych. t. t.) {70/84} | dto. | dto. |
| – | **Sensor**<br>l>nlat | elektronischer Fühler; Signalmesser (techn. t. t.) {41/46/72/87} | dto. | dto. |
| – | **sensoriell**<br>l>frz<br>o. **sensorisch**<br>l>nlat | die Sinnesorgane, die Aufnahme von Sinnesempfindungen betreffend (med. t. t.) {70/23} | dto. | dto. |

| | | | | |
|---|---|---|---|---|
| – | **Sensorium** l>nlat | 1. Bewußtsein (med. t. t.) {70/24}; 2. Gespür {24/26} | dto. | dto. |
| – | **Sensualismus** l>nlat | Lehre, nach der alle Erkenntnis allein auf die Sinnesorgane zurückführbar ist (philos. t. t.) {23/25/77} | **sensualis**, e | sinnlich |
| – | Sensualist, sensualistisch | | | |
| – | **Sensualität** | Empfindungsvermögen der Sinnesorgane (med. t. t.) {23/70} | **sensualitas**, atis f | Empfindsamkeit, Sinnlichkeit |
| – | **sensuell** l>frz | (med. t. t.) 1. die (Wahrnehmung durch) Sinnesorgane betreffend; 2. sinlich wahrnehmbar {70/23} | **sensualis** | s. oben |
| – | **Sensus** | Empfindungsvermögen eines Sinnesorgans (med. t. t.) {70/23} | **sensus** | s. oben |
| 3278 | **Sentenz** | 1. einprägsamer, treffend formulierter Ausspruch {32/25}; 2. Sinn-, Denkspruch als dichterische Ausdrucksform {34}; 3. richterliches Urteil (jur. t. t.) {82}; 4. (nur Pl.) Sammlung von Bibelstellen {51/57} | **sententia**, ae f | Meinung, Urteil; Denkspruch, Sentenz |
| – | **sententiös** o. **sentenziös** l>frz | in der Art einer Sentenz, sentenzenreich {32/25/34} | **sententiosus**, a, um | voller Gedanken, gedankenreich |
| 3279 | **Sentiment** l>mlat>frz | Empfindung, Gefühl, Gefühlsäußerung {26/32} | **sentire** | fühlen, empfinden, wahrnehmen |
| | | | mlat. sentimentum | Meinung, Ansicht |
| | | | frz. *sentiment* | |
| – | **sentimental** l>frz>engl | 1. empfindsam; 2. rührselig, übertrieben gefühlvoll {26/84} | dto. | dto. |
| | | | engl. *sentiment* | Gefühl, Empfindung; gefühlvolle Stimmung |
| | | | *sentimental* | |
| – | **Sentimentalität** l>frz>engl | Empfinsamkeit, Rührseligkeit {26/84} | dto. | dto. |
| 3280 | **separat** | abgesondert, einzeln {56/57/58} | **separatus**, a, um | abgesondert,verschieden, getrennt |
| – | **Separation** l>(frz) | 1. Absonderung (veraltet) {56/58}; 2. Gebietsabtrennung zum Zweck der politischen Verselbständigung {50/58/81}; 3. Flurbereinigung (im Deutschland des 18. Jh.s - hist. t. t.) {39/64/75} | **separatio**, onis f | Absonderung, Trennung |

| | | | | |
|---|---|---|---|---|
| – | **Separatismus** l>nlat | Streben nach Gebietsabtrennung zur Gründung eines eigenen Staates (oft abwertend) {28/50/58/81} | dto. | dto. |
| – | **Separatist** l>nlat | Verfechter, Anhänger des Separatismus {28/50/58/81} | dto. | dto. |
| – | **separatistisch** l>nlat | 1. den Separatismus betreffend; 2. Tendenzen des Separatismus zeigend {28/50/58/81} | dto. | dto. |
| – | **Separativ** | Kasus der Trennung (sprachwiss. t. t.) {76} | **separativus**, a, um | trennend, absondernd |
| – | **Separator** | Gerät zur Trennung verschiedener Bestandteile von Stoffgemischen (durch Zentrifugalkräfte - techn. t. t.) {40/70/72} | **separator**, oris m | Absonderer, Trenner |
| – | **Séparée** l>frz | Nebenraum (in einem Lokal); Sonderraum {58} | **separare**<br><br>frz. *séparer* | absondern, trennen |
| – | **separieren** l>(frz) | absondern, ausschließen {33/56/58} | dto. | dto. |
| 3281 | **September** | neunter Monat im Jahr, Herbstmond {59} | **Septembris**, e (sc. mensis) | zur Sieben -, zum Monat September gehörig; September |
| 3282 | **Septenar** | antikes lateinisches Versmaß (philol., sprachwiss. t. t.) {34/76} | **septenarius**, a, um (sc. versus) | aus sieben bestehend<br>Siebenfüßler, Septenar |
| 3283 | **septennal** (l;l)>nlat | siebenjährig (veraltet) {59} | **septem**<br>+ **annalis**, e | sieben<br>ein Jahr dauernd, das Jahr betreffend |
| – | **Septennat** o. **Septennium** | Zeitraum von sieben Jahren (veraltet) {59} | **sept(u)ennium**, ii n | Zeitraum von sieben Jahren |
| 3284 | **septentrional** | nördlich {58/64} | **septemtrionalis**, e | nördlich, Nord... |
| 3285 | **Septett** l>it | (mus. t. t.) 1. Komposition für sieben Instrumente, Stimmen; 2. Vereinigung von sieben Solisten {37/57} | **septem** | sieben |
| – | **Septima** | die siebte Klasse des Gymnasiums (österr.) {31/56} | **septimus**, a, um | der siebente |
| – | **Septime** | siebenter Ton der diatonischen Tonleiter (mus. t. t.) {37} | dto. | dto. |
| 3286 | **Septuaginta** | älteste und wichtigste griech. Übersetzung des Alten Testaments {32/51} | **septuaginta** | siebzig |
| 3287 | **sequens** | folgend (veraltet) {56/58} | **sequi** (PPA. **sequens**) | (ver-, nach)folgen |

| | | | | |
|---|---|---|---|---|
| – | **sequentiell** l>frz | fortlaufend, nacheinander zu verarbeiten (in bezug auf Computerprogrammspeicherung - EDV- t. t.) {71} | dto. | dto. |
| – | **Sequenz** | 1. hymnusähnlicher Gesang in der mittelalterlichen Liturgie {37/51/75}; 2. Wiederholung eines musikalischen Motivs (mus. t. t.) {37/59}; 3. kleinere filmische Handlungseinheit {33/35/57/85}; 4. Serie aufeinanderfolgender Karten gleicher Farbe {56/85}; 5. Befehlsfolge in einem Programmierabschnitt (EDV- t. t.) {71}; 6. Aufeinanderfolge, Reihe, Folge {56/57} | **sequentia**, ae f | Folge, Reihenfolge |
| – | **Sequenzer** l>engl | Kleincomputer, der Tonfolgen speichern und beliebig oft wiedergeben kann (mus., techn. t. t.) {37/87} | dto. | dto. |
| 3288 | **Serenade** l>it>frz | (mus. t. t.) 1. instrumentale oder vokale Abendmusik; 2. Ständchen {37} | **serenare**<br>it. *serenare*<br>*sereno*<br>*serenata*<br>frz. *sérénade* | heiter machen, aufheitern |
| 3289 | **Sergeant** l>frz >(engl) | Unteroffiziers- oder Polizeidienstgrad {33/49/86} | **servire** (PPA. **serviens**)<br>afrz. *sergent*<br>frz. *sergeant* | dienen, dienlich sein; taugen<br>Diener; bewaffneter Mann<br>Gerichtsdiener; Unteroffizier |
| 3290 | **Serial** l>engl | 1. Fernsehserie {33/35/57/85}; 2. Roman, der als Fortsetzungsserie abgedruckt wird {32/34/57} | **series**, iei f | Reihe(nfolge), Kette; Stammreihe |
| – | **Serie** | 1. Reihe bestimmter gleichartiger Dinge o. Geschehnisse, Folge {33/57}; 2. mehrteilige Fernseh- oder Radiosendung {33/56/57/85} | dto. | dto. |
| – | **seriell** l>nlat | 1. eine Reihentechnik verwendend (mus. t. t.) {37}; 2. das zeitliche Nacheinander in der Übertragung bzw. Verarbeitung von Daten bezeichnend (EDV- t. t.) {71/59}; 3. in Serie herstellbar, erscheinend {32/57} | dto. | dto. |

| | | | | |
|---|---|---|---|---|
| 3291 | **seriös** l>mlat>frz | 1. ernsthaft, ernstgemeint; 2. gediegen, anständig, würdig {25/26/33}; 3. glaubwürdig; (gesetzlich) zulässig, erlaubt {82} | **serius,** a, um mlat. seriosus frz. *sérieux* | ernstlich, ernsthaft, ernst |
| – | **Seriosität** l>mlat>frz | Ernsthaftigkeit, Würdigkeit {25/26/33} | dto. | dto. |
| 3292 | **Sermon** l>(frz) | 1. Rede, Gespräch, Predigt (veraltet) {32}; 2. Redeschwall; langweiliges Geschwätz {25/32}; 3. Strafpredigt {32/51} | **sermo,** onis f | Unterredung, Unterhaltung, Gespräch; Sprache |
| 3293 | **Serologe** l;gr | Facharzt, Wissenschaftler auf dem Gebiet der Serologie {70/40} | **serum,** ri n<br><br>+ gr. *λόγος* | Molke, Käsewasser; wässriger Teil von etwas<br>Wort, Kunde |
| – | **Serologie** l;gr | Teilgebiet der Medizin, das sich mit der Diagnostizierung von (Infektions)krankheiten aus den Veränderungen des Blutserums befaßt (med. t. t.) {70} | dto. | dto. |
| – | serologisch | | | |
| 3294 | **Serpentine** l>nlat | 1. in Schlangenlinie ansteigender Weg an Berghängen {64/45}; 2. Windung, Kehre, Kehrschleife {58} | **serpentinus,** a, um | von Schlangen, Schlangen... |
| 3295 | **Serum** | (med. t. t.) 1. flüssiger, Eiweißkörper enthaltender, nicht gerinnbarer Anteil des Blutplasmas; 2. mit Immunkörpern angereichertes, als Impfstoff verwendetes Blutserum {70} | **serum** | s. oben 3293 |
| 3296 | **Serval** l>frz>port | katzenartiges afrikanisches Raubtier {06} | **lupus cervarius** frz. *loup-cervier* port. *cerval* | Hirschwolf; Luchs; Schakal |
| 3297 | **Servelat- o. Zervelatwurst** l>it>frz;d | geräucherte Dauerwurst (Schlackwurst) aus zwei Drittel Schweine- und einem Drittel Rindfleisch und Speck {17} | **cerebellum,** li n<br>it. *cervello*<br>*cervellata* | kleines Gehirn<br><br>Gehirn<br>Hirnwurst |
| 3298 | **Server** l>frz>engl | Spieler, der beim Tennis den Aufschlag macht (sport. t. t.) {12/61/85} | **servire**<br><br>frz. *servir*<br>engl. *(to) serve* | dienen, Sklave sein; taugen; gefällig sein |

| | | | | |
|---|---|---|---|---|
| – | **Service** l>frz >(engl) | 1. zusammengehöriger Geschirr- oder Gläsersatz {44/57}; 2. Bedienung, Kundendienst, Kundenbetreuung {42/33}; 3. Aufschlag(ball) beim Tennis (sport. t. t.) {12/61/85} | **servitium**, ii n<br>frz. *service*<br><br>1.: servir<br>2., 3.: engl. *service* | Sklaverei, Sklavendienst<br>Dienst(leistung), Bedienung<br>dienen; servieren, Speisen auftragen |
| – | **servieren** l>frz | 1. bei Tisch bedienen, auftragen {33/17}; 2. den Ball (beim Tennis) aufschlagen (sport. t. t.); 3. einem Mitspieler den Ball zum Torschuß genau vorlegen (sport. t. t.) {12/61/85}; 4. (etw. Unangenehmes) vortragen, erklären, darstellen (ugs., abwertend) {32/26} | **servire**<br>frz. *servir* | s. oben |
| – | **Serviererin** l>frz | weibliche Bedienung in einer Gaststätte {40/33} | dto. | dto. |
| – | **Serviette** l>frz | Stoff- o. Papiertuch zum Säubern des Mundes beim Essen {44/21} | dto.<br>frz. *serviette* | dto. |
| – | **servil** | unterwürfig, kriechend, knechtisch (abwertend) {33} | **servilis**, e | zu den Sklaven gehörig, sklavisch |
| – | **Servilismus** l>nlat | (abwertend) 1. Unterwürfigkeit, Kriecherei; 2. eine für unterwürfige Gesinnung kennzeichnende Handlungsweise o. ä. {33} | dto. | dto. |
| – | **Servilität** l>nlat | (abwertend) 1. unterwürfige Gesinnung {25/33/84}; 2. Servilismus {33} | dto. | dto. |
| – | **Servitium** | 1. Dienstbarkeit, Sklaverei (veraltet) {33}; 2. Abgaben neuernannter Bischöfe und Äbte an die römische Kurie (hist. t. t.) {75/42/51} | **servitium** | s. oben |
| – | **Servo...** | (in Zusammensetzungen) Mechanismen zur Regelung und Steuerung großer Kräfte bei geringem Kraftaufwand (z. B. -lenkung, -motor - techn. t. t.) {41/45/72/87} | **servus**, vi m | Sklave |
| – | **Servus** | (bes. süddt., österr.) freundschaftlicher Gruß beim Abschied o. zur Begrüßung (wörtl.: ihr Diener) {32/33} | dto. | dto. |
| 3299 | **sessil** | festsitzend, festgewachsen (besonders von im Wasser lebenden Tieren, z. B. Korallen - biol. t. t.) {58/61/68/69} | **sessilis**, e | aufsitzend; niedrig, ins Breite wachsend |

| | | | | |
|---|---|---|---|---|
| – | **Session** (l>engl) | 1. Sitzung(szeit, -sdauer - z. B. eines Parlaments) {50/59}; 2. musikalische Großveranstaltung {37/33} | **sessio**, onis f | das Sitzen; Sitzplatz; das Verweilen; Gerichtssession |
| 3300 | **Sesterz** | antike röm. Münze (hist. t. t.) {56/75} | **sestertius** (sc. nummus) | der Sesterze (altrömische Silbermünze) |
| 3301 | **Sex** l>engl | 1. Geschlechtlichkeit, Sexualität (in ihren durch Kommunikationsmittel verbreiteten Erscheinungsformen) {18/33}; 2. Geschlechtsverkehr; 3. Geschlecht, Sexus; 4. starke erotische Anziehungskraft (= Sex-Appeal) {18} | **sexus**, us m | männliches und weibliches Geschlecht; Geschlechtsglied |
| – | **Sex-Appeal** (l;l)>engl >am | starke erotische Anziehungskraft {18} | dto. + **appellare**<br>afrz. *apeler* | dto.<br>anreden, -sprechen, auffordern, anregen |
| – | **Sexbombe** l;gr>l>it >frz | Frau, von der eine starke sexuelle Reizwirkung ausgeht (z. B. Filmschauspielerin - ugs. t. t.) {18/33} | dto. + **bombus**, bi m<br>gr. *βόμβος*<br>it. *bomba*<br>frz. *bombe* | dto.<br>dumpfer, tiefer Ton; Summen, Brummen |
| – | **Sexismus** l>engl | Haltung, Grundeinstellung, einen Menschen aufgrund seines Geschlechts zu benachteiligen, diskriminieren; bes. diskriminierendes Verhalten gegenüber Frauen {18/33} | dto.<br>engl. *sexism* | dto. |
| – | **Sexist(in)** l>engl | Vertreter(in) des Sexismus {18/33} | dto. | dto. |
| – | sexistisch | | | |
| – | **Sexologie** l;gr | Wissenschaft über die Erforschung der Sexualität u. des sexuellen Verhaltens {18/70} | dto. + gr. *λόγος* | dto.<br>Wort, Kunde |
| – | Sexologe, sexologisch | | | |
| – | **Sexshop** l;engl | Laden, in dem Erotika und Mittel zur Sexualstimulation verkauft werden {18/42} | dto. | dto. |
| 3302 | **Sexta** | die erste Klasse einer höheren Schule {31/56} | **sextus**, a, um | der (die, das) sechste |
| – | **Sextaner** | Schüler einer Sexta {31} | dto. | dto. |

| | | | | |
|---|---|---|---|---|
| – | **Sextakkord** l;(l>vulgl >frz)/gr>l | erste Umkehrung des Dreiklangs mit der Terz im Baß (mus. t. t.) {37} | dto.<br>+ **cor**, rdis n<br>vulgl. adcordare*<br><br>frz. *accorder*<br>*accord*<br><br>gemischt mit:<br>**chorda**, ae f<br>gr. *χορδή* | dto.<br>Herz, Geist; Gemüt; Stimmung<br>in Übereinstimmung bringen; ein Abkommen treffen<br><br>Übereinstimmung; Abkommen; Zusammenklang mehrerer Töne<br><br>Saite<br>Darm, Saite |
| – | **Sextant** | Instrument zur Freihandmessung von Winkeln (Gestirnshöhen) für die Bestimmung von Ort und Zeit (bes. auf See) {45/58/64/66} | **sextans**, ntis m | der sechste Teil (eines Asses oder zwölfteiligen Ganzen) |
| – | **Sexte** l>mlat | sechster Ton der diatonischen Tonleiter; sechstufiges Intervall (mus. t. t.) {37} | **sextus** | s. oben |
| – | **Sextett** l>it | (mus. t. t.) 1. Komposition für sechs solistische Instrumente; 2. Vereinigung von sechs Instrumentalsolisten {37/57} | dto. | dto. |
| – | **Sextillion** l>nlat | sechste Potenz einer Million ($10^{36}$) {57} | dto. | dto. |
| 3303 | **Sextourismus** (l;gr>l>frz) >engl | Tourismus mit dem Ziel sexueller Kontakte {45/18} | **sexus**<br>+ **tornus**, ni m<br>gr. *τόρνος*<br>afrz. *tor, torn*<br>frz. *tourner*<br>*tour* | s. oben 3301<br>Dreheisen, Grabstichel, Meißel<br><br><br>drehen, wenden<br>Ausflug, Fahrt |
| – | **sexual** o. **sexuell** l>frz | geschlechtlich, auf das Geschlecht(sleben) bezogen {18} | **sexualis**, e | zum Geschlecht gehörig |
| – | **Sexualdelikt** l;l | Straftat auf sexuellem Gebiet (z. B. Vergewaltigung) {18/82} | dto.<br>+ **delictum**, ti n | dto.<br>Fehler, Vergehen |
| – | **Sexualethik** l;gr>l | Ethik im Bereich des menschlichen Geschlechtslebens {18/30} | dto.<br>+ **ethicus**, a, um<br>gr. *ἠθικός* | dto.<br>sittlich, moralisch |
| – | **Sexualhormon** l;gr | (med. t. t.) 1. von den Keimdrüsen gebildetes, regulierend einwirkendes Hormon; 2. Hormon, das auf die Keimdrüsen einwirkt {18/70} | dto.<br>+ gr. *ὁρμή* | dto.<br>Angriff, Antrieb |

| | | | | |
|---|---|---|---|---|
| – | **Sexualität** l>nlat | Geschlechtlichkeit, Gesamtheit der im Sexus begründeten Lebensäußerungen {18/70} | **sexualis** | s. oben |
| – | **Sexualobjekt** l;l | jmd., der zur Befriedigung sexueller Wünsche dient {18/33} | dto. + **obicere** (PPP. **obiectus**) | dto. entgegenstellen; vorsetzen, vorwerfen |
| – | **Sexualorgan** l;gr>l | Geschlechtsorgan {11/18} | dto. + **organum**, ni n gr. *ὄργανον* | dto. Werkzeug, Instrument |
| – | Sexualpädagogik, Sexualpathologie, Sexualpsychologie, Sexualzyklus | | | |
| >>> | Sexuologe s. Sexologe | | | |
| – | **Sexus** | 1. differenzierte Ausprägung eines Lebewesens im Hinblick auf seine Aufgabe in der Fortpflanzung {18/69}; 2. Geschlechtstrieb als elementare Lebensäußerung; Sexualität {18/70}; 3. Wortklasse, Genus (sprachwiss. t. t.) {76} | **sexus** | s. oben 3301 |
| – | **sexy** l>frz>engl | Sex-Appeal besitzend, von starkem sexuellen Reiz; erotisch-attraktiv {18/55} | dto. | dto. |
| 3304 | **Sezession** l>(engl) | 1. Absonderung, Trennung von einer (Künstler)gemeinschaft; Abfall eines Staates, einer Provinz) {50/35/58/33}; 2. Abtrennung eines Gebietsteils eines Staates gegen dessen Willen (völkerrechtl. t. t.) {28/50/82/86}; 3. Jugendstil in Österreich {34/36} | **secessio**, onis f | das Sich-Absondern; physische, politische Absonderung, Trennung |
| – | **Sezessionist** l>nlat | 1. jmd., der sich von einer (Künstler)gemeinschaft getrennt hat {58/35/33}; 2. Anhänger der abgefallenen amerikanischen Südstaaten (hist. t. t.) {25/33/50/75} | dto. | dto. |
| – | **sezessionistisch** l>nlat | die Sezession betreffend, ihr angehörend {s. oben} | dto. | dto. |
| 3305 | **sezieren** | (eine Leiche) öffnen, anatomisch zerlegen (anat. t. t.) {70/82} | **secare** | (ab-, zer)schneiden; operieren, amputieren |
| 3306 | **Sibilant** | Zischlaut, Reibelaut (sprachwiss. t. t.) {76} | **sibilare** (PPA. **sibilans**) | (hervor)zischen, pfeifen |
| 3307 | **Sibylle** (gr)>l | weissagende Frau, Wahrsagerin {51} | **Sibylla**, ae f gr. *Σίβυλλα* | Weissagerin, Priesterin des Apoll |

| | | | | |
|---|---|---|---|---|
| – | **Sibyllinen** (gr)>l | hellenistisch-jüdische Weissagungsbücher {32/51/75} | **liber**, brum n<br>**libri Sibyllini** | Buch<br>die Sibyllinischen Bücher |
| – | **sibyllinisch** (gr)>l | geheimnisvoll, rätselhaft {25/26/32} | **Sibyllinus**, a, um | sibyllinisch |
| 3308 | **sic!** | so; ebenso; wirklich so! (mit bezug auf etw. Vorangegangenes, das in dieser - falschen - Form gelesen oder gehört worden ist) {56} | **sic** | so, also, solcherlei, dergestalt |
| 3309 | **Sichel** l>(vulgl) | kleines halbrundes Mäh-, Schneidewerkzeug {39} | **secula**, ae f | Sichel |
| 3310 | **sicher** | 1. sorg-, gefahrlos, unbekümmert {25/26}; 2. frei von Schuld, Pflichten, Strafe (veraltet - jur. t. t.) {33/82} | **securus**, a, um | sorg-, furchtlos, unbekümmert; gefahrlos |
| – | Sicherheit, sicherlich, sichern, Sicherung | | | |
| 3311 | **Siegel** | 1. Stempel, -abdruck (als Verschluß von Briefen, zur Beglaubigung von Urkunden o. ä.) {32}; 2. Bekräftigung {28}; 3. geheimnisvoll Verschlossenes, Unverständliches {25/32} | **sigillum**, li n | kleines Bildnis, Statuette; Siegel, Abdruck des Siegelrings |
| – | siegeln, Siegellack, Siegelring, be-, versiegeln | | | |
| 3312 | **Sierra** l>span | Gebirgskette (in Spanien, in Mittel- u. Südamerika) {64} | **serra**, ae f | Säge; Sägefisch |
| 3313 | **Siesta** l>span | Ruhepause (nach dem Essen); Entspannung, Mittagsschläfchen {16/59} | **sexta** (sc. hora) | sechste, Mittagsstunde |
| 3314 | **Sigel** (o. **Sigle**) l>(vulgl) >frz | festgelegtes Abkürzungszeichen für Silben, Wörter, Wortgruppen {32} | **sigla**, lorum n (Pl.)<br>vulgl. sigillum*<br>frz. *sigle* | Abkürzungsverzeichnis, Abkürzungen |
| – | **sigeln** | mit einem festgelegten Abkürzungszeichen versehen (z. B. von Buchtiteln in Katalogen) {32} | dto. | dto. |
| 3315 | **Signal** l>frz | 1. akustisches o. optisches Zeichen mit Bedeutung {23/32}; 2. an einer Schienenstrecke installierte Vorrichtung zum Geben von Streckenzeichen; 3. Verkehrszeichen im Straßenverkehr {45/32/23}; 4. Start-, Warnzeichen {32/23} | **signalis**, e<br>afrz. *seignal*<br>frz. *signal* | bestimmt, ein Zeichen zu geben |

| | | | | |
|---|---|---|---|---|
| – | **signalisieren** l>frz | 1. deutlich -, aufmerksam machen, ein Signal geben; 2. etw. ankündigen; 3. benachrichtigen, warnen {23/29/32} | dto. frz. *signaler* | dto. |
| 3316 | **Signatar** l>nlat | 1. (= Signatarmacht) der einen (internationalen) Vertrag unterzeichnende Staat {50}; 2. Unterzeichner eines Vetrages (veraltet - jur. t. t.) {82} | **signare** (PPP. **signatus**) | mit einem Zeichen versehen, (be)-zeichnen; (be-, ver)siegeln; unterzeichnen |
| – | **signatum** | unterzeichnet {32} | dto. | dto. |
| – | **Signatur** l>mlat | 1. Kurzzeichen als Unterschrift, Namenszug; 2. Kennzeichen auf Gegenständen {32}; 3. Name, Zeichen des Künstlers auf seinem Werk {32/36}; 4. Nummer, Kürzel eines Buches in einer Bibliothek {32/33}; 5. kartographisches Zeichen zur Darstellung von Dingen o. Gegebenheiten {64/32}; 6. Einkerbung an Drucktypen (druckw. t. t.); 7. Ziffer o. Buchstabe zur Bezeichnung der Reihenfolge der Bogen einer Druckschrift (druckw. t. t.) {32/40} | dto. mlat. signatura | dto. Siegelzeichen, Unterschrift |
| – | **Signet** l>frz | 1. Buchdrucker-, Verlegerzeichen {32/40}; 2. Handsiegel (veraltet); 3. Aushängeschild, Visitenkarte {32/33}; 4. Marke, Firmensiegel {40/41/42/32} | **signare** | s. oben |
| – | **signieren** | 1. mit einer Signatur versehen {s. darunter}; 2. unterzeichnen, abzeichnen {32} | dto. | dto. |
| 3317 | **signifikant** l>(frz) | 1. wichtig, bedeutsam; 2. typisch {25/56}; 3. (= signifikativ) bedeutungsunterscheidend (sprachwiss. t. t.) {76} | **significans** (Gen. –ntis) | bezeichnend, treffend; deutlich, anschaulich |
| – | **Signifikant** | Ausdrucksseite des sprachlichen Zeichens (sprachwiss. t. t.) {76} | dto. | dto. |
| – | **Signifikanz** | Bedeutsamkeit, Wesentlichkeit {56/25} | **significantia**, ae f | Deutlickeit, Anschaulichkeit; Bedeutung |
| – | **Signifikat** | Inhaltsseite des sprachlichen Zeichens (sprachwiss. t. t.) {76} | **significare** (PPP. **significatus**) | anzeigen, bezeichnen, hin-, bedeuten |
| – | **signifizieren** | bezeichnen, anzeigen {32} | dto. | dto. |

>>> Signor, Signore, Signora, Signorina (it.) s. oben Señor

| | | | | |
|---|---|---|---|---|
| 3318 | **Signum** | verkürzte Unterschrift; Zeichen {32/58} | **signum**, ni n | Zeichen; Kennzeichen, Merkmal |
| 3319 | **Sikkativ** | Trockenstoff, der Druckfarbe, Ölfarben u. a. zugesetzt wird {54/73} | **siccativus**, a, um | trocknend |
| 3320 | **Silentium** | 1. Stillschweigen, Stille (als Aufforderung - scherzhaft, veraltend) {27/28}; 2. Zeit, in der Internatsschüler ihre Schularbeiten erledigen {31/59} | **silentium**, ii n | Lautlosigkeit, Stille, Schweigen; Ruhe |
| 3321 | **Silicagel** l>nlat;l | (Warenzeichen) Kieselgel, ein (aufsaugendes) Mittel für Gase, Flüssigkeiten, gelöste Stoffe {54/73} | **siliceus**, a, um (bzw. **silex**, licis m<br>+ **gelatus**, a, um | aus Kiesel, Kiesel... Kieselstein)<br>gefroren, erstarrt |
| - | **Silicium** o. **Silizium** l>nlat | chemischer Grundstoff, Nichtmetall {02/73} | **silex**, licis m | Kiesel-, Feuerstein; Granit; Basalt |
| >>> | Silic... s. auch Silik... | | | |
| - | **Silifikation** (l;l)>nlat | Verkieselung {73/62} | dto.<br>+ **facere** | dto.<br>tun, machen |
| - | **Silikat** l>nlat | Salz der Kieselsäure (chem. t. t.) {73} | dto. | dto. |
| - | **Silikon** l>nlat | siliziumhaltiger Kunststoff (z. B. in der plastischen o. kosmetischen Chirurgie verwendet) {73/70} | dto. | dto. |
| >>> | Silizium s. Silicium | | | |
| 3322 | **Silvae** | literarische Sammelwerke der Antike und des Mittelalters mit verschiedenartigen Gedichten {34/57/75} | **silva**, ae f | dichtgedrängte Menge; unbenutztes Material, reicher Stoff (poet. t. t.); Wald, Forst |
| 3323 | **similär** l>frz | ähnlich {53/56} | **similis**, e<br>frz. *similaire* | ähnlich |
| - | **Similarität** l>frz | Ähnlichkeit {53/56} | dto. | dto. |
| - | **Simili** l>it | (= Similistein) Nachahmung (bes. von Edelsteinen) {20/56} | dto. | dto. |
| 3324 | **Simonie** mlat | Kauf, Verkauf von geistlichen Ämtern oder Dingen (hist. t. t.) {42/51/75} | mlat. **simonia** | Kauf geistlicher Ämter (nach Simon von Kardia benannt) |
| 3325 | **simpel** l>frz | 1. sehr einfach, leicht zu bewältigen, unkompliziert {25}; 2. einfältig {25/22}; 3. anspruchslos-einfach {56} | **simplex** (Gen. –licis)<br>frz. *simple* | einfach; schlicht, arglos<br>einfach |

| | | | | |
|---|---|---|---|---|
| – | **Simpel** l>frz | einfältiger Mensch, Dummkopf (landsch., ugs.) {25/22/33} | dto. | dto. |
| – | **Simplex** | einfaches, nicht zuammengesetztes Wort (sprachwiss. t. t.) {76} | dto. | dto. |
| – | **simpliciter** | schlechthin (veraltet) {56} | **simpliciter** (Adv.) | einfach, geradezu, schlechthin, lediglich |
| – | **simplifizieren** (l;l)>nlat | 1. etw. vereinfacht darstellen; 2. etw. sehr stark vereinfachen {56/25/32} | **simplex** + **facere** | s. oben<br>tun, machen |
| – | **Simplifizierung** o. **Simplifikation** (l;l)>nlat | Vereinfachung {25/32/56} | dto. | dto. |
| – | **Simplizität** | 1. Einfachheit {56}; 2. Einfalt {22/25} | **simplicitas**, atis f | Einfachheit; Einfalt; Unschuld, Ehrlichkeit |
| 3326 | **Sims** (gr)>l | vorspringende Baukante; Rand, Leiste {58/88} | **sima**, ae f<br>gr. σιμός | Rinnleiste, Teil des Säulenkranzes<br>aufwärtsgebogen |
| 3327 | **Simulant** | jmd., der eine Krankheit vortäuscht, sich verstellt {25/70} | **simulans** (Gen. –ntis) | nachahmend |
| – | **Simulation** | 1. Verstellung {25}; 2. Vortäuschung (von Krankheiten {25/70}; 3. Nachahmung (in bezug auf technische Vorgänge) {56/72} | **simulatio**, onis f | Vorwand, Verstellung, Vortäuschung |
| – | **Simulator** | Gerät, in dem künstlich realitätsnahe Bedingungen und Verhältnisse herstellbar sind (z. B. Flugsimulator - techn. t. t.) {23/41/45/72/85} | **simulator**, oris m | Nachahmer, Heuchler |
| – | **simulieren** | 1. sich verstellen {25}; 2. (eine Krankheit) vortäuschen {25/70}; 3. (technische) Vorgänge wirklichkeitsgetreu nachahmen {23/41/45/72/85}; 4. nachsinnen, grübeln (ugs.) {25} | **simulare** | ähnlich machen; darstellen; nachahmen; vorgeben |
| 3328 | **simultan** l>mlat | 1. gemeinsam {33/56}; 2. gleichzeitig {59} | **simul**<br>mlat. simultaneus | zugleich; ebenso ... wie; sobald als<br>gemeinsam, gleichzeitig |
| – | **Simultaneität** l>mlat | 1. Gemeinsamkeit, Gleichzeitigkeit {33/56/59}; 2. Darstellung von auseinanderliegenden Ereignissen auf einem Bild {36/59} | dto. | dto. |
| – | **Simultanspiel** l>mlat;d | Schachspiel, bei dem jmd. gegen mehrere Gegner gleichzeitig spielt {25/59/85} | dto. | dto. |

| | | | | |
|---|---|---|---|---|
| 3329a | **Sinekure** (l;l)>nlat | 1. Pfründe ohne Amtsgeschäfte (hist. t. t.) {33/42/75}; 2. müheloses, einträgliches Amt {33/42} | **sine** (Präp.) + **cura**, ae f | ohne Sorge; Sorgfalt vgl. oben 1957 |
| 3329b | **Single** l>frz>engl | 1. Einzelspiel im Tennis (sport. t. t.); 2. Zweierspiel im Golf (sport. t. t.) {57/85}; 3. kleine Schallplatte (mit einem Titel je Seite {37/57/85}; 4. jmd., der bewußt u. willentlich allein, ohne feste Bindung lebt {33} | **singulus**, a, um | ein einziger, einzeln; allein; je einer |
| – | **Singular(is)** | (Wort, das in der) Einzahl (steht) (sprachwiss. t. t.) {76} | **singularis**, e | Einzel...; zum Singular gehörig (gramm. t. t.); einzigartig, ausgezeichnet |
| – | **singulär** | 1. vereinzelt vorkommend, einen Sonderfall darstellend {33/56/57}; 2. einzigartig {56} | dto. | dto. |
| – | **Singularetantum** l;l | nur im Singular vorkommendes Wort (z. B. das All - sprachwiss. t. t.) {76} | dto. + **tantum** | dto. nur |
| – | **singularisch** | den Singular betreffend, im Singular (gebraucht, vorkommend - sprachwiss. t. t.) {76} | **singularis** | s. oben |
| – | **Singularität** | 1. vereinzelte Erscheinung; Seltenheit, Besonderheit {33/56/57}; 2. Stellen, wo sich Kurven o. Flächen unnormal verhalten (math. t. t.) {71}; 3. zu bestimmten Jahreszeiten stetig wiederkehrende Wettererscheinungen (meteor. t. t.) {59/65} | **singularitas**, atis f | das Alleinsein, Ehelosigkeit; Singular (gramm. t. t.) |
| 3330 | **sinister** | 1. links, linker (med. t. t.) {11/70}; 2. unheilvoll, unglücklich {25/26/33} | **sinister**, tra, trum | links, linksseitig; unglücklich, widerwärtig |
| 3331 | **Sinus** | 1. Winkelfunktion im rechtwinkligen Dreieck (math. t. t.) {71}; 2. Hohlraum (innerhalb von Schädelknochen (med. t. t.) {58/70} | **sinus**, us m | bauschige Rundung, Krümmung, Falte; Bucht; das Innerste |
| – | **Sinuskurve** l;l | zeichnerische Darstellung der Sinusfunktion in einem Koordinatensystem (math. t. t.) {71} | dto. + **curvus**, a, um | dto. gekrümmt, gebogen; sich schlängelnd |
| 3332 | **Sir** l>frz>engl | 1. allgemeine engl. Anrede (ohne Namen) für: Herr {32/33}; 2. engl. Adelstitel {33/47} | **senior**, oris m afrz. *sire* | älterer Mann von 45-60 Jahren |
| – | **Sire** l>frz | frz. Anrede für: Majestät {32/33/47} | dto. | dto. |

| | | | | |
|---|---|---|---|---|
| 3333 | **Sirene** gr>l>frz | 1. schöne, verführerische Frau {18}; 2. Anlage zur Erzeugung eines Alarm- oder Warnsignals {23/40/44}; 3. bestimmte Säugetierordnung (Seekühe - biol. t. t.) {69} | **Siren,** nis f<br><br>gr. *Σειρήν* | nach der griech. Sage mit betörendem Gesang ausgestattete Vögel mit Mädchenköpfen |
| 3334 | **sistieren** | 1. ein Verfahren unterbrechen, vorläufig einstellen (jur. t. t.) {59/82}; 2. jmdn. zur Feststellung seiner Personalien zur Polizeiwache bringen {49/61/82} | **sistere** | wohin bringen, hinstellen; einstellen, hemmen; stillstehen |
| – | Sistierung | | | |
| 3335 | **Situation** l>mlat>frz | 1. (Sach)lage, Stellung, (Zu)stand {33/52}; 2. Lageplan (geogr. t. t.) {64}; 3. Gesamtheit der äußeren Bedingungen des sozialen Handelns und Erlebens (soziol. t. t.) {81} | **situs,** us m<br>mlat. situare<br><br>frz. *situer*<br>*situation* | Lage, Stellung; Gegend<br>in die richtige Lage bringen |
| – | **situativ** l>mlat>frz >nlat | durch die (jeweilige) Situation bedingt {56/52} | dto. | dto. |
| – | **situieren** l>mlat>frz | legen, in die richtige Lage bringen, (an)ordnen; (in einen Zusammenhang) stellen {56/58/25} | dto. | dto. |
| – | **Situierung** l>mlat>frz | Lage, Anordnung (z. B. von Gebäuden) {58} | dto. | dto. |
| – | **situiert** l>mlat>frz | in bestimmter Weise gestellt, lebend (z. B. gut -) {33/43} | dto.<br>frz. *situé* | dto. |
| 3336 | **Skala** l>it | 1. Maßeinteilung an Meßinstrumenten (techn. t. t.) {41/56/72/87}; 2. Zusammenstellung von Farben beim Mehrfarbendruck (druckw. t. t.) {32/40/55}; 3. Tonleiter (mus. t. t.) {37}; 4. Stufenleiter, vollständige Reihe {56/57} | **scalae,** arum f (Pl.)<br>it. *scala* | Leiter, Treppe, Stiege |
| – | **Skalierung** l>it>nlat | Skaleneinteilung (z. B. beim Lineal) {40/44/56/58} | dto. | dto. |
| – | **skalieren** l>it>nlat | 1. Verhaltensweisen o. Leistungen in einer Wertskala einstufen (psych., soziol. t. t.) {25/33/70/81}; 2. mit einer Maßeinteilung versehen {40/56/58} | dto. | dto. |
| 3337 | **Skalpell** | kleines chirurgisches Messer mit feststehender Klinge (med. t. t.) {70} | **scalpellum,** li n<br>o. **scalpellus,** li m | chirurgisches Messer, Skalpell; Federmesser |

| | | | | |
|---|---|---|---|---|
| 3338 | **skandieren** | 1. rhythmisch abgehackt, in einzelnen Silben sprechen (z. B. als Anfeuerung bei Sportveranstaltungen) {32/33/85}; 2. Verse taktmäßig lesen {32/34} | **scandere** | (stufenweise) sich erheben, be-, emporsteigen |
| 3339 | **Skat** (gr)>l>it | 1. deutsches Kartenspiel für drei Spieler {85}; 2. die zwei verdeckt liegenden Karten beim Skatspiel {57/85} | **charta**, ae f | Papier; Papyrusstaude; dünnes Blatt; Spielkarte |
| | | | gr. *χάρτης* it. *carta* | |
| | | | *scartare* | Karten wegwerfen, ablegen |
| | | | *scarto* | die abgelegten, gedrückten Karten |
| 3340 | **skontieren** l>it | Skonto gewähren (wirtsch. t. t.) {42/80} | **computare** | zusammen-, aus-, be-, abrechnen |
| | | | it. *contare* | zählen, rechnen |
| | | | *scontare* | abrechnen, abziehen |
| | | | *sconto* | |
| – | **Skonto** l>it | Preisnachlaß bei Barzahlung (wirtsch. t. t.) {42/80} | dto. | dto. |
| 3341 | **Skorbut** mlat>frz/it/span | eine durch Vitamin-C-Mangel ausgelöste Krankheit (med. t. t.) {14/70} | mlat. **scorbutus** | Skorbut |
| – | skorbutisch | | | |
| 3342 | **Skript(um)** l>frz>engl | 1. schriftliche Ausarbeitung, Schriftstück {32/40}; 2. Nachschrift einer Hochschulvorlesung {32/31}; 3. Drehbuch für Filme {33/34/35/85}; 4. Kurzform von Manuskript {32} | **scriptum**, ti n | Schrift, Entwurf; schriftliche Anweisung |
| – | **Skriptgirl** l;engl | Mitarbeiterin eines Filmregisseurs, die während der Dreharbeiten alle technischen Daten notiert {32/33/40/85} | dto. | dto. |
| – | **Skriptor** | antiker o. mittelalterl. Buchschreiber, Bibliotheksgehilfe (hist. t. t.) {75/40/32} | **scriptor**, oris m | Schreiber, Sekretär; Autor, Verfasser |
| – | **Skriptorium** l>mlat | mittelalterl. Klosterschreibstube {58/40/51/32} | **scriptorius**, a, um | zum Schreiben gehörig, Schreib... |
| – | **Skriptur** | Schrift, Schriftstück (veraltet) {32} | **scriptura**, ae f | das Schreiben; Schriftstück |
| 3343 | **Skrotum** | Hodensack (med. t. t.) {11/70} | **scrotum**, ti n | Hodendsack |
| 3344 | **Skrupel** | 1. Zweifel, moralische Bedenken; Gewissensbisse {30/25}; 2. altes Apothekergewicht {40/56/70} | **scrupulum**, li n | spitzes Steinchen; beunruhigender Zweifel, Besorgnis |
| – | skrupellos, Skrupellosigkeit | | | |

| | | | | |
|---|---|---|---|---|
| – | **skrupulös** | bedenkenvoll, ängstlich; peinlich genau (veraltet) {25/26/84} | **scrupulosus**, a, um | voll spitzer Steinchen, schroff; ängstlich genau, gewissenhaft |
| – | **Skrupulosität** | Bedenklichkeit, Ängstlichkeit (veraltet) {25/26/84} | **scrupulositas**, atis f | ängstliche Genauig-, Ängstlichkeit |
| 3345 | **Skulpteur** l>frz | Künstler, der Skulpturen herstellt {40/36} | **sculptor**, oris m | Steinschneider, Bildhauer |
| – | **skulptieren** l>nlat | eine Skulptur herstellen, ausmeißeln {29/36/40} | **sculpere** (PPP. **sculptus**) | schnitzen, meißeln |
| – | **Skulptur** | 1. Bildhauerarbeit, -werk; 2. Bildhauerkunst {36/40} | **sculptura**, ae f | geschnitztes, gemeißeltes Bildnis, Skulptur |
| – | **skulptural** l>nlat | die Form einer Skulptur betreffend {36/53} | dto. | dto. |
| 3346 | **skurril** etr>l | (in Aussehen und Wesen) sonderbar, auf lächerliche o. befremdende Weise eigenwillig {25/26/33/53/84} | **scurrilis**, e | possenreißermäßig; lustig, schäkerhaft |
| – | **Skurrilität** etr>l | sonderbares Wesen, bizarres Aussehen, - Beschaffenheit; Verschrobenheit {25/26/33/53/84} | **scurrilitas**, atis f | Lustigmacherei, Possenreißerei |
| 3347 | **Skyline** (engl;l) >engl | Horizontlinie, charakteristische Silhouette einer Stadt aus der Ferne {53/88} | engl. sky + **linea**, ae f | Himmel Leine, Schnur, Strich, Umriß |
| 3348 | **Socke(n)** gr>l | kurzer Strumpf {19} | **soccus**, ci m<br><br>gr. *συκχίς* | leichter, niedriger griech. Schlupfschuh (bes. des Komödienschauspielers) |
| – | **Sockel** (gr)>l>it >frz | Unterbau, Fußgestell (z. B. für Statuen); unterer Mauervorsprung {36/58/88} | **socculus**, li m<br>gr. *συκχίς*<br>it. *zoccolo*<br>frz. *socle* | leichte Sandale, kleiner Soccus<br><br><br>Sockel |
| 3349 | **Sodalität** | kath. Bruderschaft o. Kongregation (rel. t. t.) {33/51} | **sodalitas**, atis f | Kameradschaft, Verbrüderung; geheime Verbindung |
| – | **Sodale** | Mitglied einer kath. Sodalität (rel. t. t.) {33/51} | **sodalis**, is m | Kamerad, Mitglied einer Verbrüderung |
| 3350 | **Soffitte** l>vulgl>it | 1. eine Bühne nach oben abschließendes Deckendekorationsstück (theat. t. t.) {35/74}; 2. (= Soffittenlampe) röhrenförmige Glühlampe {44} | **suffigere**<br><br>vulgl. suffictus<br>it. *soffitta* | an -, unter etw. heften, -stecken, -schlagen |
| 3351 | **Sohle** l>vulgl | 1. Lauffläche des Fußes, Schuhes {11/19}; 2. Talboden {64/58} | **solum**, li n<br>vulgl. sola* | unterster Teil; Boden; Fußsohle |

| | | | | |
|---|---|---|---|---|
| 3352 | **Soiree** l>frz | Abendgesellschaft; Abendvorstellung {33/35/59/85} | **serum**, ri n (sc. diei) frz. *soir* *soiree* | späte Zeit, Abend<br><br><br>Abend |
| 3353 | **Sol** l>span | 1. Währungseinheit in Peru {56}; 2. (Kunstwort) kolloide Lösung (chem. t. t.) {73} | **sol**, lis m | Sonne(nhitze), Sonnengott |
| – | **solar(isch)** | die Sonne betreffend, zur Sonne gehörend; durch sie erfolgend (meteor., astron., phys., techn. t. t.) {41/65/66/72/87} | **solaris**, e o. **solarius**, a, um | zur Sonne gehörig, Sonnen... |
| – | **Solarenergie** l;gr>l>frz | Sonnenenergie {41/72/87} | dto. + **energia**, ae f gr. *ἐνέργεια* | dto. Wirksamkeit |
| – | **Solarisation** l>nlat | Erscheinung der Umkehrung der Lichteinwirkung bei starker Überbelichtung des Films (fot. t. t.) {87} | **solaris** | s. oben |
| – | **Solarium** | Einrichtung zur Körperbräunung mit künstlichen Lichtquellen {21/58/72/87} | **solarium**, ii n | Sonnenuhr; Terrasse, der Sonne ausgesetzter Ort |
| – | **Solarkollektor** l;l | Vorrichtung, mit deren Hilfe Sonnenenergie aufgefangen und gespeichert wird (techn. t. t.) {41/72/87} | **solaris** + **collector**, oris m (bzw. **colligere** | s. oben Mitleser in der Schule<br><br>sammeln; lesen) |
| – | **Solarplexus** l;gr>l | Sonnengeflecht (des sympathischen Nervensystems im Oberbauch - med. t. t.) {70} | **solaris** + **plectere** (PPP. **plexus**) gr. *πλέκειν* | s. oben flechten, ineinander fügen |
| – | **Solarzelle** l;l | Element aus Halbleitern, das Sonnenstrahlen in elektrische Energie umwandelt {41/72/87} | **solaris** + **cella**, ae f | s. oben Kämmerchen, Stübchen |
| 3354 | **Sold** l>(it)>frz | Entlohnung, Entgelt des Soldaten {42/56/86} | **solidus**, di m (it. *soldo* afrz. *solt* | Goldmünze<br><br>Münze, Sold) Goldmünze, Sold |
| – | besolden | | | |
| – | **Soldbuch** l>frz;d | Soldatenausweis (mit Eintragungen über Soldauszahlungen - mil. t. t.) {32/42/86} | dto. | dto. |
| – | **Soldat(in)** l>vulgl>it >(frz) | 1. Angehörige(r) der Streitkräfte eines Landes; 2. unterster militärischer Dienstgrad {86}; 3. unfruchtbares Insektenexemplar zur Verteidigung des Stocks (bes. bei Ameisen - biol. t. t.); 4. Feuerwanze (biol. t. t.) {69} | dto. it. *soldo* *soldare*<br><br>*soldato*<br><br><br>(frz. *soldat*) | dto.<br><br>in Wehrsold nehmen<br>Soldat; in Wehrsold genommener Mann |

| | | | | |
|---|---|---|---|---|
| – | **Soldateska** l>vulgl>it | rohes Kriegsvolk {33/86} | dto. | dto. |
| – | **soldatisch** l>vulgl>it | in Art und Haltung eines Soldaten {33/86} | dto. | dto. |
| – | **Söldner** l>frz | Berufssoldat in fremdem Kriegsdienst {40/86} | dto. | dto. |
| – | **solid(e)** l>frz | 1. fest, haltbar (von Gegenständen) {54}; 2. ordentlich, maßvoll, nicht ausschweifend; anständig {25/33} | **solidus**, a, um frz. *solide* | fest, dicht; unerschütterlich, tüchtig |
| – | **solidarisch** l>frz | 1. gemeinsam, übereinstimmend; 2. füreinander einstehend, eng verbunden {56/33} | dto. frz. *solidaire* | dto. wechselseitig für das Ganze haftend, solidarisch |
| – | **solidarisieren** l>frz>nlat | 1. sich -: für jmdn., etw. eintreten; sich mit jmdm. verbünden {33}; 2. zu solidarischem Verhalten bewegen {33/28} | dto. | dto. |
| – | **Solidarität** l>frz | Zusammengehörigkeitsgefühl, Kameradschaftsgeist, Übereinstimmung {33} | dto. frz. *solidarité* | dto. |
| – | **Solidarnosc** l>frz>poln | unabhängige polnische Gewerkschaftsbewegung {33/40/50} | dto. | dto. |
| – | **Solidität** l>frz | 1. Festigkeit, Haltbarkeit {54}; 2. Zuverlässigkeit; Mäßigkeit {25/33} | **soliditas**, atis f | Dichtigkeit, Festigkeit; Dauerhaftigkeit |
| – | **Solidus** | altröm. Goldmünze (hist. t. t.) {56/75} | **solidus** | s. oben |
| 3355 | **Solist(in)** l>it>frz | 1. Musiker o. Sänger, der ein Solo mit Orchesterbegleitung vorträgt (mus. t. t.) {37}; 2. Spieler, der einen Alleingang unternimmt (bes. bei Mannschaftssportarten) {12/61/85} | **solus**, a, um it. *solo* frz. *soliste* | einzig, allein, bloß; verlassen |
| – | **solistisch** l>it>frz | (mus. t. t.) 1. den Solisten betreffend; sich als Solist betätigend; 2. für Solo komponiert {37} | dto. | dto. |
| – | **solitär** l>frz | einsam lebend, nicht staatenbildend (von Tieren - biol. t. t.) {69} | **solitarius**, a, um | alleinstehend; einsam, ungesellig |
| – | **solo** l>it | 1. als Solist (bei einer musikalischen Darbietung) {37}; 2. allein; unbegleitet, ohne Partner (ugs.) {33/57} | **solus** | s. oben |

| | | | | |
|---|---|---|---|---|
| – | **Solo** l>it | 1. aus dem Chor o. Orchester hervortretende Gesangs- o. Instrumentalpartie; Einzelgesang, -spiel, -tanz {37}; 2. Einzel-, Alleinspiel (bei Kartenspielen) {57/85}; 3. Alleingang eines Spielers (bei Mannschaftsspielen - sport. t. t.) {12/61/85} | dto. | dto. |
| 3356 | **Söller** | offener Umgang, Altan, erhöhter offener Saal; Raum unter dem Dach {58/88} | **solarium**, ii n | flaches Dach, Terrase; Erker, Altan |
| 3357a | **Solstitium** | Sonnenwende (geophys., meteor. t. t.) {59/64/65} | **solstitium**, ii n | (Sommer)sonnenwende |
| 3357b | **solubel** o. **solvabel** (l>nlat) | 1. löslich, auflösbar (chem. t. t.) {73/54}; 2. (nur solvabel): zahlungsfähig (veraltet - wirtsch. t. t.) {42/80} | **solubilis**, e<br>bzw. **solvere** | auflöslich, zertrennbar; auflösend<br>s. unten 3357c |
| 3357c | **solvent** l>it | zahlungsfähig (wirtsch. t. t.) {42/80} | **solvere** (PPA. **solvens**) | (auf-, ab)lösen; be-, abzahlen; befreien |
| – | **Solvenz** l>nlat | Zahlungsfähigkeit (wirtsch. t. t.) {42/80} | dto. | dto. |
| 3358 | **Sombrero** l>span | breitrandiger, leichter Strohhut aus Mittel- u. Südamerika {19} | **umbra**, ae f<br>span. *sombra*<br>*sombrero* | Schatten, Schattenbild<br><br>Schattenspender |
| 3359 | **somnambul** (l;l)>frz | schlafwandlerisch, nachtwandelnd, mondsüchtig {16} | **somnus**, ni m<br>+ **ambulare** | Schlaf, Schlummer<br>umherwandern, spazierengehen, herumgehen |
| – | **Somnambule(r)** (l;l)>frz | Schlafwandler(in) {16} | dto. | dto. |
| – | somnambulieren, Somnambulismus | | | |
| 3360 | **Sonar** (frz;l;frz) >engl | (kurz aus: sound navigation and ranging) Unterwasserortungsgerät mittels Schallwellen {40/45/72/86} | **navigatio**, onis f<br>Lautung wie:<br>**sonare** | Schiffahrt, Seereise<br><br>tönen, schallen, klingen |
| 3361 | **Sonate** l>it | Tonstück für ein o. mehrere Instrumente (mus. t. t.) {37} | **sonare**<br>it. *sonare*<br>*sonata* | s. oben 3360<br><br>(„Klingstück") |
| – | **Sonett** l>it | in Italien entstandene Gedichtform {34} | **sonus**, ni m<br>it. *sonetto* | Klang, Schall, Ton<br>(„Klinggedicht") |
| – | Sonograph | | | |
| – | **Sonographie** l;gr | Prüfung und Aufzeichnung der Gewebedichte mittels Schallwellen (med. t. t.) {70} | **sonare**<br>bzw. **sonus**<br>+ gr. *γράφειν* | s. oben<br><br>schreiben |

| | | | | |
|---|---|---|---|---|
| – | **sonor** l>frz | 1. klangvoll, volltönend {55}; 2. stimmhaft (sprachwiss. t. t.) {76} | **sonorus,** a, um frz. *sonore* | schallend, klingend, klangvoll |
| – | **Sonorität** l>frz | Klangfülle eines Lautes, Grad der Stimmhaftigkeit (sprachwiss. t. t.) {76} | **sonoritas,** atis f | klangvoller Ton, Wohlklang |
| 3362 | **Sopran** l>mlat>it | (mus. t. t.) 1. höchste Stimmlage von Knaben und Frauen; 2. Sopransängerin; 3. Sopranstimmen im gemischten Chor; Sopranpartie, -stimme in einem Musikstück {37} | **super** (Adv., Präp.) mlat. superanus it. *soprano* | oben, darauf, darüber darüber befindlich; überlegen darüber befindlich; oberer; höchste Stimmlage (Subst.) |
| – | **Sopranist(in)** l>mlat>it | Sänger(in) mit Sopranstimme (mus. t. t.) {37} | dto. | dto. |
| 3363 | **Sorbinsäure** l>nlat;d | Konservierungsstoff für Lebensmittel (chem. t. t.) {73/17} | **sorbus,** bi f | Sperberbaum, Eberesche |
| – | **Sorbit** l>nlat | sechswertiger Alkohol, pflanzlicher Wirkstoff; Kunstzucker (chem. t. t.) {73/17} | dto. | dto. |
| – | **Sorbose** l>nlat | aus Sorbit entstehender, unvergärbarer Zucker {73/17} | dto. | dto. |
| 3364 | **Sorte** l>frz>it >niederl | 1. Art, Gattung; 2. Güteklasse, Qualität {56} | **sors,** rtis f frz. *sorte* it. *sorta* | Orakel; Rang; Art, Kategorie Art, Qualität |
| – | **sortieren** l>it | 1. in Güteklassen einteilen, nach bestimmten Gesichtspunkten ordnen; auslesen {40/56}; 2. Lochkarten ordnen (EDV- t. t.) {40/56/71} | **sortiri** it. *sortire* | (er)losen, auswählen, erhalten |
| – | **Sortierer** l>it | 1. Arbeiter, dessen Aufgabe das Sortieren (1.) ist {56/40}; 2. Sortiermaschine {40/41/56} | dto. | dto. |
| – | **sortiert** l>it | 1. ein reichhaltiges (Waren)-angebot aufweisend {42/57}; erlesen, ausgewählt, hochwertig {56} | dto. | dto. |
| – | **Sortiment** l>it | 1. Warenangebot, -auswahl {42/57}; Kurzform von Sortimentsbuchhandel, -handlung {42/32} | dto. it. *sortimento* | dto. |
| – | **Sortimenter** l>it | Laden-, Sortimentsbuchhändler {42/40/32} | dto. | dto. |

>>> Soße s. Sauce

| | | | | |
|---|---|---|---|---|
| 3365 | **Sou** l>frz | französische Münze zu fünf Centimes {56} | **solidus** | s. oben 3354 |

| | | | | |
|---|---|---|---|---|
| 3366 | **Soubrette**<br>l>prov>frz | Darstellerin von heiteren, lustigen Sopranpartien in Oper, Operette, Kabarett {35/37/40/74} | **superare**<br>prov. *sobrar*<br>*sobret* | über-, hervorragen; überwinden<br>überbieten<br>affektiert |
| 3367 | **Soufflé**<br>l>frz | Auflauf (gastron. t. t.) {17} | **sufflare**<br>frz. *sauffler* | gegen -, an etw. blasen; aufblasen |
| – | **Souffleur**<br>l>frz | Theatermitarbeiter, der dem Schauspieler den Rollentext vorsagt, zuflüstert {32/35/40/74} | dto.<br>frz. *souffleur* | dto. |
| – | **Souffleuse**<br>l>frz | Vorsagerin, weiblicher Souffleur {32/35/40/74} | dto.<br>frz. *souffleuse* | dto. |
| – | **soufflieren**<br>l>frz | (einem Schauspieler den Text seiner Rolle) flüsternd vorsagen {32/35/40/74} | dto.<br>frz. *souffler* | dto. |
| 3368 | **Soutane**<br>l>it>frz | langes, enges Obergewand der kath. Geistlichen {51/19} | **subtus**, a, um<br>it. *sottano*<br>*sottana*<br>frz. *soutane* | unten, unterwärts<br>unter, unterst<br>Untergewand |
| 3369 | **Souterrain**<br>l>frz | Kellergeschoß, Kellerwohnung {44/58} | **subterraneus**, a, um<br>frz. *souterrain* | unter der Erde befindlich, - lebend, unterirdisch |
| 3370 | **Souvenir**<br>l>frz | (kleines Geschenk als) Andenken, Erinnerungsstück {24/33/45} | **subvenire**<br>frz. *souvenir* | dazu -, zu Hilfe kommen; einfallen, in den Sinn kommen<br>sich erinnern; Erinnerung (Subst.) |
| 3371 | **souverän**<br>l>mlat>frz | 1. die staatlichen Hoheitsrechte (unumschränkt) ausübend {50/28}; 2. einer besonderen Lage, Aufgabe jederzeit gewachsen; überlegen {22/33/40} | **super** (Adv., Präp.)<br>mlat. superanus<br>frz. *souverain* | oben, darauf, darüber<br>s. oben 3362<br>darüber befindlich, überlegen |
| – | **Souverän**<br>l>frz | 1. (unumschränkter) Herrscher, Fürst eines Landes {50/47}; 2. das Wahlvolk (bei freien Wahlen) {50} | dto.<br>frz. *souverain* | dto.<br>Herrscher, Fürst (Subst.) |
| – | **Souveränität**<br>l>frz | 1. höchste Herrschaftsgewalt eines Staates, Hoheitsgewalt; Unabhängigkeit {50}; 2. Überlegenheit {22/33/40/56} | dto.<br>frz. *souveraineté* | dto. |
| – | **Sovereign**<br>l>mlat>afrz>engl | ehemalige engl. 1-£-Goldmünze {56} | dto.<br>afrz. *souvrain*<br>frz. *souverain* | dto. |

| | | | | |
|---|---|---|---|---|
| 3373 | **Sozi** l>(frz) | (abwertend) kurz für: Sozialdemokrat {33/50} | **socialis**, e | die Gesellschaft betreffend, gesellschaftlich; gesellig |
| – | **sozial** l>frz | 1. die menschliche Gesellschaft betreffend, gesellschaftlich, Gesellschafts...; 2. das Gemeinwohl betreffend {33/50}; 3. gemeinnützig, menschlich, wohltätig, hilfsbereit {30/33/50/84}; 4. die gesellschaftliche Stellung betreffend {33}; 5. gesellig lebend (bes. von staatenbildenden Insekten - biol. t. t.) {69} | dto. | dto. |
| >>> | Sozial... s. ggf. unter dem Rest des Wortes | | | |
| – | **Sozialprodukt** l;l | Gesamtheit aller Waren und Diensteistungen, die eine Volkswirtschaft in einem bestimmten Zeitraum erzeugt (wirtsch., polit. t. t.) {57/80/81} | dto. + **producere** (PPP. **productus**) | dto. vor(wärts)führen, -ziehen; hervorbringen, erzeugen |
| – | **Sozialisation** l>nlat | Prozeß der Einordnung des Einzelnen in die Gemeinschaft (soziol. t. t.) {33/81} | **socialis** | s. oben |
| – | **sozialisieren** l>nlat | (Industrie)betriebe o. Wirtschaftszweige vergesellschaften, verstaatlichen {50/80/81} | dto. | dto. |
| – | **Sozialisierung** l>nlat | 1. Verstaatlichung, Vergesellschaftung der Privatwirtschaft {50/80/81}; 2. = Sozialisation {33/81} | dto. | dto. |
| – | **Sozialismus** l>frz | 1. die dem Kommunismus vorausgehende Entwicklungsstufe (marxist. t. t.) {81/77}; 2. politische Richtung, die den gesellschaftlichen Besitz der Produktionsmittel vertritt {43/50/80/81}; 3. (gescheiterte) Gesellschaftsform in Osteuropa {33/50/81} | dto. | dto. |
| – | **Sozialist** l>frz | 1. Anhänger, Verfechter des Sozialismus {25/33/80/81}; 2. Mitglied einer sozialistischen Partei {33/50/81} | dto. | dto. |
| – | sozialistisch | | | |

| | | | | |
|---|---|---|---|---|
| 3374 | **Sozietät** | 1. menschliche Gemeinschaft; soziale, durch gleiche Interessen und Ziele verbundene Gruppe (soziol. t. t.) {81/33}; 2. Verband, Gemeinschaft bei Tieren (biol. t. t.) {69}; 3. (als Gesellschaft eingetragener) Zusammenschluß zu gemeinsamer Arbeit {33/40} | **societas**, atis f | Gesellschaft, Gemeinschaft, Bündnis |
| – | **soziieren** | sich -: sich wirtschaftlich vereinigen {33/80} | **sociare** | vergesellschaften, vereinigen, verbinden |
| >>> | Sozio... s. ggf. unter dem Rest des Wortes | | | |
| – | **Soziologie** l;gr | Wissenschaft, die sich mit Ursprung, Entwicklung und Struktur der menschlichen Gesellschaft befaßt {40/81} | **socius**, ii m<br>+ gr. *λόγος* | Gesellschaftter, Teilnehmer, Kamerad<br>Wort, Lehre, Wissenschaft |
| – | Soziologe, soziologisch | | | |
| – | **Sozius** | 1. Teihaber (wirtsch. t. t.) {43/80}; 2. Rück- o. Beifahrer(sitz) auf dem Motorrad, -roller {45}; 3. Genosse, Kompagnon (ugs., scherzhaft) {33} | **socius** | s. oben |
| 3375 | **Spagat** vulgl>it | 1. Stellung (z. B. beim Ballett), bei der die in entgegengesetzter Richtung gespreizten Beine eine Linie bilden {12/37/85}; 2. Bindfaden (österr.) {44} | uns.: vulgl.<br>**spagum***<br>it. *spaccare*<br>*spaccato* | <br><br>Schnur<br>spalten |
| – | **Spaghetti** vulgl>it | 1. lange, dünne, stäbchenförmige Teigwaren, Nudeln {17}; 2. Italiener (ugs., abwertend) {10/32/33} | dto.<br>it. *spago* | dto.<br>dünne Schnur, Faden |
| 3376 | **Spalier** l>it | 1. Gitterwand für (Obst)pflanzen {39}; 2. Ehrenformation beiderseits des Weges (mil. t. t.) {86} | **spatula**, ae f<br>it. *spalla*<br>*spalliera* | Rührlöffel, Spatel; Vorderbug, Schulterblatt<br>Schulter<br>Schulterstütze, Rückenlehne; (Pflanzenteppich entlang einer) Stützwand |
| 3377 | **Spaniel** l>span>frz >engl | langhaariger englischer Jagdhund {06/38} | **Hispanus**, a, um<br>span. *español*<br>afrz. *espaigneul*<br>frz. *epagneul* | hispanisch, iberisch (= spanisch) |

| | | | | |
|---|---|---|---|---|
| 3378 | **Spartakusbund**<br>l;d | 1917 gegründete linksradikale Bewegung in Deutschland {33/50/81} | **Spartacus** | thrakischer Gladiator, Führer im Sklavenkrieg gegen Rom 73 v. Chr. |
| – | **Spartakist**<br>l>nlat | Angehöriger des Spartakusbundes {33/50/81} | dto. | dto. |
| 3379 | **Spaß**<br>l>vulgl>it | Scherz, Vergnügen, Jux {26/33} | **expandere** (PPP. **expassus**)<br>vulgl. expassare*<br>it. *spassare*<br>*spasso* | auseinanderbreiten, -spannen; aufklären<br>ausbreiten, zerstreuen<br>zerstreuen, unterhalten<br>Zerstreuung, Zeitvertreib, Vergnügen |
| – | spaßen, spaßig, Spaßvogel | | | |
| 3380 | **Spatel** o. **Spachtel** | kleines schaufel- oder messerförmiges Werkzeug {40/44} | **spatula**, ae f | kleiner Rührlöffel, Spatel<br>vgl. oben 3376 |
| 3381 | **spationieren**<br>l>nlat | mit Zwischenräumen, gesperrt drucken {58/32/40} | **spatium**, ii n | Zwischenraum, Entfernung; Größe, Weite |
| – | **spazieren**<br>l>it | 1. zur Erholung, zum Vergnügen im Freien gehen {12/85}; 2. unbeschwert-zwanglos, ohne Eile gehen; schlendern {12/59/85} | **spatiari**<br>it. *spaziare* | mit gemessenen Schritten einhergehen, herumspazieren, lustwandeln |
| – | Spaziergang, Spazierstock | | | |
| 3382 | **Special**<br>l>engl | TV-, Rundfunksendung, in der eine Person o. ein Thema im Mittelpunkt steht {25/32/33/85} | **specialis**, e | besonder(s), speziell; eigentümlich |
| >>> | Species s. Spezies | | | |
| 3383 | **Spediteur**<br>l>it>(frz) | Transportunternehmer {40/45} | **expedire**<br>it. *spedire* | losmachen, ausführen; zurechtmachen, instand setzen<br>abfertigen, versenden |
| – | **Spedition**<br>l>it | 1. gewerbsmäßige Versendung von Gütern; 2. Transportunternehmen {40/45} | **expeditio**, onis f<br>it. *spedizione* | Erledigung, Abfertigung, Herrichtung<br>Absendung, Beförderung |

| | | | | |
|---|---|---|---|---|
| 3384 | **Speicher** l>(spätl) | Lagerraum, Vorratshaus; Dachboden {58/44} | **spica**, ae f (o. **spicus**, ci m o. **spicum**, ci n) spätl. | Getreideähre, Kornähre |
| | | | **spicarium** | Getreidespeicher |
| 3385 | **Speise** l>mlat | feste Nahrung, Kost; Lebensunterhalt, Lebensmittel {17} | **expensa**, ae f | Ausgabe, Aufwand |
| | | | mlat. spe(n)sa | Ausgaben, Aufwand; Nahrung |
| – | speisen, Speisung, Speisekammer, ab-, verspeisen | | | |
| 3386 | **Spektakel** | 1. Lärm, Krach, lautes Sprechen, Gepolter (ugs.) {32/55}; 2. die Schaulust befriedigendes Theater-, Ausstattungsstück {26/33/35/85} | **spectaculum**, li n | Anblick, Schauspiel; Zuschauerbühne |
| – | **spektakeln** | lärmen (veraltet) {29/55} | dto. | dto. |
| – | **spektakulär** l>nlat | aufsehenerregend {26/33} | dto. | dto. |
| – | **Spektakulum** | Anblick, Schauspiel (scherzhaft) {26/33/85} | dto. | dto. |
| 3387 | **spektral** l>nlat | auf das Spektrum (1.) bezüglich, davon ausgehend {54/72} | **spectrum**, ri n | Erscheinung in der Vorstellung; Schemen; Gesicht |
| – | **Spektralanalyse** l>nlat;gr | 1. Ermittlung der chem. Zusammensetzung eines Stoffes durch Auswertung seines Spektrums (chem., phys., techn. t. t.) {72/73}; 2. Verfahren zur Feststellung der physikalisch-chemischen Beschaffenheit von Himmelskörpern (astron., phys. t. t.) {66/72} | dto. + gr. *ἀνάλυσις* | dto. Auflösung |
| – | **Spektralfarben** l>nlat;d | ungemischte, reine Farben einer spektralen Zerlegung von Licht {54/55} | dto. | dto. |
| – | **Spektrum** | 1. (relative) Häufigkeits- bzw. Intensitätsverteilung eines (Strahlen)gemisches {72/57}; 2. bei der Brechung von weißem Licht durch ein Prisma entstehende Farbfolge von Rot bis Violett (phys. t. t.) {55/72}; 3. Buntheit, Vielfalt {56/57} | dto. | dto. |
| 3388 | **Spekulant** | 1. Kaufmann, der sich in gewagte Geschäfte einläßt {25/40/80}; 2. jmd., der in Überlegungen und Handlungen Risiken eingeht; waghalsiger Spieler {24/25/33} | **speculari** (PPA. **speculans**) | umherspähen, auskundschaften, belauern, beobachten |

| | | | | |
|---|---|---|---|---|
| – | **Spekulation** | 1. auf Annahmen beruhende Erwartung, Behauptung {25/24/32}; 2. hypothetischer, über die erfahrbare Wirklichkeit hinausgehender Gedankengang (philos. t. t.) {77/25}; 3. Geschäftsabschluß, der auf Gewinne aus zukünftigen Preisänderungen abzielt (wirtsch. t. t.) {42/80}; 4. gewagtes Geschäft {25/40/80} | **speculatio**, onis f | das Ausspähen, Auskundschaften; Betrachtung |
| – | **Spekulatius** l>(frz) >niederl | flaches Gebäck aus gewürztem Mürbteig in Figurenform {17} | uns. ob: **speculatio** frz. *spéculation* o.: **speculum**, li n niederl. *spekulatie* | s. oben Mischstoff; Luxuserzeugnis Spiegel(bild) Zuckerbackwerk als Tischschmuck |
| – | **spekulativ** | 1. in der Art der Spekulation (2.) denkend (philos. t. t.); 2. in reinen Begriffen denkend (philos. t. t.) {77/25}; 3. die Spekulation (3., 4.) betreffend {80}; 4. grüblerisch {25} | **speculativus**, a, um | spekulativ |
| – | **spekulieren** | 1. grübeln (ugs.); 2. auf etw. rechnen (ugs.) {25}; 3. ausforschen, auskundschaften (ugs.) {23/25/33}; 4. (an der Börse) Aktien o. ä. kaufen, um sie bei gestiegenem Kurs wieder zu verkaufen (wirtsch. t. t.) {80} | **speculari** | s. oben |
| 3389 | **Spelunke** (gr)>etr>l | wenig gepflegtes, verrufenes Wirtshaus {58/33} | **spelunca**, ae f gr. *σπήλυγξ* | Höhle, Grotte |
| 3390 | **spenden** l>mlat | als Geschenk austeilen, Almosen geben {28/33/42} | **expendere** mlat. spendere | gegeneinander abwägen; ausgeben, be-, auszahlen ausgeben, aufwenden |
| – | **Spende** l>mlat | Almosen, Gabe, Geschenk {28/33/42} | dto. mlat. spenda, spenta | dto. |
| – | **Spender** l>mlat | Schenker, Geber, Stifter {28/33/42} | dto. | dto. |
| – | **spendabel** l>mlat | (französisierend) freigiebig, großzügig {28/33/42} | dto. | dto. |
| – | **spendieren** l>mlat | für einen anderen bezahlen; jmdn. zu etw. einladen (ugs.); schenken {28/33/42} | dto. | dto. |

| | | | | |
|---|---|---|---|---|
| 3391 | **Sperenzchen** o. **Sperentien** l>mlat | 1. Umschweife, Umstände; Schwierigkeiten, Ausflüchte {25/32}; 2. kostspielige Vergnügungen, Gegenstände {33/42/85} | **sperare**<br>mlat. sperentia | hoffen, erwarten, sich versprechen<br>Hoffnung |
| 3392 | **Spesen** l>vulgl>it | Auslagen, Unkosten (im Dienst) {40/42} | **expensa**, ae f<br>mlat. / it. *spesa*<br>*spese* (Pl.) | Ausgabe, Aufwand<br>Ausgabe, Aufwand |
| 3393 | **Spezerei** l>mlat>it | Gewürze, Gewürzware (veraltend) {17} | **species**, iei f<br>mlat. specieria<br>it. *spezieria* | Anblick; Gewürze, Zutaten; Waren<br>Gewürze, Gewürzhandel |
| - | **Spezereiwaren** l;d | 1. Lebensmittel (veraltend) {17}; 2. Gemischtwaren (schweiz.) {17/42} | dto. | dto. |
| 3394 | **Spezi** | 1. bester Freund, Busenfreund (landsch.) {33}; 2. Erfrischungsgetränk aus Limonade und Cola {17} | **specialis**, e | besonder(s), speziell; eigentümlich |
| - | **spezialisieren** l>frz | 1. gliedern, einzeln anführen, unterscheiden {25/32/56}; 2. sich -: sich (beruflich) auf ein Teilgebiet beschränken {40/56} | dto.<br>frz. *spécialiser* | dto. |
| - | Spezialisierung, Spezialisation | | | |
| - | **Spezialist** l>frz | Fachmann auf einem bestimmten Gebiet; Facharbeiter, Facharzt {40/70} | dto.<br>frz. *spécialiste* | dto. |
| - | spezialistisch | | | |
| - | **Spezialität** l>(frz) | 1. Besonderheit {56}; 2. Interessengebiet eines Menschen {25}; 3. Feinschmeckergericht {17} | **specialitas**, atis f<br>(frz. *spécialité)* | besondere Beschaffenheit |
| - | **spezial** o. **speziell**, **Spezial**... l>frz | vor allem, besonders, eigentümlich; eigens; einzeln {33/56/57} | **specialis**<br>frz. *spécial* | s. oben |
| 3395 | **Spezies** | 1. (Bezeichnung für eine) Tier- o. Pflanzenart einer Gattung (in der biol. Systematik - biol. t. t.) {68/69}; 2. Grundrechnungsart in der Mathematik (math. t. t.) {71}; 3. Verpflichtung zur Leistung einer bestimmten Sache (jur. t. t.) {33/82}; 4. Teegemisch (pharmaz. t. t.) {70/17} | **species**, iei f | Anblick, Gestalt; das einzelne Stück; Art |

| | | | | |
|---|---|---|---|---|
| 3396 | **spezifisch** (l;l)>spätl >frz | 1. arteigen, kennzeichnend, eigentümlich {33/56}; 2. -es Gewicht: Verhältnis zwischen Körpergewicht und -volumen (phys. t. t.) {72} | **species** + **facere** spätl. **specificus**, a, um frz. *spécifique* | s. oben 3395 tun, machen von besonderer Art, eigentümlich |
| – | **Spezifik** (l;l)>spätl >frz | das Spezifische einer Sache {56} | dto. | dto. |
| – | **Spezifikation** o. **Spezifizierung** (l;l)>spätl >mlat | 1. Einteilung der Gattung in Arten (biol. t. t.) {68/69}; 2. Einzelaufzählung {32/57}; 3. Umbildung eines Stoffes durch Arbeiten, die ihn erheblich verändern (chem. t. t.) {73} | dto. | dto. |
| – | **Spezifikum** (l;l)>spätl >(nlat) | 1. Besonderes, Entscheidendes {56}; 2. gegen eine bestimmte Krankheit wirksames Mittel (med. t. t.) {70} | dto. | dto. |
| – | **Spezifität** (l;l)>spätl >frz | 1. Eigentümlichkeit, Besonderheit {56}; 2. charakteristische Reaktion (chem. t. t.) {73} | dto. | dto. |
| – | **spezifizieren** (l;l)>spätl >frz | 1. einzeln aufführen, verzeichnen {32/57}; 2. zergliedern {57/58} | dto. | dto. |
| 3397 | **Spezimen** o. **Specimen** | Probe(arbeit); Muster (z. B. auf Briefmarken) {56/46/32} | **specimen**, minis n | Probe, Beispiel, Muster |
| 3398 | **Spicilegium** | Ährenlese (im 17. und 18. Jh. oft in Buchtiteln) {34/75} | **spicilegium**, ii n | Ährenlese, Nachlese, -ernte |
| 3999 | **Spiegel** l>mlat | Gerät mit reflektierender Metallschicht zur Selbstbetrachtung {44/23} | **speculum**, li n mlat. speglum | Spiegel, Spiegelbild |
| – | spiegeln, Spiegelung, Spiegelbild, Spiegelei, Spiegelfechten, Rückspiegel, vorspiegeln, Eulenspiegel | | | |
| 3400 | **Spikes** l>engl | 1. Metalldornen an der Sohle von Laufschuhen (z. B. in der Leichtathletik) o. an der Rollfläche von Autoreifen; 2. rutschfester Laufschuh o. Reifen {19/45/54/85} | **spica**, ae f (o. **spicus**, ci m o. **spicum**, ci n) | Spitze; Getreideähre; Haarnadel vgl. oben 3384 |
| 3401 | **Spina** | (med. t. t.) 1. Stachel, Dorn; spitzer Knochenvorsprung; 2. Rückgrat {70} | **spina**, ae f | Dorn(busch); Gräte; Rückgrat |
| – | **spinal** | zur Wirbelsäule, zum Rükkenmark gehörend (med. t. t.) {70} | **spinalis**, e | zum Rückgrat gehörig, Rückgrat... |

| | | | | |
|---|---|---|---|---|
| 3402 | **Spind** l>mlat | Kleider-, Vorratsschrank {44/58/86} | **expendere** mlat. spendere mlat. spinda, spenda | s. oben 3390 ausgeben, aufwenden Spende; Vorrat zum Austeilen; Vorratsbehälter |
| 3403 | **Spirale** gr>l>mlat | 1. sich gleichmäßig um eine Achse windende (Schrauben)-linie {58}; 2. Kurve, die in unendlich vielen Windungen einen festen Punkt umläuft (math. t. t.) {71}; 3. Gegenstand in der Form einer Spirale (z. B. Uhrfeder) {58/44} | **spira**, ae f gr. *σπεῖρα* mlat. spiralis | Windung; Brezel Windung, Spirale schneckenförmig sich windend |
| – | spiralig | | | |
| 3404 | **Spirant** o. **Spirans** | Reibelaut, Frikativ (sprachwiss. t. t.) {76} | **spirare** (PPA. **spirans**) | blasen, wehen, hauchen, atmen |
| 3405 | **Spiritismus** l>nlat | Geisterlehre; Glaube an Erscheinungen von Seelen Verstorbener; Versuch, okkulte Vorgänge als Einwirkung von Geistern zu erklären {51} | **spiritus**, us m | Hauch, Atem, Seele, Geist |
| – | **Spiritist** l>nlat | Anhänger des Spiritismus {51} | dto. | dto. |
| – | spiritistisch | | | |
| – | **spiritual** l>mlat | auf den (Heiligen) Geist bezogen; geistig, übersinnlich {51} | **spiritualis**, e | zur Luft, zum Atem gehörig; geistig, geistlich |
| – | **Spiritual** l>mlat (l>frz>engl >am) | 1. Seelsorger, Beichtvater in kath. Seminaren und Klöstern (rel. t. t.) {33/40/51}; 2. geistliches Volkslied der im Süden Nordamerikas lebenden afrikanisch-stämmigen Farbigen {37/51} | dto. | dto. |
| – | **Spiritualien** l>mlat | geistliche Dinge (rel. t. t.) {51} | dto. | dto. |
| – | **spiritualisieren** l>mlat >nlat | vergeistigen {51} | dto. | dto. |
| – | **Spiritualismus** l>mlat >nlat | 1. metaphysische Lehre, die das Wirkliche als geistig annimmt {77/51}; 2. theologische Richtung, die die unmittelbare geistige Verbindung des Menschen mit Gott betont (rel. t. t.) {25/51/77} | dto. | dto. |
| – | Spiritualist, spiritualistisch | | | |

| | | | | |
|---|---|---|---|---|
| – | **Spiritualität** l>mlat | Geistigkeit {51/25} | dto. | dto. |
| – | **spirituell** l>mlat>frz o. **spirituös** l>frz | Weingeist enthaltend, geistig, alkoholisch {17/73} | dto. frz. *spiritueux* | dto. |
| – | **Spirituosen** l>frz | alkoholhaltige Getränke (z. B. Liköre) {17} | dto. | dto. |
| – | **Spiritus** | 1. Hauch, Atem, (Lebens)-geist {15/51}; 2. Weingeist, Alkohol {17/73} | **spiritus** | s. oben |
| 3406a | **Spital** l>mlat | Krankenhaus, Altersheim; Armenhaus (veraltet, noch landsch.) {49/58/70} | **hospitalis**, e spätl. **hospitale**, lis n | gastlich, gastfreundlich Gast(schlaf)zimmer |
| 3406b | **Spoiler** l>engl | (techn. t. t.) 1. Luftleitblech am Heck von Rennautos; 2. Klappe an Flugzeugtragflächen zur Änderung der Strömungsverhältnisse {45/72} | **spoliare** engl. *(to) spoil* *spoiler* | rauben, plündern rauben, wegnehmen Plünderer; Luftleitblech |
| 3407 | **Spolienrecht** l;d | Recht des Kirchenpatrons, den beweglichen Nachlaß eines Geistlichen einzuziehen (im Mittelalter - hist. t. t.) {33/43/51/75} | **spolium**, ii n | Tierhaut; erbeutete Rüstung; Raub |
| 3408 | **sponsern** | (durch finanzielle Unterstützung) fördern {28/33/42} | **spondere** (PPP. **sponsus**) | sich verpflichten, geloben, sich verbürgen |
| – | **sponsieren** | um ein Mädchen werben, ihr den Hof machen (veraltet, noch landsch.) {33/18} | dto. | dto. |
| – | **Sponsor** l>engl | 1. Gönner, Förderer, Geldgeber (z. B. im Sport) {42/28/33}; 2. Person(engruppe), die eine Rundfunk- o. TV-Sendung finanziert, um sie zu Reklamezwecken zu nutzen {28/42/46/85} | **sponsor**, oris m | Bürge, Pate |
| 3409 | **spontan** | von selbst; freiwillig, ohne Aufforderung, aus eigenem plötzlichen Antrieb; unmittelbar {59/28} | **spontaneus**, a, um | freiwillig, frei |
| – | **Sponta-n(e)ität** l>nlat | Handeln ohne äußere Anregung; eigener, innerer Antrieb; unmittelbare Reaktion {28/59} | dto. | dto. |
| – | **Sponti** l>nlat | Angehöriger einer undogmatischen, politisch linksgerichteten Gruppe (ugs.) {33/50} | dto. | dto. |

| | | | | |
|---|---|---|---|---|
| 3410a | **Sport** l>vulgl/ roman >afrz>engl | Sammelbegriff für alle mit der planmäßigen Körperschulung und körperlicher Betätigung im Wettkampf und -spiel zusammenhängenden Belange {85} | **deportare**<br>vulgl./roman. deportare<br>afrz. *(se) de(s)porter*<br>*desport*<br>engl. *disport* | fort-, wegtragen, -bringen, -schaffen<br>zerstreuen, vergnügen<br>(sich) zerstreuen, vergnügen<br><br>Zerstreuung, Vergnügen; Zeitvertreib, Spiel |
| – | sportiv, sportlich, Sportler, Sportsmann | | | |
| 3410b | **Sportel** (gr)>etr>l | mittelalterl. Form des Beamteneinkommens; Gebühr für Amtshandlungen (z. B. Gerichtskosten) {49/82/42/75} | **sportula**, ae f<br>gr. *σπυρίς* | (Speise)körbchen, Spende, Geschenk; Gerichtssporteln |
| 3411 | **Sprit** l>(frz) | 1. Weingeist, Alkohol {73/17}; 2. Treibstoff, Benzin {73/45} | **spiritus**<br>(frz. *esprit* | s. oben 3405<br>Geist, Weingeist) |
| 3412 | **Spund** | 1. Verschlußzapfen an Fässern {58}; 2. junger, unreifer Mensch (landsch.) {33/15} | **expungere**<br>(PPP. **expunctus**) | ausstechen; abdanken; tilgen;<br>das (aus der Faßwand) Herausgestochene, Öffnung |
| – | Spundloch | | | |
| – | **Spundwand** l>(spätl) | Schutzwand bei Bauarbeiten {58/40} | dto. | dto. |
| 3413 | **Sputum** | Auswurf; Gesamtheit der Sekrete der Luftwege (med. t. t.) {70} | **sputum**, ti n | Spucke, Speichel, Auswurf |
| 3414 | **Square** (l;l)>vulgl >frz>engl | engl. Bezeichnung für: Quadrat, Platz {45/58} | **ex**<br>+ **quadra**, ae f<br>afrz. *esquarre* | s. oben 0911<br>Viereck, Quadrat |
| 3415 | **Squash** (l;l)>vulgl >frz>engl | 1. Ballspiel in einem geschlossenen Raum (sport. t. t.) {85}; 2. ausgepreßter Saft von Zitrusfrüchten {17} | **ex**<br>+ **quassare**<br>afrz. *esquacer* o. *esquasser* | s. oben 0911<br>heftig schütteln; zerschlagen, beunruhigen |
| 3416 | **Staat** | Gesamtheit eines Gemeinwesens, Land {50/81} | **status**, us m | Stand; Stellung, Zustand; Verfassung |
| – | staatlich, Staatsmann, Staatsanwalt, Hofstaat, verstaatlichen | | | |
| >>> | Staats... s. ggf. unter dem Rest des Wortes | | | |

| | | | | |
|---|---|---|---|---|
| – | **Staatsräson** l;l>frz | Grundsatz vom Vorrang der Staatsinteressen {25/50/56} | dto. + **ratio**, onis f<br>frz. *raison* | dto. Berechnung, Vernunft; Recht; Grundsatz |
| – | **Staatssekretär** l;l>mlat >frz | direkt dem Minister unterstellter hoher Staatsbeamter (in manchen Staaten = Minister) {50/40} | dto. + **secretus**, a, um<br>mlat. secretarius<br>frz. *secrétaire* | dto. abgesondert, getrennt, geheim (Geheim)schreiber |
| 3417 | **stabil** | 1. beständig, sich im Gleichgewicht haltend {52/56/58/61}; 2. seelisch robust, widerstandsfähig {14/25/26/84}; 3. körperlich kräftig, muskulös, widerstandsfähig {11}; 4. fest, dauerhaft {54/59} | **stabilis**, e | fest(stehend); dauerhaft, standhaft |
| – | **Stabilisator** l>nlat | 1. Gerät zur Gleichhaltung elektrischer Größen (techn. t. t.) {72}; 2. Bauteil, das bei der Federung einen Ausgleich bei einseitiger Belastung bewirkt (z. B. bei LKW's) {41/45}; 3. Zusatz, der unerwünschte chemische Reaktionen verhindert {73/17}; 4. gerinnungshemmende Flüssigkeit bei der Blutkonservierung (med. t. t.) {70}; 5. Anti-Schlingervorrichtung in Schiffen {41/45/61} | dto. | dto. |
| – | **stabili(si)eren** l>(frz) | festsetzen; festigen; dauerhaft, standhaft machen {52/56/59} | dto. (frz. *stabiliser)* | dto. |
| – | **Stabilität** | 1. Beständigkeit, Dauerhaftigkeit {59}; 2. Standhaftigkeit, Gleichgewichtssicherheit {11/12/84} | **stabilitas**, atis f | das Feststehen, Festigkeit, Standhaftig-, Unveränderlichkeit |
| 3418 | **Stagflation** l;l | (Kurzwort aus Stagnation und Inflation): Stillstand des Wirtschaftswachstums bei gleichzeitiger Geldentwertung (wirtsch. t. t.) {80} | **stagnare**<br>+ **inflatio**, onis f | überschwemmt sein, (stauen)<br>das Aufschwellen, Blähung |
| – | **Stagnation** o. **Stagnierung** l>nlat | 1. Stockung, Stauung, Stillstand {61/56}; 2. kalte, sich nicht vermischende Wasserschicht in Binnenseen (geogr. t. t.) {64/63} | **stagnare** | s. oben |
| – | **stagnieren** | 1. stocken, sich stauen; sich festfahren {56/61}; 2. stehen (von Gewässern) {64} | dto. | dto. |

| | | | | |
|---|---|---|---|---|
| 3419 | **Stanniol** l>it>nlat | silberglänzende Zinn- o. Aluminiumfolie {44/40} | **stannum** o. **stagnum**, ni n<br>it. *stagno*<br>*stagnolo* | Mischung aus Silber und Blei; Zinn<br><br>Blattzinn |
| 3420 | **statarisch** | verweilend, langsam fortschreitend {59/61} | **statarius**, a, um | im Stehen geschehend, auf demselben Fleck handelnd |
| 3421 | **Statement** l>(frz) >engl | öffentliche (politische) Erklärung o. Behauptung {50/32} | **status**, us m | Stellung; Umstände, Verfassung, Lage |
| 3422 | **Station** | 1. (kleiner) Bahnhof; Haltestelle (eines öffentlichen Verkehrsmittels) {45/58}; 2. Halt, Aufenthalt, Rast {59/61}; 3. Bereich, Krankenhausabteilung {58/70}; 4. Ort, an dem sich eine technische Anlage befindet; Sende-, Beobachtungsstelle {46/72/58}; 5. Stelle, an der bei einer Prozession haltgemacht wird {51/58/61} | **statio**, onis f | Standort, Aufenthalt; Wachposten; Poststation |
| - | **stationär** l>(frz) | 1. an einen festen Standort gebunden {58}; 2. örtlich und zeitlich unverändert {52/58/61}; 3. die Behandlung in einer Klinik betreffend {70} | **stationarius**, a, um (frz. *stationnaire)* | stillstehend, zum Standort gehörig |
| - | **stationieren** l>frz | 1. an einen bestimmten Platz stellen, auf-, anstellen {58}; 2. eine Truppe an einen bestimmten Standort verlegen (mil. t. t.) {58/86} | dto. | dto. |
| 3423 | **Statist** l>nlat | stumme Nebenfigur in einer Theater- o. Filmszene {35/40/74} | **stare** (PPP. **status**) | sich aufhalten, stehen(bleiben); verharren |
| - | **Statisterie** l>nlat | Gesamtheit der Statisten {35/40/57/74} | dto. | dto. |
| - | **Statistik** l>nlat | 1. wissenschaftliche Methode zur zahlenmäßigen Erfassung, Untersuchung und Darstellung von Massenerscheinungen {32/33/40/71/81}; 2. (schriftlich) dargestelltes Ergebnis einer Untersuchung nach der statistischen Methode {32/33/40/71/81}; 3. Auswertung einer großen Zahl physikalischer Größen {72/57} | **status** | s. oben 3421 |

| | | | | |
|---|---|---|---|---|
| – | **Statistiker** l>nlat | 1. Wissenschaftler, der sich mit theoretischen Grundlagen und Anwendungsmöglichkeiten der Statistik befaßt; 2. Bearbeiter und Auswerter von Statistiken {33/40/71/81} | dto. | dto. |
| – | **statistisch** l>nlat | die Statistik betreffend, auf ihren Ergebnissen beruhend {32/33/71/81} | dto. | dto. |
| – | **Stativ** | dreibeiniges Gestell zum Aufstellen von Geräten (z. B. für Kameras) {40/87} | **stativus**, a, um | stehend, still-, feststehend |
| 3424 | **statuarisch** | auf die Bildhauerkunst o. eine Statue bezüglich; standbildhaft {36} | **statuarius**, a, um | zu den Statuen gehörig |
| – | **Statue** | Standbild (plastische Darstellung eines Menschen, eines Tieres) {36} | **statua**, ae f | Statue, Standbild, Bildsäule |
| – | **Statuette** l>frz | kleine Statue {36} | dto. frz. *statuette* | dto. |
| – | **statuieren** | aufstellen, festsetzen; bestimmen {25/28} | **statuere** | aufstellen; festsetzen, bestimmen; beschließen |
| 3425 | **Statur** | (Körper)gestalt, Wuchs {11/53} | **statura**, ae f | Wuchs, Größe, Gestalt |
| 3426 | **Status** | 1. Zustand, Bestand {52/53}; 2. allgemeiner Gesundheitszustand; Allgemeinbefund nach ärztlicher Untersuchung (med. t. t.); 3. akutes Stadium einer Krankheit mit gehäuft auftretenden Symptomen (med. t. t.); 4. anlagemäßig bedingte Neigung zu einer bestimmten Krankheit (med. t. t.) {14/70}; 5. Stellung des Einzelnen in der Gesellschaft {33} | **status** | s. oben 3421 |
| 3427 | **Statut** | Satzung, (Grund)gesetz {33/82} | **statuere** (PPP. **statutus**) | s. oben 3424 |
| – | **statutarisch** l>nlat | auf dem Statut beruhend, satzungs-, ordnungsgemäß {33/82} | dto. | dto. |
| 3428 | **stellar** | die Fixsterne betreffend (astron. t. t.) {66} | **stellaris**, e | zu den Sternen gehörig |

>>> Steppke s. Stöpsel
>>> Stereo... s. unter dem Rest des Wortes

| | | | | |
|---|---|---|---|---|
| 3429 | **steril** l>frz | 1. keimfrei {70}; 2. unfruchtbar, nicht fortpflanzungsfähig (biol., med. t. t.) {69/70}; 3. langweilig, unschöpferisch {22/26/33}; 4. kalt, nüchtern wirkend, ohne eigene Note gestaltet {26/33} | **sterilis**, e<br>frz. *stérile* | unfruchtbar, ertraglos, leer |
| – | **Sterilisation** l>frz | das Unfruchtbar-, Keimfreimachen (biol., med. t. t.) {69/70} | dto.<br>frz. *stérilisation* | dto. |
| – | **Sterilisator** l>frz>nlat | Entkeimungsapparat (techn. t. t.) {70/72} | dto. | dto. |
| – | **sterilisieren** l>frz | 1. keimfrei (u. dadurch haltbar) machen (z. B. Nahrungsmittel) {17/59/73}; 2. unfruchtbar, zeugungsunfähig machen (biol., med. t. t.) {69/70} | dto.<br>frz. *stériliser* | dto. |
| – | **Sterilität** l>(frz) | 1. Keimfreiheit (von chirurgischen Instrumenten) {70}; 2. Unfruchtbarkeit (der Frau), Zeugungsunfähigkeit (des Mannes - med. t. t.) {70}; 3. geistiges Unvermögen, Ertragslosigkeit {22/25} | **sterilitas**, atis f<br>(frz. *stérilité*) | Unfruchtbarkeit |
| 3430 | **Stiel** | 1. Handhabe, Griff an Geräten {44/40}; 2. Pflanzenstengel {03/68} | **stilus**, li m | Stiel, Stengel; Schreibart; Schreibgriffel |
| – | **Stil** | 1. Art des sprachlichen Ausdrucks (eines Individuums) {32/34}; 2. einheitliche charakteristische Darstellungs- und Ausdrucksweise einer Epoche, eines Künstlers {59/34/35/36/37}; 3. Lebensweise, die dem besonderen Wesen, den Bedürfnissen von jmdm. entspricht {33/28}; 4. (vorbildliche und allgemein anerkannte) Art, etwas auszuführen (z. B. eine Sportart) {12/33/85} | dto. | dto. |
| – | **Stilett** l>it | kleiner Dolch {44} | dto.<br>it. *stile, stilo* (dimin.) *stiletto* | dto.<br>Pfriem, Griffel; Dolch |
| – | **Stilfigur** l;l | kunstmäßige Gestaltung eines Ausdrucks, Redefigur (rhet., sprachwiss. t. t.) {34/76} | dto.<br>+ **figura**, ae f | dto.<br>Bildung, Gestalt; Redefigur, Wendung (rhet. t. t.) |
| – | **stilisieren** l>(nlat) | 1. natürliche Formen (in dekorativer Absicht) vereinfachen {20/36/53}; 2. in einen bestimmten Stil bringen (veraltend) {34} | **stilus** | s. oben |

| | | | | |
|---|---|---|---|---|
| – | **Stilisierung** l>(nlat) | 1. nach einem bestimmten Stilideal o. -muster geformte (künstlerische) Darstellung {34/36/79}; 2. Vereinfachung o. Reduktion auf die Grundstruktur(en) {25/56} | dto. | dto. |
| – | **Stilist** l>nlat | Beherrscher des Stils, des sprachlichen Ausdrucks {34/32} | dto. | dto. |
| – | **Stilistik** l>nlat/frz | 1. Stillehre, Stilkunde {34/32/76}; 2. Lehrbuch für guten Stil; systematische Beschreibung der Stilmittel {76/32} | dto. frz. *stilistique* | dto. |
| - | **stilistisch** l>nlat | den Stil (1., 2., 4.) betreffend {s. oben} | dto. | dto. |
| 3431 | **Stimulans** | anregendes Arzneimittel; Reizmittel (med. t. t.) {70} | **stimulare** (PPA. **stimulans**) | beunruhigen, anreizen, anregen |
| – | **Stimulanz** | Anreiz, Antrieb {26} | dto. | dto. |
| – | **Stimulation** | das Anregen, Anreizen; Ermuntern {26} | **stimulatio**, onis f | Reizung |
| – | **Stimulator** | Vorrichtung, die einen Reiz auslöst {70/69} | **stimulator**, oris m | Reizer |
| – | **stimulieren** | anreizen, anregen, ermuntern {26} | **stimulare** | s. oben |
| – | **Stimulus** | 1. Reiz, Antrieb {26}; 2. ein dem Sprechakt vorausgehender (äußerer) Reiz (sprachwiss. t. t.) {76} | **stimulus**, li m | Stachel; Fußangel; Antrieb |
| 3432 | **Stipendiat** | Schüler, Studierender, jüngerer Wissenschaftler, der eine finanzielle Unterstützung erhält {31/40/42} | **stipendiari** | besoldet werden |
| – | **Stipendium** | finanzielle Unterstützung für Schüler, Studierende, jüngere Wissenschaftler {31/42} | **stipendium**, ii n | Steuer; Sold, Unterstützung |
| 3433 | **Stipulation** | vertragliche Abmachung; Übereinkunft {28/32/82} | **stipulatio**, onis f | Kontrakt, Handgelöbnis |
| – | **stipulieren** | 1. vertraglich vereinbaren, übereinkommen; 2. festlegen, festsetzen {28/32/82} | **stipulari** | sich etw. förmlich ausbedingen, eine Verbindlichkeit übernehmen |
| 3434a | **stop!** (gr)>l >vulgl/ mlat>engl | 1. halt! {61/27/32}; 2. Punkt (im Telegrafenverkehr) {46} | **stuppa**, ae f gr. *στύπ(π)η* mlat. / vulgl. stuppare | Werg; Hanf mit Werg verstopfen |
| – | **Stopfen** (gr)>l >vulgl/ mlat | Korken (landsch.) {44} | dto. | dto. |

| | | | | |
|---|---|---|---|---|
| – | **stopfen**<br>(gr)>l<br>>vulgl/<br>mlat | 1. dicht machen, verschließen; flicken; 2. füllen, hineinstecken {29/44/58}; 3. mit Nadel und Faden ausbessern {19/40/44} | dto. | dto. |
| – | aus-, ver-, vollstopfen | | | |
| – | **Stopp**<br>(gr)>l<br>>vulgl/<br>mlat>engl | (unfreiwillger) Halt, Stokkung {61/45} | dto. | dto. |
| – | **stoppen**<br>(gr)>l<br>>vulgl/<br>mlat<br>>niederl | anhalten, haltmachen; im Lauf aufhalten {61/45} | dto. | dto. |
| – | **Stopper**<br>(gr)>l<br>>vulgl/<br>mlat>engl | Mittelläufer im Fußballspiel (sport. t. t.) {85} | dto. | dto. |
| – | **Stöpsel**<br>(gr)>l<br>>vulgl/<br>mlat | 1. Flaschenverschluß {44}; 2. kleines, dickliches Kind {15/53}; | dto. | dto. |
| | o. **Steppke** | kleiner Kerl (ugs., berlinisch) {15/53} | | |
| 3434b | **Stoppel**<br>l>spätl | Rest des abgeschnittenen (Getreide)halmes bzw. Barthaars {39/21/57} | **stipula**, ae f<br>spätl. **stup(u)la** | (Korn-, Stroh)-halm<br><br>Strohhalm |
| – | stopp(e)lig, (zusammen)stoppeln | | | |
| 3435 | **Store**<br>l>it>frz<br>(l>frz<br>>engl) | 1. durchsichtiger Fenstervorhang {44};<br>2. Vorrat, Lager, Laden {42/58/57} | 1.: **storea**, ae f<br>it. *stora*<br>frz. *store*<br>2.: **instaurare**<br><br>afrz. *estor*<br>*estoire* | Matte, geflochtene Binsendecke<br>Strohmatte, Rohrgeflecht<br>Matte, Fenstervorhang<br>veranstalten, anstellen; erneuern; wiederherstellen |
| 3436 | **stornieren**<br>l>vulgl>it | 1. einen Fehler in der Buchhaltung berichtigen {25/42/80}; 2. (einen Auftrag) rückgängig machen {28/42/45/80} | **extornare**<br><br>it. *stornare* | abdrehen, abdrechseln<br>zum Weichen bringen; rückgängig machen |
| – | **Storno**<br>l>vulgl>it | 1. Berichtigung eines Buchungsfehlers, Rückbuchung (wirtsch. t. t.) {25/42/80}; 2. das Rückgängigmachen (österr.) {28/42/45/80} | dto.<br>it. *storno* | dto. |

| | | | | |
|---|---|---|---|---|
| 3437 | **Story** (gr)>l>frz >engl>am | 1. den Inhalt eines Films, Romans o. ä. ausmachende Geschichte {34}; 2. ungewöhnliche (Kurz)geschichte {25/34/56}; 3. Bericht, Report; Erzählung {32/34} | **historia**, ae f<br>gr. *ἱστορία*<br>afrz. *estoire*<br>frz. *histoire*<br>engl. *history*<br>*story* | Kunde, Kenntnis; Erzählung, Geschichte |
| 3438 | **Stracciatella** l>it | 1. Speiseeissorte aus Vanilleeis mit kleinen Schokoladenstücken; 2. (Eier)einlaufsuppe {17} | **distrahere**<br>vulgl. distractiare*<br>it. *stracciare* | zerreißen, zerstückeln, zerstreuen<br>zerreißen<br>zerreißen, zerstückeln |
| 3439 | **Strangulation** o. **Strangulierung** (gr)>l | 1. das Erdrosseln, Erhängen {15/82}; 2. Abklemmung innerer Organe (med. t. t.) {70} | **strangulatio**, onis f<br>gr. *στραγγαλόειν* o. *στραγγαλίζειν* | das Erwürgen, Ersticken |
| – | **strangulieren** (gr)>l | durch Zudrücken der Luftröhre töten; erdrosseln, erhängen {15/82} | **strangulare**<br>gr. *στραγγαλόειν* | erwürgen, erdrosseln, ersticken |
| 3440 | **Straße** l>spätl | gepflasterter, befestigter Weg {58/45} | **sternere** (PPP. **stratus**)<br>spätl. **via strata** | einen Weg ebnen, bahnen; auf den Boden hinstreuen<br>gepflasterter Weg, Heerstraße |
| 3441 | **Stratokumulus** (l;l)>nlat | tief hängende, gegliederte Schichtwolke (meteor. t. t.) {65} | **stratum**, ti n<br>+ **cumulus**, li m | Matratze, Polster, Lager; Decke<br>Haufen, aufgetürmte Masse |
| – | **Stratopause** (l;gr>l) >nlat | Schicht in der Atmosphäre (meteor. t. t.) {65} | **stratum**<br>+ **pausa**, ae f<br>gr. *παῦσις* | s. oben<br>das Innehalten, Stillstand |
| – | **Stratosphäre** l;gr | Teilschicht der Atmosphäre in einer Höhe von 12 bis 80 km über der Erde (meteor. t. t.) {65/63} | **stratum**<br>+ gr. *σφαῖρα* | s. oben<br>Ball, (Himmels)-kugel |
| – | stratosphärisch | | | |
| – | **Stratus** l>nlat | tief hängende, ungegliederte Schichtwolke (meteor. t. t.) {65} | **stratum** | s. oben |
| 3442a | **Streß** l>vulgl>frz >engl | 1. den Körper belastende, stärkere Leistungsanforderung {14/40/70}; 2. gerichteter, einseitiger Druck (geol. t. t.) {62} | **distringere**<br>afrz. *destresse*<br>engl. *distress*<br>*stress* | auseinanderziehen; in Anspruch nehmen; einengen<br>Sorge, Kummer<br>Druck, Anspannung |
| – | stressen, Stressor, gestreßt | | | |

| | | | | |
|---|---|---|---|---|
| 3442b | **Striegel** | kammartiges Instrument zur Pflege des Fells bzw. der Haut bestimmter Haustiere (bes. Pferde) {39} | **strigilis**, is f | Schabeisen zum Abreiben der Haut, Striegel |
| - | **striegeln** | mit dem Striegel bearbeiten, glätten, pflegen {39/21} | dto. | dto. |
| 3443 | **strikt**(e) | streng; genau; pünktlich {25/ 26/33/59} | **strictus**, a, um | zusammengezogen; streng; karg |
| - | **Striktion** | Zusammenziehung {53/58} | **strictio**, onis f | Zusammenziehung, -pressung |
| - | **stringent** | bündig, zwingend, streng {25/28} | **stringere** (PPA. **stringens**) | zusammenziehen, -schnüren; kurz zusammenfassen |
| - | **Stringenz** l>nlat | Bündigkeit, strenge Beweiskraft (auch philos. t. t.) {25/77} | dto. | dto. |
| - | **stringieren** | 1. zusammenziehen, -schnüren (veraltet) {53/58}; 2. die Klinge des Gegners mit der eigenen Waffe abdrängen (beim Fechten - sport. t. t.) {12/85} | dto. | dto. |
| 3444 | **Strippe** (gr)>l >roman >(niederl) | 1. Bindfaden, Schnur (ugs., berlinisch) {44}; 2. Fernsprechleitung, Leitungsdraht (ugs.) {46} | **stroppus**, pi m o. **struppus**, pi m<br>gr. *στρόγος*<br>it. *stroppo*, frz. *étrope*, span. *estrobo* | gedrehter Riemen, dünner, geflochtener Kranz<br>Seil, Band<br>Schlaufe zur Befestigung des Ruders in der Dolle |
| 3445 | **Struktur** | 1. (unsichtbare) Anordnung der Teile eines Ganzen zueinander, gegliederter Aufbau, innere Gliederung; 2. Gefüge, das aus Teilen besteht, die wechselseitig voneinander abhängen {56}; 3. erhabene Musterung bei Textilien, Tapeten {19/44/53}; 4. geologische Bauform (geol. t. t.) {62} | **structura**, ae f | ordentliche Zusammenfügung, Ordnung; Bauwerk |
| - | **struktural** o. **strukturell** l>nlat | die Struktur betreffend {s. oben} | dto. | dto. |

| | | | | |
|---|---|---|---|---|
| – | **Strukturalismus** l>nlat | 1. sprachwissenschaftliche Richtung, die Sprache als ein geschlossenes Zeichensystem versteht (sprachwiss. t. t.) {76}; 2. Forschungsmethode in der Völkerkunde, die eine Beziehung zwischen der Struktur einer Sprache und der Kultur einer Gesellschaft herstellt (ethnol. t. t.) {81}; 3. Wissenschaftstheorie, die von einer synchronen Betrachtungsweise ausgeht {25/40/59} | dto. | dto. |
| – | Strukturalist, strukturalistisch | | | |
| – | **strukturieren** l>nlat | mit einer Struktur (1.-3.) versehen {s. oben} | dto. | dto. |
| 3446 | **Student** | 1. Hochschüler in der wissenschaftlichen Ausbildung; 2. Schüler einer höheren Schule (österr.) {31} | **studere** (PPA. **studens**) | sich eifrig, mit Fleiß bemühen; streben; sich wissenschaftlich beschäftigen |
| – | **studentisch** l>nlat | die Studenten betreffend; von, durch, mit Studenten {31} | dto. | dto. |
| – | **Studie** l>(nlat) | 1. Entwurf, kurze skizzenhafte Darstellung, Vorarbeit; Übung {25/32/40}; 2. kunstvolle Darstellung einer Spielführung beim Schach (sport. t. t.) {25/32/85} | **studium**, ii n | Eifer, Streben, Interesse; wissenschaftliche Beschäftigung |
| – | **Studien...** l>(nlat) | amtlicher Titel für Beschäftigte in pädagogischen Berufen {31/49/78/40} | dto. | dto. |
| >>> | Studien... s. ggf. auch unter dem Rest des Wortes | | | |
| – | **studieren** | 1. eine Hochschule, Universität besuchen {31}; 2. Kenntnisse auf einem bestimmten Fachgebiet erwerben {22/25/31}; 3. genau untersuchen, beobachten, erforschen; 4. genau, prüfend durchlesen {23/29/32}; 5. einüben, einstudieren {25/40} | **studere** | s. oben |
| – | **Studiker** l>nlat | Student (ugs., scherzhaft) {31} | dto. | dto. |

| | | | | |
|---|---|---|---|---|
| – | **Studio** l>it | 1. Künstlerwerkstatt, Atelier (z. B. eines Malers) {36/40/58}; 2. Aufnahmeraum (beim Film) {33/35/58/85}; 3. Versuchsbühne (für modernes Theater {35/58/74}; 4. Übungs- und Trainingsraum für Tänzer {37/58}; 5. abgeschlossene Einzimmerwohnung {44/58} | **studium** it. *studio* | s. oben Studium; Studie; Arbeitszimmer, Atelier |
| – | **Studiosus** | Studierender, Student (ugs., scherzhaft) {31} | **studiosi**, sorum m (Pl.) | Studierende, Kunstbeflissene |
| – | **Studium** | 1. Hochschulbesuch, -ausbildung; 2. eingehende wissenschaftliche Beschäftigung {25/31}; 3. genaue, kritische Prüfung; kritisches Durchlesen {25/32}; 4. das Einüben, Erler-nen {25/31/40} | **studium** | s. oben |
| 3447 | **stupend** | erstaunlich, verblüffend {26} | **stupere** (PPA. **stupens**) | verblüfft sein, stutzen, staunen |
| – | **stupid**(e) l>frz | stumpfsinnig, geistlos, beschränkt, dumm {22/25} | **stupidus**, a, um | verdutzt, verblüfft; dumm, borniert |
| – | **Stupidität** | 1. Stumpfsinnigkeit, Beschränkt-, Dummheit {22/25}; 2. von Geistlosigkeit zeugende Handlung, Bemerkung {25/29/32} | **stupiditas**, atis f | Sinnlosigkeit, Verdutztheit, Dummheit |
| 3448 | **Stuprum** | 1. Ehebruch {33}; 2. Notzucht, Vergewaltigung {18/82} | **stuprum**, ri n | Schändung, Hurerei, Ehebruch |
| 3449 | **stylen** l>engl | entwerfen, gestalten, eine bestimmte Form geben {36/40/53} | **stilus**, li m | s. oben 3430 |
| – | **Styling** l>engl | 1. industrielle Formgebung im Hinblick auf funktionsgerechtes ansprechendes Äußeres {41/36}; 2. Karosseriegestaltung im Kraftfahrzeugbau {41/53/45} | dto. | dto. |
| – | **Stylist** l>engl | Formgestalter (bes. im Autobau) {40/41/45/53} | dto. | dto. |
| 3450 | **Suasorie** | eine Redeübung über die Ratsamkeit einer fingierten Entschließung (hist., rhet. t. t.) {32/75/76} | **suasoria**, ae f | Rede, worin etw. empfohlen, Rat gegeben wird |
| – | **suasorisch** | die Suasorie betreffend; überredend {28/32/75/76} | **suasorius**, a, um | zum Ratgeben -, zum Überreden gehörig |

| | | | | |
|---|---|---|---|---|
| 3451 | **Sub** | 1. wiederholtes Kontra, Erwiderung auf ein Re (beim Skatspiel {32/85}; 2. Kurzform von: Subkultur {33/31}; 3. = Sub... (in Zusammensetzungen): unter, neben, im Randbereich liegend {58}; | **sub** (Präp.) | unter (... hervor); unten, unterhalb; bei |
| | (l>engl >am) | 4. Lokalität einer subkulturellen (z. B. homosexuellen) Gruppe {33/58}; 5. Angehöriger einer subkulturellen Gruppe {33} | | |
| >>> | Sub... s. ggf. auch unter dem Rest des Wortes | | | |
| 3452 | **subaltern** | 1. unterwürfig, untertänig (abwertend); 2. untergeordnet, unselbständig {33} | **subalternus**, a, um | untergeordnet |
| – | **Subalternität** l>nlat | 1. Abhängig-, Unselbständigkeit; 2. Unterwürfig-, Untertänigkeit {33} | dto. | dto. |
| >>> | Subdiakon s. Sub... | | | |
| 3453 | **subito** l>it | plötzlich, sofort, unvermittelt (mus. t. t.) {37/59} | **subito** (Adv.) | plötzlich, jählings; sofort |
| 3454 | **Subjekt** | 1. das erkennende, mit Bewußtsein ausgestattete, handelnde Ich (philos. t. t.) {77}; 2. Satzgegenstand (sprachwiss. t. t.) {76}; 3. Thema in der Fuge (mus. t. t.) {37}; 4. heruntergekommener, gemeiner Mensch (abwertend) {33/25} | **subietcum**, ti n | Satzgegenstand; Grundbegriff; (das Zugrundegelegte) |
| – | **subjektiv** | 1. auf ein Subjekt bezüglich, dem Subjekt angehörend, in ihm begründet; persönlich (philos. t. t.) {77}; 2. auf die eigene Person bezogen, von der eigenen Person aus urteilend {25/33}; 3. einseitig, parteiisch; unsachlich {25/26/33} | **subiectivus**, a, um<br>(bzw. subicere | hinzugefügt, nachgesetzt; zum Subjekt gehörig<br>darunter werfen, unter etw. legen, zugrundelegen) |
| – | **Subjektivismus** l>nlat | (philos. t. t.) 1. Ansicht, nach der das Ich das primär Gegebene sei; 2. nur vom Ich ausgehende Haltung, Ichbezogenheit {77/25} | dto. | dto. |
| – | Subjektivist, subjektivistisch | | | |

| | | | | |
|---|---|---|---|---|
| – | **Subjektivität** l>nlat | 1. Inbegriff dessen, was zu einem Subjekt gehört (philos. t. t.); 2. die Eigenständigkeit des geistigen Lebens (philos. t. t.) {77}; 3. persönliche Auffassung, Eigenart {25/26}; 4. Einseitigkeit {25/26/33} | dto. | dto. |
| 3455 | **Subkontinent** (l;l)>nlat | geographisch geschlossener Teil eines Kontinents (z. B. Indien - geogr. t. t.) {64} | **sub** + **continens** (Gen. –ntis) (bzw. terra continens | s. oben 3451 zusammenhängend, unmittelbar angrenzend Festland, Kontinent) |
| 3456 | **Subkultur** (l;l)>nlat | besondere, in bewußtem Gegensatz zur herrschenden Kultur stehende Gruppierung {33/81} | **sub** + **cultura**, ae f | s. oben 3451 Pflege; Kultur; Bebauung |
| – | **subkulturell** (l;l)>nlat | zu einer Subkultur gehörend, sie betreffend {33/81} | dto. | dto. |
| 3457 | **subkutan** | (med. t. t.) 1. unter der Haut befindlich; 2. unter die Haut appliziert (= gespritzt) {70} | **subtercutaneus**, a, um | unterhalb der Haut befindlich |
| 3458 | **sublim** | 1. nur mit großer Feinsinnigkeit, mit feinem Verständnis wahrnehmbar; 2. von großer Feinsinnigkeit, feinem Verständnis, großer Empfindsamkeit zeugend {22/23/25/26} | **sublimis**, e | emporragend, erhaben, schwebend, in die Höhe gehoben |
| – | **Sublimation** l>nlat | unmittelbarer Übergang eines festen Stoffes in den Gaszustand (chem. t. t.) {73/65} | **sublimare** | emporheben, -steigen; erhöhen |
| – | **sublimieren** | 1. auf eine höhere Ebene erheben, ins Erhabene steigern; verfeinern, veredeln {29/40/56}; 2. einen (unbefriedigten Geschlechts)trieb in kulturelle Leistungen umsetzen (med., psych. t. t.) {33/70}; 3. unmittelbar vom festen in den gasförmigen Zustand übergehen (chem., phys. t. t.) {65/72/73} | dto. | dto. |
| – | Sublimierung | | | |
| 3459 | **submarin** (l;l)>nlat | unter der Meeresoberfläche lebend, befindlich (geol., biol. t. t.) {62/68/69} | **sub** + **marinus**, a, um | s. oben 3451 zum Meer gehörig, im Meer befindlich |

| | | | | |
|---|---|---|---|---|
| 3460 | **Submission** | 1. Ehrerbietig-, Unterwürfigkeit; Unterwerfung (veraltet) {33}; 2. öffentliche Ausschreibung einer Arbeit und Auftragsvergabe an den günstigsten Anbieter {40/42/49/80}; 3. Kaufhandlung (DDR) {29/42}; 4. Musterausstellung der Herstellerbetriebe zur Entgegennahme von Aufträgen des Handels (DDR) {42/80} | **submissio**, onis f | Herablassung |
| – | **submittieren** | sich um einen Auftrag bewerben (wirtsch. t. t.) {40/42/80} | **submittere** | herunter-, herablassen; unterwerfen; zuschicken |
| 3461 | **Subordination** (l;l)>mlat | 1. Unterordnung, Gehorsam (veraltend) {33}; 2. Unterordnung von Sätzen, Satzgliedern (sprachwiss. t. t.) {76} | **sub** + **ordinatio**, onis f | s. oben 3451 (An)ordnung; Regelung; Reihenfolge |
| – | **subordinieren** (l;l)>mlat | unterordnen (sprachwiss. t. t.) {76} | **sub** + **ordinare** | s. oben 3451 ordnen; regeln, festsetzen |
| 3462 | **subpolar** l;gr | zwischen den Polen und der gemäßigten Klimazone gelegen (geogr., meteor. t. t.) {64/65} | **sub** + gr. *πόλος* | s. oben 3451 Drehpunkt, Achse; Erdpol |
| 3463 | **subsidiär** o. **subsidiarisch** l>frz | 1. unterstützend, hilfeleistend {33}; 2. behelfsmäßig, als Behelf dienend {56} | **subsidiarius**, a, um | zur Reserve gehörig, zur Aushilfe dienend |
| – | **Subsidiarität** l>frz>(nlat) | 1. Prinzip, wonach der Staat nur Aufgaben übernehmen soll, zu deren Wahrnehmung untergeordnete Einheiten (bes. die Familie) nicht in der Lage sind (pol., soziol. t. t.) {81}; 2. das Subsidiärsein einer Rechtsnorm (jur. t. t.) {82} | dto. | dto. |
| – | **Subsidium** | 1. Beistand, Rückhalt, Unterstützung (veraltet) {33}; 2. Hilfsgelder (seltener Truppen o. Kriegsmaterial), die ein Staat einem anderen gibt {50/42/75/86} | **subsidium**, ii n | Hilfe, Rückhalt, Reserve, Beistand |
| 3464 | **Subsistenz** | 1. der Bestand, das Bestehen durch sich selbst (philos. t. t.) {77/52}; 2. Lebensunterhalt, materielle Grundlage des Lebens; 3. materielle Existenz {15/17/33/42/52} | **subsistentia**, ae f | Bestand, Realität, Substanz |
| – | Subsistenzwirtschaft | | | |

| | | | | |
|---|---|---|---|---|
| – | **subsistieren** | 1. für sich (unabhängig von anderen) bestehen (philos. t. t.) {77/52}; 2. seinen Lebensunterhalt haben (veraltet) {15/17/33/42/52} | **subsistere** | stillstehen, haltmachen; bestehen bleiben; widerstehen |
| 3465 | **Subskribent** | jmd., der sich zur Abnahme eines noch nicht erschienenen Buches verpflichtet (buchw. t. t.) {42/32/28} | **subscribere** (PPA. **subscribens**) | (dar)unterschreiben; unterstützen |
| – | **subskribieren** | sich verpflichten, ein noch nicht erschienenes Druckerzeugnis abzunehmen; vorausbestellen (buchw. t. t.) {32/28/42} | dto. | dto. |
| – | **Subskription** | 1. Vorausbestellung von später erscheinenden Büchern (durch Unterschrift - buchw. t. t.) {28/32/42}; 2. am Schluß einer antiken Handschrift stehende über Inhalt, Verfasser des Werkes, Schreiber etc. {32/75}; 3. Verpflichtung, eine bestimmte Anzahl von Wertpapieren zu kaufen {28/42/80} | **subscriptio**, onis f | Unterschrift (unter ein Dokument); Mitanklage |
| 3466 | **Substantialismus** l>nlat | philosophische Lehre, nach der die Seele eine Substanz, ein dinghaftes Wesen ist (philos. t. t.) {77} | **substantialis**, e | wesentlich; selbständig; die Substanz betreffend, wesenhaft |
| – | **substantial** o. **substantiell** l>frz | 1. substanzartig, wesenhaft {52}; 2. wichtig, wesentlich {56/25}; 3. stofflich, materiell, Substanz besitzend {52/54}; 4. nahrhaft, gehaltvoll, kräftig (veraltend) {17} | dto. | dto. |
| – | **substantiieren** l>nlat | durch Tatsachen belegen, begründen (philos., jur. t. t.) {77/82} | **substantia**, ae f | Bestand, Existenz, Substanz, Beschaffenheit |
| – | **Substantiv(um)** l>(spätl) | Haupt-, Dingwort; Nomen (sprachwiss. t. t.) {76} | **substantivus**, a, um spätl. **nomen substantivum** | selbständig; für sich selbst bestehen könnend Substantiv (gramm. t. t.) |
| – | **substantivieren** l>nlat | zum Substantiv machen (sprachwiss. t. t.) {76} | dto. | dto. |
| – | **Substantivierung** l>nlat | (sprachwiss. t. t.) 1. das Substantivieren; 2. substantivisch gebrauchtes Wort {76} | dto. | dto. |
| – | **substantivisch** | das Substantiv betreffend; haupt-, dingwörtlich (sprachwiss. t. t.) {76} | dto. | dto. |

| | | | | |
|---|---|---|---|---|
| – | **Substanz** | 1. Stoff, Materie, Material {52/73}; 2. das unveränderliche Wesen einer Sache, Urgrund (philos. t. t.) {77}; 3. der eigentliche Inhalt, das Wesentliche, Wichtige {56/52}; 4. Vorrat, Vermögen, Kapital {43} | **substantia** | s. oben |
| 3467 | **Substituent** | 1. der ersetzende Stoff, Ersatzstück {73}; 2. Atom, das ein anderes Atom ersetzen kann, ohne das Gefüge zu zerstören (phys. t. t.) {72} | **substituere** (PPP. **substitutus**) | unterwerfen; an die Stelle -, ersetzen, substituieren |
| – | **substituieren** | 1. austauschen, ersetzen {29/40/56}; 2. einen Begriff an Stelle eines anderen setzen (philos. t. t.) {77} | dto. | dto. |
| – | **Substitut(in)** | 1. Ersatz(mittel) {56}; 2. Stellvertreter, Ersatzmann, Untervertreter {33}; 3. Verkaufsleiter {40/42} | dto. | dto. |
| – | **Substitution** | 1. Ersetzung, Austauschung {56}; 2. Verschiebung eines Affektes auf ein Ersatzobjekt (sogenanntes Übersprungverhalten - psych., biol. t. t.) {69/70}; 3. Ersetzung von Gütern o. Produktionsfaktoren (wirtsch. t. t.) {41/42/80}; 4. Ersatz eines sprachlichen Elements (sprachwiss. t. t.) {76}; 5. Ersetzung einer mathematischen Größe {71}; 6. Ersetzung eines Begriffs (log. t. t.) {77/71} | **substitutio**, onis f | das Setzen an die Stelle eines anderen; Ersatz, Ersetzung; Ergänzung |
| 3468 | **Substrat** | 1. Unterlage, Grundlage {58/25}; 2. eigenschaftslose Substanz eines Dinges als Träger seiner Eigenschaften (philos. t. t.) {77}; 3. Sprachgut eines (besiegten) Volkes im Hinblick auf den Niederschlag, den sie in der (neuen) aufgezwungenen Sprache gefunden hat (sprachwiss. t. t.) {76/81}; 4. Nährboden (biol. t. t.) {68/69}; 5. Substanz, die bei fermentativen Vorgängen abgebaut wird (biol., chem. t. t.) {68/69/73} | **substratus**, us m | das Unterstreuen, Unterlegen |

| | | | | |
|---|---|---|---|---|
| 3469 | **subsumieren** (l;l)>nlat | 1. ein-, unterordnen (z. B. einen Begriff von engerem Umfang einem von weiterem - log. t. t.) {56/77}; 2. einen Sachverhalt rechtlich würdigen (jur. t. t.) {56/82} | **sub** + **sumere** | s. oben 3451 nehmen; wählen, aussuchen |
| – | **Subsumtion** (l;l)>nlat | 1. Unterordnung von Begriffen unter einem Oberbegriff {76/56}; 2. Unterordnung eines Sachverhalts unter den Tatbestand einer Rechtsnorm (jur. t. t.) {82} | **sub** + **sumptio**, onis f | s. oben 3451 das Nehmen |
| 3470 | **subterran** | unterirdisch {58} | **subterraneus**, a, um | unter der Erde befindlich, unterirdisch |
| 3471 | **subtil** | 1. mit großer Behutsamkeit, Sorgfalt, Genauigkeit vorgehend o. ausgeführt; in die Details gehend; 2. fein strukturiert; schwierig, kompliziert {25/40/56} | **subtilis**, e | fein, dünn, zart; feinfühlend |
| – | **Subtilität** | 1. subtiles Wesen, das Subtilsein {25/26/33/84}; 2. etw. Subtiles; Feinheit {25/56} | **subtilitas**, atis f | Zart-, Feinheit, Genauigkeit |
| 3472 | **Subtrahend** | Zahl, die von einer anderen Zahl abgezogen wird (math. t. t.) {71} | **subtrahere** | entreißen, entfernen; sich (entziehen) |
| – | **subtrahieren** | abziehen, vermindern (math. t. t.) {71} | dto. | dto. |
| – | **Subtraktion** | das Abziehen (math. t. t.) {71} | **subtractio**, onis f | das Sich-Entziehen, Abweichen |
| – | **subtraktiv** l>nlat | mit Subtraktion durchgeführt (math. t. t.) {71} | **subtrahere** | s. oben |
| 3473 | **Subtropen** (l;gr)>nlat | Gebiete des Übergangs von den Tropen zur gemäßigten Klimazone (geogr. t. t.) {64/65} | **sub** + gr. *τροπή* | s. oben 3451 Wende |
| – | **subtropisch** (l;gr)>nlat | in den Subtropen gelegen {64/65} | dto. | dto. |
| 3474 | **Suburb** l>engl>am | engl. Bezeichnung für: Vorstadt, amerikanische Trabantenstadt {64/81} | **suburbium**, ii n | Vorstadt |
| – | **Suburbanisation** l>nlat | Ausdehnung der Großstädte durch eigenständige Trabantenstädte {64/58} | **suburbanus**, a, um | nahe bei der Stadt befindlich |
| – | **Suburbia** l>engl>am | Gesamtheit der um die großen Industriestädte gelegenen Trabantenstädte {57/64/81} | **suburbium** | s. oben |
| – | **suburbikarisch** | vor der Stadt gelegen (von Bistümern) {64/51} | **suburbicarius**, a, um | nahe bei der Stadt (befindlich) |
| – | **Suburbium** | Vorstadt (bes. einer mittelalterl. Stadt) {64/75} | **suburbium** | s. oben |

| | | | | |
|---|---|---|---|---|
| 3475 | **subvenieren** | zu Hilfe kommen, unterstützen (veraltet) {33} | **subvenire** | beistehen, zu Hilfe kommen |
| – | **Subvention** | zweckgebundene (finanzielle) Unterstützung aus öffentlichen Mitteln; staatlicher Zuschuß {50/42/80} | **subventio**, onis f | Hilfeleistung, Beistand |
| – | **subventionieren** l>nlat | durch zweckgebundene öffentliche Mittel unterstützen, mitfinanzieren {42/50/80} | dto. | dto. |
| 3476 | **Subversion** | (Staats)umsturz {25/33/50} | **subversio**, onis f | Umkehrung; Umsturz, Zerstörung |
| – | **subversiv** l>nlat | 1. umstürzlerisch {25/33/50}; 2. zerstörend {52} | **subvertere** (PPP. **subversus**) | umkehren; umstürzen, vernichten |
| 3477a | **Subway** (l;l)>engl >am | 1. Untergrundbahn {45}; 2. Straßenunterführung {45/58} | **sub** + **via**, ae f engl. *way* | s. oben 3451 Weg, Straße |
| 3477b | **Subwoofer** (l;engl) >engl | besondere Lautsprecherbox für niederfrequente Schwingungen (techn. t. t.) {87} | **sub** | s. oben 3451 |
| 3478 | **Sudatorium** | Schwitzbad, Sauna (med. t. t.) {44/58/70} | **sudatorium**, ii n | Schwitzbad |
| 3474 | **Süffisance** o. **Süffisant** l>frz | süffisantes Wesen, süffisante Art {25/26/84} | **sufficere** frz. *suffire* *suffisant* *suffisance* | nachwählen; darreichen; hinreichen, genügen genügen genüglich, dünkelhaft, selbstgefällig |
| – | **süffisant** l>frz | geistige Überlegenheit genüßlich zur Schau tragend; selbstgefällig, spöttisch-überheblich {25/26/84} | dto. | dto. |
| 3480 | **Suffix** | an ein(en) Wort(stamm) angehängte Ableitungssilbe, Nachsilbe (sprachwiss. t. t.) {76} | **suffigere** (PPP. **suffixus**) | anfügen, -heften, -stecken |
| 3481 | **Suffizienz** | 1. Zulänglichkeit, Können {22}; 2. ausreichendes Funktionsvermögen (z. B. des Herzens - med. t. t.) {56/70} | **sufficiens** (Gen. –ntis) | hinreichend, hinlänglich, genügend |
| – | **suffizient** | genügend, ausreichend (in bezug auf das Funktionsvermögen eines Organs - med. t. t.) {56/70} | dto. | dto. |
| 3482 | **Suffragette** l>frz>engl | (engl.) für politische Gleichberechtigung eintretende Frauenrechtlerin {33/50/81} | **suffragium**, ii n | Abstimmung; Stimme; Stimmrecht |
| – | **Suffragium** | 1. politisches Stimmrecht {50}; 2. Abstimmung {28/50}; 3. Gebet zu den Heiligen um ihre Fürbitte {51} | dto. | dto. |

| | | | | |
|---|---|---|---|---|
| 3483 | **suggerieren** | 1. jmdn. gegen seinen Willen gefühlsmäßig beeinflussen; jmdm. etw. einreden; 2. einen den Tatsachen nicht entsprechenden Eindruck entstehen lassen {25/28} | **suggerere** (PPP. **suggestum**) | unten an etw. bringen; eingeben; einflüstern |
| – | **suggestibel** l>nlat | beeinflußbar, für Suggestion empfänglich {25/28} | dto. | dto. |
| – | **Suggestibilität** l>nlat | Beeinflußbarkeit, gute Empfänglichkeit für Suggestionen (z. B. bei Hypnose) {25/28} | dto. | dto. |
| – | **Suggestion** | 1. Beeinflussung eines Menschen {28/25}; 2. Gefühl, Gedanke, Eindruck, der jmdm. suggeriert (1.) wird {24/25/26/28}; 3. suggestive Wirkung, Kraft {25/28} | **suggestio**, onis f | Hinzufügung; Eingebung, Einflüsterung; Vorstellung |
| – | **suggestiv** l>nlat | 1. beeinflussend, (den anderen) bestimmend; auf jmdn. einwirkend; 2. auf Suggestion zielend {28/25} | **suggerere** | s. oben |
| – | **Suggestivität** l>nlat | Beeinflußbarkeit {28/25} | dto. | dto. |
| 3484a | **Suite** l>gallorom >frz | 1. Gefolge eines Fürsten {47/33}; 2. Folge von zusammengehörenden Zimmern in Hotels, Palästen o. ä. {44/58}; 3. lustiger Streich (veraltet) {33/26}; 4. Folge von verschiedenen zusammengehörigen, in der gleichen Tonart stehenden Stücken (mus. t. t.) {37} | **sequi**<br>gallorom. *sequita**<br>frz. *suite* | (nach-, ver)folgen, begleiten<br>Folge<br>Folge |
| 3484b | **Suizid** l>nlat | Selbstmord {28/15/82} | **suum**, ui n (Subst.) bzw. **sui**<br>+ **caedere** | das Seine, Ihrige<br>seine eigen Person, gegen sich<br>hauen, schlagen, töten |
| – | **suizidal** l>nlat | durch Selbstmord erfolgt, zum Selbstmord neigend {15/25/28/82} | dto. | dto. |
| – | **Suizidalität** l>nlat | Neigung, Selbstmord zu begehen {25/28/15/82} | dto. | dto. |
| – | **Suizidant** o. **Suizident** l>nlat | jmd., der Selbstmord begeht o. zu begehen versucht {15/28/82} | dto. | dto. |
| – | Suizidologe, Suizidologie | | | |

| | | | | |
|---|---|---|---|---|
| 3485 | **Sujet** l>frz | Gegenstand, Stoff einer künstlerischen Darstellung, bes. einer Dichtung {25/34/35} | **subiectum**, ti n<br>frz. *sujet* | Subjekt; Satzgegenstand, Grundbegriff |
| 3486 | **Sukkubus** l>mlat | Teufel, der mit Männern in sexueller Beziehung steht (rel. t. t.) {18/51} | **succumbere**<br>(bzw. **succuba**, ae f | niederfallen, -sinken; sich beschlafen lassen<br>Beischläferin |
| 3487 | **sukkulent** | saftig, fleischig (in bezug auf die Beschaffenheit von Geweben - med., biol. t. t.) {68/69/70} | **succulentus**, a, um | saftvoll, -reich; kräftig |
| – | **Sukkulent** | Pflanze trockener Gebiete mit besonderen Wassergeweben (bot. t. t.) {68} | dto. | dto. |
| – | **Sukkulenz** l>nlat | Verdickung von Pflanzenteilen durch Wasserspeicherung (bot. t. t.) {68} | dto. | dto. |
| 3488 | **sukzedan** | nachfolgend, aufeinanderfolgend (med. t. t.) {70} | **succedaneus**, a, um | stellvertretend |
| – | **sukzedieren** | nachfolgen (z. B. in einem Amt - veraltet} {33/40/50/59} | **succedere** | ablösen, nachfolgen |
| – | **Sukzeß** | Erfolg (veraltet) {25/33/40} | **successus**, us m | Fortgang, Verlauf; Erfolg |
| – | **Sukzession** | 1. Thronfolge {47/33}; 2. apostolische Nachfolge {51}; 3. Übernahme der Rechte und Pflichten eines Staates durch einen anderen {50/82}; 4. Eintritt einer Person in ein bestehendes Rechtsverhältnis, Rechtsnachfolge {82}; 5. Übergehen einer Pflanzengesellschaft in eine andere (bot. t. t.) {68} | **successio**, onis f | das Nachrücken, Nachfolge; Fortgang, Erfolg |
| – | **sukzessiv** l>nlat | allmählich eintretend {52/59} | **succedere** | s. oben |
| – | **sukzessive** l>nlat | allmählich, nach und nach {59} | dto. | dto. |
| – | **Sukzessor** | (Rechts)nachfolger (veraltet) {82} | **successor**, oris m | Nachfolger |
| 3489 | **Sulfat** l>nlat | Salz der Schwefelsäure (chem. t. t.) {73} | **sulphur**, ris n | Schwefel; Blitz |
| – | **Sulfid** l>nlat | Salz der Schwefelwasserstoffsäure (chem. t. t.) {73} | dto. | dto. |
| – | **sulfidisch** l>nlat | Schwefel enthaltend (chem. t. t.) {73} | dto. | dto. |
| – | **Sulfit** l>nlat | Salz der schwefligen Säure (chem. t. t.) {73} | dto. | dto. |

| | | | | |
|---|---|---|---|---|
| 3490 | **Summa** | 1. Summe (veraltet) {57/71}; 2. Bezeichnung für für eine Zusammenfassung des gesamten theol. und philos. Wissensstoffes {51/57/77} | **summa**, ae f | Hauptsache; Gesamtheit, das Ganze, Summe |
| – | **Summand** | hinzuzuzählende Zahl (math. t. t.) {71} | dto. | dto. |
| – | **summarisch** l>mlat | 1. kurz zusammengefaßt {32/56/57}; 2. kurz u. bündig {57}; 3. nur ganz allgemein, ohne auf Einzelheiten einzugehen {32/56} | dto.<br>mlat. summarius | dto.<br>kurz zusammengefaßt |
| – | **Summarium** l>nlat | 1. kurze Inhaltsangabe (veraltet); 2. Inbegriff (veraltet) {32/57/25}; 3. Sammlung mittelalterl. Glossen (sprachwiss., lit.wiss. t. t.) {76/75} | **summarium**, ii n | kurzer Inhalt; Inbegriff der Hauptpunkte |
| – | **Summary** l>engl | Zusammenfassung eines Artikels, Buchs o. ä. {32/57} | dto. | dto. |
| – | **Summation** l>nlat | 1. Bildung einer Summe (math. t. t.) {71}; 2. Anhäufung {57} | **summa** | s. oben |
| – | **summativ** l>nlat | 1. das Zusammenzählen betreffend; 2. durch Summation erfolgend {71/57} | dto. | dto. |
| – | **Summe** | 1. Resultat einer Addition {71}; 2. Gesamtzahl {71/57}; 3. Geldbetrag {42/57} | dto. | dto. |
| – | **Summepiskopat** l;gr>l | die oberste Gewalt der Landesfürsten in den deutschen ev. Kirchen bis 1918 {50/51} | dto.<br>+ **episcopatus**, us m<br>gr. *ἐπίσκοπος* | dto.<br>Bischofswürde |
| – | **summieren** | 1. zusammenzählen {71/57}; 2. zusammenfassen, vereinigen {57/32}; 3. sich -: immer mehr werden, anwachsen {57/61} | **summa**<br>(bzw.<br>**summare** | s. oben<br><br>auf den Höhepunkt bringen) |
| 3491 | **super** l>(engl) | erstklassig, großartig, hervorragend, toll {26/33/56} | **super** | obendrauf, darüber, darauf; oberhalb |
| – | **Super** | 1. (= Superheterodynempfänger) Rundfunkgerät mit hoher Verstärkung und Trennschärfe (techn. t. t.) {46/87}; 2. (= Superbenzin) Brennstoff mit hoher Oktanzahl {45/73} | dto. | dto. |
| – | **super...**, **Super...** | höchst, sehr, äußerst, überaus; über (... hinaus) {56/58} | dto. | dto. |
| – | Supermacht, -markt, -mann | | | |
| 3492 | **superb** o. **süperb** l>frz | vorzüglich, prächtig {17/26/56} | **superbus**, a, um | hochmütig, eitel; hervorragend, prächtig |

| | | | | |
|---|---|---|---|---|
| 3493 | **Supercup** (l;gr>l) >engl | 1. Wettbewerb zwischen den Europapokalgewinnern der Landesmeister und der Pokalsieger (im Sport) {85}; 2. Siegestrophäe beim Supercup-Spiel {56/85} | **super** + **cup(p)a,** ae f gr. κύπη | s. oben 3491 Küpe, Tonne; Grabgewölbe |
| >>> | Superhet s. Super (1.) | | | |
| 3494 | **Superintendent** l>mlat | höherer ev. Geistlicher, Vorsteher eines Kirchenkreises {51} | **superintendere** | die Aufsicht haben |
| – | **Superintendentur** l>mlat >nlat | Amt(sbereich o. Wohnung) eines Superintendenten {51/58/44} | dto. | dto. |
| 3495 | **superior** | überlegen {33/56} | **superior,** ius (Komp.) | weiter oben befindlich; vorzüglicher, andere übertreffend |
| – | **Superiorität** l>mlat | Überlegenheit, Übergewicht {56/33} | dto. | dto. |
| 3496 | **superlativ** | 1. überragend {56/33}; 2. übertreibend, übertrieben (rhet. t. t.) {76} | **superlativus,** a, um | im Superlativ stehend; steigernd; zur Übertreibung dienend |
| – | **Superlativ** | 1. Höchststufe des Adjektivs bei der Steigerung (sprachwiss. t. t.) {76}; 2. etw., das nicht zu überbieten ist; 3. Ausdruck höchsten Wertes, Lobes {26/33/56} | dto. | dto. |
| – | **superlativisch** | 1. den Superlativ betreffend (sprachwiss. t. t.); 2. übertrieben (sprachwiss. t. t.) {76}; 3. überragend {26/33/56} | dto. | dto. |
| 3497 | **Supernova** (l;l)>nlat | besonders lichtstarker Stern (astron. t. t.) {66} | **super** + **novus,** a, um | s. oben 3491 neu; frisch |
| 3498 | **supersonisch** (l;l)>nlat | schneller als der Schall; über der Schallgeschwindigkeit (phys. t. t.) {54/72} | **super** + **sonare** | s. oben 3491 tönen, schallen, klingen |
| 3499 | **Superstition** | Aberglaube (veraltet) {51} | **superstitio,** onis f | Aberglaube; religiöser Fanatismus |
| – | **superstitiös** | abergläubisch (veraltet) {51} | **superstitiosus,** a, um | weissagerisch, abergläubisch |
| 3500 | **Supervisor** (l;l)>engl | 1. (Leistungs)kontrolle, Inspektion {40/25}; 2. Leitung, (Ober)aufsicht {40/33} | **super** + **visor,** oris m | s. oben 3491 Beschauer |

| | | | | |
|---|---|---|---|---|
| 3501 | **Supinum** | erstarrte lateinische Verbform (sprachwiss. t. t.) {76} | **supinus,** a, um<br>**supinum** (sc. verbum) | rücklings, rückwärts gebogen<br>Supinum |
| 3502 | **Supplement** | 1. Ergänzung, Nachtrag, Anhang {57/32}; 2. Ergänzungswinkel (zu 180° - math. t. t.) {71} | **supplementum,** ti n | Ergänzung(smittel); Verstärkung; Nachhilfe |
| – | **supplementär** l>nlat | ergänzend {57/71} | **supplere** | ergänzen, nachfüllen, ersetzen |
| 3503 | **Supplikation** | Bittgesuch, Bitte (veraltet) {27/33} | **supplicatio,** onis f | Dank-, Buß-, Betfest; demütige Ergebung |
| 3504 | **Suppression** | 1. Unterdrückung, Hemmung (med. t. t.) {70}, 2. Unterdrückung o. Kompensation der Wirkung mutierter Gene (biol. t. t.) {68/69} | **suppressio,** onis f | Nieder, Unterdrückung; Unterschlagung |
| – | **suppressiv** l>nlat | unterdrückend, hemmend (biol. t. t.) {68/69/70} | **supprimere** (PPP. **suppressus**) | (her)unterdrükken; aufhalten; verschweigen |
| 3504 | **supranational** (l;l>mlat) >nlat | überstaatlich, übernational {50} | **supra**<br>+ **natio,** onis f | oberhalb, weiter oben, darüber hinaus<br>Geschlecht, Gattung, Stamm |
| 3506 | **Supranaturalismus** (l;l>nlat) >nlat | über das Natürliche hinausgehende Denkrichtung; Glaube an Übernatürliches {51} | **supra**<br>+ **naturalis,** e | s. oben 3505<br>natürlich, angeboren, den Gesetzen der Natur gemäß |
| – | supranaturalistisch | | | |
| 3507 | **Suprema-t(ie)** l>nlat | (päpstliche) Obergewalt; Überordnung {51/33} | **supremus,** a, um (Superl.) | der (die, das) oberste, höchste, erhabenste |
| 3508 | **Surplus** (l;l)>mlat >frz>engl | 1. Überschuß, Gewinn, Profit (wirtsch. t. t.) {80}; 2. überschüssig (z. B. Lagerbestände, Gebrauchsgegenstände) {42/56/57} | **super**<br>frz. *sur*<br>+ **plus** (Komp.)<br>frz. *plus* | s. oben 3491<br><br>mehr, größer, höher |
| 3509 | **surreal** (l;l)>frz | traumhaft, unwirklich {24} | **super**<br>frz. *sur*<br>+ spätl. **realis,** e | s. oben 3491<br><br>sachlich, wesentlich |
| – | **Surrealismus** (l;l)>frz | moderne Kunstrichtung, die das Unbewußte und Traumhafte darstellen will {34/36} | dto. | dto. |
| – | Surrealist, surrealistisch | | | |

| | | | | |
|---|---|---|---|---|
| 3510 | **Surrogat** l>nlat | 1. Ersatz(mittel), Behelf {40/56}; 2. ersatzweise eingebrachter Vermögensgegenstand (jur. t. t.) {43/82} | **subrogare** | jmdn. an die Stelle eines anderen wählen lassen, ersetzen; ergänzen |
| 3511 | **suspekt** | verdächtig, fragwürdig, zweifelhaft {25/26} | **suspectus**, a, um | verdächtig, argwöhnisch |
| 3512 | **suspendieren** | 1. (einstweilen) des Dienstes entheben; aus einer Stellung entlassen {50/40/59}; 2. zeitweilig aufheben {59/56}; 3. von einer Verpflichtung befreien {33}; 4. (Teilchen in einer Flüssigkeit) fein verteilen (chem. t. t.) {54/73}; 5. (Glieder) auf-, hochhängen, hochlagern (med. t. t.) {70/12} | **suspendere** | aufhängen; in der Schwebe halten; unterbrechen, aufheben |
| – | Suspendierung | | | |
| – | **Suspension** | 1. (einstweilige) Dienstenthebung; zeitweilige Aufhebung {40/50/56/59}; 2. Aufschwemmung feinstverteilter fester Stoffe in einer Flüssigkeit (chem. t. t.) {54/73}; 3. schwebende Aufhängung von Gliedern (med. t. t.) {12/70} | **suspensio**, onis f | Unterbrechung, Aussetzung; das Sich-in-die-Höhe-ziehen (med. t. t.) |
| – | **suspensiv** l>nlat | aufhebend; aufschiebend {56/59} | **suspensus**, a, um | ungewiß, zweifelhaft; von der Arbeit befreit |
| >>> | Sutane s. Soutane | | | |
| 3513 | **suzerän** l>vulgl>frz | oberherrschaftlich (selten) {50/33} | **sursum** frz. *suzerain* | aufwärts, in die Höhe, oben |
| – | **Suzerän** l>vulgl>frz | Staat als Oberherr über abhängige halbsouveräne Staaten {50/33} | dto. | dto. |
| – | **Suzeränität** l>vulgl>frz | Oberhoheit, -herrschaft eines Staates über andere Staaten {50/33} | dto. | dto. |
| >>> | systemimmanent s. immanent | | | |
| >>> | systemkonform s. konform | | | |

| | | | | |
|---|---|---|---|---|
| 3514 | **Szenario** (gr)>l | 1. szenisch gegliederter Entwurf eines Films; 2. für die Regie erstellte Übersicht über Szenenfolge, auftretende Personen usw. (theat. t. t.) {32/35/40/74/85}; 3. Konstruktion einer hypothetischen Aufeinanderfolge von Ereignissen zur Beachtung kausaler Zusammenhänge (in der industriellen Planung) {25/41/60/80} | **scaena**, ae f (bzw. **scaenarius**, a, um gr. σκηνή | Bühne, Schauplatz, Szene, Theater szenisch, Bühnen...) |
| – | **Szenarium** (gr)>l | 1. Schauplatz {58}; 2. = Szenario (1., 3.) {32/40/41/74/80} | dto. | dto. |
| – | **Szene** (gr)>l>frz | 1. Schauplatz einer (Theater)handlung; Bühne {35/58/74}; 2. kleinste Einheit des Dramas o. Films; Auftritt (als Unterabteilung des Aktes {33/35/59/74/85}; 3. Vorgang, Anblick {23/29}; 4. theatralische Auseinandersetzung; Zank {26/33}; 5. Gesamtheit bestimmter (kultureller) Aktivitäten {33/57/81} | dto. | dto. |
| – | **Szenerie** (gr)>l>frz | 1. das mittels der Dekoration usw. dargestellte Bühnenbild {23/35/36}; 2. Landschaft(sbild), Schauplatz {23/58} | dto. | dto. |
| – | **szenisch** (gr)>l>frz | die Szene betreffend, bühnenmäßig {35/74} | dto. | dto. |
| >>> | Szepter s. Zepter | | | |
| 3515 | **szientifisch** l>nlat | wissenschaftlich {25/40} | **scientia**, ae f | Wissenschaft, Kenntnis, Kunde |
| 3516 | **Szissur** | Spalte, Riß (veraltet; med. t. t.) {58/70} | **scissura**, ae f | Trennung; Riß, Spalte |

# T

| | | | | |
|---|---|---|---|---|
| 3517 | **tabellarisch** | in Form einer Tabelle angeordnet {32/58} | **tabellarius**, a, um | zu den Briefen -, zu den Stimmtäfelchen gehörig |
| – | **tabellarisieren** l>nlat | etw. übersichtlich in Tabellen anordnen {32/58} | dto. | dto. |
| – | **Tabellarium** l>nlat | aus Tabellen bestehende Zusammenstellung, Übersicht (als Anhang eines Buches) {32/57/58} | dto. | dto. |
| – | **Tabelle** | Übersicht, Zahlentafel, Liste {32/58} | **tabella**, ae f | kleine Tafel; Urkunde, Vertrag |
| – | **tabellieren** l>nlat | eine Tabelliermaschine einstellen und bedienen {40} | dto. | dto. |
| 3518 | **Tabernakel** | 1. Ziergehäuse mit säulengestütztem Spitzdach in der gotischen Baukunst (archit. t. t.) {88}; 2. von Säulen getragener Überbau über einem Altar {51/88}; 3. Gehäuse zur Aufbewahrung der geweihten Hostie auf dem kath. Altar (rel. t. t.) {51/58} | **tabernaculum**, li n | Hütte, Bude, Zelt |
| 3519 | **Tableau** l>frz | 1. wirkungsvoll gruppiertes Bild (im Schauspiel - theat. t. t.) {35/74}; 2. Gemälde (veraltet) {36}; 3. Tafel (z. B. Mieterverzeichnis im Flur; Ergebnistafel {32/33/44/85}; 4. Zusammenstellung von Vorlagen in der Reproduktionstechnik {32/40} | **tabula**, ae f | Brett, Tafel, Register, Verzeichnis |
| – | **Tablett** l>frz | Servierbrett {44} | **tabula**<br>frz. *table*<br>*tablette* | s. oben<br>Tisch, Tafel, Brett<br>Tafel, Brett, Platte zum Abstellen von Geschirr; Arzneimittelplättchen |
| – | **Tablette** l>frz | in eine feste Form gepreßtes Arzneimittel zum Einnehmen {70/53} | dto. | dto. |

| | | | | |
|---|---|---|---|---|
| 3520 | **Tablinum** | Hauptraum des altröm. Hauses (hist. t. t.) {58/44/75} | **tab(u)linum, ni n** | Vorbau; Bildergalerie; Raum im römischen Haus |
| 3521 | **Tabulator** | zum Tabellenschreiben bestimmte Einrichtung bei Schreibmaschinen und in der EDV-Textverarbeitung {32/40/71/87} | **tabula** | s. oben 3519 |
| - | **Tabulatur** | (mus. t. t.) 1. Tafel mit den Meistersingerregeln {37}; 2. Notierungsweise für Instrumente, auf denen mehrstimmig gespielt wird (vom 14.-18. Jh.) {37/75} | dto. | dto. |
| 3522 | **tacet** | Angabe, daß ein Instrument o. eine Stimme auf längere Zeit zu pausieren hat (mus. t. t.) {37/59} | **tacere**<br>(**tacet** | schweigen, still sein<br>er, sie, es schweigt) |
| 3523 | **Tafel** l>(it) | 1. Schreibtafel, -platte {58/32}; 2. (recht)eckige Platte aus einem festen Stoff (z. B. Schokolade) {58/17}; 3. Speiserunde, festlich gedeckter Tisch {33/44} | **tabula**<br>it. *tavola* | s. oben 3519 |
| - | **tafeln** l>(it) | speisen {17/33} | dto. | dto. |
| - | **täfeln** l>(it) | Wände mit Holztafeln verkleiden {44/40} | dto. | dto. |
| - | Tafelrunde | | | |
| 3524 | **Taille** l>vulgl>frz | 1. schmaler werdende Stelle des menschlichen Körpers oberhalb der Hüfte; Gürtellinie {11/53}; 2. Gürtelweite (ugs.) {11/58/19}; 3. enganliegendes (auf Stäbchen gearbeitetes) Kleideroberteil (veraltet) {19}; 4. (Vasallen)steuer in England und Frankreich (hist. t. t.) {33/42/75}; 5. tiefere Tenorlage bei Intrumenten (mus. t. t.) {37}; 6. das Aufdekken der Blätter für Gewinn o. Verlust beim Kartenspiel {85} | spätl. **taliare**<br>frz. *tailler*<br>*taille* | spalten; schneiden, zerlegen<br>(zer)schneiden, zerteilen<br>Schnitt; Körperschnitt, Wuchs, Figur |
| - | **Tailleur** l>vulgl>frz | 1. frz. Bezeichnung für Schneider {40}; 2. enganliegendes Schneiderkostüm, Jackenkleid {19} | dto. | dto. |
| - | **taillieren** l>vulgl>frz | 1. ein Kleidungsstück auf Taille arbeiten {40/19}; 2. die Spielkarten aufdecken {85} | dto. | dto. |

| | | | | |
|---|---|---|---|---|
| 3525 | **Takt** | 1. abgemessenes Zeitmaß einer rhythmischen Bewegung, eines musikalischen Ablaufs (mus. t. t.) {37/59}; | **tactus**, us m | Berührung; Gefühl; Wirkung, Einfluß |
| | (l>frz) | 2. Gefühl für Anstand, Feingefühl; vornehme Zurückhaltung {25/26/84} | (2. frz. *tact* | Tastsinn; Gefühl für Anstand, Feingefühl) |
| – | **taktieren** l>nlat | den Takt angeben, schlagen (mus. t. t.) {37} | **tactus** | s. oben |
| – | **taktil** | das Tasten, den Tastsinn betreffend (med. t. t.) {23/70} | **tactilis**, e | berührbar |
| – | taktlos, taktvoll | | | |
| 3526 | **Talar** l>it | bis zu den Knöcheln reichendes schwarzes Amts- o. Festgewand {19/33/40} | **talaris** (sc. vestis) o. **talaria**, ium n (Pl.) | langes, bis an die Knöchel gehendes Kleid; Knöchelteile |
| 3527 | **Talon** l>vulgl>frz | 1. Erneuerungsschein bei Wertpapieren {80}; 2. Gutschein; Warenausgabeschein {42}; 3. Kartenrest, Kartenstock (bei Glücksspielen) {57/85}; 4. Kaufsteine (beim Dominospiel) {85}; 5. unterer Teil des Bogens von Streichinstrumenten (mus. t. t.) {37} | **talus**, li m<br>frz. *talon* | Fesselknochen, Ferse, Knöchel<br>Stamm, Rest |
| 3528 | **Tamariske** l>vulgl | Strauch oder Baum aus salzhaltigen Trockengebieten {04} | **tamarix**, icis f | Tamariske |
| 3529 | **Tand** l>roman >mhd/mnd | 1. wertloses Zeug {56/44}; Kinderspielzeug (veraltet) {44/33} | **tantus**, a, um<br>**tantum**, ti n<br>uns.: span./roman. *tanto*<br>mhd. *tant*<br>mnd. *tant van Nurenberch* | so groß, so viel<br>Kleinig-, Nichtigkeit<br>Kaufpreis, Spielgeld<br>leeres Geschwätz, Possen<br>Nürnberger Spielwaren |
| – | **tändeln** l>roman >mhd | scherzen, verspielt sein; flirten, mit Nichtigkeiten die Zeit totschlagen {18/26/33/59/85} | dto.<br>spätmhd. *tenten* | dto.<br>Unfug, Unsinn machen |
| – | **Tändelei** l>roman >mhd | Spielerei, Liebhaberei, Flirt {18/26/33/85} | dto.<br>mhd. *tenterie* | dto. |
| 3530 | **Tandem** l>mlat >engl | 1. Wagen mit zwei hintereinandergespannten Pferden; 2. Doppelsitzerfahrrad {45}; 3. zwei hintereinandergeschaltete Antriebe (techn. t. t.) {41/45/61} | **tandem**<br>mlat. tandem<br>engl. *tandem* | endlich, zuletzt, schließlich<br>der Länge nach (hintereinander)<br>Zweispänner; Tandemfahrrad |
| 3531 | **Tangens** | im rechtwinkligen Dreieck das Verhältnis von Gegen- zu Ankathete (math. t. t.) {71} | **tangere** (PPA. **tangens**) | an-, berühren, treffen; betreten |

| | | | | |
|---|---|---|---|---|
| – | **Tangente** | 1. Gerade, die eine gekrümmte Linie in einem Punkt berührt (math. t. t.) {71}; 2. dreieckiges Messingplättchen beim Klavichord (mus. t. t.) {37}; 3. Autostraße, die am Rande eines Ortes vorbeiführt {45/64} | dto. | dto. |
| – | **tangential** l>nlat | eine gekrümmte Linie o. Fläche berührend (von Geraden, Kurven - math. t. t.) {71} | dto. | dto. |
| – | **tangieren** | 1. eine gekrümmte Linie o. Fläche berühren (math. t. t.) {71} | dto. | dto. |
| 3532 | **Tante** l>frz | Mutters-, Vatersschwester; nahe Verwandte {10} | **amita**, ae f<br>afrz. *ant*<br>frz. *tant* | Vatersschwester, Tante |
| 3533 | **Tantieme** l>frz | 1. Gewinnbeteiligung an einem Unternehmen {80}; 2. an Autoren gezahlte Vergütung für die Aufführung musikalischer o. literarischer Werke {33/34/37/42} | **tantus**, a, um<br>frz. *tant*<br>*tantième* | so groß, so viel<br>so (und so) viel |
| – | **tanto** l>it | viel, sehr (mus. t. t.) {37/56} | **tanto** | um soviel, desto |
| 3534 | **Tape** (gr)>l>engl | 1. Klebeband, Verband {70/44}; 2. Lochstreifen, Magnetband; 3. Tonband (techn. t. t.) {46/87} | **tapete**, tis n o. **tapetum**, ti n<br>gr. *τάπης*<br>engl. *tape* | Teppich<br><br><br>Band, Stoffband; Tonband |
| – | **Tapedeck** (gr)>l >engl;engl | (Cassetten)tonbandgerät ohne eigenen Verstärker und Lautsprecher (techn. t. t.) {87} | dto. | dto. |
| – | **Tapet** (gr)>l>(frz) | 1. Überzug eines Konferenztisches (veraltet) {40/44/19}; 2. etw. aufs - bringen: etw. zur Sprache bringen {32} | dto. | dto. |
| – | **Tapete** (gr)>l>mlat | Wandverkleidung aus gemustertem Stoff, Papier oder Leder {44} | dto.<br>mlat. tapeta | dto. |
| – | **tapezieren** (gr)>l>mlat >it | 1. Wände mit Tapeten bekleben, verkleiden; 2. mit einem neuen Stoff beziehen (z. B. Möbel - österr.) {29/40/44} | dto.<br>it. *tappezzare* | dto.<br>tapezieren |
| – | **Tapezierer** (gr)>l>mlat >it | Handwerker, der tapeziert, mit Stoffen bespannt, Möbel polstert {40/44} | dto. | dto. |
| 3535 | **tardando** l>it | zögernd, langsamer werdend (mus. t. t.) {37/59} | **tardare** | säumen, zaudern, zögern; aufhalten |

| | | | | |
|---|---|---|---|---|
| 3536 | **Tastatur** l>vulgl>it | größere Anzahl von in bestimmter Weise angeordneten Tasten {37/40/44/57/87} | **taxare**<br>vulgl. taxitare* tastare*<br>it. *tastare* | anstechen; tadeln; antasten; prüfend betasten |
| – | **tasten** l>vulgl>it | herum-, befühlen; berühren {12/23} | dto. | dto. |
| – | **Taste** l>vulgl>it | 1. Griffbrettchen {40/44/58/87}; 2. Griffsteg zum Anschlagen der Saiten eines Instruments {37} | dto.<br>it. *tasto* | dto. |
| 3537 | **Taverne** l>it | italienische Weinschenke, Wirtshaus {58/17} | **taberna**, ae f<br>it. *taverna* | Bretterhütte, Bude; Laden; Wirtshaus |
| 3538 | **Taxameter** l>mlat>frz; gr | 1. Fahrpreisanzeiger in einem Taxi {56/42/45}; 2. = Taxi (veraltet) {45} | **taxare**<br>mlat. taxa<br>frz. *taxer* *taxe*<br>+ gr. *μέτρον* | s. oben 3536<br>Schätzung des Wertes; Gebühr<br><br>Maß(stab) |
| – | **Taxation** o. **Taxierung** l>frz | Bestimmung des Geldwertes einer Sache oder Leistung {25/42/56} | **taxatio**, onis f | das Abschätzen, Veranschlagen; Wert |
| – | **Taxator** o. **Taxierer** | Wertsachverständiger, Schätzer {40/42/56} | **taxator**, oris m | Mies-, Schlechtmacher |
| – | **Taxe** l>mlat >(frz) | 1. Schätzung, Beurteilung des Wertes {25/42/56}; 2. (amtlich) festgesetzter Preis {28/42/49/56}; 3. Gebühr(enordnung) {42/56}; 4. = Taxi {45} | **taxare**<br>mlat. taxa | s. oben 3636<br>s. oben |
| – | **Taxi** (l;gr)>frz | Mietauto (mit Chauffeur) {45} | **taxare**<br>(+ gr. *μέτρον)*<br>frz. *taximètre* *taxi* | s. oben 3536 |
| – | **taxieren** l>frz | 1. etw. hinsichtlich Größe, Gewicht o. Wert abschätzen, veranschlagen {25/56/57}; 2. jmdn. prüfend betrachten, einschätzen {23/25/33} | **taxare**<br>frz. *taxer* | s. oben 3536 |
| – | **Taxkurs** l;l>it | geschätzter Kurs, Wert {25/56} | **taxare**<br>+ **cursus**, us m<br>it. *corso* | s. oben 3536<br>Lauf, Fahrt; Verlauf; Umlauf<br>Tages-, Börsenpreis; Wertstand |
| 3539 | **Technicolor** gr;l | (Warenzeichen) ein Farbbildherstellungsverfahren (techn. t. t.) {40/41/72/85} | gr. *τέχνη*<br>*τεχνικός*<br>+ **color**, oris m | Kunst, Handwerk, Wissenschaft<br>kunstvoll, fachmännisch<br>Farbe; Anstrich; Teint |

| | | | | |
|---|---|---|---|---|
| 3540 | **Tedeum** | 1. frühchristlicher Lobgesang {51/37}; 2. musikalisches Werk über diesen Hymnus (mus. t. t.) {37} | **te**<br>+ **deus**, ei m<br>(+ laudare)<br>**te deum** (sc. laudamus) | dich<br>Gott<br>loben<br>„Dich, Gott, (loben wir)" |
| 3541 | **Teint**<br>l>frz | Gesichts-, Hautfarbe, - beschaffenheit; (Gesichts)haut {11} | **ting(u)ere**<br>frz. *teindre*<br>*teint* | benetzen, anfeuchten; färben<br>färben<br>Gesichtsfarbe; gefärbter Stoff, Färbung |
| 3542 | **tektieren**<br>l>nlat | eine fehlerhafte Stelle in einem Buch überkleben {32/25/58} | **tegere**<br>(PPP. **tectus**) | be-, verdecken, verbergen; schützen |
| – | **Tektur** | Deckstreifen mit dem richtigen Text, der über eine falsche Stelle in einem Buch geklebt wird {25/32/58} | **tectura**, ae f | Bedeckung; Übertünchung |
| 3543a | **Telekolleg**<br>gr;l | Unterrichtssendung in Serienform im TV {31/33/46/85} | gr. τῆλε<br>+ **collegium**, ii n | fern, weit, in der Ferne<br>Amtsgemeinschaft, Vereinigung, Zunft |
| – | **Teleobjektiv**<br>gr;l>nlat | Kombination von Linsen zur Erreichung großer Brennweiten für Fernaufnahmen (fot., opt. t. t.) {40/87} | gr. τῆλε<br>+ **obicere**<br>(PPP. **obiectus**)<br>nlat. obiectivus | s. oben<br>entgegenwerfen, -stellen; -vorwerfen |
| – | **Teleprompter**<br>gr;l>nlat | (Warenzeichen) Rolle, auf der für den Moderator auf der Kamerascheibe sichtbar der zu sprechende Text abläuft {32/40/46/85} | gr. τῆλε<br>+ **promptus**, a, um | s. oben<br>sichtbar; zur Hand, verfügbar; bequem |
| >>> | Teleskopantenne s. Antenne | | | |
| – | **Television**<br>gr;l | Fernsehen (Abk.: TV) {32/46/85} | gr. τῆλε<br>+ **visio**, onis f | s. oben<br>das (An)sehen; Anblick, Vorstellung |
| 3543b | **Teller**<br>l>roman >frz/it | 1. Unterlage (aus Porzellan, Holz, Steingut), auf dem Speisen serviert werden {44}; 2. Speisenmengenangabe {17/57} | spätl. **taliare**<br>afrz. *tailleor*<br>frz. *taillior*<br>it. *tagliere* | s. oben 3524<br>Vorlegeteller, Hackbrett<br>Hackbrett<br>Hackbrett; kleine Platte |
| 3544 | **Tellur**<br>l>nlat | chemischer Grundstoff, Halbmetall (chem. t. t.) {02/73} | **tellus**, uris f | Erde; Fußboden; Erdreich |
| – | **tellurisch**<br>l>nlat | die Erde betreffend {02} | dto. | dto. |

| | | | | |
|---|---|---|---|---|
| 3545 | **Tempel** | 1. nichtchristlicher, bes. antiker Kultbau für eine Gottheit; 2. Synagoge {51/58/88}; 3. heilige, weihevolle Stätte {51}; 4. Gotteshaus (z. B. der Mormonen) {51/58/88} | **templum**, li n | Tempel; Anhöhe; Kapelle; weiter Raum |
| 3546 | **Temperament** l>frz | 1. Wesens-, Gemütsart {26/84}; 2. Lebhaftigkeit, Munterkeit, Schwung {26/25/33/84} | **temperamentum**, ti n | rechtes Maß, gehörige Mischung, Mäßigung |
| – | **temperamentvoll** l>frz | lebhaft, schwungvoll {25/26/33/84} | dto. | dto. |
| – | **Temperatur** | 1. Wärmegrad (eines Stoffes) {72/65}; 2. (erhöhte) Körperwärme, leichtes Fieber (med. t. t.) {70}; 3. temperierte Stimmung bei Tasteninstrumenten (mus. t. t.) {37} | **temperatura**, ae f | gehörige Vermischung, Zubereitung, Beschaffenheit |
| – | **temperieren** | 1. die Temperatur regeln; 2. (ein wenig) erwärmen {17/40/44/54}; 3. mäßigen, mildern {29/54/56}; 4. (die Oktave) in zwölf gleiche Halbtonschritte einteilen (mus. t. t.) {37} | **temperare** | mäßig sein; in das gehörige Maß, Verhältnis bringen |
| 3547 | **Templer** l>frz | 1. Angehöriger eines mittelalterl. geistlichen Ritterordens (hist. t. t.) {75/33/51}; 2. Mitglied der Tempelgesellschaft (einer pietistische Freikirche) {51} | **templum** | s. oben 3545 |
| 3548 | **tempo** l>it | Bestandteil bestimmter Fügungen mit der Bedeutung „im Zeitmaß, Rhythmus von ... ablaufend" (mus. t. t.) {37/59} | **tempus**, oris n<br>it. *tempo* | Zeit(abschnitt); Gelegenheit; Umstände; Schicksal<br>Zeit; Gelegenheit; Zeitmaß |
| – | **Tempo** l>it | 1. Geschwindigkeit, Schnelligkeit, Hast {59/61}; 2. zeitlicher Vorteil eines Zuges im Schach {25/56/59/85}; 3. Hieb beim Fechten (sport. t. t.) {12/85}; 4. Taktbewegung, zähl- und meßbares musikalisches Zeitmaß {37/59}; 5. (Warenzeichen) Kurzform für Papiertaschentuch(marke) (ugs.) {44} | dto. | dto. |
| – | **temporal** | 1. zeitlich, das Tempus betreffend (sprachwiss. t. t.) {76}; 2. weltlich (veraltet) {33/51}; 3. zu den Schläfen gehörend (med. t. t.) {70} | 1., 2.: **temporalis**, e<br>3.: **temporalis** | die Zeit betreffend, zeitlich, von kurzer Dauer<br>die Schläfe betreffend |
| – | **Temporalien** l>mlat | die mit einem Kirchenamt verbundenen Einkünfte (kath. rel. t. t.) {51/42} | **temporalis** | s. oben (1., 2.) |

| | | | | |
|---|---|---|---|---|
| – | **temporär** l>frz | zeitweilig (auftretend), vorübergehend {59} | **temporarius**, a, um | nur eine Zeit dauernd; der Zeit angemessen |
| – | **temporell** l>frz | zeitlich, vergänglich, irdisch, weltlich {59/52} | **temporalis** | s. oben (1., 2.) |
| – | **Tempus** | Zeitform des Verbs (z. B. Präsens - sprachwiss. t. t.) {76/59} | **tempus** | s. oben |
| 3549 | **Tendenz** l>mlat>frz/engl | 1. Hang, Neigung {25/26/28}; 2. erkennbare Absicht, Richtung; Entwicklungslinie {25/28/59}; 3. Darstellungsweise, mit der etw. bezweckt, ein bestimmtes (politisches) Ziel erreicht werden soll {28/32/33/50} | **tendere**<br>mlat. tendentia<br>frz. *tendance*<br>aengl. *tendence* | hinlenken; sich hinneigen, hinarbeiten, streben<br>das Bewegen in eine Richtung |
| – | **tendenziell** l>frz | der Tendenz nach, entwicklungsmäßig {59/61} | dto.<br>frz. *tendre* | dto. |
| – | **tendenziös** l>frz | von einer weltanschaulichen, politischen Tendenz beeinflußt, nicht objektiv {25/33/50} | dto.<br>frz. *tendancieux* | dto. |
| – | **tendieren** | neigen zu etwas; gerichtet sein auf etwas {25/33} | dto. | dto. |
| 3550 | **Tender** l>engl | 1. Anhänger der Dampflokomotive (für Wasser und Brennstoff); 2. Begleitschiff für Proviant, Brennmaterial {45} | **attendere**<br>engl. *(to) (at)tend*<br>*tender* | hinspannen, -strecken; seine Aufmerksamkeit auf etw. richten<br>Sorge tragen für, aufmerken, achten auf |
| 3551 | **Tendre** l>frz | Vorliebe, Neigung (veraltet) {25/26/28/33} | **tendere**<br>frz. *tendre* | s. oben 3549 |
| 3552 | **Tennis** l>afrz>engl | beliebte Ballsportart {85} | **tenere**<br>afrz. *tenez!* (Imp. von frz. *tenir)*<br>mengl. *tenes*<br>engl. *tennis* | haben; (fest)halten, besitzen<br>nehmt, haltet (den Ball!) |
| 3553 | **Tenor** l>it<br>(1) | 1. hohe Männerstimme (mus. t. t.); 2. Tenorsänger (im Chor - mus. t. t.); 3. für den Tenor geschriebener Teil eines Musikwerkes (mus. t. t.) {37}; 4. Haltung, Sinn, Wortlaut, Inhalt {25/32}; 5. Inhalt eines Gesetzes {82}; 6. entscheidender Teil des Urteils {25/82} | **tenor**, oris m<br>it. *tenore* | Verlauf, Zusammenhang, Sinn, Inhalt; Stimmhöhe |
| – | **tenoral** l>it>nlat | tenorartig, die Tenorlage betreffend (mus. t. t.) {37} | dto. | dto. |
| – | **Tenorist** l>it | Tenorsänger (im Chor - mus. t. t.) {37} | dto. | dto. |

>>> Tenor... s. unter dem Rest des Wortes

| | | | | |
|---|---|---|---|---|
| 3554 | **Tentakel** l>nlat | 1. Fanghaar fleischfressender Pflanzen (bot. t. t.) {68}; 2. beweglicher Fortsatz in der Kopfregion niederer Tiere zum Ergreifen der Beutetiere (zool. t. t.) {69} | **tentare** o. **temptare**<br><br>nlat. tentaculum | betasten, berühren; angreifen; untersuchen |
| – | **tentativ** l>nlat | versuchs-, probeweise {25/33/56} | dto. | dto. |
| 3555 | **Tenuis** | stimmloser Verschlußlaut (z. B. „p" - sprachwiss. t. t.) {76} | **tenuis**, e | dünn, fein, zart, schwach |
| 3556 | **Tepidarium** | 1. lauwarmer Raum der römischen Thermen (hist. t. t.) {75/58/21}; 2. Gewächshaus (veraltet) {39/58} | **tepidarium**, ii n | Lauwarmbad (in römischen Thermen) |
| – | **Teppich** (gr)>l >vulgl/ roman | Decke; (aus Wolle o. Fasern) gewebter, geknüpfter Bodenbelag o. Wandbehang {44} | **tapete**<br>gr. *τάπης*<br>vulgl. tap(p)edum*<br>ahd. *tep(p)it*<br>mhd. *tep(p)ich* | s. oben 3534 |
| 3558 | **Term** l>frz >(engl) | 1. (Reihe von) Zeichen in einer formalisierten Theorie {25/32/71}; 2. Zahlenwert von Frequenzen oder Wellenzahl eines Atoms (phys. t. t.) {72}; 3. = Terminus (sprachwiss. t. t.) {76} | **terminus**, ni m<br>frz. *terme*<br>engl. *term* | Grenzstein, -linie; Grenze, Ziel |
| – | **Termin** l>(mlat) | 1. festgesetzter Zeitpunkt, Tag {59}; 2. Liefer-, Zahlungstag; Frist {42/59}; 3. vom Gericht festgesetzter Zeitpunkt für eine Rechtshandlung (jur. t. t.) {59/82} | dto.<br>mlat. terminus | dto.<br>inhaltlich abgegrenzter, fest umrissener Begriff |
| – | **Terminal** l>engl | 1. Abfertigungshalle für Fluggäste; 2. Zielbahnhof {45/58}; 3. Ein- und Ausgabeeinheit einer EDV-Anlage (EDV-t. t.) {71/72/87} | **terminalis**, e | zur Grenze -, zum Ende gehörig |
| – | **Termination** | Begrenzung, Beendigung {58/59} | **terminatio**, onis f | Be-, Abgrenzung; Abschluß, Ende |
| – | **terminieren** | 1. befristen; 2. zeitlich festlegen {59}; 3. innerhalb eines zugewiesenen Gebietes Almosen sammeln (von Bettelmönchen {58/33} | **terminare** | be-, abgrenzen; beschließen; beendigen |
| – | **Terminologie** l>mlat;gr | 1. Gesamtheit der in einem Fachgebiet üblichen Fachwörter {32/57/76}; 2. Wissenschaft von der Terminologie {76} | **terminus**<br>mlat. terminus<br>+ gr. *λόγος* | s. oben<br><br>Wort, Kunde |

| | | | | |
|---|---|---|---|---|
| – | **Terminologe** l>mlat;gr | (wissenschaftlich ausgebildeter) Fachmann, der fachsprachliche Begriffe definiert {40/32/76} | dto. | dto. |
| – | **terminologisch** l>mlat;gr | die Terminologie betreffend, dazu gehörend {32/76} | dto. | dto. |
| – | **Terminus** l>mlat | 1. Begriff (philos. t. t.) {77}; 2. Fachausdruck, -wort {32/76} | **terminus** | s. oben |
| 3559 | **Termite** l>nlat | staatenbildendes Insekt der (Sub)tropen {08} | **termes**, mitis f o. **tarmes**, mitis m | Holzwurm, Fleischmade |
| 3560 | **Terra** | Erde, Land (geogr. t. t.) {64} | **terra**, ae f | Erde, Erdboden; Land(schaft) |
| – | **Terrain** l>vulgl>frz | 1. Gebiet, Gelände {58}; 2. Boden, Baugelände, Grundstück {58/43}; 3. Erdoberfläche (im Hinblick auf ihre Formung - geogr. t. t.) {64} | **terrenum**, ni n vulgl. terranum* frz. *terrain* | Erdstoff; Erde, Acker |
| – | **Terrakotta** o. **Terrakotte** l>it;l>it | 1. gebrannte Tonerde, die beim Brennen eine andere (meist rötliche) Farbe annimmt {02}; 2. antikes Gefäß, kleine Plastik aus dieser Tonerde {44/75} | **terra** it. *terra* + **coquere** it. *cuocere* (PPfem. *cotta)* | s. oben<br>kochen, brennen |
| – | **Terrarium** | 1. Behälter für die Haltung kleiner Landtiere; 2. (Zoo)gebäude, in dem Lurche und Reptilien gehalten werden {58/69} | **terrarium**, ii n (bzw. **terrarius**, a, um | Erddamm<br>im Freien, auf freiem Boden aufgewachsen) |
| – | **Terrasse** l>gallorom >frz | 1. (Gelände)stufe, Absatz {64}; 2. nicht überdachter größerer Platz vor o. auf einem Gebäude {44/58/88} | **terra** gallorom. *terracea** frz. *terrasse* | s. oben<br>Erdaufhäufung |
| – | **terrassieren** l>gallorom >frz | ein Gelände terrassen-, treppenförmig anlegen, erhöhen {39/40/58} | dto. | dto. |
| – | **terrestrisch** | 1. die Erde betreffend, Erd... {02}; 2. auf dem Festland gebildet, geschehen (von Ablagerungen - geol. t. t.) {62} | **terrestris**, e | auf der Erde -, dem Land befindlich; Erd...; irdisch |
| – | **Terrier** l>mlat >engl | Rasse kleiner englischer Hunde für die Erdwildjagd {06/38} | **terrarius**, a, um<br>frz. *(chien) terrier* engl. *terrier (dog)* | (spätl.) den Erdboden betreffend, Erd...<br>Erdhund, Hund für die Erdwildjagd |
| 3561 | **terribel** | schrecklich (veraltet - meist in der Verbindung „Enfant terrible") {26/33} | **terribilis**, e | schrecklich; ehrwürdig |

| | | | | |
|---|---|---|---|---|
| 3562 | **Terrine** l>vulgl>frz | (Suppen)schüssel; Suppe {44/17} | **terra**<br>vulgl. terrinus*<br>afrz. *terrin*<br>frz. *terrine* | s. oben 3560<br><br>irden<br>irden |
| 3563 | **territorial** l>frz | zu einem Gebiet gehörend, ein Gebiet betreffend {48/58} | **territorialis**, e | zum Gebiet gehörig |
| – | **Territorialität** l>frz | Zugehörigkeit zu einem Staatsgebiet {48/58/50} | dto. | dto. |
| – | **Territorium** l>(frz) | 1. Grund und Boden, Land, Gebiet {58}; 2. Hoheitsgebiet eines Staates {48/64}; 3. kleinere Einheit der regionalen Verwaltung (DDR) {48/49} | **territorium**, ii n | Stadtgebiet, das zu einer Stadt gehörige Ackergebiet |
| 3564 | **Terror** | (systematische) Verbreitung von Angst und Schrecken durch Gewaltaktionen {26/29/33/82/86}; 2. Zwang, Druck (durch Gewaltanwendung); 3. Zank und Streit (ugs.); 4. großes Aufheben um Geringfügigkeiten (ugs.) {26/32/33} | **terror**, oris m | Schrecken, Einschüchterung; Schrecknis |
| – | **terrorisieren** l>frz | 1. Terror ausüben, Schrecken verbreiten {26/29/33/82/86}; 2. jmdn. unterdrücken, bedrohen, einschüchtern {26/29/33} | dto.<br>frz. *terroriser* | dto. |
| – | **Terrorismus** l>mlat >nlat | 1. Schreckensherrschaft {26/33/50/86}; 2. das Verbreiten von Terror durch Anschläge und Gewaltmaßnahmen zur Erreichung eines bestimmten (politischen) Ziels {26/28/29/50/82}; 3. Gesamtheit der Personen, die Terrorakte verüben {57/29/33/82} | dto.<br>frz. *terreur*<br>*terrorisme* | dto. |
| – | **Terrorist** l>frz | jmd., der Terroranschläge plant und ausführt {25/29/33/82} | dto.<br>frz. *terroriste* | dto. |
| – | **terroristisch** l>frz | Terror verbreitend {26/29/33/82} | dto. | dto. |
| 3565 | **Tertia** | 1. in Unter- (4.) und Obertertia (5.) geteilte Klasse einer höheren Schule; 2. dritte Klasse einer höheren Schule (österr.) {31/56} | **tertius**, a, um<br>**tertia**<br>(sc. classis) | dritte(r/s)<br>dritte Klasse |
| – | **Tertianer** | Schüler einer Tertia {31} | **tertianus**, a, um<br>bzw. **tertiani**, norum m (Pl.) | zum dritten gehörig<br>Soldaten der dritten Legion |

| | | | | |
|---|---|---|---|---|
| – | **Tertiär** l>frz | erdgeschichtliche Formation (geol. t. t.) {62} | **tertiarius,** a, um bzw. **tertiarius,** ii m | das Drittel enthaltend Drittel |
| – | **tertiär** l>frz | 1. die dritte Stelle einer Reihe einnehmend {33/56}; 2. drittrangig (abwertend) {56/25}; 3. das Tertiär betreffend (geol. t. t.) {59/62} | dto. | dto. |
| – | **Terz** l>mlat | 1. Intervall von drei Tonstufen; dritter Ton vom Grundton aus (mus. t. t.) {37}; 2. Gebet des Breviers um die dritte Tagesstunde (9 Uhr) {51/59} | dto **tertia** (sc. vox) | dto. dritte (Stimme) |
| – | **Terzett** l>it | 1. (Komposition für) drei Singstimmen (mit Instrumentalbegleitung - mus. t. t.); 2. dreistimmiger musikalischer Vortrag (mus. t. t.) {37}; 3. Gruppe von drei Personen, die häufig gemeinsam in Erscheinung treten {33/57/59} | dto. it. *terzetto* | dto. |
| 3566 | **Test** l>frz>engl | Versuch, Prüfung zur Eignungsfeststellung, Leistungsermittlung einer Person o. Sache {22/25/31/40} | **testum,** ti n afrz. *test* engl. *test* | irdenes Geschirr, Gefäß, Schüssel, Napf irdener Topf; Tiegel (für alchimistische Experimente) |
| 3567 | **Testament** | 1. letztwillige Verfügung (z. B Vermögensverteilung nach jmds. Ableben) {15/28/43/82}; 2. politisches Vermächtnis {25/28/50}; 3. Verfügung, Ordnung (Gottes), Bund Gottes mit den Menschen (rel. t. t.) {51} | **testamentum,** ti n | letzter Wille, Testament |
| – | **testamentarisch** | durch letztwillige Verfügung festgelegt {15/28/43/82} | **testamentarius,** a, um | zum Testament gehörig |
| 3568 | **Testat** | Bescheinigung, Beglaubigung, Bestätigung {25/28/32} | **testari** (PPA. **testatus**) | bezeugen, bekunden; versichern; beweisen |
| – | **Testator** | 1. jmd., der ein Testament macht {15/28/82}; 2. jmd., der ein Testat ausstellt {25/28/32} | **testator,** oris m | Zeuge; Testator |
| 3569 | **testen** l>afrz>engl | einem Test unterziehen {25/29/40/56} | **testum** afrz. *test* engl. *(to) test* | s. oben 3566 |
| – | **Tester** l>frz>engl | jmd., der jmdn. o. etw. testet {40/25/56} | dto. | dto. |

| | | | | |
|---|---|---|---|---|
| 3570 | **testieren** | 1. ein Testat geben; bescheinigen, bestätigen {25/28/32}; 2. ein Testament machen (jur. t. t.) {15/28/82} | **testari** | s. oben 3568 |
| 3571 | **Testikel** | eiförmige männliche Keimdrüse; Hoden (med. t. t.) {11/70} | **testiculus**, li m | Hoden |
| 3572 | **Testimonium** | Zeugnis (jur. t. t.) {82} | **testimonium**, ii n | Zeugnis, Beweis |
| 3573 | **Testosteron** l;gr | (Kunstwort) männliches Geschlechtshormon (med. t. t.) {70} | **testis**, is m + gr. *στέρεος* | Hoden; Zeuge starr, hart, fest |
| 3574 | **Testudo** | 1. bei Belagerungen verwendetes Schutzdach (hist., mil. t. t.) {75/86}; 2. Verband zur Ruhigstellung des gebeugten Knie- o. Ellenbogengelenks (sogenannter Schildkrötenverband - med. t. t.) {12/70}; 3. Lyra (bei den Römern); Laute (im 15.-17. Jh.) {37/75} | **testudo**, dinis f | Schildkröte; Lyra; Belagerungsschutzdach |
| 3575 | **Tete** l>(vulgl) >frz | 1. Anfang, Spitze (einer marschierenden Truppe - veraltet) {58/61/86}; 2. an der - sein: an der Macht sein {33/50} | **testa**, ae f<br>vulgl. testa<br>frz. *tête* | Geschirr, Topf; (Hirn)schale; Kopf<br>Kopf, Haupt |
| – | **tête-à-tête** l>(vulgl) >frz;l>frz;l >(vulgl) >frz | vertraulich, unter vier Augen (veraltet) {33} | dto.<br>+ **ad**<br>frz. *à* | dto.<br>s. oben 0001 |
| – | **Tête-à-Tête** l>(vulgl) >frz;l>frz;l >(vulgl) >frz | 1. Gespräch unter vier Augen (ugs., scherzhaft) {33}; 2. vertrauliche Zusammenkunft; zärtliches Beisammensein {18/33} | dto. | dto. |
| 3576 | **Text** | 1. Wortlaut eines Schriftstücks, Vortrags o. ä. {32}; 2. Folge von Aussagen, die untereinander in Zusammenhang stehen (sprachwiss. t. t.) {76}; 3. Bibelstelle als Predigtgrundlage {51}; 4. Beschriftung (z. B. von Abbildungen) {32}; 5. die zu einem Musikstück gehörenden Worte {37/32}; 6. Schriftgrad von 20 Punkt (druckw. t. t.) {40/32/58} | **textus**, us m | Verbindung, Zusammenhang; Darstellung, Inhalt |
| – | **texten** | einen (Schlager-, Werbe)text gestalten {32/40/42/37} | dto. | dto. |
| – | **Texter** | Verfasser von (Schlager-, Werbe)texten {40/32/37/42} | dto. | dto. |

| | | | | |
|---|---|---|---|---|
| – | **textil** l>frz | 1. die Textiltechnik, -industrie betreffend {41}; 2. gewebt, gewirkt; Gewebe...; Stoffe betreffend {19/41/44} | **textilis**, e | gewebt, gewirkt; geflochten, zusammengefügt |
| – | **Textilien** l>frz | gewebte, gestrikte o. gewirkte, aus Faserstoffen hergestellte Waren {19/44} | **textile**, lis n | Gewebe, Zeug, Tuch, Leinwand |
| – | **Textkritik** l;gr>l | Untersuchung eines überlieferten Textes auf Echtheit und Inhalt (sprachwiss. t. t.) {25/56/76} | **textus** + **criticus**, a, um<br>gr. *κριτικός* | dto.<br>entscheidend; kritisch |

>>> Textlinguistik s. Linguistik

| | | | | |
|---|---|---|---|---|
| 3577 | **Therme** (gr)>l | 1. Thermalquelle (warme Quelle) {63/64}; 2. antike römische Badeanlage (nur Pl.) (hist. t. t.) {75/21} | **thermae**, arum f (Pl.)<br>gr. *θερμός* | Warmbad; die (öffentlichen) Thermen |
| 3578 | **Tibia** | 1. altröm. schalmeiartige Knochenflöte (hist. t. t.) {75/37}; 2. Schienenbein, Unterschenkelknochen (med. t. t.) {11/70} | **tibia**, ae f | Schienbein(knochen); Flöte, Pfeife |
| 3579 | **Tiegel** idg/gr>l | Pfanne, Topf {44} | uns.:<br>**tegula**, ae f<br>gr. *τήγανον*<br>ahd. *tegel* | <br>Pfanne, Tiegel<br><br>irdener Topf |
| 3580 | **Tilde** l>span | 1. diakritisches Zeichen als Hinweis für die Palatalisierung (= nasale Aussprache: ñ = nj) (sprachwiss. t. t.) {76}; 2. Wiederholungszeichen: ~ {32/59} | **titulus**, li m<br>span. *tilde* | Auf-, Überschrift; Titel, Ehrenname |
| 3581 | **Timidität** l>(frz) | Schüchternheit, Furchtsamkeit, Verzagtheit (veraltet) {26/84} | **timiditas**, atis f | Furchtsamkeit, Scheu, Schüchternheit |
| 3582 | **Tinktur** | 1. Färbung (veraltet) {55}; 2. dünnflüssiger Auszug aus pflanzlichen o. tierischen Stoffen {73/70} | **tinctura**, ae f | das Färben; farbig ausgezogene Flüssigkeit |
| – | **Tinte** l>mlat | Schreibflüssigkeit {73/32} | **tingere** (PPP. **tinctus**)<br>mlat. aqua tincta | benetzen, mit einer Flüssigkeit tränken; färben<br>gefärbte Flüssigkeit, Tinktur |

| | | | | |
|---|---|---|---|---|
| 3583 | **Tirade**<br>l>vulgl>it<br>>frz | 1. Wortererguß, Wortschwall {26/32/57}; 2. Lauf schnell aufeinanderfolgender Töne von gleichem Zeitwert (mus. t. t.) {37/59} | uns.:<br>**tiro**, onis m<br>vulgl. tirare*<br>it. *tirare*<br><br>frz. *tirer*<br>*tirade* | Rekrut, Neuling, Anfänger<br>ziehen; schießen<br>ziehen, sich hinziehen<br>ziehen<br>länger anhaltendes Ziehen; langgezogener Vortrag |
| 3584 | **Tirocinium** | 1. Probestück, kleines Lehrbuch für Anfänger {31}; 2. erster Kriegsdienst eines Soldaten, erster Feldzug {59/86} | **tirocinium**, ii n | erster Kriegsdienst, (militärische) Unerfahrenheit |
| 3585 | **Tisch**<br>(gr)>l | Speisetafel; Ladentisch {44/42/58} | **discus**, ci m<br>gr. *δίσκος* | (Wurf)scheibe, Platte, Teller<br>Wurfscheibe, Teller, Schüssel |
| – | **Tischler**<br>(gr)>l | Holzhandwerker, Möbelschreiner {40} | dto. | dto. |
| – | Tischlerei, tischlern | | | |
| 3586 | **Titel** | 1. Name eines Buches, einer Schrift o. ä. {32}; 2. unter einem bestimmten Titel veröffentlichtes Werk, Buch, Schallplatte {34/32}; 3. Beruf, Stand, Rang (häufig als Zusatz zum Namen) {33/40}; 4. im sportlichen Wettkampf errungener Rang {56/85}; 5. Abschnitt eines Gesetzes- o. Vertragswerks (jur. t. t.) {56/82}; 6. der durch ein rechtskräftiges Urteil erworbene Grund, einen Anspruch durchzusetzen; Rechtstitel (jur. t. t.) {82}; 7. Verwendungszweck von einer zu einer Gruppe zusammengefaßten Anzahl von Ausgaben (im Haushalt eines Staates) {42/50/80} | **titulus** | s. oben 3580 |
| – | **titeln**<br>(o. **betiteln**) | einen Film mit einem Titel versehen {32/33/35/40} | dto. | dto. |
| – | **Titelpart**<br>l;l | Rolle in einem Film o. Theaterstück, deren Name mit dem des Stückes übereinstimmt {33/35/40/85} | dto.<br>+ **pars**, rtis f | dto.<br>Teil; Anteil; Rolle |
| – | **Titular**<br>l>mlat | Titelträger; jmd., der mit dem Titel eines Amtes bekleidet ist, ohne die damit verbundenen Funktionen auszuüben {33} | **titulare** | titulieren, benennen, betiteln |

| | | | | |
|---|---|---|---|---|
| – | **Titulatur** l>nlat | Betitelung; Rangbezeichung {32/33} | dto. | dto. |
| – | **titulieren** (o. **betiteln**) | (mit dem Titel) anreden, benennen {33/32}; 2. bezeichnen, nennen, mit einem Schimpfnamen belegen {25/32/33} | dto. | dto. |
| 3587 | **Tjost** l>vulgl>frz | ritterlicher Zweikampf mit scharfen Waffen (beim mittelalter. Turnier - hist. t. t.) {33/75/86} | **iuxta** (Präp.)<br>vulgl. iuxtare*<br>afrz. *joster*<br>frz. *jouter* | dicht daneben, nebeneinander; unmittelbar nach<br>nebeneinanderlegen<br>zusammenbringen, sich vereinigen; mit den Lanzen kämpfen |
| – | tjostieren | | | |
| 3588 | **Toast** l>afrz>engl | 1. geröstete Weißbrotscheibe; 2. zum Toasten geeignetes Brot {17}; 3. Trinkspruch {32/33}; 4. Ansprache bei diplomatischen Empfängen (DDR) {32/33/50} | **torrere** (PPP. **tostus**)<br>afrz. *toster*<br>engl. *(to) toast* | dörren; braten, rösten |
| – | **toasten** l>afrz>engl | 1. Weißbrot rösten {17/44}; 2. einen Trinkspruch ausbringen {32/33} | dto. | dto. |
| – | **Toaster** l>afrz>engl | elektrisches Gerät zum Rösten von Brotscheiben {87} | dto.<br>engl. *toaster* | dto. |
| 3589 | **Toga** | von vornehmen Bürgern im alten Rom getragenes Obergewand (hist. t. t.) {75/19} | **toga**, ae f | Bedeckung; Bekleidung; Toga |
| – | **Togata** | altröm. Komödie (hist. t. t.) {35/74/75} | **togata**, ae f (sc. fabula) | Nationalschauspiel der Römer |
| 3590 | **Toilette** l>frz | 1. das Sichankleiden, Sichzurechtmachen {21}; 2. (elegante) Damenkleidung samt Zubehör, bes. Gesellschaftskleidung {19/33}; 3. Raum mit WC-Becken (und Waschgelegenheit); 4. WC-Becken in einer Toilette (3.) {58/21/44} | **tela**, ae f<br>frz. *toile*<br>*toilette*<br>*(cabinet de) toilette* | Gewebe, Tuch; Webstuhl<br>Tuch<br>Tüchlein<br>Toilette, WC |
| 3591 | **Tokkata** o. **Toccata** l>ahd>it | (mus. t. t.) 1. in freier Improvisation gestaltetes Musikstück für Tasteninstrumente; 2. virtuoses Vortragsstück, Konzertetüde (für Klavier) {37} | **ducere**<br>ahd. *tukkôn*<br>it. *toccare* | ziehen, führen<br>zucken<br>anklopfen, berühren |
| 3592 | **tolerabel** | erträglich, leidlich {25/26/56} | **tolerabilis**, e | erträg-, leidlich |
| – | **tolerant** l>frz | 1. duldsam, nachsichtig; verständnisvoll, entgegenkommend {25/26/33/84}; 2. sexuell aufgeschlossen {18/25/33} | **tolerans** (Gen. –ntis)<br>frz. *tolérant* | ertragend, duldend, ausdauernd |

| | | | | |
|---|---|---|---|---|
| – | **Toleranz** | 1. das Tolerantsein, Entgegenkommen; Duldung, Duldsamkeit {25/26/33/84}; 2. begrenzte Widerstandsfähigkeit des Organismus gegenüber schädlichen äußeren Einwirkungen (med. t. t.) {70}; 3. Differenz zwischen der Norm u. den tatsächlichen Maßen eines Werkstücks (techn. t. t.) {40/41/56/58} | **tolerantia**, ae f | das Ertragen, Erdulden; Geduld |
| – | **tolerieren** | dulden, gewähren lassen, erlauben {25/26/33} | **tolerare** | ertragen, aushalten, erdulden |
| 3593 | **Ton** (gr)>l | 1. Klang, Laut, Hall; Akzent; 2. Farbton {23/55}; 3. Umgangston {32/33} | **tonus**, ni m<br>gr. *τόνος* | Spannung der Saiten; Laut, Klang; Farbton |
| – | tonal | | | |
| – | **Tonalität** (gr)>l>nlat | Beziehung zwischen Tönen, Klängen und Akkorden (mus. t. t.) {37} | dto. | dto. |
| – | Tonart, Tonleiter, betonen, vertonen, ertönen | | | |
| – | **tönen** (gr)>l | (er)klingen, hallen; laut (prahlend) reden {32/33/55} | **tonare**<br>gr. *τόνος* | ertönen, erschallen; donnern |
| 3594 | **Tonne** (gall)>mlat >frz | 1. größeres Faß; Boje; verankertes Seezeichen {32/45}; 2. Gewichtseinheit {56} | mlat. **tunna**<br>frz. *tonne* | Faß |
| – | **Tonnage** (gall)>mlat >frz>engl >frz | Tonnengehalt eines Schiffes {56/57/45} | dto. | dto. |
| 3595 | **Tonsur** l>(mlat) | kreisrund geschorene Stelle auf dem Kopf kath. Mönche {21/51} | **tonsura**, ae f | das (Ab)scheren, die Schur; das Beschneiden der Bäume |
| – | **tonsurieren** l>nlat | die Tonsur machen {21/51} | dto. | dto. |
| 3596 | **Torero** l>span | nicht berittener Stierkämpfer {40/85} | **taurarius**, ii m<br>span. *torero* | Stierfechter |
| – | **Toreador** l>span | (berittener) Stierkämpfer {40/85} | **taurus**, ri m<br>span. *toro*<br>*torear* | Stier<br><br>mit dem Stier kämpfen |
| 3597 | **torkeln** l>mlat | taumeln, wanken, schwankend gehen (bes. von einem Betrunkenen gesagt) {12} | **torculum**, li n<br>mlat. torculare | Kelter, Presse<br><br>keltern |

| | | | | |
|---|---|---|---|---|
| 3598 | **Törn**<br>(gr)>l>mlat<br>>frz>engl | 1. Fahrt mit einem Segelboot; Segeltörn {45/61}; 2. Zeitspanne, Turnus für eine abwechselnd ausgeführte Arbeit an Bord {40/45/59}; 3. (nicht beabsichtigte) Schlinge in der Leine {44/55}; 4. (= Turn - Jargon) durch Haschisch o. Marihuana bewirkter Rauschzustand {25/26/17/82} | **tornare**<br><br><br>gr. *τορνεύειν*<br>mlat. turnare<br>engl. *turn* | mit einem Drechseleisen runden, drechseln |
| – | **Tornado**<br>(gr)>l<br>>span<br>>engl | starker Wirbelsturm im südlichen Nordamerika (meteor. t. t.) {65} | **tornare**<br>span. *tornar*<br>*tornado* | s. oben<br><br>Wirbelsturm |
| 3599 | **Toro**<br>l>span | span. Bezeichnung für Stier {06/33} | **taurus**<br>span. *toro* | s. oben 3596 |
| 3600 | **torpedieren**<br>l>nlat | 1. mit Torpedos beschießen, versenken {45/86}; 2. durchkreuzen, verhindern (z. B. einen Plan) {25/28} | **torpedo**, dinis f | körperliche o. geistige Trägheit, Lähmung; Zitterrochen |
| – | **Torpedo** | 1. mit eigem Antrieb ausgestattetes Unterwassergeschoß {45/86}; 2. marmorierter o. gefleckter Zitterrochen {07} | dto. | dto. |
| 3601a | **torquieren** | 1. peinigen, quälen, foltern {25/26/29/33}; 2. drehen, krümmen {29/53/58} | **torquere** | drehen, wenden; quälen, foltern |
| – | **Torsion** | 1. Verdrehung, Verdrillung; Formveränderung fester Körper durch entgegengesetzt gerichtete Drehmomente (phys., techn. t. t.) {53/72}; 2. Verdrehung einer Raumkurve (math. t. t.) {71} | **torsio**, onis f | Marter, Plage |
| 3601b | **Torso**<br>(gr)>l<br>>vulgl/<br>spätl>it | 1. unvollendet gebliebene o. unvollständig erhaltene Statue (meist nur der Rumpf) {36/56/57}; 2. Bruchstück, unvollendetes Werk {40/56/57} | **thyrsus**, si m<br><br>gr. *θύρσος*<br>vulgl. / spätl. tursus<br>it. *torso* | Stengel eines Gewächses, Strunk; Bacchusstab<br><br><br><br>Kohlstrunk, Fruchtkern |
| 3602 | **Torte**<br>spätl>it | Feingebäck aus Mürbteigboden mit Obst- o. Cremefüllung {17} | spätl. **torta**, ae f<br><br><br>it. *torta* | ein gewundenes Gebäck, der Striezel; rundes Brot, Brotgebäck |
| – | **Tortelett(e)**<br>spätl>it | Törtchen aus Mürbteigboden mit Obst- o. Cremefüllung {17} | dto.<br>it. *tortelletta* (dimin.) | dto. |

| | | | | |
|---|---|---|---|---|
| – | **Tortilla**<br>spätl>span | 1. aus Maismehl hergestelltes Fladenbrot (in Lateinamerika); 2. Omelette mit verschiedenen Füllungen (in Spanien) {17} | dto.<br>span. *torta*<br>*tortilla* | dto.<br>Torte |
| 3604 | **Tortur**<br>l>mlat | Folter, Qual, Plage {26/29/33} | **tortura**, ae f<br><br>mlat. tortura | Krümmung; Verrenkung; Bauchgrimmen<br>Folter, Plage, Qual |
| 3605 | **total**<br>l>mlat>frz | vollständig, restlos, gänzlich, völlig, Gesamt... {57/56} | **totus**, a, um (Adv. totaliter)<br>mlat. totalis<br>frz. *total* | ganz, völlig, sämtlich<br><br>gänzlich |
| – | **Total**<br>l>mlat>frz | Gesamtheit, Summe (bes. schweiz.) {57} | dto. | dto. |
| – | **Totale**<br>l>mlat>frz | (fot. t. t.) 1. Ort der Handlung mit allen Dingen und Personen {57/58/87}; 2. Gesamtaufnahme, Totalansicht {23/87} | dto. | dto. |
| – | **Totalisator**<br>l>mlat>frz<br>>nlat | 1. Einrichtung zum Wetten beim Renn- und Turniersport {25/42/85}; 2. Sammelgefäß für Niederschläge (meteor. t. t.) {65} | dto.<br>frz. *totaliser*<br><br>*totalisateur* | dto.<br>alles zusammenzählen, addieren<br>Zählwerk, Registriermaschine |
| – | **totalisieren**<br>l>mlat>frz | 1. unter einem Gesamtaspekt betrachten, behandeln {25/32/40}; 2. zusammenzählen (wirtsch. t. t.) {42/80} | dto.<br>frz. *totaliser* | dto. |
| – | **totalitär**<br>l>mlat>frz | 1. die Gesamtheit umfassend, ganzheitlich {57}; 2. den Totalitarismus betreffend, auf ihm beruhend (polit. t. t.) {50/81} | dto. | dto. |
| – | **Totalitarismus**<br>l>mlat>frz | totalitäre, alles unterwerfende (staatliche) diktatorische Machtausübung (abwertend - polit. t. t.) {50/81} | dto. | dto. |
| – | **Totalität**<br>l>mlat>frz | 1. Gesamtheit, Vollständigkeit, Ganzheit {57}; 2. vollständige Sonnen- o. Mondverfinsterung (astron. t. t.) {66} | dto.<br>frz. *totalité* | dto. |
| – | **Toto**<br>l>mlat>frz<br>>nlat | Einrichtung zum Wetten im Fußball- o. Pferdesport (kurz für: Totalisator) {25/42/85} | dto. | dto. |
| 3606 | **Touch**<br>l>ahd>frz<br>>engl | Anflug, Hauch, Anstrich {26/56} | **ducere**<br>ahd. *tukkôn*<br>frz. *toucher*<br>engl. *(to) touch* | ziehen, führen<br>zucken<br>berühren |

| | | | | |
|---|---|---|---|---|
| – | **touchieren** l>ahd>frz >engl | 1. berühren {23}; 2. mit dem Finger betastend untersuchen (med. t. t.) {23/70}; 2. mit dem Ätzstift bestreichen, abätzen (med. t. t.) {70} | dto. | dto. |
| 3607 | **Tour** (gr)>l>frz | 1. Ausflug, Fahrt, Exkursion {45/61}; 2. bestimmte Strecke {58/45}; 3. Art und Weise, mit Tricks und Täuschungsmanövern etw. zu erreichen (abwertend) {25/28/33}; 4. Vorhaben, Unternehmen, das nicht korrekt ist {25/28/82}; 5. Umlauf, Umdrehung eines rotierenden Körpers (techn. t. t.) {61/72}; 6. in sich geschlossener Abschnitt einer Bewegung {12/61}; 7. einzelne Lektion beim Dressurreiten {31/61/85} | **tornus**, ni m<br>gr. *τόρνος*<br>afrz. *tor(n)*<br>frz. *tour* | Dreh-, Drechseleisen; Meißel |
| – | **touren** (gr)>l>frz | auf Tour (1.) bzw. Tournee gehen, sein (Jargon) {61/45/35/37} | **tornare**<br><br><br>gr. *τορνεύειν*<br>mlat. turnare<br>frz. *tourner* | mit einem Dreheisen runden, drechseln<br><br><br><br>drehen, wenden; einen Ausflug machen |
| – | **Tourismus** (gr)>l>frz >engl>nlat | das Reisen von Touristen in größerem Ausmaß; Fremdenverkehr {33/45/61} | **tornus**<br>frz. *tour*<br>*tourisme*<br>engl. *tourism* | s. oben |
| – | **Tourist** (gr)>l>frz >engl | 1. Urlauber, Reisender; 2. Ausflügler, Wanderer, Bergsteiger {33/45/61} | dto.<br>engl. *tourist* | dto. |
| >>> | Touristenklasse s. unter Klasse | | | |
| – | **Touristik** (gr)>l>frz | 1. institutionalisierter Touristenverkehr, Reisewesen {45/33}; 2. das Wandern o. Bergsteigen (veraltet) {61/45} | dto. | dto. |
| – | **touristisch** (gr)>l>frz | den Tourismus betreffend, Reise... {33/45/61} | dto. | dto. |
| – | **Tournee** (gr)>l>frz | Gastspielreise von Künstlern, Artisten o. ä. {35/37/40/45/61} | **tornare**<br>frz. *tourner*<br>*tournée* | s. oben |
| 3608 | **trachten** | an etw., über etw. (nach)denken; auf etw. achten; nach etw. streben; bedenken; aussinnen {25/28} | **tractare** | sich mit etw. beschäftigen, handhaben; untersuchen; überdenken<br>vgl. unten 3614 |

| | | | | |
|---|---|---|---|---|
| 3609 | **tradieren** | überliefern, weitergeben, mündlich fortpflanzen {32/33/59} | **tradere** | übergeben, überliefern; anvertrauen, mitteilen |
| – | **Tradition** | 1. Überlieferung {32/33/59}; 2. Brauch, Gewohnheit, Gepflogenheit {33}; 3. Weitergabe (an spätere Generationen) {32/33/59}; 4. außerbiblische Überlieferung von Glaubenslehren seit der Apostelzeit {51} | **traditio**, onis f | Übergabe; Überlieferung; Vortrag |
| – | **Traditionalismus** l>nlat | 1. geistige Haltung, die bewußt an der Tradition festhält {25/33}; 2. philosophisch-theologische Richtung des früheren 19. Jh.s in Frankreich {77/51/75} | dto. | dto. |
| – | **Traditionalist** l>nlat | Anhänger und Vertreter des Traditionalismus {25/33/51/77} | dto. | dto. |
| – | **traditionalistisch** l>nlat | den Traditionalismus betreffend, für ihn charakteristisch; ihm verbunden, verhaftet {25/33/51/77} | dto. | dto. |
| – | **traditionell** l>frz | überliefert, herkömmlich; dem Brauch entsprechend, üblich {33/59} | dto.<br>frz. *traditionnel* | dto. |
| 3610 | **Traduktion** | 1. Übersetzung {32}; 2. Wiederholung eines Wortes in veränderter Form o. mit anderem Sinn (rhet., sprachwiss. t. t.) {76} | **traductio**, onis f | Hinüberführung; Metonymie; Fortdauer; Wiederholung (als Redefigur - rhet. t. t.) |
| 3611 | **Trailer** l>vulgl >afrz>engl | 1. Erkennungsfilmvorspann (z. B. für TV-Serien) {24/33/59/85}; 2. nicht belichteter Filmstreifen am inneren Ende einer Filmrolle (fot. t. t.) {87}; 3. Fahrzeuganhänger (besonders als Wohnwagen) {45}; 4. Vorspann, Vorschau (z. B. bei der Werbung für einen Film) {25/33/59} | **trahere**<br>bzw. **traha**, ae f<br>vulgl. trahale<br>afrz. *traail* | ziehen, schleppen, schleifen<br>Schleife (ein Akkergerät) |
| – | **Trainer** l>vulgl>frz >engl | jmd., der Sportler betreut, trainiert; Übungsleiter {33/40/85} | **trahere**<br>vulgl. tragere*<br>traginare*<br>frz. *traîner*<br>engl. *(to) train* | s. oben<br>ziehen, schleppen<br>(nach)ziehen, nachschleppen<br>(auf-, er)ziehen, abrichten |

| | | | | |
|---|---|---|---|---|
| – | **trainieren** l>vulgl>frz >engl | 1. planmäßig, gezielt (ein)üben (als Vorbereitung für einen Wettkampf - ugs.); 2. Training betreiben; 3. durch Training (bestimmte Übungen, Fertigkeiten) technisch vervollkommnen {12/28/33/61/85} | dto. | dto. |
| – | **Training** l>vulgl>frz >engl | planmäßige Durchführung eines Übungsprogramms zur Ausbildung von Können, Stärkung von Kondition und Leistungsfähigkeit {12/28/33/61/85} | dto. | dto. |
| 3612 | **Trakt** | 1. Gebäudeteil {58}; 2. Zug, Strang; Gesamtlänge (z. B. Darmtrakt - med. t. t.) {70/58}; 3. Landstrich {64} | **tractus**, us m | Ausdehnung, Lage; Landstrich; Verlauf |
| 3613 | **traktabel** | leicht zu behandeln, umgänglich {25/26/33} | **tractabilis**, e | betast-, angreif-, behandelbar; biegsam |
| 3614 | **Traktat** | 1. Abhandlung {32}; 2. religiöse Flugschrift {51/32}; 3. (Staats)vertrag (veraltet) {50} | **tractatus**, us m | Behandlung, Erörterung; Schrift; Predigt |
| – | **traktieren** | 1. be-, unterhandeln (veraltet) {25/32}; 2. literarisch darstellen, gestalten (veraltet) {34}; 3. plagen, quälen, mißhandeln {25/26/33}; 4. bewirten (veraltet) {17/33}; 5. jmdn. mit etw. überfüttern {17/33/57} | **tractare** | schleppen; berühren; handhaben; be-, verhandeln |
| – | Traktandum | | | |
| – | **Traktion** | 1. Zug, das Ziehen, Zugkraft (med., phys., techn. t. t.) {41/61/70/72}; 2. Art des Antriebes von Zügen (durch Triebfahrzeuge) {41/45} | **tractio**, onis f (bzw. **tractare** | Ableitung s. oben) |
| 3615 | **Traktor** l>engl | (landwirtschaftliche) Zugmaschine, Schlepper (landw. t. t.) {39/45} | **trahere** engl. *tractor* | s. oben 3611 |
| – | **Traktorist** l>russ | Traktorfahrer {39/40} | dto. | dto. |
| 3616 | **Traktur** | bei der Orgel der vom Manual oder Pedal auszulösende Zug (Regierwerk - mus. t. t.) {37} | **tractura**, ae f | das Ziehen des Zugviehs am Wagen |

| | | | | |
|---|---|---|---|---|
| 3617 | **Trance**<br>l>frz>engl | schlafähnlicher Zustand (bei spiritistischen Medien); Dämmerzustand {16/24/51} | **transire**<br><br>(a)frz. *transir*<br><br>*transe*<br><br><br><br>engl. *trance* | (hin-, vor)übergehen; sich verwandeln; vergehen<br>hinübergehen, verscheiden<br>das Hinübergehen (in den Todesschlaf); Angstzustand |
| 3618 | **tranchieren**<br>l>vulgl >afrz>frz | Fleisch, Geflügel kunstgerecht in Stücke schneiden, zerlegen {17} | **trinus**, a, um<br>vulgl. trinicare*<br>afrz. *trench(i)er*<br><br>frz. *trancher* | je drei, dreifach<br><br>dreiteilen<br>ab-, durch-, zerschneiden, zerlegen |
| 3619 | **Tranquilizer**<br>l>frz>engl | beruhigendes Medikament (med. t. t.) {70} | **tranquillare** | ruhig machen, beruhigen, stillen |
| 3620 | **Transaktion** | ungewöhnlich großes Geschäft eines Unternehmers {41/42/56/80} | **transactio**, onis f | Vollendung; Vergleich; Abschluß |
| 3621 | **transalpin(isch)** | jenseits der Alpen (von Rom aus gesehen) {58/64} | **transalpinus**, a, um | jemseits der Alpen gelegen, - geschehend |
| 3622 | **transatlantisch**<br>l;gr>l | überseeisch {64/58} | **trans** (Präp.)<br><br>+ **Atlanteus** o. **Atlanticus**, a, um<br>gr. 'Ατλαντικός | jenseits; über ... hin(aus)<br>westafrikanisch; zum Atlasgebirge gehörend; atlantisch |

>>> trans..., Trans... s. ggf. auch unter dem Rest des Wortes

| | | | | |
|---|---|---|---|---|
| 3623 | **Transfer**<br>l>engl | 1. Zahlung ins Ausland in fremder Währung {42/80}; 2. Übertragung der im Zusammenhang mit einer bestimmten Aufgabe erlernten Vorgänge auf eine andere Aufgabe (psych., päd. t. t.) {70/78}; 3. Überführung, Weitertransport im Reiseverkehr {45}; 4. Wechsel eines Berufsspielers zu einem anderen Verein {40/61/85}; 5. positiver Einfluß der Muttersprache bei der Erlernung einer Fremdsprache (sprachwiss. t. t.) {56/76/78}; 6. = Transferenz (sprachwiss. t. t.) {76} | **transferre**<br><br><br>engl. *transfer* | (hin)übertragen, -bringen, -schaffen; übersetzen |

| | | | | |
|---|---|---|---|---|
| – | **transferabel** l>engl | umwechsel-, übertragbar in fremde Währung (wirtsch. t. t.) {42/80} | dto. | dto. |
| – | **Transferenz** | (Vorgang, Ergebnis der) Übernahme einer fremdsprachlichen Erscheinung in die Muttersprache (sprachwiss. t. t.) {76} | dto. | dto. |
| – | **transferieren** | 1. Geld in eine fremde Währung umwechseln, Zahlungen an das Ausland leisten (wirtsch. t. t.) {42/80}; 2. den Wechsel eines Berufsspielers zu einem anderen Verein vornehmen (sport. t. t.) {40/61/85}; 3. jmdn. dienstlich versetzen (österr., amtsspr. t. t.) {33/40/61} | dto. | dto. |
| – | **Transferliste** l;germ >mlat>it | Meldeliste für den Vereinswechsel von Profisportlern (z. B. beim Fußball - sport. t. t.) {32/40/61/85} | dto. + mlat. / it. **lista** | dto. Leiste; (Papier)-streifen, Verzeichnis |
| 3624 | **Transformation** | Umwandlung, Umformung, Umgestaltung, Übertragung {53/61/72} | **transformatio**, onis f | Umbildung, Verwandlung |
| – | **Transformator** l>nlat | Instrument zur Umformung elektrischer Spannungen (techn. t. t.) {41/72/87} | **transformare** | verwandeln, umformen, umgestalten |
| – | **transformieren** | umwandeln, umformen, umgestalten; übertragen {56/61/72} | dto. | dto. |
| 3625 | **transfundieren** | eine Blutübertragung vornehmen (med. t. t.) {70} | **transfundere** | hinübergießen; übertragen |
| – | **Transfusion** | 1. intravenöse Übertragung von Blut in den Organismus (med. t. t.) {70}; 2. Diffusion von Gasen durch eine poröse Scheidewand (chem. t. t.) {73} | **transfusio**, onis f | das Hinüberschütten; Übertragung |
| 3626 | **transgalaktisch** l;gr>l | jenseits der Milchstraße befindlich, über das Milchstraßensystem hinausgehend (astron. t. t.) {66} | **trans** + **galaxias**, ae m gr. *γαλαξίας* | s. oben 3622 Milchstraße |
| 3627 | **transgredient** | überschreitend, über etwas hinausgehend {57/58} | **transgredi** | (hin)über-, -gehen, -steigen |
| – | **transgredieren** | große Festlandsmassen überfluten (geogr. t. t.) {64} | dto. | dto. |
| 3628 | **transient** l>engl | die Transiente betreffend, auf ihr beruhend (techn. t. t.) {41/56/59/72} | **transire** (PPA. **transiens**) | (hin)über-, hingehen; übersteigen |
| – | **Transiente** l>engl | vorübergehende Abweichung vom Normalbetrieb einer Kernkraftanlage; leichte Störung (techn. t. t.) {41/56/59/72} | dto. | dto. |

| | | | | |
|---|---|---|---|---|
| – | **Transientenintermodulationsverzerrung** l>engl;l;l;d | (kurz TIM) bei HiFi-Verstärkern an Boxen auftretende klirrende Tonverzerrung (techn. t. t.) {87} | dto.<br>+ **inter**<br>+ **modulatio**, onis f | dto.<br>zwischen, unter<br>proportioniertes Maß, Grundmaß |
| 3629 | **Transistor** (l;nlat) >engl | (wörtl.: Übertragungswiderstand) Halbleiterbauelement; Teil eines Verstärkers (phys., techn. t. t.) {41/72/87} | **transferre**<br>engl. *transferre*<br>+ **resistere**<br>nlat. resistor | s. oben 3623<br><br><br>sich widersetzen |
| – | **transistori(si)eren** (l;nlat) >engl | mit Transistoren versehen (techn. t. t.) {41/72/87} | dto. | dto. |
| 3630 | **Transit** l>it | 1. Durchfahrt, -reise durch ein Land {45/61}; 2. Zustandekommen von Aspekten infolge der Planetenbewegung; das Überschreiten eines Tierkreiszeichens (astrol. t. t.) {66/51} | **transitus**, us m<br><br>it. *transito* | Übergang, Durchgang; das Vorübergehen; Veränderung |
| – | Transithandel, Transitverkehr | | | |
| – | **transitiv** | zielend, d. h. mit einer Ergänzung im Akkusativ (sprachwiss. t. t.) {76} | **transitivus**, a, um | übergehend; transitiv |
| – | **Transitiv(um)** | transitives Verb (sprachwiss. t. t.) {76} | dto. | dto. |
| – | **transitivieren** l>nlat | ein nicht zielendes Verb transitiv machen (z. B.: einen guten Kampf kämpfen - sprachwiss. t. t.) {76} | dto. | dto. |
| >>> | Transitvisum s. unter Visum | | | |
| 3631 | **transkontinental** (l;l)>nlat | einen Erdteil durchquerend (geogr. t. t.) {58/64} | **trans**<br>+ **continens** (Gen. –ntis) | s. oben 3622<br>zusammenhängend, ununterbrochen |
| 3632 | **transkribieren** | 1. in eine andere Schrift übertragen {32/56}; 2. die Originalfassung eines Tonstückes auf ein anderes, auf mehrere Instrumente übertragen (mus. t. t.) {37/56} | **transcribere** (PPP. **transcriptus**) | aus einer Schrift in die andere übertragen, ab-, umschreiben |
| – | **Transkription** | 1. Umschreibung eines Musikstückes in eine andere als die Originalfassung (mus. t. t.) {37/56}; 2. phonetische Umschrift; lautgerechte Übertragung in eine andere Schrift (sprachwiss. t. t.) {32/56} | **transcriptio**, onis f | Übertragung, Umschreibung |

| | | | | |
|---|---|---|---|---|
| – | **Transkript** | Ergebnis einer Transkription {32/37/56} | **transcribere** | s. oben |
| 3633 | **Translation** | 1. Übertragung, Übersetzung {32}; 2. bildlicher Ausdruck, Trope (sprachwiss. t. t.) {76}; 3. geradlinige, fortschreitende Bewegung {61}; 4. feierliche Überführung der Reliquien eines Heiligen an einen anderen Ort (kath. rel. t. t.) {51/61} | **translatio**, onis f | das Übertragen; Versetzung; Trope, Metapher |
| – | **Translator** | Übersetzer (veraltet) {32/40} | **translator**, oris m | Übertrager, Übersetzer; Kopierer |
| 3634 | **Transliteration** (l;l)>nlat | buchstabengetreue Umsetzung eines Textes in eine andere Buchstabenschrift (unter Verwendung von diakritischen Zeichen - sprachwiss. t. t.) {32/76} | **trans** + **littera**, ae f | s. oben 3622<br>Buchstabe, Handschrift; Schrift |
| – | **transliterieren** (l;l)>nlat | Wörter nichtlateinschreibender Sprachen buchstabengetreu in Lateinschrift wiedergeben (sprachwiss. t. t.) {32/76} | dto. | dto. |
| 3635 | **Translokation** (l;l)>nlat | 1. Ortsveränderung, Versetzung (veraltet) {40/61}; 2. Verlagerung eines Chromosomenbruchstückes in ein anderes Chromosom (biol. t. t.) {61/68/69} | **trans** + **locatio**, onis f | 3622<br>Stellung, Anordnung; Vermietung |
| – | **translozieren** (l;l)>nlat | 1. an einen anderen Ort versetzen (veraltet) {61/40}; 2. verlagern (in bezug auf Chromosomenbruchstücke - biol. t. t.) {61/68/69} | dto. | dto. |
| 3636 | **transluzent** o. **transluzid** | durchscheinend, durchsichtig {54/55/65} | **translucere** (PPA. **translucens**) bzw. **translucidus**, a, um | durchscheinen; durchsichtig sein<br>durchsichtig |
| 3637 | **transmarinisch** | überseeisch {64} | **transmarinus**, a, um | jenseits des Meeres befindlich, überseeisch |
| 3638 | **Transmission** | 1. Vorrichtung zur Kraftübertragung und -verteilung auf mehrere Arbeitsmaschinen (z. B. durch Treibriemen - techn. t. t.) {41/45/72}; 2. Durchlassung von Strahlen durch einen Stoff ohne Frequenzänderung (phys. t. t.) {72} | **transmissio**, onis f | Übersendung; Überfahrt; Übertragung |

| | | | | |
|---|---|---|---|---|
| – | **Transmitter** l>am | 1. am. Bezeichnung für Meßumformer (techn. t. t.) {41/72}; 2. Überträgersubstanz, -stoff (med. t. t.) {70}; 3. Fernbedienung (z. B. für TV-Geräte), bei der mehrere nacheinander eingegebene Befehle auf ein Kommando hin übertragen werden (techn. t. t.) {28/59/87}; 4. Sender (z. B. von Funkamateuren - techn. t. t.) {46/87} | **transmittere** | hinüberschicken, -bringen; durch-, vorbeilassen |
| – | **transmittieren** l>am | übertragen, übersenden (techn. t. t.) {46/87} | dto. | dto. |
| 3639 | **Transmutation** l>nlat | Genmutation (biol. t. t.) {61/68/69} | **transmutatio**, onis f | Veränderung; Umzug; Vertauschung |
| – | **transmutieren** l>nlat | um-, verwandeln (biol. t. t.) {61/68/69} | **transmutare** | hinüberschaffen; vertauschen, verwechseln |
| 3640 | **transpadanisch** | jenseits des Flusses Po gelegen (von Rom aus gesehen) {64} | **transpadanus**, a, um | jenseits des Flusses Po befindlich |
| 3641 | **transparent** (l;l)>mlat >frz | 1. durchscheinend, durchsichtig {54/55}; 2. deutlich, versteh-, erkennbar {25/55} | **trans** + **parere** (PPA. **parens**) mlat. transparere transparens frz. *transparent* | s. oben 3622 erscheinen, sichtbar -, offenbar sein durchscheinen |
| – | **Transparent** (l;l)>mlat >frz | 1. Spruchband {32/23}; 2. Bild, das von hinten beleuchtet wird; Leuchtbild {36} | dto. | dto. |
| – | **Transparenz** (l;l)>mlat >frz | 1. das Durchscheinen; Durchsichtigkeit; 2. Lichtdurchlässigkeit (z. B. des Papiers) {54/55}; 3. Deutlichkeit, Verstehbarkeit {23/25} | dto. | dto. |
| 3642 | **Transpiration** (l;l)>vulgl >frz | 1. Hautausdünstung, Schwitzen (med. t. t.) {11/70}; 2. Abgabe von Wasserdampf durch Pflanzen (bot. t. t.) {68} | **trans** + **spirare** vulgl. transpirare frz. *transpirer* | s. oben 3622 blasen, wehen, hauchen, atmen durchhauchen, -atmen; ausduften |
| – | **transpirieren** (l;l)>vulgl >frz | ausdünsten, schwitzen (biol., med. t. t.) {68/69/70} | dto. | dto. |

| | | | | |
|---|---|---|---|---|
| 3643 | **Transplantat** | übertragenes, verpflanztes Gewebestück (med. t. t.) {70} | **transplantare** (PPP. **transplantatus**) | verpflanzen, versetzen |
| – | **Transplantation** l>nlat | 1. Verpflanzung von lebenden Geweben (med. t. t.) {70}; 2. Pfropfung (bot. t. t.) {68/39} | dto. | dto. |
| – | **Transplanteur** l>nlat | Arzt, der eine Transplantation ausführt {70/40} | dto. | dto. |
| – | **transplantieren** | lebendes Gewebe verpflanzen (med. t. t.) {70} | dto. | dto. |
| 3644 | **Transponder** (l;l)>engl | Anlage, die Funksignale aufnimmt, verstärkt und wieder abstrahlt (techn. t. t.) {46/72/87} | **transmittere** + **respondere** engl. *transmitter* / *responder* | s. oben 3638 antworten |
| 3645 | **transponieren** | ein Tonstück in eine andere Tonart übertragen (mus. t. t.) {37} | **transponere** | ver-, umsetzen; verpflanzen |
| 3646 | **Transport(ation)** l>frz | 1. Beförderung von Menschen, Tieren, Gegenständen {45/61/42}; 2. Fracht, zur Beförderung zusammengestellte Sendung {42/45}; 3. Übertrag in der Buchhaltung (veraltet) {42/80} | **transportare** (PPP. **transportatus**) bzw. **transportatio**, onis f | (hin)überfahren, übersetzen<br>Übersiedlung, Wanderung |
| – | **transportabel** l>frz | beweglich, tragbar, beförderbar {45/54/61} | dto. frz. *transportable* | dto. |
| – | **Transporter** l>frz>engl | Transportfahrzeug, -flugzeug, -schiff {45/61} | dto. engl. *transporter* | dto. |
| – | **Transporteur** l>frz | 1. jmd., der etw. transportiert {40/45/61}; 2. mit einer Gradeinteilung versehener (Halb)kreis zur Winkelmessung (math. t. t.) {71}; 3. Zubringer an der Nähmaschine {87} | dto. frz. *transporteur* | dto. |
| – | **transportieren** l>frz | 1. versenden, befördern, wegbringen {61/45}; 2. mechanisch bewegen, weiterschieben (z. B. einen Film) {61/87}; 3. die Basis für etw. abgeben, was an andere weitergegeben wird (z. B. Wörterbedeutungen) {56/76}; 4. übertragen (in der Buchhaltung - veraltet) {42/80} | dto. frz. *transporter* | dto. |
| – | **Transportierung** l>frz | Fortschaffung, Beförderung {61/45} | dto. | dto. |

| | | | | |
|---|---|---|---|---|
| 3647 | **Transposition** l>nlat | das Transponieren eines Tonstückes in eine andere Tonart (mus. t. t.) {37} | **transponere** | s. oben 3645 |
| 3648 | **Transsexualismus** (l;l)>nlat | Identifizierung eines Menschen mit dem jeweils anderen Geschlecht (med., psych. t. t.) {70/18} | **trans** + **sexualis**, e | s. oben 3622 zum Geschlecht gehörig |
| – | **transsexuell** (l;l)>nlat | den Transsexualismus betreffend (med., psych. t. t.) {18/70} | dto. | dto. |
| – | **Transsexuelle(r)** l>nlat | zum Transsexualismus neigende Person (med. t. t.) {18/70} | dto. | dto. |
| 3649 | **Transsubstantiation** (l;l)>mlat | Verwandlung der Substanz von Brot und Wein in Leib und Blut Christi (kath. rel. t. t.) {51} | **trans** + **substantia**, ae f | s. oben 3622 Wesenheit, Existenz, Beschaffenheit |
| 3650 | **transversal** (l;l)>mlat | querlaufend, senkrecht zur Ausbreitungsrichtung stehend, schräg {58/71} | **trans** + **vertere** (PPP. **versus**) | s. oben 3622 (um)wenden, (sich) drehen, (um)kehren |
| – | **Transversale** (l;l)>mlat | Gerade, die eine Figur (Drei-, Vieleck) schneidet (math. t. t.) {71} | dto. | dto. |
| 3651 | **transvestieren** (l;l)>nlat | Neigung, die für das andere Geschlecht typische Kleidung anzulegen (psych., med. t. t.) {70/19} | **trans** + **vestire** (PPP. **vestitus**) | s. oben 3622 sich (be)kleiden, ausschmücken |
| – | Transvesti(ti)smus | | | |
| – | **Transvestit** (l;l)>nlat | Mann, der sich wie eine Frau kleidet, frisiert, schminkt (psych., med. t. t.) {70/19/21} | dto. | dto. |
| 3652 | **transzendent** | 1. übersinnlich, übernatürlich (philos. t. t.) {77/51}; 2. nicht algebraisch (math. t. t.) {71} | **transcendere** (PPA. **transcendens**) | (hin)überschreiten, -steigen, -treten |
| – | **transzendental** l>mlat | 1. = transzendent {77/51/71}; 2. die a priori mögliche Erkenntnisart von Gegenständen betreffend (philos. t. t.) {25/77} | dto. | dto. |
| – | **Transzendenz** | 1. das jenseits der Erfahrung liegende; Jenseits {51}; 2. das Überschreiten der Grenzen der Erfahrung des Bewußtseins, des Diesseits (philos. t. t.) {24/25/77} | **transcendentia**, ae f | das Übersteigen, Überschreiten |
| – | **transzendieren** | über einen Bereich hinaus in einen anderen (hin)übergehen (philos. t. t.) {25/77} | **transcendere** | s. oben |

>>> Trapezakt s. Akt

| | | | | |
|---|---|---|---|---|
| 3653 | **Trasse** l>vulgl>frz | im Gelände abgesteckte Linienführung eines Verkehrsweges, einer Versorgungsleitung {58/45} | **tractus**, us m<br>vulgl. tractiare*<br>afrz. *tracier*<br>frz. *tracer*<br><br>*tracé* | das Ziehen; Verlauf, Ausdehnung; Gegend<br>ziehen<br>eine Spur ziehen<br>vorzeichnen, entwerfen |
| - | **trassieren** l>vulgl>frz | 1. eine Trasse zeichnen, berechnen, im Gelände abstekken {58/40}; 2. mit Fäden in der Farbe der Stickerei vorspannen (bei der Gobelinstikkerei) {44/19}; | dto. | dto. |
| | (l>vulgl>it) | 3. einen Wechsel auf jmdn. ziehen o. ausstellen {80} | it. *tratta* | Zug, Riß, gezogener Wechsel |
| 3654 | **travers** l>frz | quergestreift (mod. t. t.) {19/55} | **traversus**, a, um | quergehend, -liegend; schief, schräg |
| - | **Travers** l>frz | Seitengang des Pferdes in Richtung der Bewegung (sport. t. t.) {61/85} | **transversum**, si n | Quere, schräge Lage, - Richtung |
| - | **Traversale** l>frz | Schrägverschiebung des Pferdes fast parallel zur Viereckseite (der Reitbahn - sport. t. t.) {61/85} | **transversarius**, a, um (bzw. **transversus** | querliegend; entgegengesetzt<br>s. oben) |
| - | **Traverse** l>frz | 1. Querbalken, -träger, -verbinder (archit., techn. t. t.) {41/58/72/88}; 2. senkrecht zur Strömung in den Fluß gezogener Querbau, der die Verlandung beschleunigt {64/39}; 3. Schulterwehr (mil. t. t.) {86}; 4. seitliche Ausweichbewegung (sport. t. t.) {12/85}; 5. Querungsstelle an Hängen o. Wänden, Quergang (beim Bergsteigen) {12/58/85} | **transversum** | s. oben |
| - | **Traversflöte** l;aprov>frz | Querflöte {37} | **transversus** | s. oben |
| - | **traversieren** l>frz | 1. quer durchgehen {12/58}; 2. durchkreuzen, hindern {25/28}; 3. eine Reitbahn beim Dressursport in der Diagonale durchreiten (sport. t. t.) {61/85}; 4. durch Seitwärtstreten dem Fechthieb des Gegners ausweichen (sport. t. t.) {12/85}; 5. horizontal an einem Abhang entlanggehen o. -klettern (beim Bergsteigen) {12/58/85} | dto. | dto. |

| | | | | |
|---|---|---|---|---|
| 3655 | **Travestie** (l;l)>it>frz >(engl) | komisch-satirische Umbildung ernster Dichtung (wobei der Inhalt in lächerlicher Form dargeboten wird) {26/33/34/35/74} | **trans** + **vestire** frz. *travesti* | s. oben 3622 s. oben 3651 Verkleidung |
| – | **travestieren** (l;l)>it>frz | 1. in Form einer Travestie darbieten {26/33/34/35/74}; 2. ins Lächerliche ziehen {26/33} | dto. | dto. |
| 3656 | **Trecento** l>it | italienischer Kunststil des 14. Jh.s (= 300 Jahre nach 1000 n. Chr.) {36/79} | **trecenti**, a, ae | dreihundert |
| 3657 | **Treff** l>frz | französische Spielkartenfarbe, Kleebatt (schweiz.); Kreuz (beim Skat) {32/56/85} | **trifolium**, ii n<br>frz. *trèfle*<br>schweiz. *Treffle* | Dreiblatt, Klee<br>Klee; Dreiblatt, Kreuz (beim Kartenspiel) |

>>> tremens s. Delirium bzw. Delirium tremens (Redewendungsliste)

| | | | | |
|---|---|---|---|---|
| 3658a | **tremolieren** o. **tremulieren** l>vulgl>it | mit einem Tremolo vortragen, spielen, singen (mus. t. t.) {37/55} | **tremulus**, a, um<br>bzw. **tremere**<br>it. *tremolare* | zitternd<br>(er)zittern |
| – | **Tremolo** l>vulgl>it | (mus. t. t.) 1. bei Tasten-, Streich-, Blasinstrumenten auf verschiedene Weise erzeugte Bebung; rasche Wiederholung eines Tons o. Intervalls; 2. (fehlerhafte) bebende Tonführung beim Gesang {37/55} | dto. | dto. |
| – | **Tremor** | Muskelzittern, rhythmische Zuckungen einzelner Körperteile (z. B. der Lippen, Augenlider - med. t. t.) {12/70} | **tremor**, oris m | das Zittern; zitternde Bewegung der Glieder |
| 3658b | **Trense** (l>span; afrz >aspan) >span >mniederl | einfacher Pferdezaum (aus Gebißstange und Zügel) {39/33} | **trinus**, a, um<br>span. *trena*<br>+ afrz. *tre(s)ce*<br>aspan. *treça*<br>span. *trenza*<br>mniederl. *trens(s)e* | dreifach, je drei<br>aus drei Teilen Geflochtenes; Borte, Schärpe; Band<br>Haarflechte, Zopf<br>Haarflechte<br>Flechte, Zopf<br>Seil, Pferdezaum, Zügel |
| 3658c | **Triangel** | 1. Schlaginstrument in Form eines dreieckig gebogenen Stahlstabes (mus. t. t.) {37}; 2. Winkelriß in Kleidungsstükken (ugs.) {19} | **triangulum**, li n | Dreieck |

| | | | | |
|---|---|---|---|---|
| – | **triangulär** | dreieckig {53} | **triangularis**, e | dreieckig |
| 3659 | **Triarier** | altgedienter schwerbewaffneter Soldat im alten Rom (hist. t. t.) {75/86} | **triarii**, iorum m (Pl.) | Triarier |
| 3660 | **Tribun** | (hist. t. t.) 1. altröm. Volksführer {50/75}; 2. zweithöchster Offizier einer altröm. Legion {75/86} | **tribunus**, ni m (sc. plebis | Oberst; Offizier; Volkstribun) |
| – | **Tribunal** l>(frz) | 1. erhöhter Platz, auf dem der Prätor Recht sprach (im alten Rom) {75/58/82}; 2. (hoher) Gerichtshof; 3. Forum, das in einer öffentlichen Untersuchung gegen behauptete Rechtsverstöße o. ä. protestiert; (Straf)gericht {33/82} | **tribunal**, lis n | Gerichtshof; Tribunensitz; erhöhte Feldherrenbühne |
| – | **Tribunat** | Amt, Würde eines Tribuns {75/50/33} | **tribunatus**, us m | Tribunat; Amt eines Tribunen |
| – | **Tribüne** l>it>frz | 1. Rednerbühne; 2. erhöhtes Gerüst mit Sitzplätzen für Zuschauer {33/58/85}; 3. die Zuschauer auf einem solchen Gerüst {33/85} | **tribunal**<br>it. *tribuna*<br>frz. *tribune* | s. oben<br><br>Rednerbühne, Galerie |
| – | **tribunizisch** | einen Tribun betreffend {50/75/86} | **tribunicius**, a, um | tribunizisch, zu den Tribunen gehörig |
| – | **Tribus** | 1. Wahlbezirk im antiken Rom (hist. t. t.) {75/50/48}; 2. Kategorie der zoologischen und botanischen Systematik (biol. t. t.) {68/69} | **tribus**, us m | (Stimm)bezirk, Tribus, Gau |
| 3661 | **Tribut** | 1. direkte Steuer im antiken Rom (hist. t. t.) {42/75}; 2. Opfer, Beitrag, Beisteuerung {42/80}; 3. schuldige Verehrung, Hochachtung {33} | **tributum**, ti n | öffentliche Abgabe, Steuer, Tribut |
| – | **tributär** | steuer-, zinspflichtig {33/42/80} | **tributarius**, a, um | zum Tribut, zu den Abgaben gehörig |
| 3662 | **Trichter** l>spätahd/mhd | 1. kegelförmiges Gerät mit Abflußrohr zum Eingießen von Flüssigkeiten {44}; 2. Idee (ugs., berlinisch) {25} | **traiectorium**, ii n<br>spätahd. *trahter, træhter*<br>mhd. *trihter, trahter* | Trichter |

| | | | | |
|---|---|---|---|---|
| 3663 | **Trick** l>spätl >vulgl>afrz >engl | Kniff, Kunstgriff, List {22/ 25/33} | **tricae**, arum f (Pl.)<br>spätl. **tricari**<br>vulgl. triccare*<br>afrz. *trichier*<br>*triche*<br>nordfrz. *trique*<br>engl. *trick* | Possen, Ränke; Unsinn, Widerwärtigkeiten<br>Schwierigkeiten -, Ausflüchte -, Winkelzüge machen<br>betrügen<br>Betrug<br><br>List, Kniff; Betrug; Streich |
| 3664 | **Trident**<br>(l>engl >am) | 1. Dreizack (bes. als Waffe des griechisch-römischen Meergottes Poseidon / Neptun) {51/ 75/86};<br>2. Bezeichnung für einen am. Raketentyp (mil. t. t.) {86} | **tridens**, ntis m | Dreizack (der Fischer) |
| 3665 | **triennal** | 1. drei Jahre dauernd; 2. alle drei Jahre (stattfindend) {59} | **triennalis**, e | dreijährig |
| – | **Triennale** | Veranstaltung im Turnus von drei Jahren {59/33} | dto. | dto. |
| – | **Triennium** | Zeitraum von drei Jahren {59} | **triennium**, ii n | Zeitraum von drei Jahren |
| 3666 | **Triklinium** (gr)>l | altröm. Speisezimmer (hist. t. t.) {75/58/44} | **triclinium**, ii n<br>gr. τρίκλινον | Speisesofa; Speisezimmer |
| 3667 | **trikolor** | dreifarbig {55} | **tricolor** (Gen. –oris) | dreifarbig |
| – | **Trikolore** l>frz | dreifarbige, bes. die frz. Nationalflagge {50/55} | dto. | dto. |
| 3668 | **Trilliarde** (l;l>frz) >nlat | 1000 Trillion = $10^{21}$ {57} | **tri** (Zahlwortpräfix)<br>+ **mille**<br>frz. *milliard* | dreimal; dreifach<br><br>tausend |
| – | **Trillion** (l;l>frz>it) >nlat | eine Million Billionen $10^{18}$ {57} | dto.<br>+ **mille**<br>frz. *million*<br>it. *millione* | dto.<br>tausend<br><br>Großtausend |
| 3669 | **Trinitarier** l>nlat | (rel. t. t.) 1. Anhänger von der Lehre der Dreieinigkeit {25/ 51}; 2. Angehöriger eines kath. Bettelordens {33/51} | **trinitas**, atis f | Dreizahl; Dreieinigkeit in Gott (kirchenl.) |
| – | **trinitarisch** l>nlat | die (Lehre von der) Trinität betreffend (rel. t. t.) {51} | dto. | dto. |
| – | **Trinität** | Dreieinigkeit, Dreifaltigkeit Gottes (rel. t. t.) {51} | dto. | dto. |
| – | **Trinitatis(fest)** l;d | Sonntag nach Pfingsten; Dreifaltigkeitsfest {51/59} | dto. | dto. |

| | | | | |
|---|---|---|---|---|
| 3670 | **Trio** l>it | 1. Musikstück für drei Instrumente (mus. t. t.); 2. Mittelteil des Menuetts o. Scherzos (mus. t. t.); 3. Vereinigung von drei Instrumental-, seltener Vokalsolisten (mus. t. t.) {37/57}; 4. drei Personen, die etw. gemeinsam ausführen (ironisch) {33/57} | **tri** bzw. **tres**, tria it. *trio* | s. oben 3668 drei |
| 3671 | **Tripel** l>frz | 1. die Zusammenfassung dreier Dinge (math. t. t.) {71}; 2. dreifacher Gewinn (veraltet) {42/57} | **triplex** (Gen. –icis) | dreifältig, dreifach |
| – | **Triplizität** | Dreifachheit; dreifaches Vorkommen {57/52} | **triplicitas**, atis f | Dreifaltigkeit |
| >>> | Trireme s. griech. Liste (Triere) | | | |
| 3672 | **trist** l>frz | 1. traurig, öde, trost-, freudlos; 2. langweilig, unfreundlich, jämmerlich {26/84} | **tristis**, e<br>frz. *triste* | traurig, betrübt; unglücklich, unfreundlich |
| – | **Tristesse** l>frz | Traurigkeit, Trübsinn, Melancholie, Schwermut {26/84} | **tristitia**, ae f | Traurigkeit; mürrisches Benehmen |
| – | **Tristien** | Trauergedichte (bes. die des altröm. Dichters Ovid über seine Verbannung) {34} | **tristis** | s. oben |
| 3673 | **Triticum** | Getreidepflanzengattung mit zahlreichen Weizenarten {05} | **triticum**, ci n | Weizen |
| 3674 | **Triumph** | 1. großer Erfolg, Sieg {25/26/33/85}; 2. Genugtuung, Frohlocken, Siegesfreude {25/26}; 3. feierlicher Einzug eines siegreichen Feldherren (im antiken Rom - hist. t. t.) {33/75/86} | **triumphus**, phi m | Siegeszug, Triumph; Dreischritt |
| – | **triumphal** | herrlich, ruhm-, glanzvoll, großartig {25/26/33} | **triumphalis**, e | zum Triumph gehörig |
| – | **triumphant** | 1. triumphierend, frohlokkend {25/26}; 2. sieg-, erfolgreich {25/26/33/85} | **triumphare** (PPA. **triumphans**) | einen Triumph(zug) abhalten, triumphieren, völlig besiegen |
| – | **Triumphator** | 1. feierlich einziehender siegreicher Feldherr (im antiken Rom - hist. t. t.) {33/75/86}; 2. frohlockender, jubelnder Sieger {25/26/33/85} | **triumphator**, oris m | Triumphator |
| – | **triumphieren** | 1. jubeln, frohlocken {25/26}; 2. jmdm. hoch überlegen sein; über jmdn., etw. siegen {33/50/56/85} | **triumphare** | s. oben |
| 3675 | **Triumvir** | Mitglied eines Triumvirats (hist. t. t.) {75/50} | **triumvir**, ri m | Triumvir |

| | | | | |
|---|---|---|---|---|
| – | **Triumvirat** | Dreimännerherrschaft (im antiken Rom - hist. t. t.) {75/50} | **triumviratus**, us m | Amt eines Triumvirn |
| 3676 | **trivial** l>frz | 1. gedanklich unbedeutend, nicht originell {25/56}; 2. alltäglich, gewöhnlich, nichts Auffälliges aufweisend {33/56} | **trivialis**, e<br>frz. *trivial* | dreifach; allbekannt, gewöhnlich, gemein |
| – | **trivialisieren** l>frz | etw. trivial machen, ins Triviale ziehen {32/33/56} | dto. | dto. |
| – | **Trivialität** l>frz | Plattheit, Seichtheit, Alltäglichkeit {33/56} | dto. | dto. |
| – | **Trivialliteratur** l>frz;l | Unterhaltungs-, Konsumliteratur für den Geschmack eines anspruchslosen Leserkreises {34} | dto.<br>+ **littera**, ae f | dto.<br>s. oben 2075 |
| 3677 | **Trivium** l>mlat | im mittelalterl. Universitätsunterricht die Fächer Grammatik, Rhetorik, Dialektik {31/75} | **trivium**, ii n | Drei-, Scheideweg; Wegkreuzung; die drei (unteren) Wissenschaften (s. links) |
| 3678 | **Trizeps** | dreiköpfiger Muskel des Oberarms (med. t. t.) {11/70} | **triceps** (Gen. –cipitis) | dreiköpfig; dreierlei |
| 3679 | **Troß** l>spätl>frz | 1. der die Truppe mit Verpflegung und Munition versorgende Wagenpark (veraltet) {33/45/86}; 2. Anhang, Gefolge, Mitläufer {33}; 3. Schar, Haufen {33/57} | **torquere** (PPP. **torsus**)<br>spätl. torsus*<br>torsare*<br>frz. *trousser*<br>*trousse* | drehen, winden<br>gedreht, gewunden<br>ein Bündel schnüren<br>aufladen und festschnüren<br>Bündel, Gepäckstück |
| – | **Trosse** l>spätl>frz | starkes Tau, Drahtseil {45/40} | dto.<br>frz. *drosse* | dto. |
| 3680 | **Trouble** (gr)>l >vulgl>frz >engl | Ärger, Unannehmlichkeit(en), Aufregung {25/26/33} | **turba**, ae f<br>bzw. **turbare**<br>gr. $\tau\acute{\upsilon}\rho\beta\eta$<br>vulgl. turbulare<br>afrz. *tourbler*<br>frz. *troubler*<br>*trouble* | lärmende Unordnung, Verwirrung, Getümmel, Tumult<br>in Unordnung, in Verwirrung bringen, stören, beunruhigen<br><br><br><br>trüben; verwirren, beunruhigen<br>Verwirrung, Unruhe |

| | | | | |
|---|---|---|---|---|
| – | **Trubel** (gr)>l >vulgl>frz | lärmendes Treiben, wirres Durcheinander {25/26/33} | dto. | dto. |
| 3681 | **Trüffel** l>vulgl>it/ aprov>frz | zu den Schlauchpilzen gehörender wohlschmeckender Erdschwamm {04} | **tuber**, eris n vulgl. tufera frz. *truffe* (Nf. *truffle)* | Buckel, Höcker; Trüffel, Morchel |
| 3682 | **Trumpf** l>frz | höchste Farbe beim Kartenspiel {33/56} | **triumphus** frz. *triomphe* | s. oben 3674 |
| – | auftrumpfen, übertrumpfen | | | |
| 3684 | **tschüs(s)** (l;l)>frz >(span) | auf Wiedersehen!, bis dann! (ugs.) {32/33} | **ad** + **deus**, ei m frz. *adieu* span. *adiós* | zu, hin, nach Gott zu Gott, Gott befohlen |
| 3685 | **Tuba** | 1. tiefstes Blechblasinstrument (mus. t. t.) {37}; 2. altröm. Blasinstrument, Vorläufer der Trompete {37/75}; 3. Ohrtrompete (med. t. t.); 4. Ausführungsgang der Eierstöcke, Eileiter (med. t. t.) {11/70} | **tuba**, ae f | Gußröhre; Trompete, Tuba |
| 3686 | **Tube** | röhrenförmiger, biegsamer Behälter (aus Metall für Salben, Farben o. ä.) {44/58} | **tubus**, bi m | Röhre; Scheide |
| 3687 | **Tuberkel** | (med. t. t.) 1. kleiner Höcker, Vorsprung (besonders an Knochen); 2. knötchenförmige (Tuberkulose-)Geschwulst {70} | **tuberculum**, li n | kleiner Höcker, kleine Geschwulst |
| – | **tuberkular** l>nlat | knotig, mit Bildung von Tuberkeln einhergehend (von Organveränderungen - med. t. t.) {70} | dto. | dto. |
| – | **Tuberkulin** l>nlat | aus Tuberkelbakterien gewonnener, zur Diagnosestellung von Tuberkulose verwendeter (Gift)stoff (med. t. t.) {70/73} | dto. | dto. |
| – | **tuberkulos** o. **tuberkulös** l>nlat | (med. t. t.) 1. die Tuberkulose betreffend, mit ihr zusammenhängend; 2. an Tuberkulose leidend, schwindsüchtig {70} | dto. | dto. |
| – | **Tuberkulose** l>nlat | chronische Infektionskrankheit (z. B. der Lunge - med. t. t.) {70} | dto. | dto. |

| | | | | |
|---|---|---|---|---|
| 3688a | **tubulär** o. **tubulös** l>nlat | schlauch-, röhrenförmig (med. t. t.) {70/58} | **tubulatus**, a, um | mit Röhren versehen, hohl |
| - | **Tubus** | 1. linsenfassendes Rohr bei optischen Geräten (opt. t. t.); 2. Fernrohr (veraltet - opt. t. t.) {66/72/87}; 3. Rohransatz bei Glasgeräten {40/44/58}; 4. Röhre zur Einführung in die Luftröhre (z. B. zur Narkose - med. t. t.) {70} | **tubus** | s. oben 3686 |
| 3688b | **Tuff** l>it | lockeres, großporiges Gestein (aus vulkanischen Auswürfen - geol. t. t.) {62/88} | **tofus**, fi m it. *tufo* | Tuffstein, Tuff Vulkangestein |
| 3689 | **Tumor** | Geschwulst, Gewächs, Gewebewucherung (med. t. t.) {70} | **tumor**, oris m | Geschwulst; Aufgeblasenheit, Stolz |
| 3690 | **Tumult** | 1. Lärm, Unruhe {23/26/33}; 2. Auflauf lärmender Menschen, Aufruhr {23/26/33/57} | **tumultus**, us m | Lärm, Unruhe, Getöse, Aufruhr |
| - | **Tumultuant** | Unruhestifter; Ruhestörer, Aufrührer {33/28/50} | **tumultuare** (PPA. **tumultuans**) | lärmen |
| - | **tumultuarisch** | lärmend, unruhig, erregt, ungestüm, aufrührerisch {26/33/55} | **tumultuarius**, a, um | in Eile zusammengerafft; ohne Vorbereitung gemacht |
| - | **tumultuieren** | lärmen; einen Auflauf erregen {26/33} | **tumultuare** | s. oben |
| - | **tumultuos** o. **tumultuös** l>frz | heftig, stürmisch, aufgeregt, wild bewegt {26/33} | **tumultuosus**, a, um | unruhig, geräuschvoll, in Aufregung |
| 3691 | **Tumulus** | Hügelgrab (ethnol. t. t.) {15/58/81} | **tumulus**, li m | Erdhaufen, -hügel, Grabmal |
| 3692 | **Tünche** | 1. Kalkputz, weißer Überzug, Anstrich {40/88}; 2. Schminke; beschönigende, verhüllende Aufmachung; Schein {21/25/55} | **tunica**, ae f ahd. *tunicha* | römisches Untergewand, Kleid; Haut, Hülle (Kalk)verputz, weißer Überzug, Anstrich |
| - | **tünchen** | 1. mit Kalk bestreichen, verputzen {40/88}; 2. be-, verkleiden (veraltet) {19/55/56} | **tunica** ahd. *tunihha* *tunicha* | s. oben Gewand, Kleid |
| - | **Tunika** | 1. Untergewand im antiken Rom (hist. t. t.) {19/75}; 2. über dem Kleid getragener (kürzerer) Überrock; ärmelloses Übergewand {19} | **tunica** | s. oben |

| | | | | |
|---|---|---|---|---|
| 3693 | **Tunnel**<br>(kelt)>mlat<br>>afrz>frz<br>>engl | 1. unter der Erde angelegter Verkehrsweg; 2. unterirdischer Gang {45/58}; 3. freier Raum zwischen den Spielern beim Rugby (sport. t. t.) {58/61/85} | mlat. **tunna**<br>afrz. *tonnel*<br><br>frz. *tonnelle*<br>engl. *tunnel* | Faß<br>Tonnengewölbe, Faß<br><br>unterirdischer Gang, Stollen; Tunnel |
| – | **tunneln**<br>(kelt)>mlat<br>afrz>frz<br>>engl | beim Fußballspiel dem Gegenspieler den Ball durch die Beine spielen (sport. t. t.) {12/61/85} | dto. | dto. |
| 3694 | **Turbine**<br>l>frz | Kraftmaschine zur Erzeugung drehender Bewegung durch Ausnutzung der Energie und Strömungskräfte von Gas, Wasser o. Dampf (techn. t. t.) {41/45//61/72/86} | **turbo**,<br>binis m | Wirbel; Sturm; Kreisel |
| >>> | Turbogenerator s. Turbolader bzw. Generator | | | |
| – | **Turbokompressor**<br>l;l<br>o. **Turbolader**<br>l;d | mit einer Turbine gekoppelter Luftverdichter in Verbrennungsmotoren (techn. t. t.) {41/45/72/86} | dto.<br>+ **comprimere**<br>(PPP. **compressus**) bzw.<br>**compressor**,<br>oris m | dto.<br>zusammendrükken, -pressen, verstopfen<br><br>Mädchenschänder |
| – | Turbo-Prop-Flugzeug | | | |
| – | **turbulent** | 1. stürmisch, ungestüm, lärmend {26/55}; 2. durch das Auftreten von Wirbeln gekennzeichnet, ungeordnet (phys., astron., meteor. t. t.) {72/65/66} | **turbulentus**,<br>a, um | unruhig, bewegt, stürmisch |
| – | **Turbulenz** | 1. Wirbelbildung bei Strömungen in Gasen und Flüssigkeiten (phys. t. t.), in der Luft (meteor. t. t.) {72/65}; 2. Unruhe, wildes Durcheinander, aufgeregte Bewegtheit; ungestümes Wesen {26/33} | **turbulentia**,<br>ae f | Unruhe, Verwirrung |
| 3695 | **Turm**<br>l>afrz>(frz) | 1. in die Höhe errichtetes Bauwerk {58/88}; 2. Schachfigur {85} | **turris**, is f<br>(Akk. turrim)<br>afrz. *torn**<br>frz. *tournelle*<br>(dimin.) | Turm<br><br>Turm<br>Türmchen |
| – | **türmen**<br>l>afrz>(frz) | turmähnlich aufbauen, mit einem Turm versehen {58/88} | dto. | dto. |
| – | auftürmen | | | |

| | | | | |
|---|---|---|---|---|
| 3696 | **Turn**<br>(gr)>l>engl | 1. Kehre, hochgezogene Kurve im Kunstfliegen (sport. t. t.) {45/61/85}; 2. Rauschzustand (infolge Drogenkonsums - Jargon) {17/26/33/82} | **tornus**,<br>ni m<br>gr. *τόρνος*<br>engl. (to) turn | Dreheisen, Meißel |
| – | **turnen**<br>(gr)>l<br>>(engl) | 1. Drogen zu sich nehmen (Jargon) {33/17/82}; 2. eine berauschende Wirkung haben (ugs.) {26}; 3. eine bestimmte sportliche Übung vollführen {12/85} | dto. | dto. |
| – | **Turnier**<br>(gr)>l>frz | 1. ritterliches Kampfspiel im Mittelalter (hist. t. t.) {33/75/86}; 2. ein von mehreren Einzelsportlern oder Mannschaften bestrittener Wettbewerb (sport. t. t.) {85} | dto.<br>afrz. *torn*<br><br>*torn(e)ier* o. *tourn(o)ier* | dto.<br>Dreheisen; Drehung, Wendung<br>Drehungen machen, die Pferde im Kreis laufen lassen; am Kampfspiel teilnehmen |
| – | **Turnus**<br>(gr)>l>mlat | regelmäßiger Wechsel, Wiederkehr, Reihenfolge; Umlauf {56/59/61} | **tornus**<br>mlat. turnus | dto.<br>Wechsel, Reihenfolge |
| 3697 | **Turteltaube**<br>l;d | 1. Vogelart {07}; 2. flirtendes Mädchen {26/18} | **turtur**,<br>uris m | Turteltaube; Stachelrochen |
| – | turteln | | | |
| 3698a | **Tuskulum** | 1. ruhiger, behaglicher Landsitz {43/33/44}; 2. Lieblingsaufenthalt {26/58} | **Tusculum**,<br>li n | alte Stadt in Latium, in der Cicero seinen Landsitz hatte |
| 3698b | **Tussis** | Husten (med. t. t.) {70} | **tussis**, is f | Husten |
| 3699 | **Tutel** | Vormundschaft (jur. t. t.) {33/82} | **tutela**,<br>ae f | Fürsorge, Obhut, Schutz; Vormundschaft |
| 3700 | **Tutor** | 1. Leiter eines Tutoriums; 2. Lehrer und Ratgeber von Studenten {31/40}; 3. Vormund, Erzieher (im röm. Recht - jur. t. t.) {33/75/82} | **tutor**,<br>oris m | Beschützer, Vormund; Kurator |
| – | **Tutorium** | ein Seminar begleitender Übungskurs an einer Universität {31} | **tutorius**,<br>a, um | vormundschaftlich |
| 3701 | **tutti**<br>l>it | alle (Instrumenten- und Gesangs)stimmen zusammen (mus. t. t.) {37/57} | **totus**,<br>a, um | ganz, völlig, alle, zugleich |
| – | **Tutti**<br>l>it | alle Stimmen, volles Orchester (mus. t. t.) {37/57} | dto. | dto. |
| – | **Tuttifrutti**<br>l>it;l>it | 1. Vielfruchtspeise; Süßspeise aus verschiedenen Früchten {57/17}; 2. Allerlei, Durcheinander (veraltet) {57/56} | dto.<br>+ **fructus**,<br>us m | dto.<br>Frucht; Genuß, Ertrag |

# U

| | | | | |
|---|---|---|---|---|
| 3702 | **ubiquitär** l>nlat | überall verbreitet (z. B. von Pestiziden - biol., chem. t. t.) {68/69/73/58} | **ubique** | wo auch immer, überall |
| – | **Ubiquität** l>nlat | 1. Allgegenwart (Gottes o. Christi - rel. t. t.) {51}; 2. in der Wirtschaft überall in jeder Menge erhältliches Gut {42/80}; 3. das Nichtgebundensein an einen Standort (bes. biol. t. t.) {68/69/58} | dto. | dto. |
| 3703 | **Uhr** (gr)>l>afrz >frz | 1. Stundenmesser, Zeitanzeiger {59/44}; 2. (veraltet bzw. in Redewendungen): Stunde {59} | **hora**, ae f<br>gr. *ὥρα*<br>afrz. *(h)ore, eure*<br>frz. *heure* | (Jahres)zeit, Stunde<br>Jahres-, Tageszeit |
| 3704 | **Ulkus** (gr)>l | Geschwür (med. t. t.) {70} | **ulcus**, ceris n<br>gr. *ἕλκος* | Geschwür, Auswuchs |
| 3705 | **Ulme** | Laubbaumart {04} | **ulmus**, mi f | Ulme |
| 3706 | **ultimativ** l>nlat | in Form eines Ultimatums; nachdrücklich {28/59} | **ultimus**, a, um | der (die, das) letzte, äußerste, entfernteste |
| – | **Ultimatum** l>kirchenl >mlat | letzte, äußerste Aufforderung {28/59} | dto.<br>kirchenl. **ultimare**<br>mlat. ultimatum | dto.<br>zu Ende gehen |
| – | **ultimo** | am Letzten (des Monats) {59} | **ultimus** | s. oben |
| – | **Ultimo** | Letzter (des Monats) {59} | dto. | dto. |
| 3707 | **Ultra** | politischer Extremist {25/33/50} | **ultra** | jenseits, darüber hinaus |
| 3708 | **Ultrakurzwelle** l;d;d | (kurz UKW o. FM) Rundfunkübertragungsbereich von ca. 46-136 Mhz, auf dem frequenzmoduliert gesendet wird (techn. t. t.) {46/72/87} | **ultra** | s. oben 3707 |
| 3709 | **ultramarin** (l;l)>nlat | kornblumenblau {36/55} | **ultra**<br>+ **marinus**, a, um | s. oben 3707<br>zum Meer gehörig, See... |
| – | **Ultramarin** (l;l)>nlat | ursprünglich aus Lapislazuli gewonnene, leuchtendblaue Mineralfarbe {36/55} | dto. | dto. |

| | | | | |
|---|---|---|---|---|
| 3710 | **ultra-montan** (l;l)>nlat | (jenseits der Alpen): streng päpstlich gesinnt {51} | **ultra** + **montanus**, a, um | s. oben 3707 auf den Bergen befindlich, Berg... |
| - | **Ultra-montaner** (l;l)>nlat | strenger Katholik {51} | dto. | dto. |
| - | **Ultramon-tanismus** (l;l)>nlat | streng päpstliche Gesinnung (besonders im ausgehenden 19. Jh.) {51} | dto. | dto. |
| 3711 | **ultra-mundan** | über die Welt hinausgehend, jenseitig (philos. t. t.) {77} | **ultramundanus**, a, um | jenseits der Welt, überweltlich |
| 3712 | **Ultraschall** l;d | Schall mit einer Frequenz über 20 Kilohertz (phys. t. t.) {72} | **ultra** | s. oben 3707 |
| 3713 | **Ultraviolett** l;l>frz | (Abk. UV) unsichtbare Strahlung mit kurzer Wellenlänge und starker chemischer bzw. biologischer Wirkung (phys. t. t.) {54/72} | **ultra** + **viola**, ae f afrz. *viole* frz. *violette* *violet* | s. oben 3707 Veilchen; Violett Veilchen |
| - | ultraviolett | | | |
| 3714 | **Ulzeration** | Geschwürbildung (med. t. t.) {70} | **ulceratio**, onis f | Geschwür(bildung) |
| - | **ulzerieren** | geschwürig werden (med. t. t.) {70} | **ulcerare** | wund machen |
| - | **ulzerös** | geschwürig (med. t. t.) {70} | **ulcerosus**, a, um | voller Geschwüre, Beulen; höckrig |
| 3715a | **Umbra** | 1. dunkler Kern eines Sonnenflecks (astron. t. t.) {66}; 2. Erdbraun, braune Malerfarbe {36/40/55} | **umbra**, ae f | Schatten, Muße |
| 3715b | **ummodeln** d;l>vulgl | verändern; anpassen an etw. {40/56/61} | **modulus**, li m vulgl. modellus* | Maß(stab) vgl. oben 2257 |
| 3716a | **Umpire** (l;l)>frz >engl | Schiedsrichter bei Boxkämpfen, beim Tennis (sport. t. t.) {33/85} | **non** + **par** afrz. *nompair* | nicht gleich(kommend), gleichstark nicht gleich |
| 3716b | **umzingeln** l;d | einkreisen, belagern {58/61/86} | **cingulum**, li n bzw. **cingere** | Gürtel, Degengurt umgürten, einkreisen, umringen, umschließen |
| 3717 | **Unanimität** l>frz | Einhelligkeit, Einmütigkeit {28/25/33} | **unanimitas**, atis f | Einmütigkeit, Eintracht |
| 3718 | **undulieren** l>nlat | wellenartig verlaufen, hin und her wogen (med., biol. t. t.) {56/68/69/70} | **undare** | wallen, Wellen schlagen, wogen |

| | | | | |
|---|---|---|---|---|
| 3719 | **uni** l>frz | einfarbig, nicht gemustert {55} | **unire** frz. *unir* *uni* | vereinigen verbinden, vereinigen, glätten, vereinfachen einfach, eben; einfarbig |
| – | **Uni** l>frz | 1. einheitliche Farbe {55}; 2. kurz für: Universität {31} | dto. (bzw. **universitas**, atis f | dto. Gesamtheit; gesellschaftlicher Verband vgl. unten 3727) |
| – | **unieren** l>frz | vereinigen (besonders in bezug auf Religionsgemeinschaften) {33/51} | dto. | dto. |
| – | **Unifikation** o. **Unifizierung** (l;l)>mlat | Konsolidierung, Vereinheitlichung, Vereinigung (z. B. von Staatsschulden, Anleihen) {56/42/80} | dto. + **facere** | dto. tun, machen, handeln |
| – | unifizieren | | | |
| 3720 | **uniform** l>frz | gleich-, einförmig; gleichmäßig, einheitlich {55/56} | **uniformis**, e frz. *uniforme* | einförmig, einfach |
| – | **Uniform** l>frz | einheitliche Dienstkleidung (bes. bei Militär, Post etc.) {19/40/49/86} | dto. | dto. |
| – | **uniformieren** l>frz | 1. einheitlich einkleiden; in Uniformen stecken {19/40/86}; 2. gleichförmig machen {56} | dto. | dto. |
| – | **Uniformismus** l>frz>nlat | Streben nach gleichförmiger, einheitlicher Gestaltung {28/56} | dto. | dto. |
| – | **Uniformist** l>frz>nlat | jmd., der alles gleichförmig gestalten will {28/56} | dto. | dto. |
| – | **Uniformität** l>frz | Ein-, Gleichförmigkeit (z. B. im Denken) {25/56} | **uniformitas**, atis f | Einförmigkeit |
| 3721 | **unikal** l>nlat | 1. nur einmal vorhanden {52/57}; 2. einzigartig {56} | **unicus**, a, um | der einzige, alleinige; vorzüglich; ungewöhnlich |
| – | **Unikat** l>nlat | 1. einzige Ausfertigung eines Schriftstückes {57/32}; 2. = Unikum {57/36/26/33}; 3. einziges Kunstwerk seiner Art {34/36/57} | dto. | dto. |
| – | **Unikum** | 1. nur in einem Exemplar vorhandenes graphisches Erzeugnis {57/36}; 2. origineller, auf andere oft belustigend wirkender Mensch (ugs.) {26/33/84} | dto. | dto. |

| | | | | |
|---|---|---|---|---|
| 3722 | **unilateral** (l;l)>nlat | einseitig, nur auf der einen Seite {56/58/50} | **unus**, a, um + **lateralis**, e | ein(er/es) die Seite betreffend, an der Seite befindlich |
| 3723 | **Union** | Bund, Vereinigung, Verbindung (bes. v. Staaten, Bekenntnissen) {33/51/50} | **unio**, onis f | Einheit, Vereinigung |
| – | **Unionist** l>nlat >(engl) | 1. Anhänger einer Union {33/50/51}; 2. Gegner der Konföderierten im nordamerikanischen Bürgerkrieg {33/75/86} (hist. t. t.); 3. zu den Konservativen übergewechselter Liberaler in England (im 19. Jh. - hist. t. t.) {50/75} | dto. | dto. |
| 3724 | **unipolar** l;gr | einpolig, den elektrischen Strom nur in einer Richtung leitend (phys. t. t.) {54/72} | **unire** + gr. *πόλος* | s. oben 3719 Drehhpunkt; Erdpol |
| 3725 | **unisono** l>it | 1. auf demselben Ton in der Oktave spielen (mus. t. t.) {37}; 2. einstimmig, einhellig (ugs.) {28/25/33} | **unisonus**, a, um | eintönig, einförmig |
| – | **Unisono** l>it | Einklang (aller Stimmen o. Instrumente - mus. t. t.) {37} | dto. | dto. |
| 3726 | **Unit** l>engl | 1. Lerneinheit in Unterrichtsprogrammen {31/57/78}; 2. fertige Einheit eines techn. Gerätes (techn. t. t.) {41/72/87}; 3. Gruppe, Team {33/40/57} | **unitas**, atis f | Einheit einer Sache; Gleichheit; Einigkeit |
| – | **Unitarier** l>nlat | Vertreter einer nachreformatorischen kirchlichen Richtung (rel. t. t.) {51} | dto. | dto. |
| – | **unitarisch** l>nlat | 1. Einigung bezweckend o. erstrebend {33/28}; 2. die Lehre der Unitarier betreffend (rel. t. t.) {51} | dto. | dto. |
| – | **Unitarismus** o. **Unitarisierung** | 1. Bestreben, die Befugnisse der Bundesbehörden gegenüber den Ländern zu erweitern (die Zentralgewalt zu stärken) {28/50}; 2. theologische Lehre der Unitarier (rel. t. t.) {51}; 3. Lehre von der ursächlichen Übereinstimmung verschiedener Krankheitsformen (med. t. t.) {70} | dto. | dto. |
| – | Unitarist, unitaristisch | | | |
| – | **Unität** | 1. Einheit, Übereinstimmung {33/56}; 2. (= Brüderunität) pietistische Freikirche {51}; 3. kurz für Universität (s. darunter) {31} | dto. | dto. |

| | | | | |
|---|---|---|---|---|
| 3727 | **universal** l>frz | allgemein, gesamt; weltweit, (die ganze Welt) umfassend {57/58/56} | **universalis**, e | zum Ganzen, zur Gesamtheit gehörig, allgemein |
| – | **Universale** l>(frz) | auf verschiedenes in gleichem Sinne zutreffender Begriff, Gattungsbegriff {32} | dto. | dto. |
| – | **Universalismus** l>nlat | 1. Denkart, die den Vorrang des Allgemeinen, Ganzen gegenüber dem Besonderen, Einzelnen betont {25/77}; 2. bestimmte theologische Lehre (rel. t. t.) {51} | dto. | dto. |
| – | **Universalität** | 1. Allgemeinheit, Gesamtheit {56/57}; 2. Allseitigkeit, allumfassende Bildung {22/25/31} | **universalitas**, atis f | Gesamtheit, das Ganze |
| – | **universell** l>frz | umfassend, weitgespannt {56/57} | **universalis** frz. *universel* | s. oben |
| – | **Universiade** l>nlat | internationale Studentenwettkämpfe in verschiedenen Disziplinen {31/33/85} | **universus**, a, um | ganz, sämtlich, insgesamt |
| – | **Universität** | wissenschaftliche Hochschule {31} | **universitas**, atis f<br><br>(sc. magistrorum et scolarium | Gesamtheit, das Ganze; Kollegium, gesellschaftlicher Verband<br>... der Lehrenden und Lernenden) |
| – | **universitär** l>nlat | die Universität betreffend {31} | dto. | dto. |
| – | **Universum** | das zu einer Einheit zusammengefaßte Ganze; Weltall {01} | **universum**, si n | das Ganze, die ganze Welt, Weltall |
| 3728a | **univok** | eindeutig, einnamig (philos. t. t.) {77} | **univocus**, a, um | einstimmig, eintönig; eindeutig, einnamig |
| 3728b | **unterminieren** d;(kelt)>l >mlat>frz | 1. unterirdische Gänge, Stollen anlegen {58/29}; 2. untergraben, aushöhlen (z. B. die Moral) {58/25/33} | **mina**, ae f<br>mlat. mina<br><br>frz. *mine* | Metallader<br>Erzader, -grube; unterirdischer Gang |
| – | unsauber s. sauber | | | |
| 3729 | **Unziale** | 1. mittelalterl. griechische und römische Buchschrift aus gerundeten Großbuchstaben {32/75}; 2. = Initiale {32} | **uncialis**, e | ein Zwölftel betragend |
| – | **Unze**<br><br>(l>afrz >engl) | 1. veraltete Gewichtseinheit in Deutschland {56/57};<br>2. englische Gewichtseinheit (28,35 g - z. B. für Edelmetalle üblich) {56} | **uncia**, ae f | zwölfter Teil eines römischen Asses, Zwölftel, Unze |

| | | | | |
|---|---|---|---|---|
| 3730 | **urban** | 1. gebildet und weltgewandt, weltmännisch {22/25/33}; 2. für die Stadt charakteristisch, in der Stadt üblich {33/81} | **urbanus**, a, um | zur Stadt gehörig, städtisch; gebildet; geistreich |
| – | **Urbanisation** l>nlat | 1. moderne Stadtsiedlung {64/33/44}; 2. städtebauliche Erschließung {64/49}; 3. Verstädterung (oft abwertend) {64/81}; 4. Verfeinerung {25/56} | dto. | dto. |
| – | **urbanisieren** l>nlat | 1. städtebaulich erschließen {64/49}; 2. verstädtern {64/81}; 3. verfeinern {25/56} | dto. | dto. |
| – | Urbanisierung | | | |
| – | **Urbanistik** l>nlat | Wissenschaft des Städtewesens (geogr., soziol. t. t.) {64/81} | dto. | dto. |
| – | **Urbanität** | Bildung; feine, weltmännische Art {22/25/33} | **urbanitas**, atis f | Stadtleben; feine Lebensart; Feinheit im Benehmen, Reden |
| 3731 | **urgent** | unaufschiebbar, dringend, eilig {59/26} | **urgens** (Gen. –ntis) | dringend, zwingend |
| – | **Urgenz** l>mlat | Dringlichkeit {59/26} | **urgentia**, iorum n (Pl.) | dringende Notwendigkeit |
| 3732 | **Urin** | von den Nieren abgesonderte, ausgeschiedene Körperflüssigkeit {11/70} | **urina**, ae f | Harn, Urin |
| – | **urinal** | den Urin betreffend, zum Urin gehörend {11/70} | **urinalis**, e | zum Urin gehörig, Harn treibend |
| – | **Urinal** | 1. Uringlas, -flasche (med. t. t.) {58/70}; 2. (in Herrentoiletten) an der Wand befestigtes Becken zum Urinieren {58/44/21} | dto. | dto. |
| – | **urinieren** l>(nlat) | harnen {11/70} | **urina** | s. oben |
| – | **urinös** l>nlat | urinähnlich; harnstoffhaltig (med. t. t.) {70} | dto. | dto. |
| 3733 | **Urne** | Ton- oder Metallgefäß (z. B. zur Aufbewahrung von Totenasche) {44/58/15} | **urna**, ae f | Wasser-, Aschenkrug, Topf |
| 3734 | **urogenital** gr;l | Harn- und Geschlechtsorgane betreffend, zu ihnen gehörend (med. t. t.) {11/70} | gr. *οὐρητικός* + **genitalis**, e | zum Harn gehörig zur Zeugung gehörig, fruchtbar, befruchtend |
| 3735 | **Usance** (o. **Usanz**) l>vulgl>frz | Brauch, Gepflogenheit im Geschäftsverkehr (wirtsch. t. t.) {40/42/80} | **usus**, us m | Benutzung, Gebrauch, Anwendung, Übung |
| – | **Uso** l>it | Gebrauch, Handelsbrauch (wirtsch. t. t.) {40/42/80} | dto. | dto. |

| | | | | |
|---|---|---|---|---|
| – | **usuell** l>frz | gebräuchlich, üblich, landläufig {25/33/80/40} | **usualis**, e<br><br>frz. *usuel* | zum Gebrauch dienlich, gewöhnlich |
| 3736 | **Usurpation** | widerrechtliche Inbesitznahme, Anmaßung der öffentlichen Gewalt, gesetzwidrige Machtergreifung {43/50/82/86} | **usurpatio**, onis f | Gebrauch; widerrechtliche Aneignung; Mißbrauch |
| – | **Usurpator** | jmd., der widerrechtlich die (Staats)gewalt an sich reißt; Thronräuber {33/50/82/86} | **usurpator**, oris m | Anmaßer, Usurpator |
| – | **usurpatorisch** | die Usurpation, den Usurpator betreffend {33/43/50/82/86} | **usurpatorius**, a, um | widerrechtlich, unrechtmäßig |
| – | **usurpieren** | widerrechtlich die (Staats)gewalt an sich reißen {33/50/82/86} | **usurpare** | ausführen; in Anspruch nehmen; sich anmaßen, sich aneignen |
| 3737 | **Usus** | Brauch, Gewohnheit, Sitte; Gebrauch {25/33/40} | **usus** | s. oben 3735 |
| 3738 | **Utensil** | (notwendiges) Gerät, Gebrauchsgegenstand; Hilfsmittel; Zubehör {44/40} | **utensilia**, ium n (Pl.) | brauchbare Dinge, Gebrauchsgegenstände |
| 3739 | **uterin** | zur Gebärmutter gehörend, auf sie bezogen (med. t. t.) {11/70} | **uterinus**, a, um | leiblich, von einer Mutter |
| – | **Uterus** | Gebärmutter (med. t. t.) {11/70} | **uterus**, ri m | Unterleib; Gebärmutter |
| 3740 | **Utilitarismus** l>frz | philosophische Lehre, die im Nützlichen die Grundlage des sittlichen Verhaltens sieht (philos. t. t.) {77/30} | **utilitas**, atis f | Nützlichkeit, Vorteil, Interesse |
| – | Utilitarier, Utilitarist, utilitaristisch | | | |
| – | **Utilität** | Nützlichkeit (veraltet) {25/33} | dto. | dto. |
| 3741 | **Utraquismus** l>nlat | Bildungskonzept, nach dem gleichermaßen humanistische und naturwissenschaftliche Bildungsinhalte vermittelt werden sollen (päd. t. t.) {31/78} | **uterque**, **utraque**, **utrumque** | beide(r/s), jede(r/s) von beiden |
| – | **Utraquist** l>nlat | Anhänger einer reformierten religiösen Richtung, die das Abendmahl in beiderlei Gestalt zu empfangen forderten (hist., rel. t. t.) {33/51/75} | dto. | dto. |

# V

| | | | | |
|---|---|---|---|---|
| 3742 | **Vademekum** l;l | Taschenbuch, Leitfaden, Ratgeber (den man bei sich tragen kann) {25/32} | **vadere** (Imp. **vade**) + **mecum** | gehen, wandern, geh! mit mir |
| 3743 | **Vagabund** l>frz | Landstreicher, Herumtreiber {33/61} | **vagabundus**, a, um frz. *vagabond* | umherschweifend, unstet |
| – | **vagabundieren** l>frz | herumstrolchen, sich herumtreiben, zigeunern {33/61} | dto. frz. *vagabonder* | dto. |
| 3744 | **Vagant** | umherziehender, fahrender Student o. Kleriker im Mittelalter; Spielmann (hist. t. t.) {31/37/51/61/75} | **vagari** (PPA. **vagans**) | umherschweifen, -ziehen |
| – | **vage** l>frz | unbestimmt, ungewiß, unsicher; dunkel, verschwommen {25/55} | **vagus**, a, um frz. *vague* | umherstreifend, unstet, schwankend, planlos |
| 3745 | **Vagina** | 1. aus Haut, Bindegewebe o. Muskelfasern bestehende Gleithülle o. Kanal (med. t. t.) {70/58}; 2. weibliche Scheide (med. t. t.) {11/70}; 3. Blattscheide (bot. t. t.) {68} | **vagina**, ae f | Schwertscheide, Hülle; weibliche Scheide |
| – | **vaginal** l>nlat | zur weiblichen Scheide gehörend, auf sie bezüglich (med. t. t.) {11/70} | dto. | dto. |
| – | **Vaginismus** l>nlat | Scheidenkrampf (med. t. t.) {70} | dto. | dto. |
| – | **Vaginitis** l>nlat | Scheidenentzündung, -katarrh (med. t. t.) {70} | dto. | dto. |
| 3746 | **Vagus** | Hauptnerv des parasympathischen Systems (med. t. t.) {11/70} | **vagus** | s. oben 3744 |
| 3747 | **vakant** | frei, unbesetzt, offen; erledigt {58/59/25} | **vacare** (PPA. **vacans**) | leer -, frei -, unbesetzt -, entblößt sein |
| – | **Vakanz** l>mlat | 1. freie Stelle {58/40}; 2. Ferien (landsch.) {59/85} | dto. | dto. |
| – | **Vakuole** l>nlat | mit Flüssigkeit o. Nahrung gefülltes Bläschen im Zellplasma (bes. der Einzeller - biol. t. t.) {68/69} | **vacuus**, a, um | leer, ledig, frei; unbesetzt |

| | | | | |
|---|---|---|---|---|
| – | **Vakuum** | 1. nahezu luftleerer Raum {58/57/72}; 2. Zustand des geringen Drucks im Vakuum (phys. t. t.) {72}; 3. unausgefüllter Raum, Lehre {58/57} | **vacuum**, ui n | leerer Raum, Leere |
| 3748 | **Vakzination** l>nlat | 1. (Pocken)schutzimpfung {70}; 2. Impfung mit Kuhpockenlymphe (hist., med. t. t.) {70/75} | **vaccinus**, a, um | von Kühen, Kuh... |
| 3749 | **Valediktion** l>nlat | (veraltet) 1. das Abschiednehmen; 2. Abschiedsrede {32/33} | **valedicere** | jmdm. Lebewohl sagen, von jmdm. Abschied nehmen |
| – | **valedizieren** | Lebewohl sagen, Abschied nehmen; die Abschiedsrede halten {32/33} | dto. | dto. |
| 3750 | **Valenz** | 1. chemische Wertigkeit (chem. t. t.) {73}; 2. Entfaltungsstärke der auf die Ausbildung der Geschlechtsorgane wirkenden Faktoren in den Chromosomen (biol. t. t.) {69/70}; 3. syntagmatische Eigenschaft lexikalischer Einheiten (in bezug auf die Wertigkeit von Verben - sprachwiss. t. t.) {76}; 4. Aufforderungscharakter, den Objekte der Wahrnehmung besitzen (psych. t. t.) {70/23} | **valentia**, ae f | Stärke, Körperkraft; Vermögen, Fähigkeit |
| 3751 | **valid(e)** l>(frz) | 1. kräftig, gesund {14}; 2. rechtskräftig {82}; 3. aussagekräftig (im Hinblick auf die Leistungsbeurteilung - päd. t. t.) {78/56} | **validus**, a, um | kräftig, stark; nahrhaft, wirksam |
| – | **Validation** l>nlat | Gültigkeitserklärung {56/82/32} | **validare** | kräftig, stark machen |
| – | **validieren** | 1. etw. für rechtsgültig erklären, geltend machen, bekräftigen {82}; 2. Aufgaben auf ihre Aussagekraft hin untersuchen, aussagekräftig machen (päd. t. t.) {78/56} | dto. | dto. |
| – | **Validität** | 1. Rechtsgültigkeit {82}; 2. Gültigkeit eines wissenschaftlichen Versuchs {56/25}; 3. Übereinstimmung eines Ergebnisses mit dem tatsächlichen Sachverhalt (soziol., psych. t. t.) {70/81} | **validitas**, atis f | Stärke |
| 3752 | **Valorisation** l>vulgl >nlat | staatliche Preisbeeinflussung zugunsten der Produzenten (wirtsch. t. t.) {42/50/80} | **valere**<br>vulgl. valor | vermögen, wirksam sein; gelten, wert sein |

| | | | | |
|---|---|---|---|---|
| – | valorisieren | | | |
| – | **Valuta** l>it | (wirtsch. t. t.) 1. (Geld, Zahlungsmittel) ausländische(r) Währung {42/80}; 2. Wert, Gegenwert {42/56}; 3. Wertstellung im Kontokorrent; 4. Zinsscheine ausländischer Effekten {80} | **valere** it. *valere* | s. oben gelten, wert sein |
| 3753 | **vanille** l>span>frz | blaßgelb {55} | **vagina**, ae f span. *vaina* *vainilla* frz. *vanille* | (Schwert)scheide; Ährenhülse Scheide; Samenhülse; Schote kleine Scheide, kleine Schote |
| – | **Vanille** l>span>frz | mexikanische Gewürzpflanze (Orchideenart) {04/17} | dto. | dto. |
| – | **Vanillin** l>span>frz >nlat | Riechstoff mit Vanillearoma {73} | dto. | dto. |
| 3754 | **vaporisieren** l>nlat | 1. verdampfen; 2. den Alkoholgehalt in Flüssigkeiten bestimmen (chem. t. t.) {73} | **vaporare** | dampfen, mit Dampf erfüllen; räuchern |
| 3755 | **Vaquero** l>span | Rinderhirt, Cowboy (im Südwesten der USA und in Mexiko) {39/40} | **vacca**, ae f | Kuh |
| 3756 | **Varia** | Vermischtes, Verschiedenes, Allerlei (druckw. t. t.) {32/40/56} | **varius**, a, um | mannigfaltig, bunt, verschieden |
| – | **variabel** l>frz | veränderlich, abwandelbar; schwankend {25/26/61} | **variabilis**, e frz. *variable* | veränderlich |
| – | **Variabilität** l>frz | Veränderlichkeit (bes. im Erbgut - biol. t. t.) {68/69} | dto. | dto. |
| – | **Variable** l>frz | 1. veränderliche Größe (math. t. t.); 2. (Symbol für) ein beliebiges Element aus einer vorgegebenen Menge (log. t. t.) {71} | dto. | dto. |
| – | **Variante** l>frz | 1. leicht veränderte Form; Abwandlung, Abart, Spielart {56/53}; 2. abweichende Lesart einer Textstelle (lit.wiss. t. t.) {76}; 3. Wechsel von Moll nach Dur (mus. t. t.) {37/61} | **variare** (PPA. **varians**) frz. *varier* *variante* | (ab)wechseln, verändern, nuancieren variieren |
| – | **Varianz** | 1. mittlere quadratische Mittelwertabweichung (statist. t. t.) {71/80}; 1. Veränderlichkeit bei bestimmten Umformungen (math. t. t.) {71} | **variantia**, ae f | Verschiedenheit |
| – | **Variation** l>frz | Abwechslung; Abänderung, Abwandlung {56/61} | **variatio**, onis f | Verschiedenheit, Veränderung |

| | | | | |
|---|---|---|---|---|
| – | **Varietät** | 1. Ab-, Spielart; Bezeichnung für geringfügig abweichende Formen (biol. t. t.) {68/69}; 2. sprachliche Variante (sprachwiss. t. t.) {76} | **varietas**, atis f | Mannigfaltigkeit, Verschiedenheit, Abwechslung |
| – | **Varieté** l>frz | Theater mit bunt wechselndem Programm artistischer, tänzerischer und gesanglicher Darbietungen {35/37/85} | dto. frz. *varieté (théâtre des variétés)* | dto. Abwechslung, bunte Vielfalt |
| – | **variieren** l>frz | verschieden sein, abweichen; verändern, abwandeln (bes. ein musikalisches Thema) {37/56/61} | **variare** frz. *varier* | s. oben |
| – | **Variometer** l;gr | 1. Gerät zur Bestimmung kleinster Luftdruckschwankungen (meteor. t. t.) {65/72}; 2. Gerät zur Beobachtung erdmagnetischer Schwankungen (geophys. t. t.) {63/72}; 3. Spulenanordnung zur Frequenzabstimmung in HF-Geräten (phys. t. t.) {72/87}; 4. Gerät zur Bestimmung der Steig- und Sinkgeschwindigkeit von Flugzeugen (techn. t. t.) {45/61/72}; 5. Meßgerät zur Selbstinduktion bei Wechselströmen (phys. t. t.) {72} | **varius** + gr. *μέτρον* | s. oben das Messen; Maß |
| 3757 | **Vasall** (gall)>mlat >frz | mittelalterl. Lehensmann; Gefolgsmann (hist. t. t.) {75/33} | mlat. **vas(s)alus** gall. / walis. *gwes* afrz. *vassal* | Gefolgsmann |
| – | vasallisch, Vasallität | | | |
| 3758 | **Vase** l>(vulgl) >frz | (kunstvoll gearbeitetes) Ziergefäß (für Blumen) {58/44/36} | **vas**, sis n vulgl. vasus o. vasum frz. *vase* | Gefäß, Geschirr, Gerät |
| 3759 | **Vastation** | 1. Verwüstung (veraltet) {52/55}; 2. Zerstörung einer Landschaft durch Braunkohletagebau (DDR) {64/41} | **vastatio**, onis f | Verheerung, Verwüstung |
| 3760 | **Vatikan** l>mlat | 1. Papstpalast in Rom {51/58/88}; 2. oberste Behörde der kath. Kirche {33/51} | **Vaticanus** (sc. mons) | der vatikanische Hügel in Rom |
| – | **vatikanisch** l>mlat | zum Vatikan gehörend {51} | dto. | dto. |
| 3761 | **Vatizinium** | Weissagung, Prophezeiung (veraltet) {24/32/51} | **vaticinium**, ii n | Prophezeiung, Weissagung |

| | | | | |
|---|---|---|---|---|
| 3762 | **Vegetabilien** | pflanzliche Nahrungsmittel {17} | **vegetabilis**, e | belebend |
| – | **vegetabilisch** | pflanzlich; Pflanzen... {03/17} | dto. | dto. |
| – | **Vegetarier** l>mlat >engl | jmd., der ausschließlich pflanzliche Nahrung zu sich nimmt {17} | dto. engl. *vegetable* *vegetarian* | dto. Gemüse |
| – | **vegetarisch** l>mlat >engl | pflanzlich, Pflanzen... {17/03} | dto. | dto. |
| – | **Vegetarismus** l>mlat >engl>nlat | Ernährung ausschließlich von Pflanzenkost {17} | dto. | dto. |
| 3763 | **Vegetation** | 1. Gesamtheit des Pflanzenbestandes (eines bestimmten Gebietes) {68/64}; 2. Wucherung (med. t. t.) {70} | **vegetatio**, onis f | Belebung, belebende Bewegung |
| >>> | Vegetations... s. unter dem Rest des Wortes | | | |
| – | **vegetativ** l>mlat | 1. pflanzlich {03}; 2. ungeschlechtlich (biol. t. t.) {68/69}; 3. dem Willen nicht unterliegend (von Nerven - med. t. t.) {70} | **vegetare** | beleben, erregen, ermuntern |
| – | **vegetieren** | 1. kümmerlich, kärglich (dahin)leben {15/33/43}; 2. ohne Blüte, nur in der vegetativen Phase leben (bot. t. t.) {68} | dto. | dto. |
| 3764 | **vehement** | heftig, ungestüm, stürmisch, jäh {25/26/33} | **vehemens** (Gen. –ntis) | heftig, stürmisch; wirksam |
| – | **Vehemenz** | Heftigkeit, Wildheit, Ungestüm, Schwung, Lebhaftigkeit, Elan {25/26/33} | **vehementia**, ae f | Heftigkeit, Hitze, Leidenschaftlichkeit |
| 3765 | **Vehikel** | 1. Hilfsmittel {56/33}; 2. klappriges, altmodisches Fahrzeug (ugs.) {45/56}; 3. wirkungsloser Stoff in Arzneien (pharmaz. t. t.) {70} | **vehiculum**, li n | Transportmittel, Fahrzeug, Schiff |
| 3766 | **Veilchen** | 1. Blumenart {04}; 2. blaugeschlagene Augenpartie eines Gesichtes (ugs.) {14/70} | **viola**, ae f frühmhd. *viol(e)* nhd. *Vei(e)l* | Veilchen |
| 3767 | **Veitstanz** mlat | Krankheit, die sich Muskel- und Gliederzuckungen äußert (med. t. t.) {70} | mlat. (chorea) **Sancti Viti** | Tanz des heiligen Vitus |
| 3768 | **Vektor** | phys. o. math. Größe, die durch Angriffspunkt, Richtung und Betrag festgelegt ist (phys., math. t. t.) {71/72} | **vector**, oris m | Träger, Fahrer; Passagier |

| | | | | |
|---|---|---|---|---|
| – | **vektoriell** l>nlat | durch Vektoren berechnet, auf Vektorrechnung bezogen, mit Vektoren erfolgt (math. t. t.) {71} | **vectorius,** a, um | zum Transport dienlich |
| 3769 | **Velo** | Fahrrad (schweiz.) {45} | **velox** (Gen. –ocis) | schnell, rasch vgl. unten 3771 |
| – | **Velodrom** (l>frz;gr) >frz | (geschlossene) Radrennbahn {45/58/85} | dto. + gr. *δρόμος* | dto. Lauf |
| 3770 | **Velour-(leder)** l>aprov >frz(;d) | samtartiges Leder, das auf der Fleischseite behandelt worden ist {40/44/19} | **villosus,** a, um bzw. **villus,** li m aprov. *velos* afrz. *velous* frz. *velours* | zottig, haarig, rauh zottiges Tierhaar Samt |
| – | **Velours** l>aprov>frz | 1. frz. Bezeichnung für Samt {19/44}; 2. samtartiges Gewebe mit gerauhter, weicher Oberfläche {19/44/55} | dto. | dto. |
| 3771 | **Veloziped** (l;l)>frz | Fahrrad (veraltet) {45} | **velox** + **pes,** edis m | s. oben 3769 Fuß |
| – | **Velozipedist** (l;l)>frz | Radfahrer (veraltet) {45} | dto. | dto. |
| 3772 | **Velum** | 1. Vorhang o. Teppich im altröm. Haus zur Türbedeckung (hist. t. t.) {75/44}; 2. Schultertuch der kath. Priestergewandung (kath. rel. t. t.) {19/51}; 3. Tuch zur Bedeckung der Abendmahlsgeräte (rel. t. t.) {51};4. Gaumensegel, weicher Gaumen (med. t. t.) {70/11}; 5. Wimpernkranz der Schneckenlarve (biol. t. t.); 6. Randsaum der Quallen (biol. t. t.) {69}; 7. Hülle junger Blätterpilze (bot. t. t.) {68} | **velum,** li n | Hülle, Tuch, Vorhang; Segel |
| 3773 | **Vendetta** l>it | (Blut)rache {33/82} | **vindicta,** ae f it. *vendetta* | Rettung; Rache |
| 3774 | **Vene** | Ader, in der das Blut zum Herzen fließt {11/70} | **vena,** ae f | Ader, Blutader; Gefäß |
| 3775 | **Venenum** | Gift (med. t. t.) {70} | **venenum,** ni n | Gift(trank), Zaubertrank |
| 3776 | **venerabel** | verehrungswürdig (veraltet) {33/56} | **venerabilis,** e | verehrungs-, ehrwürdig; ehrfurchtsvoll |
| – | **Veneration** | Verehrung der kath. Heiligen (veraltet - rel. t. t.) {51} | **veneratio,** onis f | Verehrung; Ehrwürdigkeit |
| 3777 | **venös** | die Venen betreffend, zu ihnen gehörend (med. t. t.) {11/70} | **venosus,** a, um | voller Adern, adrig |

| | | | | |
|---|---|---|---|---|
| 3778 | **Ventil**<br>l>mlat | 1. Absperrvorrichtung für den Durchlaß von Gasen o. Flüssigkeiten an Leitungen {40/41/72/87}; 2. bewegliche Klappe an der Orgel (mus. t. t.); 3. mechanische Vorrichtung bei Blechblasinstrumenten (mus. t. t.) {37} | **ventilare**<br><br>mlat. ventile | schwingen, hin und her bewegen; anfachen; erörtern<br>Schleuse eines Wasserkanals |
| – | **Ventilation**<br>l>frz | 1. Lufterneuerung, Lüftung in geschlossenen Räumen {14/44/58}; 2. Belüftung der Lungen (med. t. t.) {70}; 3. = Ventilierung (s. unten) {32/25} | **ventilatio**, onis f<br>frz. *ventilation* | das Lüften (der Weintrauben) |
| – | **Ventilator**<br>l>engl | mechanisch arbeitendes Gerät mit Flügelrad zum Absaugen und Bewegen von Luft o. Gasen {44/40/58/61/87} | **ventilator**, oris m<br>engl. *ventilator* | Schwinger; Getreideworfler; Antreiber |
| – | **ventilieren**<br>l>frz | 1. lüften, die Luft erneuern {14/44/58}; 2. sorgfältig erwägen, prüfen, überlegen; eingehend erörtern {32/25} | **ventilare**<br>frz. *ventiler* | s. oben |
| – | **Ventilierung**<br>l>frz | Erörterung, eingehende Prüfung, Erwägung {32/25} | dto. | dto. |
| 3779 | **ventral** | (med. t. t.) 1. bauchwärts gelegen; 2. im Bauch, an der Bauchwand auftretend {70/11} | **ventralis**, e | zum Bauch gehörig, Bauch... |
| 3780 | **Ventriculus** | (med. t. t.) 1. Tasche, Hohlraum; 2. Magen {70/11/58} | **ventriculus**, li m | Magen; Herzkammer; kleiner Bauch |
| – | **Ventrikel** | Herzkammer; Hirnkammer (med. t. t.) {70/11/58} | dto. | dto. |
| – | **ventrikular** o. **ventrikulär**<br>l>nlat | den Ventrikel betreffend, zu ihm gehörend (med. t. t.) {70/11/58} | dto. | dto. |
| – | **Ventriloquist**<br>l;l | Bauchredner {11/32/33} | dto.<br>+ **loqui** | dto.<br>reden, sprechen |
| 3781 | **Veranda**<br>l>port>(frz)>engl | gedeckter, an den Seiten verglaster Anbau an einem Wohnhaus, Vorbau {44/58/88} | **vara**, ae f<br>port. *baranda* bzw. *varanda*<br>(frz. *véranda*)<br>engl. *veranda* | Querholz; gabelförmige Stange<br>Altan<br>Geländer; Balustrade; Balkon |

>>> ver... s. ggf. unter dem Rest des Wortes

| | | | | |
|---|---|---|---|---|
| 3782 | **Verb(um)** | Zeit-, Tätigkeitswort (sprachwiss. t. t.) {76} | **verbum**, bi n | Ausdruck; (Zeit)-wort, Verb (gramm. t. t.) |

| | | | | |
|---|---|---|---|---|
| – | **verbal** | 1. das Verb betreffend, als Verb (gebraucht) {76}; 2. wörtlich, mit Worten, mündlich {32} | **verbalis**, e | zum Wort, zum Verb gehörig (gramm. t. t.) |
| – | Verbal... s. ggf. unter dem Rest des Wortes | | | |
| – | **Verbale** | 1. von einem Verb abgeleitetes Wort (sprachwiss. t. t.) {76}; 2. wörtliche Äußerung (veraltet) {32}; 3. Wortkenntnisse (veraltet) {22/32} | dto. | dto. |
| – | **Verbal-iniurie** l;l | Beleidigung durch (Schimpf)-worte (jur. t. t.) {32/82} | dto. + **iniuria**, ae f | dto. Unrecht; Beleidigung; Entehrung |
| – | **verbalisieren** l>nlat | 1. Gedanken, Gefühle, Vorstellungen o. ä. in Worten ausdrücken {26/32}; 2. ein Wort durch Anfügen verbaler Endungen zu einem Verb umbilden (sprachwiss. t. t.) {76} | **verbalis** | s. oben |
| – | **verbaliter** | wörtlich {32/56} | **verbaliter** (Adv.) | wie ein Zeitwort |
| – | **verbatim** | wörtlich {32/56} | **verbatim** (Adv.) | wörtlich |
| 3783 | **verdammen** d;l | 1. für strafwürdig erklären, verurteilen, verwerfen {25/32/82}; 2. verfluchen, aus der göttlichen Gnade ausstoßen (rel. t. t.) {51} | **damnare** | büßen lassen; verurteilen; verwerfen |
| – | **Verdammnis** d;l | ewige Verworfenheit vor Gott, ewige Strafe {51} | dto. | dto. |
| 3784 | **Verdikt** (l;l)>mlat >engl | Urteil(sspruch der Geschworenen - jur. t. t.) {82} | **verus**, a, um + **dictum**, ti n mlat. ver(e)- o. ver(um)-dictum engl. *verdict* | wahr, wirklich, echt Äußerung, Wort, Spruch eidliche Aussage, Urteils-, Schuldspruch |
| 3785 | **Verifikation** (l;l)>mlat | 1. das Verifizieren {25/32}; 2. Beglaubigung, Unterzeichnung eines diplomatischen Protokolls {32/50} | **verus** + **facere** mlat. verificatio | s. oben 3784 tun, machen, handeln |
| – | **verifizierbar** (l;l)>mlat;d | nachprüfbar {25} | dto. | dto. |
| – | Verifizierbarkeit | | | |
| – | **verifizieren** (l;l)>mlat | 1. durch Überprüfen die Richtigkeit von etw. bestätigen; 2. beglaubigen {25/32} | dto. mlat. verificare | dto. prüfen |

| | | | | |
|---|---|---|---|---|
| 3786 | **veritabel**<br>l>frz | wahrhaft, echt; aufrichtig {56/25} | **veritas**, atis f<br><br>frz. *véritable* | Wirklichkeit; Ehrlichkeit; Wahrheit, |
| 3787 | **vermale-deien**<br>d;l>frz | verfluchen, verwünschen {32/27/51} | **maledicere**<br><br>afrz. *maldire* | lästern, schmähen<br>verfluchen |
| 3788 | **Vermi-fugum**<br>l;l | Arzneimittel zum Abtreiben von Eingeweidewürmern (med. t. t.) {70} | **vermis**, is m<br>+ **fugare** | Wurm<br>vertreiben, in die Flucht schlagen |
| – | **Vermizid**<br>l;l | wurmtötendes chemisches Mittel {70/73} | dto.<br>+ **caedere** | dto.<br>fällen, töten |
| 3789 | **Vernissage**<br>l>frz | Kunstausstellung, bei der die Werke eines lebenden Künstlers vorgestellt werden {33/36/85} | **veronix**, icis f<br><br>frz. *vernis* | ein wohlriechendes Harz; Sandarak<br>Firnis; frisch gefirnißte Bilder |
| 3790 | **verpönt**<br>d;l | verrufen, allgemein abgelehnt, mißbilligt {32/25/33} | **poena**, ae f | Buße, Strafe; Sühnegeld |
| 3791 | **Vers** | 1. Gedichtzeile {34/57}; 2. kleinster Abschnitt des Bibeltextes {51/57} | **versus**, us m | Vers; Reihe, Linie; Zeile |
| – | Versfuß | | | |
| 3792 | **versieren**<br>l>(frz) | verkehren, sich mit etw. beschäftigen (veraltet) {33/40} | **versari** | sich aufhalten, verweilen; sich mit etw. beschäftigen |
| – | **versiert**<br>l>(frz) | erfahren, bewandert, gewitzt {22/40} | dto.<br>(frz. *versé* | dto.<br>versiert) |
| 3793 | **versifizie-ren**<br>l;l | in Verse bringen {34} | **versus**<br>+ **facere** | s. oben 3791<br>tun, machen, handeln |
| 3794 | **Version**<br>l>frz | 1. Lesart; 2. Fassung, Wiedergabe, Darstellung {32/56}; 3. (vom ursprünglichen Typ abweichende) Ausführung {41/45/56/72/87} | **vertere**<br>(PPP. **versus**)<br>frz. *version* | kehren, wenden, drehen<br>Übersetzung; Lesart, Fassung |
| – | **Verso** | Rückseite eines Blattes in einer Handschrift o. einem Buch (druckw. t. t.) {32/40} | **vertere** | s. oben |
| 3795 | **versus** | gegen, im Gegensatz zu {56/33} | **versus** o. **versum** (Adv.) | gegen ... hin; nach ... zu |
| 3796 | **Verte-brat(e)** | Wirbeltier {07/69} | **vertebratus**, a, um | gelenkig, beweglich |
| 3797 | **Vertex** | 1. Scheitel, Spitze eines Organs (bes. des Schädelgewölbes - med. t. t.) {70}; 2. scheinbarer Schnittpunkt der Bewegungsrichtung aller Einzelsterne (astron. t. t.) {66/61/24} | **vertex**, ticis m | Wirbel; Scheitel; Gipfel, Spitze |

| | | | | |
|---|---|---|---|---|
| 3798 | **vertikal** | senkrecht, lotrecht {58/71} | **verticalis**, e | senkrecht, vertikal |
| – | **Vertikale** | Senkrechte {58/71} | dto. | dto. |
| >>> | Vertikal... s. ggf. unter dem Rest des Wortes | | | |
| 3799 | **Verve** l>vulgl >afrz>frz | Schwung, Begeisterung (bei einer Tätigkeit) {26/29/40} | **verbum** afrz. *verve* frz. *verve* | s. oben 3782 Ausdrucksweise Schwung, Begeisterung |
| 3800 | **Vesper** | 1. abendliche Gebetsstunde; 2. Abendgottesdienst {51/59}; 3. Zwischenmahlzeit (süddt.) {17/59} | **vesper**, eri(s) m | Abendstern; Abend |
| – | **vespern** | zur Vesper (3.) essen; einen Imbiß einnehmen {17} | dto. | dto. |
| 3801 | **Vestalin** | altröm. Vestapriesterin {75/51} | **Vestalis**, is f (sc. virgo) | vestalische Jungfrau, Vestapriesterin |
| 3802 | **Vestibül** l>frz | Vorhalle (in einem Theater, Konzertsaal) {58/88} | **vestibulum**, li n | Vorhof, Vorplatz, Eingang |
| – | **Vestibulum** | 1. Vorhalle des altröm. Hauses (hist. t. t.) {44/58/75/88}; 2. Vorhof, Eingang eines Organs (med. t. t.) {70} | dto. | dto. |
| >>> | Vestitur s. Investitur | | | |
| 3803 | **Veteran** | 1. altgedienter Soldat; 2. Teilnehmer an einem früheren Krieg {86}; 3. im Dienst alt gewordener, bewährter Mann {22/40/59} | **veterani**, norum m (Pl.) | alterprobte Soldaten |
| 3804 | **veterinär** l>frz | tierärztlich {70} | **veterinarius**, a, um bzw. **veterinarius**, ii m | zum Zugvieh gehörig Tierarzt |
| – | **Veterinär** l>frz | Tierarzt {70/40} | dto. frz. *vétérinaire* | dto. |
| >>> | Veterinärmedizin s. Medizin | | | |
| 3805a | **Veto** l>frz | 1. offizieller, verhindernder Einspruch {28/32/50}; 2. Einspruchsrecht {82} | **vetare** (**veto** | verbieten, verhindern ich verbiete) |
| 3805b | **Vettel** | liederliches häßliches Weib {26/33/55} | **vetula**, ae f | altes (häßliches) Weib |
| 3806 | **Vexierbild** l;d | Suchbild, das eine nicht sofort erkennbare Figur enthält {23/25} | **vexare** | schütteln; quälen, plagen |
| – | **vexieren** | plagen; necken, irreführen {25/28/32} | dto. | dto. |

| | | | | |
|---|---|---|---|---|
| 3807 | **via** | 1. (auf dem Wege) über {58/56}; 2. durch, über (eine bestimmte Instanz erfolgend) {33/56/82}; 3. in Richtung auf, nach (ugs.) {58} | **via**, ae f | Weg, Straße; Spalte |
| – | **Viadukt**<br>(l;l)>nlat | Brücke, deren Tragwerk meist aus mehreren Bögen besteht {45/88} | dto.<br>+ **ductus**, us m | dto.<br>Zug; durchlaufende Verbindung, Leitung<br>vgl. oben 0836 |
| 3808 | **Vibraphon**<br>l;gr | Schlaginstrument mit klaviaturähnlich angeordneten Metallplatten (mus. t. t.) {37} | **vibrare**<br>+ gr. φόνος | zittern, schwingen, vibrieren<br>Ton, Laut |
| – | Vibraphonist | | | |
| – | **Vibration** | Schwingung, Beben, Erschütterung {61/62} | **vibratio**, onis f | das Schwingen, Vibrieren |
| – | **vibrato**<br>l>it | schwingend, leicht zitternd, bebend (z. B. im Gesang - mus. t. t.) {37/55} | **vibrare** | s. oben |
| – | **Vibrator**<br>l>nlat | 1. Gerät zur Erzeugung mechanischer Schwingungen {40/41}; 2. künstliche Nachbildung des erigierten Penis zur Selbstbefriedigung bei Frauen (= Godemiché) {18} | dto. | dto. |
| – | **vibrieren** | schwingen, beben, zittern {61} | dto. | dto. |
| >>> | Vicomte s. Visconte | | | |
| 3809 | **vide!**<br>o. **videatur!** | siehe! (Hinweis in Texten) {32/25} | **videre**<br>(Imp. vide | sehen, erblicken, erkennen<br>sieh!) |
| – | **videlicet** | zu verstehen in dem Sinne, zu ergänzen {32/25} | **videlicet**<br>(Adv.) | es ist offenbar; freilich, versteht sich |
| – | **Video**<br>l>engl | Kurzform für Videotechnik, -recorder, -band {46/87} | **videre**<br>(**video** | s. oben<br>ich sehe) |
| – | **Videoband**<br>l;d | Magnetband zur Aufzeichnung und Wiedergabe von bewegten Bildern {46/87} | dto. | dto. |
| >>> | Videokamera s. Kamera | | | |
| >>> | Videokassette s. Kassette | | | |
| – | **Videorecorder**<br>(l;l)>engl | Speichergerät zur Aufzeichnung von TV-Sendungen o. Bildern einer Videokamera (techn. t. t.) {46/87} | dto.<br>+ **recordari** | dto.<br>sich vergegenwärtigen, an etw. zurückdenken |
| – | **Videotext**<br>(l;l)>engl | gesondert gesendete, geschriebene Programminformationen im TV (techn. t. t.) {46/87} | dto.<br>+ **textus**, us m | dto.<br>Geflecht; Verbindung; Inhalt, Text |

| | | | | |
|---|---|---|---|---|
| – | **Videothek** (l;gr)>engl | Sammlung von Filmaufzeichnungen, Video-Film-Verleihgeschäft {42/57/85} | dto. + gr. *θήκη* | dto. Behälter, Kiste, Sarg |
| 3810 | **Vignette** l>frz | 1. Ornament in Form einer Weinranke auf mittelalterl. Handschriften {75/36/32}; 2. Zier-, Titelbildchen, Randverzierung (in Druckschriften) {36/32}; 3. Maskenband zur Verdeckung bestimmter Stellen vor dem Kopieren (fot. t. t.) {40/58/87}; 4. privat hergestellte Spendenmarke für Wohltätigkeitszwecke {33} | **vinea**, ae f<br>frz. *vigne*<br>*vignette* | Weinberg, -garten, -stock<br>Rebe, Weingarten, -stock<br>Verzierungsbild; Waldrebe |
| 3811 | **Vikar(in)** | 1. bevollmächtigter Stellvertreter in einem geistlichen Amt (kath. rel. t. t.); 2. Kandidat(in) der evangelischen Theologie (ev. rel. t. t.) {33/51}; 3. Stellvertreter eines Lehrers (schweiz.) {31/33} | **vicarius**, ii m | Stellvertreter; Statthalter |
| – | **Vikariat** l>mlat | Amt eines Vikars (rel. t. t.) {33/51} | dto. | dto. |
| 3812 | **Viktimologie** l;gr | Teilgebiet der Kriminologie, das sich mit der Opfer-Täter-Beziehung befaßt {82} | **victima**, ae f<br>+ gr. *λόγος* | Opfer(tier)<br>Wort, Kunde |
| 3813 | **Viktoria** | 1. geflügelte Siegesgöttin {51/36}; 2. Sieg (als Ausruf) {32/33/86} | **victoria**, ae f | Sieg; Siegesgöttin |
| 3814 | **Viktualien** | Lebensmittel (veraltet; süddt.) {17} | **victualia**, ium n (Pl.) | Lebensmittel |
| – | Viktualienmarkt | | | |
| 3815 | **Villa** l>it | Landhaus; vornehmes Einfamilienhaus, Einzelwohnhaus {44/58/88} | **villa**, ae f | Landhaus, Landgut |
| 3816 | **Vinaigrette** l>frz;l>frz | 1. aus Essig, Öl, Senf und verschiedenen Gewürzen bereitete Soße; 2. Fleischgericht in dieser Soße {17} | **vinum**, ni n<br>frz. *vin*<br>+ **acidus**, a, um<br>frz. *aigre*<br>*vinaigre* | Wein<br><br>sauer, scharf; bitter<br><br>Essig, Säure |
| 3817 | **vindizieren** | die Herausgabe einer Sache vom Eigentümer gegenüber dem Besitzer einer Sache verlangen (jur. t. t.) {43/82} | **vindicare** | beanspruchen; befreien; bestrafen |
| 3818 | **Vinyl** | bestimmter Kunststoff; ungesättigter Kohlenwasserstoffrest (chem. t. t.) {73} | **vinum** | s. oben 3816 |
| 3819 | **Viola** | Veilchen (bot. t. t.) {68} | **viola**, ae f | (blaues) Veilchen; Violett |

| | | | | |
|---|---|---|---|---|
| 3820a | **Violation** | Verletzung, Schändung (veraltet - jur. t. t.) {33/82} | **violatio**, onis f | Verletzung, Entehrung, Schändung |
| 3820b | **Violazeen** l>nlat | Veilchengewächs (bot. t. t.) {68} | **viola** | s. oben 3819 |
| 3820c | **violent** | heftig; gewaltsam (veraltet) {26/28/82} | **violens** (Gen. –ntis) | gewaltsam, ungestüm |
| – | **Violenz** | Heftigkeit; Gewalttätigkeit (veraltet) {26/28/29/82} | **violentia**, ae f | Gewalttätigkeit, Heftigkeit |
| 3821 | **violett** l>frz | dunkelblau mit einem Stich ins Rote; veilchenfarbig {55} | **viola** frz. *viole* *violet* | s. oben 3819 |
| 3822 | **Viper** | zu den Ottern gehörende Giftschlange {07} | **vipera**, ae f | Viper; Giftschlange |
| 3823 | **viral** | durch einen Krankheitsvirus verursacht (med. t. t.) {70} | **virus**, ri m | Schleim; Saft; Gift |
| 3824 | **Virginität** | 1. Jungfräulichkeit {70/11/18}; 2. Unberührtheit {18/25} | **virginitas**, atis f | Jungfräulichkeit, Jungfrauenschaft |
| 3825 | **viril** | (med. t. t.) 1. den Mann, das männliche Geschlecht betreffend; 2. charakteristische männliche Züge aufweisend, vermännlicht (von Frauen) {70/18} | **virilis**, e | zum Mann gehörig, männlich |
| – | **Virilismus** l>nlat | (med. t. t.) 1. Vermännlichung der Frau {70/18}; 2. vorzeitige Geschlechtsreife bei Jungen {70/18/59} | dto. | dto. |
| – | **Virilität** | männliche Zeugungskraft, Mannbarkeit (med. t. t.) {70/18} | **virilitas**, atis f | Männlichkeit, Mannbarkeit, Zeugungskraft |
| 3826 | **Virologie** l;gr | Wissenschaft und Lehre von den Viren (med. t. t.) {40/70} | **virus** + gr. *λόγος* | s. oben 3823 Wort, Kunde |
| – | Virologe, virologisch | | | |
| – | **virös** | virusbedingt (med. t. t.) {60/70} | **virosus**, a, um | stark stinkend; giftig |
| 3827 | **Virtualität** l>mlat | innewohnende Kraft o. Möglichkeit {22/25/84} | **virtus**, us m | Mannhaftigkeit; Tüchtigkeit, Tugend |
| – | **virtuell** l>mlat>frz | 1. der Kraft o. Möglichkeit nach vorhanden {22/25/52}; 2. anlagemäßig (psych. t. t.) {70} | dto. | dto. |
| – | **virtuos** l>it | meisterhaft, technisch vollendet {22/37/40/56} | dto. it. *virtù* *virtuoso* | dto. Tugendhaftigkeit, Tüchtigkeit tugendhaft, tüchtig, gut |
| – | **Virtuose** l>it | Künstler (Musiker), der seine Kunst mit vollendeter Meisterschaft beherrscht (mus. t. t.) {22/37/40/56} | dto. | dto. |

| | | | | |
|---|---|---|---|---|
| – | **Virtuosität** l>it>nlat | 1. vollendete Beherrschung der Technik in der Musik {22/37/40}; 2. meisterhaftes Können {22/40/56} | dto. | dto. |
| – | **Virtus** | männliche Tüchtigkeit, Tapferkeit; Tugend {22/25/30} | **virtus** | s. oben |
| 3828 | **virulent** | 1. krankheitserregend, ansteckend, giftig (med. t. t.) {70}; 2. drängend, heftig {26/28/59} | **virulentus**, a, um | voller Gift, giftig |
| – | **Virulenz** | 1. Ansteckungsfähigkeit; Giftigkeit; aktive Wirkung von Krankheitserregern (med. t. t.) {70}; 2. Dringlichkeit, (heftiges) Drängen {26/28/59} | **virulentia**, ae f | Gestank |
| 3829 | **Virus** | kleinstes (krankheitserregendes, vermehrungsfähiges) Partikel (med. t. t.) {70} | **virus** | s. oben 3823 |
| 3830 | **Visage** l>frz | 1. Gesicht (ugs., abwertend) {11}; 2. Miene, Gesichtsausdruck (salopp) {11/26} | **visus**, us m<br>afrz. *vis*<br>frz. *visage* | Anblick, Erscheinung; Gesicht<br>Gesicht<br>Gesicht, Antlitz |
| – | **Visagist(in)** l>frz | Spezialist(in) für die vorteilhafte Gestaltung des Gesichts durch dekorative Kosmetik {21} | dto. | dto. |
| – | **vis-à-vis** l>frz;l>frz | gegenüber {58} | **visus**<br>frz. *vis*<br>+ **ad**<br>frz. *à* | s. oben<br><br>s. oben 0001 |
| – | **Visavis** l>frz | (der) Gegenüber {58} | dto. | dto. |
| 3831 | **Visconte** (l;l)>mlat >frz>it | italienischer Adelstitel zwischen Graf und Baron (frz. Vicomte, engl. Viscount) {33} | **vice(m)**<br>+ **comes**, mitis m | anstatt, für, an Stelle, wie<br>Begleiter, Gefährte |
| – | **Viscontessa** (l;l)>mlat >frz>it | weibliche Entsprechung zu Visconte (frz. Vicomtesse, engl. Viscountesse) {33} | dto. | dto. |
| 3832 | **visibel** | sichtbar, offenbar, augenscheinlich (veraltet) {23/25} | **visibilis**, e | sichtbar |
| 3833 | **Visier** l>frz<br><br><br><br><br><br>(l>vulgl >frz) | 1. beweglicher, das Gesicht deckender Teil des (mittelalterl.) Helms {19/75/86}; 2. visierähnlicher Teil des Motorrad- o. Rennfahrerschutzhelms {19/45};<br>3. Zielvorrichtung bei Handfeuerwaffen {23/86} | 1., 2.: **visus**<br>afrz. *vis*<br>frz. *visière*<br>3.: **videre**<br>vulgl. visare*<br>frz. *viser*<br><br><br><br>*visière* | s. oben 3830<br>Gesicht<br>Helmgitter<br>s. oben 3809<br><br>aufmerksam hinblicken, ins Auge fassen, auf etw. zielen<br>Visier als Zielvorrichtung |

| | | | | |
|---|---|---|---|---|
| – | **visieren** (o. **anvisieren**) (d;)l>vulgl >frz | aufs Korn nehmen, zielen {23/86} | **videre** frz. *viser* | s. oben (3.) |
| 3834 | **Vision** | 1. inneres Gesicht; Erscheinung vor dem geistigen Auge; 2. optische Halluzination, Trugbild {24}; 3. in bezug auf die Zukunft entworfenes Bild {25/59} | **visio**, onis f | Anblick; Erscheinung, geistige Vorstellung |
| – | **visionär** l>nlat/frz | traumhaft; seherisch; in der Art einer Vision {24/25} | dto. frz. *visionnaire* | dto. |
| – | **Visionär** l>nlat/frz | 1. jmd., der Zukunftsvisionen hat; seherisch begabter Mensch {24/25}; 2. Schwärmer, Geisterseher (veraltet) {24/51} | dto. | dto. |
| 3835 | **Visitation** l>(frz) | 1. Durchsuchung (z. B. des Gepäcks beim Zoll) {29/33/42/45/50}; 2. Besuchs(dienst) eines Geistlichen in den ihm unterstellten Gemeinden {33/51}; 3. Besuch des Schulrats (veraltend) {31/40} | **visitatio**, onis f | Besichtigung, Besuch; Heimsuchung, Strafe |
| – | **Visite** l>frz | 1. Krankenbesuch des Arztes (im Krankenhaus) {70}; 2. Besuch (veraltet, noch scherzhaft) {33} | **visitare**<br>frz. *visiter*<br>*visite* | oft sehen, besichtigen, besuchen<br>besuchen, besichtigen; durchsuchen |
| – | **Visitenkarte** l>frz;(gr)>l >frz | 1. Besucherkarte; 2. Karte mit Namen und Adresse, die man jmdm. (bei einem Besuch) aushändigt {32/33}; 3. (hinterlassene) Spur (ugs., spöttisch) {25/32/82} | dto.<br>+ **charta**, ae f<br>gr. *χάρτη*<br>frz. *charte* | dto.<br>Blatt (Papyrus), Schrift<br>Blatt (Papyrus) |
| – | **visitieren** l>(frz) | 1. etw. durchsuchen {23/25/29}; 2. eine Visitation (2., 3.) vornehmen {31/33/40/51} | **visitare** | s. oben |
| 3836 | **viskos** o. **viskös** | zähflüssig, leimartig {54} | **viscosus**, a, um | klebrig, zäh |
| – | **Viskose** l>nlat | Zelluloseverbindung, Ausgangsstoff für Kunstseide (chem. t. t.) {73} | dto. | dto. |
| – | **Viskosimeter** l>nlat;gr | Gerät zur Bestimmung des Grades der Zähflüssigkeit (techn., phys. t. t.) {72} | dto.<br>+ gr. *μέτρον* | dto.<br>Maß; das Messen |
| – | **Viskosität** l>nlat | Zähflüssigkeit (phys. t. t.) {54/72} | **viscosus** | s. oben |

| | | | | |
|---|---|---|---|---|
| 3837 | **visualisieren** l>engl | 1. etw. optisch herausstellen {32/23}; 2. einen Text durch Abbildungen veranschaulichen {32/25}; 3. einen Bildhintergrund dazustellen {58/23}; 4. Ideen in ein Bild umsetzen {23/25/36} | **visualis**, e | zum Sehen gehörig |
| – | **visuell** l>frz | das Sehen betreffend {23} | dto. | dto. |
| – | **Visum** l>(frz) | 1. Ein- o. Ausreiseerlaubnis (für ein fremdes Land) {50/45}; 2. Sichtvermerk im Paß {50/32} | **videre** (PPP. **visus**) frz. *visa* | sehen vgl. oben 3809 amtlicher Vermerk, Siegel, Beglaubigung |
| 3838 | **Vita** | 1. Leben(slauf), Biographie {15/32/59}; 2. Lebensfunktion, Lebenskraft (med. t. t.) {70} | **vita**, ae f | Leben, Lebensweise, Biographie, Lebenslauf |
| – | **vital** l>frz | 1. das Leben betreffend, lebenswichtig {15/70}; 2. lebenskräftig; munter, unternehmungsfreudig {25/26/84} | **vitalis**, e<br>frz. *vital* | zum Leben gehörig; das Leben erhaltend |
| – | **vitalisieren** l>nlat | beleben {25/26} | dto. | dto. |
| – | **Vitalität** l>frz | Lebenskraft, Lebensfülle; Lebendigkeit {25/26/84} | **vitalitas**, atis f<br>frz. *vitalité* | Leben, Lebenskraft |
| – | **Vitamin** (l;engl) >nlat | lebenswichtiger, die biologischen Vorgänge regelnder Wirkstoff {70/17} | **vita**<br>+ engl. *amine* | s. oben<br>organische Stickstoffverbindungen |
| – | **vitamini(si)eren** (l;engl) >nlat | Lebensmittel mit Vitaminen anreichern {17/70} | dto. | dto. |
| 3839 | **vite(ment)** l>vulgl>(it) >frz | schnell, rasch (mus. t. t.) {37} | uns.:<br>**visere** (PPP. **visus**) o. **visitare**<br>vulgl. vistus*<br>it. *visto*<br>afrz. *viste*<br>frz. *vite* | <br>ansehen, besuchen, besichtigen<br><br>augenblicklich; schnell<br><br>schnell, rasch |
| 3840 | **vitiös** l>(frz) | 1. fehlerhaft, lasterhaft {25/18}; 2. bösartig {25/26/33} | **vitiosus**, a, um | fehler-, mangelhaft; lasterhaft; verkehrt |
| 3841 | **Vitrine** l>vulgl>frz | gläserner Schaukasten, Glas-, Schauschrank {58/44} | **vitrum**, ri n<br>vulgl. vitrinus<br>frz. *vitre*<br>*vitrine* | Glas<br>gläsern, aus Glas<br>Glas-, Fensterscheibe |

| | | | | |
|---|---|---|---|---|
| 3842 | **Vitriol** l>mlat | kristallwasserhaltiges Zink-, Eisen-, Kupfersulfat (veraltet - chem. t. t.) {73} | **vitreolus,** a, um bzw. **vitreus,** a, um | fein gläsern<br>gläsern; kristallen; meergrün |
| 3843 | **vivace** l>it | lebhaft (mus. t. t.) {26/37} | **vivax** (Gen. –acis) | munter, lebendig, lebhaft |
| – | Vivace | | | |
| 3844 | **Vivarium** | 1. kleinere Anlage zur Haltung lebender Tiere (z. B. Terrarium) {58/69}; 2. Gebäude, in dem ein Vivarium untergebracht ist {58} | **vivarium,** ii n | Tierbehältnis, Tiergarten; Fischteich; Menagerie |
| 3845 | **Vivat** | Hochruf {32/33} | **vivere**<br>(**vivat** | leben, am Leben sein<br>er möge leben) |
| – | **vivat!** | er lebe hoch! {27/32/33} | dto. | dto. |
| 3846 | **vivipar** | lebend gebärend (biol. t. t.) {69} | **viviparus,** a, um | lebendige Junge gebärend |
| 3847 | **Vivisektion** (l;l)>nlat | operativer Eingriff am lebenden Tier (zu wissenschaftlichen Zwecken - biol., med. t. t.) {69/70} | **vivus,** a, um<br>+ **sectio,** onis f | lebendig; lebend<br>das Schneiden; Operation; Kastration |
| – | **vivisezieren** (l;l)>nlat | eine Vivisektion durchführen (med., biol. t. t.) {69/70} | dto.<br>+ **secare** | dto.<br>(zer-, ab)schneiden; operieren; kastrieren |
| 3848 | **Vize** | (ugs.) 1. Stellvertreter; an Stelle von ... {33/40}; 2. jmd., der den zweiten Platz belegt {33/56/85} | **vice(m)** | anstatt, anstelle von, für, gleich wie |
| >>> | Vize... s. unter dem Rest des Wortes | | | |
| 3849 | **Vocoder** (l>engl;l >frz>engl) >engl | (kurz aus: voice coder) Gerät zur Erzeugung oder klanglichen Veränderung menschlicher Sprache (z. B. bei Gesangsaufnahmen - techn. t. t.) {37/41/87} | **vox,** ocis f<br>engl. *voice*<br>+ **codex,** dicis m<br>frz. / engl. *code* | Stimme; Aussprache; Äußerung; (Zauber)formel<br><br>Buch; Verzeichnis; Schreibtafel<br>Kode |
| 3850 | **Vogt** l>mlat | 1. Verwalter, Schirmherr (hist. t. t.) {40/47/50/75}; 2. Vormund (veraltet) {33/82} | **advocatus,** us m<br>mlat. vocatus | der Herbeigerufene; Rechtsbeistand, Anwalt |
| – | Vogtei | | | |
| 3851 | **Vokabel** | (Einzel)wort, besonders einer Fremdsprache (sprachwiss. t. t.) {76/32} | **vocabulum,** li n | Benennung, Bezeichnung; Substantiv |

| | | | | |
|---|---|---|---|---|
| – | **Vokabular** l>mlat | 1. Wörterverzeichnis; 2. Wortschatz {32/76/57} | dto.<br>mlat. vocabularium | dto.<br>Wörterverzeichnis, Wortschatz |
| 3852 | **vokal** | gesangsmäßig, die Singstimme betreffend (mus. t. t.) {37} | **vocalis**, e | stimm-, tonreich; erklingend, ertönend |
| – | **Vokal** | (silbenbildender) Selbstlaut (sprachwiss. t. t.) {76} | **vocalis** (sc. littera) | Selbstlaut |
| – | **vokalisch** | den Vokal betreffend, selbstlautend (sprachwiss. t. t.) {76} | dto. | dto. |
| – | **vokalisieren** l>nlat (l>frz) | 1. einen Konsonanten wie einen Vokal sprechen (sprachwiss. t. t.) {76};<br>2. beim Singen die Vokale bilden und aussprechen {37} | dto.<br>(2.: frz. *vocaliser)* | dto. |
| – | **Vokalismus** l>nlat | Vokalbestand einer Sprache (sprachwiss. t. t.) {57/76} | dto. | dto. |
| – | **Vokalist** l>frz | Sänger im Gegensatz zum Instrumentalisten {37} | dto. | dto. |
| 3853 | **Vokation** | Berufung in ein Amt {33/40} | **vocatio**, onis f | Einladung; Vorladung; Berufung |
| 3854 | **Vokativ** | Anredekasus (sprachwiss. t. t.) {76} | **vocativus** (sc. casus) | Anrede-, Rufkasus |
| 3855 | **Volant** l>frz | 1. Besatz an Kleidungs- und Wäschestücken {19}; 2. Lenkrad, Steuer beim Kfz {45} | **volare**<br>frz. *voler*<br>(Part.) *volant* | fliegen<br>fliegen<br>Flatterndes; rüschenähnlicher Besatz an Frauenkleidung; Lenkrad im Auto |
| – | **Voliere** l>frz | 1. großer (Freiflug)-Vogelkäfig; 2. Freigehege, Raubtiergehege {58/69} | **volare**<br>frz. *volée* | s. oben<br>Flug |
| – | **volley** l>frz>engl | aus der Luft, dem Flug (heraus) geschlagen, gespielt (bei Ballspielen - sport. t. t.) {12/61/85} | dto.<br>engl. *volley* | dto.<br>Flugball |
| – | **Volley** l>frz>engl | aus der Luft geschlagener Ball, Flugball (z. B. beim Tennis - sport. t. t.) {12/61/85} | dto. | dto. |
| 3856 | **Volontär** l>frz | jmd., der sich gegen geringes Entgelt in die Berufspraxis eines Journalisten o. Kaufmanns einarbeitet {40/32} | **voluntarius**, a, um<br>frz. *volontaire* | freiwillig<br>freiwillig; Freiwilliger |
| – | **Volontariat** l>frz>nlat | Ausbildungszeit, Stelle eines Volontärs {31/40/59} | dto. | dto. |
| – | **volontieren** l>frz>nlat | als Anlernling, Volontär arbeiten {31/40} | dto. | dto. |

| | | | | |
|---|---|---|---|---|
| 3857 | **Volte**<br>l>vulgl>it<br>>frz | 1. eine Reitfigur (sport. t. t.) {61/85}; 2. Kunstgriff im Kartenspiel {25/85}; 3. Verteidigungsart im Fechtsport (sport. t. t.) {12/61/85} | **volutatus**, us m<br>vulgl. volvita*<br>it. *volta*<br>frz. *volte* | das Wälzen, Herumwälzen<br>Wölbung, Wendung<br>Wendung, Drehung, Umlauf |
| – | **Voltige**<br>l>vulgl>it<br>>frz | Sprung des Kunstreiters auf das galoppierende Pferd {12/40/61/85} | **volvere**<br>vulgl. volvitare*<br>voltare*<br>it. *volteggiare*<br>frz. *voltiger* | wälzen, drehen, rollen, wirbeln<br>wenden<br>sich drehen und wenden; Schwünge, Sprünge ausführen |
| – | **Voltigeur** o. **Voltigierer**<br>l>vulgl>it<br>>frz | 1. Luft-, Kunstspringer {12/40/61/85}; 2. jmd., der ein leichtes Gefecht führt (mil. t. t. - veraltet) {86} | dto.<br>frz. *voltigeur* | dto. |
| – | **voltigieren**<br>l>vulgl>it<br>>frz | 1. eine Volte (1., 3.) ausführen; 2. Luft-, Kunstsprünge, Schwingübungen auf dem Pferd ausführen {12/33/61/85}; 3. ein leichtes Gefecht führen, plänkeln (mil. t. t. - veraltet) {86} | dto.<br>frz. *voltiger* | dto. |
| 3858 | **Volumen**<br>l>(frz) | 1. Rauminhalt eines Körpers {58/72}; 2. Stromstärke einer Fernsprech- o. Rundfunkübertragung (techn. t. t.) {46/87}; 3. Umfang, Gesamtmenge von etw. {57}; 4. Schriftrolle, Band (eines Werkes) {32/57} | **volumen**, minis n<br>4.: frz. *volume* | Schriftrolle, Buch; Kreis, Windung |
| – | **Volumenprozent**<br>l>(frz);(l;l)<br>>it | Hundertsatz vom Rauminhalt; Abk. Vol.-% (z. B. bei Angaben über den Alkoholgehalt von Flüssigkeiten) {17/56/57/73} | dto.<br>+ **pro**<br>+ **centum**, ti n<br>it. *per cento* | dto.<br>für, anstatt<br>hundert |
| – | **voluminös**<br>l>frz | umfangreich, stark, massig {53/57} | **voluminosus**, a, um | voller Krümmungen, - Kreise |
| 3859 | **voluptös**<br>l>frz | Begierde erweckend, wollüstig {18/26} | **voluptuosus**, a, um | voll Vergnügen, ergötzlich |
| 3860 | **volvieren** | 1. wälzen, rollen, wickeln {29/61}; 2. genau ansehen {23}; 3. überlegen, durchdenken {25} | **volvere** | wälzen, rollen; überdenken, überlegen |
| 3861 | **Votation**<br>l>nlat | Abstimmung (veraltet) {50/28} | **vovere** (PPP. **votus**) | geloben, feierlich versprechen; wünschen |

| | | | | |
|---|---|---|---|---|
| – | **votieren** l>nlat | sich für jmdn., etw. entscheiden, (ab)stimmen {28/50} | dto. | dto. |
| – | **Votiv(gabe)** l(;d) | Opfergabe, Weihgeschenk an Götter und Heilige (z. B. Bildtafeln, Plastiken) {51/36} | **votivus**, a, um | durch ein Gelübde versprochen, geweiht; erwünscht |
| – | **Votivmesse** l;l | Messe, die für ein besonderes Anliegen gefeiert wird (z. B. Braut-, Totenmesse - rel. t. t.) {15/51} | dto. + **missa**, ae f | dto. das Entlassen; Messe |
| – | **Votum** l>(mlat) >engl | 1. (feierliches) Gelübde {25/28/51}; 2. Urteil, Stimme {25/32}; 3. (Volks)entscheid(ung) {28/50}; 4. Gutachten {25/40} | **votum**, ti n<br>mlat. votum | Gelübde; Wunsch, Verlangen; Hochzeit<br>Gelübde; Stimme, Stimmrecht |
| 3862 | **Voyeur** l>frz | jmd., der als heimlicher Zuschauer bei sexueller Betätigung anderer sexuelle Befriedigung erfährt (psych., med. t. t.) {70/18} | **videre**<br>afrz. *véeur (veor)*<br>frz. *voyeur* | s. oben 3809<br>Beobachter, Späher |
| – | Voyerismus, voyeristisch | | | |
| 3863 | **vozieren** | 1. berufen {25/33}; 2. vor (Gericht) vorladen {32/28/82} | **vocare** | (be)rufen, anrufen; vorladen (vor Gericht); reizen |
| 3864 | **vulgär** l>frz | 1. auf abstoßende Weise derb und gewöhnlich, ordinär (abwertend) {33/26}; 2. zu einfach und oberflächlich; nicht wissenschaftlich dargestellt {25/32/40/56} | **vulgaris**, e<br>frz. *vulgaire* | (all)gemein, alltäglich; öffentlich; niedrig |
| – | **vulgarisieren** l>frz | 1. in unzulässiger Weise vereinfachen; allzu oberflächlich darstellen (abwertend) {25/32/40/56}; 2. unter das Volk bringen, bekannt machen (veraltet) {32} | dto. | dto. |
| – | **Vulgarismus** l>frz | vulgäres (1.) Wort, vulgäre (1.) Wendung (sprachwiss. t. t.) {76} | dto. | dto. |
| – | **Vulgarität** l>(engl) | Gemeinheit, Niedrigkeit, Roheit, Plattheit {25/26/33} | **vulgaritas**, atis f (engl. *vulgarity)* | Gemeinheit |
| – | **Vulgärlatein** l>frz;l | lateinische Volks- und Umgangssprache, aus der sich die romanischen Sprachen entwickelt haben (philol. t. t.) {76} | **vulgaris** + **Latinus**, a, um | s. oben lat(e)inisch |

| | | | | |
|---|---|---|---|---|
| – | **Vulgata** | 1. Überarbeitung der altlateinischen Bibelübersetzung durch Hieronymus im 4. Jh. n. Chr. {32/51/75}; 2. am weitesten verbreite Textform antiker Werke {32/34} | **vulgatus**, a, um | allgemein bekannt, verbreitet; gewöhnlich |
| 3865 | **Vulkan** | (geol. t. t.) 1. Stelle der Erdoberfläche, an der Magma aus dem Erdinnern austritt; 2. (feuerspeiender) Berg mit Krater und Feuerschlot {62/64} | **Vulcanus**, ni m | (Gott des) Feuer(s); Flamme, Vulkan |
| – | **Vulkanisation** o. **Vulkanisierung** l>engl/nlat | Umwandlung von Kautschuk in Gummi mit Hilfe von Schwefel {40/41/73} | dto. engl. *(to) vulcanize* | dto. dem Feuer übergeben; vulkanisieren |
| – | **vulkanisch** | durch Vulkanismus entstanden (geol. t. t.) {62/64} | **Vulcanius**, a, um | vulkanisch; zu Vulkan gehörig |
| – | **Vulkaniseur** l>engl>frz | Facharbeiter in der Gummiherstellung {40/41/73} | dto. engl. *vulcanize* | dto. |
| – | **vulkanisieren** l>engl | 1. Kautschuk in Gummi umwandeln; 2. Gummiteile durch Vulkanisation miteinander verbinden {40/41/73} | dto. | dto. |
| – | **Vulkanismus** l>nlat | Gesamtheit vulkanischer Vorgänge (geol. t. t.) {62/64} | **Vulcanus** | s. oben |
| – | Vulkanologe, Vulkanologie | | | |
| 3866 | **Vulva** | das äußere Geschlechtsorgan der Frau (med. t. t.) {11/70} | **vulva**, ae f o. **volva**, ae f | Gebärmutter, Hülle |

# W

| | | | | |
|---|---|---|---|---|
| 3867 | **Wall** | langgestreckte (künstlich errichtete) Erdaufschüttung; Wand, Mauer {58/50} | **vallum**, li n | Verschanzung, Wall, Schutzwehr |
| 3868 | **Wams** (gr)>spätl >mlat>afrz | enganliegende Männerjacke mit Schoß {19} | spätl. **bambax**, acis f<br>gr. πάμβαξ<br>mlat. wambasium<br>afrz. *wambais* *bambais* o. *gambais* | Baumwolle<br>Baumwolle<br>Wams<br>Wams gefüttertes Kleidungsstück unter der Rüstung |
| 3869 | **Wanne** | Becken, Gefäß (z. B. zum Baden) {21/44} | **vannus**, ni f | Getreide-, Futterschwinge |
| 3870 | **waten** | (besonders auf nachgebendem o. schleimigen Untergrund) die Beine anhebend gehen {61/12} | **vadare** | waten, durchwaten |
| 3871 | **Watte** mlat >niederl | locker bauschige Masse aus Seide, Baumwolle, Kunstfaser {19/21/44/70} | mlat. **wadda**<br>niederl. *watten* | Watte |
| – | **wattieren** mlat >niederl | mit Watte füttern {19/44/70} | dto. | dto. |
| 3872 | **Weichbild** l>asächs >(aengl);d | Ortsgebiet, innerhalb der Ortsgrenzen liegendes Gebiet {48/58} | **vicus**, ci m<br>asächs. *wik*<br>aengl. *wic* | Quartier, Dorf, Gehöft |
| 3873 | **Weiher** | kleiner See, Teich {02/64} | **vivarium**, ii n | Tierbehältnis, Fischteich |
| 3874 | **Weiler** l>mlat | kleine Ansiedlung, die keine eigene Gemeinde bildet {48/64} | **villa**, ae f<br>mlat. villare | Landhaus, -gut<br>Gehöft |
| 3875 | **Wein** | 1. Obstsorte, Trauben {05/17}; 2. Traubensaft (gegoren) {17} | **vinum**, ni n | Wein, Weinstock |
| – | Weinberg, Weinbrand, Weinstock | | | |
| 3876 | **Weste** l>it>frz | ärmellose Oberbekleidung, Jacke (meist über dem Hemd getragen) {19} | **vestis**, is f<br>it. *veste*<br>frz. *veste* | Kleid(ung), Anzug, Gewand<br>Kleid, Gewand<br>ärmelloses Wams |

| | | | | |
|---|---|---|---|---|
| 3877 | **Wicke** | bunt blühende, stark duftende Blume {04} | **vicia**, ae f | Wicke |
| 3878 | **Widerpart** d;l | Gegenspieler; Gegenüber {33/58} | **pars**, rtis f | Rolle; Teil vgl. oben 0225 |
| 3879 | **Winzer** | Weinbauer, -leser {39/40} | **vinitor**, oris m | Winzer |
| 3880 | **Wirsing** l>lombard | Kohlsorte {05/17} | **viridia**, ium n (Pl.) | grüne Gewächse, Gartengewächse |
| | | | lombard. *verza* | Wirsingkohl |

# Z

| | | | | |
|---|---|---|---|---|
| 3881 | **Zar(in)**<br>l>(gr)>got<br>>slaw | Herrschertitel bei Russen, Serben, Bulgaren (hist. t. t.) {33/47/50/75} | (Gaius<br>Iulius)<br>**Caesar**<br>(gr. *Καῖσαρ)*<br>got. *Kaisar*<br>bulg. *car* | römischer Staatsmann und Diktator (100-44 v. Chr.)<br><br><br>Herrscher<br>Zar, Kaiser |
| – | **Zarismus**<br>l>got>slaw<br>>nlat | Zarentum, unumschränkte Herrschaft der Zaren (hist. t. t.) {33/50/75} | dto. | dto. |
| – | **zaristisch**<br>l>got>slaw<br>>nlat | den Zaren, den Zarismus betreffend (hist. t. t.) {33/50/75} | dto. | dto. |
| 3882 | **Zäsur** | 1. Einschnitt im Vers, bei dem Wort- und Versfußende nicht zusammenfallen (metr. t. t.) {76}; 2. Unterbrechung des Verlaufs eines Musikstücks {37/59}; 3. (gedanklicher) Einschnitt {25/59} | **caesura,**<br>ae f | das Hauen, Fällen; Abschnitt, Zäsur (metr. t. t.) |
| 3883 | **Zebra**<br>l>vulgl<br>>aport<br>>aspan<br>>frz/engl | afrikanisches Huftier mit schwarz-weiß gestreiftem Fell {06} | **equifer,** ri m<br>vulgl.<br>eciferus*<br>aport.<br>*ezebrario / cebrario*<br>aspan. *ezebra / enzebra*<br>frz. *zèbre*<br>engl. *zebra* | Wildpferd<br><br><br><br>Wildesel der Pyrenäenghalbinsel<br><br><br>Zebra |
| – | Zebrastreifen | | | |
| 3884 | **zedieren** | eine Forderung an einen Dritten abtreten; jmdm. etw. übertragen (jur. t. t.) {28/82} | **cedere** | weichen; auf etw. verzichten, etw. abtreten |
| 3885 | **Zelebration** | Feier (des Meßopfers) {33/51} | **celebratio,**<br>onis f | zahlreiche Gesellschaft; glänzende Feier; Auszeichnung |

| | | | | |
|---|---|---|---|---|
| – | **zelebrieren** | 1. (ein Fest) feierlich begehen {33}; 2. eine Messe lesen {32/51}; 3. etw. feierlich gestalten, betont langsam u. genußvoll ausführen {26/29/33/59} | **celebrare** | zahlreich besuchen; festlich begehen, feiern |
| 3886 | **Zelle** | 1. Wohnraum eines Mönchs im Kloster {51/44}; 2. kleiner Raum im Gefängnis, in der Nervenklinik {58/82/70}; 3. kleinste geschlossene Einheit eines lebenden Organismus (biol. t. t.) {68/69} | **cella**, ae f | (Vorrats)kammer, Kabinett; Gefängnis, Bienenstock-Zelle |
| >>> | Zellmembran s. Membran | | | |
| – | **zellular** o. **zellulär** l>nlat | zellenähnlich, -artig; aus Zellen gebildet (biol. t. t.) {68/69} | dto. | dto. |
| – | **Zellulitis** l>nlat | eine Entzündung des Zellgewebes (med. t. t.) {70} | dto. | dto. |
| – | **Zelluloid** l;gr | leicht brennbarer Kunststoff aus Zellulosenitrat (chem. t. t.) {73} | dto.<br>+ gr. *ἴδιος* | dto.<br>ähnlich |
| – | **Zellulose** l>nlat | Hauptbestandteil der pflanzlichen Zellwände, Grundstoff der Papierherstellung {73/68} | **cellula**, ae f | kleine Zelle, Kämmerchen |
| 3887 | **Zement** l>frz | 1. Baustoff zur Herstellung von Mörtel und Beton {40/41}; 2. die Zahnwurzeln überziehendes Knochengewebe (med. t. t.) {70} | **caementum**, ti n<br>spätl. **cimentum**<br>afrz. *ciment* | Bruch-, Mauerstein<br><br>Zement |
| – | **zementieren** l>frz>nlat | 1. etw. mit Zement verkitten; lockeres Material verfestigen {40/41}; 2. (einen Zustand, Standpunkt) starr, endgültig und unverrückbar festlegen {25/28} | dto. | dto. |
| 3888 | **zensieren** | 1. eine Arbeit, Leistung mit einer Note bewerten {25/31/56}; 2. ein Buch, einen Film o. ä. auf unmoralische Inhalte hin kritisch überprüfen {25/18/25/30/34/35} | **censere** | begutachten, schätzen, prüfen, kontrollieren |
| – | **Zensor** | 1. altröm. Beamter, der die Vermögenseinschätzung der Bürger durchführte (hist. t. t.) {33/43/50/75}; 2. behördlicher Beurteiler von Druckschriften {40/50/34/18/30}; 3. Kontrolleur von Postsendungen {46/40/25} | **censor**, oris m | römischer Beamter; Kritiker, strenger Richter |

| | | | | |
|---|---|---|---|---|
| – | **zensorisch** | 1. den Zensor (2., 3.) betreffend {s. oben}; 2. sittenrichterlich (veraltet) {25/33/18/30} | **censorius**, a, um | zum Zensor gehörig; sittenrichterlich; streng prüfend |
| – | **Zensur** | 1. Amt des Zensors (1.) (hist. t. t.) {33/43/50/75}; 2. behördliche Prüfung und (ggf.) Verbot von Büchern, Filmen o. ä. {18/28/30/35/50}; 3. kirchliche Prüfung religiöser Literatur von kath. Verfassern; 4. Verwerfung einer theologischen Lehrmeinung (im kath. Kirchenrecht) {25/51/82}; 5. Note, Bewertung einer Leistung {25/31/56} | **censura**, ae f | Zensorenamt; Prüfung, Untersuchung, Kritik |
| – | **Zensus** | 1. Vermögensschätzung der Bürger durch die Zensoren (hist. t. t.) {50/75/43}; 2. Verzeichnis aller bekannten Exemplare von Frühdrucken (bibliothekswiss. t. t.) {32/57/75}; 3. Abgabe, Pachtzins {42/43/80}; 4. Volkszählung {50/57/81} | **census**, us m | Abschätzung und Kontrolle der Vermögensverhältnisse römischer Bürger; Besitztum, Vermögen; Steuerkataster |
| 3889 | **Zentimeter** l;(gr) | der hundertste Teil eines Meters {56/58} | **centum**, ti n<br>+ gr. *μέτρον*<br>bzw. **centimeter**, tri m | hundert<br><br>das Messen; Maß<br>hundert, sehr viele Versmaße gebrauchend |
| 3890 | **Zentner** | Maßeinheit; fünfzig Kilogramm {56} | **centenarium**, ii n | Zentner; das Hundertpfundgewicht |
| 3891 | **zentral** (gr)>l | im Zentrum -, nach allen Seiten hin günstig gelegen {58}; 2. von einer (übergeordneten) Stelle aus {33/40}; 3. sehr wichtig, sehr bedeutend, hauptsächlich, entscheidend {25/56} | **centralis**, e<br>gr. *κέντρον*<br>(bzw. **centrum**, ri n | in der Mitte befindlich<br>Mittelpunkt eines Kreises; Stachel(stab); ruhender Zirkelschenkel<br>Zirkelschenkel; Kreismittelpunkt; Kern) |
| – | **Zentrale** (gr)>l | 1. Hauptort, -stelle; Mittel-, Ausgangspunkt {58/56}; 2. Fernsprechvermittlung von mehreren Anschlüssen {46/57}; 3. Verbindungsstrekke der Mittelpunkte zweier Kreise (math. t. t.) {71} | dto. | dto. |

| | | | | |
|---|---|---|---|---|
| – | **Zentralisation** (gr)>l>frz | 1. organisatorische Zusammenfassung zu einem einheitlichen Komplex {40/48/57}; 2. Zustand, nach dem sich etw. nach dem Zentralisieren befindet {48/52/53} | dto. frz. *centralisation* | dto. |
| – | **zentralisieren** (gr)>l>frz | mehrere Dinge organisatorisch zusammenfassen {40/48/56/57} | dto. frz. *centraliser* | dto. |
| – | Zentralisierung | | | |
| – | **Zentralismus** (gr)>l>nlat | das Bestreben, Politik u. Verwaltung eines Staates zusammenzuziehen u. von einer Stelle aus zu leiten {28/33/48/50/81} | dto. | dto. |
| – | **zentralistisch** (gr)>l>nlat | von einer Zentralbehörde aus bestimmt; nach Zusammenziehung strebend; {28/48/50/81} | dto. | dto. |
| – | **Zentralität** (gr)>l>nlat | Mittelpunkt von Orten {58} | dto. | dto. |
| – | **zentrieren** (gr)>l>nlat | 1. etw. auf die Mitte einstellen {58}; 2. sich genau, speziell auf jmdn. (o. etw.) als Zentrum des Handelns einstellen {33} | dto. | dto. |
| – | **zentrifugal** (gr>l;l) >nlat | 1. auf die Zentrifugalkraft bezogen; durch Zentrifugalkraft wirkend (phys. t. t.) {72}; 2. vom Zentrum zur Peripherie verlaufend (med. t. t.) {70} | dto. + **fuga**, ae f | dto. Flucht; das Fliehen |
| – | **Zentrifugalkraft** (gr>l;l) >nlat;d | bei der Bewegung eines Körpers auftretende nach außen gerichtete Kraft; Fliehkraft (phys. t. t.) {72} | **centralis** + **fuga** | s. oben |
| – | **Zentrifuge** (gr>l;l)>frz | Schleudergerät zur Trennung von Substanzen mittels der Zentrifugalkraft (techn., phys. t. t.) {40/41/72} | dto. frz. *centrifuge* | dto. |
| – | **zentrifugieren** (gr>l;l)>frz | mit der Zentrifuge trennen, ausschleudern, zerlegen (phys., techn. t. t.) {40/41/72} | dto. | dto. |
| – | **zentrisch** (gr)>l>nlat | in der Mitte, im Mittelpunkt befindlich {58} | **centrum** gr. *κέντρον* | s. oben |

| | | | | |
|---|---|---|---|---|
| – | **Zentrum** (gr)>l | 1. Mittelpunkt; innerster Bezirk, Brennpunkt {58}; 2. Innenstadt {58/64/81}; 3. politische Partei in Deutschland (1871-1933) {50/75}; 4. Mittelfeld des Schachbretts {58/85}; 5. Bereich, der Mittelpunkt für bestimmte Tätigkeiten ist (z. B. Einkaufs..., Presse...) {40/56/58/85} | dto. | dto. |
| 3892 | **Zenturie** | Heeresabteilung (von 60-100 Mann) im antiken Rom (hist. t. t.) {57/75/86} | **centuria**, ae f | Zenturie; Hundertschaft |
| – | **Zenturio** | Befehlshaber einer Zenturie (hist. t. t.) {75/86} | **centurio**, onis f | Zenturio |
| 3893 | **Zerealie** | 1. Getreide, Feldfrucht {05}; 2. (Gericht aus) Getreideflocken {17} | **Cerealia**, ium n (Pl.) | das Ceresfest; Getreidefrüchte, Zerealien |
| 3894 | **zerebral** l>nlat | 1. das Großhirn betreffend, von ihm ausgehend, zu ihm gehörend (med. t. t.) {70}; 2. = retroflex (mit zurückgebogener Zungenspitze gebildet - sprachwiss. t. t.) {76}; 3. intellektuell, geistig {22/25} | **cerebrum**, ri n | Gehirn, Verstand; Kopf |
| 3895 | **Zeremonie** l>mlat >(frz) | 1. (traditionsgemäß begangene) feierliche Handlung, Förmlichkeit {33/47}; 2. zum Ritus gehörende äußere Zeichen, Handlungen (rel. t. t.) {51} | **caerimonia**, ae f<br>mlat. ceremonia<br>frz. *cérémonie* | feierlich(-religiöse) Handlung, Feierlichkeit; Ehrfurcht |
| – | **zeremoniell** l>frz | 1. feierlich, förmlich, gemessen {33/47/51}; 2. steif, umständlich {25/33} | **caerimonialis**, e | zur Gottesverehrung gehörig; feierlich |
| – | **Zeremoniell** l>frz | Gesamtheit der Regeln und Verhaltensweisen des höfischen und gesellschaftlichen Verkehrs {47/33} | dto.<br>frz. *(le) cérémonial* | dto. |
| 3896 | **zernieren** l>frz | (eine Festung) einschließen; umzingeln (mil. t. t.) {58/61/86} | **circinare**<br>frz. *cerner* | kreisförmig machen; runden; einen Kreis schneiden<br>einschließen, umrändern |

| | | | | |
|---|---|---|---|---|
| 3897 | **Zertifikat**<br>(l;l)<br>>kirchenl<br>>mlat>(frz) | 1. (amtliche) Bescheinigung, Beglaubigung, Zeugnis, Schein {31/32/49}; 2. Anteilschein bei Investmentgesellschaften (wirtsch. t. t.) {43/80}; 3. Urkunde für hinterlegte Wertpapiere (wirtsch. t. t.) {32/43/80} | **certus**, a, um<br>+ **facere**<br><br>kirchenl.<br>**certificare**<br>mlat.<br>certificare<br>certificatum<br>(frz. *certificat)* | sicher, gewiß<br>tun, machen, handeln<br><br><br>vergewissern<br>gewiß machen, beglaubigen<br>Beglaubigung |
| – | Zertifikation, zertifizieren, Zertifizierung | | | |
| 3898 | **Zervelatwurst**<br>l>it;d | geräucherte Dauerwurst aus 2/3 Schweinefleisch und 1/3 Rindfleisch und Speck {17} | **cerebellum**,<br>li n<br>it. *cervello*<br>*cervellata* | kleines Gehirn<br><br>Gehirn<br>Hirnwurst |
| 3899 | **Zession**<br>l>(nlat) | Übertragung eines Anspruchs von dem bisherigen Gläubiger auf einen Dritten (jur. t. t.) {82/80} | **cessio**,<br>onis f | das Abtreten, Übergeben |
| 3900 | **Zettel**<br>(gr)>l>mlat<br>>it | kleines (rechteckiges) Stück Papier {32/44} | **scheda**<br>o. **scida**, ae f<br><br>gr. *σχίδη*<br>**schedula**,<br>ae f<br>mlat. cedula<br>it. *cedola*<br>mhd. *zedel(a)* | abgerissener Papyrusstreifen; Blatt Papier<br><br><br>Blättchen Papier |
| 3901 | **Ziegel** | aus Ton gebranntes Dachdeckplättchen {40/41/88} | **tegula**,<br>ae f | Ziegel(dach); Dachziegel |
| 3902 | **Zikade** | kleines, grillenähnliches Insekt {08} | **cicada**,<br>ae f | Baumgrille, Zikade |
| 3903 | **Ziliaten**<br>l>nlat | Wimpertierchen (Einzeller - biol. t. t.) {08/69} | **cilium**,<br>ii n | Augenlid; Wimpern |
| 3904 | **Zingulum** | Gürtelschnur, -binde kath. Ordenstrachten, der Soutane {19/51} | **cingulum**,<br>li n | Gurt, Gürtel; Degengehänge |
| 3905 | **Zins** | 1. Abgabe, Steuer {49/42}; 2. Miete, Pacht {42/43}; 3. Entgelt für die Überlassung von Kapital (wirtsch. t. t.) {80} | **census** | s. oben 3888 |
| – | verzinsen | | | |
| 3906 | **Zipolle**<br>l>mlat/<br>vulgl>it | Zwiebel {05/17} | **cepula**, ae f<br>mlat. / vulgl.<br>cepulla*<br>it. *cipolla* | kleine Zwiebel<br><br>Zwiebel |
| 3907 | **zirka** | ungefähr, etwa {56/57} | **circa** (Präp.) | ringsherum, nahe bei; ungefähr, gegen |

| | | | | |
|---|---|---|---|---|
| 3908 | **Zirkel** gr>l/gr>l >(frz) | 1. geometrisches Gerät zum Zeichnen von Kreisen (math. t. t.) {71}; 2. eng miteinander verbundene Gruppe von Personen {33}; 3. Kreis, Ring {58}; 4. Figur beim Dressurreiten {61/85}; 5. verschlungene Buchstaben als Zeichen der Zugehörigkeit zu einer studentischen Verbindung {32/33/31}; 6. Quintenzirkel (mus. t. t.) {37} | **circinus**, ni m<br>gr. *κίρκινος*<br>unter Einfluß von:<br>**circulus**, li m<br>gr. *κίρκος*<br>frz. *cercle* | Zirkel<br><br><br><br>Kreis(linie); Verein, Gruppe<br>Kreis<br>gesellschaftlicher Kreis |
| - | **zirkeln** (gr)>l | 1. genau einteilen, abmessen {25/57}; 2. genau bemessend an eine bestimmte Stelle bringen (ugs.) {12/58}; 3. einen Kreis ziehen (math. t. t.) {71} | **circulare**<br><br>gr. *κίρκος* | kreisförmig machen<br>Kreis |
| - | **Zirkelschluß** gr>l;d | Beweis, bei dem das zu Beweisende bereits in der Voraussetzung enthalten ist {25/71/77} | **probatio circularis** | sich im Kreis drehender Beweis; Zirkelschluß |
| - | **Zirkeltraining** gr>l;l >vulg>frz >engl | (eigentlich Circuittraining) Konditionstrainingsmethode mit Übungen an im Kreis aufgestellten Geräten {12/61/85} | **circulus** + **trahere** / vulgl. tragere* bzw. traginare* | s. oben<br>s. oben 3611 |
| - | **zirkular** o. **zirkulär** (gr)>l | 1. kreisförmig {58}; 2. periodisch wiederkehrend (med. t. t.) {70/59} | **circularis**, e<br><br>(gr. *κίρκος)* | kreisförmig, kreisrund |
| - | **Zirkular** (gr)>l | Rundschreiben (veraltet) {32} | dto. | dto. |
| - | **Zirkulation** (gr)>l | Kreislauf, Umlauf {61} | **circu(m)latio**, onis f<br><br>gr. *κίρκος* | Umlauf, Kreislauf; das Herumtragen |
| - | **zirkulieren** (gr)>l | in Umlauf sein, umlaufen, kreisen {61} | **circulare** | s. oben |
| 3909 | **Zirkumflex** | Dehnungszeichen für Vokale (sprachwiss. t. t.) {76} | **circumflectere** (PPP. **circumflexus**) | umbiegen; zirkumflekteren, lang betonen (gramm. t. t.) |
| - | **zirkumflektieren** | einen Buchstaben mit einem Zirkumflex versehen (sprachwiss. t. t.) {76} | dto. | dto. |
| 3910 | **Zirkus** (gr)>l>(frz/engl) | 1. Kampfspielbahn im antiken Rom {33/58/75/85}; 2. Artistenunternehmen {33/40/85}; 3. Zelt, Gebäude mit einer Manege {58/88}; 4. etw. Abwechslungsreiches, Buntes {33/56}; 5. Durcheinander, unnötiger Trubel, Aufwand; Wirbel, Getue (ugs.) {25/26/33} | **circus**, ci m<br>gr. *κίρκος*<br>engl. *circus*<br>frz. *cirque* | Kreis(linie); Rennbahn; Arena<br>Ring, Kreis |

| | | | | |
|---|---|---|---|---|
| 3911 | **Zirrokumulus** (l;l)>nlat | feingegliederte, fedrige Wolke in höheren Luftschichten, Schäfchenwolke (meteor. t. t.) {65} | **cirrus**, ri m + **cumulus**, li m | Fransen; Federbüschel; Haarlocke Haufen, aufgetürmte Masse; Gipfel |
| - | **Zirrostratus** (l;l)>nlat | aus Eiskristallen bestehende Schleierwolke in höheren Luftschichten (meteor. t. t.) {65} | **cirrus** + **stratus**, us m | s. oben das Hinbreiten; Decke, Teppich, Matratze |
| - | **Zirrus** | 1. aus feinsten Eisteilchen bestehende Federwolke in höheren Luftschichten (meteor. t. t.) {65}; 2. rankenartiger Körperanhang vieler Wassertiere (z. B. zum Herbeistrudeln der Nahrung - biol. t. t.) {69} | **cirrus** | s. oben |
| 3912 | **zirzensisch** (gr)>l | den Zirkus betreffend, in ihm abgehalten {33/58/85} | **circensis**, e gr. *κίρκος* | zum Zirkus gehörig, zirzensisch |
| 3913 | **zisalpin(isch)** | diesseits der Alpen (von Rom aus gesehen) {58/64} | **cisalpinus**, a, um | diesseits der Alpen gelegen, -wohnend |
| 3914 | **ziselieren** l>vulgl>frz | Figuren und Ornamente aus Gold o. Silber herausarbeiten {40/36/20} | **caedere** spätl. **cisorium** vulgl. caesellus* o. cisellus* frz. *ciseau* *ciseler* | schlagen, töten; heraushauen, -schneiden Schneidewerkzeug Schneidewerkzeug Meißel ziselieren |
| - | **Ziseleur** l>vulgl>frz | jmd., der Ziselierarbeiten ausführt {40/36/20} | dto. | dto. |
| 3915 | **Zisterne** | unterirdischer Behälter zum Auffangen von Regenwasser {58/17} | **cisterna**, ae f | Zisterne |
| 3916 | **Zitadelle** l>it>frz | 1. Festung innerhalb o. am Rande einer Stadt {58/86/88}; 2. letzter Widerstandskern in einer Festung {28/58/86} | **civitas**, atis f ait. *cittade* it. *cittadella* frz. *citadelle* | Bürgerschaft, Gemeinde; Staat Stadt Stadtfestung |
| 3917 | **Zitat** | 1. wörtlich angeführte Belegstelle; 2. bekannter Ausspruch, geflügeltes Wort {32} | **citare** (PPP. **citatus**) | aufrufen; anführen, erwähnen, vorladen das Angeführte, Erwähnte |
| - | **zitieren** | 1. eine Stelle aus einem geschriebenen Text (wörtlich) anführen {32}; 2. jmdn. vorladen, zu sich kommen lassen, um ihn für etw. zur Rechenschaft zu ziehen {82/28} | **citare** | s. oben |

| | | | | |
|---|---|---|---|---|
| 3918 | **Zitrone** (gr)>l>it | 1. immergrüner Südfruchtstrauch o. -baum {05}; 2. Frucht des Zitronenbaums {17} | **citrus**, ri f<br>gr. *κέδρος*<br>it. *citrone* | Zitronenbaum |
| – | **Zitronat** (gr)>l>it >frz | kandierte Fruchtschale einer Zitronenart {17} | dto.<br>it. *citronata*<br>frz. *citronnat* | dto. |
| >>> | Zitrusfrucht s. Frucht | | | |
| 3919 | **zivil** l>(frz) | 1. bürgerlich, nicht-militärisch {33}; 2. anständig, annehmbar {25/33} | **civilis**, e | bürgerlich; gemeinnützig; leutselig, höflich |
| – | **Zivil** l>frz | bürgerliche Kleidung {19} | dto.<br>(frz. *tenue civile)* | dto. |
| – | **Zivilcourage** l>frz;l >gallorom >frz | Mut, überall unerschrocken seine eigene Meinung zu vertreten {25/28/84} | dto.<br>+ **cor**, rdis n<br>gallorom. *cor*<br>frz. *cœur*<br>*courage* | dto.<br>Herz; Mut<br><br><br>Mut, Beherztheit |
| – | **Zivildienst** l>frz;d | Wehrersatzdienst {33/86} | **civilis** | s. oben |
| – | **Zivilisation** l>frz/engl | 1. Gesamtheit der durch Wissenschaft und Technik geschaffenen Lebensbedingungen {33/52/81}; 2. Bildung, Gesittung {31/33} | dto.<br>frz. *civilisation*<br>engl. *civilization* | dto. |
| – | **zivilisatorisch** l>frz>nlat | auf die Zivilisation gerichtet, sie betreffend {33/52/81} | dto. | dto. |
| – | **zivilisieren** l>frz | der Zivilisation zuführen; verfeinern, veredeln {33/56/81} | dto.<br>frz. *civiliser* | dto. |
| – | **zivilisiert** l>frz | 1. Zivilisation (1.) aufweisend {33/52/81}; 2. Kultur und Bildung habend {31/33} | dto.<br>frz. *civilisé* | dto. |
| – | **Zivilist** l>nlat | Bürger (im Gegensatz zum Soldaten) {33/86} | dto. | dto. |
| – | **Zivilität** l>frz | Anstand, Höflichkeit {25/26/33} | **civilitas**, atis f | Bürgerstand; Höflichkeit |
| – | **Zivilkammer** l>frz;l | Spruchabteilung für privatrechtliche Streitigkeiten bei den Landgerichten {82} | **civilis**<br>+ **camera**, ae f | s. oben<br>gewölbte Decke, Zimmerwölbung; Kammer |
| – | **Zivilprozeß** l>frz;l >mlat | Gerichtsverfahren, dem die Bestimmungen des Privatrechts zugrunde liegen (jur. t. t.) {82} | **civilis**<br>+ **processus**, us m<br>mlat. processus | s. oben<br>Fortschreiten; Verlauf, Fortgang<br>Handlungsweise, Rechtsstreit |

| | | | | |
|---|---|---|---|---|
| – | **Zivilsenat** l>frz;l | Spruchabteilung für privatrechtliche Streitigkeiten bei den Oberlandesgerichten und beim Bundesgerichtshof (jur. t. t.) {82} | **civilis** + **senatus**, us m | s. oben Ältestenrat; Organ ehemaliger Magistrate in Rom |
| 3920 | **Zölibat** | Ehelosigkeit aus religiösen Gründen (z. B. bei kath. Geistlichen) {51/33} | **caelibatus**, us m | Ehelosigkeit, Zölibat; das himmlische Leben |
| 3921 | **zonal** o. **zonar** (gr)>l | zu einer Zone gehörend, eine Zone betreffend {58/48} | **zonalis**, e bzw. **zonarius**, a, um gr. *ζώνη* | zu den Zonen gehörig zum Gürtel gehörig Gürtel |
| – | Zone | | | |
| 3922 | **Zuckercouleur** d;l>frz | gebrannter Zucker {17} | **color**, oris m frz. *couleur* | Farbe; Anstrich |
| 3923 | **Zwieback** (l;l)>frz/it | leicht gesüßtes, in Scheiben geschnittenes knusprig gebackenes Weißbrot {17} | Lehnübersetzung aus: **bis** + **coquere** (PPP. **coctus**) **bis coctum** frz. *biscuit* it. *biscotto* | zweimal backen, kochen zweimal Gebackenes |
| 3924 | **Zwiebel** l>(spätl)>it | stark würzende Küchenpflanze {05/17} | **cepula**, ae f spätl. **cepulla** it. *cipolla* | kleine Zwiebel Zwiebel |
| 3925 | **Zypresse** (gr)>l | immergrüner Baum des Mittelmeergebietes {04} | **cupressus**, us oder si f gr. *κυπάρισσος* | Zypresse |

# Anhang

# *Wörter griechischen Ursprungs*

| | | | |
|---|---|---|---|
| Abacus | abacus | ἄβαξ | |
| Abbe, Abate | abbas | ἄββας | (chald/aram) |
| Achat | achates | ἀχάτης | |
| achaten | dto. | dto. | |
| Acryl | acer | ἄκρος | |
| Aero | aër | ἀήρ | |
| Ägide | aegis | αἰγίς | |
| Agon | agonia | ἀγωνία | |
| agonal | dto. | dto. | |
| Agonie | dto. | dto. | |
| Agrar | ager | ἀγρός | |
| Air | aër | ἀήρ | |
| Akademie | Academia | Ἀκαδήμεια | |
| akademisch | dto. | dto. | |
| Akademiker | dto. | dto. | |
| Akazie | acacia | ἀκακία | |
| Akklimatisation | clima | κλῖμα | |
| Akkord | chorda | χορδή | |
| Alabaster | alabaster | ἀλάβαστρος | |
| alabastern | dto. | dto. | |
| alkäisch | AlcaÏcus | Ἀλκαϊκός | |
| Allegorie | allegoria | ἀλληγορία | |
| Allegorik | dto. | dto. | |
| allegorisch | dto. | dto. | |
| allegorisieren | dto. | dto. | |
| Allegorismus | dto. | dto. | |
| Almosen | eleemosyna | ἐλεημοσύνη | |
| Aloe | aloe | ἀλόη | |
| Alphabet | alphabetum | ἀλφάβετος | |
| Amaryllis | amaryllis | Ἀμαρυλλίς | |
| Amazone | Amazones | Ἀμαζόνες | |
| Amen | amen | ἀμήν | (hebr) |
| Amethyst | amethystus | ἀμέθυστος | |
| Ammoniak | (sal) Ammoniacum | Ἀμμωνιακός | (ägypt) |
| Amnestie | amnestia | ἀμνηστία | |
| amnestieren | dto. | dto. | |
| Amöbe | amoebaeus | ἀμοιβαῖος | |
| Amphib(ie) | amphibium | ἀμφίβιον | |
| amphibisch | dto. | dto. | |
| Amphibium | dto. | dto. | |
| Amphitheater | amphitheatrum | ἀμφιθέατρον | |
| Amphore | amphora | ἀφορεύς | |
| Ampulle | dto. | dto. | |
| Anabolikum | anabolicus | ἀναβολικός | |
| Anadiplose | anadiplosis | ἀναδίπλοσις | |
| Anaglyphen | anaglyphus | ἀνάγλυφος | |
| Anakoluth | anacoluthon | ἀνακόλουθον | |
| Analekten | analecta | ἀναλέγειν | |
| analog | analogus | ἀνάλογος | |

| | | |
|---|---|---|
| Analog-Digital-Konverter | analogia | ἀναλογία |
| Analogie | dto. | dto. |
| analogisch | dto. | dto. |
| Analogismus | dto. | dto. |
| Analysator | analyticus | ἀναλυτικός |
| Analyse | dto. | ἀνάλυσις |
| analysieren | dto. | ἀναλύειν |
| Analysis | dto. | ἀνάλυσις |
| Analytik | dto. | ἀναλυτικός |
| Analytiker | dto. | dto. |
| analytisch | dto. | dto. |
| Anapäst | anapaestus | ἀνάπαιστος |
| Anapher | anaphora | ἀναφορά |
| Anathem(a) | anathema | ἀνάθεμα |
| Anatom | anatome | ἀνατομή |
| Anatomie | anatomia | ἀνατομία |
| anatomisch | anatomicus | ἀνατομικός |
| Anemone | anamone | ἀνεμώνη |
| Angelus | angelus | ἄγγελος |
| Angina | angina | ἀγχόνη |
| Anis | anisum | ἄνισον / ἄνησ(σ)ον |
| Ankathete | cathetus | κάθετος |
| Anker | ancora | ἄγκυρα |
| anomal | anomalos | ἀνώμαλος |
| Anomalie | anomalia | ἀνωμαλία |
| anonym | anonymus | ἀνώνυμος |
| Anonymität | dto. | dto. |
| Anonymus | dto. | dto. |
| Antagonismus | antagonista | ἀνταγωνιστής |
| Antagonist | dto. | dto. |
| antagonistisch | dto. | dto. |
| Antarktika | antarticus | ἀνταρκτικός |
| Antarktis | dto. | dto. |
| antarktisch | dto. | dto. |
| Anthrazit | anthracites | ἀνθρακίτης |
| Antichrist | anti + Christus | ἀντί + Χριστός |
| antichristlich | dto. | dto. |
| Antinomie | antinomia | ἀντινομία |
| Antipathie | antipathia | ἀντιπάθεια |
| Antipode | antipodes o. antipodus | ἀντίπους |
| Antithese | antithesis | ἀντίθεσις |
| Antithetik | antitheticus | ἀντιθετικός |
| antithetisch | dto. | dto. |
| Äon | aeon | αἰών |
| Äonen | dto. | dto. |
| Aorist | aoristos | ἀόριστος |
| Apathie | apathia | ἀπάθεια |
| apathisch | dto. | dto. |
| Aphärese | aphaeresis | ἀφαίρεσις |
| Aphorismus | aphorismus | ἀφορισμός |
| Apodiktik | apodixis | ἀπόδειξις |
| apodiktisch | apodicticus | ἀποδεικτικός |

| | | |
|---|---|---|
| Apokalypse | apocalypsis | ἀποκάλυψις |
| Apokalyptik | dto. | dto. |
| Apokalyptiker | dto. | dto. |
| apokalyptisch | dto. | dto. |
| Apokope | apocopa o. apocope | ἀποκοπή |
| apollinisch | Apollo | Ἀπόλλων |
| Apologet | apologia | ἀπολογία |
| Apologetik | dto. | dto. |
| Apologetiker | dto. | dto. |
| apologetisch | dto. | dto. |
| apologisieren | dto. | dto. |
| Aporie | aporia | ἀπορία |
| Aposiopese | aposiopesis | ἀποσιώπησις |
| Apostel | apostolus | ἀπόστολος |
| Apostolat | dto. | dto. |
| Apostoliker | dto. | ἀποστολικός |
| apostolisch | dto. | dto. |
| Apostroph | apostrophus | ἀπόστροφος |
| Apotheke | apotheca | ἀποθήκη |
| Apotheker | apothecarius | dto. |
| Apotheose | apotheosis | ἀποθέωσις |
| Apsis | apsis | ἅψις o. ἄψις |
| arabesk | Arabicus | Ἄραβες |
| Arabeske | dto. | dto. |
| Archetypus | archetypus | ἀρχέτυπος |
| Architekt | architectus | ἀρχιτέκτων |
| architektonisch | architectonicus | ἀρχιτεκτονικός |
| Architektonik | dto. | dto. |
| Architektur | architectura | dto. |
| Archiv | archi(v)um | ἀρχεῖον |
| (archivalisch) | dto. | dto. |
| (Archivalien) | dto. | dto. |
| Archont | archon | ἄρχων |
| (Archontat) | dto. | dto. |
| Areopag | Areopagus | Ἄρειος πάγος |
| Argusauge | Argus | Ἄργος |
| Ariadnefaden | Ariadne | Ἀριάδνη |
| Aristokrat | aristocratia | ἀριστοκρατία |
| Aristokratie | dto. | dto. |
| aristokratisch | dto. | dto. |
| Aristotelismus | Aristoteles | Ἀριστοτέλης |
| Arithmetik | arithmetica | ἀριθμητική τέχνη |
| Arithmetiker | dto. | dto. |
| arithmetisch | dto. | dto. |
| arkadisch | Arcadicus | Ἀρκαδικός |
| Arktis | arcticus | ἄρκτος |
| arktisch | dto. | ἀρκτικός |
| Aroma | aroma | ἄρωμα |
| aromatisch | aromaticus | ἀρωματικός |
| aromatisieren | aromatizare | ἀρωματίζειν |
| Aronstab | aron | ἄρον |
| Arsen | arsenicum | ἀρσενικόν |
| Arterie | arteria | ἀρτηρία |

| | | |
|---|---|---|
| arteriell | dto. | dto. |
| Arznei | archiater | ἀρχίατρος |
| Arzt | dto. | dto. |
| Asbest | asbestos | ἄσβεστος |
| Asklepiadeus | Asklepiade(u)s | Ἀσκληπιάδης |
| Asphalt | asphaltus | ἄσφαλτος |
| asphaltieren | dto. | dto. |
| Aster | aster | ἀστήρ |
| Asteroid | dto. | dto. |
| Asthma | asthma | ἆσθμα |
| Asthmatiker | dto. | ἀσθματικός |
| asthmatisch | dto. | dto. |
| astral | aster | ἀστήρ |
| Astro... | dto. | dto. |
| Astrologie | astrologia | ἀστρολογία |
| Astronomie | astronomia | ἀστρονομία |
| Asyl | asylum | ἄσυλον |
| Asylant | dto. | dto. |
| Asylierung | dto. | dto. |
| Asyndeton | asyndeton | ἀσύνδετον |
| asyndetisch | dto. | dto. |
| Äther | aether | αἰθηρ |
| ätherisch | dto. | dto. |
| Athlet | athleta | ἀθλητής |
| Athletik | dto. | ἀθλητικός |
| Athletiker | dto. | dto. |
| athletisch | dto. | dto. |
| Ätiologie | aetiologia | αἰτιολογία |
| ätiologisch | dto. | dto. |
| Atlant | Atlas | Ἄτλας |
| Atlantik | Atlanticum (mare) | Ἀτλαντικόν πέλαγος |
| Atlantis | dto. | dto. |
| atlantisch | dto. | dto. |
| Atlas | Atlas | Ἄτλας |
| Atom | atomus | ἄτομος |
| Atrophie | atrophia | ἀτροφία |
| Augiasstall | Augias o. Augeas | Αὐγείας |
| Aula | aula | αὐλή |
| Auster | ostreum | ὄστρεον |
| authentisch | authenticus | αὐθεντικός |
| autochthon | autochthon | αὐτόχθων |
| Automat | automatus | αὐτόματος |
| automatisch | dto. | dto. |
| Automatik | dto. | dto. |
| Axiom | axioma | ἀξίωμα |
| Axiomatik | dto. | dto. |
| axiomatisch | dto. | dto. |
| **B**agno | bal(i)neum | βαλανεῖον |
| Bakterie | bacterium | βακτήριοω |
| bakteriell | dto. | dto. |
| Ball | ballare (spätl) | βάλλειν |
| Ballade | dto. | dto. |

| | | | |
|---|---|---|---|
| balladesk | dto. | dto. | |
| Ballerina | dto. | dto. | |
| Ballett | dto. | dto. | |
| Balletteuse | dto. | dto. | |
| Ballettkorps | dto. | dto. | |
| Balliste | ballista | βάλλειν | |
| ballistisch | dto. | dto. | |
| Ballistik | dto. | dto. | |
| Balsam | balsamum | βάλσαμον | (hebr) |
| balsamieren | dto. | dto. | |
| Balsamierung | dto. | dto. | |
| balsamisch | dto. | dto. | |
| Balustrade | balaustium | βαλαύστιον | |
| Baptismus | baptista | βαπτισμός | |
| Baptist | dto. | βαπτίστης | |
| Baptisterium | Baptisterium | βαπτιστήριον | |
| Barbar | barbarus | βάρβαρος | |
| Barbarei | barbaria | dto. | |
| barbarisch | dto. | dto. | |
| Barbarismus | dto. | βαρβαρισμός | |
| Bariton | barytonos | βαρύτονος | |
| Bark(e) | baris | βάρις | |
| Barkasse | dto. | dto. | |
| Basalt | basanites o. basaltes | βασανίτης | |
| Base | basis | βάσις | |
| basisch | dto. | dto. | |
| basieren | dto. | dto. | |
| Basilika | basilica | βασιλική | |
| Basilikal | basilicus | βασιλικός | |
| Basilikum | dto. | dto. | |
| basilisk | dto. | dto. | |
| Basiliskenblick | dto. | dto. | |
| Basis | basis | βάσις | |
| becircen | Circe | Κίρκη | |
| Berber | barbarus | βάρβαρος | |
| Beryll(ium) | beryllus | βήρυλλος | (sanskr) |
| bezirzen | Circe | Κίρκη | |
| Bezirk | circus | κίρκος | |
| (Bibel) | biblos | βίβλος | |
| Bibliothek | bibliotheca | βιβλιοθήκη | |
| Bibliothekar | dto. | dto. | |
| Bigamie | bigamus | γάμειν | |
| Bischof | episcopus | ἐπίσκοπος | |
| Bistum | dto. | dto. | |
| Blamage | blasphemare (vulgl. blastemare) | βλασφήμειν | |
| blamabel | dto. | dto. | |
| blamieren | dto. | dto. | |
| Blasphemie | blasphemia | βλασφημία | |
| blasphemieren | dto. | dto. | |
| blasphemisch | dto. | dto. | |
| Boje | boja | βόεια | |
| Boletus | boletus | βωλίτης | |
| Bolid | bolis | βολίς | |

| | | | |
|---|---|---|---|
| Bombage | bombus | βόμβος | |
| Bombarde | dto. | dto. | |
| Bombardement | dto. | dto. | |
| bombardieren | dto. | dto. | |
| Bombe | dto. | dto. | |
| Bombast | bombax o. bombagium | πάμβαξ | (pers) |
| bombastisch | dto. | βαμβάκιον | |
| boreal | boreas | βορέας | |
| Boreal | dto. | dto. | |
| Boreas | dto. | dto. | |
| Börse | byrsa | βύρσα | |
| Box | buxus | πύξις | |
| brachial | bra(c)chium | βραχίων | |
| Bratsche | dto. | dto. | |
| brav | barbarus | βάρβαρος | |
| bravo | dto. | dto. | |
| Brezel | brac(c)chium | βραχίων | |
| Brille | beryllus | βήρυλλος | (sanskr) |
| brillieren | dto. | dto. | |
| brillant | dto. | dto. | |
| Brillant | dto. | dto. | |
| Brillanz | dto. | dto. | |
| Brillantine | dto. | dto. | |
| Brom | bromus | βρῶμος | |
| Bromid | dto. | dto. | |
| bromieren | dto. | dto. | |
| Bromit | dto. | dto. | |
| bronchial | bronchia | βρόγχια | |
| Bronchie | dto. | dto. | |
| Buchsbaum | buxus | πύξις | |
| Büchse | dto. | dto. | |
| Bukolik | bucolicus | βουκολικός | |
| Bukoliker | dto. | dto. | |
| bukolisch | dto. | dto. | |
| Bulbus | bulbus | βολβός | |
| (Burnus) | birrus | βίρρος | (arab) |
| Bursche | byrsa | βύρσα | |
| Burschenschaft | dto. | dto. | |
| burschikos | dto. | dto. | |
| Butike | apotheca | ἀποθήκη | |
| Budike | dto. | dto. | |
| Butter | butyrum (vulgl. butura*) | βούτυρον | |
| buttern | dto. | dto. | |
| **C**actaceae | cactus o. cactos | κάκτος | |
| Calamus | calamus | κάλαμος | |
| Canasta | canaster | κάναστρον | (babyl/assyr) |
| Cannabis | cannabis | κάνναβις | |
| Cartoon | charta | χάρτης | |
| Cartoonist | dto. | dto. | |
| Cathedra | cathedra | καθέδρα | |
| Cembalo | cymbalum | κύμβαλον | |
| Cembalist | dto. | dto. | |

| | | | |
|---|---|---|---|
| cembalistisch | dto. | dto. | |
| Chairman | cathedra | καθέδρα | |
| Chaise | dto. | dto. | |
| Chamäleon | chamaeleon | χαμαιλεον | |
| Chaos | chaos | χάος | |
| Chaot | dto. | dto. | |
| Chaotik | dto. | dto. | |
| chaotisch | dto. | dto. | |
| Charakter | character | χαρακτήρ | |
| charakterisieren | dto. | dto. | |
| Charakteristik | dto. | dto. | |
| Charakteristikum | dto. | dto. | |
| charakteristisch | dto. | dto. | |
| charakterlich | dto. | dto. | |
| Charakterologe | dto. | dto. | |
| Charakterologie | dto. | dto. | |
| charakterologisch | dto. | dto. | |
| Charisma | charisma | χάρισμα | |
| charismatisch | dto. | dto. | |
| Charta | charta | χάρτης | (ägypt) |
| Charte | dto. | dto. | |
| Charter | chartula | dto. | |
| Charterer | dto. | dto. | |
| Chartermaschine | dto. | dto. | |
| chartern | dto. | dto. | |
| Chiasma | chiasmus | χιασμός | |
| Chiasmus | dto. | dto. | |
| chiastisch | dto. | dto. | |
| Chicorée | cichorium | κιχώριον | |
| Chimäre | chimaera | χίμαιρα | |
| Chirurg | chirurgus | χειρουργός | |
| Chirurgie | dto. | χειρουργία | |
| chirurgisch | dto. | dto. | |
| Cholera | cholera | χολέρα | |
| Choleriker | cholericus | χολερικός | |
| cholerisch | dto. | dto. | |
| Choliambus | choliambus | χωλίαμβος | |
| Chor | chorus | χορός | |
| Choral | dto. (mlat. choralis) | dto. | |
| Chorda | chorda | χορδή | |
| Choriambus | choriambus | χορίαμβος | |
| chorisch | chorus | χόρος | |
| Chorist | dto. | dto. | |
| Chorus | dto. | dto. | |
| Christ | Christus | Χριστός | |
| Christentum | dto. | dto. | |
| christianisieren | dto. | dto. | |
| Christianitas | Christianitas | dto. | |
| Christian Science | dto. | dto. | |
| christlich | Christianus | Χριστιανός | |
| Christzentrik | dto. + centrum | dto. + κέντρον | |
| christzentrisch | dto. | dto. | |
| Christus | Christus | Χριστός | |

| | | | |
|---|---|---|---|
| Chrom | chroma | χρῶμα | |
| chromatisch | chromaticus | χρωματικός | |
| Chronik | chronica | χρονικὰ βιβλία | |
| chronisch | chronicus | χρονικός | |
| Cidre | sicera | σίκερα | (hebr) |
| Circe | Circe | Κίρκη | |
| Cipollata | cepa | κάπια | |
| Clavis | clavis | κλαϝίς o. κλείς | |
| Comic | comicus | κωμικός | |
| Comic Strip | dto. | dto. | |
| Conus | conus | κῶνος | |
| Cord | chorda | χορδή | |
| Coup | vulgl. colpus o. colap(h)us | κόλαφος | |
| Cyan | cyanus | κύανος | |
| Cyanid | dto. | dto. | |
| **D**aktylus | dactylus | δάκτυλος | |
| Dämon | daemon | δαίμων | |
| dämonisch | daemonicus | δαιμονικός | |
| Dattel | dactylus | δάκτυλος | (semit) |
| Dauphin | delphinus | δελφίς o. δελφίν | |
| Dehydratation | de + hydrius | ὕδωρ | |
| dehydrieren | dto. | dto. | |
| Dekade | decas | δεκάς | |
| dekadisch | dto. | dto. | |
| Dekaeder | decem | δέκα | |
| Dekagramm | dto. | dto. | |
| Delphin | delphinus | δελφίς o. δελφίν | |
| Delphinarium | dto. | dto. | |
| Delphinologe | dto. | dto. | |
| depolarisieren | de + polus | πόλος | |
| Depolarisierung | dto. | dto. | |
| Depolarisator | dto. | dto. | |
| Desaster | dis + astrum | δυσ + ἄστρον | |
| dezentral | de + centrum | κέντρον | |
| Dezentralisation | dto. | dto. | |
| dezentralisieren | dto. | dto. | |
| Diabetes | diabetes | διαβήτης | |
| diabetisch | dto. | dto. | |
| Diabetiker | dto. | dto. | |
| Diabolus | diabolus | διάβολος | |
| diabolisch | diabolicus | διαβολικός | |
| Diadem | diadema | διάδημα | |
| diagonal | diagonalis | διά + γωνία | |
| Diagramm | diagramma | διάγραμμα | |
| Diakon | diaconus | διάκονος | |
| Diakonie | diaconia | διακονία | |
| Dialekt | dialectos | διάλεκτος | |
| Dialektik | dialectica (ars) | διαλεκτικός | |
| dialektisch | dialecticus | dto. | |
| Dialog | dialogus | διάλογος | |
| Diamant | adamas (spätl. diamas) | ἀδάμας | |
| diametral | diametrus | διάμετρος | |

| | | |
|---|---|---|
| Diärese | diaeresis | διαίρεσις |
| Diarrhö(e) | diarrhoea | διάρροια |
| Diastole | diastole | διαστολή |
| Diät | diaeta | δίαιτα |
| diätisch | dto. | dto. |
| Diätetikum | diaeteticus | διαιτητικός |
| Diatribe | diatriba | διατριβή |
| Didaktik | didascalice | διδασκαλική |
| Didaktiker | dto. | dto. |
| didaktisch | didascalicus | διδασκαλικός |
| Dilemma | dilemma | δίλημμα |
| Diözese | dioecesis | διοίκησις |
| Diözesan | dto. | dto. |
| Diphthong | diphthongus | δίφθογγος |
| Diplom | diploma | δίπλωμα |
| Diplomand | dto. | dto. |
| Diplomat | dto. | dto. |
| Diplomatie | dto. | dto. |
| Diplomatik | dto. | dto. |
| diplomatisch | dto. | dto. |
| diplomieren | dto. | dto. |
| Disc..., Disco | discus | δίσκος |
| Diskette | dto. | dto. |
| Diskus | dto. | dto. |
| Distichon | distichus | δίστιχον |
| distichisch | dto. | dto. |
| Dogma | dogma | δόγμα |
| dogmatisch | dogmaticus | δογματικός |
| Dragoner | draco | δράκων |
| Drachen | dto. | dto. |
| Dragee | tragemata | τραγήματα |
| Drama | drama | δρᾶμα |
| Dramatik | dramaticus | δραματικός |
| Dramatiker | dto. | dto. |
| dramatisch | dto. | dto. |
| Dynamik | dynamice | δυναμική |
| dynamisch | dto. | dto. |
| dynamisieren | dto. | dto. |
| Dynast | dynastes | δυνάστης |
| **E**benholz | ebenus | ἔβενος |
| Ecclesia | ecclesia | ἐκκλησία |
| Echo | echo | ἠχώ |
| echoen | dto. | dto. |
| Echolot | dto. | dto. |
| Eimer | amphora | ἀμφορα |
| Ekloge | ecloga | ἐκλογή |
| Ekstase | ecstasis | ἔκστασις |
| ekstatisch | dto. | dto. |
| Elephant | elephas o. elephantus | ἐλέφας |
| Elegie | elegia | ἐλεγεία |
| Elegiker | elegiacus | ἐλεγιακός |
| elegisch | elegius | ἐλεγεῖος |

| | | |
|---|---|---|
| elektrisch | electrum | ἤλεκτρον |
| Ellipse | ellipsis | ἔλλειψις |
| Elogium | elogium | ἐλεγεῖον |
| Elysium | Elysium | Ἠλύσιον (pεδίον) |
| elysisch | dto. | dto. |
| Emblem | emblema | ἔμβλημα |
| Embryo | embryo | ἔμβρυον |
| Emphase | emphasis | ἔμφασις |
| emphatisch | dto. | ἐμφατικώτερος |
| Emporium | Emporium | ἐμπόριον |
| Endivie | intubus | ἐντύβιον (ägypt) |
| Enchiridion | enchiridium | ἐγχειρίδιον |
| Energie | energia | ἐνέργεια |
| energisch | dto. | dto. |
| Engel | angelus | ἄγγελος |
| Enklitikon | encliticum | ἐγκλίτικον |
| enklitisch | encliticus | ἐγκλιτικός |
| Enkomium | encomiographus (encomium) | ἐγκώμιον |
| Ephor(us) | ephorus | ἔφορος |
| Epigramm | epigramma | ἐπίγραμμα |
| episch | epicus | ἐπικός |
| Epik | dto. | dto. |
| Epikureismus | Epicurus | Ἐπίκουρος |
| Epilepsie | epilepsia | ἐπιληψία |
| epileptisch | epilepticus | ἐπιλεπτικός |
| Epilog | epilogus | ἐπίλογος |
| Epiphora | epiphora | ἐπιφορά |
| episkopal | episcopus | ἐπίσκοπος |
| Episkopat | episcopatus | dto. |
| Episkopus | episcopus | dto. |
| Epistel | epistula | ἐπιστολή |
| Epistolarium | epistolarius | dto. |
| Epitaph(ium) | epitaphius | ἐπιτάφιον |
| Epithalamium | epithalamium | ἐπιθαλάμιον |
| Epitheton | epitheton | ἐπίθετον |
| Epitome | epitome | ἐπιτομή |
| epitomieren | dto. | dto. |
| Epode | epodos | ἐπῳδός |
| epodisch | dto. | dto. |
| Epos | epos | ἔπος |
| episch | epicus | ἐπικός |
| Eremit | eremita | ἐρημίτης |
| Eremitage | eremitis | ἐρημῖτις |
| Eremitei | dto. | dto. |
| Erika | erice | ἐρείκη |
| Eros | Eros | Ἔρως |
| Eros-Center | dto. + centrum | dto. + κέντρον |
| Erzengel | archangelus | ἀρχάγγελος |
| Etesien | etesiae | ἐτησίαι |
| Ethik | ethice o. ethica | ἠθική |
| ethisch | ethicus | ἠθικός |
| ethnisch | ethnicus | ἐθνικός |
| Ethos | ethos | ἦθος |

| | | | |
|---|---|---|---|
| Etymologie | etymologia | ἐτυμολογία | |
| etymologisch | etymologicus | ἐτυμολογικός | |
| Eucharistie | eucharistia | εὐχαριστία | |
| Eunuch | eunuchus | ἐυνοῦχος | |
| Euro..., Europa | Europa | Εὐρώπη | |
| evangelisch | euangelicus | εὐαγγελικός | |
| Evangelist | euangelista | εὐαγγελιστής | |
| Evangelium | euangelium | εὐαγγέλιον | |
| Exodus | exodus | ἔξοδος | |
| exorzi(si)eren | exorcizare | ἐξορκίζειν | |
| Exorzismus | exorcismus | ἐξορκισμός | |
| Exorzist | exorcista | ἐξορκιστής | |
| Exot(e) | exoticus | ἐξωτικός | |
| exotisch | dto. | dto. | |
| Exoteriker | exotericus | ἐξωτερικός | |
| exoterisch | dto. | dto. | |
| Exzentriker | eccentricus o. eccentros | ἔκκεντρος | |
| exzentrisch | dto. | dto. | |
| **F**asan | phasianus | φασανιός | |
| Fasanerie | dto. | dto. | |
| Fregatte | aphracta | ἄφρακτα | |
| frenetisch | phreneticus | φρενητικός | |
| **g**alaktisch | galacticus | γαλακτικός | |
| Galaxie | galaxias | γαλαξίας | |
| Gamma | gamma | γάμμα | (semit) |
| Ganglien | ganglion | γάγγλιον | |
| Genese | genesis | γένεσις | |
| Genesis | dto. | dto. | |
| Geograph | geographus | γεωγράφος | |
| Geographie | geographia | γεωγραφία | |
| geographisch | geographicus | γεωγραφικός | |
| Geometrie | geometria | γεωμετρία | |
| geometrisch | geometricus | γεωμετρικός | |
| Geranie | geranion | γέρανος | |
| Gigant | Gigas | Γίγας | |
| gigantisch | giganteus | Γιγάντειος | |
| Gigantomachie | gigantomachia | Γιγαντομαχία | |
| Ginger-ale | zingiber | ζιγγίβερις | |
| Gips | gypsum | γύψος | (semit) |
| Giralgeld | gyrus | γῦρος | |
| Girant | dto. | dto. | |
| girieren | dto. | dto. | |
| Giro | dto. | dto. | |
| Gitarre | cithara | κιθάρα | |
| Glaukom | glaucoma | γλαύκωμα | |
| Glossar(ium) | glossarium | γλωσσάριον | |
| Glosse | glossa | γλῶσσα (γλώσσημα) | |
| glossieren | dto. | dto. | |
| Glykoneus | glycon | Γλύκων | |
| Golf | colphus | κόλπος | |
| Gramm | gramma | γράμμα | |
| Grammatik | grammatica (ars) | γραμματικὴ (τέχνη) | |

| | | | |
|---|---|---|---|
| Grammatiker | grammaticus | γραμματικός | |
| grammatisch | dto. | dto. | |
| Graphik | graphice | γραφικός | |
| Graphiker | graphicus | dto. | |
| graphisch | dto. | dto. | |
| gräzisieren | graecissare | γραικίζειν | |
| Gräzität | graecitas | Γραικός | |
| Greif | gryphus | γρύψ | |
| Griffel | graphium | γραφεῖον | |
| Grille | gryllus | γρύλλος | |
| Gringo | Graecus | Γραικός | |
| grotesk | crypta | κρύπτη | |
| Groteske | dto. | dto. | |
| Grotte | dto. | dto. | |
| Gruft | dto. | dto. | |
| Gummi | cummi(s) | κόμμι | (ägypt) |
| gummieren | dto. | dto. | |
| Gymnasiarch | gymnasiarchus | γυμνασίαρχος | |
| Gymnasium | gymnasium | γυμνάσιον | |
| **H**alo | halos | ἅλος | |
| Hanf | cannabis | κάνναβις | |
| Harmonie | harmonia | ἁρμονία | |
| harmonieren | dto. | dto. | |
| Harmonik | harmonice | ἁρμονική (τέχνη) | |
| Harmonika | dto. | dto. | |
| Harmoniker | dto. | dto. | |
| harmonisch | harmonicus | ἁρμονικός | |
| harmonisieren | dto. | dto. | |
| Hebraicum | Hebraicus | Ἑβραϊκός | |
| hebräisch | dto. | dto. | |
| Hemisphäre | hemisphaerium | ἡμισφαίριον | |
| hemisphärisch | dto. | dto. | |
| Heroide | heroicus | ἡρωϊκός | |
| Heroik | dto. | dto. | |
| heroisch | dto. | dto. | |
| Hippopotamus | hippopotamus | ἱπποπόταμος | |
| Hierarchie | hierarchia | ἱεραρχία | |
| hierarchisch | dto. | dto. | |
| Historie | historia | ἱστορία | |
| Homöophoron | homoeoprophoron | ὁμοιοπρόφορον | |
| Homöoptoton | homoeoptoton | ὁμοιοπτωτον | |
| Homöoteleuton | homoeoteleuton | ὁμοιοτέλευτον | |
| Homonym | homonyma | ὁμώνυμα | |
| Hoplit(en) | hoplites | ὁπλίτης | |
| Horizont | horizon | ὁρίζων | |
| horizontal | dto. | dto. | |
| Horizontale | dto. | dto. | |
| horizontieren | dto. | dto. | |
| Horoskop | horoscopium | ὡροσκοπεῖον | |
| Huflattich | lapathum | λάπαθον | |
| Hyäne | Hyaena | ὕαινα | |
| Hyazinth | hyacinthus | ὑάκινθος | |

| | | | |
|---|---|---|---|
| Hyazinthe | dto. | dto. | |
| Hydra | hydra | ὕδρα | |
| Hydraulik | hydraules bzw. hydraulia | ὑδραύλης | |
| hydraulisch | dto. | dto. | |
| Hymen | hymen | ὕμην | |
| Hymne | hymnus | ὕμνος | |
| Hyperbaton | hyperbaton | ὑπερβατόν | |
| Hyperbel | hyperbole | ὑπερβολή | |
| Hypnose | hypnotice | ὕπνος | |
| hypnotisch | hypnoticus | ὑπνωτικός | |
| Hypotenuse | hypotenusa | ὑποτείνουσα | |
| Hypothek | hypotheca | ὑποθήκη | |
| Hypothese | hypotheticus | ὑπόθεσις | |
| hypothetisch | dto. | ὑποθετικός | |
| Hysterie | hystericus | ὑστερικός | |
| hysterisch | dto. | dto. | |
| **I**bis | ibis | ἶβις | |
| ideal | idea | ἰδέα | |
| Ideal | dto. | dto. | |
| Idealismus | dto. | dto. | |
| Idealist | dto. | dto. | |
| idealistisch | dto. | dto. | |
| Idee | dto. | dto. | |
| Idiom | idioma | ἰδίωμα | |
| Idiot | idiota | ἰδιώτης | |
| idiotisch | dto. | dto. | |
| Idol | idolum | εἴδωλον | |
| Idyll | idyllum | εἰδύλλιον | |
| Indigo | indicum | Ἰνδικόν | |
| Ingwer | zingiber | ζιγγίβερις | (sanskr) |
| Iris | iris | ἶρις | |
| irisieren | dto. | dto. | |
| Ironie | ironia | εἰρωνεία | |
| ironisch | dto. | dto. | |
| Ischias | ischias | ἰσχιάς | |
| **J**alousie | zelus | ζῆλος | |
| jambisch | iambicus | ἰαμβικός | |
| Jambus | iambus | ἴαμβος | |
| **K**abarett | camera | καμάρα | |
| Kachel | caccabus | κάκκαβος | |
| Kadmium | cadmia | καδμία | |
| Kaktus | cactus | κάκτος | |
| Kamel | camelus | κάμηλος | |
| Kamellen | chamaemelon | χαμαίμηλον | |
| Kamera | camera | καμάρα | |
| Kamille | chamaemelon | χαμαίμηλον | |
| Kamin | caminus | κάμινος | |
| Kanal | canalis | κάννα | |
| Kanapee | conopeum | κωνωπεῖον | |
| Kanaster | canistrum | κάναστρον | (sumer/babyl) |
| Kanister | dto. | dto. | |

| | | | |
|---|---|---|---|
| Kanon | canon | κανών | (sumer/babyl) |
| Kanonade | dto. | dto. | |
| Kanone | canna | κάννα | |
| Kanonier | dto. | dto. | |
| kanonieren | dto. | dto. | |
| Kanonik | canonicus | κανονικός | |
| Kanoniker | dto. | dto. | |
| kanonisch | dto. | dto. | |
| kanonisieren | dto. | dto. | |
| Kanonist | dto. | dto. | |
| Kanonistik | dto. | dto. | |
| Kanne | canna | κάννα | |
| Kante | cantus | κανθός | |
| Kanton | dto. | dto. | |
| Kaper | capparis | κάππαρις | |
| Karamel | calamus | κάλαμος | |
| Kardamon | cardamomum | καρδάμωμον | |
| Karotin | carota | καρωτόν | |
| Karotte | dto. | dto. | |
| Karte | charta | χάρτης | |
| Karzinom | carcinoma | καρκίνωμα | |
| Kastagnette | castinea | καστάνεια | |
| Kastanie | dto. | dto. | |
| Katalexis | catalexis | κατάληξις | |
| katalektisch | dto. | καταληκτικός | |
| Katalog | catalogus | κατάλογος | |
| Katapult | catapulta | καταπέλτης | |
| Katarakt | cataracta | καταράκτης | |
| Katarrh | catarrhus | κατάρρους | |
| Katastrophe | katastrophe | καταστροφή | |
| Katechese | catechismus | κατήχησις | |
| Katechismus | dto. | κατηχισμός | |
| Kategorie | categoria | κατηγορία | |
| kategorisch | categoricus | κατηγορικός | |
| Katheder | cathedra | καθέδρα | |
| Kathedrale | cathedralis | dto. | |
| Kathete | cathetus | κάθετος | |
| Katheter | catheter | καθετήρ | |
| Katholik | catholicus | καθολικός | |
| katholisch | dto. | dto. | |
| Katholizismus | dto. | dto. | |
| Kerbel | caerefolium | χαιρέφυλλον | |
| Kiste | cista | κίστη | |
| klerikal | clerus | κλῆρος | |
| Kleriker | dto. | dto. | |
| Klerus | dto. | dto. | |
| Klima | clima | κλῖμα | |
| klimatisch | dto. | dto. | |
| Klimakterium | climakter | κλιμακτήρ | |
| Klimax | climax | κλῖμαξ | |
| Klinik | clinicus | κλινικός | |
| klinisch | dto. | dto. | |
| Klistier | clysterium | κλυστήριον | |

| | | |
|---|---|---|
| Koffer | cophinus | κόφινος |
| Kohl | caulis | καυλός |
| Kokosnuß | coccum | κόκκος |
| Kolik | colica | κωλική νόσος |
| Koller | cholera | χολέρα |
| Kolon | colon o. colum | κόλον |
| Koloß | colossus | κολοσσός |
| kolossal | dto. | dto. |
| Kolossalität | dto. | dto. |
| Komet | cometa | κομήτης |
| Komik | comicus | κωμικός |
| Komiker | dto. | dto. |
| komisch | dto. | dto. |
| Komma | comma | κόμμα |
| Komödiant | comoedia | κωμῳδία |
| komödiantisch | dto. | dto. |
| Komödie | dto. | dto. |
| konisch | conos | κῶνος |
| Konus | dto. | dto. |
| Kopf | cupa | κύπη |
| Koralle | corallum | κοράλλιον |
| Kord | chorda | χορδή |
| Kordel | dto. | dto. |
| Kordon | dto. | dto. |
| Koriander | coriandrum | κορίανδρον |
| Korona | corona | κορώνη |
| Koryphäe | coryphaeus | κορυφαίος |
| kosmisch | cosmos | κόσμος |
| Kosmonaut | cosmos + nauta | κόσμος + ναύτης |
| Kosmographie | cosmographia | κοσμογραφία |
| Kosmos | cosmos | κόσμος |
| Krater | crater | κρατήρ |
| Kretikus | creticus | κρητικός |
| Kretin | Christianus | Χριστιανός |
| Kretinismus | dto. | dto. |
| kretinoid | dto. | dto. |
| Krise | crisis | κρίσις |
| kriseln | dto. | dto. |
| Krisis | dto. | dto. |
| Kristall | crystallus | κρύσταλλος |
| kristallen | dto. | κρυστάλλινος |
| kristallin | crystallinus | dto. |
| kristallinisch | dto. | dto. |
| kristallisieren | dto. | dto. |
| Kriterium | criterium | κριτήριον |
| Kritik | criticus | κριτικός |
| kritikabel | dto. | dto. |
| Kritikaster | dto. | dto. |
| Kritiker | dto. | dto. |
| Kritikus | dto. | dto. |
| kritisch | dto. | dto. |
| kritisieren | dto. | dto. |
| Kritizismus | dto. | dto. |

| | | |
|---|---|---|
| Kritizist | dto. | dto. |
| Krokodil | crocodilus | κροκόδειλος |
| Krokus | crocus | κρόκος |
| Krone | corona | κορώνη |
| Krypta | crypta | κρύπτη |
| kryptisch | crypticus | κρυπτικός |
| Kübel | cupa | κύπη |
| Kubik | cubicus | κύβος |
| kubisch | dto. | κυβικός |
| Kubismus | dto. | dto. |
| Kubus | cubus | κύβος |
| Kümmel | cuminum | κύμινον |
| Kupfer | Cyprus | κύπρος |
| **L**abyrinth | labyrinthus | λαβύρινθος |
| Laie | laicus | λαϊκός |
| Lakritze | glycyrriza | γλυκύρριζα |
| Lampe | lampas | λαμπάς |
| Lasagne | lasanum | λάσανον |
| Laterne | lampter | λαμπτήρ |
| Latex | latex | λάταξ |
| Laudanum | ladanum | λήδανον |
| Leier | lyra | λύρα |
| leiern | dto. | dto. |
| Lemma | lemma | λῆμμα |
| Leopard | leopardus | λεοπάρδαλος |
| Lepra | lepra | λέπρα |
| leprös | leprosus | dto. |
| Lethargie | lethargia | ληθαργία |
| lethargisch | lethargicus | ληθαργικός |
| Levkoje | leucoÏon | λευκόϊον |
| Litanei | litania | λιτανεία |
| Liter | libra (mlat litra) | λίτρα |
| Liturgie | liturgia | λειτουργία |
| liturgisch | liturgicus | λειτουργικός |
| Logik | logica | λογική |
| Logiker | logicus | λογικός |
| logisch | dto. | dto. |
| Lotos (Lotus) | lotus o. lotos | λωτός |
| Löwe | leo | λέων |
| Lymphe | lympha | νύμφη |
| Lyra | lyra | λύρα |
| Lyrik | lyricus | λυρικός |
| lyrisch | dto. | dto. |
| Lyzeum | Lyceum | λύκειον |
| **M**agie | magia | μαγεία |
| Magier | magus | μάγος |
| magisch | magicus | μαγικός |
| Magma | magma | μάγμα |
| Magnet | magnes | μάγνης |
| magnetisch | dto. | dto. |
| magnetisieren | dto. | dto. |
| Magnetismus | dto. | dto. |

| | | | |
|---|---|---|---|
| Mammon | mammona(s) | μαμώνα | (aram) |
| Mandel | amygdala | ἀμυγδάλη | |
| Mandoline | pandura | πανδοῦρα | |
| Mangan | magnesia | μάγνης | |
| Manie | mania | μανία | |
| Mantik | mantica | μαντική | |
| Margarine | margarita | μαργαρίτης | |
| Margerite | dto. | dto. | |
| Marmelade | melimelum | μελίμηλον | |
| Marmor | marmor | μάρμαρος | |
| marmorn | marmoreus | dto. | |
| Marter | martyrium | μαρτύριον | |
| martern | dto. | dto. | |
| Martyrium | dto. | dto. | |
| Märtyrer | dto. | dto. | |
| Maschine | machina | μηχανή | |
| Masse | massa | μάζα | |
| Mathematik | mathematica (ars) | μαθηματική | |
| Mathematiker | dto. | dto. | |
| mathematisch | dto. | dto. | |
| Maulbeere | morum | μῶρον o. μόρον | |
| Mausoleum | Mausoleum | Μαυσώλειον | |
| Mechanik | mechanicus | μηχανικός | |
| mechanisch | dto. | dto. | |
| Mechanismus | dto. | dto. | |
| Medaille | metallum | μέταλλον | |
| Meduse | Medusa | Μέδουσα | |
| Melancholie | melancholia | μελαγχολία | |
| Melasse | mel | μέλι | |
| Melisse | melisphyllum | μελίφυλλον | |
| Melodie | melodia | μελῳδία | |
| melodisch | dto. | dto. | |
| Melone | melopepo | μηλοπέπων | |
| Metall | metallum | μέταλλον | |
| metallisch | dto. | dto. | |
| Metamorphose | metamorphosis | μεταμόρφωσις | |
| Metapher | metaphora | μεταφορά | |
| metaphorisch | metaphoricos | μεταφορικῶς | |
| Metaphorik | dto. | dto. | |
| Meter | metrum | μέτρον | |
| Methode | methodus | μέθοδος | |
| Methodik | dto. | dto. | |
| methodisch | dto. | dto. | |
| methodisieren | dto. | dto. | |
| Methodismus | dto. | dto. | |
| Methodist | dto. | dto. | |
| methodistisch | dto. | dto. | |
| Metöke | metoecus | μέτοικος | |
| Metonymie | metonymia | μετωνυμία | |
| Metrik | metrica (ars) | μετρική τέχνη | |
| metrisch | metricus | μετρικός | |
| Metro | metrum | μέτρον | |
| Metropole | metropolis | μητρόπολις | |

| | | | |
|---|---|---|---|
| Metrum | metrum | μέτρον | |
| Migräne | hemicrania | ἡμικρανία | |
| Mimus | mimus | μῖμος | |
| Mime | dto. | dto. | |
| mimisch | mimicus | μιμικός | |
| Mimik | dto. | dto. | |
| mimen | mimus | dto. | |
| Mimikry | mimica (ars) | dto. | |
| Mimose | mimus | μῖμος | |
| Mimus | dto. | dto. | |
| Minze | ment(h)a | μίνθη | |
| Mispel | mespilum | μέσπιλον | |
| Mitra | mitra | μίτρα | |
| mitral | dto. | dto. | |
| Molosser | Molossus | μολοσσός | |
| Molybdän | molybdaena | μολύβδαινα | |
| Monarchie | monarchia | μοναρχία | |
| Monasterium | monasterium | μοναστήριον | |
| monastisch | monasticus | μοναστικός | |
| Mönch | monachus | μοναχός | |
| Monogramm | monogramma | μόνος + γράμμα | |
| Monopol | monopolium | μονοπώλιον | |
| monopolisieren | dto. | dto. | |
| Monopolismus | dto. | dto. | |
| Monopolist | dto. | dto. | |
| monopolistisch | dto. | dto. | |
| monostichisch | monostichium | μονοσίιον | |
| Monosyllabum | monosyllabos | μονοσύλλαβος | |
| monoton | monotonus | μονοτόνος | |
| Monotonie | dto. | dto. | |
| Morpheus | Morpheus | Μορφεύς | |
| Mortadella | murta | μυρσίνη | |
| Morula | morum | μῶρον, μόρον | |
| Mosaik | musivum | μουσεῖος | |
| Moschus | muscus | μόσχος | |
| Münster | monasterium | μοναστήριον | |
| Muräne | murena | μύραινα | |
| Murmel | marmoreus | μάρμαρος | |
| Muse | musa | Μοῦσα | |
| Museum | museum | μουσεῖον | |
| Musik | (ars) musica | μουσική (τέχνη) | |
| musikalisch | musicus | μουσικός | |
| Musikalität | dto. | dto. | |
| Musikant | dto. | dto. | |
| musikantisch | dto. | dto. | |
| Musikus | dto. | dto. | |
| musisch | dto. | dto. | |
| musivisch | musivus | μουσεῖον | |
| musizieren | musicus | μουσικός | |
| Muskat | muscus | μόσχος | |
| Myriade | myrias | μυριάς | |
| Myrrhe | myrrha | μύρρα | (aram) |
| Myrte | myrtos | μύρτος | |

| | | | |
|---|---|---|---|
| Mysterium | mysterium | μυστήριον | |
| mysteriös | dto. | dto. | |
| Mystik | mysticus | μυστικός | |
| mystisch | dto. | dto. | |
| Mythos | mythos | μῦθος | |
| mythisch | dto. | dto. | |
| Mythologie | mythologiae | μυθολογίαι | |
| mythologisch | dto. | dto. | |
| **N**aphthalin | naphtha | νάφθα | |
| Narde | nardus (nardum) | νάρδος | |
| Narziß | Narcissus | Νάρκισσος | |
| Narzisse | narcissus | νάρκισσος | |
| Nauarch | nauarchus | ναύαρχος | |
| Nausea | nausea | ναυσία | |
| Nautik | nauticus | ναυτικός | |
| nautisch | dto. | dto. | |
| Nautilus | nautilus | ναυτίλος | |
| Nektar | nectar | νέκταρ | |
| Nektarine | dto. | dto. | |
| nektarisch | dto. | dto. | |
| Nektarium | dto. | dto. | |
| Neoteriker | neotericus | νεωτερικός | |
| neoterisch | dto. | dto. | |
| Nereiden | Nereus o. Nereis | Νηρεύς o. Νηρηΐς | |
| Nestor | Nestor | Νέστωρ | |
| Nitrat | nitrum | νίτρον | (ägypt) |
| Nitrit | dto. | dto. | |
| Nitro... | dto. | dto. | |
| Nomade | nomas | νομάς | |
| nomadisch | dto. | dto. | |
| nomadisieren | dto. | dto. | |
| Numismatik | numisma o. nomisma | νόμισμα | |
| Numismatiker | dto. | dto. | |
| numismatisch | dto. | dto. | |
| Nymphe | nymphe | νύμφη | |
| Nymphchen | dto. | dto. | |
| Nymphomanie | dto. | dto. | |
| **O**ase | oasis | Ὄασις | (ägypt) |
| Obelisk | obeliscus | ὀβελίσκος | |
| Obolus | obolus | ὀβολός | |
| Ocker | ochra | ὠχρός | |
| ocker | dto. | dto. | |
| Ode | ode | ᾠδή | |
| Odeon | odeum | ᾠδεῖον | |
| Odyssee | Odyssea | Ὀδύσσεια | |
| Ökonom | oeconomus | οἰκονόμος | |
| Ökonomie | oeconomia | οἰκονομία | |
| ökonomisch | oeconomicus | οἰκονομικός | |
| Öl | oleum | ἔλαιον | |
| Oleander | rhododendros | ῥοδοδένδρον | |
| Oleat | oleum | ἔλαιον | |
| Olein | dto. | dto. | |

| | | | |
|---|---|---|---|
| Onomatopöie | onomatopoeïa | ονοματοποιία | |
| Onyx | onyx | ὄνυξ | |
| Opal | opalus | ὀπάλλιος | (sanskr) |
| Opiat | opium | ὄπιον | |
| Opium | dto. | dto. | |
| Optik | optice | ὀπτική | |
| Optiker | dto. | dto. | |
| optisch | dto. | dto. | |
| Orchester | orchestra | ὀρχήστρα | |
| orchestral | dto. | dto. | |
| Orchestration | dto. | dto. | |
| orchestrieren | dto. | dto. | |
| Orchidee | orchis | ὄρχις | |
| Organ | organum | ὄργανον | |
| organisch | dto. | dto. | |
| Organismus | dto. | dto. | |
| Organisation | dto. | dto. | |
| Organisator | dto. | dto. | |
| organisatorisch | dto. | dto. | |
| organisieren | dto. | dto. | |
| Organist | dto. | dto. | |
| Orgel | dto. | dto. | |
| orgeln | dto. | dto. | |
| Orgie | orgia | ὄργια | |
| Orkus | orcus | ὄρχος | |
| Orphik | Orphicus | Ὀρφικός | |
| orphisch | dto. | dto. | |
| orthodox | orthodoxus | ὀρθόδοξος | |
| Orthographie | orthographia | ὀρθογραφία | |
| orthographisch | orthographus | ὀρθογράφος | |
| Oxymoron | oxymorus | ὀξύμωρον | |
| Ozean | Oceanus | Ὠκεανός | |
| ozeanisch | dto. | dto. | |
| Ozeanographie | dto. | dto. | |
| ozeanographisch | dto. | dto. | |
| Ozeanologie | dto. | dto. | |
| ozeanologisch | dto. | dto. | |
| **P**ädagoge | paedagogus | παιδαγωγός | |
| Pädagogik | dto. | dto. | |
| pädagogisch | dto. | dto. | |
| pädagogisieren | dto. | dto. | |
| Palästra | palaestra | παλαίστρα | |
| Palimpsest | palimpsestos | παλίμψεστος | |
| Palingenesie | palingenesia | παλιγγενεσία | |
| Paludarium | palus | παλός | |
| Pandekten | pandectes | πανδέκτης | |
| Pandora | Pandora | Πάνδωρα | |
| Panegyriker | panegyricus | πανηγυρικός | |
| panegyrisch | dto. | dto. | |
| Panther | panther | πάνθηρ | |
| Pantomime | pantomimus | παντόμιμος | |
| pantomimisch | dto. | dto. | |

| | | | |
|---|---|---|---|
| Papier | papyrus | πάπυρος | |
| papiern | dto. | dto. | |
| Paprika | piper | πέπερι | (sanskr/pers) |
| Papst | pappus | πάππας | |
| Papyrus | papyrus | πάπυρος | |
| Parabel | parabole | παραβολή | |
| Parabol... | dto. | dto. | |
| Paradigma | paradigma | παράδειγμα | |
| paradigmatisch | paradigmaticos | παραδειγματικός | |
| paradox | paradoxos | παράδοξος | |
| Paradoxie | dto. | dto. | |
| Paragraph | paragraphus | παράγραφος | |
| parallel | parallelus o. parallelos | παράλληλος | |
| Parallele | dto. | dto. | |
| parallelisieren | dto. | dto. | |
| Parallelismus | dto. | dto. | |
| Parallelität | dto. | dto. | |
| Paralyse | paralysis | παράλυσις | |
| paralytisch | dto. | dto. | |
| Paraphe | paragraphus | παράγραφος | |
| paraphieren | dto. | dto. | |
| Paraphrase | paraphrasis | παράφρασις | |
| Parasit | parasitus | παράσιτος | |
| parasitär | parasiticus | παρασιτικός | |
| parasitieren | dto. | dto. | |
| parasitisch | dto. | dto. | |
| Parasitismus | dto. | dto. | |
| Pardel (Pard, Parder) | leopardus | λεοπάρδαλος | |
| Parenthese | parenthesis | παρένθεσις | |
| Parlament | parabole | παραβολή | |
| Parlamentär | dto. | dto. | |
| Parlamentarier | dto. | dto. | |
| parlamentarisch | dto. | dto. | |
| parlamentarisieren | dto. | dto. | |
| Parlamentarismus | dto. | dto. | |
| parlieren | dto. | dto. | |
| Parodie | parodia | παρῳδία | |
| parodieren | dto. | dto. | |
| parodistisch | dto. | dto. | |
| Parodist | dto. | dto. | |
| Parodistik | dto. | dto. | |
| Paronomasie | paronomasia | παρονομασία | |
| Paste | pasta | πάστη | |
| Pastell | dto. | dto. | |
| pastellen | dto. | dto. | |
| Pathetik | patheticus | παθητικός | |
| pathetisch | dto. | dto. | |
| Patisserie | pasta | πάστη | |
| Patriarch | patriarcha o. patriarches | πατριάρχης | |
| patriarchalisch | dto. | dto. | |
| patriarchisch | dto. | dto. | |
| Patriot | patriota | πατριώτης | |
| patriotisch | dto. | dto. | |

| | | |
|---|---|---|
| Patriotismus | dto. | dto. |
| Pech | pix o. pissaaphaltos | πίσσα |
| Pedant | paedagogus | παιδαγωγός |
| pedantisch | dto. | dto. |
| Pedanterie | dto. | dto. |
| Pein | poena | ποινή |
| pelagisch | pelagus | πέλαγος |
| pelagial | dto. | dto. |
| Pelagial | dto. | dto. |
| Pelikan | pelicanus | πελεκᾶνος |
| Penalty | poena | ποινή |
| penibel | dto. | dto. |
| Pentagon | pentagonus | πεντάγωνος |
| Pentameter | pentameter | πεντάμετρος |
| Pentere | penteris | πεντήρης |
| Penthemimeres | penthemimeres | πενθημιμερής |
| Perikope | pericope | περικοπή |
| Periode | periodus | περίοδος |
| periodisch | periodicus | περιοδικός |
| Peripatetiker | peripateticus | περιπατητικός |
| peripatetisch | dto. | dto. |
| Peripatos | dto. | dto. |
| peripher | peripheres | περιφερής |
| Peripherie | peripheria | περιφέρεια |
| Peristyl | peristylium | περιστύλιον |
| Perron | petra | πέτρα |
| Persiko | persicus | Περσικός |
| Pessar | pessum o. pessus | πεσσόν o. πεσσός |
| Petersilie | petroselinon | πετροσέλινον |
| Pfanne | patina | πατάνη |
| Pfau | pavo | τα(F)ῶς |
| Pfeffer | piper | πέπερι |
| pfeifen | pipiare | πιπ(π)ίζειν |
| Pfifferling | piper | πέπερι |
| Pflaster | emplastrum | ἔμπλαστρον (sc. φάρμακον) |
| Phalanx | phalanx | φάλαγξ |
| Phallus | phallus | φαλλός |
| Phänomen | phaenomenon | φαινόμενον |
| phänomenal | dto. | dto. |
| Phantasie | phantasia | φαντασία |
| phantasieren | dto. | dto. |
| phantastisch | phantasticus | φανταστικός |
| Phantom | phantasma o. (vulgl) fantauma* | φάντασμα |
| Pharisäer | Pharisaei | Φαρισαῖοι |
| pharisäisch | dto. | dto. |
| pharmazeutisch | pharmaceuticus | φαρμακευτικός |
| Pharmazie | dto. | dto. |
| Pherekrateus | Pherecratios | Φερεκράτειος |
| Philippika | Philippica | Φιλιππικά |
| Philologe | philologus | φιλόλογος |
| Philologie | philologia | φιλολογία |
| philologisch | philologus | φιλόλογος |
| Philosoph | philosophus | φιλόσοφος |

| | | |
|---|---|---|
| Philosophie | philosophia | φιλοσοφία |
| philosophisch | philosophus | φιλόσοφος |
| Phlegma | phlegma | φλέγμα |
| phlegmatisch | phlegmaticus | φλεγματικός |
| Phrase | phrasis | φράσις |
| Phraseologie | dto. | dto. |
| phraseologisch | dto. | dto. |
| phrenetisch | phreneticus | φρενητικός |
| Physik | physica | φυσική |
| physikalisch | dto. | dto. |
| physisch | physicus | φυσικός |
| Physiognom | physiognomon | φυσιογνώμων |
| Physiognomie | dto. | dto. |
| Physiologe | physiologia | φυσιολογία |
| Physiologie | dto. | dto. |
| physiologisch | dto. | dto. |
| Physis | physis | φύσις |
| Piazza | platea | πλατεῖα |
| Pinakothek | pinacotheca | πινακοθήκη |
| Pirat | pirata | πειρατής |
| Pistazie | pistacia | πιστάκη |
| Placement | platea | πλατεῖα |
| Plage | plaga | πλαγά o. πληγή |
| Plagiat | plagium | πλάγιος |
| Planet | planetes | πλανήτης o. πλάνετης |
| planetarisch | dto. | dto. |
| Plasma | plasma | πλάσμα |
| Plaste | plasticus | πλαστικός |
| plastifizieren | dto. + facere | dto. |
| Plastik | plasticus | dto. |
| plastisch | dto. | dto. |
| Platane | platanus | πλάτανος |
| Plateau | plattus* (vulgl) | πλατύς |
| Plattform | dto. | dto. |
| Platte | dto. | dto. |
| Platine | dto. | dto. |
| Platitüde | dto. | dto. |
| Platz | platea | πλατεῖα |
| Plazenta | placenta | πλακοῦς |
| Pleonasmus | pleonasmos | πλεονασμός |
| Plexiglas | plectere | πλέκειν |
| Plexus | dto. | dto. |
| Plissee | dto. | dto. |
| plissieren | dto. | dto. |
| Podest | podium | πόδιον |
| Podium | dto. | dto. |
| Poesie | poesis | ποίησις |
| Poet | poet | ποιήτης |
| Poetik | poeticus | ποιητικός |
| poetisch | dto. | dto. |
| poetisieren | dto. | dto. |
| poetologisch | dto. | dto. |
| Pokal | baucalis | βαύκαλις |

| | | |
|---|---|---|
| Pol | polus | πόλος |
| polar | dto. | dto. |
| Polarität | dto. | dto. |
| Polarisation | dto. | dto. |
| Polarisator | dto. | dto. |
| polarisieren | dto. | dto. |
| Polarisierung | dto. | dto. |
| Polarität | dto. | dto. |
| Polarkreis | dto. | dto. |
| Politik | politice (spätl) | πολιτική (τέχνη) |
| politisch | politicus | πολιτικός |
| Polizei | politia | πολιτεία |
| Polizist | dto. | dto. |
| Polyp | polypus | πολύπους |
| Polyptoton | poyptoton | πολύπτωτον |
| Pomp | pompa | πομπή |
| pompös | pomposus (spätl) | dto. |
| pönal | poena | ποινή |
| pönalisieren | dto. | dto. |
| Pönalisierung | dto. | dto. |
| Pore | porus | πόρος |
| porig | dto. | dto. |
| porös | dto. | dto. |
| Porösität | dto. | dto. |
| Poster | postis | παστάς |
| Pragmatik | pragmaticus | πραγματικός |
| Pragmatiker | dto. | dto. |
| pragmatisch | dto. | dto. |
| Praktik | practicus | πρακτική τέχνη |
| praktikabel | dto. | πρακτικός |
| Praktikabilität | dto. | dto. |
| Praktikant | dto. | dto. |
| Praktiker | dto. | dto. |
| Praktikum | dto. | dto. |
| praktisch | dto. | dto. |
| praktizieren | dto. | dto. |
| Praxis | praxis | πρᾶξις |
| Presbyter | presbyter` | πρεσβύτερος |
| Presbyterium | presbyterium | πρεσβυτέριον |
| Priapea | Priapeia | Πρίαπος |
| Priapeus | Priapeus o. Priapius | Πριαπικός |
| priapisch | dto. | dto. |
| Priester | presbyter | πρεσβύτερος |
| Prisma | prisma | πρίσμα |
| pro..., Pro... | pro... | πρό... |
| Problem | problema | πρόβλημα |
| problematisch | problematicus | προβληματικός |
| Problematik | dto. | dto. |
| problematisieren | dto. | dto. |
| Prognose | prognosis | πρόγνωσις |
| Prognostik(um) | prognosticus | προγνωστικός |
| prognostizieren | dto. | dto. |
| Programm | programma | πρόγραμμα |

| | | | |
|---|---|---|---|
| Programmatik | dto. | dto. | |
| programmieren | dto. | dto. | |
| Prokeleusmatikus | proceleusmaticus | προκελευσματικός | |
| Prokrustesbett | Procrustes | Προκρούστης | |
| Prolepse | prolepsis | πρόληψις | |
| Prolog | prologium | προλόγιον | |
| Proömium | prooemium | προοίμιον | |
| Prophet | propheta | προφήτης | |
| Prophetie | prophetia | προφητεία | |
| prophetisch | propheticus | προφητικός | |
| prophezeien | dto. | dto. | |
| Propyläen | propylaeon | προπύλαιον | |
| Prosodie | prosodia | προσῳδία | |
| prosodisch | dto. | dto. | |
| Pro(s)these | prosthesis | πρό(σ)θεσις | |
| Prototyp | prototypus | πρωτότυπος | |
| Prytane | prytanis | πρύτανις | |
| Psalm | psalmus | ψάλμα | |
| Psalter | psalterium | ψαλτήριον | |
| Purpur | porphyreticus | πορφύρα | |
| Pygmäe | Pygmaeus | Πυγμαίοι | |
| pygmäisch | dto. | dto. | |
| Pygmalioneffekt | Pygmalion + effectus | Πυγμαλίων | |
| Pyramide | pyramis | πυραμίς | (ägypt) |
| Python | Python | Πύθων | |
| Pyxis | pyxis | πυξίς | |
| **Q**uitte | Cydonia mala | κυδώνια μῆλα | |
| **R**adicchio | radix | ῥάδιξ | |
| Rapunzel | dto. + phu | ῥάδιξ + φοῦ | |
| Reim | rhythmus | ῥυθμός | |
| Reis | oryza | ὄρυζα | (sanskr/pers) |
| Retsina | resina | ῥητίνη | |
| Rettich | radix | ῥάδιξ | |
| Rhabarber | reubarbarum | ῥῆον + βάρβαρος | |
| Rhapsodie | rhapsodia | ῥαψῳδία | |
| Rhetor | rhetor | ῥήτωρ | |
| Rhetorik | rhetorica | ῥητορική | |
| Rhetoriker | rhetoricus | ῥητορικός | |
| rhetorisch | dto. | dto. | |
| Rhinozeros | rhinoceros | ῥινόκερως | |
| Rhododendron | rhododendron | ῥοδοδένδρον | |
| Rhombus | rhombus | ῥόμβος | |
| Rhythmik | rhythmice | ῥυθμική | |
| Rhythmiker | rhythmicus | ῥυθμικός | |
| rhythmisch | dto. | dto. | |
| Rhythmus | rhythmus | ῥυθμός | |
| Risotto | oryza | ὄρυζα | (sanskr/pers) |
| Rumba | rhombus | ῥόμβος | |
| **S**abbat | sabbatum | σάββατον | (hebr) |
| Saccharin | saccharon | σάκχαρον | |
| Sack | saccus | σάκκος | (hebr) |

| | | | |
|---|---|---|---|
| Salamander | salamandra | σαλαμάνδρα | |
| Sandale | sandalium | σανδάλιον | |
| Sandalette | dto. | dto. | |
| Saphir | sappirus | σάπφειρος | |
| sardonisch | Sardonius | Σαρδόνιος | |
| Sarg | sarcophagus | σαρκοφάγος | |
| Sarkasmus | sarcasmos | σαρκασμός | |
| sarkastisch | dto. | σαρκαστικός | |
| Sarkophag | sarcophagus | σαρκοφάγος | |
| Satan | satan(as) | σατανάς | (hebr) |
| satanisch | dto. | dto. | |
| Satrap | satrapes | σατράπης | |
| Satrapie | satrapia o. satrapea | σατραπεία | |
| Satyr | Satyrus | Σάτυρος | |
| Satyrspiel | dto. | dto. | |
| Saumpfad | sagma | σάγμα | |
| Saumtier | dto. | dto. | |
| Schalmei | calamus (spätl. calamellus) | κάλαμος | |
| Scharteke | charta | χάρτης | |
| Schema | schema | σχῆμα | |
| schematisch | dto. | dto. | |
| schematisieren | dto. | dto. | |
| Schematismus | dto. | dto. | |
| Schimäre | Chimaera | Χίμαιρα | |
| Schisma | schisma | σχίσμα | |
| Schismatiker | dto. | dto. | |
| schismatisch | dto. | dto. | |
| Scholar | scholaris | σκολή | |
| Schule | schola | dto. | |
| Schüssel | scutula | σκυτάλη | |
| Sellerie | selinon | σέλινον | |
| Senf | sinapi(s) | σίναπι | |
| septisch | septicus | σηπτικός | |
| Sesam | sesamum o. sisamum | σήσαμον | |
| Sibylle | Sibylla | Σίβυλλα | |
| sibyllinisch | dto. | dto. | |
| Silbe | syllaba | συλλαβή | |
| Silo | sirus | σίρος o. σειρός | |
| Sinfonie (Symphonie) | symphonia | συμφωνία | |
| Sinfoniker | dto. | dto. | |
| sinfonisch | dto. | dto. | |
| Sipho(n) | sipho | σίφων | |
| Sirene | Siren | Σειρήν | |
| Sisyphusarbeit | Sisyphus | Σίσυφος | |
| Sittich | sittacus (spätl) | ψιττακός o. σιττακός | |
| Skandal | scandalum | σκάνδαλον | |
| skandalös | dto. | dto. | |
| skandali(si)eren | dto. | dto. | |
| Skarabäus | scarabaeus | σκαραβός o. σκαραβεῖος | |
| Skelett | sceletus | σκελετός | |
| Skizze | schedium o. schedius | σχέδιος | |
| Skorpion | scorpio o. scorpius | σκορπίων o. σκορπίος | |
| Smaragd | smaragdus | σμάραγδος | |

| | | |
|---|---|---|
| Socke | soccus | συκχίς |
| Sockel | dto. | dto. |
| Sonntag | Solis (dies) | ἡμέρα Ἡλίου |
| Sophia | sophia | σοφία |
| Sophismus | sophisma | σόφισμα |
| Sophist | sophistes | σοφιστής |
| Sophistik | sophisticus | σοφιστικός |
| sophistisch | dto. | dto. |
| Spargel | aspargus | ἀσπάραγος |
| spartanisch | Sparta | Σπάρτη |
| Spasmus | spasmus | σπασμός |
| spastisch | spasticus | σπαστικός |
| Sperma | sperma | σπέρμα |
| Spermium | dto. | dto. |
| Sphäre | sphaera | σφαίρα |
| Sphärik | sphaericus | σφαιρικός |
| sphärisch | dto. | dto. |
| Sphinx | Sphinx | Σφίγξ |
| Spirale | spira | σπεῖρα |
| Spleen | splen | σπλήν |
| spleenig | dto. | dto. |
| Spondeus | spondeus | σπονδεῖος |
| spondeisch | spondiacus | σπονδειακός |
| Spondiakus | dto. | dto. |
| Sportel | sporta | σπυρίς |
| Stadium | stadium | στάδιον |
| Stemma | stemma | στέμμα |
| Stigma | stigma | στίγμα |
| Stigmatisation | dto. | dto. |
| stigmatisieren | dto. | dto. |
| Stoiker | stoicus | Στωϊκός |
| stoisch | dto. | dto. |
| Stola | stola | στολή |
| Story | historia | ἱστορία |
| Stratege | strategus | στρατηγός |
| Strategie | strategia | στρατηγία |
| strategisch | strategicus | στρατηγικός |
| Strauß (Vogel) | struthio | στρουθίων |
| Strippe | struppus | στρόφος |
| Strophe | stropha | στροφή |
| Styropor | styrax + porus | στύραξ + πόρος |
| Sybarit | Sybaritae | Συβαρῖται |
| sybaritisch | dto. | Συβαριτικός |
| Sybaritismus | dto. | dto. |
| Sykomore | sycomorus | συκόμορος |
| Sykophant | sycophanta | συκοφάντης |
| sykophantisch | dto. | dto. |
| syllabisch | syllabicus | συλλαβικός |
| Syllabus | syllabus | σύλλαβος |
| Syllepsis | syllepsis | σύλληψις |
| Syllogismus | syllogismus | συλλογισμός |
| syllogistisch | syllogisticus | συλλογιστικός |
| Syllogistik | dto. | dto. |

| | | |
|---|---|---|
| Symbol | symbolus o. symbolum | σύμβολον o. σύμβολος |
| Symbolik | symbolicus | συμβολικός |
| Symbolisation | dto. | dto. |
| symbolisch | dto. | dto. |
| symbolisieren | dto. | dto. |
| Symbolisierung | dto. | dto. |
| Symbolismus | dto. | dto. |
| Symbolist | dto. | dto. |
| Symmetrie | symmetria | συμμερτρία |
| symmetrisch | symmetros | σύμμετρος |
| Sympathie | sympathia | συμπάθεια |
| Symposion (o. Symposium) | symposion o. symposium | συμπόσιον |
| Synalöphe | synaliphe | συναλοιφή |
| Synagoge | synagoga | συναγωγή |
| Syndikus | syndicus | σύνδικος |
| Synekdoche | synecdoche | συνεκδοχή |
| synekdochisch | synecdochice | συνεκδοχικῶς |
| Synizese | synizesis | συνίζησις |
| Synkope | syncopa o. syncope | συγκοπή |
| synodal | synodalis | συνῳδία |
| Synodale | dto. | dto. |
| Synode | synodia | dto. |
| synodisch | dto. | dto. |
| Synonym | synonymos | συνώνυμος |
| synonym | dto. | dto. |
| Synonymie | synonymia | συνωνυμία |
| Synopse | synopsis | σύνοψις |
| Syntax | syntaxis | συντάξις |
| Synthese | synthesis | σύνθεσις |
| System | systema | σύστημα |
| Systematik | dto. | dto. |
| Systematiker | dto. | dto. |
| systematisch | dto. | dto. |
| systematisieren | dto. | dto. |
| Systole | systole | συστολή |
| Szenario (o. -ium) | scaena | σκηνή |
| **T**alent | talentum | τάλαντον |
| talentiert | dto. | dto. |
| Tape | tapete o. tapetum | τάπης |
| Tapedeck | dto. | dto. |
| Tapet | dto. | dto. |
| Tapete | dto. | dto. |
| Tartarus | Tartarus | Τάρταρος |
| Tautologie | tautologia | ταυτολογία |
| tautologisch | dto. | dto. |
| Tektonik | tectonicus | τεκτονικός |
| tektonisch | dto. | dto. |
| Teppich | tapete o. tapetum | τάπης |
| Terpentin | terebinthinus | τερεβίνθινος |
| Tetanus | tetanus | τέτανος |
| Tetrade | tetradium o. tetradeum | τετραδεῖον |

| | | | |
|---|---|---|---|
| Tetrameter | tetrameter | τετράμετρος | |
| Tetrarch | tetrarcha o. tetrarches | τετράρχης | |
| Tetrarchie | tetarchia | τετραρχία | |
| Teufel | diabolus | διάβολος | |
| Thalamus | thalamus | θάλαμος | |
| Thallus | thallus | θάλλος | |
| Theater | theatrum | θέατρον | |
| theatralisch | theatralis | θεατρικός | |
| Theke | theca | θήκη | |
| Thema | thema | θέμα | |
| Theogonie | theogonia | θεογονία | |
| Theologe | theologus | θεολόγος | |
| Theologie | theologia | θεολογία | |
| theologisch | theologicus | θεολογικός | |
| Theorem | theorema | θεώρημα | |
| Theoretiker | theoreticus | θεωρητικός | |
| theoretisch | dto. | dto. | |
| Theorie | theoria | θεωρία | |
| Therme | thermae | θερμός | |
| thesaurieren | thesaurizare | θησαυρίζειν | |
| Thesaurus | thesaurus | θησαυρός | |
| These | thesis | θέσις | |
| Thorax | thorax | θώραξ | |
| Thron | thronus | θρόνος | |
| Thunfisch | thynnus | θύννος | |
| Thymian | thymum | θύμον | |
| Tiara | tiara(s) | τιάρα | (pers) |
| Tiger | tigris | τίγρις | (pers) |
| Timpano | tympanum | τύμπανον | |
| Tisch | discus | δίσκος | |
| Titan | Titan(us) | Τιτάν | |
| titanisch | dto. | Τιτάνις | |
| Tomus | tomus | τόμος | |
| Ton | tonus | τόνος | |
| Topas | topazus o topazos | τόπαζος o. τοπάζιον o. τοπάζων | |
| topasen | dto. | dto. | |
| Topik | topice | τοπική (τέχνη) | |
| topisch | topicus | τοπικός | |
| Topographie | topographia | τοπογραφία | |
| topographisch | dto. | dto. | |
| Törn | tornus | τόρνος | |
| Tornado | tornare | τορνεύειν | |
| Torso | thyrsus (spätl. tursus) | θύρσος | |
| Tour | tornus | τόρνος | |
| touren | dto. | dto. | |
| Tourismus | dto. | dto. | |
| Tourist | dto. | dto. | |
| Touristik | dto. | dto. | |
| touristisch | dto. | dto. | |
| Tournee | dto. | dto. | |
| Toxikologe | toxicum o. toxicon | τοξικόν | |
| Toxikologie | dto. | dto. + λόγος | |

| | | |
|---|---|---|
| toxikologisch | dto. | dto. |
| Toxikum | dto. | τοξικόν |
| Trachee | trachia | τραχεῖα |
| Tragik | tragicus | τραγικός |
| Tragiker | dto. | dto. |
| Tragikomödie | tragicomoedia | τραγικωμῳδία |
| tragisch | tragicus | τραγικός |
| Tragöde | tragoedus | τραγῳδός |
| Tragödie | tragoedia | τραγῳδία |
| Trapez | trapezium | τραπέζιον |
| Trapezakt | dto. + agere | dto. |
| traumatisch | traumaticus | τραυματικός |
| Tresen | thesaurus | θησαυρός |
| Tresor | dto. | dto. |
| Triade | trias | τρίας |
| triadisch | dto. | dto. |
| Trias | dto. | dto. |
| Tribrachys | tribrachys | τρίβραχυς |
| Triere | trieris | τριήρης |
| Trimeter | trimetrus o. trimetros | τρίμετρος |
| Triton | Triton | Τρίτων |
| trochäisch | trochaeus | τροχαϊκος |
| Trochäus | dto. | τροχαῖος |
| Trope (Tropus) | tropus o. tropos | τρόπος |
| Tropen | tropa | τροπή |
| Trophäe | tropaeum | τροπαῖον |
| tropisch | tropicus | τροπικός |
| Turn | tornus | τόρνος |
| turnen | tornare | τορνεύειν |
| Turnier | dto. | dto. |
| Turnus | dto. | τόρνος |
| Tympanum | tympanum | τύμπανον |
| Typ | typus | τύπος |
| Type | dto. | dto. |
| typisch | typicus | τυπικός |
| Typus | typus | τύπος |
| Tyrann | tyrannus | τύραννος |
| Tyrannei | tyrannis | τυραννίς |
| Tyrannis | dto. | dto. |
| tyrannisch | tyrannicus | τυραννικός |
| tyrannisieren | dto. | dto. |
| **U**ran | Uranus | Οὐρανός |
| Uhr | hora | ὥρα |
| **X**anthippe | Xanthippe | Ξανθίππη |
| **Z**eder | cedrus | κέδρος |
| Zelot | zelotes | ζηλῶτης |
| Zentaur | centaurus | Κένταυρος |
| zentral | centralis | κέντρον |
| Zentrale | dto. | dto. |
| Zentralisation | dto. | dto. |
| zentralisieren | dto. | dto. |

| | | | |
|---|---|---|---|
| Zentralismus | dto. | dto. | |
| zentralistisch | dto. | dto. | |
| Zentralität | dto. | dto. | |
| zentrieren | centrum | dto. | |
| zentrifugal | dto. + fuga | dto. | |
| Zentrifugalkraft | dto. + fuga | dto. | |
| zentrisch | centrum | dto. | |
| Zentrismus | dto. | dto. | |
| Zentrist | dto. | dto. | |
| Zentrum | dto. | dto. | |
| Zephir | Zephyrus | ζέφυρος | |
| Zepter | sceptrum | σκῆπτρον | |
| Zerberus | Cerberus | Κέρβερος | |
| Zettel | scheda | σχίδη | |
| Zeugma | zeugma | ζεῦγμα | |
| Zichorie | cichorium | κιχώριον | |
| Zimbel | cymbalum | κύμβαλον | |
| Zimt | cinnamum | κίνναμον | (hebr) |
| Zinnober | cinnabari(s) | κιννάβαρι(ς) | |
| Zirkel | circus | κίρκινος | |
| zirkeln | circulare | dto. | |
| Zirkeltraining | dto. | dto. | |
| zirkulär (-ar) | dto. | dto. | |
| Zirkular(note) | dto. + nota | dto. | |
| Zirkulation | circulare | dto. | |
| zirkulieren | dto. | dto. | |
| Zirkus | circus | κίρκος | |
| zirzensisch | circensis | dto. | |
| Zither | cithara | κιθάρα | |
| Zitrone | citrus | κέδρος | |
| Zodiakallicht | zodiacus | ζωδιακός | |
| Zoll | telonium (kirchenl.) | τελώνιον o. τελωνεῖον | |
| Zöllner | dto. | dto. | |
| zonal | zonalis | ζώνη | |
| zonar | zonarius | dto. | |
| (Zone) | zona | dto. | |
| Zwetsch(g)e | damascena (vulgl. davascena*) | Δαμασκηνά | |
| Zyan | cyanus | κύανος | |
| Zyanid | dto. | dto. | |
| Zyankali | dto. | dto. | |
| zyklam | cyclaminos | κυκλάμινος | |
| Zyklamen | cyclamen o. cyclaminum | dto. | |
| zyklisch | cyclinus | κυκλικός | |
| Zyklop | Cyclops | Κύκλωψ | |
| zyklopisch | Cyclopius | κυκλώπιος | |
| Zyklus | cyclus | κύκλος | |
| Zylinder | cylindrus | κύλινδρος | |
| Zyniker | Cynicus | κυνικός | |
| zynisch | dto. | dto. | |
| Zynismus | cynismus | κυνισμός | |
| Zypresse | cupressus | κυπάρισσος | |

# *Neulateinische Wörter*

Adamsit
Adjutantur
adverbal
Advokatur
affektioniert
Affektivität
Afrikanist
Afrikanistik
Afzelia
Agentur
Akademismus
Akademist
Aktivitas
Alanin
Albizzie
Albumin
Albuminat
albuminös
Albumose
Alexandrit
Algonkium
Alkylation
Alkylen
alkylieren
Alkylierung
Alternanz
Alternator
Amateurismus
Americium
Amin
Aminierung
ammoniakalisch
Ammonit
Ammonium-(nitrat)
Analogat
Andalusit
Andesin
Andesit
Angaria
Anglikanismus
anglisieren
Anglist
Anglistik
anglistisch
Anglizismus
animalisieren
Animalismus
Animismus
Animist
animistisch
Annalin
antediluvianisch
Antihistaminikum
Anus (praeternaturalis)
Appretur
Aragonit
Aralie
Araukarie
Archivalien
archivalisch
Archivar
archivarisch
archivieren
archivisch
Archivistik
Archontat
Aristotelismus
Arkansit
Arminianismus
Arnika
aromatisieren
assoziativ
Athanasianum
Attraktivität
Aubretie
Austenit
Austenitisierung
Austromarxismus
Austromarxist
austromarxistisch
Avitaminose
Babesien
Balloelektrizität
baritonal
Baritonist
Bauxit
Bavaria
Begonie
Bennettitee
Bentonit
Bergenie
Berkelium
(Berlinale)
Berolina
Berolinismus
Berylliose
Bignonie
Bilharzie
Bilharziose
Billbergie
Bimetallismus
Biotit
(Bonapartismus)
Borazol
Bornit
Borrelie
Borreliosen
Borussia
Boson
Boulangerit
Britizismus
Bromelie
Bronzit
Brucella
Brucellose
Brucin
Byronismus
Byzantinismus
Byzantinist
Byzantinistik
Byzantinologie
Cäcilianismus
Californium
Casiopeium
Castr(o)ismus
Catechine
Catlinit
Cattleya
Chloralismus
Chroman
Chromat
Cinchonin
Clarkia (o. -e)
Clivia
Clownismus
Cobaea
Colchium
Columbium
Couéismus
Cremor tartari
Cristobalit
Dahlie
Dalbergia
Daltonismus
damaszieren
Darwinismus
Darwinist
darwinistisch
Defensivität
Dekonzentration
dekonzentrieren
Demantoid
Demineralisation
demineralisieren
denitrieren
Denitrifikation
denitrifizieren
dereierend
Desinfektion
Desinfektor
Desinfiziens
desinfizieren
Desinfizierung
Desinformation
Desintegration
Desintegrator
desintegrierend
Desintegrierung
Desoxydation
desoxydieren
Desoxyribose
Desoxyribonukleinsäure
Deutzie
Devon
devonisch
(Dezisionismus)
Dien
Dilettantismus
Diolefin
Doktrinarismus
Donarit
Donatismus
Donatist
Douglasie
dramatisieren
Dunit
Echeveria
(Egozentrik)
Einsteinium
Elzeviriana
entnazifizieren
Erbium
Erythea
Eschscholtzia
Essexit
Esterase
Euhemerismus

euhemeristisch
(extraperitoneal)
(extrapleural)
Faradisation
Fasziolose
Fatimiden
Fennosarmatia
fennosarmatisch
Fennoskandia
Fermion
Fermium
Fetischismus
Fetischist
fetischistisch
Feudalismus
feudalistisch
Feudalität
Feuilletonismus
Feuilletonist
Feuilletonistik
feuilletonistisch
Florentinum
Fordismus
Forsythie
Francium
Frisur
(frontal)
Funkie
Georgine
Gerbera
Gleditschie
Hortensie
Humoristikum
Illinium
Illit
Indium
Intensivum
Jiddist
Kaledonien
Kambrium
kambrisch
Kantala
Kobalt
Kolonialismus
Kolonialist
kolonialistisch
Kommandantur
Konfuzianer
konfuzianisch
Konfuzianismus
konfuzianistisch
Konzentrizität
(kopernikanisch)
Korporativismus
(Kosinus)
Kuratie
Labrador
Lamarchismus
Latimeria
Laurentia
lauretanisch
Lawrencium
Legetimismus
legitimistisch
Legitimist
Leishmania
Leishmaniose
Leninismus
Leninist
leninistisch
Lipsia
Littreitis
(Logarithmus)
Lobelie
(Lumpazi-vagabundus)
Lutetium
Machiavellismus
Machiavellist
machiavellistisch
MacLeaya
Magnolie
Malepartus
Malthusianer
Malthusianismus
malthusianistisch
Maranta
Marinismus
Marinist
Marxismus
Marxist
marxistisch
Masochismus
Masochist
masochistisch
Mendelevium
Mendelismus
Mesmerismus
Moldavit
Molinismus
Monstera
Montbretie
Moralin
moralinsauer
Moralismus
Moralist
moralistisch
Morganismus
(Morphium)
Morphologie
(Natrium)
Nazismus
Nestorianer
Nestorianismus
(Nihilismus)
Nielsbohrium
Nizä(n)um
Nobelium
Nonius
Normativismus
Ordovizium
Paladianismus
Paladium
Pangermanismus
Panslawismus
Pargasit
Parisismus
Parkinsonismus
Paulismus
paulinisch
Paulownia
pauschal
Pauschal
pauschalieren
pauschalisieren
Pelagianer
Pelagianismus
Peronismus
Peronist
peronistisch
Perthit
Petrarkismus
Petrarkist
Phänomenalismus
Plagiator
plagiatorisch
planetarisch
Planetarium
Poinsettie
Polonium
Pontedrie
Protestantismus
Quassie
reinstallieren
Reizianum
Resorcin
Rhenium
Rhesus(affe)
Rickettsien
Rickettsiose
Robinie
Rudbeckia
Ruthenium
Saint-Simonismus
salisch
Salmonellen
Samarium
Sarmat
Sassolin
Saxophon
Saxophonist
Scandium
Schintoismus
Semipelagia-nismus
Semitist
Semistik
semitistisch
Shigelle
Silur
silurisch
Sinika
Sinia
Sivapithecus
Smithsonit
Societas Jesu
Sodomie
sodomisieren
Sodomit
sodomistisch
Sorbit
Sozinianer
Sparmannia
Spartakiade
Stalinismus
Stalinist
stalinistisch
Stapelie
Subsemitonium
Swertia
Sylvanit
Sylvin
Sylvit
Syphilis
Taborit
(Technica)
(Technicus)
(Teleskop)
Telekie
Terbium
Theatiner
Thomismus

Titoismus
Tradeskantie
(Transistor)
Trautonium
(Trichine)
Troostit
Trotzkismus
Uwarowit
Vallisneria
Variszit
Veronal
Veronika
Vesuvian
(Victorianismus)
(victorianisch)
Vivianit
Weigelie
Welwitschia
Ytterbium
Washingtonia
Wavellit
Websterit
Wellingtonia
Wesleyaner
Wiklifit
Wollastonit
Wulfenit
Zinckenit
Zinnie
Zionismus
Zionist
zionistisch
Zirkon
Zirkonium

# *Liste zusammengesetzter, aus mehreren Wörtern bestehender Ausdrücke, lateinischer Redewendungen und geflügelter Worte*

Wörtliche Übersetzungen sind normal gedruckt, Erklärungen kursiv, Zusätze in Klammern. Zusatzangaben zu Fachausdrücken oder Erklärungen stehen in eckigen Klammern. Auf Angabe von Quellen wurde an dieser Stelle verzichtet: Herkunftsangaben finden sich in eigens dieser Aufgabe gewidmeten Zitatensammlungen wie in Büchmanns "Geflügelten Worten".

| | |
|---|---|
| **A**b igne ignem | Vom Feuer Feuer *(d. h. man gibt mit Selbstverständlichkeit von dem, was man hat, etwas ab)* |
| ab imo pectore | aus tiefster Brust *(aus tiefstem Herzen)* |
| ab initio | vom Anfang an |
| ab Iove principium | bei Jupiter ist der Anfang |
| Ablativus absolutus | *selbständige satzwertige Wortgruppe im Lateinischen* [sprachwiss. t. t.] |
| ab ovo usque ad mala | vom Ei bis zu den Äpfeln *(d. h.von der Vorspeise bis zum Nachtisch: 1. vom Anfang einer Sache an bis zum Ende; 2. von vornherein, grundsätzlich)* |
| absit omen | möge dies keine schlechte Vorbedeutung haben |
| ab urbe condita | seit Gründung der Stadt Rom *(altrömische Zeitrechnung)* |
| abusus non tollit usum | Mißbrauch hebt den Brauch nicht auf *(die Ausnahme bestätigt die Regel)* |
| abusus optimi pessimus | der Mißbrauch des Besten ist der schlimmste |
| Accusativus cum Infinitivo (AcI) | *lateinische Satzkonstruktion (Nennform* [sprachwiss. t. t.]*)* |
| a conditione | unter der Bedingung, bedingungsweise *(Fachausdruck im Buchhandel)* |
| Acta Apostolorum | Handlungen (Taten) der Apostel *(Apostelgeschichte)* |
| Acta Sanctorum | Handlungen (Taten) der Heiligen *(Legendensammlung christlicher Heiliger)* |
| actum ut supra | verhandelt wie oben [veraltet] |
| Actus fidei | Glaubensakt, Handlung des Glaubens |

| | |
|---|---|
| Actus purus | reines Wirken *(auf Aristoteles zurückgehender philosophisch-theologischer Begriff)* |
| ad absurdum führen | *jmdm. die Unsinnigkeit oder Nichthaltbarkeit einer Behauptung beweisen* |
| ad acta legen | *1. (Schriftstücke) als erledigt ablegen; 2. eine Angelegenheit als erledigt betrachten* |
| ad arbitrium | nach Willkür, willkürlich |
| ad arma | zu den Waffen *(ans Werk, gehen wir an eine Sache heran)* |
| a dato | vom Tag *(der Austellung)* an |
| ad audiendum verbum | zur mündlichen Berichterstattung |
| ad deliberandum | zur Überlegung |
| ad experimentum | versuchsweise, vorläufig |
| ad fontes | zu den Quellen |
| ad hoc | *eigens zu diesem Zweck; aus dem Stehgreif, plötzlich* |
| ad hominem | *auf die Bedürfnisse und Möglichkeiten des Menschen abgestimmt* |
| ad hominem demonstrieren | *jmdm. etwas so widerlegen oder beweisen, daß die Rücksicht auf die Eigenart der Person die Methode bestimmt* |
| ad honorem | zu Ehren, ehrenhalber |
| ad infinitum | bis ins Unendliche; beliebig, unendlich lange, unbegrenzt |
| ad interim | einstweilen, unterdessen, vorläufig |
| ad Kalendas Graecas (soluturos) | an den griechischen Kalenden (werden sie zahlen) *(niemals, am St. Nimmerleins-Tag)* |
| ad latus | zur Seite |
| ad libitum | nach Belieben *(1 Freistellung des musikalischen Vortragstempos* [mus. t. t.]*; 2. nach Belieben zu benutzen* [mus. t. t.]*; 3. Hinweis auf Rezepten für beliebige Verwendung bestimmter Arzneibestandteile* [med. t. t.]*)* |

| | |
|---|---|
| ad litteram zitieren | gemäß dem Buchstaben *(einen Text genau nach dem Wortlaut, buchstäblich wiedergeben)* |
| ad maiorem Dei gloria (vicit pietas) | zur größeren Ehre Gottes (siegte die Frömmigkeit) |
| ad manus (proprias) | zur Hand (zu eigenen Händen) *(zugestellt)* |
| ad manum (manus) medici | zur Hand (zu Händen) des Arztes |
| ad multos annos | auf viele Jahre *(Glückwunsch)* |
| ad nauseam | bis zur Seekrankheit, bis zum Erbrechen |
| ad notam | zur Kenntnis |
| ad oculos (demonstrieren) | vor Augen (führen) |
| ad perpetuam memoriam | zum ewigen Gedenken, zum immerwährenden Andenken |
| ad pias causas | zu frommen Zwecken *(z. B. bei Stiftungen für die Kirche)* |
| ad publicandum | zur Veröffentlichung |
| ad referendum | zur Berichterstattung |
| ad rem | zur Sache *(gehörend)* |
| ad saturationem | bis zur Sättigung *(auf Rezepten* [med. t. t.]*)* |
| ad spectatores | an das Publikum *(gerichtet)* |
| ad usum | zum Gebrauch *(auf Rezepten* [med. t. t.]*)* |
| ad usum Delphini | zum Gebrauch des Schülers *(für Schüler bearbeitet, nach Entfernung anstößiger Stellen)* |
| ad usum medici | für den *(persönlichen)* Gebrauch des Arztes *(auf Ärztemustern)* |
| ad usum proprium | für den eigenen Gebrauch *(auf Rezepten* [med. t. t.]*)* |
| ad valorem | vom Warenwert *(Berechnungsgrundlage beim Zoll)* |
| ad vitrum | in einer Flasche *(abzugeben)* |

| | |
|---|---|
| Advocatus Dei | *Geistlicher, der in einem Selig- oder Heiligsprechungsprozeß die Gründe dafür vorbringt* |
| Advocatus Diaboli | *1. Geistlicher, der in einem Selig- oder Heiligsprechungsprozeß die Gründe dagegen vorbringt; 2. jmd., der die Sache der Gegenseite vertritt, ohne selbst zu ihr zu gehören* |
| ad vocem | zu dem Wort *(ist zu bemerken; dazu wäre zu sagen)* |
| aequam memento rebus in arduis servare mentem, (non secus in bonis ab insolenti temperatam laetitia, moriture Delli) | einen gleichmütigen Sinn sei eingedenk zu bewahren in schweren Zeiten, (nicht anders in guten einen von überschwenglicher Freude gemäßigten, sterblicher Dellius) |
| aetatis suae | seines o. ihres Alters, im Alter von *(auf Porträts mit einer Altersangabe)* |
| a fortiori | erst recht, um so mehr *(nach dem stärker überzeugenden Grunde* [philos. t. t.]*)* |
| (unter jmds.) Ägide stehen | unter jmds. Schirmherrschaft stehen |
| agnosco veteris vestigia flammae | ich erkenne die Spuren des alten Feuers wieder *(von Dido in Erinnerung an ihren ermordeten Gatten gesagt)* |
| Agnus Dei | Lamm Gottes *(1. Christus; 2. Gebetshymnus im kath. Gottesdienst; 3. Schlußsatz der musikalischen Messe; 4. vom Papst geweihtes Osterlammbildnis)* |
| alea iacta est | der Würfel ist geworfen (gefallen) |
| alieni iuris | fremden Rechts *(unter der Rechtsgewalt von jmd. anderem stehen; unmündig, unselbständig sein)* |
| a limine | kurzerhand, von vornherein *(ohne Prüfung in der Sache)* |
| aliquid haeret | etwas bleibt immer hängen *(wenn man verleumdet wird)* |
| Alma mater | *Universität, Hochschule (mit personalem Bezug auf die dort Studierenden)* |
| altera pars | *s. audiatur et altera pars* |
| Alter ego | *1. sehr enger vertrauter Freund; 2. abgespaltener seelischer Bereich bei Personen mit Bewußtseinsspaltung; 3. Anima bzw. Animus; 4. Es* [Begriff bei Freud]; *5. Tier oder Pflanze in Schicksalsgemeinschaft mit Menschen* [Glaube bei Naturvölkern]*)* |

| | |
|---|---|
| alterius non sit, qui suus esse potest | einem anderen gehöre nicht, wer sich selbst gehören kann *(mittelalterlicher Aufruf zur Selbstbestimmung)* |
| altum silentium | tiefes Schweigen, große Stille |
| am | *s. ante meridiem bzw. Artium (liberalium) magister* |
| ama et fac quod vis | liebe und tu, was du willst |
| a maiori | Vom Größeren her*(gesehen; um so eher)* |
| a maiori ad minus | vom Größeren aufs Kleinere |
| amantes amentes | vor Liebe von Sinnen *(die verrückten Liebenden)* |
| amicus certus in re incerta cernitur | der wahre Freund wird in unsicherer Lage erkannt |
| amicus Plato, sed magis amica veritas | unser Freund ist Plato, aber mehr noch unser Freund die Wahrheit |
| a minori | Vom Kleineren her *(gesehen; um so eher)* |
| amor fati | Liebe zum Schicksal |
| amor vincit omnia | alles wird von der Liebe besiegt |
| anathema sit! | er sei verflucht! |
| Angelus Silesius | der schlesische Bote *(Dichtername des Johann Scheffler)* |
| Angina pectoris | *anfallartiger Brustschmerz bei Erkrankung der Herzkranzgefäße* |
| anima candida | eine reine Seele, ein lauteres Gemüt |
| anima naturaliter Christiana | die Seele ist von Natur aus eine christliche |
| animula vagula blandula | Seelchen, du schweifendes, schmeichelndes |
| anni currentis | laufenden Jahres [veraltet] |
| anni futuri | künftigen Jahres [veraltet] |
| anni praeteriti | vorigen Jahres [veraltet] |
| anno currente | im laufenden Jahr [veraltet] |

| | |
|---|---|
| anno / Anno Domini | im Jahre des Herren *(n. Chr. Geburt)* |
| anno salutis | im Jahre des Heils |
| annus discretionis | Jahr der Müdigkeit |
| annus gratiae | Gnadenjahr |
| ante Christum natum | vor Christi Geburt |
| ante cibum | vor dem Essen *(auf Rezepten* [med. t. t.]*)* |
| ante diem | bei Tagesanbruch |
| ante meridiem | vormittags |
| ante mortem | vor dem Tode [med. t. t.] |
| ante portas | vor den Toren *(im Anmarsch, im Kommen* [scherzhaft]*)* |
| anulus piscatorius | Fischerring *(Ring des Papstes - nach dem Ausspruch: „Von nun an wirst du Menschenfischer sein")* |
| Anus praeter (nlat) | *künstlicher Darmausgang* |
| apage, satana! | Weiche, Satan! |
| a posteriori | vom Späteren her *(aus Erfahrung; nachträglich, später)* |
| a potiori | („Vom Mächtigeren her" gesehen) erst recht |
| a potiori (fit denominatio) | nach der Hauptsache (soll sich die Bezeichnung richten) |
| a priori | grundsätzlich, von vornherein *(von der Erfahrung unabhängig, aus der Vernunft durch logisches Schließen gewonnen)* |
| Aqua destillata | destilliertes *(chemisch reines)* Wasser |
| aquila non captat muscas | ein Adler fängt keine Fliegen *(um Kleinigkeiten kümmert sich der Prätor nicht)* |
| Arbiter elegantiae | Sachverständiger in Sachen des guten Geschmacks |
| Arbiter litterarum | Literatursachverständiger |
| Argumentum e contrario | Schlußfolgerung aus dem Gegenteil |

| | |
|---|---|
| Argumentum e silentio | Beweis aus dem Schweigen *(der Quellen; sinnlose, widersprüchliche Schlußfolgerung ohne Quellenbasis)* |
| arma virumque cano, (Troiae qui primus ab oris ...) | von Waffen und dem Mann singe ich, (der als erster von den Küsten Trojas ...) |
| Ars amandi | Liebeskunst |
| Ars antiqua | *Blütezeit der Mensuralmusik (13. / 14. Jh.)* |
| Ars dictandi | *die Kunst, nach gültigen rhetorischen Regeln zu schreiben* |
| ars longa vita brevis | die Kunst ist lang, das Leben kurz |
| Ars moriendi | *kleines Sterbe- und Trostbuch des Mittelalters* |
| Ars nova | *neue Strömung in der französischen Musik des 14. Jh.s* |
| Ars povera | *Kunst, unkonventionelle Materialien bewußt unästhetisch darzubieten* |
| Artes liberales | die *(Sieben)* Freien Künste |
| Arthrosis deformans | *chronische Gelenkentzündung* |
| Artium (liberalium) magister | Meister der freien Künste *(akademischer Grad des mittelalterlichen Hochschulbetriebes)* |
| Asa foetida | *1. eingetrocknetes Gummiharz; 2. Nervenberuhigungsmittel* [med. t. t.] |
| audacter calumniare, semper aliquid haeret | verleumde nur frech drauflos, etwas bleibt immer hängen |
| audax omnia perpeti gens humana ruit per vetitum nefas | tollkühn, alle *(noch so schweren Strafen)* zu durchleiden, stürzt das Menschengeschlecht dahin durch den verbotenen Frevel |
| audiatur et altera pars | man muß auch die Gegenseite hören *(Rechtsgrundsatz)* |
| Auditorium maximum | *größter Hörsaal einer Hochschule* |
| aura popularis | Volksgunst |
| Aurea mediocritas | goldener Mittelweg |

| | |
|---|---|
| aurea prima sata est aetas | hervorgebracht wurde als erstes das Goldene Zeitalter |
| Aurora musis amica | Aurora ist die Freundin der Musen *(Morgenstund' hat Gold im Mund)* |
| Austria erit in orbe ultima | Österreich wird bestehen (o. sich ausdehnen) bis ans Ende der Welt |
| Austriae sit imperare orbi universo | alles Erdreich ist Österreich untertan |
| aut Caesar aut nihil | entweder Cäsar oder nichts *(alles oder nichts)* |
| aut prodesse volunt aut delectare poetae, aut simul et iucunda et idonea dicere vitae | entweder Nutzen bringen oder Freude bereiten wollen die Dichter, oder zugleich sowohl Vergnügliches als auch fürs Leben Brauchbares sagen |
| aut simile | oder ähnliches *(auf Rezepten* [med. t. t.]*)* |
| Ave Caesar (imperator), morituri te salutant | Sei gegrüßt, Kaiser, die Todgeweihten grüßen dich (Grußworte der Gladiatoren) |
| **b**arba non facit philosophum | der Bart *(allein)* macht *(noch)* keinen Philosophen |
| Beata Maria Virgo | selige Jungfrau Maria |
| beatae memoriae | seligen Angedenkens |
| beati possidentes | glücklich ist, wer im Besitze lebt |
| beatissima virgo | die allerseligste Jungfrau *(Marienbezeichnung)* |
| beatus ille, qui procul negotiis, (ut prisca gens mortalium, paterna rura bobus exercet suis, solutus omni faenore) | glücklich jener, der fern *(ist)* von *(städtischen)* Geschäften, (wie das alte Geschlecht der Sterblichen, die väterlichen Felder mit seinen eigenen Ochsen bestellt, frei von jeglichem Zins und Wucher) |
| bella gerant alii, tu felix Austria nube! (nam quae Mars aliis, dat tibi regna Venus) | Kriege führen mögen die anderen, du, glückliches Österreich, heirate! (Denn die der Kriegsgott Mars anderen gibt, die Königreiche gibt dir die Liebesgöttin Venus) |
| bellum omnium contra (o. in) omnes | Krieg aller gegen alle *(Urzustand der menschlichen Gesellschaft nach Hobbes)* |

| | |
|---|---|
| beneficia non obtruduntur | Wohltaten werden nicht aufgedrängt *(niemand ist gezwungen, Wohltaten anzunehmen - Rechtsgrundsatz)* |
| beneficium senectutis | Wohltat (Vorrecht) des Alters |
| bene meritus | ein wohlverdienter Mann |
| bene valete! | lebt wohl! *(alte Grußformel)* |
| bene vixit, qui bene latuit | glücklich hat gelebt, wer in glücklicher Verborgenheit lebte |
| biblia pauperum | die Bibel der Armen *(kurze, einfache biblische Geschichte bis zur Auferstehung Christi)* |
| bis dat, qui cito dat | doppelt gibt, wer schnell gibt |
| bona fide | guten Glaubens, auf Treu und Glauben |
| bonus vir semper tiro | ein gutmütiger Mensch bleibt immer ein Anfänger |
| brevi manu | kurzerhand |
| Caesar ad Rubiconem | Cäsar am Rubikon *(vor einer wichtigen Entscheidung stehen)* |
| Caesar non supra grammaticos | der Kaiser *(steht)* nicht über den Philologen |
| Camera obscura | *Urform der fotografischen Kamera* |
| candidatus (reverendi) ministerii | *Kandidat des (lutherischen) Predigtamtes* |
| canis a non canendo | der Hund wird Hund genannt, weil er nicht singt |
| cantus firmus | festes, starkes Lied *(Stimme, die der Komponist dem Choral entnimmt, um eine Gegenstimme hinzuzufügen)* |
| capitis deminutio | des Hauptes Verminderung *(Ehrenminderung durch den Verlust eines höheren Standes oder Amtes; Herabsetzung einer Person)* |
| Captatio benevolentiae | *das Werben um Publikumsgunst mit bestimmten Redewendungen* |
| Caput mortuum | *1. rotes Eisen-Tri-Oxyd; Englischrot; 2. Wertloses* [veraltet] |

| | |
|---|---|
| carmina burana | Lieder aus Beuren *(Sammlung von mittellateinischen Liedern fahrender Schüler)* |
| carpe diem | nutze den Tag *(koste den Tag voll aus)* |
| Casus belli | Kriegsfall, kriegsauslösendes Ereignis |
| Casus conscientiae | Gewissensangelegenheit |
| Casus foederis | Vertragsfall *(Ereignis, das die Bündnispflicht eines Staates auslöst)* |
| Casus obliquus | *abhängiger Fall* [sprachwiss. t. t.] |
| Casus rectus | *unabhängiger Fall* [sprachwiss. t. t.] |
| causa finita est | die Sache ist entschieden |
| cave canem | hüte dich vor dem Hund *(Inschrift auf der Schwelle altrömischer Häuser)* |
| cedant arma togae, concedat laurea laudi | weichen sollen die Waffen *(des Legionärs)* vor der Toga *(des Bürgers)*, weichen soll der Lorbeer *(des Triumphators)* vor dem Lobpreis *(des Politikers)* |
| cedo maiori | ich überlasse es dem Größeren; vor Größeren trete ich zurück |
| certus amicus rebus incertibus | sicherer Freund in unsicheren Dingen |
| ceteris paribus | unter *(sonst)* gleichen Umständen |
| Ceterum censeo (Carthaginem esse delendam) | Im übrigen meine ich, (daß Karthago zerstört werden muß) *(hartnäckig wiederholte Forderung)* |
| ceteris paribus | unter sonst gleichen Bedingungen |
| Character indelebilis | *unzerstörbares Merkmal, das Taufe, Firmung und Priesterweihe der Seele einprägen* [kath. rel. t. t.] |
| Christianos ad leones | die Christen vor die Löwen |
| Christus manionem benedicat | Christus segne dieses Haus *(Segensformel des Dreikönigstages)* |

| | |
|---|---|
| circulus vitiosus | *1. Zirkelschluß, bei dem das zu Beweisende in der Voraussetzung enthalten ist; 2. gleichzeitige, sich ungünstig beeinflussende Krankheiten* [med. t. t.]; *3. Teufelskreis, Irrkreis; Zwickmühle* |
| Circus maximus | *größte Rennbahn in Rom* |
| citato loco | an der angeführten Stelle |
| citius, altius, fortius | schneller, höher, stärker *(altes Motto für den sportlichen Geist bei Olympischen Spielen)* |
| civis Romanus sum | ich bin ein römischer Bürger *(und unterstehe daher auch im „Ausland" der römischen Gerichtsbarkeit)* |
| Civitas Dei | der Staat Gottes *(geschichtsphilosophischer Begriff bei Augustinus)* |
| Clausula rebus sic stantibus | Vorbehalt, daß die Dinge so bleiben wie sie sind *(Vorbehalt, daß ein Schuldversprechen oder Geschäft bei Änderung der Verhältnisse seine bindende Wirkung verliert* [jur. t. t.] |
| Clericus Clericum non decimat | ein Geistlicher nimmt von einem *(anderen)* Geistlichen keinen Tribut *(eine Krähe hackt der anderen kein Auge aus)* |
| Codex argenteus | *ältestes Evangeliar in gotischer Sprache* |
| Codex aureus | *kostbare mittelalterliche Handschrift* |
| Codex Iuris Canonici | *Gesetzbuch des katholischen Kirchenrechts* |
| cogito, ergo sum | Ich denke, also bin ich *(philosophischer Grundsatz bei Descartes)* |
| Coincidentia oppositorum | *Aufhebung der irdischen Widersprüche im Unendlichen, im göttlichen All* |
| Collegium musicum | *freie Vereinigung von Musikliebhabern (an Universitäten)* |
| Collegium publicum | *öffentliche Vorlesung an einer Universität* |
| Commune Sanctorum | *Sammlung von Meß- und Breviergebeten in der kath. Liturgie* |
| communi consensu | unter allgemeiner Zustimmung |

| | |
|---|---|
| Communis opinio | allgemeine Meinung, herrschende Auffassung |
| compelle intrare, ut impleatur domus mea | nötige sie hereinzukommen, auf das mein Haus voll werde |
| conceptio immaculata | unbefleckte Empfängnis *(Marias)* |
| concordia res parvae crescunt, discordia maximae dilabuntur | durch Eintracht wächst Kleines, durch Zwietracht zerfällt das Größte |
| concursus ad delictum | *Zusammenwirken von mehreren Personen bei Begehen einer strafwürdigen Tat* |
| concursus creditorum | Zusammenlaufen der Gläubiger |
| concursus delictorum | *Verübung mehrerer strafbarer Handlungen durch eine einzelne Person* |
| conditio iuris | Bedingung des Rechts *(Voraussetzung, die sich aus einem Geschäft notwendigerweise von selbst ergibt)* |
| Conditio (o. condicio) sine qua non | *1. unerläßliche Voraussetzung, notwendige Bedingung; 2. Äquivalenztheorie* |
| Confessio Augustana | *lutherische Bekenntnisschrift* |
| Confessio Belgica | *Bekenntnisschrift der reformierten Gemeinden in den spanischen Niederlanden (1561)* |
| Confessio Gallicana | *Bekenntnisschrift der reformierten Gemeinden Frankreichs (1559)* |
| Confessio Helvetica | *Bekenntnisschrift der evangelischen / reformierten Kirche (1536/1562-66)* |
| Confoederatio Helvetica | das Helvetische Bündnis *(die schweizerische Eidgenossenschaft)* |
| Consecutio temporum | *Zeitenfolge in Haupt- und Gliedsätzen* [sprachwiss. t. t.] |
| consensu contrahitur | *durch Übereinstimmung kommt eine Verbindlichkeit (ein Vertrag) zustande* |
| Consensus communis | *allgemeine Übereinstimmung der kath. Gläubigen in einer Lehrfrage* |

| | |
|---|---|
| Consensus gentium | Übereinstimmung der Völker *(Schluß von der allgemeinen Geltung eines Satzes auf dessen begründeten Charakter* [philos. t. t.]*)* |
| Consensus omnium | *Übereinstimmung aller Menschen in bestimmten Anschauungen und Ideen* |
| consilia evangelica | die evangelischen Räte, Ratschläge *(freiwillige übernommene sittliche Vorschriften)* |
| Consilium abeundi | *förmlicher Rat an eine Schüler o. Studenten, die Lehranstalt zu verlassen, um sich den Verweis zu ersparen* |
| Constructio ad sensum | *Satzkonstruktion, bei der sich das Prädikat nicht nach der Form des Subjekts, sondern nach dem Sinn richtet* [sprachwiss. t. t.] |
| consuetudo abrogatoria | überholte Gewohnheit |
| consuetudo est quasi altera natura | die Gewohnheit ist gleichsam die zweite Natur |
| consummatum est | es ist vollbracht *(Worte Jesu am Kreuz)* |
| Contradictio in adiecto | *Widerspruch zwischen der Bedeutung des Substantivs und dem hinzugefügten Adjektiv* |
| contra geben | *Gegenworte geben, widersprechen* |
| contra legem | gegen das *(o. den reinen Wortlaut des)* Gesetzes |
| contraria contrariis | Entgegengesetztes mit Entgegengesetztem *(bekämpfen)* |
| contra sextum | gegen das sechste *(Gebot; Verstoß gegen die Keuschheit, Sittlichkeit)* |
| contra vim mortis non est medicamen in hortis | gegen die Gewalt des Todes gibt es kein Heilkraut in den Gärten *(dagegen ist kein Kraut gewachsen)* |
| coram notario et testibus | vor Notar und Zeugen |
| coram publico | vor aller Welt, öffentlich |
| Corpus Christi | *Altarsakrament in der katholischen Kirche* |
| Corpus Christi Mysticum | der geheimnisvolle Leib Christi |

| | |
|---|---|
| Corpus delicti | *etwas, was als Gegenstand für eine kriminelle Tat gedient hat und als Beweisstück zur Überführung des Täters dient* |
| Corpus Inscriptionum Latinarum | *Sammlung lateinischer Inschriften der Römerzeit* |
| Copus iuris | *Gesetzsammlung* |
| Corpus iuris canonici | *Sammlung des katholischen Kirchenrechts* |
| Corpus iuris civilis | *Sammlung von Rechtsvorschriften des 6. Jh.s n. Chr.* |
| Corpus luteum | *Gelbkörper des Eierstocks* |
| Corpus Reformatorum | *Gesamtausgabe der Schriften der Reformatoren* |
| crambe repetita | aufgewärmter Kohl *(längst allgemein Bekanntes, das als neu hingestellt wird)* |
| creatio ex nihilo | Schöpfung aus dem Nichts |
| credat Iudaeus Apella, (non ego) | das soll der Jude Apella glauben, (nicht ich) *(das glaube, wer mag)* |
| credo, quia absurdum est | Ich glaube, weil es widersinnig ist *(bestimmtes Verständnis der göttlichen Offenbarung)* |
| credo, ut intellegam | Ich glaube, damit ich erkenne *(Satz der christlichen Religionen)* |
| crimen laesae maiestatis | das Verbrechen der Majestätsbeleidigung |
| cucullus non facit monachum | die Kutte macht nicht den Mönch |
| cui bono | wem nützt es (*wer hat eine Vorteil davon)* |
| cuius regio, eius religio | wessen das Land, dessen ist die Religion *(Verfügungsrecht der Fürsten über Wahl der Religon nach 1555 / 1648)* |
| cum grano salis | mit einem Körnchen Salz *(mit entsprechender Einschränkung, nicht ganz wörtlich zu nehmen)* |
| cum infamia | mit Schimpf und Schande |
| cum laude | mit Lob *(drittbeste Note in der Doktorprüfung)* |

| | |
|---|---|
| cum tacent, clamant | indem sie schweigen, schreien sie *(als Zustimmung gedeutetes Schweigen)* |
| cum tempore | *mit akademischem Viertel: 15 Minuten nach der angegebenen Zeit* |
| cura pecuniae | des Geldes Sorge *(Geldsorgen, finanzielle Sorgen)* |
| cura posterior | *Angelegenheit, mit der man sich erst später zu beschäftigen hat* |
| Curriculum vitae | Lebenslauf |
| damnatio memoriae | Verdammung des Gedenkens *(Auslöschung des Gedenkens an einen Verurteilten)* |
| dat, dicat (o. donat), dedicat | er gibt, weiht und widmet *(römische Formel auf Gegenständen, die man den Göttern weihte)* |
| Dativus ethicus | *freier Dativ, drückt persönliche Anteilnahme und Mitbetroffensein des Sprechers aus* [sprachwiss. t. t.] |
| de auditu | *vom Hörensagen* |
| debet et credit | *Soll und Haben* [bezeichnet in der Buchhaltung die beiden Seiten des Kontos] |
| de dato | vom Tag *(der Ausstellung an* [auf Urkunden - veraltet]*)* |
| deductio ad absurdum | Hinführung zum Widersinnigen |
| de facto | tatsächlich *(bestehend)* |
| Defensor Dei | Verteidiger Gottes *(o. der Kirche)* |
| Defensor fidei | Verteidiger des Glaubens *(Ehrentitel des engl. Königs)* |
| Defensor matrimonii | Verteidiger der Ehe *(Bezeichnung des Staatsanwaltes in Scheidungsprozessen)* |
| de gustibus non est disputandum | über Geschmack läßt sich nicht streiten |
| Dei gratia | von Gottes Gnaden *(Zusatz zum Titel von Bischöfen)* |
| de integro | von neuem, wieder von vorn |
| de iure | von Rechts wegen *(rechtlich betrachtet)* |

| | |
|---|---|
| de lege ferenda | vom Standpunkt des zukünftigen Rechts aus |
| de lege lata | vom Standpunkt des geltenden Rechts aus |
| Delirium tremens | *Säuferwahn; Psychose durch Alkoholentzug bei Alkoholikern* [med. t. t.] |
| Dementia praecox | Jugendirresein [med. t. t.] |
| Dementia senilis | Altersschwachsinn [med. t. t.] |
| de mortuis nihil nisi bene | von den Toten *(soll man)* nur gut *(sprechen)* |
| de nihilo nihil | aus nichts *(wird)* nichts (*von nichts kommt nichts)* |
| (Denique) nullum est iam dictum, quod non dictum sit prius | (Schließlich) gibt es ja nichts mehr zu sagen, das nicht früher schon gesagt worden wäre |
| Deo gratias! | Gott sei Dank! |
| Deo iuvante | mit Gottes Hilfe |
| Deo optimo maximo | Gott, dem Besten und Größten *(Einleitung kirchlicher Weihinschriften)* |
| Deo volente, (nobis viventibus) | mit dem Willen Gottes *(so Gott will)* und wir *(noch)* leben |
| De profundis (clamavi ad te, Domine) | aus der Tiefe (habe ich zu dir gerufen, Herr) *(Anfangsworte des 129. Psalmes)* |
| desiderio desideravi | mit *(großer)* Sehnsucht habe ich danach verlangt |
| Deus absconditus | *der trotz Offenbarung letztlich unerkennbare Gott* [rel. t. t.] |
| Deus ex machina | Gott aus der Theatermaschine *(unerwarteter Helfer aus einer Notlage; überraschende Lösung einer Schwierigkeit)* |
| deus nobis haec otia fecit | ein Gott hat uns diese Muße geschaffen |
| Devotio moderna | neuartige Frömmigkeit *(religiöse Erneuerungsbewegung des 14.-16. Jh.s)* |
| (Dictum) sapienti sat (est) | Für den Verständigen *(ist)* genug *(gesagt; für den, der die Hintergründe kennt, ...)* |

| | |
|---|---|
| diem perdidi, (amici) | ich habe einen Tag verloren, (Freunde) |
| Dies academicus | *vorlesungsfreier Tag an der Universität mit Veranstaltungen aus besonderem Anlaß* |
| dies a quo | der Tag, von dem an (*Anfangstermin)* |
| dies ad quem | der Tag, bis zu dem *(Endtermin)* |
| Dies ater | Unglückstag |
| dies diem docet | ein Tag lehrt den anderen *(durch Erfahrung wird man klug)* |
| Dies irae, dies illa solvet saeculum in favilla | *Bezeichnung und Anfang der Sequenz der Totenmesse* |
| Differentia specifica | *artspezifisches Unterscheidungsmerkmal* |
| difficile est saturam non scribere | es ist schwer, eine Satire *(darüber)* nicht zu schreiben |
| dimidium facti, qui coepit, habet: (Sapere aude, incipe) | die Hälfte des Werkes hat, wer *(nur erst)* angefangen hat: (Wage es einmal, Vernunft zu üben, fang nur erst an!) |
| dira necessitas | grause Notwendigkeit |
| discite, moniti! | lernt, *(ihr seid)* gewarnt! |
| disiecta membra poetae | die zerstückelten Glieder des Dichters |
| divide et impera | teile und herrsche *(stifte Zwietracht unter deinen Gegnern, um sie so einzeln leichter beherrschen zu können)* |
| dixi et salvavi animam meam | ich habe gesprochen und meine Seele gerettet |
| docendo discimus | durch Lehren lernen wir |
| Doctor iuris utriusque | *Doktor des weltlichen und kanonischen Rechts* |
| dolus eventualis | Vergehen bei Gelegenheit *(wenn jemand aus einer nicht selbst herbeigeführten widerrechtlichen Sache nutzen zieht)* |
| Domine, quo vadis? | *s. quo vadis* |
| Dominus vobiscum | der Herr sei mit euch *(liturgischer Gruß)* |

| | |
|---|---|
| donatio mortis causa | Schenkung im Todesfall, von Todes wegen *(nach dem Ableben des Schenkers)* |
| donec eris felix, multos numerabis amicos | solange du glücklich bist, wirst du viele Freunde zählen |
| donec eris sospes, multos numerabis amicos; (tempora si fuerint nubila, solus eris) | solange du noch unversehrt bist, wirst du viele Freunde zählen; (wenn die Zeiten einmal trübe geworden sind, wirst du allein sein) |
| ... dono dedit | ... hat dies ... zum Geschenk gegeben *(mit dem Namen des Schenkenden und des Beschenkten)* |
| do (tibi) ut des | ich gebe (dir), damit du gibst *(1. altrömische Rechtsformel für gegenseitige Verträge oder Austauschgeschäfte; 2. man gibt etwas, damit man mit einer Gegengabe rechnen kann)* |
| dramatis personae | *die Personen, die in einem Drama auftreten* |
| ducunt volentem fata, nolentem trahunt | den Willigen führt das Schicksal, den Widerwilligen zerrt es |
| dulce est despicere in loco | eine Wonne ist es, unvernünftig zu sein, wo es am Platze ist |
| dulce et decorum est pro patria mori | süß und ehrvoll ist's, für's Vaterland zu sterben |
| dum Roma deliberat, Saguntum perit | während Rom berät, geht Sagunt verloren |
| dum spiro, spero | solange ich atme, hoffe ich |
| duo cum faciunt idem, non est idem | wenn zwei dasselbe tun, ist es nicht dasselbe |
| **E**cce - Homo | *Darstellung des dornengekrönten Christus* |
| Ecclesia militans | die streitende Kirche *(das Volk Gottes, die Gläubigen)* |
| Ecclesia triumphans | die triumphierende Kirche *(die Gemeinschaft der Seligen im Himmel)* |
| e contrario | aus dem Gegenteil *(aufgrund eines Umkehrschlusses, eines Schlusses aus einem gegenteiligen Sachverhalt auf entsprechend gegenteilige Folgen)* |

| | |
|---|---|
| edite, bibite, collegiales | schmauset, trinket, Freunde *(Kehrreim aus einem Studentenlied)* |
| Editio castigata | *Buchausgabe, bei der anstößige Stellen von der Zensur gestrichen wurden* |
| Editio princeps | Erstausgabe *(alter wiederentdeckter Werke)* |
| Eheu - fugaces, Postume, Postume, labuntur anni | Eheu - flüchtig, Postumus, Postumus, gleiten die Jahre dahin |
| eiusdem mensis | desselben Monats [veraltet] |
| Ejaculatio praecox | *vorzeitig erfolgender Samenerguß* [med. t. t.] |
| Encheiresis naturae (gr;l) | *Handhabung; Bezwingung der Natur* |
| eo ipso | *1. eben dadurch; 2. von selbst, selbstverständlich* |
| Epistola (enim) non erubescit | Denn ein Brief errötet nicht |
| Epistolae obscurorum virorum | Dun-kelmännerbriefe *(Sammlung erdichteter frühneuzeitlicher Briefe)* |
| Epitheton ornans (gr>l;l) | *schmückendes, immer wiederkehrendes, formelhaftes Beiwort* |
| e pluralis unum | aus den vielen eins *(Wahlspruch der USA)* |
| ergo bibamus | also laßt uns trinken *(Kehrreim mittellateinischer Trinklieder)* |
| eritis sic ut deus (scientes bonum et malum) | ihr werdet sein wie Gott (wissend, was gut und böse ist) *(Worte der Schlange beim Sündenfall)* |
| errare humanum est | Irren ist menschlich |
| erratischer Block | *Gesteinsblock, Findling, der in der letzten Eiszeit an seinen Platz transportiert wurde* |
| est modus in rebus, sunt certi denique fines, (quos ultra citraque nequit consistere rectum) | Es ist ein Maß in den Dingen, es gibt schließlich bestimmte Grenzen, (jenseits deren und diesseits deren das Richtige nicht bestehen kann) |
| est quaedam flere voluptas | Es gibt eine Lust zu weinen |

| | |
|---|---|
| et cetera | und so weiter |
| et cetera p. p. (= perge, perge) | und so weiter fahre fort |
| et cum spiritu tuo | und mit deinem Geiste *(Antwort der Gemeinde im kath. Gottesdienst)* |
| Et in Arcadia ego | Auch in Arkadien ich *(Auch in dem entferntesten, glücklichen Arkadien bin ich, der Tod, zugegen)* |
| Et tu, Brute? | Auch du, Brutus? *(legendärer Ausspruch Caesars bei seiner Ermordung)* |
| ex abrupto | unversehens |
| ex aequo | in derselben Weise, gleichermaßen |
| ex aequo et bono | nach Recht und Billigkeit |
| ex ante | im vorhinein [wirtsch. t. t.] |
| ex asse | ganz, ganz und gar, vollständig *(auf Heller und Pfennig)* |
| ex cathedra (Petri) | *1. aus päpstlicher Vollmacht, daher unfehlbar; 2. von maßgebender Seite, so daß etwas nicht angezweifelt werden kann* |
| ex definitione | *(schon, allein)* nach der Definition |
| exegi monumentum aere perennius | ich habe *(mir)* ein Denkmal errichtet, dauernder als Erz |
| exempla docent (o. illustrant) | Beispiele lehren *(erläutern, sind bildhaft)* |
| exempla sunt odiosa | Beispiele sind hassenswert (*Beispiele anzuführen ist gehässig)* |
| exempla trahunt | Beispiele ziehen *(Beispiele machen Schule)* |
| exempli causa (o. gratia) | beispielshalber, zum Beispiel |
| exemplum statuere | *ein Exempel statuieren, exemplarisch bestrafen* |
| exercitia spiritualia | geistliche Übungen, Frömmigkeitsübungen |
| ex est | es ist aus |

| | |
|---|---|
| ex eventu | aus dem Ausgang (*einer Sache eben diese Sache vorhersagen)* |
| ex falso quodlibet | aus Falschem folgt Beliebiges *(aus einer falschen Aussage darf jede beliebige Aussage logisch gefolgert werden)* |
| ex iuvantibus | *Erkennung einer Krankheit aus der Wirksamkeit spezifischer Mittel* |
| ex - lex | *außerhalb des Gesetzes, rechtlos, vogelfrei* |
| Ex libris | *kunstvoller Zettel mit Namen des Buchbesitzers auf der Deckelinnenseite* |
| ex nexu | außer Verbindung, ohne Zusammenhang |
| ex nihilo nihil | aus nichts *(wird)* nichts |
| ex nunc | von jetzt an *(Zeitpunkt für den Eintritt der Wirkung einer Vereinbarung* [jur. t. t.]*)* |
| ex officio | von Amts wegen, amtlich [jur. t. t.] |
| ex opere operato | *Ausdruck der kath. Theologie von der Gnadenwirksamkeit der Sakramente* |
| Exoriare aliquis nostris ex ossibus ultor | Mögest du einst, irgendeiner, aus unseren Gebeinen als Rächer entstehen *(legendäre Ausruf Didos)* |
| ex oriente lux | aus dem Osten kommt das Licht |
| ex parte | zum Teil, teilweise, von seiten |
| Experimentum crucis | *Experiment, dessen Ausgang eine endgültige Entscheidung über mehrere Möglichkeit herbeiführt* |
| experto credite | Glaubt dem, der es selbst erfahren hat |
| ex post facto | 1. nach geschehener Tat, hinterher; 2. im nachhinein [wirtsch. t. t.] |
| expressis verbis | ausdrücklich, mit ausdrücklichen Worten |
| ex professo | berufsmäßig, von Amts wegen, absichtlich |
| ex propriis (o. proprio) | aus eigenem, aus eigenen Mitteln, aus eigener Kraft, aus eigenem Antrieb |
| ex silentio | aus dem Nichtvorkommen *(von Belegen etwas schließen)* |

| | |
|---|---|
| ex tacendo | aus dem Nichtvorkommen *(von Belegen etwas schließen)* |
| ex tempore | aus dem Stehgreif |
| extra ecclesiam nulla salus | außerhalb der Kirche *(ist)* kein Heil |
| extra muros | außerhalb der Mauern |
| extra ordinem | außerhalb der Reihe |
| extrinsische Motivation | *durch äußere Zwänge, Strafen verursachte Motivation* |
| ex tunc | von damals an (*Zeitpunkt für den Eintritt der Rückwirkung einer Bestimmung oder Vereinbarung* [jur. t. t.]) |
| ex ungue leonem (pingere) | Nach der Klaue den Löwen (malen) *(aus einem Glied oder Teil auf die ganze Gestalt, das Ganze schließen)* |
| ex usu | aus dem Gebrauch heraus *(aus der Erfahrung, durch Übung, nach denm Brauch)* |
| ex voto | auf Grund eines Gelübdes |
| **f**abula docet | die Fabel lehrt *(die Moral von der Geschichte ist, ...; diese Lehre soll man aus der Geschichte ziehen)* |
| facies Hippocratica | Hippokratisches Gesicht *(Gesicht eines Sterbenden)* |
| facio, ut des (o. facias) | ich tue *(dies)*, damit du *(etwas)* gibst |
| facta loquuntur | *eine Sache spricht für sich selbst* |
| fac totum | mach alles, tu alles |
| facultas docendi | *1. Lehrauftrag an einer höheren Schule im Angestelltenverhältnis; 2. Lehrbefähigung* [veraltet] |
| fama crescit eundo | das Gerücht wächst, während es sich verbreitet |
| favete linguis | Hütet eure Zungen *(sprecht nichts Unrechtes (während der Opferhandlungen)* |
| felix Austria (o. Germania o. ä.) | glückliches Österreich *(als Ausruf)* |
| felix culpa | glückliche Schuld (*religiöser Gedanke christlicher Bekenntnisse)* |

| | |
|---|---|
| Felix, qui potuit rerum cognoscere causas (atque metus omnis et inexorabile fatum subiecit pedibus strepitumque Acherontis avari) | Glücklich, der es vermochte, die Urgründe des Seienden zu erkennen, (und der so alle Ängste und das unerbittliche Schicksal seinen Füßen unterwarf und das Waffenrasseln des raffgierigen Acheron *(Glücklichpreisung des epikureischen Naturwissenschaftlers)* |
| festina lente | Eile mit Weile |
| fiat iustitia et pereat mundus | das Recht muß seinen Gang gehen und sollte die Welt darüber zugrunde gehen |
| fiat lux | es werde Licht |
| fideliter et constanter | treu und beständig |
| fide, sed cui, vide! | Traue, aber achte darauf, wem! |
| fides Graeca (o. Punica) | griechische Treue (*Wortbrüchigkeit, Unzuverlässigkeit)* |
| fidus Achates | der treue Achates *(musterhaft treuer Begleiter des Aeneas)* |
| figura etymologica | *Redefigur, bei der sich ein intransitives Verb mit einem Substantiv gleichen Stamms oder verwandter Bedeutung als Objekt verbindet* [rhet. t. t.] |
| filia hospitalis | *Tochter der Wirtsleute des Studenten* [scherzhaft] |
| finis coronat opus | das Ende krönt das Werk *(Ende gut, alles gut)* |
| fixe Idee | *Zwangsvorstellung* |
| flore pleno | mit gefüllter Blüte, üppigem Blütenstand |
| fons et origo | Quelle und Ursprung |
| Forsan et haec olim meminisse iuvabit | Vielleicht wird auch die Erinnerung hieran uns einst noch ein Trost sein |
| Fortes fortuna adiuvat | den Mutigen hilft das Glück |
| fortiter in re, suaviter in modo | stark *(unnachgiebig)* in der Sache, milde in der Form |
| Fratres minores | *Franziskaner(-Mönche)* |

| | |
|---|---|
| fuimus Troes, (fuit Ilium et ingens gloria Teucrorum) | Trojaner sind wir gewesen, (gewesen ist Ilium und der ungeheure Ruhm der Teukrer) *(es ist alles verloren, wir sind vernichtet)* |
| fulmen in clausula | Blitz am Schluß *(brillante Schlußpointe einer Rede)* |
| fünfte Kolonne | *Spionage- und Sabotagetrupp aus Mitgliedern der eigenen Truppen* |
| Furor poeticus | dichterische Begeisterung |
| Furor principum | *dichterische Begeisterung* |
| Furor teutonicus | *1. germanischer Angriffsgeist; 2. Aggressivität als den Deutschen unterstelltes Wesensmerkmal* |
| Futurum exactum | *vollendetes Futur* [sprachwiss. t. t.] |
| Gallia est omnis divisa in partes tres | Gallien ist als Ganzes in drei Teile gegliedert |
| Gallina scripsit | die Henne hat es geschrieben *(Krähenfüße im Gesicht als Zeichen des Alterns)* |
| Gallinae filius albae | Sohn einer weißen Henne *(Sonntagskind, Glückskind)* |
| gaudeamus igitur, iuvenes dum sumus | Daher laßt uns lustig sein, solange wir jung sind *(Anfang eines Studentenliedes)* |
| gaudium laboris acti | das Vergnügen an der getanen Arbeit *(nach getaner Arbeit ist gut ruhen)* |
| Generatio aequivoca | mehrdeutige Zeugung *(Urzeugung; Entstehung des Lebens ohne göttlichen Schöpfungsakt)* |
| Generatio primaria | mehrdeutige Zeugung |
| Generatio spontanea | mehrdeutige Zeugung |
| Genius loci | der Geist des Ortes *(Nimbus; Schutzgeist)* |
| Genu recurvatum | *überstreckbares Knie, das einen nach vorne offenen Winkel bildet* [med. t. t.] |
| genus irritabile vatum | das empfindsame Geschlecht der Dichter |
| Gesta Romanorum | *Titel eines lateinischen Novellenbuches aus dem Mittelalter* |

| | |
|---|---|
| Gloria in excelsis deo | Ehre sei Gott in den Höhen *(Lobgesang der Engel bei der Geburt Christi - Teil der Meßliturgie)* |
| Gradus ad Parnassum | Stufe zum Parnaß *(1. Titel von Werken, die in die lateinische und griechische Verskunst einführen* [hist. t. t.]; *2. Titel von Etüdenwerken)* |
| Graeca non leguntur | Griechisches wird nicht gelesen *(Notiz mittelalterlicher Glossare)* |
| grammatici certant, et adhuc sub iudice lis est | die Philologen streiten untereinander, und noch ist der Rechtsstreit nicht entschieden |
| gratia supponit naturam | die Gnade setzt die Natur voraus (bzw. knüpft an sie an) *(im Wesen des Menschen ist das Strreben nach Gott naturhaft vorhanden)* |
| grosso modo | im großen ganzen |
| gutta cavat lapidem | der *(steter)* Tropfen höhlt den Stein |
| Habeas corpus | *Anfangsworte des mittelalterlichen Haftbefehls* |
| habeat sibi | er habe es für sich selbst *(meinetwegen, von mir aus, er soll seinen Willen haben)* |
| habemus Papam | wir haben einen Papst *(Ausruf nach vollzogener Papstwahl)* |
| habent sua fata libelli | Bücher haben *(auch)* ihre Schicksale |
| haec placuit semel, haec deciens repetita placebit | dieses Gedicht hat einmal gefallen, dieses wird auch zehnmal wiedergelesen noch gefallen |
| Hannibal ad (o. ante) portas | (Hannibal vor den Toren *(Achtung! Sei(d) vorsichtig! Ein Unwillkommener ist im Anmarsch)* |
| have, pia anima | sei gegrüßt, fromme Seele *(Grabsteininschrift)* |
| hic et nunc | hier und jetzt *(sofort, im Augenblick, augenblicklich, ohne Aufschub, auf der Stelle)* |
| hic haeret aqua | hier hängt das Wasser *(hier geht es nicht weiter, hier ist kein Ausweg)* |
| hic Rhodus, hic salta | *hier gilt es: Hier zeige, was du kannst!* |
| Hinc illae lacrimae! | Daher jene Tränen! *(Das ist also der wahre Grund!)* |

| | |
|---|---|
| hoc anno | in diesem Jahre |
| Hoc erat in votis: (modus agri non ita magnus ...) | Das war in meine Gebeten: (Ein Stück Land, nicht so sehr groß ...) *(Das hatte ich mir gewünscht)* |
| hoc est | das ist [veraltet] |
| hoc loco | hier an diesem Ort [veraltet] |
| Hoc volo, sic iubeo, sit pro ratione voluntas | Das will ich, so befehle ich *(es)*, anstelle des Grundes stehe mein Wille |
| hodie mihi, cras tibi | heute mir, morgen dir |
| Homo erectus | *ausgestorbene Frühmenschenart* |
| Homo faber | *der Mensch mit seiner Fähigkeit, Werkzeuge und technische Hilfsmittel herzustellen* |
| homo homini lupus | der Mensch ist dem Menschen ein Wolf *(der Mensch ist der gefährlichste Feind des Menschen)* |
| Homo ludens | *der Mensch als Spielender* |
| Homo novus | Neuling, Emporkömmling, Neureicher |
| Homo oeconomicus | *der von wirtschaftlichen Zweckmäßigkeitserwägungen geleitete Mensch* |
| Homo sapiens | vernunftbegabter *(moderner)* Mensch |
| homo sui iuris | einer, der sein eigener Herr ist |
| homo sum, humani nihil a me alienum puto | ich bin ein Mensch, nichts Menschliches ist mir fremd |
| honoris causa | ehrenhalber |
| hora ruit | die Stunde eilt |
| Horas non numero nisi serenas | Ich zähle nur die heiteren Stunden *(Inschrift auf Sonnenuhren)* |
| horribile dictu | es ist furchtbar, dies sagen zu müssen |
| horribile visu | schrecklich anzusehen |
| Horror vacui | Scheu vor dem Leeren |

| | |
|---|---|
| Hortulus animae | *häufiger Titel spätmittelalterlicher Gebetbücher* |
| huius anni | dieses Jahres |
| huius mensis | dieses Monats |
| id est | das ist, das heißt |
| Iesus hominum salvator | Jesus, der Menschen Heiland |
| igni et ferro | mit Feuer und Schwert *(ausrotten)* |
| ignis et aquae interdictio | Untersagung des Feuers und Wassers *(Formel, mit der im alten Rom die Verbannung ausgesprochen wurde)* |
| ignoramus et ignorabimus | wir wissen es nicht und werden es auch nicht wissen *(Schlagwort für die Unlösbarkeit der Welträtsel)* |
| Iliacos intra muros peccatur et extra | innerhalb und außerhalb der Mauern von Ilium (=Troja) wird gesündigt *(Fehler werden auf beiden Seiten gemacht)* |
| Ilias post Homerum | eine Ilias nach Homer *(etwas zu tun ist überflüssig, weil der Vorgänger nicht übertroffen werden kann)* |
| (Illis) salus populi suprema lex esto | (Diesen) *(d. h. den höchsten Magistraten)* soll das Wohl des Volkes das oberste Gesetz sein |
| illokutiver Indikator | *Partikelwort, kurze Phrase, die einen nicht eindeutigen Satz eindeutig macht* |
| Imago Dei | *Gottebenbildlichkeit des Menschen als christliche Lehre* |
| Imitatio Christi | *Nachfolge Christi, christliches Leben im Gehorsam gegen das Evangelium* |
| Immaculatio conceptio | unbefleckte Empfängnis *(Marias)* |
| Immum coeli | Schnittpunkt der Ekliptik; Himmelstiefe [astrol. t. t.] |
| imprimi potest | es kann gedruckt werden |
| Improbe Amor, quid non mortalia pectora cogis | Unersättliche Liebe, wozu nicht treibst du die sterblichen Herzen |
| in absentia | in Abwesenheit *(des Angeklagten)* [jur. t. t.] |

| | |
|---|---|
| in abstracto | im allgemeinen *(ohne Berücksichtigung der besonderen Lage betrachtet)* |
| in actu | in Tätigkeit |
| in aeternum | auf ewig, für immer |
| in albis | in weißen Bogen *(in Rohbogen, nicht gebunden)* [bei Büchern - veraltet] |
| in Baccho et Venere | bei Bacchus und Venus *(beim Wein und bei den Frauen)* |
| in brevi | in kurzem [veraltet] |
| in camera caritatis | unter wohlgemeinter Verschwiegenheit, unter vier Augen *(gesagt)* |
| in caritatem servire | in Liebe zum Nächsten dienen |
| in cauda venenum | Im Schwanz steckt das Gift *(Das dicke Ende kommt nach)* |
| in concreto | *auf den vorliegenden Fall bezogen; im Einzelfall; in Wirklichkeit* |
| in continuo | im fortlaufenden; in ununterbrochenen Zusammmenhang |
| in contumaciam urteilen | *in Abwesenheit des Beklagten ein Urteil fällen* [jur. t. t.] |
| in contumaciam verurteilen | *wegen Nichterscheinens vor Gericht verurteilen* [jur. t. t.] |
| in corpore | *in Gesamtheit, alle gemeinsam* [jur. t. t.] |
| in cunabulis | in der Wiege *(uranfänglich)* |
| in curia | an öffentlicher Stelle, beim Amt |
| Index librorum prohibitorum | Verzeichnis der verbotenen Bücher *(der röm.-kath. Kirche)* |
| indicta causa | ohne Verhör, ohne Gerichtsverfahren, ohne Verteidigung [jur. t. t.] |
| in dubio (pro reo) | im Zweifelsfalle (für den Angeklagten) *(Rechtsgrundsatz)* |
| in dulci iubilo | in süßem Jubel *(Anfang eines mittelalterlichen Weihnachtsliedes)* |

| | |
|---|---|
| in duplo | in zweifacher Ausfertigung, doppelt [veraltet] |
| in effectu | in der Tat, wirklich [veraltet] |
| in effigie | Im Bilde, bildlich *(im übertragenen Sinne)* |
| inesse quin etiam sanctum aliquid et providum putant | Ja sie *(= die Germanen)* glauben sogar, daß *(den Frauen)* etwas Heiliges und Voraussehendes innewohne |
| in extenso | ausführlich, vollständig |
| in extremis | in den letzten Zügen *(liegend, am Ende sein)* [med. t. t.] |
| in facto | in der Tat, in Wirklichkeit, wirklich |
| Infandum, regina, iubes renovare dolorem | Unsägliches Leid, Königin, heißt du mich erneuern |
| in fidem | zur Beglaubigung, zur Bestätigung *(einer Sache)* |
| in flagranti | auf frischer Tat |
| in floribus | in Blüte, im Wohlstand |
| Influxus physicus | *1. Beeinflussung der Seele durch den Leib; Wechselwirkung von: Leib-Seele, Körper-Geist* |
| in folio | in Folioformat *(von Büchern)* |
| in genere | im allgemeinen, überhaupt |
| in globo | im ganzen, insgesamt |
| in hoc signo (vinces) | in diesem Zeichen (wirst du siegen) *(Inschrift eines legendären, am Himmel erschienenen Kreuzes)* |
| in honorem | zu Ehren |
| in infinitum | bis ins Unendliche, ohne Ende, grenzenlos |
| in integrum restituieren | *in den vorigen (Rechts)stand wiedereinsetzen, den früheren Rechtszustand wiederherstellen* [jur. t. t.] |
| in magnis et voluisse ... | *s. Quod si deficiant ...* |
| in maiorem Dei gloriam | zur größeren (höheren) Ehre Gottes |

| | |
|---|---|
| in mandatis | im Auftrag |
| in margine | am Rande |
| in medias res | mitten in die Dinge hinein *(ohne Umschweife, Einleitung zur Sache kommen)* |
| in memoriam | zum Gedächtnis, zum Andenken |
| in mora | im Rückstand, säumig |
| in natura | *1. leibhaftig, wirklich, persönlich; 2. in Waren, in Form von Naturalien* [ugs.] |
| in naturalibus | *natürlich, ganz im Zustand der Natur, nackt* |
| in necessariis unitas, in dubiis libertas, in omnibus caritas | In den notwendigen Dingen Einigkeit, in den umstrittenen Freiheit, in allen Liebe |
| in nexu | im Zusammenhang |
| in nomine | im Namen |
| in nomine Dei | im Namen Gottes |
| in nomine Domini | im Namen des Herren |
| in nuce | im Kern *(in Kürze, kurz und bündig)* |
| in obscuro | im Verborgenen, geheim |
| in optima forma | in bester Form *(einwandfrei; wie es sich gehört)* |
| in partibus infidelium | *Zusatz zum Titel von Bischöfen in wieder heidnisch gewordenen Gebieten* [hist. t. t.], *im Gebiet der Ungläubigen* |
| in pectore | *unter Geheimhaltung (z. B. bei der Kardinalsernennung)* |
| in perpetuam memoriam | zum ewigen Gedenken |
| in perpetuum | auf immer, auf ewige Zeiten |
| in persona | in Person, persönlich, selbst |
| in pleno | in voller Versammlung; vollzählig |

| | |
|---|---|
| in pontificalibus | in priesterlichen Gewändern *(im Festgewand, höchst feierlich* [scherzhaft]*)* |
| in praxi (l;gr>l) | *1. im wirklichen Leben, tatsächlich; 2. in der (tatsächlichen) Rechtsprechung* |
| in principio erat verbum | im Anfang war das Wort *(Beginn des Evangeliums)* |
| in puncto | in dem Punkt, hinsichtlich |
| in puncto puncti | *was die Keuschheit betrifft; hinichtlich des sechsten Gebots* |
| in puncti sexti | hinsichtlich des sechsten Gebots *(der Keuschheit )* [veraltet - scherzhaft] |
| in puris naturalibus | im reinen Naturzustand *(ohne alle Verhüllung, nackt)* |
| inquietum est cor nostrum, donec requiescat in te | Unruhig ist unser Herz, bis es Ruhe findet in dir |
| INRI (Iesus Nazarenus Rex Iudaeorum) | Jesus von Nazareth, König der Juden |
| in saeculo saeculorum | auf die Jahrhunderte der Jahrhunderte hin *(in alle Ewigkeit)* |
| in salvo | in Sicherheit [veraltet] |
| in situ | *1. in der natürlichen, richtigen Lage* [von Organen - med. t. t.]*; 2. in originaler Lage* [von Fundstücken - archäol. t. t.] |
| in spe | *zukünftig, baldig* |
| in specie | *in Hinblick auf, insonderheit* |
| in spiritualibus | in geistlichen Dingen |
| in statu nascendi | im Zustand des Entstehens |
| in statu quo | im gegenwärtigen Zustand, unverändert |
| in statu quo ante | im früheren Zustand |
| in summa | im ganzen, insgesamt |
| in suspenso | unentschieden, in der Schwebe [veraltet] |

| | |
|---|---|
| Integer vitae scelerisque purus (non eget Mauris iaculis neque arcu ...) | Wer unangetastet in seiner Lebensführung und von *(jeglichem)* Verbrechen rein ist, (der bedarf nicht maurischer Wurfspieße noch eines Bogens ...) |
| Intellectus archetypus | *das Urbild prägendes, göttliches, schauend-schaffendes Denken* |
| intellego (o. intelligo), ut credam | *ich gebrauche den Verstand, um zum Glauben zu kommen* |
| in tergo | auf der Rückseite |
| inter alia | unter anderem |
| inter arma caritas | inmitten der Waffen Nächstenliebe *(Losung des Genfer Roten Kreuzes)* |
| inter arma silent leges | im Waffen*(lärm)* schweigen die Gesetze |
| interim fit aliquid | Inzwischen geschieht irgendetwas *(Begründung für ein Verzögern von etwas)* |
| inter nos | unter uns *(gesagt)* |
| inter pocula | zwischen den Bechern *(beim Wein, beim Trinken)* [veraltet] |
| inter pocula laeti | *Frohsinn beim Weine, Trinken in Gesellschaft stimmt fröhlich* |
| Interpretatio Romana | *1. römische Deutung und Benennung nichtrömischer Götter; 2. Deutung und Übernahme germanischer religiöser Bräuche und Vorstellungen durch die kath. Kirche* |
| in toto | im ganzen *(etwas ablehnen oder annehmen; im großen und ganzen)* |
| intra legem | innerhalb, im Rahmen des Gesetzes [jur. t. t.] |
| intra muros | innerhalb der Mauerwände *(nicht öffentlich, geheim)* |
| intra partum | während der Geburt [med. t. t.] |
| in triplo | dreifach, in dreifacher Ausfertigung [selten] |
| in (ad) usum Delphini | *für den Schulgebrauch nach Entfernung anstößiger Stellen* |

| | |
|---|---|
| in verba magistri (schwören) | *auf des Meisters Worte schwören, d. h. die Lehrsätze eines Lehrers nachsprechen* |
| in vino veritas | im Wein *(liegt)* die Wahrheit |
| in vitro | im Reagenzglas *(durchgeführt)* |
| in vivo | am lebenden Objekt |
| Iovi optimo maximo | Jupiter, dem Besten und Größten *(römische Weihinschrift)* |
| ipse dixit | er *(der Meister)* selbst hat *(es)* gesagt *(Redewendung der Schüler des Pythagoras)* |
| ipse fecit | er hat *(es)* selbst gemacht *(hinter Künstlersignaturen)* |
| ipsissima verba (o. vox) | *mit ureigenen Worten, genau dem Wortlaut nach* |
| ipso facto | durch die Tat selbst *(Rechtsformel, die besagt, daß die Folgen einer Tat von selbst eintreten; durch die Tatsache selbst, eigenmächtig* [jur. t. t.]*)* |
| ipso iure | durch das Recht selbst *(Rechtsformel, die besagt, daß die Rechtsfolgen einer Tat von selbst eintreten* [jur. t. t.]*)* |
| is fecit, huic prodest | getan hat es der, dem es nützt *(Grundsatz der Kriminalistik)* |
| ite, missa est | geht, *(die gottesdienstliche Versammlung)* ist entlassen *(Schlußworte der kath. Meßfeier)* |
| iucundi acti labores | angenehm die getane Arbeit *(nach getaner Arbeit fühlt man sich wohl, ist gut ruh'n)* |
| Julianischer Kalender | *der von Julius Caesar eingeführte Kalender* |
| Iura novit curia | das Gericht kennt das anzuwendende Recht |
| iurare in verba magistri | auf des Meisters Worte schwören *(die Meinung eines anderen nachbeten)* |
| juristische Person | *mit der Rechtsfähikeit einer (natürlichen) Person ausgestattete Körperschaft* |
| ius gentium | Völkerrecht |
| iustitia fundamentum regnorum | die Gerechtigkeit ist die Grundlage der Königreiche |

| | |
|---|---|
| ius primae noctis | das Recht der ersten Nacht *(Recht der Feudalherren auf die Brautnacht seiner weiblichen Leibeigenen im Mittelalter)* |
| Kamera obscura | *s. Camera obscura* |
| katilinarische Existenz | *heruntergekommener, zu verzweifelten Schritten neigender Mensch, der nichts mehr zu verlieren hat* |
| katonische Strenge | *hart strafende Unnachgiebigkeit (nach Cato, gest. 147 v. Chr.)* |
| kaudinisches Joch | *tiefe Demütigung, Erniedrigung* |
| Koitus (Coitus) a tergo | Geschlechtsverkehr von hinten |
| Koitus interruptus | unterbrochener Geschlechtsverkehr |
| Koitus per anum | *Geschlechtsverkehr durch Einführen des Penis in den After des Geschlechtspartners* |
| Koitus reservatus | *Geschlechtsverkehr mit unterdrücktem Samenerguß* |
| Korpus ... | *s. Corpus ...* |
| kurulischer Stuhl | *Amtssessel des höchsten altrömischen Beamten* |
| labor improbus | die unablässige Arbeit, harte Arbeit |
| labor omnia vicit (improbus et duris urgens in rebus egestas) | Mühsal bezwang alles, unersättlich, (und die in harten Zeiten bedrängende Armut) *(Mühsal gewann die Herrschaft über alles)* |
| Lacrimae Christi | *alkoholreicher, goldfarbener Wein von den Hängen des Vesuvs* |
| Laesio enormis | übermäßige Verletzung *(Rückgaberecht bei Preiswucher* [in Österreich]*)* |
| lapsus calami | *Schreibfehler* |
| lapsus linguae | *das Sichversprechen* |
| lapsus memoriae | Gedächtnisfehler |
| Laterna magica | *1. einfacher Projektonsapparat des 17. Jh.s; 2. Bühnenaufführung mit Projektionen kombiniert* |

| | |
|---|---|
| latet anguis in herba | Verborgen liegt eine Schlange im Gras |
| laudator temporis acti | Lobredner der Vergangenheit |
| lectori salutem | *Formel zur Begrüßung des Lesers in alten Schriften* |
| lege artis | vorschriftsmäßig, nach den Regeln der *(ärztlichen)* Kunst |
| Legenda aurea | *mittelalterliches Erbauungsbuch (Legendensammlung)* |
| legibus solutus | von den Gesetzen entbunden |
| leoninischer Vertrag | *Vertrag, bei dem ein Partner allen Nutzen hat* |
| lex imperfecta | unvollständiges Gesetz *(das keine Sanktionen bei Übertritt androht)* |
| Lex generalis | allgemeines Gesetz |
| lex mihi ars | die Kunst *(ist)* mir Gesetz |
| Lex specialis | Sondergesetz |
| Lex specialis derogat generali | das besondere Gesetz geht dem allgemeinen vor |
| Liberalium artium magister | Magister der Freien Künste *(Titel mittelalterlicher Universitätslehrer)* |
| Liber pontificalis | Papstbuch *(mittelalterliche Sammlung der ältesten Papstbiographien)* |
| libertas et iustitia | Freiheit und Gerechtigkeit *(Devise der USA)* |
| Liberum arbitrium | Willens- und Wahlfreiheit *(freier, selbständiger Entschluß* [philos. t. t.]*)* |
| Liberum veto | *Grundsatz im frühneuzeitlichen Parlament Polens (Sejm), wonach ein Gesetz die Zustimmung aller (Fürsten) braucht, um angenommen zu werden* |
| licentia docendi | *die Erlaubnis, an Hochschulen Vorlesungen zu halten* |
| licentia poetica | dichterische Freiheit |
| limbus patrum | Umgrenzung der Väter *(„Abrahams Schoß", Vorhölle für die Frommen in vorchristlicher Zeit* [nach kath. Auffassung]*)* |

| | |
|---|---|
| limbus puerorum (o. infantium) | Umgrenzung der Kinder *(Vorhölle für ungetauft verstorbene Kinder* [nach kath. Auffassung]*)* |
| Litterarum Humaniorum Doctor | *Doktor der Literaturwissenschaften in England* |
| loco citato | an der angeführten Stelle *(eines Buches)* |
| loco laudato | an der angeführten Stelle *(eines Buches)* [selten] |
| loco sigilli | anstatt des Siegels *(auf Abschriften)* |
| Locus amoenus | *aus bestimmten Elementen zusammengesetztes Bild einer lieblichen Landschaft als literarischer Topos* |
| locus, a quo | *Ort, wo der Aussteller eines Wechselpapiers wohnt* [wirtsch. t. t.] |
| locus, ad quem | *Ort, an dem ein Wechsel zahlbar ist* [wirtsch. t. t.] |
| locus classicus | klassische *(Beleg)*stelle |
| Locus communis | *Gemeinplatz, bekannte Tatsache, abgedroschene Redensart* |
| locus delicti | *Ort, wo das Verbrechen begangen wurde* |
| locus minoris resistentiae | *Ort des geringeren Widerstandes, wunder Punkt, Achillesferse* |
| lucus a non lucendo | Wald *(wird Wald genannt)* vom nicht leuchtend sein |
| Lumen naturale | *das natürliche Licht der Vernunft im Unterschied zum göttlichen; das menschlich-endliche Erkenntnisvermögen mit seiner Abhängigkeit vom „übernatürlichen Licht" der göttlichen Offenbarung* |
| lupus in fabula | der Wolf in der Fabel *(wenn man vom Teufel spricht, ist er nicht weit)* |
| **M**agna Charta | *1. englisches Grundgesetz, in dem der König dem Adel Freiheitsrechte garantieren mußte (1251); 2. Grundgesetz, Verfassung, Satzung* |
| magna cum laude | mit großem Lob *(sehr gut; zweitbestes Prädikat der Doktorprüfung)* |
| Magna Mater | Große Mutter, Muttergottheit |

| | |
|---|---|
| Maiestas Domini | Herrlichkeit des Herren *(Darstellung des thronenden Christus)* |
| Maior domus | *Titel der merowingischen, obersten Hofbeamten (= Hausmeier)* |
| mala fide | *in böser Absicht; trotz besseren Wissens* |
| malleus maleficarum | Hammer der Übeltäterinnen *(Hexenhammer: Anleitung zur Bekämpfung des Hexenwesens von 1487)* |
| manu propria | eigenhändig |
| manum de tabula | die Hand von der Tafel *(jetzt die Hände davon lassen, damit aufhören)* |
| manus manum lavat | eine Hand wäscht die andere |
| Manus mortua | Tote Hand *(Bezeichnung im Vermögensrecht* [veraltet]*)* |
| massa perditionis, (unde electi sumus) | die Masse der Verdammnis, aus der wir erwählt sind |
| Mater dolorosa | *Beiname der Gottesmutter im Schmerz um die Leiden des Sohnes* |
| Maturitas praecox | *(sexuelle)* Frühreife [med., psych. t. t.] |
| mea culpa, (mea culpa, mea maxima culpa) | durch meine Schuld, (meine Schuld, meine größte Schuld) *(Ausruf aus dem lateinischen Sündenbekenntnis am Beginn der kath. Meßliturgie)* |
| medias in res | *s. in medias res* |
| media in vita in morte sumus | mitten im Leben sind wir vom Tod umfangen |
| medicinae universalis (Abk.: med. univ.) | der gesamten Heilkunde *(Bezeichnung für den praktischen Arzt)* |
| medicus curat, natura sanat | der Arzt behandelt, die Natur heilt |
| medio tutissimus ibis | in der Mitte wirst du am sichersten gehen |
| Medium coeli | Himmelsmitte, Zenit, Spitze *(des 10. Hauses* [astrol. t. t.]*)* |
| memento mori (o. moriendum esse) | Denke daran, daß du wirst sterbend sein *(Vorfall, Gegenstand, der an den Tod gemahnt)* |

| | |
|---|---|
| mensa academica | *Kantine an Hochschulen und Universitäten* |
| mensis currentis | laufenden Monats [veraltet] |
| mens sana in corpore sano | in einem gesunden Körper *(möge auch)* ein gesunder Geist *(wohnen)* |
| mente captus | begriffstutzig *(nicht bei Verstand, unzurechnungsfähig)* |
| Meum est propositum in taberna mori | Mein Vorsatz ist, in einer Taverne zu sterben |
| Miles gloriosus | *Aufschneider, Prahlhans* |
| Militat omnis amans (et habet sua castra Cupido) | Kriegsdienst leistet jeder Liebende, (und auch Cupido hat seine Heerlager) |
| minima de malis | das Geringste von den Übeln |
| minima non curat praetor | Um Kleinigkeiten kümmert sich der Prätor nicht *(In Bagatellsachen treffen die Gerichte keine Entscheidungen)* |
| mirabile dictu | *kaum zu glauben* |
| misce stultitiam consiliis brevem: Dulce est despicere in loco | Mische kurze Torheit in dein kluges Planen: Eine Wonne ist es, unvernünftig zu sein, wo es am Platze ist |
| misera plebs | das arme Volk |
| Misericordias Domini | *zweiter Sonntag nach Ostern* |
| Missa pontificalis | *Pontifikalamt* |
| Missa solemnis | *feierliches Hochamt* |
| Missa lecta | *Lesemesse* |
| Missale Romanum | *Meßbuch der kath. Kirche* |
| Missio canonica | *Ermächtigung zur Erteilung des Religionsunterrichts* |
| Mixtum compositum | Durcheinander, buntes Gemisch |
| Modus operandi | Art und Weise des Handelns, Tätigwerdens |
| Modus procedendi | Verfahrensweise |

| | |
|---|---|
| Modus vivendi | *1. Form des Zusammenlebens ohne Rechtsgrundlage o. völlige Übereinstimmung (zwischen verschiedenen Parteien); leidliches Verhältnis; 2. Aussageweise des Verbs im deutschen* [sprachwiss. t. t.]; *3. Bezeichnung für eine Kirchentonart; 4. Bezeichnung der Notenzeitwerte im Mittelalter; 5. Taktmaß der Mensuralnotation* [3.-5. mus. t. t.] |
| Morbus sacer | *Epilepsie* |
| more geometrico | *bestimmte philosophische Methode* [philos. t. t.] |
| (jmdn.) Mores lehren | *jmdm. Anstand beibringen* |
| morituri te salutant | die Todgeweihten grüßen dich |
| mors certa, hora incerta | der Tod ist gewiß, seine Stunde ungewiß |
| mors porta vitae | der Tod ist die Pforte des Lebens |
| mos maiorum | Sitte der Väter *(alter Brauch)* |
| Motu proprio | *päpstlicher Erlaß* |
| mulier taceat in ecclesia | das Weib hat in der Kirche zu schweigen |
| multiple Sklerose (l;gr) | *Erkrankung des Gehirns und des Rückenmarks* [med. t. t.] |
| multum, non multa | viel, nicht vielerlei *(Gründlichkeit, nicht Oberflächlichkeit)* |
| mundus vult decipi, (ergo decipiatur) | die Welt will betrogen sein, (daher sei sie betrogen) |
| Musica antiqua | alte Musik |
| Musica mensurata | Mensuralmusik |
| Musica mundana | *himmlische, sphärische Musik* |
| Musica celestis | *himmlische, sphärische Musik* |
| Musica nova | neue Musik |
| Musica sacra | Kirchenmusik |
| Musica viva | *moderne Musik* |

| | |
|---|---|
| Muta cum liquida | *Verbindung von Verschluß- und Fließlaut* [sprachwiss. t. t.] |
| mutatis mutandis | *mit den nötigen Abänderungen* |
| **n**arrata refero | ich berichte *(nur)* Erzähltes |
| naturalia non sunt turpia | Natürliches ist keine Schande |
| Natura naturans | die schaffende Natur |
| Natur naturata | die geschaffene Natur |
| Natura non facit saltus | die Natur macht keine Sprünge *(in der Natur geht alles allmählich vor sich)* |
| naturam expelles furca, tamen usque recurret et mala perrumpiet furtim fastidia victrix | Die Natur kannst du mit der Forke austreiben: Sie wird dennoch immer wieder zurückkehren und unversehens als die sichere Siegerin die verderbliche Verwöhntheit durchbrechen |
| navigare necesse est, vivere non est necesse | Schiffahrt ist nötig, leben nicht |
| ne bis in idem | *Verbot, rechtskräftig abgeschlossene Strafsachen noch einmal neu zu eröffnen (Rechtsgrundsatz)* [jur. t. t.] |
| nec aspera terrent | auch Widerwärtigkeiten schrecken nicht |
| nemo ante mortem beatus | niemand ist vor (seinem) Tod glücklich *(zu preisen)* |
| nemo contra deum nisi deus ipse | Keiner *(kann)* gegen Gott *(sein)* außer Gott selbst |
| nemo iudex in causa sua | niemand *(kann)* Richter *(sein)* in seiner eigenen Angelegenheit |
| ne quid nimis | Nichts zu sehr *(Nichts im Übermaß tun, genießen)* |
| Nervus abducens | *sechster Gehirnnerv* [med. t. t.] |
| Nervus probandi | *Beweiskraft, Hauptbeweisgrund* [veraltet - jur. t. t.] |
| Nervus rerum | *1. Triebfeder, Hauptsache; 2. Geld als Zielpunkt allen Strebens, als wichtige Grundlage* |
| Nihil est (enim) simul et inventum et perfectum | (Denn) nichts ist zugleich sowohl erfunden als auch vollendet |

| | |
|---|---|
| nihil est in intellectu, quod non fuerit prius in sensu | Nichts ist im Verstand, was nicht zuvor in der Wahrnehmung gewesen wäre |
| nihil fit sine causa | nichts geschieht ohne Ursache |
| nihil humani a me alienum puto | nichts Menschliches ist mir fremd |
| nihil novi sub sole | nichts Neues unter der Sonne |
| nihil obstat | es steht nichts im Wege *(Unbedenklichkeitsformel der kath. Kirche für Druckerzeugnisse)* |
| nil admirari | nichts bewundern |
| Nil mortalibus ardui est: (caelum ipsum petimus stultitia neque per nostrum patimur scelus iracunda Iovem ponere fulmina) | Nichts ist den Sterblichen unersteiglich: (Am Himmel selbst vergreifen wir uns in unserer Dummheit, und durch unseren Frevel lassen wir es nicht zu, daß Jupiter die zürnenden Blitze niederlegt) |
| nil nocere | *(Dem Patienten wenigstens)* in keiner Hinsicht schaden [med. t. t.] |
| Nil tam difficile est, quin quaerendo investigari possit | Nichts ist so schwierig, daß es nicht durch Nachforschen aufgespürt werden könnte |
| Nisus formativus | Bildungstrieb *(Lebenskraft jedes Lebewesens)* |
| Nisus sexualis | Geschlechtstrieb [med. t. t.] |
| Nitimur in vetitum semper cupimusque negata | Immer drängen wir zum Verbotenen hin und begehren das Verweigerte |
| nobile officium | Ehrenpflicht, Ehrenamt |
| nolens, volens | wohl oder übel |
| noli me tangere | rühr' mich nicht an *(1. Springkraut* [bot. t. t.]*; 2. Darstellung des auferstandenen Christus)* |
| noli turbare circulos meos | störe nicht meine Kreise |
| Nomen acti | *Substantiv, das das Ergebnis eines Geschehens bezeichnet* [sprachwiss. t. t.] |

| | |
|---|---|
| Nomen actionis | *Substantiv, das ein Geschehen bezeichnet* [sprachwiss. t. t.] |
| Nomen agentis | *Substantiv, das den Träger eines Geschehens bezeichnet* [sprachwiss. t. t.] |
| Nomen est (bzw. et o. atque) omen | der Name ist (bzw. und) zugleich Vorbedeutung |
| Nomen gentile (o. gentilicium) | *altrömischer Geschlechtername* |
| Nomen instrumenti | *Substantiv, das Geräte und Werkzeuge bezeichnet* [sprachwiss. t. t.] |
| Nomen loci | *Substantiv, das den Ort eines Geschehens bezeichnet* [sprachwiss. t. t.] |
| Nomen nescio (Abk. N. N.) | den Namen weiß ich *(noch)* nicht |
| Nomen patientis | *Substantiv mit passivischer Bedeutung* [sprachwiss. t. t.] |
| Nomen postverbale | *Substantiv, das von einem Verb rückgebildet ist* [sprachwiss. t. t.] |
| Nomen proprium | *1. Eigenname; 2. deklinierbares Wort* |
| Nomen qualitatis | *Substantiv, das einen Zustand oder eine Eigenschaft bezeichnet* [sprachwiss. t. t.] |
| nomina sunt odiosa | Namen sind verpönt *(es ist besser, manchmal keine Namen zu nennen)* |
| non confundar in aeternum | nicht werde ich zuschanden werden in Ewigkeit *(letzter Vers des Tedeums)* |
| non dolet, Paete | es schmerzt nicht, Paetus (es ist halb so schlimm) |
| non (enim) possumus, (quae vidimus et audivimus, non loqui) | (Denn) wir können nicht, (was wir gesehen und gehört haben, nicht verkünden) |
| (sed nunc) non erat his locus | aber jetzt hatten diese keinen Platz *(etwas war nicht am Platze)* |
| non liquet | es ist nicht klar [jur. t. t.] |
| non modo ..., sed etiam ... | nicht nur ..., sondern auch ... |

| | |
|---|---|
| non multa, sed multum | nicht vielerlei, sondern vieles *(nicht Oberfächlich-, sondern Gründlichkeit)* |
| non olet | es *(das Geld)* stinkt nicht *(man sieht dem Geld nicht an, wie es verdient wird)* |
| non omnia possumus omnes | Nicht alles können wir alle |
| non omnis moriar | Nicht ganz werde ich sterben |
| non plus ultra | *das ist das höchste der Gefühle, das ist unübertreffbar* |
| non possumus | wir können nicht *(Weigerungsformel der kath. Kirche gegenüber der weltlichen Macht)* |
| non scholae, sed vitae discimus | nicht für die Schule, für das Leben lernen wir *(bzw. die umgekehrte Variante)* |
| non serviam | ich will nicht dienen *(legendärer Ausspruch des Luzifer)* |
| Non sum, qualis eram | Ich bin nicht, wie ich war |
| Nonum(que) prematur in annum | (Und) bis ins neunte Jahr werde es *(das Gedicht)* zurückgehalten |
| nosce te (ipsum)! | Erkenne dich (selbst)! |
| nota bene | *wohlgemerkt, man achte darauf* |
| Nota quadrata (oder quadriquarta oder Romana) | *(viereckiges Notenzeichen der Choralnotation* [mus. t. t.]*)* |
| Notiones communes | *(die dem Menschen angeborenen und daher allen Menschen gemeinsamen Begriffe und Vorstellungen* [im Stoizismus - philos. t. t.]*)* |
| novissima verba | *die letzten Worte eines Sterbenden* |
| nuda veritas | die nackte Wahrheit |
| nudis verbis | mit nackten *(dürren)* Worten |
| nulla dies sine linea | Kein Tag (verstreiche) ohne eine Linie (*Laß keinen Tag verstreichen, ohne wenigstens eine einzige Linie zu ziehen)* |
| nulla poena (o. nullum crimen) sine lege | keine Strafe (kein Verbrechen) ohne Gesetz [Rechtsgrundsatz] |

| | |
|---|---|
| Nullus est liber tam malus, ut non aliqua parte prosit | Kein Buch ist so schlecht, daß es nicht in irgendeiner Hinsicht nützen könnte |
| Numerus clausus | *(zahlenmäßig beschränkte Zulassung* [z. B. zu einem Studium]*)* |
| Numerus currens | *1. laufende Nummer, mit der ein neu eingehendes Buch in einer Bibliothek versehen wird* [veraltet]*; 2. Zahl, zu der der Logarithmus gesucht wird* [math. t. t.]*; 3. Zahlform des Nomens* [sprachwiss. t. t.]*; 4. ebenmäßige Verteilung des gesamten Sprachstoffes im Satz* [rhet. t. t.] |
| nunc est bibendum, (nunc pede libero pulsanda tellus) | jetzt soll man trinken, nun mit freiem Fuß die Erde stampfen *(jetzt ist es an der Zeit, Feste zu feiern)* |
| Nunc vino pellite curas! | Nun vertreibt mit Wein die Sorgen! |
| **O** curas hominum, o quantum est in rebus inane! | Oh die Sorgen *(und Mühen)* der Menschen, oh wieviel Leeres ist in den Dingen! |
| oderint, dum metuant | Mögen sie *(mich)* nur hassen, wenn sie *(mich)* nur fürchten |
| odi et amo | Ich hasse und liebe |
| odi profanum vulgus (et arceo) | ich hasse die ungebildete Masse (und halte sie mir fern) |
| Odium generis humani | Haß gegen das Menschengeschlecht |
| Officium divinum | *1. Gottesdienst; 2. Kirchenamt* |
| Oleum et operam perdidi | Öl und Mühe habe ich verloren |
| o matre pulchra filia pulchrior | Oh, einer schönen Mutter schönere Tochter |
| o mihi praeteritos referat si Iuppiter annos! | Oh wenn doch Jupiter mir die vergangenen Jahre zurückbrächte! |
| omnes eodem cogimur | Alle werden wir an den gleichen Ort gezwungen |
| omnes una manet nox | auf alle wartet ein und dieselbe Nacht *(allen steht ein und dassselbe bevor)* |

| | |
|---|---|
| Omne tulit punctum, qui miscuit utile dulci (lectorem delectando pariterque monendo) | Jede Stimme hat der davongetragen, der das Nützliche dem Angenehmen beigemischt hat, (indem er den Leser erfreut und zugleich ermahnt) |
| omnia ad maiorem Dei gloriam | alles zur größeren Ehre Gottes |
| omnia mea mecum porto | all meinen Besitz trage ich bei mir |
| omnia vincit Amor | alles wird von der Liebe besiegt |
| omnis homo mendax | Jeder Mensch ist ein Lügner |
| operante Konditionierung | *Veränderung bestimmter Verhaltensweisen durch Verknüpfung von Situationsgegebenheiten mit Verhaltensweisen, die Belohnungen oder Bestrafungen nach sich ziehen* [psych. t. t.] |
| opere citato (Abk.: op. cit.) | in dem *(vorher)* zitierten Werk |
| Opinio communis | allgemeine Meinung |
| optima fide | im besten Glauben |
| optima forma | in bester Form |
| Opus alexandrinum (o. sectile) | *zweifarbiges, geometrisch angeordnetes Fußbodenmosaik* |
| Opus eximium | herausragendes, außerordentliches Werk |
| Opus incertum | *römisches Mauerwerk aus Bruchsteinen mit Mörtelguß* |
| Opus operatum | *(vollzogene sakramentale Handlung* [rel. t. t.]*)* |
| Opus reticulatum | *römisches Mauerwerk aus netzförmig angeordneten Steinen* |
| Opus spicatum | *römisches Mauerwerk, dessen Steine im Ähren- oder Fischgrätenmuster gefügt sind* |
| Opus tesselatum | *farbiges Fußbodenmosaik* |
| O quae mutatio rerum! | Oh welche Veränderung der Dinge! *(Kehrreim eines Studentenliedes)* |
| Ora et labora, (Deus adest sine mora) | Bete und arbeite, (Gott ist da ohne Verzug) *(alte Mönchsregel)* |

| | |
|---|---|
| (Orandum est, ut sit) mens sana in corpore sano | (Bitten sollen wir allenfalls, daß) ein gesunder Geist in einem gesunden Körper *(wohne)* |
| ora pro nobis | bitte für uns *(kath. Anrufung der Heiligen)* |
| Oratio dominica | *Gebet des Herrn, Vaterunser* |
| Oratio obliqua | *indirekte Rede* [sprachwiss. t. t.] |
| (Oratio) pro domo | (Rede) für das *(eigene)* Haus |
| Oratio recta | *direkte Rede* [sprachwiss. t. t.] |
| Orbis pictus | *Unterrichtsbuch des Pädagogen Comenius (17./18. Jh.)* |
| Orbis terrarum | Erdkreis |
| Ordinarium missae | *die im ganzen Kirchenjahr gleichbleibenden Gesänge der Messe* [rel. t. t.] |
| Ordo amoris | *1. Rangordnung von ethischen Werten; 2. Stand des Klerikers* |
| Ordo maioris | *die drei höheren priesterlichen Weihegrade* |
| Ordo minoris | *die vier niederen priesterlichen Weihegrade* |
| Ordo missae | *1. Meßordnung der kath. Kirche für die unveränderlichen Teile der Messe* [rel. t. t.]; *2. verwandte Familien zusammen-fassende systematische Einheit in der Biologie* [biol. t. t.] |
| o sancta simplicitas | oh heilige Einfalt |
| o tempora, o mores | Oh Zeiten, oh Sitten |
| otium cum dignitate | *wohlverdienter Ruhestand* |
| **P**acem volo, bellum paro | den Frieden will ich, daher rüste ich zum Krieg |
| pacta sunt servanda | Verträge (Bündnisse) müssen eingehalten werden |
| panem et circenses (dare) | Brot und Zirkusspiele (geben) *(Lebensunterhalt und Vergnügungen als Mittel zur Zufriedenstellung des Volkes)* |
| Pange lingua | erklinge, Zunge *(Frohnleichnamshymnus)* |

| | |
|---|---|
| par et impar | gleich und ungleich |
| pari pari | gleich zu gleich, unentschieden |
| par nobile fratrum | ein edles Brüderpaar [ironisch gemeint] |
| pars pro toto | *Redefigur, die einen Teilbegriff anstelle eines Gesamtbegriffes setzt* [rhet. t. t.] |
| parta tueri | *das Erworbene zu wahren wissen* |
| Particula pendens | *die ohne Entsprechung bleibenden Partikel beim Anantapodoton* (rhet. t. t.) |
| parturiunt montes, nascetur ridiculus mus | es kreißen die Berge, zur Welt kommen wird eine lächerliche Maus |
| Pastor primarius | *Oberpfarrer, Hauptpastor* |
| Pater familias | Familienoberhaupt, Familienvater [scherzhaft] |
| Pater historiae | Vater der Geschichtsschreibung |
| pater noster ... | Vater unser ... *(das Gebet des Herrn)* |
| Pater patriae | Vater des Vaterlandes *(altrömischer Ehrentitel)* |
| pater peccavi (in caelo et coram te) | Vater, ich habe gesündigt (gegen den Himmel und vor dir) |
| pater peccavi sagen | *flehentlich um Verzeihung bitten* |
| pater semper incertus est | *Vaterschaft ist nie mit Sicherheit nachweisbar* |
| patior, ut potiar | Ich leide, um zu herrschen |
| patriae in serviendo consumor | im Dienst am Vaterland werde ich aufgezehrt |
| patria potestas | väterliche Gewalt |
| Patrimonium Petri | *der alte Grundbesitz der römischen Kirche als Grundlage des späteren Kirchenstaates* [rel. t. t.] |
| Pauper ubique iacet | Der Arme liegt überall am Boden |
| Pavor nocturnus | *nächtliches Aufschrecken aus dem Schlaf* [med. t. t.] |

| | |
|---|---|
| Pax Christi | *1944 in Frankreich gegründete kath. Weltfriedensbewegung* |
| Pax Romana | *1. befriedeter Bereich römisch-griechischer Kultur in der römischen Kaiserzeit* [hist. t. t.]; *2. 1921 gegründete internationale kath. Studentenbewegung* |
| pax tecum | Friede sei mit dir |
| pax vobiscum | Friede sei mit euch *(Gruß in der kath. Meßlithurgie)* |
| Pecca fortiter, (sed fortius fide et gaude in Christo, qui victor est peccati, mortis et mundi) | Sündige tapfer, (aber tapferer noch glaube und freue dich in Christus, der Sieger ist über Sünde, Tod und Welt) |
| peccatur intra et extra | drinnen und draußen wird gesündigt |
| Pectus est (enim), quod disertos facit, (et vis mentis) | (Denn) das Herz ist es, was den Redner macht, (und die Ausdruckskraft der Empfindung) |
| pecunia non olet | Geld stinkt nicht |
| Pedum rectum | *gerader Hirtenstab als kanonisches Abzeichen des Papstes* [rel. t. t.] |
| pendente lite | bei schwebendem Rechtsstreit, schwebendem Verfahren |
| per abusum | durch Mißbrauch [veraltet] |
| per accidens | durch Zufall [veraltet] |
| per acclamationem | durch Zuruf *(z. B. eine Wahl)* |
| per Adresse | *bei; über die Anschrift von* |
| per annum | jährlich, für das Jahr [veraltet] |
| per aspera ad astra | auf rauhen Wegen zu den Sternen *(nach vielen Mühen zum Erfolg; durch Nacht zum Licht)* |
| per decretum | laut (durch) Verfügung, durch einen Erlaß |
| per definitionem | *wie es das Wort ausdrückt, wie in der Aussage enthalten; erklärtermaßen* |
| pereat mundus | soll die Welt verderben *(nach uns die Sintflut)* |

| | |
|---|---|
| per exemplum | zum Beispiel [veraltet] |
| per fas | auf rechtliche Weise [veraltet] |
| per fas et nefas | auf jede erlaubte oder unerlaubte Weise |
| Perfer, obdura! | Halte durch, bleibe hart! |
| periculum in mora | Gefahr *(ist)* im Verzug *(Gefahr besteht, wenn man zögert)* |
| perlokutionärer (perlokutiver) Akt | *Sprechakt im Hinblick auf die Konsequenzen der Aussage, der Sprechhandlung* [sprachwisss. t. t.] |
| per maiora | *durch Stimmenmehrheit* |
| Per mutuum colloquium et consolationem fratrum | Durch das Wechselseitige Gespräch und die Tröstung der Brüder untereinander |
| per nefas | auf widerrechtliche Weise [veraltet] |
| per os | durch den Mund *(einzunehmen)* [med. t. t.] |
| per pedes (Apostolorum) | zu Fuß *(wie die Apostel)* [ugs., scherzhaft] |
| Perpetuum mobile | *1. eine nach physikalischen Gesetzen nicht mögliche Maschine, die ohne Energieverbrauch arbeitet* [techn. t. t.]; *2. ein in kurzwertigen, schnellen Noten verlaufendes virtuoses Instrumentalstück* [mus. t. t.] |
| per procura (l>it) | in Vollmacht, in Vertretung, anstelle von |
| per rectum | durch den Mastdarm *(anzuwenden)* [med. t. t.] |
| per rescriptum principis | durch Verfügung des Fürsten |
| per se | an sich, von selbst |
| Persona grata | *1. willkommener, gern gesehener Mensch; 2. Angehöriger des diplomatischen Dienstes, gegen den das Gastland nicht einzuwenden hat* |
| Persona gratissima | *sehr willkommener, gern gesehener Mensch* |
| Persona ingrata (oder non grata) | unwillkommener Mensch *(Angehöriger des diplomatischen Dienstes, der in seinem Gastland unerwünscht geworden ist)* |
| per ultimo (l>it) | *bis zum bzw. am Monatsletzten* |

| | |
|---|---|
| Petitio principii | *Verwendung eines unbewiesenen, erst noch zu beweisenden Satzes als Beweisgrund für einen anderen Satz* [log. t. t.] |
| Philosophia ancilla theologiae | Die Philosophie *(sei)* die Dienerin der Theologie |
| Philosophia perennis | *Philosophie im Hinblick auf die in ihr enthaltenen Grundwahrheiten* [philos. t. t.] |
| Philosophia prima | *Metaphysik bei Aristoteles* |
| pia causa | aus frommer Ursache *(fromme Stiftung, milde Gabe)* |
| pia desideria | fromme Wünsche*(unerfüllbare Wünsche)* |
| piae memoriae | frommen Angedenkens, seligen Andenkens |
| pia fraus | frommer Betrug *(eine Lüge, die aus Schonung für den Betroffenen geschieht; Selbsttäuschung)* |
| Pia mater | *weiche Hirnhaut* [med. t. t.] |
| Pia spinalis | *weiche Haut des Rückenmarks* [med. t. t.] |
| Pium corpus | *Stiftung für wohltätige Zwecke* [jur. t. t.] |
| pleno iure | mit vollem Recht |
| pleno organo | *mit vollem Werk, mit allen Registern* [beim Orgelspiel - mus. t. t.] |
| pleno titulo | *Zusatz bei der Nennung von Personen(gruppen)* |
| plenus venter non studet libenter | ein voller Bauch studiert nicht gern |
| Pluralis maiestatis (oder maiestaticus) | *Bezeichnung der eigene Person durch den Plural* [sprachwiss. t. t.] |
| Pluralis modestiae (modestatis) | *Bezeichnung der eigenen Person durch den Plural, Plural der Bescheidenheit* [sprachwiss. t. t.] |
| plus ultra | *darüber hinaus, immer noch mehr* |
| Poeta doctus | *gelehrter, gebildeter Dichter, der ein gebildetes Publikum voraussetzt* |
| Poeta laureatus | *ein mit dem Lorbeerkranz gekrönter Dichter* [hist. t. t.] |

| | |
|---|---|
| Poetica licentia | Dichterische Freiheit |
| pons asini | Eselsbrücke |
| Pontifex maximus | *1. oberster Priester im alten Rom* [hist. t. t.]; *2. Titel der römischen Kaiser* [hist. t. t.]; *3. Titel des Papstes* |
| Pontificale Romanum | *amtliches kath. Formelbuch für bischöfliche Amtshandlungen außerhalb der Messe* |
| (von) Pontius zu Pilatus | *von einer Stelle zur anderen, immer wieder woandershin* |
| post caenam stabis, aut mille passus meabis | nach dem Essen sollst du ruhn oder tausend Schritte tun |
| post Christum (natum) | nach Christi (Geburt), nach Christus |
| post festum | *hinterher, im nachhinein; zu einem Zeitpunkt, wo es eigentlich zu spät ist, keinen Zweck oder Sinn mehr hat* |
| post hoc, ergo propter hoc | nach diesem, also darum *(zur Bezeichnung eines logischen Schlusses als fehlerhaft)* |
| post hoc, non propter hoc | danach, nicht deswegen |
| post mortem | nach dem Tode |
| post nubila Phoebus | nach den Wolken kommt Phoebus (= die Sonne) *(nach unangenehmen Dingen folgen auch wieder angenehme)* |
| post partum | nach der Geburt bzw. Entbindung [auftretend - med. t. t.] |
| post scriptum | *Nachschrift, schriftlicher Zusatz* |
| postum veröffentlicht | *als letztes Werk nach dem Tode des Autors veröffentlicht* |
| post urbem conditam | nach der Gründung der Stadt *(Rom; altrömische Jahreszählung)* |
| Potius amicum quam dictum perdere | Lieber einen Freund als ein Wort verlieren *(Lieber es mit einem Freund verderben als ein Witzwort unterdrücken)* |
| Praeceptor Germaniae | Lehrmeister, Lehrer Deutschlands *(besonders auf Melanchthon bezogen)* |
| praemissis praemittendis | *man nehme an, der gebührende Titel sei vorausgeschickt* [veraltet] |
| praemisso titulo | *nach vorausgeschicktem gebührenden Titel* [veraltet] |

| | |
|---|---|
| Praesens historicum | *Gegenwartsform des Verbs, die längst Vergangenes ausdrückt, historisches Präsens* [sprachwiss. t. t.] |
| praeter legem | außerhalb des Gesetzes |
| praeter propter | *ungefähr, in etwa* |
| prima causa | die erste Ursache *(in einer Kausalkette)* |
| Prima-facie-Beweis | *Beweis aufgrund des ersten Anscheins* [jur. t. t.] |
| Prima philosophia | *Metaphysik bei Aristoteles* |
| primo loco | an erster Stelle |
| Primum mobile (o. movens) | der erste *(unbewegte)* Beweger [philos. t. t.] |
| Primum vivere, deinde philosophari | Zuerst leben, dann erst philosophieren *(in erster Linie ein tätiges Leben führen, in zweiter Linie philosophische Studien treiben)* |
| Primus inter pares | *Erster unter Ranggleichen, ohne Vorrang* |
| principiis obsta | wehre den Anfängen *(leiste gleich am Anfang Widerstand)* |
| Principium contradictionis | *Satz vom Widerspruch* [log. t. t.] |
| Principium exclusi tertii | *Satz vom ausgeschlossenen Dritten* [log. t. t.] |
| Principium identitatis | *Satz der Identität* [log. t. t.] |
| Principium rationis sufficientis | *Satz vom hinreichenden Grund* [log. t. t.] |
| pro anno | aufs Jahr, jährlich |
| pro aris et focis | für Altar und Herd *(Aufruf zum Kampf für die engere Heimat)* |
| probatum est | es ist bewährt, erprobt *(es hilft mit Sicherheit)* |
| (pro captu lectoris) habent sua fata libelli | *(Je nachdem, wie der Leser sie aufnimmt), haben Büchlein ihre jeweils eigenen Schicksale* |
| pro centum | für hundert |

| | |
|---|---|
| pro copia | für die Abschrift *(die Richtigkeit der Abschrift wird bestätigt)* [veraltet] |
| procul negotiis | fern von Geschäften *(Mühen)* |
| Procul, o procul este, profani! | Fern, oh fern steht, Unheilige! |
| Prodenda, quia prodita | *Die Dinge sind den Nachfahren zu überliefern, weil sie uns von den Vorfahren überliefert sind* |
| pro die | je Tag, täglich |
| pro domo | für das *(eigene)* Haus *(in eigener Sache, zum eigenen Nutzen, für sich selbst)* |
| pro dosi | *als Einzelgabe verabreicht* [von Medizin - med. t. t.] |
| pro et contra | für und wider |
| (Profecto enim) vita vigilia est | (Denn wahrhaftig:) Das Leben ist eine Wache *(Ein wahres Leben ist nur das wache Leben)* |
| pro forma | der Form wegen, zum Schein |
| progressus ad infinitum | das Fortschreiten ins Unbegrenzte |
| pro iuventute | für die Jugend *(Name einer Stiftung)* |
| pro loco | für den Platz, für die Stelle [veraltet] |
| pro memoria | zum Gedächtnis, zur Erinnerung |
| pro mille | 1. für Tausend; 2. vom Tausend |
| pro nihilo | um nichts, vergeblich [veraltet] |
| pro patria | für das Vaterland |
| pro patria est, dum ludere videmur | für das Vaterland geschieht es, wenn wir *(auch)* zu spielen scheinen |
| propria causa | in eigener Angelegenheit |
| pro primo | zuerst [veraltet] |
| proprio motu | aus eigenem Antrieb |

| | |
|---|---|
| pro rata (o. pro rata parte) | verhältnismäßig, dem vereinbarten Anteil entsprechend [wirtsch. t. t.] |
| pro rata temporis | *anteilmäßig auf einen bestimmten Zeitablauf bezogen* |
| pro sit | es nütze, es schlage gut an; wohl bekomm's, zum Wohl *(Trinkspruch)* |
| pro tempore | *vorläufig, für jetzt* |
| pro titulo | anstelle des Titels *(bei allgemeinen Mitteilungen)* |
| pro und contra | Für und Wider |
| pro usu medici | für den *(persönlichen)* Gebrauch des Arztes |
| pulvis et umbra sumus | Staub und Schatten sind wir |
| Punctum puncti | Hauptpunkt *(besonders auf das Geld bezogen)* |
| Punctum saliens | der springende Punkt *(Kernpunkt; Entscheidendes)* |
| **Q**uae medicamenta non sanant, ferrum sanat, quae ferrum non sanat, ignis sanat; (quae vero ignis non sanat, insanabilia reputari oportet) | was die Medizin nicht heilt, heilt das Eisen; was das Eisen nicht heilt, heilt das Feuer; (was aber das Feuer nicht heilt, muß als unheilbar angesehen werden) |
| quae nocent, docent | was schadet, lehrt *(durch Schaden wird man klug)* |
| Quaestio facti | *die Untersuchung des Sachverhalts, der tatsächlichen Geschehensabfolge einer Straftat (im Unterschied zur Quaestio iuris)* [jur. t. t.] |
| Quaestio iuris | *Untersuchung einer Straftat hinsichtlich ihrer Strafwürdigkeit und tatbestandsmäßigen Erfaßbarkeit* [jur. t. t.] |
| Qualis rex, talis grex | Wie der König, so die Herde |
| (Quamquam animus) meminisse horret (luctuque refugit, incipiam) | (Wie sehr auch mein Sinn) schaudert, sich zu erinnern, (und in Trauer davor zurückweicht, so will ich doch beginnen) |
| Quamvis sint sub aqua, sub aqua maledicere temptant | Wenn sie auch unter Wasser sind, noch unter Wasser versuchen sie zu schmähen |

| | |
|---|---|
| Quandoque bonus dormitat Homerus | Dann und wann schläft *(selbst)* der *(sonst so untadlige)* gute Homer einmal |
| quantum satis | in ausreichender Menge |
| quantum vis | soviel du nehmen willst, nach Belieben [auf Rezepten - med. t. t.] |
| Quem di diligunt, adulescens moritur | Einer, den die Götter lieben, stirbt als junger Mensch |
| quid iuris | was ist rechtens? |
| quid non mortalia pectora cogis, auri sacra fames! | wozu nicht treibst du die sterblichen Herzen, verfluchter Hunger nach Gold! |
| Quid novi (ex Africa) | was gibt es Neues (aus Afrika)? |
| quidquid agis, prudenter agas et respice finem | was du tust, tue klug und bedenke den Ausgang |
| quidquid delirant reges, plectuntur Achivi | alles, was die Könige anstellen, müssen die Achäer *(die Völker)* büßen |
| Quidquid id est, timeo Danaos et dona ferentes | Was es auch ist, ich fürchte die Danaer *(Griechen)*, auch wenn sie Geschenke bringen |
| quid sit futurum cras, fuge quaerere | Was morgen sein wird, meide zu fragen |
| quieta non movere | was ruht, soll man nicht bewegen *(bzw. aufrühren; laß Vergangenes vergangen sein)* |
| qui pro quo | wer für wen *(Verwechslung von Personen, Mißverständnis)* |
| qui tacet, consentire videtur | wer schweigt, scheint zuzustimmen |
| Quis custodit custodes? | Wer bewacht die Wächter? |
| Quis leget haec? | Wer soll *(all)* das lesen? |
| quis ut deus | wer ist wie Gott *(legendärer Ausspruch des Erzengels Michael)* |
| quod bonum, faustum, felix fortunatumque sit | was gut, glückbringend, erfolgreich und gesegnet sei |

| | |
|---|---|
| quod deus avertat | was Gott verhüten möge |
| quod deus bene vertat | was Gott zum Guten wenden wolle |
| quod erat demonstrandum | was zu beweisen war *(durch diese Ausführung ist das klar, deutlich geworden)* |
| quod libet | was gefällt *(buntes Durcheinander, willkürliche Auswahl; humoristische Gesangstücke)* |
| quod licet Iovi, non licet bovi | was Jupiter erlaubt ist, ist nicht dem Ochsen erlaubt *(was dem (sozial) höhergestellten zugebilligt wird, wird bei dem (sozial) Niedrigerstehenden beanstandet)* |
| quod non est in actis, non est in mundo | was nicht in den Akten ist *(steht)*, ist nicht in der Welt *(bekannt)* |
| Quod non fecerunt barbari, fecerunt Barberini | Was *(einst)* die Barbaren nicht getan haben, das haben jetzt die Barberrini *(röm. Adelsfamilie im 17. Jh.)* getan |
| Quod omnes tangit, debet ab omnibus approbari | Was alle berührt, muß *(auch)* von allen gebilligt werden |
| quod scripsi, scripsi | was ich geschrieben habe, habe ich geschrieben *(Ausspruch des Pilatus)* |
| (Quod si deficiant vires, audacia certe laus erit:) In magnis et voluisse sat est. | (Wenn auch die Kräfte versagen, die Kühnheit wird sicher ein Ruhm sein): In großen Dingen ist auch, *(nur)* gewollt zu haben, *(schon)* genug. |
| Quod supra nos, nihil ad nos | Was über uns *(hinausgeht)*, *(bedeutet)* nichts für uns *(Was über unser menschliches Erkennen hinausgeht, hat keine Bedeutung für unsere Lebensführung)* |
| Quos deus perdere vult, dementat prius | Die der Gott verderben will, schlägt er zuvor mit Wahnsinn |
| quos ego! | die *(werde)* ich ...! *(euch will ich helfen, euch will ich's zeigen* [Einhalt gebietender Ruf Neptuns an die Winde]*)* |
| quot capita, tot sensus | so viele Köpfe, so viele Sinne *(je mehr Leute, um so mehr - verschiedene - Ansichten)* |
| quot homines, tot sententiae | so viele Menschen, so viele Meinungen *(viel Köpf' viel Sinn)* |
| quousque tandem abutere, Catilina, patientia nostra? | wie lange noch schließlich willst du, Catilina, unsere Geduld mißbrauchen? |

| | |
|---|---|
| quo vadis | wohin gehst du *(legendäre Frage des Petrus an Christus)* |
| Rara avis | seltener Vogel *(etwas Seltenes)* |
| ratio legis | der Sinn des Gesetzes *(die Absicht des Gesetzgebers)* |
| rebus sic stantibus | *s. Clausula rebus sic stantibus* |
| recenter paratum | frisch bereitet [auf Rezepten - med. t. t.] |
| Rector magnificentissimus | *früherer Titel des Landesherren als Rektor der Hochschule* [hist. t. t.] |
| redde mihi legiones | gib mir meine Legionen zurück (*legendärer Ausruf des Augustus nach der Schlacht im Teutoburger Wald)* |
| Reformatio in peius | *Abänderung eines angefochtenen Urteils in höherer Instanz zum Nachteil des Anfechtenden* [jur. t. t.] |
| Regens chori | *Chordirigent der kath. Kirche* |
| Regina coeli | Himmelskönigin *(kath. Bezeichnung Marias)* |
| Regina regit colorem | die Königin bestimmt die Farbe *(Grundsatz beim Schach, wonach die weiße Dame auf weißem, die schwarze Dame auf schwarzem Feld steht)* |
| Regula falsi | *Verfahren zur Verbesserung vorhandener Näherungslösungen von Gleichungen* [math. t. t.] |
| Regula fidei | *kurze Zusammenfassung der (früh)christlichen Glaubenslehre, besonders das Glaubensbekenntnis* |
| relata refero | ich berichte berichtetetes *(was mir berichtet worden ist)* |
| rem tene, verba sequentur | Halte dich an die Sache, die Worte werden folgen |
| repetitio est mater studiorum | das Wiederholen *(Übung)* ist die Mutter der Studien |
| requiescat in pace | er (sie) ruhe in Frieden |
| rerum concordia discors | der Dinge zwieträchtige Eintracht [Prinzip der Kosmologie des Empedokles - philos. t. t.] |
| res accessoria | *Nebensache* |

| | |
|---|---|
| Res ad triarios venit (redit) | Die Sache kommt an die Triarier *(es kommt zum Äußersten)* |
| Res cogitans | *das denkende Wesen, Geist, Seele* [philos. t. t.] |
| reseda, morbus reseda | heile, heile die Krankheiten wieder *(magischer Spruch zur Verstärkung der Heilwirkung der Pflanze Reseda)* |
| Reservatio mentalis | geheimer Vorbehalt *(etwas Erklärtes nicht zu wollen* [jur. t. t.]*)* |
| res dubia | zweifelhafte Angelegenheit |
| Res extensa | *das ausgedehnte Wesen, Materie, Körper* [philos. t. t.] |
| Res iudicata | *(rechtskräftig)* entschiedene Sache [jur. t. t.] |
| res nullius | niemandes Sache *(herrenloses Gut)* |
| res omnium communes | Dinge, die allen gemeinsam gehören |
| res publica | öffentliche Sache *(Gemeinwesen, Staat)* |
| res sacrae | Heiliges, geweihte Dinge *(Dinge, die tabu sind)* |
| res severa (est) verum gaudium | eine ernste Sache (ist) die wahre Freude |
| Res tantum cognoscitur, quantum diligitur | *(Jede)* Sache wird nur so weit erkannt, soweit sie geschätzt wird |
| Restitutio in (o. ad) integrum | *1. Wiedereinsetzung in den vorigen Stand* [durch Gerichtsentscheid - jur. t. t.]*; 2. völlige Wiederherstellung der normalen Körperfunktionen* [med. t. t.] |
| Restrictio mentalis | geheimer Vorbehalt *(etwas Erklärtes nicht zu wollen* [jur. t. t.]*)* |
| re vera | in der Tat, in Wahrheit [veraltet] |
| rex regnat, sed non gubernat | der König herrscht, aber er regiert nicht *(d. h. er erfüllt seine Pflichten nicht)* |
| ridentem (bzw. ridendo) dicere verum | lächelnd *(sage ich)* die Wahrheit sagen |
| Risum teneatis, amici? | Könnt ihr das Lachen *(wohl)* unterdrücken, Freunde? |
| Roma aeterna | die ewige *(Stadt)* Rom |

| | |
|---|---|
| Roma locuta (est), causa finita (est) | Rom hat gesprochen, die Sache ist erledigt *(entschieden)* |
| rorate coeli | tauet Himmel *(den Gerechten)* |
| rota Romana | römisches Rad *(höchster Gerichtshof der kath. Kirche)* |
| Sacrificium intellectus | Opfer des Verstandes *(1. Verzicht auf eigene Meinungsbildung in Glaubensdingen bei Katholiken; 2. Aufgabe der eigenen Überzeugung)* |
| Saepe stilum vertas, (iterum quae digna legi sint scripturus) | Oft kehre den Griffel um, (um beim zweiten Mal etwas, was es verdient, gelesen zu werden, niederzuschreiben) |
| salus publica suprema lex (esto) | die Staatswohlfahrt (sei) das höchste Gut (o. Gesetz) |
| salva approbatione | vorbehaltlich der Genehmigung |
| salva ratificatione | vorbehaltlich der Genehmigung |
| salva venia | mit Erlaubnis, mit Verlaub *(zu sagen)* [veraltet] |
| salvis omissis | unter Vorbehalt von Auslassungen [wirtsch. t. t.] |
| salve regina | sei gegrüßt, Königin *(Beginn eines kath. Mariengebets)* |
| salvo errore | unter Vorbehalt eines Irrtums |
| salvo errore calculi | unter Vorbehalt eines Rechenfehlers [wirtsch. t. t.] |
| salvo errore et omissione | unter Vorbehalt von Irrtum und Auslassung |
| salvo honore | unbeschadet der Ehre |
| salvo iure | mit Vorbehalt, unbeschadet des Rechts *(eines anderen* [jur. t. t.]*)* |
| salvo meliore | unbeschadet einer besseren *(Einsicht)* |
| salvo titulo | mit Vorbehalt des richtigen Titels [veraltet] |
| salvus conductus | sicheres Geleit |
| Sancta Sedes | Heiliger *(Apostolischer)* Stuhl |

| | |
|---|---|
| sancta simplicitas | heilige Einfalt! *(Ausruf des Staunens über jmds. Begriffsstutzigkeit)* |
| Sanctum Officium | *Kardinalskongregation für die Reinhaltung der kath. Glaubens- und Sittenlehre; Inquisition* |
| sapere aude! | wage es, weise zu sein! (*habe Mut, dich deines eigenen Verstandes zu bedienen!)* |
| sapiens omnia sua secum portat | der Weise trägt all sein Gut mit sich |
| sapienti sat (est) | *es bedarf keiner weiteren Erklärung für den Eingeweihten* |
| saxa loquuntur | die Steine reden *(bestimmte Kunstanschauung)* |
| Sectio aurea | Goldener Schnitt *(eine kleinere Strecke verhält sich zu einer größeren wie die größere zum Ganzen* [math. t. t.]*)* |
| Sectio caesarea | Kaiserschnitt [med. t. t.] |
| Sedes Apostolica | *(Heiliger)* Apostolischer Stuhl |
| (Sed fugit interea), fugit inreparabile tempus | (Aber es flieht unterdessen), es flieht die unwiderbringliche Zeit |
| Sedia gestatoria | *Tragsessel des Papstes bei feierlichen Anlässen* |
| (Sed) omnes una manet nox (et calcanda semel via leti) | (Aber) alle Menschen erwartet eine einzige Nacht und der (nur) ein einziges Mal zu betretende Weg des Todes |
| sella curulis | *Amtssessel der höheren Magistrate im antiken Rom; Richterstuhl* [hist. t. t.] |
| Semen est sanguis Christianorum | Ein Same ist das Blut der Christen |
| semper aliquid haeret | irgendetwas bleibt *(bei Verleumdung, übeler Nachrede)* immer hängen |
| semper Augustus | immer Augustus *(= Mehrer des Reiches - Titel der römischen Kaiser)* |
| semper et ubique | immer und überall |
| semper idem | immer derselbe *(Ausspruch Ciceros über den Gleichmut des Sokrates)* |

| | |
|---|---|
| Semper sursum! | Immer aufwärts! |
| Senatus consultum ultimum | der letzte *(gültige)* Senatsbeschluß (*Erklärung des Staatsnotstands im alten Rom* [hist. t. t.]) |
| Senatus Populusque Romanus (Abk. SPQR) | der Senat und das römische Volk [hist. t. t.] |
| Sensus communis | *gesunder Menschenverstand* |
| sentire cum ecclesia | mit der Kirche fühlen *(in einer bestimmten Angelegenheit im Sinne der Kirche denken)* |
| Sero venientibus ossa | Den zu spät Kommenden die Knochen *(Die Letzten beißen die Hunde)* |
| Servus servorum Dei | Knecht der Knechte Gottes *(Papstttitel in Urkunden)* |
| Sic erat in fatis | So war es in den Schicksalssprüchen *(So war es vorbestimmt)* |
| (Sicilides Musae), paulo maiora canamus | (Sizilische Musen), ein wenig Größeres wollen wir singen |
| sic itur ad astra | so steigt man zu den Sternen empor |
| Sic me servavit Apollo | So rettete mich Apoll |
| sic transit gloria mundi | so vergeht die Herrlichkeit der Welt *(Zuruf an den neuen Papst)* |
| sic volo, sic iubeo | so will ich (es), so befehle ich (es) *(anstatt einer Begründung wird der Wille als Motiv eines Befehls gegeben)* |
| si duo faciunt idem | wenn zwei dasselbe tun |
| Si fractus inlabatur orbis, inpavidum ferient ruinae | (Selbst) wenn geborsten die Weltkugel einstürzen sollte, einen Unerschrockenen werden ihre Trümmer treffen |
| sigillum confessionis | Siegel der Beichte *(Beichtgeheimnis-Garantie)* |
| Silent leges inter arma | *Die Gesetze schweigen, wo die Waffen sprechen* |
| Silentium obsequiosum | *1. ehrerbietiges Schweigen gegenüber einer kirchlichen Lehrentscheidung; 2. Schweigen als Ausdruck des Nichtzustimmens* |
| similia similibus (curantur) | Gleiches (wird) durch Gleiches (geheilt) |

| | |
|---|---|
| Simplex sigillum veri | Einfach ist das Siegel des Wahren *(der Wahrheit)* |
| Si natura negat, facit indignatio versum, (qualemcumque potest, quales ego vel Cluvienus) | Wenn die Natur ihn versagt, macht die Empörung den Vers, (so schlecht und recht, wie sie es eben vermag, wie ich oder Cluvienus sie machen) |
| sine anno | ohne *(Erscheinungs)*jahr [veraltet] |
| sine anno et loco | ohne *(Erscheinungs)*jahr und -ort [veraltet] |
| sine die | ohne Tag *(ohne Festsetzung eines neuen Termins etw. vertagen)* |
| sine ira et studio | ohne Haß und Vorliebe *(objektiv und sachlich)* |
| sine loco | ohne *(Erscheinungs)*ort [veraltet] |
| sine loco et anno | ohne *(Erscheinungs)*ort und -jahr [veraltet] |
| sine obligo | ohne Verpflichtung, ohne Verbindlichkeit [wirtsch. t. t.] |
| sine qua non | *s. conditio sine qua non* |
| sine tempore | *ohne akademisches Viertel; pünktlich zur vereinbarten Zeit* |
| Sint Maecenates, non deerunt, Flacce, Marones | Wenn *(nur erst)* Mäzene sich einstellen, so werden, Flacchus, Vergile nicht ausbleiben |
| Sint, ut sunt, aut non sint | Sie sollen sein, wie sie sind, oder sie sollen nicht sein |
| si parva licet componere magnis | wenn es erlaubt ist, kleinere mit größeren *(Dingen)* zu vergleichen |
| si tacuisses philosophus mansisses | hättest du geschwiegen, wärest du ein Philosoph geblieben *(durch Schweigen kann man seine Unkenntnis verbergen)* |
| sit venia verbo | dem Wort sei Verzeihung gewährt *(man möge mir diese Ausdrucksweise nachsehen, gestatten)* |
| Si vis amari, ama! | Wenn du geliebt werden willst, liebe! |
| si vis pacem, para bellum! | wenn du den Frieden willst, bereite den Krieg (vor)! |
| Societas Jesu | *der Orden der Jesuiten* |

| | |
|---|---|
| societas leonina | *Gesellschaft mit dem Löwen* |
| sola fide | allein durch den Glauben *(Grundsatz der lutherischen Rechtfertigungslehre)* |
| solamen miseris socios habuisse malorum | es ist ein Trost für Unglückliche, Leidensgenossen zu haben |
| Soli Deo | *das nur vor dem Allerheiligsten abgenommene Scheitelkäppchen der kath. Geistlichen* |
| soli Deo gloria | Gott *(sei)* allein die Ehre |
| Spectatum veniunt, veniunt, spectentur ut ipse | Um zu sehen, kommen sie, sie kommen, um selbst gesehen zu werden |
| Spiritus asper | *H-Anlaut im Altgriechischen* [sprachwiss. t. t.] |
| Spiritus familiaris | *guter Hausgeist, Vertraute(r) der Familie* |
| Spiritus lenis | *Zeichen für das Fehlen des H-Anlautes im Altgriechischen* [sprachwiss. t. t.] |
| Spiritus rector | *leitender, treibender, belebender Geist, Seele* |
| Spiritus Sanctus | der Heilige Geist |
| Stabat mater (dolorosa) | die (leidende) Mutter Jesu stand *(am Kreuz; 1. Anfang einer kath. Sequenz; 2. Komposition, die den Text dieser Mariensequenz zugrunde legt* [mus. t. t.] |
| stante pede | stehenden Fußes *(sofort, auf der Stelle im Hinblick auf etwas zu Unternehmendes)* |
| Stat sua cuique dies, (breve et inreparabile tempus omnibus est vitae) | Fest steht jedem sein Tag, (kurz und unwiederbringlich ist für alle die Zeit des Lebens) |
| Status nascendi | *besonders reaktionsfähiger Zustand chemischer Stoffe im Augenblick ihres Entstehens aus anderen* [chem. t. t.] |
| Status quo | *gegenwärtiger Zustand* |
| Status quo ante | *Stand vor dem bezeichneten Tatbestand oder Ereignis* |
| Status quo minus | *Verschlechterung gegenüber dem gegenwärtigen Zustand* [med. t. t.] |
| Status praesens | *augenblicklicher Krankheitszustand* [med. t. t.] |

| | |
|---|---|
| Studium generale | *1. frühe Form der Universität im Mittelalter; 2. Vorlesungen allgemeinbildender Art an Hochschulen* |
| Studium exemplare | *Universitätsvorlesungen verschiedener Bereiches eines einzigen Oberthemas* |
| sua sponte | freiwillig |
| suaviter in modo, fortiter in re | sanft in der Art, stark in der Sache (o. Tat) |
| sub auspiciis (praesidentis) | unter dem Ehrenschutz (des Präsidenten) *(auszeichnende Formel bei Promotionen)* |
| sub conditione | unter der Bedingung, bedingungsweise |
| sub divo | *unter freiem Himmel* |
| sub hasta | unter dem Hammer *(bei Versteigerungen)* |
| sub iudice | unter dem Richter *(von noch unentschiedenen Prozessen gesagt* [jur. t. t.]) |
| sub omni canone | unter allem Maßstab [scherzhaft: unter aller Kanone] |
| sub rosa | unter der Rose *(unter dem Siegel der Verschwiegenheit)* |
| sub sigillo (confessionis) | unter dem Siegel (der Verschwiegenheit) *(des Beichtgeheimnisses)* |
| sub specie aeternitatis | unter dem Gesichtspunkt der Ewigkeit |
| sub utraque specie | in beiderlei Gestalt *(Brot und Wein in bezug auf das Abendmahl* [rel. t. t.]) |
| sub voce | unter dem *(Stich)*wort [sprachwiss. t. t.] |
| sui generis | *durch sich selbst eine Klasse bildend, einzig, besonders* |
| sui iuris | *(eine Person)* eigenen Rechts |
| summa cum laude | mit höchstem Lob, ausgezeichnet, mit Auszeichnung *(höchstes Prädikat bei der Doktorprüfung)* |
| summa summarum | alles in allem; zusammenfassend *(kann man sagen ...)* |
| Summum bonum | das höchste Gut [philos.-theol. t. t.] |

| | |
|---|---|
| summum ius summa iniuria | höchstes Recht *(kann)* größtes Unrecht *(sein; die buchstabengetreue Gesetzesauslegung kann schwerwiegendes Unrecht bedeuten)* |
| Summus Episcopus | *1. Papst (oberster Bischof); 2. Landesfürst als evangelisches Landeskirchenhaupt (bis 1918)* |
| sunt ceteri denique fines | es gibt schließlich (o. allerdings) bestimmte Grenzen |
| (Sunt hic etiam sua praemia laudi); sunt lacrimae rerum et mentem mortalia tangunt | (Selbst hier hat die rühmliche Tat ihren wohlverdienten Lohn); es sind Tränen da für das Geschehene, und menschliches Leid berührt das Empfinden |
| sunt pueri, pueri puerilia tractant | es sind Knaben (o. Kinder), Kinder treiben Kindereien |
| suo loco | an seinem *(gehörigen)* Ort |
| suo tempore | zu seiner *(gehörigen)* Zeit |
| sursum corda! | empor die Herzen! *(Ruf zu Beginn der Einleitung der liturgischen Eucharistie)* |
| Sustine et abstine! | Halte aus und enthalte dich! |
| suum cuique | jedem *(gefällt)* das Seine |
| **T**abula gratulatoria | *Gratulantenliste* [in Festschriften o. ä.] |
| Tabula rasa | *1. Zustand der Seele bei der Geburt* [philos. t. t.]; *2. wachsüberzogene antike wieder löschbare Schreibtafel; 3. unbeschriebenes Blatt* |
| Tabula rasa machen | *reinen Tisch machen; energisch Ordnung schaffen* |
| taedium vitae | *Lebensüberdruß, Ekel vor dem Leben* |
| tale quale | so, wie es ist *(Bezeichnung der Warenqualität)* |
| Tantae molis erat Romanam condere gentem | Solcher Mühsal bedurfte es, das Römergeschlecht zu begründen |
| tantum ergo | so sehr also *(Anfang der fünften Strophe des Pange lingua in der kath. Liturgie)* |
| tantum religio potuit suadere malorum | so viel Übeles hat die Religion anzuraten vermocht |

| | |
|---|---|
| te deum (laudamus) | Dich, Gott, (loben wir) *(Beginn des Ambrosianischen Lobgesanges)* |
| tempora mutantur (et nos mutamur in illis) | alles wandelt, ändert sich (und wir ändern uns mit ihnen) |
| tempora si fuerint nubila solus eris | in Zeiten, wo Wolken am Himmel sind, wirst du allein sein *(im Unglück stehst du allein)* |
| tempus clausum (o. feriatum) | geschlossene Zeit *(in der keine Festivitäten stattfinden dürfen - z. B. Fastenzeit)* |
| tempus edax | die gefräßige Zeit |
| tempus fugit | die Zeit läuft davon |
| Terar, dum prosim! | Mag *(die Sache)* mich aufreiben, wenn ich *(ihr)* nur nütze! |
| Terminus ad (o. ante) quem | *Zeitpunkt, bis zu dem etwas gilt oder ausgeführt sein muß* [philos., jur. t. t.] |
| Terminus a quo (o. post quem) | *Zeitpunkt, von dem an etwas beginnt, ausgeführt wird* [philos., jur. t. t.] |
| Terminus interminus | *das unendliche Ziel alles Endlichen* |
| Terminus technicus | *Fachwort, -ausdruck* |
| terra firma | Festland |
| Terra incognita | *1. unbekanntes Land; 2. unerforschtes, fremdes Wissensgebiet* |
| Terra sigillata | *Geschirr der römischen Kaiserzeit aus rotem Ton mit figürlichen Verzierungen* |
| Tertium comparationis | *Vergleichspunkt, das Gemeinsame zweier verschiedener, miteinander verglichener Gegenstände oder Sachverhalte* [philos. t. t.] |
| Tertium non datur | ein Drittes gibt es nicht [log. t. t.] |
| Tertius gaudens | der lachende Dritte *(wenn zwei sich streiten)* |
| Testimonium paupertatis | *1. amtliche Bescheinigung der Mittellosigkeit zur Erlangung einer Prozeßkostenhilfe; 2. Armutszeugnis* |

| | |
|---|---|
| Theatrum mundi | *1. Titel von umfangreichen historischen Werken des 17. und 18. Jh.s; 2. mechanisches Theater, in dem die Figuren mit Hilfe von Laufschienen bewegt werden* |
| timeo Dardanos et dona ferentes | ich fürchte die Dardaner *(= Trojaner)*, und sollten sie (o auch wenn sie) Geschenke bringen |
| Timeo lectorem unius libri | Ich fürchte den Leser *(nur)* eines einzigen Buches *(ich fürchte den, der nur ein einziges Buch gelesen hat)* |
| Tironische Noten | *altrömische Kurzschrift* [nach dem Erfinder, Ciceros Sklaven Tiro benannt] |
| titulo pleno | mit vollem Namen *(unbeschadet des Titels)* |
| Tolle, lege! Tolle, lege! | Nimm, lies! Nimm, lies! |
| (... totamque infusa per artus) mens agitat molem (et magno se corpore miscet) | (... und hingegossen über die Glieder) bewegt der Geist die *(ganze)* Masse (und mischt sich mit dem großen Körper) |
| toties-quoties-Ablaß | *Ablaß, der (an einem Tag) mit jeder Erfüllung der gestellten Bedingungen neu gewonnen werden kann* [rel. t. t.] |
| totus mundus agit histrionem | die ganze Welt macht den Schauspieler *(die ganze Welt ist ein Theater)* |
| Trahit sua quemque voluptas | Jeden einzelnen zieht seine *(besondere)* Lust an |
| tres faciunt collegium | Drei bilden eine Gesellschaft *(d. h. sind mindestens erforderlich)* |
| Treuga Dei | Gottesfriede *(im Mittelalter das Verbot einer Fehde an bestimmten Tagen* [hist. t. t.]*)* |
| tua res agitur, (paries cum proximus ardet) | um deine Angelegenheit handelt es sich, *(dich geht es an, du mußt selbst aktiv werden,)* (wenn die nächste Wand brennt) |
| tu felix Austria nube! | *s. alii bella gerant, ...* |
| Tu ne cede malis, sed contra audentior ito, (quam tua fortuna sinet) | Du weiche dem Unglück dann nicht, sondern geh' kühner gegen es an, (als dein Geschick dich lassen will) |
| Tu ne quaesieris, scire nefas, quem mihi, quem tibi finem di dederint | Du forsche dem nicht nach - es zu wissen ist uns verwehrt - welches Ende mir, welches dir die Götter gegeben haben |

| | |
|---|---|
| tunica proprior pallio (est) | das Hemd (ist mir) näher als der Rock |
| tu quoque(, Brute) | auch du(, Brutus) *(legendärer Ausspruch Caesars bei seiner Ermordung)* |
| Tu regere imperio populos, Romane, memento - hae tibi erunt artes - pacique imponere morem, parcere subiectis et debellare superbos | Du, Römer, denke daran, durch deine Befehlsgewalt die Völker *(der Welt)* zu beherrschen - diese Künste werden dir zukommen - und dem Frieden eine gesittete Lebensordnung aufzuprägen, die Unterworfenen milde zu schonen und die Unbotmäßigen niederzukämpfen, |
| **U**bi bene, ibi patria | wo es mir gut geht, da ist mein Vaterland |
| ubi sunt tempora | wo sind die Zeiten *(geblieben)* |
| Ultima (hora) latet | Die letzte (Stunde) ist verborgen |
| ultima lima | letzte Feile *(letzte Glättung des Textes)* |
| Ultima ratio | *letztes, äußerstes Mittel; letztmöglicher Weg, wenn nichts anderes mehr Aussicht auf Erfolg hat* |
| ultima Thule | die äußerste Thule *(ein weit entferntes Land am Ende der Welt* [nach der Insel Thule benannt]*)* |
| ultra posse nemo obligatur | Unmögliches zu leisten *(kann)* ist niemand verpflichtet *(werden)* [Rechtssatz des römischen Rechts - jur. t. t.] |
| Una salus victis nullam sperare salutem | Die einzige Rettung für die Besiegten ist, auf keine Rettung mehr zu hoffen |
| Una sancta | *die eine heilige kath. und apostolische Kirche* [Selbstbezeichnung der kath. Kirche] |
| Una-Sancta-Bewegung | *kath. Form der ökumenischen Bewegung* |
| Unio mystica | *die geheimnisvolle Vereinigung der Seele mit Gott als Ziel der Gotteserkenntnis in der Mystik* [rel. t. t.] |
| Universitas litterarum | Gesamtheit der Wissenschaften *(Universität)* |
| uno actu | in einem Akt *(ohne Unterbrechung)* |
| Unus homo nobis cunctando restituit rem | Ein einziger Mann hat uns *(allen)* durch sein Zaudern den Staat wiederhergestellt |
| unus pro multis | einer für viele *(für alle)* |

| | |
|---|---|
| urbi et orbi | der Stadt *(Rom)* und dem Erdkreis *(Formel päpstlicher Segensspendungen)* |
| Urbs aeterna | die Ewige Stadt *(Rom)* |
| usque ad finem | bis zum *(bitteren)* Ende, bis zuletzt |
| Usnea barbata (arab>mlat;l) | Bartflechte *(eine als Heilmittel verwendete Baumflechte* [bot. t. t.]*)* |
| usus Tyrannus | der Brauch (o. die Gewohnheit) ist ein Tyrann *(die Macht der Gewohnheit)* |
| ut aliquid fiat | damit *(doch wenigstens)* etwas geschieht |
| Ut desint vires, tamen est laudanda voluntas | Wenn auch die Kräfte fehlen, so ist doch der Wille zu loben |
| ut exemplum docet | wie das Beispiel lehrt |
| utile dulci | das Nützliche mit dem Angenehmen *(verbinden)* |
| ut infra | wie unten *(bemerkt* [veraltet]*)* |
| ut in omnibus glorificetur deus | daß in allem Gott verherrlicht werde *(Gott gebührt Ehre und Lob)* |
| Ut pictura poesis | Wie die Malerei, so die Dichtung |
| Ut sementem feceris, ita metes | Wie du gesät hast, so wirst du ernten |
| ut supra | wie oben *(erwähnt, gesagt, geschrieben)*; wie vorher [mus. t. t.] |
| ut unum sint | daß sie *(alle)* eins seien *(Wendung aus dem Johannes-Evangelium, die die Einhelligkeit und Liebe unter den Glaubensbrüdern meint* [rel. t. t.]*)* |
| uxori optimae | der besten Frau *(zugeeignet; Widmungs-, Dedikationsformel)* |
| Vade mecum | wandere mit mir *(Nachschlagewerk, Leitfaden, Handbuch)* |
| vae victis | wehe den Besiegten *(Ausspruch des gallischen Eroberers von Rom, Brennus 390 v. Chr.)* |

| | |
|---|---|
| vanitas vanitatum (omnia vanitas) | Eitelkeit der Eitelkeiten, (alles ist Eitelkeit) *(alles ist eitel)* |
| Vare, redde mihi legiones meas | Varus, gib mir meine Legionen wieder *(legendärer Ausruf des Augustus nach der von Varus verlorenen Schlacht im Teutoburger Wald)* |
| variatio (varietas) delectat | Abwechslung macht Freude |
| Varium et mutabile semper femina | Ein buntschillerndes und wechselhaftes Wesen *(ist doch)* immer die Frau |
| vaticinium ex eventu | Voraussage *(über eine Sache)* nach dem Ausgang *(eben dieser Sache; Prophezeiung von etwas, was längst eingetreten ist)* |
| Velum palatinum | *Gaumensegel* [med. t. t.] |
| Venia legendi | *Erlaubnis, an Hochschueln zu lehren* |
| veni, creator spiritus | Komm, Schöpfer Geist |
| veni, sancte spiritus | Komm, Heiliger Geist |
| veni, vidi, vici | ich kam, ich sah, ich siegte *(Ausspruch Cäsars)* |
| verba docent, exempla trahunt | Worte belehren, Beispiele reißen mit |
| Verba volant, scripta manent | *(Gesprochene)* Worte fliegen *(davon)*, geschriebene *(Worte)* bleiben |
| verbi causa | zum Beispiel [veraltet] |
| verbi gratia | zum Beispiel [veraltet] |
| Verbum abstractum (o. substantivum) | *das inhaltsarme Verb „sein“* [sprachwiss. t. t.] |
| Verbum attributivum | *jedes Verb außer dem Verbum abstractum* [sprachwiss. t. t.] |
| Verbum finitum | *Personalform des Verbs mit Personenangabe, -zahl* [sprachwiss. t. t.] |
| Verbum infinitum | *Verbform, die keine Angabe einer Person enthält* [sprachwiss. t. t.] |

| | |
|---|---|
| Ver ascrum | heiliger Frühling *(altrömischer Brauch, in Notzeiten dem Mars und Jupiter Erstlinge eines Frühlings zu weihen)* |
| Versus memoriales | *Merkverse, Verse, die als Gedächtnisstütze dienen* |
| Versus quadratus | *trochäischer Septenar* [antiker Versfuß] |
| Versus rapportati | *Verse mit verschränkter Aufzählung von Satzgliedern* [sprachwiss. t. t.] |
| Versus rhopalici | *Vers, in dem jedes folgende Wort eine Silbe mehr hat als das vorangehende* [sprachwiss. t. t.] |
| verte, si placet | bitte wenden [mus. t. t.] |
| verte subito | rasch wenden [mus. t. t.] |
| Verum gaudium res severa est | Wahre Freude ist eine ernste Sache |
| Vestigia terrent | Die Spuren schrecken |
| Vetus Latina | *alte lateinische Bibelübersetzung* |
| Vexilla regis | *altrömische Kirchenmelodie* |
| Via eminentiae | *Methode, etwas durch Steigerung zu bestimmen* |
| Via moderna | *rationalistisch-mathematische Methode des Kartesianismus* |
| Via negationis | *Methode, etwas durch Verneinung zu bestimmen* |
| via sacra | die heilige Straße *(auf der im alten Rom die Triumphzüge abgehalten wurden)* |
| vice versa | umgekehrt, wechselweise |
| Victoria regia | *südamerikanische Seerose* |
| Victrix causa deis placuit, sed victa Catoni | Die siegreiche Sache hat den Göttern gefallen, aber die besiegte dem Cato |
| videant consules (ne quid detrimenti res publica capiat) | die Konsuln sollen dafür Sorge tragen, daß der Staat keinen Schaden erleide *(Formel zur Einleitung des Staatsnotstandes im alten Rom)* |

| | |
|---|---|
| Video meliora proboque: deteriora sequor | Ich sehe das Bessere und erkenne es an: Dem Schlechteren folge ich |
| Vincere scis, Hannibal, victoria uti nescis | Zu siegen weißt du, Hannibal, den Sieg zu nutzen weißt du nicht |
| Viola tricolor | *Stiefmütterchen* [bot. t. t.] |
| viribus unitis | mit vereinten Kräften |
| vis comica | Kraft der Komik |
| Vis inertia | *Beharrungsvermögen* [philos. t. t.] |
| Vis maior | höhere Gewalt [jur. t. t.] |
| Vita activa | tätiges Leben *(besonders als Teil mönchischer Lebensführung)* |
| vita brevis, ars longa | das Leben *(ist)* kurz, die Kunst lang *(Beginn der Aphorismen des Hippokrates)* |
| Vita communis | gemeinsames Leben *(unter Verzicht auf privates Vermögen in kath. geistlichen Orden)* |
| Vita contemplativa | ***bertrachtendes, beschauliches Leben*** *im Gegensatz zur* ***Vita activa*** |
| vitae, non scholae discimus | für das Leben, nicht für die Schule lernen wir |
| Vitam impendere vero | Das Leben in die Waagschale werfen für die Wahrheit *(Das Leben einsetzen für die Wahrheit)* |
| Vita reducta | reduziertes Leben *(Zustand des Organismus bei Ausfall lebenswichtiger Organsysteme* [med. t. t.]*)* |
| vivant sequentes! | die *(Nach)*folgenden sollen leben! |
| vivat, crescat, floreat | er (sie, es) lebe, blühe und gedeihe *(Studentenspruch)* |
| vivat sequens! | es lebe der Folgende! |
| vivere militare est | das Leben ist *(= heißt)* Kriegsdienst leisten *(= kämpfen)* |
| vivos voco, mortuos plango, fulgura frango | die Lebenden rufe ich, die Toten beweine ich, die Blitze breche ich *(Glockeninschrift)* |
| Voces aequales | gleiche Stimmen [mus. t. t.] |

| | |
|---|---|
| volenti non fit iniuria | dem Willigen *(= dem, der es so haben will)*, geschieht kein Unrecht *(Grundsatz römischen Rechtsdenkens)* |
| Vox acuta | hohe bzw. scharfe Stimme [mus. t. t.] |
| Vox celestis | *eine Orgelstimme* [mus. t. t.] |
| Vox humana | 1. menschliche Stimme; *2.(menschenstimmenähnliches Orgelregister* [mus. t. t.]) |
| Vox media | *inhaltlich neutrales, von zwei Extremen gleich weit entferntes Wort* [rhet. t. t.] |
| Vox nihili | Stimme des Nichts *(Wort, das seine Entstehung einem Fehler verdankt)* |
| Vox populi vox Dei | Volkes Stimme *(ist)* Gottes Stimme *(das ist die öffentliche Meinung die großes Gewicht hat)* |

# *Alphabetisches Verzeichnis der im lexikalischen Teil auftauchenden lateinischen Ursprungswörter*

Hinweise zu den verwendeten Zeichen:

( = steht an 2. Position, d. h. erfüllt eine Brückenfunktion
(* = mlat. o. vulgl. o. erschlossene Form
{ = Herleitung unsicher

## A

# B

# C

# D

# E

# F

# G

## H



## I

# L

# M

# N

# O

# P

# Q

# R

# S

# T

# U



# V

## W



## Z

# Nachträge

| | | | | |
|---|---|---|---|---|
| 0912 N | **Eppich** | Bezeichnung für mehrere Pflanzen, z. B. Sellerie; Efeu (landsch.) {03/05/68} | **apium**, ii n<br><br><br>ahd. *epfi(ch)* | von den Bienen bevorzugte Pflanze; Eppich, Doldengewächs<br>Sellerie |
| 1434 N | **Insinuant** | 1. jmd., der Unterstellungen, Verdächtigungen äußert {32/33/82}; 2. jmd., der anderen etw. zuträgt, einflüstert {28/32/33}; 3. jmd., der sich bei anderen einschmeichelt {33} | **insinuare** (PPA. **insinuans**) | eindringen, sich eindrängen; sich einschmeicheln |
| – | **Insinuation** | 1. Unterstellung, Verdächtigung {32/33/82}; 2. Einflüsterung, Zuträgerei {28/32/33}; 3. Einschmeichelung {33}; 4. Eingabe eines Schriftstückes an ein Gericht (veraltet) {82} | **insinuatio**, onis f | eindringlicher Eingang einer Rede; Empfehlung |
| – | **insinuieren** | 1. unterstellen {32/33/82}; 2. einflüstern, zutragen {28/32/33}; 3. sich –: sich einschmeicheln {33}; 4. ein Schriftstück einem Gericht einreichen (veraltet) {82} | **insinuare** | s. oben |
| 2043 N | **Lettner** | in mittelalterlichen Kirchen den Chor vom Langhaus trennende, plastisch ausgestaltete, hohe Schranke mit mehreren Durchgängen und einer Art Empore, auf der liturgische Schriftlesungen stattfanden und die Chorsänger Aufstellung nahmen {51/58/75/88} | **lectorium**, ii n<br>mlat. lectorium o. lectionarium<br>mhd. *lect(en)er* | Lesepult<br><br><br><br>Lesepult im Chor |
| 2641 N | **Pfühl** | großes, weiches Bettkissen; weiche Lagerstatt (dichterisch, veraltet) {16/44} | **pulvinus**, ni m<br><br>ahd. *pfulawi*<br>mhd. *pfülw(e)* | Sitz-, Kopfkissen; Polster; Gartenbeet; Sandbank |